首都现代零售业发展研究报告

（上册）

主　编　唐立军

副主编　孙永波　刘文纲　周　佳

中国财富出版社

图书在版编目（CIP）数据

首都现代零售业发展研究报告：全2册/唐立军主编．—北京：中国财富出版社，2014.4

ISBN 978-7-5047-5116-4

Ⅰ.①首… Ⅱ.①唐… Ⅲ.①零售业—经济发展—研究报告—北京市 Ⅳ.①F724.2

中国版本图书馆 CIP 数据核字（2014）第 020579 号

策划编辑	王宏琴	责任印制	方朋远
责任编辑	韦 京　禹 冰	责任校对	饶莉莉

出版发行	中国财富出版社		
社　　址	北京市丰台区南四环西路188号5区20楼	邮政编码	100070
电　　话	010-52227568（发行部）	010-52227588 转 307（总编室）	
	010-68589540（读者服务部）	010-52227588 转 305（质检部）	
网　　址	http://www.cfpress.com.cn		
经　　销	新华书店		
印　　刷	北京京都六环印刷厂		
书　　号	ISBN 978-7-5047-5116-4/F·2087		
开　　本	710mm×1000mm　1/16	版　次	2014年4月第1版
印　　张	57.75	印　次	2014年4月第1次印刷
字　　数	1132千字	定　价	220.00元（全2册）

版权所有·侵权必究·印装差错·负责调换

编写组成员

(按姓氏笔画排序)

于 苗　伍学梅　刘文纲　孙永波

李振国　张 永　陈 荣　张晓磊

陈 曦　罗朝能　周 佳　郭天超

郭馨梅　唐立军　陶小波　黄桂芝

曹正进　梁征伟　翟雪莹　魏中龙

前　言

近年来，首都现代零售业快速发展并成长为首都经济社会发展的主导产业，成为体现以人为本、提高市民生活品质和建设宜居城市的重要基础行业。与此同时，首都现代零售业发展环境也发生了重大而深刻的变化，尤其是国际化竞争日益加剧、新技术应用加速、电子商务零售额迅猛增长、消费结构不断升级等新形势，要求零售业在转变发展方式、提升行业竞争力、优化服务能力等方面取得新进展、新突破。

2011年2月，北京市政府发布《北京市"十二五"时期国际商贸中心建设发展规划》（京政发〔2011〕49号）（以下简称《规划》）。该《规划》指出，要全面推进北京商贸流通业规范化、现代化、特色化、国际化发展，塑造"北京服务"。现代零售业是首都现代服务业体系中的重要组成部分。大力提升首都零售业现代化水平，有效发挥零售业商品集散、资源配置、先导带动的产业功能，使之成为促进消费、优化城市功能定位、转变经济增长方式的长效动力，既是北京国际商贸中心建设的重要目标，也是其重要举措。在此背景下，首都现代零售业的转型升级和跨越发展成为中国特色"世界城市"建设过程中的关键环节。

唐立军教授主持的北京高校科技创新平台——首都现代零售业发展研究成果报告，正是适应这一形势和需求而出版的。自2008年课题立项伊始，课题组潜心研究，通过行业企业实地访谈、商界学界问卷调查、中外文献研究等，运用数据定量、案例分析、比较研究等方法，充分调研首都现代零售业发展历史、现状，深入探究首都现代零售业发展成就、运行机制、存在的问题、面临的机遇与挑战，有针对性地提出了首都现代零售业发展的方向与态势、路径与对策。

全书分为上下两册。上册高度凝练国际大都市现代零售业发展规律、经验教训，从总体上创新谋划首都现代零售业发展战略、营销战略、规划编制、现代化评价以及国际化、可持续化、"低碳"化、农村零售现代化等总体发展目标、思路，实证分析首都现代零售业面临的消费群体特征与变化趋势；下册围绕行业分类梳理首都现代零售业在业态管理、组织管理、文化建设、人才队伍、网络营销、自有品牌、渠道管理等方面的核心问题并建言献策，并从微观角度重点剖析了核心竞争力提升、运营管理、赢利模式、社会责任等首都零售企业现代化管理热点问题。

唐立军教授拟订提出课题研究及成果汇编的总体计划、研究思路与研究体系，组织多次研讨交流，指导课题组成员完成课题研究及最终成果审订。并与孙永波教授、刘文纲教授共同完成总报告撰写、研究成果汇总梳理及全书编纂工作。课题组其他成员分工负责承担各自专题的研究和报告撰写工作。除所列作者外，还有一些老师、同学参与课题研究，做出了应有贡献。研究过程中参考了各界专家的观点，吸取了一些建议，在此一并表示衷心的感谢。

本书作为相关课题研究成果的集结，在结构体系、研究内容、学术观点以及写作风格上，难免存在一些不尽完善之处，诚望各界专业人士和广大读者予以指正。同时也希望本书能起到抛砖引玉、启发思维的作用，共同促进首都商贸流通业的现代化发展。

编　者
2013 年 12 月

目 录

首都现代零售业发展问题研究总报告……………………………………（1）

上册

第一章　首都现代零售业发展战略研究…………………………………（33）
第二章　首都现代零售业营销战略研究…………………………………（107）
第三章　首都现代零售业发展规划编制研究……………………………（135）
第四章　首都零售业发展现代化评价研究………………………………（150）
第五章　首都现代零售业国际化发展研究………………………………（195）
第六章　首都现代零售业可持续发展研究………………………………（230）
第七章　首都现代零售业"低碳"问题研究……………………………（266）
第八章　首都农村现代零售业发展问题研究……………………………（290）
第九章　国际化大都市现代零售业发展研究……………………………（317）
第十章　中韩首都现代零售业发展比较研究……………………………（350）
第十一章　北京重点商业街区顾客满意度研究…………………………（382）
第十二章　北京大型综合超市顾客满意度测评研究……………………（409）
第十三章　购物中心顾客购买行为研究…………………………………（447）

下册

第十四章　首都现代零售业业态管理研究………………………………（487）
第十五章　首都现代零售业组织管理研究………………………………（498）
第十六章　首都现代零售业文化建设研究………………………………（516）
第十七章　首都现代零售业网络营销研究………………………………（544）
第十八章　首都现代零售业渠道管理研究………………………………（573）
第十九章　首都现代零售业人才队伍建设研究…………………………（617）
第二十章　首都零售业自有品牌建设研究………………………………（633）
第二十一章　基于品牌关系理论的零售商自有品牌创建问题研究……（688）
第二十二章　首都零售业态适应性及其影响因素的实证研究…………（724）

第二十三章　首都零售企业核心竞争力提升研究……………………（769）
第二十四章　首都现代零售企业运营管理研究………………………（815）
第二十五章　首都零售企业社会责任管理模式研究…………………（835）
第二十六章　零售企业赢利模式问题研究……………………………（850）
第二十七章　基于翠微"大顾客观"的零售企业关系营销研究………（863）

参考文献…………………………………………………………………（875）
附录………………………………………………………………………（882）

首都现代零售业发展问题研究总报告

一、课题研究对象的界定

现代服务业是指"以现代科学技术特别是信息网络技术为主要支撑,建立在新的商业模式、服务方式和管理方法基础上的服务产业。它既包括随着技术发展而产生的新兴服务业态,也包括运用现代技术对传统服务业的改造和提升。"[①] 现代零售业是现代服务业的重要组成部分,具有智力要素密集、产出附加值高、资源消耗少、环境污染少等特点。现代零售业和传统零售业最根本的区别在于新的科技在零售业各个环节的应用,既包括新兴零售业态,也包括对传统零售业态的技术革新,其本质是实现零售业的现代化,适应社会经济发展状况、消费习惯及偏好变化。

现代零售业在信息平台、业态形式、经营模式等方面都有新的发展。

(一)信息科技在零售业的导入和应用

信息技术在零售业中的应用对零售业的发展影响巨大。从某种意义上看,没有现代信息技术的发展也就不会有现代零售业的迅速发展,更不会有电子商务的出现,而电子商务的出现已经对现代零售业的发展产生了革命性的影响。

目前,IT技术在零售业的应用主要集中在企业的管理系统和营运系统,如条码技术、POS(电子收款机)系统、EOS(电子订货)、MIS(管理信息系统)、EDI技术、VAN系统等。这些技术的渗透与应用不是简单地将零售企业原来的营运和管理转移到电脑上,而是为现代零售企业的经营管理带来了有别于传统零售业的一些思维方式和操作方法,改变了传统零售业的整体结构和企业内部的业务流程。总之,信息技术的应用是现代零售业发展的一个重要内容。

(二)基于消费者需求变化的零售业态创新

引入新型业态经营是零售业发展的必然结果。在消费者需求差异化越来越大的前提下,传统的业态存在着极大的局限性。同时,市场竞争的日趋激烈,传统

[①] 《现代服务业科技发展"十二五"专项规划》,国科发计〔2012〕70号,2012年1月。

业态很难满足企业在销售额和利润水平上的要求，制约零售企业的市场竞争力。

引入新型零售业态，并且和传统业态进行结合，实行多业态经营的最大优势在于零售企业可以通过不同业态的组合，充分发挥新型业态的优势，在企业资源所能达到的范围内，最大化地满足消费需求，从而获得更多的市场和利润，同时通过在不同业态的投资组合，可以在很大程度上规避投资风险。

（三）连锁经营被零售业采用并迅速推广

连锁经营有效地将工业化分工协作原理运用于商品流通，创造了大规模经营的现代化方式，使传统的零售业取得了规模经营效果。在计算机技术的支持下，连锁经营的优势得以充分的发挥，成为各种规模各种业态的零售企业实行规模扩张的主要形式。连锁经营的推广，改善了传统零售企业的组织结构，使原来的垂直链条型的组织结构转变为扁平网络型的组织结构，零售企业的组织化、集约化程度大大提高，加速了资本和资源的集中过程，为零售企业实现国际化经营创造了条件。

二、课题的研究方法与技术路线

（一）研究方法

通过调研，查阅相关文献资料，分析总结首都现代零售业发展演变过程、发展现状及发展环境。根据文献不足及调研凝练关键研究问题。

1. 调研

第一，对首都现代零售业发展历史、现状、规划进行调研，基本掌握城市发展演变过程、特别是首都现代零售业发展演变过程；第二，通过调研、文献收集、理论分析等手段把握国内外现代零售业发展趋势。

课题组收集数据的渠道主要包括国际组织、商务部、地方商务主管部门、各城市统计局、国内外咨询公司、出版机构、行业组织及国内外专业研究机构、典型零售企业网站、新闻报道等。

2. 案例研究

用多案例研究方法选择对典型现代零售业及网络零售业的竞争力提升的若干关键问题进行研究，如可持续发展、自有品牌战略、组织管理及零售业态、文化建设、国际化等，撰写相关案例分析报告、提炼竞争力提升的对策及政府扶持政策建议。

案例研究将采用理论抽样原则，充分争取相关部门支持，利用既有社会关系，从北京、上海等地跟踪研究若干家有代表性的零售企业（包括京东商城和凡客诚品等网络零售企业）。数据来源包括访谈、通过网站和新闻报道得到的二手资料以及直接的观察记录。研究采取现场半结构化深度访谈的方法。调研的层面主要有：公司层面（战略、核心竞争力及发展历程），战略管理和客户管理部门层面，以及个人层面（如消费者对企业竞争力的评价等）。

研究将从多案例中归纳出一些基本理论问题，构建一个理论模型。为此，首先，需要定性内容分析法提炼概念内涵，如组织与制度创新模式、商业模式创新、自有品牌及客户管理的核心要素等。其次，在对基于多案例的实证数据进行定量内容分析后，建立一系列理论构念及其相互关系的假设建议。根据案例访谈资料，形成一对处于极端的配对样本。一端是竞争力强的零售业样本，另一端是竞争力弱的样本。从配对样本的数据对比分析中，提炼出正式的观察结论，然后根据归纳式理论开发的方法，进行理论构建，归纳有效的竞争力提升政策措施建议。

3. 基于问卷调查的大样本实证研究

主要进行基于问卷调查的定量研究，包括量表开发，问卷收集和理论模型检验等过程。

将通过方便样本和抽样样本相结合的形式收集问卷调查数据，建立实证模型，并用PLS等方法对企业组织与制度创新、自有品牌战略、网络零售与实体零售结合等一系列竞争力提升问题进行实证研究，提出可引领国内外零售业发展的管理策略及政策建议。

4. 比较研究方法

课题将对伦敦、巴黎、纽约、东京、中国香港、上海等城市的现代零售业竞争力演变过程、现状及未来趋势进行比较分析。重点把握伦敦、巴黎等典型国际商贸中心城市零售业竞争力形成与发展过程。

首先，对这些城市的发展现状进行研究，主要关注人口、面积、产业结构、城市商业基础设施、城市规划与发展等；其次，对他们的零售业发展现状进行研究，重点关注：商业规划、商业管理、网络零售现状、实体网络零售的结合发展现状及趋势、连锁零售企业组织与制度创新、自有品牌等；第三，对这些城市发挥全球性国际商贸中心作用的表现形式、具有重大国际影响的事件及指标进行聚焦，并重点分析其零售活动对世界城市的贡献；第四，分析总结各自的零售业提升的扶持政策、支持力度及发展环境。

同时，课题将运用SWOT分析等方法，选择有代表性的对比样本，对国内外、京内外的零售业竞争力进行对比研究，分析商业环境、零售业态、消费者特征等因素对零售业竞争力提升的影响。

5. 定量分析方法

第一，用AHP建立评价指标体系。在案例调研和理论综述基础上，通过

AHP方法构建零售业竞争力评价指标体系。课题组首先研究和比较国内外相关研究成果，结合本研究的具体目标，采用专家意见法提出和筛选评价指标，并进行几轮集中讨论和修改。在构建评价指标体系时，课题组考虑下列原则：一是站在全球引领高度；二是要聚焦现代零售业；三是要体现国际商贸中心发展及竞争力提升的内在逻辑性；四是要具有可行性。

第二，DEA方法。并用DEA等方法对中外、京内外零售业竞争力进行比较研究，为提出提升首都现代零售企业竞争力的对策措施提供参考依据。DEA方法研究产业总体层面的竞争力方面具有重要的意义并且效果相当好。

第三，用因子分析方法归纳总结竞争力核心要素、关键驱动力等。因子分析方法是一种通过降维以简化数据的多元统计方法。它将具有错综复杂关系的变量综合为数量较少的几个主要因子，同时还可以根据不同因子对变量进行分类，寻找出一组数目较少、相互独立的公共因子来代替相对较多的、互相关联的原始变量。而选取的公共因子由于能集中反映原始变量所含有的大部分信息，从而起到简化分析的作用。由于因子分析过程中使用浓缩后的综合因子对原模型进行解释，因此浓缩后的综合因子比初始因子更具有解释价值。它可以有效概括主要的竞争力核心要素、关键驱动力等。

(二) 技术路线

技术路线如下图所示。

第一，基于文献研究和对首都现代零售业发展的前期调查，对可持续发展、零售自有品牌、连锁经营等影响现代零售业未来一定时期内竞争力提升和可持续发展的几个关键问题进行理论分析，为本项目研究奠定理论基础。

第二，提升首都现代零售业竞争力的研究方案规划设计。

第三，实证与案例研究。围绕关键问题，如对首都现代零售企业的大样本调查，对伦敦、巴黎、中国香港等典型国际商贸中心城市零售业竞争力形成发展过程的比较分析，对王府井、首商股份、物美、京东商城等北京典型零售企业的案例分析等，与政府相关部门进行交流。

第四，形成研究报告，并提出政策措施建议和实施方案。

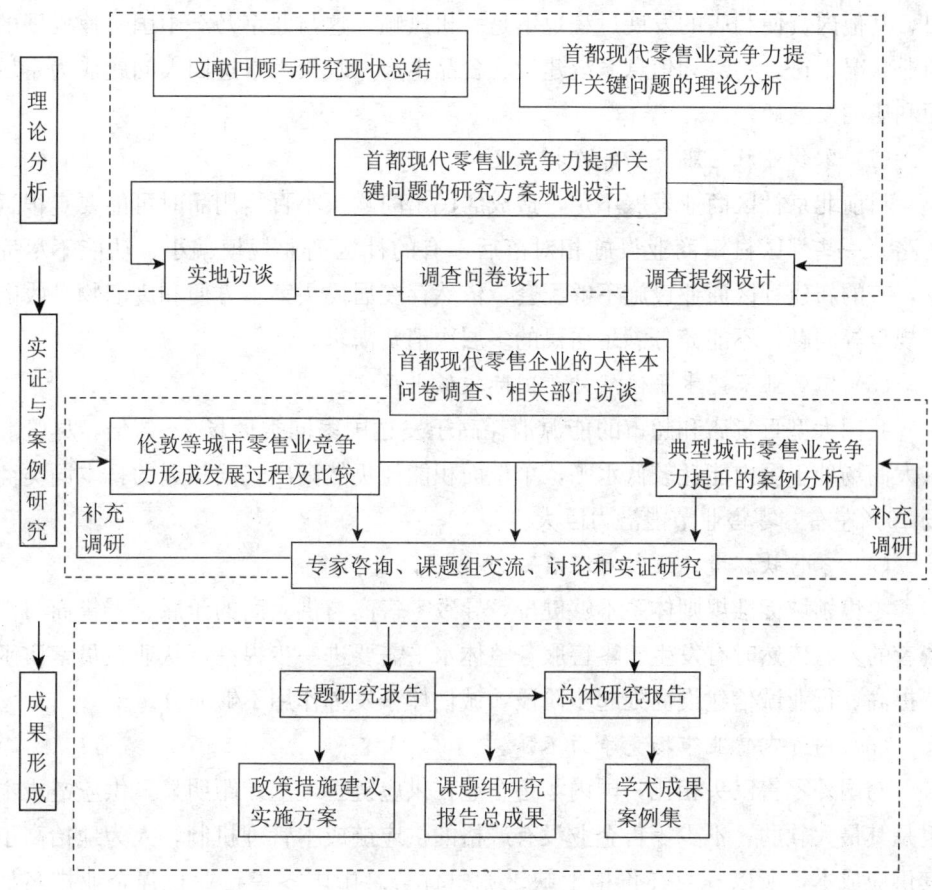

课题研究的技术路线图

三、课题的研究成果

(一) 首都现代零售业发展存在的问题

1. 首都现代零售业可持续发展问题

(1) 零售业态发展不够平衡

Shopping Mall 数量相对较多，但欠缺准确的市场定位、科学的商业规划、有效的招商组织和持续的管理创新，因此出现商业趋同建设和空置面积严重，难以为继的局面。

专卖店、便利店发展相对滞后，数量相对不足，特别是便利店。资料显示，7-11在全球的门店数达到了49500多家，仅在日本的门店数就达到1万多家，而作为国际大都市的北京，截至2013年5月底门店数仅有139家，不光是7-

11，其他内资便利店的发展过程也不是一帆风顺，这与北京乃至中国飞速发展的商业状况不符。物流和信息系统建设、食品生产、政策因素这四大问题成为京城便利店的发展瓶颈。

(2) 零售业社区服务功能发挥不足

目前北京社区商业发展不足，造成居民出门购买小百货用品时可能要走很远的路。一些郊区村镇商业设施相对落后，有的社区商业规模偏小、功能不尽完善，有的新建社区商业设施不够配套，依然存在居民买菜不方便和废旧物品收购不规范等问题，不能充分满足居民的多层次消费需求。

(3) 零售业节能水平依然处于国际较低水平

我国大型百货店和超市的能源消耗高于发达国家同类商场2~3倍，尽管北京大商场处于国内能耗较低水平，单位面积能耗仍然高出气候相近的日本同类商场40%左右，零售业节能潜力巨大。

(4) 零售软环境建设相对滞后

零售领域标准规则体系不够健全，导致零售商与供应商的矛盾、零售商与消费者的矛盾依然时有发生。零售服务整体水平需要进一步提高，从业人员素质亟待提高。行业诚信建设尚处起步阶段，诚信体系发挥作用不够充分。

(5) 内资零售业市场竞争力不强

与国外零售巨头相比，国内零售企业在供应链管理上差距明显，供应链成本也是其最大软肋，不少零售企业没有严格的供应链成本管理机制，人为地抬高了其供应成本，所以一直在价格上缺乏竞争优势。中国零售行业百强企业排名显示，"中国连锁百强"的平均净利润率仅为1.32%，而国外零售企业的平均净利润率已达2.22%。以北京王府井百货为例，王府井不含营业外支出的净利润率约为4%，而同行百盛、金鹰商贸和新世界百货同年的净利润率分别为8.56%、7.9%和7.5%。

目前，首都内资零售企业也正在努力建立全国布局，更多借助资本力量形成战略布局，如王府井百货目前在全国多个中心城市和二三线城市布局了20家百货商店。但此轮经济危机加剧了外资零售商在华的布局，以寻求避风港，内资零售企业在很多二三线城市开店时不但遭遇外资对手，还要与当地零售企业展开激烈竞争。这样的代价是，市场份额缩小，门店业绩下降，而且要承受由于价格战带来的毛利之殇。

2. 首都现代零售业自有品牌建设的主要问题

(1) 自有品牌开发目标不明确

零售业自有品牌产品只有首先了解顾客需求，再针对其需求开发出适销对路的产品，才能使产品真正得到广大消费者的认可。而首都的很多零售企业，虽然已经比全国其他地区的零售企业较早认识到了自有品牌的重要性，但是在实际自有品牌开发过程中缺乏一个非常明确的目标。

很多首都的零售企业，在自有品牌开发过程中缺乏对消费需求深入细致的调研，仅凭经验或主观臆断确定自有品牌的开发品类或品种，使得部分自有品牌产品供需脱节，不能促进顾客让渡价值的增加，而只能依靠低价取胜。这不但无法实现差异化优势和获得忠诚的顾客，反而会让消费者产生自有品牌产品是廉价商品的不良印象，同时还可能迫使其他品牌竞争者跟随降价，造成制造商品牌和自有品牌利润的下降。忽视顾客需求的结果往往是零售企业在自有品牌商品种类的选择上盲目跟风，不仅极易使行业陷入低水平价格的旋涡和与制造商品牌形成正面冲突，导致自有品牌产品失去本身固有的特色，也有违开发自有品牌的初衷。目前我国零售企业自有品牌中，95%以上是贴牌生产。而这些贴牌生产的零售商并不参与开发和生产过程，有些甚至不从生产厂家处直接采购，而是从经销商、批发商处间接采购然后贴牌，导致产品品质难以保证。

(2) 产品质量控制能力差

首都一些国内零售企业，由于自身经营理念和管理水平的限制，在目标消费群中的美誉度较低，因此在实施自有品牌战略的过程中，更多地注重对商品价格的控制而忽视了对产品质量的管理。尽管我国自2004年年初就开始在15类食品中推行食品质量安全准入制度，但仍有很多超市自有品牌产品质量不容乐观，自有品牌商品的负面报道也频频出现。

此外，很多零售企业自有品牌发展的过程中还缺乏对实际的质量控制方面的严格把关，95%以上是零售商委托加工生产的，对生产企业的监管能力并不强，受限于生产商的加工能力、管理要求、物流能力等，发展自有品牌的社会供应链基础还比较差。

另外，由于产品检测费用较高，一些零售企业除将有限的自有品牌商品委托第三方检测外，更多是自行检测。而由于缺乏专业检测人员和设施，一些生产条件没有达标的企业往往能混入自有品牌商品的供应商之列。

(3) 自有品牌商品竞争力比较弱

由于自有品牌观念的缺乏，很多首都零售企业将战略重点放在选择供应商、商店整体形象宣传等策略上，对自有品牌开发策略不够重视，已开发的自有品牌大部分被应用于销量比较大、资金周转较快、保质期较长、商品价值低、质量差异不明显、品牌认知度不太敏感的商品上，无形中也削弱了自有品牌的影响力。

另外，在自有品牌商品的委托加工生产中，实力较强的制造商一般拥有较为完善的分销渠道，大多不愿意为零售企业贴牌生产自有品牌。因此零售企业只能选择一些实力相对较弱的中小生产厂家，使得产品质量良莠不齐，容易留下安全隐患。零售商自有品牌产品的质量控制在初期一般都缺乏科学技术的支撑，定牌加工之前往往缺乏对产品品质的技术指导和技术控制。因此，在质量方面与制造商品牌之间存在一定的差距，最终导致自有品牌缺乏竞争力。

3. 首都现代零售业业态管理存在的问题

(1) 业态结构不合理，投资效益差

北京市零售业态发展不平衡，结构失调。一方面，大型购物中心业态过度增长，建设中出现了盲目上规模、上档次、过度追求豪华等问题（有脱离城市经济发展和社会结构变迁实际的可能），新建设的商厦大都集中在商业区，使商店设施造价大大提高，经营成本上升，投资效益下降。另一方面，北京市零售业态布局紊乱、功能雷同、脱离消费需求，一定程度上影响城市商业区域功能的发挥。

(2) 业态选择定位不清

北京有很大一部分零售企业"跟风跑"，看到一种业态赚钱，就立即转变为这种业态，没有过多的时间考虑自身的条件和外部环境，更没有考虑自己的核心竞争力，致使换了业态不但不赢利还亏了本。例如，标准超市与大型综合超市相比，由于经营面积小、商品品种不如大型综合超市丰富，难以满足消费者一站式购物的要求。因此，对于价格敏感而对时间不敏感的消费者，倾向于到大型综合超市购物；对于时间敏感的消费者则倾向于就近选择便利店进行购物。标准超市陷入定位不明的窘境。

(3) 运作不规范，各业态的优势难以发挥

北京市的零售业态运作很不规范，影响业态优势的发挥。如百货商店市场定位和经营方式已不能适应多样化需求，片面追求面积和装潢，却没有从实质上满足消费者的需求。再如连锁超市没有达到一定的规模，赢利水平低，有些连锁超市在形式上统一店名、标识，但实质上仍然是单店操作，没有做到统一配送、统一核算、统一管理。而其他业态发展很不充分，大多缺乏规范的管理和长足的发展。由于运作不规范，我国城市的零售业态难以发挥在经营管理、价格、服务和消费者忠诚等层面上的优势。

(4) 业态变革不深入，仅仅是数量和形式上模仿

北京市的零售业态变革还很肤浅，主要是引进国外模式，尤其是国外商家一些店铺形式、商品布局，模仿某些营销手段和技巧等。许多企业不顾自身实力和消费者真正需求，片面追求发展速度、发展规模和豪华装修，盲目追求多业态发展，而不去分析各种业态的适用情况。我国城市零售业态仅仅在形式上紧跟国际

流行趋势，然而并没有建立自己的竞争优势。

（5）零售企业对商品零售方式创新力度不够以及不能很好地解决管理、人才、资金、组织程度化等问题

北京市有很多零售企业不能准确地满足企业目标市场的需要；零售企业不能"与时俱进"，适应市场变化，调整商品结构，形成商品经营重点与特色，对于解决人才、资金、组织程度化等问题方面无所适从。

4. 首都现代零售业组织管理存在的主要问题

（1）产业集中度低，规模经济偏小

产业集中度是用来衡量某一产业竞争或垄断属性的一个基础性指标。零售业市场集中度作为零售业市场结构的主要变量对市场行为和市场绩效具有重要影响，而国际零售业的发展趋势之一是集中度的提高。

2003年以后北京市大型批发和零售企业零售额占全市社会消费品零售额的比重降到了30%以下（其中在2003—2006年期间不足1/4）；而小型批发和零售企业的零售额占全市社会消费品零售额的比重在2004—2009年期间比同期大型批发和零售企业所占的比重要高，仅有2010年大型企业比小型企业高，其中2006年小型企业比大型批发和零售企业所占的比重高出20多个百分点；小型批发和零售企业的零售额所占比重在2003—2010年期间的均值达到了35.19%，而大型批发和零售企业的零售额所占比重在2003—2010年期间的均值只有25.92%。

从全世界范围来看，瑞典前十大零售企业占全国消费品零售总额的比重高达94%，德国前十大零售企业占全国消费品零售总额的比重为86%，美国前十大零售企业占全国消费品零售总额的比重为64%，法国前十大零售企业占全国消费品零售总额的比重也达到了59%。[1]

根据日本产业经济学家植草益的市场结构分类体系[2]，20＜CR8＜40为低集中竞争型市场结构，CR8＜20为分散竞争型市场结构。由此可见，北京市零售业的市场结构不仅属于竞争型，而且是分散竞争型的，市场集中度偏低，零售业缺乏规模较大的上位企业，组织化程度较低，缺乏规模经济。

（2）缺乏规模效应

随着社会经济的快速发展，零售业组织规模结构呈现非均衡发展的两种趋势。一种趋势是盲目扩张和片面追求大型化，造成重复建设和规模经济。另一种趋势是，一些零售企业的规模呈小型化发展。零售业所具有的技术要求低、投资

---

[1] 尚慧丽：《我国流通业的SCP分析》，《学术交流》2007年第4期。
[2] 马龙龙：《流通产业组织》，北京：清华大学出版社，2006年。

少、进入门槛低等特点,使得下岗人员、竞争力差的人员纷纷涌入零售领域。

北京市连锁零售企业平均每个连锁总店所拥有的门店数为42个,超市连锁店总数为1952个,与拥有10700多家分店的沃尔玛、11000多家分店的家乐福等国际大型零售企业相比差之甚远。

大量小商业资本盲目扩张趋势使得零售企业过度竞争、不正当竞争难以避免,导致零售领域的低效率、高成本和对城市公共资源的严重破坏。小型零售企业成为经济生活供应系统的主体,这显然不能与工业化、现代化、国际化进程相匹配。盲目扩张和小型化使零售业的组织结构朝两极发展,难以形成规模经济。

(3) 进入壁垒偏低

进入壁垒由规模经济壁垒、产品差异壁垒和相对费用壁垒这三种经济性壁垒所构成。由于零售业的特殊性和经济性,使得零售业的进入壁垒较低。

①规模经济壁垒较低。与工业企业相比,零售企业的开办要相对容易得多,只要达到基本的条件要求(甚至只需要几平方米的门店和几万元的资金),选址合理、定位恰当,就能在市场上找到生存的空间,由此可见,零售业的规模经济壁垒并不显著。

②产品差异壁垒低。在买方市场的条件下,由于商品供应的相对丰富,零售企业一般都能采购到大多数同行都经销的商品,这使得零售企业销售商品的差异性较小,新企业进入零售业的产品壁垒是较低的。

③相对费用壁垒也低。零售业并非技术密集型产业,新企业开办时购进设备、引进技术、寻求供应商、培训人员等费用均不高,这使得潜在进入者不需要很大的投入就可进入零售业。

5. 首都现代零售业文化建设和发展中存在的问题

(1) 文化的个性和北京特色不突出

北京有悠久的文化传统和深厚的历史积淀,有着地域文化的特点和浓郁的风土人情。同时,北京作为首都,其文化也体现了国家和民族的文化理想和精髓。首都现代零售业文化虽然成型于行业文化的发展与积淀,但也要与民族和地方的优秀文化相结合,只有符合社会价值观念,结合地方特有文化建设而形成的行业文化,才能得到社会更广泛的认可,才能在消费者心中树立良好的形象并取得应有的地位。地处北京的零售业文化,缺少具有北京特色的文化魅力和文化底蕴,并没有借助北京作为全国"首善之区"的地缘优势来提升行业的文化竞争力和形象。这种缺少地方特色的行业文化是狭隘的,不能起到用文化体现恒久形象的作用,无法发挥文化潜在的强大功能。所以,首都现代零售业界要充分认识到文化建设对于行业发展的重要意义,更要致力于建设有个性、有北京特色的首都现代零售业文化。

(2) 战略性规划和系统性管理不够

行业文化建设是一个知识含量很大的系统工程，需要多层次的管理，需要战略性的规划。制度与文化是紧密相连的，科学的行业管理过程就是要把制度管理和文化管理很好地结合起来，从战略的高度给予重视，统筹规划。在首都现代零售业界，很多企业管理者对于企业文化的建设缺乏战略性规划，缺乏文化管理的层次，存在重制度、轻文化的现象。他们认为与有形的制度相比，文化太虚化、太无形，所以更关注企业的制度层面、物质层面，忽视了精神层面和执行层面，忽视了对于执行制度的人的关注和理解，忽视了企业文化对人在执行制度时的心理、态度、行为方式等的影响。因为对企业文化的管理缺少战略性和系统性，导致一些企业制度僵化，执行力不佳，企业文化没有渗透到企业经营管理的各个环节，制度与文化不能相互促进；同时，企业文化建设也没有与企业发展的各项战略相互适应。所以，如果企业文化不能帮助企业发展并实现其战略目标，那么文化的建设也就失去了原有的意义。

(3) 脱离经营管理实际，缺乏针对性和有效性

在首都现代零售业界，有的企业文化手册很华丽，理念很时髦，但企业的经营管理和员工的行为水平却很低，企业文化与管理、经营定位、员工素质脱节，造成"文化虚脱症"。例如，有的零售企业本应瞄准中端消费者，却以高高在上的姿态示人，既不能吸引高端消费者，也吓跑了中端消费者；有的零售企业中有相当一部分员工的文化程度不高；而有的零售企业的企业文化比较泛化，没有结合本企业的竞争优势，企业文化手册中语言"玄学化"，仅停留在时髦的口号或深奥的词汇上。这种与实际脱节的企业文化不能形成文化推动力，反而造成了企业制度、经营管理等的低效率，形成文化与制度、文化与管理之间的内耗。

这些问题表明，首都现代零售业界对于文化建设的实质和文化如何发挥作用的内在机制理解得还很不够。首都零售业文化建设是一个"实践、认识、再实践、再认识"的过程，企业不能只引进文化管理的形式，而对文化的内涵、实质及适用条件等缺乏认真细致的研究和认识，同时也不能忽视企业文化与社会文化的关系、企业文化与企业管理的关系、企业文化的表层形式与企业文化的实质效用的关系等问题，否则，企业文化就难以在实践中发挥作用。

(4) 注重形式，缺乏创新，不能与时俱进

北京买方市场的不断发展和深化，消费观念和市场环境的不断变化，消费需求呈现多元化的趋势，使消费者成为主宰市场的主要力量。因此，首都现代零售业已不仅仅是生产和消费之间的桥梁和渠道，还起着开发需求、引导生产的作

用。同时，随着北京本土零售企业的迅速扩张和外资零售企业的大举登陆，零售业在北京市场上的竞争将会越来越激烈。这都要求零售业文化建设从形式和内容上进行创新，以适应市场发展和新的消费需求，充分吸收社会先进的文化成果，形成对行业发展的持续推动力。

然而，在首都现代零售业界，有些企业的文化建设流于形式，没有内涵，缺乏层次，跟不上市场和环境的变化，不适应消费的潮流，缺乏创新，甚至很多管理者认为举办一些活动就是文化建设了。而且，比较对管理创新、技术创新、制度创新的投入，管理者对于文化创新的认识不够，没有认识到文化创新也是企业创新的重要组成部分。因此，如果首都现代零售业仍然只注重文化建设的形式，就等于抽掉了文化的灵魂，缺乏创新精神的文化也不会持续推动行业的发展。

（5）文化建设与学习教育脱节，作用发挥不够

中国企业家调查系统在2005年企业文化现状与问题的调查报告中指出，企业文化建设的主要困难是缺乏良好的内部共识和内在动力。这个内部共识和内在动力主要体现在企业员工对企业文化的理解和认识上，如果对员工的企业文化教育不到位，在企业遇到一些困难和外部干扰时，就不会有价值理念形成的内部合力，员工会表现出浮躁和不安，这种浮躁和不安再传达给消费者，就会对企业造成很大的不良影响。

在首都现代零售业界，很多企业在文化建设上存在重建设、轻教化的倾向，没有发挥文化对人的引导作用，也没有一些有效的文化教育形式来增强全体员工对企业价值理念的认识和理解，企业文化没有起到增强凝聚力的作用。另外，在企业文化建设上没有做到"以人为本"，没有很好地关注和掌握员工的需求状况和不同特点。这些问题的存在，使得企业都不能有效地调动全体员工的主观能动性和创造性，无法在文化建设上形成内部共识和内在动力。

（6）文化建设"清谈化"，管理与执行脱节

在首都现代零售业界，把文化建设落实到行动上还存在一定的差距，在文化建设上存在管理与执行脱节的问题，企业管理层对于自己制定的企业文化高谈阔论，却无法与员工产生共鸣，执行与落实无法达到预期目标。有的管理者虽然口头上讲文化建设，在实践中却还是一派官僚作风，违背了文化管理的实质性要求。产生这种现象的原因主要是在文化建设中没有建立起民主沟通的管理氛围，没有把文化的实质内涵贯彻到执行层面上。没有民主沟通，就不能激发员工参与的热情，员工仍然是"被动者"的角色，他们可能会对文化的实质内涵不理解、不认同，这样就不会有好的执行力。

6. 首都现代零售业国际化发展存在的问题

（1）首都本土零售企业和外资零售企业并存，竞争压力大

在零售业国际化过程中，大型零售集团往往具有很多小型企业所不能比拟的优势，如规模经济、资本供给、管理技术、市场化经验等，是零售业国际化的主体。从国际经济发展规律来看，零售业国际化发展战略往往都是本土化战略的延伸。因此，我们可以通过对首都规模以上（使用北京统计年鉴中限额以上批发零售企业财务状况数据）内资零售企业与外资（包括港澳台资）零售企业在本土市场的发展情况的比较，来分析首都零售业国际化的可能性。

首先，首都规模以上的内资零售业企业数在2010年和2011年有所下降，而外资（包括港澳台资）零售业企业数在增加。其次，从首都零售业的市场份额分布来看，首都零售业具有以下特点：第一，内资企业的零售业份额平稳，而外资企业份额呈上升趋势；第二，内资企业中，国有企业所占的市场份额下降，而股份类公司的市场份额基本持稳。这些特点表明，在2004年以后，外资企业大举进入首都零售市场，本土零售企业在首都零售市场面临的竞争压力加大。

（2）首都零售业内向国际化突出，外向国际化严重不足

零售业国际化主要是指零售业在本国市场以外，积极拓展国际业务和参与国际竞争，以实现其特定经济目标的商业行为和过程。零售业国际化主要有内向国际化和外向国际化两种基本模式。所谓内向国际化，即零售企业的主体业务（包括产品销售、网络布局、管控实体等）在母国市场进行；外向国际化是指零售企业直接走出国门参与国际市场竞争。在一定程度上，零售业国际化的发展水平可以通过零售业的进出口贸易结构来反映。首先，总体上，首都零售业的进出口贸易额均呈L形增长。这表明，首都零售业的国际化目前主要集中在以国际采购为主的内向国际化阶段，而出口等外向国际化能力不足。

（3）首都本土优势零售业态国际化核心能力不强

从零售业态上说，现代零售业国际化主要集中在百货商店、超级市场、专业店、便利店等几种业态。首都零售业的各种经营业态都有所发展。具体地，百货商店是主要发展业态，单店零售规模也是最大的；超级市场的单店规模持稳增长；专业店的规模较大；专卖店和便利店的成长极为迅速，但单店规模仍很小。由此可见，首都零售业的单店规模普遍很小，大多数企业仍不具备直接走出国门、参与国际市场竞争的能力。

（4）本土零售企业的国际化进展不大，但积累了丰富的国际化经验

在天客隆由于不了解当地市场、产权不清晰以及与当地政府关系协调不好等原因，首都大型零售企业开展国际化经营的进展十分缓慢。北京华联集团以400

万新元收购新加坡西友百货。其中，北京华联的海外并购意义重大。国际化为北京华联了解国外市场、扩大销售规模提供了可能；并购新加坡西友百货也对北京华联的经营管理提出了更高要求，包括经营管理方式的国际化、观念突破、人才培养、经营模式的改变等，从而为首都零售业的外向国际化发展积累了丰富经验。

（二）促进首都现代零售业发展的对策措施

1. 实现首都零售业可持续发展的对策与建议

（1）高度重视首都现代零售业可持续发展对首都经济社会可持续发展的作用

首都现代零售业通过其社会作用以及作为消费者和制造商的媒介，成为推动首都经济可持续发展的利益相关者之一。零售商作为消费者和生产商之间的媒介，把消费者的需求上传给供应商，同时把新的产品和服务下传给这些消费者，他们在塑造生产过程和消费方式方面发挥着关键作用。他们所处的位置有利于向生产商施加压力，让他们支持更可持续的消费选择。他们的主要作用是对消费需求作出回应；这种作用更为重要，因为人们已经普遍承认生产部门的积极趋势有目共睹，但是消费方式仍在继续威胁着可持续发展。

（2）在实现首都现代零售业总量增长的同时强调零售业质量的优化

按照科学发展观的要求，我们不仅追求首都现代零售业总量的增长，更强调零售业质量的优化，布局的合理性，使业态结构不断适应首都城市发展的需要，让消费行为规则更加规范清晰，同时能够满足不同层次消费者的需求。北京的业态结构应以大型百货店为主导、各种超市为主体、专门店和专业店为特色，完善CBD的功能和市中心区的建设。要控制总量、规划增量、调整存量、优化质量，对现有业态要明确市场定位，要合理布局、总量控制，避免重复和盲目发展带来的同业态恶性竞争，又要用业态的多样化满足消费需求的多层次和差异化。

（3）良好平衡首都现代零售业的经济、社会、环境效益

在推进首都现代零售业可持续发展的过程中，必须在可持续发展战略潜在的经济、社会和环境三大支柱之间实现良好的平衡。从过去几年的经历中得到的教训之一，就是经济增长和企业发展是改善社会和环境状况的先决条件。如果企业没有能力进行必要的投资，或者如果自愿方法比法规取得的成果要好，那么把日趋严格的标准强加给企业是错误的。

（4）创新首都现代零售业行业管理手段

加强行业管理是促进零售业健康发展的重要保证，在市场经济条件下，行业管理的重点是政策导向、公共服务和社会管理，首都商务部门应继续致力于相关法律法规、行业标准和产业政策的制定与实施，创新行业管理手段，服务企业，

加快构筑统一、开放、竞争、有序的市场环境，促进零售业的健康有序发展。

2. 加快首都零售业自有品牌建设的政策建议

（1）改善首都零售业的宏观环境

①加强首都零售业的政策支持。零售企业自有品牌的经营已经成为零售发展的重要趋势，是一条已经被企业实践所证明了的成功的零售经营策略，是企业发展的新增长点。因此，政府应当对培育我国零售企业的名牌效应予以足够重视。

我国政府对制造商品牌的市场效应认识较早，对制造商品牌鼓励和发展的政策也开展得较成熟，如各种著名品牌的评比及免检企业称号的授予等。但对于零售商自有品牌的效应却认识得较迟，部分地方甚至还没有意识到零售企业也可以发挥品牌效应，缺乏相应的政策鼓励和支持。因此在品牌发展的规划中，应该把零售商的品牌建立提高到一个战略发展的层次上，和制造商品牌一起予以同等甚至更多的重视。

所幸的是自有品牌战略已引起了北京市政府和零售企业的关注。特别是加入WTO后，在平等的竞争环境下，我国相对力量薄弱的零售企业是否能迅速建立自有品牌、与国际企业形成品牌竞争格局与政府的大力支持及政策的适当倾斜有很大关系，特别是在融资、用地等方面应该得到政策适当的扶持，否则难以和实力雄厚的国际企业竞争。

②健全首都零售市场的运作机制。零售企业发展自有品牌还需要一个完善的市场经济运作机制及良好的法律维护体系。随着我国市场经济体制的发展，市场环境得到了很大改善，但受传统经营机制的影响，依然存在的地区封锁、部门分割严重以及财政体制上存在行政壁垒等问题使我国零售企业在地域及行业空间的发展受到局限，致使零售企业的自有品牌战略的发展也受到了很大的影响。

例如北京13家商业零售企业重组成立的北京首联集团。首联集团曾计划在5年内，店铺发展到1500余个，年销售额突破200亿元。然而，以注资1000多万元的方式加入首联并成为集团最大股东的北京物美集团，却抽回这部分资金，并正式宣行退出首联。而首联集团由于对各股东之间缺少必要的约束力，加上北京市范围内存在地区封锁、部门分割严重以及财政体制上存在行政壁垒等问题，致使零售企业难以跨地区、跨所有制联合，无法实行规模经营。由此可见，虽然做大做强是目前北京零售业的当务之急，但如何在现存体制框架中实现企业的优化组合是首都零售企业所面临的一个难题。

③加强首都零售业品牌的法律保护。当前，北京市政府对品牌特别是零售商自有品牌的法律维护机制还很不完善。尽管我国政府对《商标法》进行了第二次修订，但对诸如服务商标等问题的应用和保护还不完整和全面。目前，在北京市

的零售市场上,假冒伪劣商品和产品侵权的问题仍然比较严重,虽然零售企业的自有品牌在某种程度上防止了假冒商品的产生,但在规范市场品牌运作及维护品牌产权等问题上对我国及北京市的零售法律的完善又提出了更高的要求,法律建设依然任重而道远。

因此北京市政府还需要继续深化经济体制的改革,注重建立完善的市场运作机制和法律维护机制,按照市场规律办事,为首都零售企业自有品牌的发展营造一个良好的商业运作空间。

④完善首都零售业人才培养机制。国际零售巨头在中国市场的迅速发展以及自有品牌的成功建设,一方面是由于有雄厚的资金以及丰富的经验和良好的运营模式,而另一个关键方面就是拥有良好的具备国际先进经营理念、经营手段的人才及相应的储备人才的选拔和培训系统。

而制约首都零售业发展的一个重要瓶颈就是缺乏与现代化经营方式相适应的营销、管理人才,而自有品牌的管理和运作则对首都零售业人才队伍的建设提出了更高的要求。因此,要推动首都零售业的自有品牌建设,就必须完善首都零售业的人才培养和引进机制。

首先,在人才培养方面,北京市政府及其零售企业应当充分利用北京市优越的教育资源,与北京市的各大院校积极合作,共同培养零售管理和品牌管理等相关专业的本科生和研究生,为首都零售业自有品牌的建设打下坚实的人才储备基础。

其次,在人才的引进方面,北京市政府应当为引进国内外零售业相关优秀的管理人员提供优越条件,吸引那些在国际大型零售企业工作,具有丰富的零售企业自有品牌建设经验的企业管理人员,参与到首都自身零售企业的自有品牌建设当中。

(2) 提高首都零售业的自有品牌管理能力

①注重目标市场分析。零售企业的自有品牌策略要获得成功,首先就要求零售企业必须能够非常详细准确地了解目标消费者的需求特点。因此,是否掌握正确的市场信息对零售企业的自有品牌建设格外重要。零售商应注意对目标顾客和市场的相关信息和数据进行收集和整理,建立一个完整的分析系统。

目前,很多首都零售企业都已经开始重视对零售终端POS机的数据收集和分析,找出关于消费者购买行为的规律。例如,购买某种商品的消费者的光顾频率;一次购买的数量;是否选购了同类竞争对手的产品;同时还选购什么商品;是否购买大量的特价促销商品;通常集中在什么时间购物等。此外,零售企业还可以通过推广会员卡的使用,了解消费者的年龄、职业、教育状况、家庭结构、收入水平等信息。

但是，当前首都零售企业对于市场信息收集的渠道还比较单一，往往忽略了对消费者声音数据和图像数据的整理分析。消费者的声音数据可以是对顾客的定期或随机的访谈记录。图像数据则是摄像机记录消费者选购过程中的动作和神态。通过对这两类信息的分析，零售企业可以更加准确地把握消费者购买习惯。

如果零售企业能够全面地收集有关目标市场的各种信息，建立一个完善的市场信息收集、整理和分析系统，就可以为企业自有品牌策略的制定和执行提供更好的参考，达到事半功倍的效果。

②充分发挥自有品牌商品的优势。传统的零售企业是各种制造商产品的分拣和分销的地方，各个零售商之间的产品并无多大差别。各个零售商之间的竞争主要是通过抢占拥有优越地理位置的店面和提供更多的无形服务来吸引消费者。但是这种方式并不能给零售企业带来长期而且稳定的竞争优势。而自有品牌则可以帮助零售企业获得排他的、独一无二的优势，这也就是为什么越来越多的零售企业都在积极开展自有品牌策略的重要原因。

然而，作为首都零售企业的管理者，还应当注意到，在各个零售商都一哄而上，纷纷开发自有品牌的时候，将来的首都零售企业自有品牌之间可能将面临形象定位趋同的威胁，而由于形象定位的趋同，可能进一步导致各个零售企业陷入恶性的价格竞争当中。因此，首都的零售企业必须在自有品牌策略制定过程中注重塑造自有品牌产品的特色，并通过产品设计和品牌宣传，在目标消费者心目中树立起一个显著区别于其他零售自有品牌的市场形象。

③使用合理的营销组合策略。根据之前的分析我们发现，消费者掌握的商品信息越充分，对零售企业自有品牌的质量风险的感知就越弱。因此，零售企业在自有品牌的建设过程中还应当选择和设计合理的营销组合策略。

首先，在自有品牌商品的设计和宣传过程中，首都的零售企业应当尽量让消费者熟悉其自有品牌的特点，降低消费者对自有品牌商品的感知风险。在商品的包装上应尽量详细地提供商品各种相关信息，提供具有说服力的证明或是能够提供第三方的质量认证担保，以达到降低消费者疑虑的目的。此外，零售商可以选择具有一定知名度的制造商来生产制造自有品牌，并在产品包装和宣传中揭示双方的合作关系。

其次，首都的零售企业还可以考虑通过体验营销的方式来降低消费者对于自有品牌商品的感知风险。由于消费者对于商品信息的收集和整理主要来自其购买过程，因此如果零售商能为消费者提供试用装、免费尝试等促销活动，将有利于获得对自有品牌商品的评价。

④建立配套的物流配送体系。随着零售企业规模不断扩大、连锁化程度不断提高，是否拥有高效的物流配送系统成为零售企业成败的关键。而零售企业的自有品牌则更加需要利用物流配送系统在各连锁店中销售，争取实现规模经济。在零售企业的自有品牌商品中，速冻食品、新鲜果蔬、自产糕饼等产品往往占有很大的份额。这就需要零售商在从产品生产到摆上货架的各个环节中，不仅提供及时的物流服务，还能够利用先进的技术保证商品的品质。由于零售商的产品专业化程度不及制造企业，而且还要力求降低自有品牌的生产成本、保持价格优势，建立完善的配套物流系统，这些对零售企业降低自有品牌商品的经营成本具有非常重要的意义。

一般而言，零售企业可以选择的物流配送系统主要有三种方式：第一种是自己建立的物流配送中心；第二种是利用社会化第三方物流企业的物流服务；第三种是前两种方式结合，一部分自己建设，其他则利用第三方物流。而根据西方发达国家的发展经验，这三种方式在零售企业中都有比较广泛的应用。比如，英国的大型零售企业特易购主要是依靠自己建立的物流配送系统。而法国家乐福的物流配送是自建与外包相结合的方式，自有物流配送中心约占20%，利用第三方物流服务的约占80%。这几种物流体系各有优势，自己建立的配送中心便于管理，而利用第三方物流企业外包物流配送业务，则可以避免一次性的大量投入，省去日常管理的烦琐工作。

21世纪的竞争不是企业与企业之间的竞争，而是供应链之间的竞争。作为首都零售企业的管理者们有必要认识到，尽管自有品牌实现了零售商的差异化，但是在产品日趋同质化的今天，这种差异化会被渐渐削弱，配套的物流系统是提高企业整体竞争力的武器，是零售企业的利润源泉。

⑤大力开展自有品牌的电子商务。首都零售企业的管理者们还应当注意的另一个现象是电子商务（E-Business）作为信息时代的创新力量，在引发一场社会生产和消费革命的同时，也给商品流通企业带来了巨大的影响。一方面，电子商务为零售企业扩展了业务空间，催生出了许多网络零售业态；另一方面，电子商务也使制造商可以通过网络平台直接销售商品、提供服务，从而摆脱了对零售企业的依赖。

对于零售企业而言，应当充分利用电子商务给企业所带来的机会，并尽量避免电子商务所带来的冲击。而其中一个非常重要的手段就是大力开展自有品牌的电子商务活动。

首先，通过电子商务可以扩展自有品牌的市场空间。零售企业可以借助网络信息技术大力推广自有品牌商品，不仅可以吸引更多的消费者注意，还能节省宣传费用。

其次，通过电子商务可以更好地提供顾客服务，塑造自有品牌的顾客忠诚度。零售企业借助于自身的先天优势和电子商务的特点，可以通过门店销售和网络销售相结合，克服传统门店销售和网上购物二者的局限性。一方面，门店商品展示，可以让消费者切实观察和购买到自有品牌商品，降低消费者对于网络购物的感知风险；另一方面，通过电子商务和网络销售，可以让消费随时随地浏览零售企业自有品牌的商品目录，查询信息并完成购买，减少了消费者购买商品的时间和程序。两个方面共同作用，可以为消费者提供了更多的服务，进而为零售企业的自有品牌塑造更高的顾客忠诚度。

3. 调整与优化首都现代零售业业态的措施

（1）大力推行连锁经营

经过十几年的快速健康发展，连锁经营已被首都零售企业广泛应用到百货商店、超级市场、专业店、专卖店、仓储式商场等所有零售业态中。各零售企业根据自身发展情况选择了多业态或单一业态的连锁经营，使首都现代零售业呈现出繁荣发展的面貌，多业态并举成为市场主流。从北京市的实际出发，当前应该把发展连锁超级市场和连锁便利店放在优先地位。当前连锁商店的发展重点，应该以为民、便民、利民为指导思想，以中等收入的工薪阶层为基本顾客，以满足人民群众基本生活需求为经营宗旨，以大众化生活用品和"菜篮子"、"米袋子"食品为主体商品，以超级市场、便利店和与居民生活密切相关的快餐业、服务业店铺的连锁经营为主要形式。

为推动首都连锁零售业的发展，需要做到以下几点：①加快连锁经营企业公司制改革步伐，完善法人治理结构，突出经营主业，增强创新能力，提高核心竞争力。鼓励连锁经营企业以资本为纽带，建立母子公司体制的直营连锁网络，或通过商品、品牌、商号、配送、管理技术等联结方式发展特许经营网络。鼓励相同业态或经营内容相近的连锁经营企业通过兼并、联合等形式进行重组，实现低成本扩张和跨地区发展。对资产质量好、经营机制规范、成长性强的连锁经营企业，要鼓励其上市。②统筹规划，加快物流配送体系建设。要做好规划与标准制订等基础工作，积极扶持连锁零售企业配送中心的建设，鼓励引进和自主开发先进物流管理技术，努力实现仓库立体化、装卸搬运机械化、商品配货电子化，加快建立高效率的配送体系，提高连锁经营企业商品统一采购和集中配送的比例。③加强管理，提高连锁经营企业规范化水平。要按照连锁经营标准化、专业化的要求，建立连锁经营企业规范的作业标准和管理手册，连锁经营企业总部要强化对门店经营行为的监管和约束，杜绝不规范的商业行为。进一步推进和完善连锁经营企业时点销售系统、管理信息系统的建设，推广客户关系管理和供应链管理技术，加快连锁经营企业信息化建设步伐，推广品类管理、电子标牌、防损防盗等现代管理方法和手段。④抓紧培养熟悉现代流通规则、方式、管理及技术的高素质人才，积极开展连锁经营从业人员培训。⑤通过采取简化行政审批手续、实行统一纳税、减少重复检查等措施，为连锁零售业的发展创造良好的外部环境。

（2）积极发展便利店、折扣店和无店铺零售

便利店通常分布在交通要道以及车站、学校、办公楼等公共活动区，为广大消费者提供24小时的便捷服务。由于城市居民生活的快节奏和生活水平的提高，便利店和折扣店有着很大的顾客群体，应积极发展便利店。这两种业态可以迎合我国消费者的便捷和节俭消费心理，适合我国的消费水平的同时又很好地满足了消费者追求物美价廉、少花钱买名牌的消费习惯，与北京市市场状况恰当。积极发展便利店、折扣店，带动首都经济发展。

近年来，网络购物、电视购物、邮购、自动售货亭和电话购物已经成为一种购物趋势，大众的消费观念也由走进商场逐渐转为在家便可购物的方式，这种方便快捷的优点赢得广大消费者的青睐，其市场也不断发展壮大。发展网上零售业有利于促进本市流通领域经营结构调整、商业交易模式创新、提高交易效率、降低交易成本、拉动消费，有助于推动并形成商业经济发展新的增长点和新动力。

发展无店铺零售应坚持政府推动与企业主导相结合，营造环境与市场化推广相结合，网上零售与有店铺零售相结合，重点推进与协调发展相结合，加快发展与加强管理相结合的原则；应发挥行业协会及企业主导作用，积极优化发展环境，以新技术应用推动传统业务创新，加强分类指导，借助相关组织加强网络环境的市场监督，建立有效的规范管理体系，维护网上零售活动的正常秩序；应鼓励已有信息化管理基础的大型百货店、专卖店、专业店、大型批发市场、连锁超市等零售企业开展网上零售业务，建立网上商城，在实体店经营基础上，增加经营品种，延伸产品线，构建网络营销渠道，建立与消费者交流和互动的平台，不断了解并满足消费需求。

（3）努力完善大型购物中心综合性、全面性

大型购物中心是集购物、餐饮、娱乐、休闲、旅游、社交与商务等功能于一体的为消费者提供一站式服务的综合服务体，是一种区域商业中心。随着人民消费水平的提高，对于大型购物中心的需求日益增加，所以大型购物中心的综合性和全面性需要进一步加强以迎合现今的消费习惯。

对于经营者来说，应从建立标准经营管理体系、消费者资源开发能力和承租户战略伙伴关系三方面构筑购物中心的核心竞争力。完善、系统的经营管理体系

是购物中心成功开发和正常运营必备的条件，开发消费者资源能力是购物中心生存的基础，而承租户则是购物中心获取投资回报持续发展的动力，三者既相互制约又相互促进，缺一不可。从政府监管的角度看，应根据城市总体发展规划、商业网点布局及发展规划，加强对购物中心项目的审批，促进其规范、稳妥、有序发展。

（4）大力发展各种新型零售业态，便利居民生活，提高生活品质

大力发展与北京市居民生活息息相关的生鲜食品超市（便利超市）、药品超市和社区菜市场等社区零售业态。目前重点应该是发展生鲜食品超市和社区菜市场。在这个过程中，可以顺势把农贸市场改造为现代生鲜超市或社区菜市场。生鲜食品超市的发展，建立供应链将是关键。发展生鲜食品超市的关键是建立生产、加工、包装、组配、运输、销售的供应链。这需要政府、农民、加工者、经营者、消费者的共同努力才能成功。

（5）区别不同业态，确定适宜的规模和区位，使零售业态布局与城市建设保持同步

零售业态的选址布局及规模要同城市建设紧密结合。要结合北京市商业发展规划，按照三级商业中心不同的规模、功能、市场定位和商圈范围，调整各种业态的布局。大型综合超市、仓储式商场重点向三环、四环路间及四环路以外的居住小区和郊区卫星城发展；地区级商业中心及居民密集区、新建小区大力发展食品超市；大力发展社区商业服务，在居民居住区和交通要道发展连锁便利店和24小时便民店；大型连锁集团、百货店、专业店、特色餐饮店在市级商业中心、繁华商业街区发展与完善的同时，向城市周边及卫星城拓展，从而达到总体上的布局均衡、资源优化和效益提高。

4. 促进首都现代零售业组织结构优化的政策措施

为引导、推动首都现代零售业的健康发展，全力打造国际商贸中心，为北京实现世界城市战略目标，有必要通过政策对零售企业实施有效的集中、兼并、融合、协作与联合，从而提高首都现代零售业的组织化程度。零售业组织政策应当侧重于鼓励、支持零售企业的一体化、多角化、兼并、联盟，鼓励零售企业在更高层次、更大规模乃至全球范围内参与市场竞争。

（1）打破行业垄断、部门分割和地区封锁

这有利于统一市场的形成，也是实行规模经营和集约化经营，催化和发展一批跨行业、跨地区、跨国界的零售企业和企业集团的条件和前提。在经济全球化的大背景下，只有大企业和企业集团才有实力参与国际竞争，这正是发达国家在反垄断政策上转变的直接原因之一。①尽快制定反垄断法。反垄断法不仅仅是针

对垄断企业,而且也针对形成垄断的行为。目前特别是对由地方保护和行业保护形成的垄断加以限制。②清理现有行业法规。由于政出多门,地方与中央、部门之间以及新老法规之间存在着冲突,需要对现有法规进行一次大清理,特别应撤消和废除一些阻碍竞争和制造垄断的法规。③促进形成全国或区域性统一市场,制定相关法律法规和市场准入规则,同时要有保证实施法规的执法和监管体系。

(2) 制定鼓励零售企业兼并、联合的政策

对于零售业来讲,企业兼并能减少零售企业的数量,提高市场的集中度,扩大企业的规模,从而能较好地发挥零售企业的规模经济效益,解决零售业内低效率竞争的问题。20世纪60年代,日本政府成功地运用了这一产业政策,当时日本的零售企业规模同样普遍偏小,不能有效地利用规模经济,因而其成本高于当时经济发达国家的水平;而且为数众多的小规模零售企业间存在低效率竞争,也影响了技术进步和经营水平的提高。日本政府为了从根本上改变这种不利状况,积极推行了零售企业兼并、联合政策、以实现企业集中化,最终建立了具备规模经济效应的零售业体系。政府制定零售企业兼并政策的重点是要促进零售企业间的兼并活动,并从税收、金融上支持零售业的优势企业去兼并劣势企业,统筹解决和安排被兼并企业的债务和职工问题。对于不具备组建企业集团这种紧密性联合方式的企业来讲,也可以先通过建立起较为松散的联合关系,采取统一联网、信息共享、统一退换保修商品等方面的合作。这有利于减少零售企业间的无序竞争,降低交易费用,提高零售企业的规模经济效益。在制定这方面的政策时,需要注意的是推动零售企业并购、联合应以经济手段为主,通过经济杠杆的作用达到目的,而不能单纯采用行政手段来进行扶持甚至直接进行干预。

(3) 制定零售业有效竞争政策

零售业竞争政策的目标导向就是要规范零售企业间的竞争行为。由于近几年来,我国零售业普遍存在过度竞争现象,同时又缺乏必要的竞争政策约束,致使各种不正当的价格竞争、促销竞争不断发生。政府应该就零售企业的定价、促销、商业秘密等制定出一系列相应的政策法规,使零售企业的竞争行为有明确的法律规范和制度保障,从而抑制零售业的无序竞争和过度竞争。

(4) 制定适度的市场壁垒政策

为遏制零售业过度竞争的进一步扩大,政府应当提高进入零售业市场的准入标准。这既可以控制零售业在数量上的盲目扩张,又能提高零售业的规模效益。只有用适度的进入壁垒将低素质和低效率的零售企业拒之门外,才能为具有发展前景的零售企业创造良好的竞争环境。对于具有发展前景的中小零售企业,政府应当制定相应的扶持政策。同时,为了规范市场,达到发展经济、促进消费的目

的，应根据不同区、县和不同行业设置不同的进入壁垒标准。

（5）制定跨区域集团化的催化政策，以培育一批现代大型零售企业

面对国内零售企业规模呈现小型化和分散化以及海外跨国零售企业抢占国内市场的格局，我国零售业要打破区域界限，加快零售企业的集团化建设，特别要发展区域性的零售业大集团和跨国公司，以提高零售业的集约化程度和流通效率，增加零售企业在国际市场和国内市场上的竞争力。政府应当降低甚至取消地域性市场壁垒，采取一系列产业催化政策，这种政策包括压力催化、利益催化和协调催化。

5. 构建具有首都商业特色的现代零售业文化

（1）政府主管部门要加强对首都现代零售业文化建设的支持和管理

①制订首都现代零售业文化发展规划，支持和加强首都现代零售业文化建设。在市场经济条件下，行业的发展和行为仍离不开政府的支持与引导，首都现代零售业文化的建设也不例外。为提倡、鼓励、建设和发展首都现代零售业文化，建议政府零售业主管部门要适应首都现代零售业发展的要求，建立统一、高效、权威的管理机制，根据首都现代零售业发展的需要，成立专门的机构，加强政府对全市零售业文化建设的管理；借鉴国际经验，通盘考虑，制订首都现代零售业文化整体发展规划，提出宏观的、指导性的意见，避免首都现代零售业文化盲目、无序的发展，促进企业文化健康、持续的发展；建立首都现代零售业文化发展政策的政府协调机制，协调各部门对发展首都现代零售业文化的支持；聘请有关专家，建立首都现代零售业文化发展与建设专家委员会，为政府指导首都现代零售业文化建设的重大决策提供相关咨询服务。

②首都现代零售业要继承和弘扬北京商业优秀的、传统的行业文化。经过多年的发展，北京零售业形成了许多优秀的传统文化，取得了丰硕的成果，如"以人为本、天人合一、义利相宜、诚实守信、勤劳俭朴"的义利精神；"炮制虽繁必不敢省人工，品位虽贵必不敢减物力"的同仁堂信条；"绸缎在苏州定织，毛皮要张北的头水货"的瑞蚨祥质量信念；王府井的"一团火"精神；蓝岛大厦的"一片情"意识，精益求精、追求完美的敬业精神等。这些不仅是北京零售业的精神财富，也是一笔巨大的社会财富，在市场经济发展中仍然具有强大的生命力。对此，建议政府主管部门引导首都现代零售业对传统文化进行正确的取舍、吸收、重建，深度挖掘其中的合理内核，继承和弘扬北京商业优秀的传统文化，加快北京流通经济和首都现代零售业文化的发展进程。

③首都现代零售业要根据北京城市功能定位的要求和消费市场的特点，确立首都现代零售业文化的特质。国务院常务委员会通过了《北京城市总体规划

（2004—2020年）》，将北京定位为"国家首都、国际城市、文化名城、宜居城市"。目前，北京市正在努力建设"人文北京、科技北京、绿色北京"，这是北京落实科学发展观的战略任务，也是新时期首都发展的基本方向。伴随这一进程，北京日益完善的城市功能和良好的城市环境优势将转化为商务优势、贸易优势，为北京带来更多的购物、休闲、旅游、会展、洽谈的商机，形成越来越大的商流、物流、客流、资金流和信息流，促进首都现代零售业的进一步发展。同时，从全国来看，北京属于经济发达地区，收入水平较高，是全国性的大市场，也是层次高、有内涵、商品丰富的市场，引领着国内消费的发展方向。当前北京城乡居民消费全面进入了结构升级的新阶段，正由生存型消费向发展型、享受型消费转变，消费者越来越追求高品质、实用性、个性化的产品和服务。北京居民消费结构的升级，为首都现代零售业扩展市场、扩大规模、保持较快的增长速度提供了有利条件。对此，政府有关部门要引导首都现代零售业根据这些新形势确立具有北京地方特色的行业文化。

④评选和表彰首都现代零售业文化建设先进单位，创造促进首都现代零售业文化建设和发展良好的舆论氛围。在首都现代零售业树立一批企业文化建设先进典型，不仅有助于提高首都现代零售业经营管理水平、服务质量，加强企业诚信建设，规范市场经济秩序，而且还会对首都现代零售业文化建设与发展起到积极的作用。对此，要立足全市零售业文化建设的实际，严格评审条件，树立一批公众认可，内容健康向上，形式活泼多样，运作规范，文化特色突出，凝聚力、竞争力强的企业文化建设示范单位。通过树立先进典型，发挥示范作用，促进首都现代零售业文化建设不断向前发展。最后形成企业家倡导、弘扬、实践，广大零售企业积极参与，全社会重视的首都现代零售业建设大环境。

(2) 政府主管部门要引导首都现代零售企业加强文化建设，充分发挥企业文化的作用，以促进首都现代零售业文化的建设

首都现代零售业是由众多零售企业组成的现代服务性行业，首都现代零售企业文化建设的水平与企业文化作用的发挥，直接影响着首都现代零售业文化的建设和发展的水平。因此政府主管部门要从以下几个方面引导首都现代零售企业加强文化建设，以促进首都现代零售业文化的建设。

①引导首都现代零售企业把文化建设和管理纳入企业的战略管理系统予以重视。首都现代零售业企业应从战略角度加强企业文化意识，把企业文化建设和管理纳入到企业的战略系统予以重视。企业文化犹如一把总钥匙，启动着企业管理的各个方面，使企业的一切活动都始终围绕着企业目标运行，并努力为实现企业目标做出贡献。优秀的零售业文化应注重通过各种文化手段建立一种管理模式，

即用正确的价值观指导员工行为,用良好的行为规范保持企业的运行秩序,用独具特色的经营理念弘扬企业的宗旨,用诚信的形象提高企业的市场占有率。零售业文化要在企业员工中倡导和营造一种积极健康、活泼和谐的精神氛围,对企业的各方面的工作起到良好的推动作用,体现企业文化的价值。

②引导首都现代零售企业根据其市场定位和目标确定企业文化建设的定位和目标。企业的定位和目标是企业生存和发展的基础。企业文化是企业改革和发展的思想源泉,它渗透在企业经营管理目标实现的全过程。企业文化的定位与目标是以企业的市场目标和定位为基础的。例如,蓝岛商场作为一家百货店,强调的是"亲和",是"营造温馨的环境文化",其场内的每一类商品,都有一条文化用语与之相对应。如箱包:"一箱一包都是情,天涯海角伴君行";香水:"让芳香渗透您的全部生活";摄录像机:"摄取美好生活,留住美好回忆"等,让顾客感到处处充满温馨与欢乐。所以零售企业要根据企业的市场定位确定企业文化的内容,使企业文化的目标和企业的经营目标相一致。

③引导首都现代零售企业根据其发展所处的历史阶段和实际情况确定企业文化建设的层次,加强企业文化与员工的互动,确保实效。零售企业在不同的发展阶段对企业文化的认识和反应会有所不同。对于新兴的零售企业,在创业期就要注意企业文化要素的积累,在发展期就要逐步形成具有凝聚力的企业精神,这是"企业文化建设"的第一步。而后,企业会进一步发现企业文化的价值,邀请专家对企业文化进行系统总结和提炼,有的企业会自行总结企业文化,去伪存真,系统地塑造企业文化,并找到保持企业文化的对策,这是企业文化建设的第二步。企业文化形成后,对员工进行教化,使企业文化的核心理念融入到员工的思想意识里面,这是企业文化建设的第三步,是确保企业文化能够发挥作用的关键。对于传统的零售企业,则要发扬企业文化中优秀的因素,加强与员工的互动,确保实效。

④引导首都现代零售企业把企业文化建设与企业管理紧密结合起来,使之深深扎根于企业管理的土壤,实现文化管理和制度管理的互动。企业文化建设是零售企业经营管理的重要内容,零售企业注重员工与顾客的管理,应该把企业文化的核心内容如企业精神、经营理念贯穿到经营管理的方方面面,在加强企业文化建设的同时,更要加强企业的科学管理,讲求企业文化与企业管理的有机结合,让文化融入管理。管理与文化,本身就是对立统一、一实一虚的关系,文化讲求氛围和心理契约,管理则讲求制度和外部规范,但这两者必须有机融合,文化中有规范,规范中有文化,文化离开管理的方法和策略会成为空中楼阁,管理离开文化的指导会失去灵魂与方向,注定无法成为卓越的企业。因此,把优秀的文化

理念转化为零售企业的各项制度、流程、员工的日常行为，并与考核、培训等结合起来，才能真正形成执行文化。

⑤引导首都现代零售企业在进入新的发展阶段时对企业文化进行再造，比如处理好传统继承与创新的关系。美国著名企业文化专家沙因指出：在企业发展的不同阶段，企业文化再造是推动企业管理前进的动力，是企业发展的灵魂。而世界500强企业胜出其他公司的根本原因，就在于这些公司善于给他们的企业文化注入活力。对于传统的零售企业，在企业发展进入到新阶段时，对于企业文化优秀的基因必须继承和发扬下来，同时要不断地创新。对于现代的零售企业，要建立与时俱进的企业文化，不断地适应新的市场环境。一个优秀的企业文化应该是学习型的文化，是融入企业的具体实践、得到全体员工认同的不断推进企业管理的再造进程，能够促进经营机制的转变和干部、人事、分配制度的改革，并能与企业发展相协调、相统一、相促进，在实践中不断汲取营养，在实践中不断得到强化，形成富有企业特色、具有生机和活力的文化竞争力。

⑥引导首都现代零售企业把企业理念和核心价值观作为企业文化建设和企业核心竞争力形成的关键予以重视。企业理念和核心价值观是影响个体和组织行为的内在因素，是企业共有价值观和员工个人价值观的统一。企业文化建设的目的就是塑造企业的理念和核心价值观，从而形成核心竞争力。首都现代零售业文化建设要塑造企业的理念和核心价值观，以规章制度、行为准则、道德操守等形式，约束职工的行为，并形成一种强大的约束力量，形成企业的核心竞争力。与传统的强制性约束不同的是，这种约束是建立在企业职工自觉的基础之上，主要是自我约束，因此更为持久，更为有效。

⑦引导首都现代零售企业高扬人本主义旗帜，建立人本管理的企业文化。人都是具有主观能动性的，员工是否主动参与企业的经营管理，是决定员工是否以企业的发展、企业的繁荣作为实现自我价值的关键。北京零售企业要把企业文化扩展到"以人为本"的育人层次，并立足于创建培养员工"自我实现"的企业环境，积极引导和提升员工价值观向更高层次发展，从而形成一个具有崇高价值观的团队，提高员工的凝聚力和战斗力，增强综合竞争能力，发挥以文化占领市场、以文化赢得顾客、以文化实现管理的风格和魅力；树立形象，创造理想工作环境，从而留住人才，进而赢得顾客；通过开展各种活动，创设各种环境，制定激励制度，把敬业精神、团队协作、职业道德、毅力品格、工作态度、行为规范等都纳入到员工的素质教育中去，进一步激励员工积极参与企业管理，增强服务意识，热爱自己工作，自觉地学习、思考、实践、创新企业文化。

⑧引导首都现代零售企业把企业家的战略思想和员工的精神追求、人性需求

作为企业文化创新的源泉，努力形成原创性、个性化的企业文化。个性是企业文化的特征之一，没有个性的企业文化就没有生命力。企业文化有没有特色，反映了这个企业是否真正重视企业文化建设，是否真下了工夫建设企业文化。企业文化不能模仿，盲目的模仿难免会产生"东施效颦"的尴尬；企业文化也不必模仿，企业文化唯有形成自己的特色，保持自己的原创性，才能充分发挥其应有的作用。燕莎集团针对企业文化建设了理念建设、制度建设、环境建设、形象建设和员工建设，并且重点抓理念建设和制度建设。其充分利用集团拥有一批品牌企业和老字号企业的优势，总结、梳理、挖掘品牌企业具有的鲜明个性化的理念体系，构筑了企业文化的个性化模式。

⑨引导首都现代零售企业把提升顾客满意度、培育顾客忠诚与提升员工满意度、培育员工忠诚结合起来，为顾客创造价值，为员工提供成就事业的平台。优秀的企业文化，应该面向客户需求，提供满足客户需要的优质产品和优质服务。只有这样，企业无形的文化竞争力才能转化为有形的市场竞争力，才能经受起市场经济的考验。没有市场和客户的认可，再好的企业文化也只能是空谈和虚设。优秀的企业文化，应该能用先进的理念和共同的价值观，把员工的心凝聚在一起，使员工心往一处想，劲往一处使。北京零售企业文化建设必须为员工创造与企业共同成长的环境，保护好员工的工作积极性和创业激情，使每个员工都能在推动企业发展的进程中得到发展和实惠，都能在劳动的过程中获得成功的喜悦和人格上的尊重。

⑩引导首都现代零售企业建立与供应商、顾客的利益共同体关系和利益共享机制，实现三方共赢。作为零售企业，如果只强调自己的利益，那么对于自己、供应商、顾客都不能实现利益的最大化。当前，在北京商业进货交易环节中，零售商利用强势地位，强迫供货商签订不平等的格式合同，并在合同履行过程中，拖欠货款、降低返款比例、乱立名目收取费用……这些问题非常普遍，严重损害了广大供货商的合法权益，扰乱了商业流通市场经济秩序，引发了尖锐的社会矛盾。为进一步规范流通领域市场经济秩序，引导商业零售企业依法经商，诚信兴商，也为规范企业进货交易行为，北京商务局会同工商局研究制定了《北京市商业零售企业进货交易行为规范》，针对零售业供应商与零售商之间容易引发矛盾纠纷的事项做出了明文规定。北京零售企业要严格遵守规范的条款，与供应商建立长期共赢的合作关系；要努力为顾客创造价值，提高顾客的满意度，赢得顾客的理解、支持和尊重，进而永远留住老顾客，赢得新顾客；要进一步与供应商、顾客建立起利益共同体关系，实现利益共享和三方共赢。

⑪引导首都现代零售企业加强企业文化的宣传、教育与核心价值理念的教

化，把建立学习型组织与企业文化修炼结合起来。北京任何一家零售企业要想站稳市场，扩大销售，都必须向品牌要效益、向服务要效益、向商誉要效益。因此，加强企业文化的宣传、教育与核心价值理念的教化，强化企业文化的执行力对于首都现代零售业企业经营具有重要的意义。企业文化教化就是用先进的企业文化促进企业成员的自我超越和心智模式的改善，建立共同愿景，形成团队精神，从而使企业成为一个活的有系统思考能力的生命有机体，把文化渗透到企业的每一个细胞中，并使核心的理念和价值观沉积为企业发展的文化基因。企业文化、企业中的共同愿景会改变成员与组织间的关系。共同愿景可以将来自不同地方的人凝聚成一个共同体，使组织成员产生集体荣誉感，使他们的价值观、工作目标趋向一致。这对于零售企业提高员工素质，开展整体管理，实现企业文化的价值有着重要的意义。

⑫引导首都现代零售企业建立企业文化发挥作用的体制和机制，创新企业文化价值的实现模式。北京零售企业应根据企业的性质和员工的思想来建设具有自己企业特色的企业文化，这样的企业文化才是有生命力的，才能在企业管理的过程中发挥实质的作用。零售业文化从实践中来，更要运用到实践中去，要用科学、系统、适用、有效的企业文化指导企业的经营管理。要用共同的价值观念塑造企业的员工队伍，用共同的行为规范约束企业的员工队伍，用企业精神激励企业的员工队伍，用经营理念凝聚企业的员工队伍，用管理思想武装企业的员工队伍，用发展战略鼓舞企业的员工队伍，从而达到不断促进企业管理，增强企业活力，增强企业信用的目的，最大限度地调动广大员工的积极性、主动性和创造性，最大限度地提高顾客满意度，确保企业经济效益和社会效益的最大化。

6. 首都现代零售业国际化发展的政策选择与实施

（1）政府方面

政府对海外企业的宏观管理和政策上的扶持是首都零售企业国际化的重要保障。

第一，加强对海外企业的宏观管理和政策上的扶持。首都政府应把跨国公司的发展纳入社会经济发展的统一规划中，制定出长期发展目标，正确引导首都零售企业有计划、有目标地开展跨国经营。建立比较完善的海外企业投资法律法规体系，修改、完善海外投资的宏观管理政策，如审批制度、分配制度和人事制度等。制定优惠的财政金融政策并向跨国集团公司倾斜，对其国外收入实行阶段性免税，以加强它们的资金积累；以无息或优惠贷款鼓励海外投资，增加流动资金，帮助公司解决资金周转困难；提供海外投资保险或专款建立海外投资风险基金；允许跨国集团公司建立金融机构，促进产业资本与金融资本的融合。国家还可以采用政治、经济、外交等手段为跨国集团公司在海外国家（地区）争取国民待遇，保护首都零售企业在海外的各种利益。

第二，加强政府的统一协调和管理，做好前期的市场调研工作。跨国投资是一项十分细致、复杂的工作，涉及政治、经济、文化等多种因素。对投资的国别和地区、投资业态、经营方式、合作伙伴、经营管理人员等选择的成功与否都直接关系到项目的成败。各级政府有关决策部门应该统一牵头，从零售业的特点出发，组织、协调和联合相关的企业、行业协会、驻外使馆和商务机构、海外中资企业等，对欧洲、美国、东南亚、港澳地区等一些主要市场进行重点、深入调研，根据不同的市场特点制定不同的投资战略，从而达到降低投资风险、提高投资成功率的目的。

（2）企业方面

首都零售企业应树立全球化观念，建立良好的企业治理机制，选择合适的经营模式，加强企业信息化建设，这是实施国际化的基础和核心。

第一，树立全球化的企业发展战略和国际化管理的理念，提升国际化经营管理的水平。观念国际化是国际化战略的根本和前提。在经济全球化、竞争国际化的大背景下，思考必须是全球化的，没有经济全球化的观念，就不会有全球化的行动。企业必须要有国际意识、要有世界眼光、要有超强或超常的思维，要用国际化视野改革创新、用世界眼光谋划未来，以更开放的理念参与国际市场竞争，牢固树立各种以市场经济为核心的新理念，以适应迅速变化的国际环境。要善于从经济全球化的经营角度，优化资源配置，开拓资本运作渠道，建立全球客户网络，提高管理水平。

第二，改进企业的治理结构，形成合理的管理与组织机制。目前，我国企业跨国投资的一个重要问题是在海外的经营中内部人控制现象较为严重，同时缺乏有效的监控机制和激励机制，经常导致管理失效。解决这个问题的关键是作为开展跨国投资的中国跨国公司应建立现代企业制度，形成相应的治理体系，并在此基础上规范决策机制、监督机制以及内部的其他管理机制，从而为企业提高竞争力，化解来自企业内外的风险提供坚实的制度保障。这种机制的设计和建立最好在企业开展跨国投资之前完成，这有利于将由制度缺陷而可能造成的损失和风险降低到最低限度。

第三，循序渐进，选择合适的阶段发展国际化经营模式。企业国际化阶段理论认为，企业国际化是一个企业对外国市场逐步提高承诺的过程，国际化的发展步骤一般为：纯国内经营、通过中间商间接出口、企业自行直接出口、设立海外销售分部、建立海外分（子）公司。企业的国际化经营也相应地分为五个阶段：

国内营销阶段、前出口阶段、试验性地卷入阶段、积极投入阶段和国际战略阶段。因此，首都零售应认识到国际化经营的渐进性，在对经营方式的选择上采取"先难后易，逐步升级"的战略，在经营发展的不同阶段做好自身的定位，选择适合自己的国际化经营模式和最优的市场切入点，循序渐进，逐步壮大。

第四，重视全面信息化建设的营销战略，实现向产业供应链组织的转变。零售组织不再是楼层管理、门店管理那么简单。零售企业在开展国际化经营时，必须建立一套适合自己业务状况的灵敏的信息管理系统，把国内国外的业务经营管理融为一体，把供应链合作伙伴业务经营管理融为一体，统筹安排，快速反应市场需求变化。

(3) 提升首都现代零售业国际竞争力的微观策略分析

①零售业重组，力创零售企业品牌，推动外向国际化。零售业的充分竞争性决定了其进入壁垒低的特性。规模经济和市场控制能力是实施零售业国际化战略的基础。正如前文所述，与国外大型零售企业相比，首都零售业在单店规模上处于明显劣势，缺乏市场控制能力。因此，首都现代零售业国际化的首要任务，是积极推动零售业重组，通过企业间的改组、联合、并购、连锁经营或股份制的形式，组建一批规模大、实力强、具有相当竞争能力的企业集团，以此作为首都零售业国际化的主导力量。

具体做法是：首先，充分利用国际国内竞争，推动首都零售业重组。随着零售业的全面开放，国外企业已大举进入首都零售市场，同本土零售企业展开竞争。同时，本土零售企业之间的生存竞争也在加剧。如果政府能够有效利用市场竞争这一工具对首都零售业优胜劣汰，势必会使零售业重组事半功倍，并打造出首都零售企业强势品牌；其次，通过环形持股、设立共同投资公司、无形资产筹资等方式，组建零售企业集团。组建零售企业集团的目的，在于优化零售业结构和资源分配，获取零售业的规模经济和战略协调效应，也为创造首都零售企业品牌、为首都零售业的国际化成长创造条件。

②开展经营创新，提升零售业经营管理水平。一般来说，零售业的经营创新主要有两种模式：第一，围绕生产企业的让渡价值来实施创新。为了能使生产企业让渡的价值能够最大限度地流入零售企业，零售企业最需要做的就是通过一系列的创新整合来最大限度地降低企业的运营成本。首先，零售企业通过规模优势来形成对生产企业的议价能力，以获得低价格的商品供应，降低经营投入；其次，零售企业借助于管理技术和工具方面的创新（如引入供应链管理等），充分压缩商品在运输、配送等环节的价值损耗；最后，通过对企业员工的培训，提升员工服务技能水平，以吸引消费者进行消费。第二，围绕消费者价值来重构零售

企业的价值创造体系,即零售企业根据消费者需求的发展变化,打造自身的经营体系,以消费者体验和差异化经营的形式来获得消费者对企业的认同并提升消费者价值,从而为企业带来丰厚的商业利润。在这种经营创新模式下,能否准确把握消费者需求的特点是经营成败的关键。

③完善零售业态和业态功能。现代零售业国际化竞争的实质是零售业态及其特定功能定位在全球市场上的竞争。首都零售业参与国际化竞争的起步较晚,长期以来都是百货商店一统天下;超级市场、专业店等新型零售业态尽管发展迅速,但毫无规模可言。相对于国外零售业通过差异化业态选择、业态移植和连锁化等竞争手段来占据国际市场上的主流业态和获取国际市场优势,首都零售业的国际化处境十分被动。因此,在开展国际化经营的创新过程中,首都零售业积极探索和完善适合国际化扩张的零售业态及其功能,建立零售业国际化的业态定位优势,就成为推动首都零售国际化发展的战略性措施。

④重视高素质经营管理人才的培养,实施人才国际化战略。人才国际化是指人才不局限于一个地区或国家的范围内,而以本民族的文化为背景,超越国家的范畴,在全球范围内开发、配置,即人力资源的开发、利用呈现国际化的格局。人才国际化包括人才构成的国际化、人才流动的国际化、人才素质的国际化、人才教育培训的国际化以及人才评价与人才政策法规的国际化等。现代零售业国际化是以国际化人才竞争为核心的全方位的竞争。谁拥有国际化人才优势,谁就能在激烈的零售业国际化竞争中取得优势。烽火猎头公司有关统计资料显示,我国人力资源总量很大,但高层次人才仅占人才资源总量的5.5%左右,高级人才中的国际化人才则更少,严重制约了我国经济的快速发展和国际化进程。因此,实施人才国际化战略、加快具有跨国经营能力的人才培养,是提升首都零售业竞争力和国际化实力的必然选择。

⑤重视资本运营,积极实施跨国融资。零售业国际化尤其是外向国际化经营是一种资本密集型投资活动,投资量大,资金回笼周期长,且经营过程特别需要保持高效的资金流动性。首都现代零售企业自身的资金实力非常有限,根本无法承受庞大的国际化投资计划,很多情况下不得不求助于政府财政支持。除了资金数量杯水车薪外,零售企业在申请政府财政支持时,往往需要漫长的审核过程,这无疑增加了资金获取的交易成本,同时极有可能损失稍纵即逝的投资机会。从当前一些零售业国际化案例来看,政府财政支持造成企业产权不清,极大地限制了零售企业的经营创新,对零售业国际化十分不利,天客隆国际化经营的惨败就是一个力证。

与政府财政支持相比,跨国融资战略是指零售企业在金融市场上募集开展国际化经营的国际资本,支持企业的市场运营,实现其国际化发展目标。通过引入市场化因素,国际金融市场通过选择性地为优秀的零售企业提供源源不断的资金支持,不仅解决了零售业国际化的资金需求问题,而且还具有激励零售企业寻求经营创新和提高经营业绩的作用。此外,一些专业跨国投资公司在为目标企业提供资金支持的同时,也积极为目标企业提供先进的管理技术支持和国际化人才支持。这对于缺乏国际化经验的首都现代零售业来说,显然比只提供资金的政府财政支持更有意义。可以说,跨国融资是首都现代零售业国际化的必经之路,也是首都现代零售业国际化的必然选择。

⑥积极参与国际市场竞争,在竞争中成长。面对外资零售业的强劲攻势,本土市场的防御性战略对首都零售业的长期发展而言只能算作权宜之计;主动走出国门进军海外市场,拓展新的发展空间,才是首都现代零售业赖以生存和发展的一条重要出路。虽然与发达国家和地区的零售业相比,首都零售业存在着资金、规模和经营管理技术等方面的巨大差距,但也应看到,经过多年的快速发展,首都零售业已取得了长足的进步,一批具有相当市场竞争力的本土零售企业逐渐成长起来,如北京华联、王府井百货、物美集团等,它们在与实力较强的国外零售集团在国内市场的竞争中,逐步缩小了差距,增强了与国际强手对抗的能力,为首都零售业国际化积累了丰富的经验。此外,当前的世界性金融危机在给国外零售业带来巨大压力的同时,也为首都零售业的国际化发展提供了有利条件。因此,如果政府能制定相应的政策,鼓励与扶持本土企业积极拓展海外业务和参与国际化竞争,首都零售业国际化的前景必将十分广阔。

第一章　首都现代零售业发展战略研究

加快发展零售业是促进城市繁荣、实现北京城市功能定位的需要。改革开放以来，特别是近年来，北京市先后出台了多个促进零售业发展、规范经营行为的规章，通过规划和政策引导，促进了零售业的健康快速发展。

一、首都现代零售业发展现状

（一）现代零售业的内涵

零售是整个商品流通过程的最终环节，它直接联系最终消费者，是社会生产和流通活动的最终目的所在。因此，零售不仅在流通过程中，而且在整个社会经济活动中具有特别重要的地位和作用。可以说在现代经济中，零售是全部流通活动的导向，也是全部生产活动的导向。

所谓零售业是指向最终消费者销售有形商品并提供相关服务的行业。零售业至今已经历了几千年的发展。17世纪中期，法国巴黎诞生了世界上第一家百货商店，这是历史上第一个实行资本运作和集约化经营的大型销售组织，为现代零售业的发展奠定了基础。1859年，美国出现了世界上第一家连锁商店，连锁经营这一新的组织形式改变了企业规模扩张的模式，给现代零售业的进一步发展带来了无限的空间。20世纪30年代，超级市场开始在美国兴起，掀起了一场流通技术的革命，将专业化、社会化的生产方式引入了流通领域。零售业经过三次大变革，业态结构呈现多样化，从百货商店的出现到超级市场的兴起，直至专业店、专卖店、仓储会员店、自动售货亭、折扣店、购物中心等，多种业态分别针对不同的消费人群、消费特点提供差异化的零售服务。各业态之间既相互竞争，又相互补充、相互渗透，促进了现代零售业的快速发展。

我国从新中国成立到改革开放前，由于实行计划经济体制，商品流通按国家统一计划分配调拨，零售业实质上等同于一个商品分配系统。零售业态以中小型百货商店与杂货店为主，业态结构单一。

改革开放以后，社会主义市场经济体系的逐渐建立，经济持续快速的增长和居民购买力水平较大幅度的跃升，特别是1992年我国零售业对外资有限的开放，国际零售业巨头携仓储店、大型综合超市、购物中心、专卖店、便利店等新型零售业态在中国抢滩登陆，其全新的理念、雄厚的资金、先进的技术和较高的经营管理水平，推动着中国传统零售业的改革与创新。我国零售业用十几年的时间走完了西方发达国家一个多世纪走过的零售业态变革之路，加上现代流通方式的采用和先进技术的运用，使我国现代零售业得以快速发展。

现代零售业和传统零售业最根本的区别在于新的科技在零售业各个环节的应用，除此之外，现代零售业在信息平台、业态形式、经营模式等方面都有新的发展。

1. 信息科技在零售业的导入和应用

信息技术在零售业中的应用对零售业的发展影响巨大。从某种意义上看，没有现代信息技术的发展也就不会有现代零售业的迅速发展，更不会有电子商务的出现，而电子商务的出现已经对现代零售业的发展产生了革命性的影响。

目前，IT技术在零售业的应用主要集中在企业的管理系统和营运系统，如条码技术、POS（电子收款机）系统、EOS（电子订货）、MIS（管理信息系统）、EDI技术、VAN系统等。这些技术的渗透与应用不是简单地将零售企业原来的营运和管理转移到电脑上，而是为现代零售企业的经营管理带来了有别于传统零售业的一些思维方式和操作方法，改变了传统零售业的整体结构和企业内部的业务流程。总之，信息技术的应用是现代零售业发展的一个重要内容。

2. 基于消费者需求变化的零售业态创新

引入新型业态经营是零售业发展的必然结果。在消费者需求差异化越来越大的前提下，传统的业态存在着极大的局限性。同时，市场竞争日趋激烈，传统业态很难满足企业在销售额和利润水平上的要求，制约零售企业的市场竞争力。

引入新型零售业态，并且和传统业态进行结合实行多业态经营的最大优势在于零售企业可以通过不同业态的组合，充分发挥新型业态的优势，在企业资源所能达到的范围内，满足最多的消费需求，从而获得更多的市场和利润，同时通过在不同业态的投资组合，可以在很大程度上规避投资风险。

3. 连锁经营被零售业采用并迅速推广

连锁经营有效地将工业化分工协作原理运用于商品流通，创造了大规模经营的现代化方式，使传统的零售业取得了规模经营效果。在计算机技术的支持下，连锁经营的优势得以充分的发挥，成为各种规模各种业态的零售企业实行规模扩张的主要形式。连锁经营的推广，改善了传统零售企业的组织结构，使原来的垂直链条型的组织结构转变为扁平网络型的组织结构，零售企业的组织化、集约化程度大大提高，加速了资本和资源的集中过程，为零售企业实现国际化经营创造了条件。

（二）首都现代零售业的发展进程

北京现代零售业的产生始于改革开放，快速发展于1992年零售业对外开放之后。改革开放前，所有商品均处于供不应求状态的计划经济条件下，北京传统零售业发展缓慢，社会商品零售总额、批发和零售业商品零售总额都不高；零售业态单一；零售企业单店经营，规模较小。改革开放后，北京经济的发展，产业结构和政策的调整，商品的日益丰富，居民收入的不断提高，为现代零售业奠定了物质基础，营造了逐渐向好的经营环境。

20世纪80年代初，北京商业机械研究所引进了日本欧姆龙公司的OMRON528收款机，并在东风市场（现东安市场的前身）最早进行了运用试点。从20世纪80年代中期开始，POS机、条码技术、色码技术、基于PC的MIS、财务管理软件、系统集成产品等逐渐被零售业采用。进入20世纪90年代，北京零售业开始应用数据库及计算机网络和电子商务技术。90年代中后期，为适应超级市场、连锁经营的快速发展，推广应用了条码技术、多种银行卡互通互联技术，探索了决策支持、现代物流配送技术和网上购物等技术的应用。90年代末期，以光纤通讯、局域网、广域网、互联网为载体的现代通信技术、网络技术、数据管理技术得到极大发展。随着商业ERP、商业智能BI、供应链管理SCM与客户关系管理CRM等高端产品在零售企业中的推广应用，北京零售业的信息化管理水平得到了大幅提高。信息技术的引入和运用，成为北京现代零售业发展的标志。

1992年，中外合资的北京燕莎友谊商城有限公司成立，从此拉开了北京零售业对外开放的大幕。日资、港资、台资的百货店率先进入北京，北京掀起了兴办百货店的热潮，并演绎了"开一家火一家"的神话。大型百货商店在数量及规模上不断发展壮大，占据了首都零售市场的主导地位。1995年以后外资商业企业进入北京零售市场的速度大大加快，陆续有一批在国际上有影响的零售巨头携新型零售业态先后落户京城。北京申奥成功，加入WTO后，零售业对外资全面开放，以国际知名品牌为主力的国外商业资本抢滩北京全面提速。外资的进入，国内通行的崛起，推动了北京现代零售业的发展。

超级市场、便利店、专卖店、购物中心等新型业态的相继出现，不断蚕食着传统百货业的市场份额，1997年开始，北京百货业进入全面萎缩阶段。在与传统百货业的竞争中，以连锁超市为主的零售业态通过采取连锁经营而展示了巨大的生命力。如今，北京零售业已打破百货商店单一业态的格局，形成了百货、超市、便利店、专卖店等多种业态并存发展的格局。

20世纪90年代连锁经营被引入北京零售业，经过十几年的快速健康发展，取得了长足的进步。连锁经营覆盖的领域和范围不断扩大，已拓展到零售业、餐饮业、服务业三大行业70个业种及百货商店、超级市场、专业店、专卖店、仓储式商场等所有零售业态。连锁经营所带来的零售业革命，不仅给北京居民的消费心理、消费行为、消费习惯带来了巨大、深远的影响，更重要的是改变了零售业的经营模式和规模扩张的方式，加快了北京现代零售业的发展速度。

(三) 首都现代零售业的发展现状

随着北京经济结构的调整和经济增长方式的转变，经济总量快速增长的同时居民收入水平不断提升，消费需求稳步增长。经营环境的逐步改善以及奥运经济产生的效应等，在很大程度上共同促进了北京现代零售业的快速发展。

1. 首都现代零售业的快速发展

(1) 零售业市场规模不断扩大，市场集中度趋于稳定

2006—2012年，北京社会消费品零售总额从3275.2亿元上升到7702.8亿元，历年增长数值如表1-1和图1-1所示。

表1-1　　2006—2012年北京社会消费品零售总额及年增长率

年份	社会消费品零售总额（亿元）	增长率（%）
2006	3275.2	12.8
2007	3835.2	16.4
2008	4645.4	21.1
2009	5309.9	14.3
2010	6229.3	17.3
2011	6900.3	10.8
2012	7702.8	11.6

数据来源：根据北京市2012年国民经济和社会发展统计公报整理。

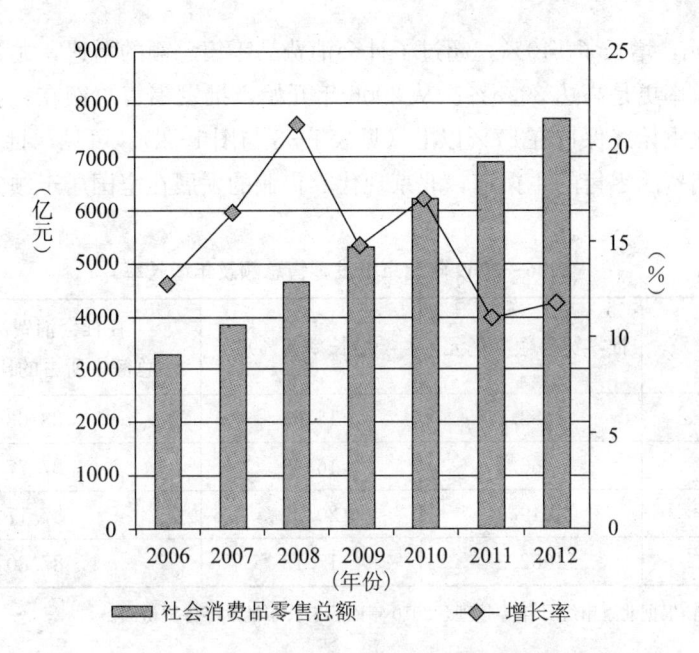

图 1-1 2006—2011年北京社会消费品零售总额及年增长率

数据来源：根据北京市统计年鉴整理。

通过测算北京零售企业前4位的销售额在北京社会消费品零售总额所占的比重，可以看到北京零售市场集中程度总体上较高，保持在20%以上（见表1-2）。

表1-2　　　　　　　2007—2012年北京地区零售业市场集中度

年份	社会消费品总额（亿元）	前4家销售额（亿元）	CR4（%）
2007	3835.2	1493.9	38.9
2008	4645.4	1566.5	33.7
2009	5309.9	1628.3	30.6
2010	6229.3	2151.1	34.5
2011	6900.3	1851.9	26.9
2012	7702.8	1708.8	22.2

数据来源：根据北京统计年鉴、历年全国连锁百强排行榜相关数据整理。

批发零售总额增长迅速，对经济总量增长和产业结构优化的贡献显著。2000—2006年，北京批零总额呈现快速增长的态势，从1178.6亿元增加到

2865.6亿元，增长了140%，超过了社会消费品零售总额的增速，尤其是在2003年，年增长率更是高达33.5%。从2006年开始，批发零售总额在社会消费品零售总额的比重始终保持在87%以上（见表1-3与图1-2）。可见，批发零售业是北京社会消费品零售的主渠道，北京现代零售业的发展在全国居于领先地位。

表1-3　　　　　　　　2006—2009年北京批发零售总额及年增长率

年份	批零贸易额（亿元）	增长率（%）	在社会消费品零售总额中所占的比例（%）
2006	2883.2	13.63	88.03
2007	3366.4	16.75	87.77
2008	4049.5	20.29	87.17
2009	4662.3	15.13	87.80

数据来源：根据北京市统计年鉴整理，2010年以后未公布批发零售贸易额。

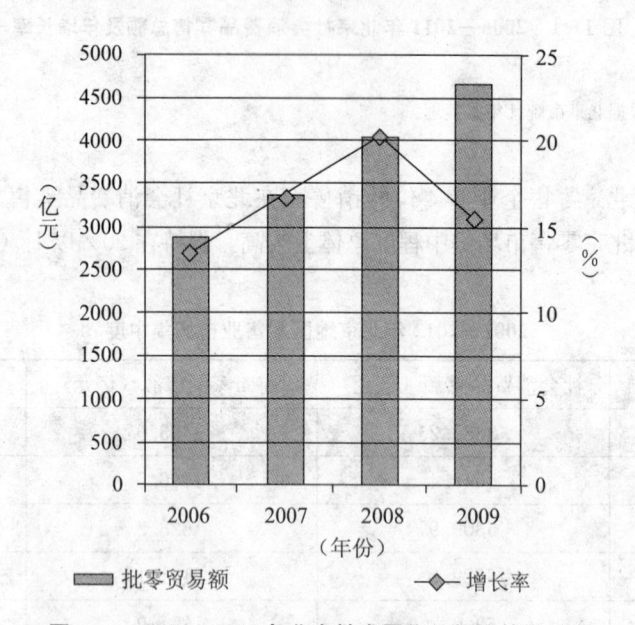

图1-2　2006—2009年北京批发零售总额及其增长率

数据来源：根据北京市统计年鉴整理。

2009年北京社会消费品零售总额及批发和零售贸易额在北京、上海、天津、广州、深圳五城市中均居首位（见表1-4）。

表1-4　2009年全国部分城市社会消费品零售总额和批零贸易额比较

城市	社会消费品零售总额（亿元）	批发和零售贸易额（亿元）
北京	5309.9	4662.3
上海	5173.2	4575.5
天津	2430.8	2049.8
广州	3647.7	3037.8
深圳	2567.9	1155.8

注：因2010年开始北京不再公布批发零售贸易额，按2009年数据制作。
数据来源：根据以上城市2009年年鉴整理。

近3年，批发零售业产值占地区生产总值的比重均在12%以上，占第三产业增加值的比重都在17%以上（见表1-5），批零产业对北京地区经济总量的增长和第三产业发展的贡献作用明显。

表1-5　2010—2012年北京批发零售业增加值在GDP和第三产业增加值中所占的比重

年份	批发零售业产值（亿元）	占地区生产总值的百分比（%）	占第三产业的百分比（%）
2010	1888.5	13.38	17.81
2011	2139.7	13.26	17.51
2012	2279.4	12.80	17.30
平均值	2102.5	13.14	17.54

数据来源：根据北京市2012年统计年鉴、北京市2012年国民经济和社会发展统计公报整理。

从限额以上批发零售企业商品零售额看（见表1-6），内资企业优势明显。2009—2011年连续三年，限额以上批发零售企业中内资企业实现零售额分别为30716676万元、39215899万元、43591525万元，可见，规模以上的外商投资企业和港澳台商投资企业的商品零售额近两年增速虽快于内资企业，但规模以上的内资企业仍占领了较大的市场份额。

表1-6　限额以上批发和零售企业商品零售额（按登记注册类型分）

	2011年零售额（万元）	2010年零售额（万元）	2009年零售额（万元）	2011年/2010年（%）	2010年/2009年（%）
总计	54791370	48796587	37466959	112.3	130.2
内资企业	43591525	39215899	30716676	111.2	127.7
港澳台商投资企业	3053455	2590342	1821068	117.9	142.2
外商投资企业	8146390	6990346	4929215	116.5	141.8

注：统计年鉴中批零企业商品零售额是计算在一起的，因此无法得到单纯的零售业销售总额。
数据来源：根据北京市2011年、2012年统计年鉴整理。

网上交易发展迅速。目前全国50家知名电子商务网站中，在北京运营的就有35个。北京市信息办和市统计局的调查显示，2012年北京电子商务交易规模达到5500亿元，继续保持快速增长势头。2012年北京市社会消费品零售额为7702.8亿元，其中电子商务零售额为596.8亿元，占比为7.7%。北京零售企业利用电子商务实现的零售额占社会消费品零售额的份额从2000年的1%提高到了2012年的7.7%。零售企业面向消费者的电子商务模式逐渐清晰并形成规模，交易量快速稳定增长。按照这样的增长速度，随着电子商务的进一步发展，首都现代零售业将会有更大的发展空间。到2015年，本市电子商务交易规模要力争超过1万亿元，电子商务零售额占社会消费品零售额的比重力争达到15%。①

（2）其他经济成分所实现的社会消费品零售额呈快速增长的态势

随着经济体制改革的不断深入，北京零售业的所有制结构也发生了深刻的变化。由表1-7及图3可看出，2005—2011年，国有经济成分的零售企业实现的社会消费品零售总额在全部社会消费品零售总额中所占的比重逐年下降，由8%持续下降到4.2%；集体经济成分的零售企业所实现的社会消费品零售总额在全部社会消费品零售总额中所占的比重由4.9%下降到1.5%，也是逐年下降；个体经济成分的零售企业所实现的社会消费品零售额则呈基本稳定的态势，在全部社会消费品零售总额中所占的比重一直保持在13%以上；其他经济成分所实现的社会消费品零售额呈快速增长的态势，在全部社会消费品零售总额中所占的比重由68.8%上升到81.1%。以上数据表明，国有、集体经济成分在零售行业的退出，零售业经营主体日趋多元化。

---

① 北京市人民政府：《关于促进电子商务健康发展的意见》，2013年5月31日。

表1-7 2005—2011年北京不同经济成分实现的社会消费品零售额及所占比例的变化

年份	2005	2006	2007	2008	2009	2010	2011
合计（亿元）	2911.7	3295.3	3835.2	4645.5	5309.9	6229.3	6900.3
国有经济（亿元）	234.2	245.0	294.6	248.0	257.6	297.8	291.5
所占的比例（%）	8.0	7.4	7.7	5.3	4.8	4.7	4.2
集体经济（亿元）	144.4	137.5	116.4	106.9	100.0	109.1	109.3
所占的比例（%）	4.9	4.1	3.0	2.3	1.8	1.7	1.5
个体经济（亿元）	529.4	665.8	727.4	609.3	790.9	819.4	899.7
所占的比例（%）	18.1	20.2	18.9	13.1	14.8	13.1	13.0
其他经济（亿元）	2003.7	2247.0	2696.8	3681.3	4161.4	5003.0	5599.8
所占的比例（%）	68.8	68.1	70.3	79.2	78.3	80.3	81.1

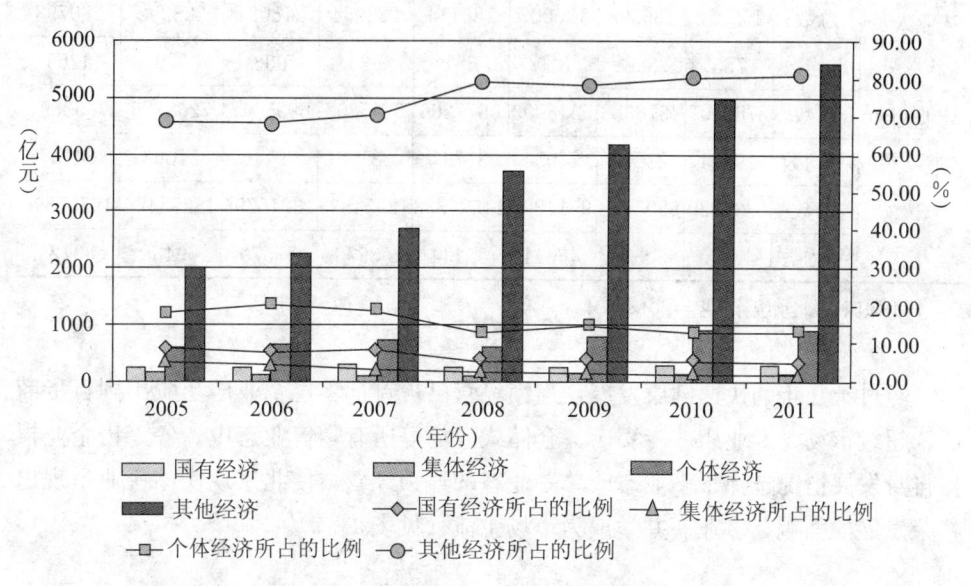

图1-3 2005—2011年北京不同经济成分实现的社会消费品零售额及所占比例的变化

数据来源：根据北京市统计年鉴整理。

(3) 连锁经营引领零售业发展

作为现代流通方式的重要表现形式，连锁经营与零售业的结合使得零售业的效率和影响力大大提升，加快了零售业的现代化进程。

北京市的连锁零售企业总店到2011年年底已达到233个，比2004年的196个增加了1倍多。全市连锁零售企业所属门店总数2011年年底为9845个，比

2004年的门店总数（5432个）增加了接近1倍；2011年平均每个连锁总店拥有门店42个，比2004年拥有的门店平均数（28个）增长了50%。全市连锁零售企业的总营业面积在2011年年底达到了7953891平方米，是2004年的总营业面积（3783507平方米）的两倍之多；2011年平均每个连锁总店的营业面积为34137平方米，比2004年的平均每个连锁总店的营业面积（19304平方米）增加了76.8%（见表1-8）。

表1-8　　　　2004—2011年北京市连锁零售企业的基本情况

年份		2004	2005	2006	2007	2008	2009	2010	2011
连锁总店（个）		196	188	205	210	240	240	234	233
所属门店（个）	总数	5432	5973	6730	7645	8611	8928	9299	9845
	平均数	28	32	33	36	36	37	40	42
从业人员（人）	总数	153942	166598	170007	185114	223954	218024	228292	280798
	平均数	785	886	829	881	933	908	976	1205
营业面积（平方米）	总数	3783507	4376383	5546003	6677266	6745802	6995047	7268786	7953891
	平均数	19304	23279	27054	31797	28108	29146	31063	34137
零售额（万元）	总数	8337829	9507168	9514297	11573838	12954839	13816796	16255496	19507890
	平均数	42540	50570	46411	55114	53978	57570	69468	83725

数据来源：《北京统计年鉴（2012年）》。

经过十几年的快速健康发展，连锁经营已被首都零售企业广泛应用到百货商店、超级市场、专业店、专卖店、仓储式商场等所有零售业态中。各零售企业根据自身发展情况选择了多业态或单一业态的连锁经营，使北京现代零售业呈现出繁荣发展的面貌，多业态并举成为市场主流（见表1-9）。

表1-9　　　　2012年跻身全国连锁百强的北京市零售企业

排序	2011年排名	企业名称	销售额（含税）（万元）	同比增幅（%）	门店数（个）	同比增幅（%）	业态
3	2	国美电器	11747974	-6.1	1685	-3.0	家电专卖店
21	21	王府井百货	2157439	7.4	28	12	百货店
33	—	物美集团	1733407	5.7	538	3.7	超市、便利店

续　表

排序	2011年排名	企业名称	销售额（含税）（万元）	同比增幅（%）	门店数（个）	同比增幅（%）	业态
41	—	北京华联	1450000	8.2	130	16.1	百货店、超市
42	36	首商集团	1437431	4.4	17	0.0	百货店、大型综合超市
46	43	京客隆集团	1280862	4.9	241	−4.0	大型综合超市
47	45	菜市口百货	1270000	8.9	15	25	百货店
58	56	迪信通	1012447	24.4	1440	9.1	通讯专卖店
60	—	乐语世纪通讯	900000	12.5	1900	58.3	通讯专卖店
72	66	翠微大厦	555658	2.6	6	20	大型综合超市、百货店
80	74	顺义国泰商业大厦	461852	2.4	14	0	百货店
88	81	超市发	403161	3.4	131	10.1	超市、便利店
97	90	全聚德	330441	9.5	91	4.6	餐厅
		合计	24740672		6236		

数据来源：根据商务部公布的2012年全国连锁百强排行榜相关数据整理。

大型连锁零售企业数量逐渐增多，实力不断增强。商务部商业改革发展司公布的中国连锁企业百强和中国零售企业百强排行榜显示（见表1-10），2006—2012年，跻身全国连锁百强和全国零售百强的北京零售企业每年都有十余家。

表1-10　2006—2012年跻身全国连锁百强和全国零售百强的北京零售企业的数量和销售总额

年份	连锁百强		零售百强	
	销售额（万元）	企业数目（个）	销售额（万元）	企业数目（个）
2006	11	16548297	12	16871442
2007	13	17512365	—	—
2008	14	19391804	—	—
2009	11	19067177	11	16176744
2010	11	25228176	11	19446744

续 表

年份	连锁百强		零售百强	
	销售额（万元）	企业数目（个）	销售额（万元）	企业数目（个）
2011	11	23403650	12	31573518
2012	13	24740672	13	31790728

数据来源：根据2006—2012年全国连锁百强排行榜和零售百强排行榜计算得出。

2009—2012年，跻身全国连锁百强的北京零售企业在门店数量和零售总额等方面增速很快。其中门店数量从2009年的5491家门店增加到2012年的6236家；销售额从2009年的19067177万元增加到24740672万元。2012年，国美电器集团年销售规模达到11747974万元（见表1-9），店铺数量高达1685个，和物美集团、王府井百货等连锁零售企业一起连续数年都跻身全国连锁零售业一百强。2009—2012年连续四年，跻身全国连锁百强的北京零售企业的销售额比上海、武汉两城市都高；门店数虽比上海少，但比武汉多，单店销售额最高。

表1-11 2009—2012年跻身全国连锁百强的三地零售企业销售额和门店数比较

年份	销售额（万元）			门店数（家）		
	北京	上海	武汉	北京	上海	武汉
2012	24740672	13131522	2387417	6236	10524	611
2011	23403650	27033514	2127742	6197	10534	471
2010	25228176	10955754	1852509	5758	9325	393
2009	19067177	5027734	1155412	5491	5454	317

数据来源：根据2009年、2010年、2011年、2012年全国连锁百强数据整理而成。

从连锁店布局上看，其分布的重点正在向北京近郊转移。据统计，截至2007年2月，首都功能核心区（东城、西城、崇文、宣武）连锁门店数占全市门店总数的20.5%，城市功能拓展区（朝阳、海淀、丰台、石景山）占45.5%，门店数所占比重比一年前分别下降2.6个和2.5个百分点，而城市发展新区（通州、顺义、大兴、昌平、房山）和生态涵养发展区（门头沟、平谷、怀柔、密云、延庆）的门店数比重分别提高了4.6个和0.5个百分点，分别达到24.5%和

9.5%。①

(4) 传统零售业态恢复发展，新型业态发展迅速

1997年受全国百货业整体效益滑坡的影响，北京百货业的发展一度陷入困境。进入2000年开始，一些大型百货公司开始从技术、经营和管理等层面进行全方位的改造。华联控股、王府井百货、新燕莎控股等百货店的营业额逐年上升，并在近几年一直位于全国零售百强之列。截至2012年年底，连锁百强企业有13个（见表1-10）。

各种新型业态发展势头迅猛。从20世纪90年代中期开始，北京零售业在不到十年的时间里相继引进了仓储店、大型综合超市、专业店、专卖店、便利店等西方发达国家用了一个多世纪才配备完整的零售业态。单一百货业的业态结构结束，业态纷争、并存共荣的局面确立。专业店主导地位明显，截至2012年年底，北京市连锁专业店门店数量最多，为1914个，占全市所有连锁门店数的27.5%（见图1-4）；零售额最多，达4352029万元，尤以北京市国美电器有限公司为代表的家电连锁专业店增长较快。超市及大型超市、专卖店、便利店发展较快，其中超市门店数增加到1858个，大型超市门店数94个，专卖店数量为1370个，便利店门店数量增加到613家。从零售额看，超市和大型超市零售额分别达到2919522万元、2064212万元，专卖店和便利店分别达到684501万元和129081万元（见表1-12）。

表1-12　　　　　　2011年北京部分连锁零售业态发展情况

	所属门店（个）	从业人员（人）	营业面积（平方米）	商店销售总额（万元）	零售额（万元）
便利店	613	2786	54827	129123	129081
折扣店	119	1459	76778	199984	178104
超市	1858	45004	1783379	3920574	2919522
大型超市	94	24643	940187	2131145	2064212
仓储会员店	7	2744	130869	373718	373718
百货店	57	15139	1208626	3040848	3040848
专业店	1914	31116	1352270	4737384	4352029
加油站	682	9334	320644	7744831	3397467

① 王耀：《2007年零售业发展报告》，北京：中国经济出版社，2007年10月。

续表

	所属门店（个）	从业人员（人）	营业面积（平方米）	商店销售总额（万元）	零售额（万元）
专卖店	1370	13623	176390	958201	684501
家居建材商店	26	3203	309043	236877	236877
其他	210	842	18704	48829	—
总计	6950	149893	6371717	23521514	17376359

数据来源：《北京市统计年鉴（2012年）》。

图1-4直观体现了各种零售业态的连锁门店数量在全部门店数量中的比例分布。

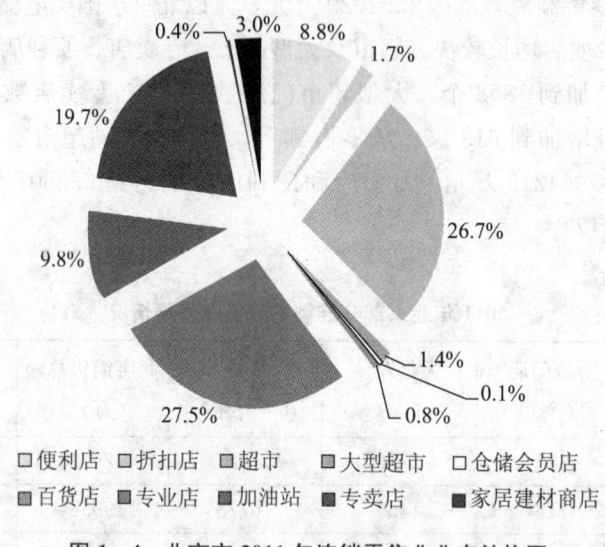

图中数据：0.4%、3.0%、8.8%、1.7%、26.7%、1.4%、0.1%、0.8%、27.5%、9.8%、19.7%

□便利店 □折扣店 □超市 □大型超市 □仓储会员店
□百货店 □专业店 □加油站 □专卖店 ■家居建材商店

图1-4 北京市2011年连锁零售业业态结构图

(5) 大型零售企业信息化水平不断提高

率先结束WTO保护、全面向外资开放的北京零售行业，在外资零售业巨头圈地、并购的大规模扩张挤压下，正在寻找新突破口。对它们来说，合理的门店布局和选址可以减少投资失误，培养高效的人才团队是发展的根本，供应链的优化整合是创造良好工商关系和赢利模式的关键，不断改善的配送方式和配送能力是提高商品周转率、降低缺货率和跨区域发展的核心环节，而遍布各业务环节的信息系统则扮演着"中枢神经"的重要角色。北京地区零售业信息技术应用的广度与深度不断扩大,信息技术已经成为各个零售企业的核心竞争力。零售商开始考虑如何与供应商共赢,如何培养忠实的消费群并充分挖掘客户信息所蕴藏的商业价值,如何用数据为企业的经营提出实时的决策指导,如何通过引入信息化技术,让企业更好地实施对企业物流、资金流的控制和指导。

信息技术在北京零售企业被接受并发展20多年之久,一些信息化应用较为领先的零售企业,已经将其信息化建设重点从10年前的门店系统,经过后台信息处理阶段发展到目前的供应链建设、智能系统应用阶段。比如北京华联已经处于第三个层面,开始大举建设网上协同供应链平台、电子商务平台,并开始对商品数据、会员数据等进行分析,提供决策支持。此外,RFID、无线网络等新技术也偶尔能在资金实力较强的零售企业中见到。一些理念较先进的企业已开始尝试应用外包,让自己的IT人员更多从事整体架构及信息分析工作。

2006年,北京的物美集团和全球最大的企业管理软件和协同商务解决方案供应商SAP公司的ERP项目正式启动,物美集团也成为国内首家实施国外大型套装ERP系统的以连锁超市为主要业态的零售企业。该项目是物美集团与国际最先进的信息系统接轨的重要突破,也是确保其随着经营规模的扩大,企业能够不断提升管理水平和效益的重要保障。[①] 2006年5月,国美集团与英特尔实现战略合作,表明国美在IT渠道的影响力正在增强。

从2000年开始,百盛、王府井、燕莎等百货公司就陆续开始投资建设与供应链管理直接相关的ERP、SCM、电子商务等系统。对百货公司而言,它们不仅想提高和供应商的沟通效率,更希望借助信息技术整合上下游企业的信息流、资金流、物流等,走出"物业公司"的桎梏,革新百货业的供应链,以此确保其随着经营规模的扩大,企业能够不断提升管理水平和效益。

(6)现代社区商业发展迅速

社区商业是以一定地域的居住区为载体,以便民利民为宗旨,以提高居民生活质量,满足居民就近消费、综合消费为目标,为居民提供日常生活需要的商品和服务的属地型商业。[②]

北京的社区商业虽然起步晚,但随着房地产业,尤其是商业地产的发展,社区商业发展迅速,目前北京市社区级商业中心大致有400个左右,以光明楼、劲松、团结湖、方庄、望京、回龙观、万泉河、鲁谷、会城门、三里河等小区为核心的社区级商业中心,行业齐全,商品齐全,服务齐全。这级商业中心在经营类型上多以超市为主,包括社区近邻型购物中心、社区早餐店、食品店、日用品

[①] 《物美携手SAP启动ERP系统》,《北京商报》2006年10月17日。
[②] 刘宾:《社区商业中心建设初探》,《北京市财贸管理干部学院学报》2003年第4期。

店、特色餐饮店、配餐中心、超市化菜市场、家政服务点、修理服务、保洁服务、大众洗浴、洗衣店、大众理发店、家庭旅馆和康体健身服务设施等，以满足本社区居民日常生活需求为目的。通州、昌平、大兴、顺义等远郊区县的商业中心，则以中小型百货公司、中小型综合性商场、家电连锁商场、集贸市场为主，主要满足当地居民的需要。

总体而言，北京的社区商业起步相对较晚，基础较为薄弱，没有得到有效的开发和挖掘，正因为如此，发展首都现代社区商业将是首都现代零售业又一新的增长点。

(7) 零售业上市公司的整体水平有了很大提高

1994年5月，北京第一家零售业上市公司——北京王府井百货（集团）股份有限公司上市。经过十几年的发展，北京零售业上市公司在赢利能力、多元化经营、兼并重组、连锁经营以及引进新业态方面都取得了一定的成绩，整体水平有很大的提高。其中王府井、北京城乡、首商股份（西单商场）、华联股份、华联综超、国药股份6家企业在内地上市，国美电器、物美商业、京客隆三家在香港上市。

北京零售业上市公司通过发行新股和配股等方式使自身的融资能力大大加强，为其进一步拓展市场奠定了资金基础，同时促进其快速发展。9家公司除国药股份外，全都跻身全国连锁零售企业百强。部分零售业上市公司已发展成为行业的领头羊，如国美电器已经成为国内家电销售的巨头，2006年在连锁百强中更是超过上海百联跃居首位；王府井百货在全国百货业界独占鳌头；物美大卖场发展得如火如荼。其中国美电器、物美投资集团、华联集团和北京王府井被商务部列入重点培育的20个大型流通企业之一。

从表1-13中可以看到，2011—2012年7家在内地上市的北京零售业公司发展态势良好，除国美电器以外，2011—2012年各公司主营业务收入均有不同程度的增加，各公司利润总额和每股收益均为正值，2012年度王府井百货、首商股份（西单商场）、国药股份的每股收益分别达到1.4340元、0.6090元和0.6871元。

表 1-13　　2011—2012 年北京部分零售企业上市公司赢利情况

北京零售业上市公司	资产总额（万元）		主营业务收入（万元）		利润总额（万元）		每股收益（元）	
	2012 年	2011 年	2012 年	2011 年	2012 年	2011 年	2012 年	2011 年
国药股份	455926	355167	859163	704224	42391	34140	0.6871	0.5284
王府井	1452269	1084222	1826436	1676108	91650	85151	1.4340	1.3490
华联综超	1010730	925718	1232333	1145017	7562	7672	0.04	0.09
北京城乡	329495	290777	224964	205182	12814	11905	0.2595	0.2565
华联股份	738492	597601	84842	62280	6527	7311	0.036	0.070
首商股份（西单商场）	616343	565270	1222543	1168802	80711	72940	0.6090	0.4180
国美电器	36378629	37227468	4786726	5982078	−596614	1839867	−0.0436	0.11

数据来源：根据上述上市公司的 2011 年、2012 年年报整理所得。

（8）强强联手打造零售航母，加快并购和上市的步伐

随着市场的逐渐饱和，竞争的日益激烈，北京零售企业为了壮大自己的实力，除了直接建设商业网点之外，还借助收购、重组等方式占领市场（见表 1-14）。2006 年，北京零售业经历着一波一波的整合浪潮。2006 年 2 月，物美以总价 3.74 亿元买入了北京第四大连锁零售企业美廉美 75% 的股份，物美与美廉美这两个京城名列第一和第四的商业连锁企业，实现了强强联合的战略整合，改变了北京零售业格局，巩固了物美在北京的地位。4 月，物美收购了西北最大的商业企业宁夏银川新华百货国有股份，持有新华百货 27.7% 的权益，成为控股股东。目前，物美集团拥有 600 多家店铺，是中国北方最大的连锁零售企业，位列全国第七位，赢得 2006 年最有投资价值的海外上市公司和 2006 年最有投资价值的民营上市公司两项桂冠。

2006 年 7 月 25 日，国美宣布以 52.68 亿港元"股票＋现金"的形式并购永乐 90% 股份。国美和永乐合并后，新公司的门店数量将达到 600 多家，销售规模可能达到 650 亿元，是位居第二的苏宁电器销售规模的 1.64 倍，这意味着北京家电连锁业巨头的竞争格局发生了重大变动，原有均衡已被打破，新一轮"洗牌"开始。到 2006 年 11 月，国美和永乐合并后的新国美电器集团正式在北京宣布成立，年底完成国美永乐合并后的整合工作，计划在 2007 年实现销售额突破 1000 亿元，门店数突破 1000 家。国美电器集团未来五年的发展将会保持领先于

行业平均水平的复合增长率,逐步走向国际化市场,重点在东南亚进行网络开发。

2010年7月28日,在市国资委的统一领导及首旅集团、西友集团的大力支持下启动西单商场与新燕莎重组,经历了两次临时董事会、一次临时股东大会,通过了重组方案。2011年7月8日,临时股东大会通过了增加注册资本、变更公司名称的议案,通过了调整董事会、监事会,以及聘任公司经营班子的议案。2011年7月22日北京首商集团股份有限公司揭牌仪式在北京隆重举行。

通过资产重组,使北京零售企业在较短的时间内拥有了更多的零售资源,为未来的发展奠定了基础。

表1-14　2006—2012年北京零售业上市公司主导的并购重组案例

时间	事件	方式	结果
2006年2月	物美收购美廉美	物美集团出资3.74亿余元收购和增资美廉美	物美最终持有美廉美75%的股权
2006年4月	物美收购新华百货	以1.767亿元人民币收购新华百货国有股	物美成为新华百货的第一大股东
2006年7月	国美收购永乐	以现金加股票的形式	国美将永乐纳入囊中
2006年9月	京客隆收购北京福兰德位于通州区的8家超市门店	以2000万元现金收购	京客隆扩大了经营规模,为上市后的扩张做好了准备
2010年8月	北京西单友谊集团控股的西单商场向首旅集团发行股份,以购买首旅集团下属的新燕莎控股全部股权。市公司西单商场也更名为"北京首商集团股份有限公司"	以新燕莎控股100%股权认购	首商股份成为首旅集团旗下的旅游商业板块,也成为集团六大业务板块之一。首商股份也成为了一家拥有西单商场、法雅体育、友谊商店、贵友大厦、燕莎友谊商城、燕莎奥特莱斯以及金源新燕莎商贸等多个知名品牌、年销售额上百亿元的大型商业企业

(9) 国际商业巨头全面抢滩北京

随着对外商投资政策的放宽,众多外资零售企业在北京零售市场上不断"跑马圈地",大肆并购扩张。从单店到连锁,从中方控股到外方控股,外资零售业在中国的地盘"不断扩大",开始构筑在北京零售市场经营的格局。

总部在巴黎的法国零售巨头家乐福,是最早进入北京零售市场的外国零售商之一。作为世界500强之一的法国家乐福通过近10年时间的稳步扩张,于2007年8月16日开设了在北京的第八家分店——天通苑店,这也是家乐福在中国的第一百零一家店。[1] 天通苑店地处立水桥亚奥商区,辐射亚洲超大居民社区——天通苑以及周边小区。今后,家乐福在北京地区将继续向二三级郊县城市推进。

2006年7月,全球第三大贸易零售集团——德国麦德龙旗下的锦江麦德龙现购自运有限公司(锦江麦德龙)在北京开设了第一家店——位于海淀区新建宫门路的万泉河店,相隔不到三个月又开设了第二家店——十里河店。同时表示,为抢占奥运会商机,2008年前麦德龙将在北京完成4家分店的选址,立足东西南北四方布局。[2]

世界500强之首的零售巨头沃尔玛在北京已开设了4家分店,2007年2月27日,沃尔玛宣布购买中国好又多商业发展有限公司(Bounteous Company Ltd.)35%的股权。[3] 这使一些北京的本土零售企业面临着空前的竞争压力。

世界500强排名第175位的法国欧尚超市集团较之家乐福、沃尔玛来说在北京零售市场前进的步伐较慢,名气也不大,但这家创立于1961年、在世界商业集团中排名第6位的公司打算控股合资企业上海大润发。此项操作一旦成功,欧尚集团在中国的网点数将远超沃尔玛、家乐福等外资零售巨头,大有后来居上之势。目前在欧尚共有4家店落户北京。

在多元化领域都有出色表现的正大集团麾下的易初莲花(2007年更名为卜蜂莲花)从2004年正式进入北京零售市场至今,已有8家门店(见表1-15)。

随着北京零售业与迅猛增长的经济相伴发展,外资零售企业加快在北京这块市场的规模化发展速度,随着外资进入A股市场通道的政策解禁,新一轮的外资并购热潮仍将继续。

---

[1] 杨科杰:《家乐福北京第八家分店落户天通苑》,《光明日报》2007年8月17日。
[2] 尹峰:《麦德龙奥运前计划在北京再开两店》,《华夏时报》2007年10月13日。
[3] 梁振鹏:《入股35%沃尔玛收购好又多获批》,《第一财经日报》2007年2月28日。

表1-15　　　　　部分外资零售企业在北京的门店数目

家乐福	18家	良乡店、定慧寺店、大钟寺店、马家堡店、姚家园店、健翔桥店、慈云寺店、鲁谷店、方圆店、广渠门店、望京店、通州店、天通苑店、中关村店、创益佳店、双井店、马连道店、方庄店
麦德龙	3家	万泉河商场、十里河商场、京顺路商场
沃尔玛	18家	沃尔玛购物广场北京知春路分店、宣武门分店、建国路分店、清河分店、望京分店、大郊亭分店、昌平东关分店、延庆妫水北街店、北京旺市百利商业有限公司世纪城旺市百利超市、北京旺市百利商业有限公司、五棵松分店、飘亮购物中心、北京山姆会员店、亦庄山姆会员店、好又多北京世纪城分店、北京五棵松分店、北京阳光店、北京朝阳店
欧尚	4家	北京科兴店、金四季店、来广营店、朝阳店
卜蜂莲花	8家	北苑店、金源店、通州店、六里桥店、朝阳路店、通州店、石佛营店、成府路店

数据来源：家乐福、麦德龙、沃尔玛、欧尚、卜蜂莲花官方网站。

2. 首都现代零售业发展中存在的问题

在北京经济高速发展的同时，北京的零售业得到了较快的发展，但也存在着零售业态的结构和布局不尽合理、经济效益低下、连锁规范化程度低、社区商业发展缺乏规范、中高级零售人才缺乏等方面的问题。

（1）零售业态的结构和布局不尽合理

北京市城乡之间经济和零售业态发展极不平衡。2012年，北京城市居民人均可支配收入36469元，农民的人均现金收入16476元。城镇居民恩格尔系数为31.3%，比上年下降0.1个百分点；农村居民恩格尔系数为33.2%，比上年提高0.8个百分点，城镇居民家庭恩格尔系数低于农村居民家庭，城镇居民人均娱乐、教育、文化支出占消费支出高于同期农村居民该项支出的比重。在城区，Shopping Mall、购物中心、百货商店等零售业态应有尽有，而京郊和农村零售业经营分散，小型化，存在大量集市贸易的摊点、夫妻店、杂货店等，缺少百货店、超市等现代零售业态，货少、价高、质劣的问题普遍存在，无法满足北京农村日益提高的消费需求。

在城区内，由于缺乏科学的整体规划，北京市零售网点布局不均衡。局部地区密度过大，大型商业网点布局过于集中，建设发展过快，有些地方出现了一些盲目投资和重复建设问题。如大型百货店在二环路以内过于集中，店铺数占全市大型百货店的38%，营业面积占48%，该区域内百货店总营业面积是其他业态大店总面积的3倍以上。同时，同一商圈内业态雷同，缺乏差异化，甚至出现过度竞争的局面。以西单商业圈为例，大型百货店之间的距离不超过300米，中友百货、君太百货和西单商场，距离最近的仅一街之隔，该地区大型商业网点仍呈增加趋势。好邻居阜外便利店东边不到500米的地方，有华联超市；南边有美廉美大卖场；西边有物美、顺天府两家超市；隔壁就有多家夫妻店和日用品店，夹在中间的好邻居只能依靠附近一些单位和少数流动人口生存。朝外大街在1080米长的地段内有十家上万平方米的商业设施。

（2）注重规模扩张，忽视经济效益的提高

北京内资零售企业规模扩张的同时，每平方米营业额不但没有增长，反而有所下降。如表1-16所示，2011年内资零售企业门店数量增加了2.96%，每平方米营业额增加11.91%。其中国有企业每平方米营业额增幅较高，达29.8%，联营和私营零售企业每平方米营业额增幅为负值，从图1-5能够更直观地看出。

港澳台商投资的零售企业和外商投资的零售企业2011年所开门店数较2010年分别增加了24.78%和9.10%，外商投资的零售企业每平方米营业额提高9.34%，但是，港澳台商投资的零售企业每平方米营业额却下降了10.42%。

表1-16　2011年北京零售企业门店和单位平方米销售额增长情况（按注册类型分）

企业性质		门店总数（个）		增幅（%）	每平方米营业额（万元）		增幅（%）
		2011年	2010年		2011年	2010年	
内资企业		7153	6947	2.96	3.57	3.19	11.91
	国有企业	65	116	-43.96	1.96	1.51	29.80
	集体企业	305	316	-3.48	1.20	1.09	10.09
	股份合作	23	616	-96.26	0.78	0.67	16.41
	联营	5	5	0	0.85	0.93	-8.60
	有限责任公司	3141	3203	-1.93	2.96	2.64	12.12
	股份有限公司	1414	1262	12.04	5.14	4.77	7.75
	私营	2200	1409	56.10	1.48	1.49	-0.67
	其他	—	—	—	—	—	—
港澳台商投资企业		1002	803	24.78	2.32	2.59	-10.42
外商投资企业		1690	1549	9.10	2.34	2.14	9.34

图 1-5 北京零售企业门店和单位平方米营业额增长率比较（按注册类型分）
数据来源：根据北京市 2011 年、2012 年统计年鉴整理。

从部分零售业态的比较来看，仅有折扣店实现了门店数和每平方米营业额的双增长；而大型超市、专卖店、家居建材店，每平方米营业额为负值，经济效益不容乐观（见表 1-17 及图 1-6）。

表 1-17 北京零售企业门店和单位平方米销售额增长情况（按业态类型分）

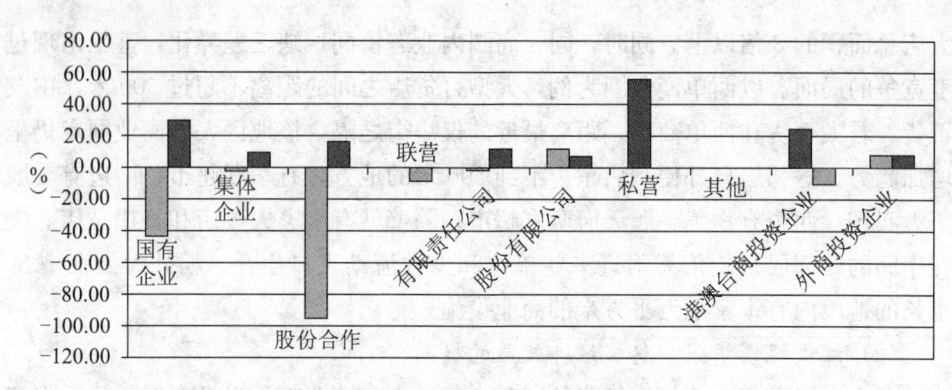

连锁零售业	门店总数（个）		增长率（%）	每平方米营业额（万元）		增长率（%）
	2011 年	2010 年		2011 年	2010 年	
便利店	613	629	-2.54	2.35	2.13	10.32
折扣店	119	7	1700	2.60	2.41	7.88
超市	1858	2085	-10.88	2.19	1.77	23.72
大型超市	94	85	10.58	2.26	2.37	-4.64
仓储会员店	7	7	0	2.85	2.55	11.76
百货店	57	57	0	2.51	2.10	19.52
专业店	1914	1976	-3.13	3.50	3.15	11.11
加油站	682	671	1.63	24.15	21.45	12.58
专卖店	1370	1122	22.10	5.43	6.15	-11.70
家居建材店	26	26	0	0.76	0.96	-20.83
其他	210	210	0			

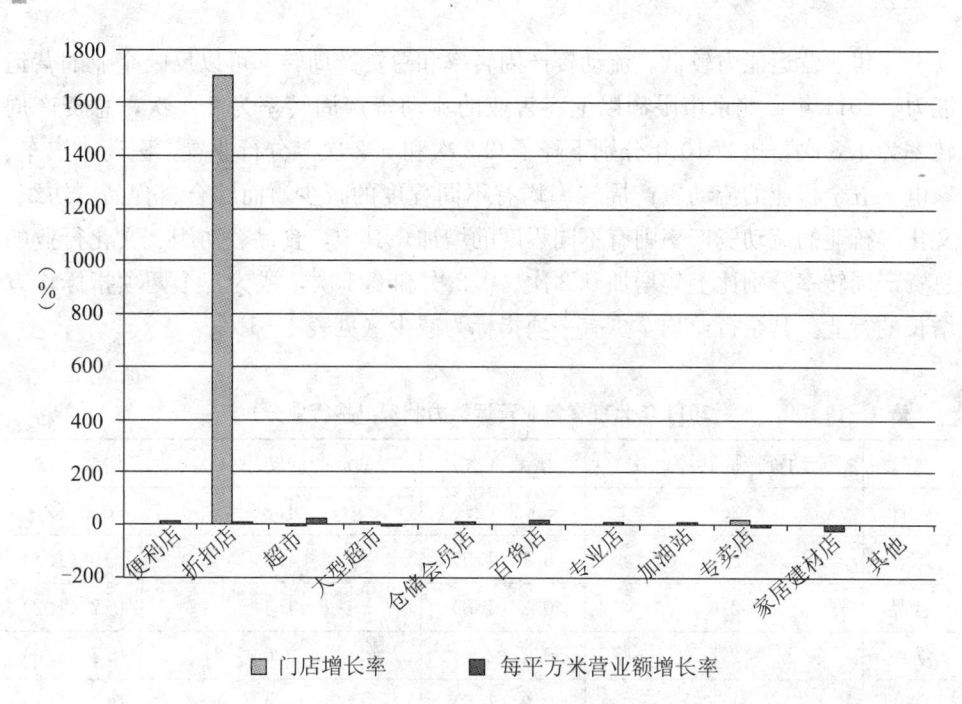

图 1-6　北京零售企业门店和单位平方米营业额增长率比较（按注册类型分）

数据来源：根据北京市 2011 年、2012 年统计年鉴整理。

从主营业务利润率来看，2011 年，北京市限额以上零售企业的主营业务收入增长 20.27%，资本积累率（2011 年所有者权利合计÷2010 年所有者权益合计）为 13.61%，资产利润率（资产利润率＝利润总额÷总资产）为 5.11%。[①] 内资零售企业主营业务利润率平均为 4.91%，远远低于港澳台企业（15.59%）和外资零售企业（14.57%）（见表 1-18）。

表 1-18　2011 年北京零售企业主营业务基本状况（按企业注册类型分）　单位：万元

	主营业务收入	主营业务成本	主营业务税金	主营业务利润率（%）
内资企业	298322419	283099607	565972	4.91
港澳台商投资企业	10398339	8744543	32150	15.59
外商投资企业	75352176	64145720	225699	14.57

注：主营业务利润率＝（主营业务收入－主营业务成本－主营业务税金）/主营业务收入。

数据来源：根据北京市 2012 年统计年鉴整理。

---

① 北京市统计局：《北京统计年鉴（2011 年）》，北京：中国统计出版社，2011 年。

零售业营运能力较低。流动资产周转率和总资产周转率可以反映企业的营运能力。2011年,北京市限额以上零售业的流动资产周转率为2.4次,总资产周转率为1.8次,比2010年分别下降了0.2次和0.2次。分行业看,医药、汽车、家电、五金行业的流动资产周转率均有不同程度的减少,而综合、食品、纺织、文化等行业的流动资产率则有不同程度的增加。其中,食品、纺织、文化行业的总资产周转率分别比上年增加0.2次、0.2次和0.1次,成为三个两项指标均有增长的行业。其余行业均至少有一项指标为减少(见表1-19)。

表1-19　　　　2011年北京零售业营运能力状况(按行业分)

	流动资产周转率(次)	增减(次)	总资产周转率(次)	增减(次)
合计	2.4	-0.2 (2.6)	1.8	-0.2 (2.0)
综合	2.0	0.1 (1.9)	1.4	-0 (1.4)
食品	2.0	0.2 (1.8)	1.4	0.2 (1.2)
纺织	2.5	0.1 (2.4)	2.0	0.2 (1.8)
文化	1.8	0.3 (1.5)	1.4	0.1 (1.3)
医药	2.1	-0.2 (2.3)	1.6	-0.4 (2.0)
汽车	3.9	-1.3 (5.2)	3.0	-0.8 (3.8)
家电	1.5	-0.1 (1.4)	1.4	0.1 (1.3)
五金	1.5	-0.1 (1.4)	1.2	0.1 (1.1)
无店铺	2.0	0 (2.0)	1.8	0 (1.8)

注:资产周转率(次)=主营业务收入净额/平均流动资产总额。
总资产周转率(次)=营业收入额/平均资产总额。
数据来源:根据北京市2011年、2012年统计年鉴整理。

总体看,北京零售业整体没有摆脱规模扩大、效率下降的困境。

(3)连锁企业规范化程度低,经营管理水平低下

北京大多数零售企业经营规模比较小,达不到规模经济。连锁销售额占全市社会消费品零售额的比重还不足40%。目前很多连锁经营企业仍沿袭过去的管理体制,难以适应市场发展的需要。比如在药品连锁企业中,由于北京很多零售企业尚未对药品名规格等建立一个统一的编码,这使各企业不得不各自设一套编码,不能实现信息共享,这就加大了药品分类管理的难度。还有很多连锁企业没有成本领先的经营意识,缺乏对商圈内市场容量、赢利可能性的科学理性分析,没有核心竞争优势建立策略、终端促销策略,没有建立高效的内部运作管理

体系，没有形成一套成熟的单店模型，企业经营的各个环节还没有量化，总部还不够强大，对绝大部分连锁店在管理控制不甚有力。不规范的经营管理也阻碍了零售企业连锁经营本应产生的规模效益。

(4) 新社区商业的发展缺乏规范，未形成规模

首都社区商业起步虽晚，但发展迅速。社区商业快速发展的同时伴随着一些问题的出现，如商业配套定位与新社区商业不匹配，造成高档商业气氛缺失。例如北京著名的高档外销公寓"怡景园"商业配套本应定位高端，结果却发展成了纯粹的小商品市场，与当地的消费实力相去甚远最终导致失败的厄运；大型商业设施与社区面积不匹配，如作为北京市乃至全国最大的经济适用房居住区——回龙观，居住人口已近20万人，消费能力和潜力已经形成，却缺乏影剧院、书店、图书馆等文化娱乐设施。在570万平方米的总建筑面积中，商业面积仅占12.5万平方米，只占总量的2%，[①] 与之相匹配的商业氛围迟迟未能形成。小门脸消费者不看好，百货商场、超市、大卖场等大型商业设施又严重缺乏的现象，在天通苑、亦庄等新住宅项目扎堆的区域同样存在；此外，一些社区前期的商业项目开发商和后期租赁店铺的零售商脱节，导致后期商业吸引不到投资商入驻，使得店铺空空，业态空空，社区商业后续发展受到重创。目前北京大多数社区商业的发展还处于一般的"单店式"、"零散式"、"小规模化"经营阶段，离"一体化"、"连锁式"、"大规模"、"自动化"经营有着相当大的距离。

(5) 零售企业之间的竞争激烈无序

内外资零售企业之间的竞争异常激烈。内资零售业与外资零售业相比，在快速扩张能力、成本控制能力、营销技术能力、财务运作能力、品牌价值能力和人才聚集能力六方面存在着明显差距，总体竞争力不强。2011年限额以上批零企业的商品零售额的外资企业部分所占份额约14.8%，[②] 尚未对北京的零售企业造成太大的影响。但从具体的零售业态来看，实际比重很大。目前，北京超市运营企业多达几十家，除沃尔玛、家乐福、麦德龙等外资商业巨头外，本土超市物美、京客隆也已在京开出近500家店面，顺天府等超市也在北京开出许多分店，北京超市已经形成了外资和内资、大小企业并存的格局，竞争随之加剧。

内资零售企业，尤其是北京家电连锁业的竞争日趋白热化。大型连锁企业争相在北京开辟新分店，形成一定的规模。国美并购永乐引发国内家电连锁并购第一案后，剩下的大中电器现在也是待价而沽，北京市场上家电连锁的竞争转入"美乐"和苏宁之间，竞争进一步升级。一方面，苏宁大规模挖掘原永乐的高层

---

① 张晓蕊：《京郊商业设施完善经历阵痛》，《北京商报》2006年12月19日。
② 北京市统计局：《北京统计年鉴（2012年）》，北京：中国统计出版社，2012年。

管理人员，引发了双方无休止的口水战；另一方面，相互仍在你追我赶迅速扩张，双方的资源争夺加剧，与供应商之间的关系绷紧，既而蔓延到价格战，家电市场上在平板、手机、冰箱、洗衣机、空调、电脑、小家电、数码等品类上横扫价格底线，价格之低接近极限，家电连锁已经陷入恶性竞争的死胡同。2006年6月，国美逆市而动，宣布全国空调"跳水"，彻底击垮空调涨价联盟，续演2000年国美击垮家电联盟"大戏"。2006年11月，就在《零售商促销行为管理办法》实施不到一个月之后，华堂商场就因涉嫌"违规促销"被消费者告上法院。[①] 君太商场、西单百货、安贞华联等长期进行返券打折等促销活动。一些促销活动的诸多细节明显与商务部、公安部、工商总局等联合发布的颁布的《零售商促销行为管理办法》第6条和第7条的规定相抵触。一系列的带有欺骗消费者性质的恶性价格战严重影响了北京零售市场的正常发展。

（6）中高端零售人才比较缺乏，人才流失严重

随着零售业全面开放，外资巨头纷纷进入，北京零售市场上本土零售企业也如雨后春笋般发展壮大，地理位置和日趋同质化的商品已无法给企业带来期望的收益。于是，人才的核心作用就凸显出来了。北京零售企业近年来一直发展迅猛，但是在使用人才方面早已属于"透支"状态，再加上对培训人才重视不够，当整个行业进入快速连锁扩张的时候，北京零售业人才缺乏的矛盾更加突出。从零售业总体来看，北京零售业还是属于劳动密集型行业。从从业人员数量来看，北京连锁零售业普通从业人员过剩，而适应现代连锁零售业需要的专业和综合人才则明显缺乏，北京零售行业不是在"量上缺人"，而是在"质上缺人"。

总之，市场竞争的关键是人才的竞争，零售连锁业竞争的特点和运作模式与其他形式的企业不同，要求员工必须具备一定的连锁零售经营知识，特别是中高端的有一定技术的人才。例如配送中心的计算机系统管理、企业的信息化管理等，都需要高精尖的专业人才的参与；另外，连锁零售业在资产重组和资源整合中，尤其是在店铺的迅速扩张过程中也明显感到复合型管理人才、营销策划人才、铺店人才等的不足。因此人才问题已成为限制北京地区连锁零售业发展的一大难题。

二、首都现代零售业面临的机遇与挑战

随着经济的不断发展，零售业的竞争日趋激烈。北京现代零售业为了获得长期的发展，必须预测和适应不断变化的商业环境。因此，应该全面分析所面临的机遇

[①]《首起零售商促销诉讼 北京华堂商场涉嫌价格欺诈》，《北京商报》2006年11月13日。

和挑战，及时调整经营策略，制定正确的发展战略，才能在市场中立于不败之地。

（一）面临的机遇

随着北京经济社会的发展，产业结构的调整和优化，居民收入的普遍提高，奥运会的举行，北京现代零售业面临着前所未有的发展机遇。

1. 北京城市功能的定位和产业结构的优化给现代零售业发展带来的机遇

随着北京国际影响力的不断增强，北京正逐渐成为国际政治中心和国际事务中心。会展、旅游和信息咨询等现代服务业市场不断扩大，由此产生的居民生活消费、社会公共消费将成为庞大的市场需求，无疑会对北京现代零售业的发展起到积极的促进作用。

"国家首都、世界城市、文化名城和宜居城市"的城市功能定位，决定了北京要进一步优化产业结构，大力发展包括流通服务业在内的第三产业的发展目标。2012年，三次产业结构由上年的0.8：23.1：76.1变化为0.8：22.8：76.4，第三产业增加值占GDP的比重已达76%。不仅大大高于国内其他主要城市，而且达到了国际上发达城市的水平。在三次产业尤其是第三产业加快发展的大环境下，零售业必将得到更快更好的发展。

（1）农村整体经济水平的提高是促进农村现代零售业发展的基本前提

农民收入的提高，农民消费习惯和消费方式的改变，有利于适合农民的物美价廉或品种全而选择性强的连锁超市或小型百货店的发展，其将会改变农村夫妻店为主的单一业态形式。

（2）第二产业的发展，尤其是一大批加工企业的迅速发展，可以为北京现代零售业提供丰富的、优质的产品，以满足消费者的不同需求

高新技术产业的发展能为零售业提供更多的先进的技术和装备，有利于提高北京零售业的现代化水平。

（3）第三产业特别是现代服务业的发展，将为现代零售业的快速发展提供了良好的运营环境

信息产业的发展，为现代零售业的发展提供了硬件和软件的支持，如高速、强大的信息流，便利的顾客交易，高效的运营方式，快速而有洞察力的决策手段等。金融市场的健康发展为零售企业的融资和再融资提供了相对安全的渠道，充足的资金也是零售企业发展壮大的根本前提。随着房地产业的发展，大量新建小区的落成，政府大力发展社区服务业，推动文化娱乐等产业健康发展，为现代社区商业的发展创造了条件。发挥北京区位优势，促进环渤海经济区快速发展的同时，大力发展物流业，形成全国和区域性的商品物流中心，这些举措为现代零售业降低物流成本，增强市场竞争力奠定了基础。

2. 经济的发展和城市化水平的提高，推动了现代零售业的发展

2006年以来，北京地区生产总值以年均16.69%的速度快速增长，同期社会消费品零售总额、批零贸易额也分别以年均10%和13%以上的速度保持着增长，分享着经济增长所产生的辐射效应。北京市经济总量的持续增加，将成为北京现代零售业发展的助推器（见表1-20）。

表1-20　2006—2012年北京地区生产总值、社会消费品零售总额和批零贸易额的变化

年份	地区生产总值（亿元）	增长率（%）	社会消费品零售总额（亿元）	增长率（%）	批零贸易额（亿元）	增长率（%）
2006	8117.8	14.3	3275.2	12.8	2883.2	13.6
2007	9846.8	14.5	3835.2	16.4	3366.4	16.8
2008	11115.0	9.1	4645.5	21.1	4049.5	20.3
2009	12153.0	10.2	5309.9	14.3	4662.3	15.1
2010	14113.6	10.3	6229.3	17.3		
2011	16251.9	8.1	6900.3	10.8		
2012	17801.0	7.7	7702.8	11.6		

注：2010年以后年鉴无批零贸易额数据。
数据来源：根据北京市2012年统计年鉴整理。
2012年数据来自北京市2012年公报。

城市化水平是衡量一个地区经济发展水平的根本标准。如表1-21所示，近十年首都城市化水平进展迅速，由2003年的79.1%提高到2012年的86.2%。人口向城市集中，日益增长的生活消费需求推动着北京现代零售业的快速发展，这一点从图1-7中可以更直观地看出。

表1-21　　　　　　　2003—2012年北京城市化进程与水平

年份	2003	2004	2005	2006	2007	2008	2009	2010	2011	2012
常住人口（万人）	1456	1493	1538	1601	1676	1771	1860	1962	2019	2069
城镇人口（万人）	1151	1187	1286	1350	1426	1504	1581	1686	1740	1783
城市化水平（%）	79.1	79.5	83.6	84.3	85.1	84.9	85.0	85.9	86.2	86.2

注：2010年为第六次人口普查推算数。2006—2009年常住人口、出生率、死亡率等数据又根据2010年人口普查数据进行了调整。
数据来源：根据北京市2012年统计年鉴、北京市2012年公报相关数据整理并计算所得。

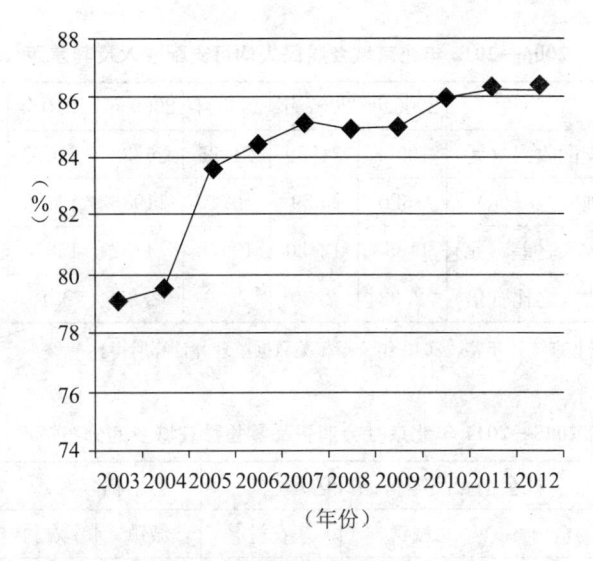

图 1-7 北京城市化进程与水平

数据来源：根据北京统计年鉴相关数据整理。

(1) 城市化水平的提高，城镇居民收入水平增加，促使消费品销售异常活跃，推动着首都现代零售业进一步发展

现代零售业态变迁理论告诉我们，现代零售业的大部分业态多以城镇居民的需求为生存基础。从世界零售巨头的发展轨迹看，无论是其起家以农村市场为重点（如西尔斯）还是以小城镇市场为重点（如沃尔玛），在走向成熟的过程中无一不是把城镇市场作为争夺的重点。其中一个很重要的原因就是城镇居民的收入水平和实际购买能力要高于农村地区，城镇市场有旺盛的需求。

从表1-22中可以看到，2006—2012年，随着北京经济的发展，北京城乡居民人均可支配收入逐年在增长，城乡居民的人均可支配收入差由2006年的11358元增加到2012年的19993元，城乡居民的人均可支配收入比一直在2倍以上。城镇居民的实际购买能力一直高于农村居民（见表1-23），如2006年北京城镇社会消费品销售额约为农村地区的6.84倍，2011年为6.03倍，两者始终保持着较大差距。2011年年末全市常住人口2069.3万人，比上年年末增加50.7万人。常住人口中，城镇人口1783.7万人，占常住人口的86.2%。可见，城镇居民是最主要的消费群体。城市众多的人口，居民较高的收入水平和消费水平，较强的需求能力，吸引着零售企业在城市布局设点。城市网点的增加，零售渠道的拓宽，既满足了城镇居民的需要，又有利于零售业市场规模的扩大。

表1-22　　2006—2012年北京城乡居民人均可支配收入及其差距

	2006年	2007年	2008年	2009年	2010年	2011年	2012年
城镇居民人均可支配收入（元）	19978	21989	24725	26738	29073	32903	36469
农村居民人均纯收入（元）	8620	9559	10747	11986	13262	14736	16476
城乡居民人均年收入之差（元）	11358	12430	13978	14752	15811	18167	19993
城乡居民人均年收入之比（倍）	2.32	2.30	2.30	2.23	2.19	2.23	2.21

数据来源：根据北京统计年鉴、2012年公报相关数据整理并计算所得。

表1-23　　2005—2011年北京社会消费品零售额在城乡的分布情况

| 年份 | 社会消费品零售额（亿元） ||| 增幅（%） || 城乡比例（倍） |
	全市	城镇	农村	城镇	农村	城镇比农村多
2005	2902.8	2519.1	383.7	9.10	20.81	6.6
2006	3275.2	2857.5	417.7	13.43	8.86	6.84
2007	3835.2	—	—	—	—	—
2008	4645.5	—	—	—	—	—
2009	5309.9	5221.8	88.1	—	—	—
2010	6229.3	6128.8	100.5	17.4	14.1	5.99
2011	6900.3	6789.6	110.7	10.8	10.2	6.03

注：2005—2007年数据按第二次经济普查进行了修订，2008年数据为第二次经济普查数据。
数据来源：根据北京统计年鉴相关数据整理并计算所得。

（2）城镇与农村地区居民平均消费倾向均较高

平均消费倾向是指居民消费支出占收入的百分比。从图1-8可看出，2005—2011年间，北京城镇居民的平均消费倾向一直保持在66.81%以上，在2007年以前高于农村居民。农村居民平均消费倾向保持在70.17%以上，在2007年以后高于城镇居民。由于收入的增加，城乡居民的消费欲望和消费能力不断增强，加上城乡商业发展的相对成熟，无论是产品种类还是服务形态都呈现出更多的选择。城乡居民旺盛的消费需求，促进了北京消费品市场的进一步繁荣，推动了北京现代零售业的发展。

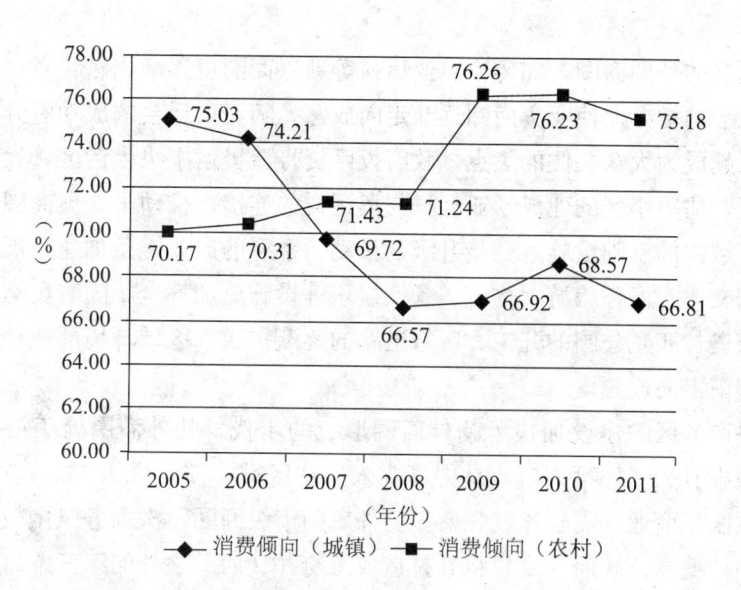

图 1-8 2005—2011 年北京城乡居民平均消费倾向的变化

数据来源：根据北京统计年鉴相关数据整理并计算所得。

3. 城市空间布局的演变推动零售业新格局的形成

（1）人口向近郊区的迁移，推动近郊区零售业的发展

北京城市的发展已经呈现明显的离心化现象，随着人口的不断增加和经济的迅速发展，城区面积逐渐扩大，近郊成为人口迁入的重点区域。近郊人口密度的提高、购买能力的增强，使得零售业在近郊有着很大的发展潜力。

东城、西城等首都功能核心区的重点商业街区已经完成改造和升级。朝阳、海淀、丰台、石景山等城市功能拓展区一直在完善人口迁入的商业配套设施及其布局，同时，这部分城区有北京众多高等院校，人才和科技的发展也为该地区现代零售业的发展提供了一个很好的技术平台。房山、通州、亦庄等城市发展新区，在中心城区商业日趋饱和而外迁的情况下，成为重要的转移地。由于位置的优越和经济开发区的发展，很多商业住宅相继投入使用，社区商业的发展十分迅速。门头沟、怀柔、平谷、密云和延庆等生态涵养发展区，围绕山区、浅山区的生态旅游项目开发，建立了必要的商业配套服务设施，满足北京市居民甚至周边城市居民休闲旅游的需要。

（2）城市商业"多中心"的发展态势明显，促进商圈的升级和业态的进一步发展

从过去 10 年城市人口变动的情况来看，城区人口持续负增长，近郊区是人口增长最快的区域，远郊卫星城的人口增长也在加快。北京城逐级往外围发展，

形成了更多的外围商圈，如望京、亚运村等新兴商圈也逐渐成熟起来。

奥运会的举办促使亚奥商圈逐渐走向成熟。随着奥运会的成功召开，亚奥区域也越来越成为大众关注的焦点。政府投巨资打造奥运中央生活区，大量商业地产的开发，住宅小区的建成，亚运村与奥运村的连接，推动了亚奥商圈的形成与发展。区域内的基础设施进一步升级，带动一系列的产业链条加速发展，体育设施、休闲文化、商务旅游、物流、餐饮娱乐等设施更加齐全。随着奥运场馆的建设、国家奥林匹克公园的开工、区域道路的逐渐贯通、区域环境的改善等，亚奥商圈将逐渐走向成熟。

中央商务区的建设加快了朝外商圈形成的步伐。朝外商圈处于第一使馆区内，区域中有大量外籍人口，是中高收入居住区域，涉外资源丰富，对咖啡厅、酒吧等休闲型商业的需求比较旺盛。朝外属副市级商圈，次商务氛围较浓，总体档次为中档偏高。政府一直想将其打造成王府井、西单之外的第三条商业大街。

望京社区的建设推动了望京商圈的形成。目前居住在望京地区的20.3万人中，主力人群为青年人，包括公司高层、白领、外籍人士、海归人员、演艺圈人士等。这部分人群教育程度较高，收入较高，消费能力强。目前，正在营业的望京商业面积已超过40万平方米，商圈内聚集了京客隆超市、大中电器、中福百货、华联商厦、宜家家居、望京1号OUTLETS名品折扣店和家乐福等不同零售业态的代表性企业。望京国际商业中心的开业，包括国美电器、星美影院、众多金融机构及数家时尚名牌餐饮都已签约入驻，使望京商圈的餐饮、娱乐、金融服务等实施更为齐全。望京商业面积有望超过西单商圈，成为北京东北部的一个全新大型商圈。

中关村商圈的打造。有数据显示，中关村目前的大众商业设施面积与人口密度之比仅为1∶30，而一般的区域应为1∶8左右。中关村以"电子一条街"、高科技产业区及文教区而闻名，人口密度大但供该商圈居民日常消费的商业极度匮乏。中关村很长时间只有双安和当代商城两个购物场所，它们开业早，且距中关村核心区还有一定距离，其规模与业态已跟不上中关村的消费升级速度。其他则是清一色的写字楼，餐饮、娱乐、休闲等设施严重不足。中关村广场购物中心、中关村广场商业步行街、新中关购物中心及第三辑文化中心等的相继开业，加快了中关村商圈的形成。

4. 居民消费结构的升级，促使零售业态新格局的形成

世界各国经济发展的历程表明，在人们的温饱需求得到满足之后，就进入以公共交通、廉价住房、邮电通信为主导产业的小康阶段；之后是以私人轿车、高级住宅为主导产业的富裕阶段；最后进入以服务业为主导产业、消费品需求高级化、丰富化为特点的高度富裕阶段。世界银行根据不同人均收入水平（按购买力平价计算）、居民消费结构的变化得出的结论是，随着收入水平的提高，食品、衣着类在消费支出中的比重下降，居住、医疗、教育、交通等在消费支出中的比重上升，从表1-24中各项支出费用的变化可以看出。与国际粮农组织按恩格尔系数划分富裕程度的标准相对照，1000美元以下为小康阶段（恩格尔系数为0.4~0.5）；1001~4000美元和4001~10000美元组为富裕阶段（恩格尔系数为0.2~0.4）；10001~20000美元和20000美元以上组为高度富裕阶段（恩格尔系数低于0.2）。

表1-24 按收入分组的消费结构（按购买力平价计算）和2006年、2011年北京城乡居民消费支出构成

		食品	衣着	居住	医疗保健	教育	交通通信	其他
1000美元及以下		48	8	11	3	6	7	18
1001~4000美元		38	9	10	6	7	9	21
4001~10000美元		27	9	14	7	7	9	28
10001~20000美元		15	7	15	9	7	13	14
20000美元及以上		11	5	18	12	8	12	33
城市居民	2006年	30.8	9.7	8.2	8.9	—	14.7	27.7
	2011年	31.4	10.3	8.8	6.9	15	16	11.6
农村居民	2006年	32	7.9	15.6	9.8	—	12.3	22.4
	2011年	32.4	7.8	21.2	9.3	9.1	11.1	11.9

注：此数据为5000户城市居民家庭和3000户农村居民家庭消费支出构成。其他项包含家庭设备用品与服务，2006年教育支出没有单列。

数据来源：根据世界银行《1997年世界发展报告》和北京2007年、2012年统计年鉴整理。

世界主要国家和国内发达城市消费结构统计资料表明，人均GDP超过3000美元后，消费结构的变化突出表现为如下特点：第一，基本生活消费的比重已降到40%左右，并继续下行；第二，住房消费比小康阶段已有较大幅度的提高，但继续上行的速度放慢，直到高度富裕阶段才有明显的上升。从世界水平和各国情况看，富裕阶段的住房消费均占有一定的比重，普遍在15%左右；第三，交通通信支出持续快速上升，到高度富裕阶段后开始下行。2001年北京市人均地区生产总值达到26998元，首次突破3000美元，达到3060美元；如表1-25所示，截至2006年年底，年人均GDP达到51722元（折合为6210美元）。2012年

按常住人口计算,全市人均地区生产总值达到 87091 元(按年平均汇率折合 13797 美元)。城乡居民的恩格尔系数自 2000 年开始就在 0.4 以下,逐年呈下降趋势。按恩格尔系数标准衡量,北京居民生活已开始进入富裕阶段,消费结构开始向 10000 美元以上组的方向演变,进入以私人轿车和高级住宅为主要特征的富裕阶段。

表 1-25　　2006—2012 年北京市人均 GDP 和居民恩格尔系数

年份	年人均地区生产总值（元/人）	城镇居民恩格尔系数	农村居民恩格尔系数
2006	51722	30.8%	32.0%
2007	60096	32.2%	32.1%
2008	64491	33.8%	34.3%
2009	66940	33.2%	32.4%
2010	73856	32.1%	30.9%
2011	81658	31.4%	32.4%
2012	87091	31.3%	33.2%

注：年人均 GDP 按常住人口计算。
数据来源：根据北京市 2006—2012 年公报数据整理。

从北京居民 2011 年消费支出的构成来看,城镇居民和农村居民的恩格尔系数均降到 33% 以下(见表 1-25),食品和衣着类合计支出比重在 40% 左右,而居住、医疗保健等、教育、交通通信等支出比重较高(见表 1-24),说明北京居民的消费已由以衣食消费为主转变为以服务消费为主;由以千、万元级家电设备消费为主转变为以电脑、轿车、住房为主的高档品和奢侈品为主。北京城乡居民正在由生存型消费向发展型、享受型消费转变。居民消费结构快速升级,家用汽车、住房相关商品、通信器材、数码电子商品成为居民消费的热点和重要的市场增长点。这就为家电、建材超市或专业店、品牌专卖店(包括汽车专卖店)、高档百货店、便利店、家居用品中心、工厂直销中心和购物中心的发展提供了市场基础。北京新的零售业态格局应运而生。

5. 资本市场的发展为首都现代零售业拓宽了融资渠道

目前,北京零售业共有华联股份、华联综超、首商股份(原西单商场)、王府井、北京城乡、翠微股份、国药集团等内地上市企业以及国美、物美、京客隆等在香港证券市场上市企业,占全国零售业上市公司总数的 10% 以上。

表1-26列出自1994年至今，在国内上市的华联股份、华联综超、国药股份、首商股份（西单商场）、王府井、北京城乡在内地证券市场的历次融资行为，以及国美、物美、京客隆等在香港证券市场的筹资行为。零售企业通过股票发行，有利于建立规范的现代企业制度；所筹的资金具有永久性，成为企业自有资金，没有还本压力，有利于降低企业的负债率；所筹金额大，有利于企业获得更多的流动资金，提高运营能力；有利于提高企业的知名度，为企业带来良好声誉。发行股票融资，是加快零售企业发展的一条有效途径。

中国资本市场的快速发展，将为更多的北京零售企业提供上市融资机会，使北京现代零售企业融资难的问题得到一定程度的缓解，有利于促进北京现代零售业的发展。

表1-26　　　　　　　　　北京零售上市公司融资情况

北京零售业上市公司	时间	融资方式	募集资金金额
华联股份	1998	发行新股	14400万元
华联综超	2001	发行新股	37832万元
	2006	增发	60000万元
	2011	增发	129958万元
国药股份	2002	发行新股	26500万元
首商股份（西单商场）	1996	发行新股	27744万元
	1998	配股	24122万元
	2001	配股	36523万元
王府井	1994	发行新股	40000万元
	1995	配股	17595万元
	1997	配股	42195万元
	2011	增发	185965万元
北京城乡	1994	发行新股	29250万元
	1997	配股	19300万元
	1999	配股	27230万元
国美	2004	借壳上市	—
	2004	配股	12亿港元
	2007	配股和发行可换股债券	65.5亿港元

续表

北京零售业上市公司	时间	融资方式	募集资金金额
物美	2003	发行新股	6亿多港元
物美	2004	配股	2亿多港元
物美	2006	配股	4亿港元
京客隆	2006	发行新股	5.84亿元

6. 相关法律法规的逐步健全和相关行业协会的建立，从法律上和组织上保证了北京现代零售业的有序发展

我国先后出台了《反不正当竞争法》、《消费者权益保护法》、《合同法》、《产品质量法》和《关于处理侵害消费者权益行为的若干规定》等法律法规，同时开展了"质量万里行"、"百城万店无假货"等活动。2006年是政府出台零售业相关政策法规最多的一年，涉及并购、促销、工商关系、食品安全、农村商业、特许经营、分等定级等内容，从规划、规章、规定等多个层面，坚持规范与促进并举，成为零售业和连锁经营健康快速发展的外部助推力。

《北京市商业零售公司促销行为规范（试行）》、《北京市商业零售公司进货企业交易规范（试行）》以及《关于加强流通领域预包装食品保质期管理的通知》的出台，表示了北京市政府规范商家促销行为的决心，有助于维护首都零售业的经营秩序，提升消费者的消费信心。北京市商业联合会、连锁经营协会也都制定了相关的行业执行标准，加强了对行业的监督、检查、考核等。

此外，一些专项协会的出现，如家电协会、建材协会、食品协会、汽车协会等，更是细化了行业监督自律，保证了首都现代零售业良好的发展势头。

2008年北京奥运会的举办，对零售业改善经营环境、提升经营管理和服务水平起到了积极的推动作用。

(二) 面对的挑战

随着北京经济的发展，人民生活水平不断提高，消费结构逐步升级，这些对零售业的发展在数量和质量上有着更新、更高的要求，北京现代零售业的发展也面临着来自各方面的挑战。

1. 城乡居民收入差距不断拉大，使城市及城乡间消费出现断层，难以形成新的消费热点，零售业态结构面临着调整

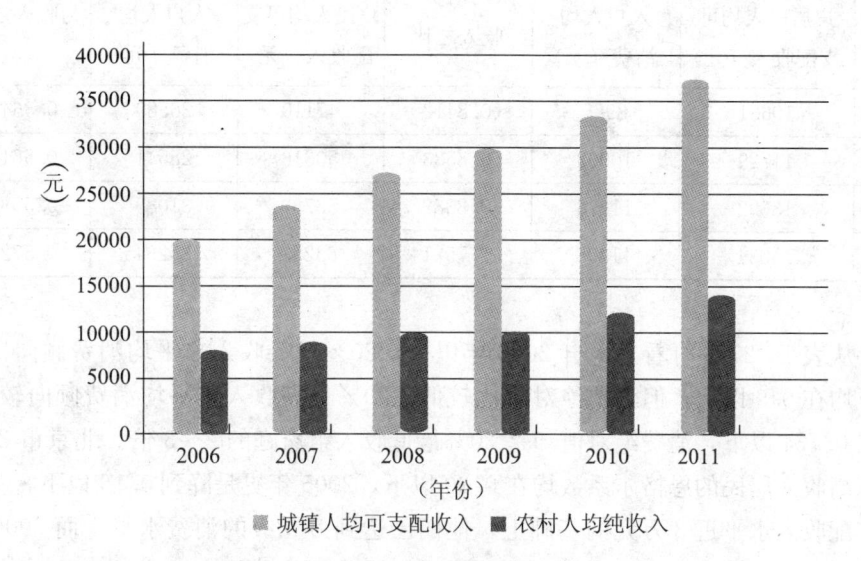

图 1-9　2006—2011 年北京城乡居民人均可支配收入及其差距

数据来源：根据北京统计年鉴相关数据整理。

从图 1-9 中可以看出，无论城乡还是农村，北京居民年均可支配收入都呈逐年上涨的趋势，但是城市居民内部、农村居民内部和城乡居民之间的收入差距不断扩大。各收入阶层的消费重点不尽相同，导致新的消费能力越发分散，消费需求层次性特征日益明显，客观上要求改变现有的零售业态布局和结构，并与新的消费特点相适应（见表 1-27）。

表 1-27　　2005—2011 年北京城镇 20% 最低收入户和 20% 最高收入户的人均可支配收入与人均消费

年份	20%最低收入户居民人均可支配收入（元）	20%最低收入户人均消费（元）	人均消费与收入之比	20%最高收入户民人均可支配收入（元）	20%最高收入户人均消费（元）	人均消费与收入之比
2005	8580.9	7863.5	0.9164	32967.7	21325.2	0.6469
2006	9798	8911	0.9095	36616	23520	0.6423
2007	10435	9183	0.8800	40656	23415	0.5759

续表

年份	20%最低收入户居民人均可支配收入（元）	20%最低收入户人均消费（元）	人均消费与收入之比	20%最高收入户民人均可支配收入（元）	20%最高收入户人均消费（元）	人均消费与收入之比
2008	10681	8985	0.8412	47110	26589	0.5644
2009	11729	10009	0.8533	50816	28541	0.5616
2010	13692	11478	0.8382	53739	31085	0.5784
2011	15034	11308	0.7521	63293	36264	0.5729

从表1-27中可看出，自2000年以来，20%最低收入户平均消费倾向比较高，均在0.9以上，但消费绝对值比较低；20%最高收入户平均消费倾向较低，均在0.734以下，消费绝对值却是20%最低收入组家庭的2~3倍。北京市20%城镇高收入居民的恩格尔系数均在0.30以下，2005年更是降到0.16以下，在其可支配收入水平近3万元的基础上，他们已达到万元级的消费水平。而2006年以来，北京市城镇居民和农村居民的恩格尔系数平均值均在0.30以上，20%城镇低收入户的恩格尔系数一直在0.389以上（见表1-28），表明他们收入仍有相当部分（大于1/3）用于食品消费，千元级的消费水平使其无力大量购买其他消费品。以上表明，北京居民的消费水平已经出现了断层。

表1-28　　　　　2006—2012年北京市居民恩格尔系数　　　　　单位：%

年份	城镇居民平均水平	城镇低收入户（20%）	城镇高收入户（20%）	农村居民平均水平
2006	30.8	38.9	24.6	32.0
2007	32.2	40.6	25.9	32.1
2008	33.8	42.1	27.9	34.3
2009	33.2	40.4	28.0	32.4
2010	32.1	39.9	26.7	30.9
2011	31.4	40.8	25.2	32.4
2012	31.3	38.0	25.6	33.2

数据来源：根据北京市2012年统计年鉴、北京市2012年公报数据整理。

20%的高收入者拥有市场80%的购买力。富人消费水平的迅速提高，带动社会消费品生产结构迅速完成升级，但富人的消费需求会伴随其购买力的迅速增加而在短期内得到满足，边际消费倾向不断下降；而广大的低收入和中等收入阶层有消费欲望却无力消费。高低收入户消费需求出现断层，使北京现代零售业的发展处于两难的境地。面对城区收入较高的消费者，需要发展以精品和高端品为主的百货店和品牌专卖店，但是受需求群体较小所限，市场规模将受到影响；另外，面对广大中低收入群体，需要积极发展以经营大众化日用品为主的超市、仓储商场、大型综合超市，满足居民价廉物美的消费需求，必须薄利多销，这又影响企业利润增长。

在二元经济结构中，农民和城镇居民之间收入差距的扩大，农民收入增长缓慢，使得农村居民消费需求严重不足，使农村市场零售业态十分单一，严重制约了现代零售业在农村市场的发展。因此，要根据农民的实际消费水平，发展相适应的零售业态，如连锁超市等。

2. 组织化、规模化、集约化水平低所带来的挑战

"十一五"时期，代表北京零售业组织化水平的连锁经营取得了长足发展，商业组织化、信息化、便利化程度进一步提高。全市现有连锁经营企业234家，连锁企业门店9299个，比2005年增长55.7%；实现商品销售额2133.0亿元，零售额1625.5亿元，比2005年分别增长101.0%和71.0%；电子商务发展优势明显，2010年，全市限额以上企业实现电子商务销售额2152.7亿元，比2008年增长30.7%；刷卡消费额6864亿元，按可比口径计算，占社会消费品零售额65%以上；全市大中型商场、超市无障碍设施改造率达81%；二环路以内具备改造条件的大型商场停车引导系统改造率达93%。[①]

如表1-29所示，2011年北京连锁零售企业每人和每平方米的零售额略高于港澳台商投资连锁企业和外商投资连锁企业，但是每个门店所实现的零售额则低于后者，这说明目前北京连锁零售企业规模偏小，规模化、集约化水平不高，整体运行效率不高，经营效益不高。

表1-29　　2011年北京连锁企业和连锁零售业的经济效益指标

类型	零售额（万元/门店）	零售额（万元/人）	零售额（万元/平方米）	零售额/社会消费品零售总额（%）
连锁零售业	2500	116	2.73	25.0

---

① 北京市人民政府：《北京市"十二五"时期国际商贸中心建设发展规划》，国务院发展研究中心信息网2012年1月7日。

续表

类型	零售额（万元/门店）	零售额（万元/人）	零售额（万元/平方米）	零售额/社会消费品零售总额（%）
连锁企业	1982	69	2.45	28.0
内资连锁企业	2047	91	2.54	21.0
港澳台商投资连锁企业	941	33	1.99	1.3
外商投资连锁企业	2320	43	2.28	5.7

数据来源：根据北京2012年统计年鉴相关数据整理并计算所得。

3. 现代零售业国际化所带来的挑战

1992年中国零售业对外开放以来，北京市商业利用外资取得长足发展。截至2011年年底，累计批准外商和港澳台投资连锁商业企业店铺分别为1690家和1002家，营业面积分别为1717959平方米和473719平方米，实现零售额分别为3920086万元和942801万元，占当年全市连锁企业零售额的24.9%（见表1-30）。一大批国际知名企业进入北京市场，不仅带来了全新的经营理念，提升了行业整体经营管理水平，大大缩短了与国际商业的差距，也改变了城市的面貌，为消费者提供了更多的选择。

表1-30　　　　　　　　　2011年北京连锁企业基本情况

类型	所属门店（个）	从业人员（人）	营业面积（平方米）	零售额（万元）
合计	9845	280798	7953891	19507890
内资企业	7153	161589	5762215	14645003
港澳台商投资企业	1002	28657	473719	942801
外商投资企业	1690	90552	1717957	3920086

数据来源：根据北京2012年统计年鉴相关数据整理。

（1）对资金实力和经营管理水平的挑战

长期以来北京内资零售企业形成了单纯依靠银行贷款、占压供应商货款的而维持发展的资本运营模式，靠自有资金或者其他途径获得的资金比重很少，普遍面临着资金不足的窘境。由于流动资金少，货款结算不及时，导致进货价格偏高。而外资零售企业大多资金实力雄厚，它们利用资金优势，买断经营，结算及时，进货价格往往低于市场价10%~40%，从而导致内资零售企业在经营中不具备价格竞争的优势。另外，受资金所限，北京内资零售企业在规模扩张、技术引进和吸引人才等方面也受到很大的影响。

发达国家的零售企业不仅在市场经济条件下经营了上百年，早已完成了流通革命，实现了商业现代化，形成了一套领先的、成熟的、富有特点的经营管理模式。从硬件上说，通过增加较好的商业设施，营造出良好的购物环境；从软件上说，拥有全新的营销理念，计算机的网络化管理，内涵丰富的企业文化和高超的促销手段等。北京内资零售企业中的绝大多数仍沿用传统的经营方式，以经验为主，管理粗放，表现出劳动密集型的产业特点，使其在同外资的市场争夺中处于不利的地位。

(2) 国外零售企业挟自有品牌的优势对北京内资零售企业形成的冲击

A.C. 尼尔森的研究报告显示：自有品牌在全球各个区域都在积极推动零售商的业务增长，使用自有品牌的全球零售商中有 95% 以上都是欧美国家的企业，从整体看，欧美国家的零售企业自有品牌的发展比较成熟。和国际零售巨头相比，北京零售企业多数还没有意识到自有品牌的作用，自有品牌比例很小，品种少，价值低，市场占有率低，产品和服务的质量不稳定。随着首都现代零售业的进一步开放和发展，内资零售企业经营的商品因缺少自有品牌而可能丧失价格优势，因此在合理增加自有品牌产品数量的同时，还要严格把关产品质量和产品的附加值。

(3) 来自技术方面的挑战

从 20 世纪 70 年代起，跨国零售企业开始运用现代科技手段，尤其是信息技术和网络技术，建立以商业电子数据处理系统、管理信息系统和决策支持系统为核心，以通信和网络为辅助的商业自动化系统，经过几十年的发展已经达到相当先进的水平。这些技术手段的应用在规范经营、降低成本、提高效率和增加利润方面起到十分重要的作用。目前，进入北京的大型跨国零售公司都建立了强大的计算机管理系统，包括计算机信息管理系统（MIS）、销售时点实时信息管理系统（POS）和电子订货系统（EOS），对每一种商品的销售情况随时进行统计分析，筛选出畅销品和滞销品，及时地调整商品结构和促销策略。而内资零售企业效益不佳的一个重要原因就是并没有真正建立起对市场快速反应、内部科学管理的信息网络系统。内资零售企业在店面等硬件建设上投入大量的资金，旨在改善购物环境和基础设施建设，但是真正用在技术设备上的投入甚少，目前从全国水平看，投资的技术含量平均为 3% 左右，北京水平稍高，但是和发达国家零售业的30%的水平相比还差距甚远。①

（4）对零售网点的抢占和市场份额的挤压

自1992年以来，不同背景的外资零售企业攻城略地，以惊人的速度在京增加着店铺数量，抢占北京零售企业的生存与发展空间，使零售网点成为稀缺资源。如图1-10所示，1993—2002年的十年期间，累计在北京设立的外资零售企业仅有15个，店铺也只有25个。随着2004年中国零售业对外的全面开放，外资零售企业加快了抢滩北京市场的步伐。2011年，北京外资零售门店数达到1690家，同比增长9.1%，零售额达到814亿元，同比增长16.5%。从门店数的增长速度来看，外资企业在北京零售市场的扩张速度可见一斑。

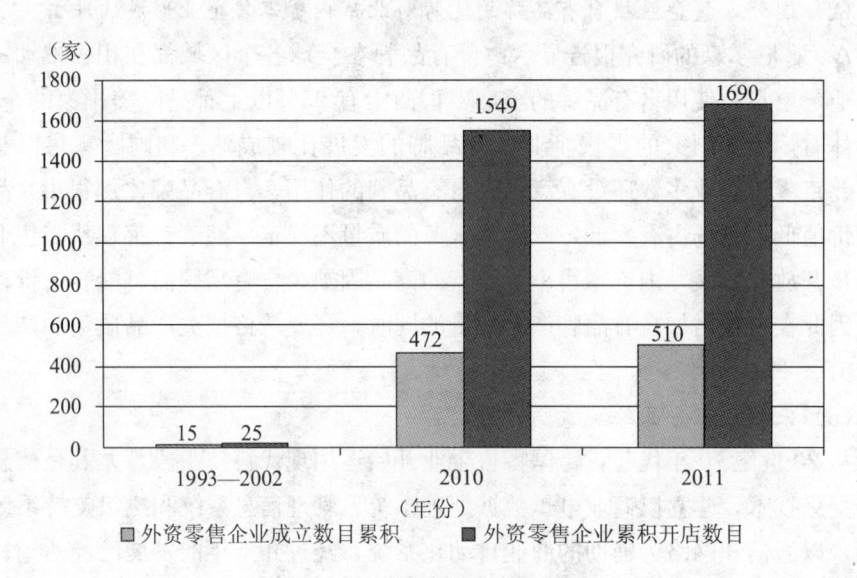

图1-10 外资零售企业开店数目

数据来源：根据北京统计年鉴相关数据整理。

截至2005年，全北京市零售商业营业网点共有28万个，营业面积为5000~8000平方米的大型零售企业中外资零售企业占到了17%；8000平方米以上的大卖场中，外资零售企业的比重达到了37%。② 截至2011年年底，累计批准外商投资连锁商业企业店铺分别为1690家（见图1-10），营业面积分别为1717959平方米，实现零售额分别为3920086万元，占当年全市连锁企业门店总数的

---

① 颜世昌：《机遇和挑战并存》，《江苏商论》2004年第10期。
② 中国人民政治协商会议北京市委员会：《关于制定〈北京市商业网点规划建设管理条例〉的建议》，2006年11月。

17.2%。据调查显示,大卖场周边 3 千米商圈内,一般超市使周边大量中小型零售企业生存空间受到挤压,有的企业经营效益下降,以致倒闭而丧失原有的销售网点。

另外,外资零售企业凭借雄厚的资金、技术、人才和管理优势,所占的市场份额逐年提高。如图 1-11 所示,北京外资零售企业销售额占北京社会消费品零售总额的比例从 2006 年的 5.5%上升到 2011 年的 5.6%,对北京零售企业的市场"挤压"不断加剧。

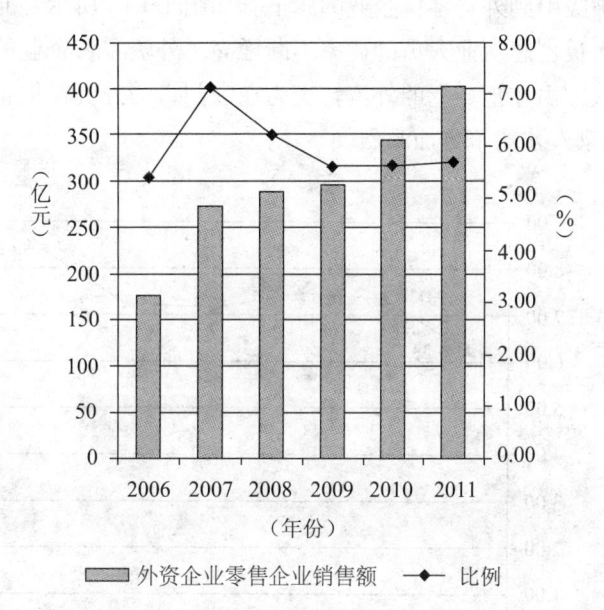

图 1-11 北京外资零售企业销售总额占北京消费品零售总额比例

数据来源:根据北京统计年鉴相关数据整理并计算所得。

(5)人才短缺和流失的挑战

从人才结构上看,目前最紧缺的是管理型人才,好的市场营销类人才成为需求热点,相关的辅助岗位如财务、法律、人事等也纷纷告急。由于北京零售业的快速扩张,超市、大卖场、百货店不断增加,中层和基层管理人员已经成为目前北京零售行业内争夺最激烈的人才。如了解进货渠道,货品的分类、陈列,各种促销方式,有相当的管理经验和执行、公关能力的店长已经成为北京零售行业中高价难求的人才;配送中心的计算机系统管理、企业的信息化管理等,都需要高精尖的专业人才参与;连锁零售业在资产重组和资源整合中,尤其是店铺的迅速扩张中也明显感到复合型管理人才、营销策划人才、铺店人才等的不足。因此,管理人才短缺已成为限制北京现代零售业发展的一大难题。

由于零售行业竞争日趋白热化，专业人才日益短缺。外资零售企业利用其知名度、硬件和员工薪酬等方面的竞争优势，从北京本地零售企业挖走人才，造成零售企业人才尤其是高素质管理人才大量流失。而家电零售连锁巨头国美永乐并购案，又一次引发了"人才战"，表明行业人员流动的普遍存在。零售业的人才危机，使北京零售企业只有付出更加昂贵的费用才能保住这些人才，从而增加了北京零售企业的用人成本。另外，内资零售企业用人机制不灵活也使许多带有职业经验的人才被吸引到外资零售企业的旗下。如图1-12所示，北京外资零售企业的本地从业人员占总从业人员的比率不断增高。外资零售企业的人力资源本土化就使高素质人才由在地域上的外流转变为在家门口为外资零售企业服务的"暗流"，从而使北京人才竞争更加激烈。

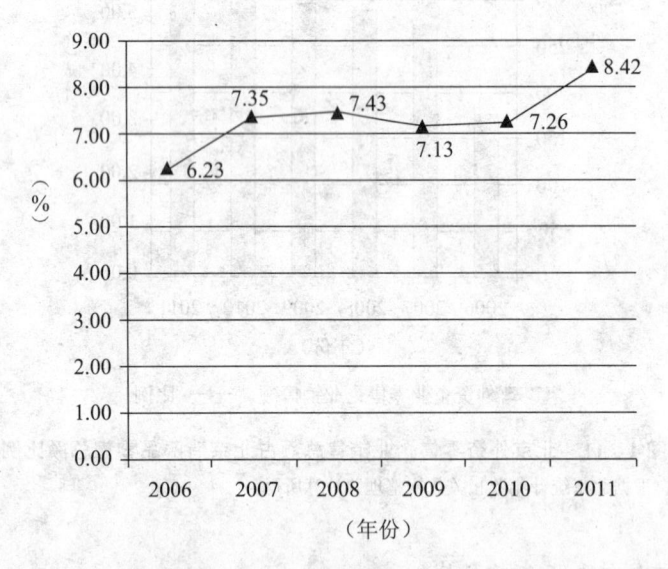

图1-12 北京外资零售企业本地从业人数占北京总就业人数的比例

数据来源：根据北京2012年统计年鉴相关数据整理并计算所得。

薪资水平偏低，也导致了大量的人才流失。据调查，北京零售业从业人员的薪资水平总体偏低，其中56%的被调查者月收入低于3000元。需要注意的是，在这份调查的样本中，企业中层管理人员占比为61%。这份调查结果还显示，根据公司自身的发展状况，47%的从业人员对自己的薪资水平"不满意或者很不满意"，另有42%的被调查者认为薪资水平"一般"。与此相对应的，47%的行业从业人员认为自己企业最大的人力资源问题是"薪酬待遇过低"。

对于零售业来说，如何在培养人才、寻求人才的同时，更好地留住人才，也是至关重要的。

三、国外大都市零售的经验与借鉴

(一) 国外大都市零售业发展历史与趋势

1. 国外零售业的发展历史

发达资本主义国家的零售经历了四次革命性变革，每一次革命带来的都是消费模式的创新和消费文化的进一步丰富。

(1) 百货商店的产生是零售业的第一次革命

百货店产生于19世纪60年代，百货店的产生之所以被称为零售业的第一次革命，关键在于它与传统店铺相比创造了一种全新的经营方式。具体表现为：

第一，由传统店铺的单项经营改为百货店的综合经营。

第二，由传统店铺的讨价还价改为百货店的明码标价。

第三，由传统店铺的商品概不退换改为百货商店的自由退换商品制度。

坐落于城市繁华地带，体积巨大，内部许多不同的商品部，品种繁多，价格统一，营业员服务周到，百货商店引发的零售业革命"划时代"地演绎了近代商业文明和消费文化。

(2) 超级市场的诞生是零售业的第二次革命

进入20世纪20年代以后，费用上升的百货商店很难适应大萧条的经济形势，于是以低成本、低利润、低价格为竞争优势的超级市场应运而生。真正意义上的现代超市出现于1930年8月，这就是金·库伦商品市场。超级市场给零售商业带来的革命性变化表现为：

第一，把现代工业和流水线作业的生产方式运用在商业经营上，实现了商业活动的标准化、专业化、集中化和简单化。

第二，使商业经营转变为一种可管理的技术密集型活动，不确定因素大为减少。

第三，由传统的柜台经营改为开架陈列，顾客自由选购。

这一次零售业革命最大的贡献是强化了零售业与日常消费的贴近性，提高了人们的购物效率，带来了更多的价格实惠，同时也带来了消费文化的新变革。

(3) Shopping Mall的兴起与发展是零售业的第三次革命

西方发达国家零售业的第三次革命是以休闲娱乐为特征、主要表现是为汽车社会打造的Shopping Mall的崛起。Shopping Mall是在毗邻的建筑群中，把一系列零售商店、服务机构组织在一起，提供购物、休闲、娱乐、餐饮等各种服务的一站式消费中心,能带动人流、物流、信息流、资金流全面汇集,对一个区域的经济产生巨大的带动作用。作为一个购物和休闲游乐的综合体,Shopping Mall 交通便利,满足了追求购物便利性、舒适性、体验性、高度选择性和文化性的统一,消费重点完全从物质消费转化为时间、空间、服务和附加值的消费。

Shopping Mall 起源于 20 世纪 50 年代的美国,至今已经历了 60 多年的发展历程,在美国,其不论在管理模式还是在经营理念上都日臻成熟和完善。它给美国的零售业带来了巨大的变化,并逐渐成为了美国最重要的一种零售业形态。2000 年的营业额已经达到 1 万亿美元,经营额占到了美国社会零售业销售总额的 50% 左右。它在改变传统零售业的分销结构的同时,也进一步推动了社区的发展。与美国相似,欧洲和北美的其他国家也已进入了"摩尔"发展的成熟期。而在日本、东南亚以及我国的香港、台湾大体上也于 20 世纪 80 年代开始风行,目前也都已进入了快速发展时期。在日本,Shopping Mall 的店铺虽仅占 1%,但它们却占了全国 3500 亿美元零售总额的大部分。

(4) 无店铺零售是零售商业的第四次革命

1992 年,俄克拉荷马大学的 Rotert Hash 等人提出了无店铺零售,是零售商业的第四次革命的观点。无店铺零售是一种不经过店铺销售而直接向顾客推销商品的销售方式。它有以下几种形式:直接销售、直复营销(包括目录销售、直接邮购、电话购物、电视购物、网络购物等)和自动售货机销售。

无店铺最早起源于美国,发展速度也属美国最快。据美国无店铺营销学会宣称,美国无店铺零售总营业额 1972 年为 99.9 亿美元,1977 年为 144.4 亿美元,1983 年达 1600 亿美元,占该年零售总额的 15%,2000 年达到 4000 亿美元。近年来,无店铺零售营业额的增长率均呈两位数,发展速度相当快。随着科技的进一步发展,尤其是信息产业的异军突起,信息高速公路的建设以及消费者生活水平的不断提高,无店铺零售将更加普及,发展前景非常广阔。

2. 国外大都市零售业发展趋势

(1) 零售业发展明显加快,其重要地位日益突出

随着科技革命的推进和国际贸易的发展,传统的生产决定流通、引导消费的时代已成为过去,生产者主导转变为消费者主导,零售业在经济发展中的作用和地位明显提升。在市场和需求导向的大背景条件下,国际零售资本依托强大的营销网络、技术和资本优势,逐渐控制了全球大部分日用消费品生产领域,如世界最大的零售业跨国公司——沃尔玛,其投资和控股的工业企业就达 10 万多家。在市场经济发达的西方国家,零售业的先导作用已日益明显。

(2) 零售业态与商品经营的多样化

零售业经过几次革命,基本上形成了以百货公司、超市这两种业态为主的多

层次、多形式、多功能的零售经营体系。但这期间这两种主导业态并未完全取代其他多种业态，而是多种业态并存，在竞争中共同发展。当今西方发达国家的零售业态主要有四种：

第一，以配送为基础的大型连锁超市，主要是通过配送中心辐射多个超市形成的区域化经营网络。

第二，以大型超市为中心，在城乡结合地区或高速公路边形成连接众多专卖店的规模化购物中心。

第三，以大型百货商店为主，包括餐饮、娱乐、住宿等为一体的综合性商场，这是大中城市主要的一种零售业态。

第四，以中小型超市、便民店、折扣店、专卖店等形成的零售经营网络。

从某单一零售企业层面看，几乎大都采用了多业态的经营方式。据统计，全球零售行业百强企业大多经营2～3种业态，有的企业甚至在4种业态中同时开展业务。消费需求的多样化，对商业服务的形式提出了更高要求，这必然导致商业业态的多样化与之相适应。不仅如此，其对经营的商品品种也提出了多样化的要求。

（3）零售业的国际化趋势

国际化的连锁经营成为零售业的发展方向。商业企业经营国际化的动因有两个：

一是随着商品流通和生产的国际化，各国的市场需求呈现出多样化和国际化的趋势。消费者不仅满足于本国的商品和服务，而且对具有异国文化特色的商品和服务也产生了广泛的需求。这种巨大的需求差异为各国大型商业企业的跨国经营提供了潜在的市场条件。

二是20世纪70年代中期以来，发达国家零售商业的发展受到两方面的制约，一方面，由于西方国家经济增长缓慢，消费不振，市场增长空间有限，制约了国内零售业的扩张；另一方面发达国家的零售业经过多年的发展，新型业态发展已趋成熟，零售业实现了组织化和规模化，竞争激烈，国内市场渐趋饱和，导致市场份额有限，而经营成本的增加又使商业利润下降。两方面的原因促成发达国家的大型商业企业冲破本国市场的局限而向国外拓展，实现销售的持续增长。而进入20世纪90年代以来，经济全球化的进程大大加快，也为零售商业的国际化经营提供了良好的外部环境。

（4）商业经营的高科技化

高科技是现代零售业发展壮大和取得竞争优势的强大支撑手段。现代零售企业经营管理的高科技化，具体表现在科学化和技术化两个方面。现代零售企业要科学地确定企业在市场中的位置、制订合理可行的经营计划、设计商品的进存取放的科学措施，需要运用多种学科的专业知识，如市场学、广告学、管理学、经济学、物流学等知识。现代零售业的经营管理更体现在自动化、机械化、电子化信息化技术的应用上。

（二）国外典型大都市的零售业发展

1. 纽约零售业的发展

纽约是世界上最为发达的地区之一，其零售业的发展相当发达。这里有最昂贵品牌的聚集地第五大道，有由奢侈品生意推动增长的麦迪逊大街，有业绩良好的哥伦布圈（Columbus Circle）等零售中心。总的来说，纽约零售业的发展特点如下：

（1）市场规模庞大，商品种类多样

纽约市共有零售店面（包括无店铺）近3万家，以食品饮料门店为主，时尚专卖店次之，百货店居第三位。其中一般性的超市和日用杂货店占领导地位，便利店和其他形式的饮食店只起了补充的作用；二手店的形式有跳蚤市场、车库销售、教堂销售等多种形式；无店铺销售包括网络销售、邮购、直销等多种形式。

另外，纽约市零售业的商品品种非常丰富，它们来自世界各地，如中国玩具、日本的家用电器、德国的汽车、意大利的皮鞋、法国的香水以及来自中国香港、中国台湾、中国澳门和印度、南美等地的各种商品。有人说，在纽约市买不到的商品，就说明它在地球上已经不再生产了，足见纽约零售市场上的产品丰富性。

（2）拥有特色显著的商业街

纽约零售业的最大特点还在于它的大部分街道和区都有自己的商业文化特色。这种建设商业特色街的做法，把同类商品集中起来供消费者选购，展现了商业的繁荣，增强了竞争力，提升了市场需求和商品本身的形象，同时也提升了商业乃至整个城市的形象。纽约市的服装大道最能说明这个问题。纽约堪称全美国的时尚之都，各类服装主要集中在几条街道上，每天都吸引着无数的游客。

（3）零售行业以饮食业为主

纽约零售行业中，饮食业相当发达。纽约的饮食多种多样，举世闻名。由于多年来形成的多民族移民，因此各种民族的饮食，包括越南和阿富汗的饮食都有，对纽约人来说，外出就餐已经是日常生活不可缺少的组成部分，在纽约市，汉堡、犹太人快餐等食物随时随处可以买到；另外，纽约有许多知名的酒吧和咖啡馆，拥有广泛的消费群体，它们已经成为纽约多民族、多层次生活方式的体现。

(4) 零售业受旅游业的推动效果明显

旅游业是最能帮助零售业、餐饮业和旅馆业发展的行业之一。据调查，有将近 2/3 的旅客来自纽约周围 250 英里的地方，他们的消费占不到全部旅客消费额的 30%，70% 的消费贡献都来自外国游客，他们对整个纽约市的零售业乃至整个经济有着特别的意义。

2. 伦敦零售业的发展

伦敦零售业非常发达，是世界上最著名的购物城市之一。伦敦拥有 26 个风格不同的购物街，超过其他任何西方国家的首都，每年接待约 2 亿人次的顾客，收入约 50 亿英镑。世界上其他地方的货品在伦敦基本上都能买到。伦敦零售业的发展呈现出以下特征：

(1) 市场非常成熟

伦敦既有高档的中心购物区，也有较为便宜的外伦敦的购物中心，如 Bromley，Croydon，Kingston 等。从类型上讲，伦敦的零售业态主要有以下几个：

旗舰商店（Flagship Store）：就是指零售公司在市区的主要商店，相对于其他分店来说，旗舰店规模更大，提供的商品种类业最多。这部分商店主要坐落在 Regent Street，Oxford Street，Bond Street，Covent Garden 等主要的街道。

购物街：英国零售收入排名 250 名以内的地区中，有 26 个购物街道是在伦敦，其中 West End 地区既是伦敦排名第一的购物街，也是英国最主要的零售地区之一（见表 1-31）。

表 1-31　　　　　　　　　伦敦商业街情况简表

商业街名称	销售额（百万英镑）	商业街名称	销售额（百万英镑）
West End	4016	Brent Cross	598
Croydon	909	Ilford	452
Kingston-upon-Thames	864	Romford	339
Bromley	712	London-Kensington	339

资料来源：www.caci.co.uk，2005。

Regent Street 拥有超过 100 家商店，每年圣诞节要吸引 5000 万名访客。

Oxford Street 是欧洲最为繁华的购物街，拥有超过 300 家的商店，营业面积超过 500 万平方英尺，每年接待顾客 8 亿人次，销售收入约 80 亿美元。

Bond Street 是世界上大牌设计师店最集中的地方，包括 Donna Karan，Armani，Cerruti，Calvin Klein 等。

购物中心（Shopping Mall）：伦敦在购物中心方面也处于领先地位，发展较为成熟。北伦敦的 Brent Cross 购物中心拥有 110 多家商店，Croydon 有 Canada Place Canary Wharf 购物中心，Kingston 有 Bentall's 购物中心，Bromley 的 The Glades 购物中心有超过 130 个商店。

零售园（Retail Park）：零售园（类似于中国的超市）在 20 世纪 90 年代开始出现，在近几年发展较快。伦敦的零售园在中心区以外的地区正变得越来越普遍，如东伦敦的 Beckton，南伦敦的 Purley Way 和 North Greenwich，北伦敦的 Staples Corner，以及西伦敦的 Hanger Lane。

品牌街和专业街：一些卖相同类型货品的小型专卖店常常聚集在伦敦的某些地区，从而使这些地区成为专卖某类商品的专卖区。如 Carnaby Street 和 Seven Dials 专卖流行服饰，Hatton Garden 专卖珠宝，Savile Row 和 Jermyn Street 专卖男子成衣，Charing Cross Road 专卖书。

街市（Street Market）：在伦敦，你可以找到超过 300 个街市，如 Camden 卖衣服、艺术品和手工艺品，Portobello Road 卖古董等，此外，也有一些做批发生意的地方，如 New Covent Garden 卖水果，Billingsgate 卖鱼类等。

（2）零售业规模庞大

伦敦的零售公司总部数量要比英国其他地方多，全国所有的零售业大公司中，有大约一半都把总部设在伦敦，零售业对伦敦的经济有着巨大的影响力，是对伦敦经济贡献第二大的部分，超过金融组织、教育卫生、公共卫生、公共管理或制造业等。目前伦敦约有 3 万家商店，你能在这里买到世界上任何地方的商品。零售从业人员有 35.6 万人，占了整个伦敦劳动力的 9%，即每 11 个劳动力人口中就有 1 个是从事零售业的。

（3）开放程度高

伦敦是英国的商业中心，而英国则是欧洲最为开放的零售市场。据统计，有超过 500 家的外国零售公司在英国开展业务，是欧洲地区最高的，欧洲其他国家的外国零售公司数量分别为：法国约 425 家，西班牙约 375 家，德国约 360 家。

伦敦的零售市场对海外零售商非常有吸引力，伦敦的海外零售商在总的 80 亿美元销售额中占了 10 亿美元，在伦敦中心区，有 16% 的商店面积为外国零售商所拥有。同时，海外零售商也在加紧进入伦敦。新的进入者包括加拿大、美国、法国、西班牙等国家的知名品牌。

（4）注重服务水平

伦敦不仅对消费者的服务十分周到，对零售商的服务质量也很注重。在伦敦有专门为零售商提供服务的机构，他们为零售商提供零售设备、招工、法律、金融等全方位的服务（见表1-32）。

表1-32　　　　　　　　　伦敦主要零售商服务机构

服务类型	主要公司
零售设备	Denton Associates, Inspace Interiors
招工	Synergy
银行	HSBC, Barclays, RBOS, Allied Irish Bank

资料来源：www.ThinkLondon.com。

3. 东京零售业的发展

东京是一座充满活力和时代感的城市，进入21世纪，随着通信、计算机技术的普及，以及网络化的实现，东京已建成世界上较成熟的流通系统，拥有了先进的、多样化的零售业。总体来说，东京的零售业有如下特点：

(1) 零售业发达，大规模零售店是支柱

东京之所以可以吸引很多的顾客，因为其零售服务业十分发达，拥有很多繁华有魅力的商业街，其中大规模店是支柱，承担着商业、服务业、娱乐及观光的功能。早在2002年的时候，东京就已经拥有大规模零售店铺2231家，从业人数19.141万人，年度商品销售额为666321千万日元，大规模零售店总卖场面积为436.2899万平方米。

从大规模零售店占整体零售业比例来看，除店铺数为1.9%比例稍小外，年度销售额为39.9%，从业人数为23.7%，卖场面积为40.9%，都占了很大份额。其中，大规模零售店面积在市部郡部地区占了49.6%，平均每一家店、每一人及每1平方米的年度销售额分别是298665万日元、3481万日元、153万亿日元。

(2) 零售业态细分，经营状况不一

东京的零售业包括了百货店、超市、便利店、专业店以及杂货店等各类业态。其中东京的专业店最多，从业人数也是最多的；其次为百货店和各类超市，但百货店的数量有不断下降的趋势，在专业超市中，服装超市增幅最大，东京的超市经营状况总体来说好于百货；第三，便利店是东京发展最快也是最为成功的业态，其分布密度高，产出效益也高。经营的品种有盒饭、食品、饮料、杂志、文具等日用商品，有执照的还卖各种酒类，此外便利店还经营特快专递，代收各种费用。

(3) 无店铺零售已有相当规模

无店铺销售是社会经济、科技发展到一定阶段的产物，如今作为有店铺销售的补充形式，已显示出强大的生命力。日本的无店铺销售业已达到相当规模，国民人均无店铺销售额、人均自动销售机拥有量、移动通信上网购物人数等指标在发达国家中都处于领先地位；与无店铺销售业务相配套的通信网络系统和物流配送系统趋于成熟；国民信用程度和对无店铺销售业态的接受程度达到一定水平；规范无店铺销售业务的法律法规和行业自律性的社团组织较为完备。到 2000 年，主要无店铺销售形式的年营业额为：自动销售机（含券类和其他服务）7.2 万亿日元，访问销售 3 万亿日元，通信销售 2.39 万亿日元，网上销售（B2C）0.82 万亿日元，以上 4 项合计 13.41 万亿日元，占当年日本社会商品零售额 140 万亿日元的 9.6%，国民人均消费额超过 10 万日元。

4. 巴黎零售业的发展

巴黎是一座消费城市，拥有发达的多层次商业网络，几乎每条街上都有各式的商店，从而使巴黎显得生机勃勃。自 20 世纪 60 年代以来，法国商业发展迅速，整个商业结构发生了重大的变化，零售企业集中的趋势越来越明显。超级市场、特级市场发展迅猛，几乎占了商业活动的半壁江山。巴黎的零售业发展呈现出以下特征：

(1) 零售业态的分布有很强的地域、价格特点

巴黎的一流零售商店大部分都在塞纳河的右岸区，主要分布在香榭丽舍大街西段、奥尔良·圣赫诺尔大街和曼托姆广场、圣日尔曼教堂区等地区。Lfayette、Printemps、Parislook 香水免税店、Benlux 四家购物中心是巴黎最大的高档零售店聚集场所，以经营高档化妆品、高档服饰、皮衣皮件而著名，这些商场的商品价格昂贵，主要面对的是上层社会高收入消费群体。

面向大众和工薪阶层的零售店多分布在蒙巴纳斯附近和第 9、第 10、第 18 区交界的"大地"商业区，那里的零售店以服装、鞋帽、纺织、日用百货、香水和化妆品为主，多数是其他国家的产品，尤其是发展中国家的产品，价格低廉，经济实惠，这里也是外国游客喜欢光顾的地方。另外，还有 Alesia 过季商业街和一些二手服饰店专门提供质优价廉的名牌服饰。

特级市场（类似于国内的大卖场，Hypermarket）和大型购物中心，多分布在巴黎外围的卫星城市，他们很大程度上解决了大巴黎地区人们的生活需求，这里的价格低于市内，而且为客户定购的大型商品提供送货上门服务。他们的商品，从生产企业直接进货，利用规模优势，实行薄利多销，对小型商场和小店构成了较大的冲击。

(2) 拥有众多个性化的专卖店或专业店

巴黎最有特色的是拥有许多个性化的专卖店和专业店。尤其是那些引人注目的高档时装店（Fashion Shop），从很大程度上引领着全球的时尚潮流。巴黎共有 7000 多家这种商店，他们涉及的领域有服装、珠宝、箱包、鞋子、化妆品、香水等。

(3) 零售市场中政府的管制和保护并存

定期定时开业的市区"飞行集市"是巴黎零售业特有的一种业态形式，也是巴黎政府对零售业管制的一种体现。"飞行集市"的商品丰富，物价低廉，它们有的以一个封闭式的食品和副食品市场为中心，以市场周围的街道为场所，有的直接以一条街为场所；开市时间有的在周三、周六、周日，有的只有周末开业，有的只在上午开业；经营范围主要是食品、服装和日用小百货。由于经营时间是法定的，因此开业时，顷刻间就人山人海，停业时间一到，各家商贩立即撤摊，清扫街道，"飞行集市"之名也就由此而来。

另外，巴黎没有小商贩沿街叫卖，因为法律规定小商贩只能在固定地点开设店铺，或者在集市上租用摊位，不得无照经营。由于特级市场的出现，小商贩的利益受到威胁，巴黎政府为了保证公平，鼓励竞争，特地对特级市场采取了限制发展的措施，进而也保护了小商贩的利益。此外，巴黎还有专门的三大跳蚤市场，仅出售各种旧货和古董。

(4) 零售价格波动性大

巴黎物价贵，但是随意性和季节性很大，削价季节、清理库存或在廉价商店，同样的商品价格可以低至 40%～50%。另外，富人区和穷人区的差价也很明显。百货公司大减价通常在 12 月中旬，1 月及 6 月至 7 月的最后一个星期，而名牌时装则在 3 月及 7 月。

(三) 国外大都市零售业发展对首都零售业发展的借鉴

1. 零售业发展与城市定位相契合

(1) 城市定位的概念

城市定位是指一个城市在社会经济发展的坐标体系中综合地确定城市坐标的过程，是充分挖掘城市的各种资源，按照唯一性、排他性和权威性原则，找准城市的个性、灵魂与理念。城市定位又可细分为空间定位、产业定位、特色定位、功能和性质定位、形象定位、规模定位、战略定位。

(2) 现代零售业发展与城市定位

现代零售业作为商品分销的终端直接与消费者接触，首先起着为城市居民提供多种多样的产品和服务的作用，并为这些产品和服务增加价值。因此，零售业在其发展规模、选址、业态的选择等方面都应当与城市的定位相符合。

（3）国际大都市零售业发展与城市定位的借鉴

现代国际化大都市都以自身城市的特点和城市定位来确定和发展其零售业，并形成各自的特色。纽约借助其旅游资源和文化优势，建设各具特色的商业街区，形成商品多样、规模庞大的市场，推动奢侈品的销售。伦敦根据其城市空间结构特征，在不同地区建设不同档次的购物中心，高度开放零售市场，吸引零售企业建立总部。巴黎依托其地理位置和时尚流行的发源地的地位，发展高档零售点、专业店。东京根据其信息技术先进、交通发达的特点，发展大规模店铺，并大力发展无店铺零售。

（4）北京的城市定位

《北京城市总体规划（2004—2020年）》将北京定位为国家首都、世界城市、文化名城和宜居城市，到2020年全面实现现代化。到2020年，北京市总人口规模规划控制在1800万人左右，年均增长率控制在1.4%，其中户籍人口1350万人左右，居住半年以上的外来人口450万人左右。提出了"两轴—两带—多中心"的城市空间结构，实施多中心与新城发展战略，合理引导城市功能布局，将全市各类分散的资源和功能整合到若干连接区域的交通走廊上，实现城市的集约化发展等，并第一次提出"宜居城市"的概念。

（5）北京零售业如何与北京城市定位相契合

根据北京市的整体定位，北京市的零售业发展应当在规模定位、特色定位、空间定位、形象定位等方面与北京的城市定位相契合。北京零售业的规模应当与北京市居民的人口规模适应。北京的零售业在发展中应当始终以1800万的居民规模为参照，在整体上稳步而适度地扩大发展规模。充分利用北京作为国家首都和文化名城的政治、文化和旅游资源优势，促进零售业的发展。在零售点的选址问题上，应以北京城市"两轴—两带—多中心"的城市空间建设为参照，使消费者和零售店商都可以充分利用发达的交通带来的便利性。在零售业态方面，应当采取多业态混合发展，允许多种新型业态和符合不同国家居民购买习惯和生活习惯的零售业态共存，提供各式的产品和服务给来自世界各地的旅游者和在北京居住的外国公民，以契合北京世界城市的定位。

2. 合理布局

（1）城市发展与零售业的布局

一个城市零售业的发展除了与城市定位相契合外，还应当实现合理的布局。一方面，要实现空间上的合理布局，即零售店铺选址的问题。另一方面，也要实现空间内不同零售业态的合理布局。整体说来就是如何确定城市里零售商业区域的合理建设。

(2) 零售商业区域的类型和特点

从消费者和城市设计者的角度，零售商业区域可以定义为在一定的地理空间范围内所聚集的零售店铺群落，商业区域通常根据其所处的地区而冠名。零售商业区域按照其规模和服务类型与性质可划分为中心商业区域、副中心商业区域、社区商业区域、专业商业区域等。

一个零售商业区应当在尊重该区域传统发展的基础上，根据该区域的交通状况等地理因素、人口规模、居民收入与就业情况、家庭组成情况等人口统计因素以及消费者的价值观和文化来确定其规模、零售业态、配套行业与设施和其功能定位，即该商业区域经营服务的主要方向和满足消费应发挥的作用。

(3) 国际大都市零售区域布局的经验

大多数国际化大都市都是依托自身的地理和交通情况，在某个或某几个区域建设高档的零售商业区形成零售中心，然后或是向外发散，或是形成几个商业区域协同互补，从而形成有层次的零售商业网络。如纽约有高档商品云集的麦迪逊大街、第五大道、有品类丰富的哥伦布商圈。伦敦在中心建立高档购物商业区，在郊区发展低档商业区。巴黎以塞纳河为"带"，形成商业区域，并在郊区设置大型购物中心以满足居民的日常生活需求。而以东京位代表的城市则是利用其交通和通信网络的发达和便利，从整体上发散开来，形成一个由多种零售业态构成的网络。

(4) 北京零售商业区域的合理布局

北京市由于其长期的历史积淀以及深厚的文化底蕴，形成了众多传统的商业聚集区域，也逐渐形成了北京的商业区域的格局。北京传统的商业区域以西单大街和王府井大街为代表。随着时间的发展，在北京的环形城市结构周边形成了众多的商业区域，新型商业区域不断崛起，包括阜成门商业区域、望京商业区域、朝阳门商业区域、东直门商业区域、东单商业区域、安贞商业区域、燕莎商业区域、国贸商业区域等。

根据其服务对象的不同，商业区域应合理选择其零售业态和规模，并提供符合其服务对象的商品与服务。例如，在CBD商业区域，便利店这种业态便十分符合在CBD工作和生活的白领们的快捷便利、高品质的消费需求，这些顾客宁愿为了便利而支付一定附加价值。在普通社区则注重发展适合中低阶层消费的超市，在一些高档社区则可以发展一些高档的百货店铺和一些新兴的以及消费较高的专业零售店铺。在一些交通便利的区域，应当先采用多种业态的混合经营的方式，满足不同顾客一站式购物的需求。传统商业区域如西单、王府井等应当进一步突出其定位，调整零售业态组合和分布，形成自身特色以区别于其他商业区域，加强自身的竞争力。在新兴商业区域如望京，应当根据其韩国居民和新兴的收入较高的知识人才较多的特点发展以多业态、专业店铺、高档百货、购物中心为主的零售业态组合并积极引入国外新兴的零售业态，为其他地区引入和发展新型的业态做初步的探索。

零售业商业区域建设与发展的指导原则应当是，在满足其区域内居民的基本消费需求的基础上，有针对地发展一些零售业态并搭建合理的业态组合，形成该商业区域的特色。在整体上实现多商业区域中心并存，点、线、面的全面协调发展，不同商业区域形成互补和协同。

3. 完善零售业态

（1）零售业态

零售业态是零售企业为满足不同的消费需求而形成的不同经营形式，是零售商的零售组合类型。零售业态作为商业经济中一个特定概念，本身是社会化大生产与市场经济发展的产物，是消费层级化和消费者市场细分的结果。在不同国家和地区的不同发展阶段，零售业态构成本地商业基础设施的重要组成部分，成为体现本地经济文化特别是城市经济文化的典型机构。这些零售业态不断地为消费者提供新的生活方式讯息，成为丰富消费文化与商业经济内涵的重要源泉。

（2）不同零售业态的作用

自百货店诞生以来的 150 年间，零售业总共约产生 20 种业态形式。在分类标准上，很多国家都是依据零售店的选址、规模、目标顾客、商品结构、店堂设施、经营方式、营业时间、服务功能、价格策略等。我国自 20 世纪 80 年代引入业态概念，最新国家标准《零售业态分类》（GB/T 18106—2004）将零售业态总体分为有店铺和无店铺，共计 17 种。

不同的零售业态所具备的功能、提供的产品和服务的对象不尽相同。例如，超级市场是采取自选销售方式、以销售生鲜商品、食品和向顾客提供日常必需品为主要目的的零售业态；便利店是以满足顾客便利性需求为主要目的的零售业态；专业店是以经营某一大类商品为主，并且具备丰富专业知识的销售人员和提供适当售后服务的零售业态；仓储商店是在大型综合超市经营的商品基础上，筛选大众化实用品销售，并实行储销一体、以提供有限服务和低价格商品为主要特征的、采取自选方式销售的零售业态；家居中心是以提供与改善、建设家庭居住环境有关的装饰、装修等用品、日用杂品、技术及服务为主的、采取自选方式销售的零售业态。

（3）完善零售业态

随着中国零售业的不断对外开放，国外的各种零售业态随着国外企业的进入和国内企业的引入而逐步进入中国。由于北京市的首都地位和世界城市的地位，外资企业早早地在北京尝试新的零售业态，如宜家将家居中心的概念带入北京，万客隆将仓储式会员店带入首都。北京市和国内的企业也主动引入一些业态，如燕莎集团建成了北京第一家购物中心，世纪金源Mall。因此，北京市的零售业态相对来说是比较健全的。但是，随着全球文化的加快融合与沟通，新的零售业态和方式会不断地涌现，北京应不断地吸引和创新新型的零售业态，并使之完善、适应北京市居民的需求，使北京成为世界文化与流行传播的中心与展示的舞台。同时，还应该根据北京市各地区自身情况，建设和完善该区域内所需要但还没有的零售业态，以满足和方便居民物质和文化消费的需求。此外，还需要特别提出的是，随着现代化进程的加速，北京市应当整合和加强其物流与网络的建设，促进非网络零售的快速发展。

4. 促进城市人居功能的发展

（1）零售业创造生活的便利

城市因"市"而起，因"人居"而兴，"市"与"人居"从客观上带动了各产业的聚集和发展。城市功能首要的应该是人居功能，而零售业的发达是任何大城市人居功能得以体现的最基本要求。西方发达国家在城市发展过程中十分重视零售业对促进城市人居功能的重要作用。如瑞典首都斯德哥尔摩市，根据城市布局规划了市级中心商业服务群、区级中间商业区、民居区商业配套点和交通枢纽商店。根据这个布局，城市的每个角落都被合理地纳入了一定的商圈范围，这样既活跃了城市经济，又为城市居民的生活提供了其他行业无法给予的方便。

（2）零售业增加城市活力

零售业处于社会再生产过程交换环节的终端，承担着将商品从生产领域或流通领域转移到消费领域的使命。零售业是城市经济中流通产业的最重要组成部分，它对城市经济的发展起着重要的作用。衡量一个城市活力的主要因素包括：强劲的消费力、发达的服务业、强有力的制造能力、不断推陈出新的科技创新力、活跃的人员物资国际交流、强大的文化辐射力。在西方国家的大都市中，零售业的先导作用已日渐明显，零售业可以带动城市制造业的发展，带动城市运输业的发展，带动城市国际贸易的发展，带动城市旅游业的发展，带动城市文化的发展，带动城市资本市场的发展。城市活力的增加，进一步促进了城市人居功能的发展。

5. 政策的管制与引导

（1）政策的种类

零售业是生产者和消费者之间的纽带和桥梁，是市场经济中最活跃的环节，成为一个重要的经济机构和一个巨大的社会产业。因此零售业必然受到多种规章、政策的规制。这些规章政策中大到《国民经济和社会发展规划的建议》、WTO的相关规定，小到一个城区甚至是居委会的卫生管理规定。零售业所涉及的法律法规、制度、规定的种类更是繁多，除了零售行业本身所需遵守的法律法规、政策，如《超市购物环境行业标准》外，还涉及就业、财务、税收、会计、土地管理等方面的法律法规和政策，如《尽快统一内外资企业所得税制度》、《新会计准则》、《劳动法》等，也还包括行业间的相关政策法规，如《零售商供应商公平交易管理办法》等。

(2) 政策的作用

这些规章政策有的限制零售业发展，有些起着引导和促进零售业发展的作用，也是零售业健康发展的保障。如《关于开展零售企业分等定级试点工作的通知》引导现有零售企业健康发展和投资有序进入，力争经过5年时间，通过对零售业的主要业态进行分等定级，推动建立较完善的零售业发展促进体系。《关于进一步做好城市商业网点规划制定和实施工作的通知》则意在加强城市商业网点的合理布局，对新建1万平方米以上的大型商业网点进行限制，从而有利于避免过度进入带来的恶性竞争，对原有商业网点的零售企业起到保护作用。

(3) 合理管制与积极引导

为了使零售业合理、健康、有序地发展，北京市应当进一步建立、健全零售行业相关的法规。对于超越大多数北京市市民消费能力和消费文化接受能力之外的零售业态，如特大型的购物中心，应当严格控制其发展数量和发展规模，科学地规划、有序地建设，以免造成社会社会资源的严重浪费。另外，应当适当放宽相关政策和法规或是出台新的政策和法规，规范、引导和促进新型零售业态，如网络零售、一些特种产品或提供个性化服务的专业店的发展。

6. 稳步前进中的跳跃发展

(1) 整体稳步发展

零售业加快发展，会促进零售业投资的快速增长，使基础设施得到进一步改善，促进居民消费多元化和层级性的发展，促进就业。但是如果零售业过快发展，会导致房地产投资热和房地产价格的持续上涨，带动商业地产过热发展和商业地产的投资过热，造成零售业态结构布局结构不合理。这不仅造成大量资源浪费，也增加了商业地产的投资风险。零售业的无序发展则会导致市场的无序竞争，基础设施建设的混乱，零售就业的不确定性增加，成为社会不稳定的因素。因此，北京市的零售业在整体上必须稳步有序发展，严格限制一些发展过快的企业，以免造成社会资源的严重浪费，影响城市经济发展和城市的定位。

(2) 允许局部实现跳跃式发展

由于零售业还起着文化传播的作用，所以在整体稳步发展的前提下，允许一些具备条件的商业地区和一些零售业态实现跳跃式发展。在基础设施好、居民消费能力较强和对新型消费文化接受能力较强的局部地区，如望京商业区等地应当尝试引进新型的零售业态，将局部区域建成高档品、奢侈品的销售平台和流行文化的展示舞台。将该区域作为新型零售业态和消费文化的试验田，并允许其试验失败，为其他地区发展该零售业态和传播新的消费文化作出积极的探索。

四、首都现代零售业发展战略规划

零售业是提高市民生活品质和建设宜居城市的重要基础行业，是首都经济发展的支柱产业之一，是与首都城市发展环境和城市综合竞争力密切相关的重要窗口行业，是加速实现首都城市发展新定位、促进城市繁荣与和谐发展的重要领域。"十一五"期间，在各界的努力下，首都零售业的发展取得了可喜的成绩，零售业步入持续快速发展阶段，在规模继续扩大的同时，内部结构不断优化，增长方式开始转变，运行质量有所提高。但同时也存在一些突出问题，如业态发展不够协调、空间布局不尽合理、现代化水平偏低、企业综合竞争能力有待提高等。

"十二五"时期（2011—2015年），是全面建设小康社会的关键时期，是深化改革开放、加快转变经济发展方式的攻坚时期，也是北京中国特色世界城市建设、国际商贸中心建设的重要时期。商业服务业作为维系民生的重要行业，作为首都经济发展和宜居城市建设的支柱型产业，面临转型升级和加快发展。与此相应，北京零售业将面临新的发展环境和格局，进入持续稳定发展的新时期。在这样的环境下对首都现代零售业的发展进行合理的战略规划是极其重要和必要的。

(一) 首都现代零售业发展的宏观环境分析

认清行业所处的宏观环境是制定合理、有效的战略规划的前提保证，按照PEST分析法，对北京零售业所面临的宏观环境分析如下：

1. 政治法律环境

作为我国的首都，北京集中了全国最高级别的权力机关和行政机关，以及众多的外国领事馆，它是我国政治、政策和法律信息的发布中心以及经济监管中心，这为北京零售业的发展提供了得天独厚的政治优势和信息获得优势。

在政策法规方面，随着全面推进对外开放，国际国内市场不断实现统一。2001年加入WTO标志着我国对外开放的水平又上了一个新的台阶。2004年12

月11日开始，我国零售业市场全面开放。国外零售企业在2005年也全面进入我国市场，我国的零售业受到了来自世界具有强大实力的国际零售巨头的冲击，为增强内资零售企业与外资零售企业的竞争优势，政府在政策上加大了对国内实力较强的零售企业的扶植力度。2000年北京王府井股份有限公司和北京东安集团公司宣布合并，打造了首都商业的第一艘"航母"。2004年3月，商务部提出"要构建中国的大流通体系，发展我们国家自己的商业航母，国家力争在5~8年内，培育出15~20家拥有著名品牌和自主知识产权、业主突出、核心竞争力强，具有国际竞争力的大型流通企业集团"。2004年8月，国家重点扶植的20家零售企业名单出炉，这些企业将获得国家开发银行的金融支持，用于加强其现代化流通网络建设或展开并购重组。2005年8月国务院下发了《国务院关于促进流通业发展的若干意见》，确定了加快培育大型流通企业集团的核心观点，并强调行业重组整合，鼓励优势流通企业通过参股、控股、承包、兼并、收购、托管和特许经营等方式实现规模扩张。2012年1月，商务部出台《关于"十二五"时期促进零售业发展的指导意见》，明确提出推动零售业"走出去"与"引进来"相结合的政策。

国家这些政策的出台在立足全国的同时无疑也为北京零售业的发展也提供了良好的契机。为了适应这一新的形势，北京市在"十二五"时期商业服务业发展规划中提出要"培育、推动大型商贸集团发展，鼓励企业增加科技投入，创新发展自有品牌，扩大连锁经营，提高规模化、组织化、信息化水平，增强国内外市场竞争力。支持有实力的企业"走出去"，将产业优势转变为国际市场竞争优势。"十二五"期末，发展两家以上年销售额突破200亿元的本土商贸龙头企业。新增4家以上实现国际化经营的本土商贸企业。"这一系列号召和政策的提出，为首都零售企业进行国际化经营提供了有利条件。

在行业管理方面，为了规范行业的经营环境，国家出台了一系列法律法规，如为了规范企业的价格，国务院重新修改了《价格违法行为行政处罚规定》，对一些价格违法行为予以惩治；为了规范零售企业的促销行为，我国各省市纷纷针对自己的情况制定了《商业零售企业促销行为规范》；为了规划城市商业网点的建设，《城市商业网点规划条例》已被国务院列入国家一级立法。在国家政策的指导下，为了加快发展零售业，促进行业规范化水平的提升，北京市近十年间出台了一系列流通标准和规范（见表1-33），这对改善市场秩序发挥出日益重要的作用。

表 1-33　　　　近十年北京市出台的重点零售业标准及规范

序号	标准、规范名称
1	DB11/T 209—2003《商业、服务业服务质量》
2	DB11/T 309—2005《社区菜市场（农贸市场）设置与管理规范》
3	《北京市商业零售企业促销行为规范（试行）》
4	《北京市商业零售企业进货交易行为规范（试行）》
5	《北京市商业企业鞋类商品经营管理办法（试行）》
6	《北京市商品代销合同》和《北京市商品购销合同》示范文本
7	《北京市大型商场超市试衣间设置与管理规范（试行）》
8	《北京市大型商场超市卫生间设置与管理规范（试行）》
9	《北京市大型商场超市购物环境规范（试行）》
10	《北京市商场、超市安全管理规范（试行）》
11	《北京市商业零售业经营单位促销活动管理规定》（北京市人民政府令第207号）

"十二五"时期我国流通领域将进一步开放，国内市场竞争的国际化特征将更加突出。外资商业将由合资、合作的探索阶段进入以独资和并购为主的规模扩张阶段，此时北京必将成为跨国商业巨头国际竞争的主要市场之一，首都零售业面临更加严峻的市场竞争态势。可以预见，在如此巨大的压力之下，规范行业行为和提高企业竞争力的法律体系会不断完善、政策措施会更加健全，这既是市场竞争态势的需要，也是零售企业发展的自身需要。

2. 经济环境

"十一五"以来，北京市按照科学发展观的要求，立足首都功能定位，主动调整经济结构，大力发展服务业，有效推动了经济发展方式转变，服务经济主导的产业结构更趋巩固。进入"十二五"时期，全市发展呈现新的阶段性特征和要求。这一特殊时期为首都零售业的发展带来良好的机遇并提供优越的经济环境。

首先，在国内外环境复杂多变的情况下，全市经济保持了年均11%以上的较快增速，总量超过1.3万亿元，成为全国第13个加入"万亿俱乐部"的省市。人均地区生产总值每年站上一个新台阶，实现了从5000美元到10000美元的跨越，达到国际中上等国家和地区收入水平。

其次，"十一五"期间，服务经济规模和贡献率已经达到发达国家城市平均水平，金融、信息服务、科技服务、商务服务等四大行业占服务业比重达到49%。电子信息、汽车、新能源、装备制造、生物和医药、都市型工业等符合首都发展方向的高端制造业实现快速发展。

第三，进入"十二五"，首都进入了实现世界城市建设和国际商贸中心建战略构想的关键时期，北京城市发展目标、理念和形式发生了重大转变，新的北京城市总体划归对北京的城市性质定位为：全国的政治中心、文化中心，是世界著名古都和现代化国际城市。目标是把北京建设成为在世界城市体系中发挥重要作用的国际政治中心城市，具有高度包容性多元化的世界文化名城以及空气清新、环境优美、生态良好的宜居城市。[①]

根据这一规划，北京的经济增长方式将由重视规模速度的外延型向突出结构优化提升、统筹协调发展的内涵型转变。城市建设将更加突出城乡统筹，快速推进郊区城市化进程。城市总体发展进入建设和谐社会与首善之区的新阶段。同时，随着区县功能的重新定位和城市空间发展战略的调整，中心城区的人口、产业及经济社会活动将逐步向新城和城市外围转移，新城将成为北京经济社会发展新的增长极。

在此期间，人民生活品质将继续提升。2012年全年城镇居民人均可支配收入达到36469元，比上年增长10.8%；扣除价格因素后，实际增长7.3%。农村居民人均纯收入16476元，比上年增长11.8%；扣除价格因素后，实际增长8.2%。城镇居民恩格尔系数为31.3%，比上年下降0.1个百分点；农村居民恩格尔系数为33.2%，比上年提高0.8个百分点。全市城镇居民人均住房建筑面积29.26平方米，农村居民人均住房面积49.08平方米。到2020年，实现人均地区生产总值（GDP）突破10000美元；第三产业比重超过70%，第二产业比重保持在29%左右，第一产业比重降到1%以下。居民消费需求进一步释放，消费结构升级进一步加快，服务性消费快速增长。消费市场规模的扩大、居民消费结构和能级的提升，为北京零售业加快发展提供了更加广阔的空间。

2008年北京成功举办奥运会，推动首都更加全面、快速地融入世界经济发展格局中。零售业作为服务奥运的重要窗口行业，占据了奥运会举办前后的巨大商机，这为首都零售业整合资源、集约功能、提升水平、接轨国际化商业、实现现代化的跨越式发展提供了难得的机遇。

在北京努力打造国际活动聚集之都、世界高端企业总部聚集之都、世界高端人才聚集之都、中国特色社会主义先进文化之都、和谐宜居之都的过程中，零售业将作为直接联系民生、承载服务的先导行业，继续推动北京向中国特色世界城市迈出坚实的步伐。

---

① 《北京城市总体规划（2004—2020年）》，2005年1月。

3. 社会环境

在社会环境里,影响零售企业发展的关键性战略要素有:生活方式演变、就业预期水平、结婚率及家庭数量增长速度、人口增长率、人口年龄分布状况及其变化趋势、人口区域迁移情况、平均寿命情况、出生率等。

截至 2012 年年末全市常住人口 2069.3 万人,比上年年末增加 50.7 万人。其中,常住外来人口 773.8 万人,占常住人口的比重为 37.4%。常住人口中,城镇人口 1783.7 万人,占常住人口的 86.2%。全市常住人口出生率 9.05‰,死亡率 4.31‰,自然增长率 4.74‰。全市常住人口密度为 1261 人/平方千米,每平方千米比上年年末增加 31 人。年末全市户籍人口 1297.5 万人,比上年年末增加 19.6 万人。巨大的人口数量给城市带来了沉重的压力,但同时也为首都零售业的发展带来了庞大的消费群体和增长空间。

此外,消费主体及其生活方式也发生了很大的变化,主要表现为:第一,收入不低、经济自主、注重生存价值的独生子女、年轻人将成为消费主体;第二,老龄者增加,促使社区各种业态连锁店的发展,便利店将逐渐成为这些消费者的首选;第三,社会生活节奏加快,家务劳动越来越向商品化、社会化趋势发展。

4. 技术环境

北京聚集了许多一流文化机构、教育科研机构,科研成果众多,技术水平处于全国前列,这为零售业网络化、信息化的发展和广泛应用提供强有力的支持,并有力地带动了物流体系和供应链的现代化发展。"十一五"期间,北京处于科技经费快速增长的时期,科技发展已显现较强的竞争活力与稳定增长态势。R&D 经费从 2000 年的 155.7 亿元逐年增至 2011 年的 936.6 亿元,年均增速为 21.8%。R&D 经费占 GDP 的比重从 2000 年的 4.93% 增至 2011 年的 5.76%。2012 年研究与试验发展(R&D)经费支出 1031.1 亿元,比 2011 年增长 10.1%;相当于地区生产总值的 5.79%。全市研究与试验发展(R&D)活动人员 31.8 万人,比 2011 年增长 7.2%。这一时期,北京 R&D 经费发展迅速,并呈现出如下两个特征:一是 R&D 经费呈逐年快速增长趋势,没有出现负增长;二是 R&D 经费占 GDP 的比重稳中有长。另外,北京的科技创新和创业条件逐渐改善,专利成果喜人,技术交易日趋活跃。其中 2012 年发明专利申请量与授权量分别为 52720 件和 20140 件,比上年增长 17% 和 26.8%,全年共签订各类技术合同 59969 项,比上年增长 12%;技术合同成交总额 2458.5 亿元,比上年增长 30.1%。良好的技术环境为首都零售业的发展提供了源源不断的动力,也为全面推进"科技兴商"提供了切实的保证。

(二)首都现代零售业发展战略规划制订的指导原则

首都现代零售业发展应以科学发展观统领全局,坚持"以人为本、与城市总体规划相结合、与首都经济发展水平相适应、统筹兼顾、适度超前、优化结构、强化特色、城乡协调、繁荣有序"的发展原则,抓住承办奥运的契机,加强零售业的基础设施建设,优化业态结构和空间布局,增强零售业的服务功能,努力扩大并满足消费需求,循序渐进地提升首都零售业质量,促进首都经济社会协调发展,为进一步完善城市功能、提高首都市民生活品质和建设和谐社会提供保障。

1. 首都现代零售业发展与城市总体规划相结合的原则

首都现代零售业发展应结合构建"两轴—两带—多中心"的城市空间结构的城市总体规划要求,促进城乡零售业协调发展。

2. 首都现代零售业发展与首都经济发展水平相适应的原则

首都现代零售业发展要与首都经济发展状况、消费群体分布和购买力水平相适应,避免贪大求多、过分聚集和重复建设。

3. 首都现代零售业发展与优化商业网点结构相结合的原则

首都现代零售业发展要遵循市场经济规律,有利于促进企业的公平竞争。首都现代零售业发展要充分考虑一定地域内的同业竞争状况。对竞争不够充分的地域,应适当发展;对竞争相对充分的地域,应适度控制;对竞争十分激烈的地域,应严格控制新增,尤其是大型商业设施。

4. 统筹兼顾、适度超前的原则

从城市经济社会发展的全局出发,从整个城市发展的环境和条件出发,通盘考虑,统筹兼顾,战略应具有前瞻性,着眼于未来,坚持适度超前的原则,以适应不断提高的消费水平和商业发展的需要。

5. 坚持以人为本、便民利民的原则

满足广大人民群众的消费需求是首都现代零售业发展战略的根本出发点和落脚点,也是构建社会主义和谐社会、全面建设小康社会的客观要求。首都现代零售业发展战略应坚持以人为本、便民利民的原则,满足不同消费者的消费需求。

(三) 首都现代零售业发展的战略目标

首都现代零售业发展的战略目标应是:围绕北京提前实现现代化,建成社会主义现代化国际化大都市的战略目标,全力构建与北京城市发展新定位相匹配的安全、规范、便利、繁荣和可持续发展的现代零售业服务体系,业态结构和空间布局更加合理,经营行为更加规范有序,服务功能更加配套完善,居民消费更加便利舒适,不同层次的消费需求得到比较充分的满足,率先基本实现零售业现代化,以实现传统零售商业向现代零售商业转变为主线,以建成京津冀都市圈现代商业中心为目标,着力建设城市商业中心、区域商业中心和社区商业中心"三级商业网络体系"(见图1-13),加快建立起能满足社会需求升级要求、体现现代化国际化城市功能特征和发展水平的现代零售业体系。现代零售业总体发展水平与国际大都市的要求更加吻合,支柱地位得到巩固,对首都经济社会发展的贡献能力进一步增强,成为构建社会主义和谐社会首善之区的重要组成部分。

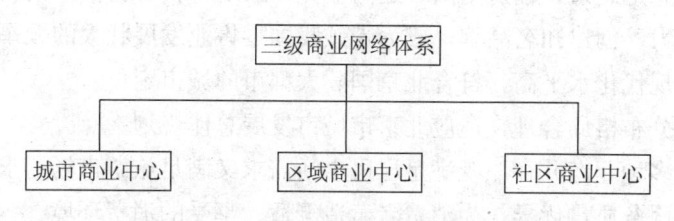

图 1-13 首都零售业三级商业网络体系

具体目标:

第一,服务于首都人民生活水平的提高和小康社会的建设,构建集约便利的消费品零售商业体系。

第二,服务于特色农业和优势工业的基地建设,积极发展农产品批发市场、生产资料市场和物流园区,推进物流园区与批发市场的创新发展。

第三,服务于文化和旅游资源的综合开发,探索商业、旅游、文化互动发展新模式,促进经济增长方式的转变。

第四,服务于"两轴—两带—多中心"的大城市建设,统筹建设"一主两副"的城区商业新格局,推动城乡市场的协调发展。

至2015年,社会消费品零售总额年均增长10%以上,达到1万亿元;商品购销总额超过12万亿元以上,年均增长15%左右;连锁经营销售额占全市社会消费品零售额比重40%左右,电子商务零售额占社会消费品零售额比重8%左右,刷卡消费占社会消费品零售额比例65%以上。[①]

(四)首都现代零售业发展的战略定位和战略重点

1. 战略定位

未来首都现代零售业的发展走向为:

第一,现代零售业。零售科技含量高,具有较高的零售业便捷度和成熟度,具有较高的零售业经营管理水平和零售业业态发展水平。

第二,宜居零售业。零售业环境宽松舒适,流通服务便利、周到,适宜都市人居。

第三,享受型零售业。零售业、文化、娱乐等有机结合,使消费者获得充分

---

① 《北京市"十二五"时期商业服务业发展规划》,京商务规字〔2011〕28号,2011年10月31日。

的现代享受，使单纯购物型消费向享受型、体验型消费转化。

根据未来首都现代零售业的发展方向，首都现代零售业发展的战略定位应为：

第一，立足北京、辐射全国、走向世界，鼓励有核心竞争力的首都零售企业不断增强实力，创建知名品牌，成为带领我国零售业发展壮大的领军企业。

第二，现代化水平高，符合北京国际大都市的城市定位。

第三，分布格局合理，适应北京市城市发展总体规划。

第四，多种业态并存，既满足居民生活需求又满足旅游市场需求。

第五，服务质量优异，为消费者营造舒适、享受的消费环境。

2. 战略重点

为实现首都现代零售业发展的战略目标，依据发展战略定位，应重点从以下几方面着手推进首都现代零售业的发展：

第一，着力健全零售业管理规范体系；

第二，遵照首都城市发展规划，合理利用城市空间，规划零售业空间布局；

第三，建设现代化的零售业流通体系；

第四，培育和提升零售企业的竞争实力。

（五）首都现代零售业发展战略

1. 现代化国际化大都市零售业战略

按照城乡统筹发展区县功能定位的新要求，加强不同区域零售业发展和布局的分类指导，规范提升首都核心区零售业，健全完善城市功能拓展区零售业，加快发展城市发展新区零售业，配套建设生态涵养发展区零售业，形成符合区域功能定位的零售业体系。提升首都零售业的整体地位和水平，"做大"首都零售业辐射圈。形成多层次、多功能，并能充分发挥整体协同效应的零售业设施网络。

2. 品牌市场战略

培育品牌商业街区，改善形象，提高首都零售业的品牌价值；培育品牌大型零售业企业，打造特色服务品牌，整合扶持老店、名店，提高消费服务能力；开发地方特色产品，引进著名品牌，提高商品档次。

3. 结构调整战略

调整零售业网点与批发市场的区域布局；调整零售、餐饮与生活服务等不同行业的比例结构；发展连锁经营，扩大连锁经营的行业范围，提高连锁经营的规范化、规模化程度，优化调整业态结构；发展电子商务，深入开发有形与无形市场空间；"做优"首都零售业结构、零售业布局和零售业服务水平。

（六）首都现代零售业发展战略空间布局

1. 首都现代零售业布局总体思路

按照城乡统筹发展和区县功能定位的新要求，加强不同区域零售业发展和布局的分类指导，规范提升首都核心区零售业，健全完善城市功能拓展区零售业，加快发展城市发展新区零售业，配套建设生态涵养发展区零售业，形成符合区域功能定位的零售业体系（见表 1-34）。

表 1-34　　　　　首都现代零售业功能区发展重点与布局

首都功能核心区	总的原则是"控制总量，优化结构，完善功能"。除王府井、西单、前门—大栅栏三个广域型零售中心外，结合轨道交通和交通枢纽的发展，规划发展东四隆福寺、东直门、北京站、新街口、马甸、西直门、阜成门、复兴门外、动物园、崇文门外、宣武门外、广安门内等区域零售中心。鼓励发展商旅商业和现代服务业，进一步规范和提升一批体现首都历史文化特点和鲜明民族特色的商业街区（市场）。核心区零售发展以现有设施的功能的完善、配套、提升为主，限制新建大型零售设施和小商品市场
城市功能拓展区	新增零售设施建设向东部、东南部倾斜。鼓励在区域内东部、东南部地区发展大型现代零售服务设施（包括各类新型业态），整合现有设施，新建若干零售中心，加快建设中关村、商务中心区（CBD）、奥运村三个功能区配套零售；提升特色商业街水平，鼓励在商业中心发展特色、专业小店铺，限制发展占地面积大的大型市场类设施
城市发展新区	选择具备一定人口规模、交通条件成熟的区位，建设发展中等规模的零售中心，以集中化布局为主，区域内形成以各商业中心为主体的"大集中、小分散"的布局。推进顺义、通州、亦庄等重点新城零售业与新城建设同步发展
生态涵养发展区	除了满足居民日常生活消费需求、经济技术产业和教育科研等需求，在新城中心分别设置区域零售中心外，开发建设若干休闲旅游零售设施，选择合适的区位规划建设生态友好型零售中心，强化相关服务功能

2. 首都零售业空间布局

总的原则是优化核心，延伸两轴，发展新城，强化特色。

（1）优化核心

以存量结构调整升级为主，集聚精华、突出特色，重点突出王府井、西单、前门—大栅栏三个著名商业街区的零售服务功能，提升核心区零售业的吸引力、辐射力。

(2) 延伸两轴

在两轴延长线建设大型多功能零售业设施，形成各具特色的零售业集群。东西轴线上，东端重点发展满足新型制造业和居民生活需求的新型零售业，西端发展适应休闲旅游需求和现代时尚生活的新型零售业。南北轴线上，北端奥运村地区以体育健身、体育休闲为主题，发展会展、商务及个性化生活服务组团型零售业设施。南端重点发展专业市场和特色民俗民风零售业。

(3) 发展新城

根据新城功能定位，建立体系完整、功能完备的新城零售业，实现高起点、高标准、跨越式发展。顺义零售业要强化为现代制造业发展服务的功能，以空港物流基地和保税物流中心（B型）、新中国国际展览中心等的建设为契机，配套构建生活服务体系和产业服务体系。通州零售业要配合物流基地、商务中心区建设，强化现代服务功能。同时，加快发展运河沿岸休闲旅游零售业。亦庄开发区零售业发展也要适应区域功能特点，着力发展新型服务业。

(4) 强化特色

加快发展中关村科技园区、北京商务中心区和奥林匹克公园三个产业功能区主题零售业，充分发挥品牌知名度优势，强化功能区零售业特色。在城市新兴繁华区、大型居住区、新城中心区开发建设一批反映北京传统特色、民俗风情的特色街区。建设具有少数民族地区和其他国家、民族生活习俗、宗教、文化特点的专题购物、餐饮、娱乐街区，适应北京建设国际化大都市的要求。进一步完善层级型商业经营系统。（见表1-35）。

表1-35　　　　　　层级型商业经营系统

第一层级	由王府井、西单、前门—大栅栏等以满足市内外、境内外消费者休闲、旅游消费需求为主的广域型城市商业中心构成。同时，促进中关村国际商城等大型现代商业中心加快发展，完善功能，提升客流聚集能力，扩大知名度，为三大商业中心提供必要的补充
第二层级	由商圈范围涵盖较大城市范围的区域型商业中心构成。进一步完善目前基本成型的公主坟、朝外、崇文门外大街等以满足消费者的选择性购买和一般性休闲消费需求为主的区域商业中心。加大新城特别是顺义、通州、亦庄三个重点新城商业的发展，逐步形成承载城市产业和人口转移的新的区域型商业中心
第三层级	由社区商业构成。包括社区商业中心和便民终端设施，以满足居民日常生活消费需求为主

五、实施首都现代零售业发展战略的政策与对策

（一）进一步健全标准规范体系，提高规范管理水平，健全安全管理监督机制

第一，加强零售业流通标准体系建设，普及标准化知识，增强标准化意识。制定和推行大型商场（超市）购物环境规范，创造安静舒适的购物环境。全面推行食品安全管理制度，强化食品流通安全管理。整顿规范流通秩序，加大保护知识产权力度，规范商品促销、进货交易、特许经营等行为，严厉打击商业欺诈、商业贿赂和假冒伪劣经营行为。

第二，以大型商场、超市、小商品市场等为重点，通过开展专项整治、健全标准和管理规范、培育示范样板，开展零售企业分等定级工作，采取达标升级、建立完善消费者投诉机制等多种手段，提高规范管理水平。

第三，执行国家和北京市有关安全生产的法律法规和技术标准，制定并落实商场超市等安全管理规定，完善大型服务场所安全应急预案，强化企业的安全生产主体责任制，提高企业处理安全突发事件的应急组织能力和员工的安全意识。

（二）合理规划首都零售业空间布局，做好商业网点规划工作

首都零售业的空间布局应与首都产业和商业布局相适应，为首都整体产业和空间布局的合理化发展提供服务保证。北京市"十一五"商业规划中明确规定首都零售商业空间布局的总原则为：优化核心，延伸两轴，发展新城，强化特色。

遵照北京商业发展规划，零售业布局也应做出合理的规划安排：

第一，在三环以内，尤其是王府井、东单、西单等商业中心和闹市区，控制发展百货商店、购物中心等大型零售业态；

第二，在三环以外交通便利处建立大型仓储式商场；

第三，在郊区和居民聚集区发展连锁超市；

第四，在城市中心和繁华地段积极发展便利店、专卖连锁店等；

第五，北京市各城区具体安排可以为：东城、西城由于已经拥有大型购物商圈，所以比较适合发展便利店、折扣店等业态，如 7-11、24-hours 等一些小型的零售店；朝阳、丰台、海淀由于区域广、购买力强、交通设施比较完备，所以适宜发展大型的零售业态（购物中心、大型超市、仓储会员店），如家乐福、沃尔玛等。零售业态的进入应以方便人民生活和当地生产发展为主要目的。

（三）建设商业流通体系

要大力提高连锁经营水平，加速零售业态创新，加快现代物流配送业发展，

全面推进"科技兴商"。

第一，进一步扩大连锁经营的行业覆盖面，增加连锁经营业种数量，推进连锁经营向生活服务等行业的延伸发展。

第二，鼓励和引导传统百货业加快商品经营结构调整，强化品牌经营，突出主打特色，完善业态服务功能，向现代百货业过渡。引进专业化、细分化的新业态，鼓励食品、化妆品、玩具、花木、娱乐用品、文化创意产品、汽车等专业店发展。探索开展二手商品专卖店试点。鼓励发展方便居民日常生活的24小时便利店和不同业种的折扣店。推进网上购物、电视电话购物、邮购等无店铺商业发展。在特定区域和场所推广自动售货机。引导有条件的小商品市场加快调整经营方式，促进批零功能分离，向现代百货店、专业超市等业态转变。积极拓展服务方式，为居民提供更加丰富的商品和服务。

第三，加快规划的公共物流区建设。整合物流资源，培育大型物流企业。引导工商企业剥离物流业务，鼓励发展第三方物流企业，发展专业化、社会化物流。通过提升物流企业管理机械化、自动化和信息化水平，大力提高商品流通效率。扩大连锁企业集中统一配送商品的比重。

第四，健全北京零售业服务网的综合服务功能，加强公共信息资源的开发和利用，为不同企业和消费者提供个性化信息服务。为中小流通企业（店铺）提供预先计划与日程安排（APS）技术支持；提高企业管理信息系统（MIS）应用水平，鼓励企业升级管理系统，建立集采购、结算、营销、服务、供应商管理、顾客管理等经营全过程的管理系统。积极推进零售商与供应商建立电子自动结算系统。加快物流基地、重点物流企业、农产品批发市场和郊区商业连锁企业的信息系统建设，积极促进电子商务发展。创建便捷的刷卡消费环境，大力推进银行卡受理市场建设，扩大刷卡消费服务覆盖面。

（四）从资本运作、品牌建设、人才培养等方面着手培育和提升零售企业的竞争实力

1. 培育和发展一批大型零售企业集团，通过市场整合提高竞争实力

企业在进入规模扩张的过程中，最常用也是最有力的手段就是进行企业兼并，一个企业通过兼并其竞争对手发展成巨型企业，是现代经济史上一个突出的现象。零售巨头沃尔玛仅用38年的时间便成为世界上最大的零售企业，其中并购起着举足轻重的作用。

兼并联合是本土企业应对外国竞争的必然选择，我国本土市场零售企业数量虽多，但规模偏小，不具备与外资企业竞争的规模优势，要在短时间内打造国内零售企业航母，唯有实施资本运作，兼并重组，整合市场，提升竞争实力。自

2001年开始，北京零售业就开始了一轮并购的热潮，王府井百货和东安集团成立北京王府井东安集团，西单商场、超市发和上海华联超市跨地区联合组建北京西单华联超市有限责任公司，这说明了联合重组是零售业发展的自身需求和发展方向。应该鼓励首都内资零售企业进一步通过区域内兼并和跨地区兼并，甚至是收购外国零售企业的方式，借鉴国外先进经验，做大做强，实现由地区霸主向全国巨头的演进，进而迈出零售业国际化扩张的步伐。

2. 加强国内零售企业的品牌建设能力，鼓励企业推出自有品牌，振兴京城老字号的品牌影响力

自有品牌是零售企业在功能、价格、造型等方面提出设计要求，自设生产基地或者选择企业进行加工生产，最终用自己的商标注册该产品，并在本商店销售该品牌的经营方式。企业推出自有品牌既能有效控制成本，又能彰显差异化和个性化来满足顾客需求，提升品牌价值，进而远离价格制胜的零售业发展怪圈。以屈臣氏个人护理店为例，其经营的产品可谓包罗万象，其中相当大一部分来自于屈臣氏自创品牌，如 Mr. Juicy 果汁、屈臣氏蒸馏水等。此外，北京的燕莎友谊商城、王府井百货大楼等都相继开发了自有品牌。因此，对于一些知名度较高的零售商业，可以考虑在有形资产运作的基础上，让无形资产也周转起来。

在品牌建设方面要特别提出对京城老字号的振兴。京城老字号有着悠久的文化历史，能够帮助北京突出历史文化名城的优势。在老字号的振兴方面，要促进老字号体制变革和创新，运用现代技术改造传统生产经营模式，推动老字号传承与发展相融合，鼓励企业深度开发具有北京老字号文化特色的京味品牌商品，用现代营销理念和完善的服务重塑品牌特色和企业形象，支持老字号企业通过直营或加盟连锁方式向重点新城、郊区、外埠及海外市场延伸发展。

3. 实施"人才强商"战略

现阶段，人才的缺乏已经成为制约零售业发展的一大瓶颈。据有关资料表明，零售业管理人才是我国紧缺的人才之一，目前国内零售业具有大专以上文化程度的各类人才只占 3%，这大大低于其他行业的水平。如何培育适应企业成长需要的零售人才已成为各零售企业管理者的心病。

在多家国内外知名零售和制造企业参加的零售业精英聚会上，零售业人才匮乏和培养问题成为会议关注的重点。A. C. 尼尔森认为："目前在零售领域，人才非常缺乏，没有足够的具有相应技能、经验的人才支撑行业发展，零售商们将面临一个较高的人才流动局面"。

因此，北京市零售商业根据北京现有商业人才情况，要加强多层次的培训体系建设，加强和重视人才资源开发，做好人才培养体系建设。要一手抓商业职业经理人队伍建设，建立商业职业经理人数据库，搭建行业人才交流平台，完善职业经理人的约束和激励机制，为行业发展提供必要的人力支持。一手抓员工素质，以高水平服务奥运为动力，进一步加强员工培训，大力推行持证上岗，提高商业员工的整体素质、业务技能和综合服务水平。

(1) 加大高层次人才引进力度，尽快形成高素质人才资源的集聚优势

北京是中国的首都，在吸引人才方面有很大的优势。要牢固树立"人才是第一资源"的观念，从战略任务的高度加快人才资源开发与管理。通过设立引才奖、高薪聘用、提供重要岗位、外出招聘、向社会公开招录、挂职锻炼、企业顾问等行之有效的手段，加快引进一批高层次的人才。当务之急是积极引进一批现代管理、市场营销、电子商务、物流配送、外贸、法律等高层次专业人才和复合型企业家。

(2) 加大各层次人才培养力度，充分发掘现有人才资源的潜能和作用

积极支持高校商业人才的培养，保证充足的后备人才输送；加强对在职人员的继续教育和培训，尽快出台和完善鼓励在职人员提高学历和考取职称的有关政策；每年选派若干名有培养前途的中青年人才到国内高校深造攻读硕士博士学位或进行 MBA 培训研修；创办商贸论坛，不定期地邀请专家教授和商贸界的成功企业家进行讲座交流；办好商贸培训中心，对商贸干部进行培训。

(3) 加快用人分配机制改革，调动各类人才的积极性和创造性

努力通过机制创新造就新一代商业人才，真正形成一个能使优秀人才大显身手和脱颖而出的用人机制；冲破论资排辈的束缚，更新人才的选拔标准，重水平、重能力，让优秀年轻人才挑重担，特别在困难的环境中多锻炼，以加速成长；确立业绩取向的人才价值观，尽快形成与岗位、能力、业绩紧密联系向优秀人才倾斜的分配机制，不断探索运用股票期权、经营管理才能因素折价入股等方式使经营者和企业长期利益捆在一起的分配机制，最大限度发挥经营管理人才的积极性、主动性和创造性。

(4) 培养高素质的国际化人才

零售企业"走出去"要投身到风云激荡、竞争激烈的国际市场中去，成功的关键在于人才。而我国目前缺乏的就是高素质的国际化人才。零售企业一方面要通过报酬、机会、文化来留住人才，另一方面要通过"人才本土化"策略来聘用当地人才，但最根本的是要培养适应"走出去"需要的高素质人才。既可以自己培养，也可与外国零售企业合作培养。要重视业务技能与知识的掌握，更要重视思想品质的提高。要加大教育、培训的投资力度，

建立一套能使优秀人才脱颖而出的机制,培养出一批具有国际商业头脑,并能从事国际经营的商业人才。

(五)实施对外开放与"走出去"战略

以本市商业流通领域相对薄弱的环节为重点,继续有序引进外资企业,引导外资重点发展新型业态、社区商业,参与商业基础设施建设;积极引进国际一流的商业、物流企业来京投资,设立采购中心、分销中心和结算中心;鼓励国外企业来京参与农产品批发市场、公共物流区等流通基础设施的建设和改造。同时,也应鼓励有条件的企业走出国门参与国际竞争。

我国零售企业走向国际市场,开展跨国经营战略和全球化经营战略的具体做法应为:

第一,根据市场邻近原则选择目标市场。市场邻近原则包括:地理邻近原则、文化邻近原则和经济发展水平邻近原则。理想的目标市场是指与母国市场既具有地理邻近性又具有文化邻近性,同时经济发展水平相当的国际市场,能够作为其"走出去"的目标市场。

第二,做好周密的市场研究。国际市场环境复杂多变,国与国之间文化差异明显,国际商业竞争异常激烈,这就要求零售企业"走出去"前要做好充分周密的市场调查研究。我国零售企业缺乏国际化经营经验,前期市场调查显得更为重要。主要内容包括:目标市场政治、经济、文化形势;市场规模、潜力、供求状况、竞争格局以及当地商业网点布局、商业业态分布;居民购买力、消费水平、消费习惯、人口密度、通信交通状况、客流量、商检标准、与我国相关的产品市场、竞争对手情况等。

第三,实行"本土化"策略。国与国之间文化的差异,必然导致消费差异。因此,零售企业"走出去"必须采取"本土化"的经营策略,以符合当地消费需求的商品服务,赢得东道国顾客。

第四,建立灵敏的信息系统。零售企业"走出去"以后,要把国内国外的业务经营管理融为一体,统筹安排,快速反应市场需求变化,这就离不开灵敏的信息系统。全球最大的零售商沃尔玛在短短的三十年里从一个小折扣店发展成为全球500强之首,就是建立在利用灵敏的信息系统整合优势资源的基础之上。全美第二大零售商凯马特申请破产保护,一个重要的原因就是始终未能整合出一套适合自己业务状况的信息管理系统,来有效地管理商品供应链。正反两方面的经验告诉我们,零售企业要发展尤其是要"走出去"发展,必须加强在信息系统方面的投资,建立完善的电脑管理体系。

(六) 实施区域合作发展战略

按照"优势互补、合理分工、互惠双赢、协调发展"的原则，建立完善的、以市场机制为基础的、政府引导、协会推动、企业积极参与的区域合作发展机制，以口岸、物流和居民生活必需品、区域市场建设等领域为重点，强化京津合作，推动京冀合作，通过加强京津冀合作交流，实现区域统筹、协调发展，完善首都商业服务体系。

第二章 首都现代零售业营销战略研究

21世纪以来,在入世后对外开放的推动下,中国零售业经过10多年的发展取得了惊人的成绩。随着经济的持续快速增长,居民收入的不断增长,城镇化水平的稳步提高,商品结构的不断改善,我国商业零售业获得了高速高效的发展。零售业发展规模迅速提升,市场集中度和现代化水平大幅提高。从长远来看,零售业营销应以消费者为宗旨,创新营销观念,从商品品牌和购物体验等方面围绕消费者需求展开营销。而目前我国零售业在营销方面,主要还是依靠购物折价、礼物赠送等促销方式,而不是以树立品牌、服务、信誉以及企业整体形象等系统的营销战略为主导。缺乏市场细分,在商品组合、服务标准价格、促销和店面布置等方面,标准化管理不足。因此急需对我国零售业的营销模式进行创新,引导中国零售业品牌化,打破一直以来外资企业品牌主导中国零售市场的现状。

一、市场营销战略的概念及相关理论

(一) 市场营销战略的概念

营销战略是结合企业内外部的具体条件,根据市场的运作状况,在对企业相关利益体的情况做出科学分析的前提下,以企业总体战略及营销目标为指导,针对企业营销活动中各种具体问题而设计和制定的对策与方法。营销战略是企业整体战略的一部分,在制定和执行的过程中要服从和服务于总体战略。同时营销战略理论和体系的发展以及完善是随着整个社会经济系统的发展而同步进行的。因为,营销战略是支撑和保障社会经济发展的一个重要的手段和工具,当社会经济得到了发展,作为支撑手段的营销战略体系必然会随之得到不断的精进,不断地完善。

(二) 营销相关理论及企业战略定位模型

1. 市场营销组合理论

市场营销组合理论是现代企业市场营销管理的核心理论之一。美国营销学家麦卡锡在对相关组合进行了高度的概括和综合的基础上,并在对企业自身的情况作了科学的分析后提出了著名的"4P"营销组合策略,即"产品策略、价格策略、渠道策略和促销策略"。4P组合一直被当作是市场营销理论的核心和基础，它既倡导将满足顾客的需求作为企业一切活动的中心和出发点，同时帮助人们从较为繁杂的营销变数中找到了最为重要的因素，使企业的营销活动变得更为科学和规范。

随着生产力的迅速发展和市场竞争的不断加剧，1984年，菲利普·科特勒又提出企业管理当局不仅仅必须服从和适应外部宏观环境，而且应该采取适当的市场营销措施，影响外部宏观环境。为此，在"4P"的基础上，还必须加上两个"P"，即"政治力量（Political Power）"和"公共关系"（Public Relations），并将这种战略思想称之为"大市场营销"。

2. 零售企业定位战略选择模型

零售企业除了一般企业所共有的特征外还有着自己独特的营销组合要素，因此也有自己的定位战略模型。零售营销组合要素包括店址、商品、价格、促销、服务和购物环境。对中国消费者的诸多调查结果显示，消费者购买行为最重要的影响因素均集中在上述六个方面。因此，零售市场定位的外延就需要在传统的"4P"的基础上，增加服务和环境两个因素。在此基础上，企业通过市场研究寻找目标客户群，了解其对六个要素各方面的需求特征，并细分目标顾客的利益点，据此确定企业的定位。

二、首都现代零售业营销战略的现状剖析

改革开放以来，特别是近几年，在北京奥运经济的带动下，北京经济得到了迅猛的发展，人民生活水平大幅提高，首都零售业得到了飞速的发展，规模迅速提升，市场集中度和现代化水平也大幅度提高。根据最新的统计，2012年本市社会消费品零售额累计7702.8亿元，累计增速11.6%，如表2-1所示，连续五年消费品市场规模排名全国城市之首。

表2-1　　　　2012年1~12月北京市社会消费品零售额累计情况表

2011年	消费品零售额（亿元）	比2010年同期增长（%）
1~2月	1235.3	15.8
1~3月	1836.1	14.3
1~4月	2406.1	13.1
1~5月	3020.2	13.1
1~6月	3651.7	13.0

续 表

2011 年	消费品零售额（亿元）	比 2010 年同期增长（%）
1~7 月	4262.5	12.4
1~8 月	4891.1	11.8
1~9 月	5592.0	11.7
1~10 月	6259.7	11.6
1~11 月	6944.5	11.6
1~12 月	7702.8	11.6

（一）近年来首都现代零售业发展的主要特点

1. 零售业全面开放，市场规模迅速扩大

2004年12月11日，中国零售业入世过渡期结束，兑现中国零售市场全面向外资开放的承诺，零售领域实行全面开放。零售业全面开放后，为国内的零售业进入国际市场提供了良好的机遇。1992年我国零售业中第一家中外合资的北京燕莎友谊商城有限公司成立，就此拉开了北京零售业对外开放的大幕。1997年后外资商业企业进入北京零售市场的速度大大加快，陆续有一批在国际上有影响的零售巨头先后落户北京。"十一五"时期，北京通过不断引进国际国内知名品牌，不断丰富北京市场，有效带动了消费升级。近300家世界知名零售商中超过40%入驻北京，全市已有超过3000家零售外资店铺，1200多家国际品牌专卖店，世界顶级品牌100强中已有90家进入北京市场。顶级品牌占有率位列世界第六，零售业开放程度居内地之首。

2. 业态结构趋于合理

20世纪90年代以前，中国零售市场长期保持着百货商店一统天下的单一格局，其市场份额达60%以上。对外开放以来，随着消费者需求的变化和零售市场竞争的加剧，大型综合超市、超级市场、便利店、专业店、专卖店、家居中心、仓储商场等新型零售业态得到快速发展，成为零售业规模扩大的主要动力。国内目前的零售市场上，百货店等传统业态仍占有一席之地，从一定程度上看，仍然居于主流业态地位。但从发展趋势来看，大型综合超市等新业态将全面赶超百货商店等传统业态，进入重组、扩张、创新的新时期。建立在现代物流基础上的大型连锁超市以其齐备完善的货源、适中的价格和舒适的购物环境走进市民的生活。如今超市在城市中到处可见，人们也逐渐认识到去大型超市购物的种种好处，如品种多样、质量保证、天天平价、购物舒适等。

3. 投资主体多元化，外资进入步伐加快

随着加入WTO组织和奥运会的成功举办，我国的对外开放格局进一步扩大，国际知名品牌纷纷抢滩北京，京城零售业展开了新一轮竞争浪潮，外资进入北京零售业已步入实质运营阶段。外资的进入，有利于加快我国商业基础设施的建设与改造，带动高档商业设施的发展，增强和改善城市的综合服务水平和投资环境，为我国零售业竞争力的提升打下坚实的基础。但外资零售企业的快速扩张，也使零售业竞争格局越来越激烈。零售业并购重组活跃，行业整合和重构加速，一些资金实力薄弱、市场竞争力和抗风险能力不强的中小超市等零售企业，在进行连锁经营的扩张中可能因资金链断裂而导致企业破产。

（二）首都零售业的营销战略状况

1. 经营理念不完善，体制落后

现代市场营销观念已发展到了社会营销观阶段。社会营销观认为，组织营销的任务是确定目标市场的需求、欲望和兴趣，比竞争者更有效地提供满足顾客的商品，提供商品的方式能对消费者和社会福利双重有益。市场营销者在选择营销方式时应考虑在本公司利益、消费者需求及社会利益三者之间求得平衡。而我国商业零售企业的营销观还停留在推销观念上，坐等顾客上门，把营销当作简单的商品买卖过程，不注重顾客信息反馈，不了解顾客的真正需求。

2. 营销手段单一，营销创新不足

相比较外资零售企业在销售中的低价策略、培育顾客忠诚、创造顾客需求、塑造零售商业服务品牌的服务策略，以及一体化与本土化相结合的经营策略，绝大多数国内零售企业的商业均存在营销创新不足的问题，大多数商业企业经营方式和内容雷同，缺乏差异化，电子商务、网络营销的发展未能得到充分重视，商业自有品牌的建设几乎空白。面对激烈的市场竞争，我国商业零售企业大多采取降价促销，手段雷同，缺乏新意。一方面造成商场在保本或亏本的边缘上经营，无法生存和发展；另一方面给消费者带来错觉，以为降价前商场利润过高，进而影响正常的消费心理和消费行为。因此对于零售企业来讲，必须采取独特的营销手段，注重消费者的情感和感观体验是营销成功的关键。

3. 现代化水平有待提高

与国际零售企业的高科技、高信息化相比，我国零售业现在存在的最大问题是信息化程度低。企业管理没有运用现代化的电子信息技术。国外的商业企业以管理信息系统、电子数据处理系统、决策支持系统为核心，形成了以网络为辅助的自动化管理，这与传统的零售业运作方式截然不同。实现信息化的过程需要大量的人才支持，不仅需要网络技术人才，更需要既懂得电子商务又熟悉零售运营的复合型人才。复合型商务人才是零售业信息化的必备条件之一,然而,我国传统的经营管理人员虽然经验丰富,但却不熟悉网络技术知识。如何尽快培养、引进相关人才,是我国零售业信息化发展的当务之急。

4. 市场分散,行业集中程度差

产业集中度低,缺乏规模效益一直是制约我国零售业发展的瓶颈。在美国,主要零售市场上最大三家企业的销售总额一般都占整个市场份额的70%以上。而我国很多连锁企业门店数目还不到10家,无论是销售总额还是单店销售规模都很有限,基本上属于小型便利店的性质,这样的规模很难与国际零售业巨头相抗衡,连锁超市的优势难以得到充分发挥,企业难以尽享大批量进货的价格优惠,同时配送中心配送效率也难以提高,从而使进货成本加大,零售连锁的价格优势尽失。而且连锁企业过度分散竞争,不仅降低了单个企业的经营效益,也造成社会整体资源配置的不合理。

三、首都现代零售业的营销战略基本内容构成

每个零售企业都必须根据自己在行业中的市场地位以及它的市场目标、市场机会和可利用资源确定最合适的营销战略。营销战略是整个公司总体战略制定和规划的核心所在。营销战略的制定几乎涉及企业的所有方面,从分析环境、竞争对手和企业形势开始,到制定营销目标、方向和营销策略,再到拟定产品、分销渠道和质量计划等,同时这也是企业总体战略所不可或缺的内容,企业的总体战略正是通过一系列营销战略或计划来实现的(见图2-1)。

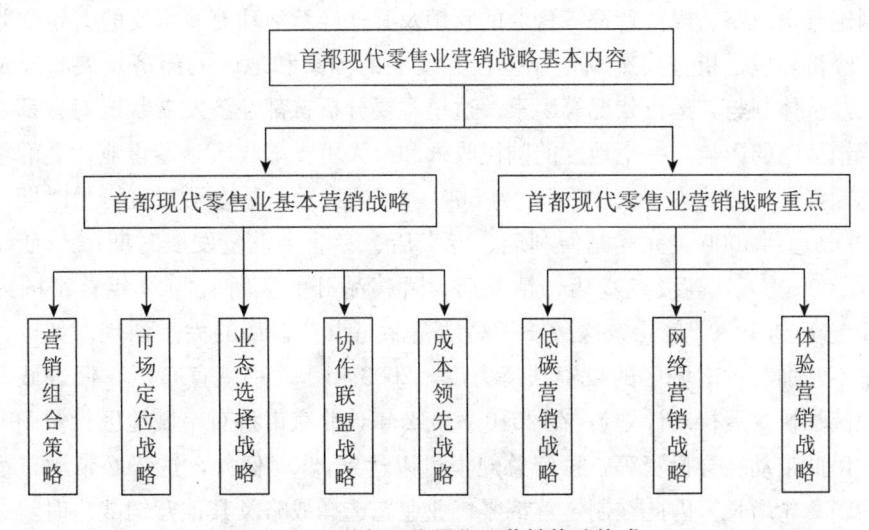

图2-1 首都现代零售业营销战略构成

因此在现代零售业中，一个完整的营销战略制定必须从零售业的特殊性去考虑，严格的遵循战略制定的过程，通过对内外部环境的分析，根据首都经济发展状况及首都零售业竞争程度等实际情况来定位首都现代零售业营销战略及目标，确定首都现代零售业的营销战略重点及模式。

(一) 首都现代零售业营销战略环境分析

1. 首都现代零售业间接营销战略环境分析

间接营销战略环境指的是对所有行业和企业的营销活动都会产生影响的宏观因素，可以从政治法律环境、经济环境、技术环境、社会文化环境等方面进行分析，找出这些因素对企业营销战略的影响，但是由于首都零售业所特有的自身特点和对其营销战略的分析，对间接营销战略环境分析的具体内容可能会有所区别。

政治法律环境是指对企业生产经营活动具有实际与潜在影响的政治力量和对企业生产经营活动加以限制和要求的法律法规等因素。北京作为我国的首都，稳定性和安全性是毋庸置疑的，这点对企业的营销等经营活动不构成实质影响。每个地区都会有其不同的经济增长点，由于北京所处的特殊地理位置，自然不能把发展工业作为重点，这就决定了首都对零售等商业的重视程度，为了促进首都经济的发展，北京市每年都会出台大量优惠政策来吸引投资者。为了提供优质、高效的行政服务，切实保障零售企业规范管理和运行安全，促进零售业的快速转型和发展，相关部门每年都会颁布大量地方政府规章，如《关于开展"零售业节能行动"实施方案》、《关于促进网上零售业发展的意见》、《关于推行〈北京市大型商业零售经营单位知识产权保护合同〉示范文本的通知》等。完善的法规、规章对制定营销战略、规范首都零售业的营销及其他经营活动有着重要的引导意义。

经济环境是指直接影响企业生存和发展的国家和地区的经济发展状况及趋势、经济体制与其运行状况等因素。这里主要分析首都经济发展状况对首都零售业营销战略的影响。一个地区的国民收入和个人可支配收入是零售业发展的重要影响因素。一般认为，人均 GDP 为 800~2000 美元，是连锁超市诞生时期；人均 GDP 达到 4000 美元，是便利店、专卖店、专业店批量发展时期；人均 GDP 超过 4000 美元，高级专卖店、精品店、奢侈品开始流行。2012 年首都的人均 GDP 已达到 13797 美元。这激发了高端精品超市在首都的大量涌现。如今，北京正不断加大对南城区的投资扶持力度，2009 年，北京就宣布了《促进城市南部地区加快发展行动计划》，在 2010—2012 年，北京市将对南城地区投资 500 亿元，由此带动社会投资等，投资总规模可以达到 2900 亿元，这势必带动首都经济的新一轮增长。因此在制定首都零售业业态选择战略及其他营销战略时，必须要考虑首都经济发展对零售业带来的各种影响。

技术环境是指企业所处的环境中科技要素及与该要素直接相关的各种社会现象的集合,包括国家科技体制、科技政策、科技水平和科技发展趋势等因素。对各行业内的企业来说,要密切关注所在行业的技术发展动态和竞争者技术开发、新产品开发方面的动向,及时了解是否有当前技术的替代技术出现,并发现可能给企业带来竞争利益的新技术、新材料和新工艺。技术对零售业的促进可以从沃尔玛的发展看出来,沃尔玛利用信息技术整合优势资源,使信息技术战略与传统物流整合,不仅提高了商品流通速度,更改变了它的经营及营销方式,大大地加快了它的发展速度。如今对首都零售业影响最大的主要是网络技术,它改变了传统的营销渠道,以互联网为载体,完全改变了过去的营销方式。虽然在物流渠道等方面面临着诸多难题,但是实体零售向网络零售的转变将是零售业发展必然趋势。2009年北京市政府就制定了《关于促进网上零售业发展的意见》,首都零售业应该借此东风,大力进军和发展网上零售业,把网络营销战略作为未来10～20年的发展重点。这不仅能降低零售商的成本,更能使企业在节能、节材、降耗、减少污染和提高经济效益上发挥巨大作用,大力推动首都和我国循环经济发展。

社会文化环境包括一个国家或地区的居民教育程度和文化水平、宗教信仰、风俗习惯、审美观点、价值观念等。社会文化因素对企业经营战略的影响是间接的、潜在的和持久的。随着首都区县功能的重新定位和城市空间发展战略的调整,中心城区的人口、产业及经济社会活动将逐步向新城和城市外围转移,郊区新城将成为北京经济社会发展新的增长极。当前首都的人口规模和结构正急剧发生变化,人口规模将持续扩大,老年人口占常住人口比重将进一步提高,人口老龄化趋势将更加明显,人口规模、结构的变化,必将带来居民消费规模、结构以及方式的变化;交通便利程度不断提高,2015年全市轨道交通线网运行总里程达到660千米。市域快速交通、城市路网的快速发展对居民的出行方式有较大的影响,更会促进居民消费模式的改变,为零售业的布局、规模和结构调整创造了条件,并提出了新的要求。如今,首都商业发展正从以"圈城设店"为主的外延扩张模式向以"结构调整"为主的产业素质优化发展模式转变,合理的营销战略选择和制定对首都零售业的发展来说变得更为重要。

2. 首都现代零售业直接营销战略环境分析

直接营销战略环境是指对企业服务及对目标市场的营销能力构成直接影响的各种力量,包括企业内部环境及其营销渠道、企业目标顾客、竞争者和各种公众等与企业具体业务密切相关的个人和组织。由于首都零售业具有独特的产业特征,使之不同于别的商业或者是产业,对于首都零售业来说,直接营销战略环境的作用显得更为重要,它能帮助企业发现影响企业竞争力的各方面因素,从而帮助企业识别赢利点并制定合适的营销战略。

(1) 企业内部营销战略环境

企业内部营销战略环境的分析不仅包括市场营销管理部门,还包括最高管理层和制造、采购、研究开发及财务等其他职能部门,它们与市场营销管理部门一道在最高管理层的领导下,为实现企业的共同目标而努力着。企业内部营销战略环境正是由这些主体产生和主导的。因此不同的零售企业在在制定营销战略和决策时,不仅要考虑到企业外部的环境力量,更要考虑到与企业内部其他力量的协调与统一。营销战略的制定不仅仅是营销部门的任务,它必须在企业最高层的领导下与其他部门相互配合来完成,同时营销计划的实施也需要与其他职能部门密切配合和协作。例如,财务部门负责解决实施营销计划所需的资金来源,并将资金在各产品、各品牌或各种营销活动中进行分配;会计部门则负责成本与收益的核算,帮助营销部门了解企业利润目标实现的状况;研究开发部门在研究和开发新产品方面给营销部门以有力支持;采购部门则在获得足够的和合适的原料或其他生产性投入方面担当重要责任;而制造部门的批量生产保证了适时地向市场提供产品。所以企业内部营销环境作为一个直接影响因素是制定营销战略时所必须考虑的。

(2) 供应商及物流机构

供应商是向企业及其竞争者供应原材料、部件、能源、劳动力等资源的企业和个人。在零售业中,供应商是其营销等经营活动中最主要的影响因素。供应商是零售企业中重要的营销渠道成员,其提供商品的价格往往直接影响企业的成本,供应商供货的质量和时间的稳定性直接决定着零售企业能否正常运行。再好的营销模式也难弥补产品质量对其带来的损失,所以,零售商应选择那些能保证质量、交货期准确和低成本的供应商,并且避免对某一家供应商过分依赖,不至于受该供应商突然提价或限制供应的控制。

物流机构是帮助零售商储存、运输产品的专业组织,包括仓储公司和运输公司。零售商可以从成本、运送速度、安全性和方便性等因素综合考虑和选择合适的实体分配计划。实体分配单位的作用在于使零售业营销渠道中的物流畅通无阻,为其创造最大的时间和空间效益。近年来,随着仓储和运输手段的现代化,实体分配单位的功能越发明显和重要。

供应商及物流机构等是零售业正常发展中所不可缺少的支持力量,选择好的供应商、物流机构并与其保持良好的商业伙伴关系,是首都零售商制定现代零售业协作联盟战略及其他营销战略应考虑的重要因素。

(3) 目标顾客

目标顾客是企业的服务对象,是企业产品的直接购买者或使用者。企业与市场营销渠道中的各种力量保持密切关系的目的就是为了有效地向其目标顾客提供产品和服务。顾客的需求正是企业营销努力的起点和核心。因此,认真分析目标顾客需求的特点和变化趋势是企业极其重要的基础工作。

在市场营销学中,根据购买者和购买目的可以把目标顾客分成5类。分别是消费者市场、生产者市场、中间商市场、政府市场和国际市场。每种市场类型在消费需求和消费方式上都具有鲜明的特色,不同类型的目标顾客有着不同的需求特点和购买行为,零售商应该根据其目标顾客来制定相应的营销方式,同时它也影响着零售业的业态选择,所以说在制定零售业业态选择战略及其他营销战略时,必须要重点关注目标顾客的定位和选择。

(4) 竞争者

任何企业都不大可能单独服务于某一顾客市场,完全垄断的情况在现实中不容易见到。而且,即使是高度垄断的市场,只要存在着出现替代品的可能性,就可能出现潜在的竞争对手。由于一体化经济的发展,某个零售业所做的营销创新很快就会被竞争对手所模仿和应用。零售商要在激烈的市场竞争中获得营销的成功,就必须比其竞争对手更有效地满足目标顾客的需求。因此,识别竞争对手,时刻关注他们,随时对其行为做出及时的反应,以及最大程度迎合顾客的需求都是其成败的关键。

在零售业内,竞争环境不仅包括行内企业,还包括发生于顾客进行购买决策全过程的其他更基本的内容,如顾客对某个品牌的忠诚度、产品形式的多样化等,从各方面去考虑赢利点和制定营销战略。

(5) 公众

公众是指对企业实现其市场营销目标的能力有着实际或潜在影响的群体。公众可能有助于增强一个企业实现目标的能力,也有可能妨碍这种能力。企业的主要公众包括金融界、新闻界、政府、社区公众和企业内部公众。有时候公众的态度会直接影响企业营销的成功,因此,成功地处理好与公众的关系格外重要。目前,许多企业建立了公共关系部门,专门筹划与各类公众的良好关系,为企业建设宽舒的营销环境。

(二) 首都现代零售业基本营销战略

随着首都零售业步入稳健增长阶段,竞争环境急速变动,营销战略作为一种职能战略所扮演的角色愈加重要,几乎与企业的总体战略合而为一。尤其是对于以营销为导向的零售业来说,营销战略已成为其战略的重中之重。好的营销战略可以建立和维持客户的忠诚度，提高和保持持续的竞争优势。现代零售业营销战略的目的就是在市场中占据有利地位，成功地同竞争对手进行竞争，满足顾客的多样化需求，获得尽可能多的市场份额，最终为总体战略服务。简单地说，战略性的营销决策就是营销战略，在零售企业中，大多数的营销决策都可以看作是对营销战略的执行。零售行业总体战略的执行基本上是通过从分析内外部环境、竞争状况和自身形势，到制定营销目标、营销方向和策略，再到拟订产品、市场、分销渠道和质量计划等来实现的。

零售业的战略又根据其层级划分为营销总体战略和营销执行战略，营销总体战略的制定就是以营销目标为基础的，例如市场占有率，销售利润率等，营销总体战略可以保证做正确的事情，而营销执行战略是要保证正确地实现营销目标。

1. 首都现代零售业营销组合策略

营销组合策略是现代零售业营销战略的执行战略之一，某些程度上来讲，作为职能战略的营销战略就是指如何配合操作营销组合中的4P——产品、价格、渠道、促销，以达到营销目标。而要将营销战略转化为可供实施的营销计划，必须要在营销组合、营销预算、营销资源分配等方面做出最基本的决策。营销组合策略的合理应用是现代零售业得以快速发展的主要原因。

（1）产品策略

产品是一种能满足各种购买者需求和欲望的物体或劳务，是买主所获得的多种满足感的集合，它包括实物、包装、商标、服务等各种有形和无形的内容。从满足消费者多层次、多方位的需求来看，产品可划分为：核心产品、形式产品和附加产品三个层次。对零售业来说，其产品概念指的是所出售的商品及围绕着商品销售的支持手段。

消费者的消费需求可以分为两种类型，一种就是讲求商品廉价、购物方便，追求快捷、便利、高效，并希望可以一次性购齐所需商品。为满足这种需求，消费者购买的商品主要集中在日常消费品和方便品上。另一种则是更为注重商品的特色、商品的附加值、购物的环境、购物过程中精神享受和心里愉悦，而满足这种需求，消费者购买的主要目标是特殊品、选购品和非渴求品。根据首都经济发展的新形势，零售商应对消费者的消费行为和新时期的购买特点进行全面、科学、客观的分析。一般情况下，定位于满足消费者第一种需求的产品策略是以超级市场为主的零售业态的选择。而第二种消费需求的特点则是与百货商场的基本特点相吻合，所以最大限度地满足第二类消费需求将是百货商场生存发展的根基。

（2）价格策略

当前零售业主要采取的是成本定价策略，随着首都现代零售业进入稳定发展期及首都经济水平的提高,这种定价方法将不再适用。如今首都消费者具有高预期、高购买力的特征,零售商应更多地考虑顾客所愿意付出的价格,而不是仅仅考虑商品价格。因为此时顾客愿意为自己的消费行为付出的代价包括:获得商品的费用、心里获得愉悦的费用等。所以首都现代零售业针对商品的定价应采用浮动定价法,即根据不同的情况制定不同的价格,但仍应以商品成本为底线,往高处发展。

在价格策略体系中,还包含许多灵活的定价方法,但是应该忌讳采用直接降低商品价格的方法,因为这样会减少零售商的收益,同时不利于企业形象和品牌的建立。目前,我国零售业大多采用打折促销等实实在在让利促销方式,竞销方式和手段简单、粗放,导致利润率大幅度下降。外资零售商利用消费心思,巧妙地采用了"价格组合"的营销方式,虽然商品的整体价格水平并不比我国零售企业的价格低,但外资零售商的价格感觉上是低价位。这种低成本运作,高毛利回报很具有隐蔽性。此外,还可以根据新旧款式的商品来实行高差价促销价格,根据不同产地或是规格的齐全与否而设计具有吸引力差异价格等,这样既可以扩大销售量,又可以维持企业的市场定位。

(3) 渠道策略

传统的观点认为"place"代表的是选址,其实不然,在新形势下,"place"更多地代表着营销的渠道策略,如今首都现代零售业已经进入了稳定发展期,此时零售业的渠道策略应该采用纵向一体化策略。纵向一体化策略即将供应商、百货企业以及消费者结成一个整体,在充分考虑消费者需求的基础上,寻找适合的供应商。纵向一体化策略可以分为向上渠道和向下渠道两个部分。在向上的渠道中,零售商应与一些特定的供应商建立联系,两方共同协作为消费者提供优质的服务。在向下的渠道中,零售商应想尽一切办法增加与消费者的接触,以最快的速度为消费者提供满意的商品,随着零售企业的进一步扩展和开店,又在一定程度上增加了消费者购物的方便性。

(4) 促销策略

企业将产品或服务的有关信息在市场上传播,帮助消费者了解、认识商品,扩大企业及其产品的影响,提高知名度,以促进消费者对产品发生兴趣和欲望,进而采取购买行为,企业采取的这种行为就是促销。在零售业中,经常采用的促销手段有货架堆头促销、店庆、节假日的中心主题促销、集中品牌促销、免费品尝,通过这些手段可以很有效地提高商品的销量,加快零售运营的速度。

随着顾客对商品和服务质量要求的提高,首都零售业在制定促销策略时应注意将增加与顾客的沟通和联系作为创新促销手段、实施促销活动的准则和前提,以提升消费者的位置。要注重与消费者建立感情联系，稳固与老顾客的关系，并采取相应的策略去开发新的顾客。随着首都零售业步入稳定发展期，销售人员面对面提供给消费者的服务形式变得越来越重要，而且此时售货员的服务内容和服务方式都得到了极大的扩展。他们要尽其所能吸引顾客的注意、激起顾客的购买欲，使他们心情愉快地接受促销人员的服务，并从中获得愉悦和享受。

同时零售企业为了强化销售人员的作用，可以将卖场的布局和售货方式作相应的调整，将部分产品实行开架售货，使消费者可以仔细、近距离地接触到商品，便于消费者试用和选择，产生对商品的亲切感，同时可以扩大销售人员的服务空间，避免顾客产生局促感。促销人员除了尽到销售的专职职责外，还可以通过对顾客的购买特点和喜好的了解，向采购部门提出采购意见，起到收集市场信息的作用，而这些信息往往是最直接、最真实且最具价值的。

2. 首都现代零售业市场定位战略

为了树立自己的竞争优势，零售商必须要通过市场细分和定位来实现快速增长，达到其目的。零售商的市场定位战略可以按照市场定位钻石模型来进行，它把零售市场定位分成三步来进行：首先是找位，即在市场研究的基础上，找到目标市场（目标顾客群），并了解他们对营销组合要素等方面的需求特征。其次是选位，即细分目标顾客利益并选择满足目标顾客的利益点，根据这个利益点确定属性定位和价值定位，定位选择的范围仍然包括营销组合要素的全部内容。最后是定位，即通过进行营销要素的组合实现已经确定的定位。见零售业市场定位钻石模型（见图2-2）：

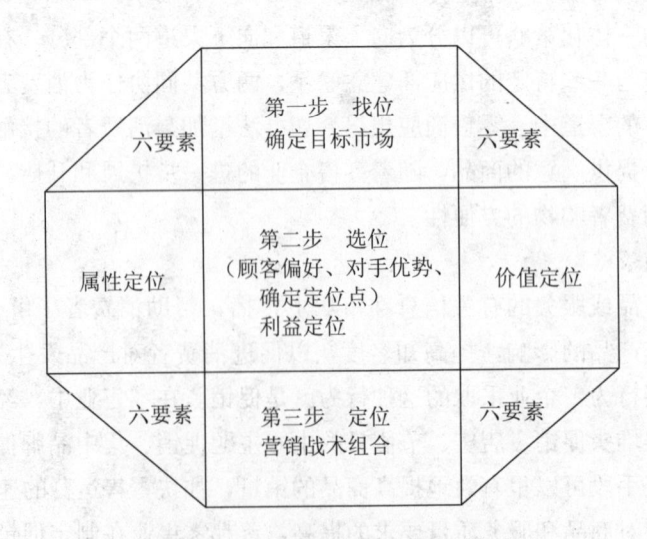

图2-2 零售业市场定位钻石模型

(1) 找位——确定目标市场

零售业在确定自己市场定位战略时,首先要从确定自己的目标市场开始,这需要大量的调查研究和分析,因为这不仅影响着零售业的业态选择,更影响着它的营销战略和企业总体战略。例如"家乐福"大型超级市场在进入中国时,就把目标顾客锁定为大中城市的中产阶级家庭。"家乐福"公司在进入中国所作的分析报告中就指出:中国当今高收入阶层的消费结构类似于法国的20世纪60年代,中国最大的消费群体是新生的中产阶级,人数大约为1.5亿。年收入在1500~3000美元,容易接受新产品,这是"家乐福"发展的顾客基础。"家乐福"大型超市的目标顾客大多为注重商品和服务价值的家庭主妇,她们不仅关注价格,更关注性价比。

(2) 选位——确定市场定位点

由于不同的消费者具有不同的消费需求,零售商应该据此来确定自己的零售业态或设计区别于竞争对手的独特风格来避免"千店一面",避免"百货迎百客"的传统的经营思想,然后通过所经营的商品、所提供的服务和购物环境等实现差异化经营,树立与目标顾客所追求的个性与生活方式相一致的店铺形象以培育自己的忠诚顾客。例如"家乐福"自己制定的形象宣传口号是:"开心购物家乐福",确定的经营理念是:一次购足,超低售价,货品新鲜,自选购物和免费停车。因此,可以推断出"家乐福"确定的定位点是为让顾客获得更大价值。

可以看出"家乐福"定位是超低价格,利益定位是使顾客获得更多的价值,价值定位于开心购物,这一定位点的选择是与目标顾客的购买心理和竞争对手的状况相吻合的。

(3) 定位——实现定位战略

零售市场定位的实现,需要完成产品、价格、促销、渠道等营销要素的合理组合。零售市场定位是否到位的最客观的衡量标准是顾客是否满意,较高的顾客满意度就证明定位点已经转变成为零售商的竞争优势,也就表明定位已经到位。

总之,零售业市场定位战略的制定和成功实施,有利于零售商把握市场机会,并有力地开展市场竞争。另外,通过对顾客心理和消费偏好的分析,可以采取不同的促销方式最终来迎合和改变顾客的消费偏好,从而促进零售业态的发展和新业态的出现。

3. 首都现代零售业业态选择战略

零售业态的发展和演进是零售业适应社会经济和文化技术发展的产物。如百货商店是适应大量生产、大量销售和城市化进程的要求而产生的,连锁超市是适应商业降低成本、方便顾客的要求产生的,购物中心则是城市空洞化、居住郊区化的必然反映，而无店铺销售则是电子技术和信息技术在流通领域的延伸。应该说，零售业态的每次创新都更好地满足了消费者的利益和需求，更好地推动了社会的发展。

不论是对新进入零售业，还是对零售进入连锁发展时期的企业来说，制定业态选择战略时应该主要考虑两个方面的因素：一方面，要对其内部经营条件或核心能力进行充分的论证，每种业态都具有相应的核心能力，只有当零售企业现存的核心能力与业态核心能力基本相吻合时，它才适合向该业态转型。比如说某个企业经营百货商店很成功，但在搞连锁超市时却不成功，这就说明其还不具备连锁超市所要求的核心能力。另一方面，由于业态的发展是经济和文化技术发展的产物，所以业态的选择注定离不开对经济和文化技术等环境的分析。

(1) 对企业内部条件的分析

不同的零售业态表现出不同的核心能力，如英国著名战略管理专家 Gerry Johnson 把超级市场的核心能力描述为以最小成本进行大批量交易，其核心技术是货品布局、陈列和控制系统。企业选择业态，首先要明确自己能干什么，然后再来选择对自己、对市场最适宜的业态。就企业的核心能力来说，表现为核心业务和核心环节，就零售业而言，核心业务就是主力商品，核心环节则视具体企业的价值链而定。尤其采购管理是零售业经营的重点和关键。按照"木桶原理"，最薄弱的环节往往就是价值最大的环节。

因此，在制定零售业业态选择战略时，必须把考察自己的经营条件放在首位，任何一个零售商的发展都是从经营单一业态开始，在建立起核心竞争能力后，才逐步进行地域扩张和多元化发展的。如日本的 HONDA 公司以发动机为自己的核心业务，以研究开发为核心环节，并持之以恒，最终取得了在摩托车等方面的长期优势。通过单一业态从而优化企业核心业务是企业发展的基础。如果没有卓越的核心业务，扩张和多元化往往不能为企业产生效益，反而会增大企业的风险。所以应清楚地认识到，速度虽然是企业制胜的关键因素之一，然而如果没有核心竞争力的支撑企业无法在后续的竞争中最终取胜。

(2) 对地域经济和技术文化条件的分析

正如在上文曾分析过，人均 GDP 在 800～2000 美元，是连锁超市诞生时期；人均 GDP 达到 4000 美元，是便利店、专卖店、专业店批量发展时期；人均 GDP 超过 4000 美元，高级专卖店、精品店、奢侈品开始流行。所以在当前首都经济快速发展的大好形势下，制定零售业业态选择战略时，应该控制发展百货商店或购物中心，符合条件的传统百货店逐步向大型综合性购物中心或连锁超市方向发展；在郊区和较大的居民区发展连锁超市，在城市出口处主要建立大型连锁仓储式商场,从城市中心到边缘的居民小区积极发展连锁便利店,适当发展专卖连锁店和专门连锁店;乡镇主要发展各业种的中小型连锁超市和便利店。

具体来看,首先,对区域国民生产总值总体或人均水平较高的区县或区域来说,市场对商品的主要需求为:商品的功用、品牌、种类、价格、质量、款式、服务、行销等,因此应以无差别的目标市场定位为宜,在业态选择上则以超级市场、现代百货、主题商场、购物中心为佳;其次,对于新兴或新开发的区县或区域来说,市场对商品的主要需求为:商品的品牌、质量、品种、性能、款式、服务等,因此应以各类企业高层、白领阶层、青年人等目标市场定位为宜,在业态选择上以仓储超市、现代百货、主题商场、Shopping Mall 为佳;再次,在首都一些老城区或者经济相对不发达区县或区域,市场对商品的主要需求为:商品的价格、功用、质量、种类、款式、行销等,因此应以普通居民的目标市场定位为宜,业态则以传统百货为佳。

4. 首都现代零售业协作联盟战略

战略协作联盟是指由两个或两个以上有共同战略利益和对等经营实力的企业(或特定事业和职能部门),为达到拥有市场、共同使用资源等战略目标,通过各种协议、契约而结成的优势互补或优势相长、风险共担、生产要素水平式双向或多向流动的一种松散的合作模式。当今,任何一个企业都无法独立地生存,它总是在一条明确的产业链条中,不同的企业联合起来,为顾客创造价值,这种关系称之为协同效应。实现协作联盟战略是首都零售业迅速扩张的一个重要手段,是一种既竞争又合作的新型商业资本运作模式。实施协作联盟战略有助于联盟体创造规模经济、实现优势互补、有效地占领新市场等作用。协作联盟可以分为品牌联盟、供求联盟、研究开发联盟、市场共享联盟、销售联盟和投资资本联盟共六种形式。而对零售业来说,最重要的是供求联盟和投资本联盟这两种形式。

(1) 供求联盟

在零售业的供求联盟中,主要是零售商与供应商之间的联盟,首都零售企业应该清醒地认识二者的关系,二者间是同处一条价值链上的企业,它们之间不应该仅仅是一种简单的买卖关系,应该是一种战略合作关系,供应商是零售企业重要的利益相关者。如果失去了供应商的合作和支持,零售企业的各项业务便无法进行。在实际中,零售企业不仅应加强对供应商的选择,更应该注重与供应商关系的维护,零售企业尤其应避免利用其优势地位而向供应商滥收通道费等不合理现象的产生。为实现共同的利益,提高联盟的竞争力,共创双赢。最典型的例子是宝洁和沃尔玛之间构筑的产销联盟体,为了推动双方业务发展,宝洁和沃尔玛建立起一个协作团队,通过联盟的形式,借助于计算机开始实现信息的共有。宝洁公司可以调用沃尔玛的销售和库存数据,并以此为依据制订出有效率的生产和出货计划。

供求联盟的关键在于供求企业之间的联结、合作与协调,因此正确选择合作伙伴是首都零售业建立和巩固战略联盟的基础。供求联盟体的建设应该遵循价值链、供应链原理,来推进零售业的纵向联合,加强跨企业的购销协作,促使生产商、批发商和零售商形成较为完整、运作协调的产业链,促进首都零售业系统化和高效化运转,形成首都市场联动、城乡互通、功能完备、高效畅通的商品流通新格局。

(2) 投资资本联盟

采用投资资本联盟是现代零售业进行对外扩张和连锁发展的重要手段之一。第一,它可以降低零售企业的市场风险、合作风险和资金风险。第二,它可以避免丧失企业的未来竞争优势,避免它们之间在诸如竞争、成本、特许及贸易等方面引起纠纷,促使加强合作,理顺市场、共同维护竞争秩序。第三,投资资本联盟体的成立可提高它们的竞争力,使其处于有利的竞争地位,或有利于实施某种竞争战略,最终提高竞争实力,达到共创双赢的目的。

以家乐福为例,"家乐福"善于选择合适的合作伙伴。它每开一个店铺,都会积极地寻找有经验的零售商并与之建立良好的协作关系。1989 年,"家乐福"进入台湾时,与统一集团合资开办了"家乐福"台北店和高雄店,双方结成了战略联盟。统一企业是台湾的第一大的食品厂商,这让"家乐福"获益匪浅。即使是在以后"家乐福"挺进中国大陆城市——北京、武汉、成都等大城市时,统一集团也在宣传、供货以及促销等各方面给予了"家乐福"大力支持。

财富 500 强消费电子零售商——百思买在刚进入内地市场的时候,同样是与内地专业家电零售商五星进行合作,一方面,两者结合带领家电营销的竞争模式的彻底改变,百思买避开了与中国本土家电零售商的竞争,五星避开了与中国本土同行的竞争。另一方面,双方选择合资合作,从竞争对手变成协作关系,在避开双方所面对的困境的同时,又可以带来全新的竞争格局,避免单方面的同国美、苏宁等竞争对手正面交锋。

5. 首都现代零售业成本领先战略

成本领先战略是美国著名管理学家、哈佛大学商学研究院著名教授迈克尔·波特提出的三大竞争战略之一,旨在通过为企业建立成本优势,从而谋取行业领先者地位。零售企业成本领先战略的实施主要体现在对商品购、存、销流转过程中所有环节上的成本和费用进行控制,通过降低商品的进价成本、物流成本和经营管理费用,实现商品流转的全过程的成本费用控制。

目前，成本领先依然是我国零售市场的竞争焦点。在买方市场下的微利时代，在我国消费低迷的零售市场上，在中国入世之际，国外商业企业以雄厚资金为基础、以低价位为策略进军我国零售业的情形下，在消费者价格敏感度极高，相对议价能力极强的消费环境中，商业经营必须充分发挥其价格机制的作用。而价格机制又必须在与成本控制的融合中发挥作用，因此零售企业只有通过加强成本控制，使成本降到最低限度，成为行业中的成本领先者，才能凭借低成本的优势，创造相对的低价格优势，在激烈的市场竞争中生存和发展。

(1) 控制规模经济

这个理论的前提是一个企业的供销量达到一定规模时能够获得最低成本或最大利润。长期以来，由于市场体系欠缺和企业自有资金薄弱、技术能力不足，导致国内零售企业规模普遍偏小，市场集中度低，无法获取规模效益。外资零售企业一般与连锁经营相挂钩，网点多，规模大，进货总量大，从而能在价格上争取更多的优惠，降低进货成本，以低廉的价格赢得顾客。规模偏小的缺点致使我国零售企业采购成本高，难以营造自有特色，无法吸引顾客，从而影响企业竞争力。扩大规模经营，实现规模效益，以求降低成本是国内零售企业在市场竞争中谋求生存与发展的主要途径。

(2) 运用信息化手段，提高经营效率

信息技术的发展推动着传统商业的发展，利用现代信息技术，实现企业管理的自动化、现代化，充分把信息技术运用到经营中，以最低的成本、最优质的服务、最快速的管理反应进行运作。零售巨头沃尔玛在科技投入方面不惜代价，配备了一整套先进的供应链管理系统，使其平均利润率增加一到两个百分点。此外，沃尔玛为了实现"天天平价"的承诺，它的采购环节、管理环节、宣传促销环节都体现了成本最小化。节约的成本让利于消费者、为消费者争取每一分钱，最终赢得了较大市场份额。与此相比，我国的流通企业还有很大的差距。零售企业必须利用价值链内部成本联系，加强成本的控制。通过采购部门、运输部门、仓储部门、销售部门共同的努力，实现成本领先。

(3) 加强自有品牌建设

自有品牌产品的特点就是使企业在拥有与同类产品同等质量的情况下能够以较低的价格出售，使消费者可以同时得到优质、安全和低价的好处。它由于节省了商业流程中的成本与市场费用，所以价格要比同类商品低20%左右。拥有大量的自有品牌，就掌握了成本的决定权，减少了中间环节费用，同时拥有自有品牌还具有销售价格优势、促销优势、独占优势、减少风险优势、名牌优势。欧、美、日等发达国家的大型零售企业中，自有品牌商品所占的比例较高。日本最大的零售企业大荣连锁集团约 40% 的商品是自有品牌，英国大型超市约 30% 以上的商品为自有品牌，美国的西尔斯公司销售的商品中有 90% 以上是自有品牌。有的企业甚至只使用自有品牌，如英国马狮集团只销售自有品牌的产品。

(三) 首都现代零售业营销战略重点

1. 首都现代零售业低碳营销战略

随着全世界对于环境保护的意识逐渐增强，由此催生的低碳营销正日益发展成为 21 世纪的主流营销模式。低碳经济是以低能耗、低污染、低排放为基础的经济模式，其实质是通过技术创新、制度创新、产业转型和新能源开发等多种手段来降低能耗和减少污染物排放，最终建立与低碳发展相适应的生产方式和消费模式，从而实现减缓气候变化和促进人类可持续发展的目的。随着低碳时代的到来，一个企业发展低碳经济的能力成为其改善自身形象和能否赢得消费者认可的关键，对于以顾客为中心的零售业来说尤其如此。

(1) 零售业低碳营销战略及首都现代零售业低碳营销的概况

我国零售业发展低碳经济既是建立低碳社会的需要，也是零售业改善自身形象、提升竞争力的需要，还是应对国外零售业挑战的需要。对于首都现代零售业来说，发展低碳营销已经成为零售业发展的必然趋势之一。《北京城市总体规划》（2004—2020 年）的经济发展策略中第一条就提出："坚持以经济建设为中心，走科技含量高、资源消耗低、环境污染少、人力资源优势得到充分发挥的新型工业化道路，大力发展循环经济"。

2010 年 9 月，商务部首次发布《2010 年中国零售业节能环保绿皮书》（以下简称《绿皮书》），全面总结现阶段我国零售业节能环保工作的现状，研究零售业对国家节能减排及发展低碳经济的作用和贡献。《绿皮书》认为，零售业未来节能环保发展有六大趋势：①综合节能新技术，提高能源效率，降低单位能源成本，打造绿色零售企业；②充分挖掘门店的低碳发展空间，创建低碳超市、零碳超市；③努力带动上游供应商的低碳化发展，帮助零售企业拓展更大的低碳空间；④发挥零售业的窗口作用，担当社会责任，向消费者宣传绿色低碳的消费理念；⑤开展废弃物的减量化与资源化，实现资源的循环利用；⑥建立更有效的降低采购成本和流通费用水平的绿色物流中心等。

但是纵观首都现代零售业的发展现状，大多数零售企业低碳经济的意识还不够强，能力还较欠缺，水平也比较低，距离低碳经济的要求还相差甚远。以废旧塑料的回收利用为例，我国废旧塑料的回收利用率只有 20%，而德国、日本等发达国家的回收利用率则高达 70%。此外，在能源消耗方面，据统计，2010 年我国 5 类零售业态（家电卖场、便利店、超市、大型超市和百货店）全年耗电量达281.9亿千瓦时，占2010年全国总发电量41936.5亿千瓦时的0.67%。[①] 中国大型百货店、超市等零售业能源消耗开支高达其总费用的40%左右。零售业是一个微利行业，目前行业平均净利润率只有1%左右，而电费支出普遍超出了1%。所以，实施低碳营销战略，也是零售业增加利润的一个途径，直接影响到它们的竞争力和可持续发展能力。

低碳营销的特点主要有四个方面：第一，产品低碳。即所销售的产品应有节能安全卫生的特性。第二，观念低碳。应以节约资源、提高资源利用效率、开发新能源为中心，倡导低碳理念。第三，环境低碳。低碳营销要求企业具有良好的生态环境和人文环境，企业中应当倡导低碳文化。第四，过程低碳。企业应从生产技术、产品的设计包装、"三废"处理、营销过程和消费过程等多个方面着手，注重环境保护，树立低碳形象。

（2）首都现代零售业发展低碳营销的策略

①产品低碳策略。低碳产品是指低能耗、低污染、低排放的产品。从产业活动的结果来看，低碳产品不仅是产品自身，还包括产品创意、科研、投资、生产、销售、服务、回收这一系列全过程以及生产这个产品的各种社会环境。开发有效的产品低碳策略，还需要对整个供应链进行低碳化管理，打造绿色供应链。世界零售巨头沃尔玛在这方面走在行业的前列。沃尔玛认识到供应链的碳排放远比它直接产生的碳排放多得多，因而只有与供应商合作，才能减少在产品设计、原料采购、生产制造、包装运输，乃至使用和最后回收各个环节对环境的负面影响，以及提高在所有环节中对资源和能源的利用效率，以此减少碳排放。

②价格低碳策略。在多数消费者的观念中，低碳意味着高价。因为企业因为碳减排带来的成本将会转嫁给消费者，带来产品价格的上升。因此，在实施价格低碳策略时，首先需要做的便是和消费者进行有效的沟通，通过查价机制向消费者保证价格的合理性。此外，积极倡导"低价也能环保"的消费观念。

③渠道低碳策略。传统营销依赖层层严密的渠道，并以大量的人力和海量的广告投入市场，这种高投入、高能耗的方式是高碳营销的典型，而低碳经济则要求企业必须依靠科技创新，转换到低成本、低消耗和低污染的"低碳营销模式"，包括进行门店改造、技术减排等。门店改造包括对建筑进行保温、隔热及采暖、通风等方面的设施改造；对门店灯具、电器设备的节能改造，比如尽可能使用自然光，使用LED灯照明，使用变频控制的空调、冷藏设备等措施。

④促销低碳策略。在促销策略方面，企业要摒弃以往单纯刺激消费、鼓励消

---

① 中华人民共和国商务部：《2011年中国零售业节能环保绿皮书》，2011年。

费的传统促销形式,而应通过消费者行为的塑造来挖掘消费者的低碳需求、培养消费者的低碳消费文化、倡导低碳消费观念。低碳经济是新生事物,完全接受低碳消费的消费者仍是少数。企业应当积极树立好低碳营销的形象,不仅在企业内部推行减碳文化,还应当积极向消费者传递企业的社会责任感和可持续发展等观念,从而逐步获取消费者的认可。

2. 首都现代零售业网络营销战略

到 2012 年中国网民数已达到全球第一的 5.64 亿人,互联网在我国的发展速度超乎想象。全球已进入信息网络时代,麦肯锡公司旗下研究机构麦肯锡全球研究院发布的《中国网络零售革命:线上购物助推经济发展》报告估计,到 2020 年,中国网络零售市场销售额有望达到 4200 亿～6500 亿美元,相当于美国、日本、英国、德国和法国目前规模的总和。中国电子商务研究中心《2012 年度中国网络零售市场数据监测报告》显示:2012 年中国网购市场的年交易额突破万亿大关,达到 13205 亿元,同比增长 64.7%。淘宝网成为亚洲最大的网络零售平台,注册用户达 8300 万人,2007 年交易额 433 亿元,2008 年为 999.6 亿元,而 2009 年上半年即已达到 809 亿元,阿里巴巴集团宣布淘宝网和天猫商城截至 2012 年 11 月底总交易额 10000 亿元。网上购物成为中青年消费者和高知识阶层的时尚消费方式。面对如此巨大的新兴市场,企业必须积极利用新技术改进经营理念和方式,搭上技术发展的快速列车,促使企业飞速发展。而网络营销是适应网络技术发展与信息网络时代社会变革的新生事物,必将成为 21 世纪的主要营销策略。

(1)网络营销概述

网络营销是企业整体营销战略的一个组成部分,是为实现企业总体经营目标所进行的,以互联网为基本手段营造网上经营环境的各种活动,包括网上营销、互联网营销、在线营销、网络营销、口碑营销、社会化媒体营销等多种形式。网络营销作为一种新型营销方式,与传统营销方式相比较来说其最主要的优势便是"传播范围广、速度快"。信息在网络上不受时间、空间的约束和限制,企业可方便快捷地进入任何一国市场,并且形象生动、反馈迅速。这种特点可以极大地提高企业营销信息传播的效率,增强企业营销信息传播的效果,降低企业营销信息传播的成本。此外,网络营销无店面租金成本,能帮助企业减轻库存压力,降低经营成本,并且企业可以利用网络营销与顾客进行交互式沟通,满足顾客的个性化需求,为顾客提供最大可能的便利性。

零售企业在商务经营管理经验、品牌、配送、客户等方面具有一定的优势,但在互联网背景下,面对零售网站的挑战,传统零售企业必须利用现有优势融合新技术,把网络内外的渠道有机结合起来,通过整合与再造实现企业转型,重新获得企业核心竞争力优势。

(2) 首都现代零售业实施网络营销策略的方法

①优化网站设计。网络营销的重点就在于交易前阶段的宣传和推广,在网络营销中,消费者不能触摸到产品实体,因此首先必须保证网上产品的真实性,利用计算机及多媒体等的声像功能将产品的特点显示出来。网络营销要以诚实可信为前提,客户是上帝。其次,设立消费者意见专栏,征求消费者对产品的意见和建议,允许消费者在网上对自己订购的产品组合提出要求,从而最大限度地满足消费者的需求个性。通过网络平台,准确了解客户的消费心理及决策过程,通过贸易通与客户建立起朋友般的亲密关系。通过回复客户的问题,及时向他们传送公司新产品信息、升级服务信息等。

②加强企业信息化建设。网络是电子商务的传媒和载体,没有高速通信网络作支持,就很难搞网络营销。然而,由于网络平台的搭建需要消耗的投入较大,并且网络营销对于物流系统也有着较高的要求,因此目前大部分零售商还不具备大规模实现网上零售的条件。但传统零售企业在商务经营管理经验、品牌、配送、客户等方面具有一定的优势,因此传统零售商可以利用现有优势融合新技术,把网络内外的渠道有机结合起来,通过整合与再造,实现企业转型,重新获得企业核心竞争力优势。例如,北京西单商场、燕莎商城积极向网络渗透,建立虚拟商店拓展电子商务,实施网上购物与交易。

③加大宣传力度,发挥网络营销的优势。网络促销主要借助网络广告,将信息辐射到全球每个角落,可以与消费者建立一对一的联系。零售企业既可以利用网络广告规范产品促销和企业信息发布,又可以开展网络公关,宣传企业文化和经营理念,增强消费者对企业及其产品的信心,扩大企业的知名度。

④首都现代零售业体验营销战略。随着人们生活水平和生活质量的提高,获得更多的物质产品已经不能满足人们的需求,人们更加注重通过消费获得个性的满足。体验营销就是通过采用观摩、聆听、尝试、试用等方式,使目标顾客亲身体验企业提供的产品或服务,让顾客实际感知产品或服务的品质或性能,从而促使顾客认知、喜好并购买的一种营销方式。相对于传统营销注重产品的性能及利益,体验营销则将焦点放在顾客体验上,提供感官、情感、思考、行动及关联上的价值。在竞争日益激烈的环境下,许多具有竞争力的企业也逐渐意识到体验营销的价值:企业的竞争优势并非只是来自于产品创新、营销组合或价格竞争等策略,也在于给予顾客有价值的体验。当企业所提供的产品与服务与竞争对手越来越相近时,未来的营销战场将集中于消费体验。

随着外资零售业进入北京的步伐逐渐加快,首都零售业面临着前所未有的竞争态势。体验营销正逐渐成为我国零售业新的营销方式,经营者通过站在消费者的角度去体验消费者的购买理念、购买心理和购买原动力,与顾客之间进行沟通,挖掘他们内心的渴望,重新设计和定义体验营销,从而适应体验经济时代对营销方式的新要求。

(3) 首都现代零售业发展体验营销的策略

①强调顾客参与,加强与顾客的互动。体验营销的核心是顾客参与,较高的顾客参与度和接触度是体验经济和体验营销最显著的特征。企业产品质量和服务质量的高低取决于顾客的感知,其最终评价者是顾客而不是企业,所以企业应鼓励顾客积极参与到企业管理当中来,从而获得顾客对于产品、服务、购物环境、活动内容等方面的建议。国内的企业虽然已开始注重让消费者参与到体验制造过程及消费过程中来,但顾客的参与度仍处在一个相对较低的层次上,大多仅局限于消费的环节。真正能让消费者参与产品的设计、制造和销售过程的企业少之又少。因此,企业要尽可能多的组织一些顾客可以参加的互动活动,与顾客进行多方位的接触,并要建立现代化的服务中心系统,负责收集顾客信息,及时反馈,对合理性的建议,企业要适时做出调整、改革,一切以顾客为中心,这样才能时刻抓住顾客的心。

②创造是顾客具有良好体验的消费环境。体验经济时代消费者把消费过程当作一种体验过程,在"体验"中获得某种情感的满足。企业要以某种象征性事物给产品赋予某种气氛、情感、思想等,以此来打动消费者。要使产品更具有体验价值,最直接的办法在于通过从视觉、听觉、嗅觉、味觉和触觉等方面进行细致的分析,给产品增加某些感官要素,突出产品的感官特征,使产品容易被感知,进而增加顾客与产品相互交流的感觉,给消费者创造良好的情感体验。比如本身一杯咖啡可能只卖10元,但如能让顾客体验咖啡的香醇与生活方式,或者能让顾客参与到咖啡的制作过程中来,那么一杯同样的咖啡可能就要几十元甚至上百元,这也就是星巴克(Starbucks)真正的利润所在。

③提供优质服务,增加附加体验。在如今产品高度同质化的时代,消费者的选择余地大大增加。提供优质服务增加附加体验已经成为现代营销中明显的激励性因素。在服务过程中,企业除了完成基本的服务外,还应该有意识地向顾客传递他们所看重的体验。当前很多企业存在这样一个误区:认为体验式营销就是做好服务,而事实上成功的体验式营销更是强调给消费者提供一种高于产品或服务的深刻、愉悦的精神体验,服务和产品只能说是其中的手段和工具。如现代商场不仅环境舒适,设施现代,而且功能大大扩展,集购物、娱乐、休息为一体,使

消费者在购物过程中感受到去商店购物是一件美好的事情，自然有利于延长消费者在商店内的滞留时间，创造更多的销售机会。

四、实施首都现代零售业营销战略的政策措施

政府和零售企业作为一个首都社会的重要组成部分，首都现代零售业的发展和现代零售业营销战略的制定自然离不开两者的相互配合和协调，政府应该尽其所能，根据首都零售业的发展状况积极地制定配套的法规、政策及引导措施，使首都零售业朝着低碳、节能、低耗的方向发展，达到绿色北京、科技北京的目的；首都的零售业也应该清醒地认识到任务的艰巨性，做好营销发展的总体设想和规划，在可以接受的风险限度内，与周遭市场环境所提供的各种机会取得动态平衡，以建立完善的零售业营销战略，它是首都零售企业提高其竞争力，发挥竞争优势的需要，更是调整经营结构和营销模式、发挥资源特长、实现经营目标的重要手段。

（一）基于政府层面的相关措施

为进一步促进首都零售业快速、健康、有序的发展，制定完善的零售业营销战略体系，政府应该在坚持促进与规范并举、改革与发展并重、对内与对外统筹原则的基础上，出台和完善相关法规及政策措施，加快构筑统一、开放、竞争、有序的市场环境。

1. 建立与健全相关法规

立法滞后不仅是首都更是全国商贸流通领域所面临的亟须解决的问题，其中对首都现代零售业协作联盟战略影响最大的是关于收取通道费的争议仍然存在，当前在首都零售业中存在的其他问题还有很多，例如，网络营销的信任问题、外资零售业抢占市场所带来的商业网点规划的立法问题等，这些问题只能通过政府在广泛征求各方意见的基础上制定相关的法规来解决。同时国家以前制定的相关法律还面临着立法层次低，缺乏执行力的问题，2006年，商务部、发改委等五部门联合发布了《零售商、供应商公平交易管理办法》，但是在现实中、实践中约束作用不强，并没有有效地遏制一些大型超市滥用市场支配地位的现象。

所以首都相关部门应该尽快制定相关法规，为首都零售业建立完善的营销战略和运营体系营造良好的市场环境。首先应该健全规范市场行为的规章制度，在广泛调查研究的基础上规范零供关系、商业促销、无店铺销售等零售行为；其次应该健全规范市场秩序的法规，建立良好的竞争环境和完善的网络营销信用体系。

2. 制定相关政策，加强对首都零售业的引导作用

（1）从宏观层面看

政府对零售业的发展具有积极的引导作用，在2007年6月，商务部制定了"节约型零售企业"评价规范，并确定北京、天津、上海、重庆、太原、沈阳、青岛、武汉、广州、西安10个城市作为开展"零售业节能行动"的试点，重点抓好营业面积在10000平方米以上的大型超市、百货店、专业店的节能降耗工作。2010年4月，通过对商务部"零售业节能行动"试点城市的86家百货、大型超市等企业调查发现，经历三年的试点，零售业节能减排工作取得了阶段性成效：首先，实现了节能环保措施多样化的目标；其次，节能效益明显得到提高；再次，节能环保的意识不断提高。这些成效顺应了零售业未来的绿色零售的趋势。

为使首都零售业朝着健康、绿色、低耗的方向发展，政府要充分地发挥其引导作用，首先，应该以实施系统化战略为核心，规划调整首都现代零售业发展，加强规划引导和政策调控，建立分布合理、结构完善、功能健全、体现规模经济的现代零售业网络。其次，在业态布局方面：在城市商业中心，控制发展百货商店或购物中心，符合条件的传统百货店逐步向大型综合性购物中心或连锁超市方向发展；在郊区和较大的居民区发展连锁超市，在城市出口处主要建立大型连锁仓储式商场，从城市中心到边缘的居民小区积极发展连锁便利店，适当发展专卖连锁店和专门连锁店；乡镇主要发展各业种的中小型连锁超市和便利店。最后在"绿色零售"的建设方面，北京市相关部门曾先后制定了《关于促进网上零售业发展的意见》和《关于开展"零售业节能行动"实施方案》的指导性文件。这一点很值得推崇，在此基础上，相关部门应该继续加大引导和扶持力度，引导零售业建立绿色的营销战略。

（2）从微观层面看

制定相关的政策来规范零售企业的经营行为。在国家相关法律的基础上，首都相关部门应该继续制定相关政策措施来达到软硬兼施的目的，从而规范市场活动中零售商开展不规范促销、滥用优势地位损害供应商权益的问题。

积极帮助首都零售业实施协作联盟战略，积极培育具有国际竞争力的大型零售企业集团。从重点零售企业中选择一部分作为重点培育的企业集团，鼓励其通过资本运营等多种方式，提高各个零售业的总体竞争力的提高，形成主业突出、核心能力强、管理规范、可持续发展的大型流通企业集团，以应对零售业全面开放形势下所带来的严峻挑战。

鼓励零售业转变营销模式。如今，北京城区居民的电脑普及率已经超过

80%，有30%以上的网民有网上购物的经历，但是，当前网络零售的产品质量、售后服务、信誉问题，网购支付体系存在安全隐患、配送渠道不畅通等问题，也制约了北京网络零售业的进一步发展。要实现首都零售业的长久持续发展，必须顺应历史潮流，改善网络零售环境，建立诚信的交易体系，提高网络支付的安全性和隐秘性，提供个性化和专业化的商品和服务，物流行业合作建立覆盖面广、快速而畅通的网购配送渠道，进一步完善网络零售行业的监管制度。另外，积极开拓区县市场，带动区县经济发展。在商务部"万村千乡市场工程"的基础上，通过相关政策措施扶持零售业在首都落后地区的发展，推行连锁经营，构建以城区店为龙头、区县店为骨干的现代零售网络，满足不同地域顾客的多元化消费需求。

引导零售业制定品牌营销战略。支持首都零售业创立自主品牌、培育知名品牌，遏制假冒伪劣商品、保护知识产权。尤其是支持零售业自有品牌及首都老字号品牌的建设，2006年，商务部开展的"品牌万里行"工作把零售业的品牌化建设集中在三个方面：一是零售企业分等定级，以百货店为切入点，促进零售业的企业品牌和服务品牌的建设；二是"老字号"企业的认定与振兴；三是发展零售企业自有品牌商品，以促进商品和服务的质量、档次、附加值和竞争力的提高，提升零售业的整体形象。2012年商务部出台的关于"十二五"时期促进零售业发展的指导意见中，鼓励百货、超市等零售企业提高自主经营比重，建立健全卖手培训制度，扩大买断经营商品范围，依据顾客消费需求开发自有品牌，提升赢利能力。商务部的政策成为了包括首都零售业在内的整个中国零售业发展的助推器。首都相关部门应该以此为契机，继续加大对首都零售业的扶持力度，通过相关扶持政策来引导零售业制定品牌营销战略，提高首都零售业的整体竞争力，形成首都零售业发展和首都经济持续发展的双赢局面。

（二）基于首都零售企业方面的措施

为了使营销总战略与企业总体战略相一致，使营销总战略与营销执行战略相一致，首都零售业要有重点地去制定营销战略，有步骤地执行所制定的营销战略。

根据首都当前的经济状况，应该进一步完善和健全营销战略，完善和执行好首都现代零售业营销组合策略、市场定位战略、业态选择战略、协作联盟战略、成本领先战略，结合首都自身经济发展的模式，借助首都完善的流通网络体系，以顾客满意为原则，以绿色、低耗为核心，重点制定和发展首都现代零售业绿色营销战略、网络营销战略及体验营销战略。

1. 创新组织形式和营销方式

为了实现经营规模化、管理规范化、成本最低化，适应消费需求转型的需要，第一，对于实力较强的大品牌零售企业，继续培育其核心优势，兼并收购规模小、实力弱、效益差的中小零售企业，使优势零售企业实现低成本扩张，同时中小弱势零售企业也得以生存和发展，从而促进连锁零售业整体竞争力的提高。第二，根据不同区县的消费需求，加快发展多业态连锁，促进规范管理，提高经营规模。第三，大力发展加盟连锁和自由连锁，支持小型零售企业零售网点加盟大型连锁公司，鼓励中小型零售企业的契约性联合。

2. 发展网络零售，做好网络营销战略制定工作

当前，北京市市区居民家庭电脑和网络普及率位居全国第一，同时北京的流通体系建设较为完善，发展网络零售具有较好的基础。北京的城市面积大、生活节奏快、交通不畅、商业圈距居民生活区较远，整个购物的过程要耗费大量的精力和时间成本，在一定程度上也促使越来越多的顾客转向网上购物，大到家用电器，小到一本书。因此首都的零售企业应该以此为契机，大力发展网络零售，制定好网络营销战略。

网络营销具有不受时空限制的特点，每周7天，每天24小时；突破传统消费终端的地理位置分割，可将其触角延伸到世界每一个地方；利用网络营销可以与顾客进行交互式沟通，顾客可以根据自身需要对产品提出新的要求和服务需求；网络虚拟终端可以满足顾客的个性化需求，为顾客提供最大可能的便利性。

首都零售业要大力发展网络零售业，应以推行网上销售为重点，实施电子商务，提升企业核心竞争力。制定和完善网上销售的发展规划、扶持政策和必要的规章制度，建设网上销售实物系统（电子交易系统、电子支付系统、电子监控保障系统和物流支持系统），培养急需的专门化人才和大量的应用型人才。优选部分区域的网上销售系统先期试用，首都大型的零售企业特别是上市公司应加快采用网上交易。加快利用以信息技术为重点的现代技术改造传统零售业，提高零售业总体技术水平和现代化程度。重点推广通信技术和计算机应用技术为主的现代零售业技术，建立和完善零售业信息网络系统。发展零售业信息网络技术、电子数据交换技术、商品处理技术、商场作业机械化、自动化技术、仓储物流技术、菜篮子商品加工技术、商品条码技术、商品标准化计量和质量技术等，促使商流、物流、信息流建立在现代先进技术基础上。

3. 业态选择战略应与企业的核心能力相适应

随着首都经济的持续发展，消费水平呈现出层次化的特征，从物美价廉、经济实惠到品牌崇拜、个性至上应有尽有，这种消费状况决定首都部分传统零售企业必须进行商业业态创新，形成各自的经营特色，为顾客创造独特价值。从国际零售业发展的历程可以看出零售业态正沿着"全、专、廉、便"四个方向发展："全"，以综合为特征的零售业态，如百货公司、大型综合超市、购物中心等，其中百货公司一般经营价值和技术成分高的商品，因此从价格定位到服务都是较高档次的，其服务对象也是消费水平较高，以追求品位为主的中高档消费群体。"专"，以专业为特色的"小而专"零售业态，具有小中见规模的特点，如服装店、药品店、家居饰品店等。"廉"，以提供需求量大、购买频率高的低价位商品为主导的零售业态，如超市、仓储式商店、会员店等。"便"，以方便购买为优势的零售业态，面积小，品种有限，提供的主要是小型日用生活品，如便利店、汽车商店、自动售货机、网络商店等。

不同的零售业态要求有自己的市场定位和经营特色，首都零售业应从实际出发，在实行连锁化经营时，认真地研究分析市场并细分，合理定位，以实施特色营销，从而提高其竞争力。

4. 推进信息技术在零售业内部的应用

新技术在零售业的应用对营销模式的创新和企业的运营具有重要的影响。商业领域中广泛采用信息经济带来的成果，将多领域知识和技术相融合的技术工程以不同实物化技术有机地联结成一个系统并合理有效地运行，这是零售企业管理实现自动化、现代化的标志。我国的零售业信息化管理进程也从初步建立的销售管理系统，包括电子收款机、销售时点系统（POS）、商店信息管理系统（MIS）以提高零售商店内部商品管理、库存管理等，发展到零售业与批发业、生产厂家之间的导入联机系统，即电子交换（EDI）和电子订货系统（EOS），使订货与接受订货的业务实现联机化和电子化，提升零售企业经营绩效及竞争能力。

在物流方面，先进的物流技术和系统是零售业迅速发展的巨大动力。世界驰名的零售业巨头沃尔玛、家乐福都有自己强大的物流支持系统。首都零售业应该建立起统一的物流系统，这样可以改变各自为营所造成的物流配送规模小、自动化水平低等缺陷，可以有效地整合资源，避免造成配送能力的浪费，阻碍配送服务水平的提高，对首都零售业的连锁经营具有积极的意义。

5. 以品牌营销为目标，加大自有品牌建设力度

为了降低经营成本，降低供应商供货风险，创新营销组合策略，推出和建设自有品牌是零售业的重要手段。

自有品牌是零售企业在功能、价格、造型等方面提出设计要求，自设生产基地或者选择企业进行加工生产，最终用自己的商标注册该产品，并在本商店销售该品牌的经营方式。企业推出自有品牌既能有效控制成本，又能彰显差异化和个性化来满足顾客需求，提升品牌价值，进而远离"竞争力价格"的零售业制胜怪圈。以屈臣氏个人护理店为例，其经营的产品可谓包罗万象，其中相当大一部分来自屈臣氏自创品牌，如 Mr. Juicy 果汁、屈臣氏蒸馏水等。在首都零售业中，自有品牌建设最成功的一个例子是世界著名大型超市经营者之一——法国的欧尚超级市场，其创设的自有品牌——大拇指涵盖各种产品，并能在市场上占有一席之地。

6. 重视顾客的参与作用，实施体验营销战略

体验营销是适应体验经济时代消费需求变化的理性选择，它通过为顾客带来良好的消费体验，从而吸引顾客，留住顾客。因此，企业不仅要从顾客理性的角度去开展营销活动，也要考虑消费者情感的需要；注重与顾客之间的沟通，挖掘他们内心的渴望，站在顾客体验的角度，去审视自己的产品和服务。体验营销的核心是顾客参与，把顾客作为价值创造的主体，及时回应顾客的感情诉求。因此，零售企业必须调整传统的营销模式，以实现体验经济时代消费者的需求。

提升服务理念是实行体验营销战略的根本，如今消费者已从最初的"能买到商品"转变为"买物美价廉的商品"，再转变为"买品味、买体验"。因此，首都零售业应该认识到，仅依靠店中的商品已经很难吸引消费者的青睐，因此提倡以顾客为导向的服务意识，提出更人性化、更专业化的服务举措，提高销售人员的服务质量，提供舒适而方便的购物环境就成为零售企业争取顾客的主要手段。在韩国的首尔，所有售出的商品都能做到无条件退货；在购物环境上，首尔的百货商店根据每楼层顾客群的特点，设置了各种档次的休息室、化妆间、造景艺术，就连大型超市的购物环境也非常舒适，很多已经达到了国内百货商店的水平。所以，首都零售业应该把提升整体服务水平作为未来的工作重点，提高首都零售业的整体竞争力。

第三章　首都现代零售业发展规划编制研究

根据我国三级三类规划管理体系，国民经济和社会发展规划，按行政层级分为国家级规划、省（区、市）级规划、市县级规划；按对象和功能类别分为总体规划、专项规划、区域规划。首都现代零售业发展规划是首都零售业的一项专项规划。零售业是经济发展的支柱基础产业之一，是与城市发展环境和城市综合竞争力密切相关的重要窗口行业。北京市作为国家首都，其现代零售业发展对整个城市经济的发展具有特殊的意义，因此北京现代零售业发展规划成为其经济可持续发展的重中之重。

一、首都现代零售业发展规划编制的前言

编制首都现代零售业发展规划，首先需要明确编制规划的背景和重要意义。笔者下面从首都现代零售业发展规划编制的背景、意义来展开说明。

（一）首都现代零售业发展规划编制的背景

北京是我国零售业最发达的城市之一。20世纪90年代初，北京零售业在营销和服务两方面双管齐下，完成了一次翻天覆地的蜕变，最终迈入成熟阶段。而到了90年代中后期，北京零售业发展一步千里，各个零售商一改过去小型经销店或百货商场的模式，跳过零售业传统发展历程中较大规模超市的过渡阶段，而直接变身为大型超市或仓储超市。在跨入21世纪、加入世贸组织、成功举办奥运会等历史机遇下，北京市零售业又利用外商投资实现了跨越式的发展。

首都现代零售业的快速发展体现在以下几个方面：零售业市场规模不断扩大，市场集中度不断提高。其他经济成分所实现的社会消费品零售额呈快速增长的态势；连锁经营引领零售业发展；传统零售业态恢复发展，新型业态发展迅速；大型零售企业现代化水平不断提高；现代社区商业发展迅速；零售业上市公司的整体水平有了很大提高，强联手从而打造零售航母，加快了并购和上市的步伐；国际商业巨头全面抢滩北京。

北京的城市定位是"国家首都、世界城市、文化名城和宜居城市"，到2020

年全面实现现代化。到2020年，北京市总人口规模规划控制在1800万人左右，年均增长率控制在1.4%，其中户籍人口1350万人左右，居住半年以上的外来人口450万人左右。并提出了"两轴—两带—多中心"的城市空间结构，实施多中心与新城发展战略，合理引导城市功能布局，将全市各类分散的资源和功能整合到若干连接区域的交通走廊上，实现城市的集约化发展等。那么首都现代零售业的发展必须与北京的城市定位相契合，即北京市的零售业发展应当在规模定位、特色定位、空间定位、形象定位等方面与北京的城市定位相契合。

（二）首都现代零售业发展规划编制的意义

北京零售业的发展是该地区经济发展的重要部分，编制首都零售业发展规划，对于实现北京市零售业发展成为宜居、享受型零售业有一定的指示作用，并对促进北京市经济结构调整、实现经济又好又快发展，对中国其他城市零售业发展起着战略统率作用，因此编制首都现代零售业的发展规划也有着重要的意义。

1. 有利于促使北京零售业发展模式符合时代发展的要求

现代零售业发展规划编制时期正处于"十二五"中期，"十三五"规划编制工作马上又拉开序幕的时期。新的"五年规划"必然要求北京零售业发展模式也做出相应的调整。首都零售业发展规划的编制有一定的指向作用。

2. 有利于探索具有中国特色的、符合市场经济发展的零售业模式的形成

北京，作为祖国的首都，有着特殊的政治、经济、文化方面的战略地位。北京零售业的发展模式，会为全国其他城市起到"模范带头"作用。所以说，北京零售业模式的形成事关全国整体零售业未来的发展。

3. 有利于促进北京GDP的稳步上涨

零售业作为国民经济和社会发展的重要基础产业，其发展对于优化产业结构、促进经济社会发展起着重要的作用。北京零售业的良性发展对当地经济的发展是非常重要的。

二、首都现代零售业发展规划编制内容

（一）首都现代零售业发展规划编制应坚持的原则

1. 服务原则

编制发展规划的首要原则是服务原则。社会主义市场经济体制下，政府对经济运行的调控和引导主要是依靠规划、财政、货币、法律、信息等手段来实现的。规划作为对中长期经济运行的调控手段，是为实现国民经济和社会发展而作的战略谋划和具体部署，是服务于政府以及社会的，是政府做出决策的依据。因此，编制发展规划要从政府的角度出发，服务于政府，服务于社会。那么，首都

现代零售业发展规划,它的根本目的就是要服务于社会,服务于广大市民,在编制过程中要谨记服务原则。

2. 近期与远期相结合原则

发展规划属于规划的一种,是对长期形势的判断,对未来的展望。长期的趋势取决于现在的发展,因此规划不能只谈未来而不考虑现在的形势。因此我们编制发展规划,必须坚持近期与远期相结合的原则,使发展规划不出现断层,即对过去情况进行总结,也对未来发展方向进行总结。

3. 分清层次,突出重点的原则

编制发展规划,要求层次清晰,重点突出。发展规划具有导向的作用,如果编制时没有层次,犹如一团乱麻,不仅编制工作人员无从下手,应用规划的人员也不知所云。同时,编制的规划也不可能事无巨细,既没有精力、时间,更没有必要,因此必须重点明确,否则编制规划也失去了意义。

4. 公开、公平、公正的原则

编制发展规划不仅仅是规划编制工作人员的职责,更需要广大人民的配合,我们要听到来自基层的声音,体现全民的意志,必须公开、公平、公正。在坚决贯彻落实科学发展观的时代背景下,体现以人为本的核心观念,坚持公开、公平、公正的原则,广泛听取社会各界和人民的意见。

5. 各级各类规划协调原则

根据我国三级三类规划管理体系,国民经济和社会发展规划,按行政层级分为国家级规划、省(区、市)级规划、市县级规划;而按对象和功能类别分为总体规划、专项规划、区域规划。因此规划与规划之间,势必有着千丝万缕的联系,编制发展规划,不能仅仅只考虑单个规划,否则不仅可能出现重复编制、费工费钱的情况,更有可能出现南辕北辙、相互矛盾的现象,因此必须坚持各级各类规划协调的原则。

(二)首都现代零售业发展规划编制的程序及相关要求

编制发展规划必须有一定的程序可依,否则,这项工作就无法展开。一般而言,编制发展规划可以分为四个阶段:规划编制启动阶段→规划编制研究和建议阶段→规划形成和采纳阶段→规划实施和监督阶段。在不同的阶段,必须把握好不同阶段的特征,并按照相关要求做好规划编制的基础工作。

在发展规划编制的启动阶段,必须深入调查研究,理清发展思路,做好发展规划编制的前期准备工作。前期准备工作主要包括规划立项、基础调查、信息搜集、课题研究和项目论证等。而基础调查是指对首都现代零售业发展状况的细致、全面的调查,这有利于我们把握首都现代零售业的发展现状。项目论证是指对拟实施项目技术上的先进性、适用性，经济上的合理性、营利性，实施上的可能性、风险性，进行全面科学的综合分析，为决策提供客观依据的一种研究活动。在规划编制的启动阶段，需将前期研究成果汇编成册，以便正式编制时参考。

在规划编制研究和建议阶段，必须制定合理的指标及运用适当的规划编制技术方法。在首都现代零售业发展规划的编制过程中，需创建科学、合理的首都现代零售业发展的指标评价体系，准确量化首都现代零售业发展的现时水平，预测首都现代零售业发展潜力。可以采用单项指标评价法、综合评价法等方法来分析首都现代零售业的竞争力，科学测度首都现代零售业的产业效益、产业资源、产业结构、产业环境等，从而为发展规划编制提供了数据支撑。而编制发展规划的技术方法，不可能一成不变，例如在新时代的发展背景下，信息技术应用到了社会的方方面面，因此，编制规划时要善于利用现代技术，使发展规划的编制工作既轻松简便，又快捷可靠。

在规划形成和采纳阶段，必须形成发展规划的文本资料，并注意发展规划编制的体例要求及文笔要求。即要求规划的谋篇布局、体例必须适当。例如若使用章节体例，一般而言，共有序言、总体思路、发展目标、主要任务、实施项目、保障措施共六章，可以将规划文本分别在六章内予以体现。这样，规划既可以单独印刷，又可以与首都其他相关的规划结集编印。而发展规划在行文组句上必须做到文风平实，内容扎实，措施务实。做到讲措施详细有力，讲要求准确到位，讲思路新意迭出，从而有利于规划的宣传和实施。同时，必须考虑到集思广益的原则，重视顾问、参谋、思想库、咨询团、智囊团等的作用，使规划更加具有可行性。进而经过反复的论证、评鉴之后，选择最佳的方案。

在规划实施和监督阶段，规划编制部门必须做好调整规划及监督、评估工作。规划编制机构应该是一个常设机构，以便动态地追踪首都现代零售业发展规划的实施过程，做好组织、评估、修订规划的工作。所谓动态，是因为发展规划不是一成不变的，在规划实施过程中，因经济社会发展和其他客观条件的变化，经评估或者因其他原因确需对规划进行修订的，应按照法定程序，提出修订方案，进行适时调整。当然，监督不仅仅是规划编制部门的责任，也包括社会和新闻媒体的舆论监督，通过健全政府、企业、市民的信息沟通和反馈机制，从而促进规划的实施。

（三）首都现代零售业发展规划编制要解决的关键问题

在时代的要求、首都特殊定位的前提下，编制首都现代零售业的发展规划就成为研究的必要。我们编制零售业的发展规划，必须明确问题在哪里，下面对首都零售业发展中的一些问题进行简要的阐述。

1. 首都零售业业态结构和布局不尽合理

零售业态是零售企业为满足不同的消费需求而形成的不同经营形式，是零售商的零售组合类型。零售业态作为商业经济中一个特定概念，本身是社会化大生产与市场经济发展的产物，是消费层级化和消费者市场细分的结果。

在经济发展的不同阶段，零售业态构成商业基础设施的重要组成部分，成为体现经济文化特别是城市经济文化的典型机构。而不同的零售业态功能及对象不尽相同。例如，超级市场是采取自选销售方式、以销售生鲜商品、食品和向顾客提供日常必需品为主要目的的零售业态；便利店是以满足顾客便利性需求为主要目的的零售业态；专卖店是经营某一大类商品为主，并且具有丰富专业知识的销售人员和提供适当售后服务的零售业态；仓储商店是在大型综合超市经营的商品基础上，筛选大众化实用品销售，并实行储销一体、以提供有限服务和低价格商品为主要特征的、采取自选方式销售的零售业态；家居中心以提供改善、建设家庭居住环境有关的装饰、装修等用品、日用杂品、技术及服务为主的、采取自选方式销售的零售业态。

尽管北京市的零售业态相对而言是比较健全的，但其结构和布局仍存在不合理现象，如在城区，百货商店、超市、专卖店、专业店、购物中心等零售业态应有尽有，而京郊和农村零售业经营分散，小型化，存在大量集市贸易的摊点、夫妻店、杂货店等，缺少百货店、超市等现代零售业态，货少、价高、质劣等，无法满足北京农村日益提高的消费需求。在城区内，由于缺乏科学的整体规划，北京市零售网点布局不均衡。局部地区密度过大，大型商业网点布局过于集中，建设发展过快，有些地方出现了一些盲目投资和重复建设问题。同时，同一商圈内业态雷同，缺乏差异化，甚至出现过度竞争的局面。以西单商业圈为例，大型百货店之间的距离不超过 300 米，中友百货、君太百货和西单商场，距离最近的仅一街之隔，但该地区大型商业网点仍呈增加趋势。

在首都现代零售业的规划编制过程中，我们应完善北京市零售业态的结构和布局以适应北京市居民的需求，特别是针对城区与农村的不同地域特点，做出相适应的规划，使得北京市零售业态及布局趋向均衡、合理。

2. 首都零售业中高端人才缺口大

随着首都现代零售业的蓬勃发展，人才的匮乏成了现代零售业进一步发展的障碍，此处的人才匮乏特别强调的是中高端人才。从行业总体来看，首都现代零售业还是属于劳动密集型行业，由于北京现代零售业的快速扩张，超市、大卖场、百货店不断增加，普通从业人员过剩，但是适应现代零售业需要的专业和综合人才则明显缺乏。而首都现代零售业的运作模式注定需要有一定技术的特别是中高端的人才。如了解进货渠道，货品的分类、陈列，各种促销方式，有相当的管理经验和执行、公关能力的店长已经成为北京零售行业中高价难求的人才；配送中心的计算机系统管理、企业的信息化管理等，都需要高精尖的专业人才参与；连锁零售业在资产重组和资源整合中，尤其是店铺的迅速扩张中也明显感到复合型管理人才、营销策划人才、铺店人才等的不足。因此，现代零售人才短缺已成为限制首都现代零售业发展的一大难题。

出现首都现代零售业中高端人才匮乏的原因，包括两方面：北京现代零售业拓展的脚步过快，尤其在外资的全面开放后，外资企业采用本土化战略急需大量的零售业人才，而内资零售企业的发展也要求有一定数量的人才储备；高校没有针对零售业人才培养的对口专业，这样就使得零售业人才的培养必须在工作后，而中高端人才的培养，不仅需要理论知识的培养，更加需要实际经验，而实际经验的获得需要经过在零售业多年的摸爬滚打才可以获得，这样培养零售业人才的周期就比较长。另外，尽管现在有关的行业协会出台了相关的零售业人才培养方案，例如，中国商业联合会申报的《零售业职业经理人执业资格条件》项目，但是还没有引起北京市零售行业的高度重视。显然，一方面是对中高端零售人才的渴求，另一方面却是人才培养的缺乏，由于这两者的原因，不可避免地出现了首都零售业人才的断层现象。

因此在编制首都现代零售业发展规划时，我们要考虑到这一现实状况，积极考虑解决首都现代零售业人才短缺的问题，将人才培养计划纳入到零售业发展的一项事业中。

3. 首都外资零售业与内资零售业竞争激烈化

随着对外商投资的全面开放，众多外资零售企业在北京不断"跑马圈地"，大肆并购扩张，从单店到连锁，从中方控股到外方控股，外资零售业的地盘"不断扩大"，外资零售业抢滩北京的速度与规模加快并加大了行业竞争，因为相对本地企业来说，发达国家的零售业在市场经济条件下经营了上百年，早已完成了流通革命，实现了商业现代化，形成了一套领先的、成熟的经营管理模式，拥有各方各面的优势，因此北京外资零售业相对本地零售业来说，不仅仅是地盘的扩大，更是整体实力的较量，当然，国际知名零售企业进入北京市场，也带来了全新的经营理念，提升了行业整体经营管理水平，大大缩短了与国际商业的差距，同时也改变了城市的面貌并为消费者提供了更多的选择。

外资零售业在北京的扩张是迅速的，自1992年以来，不同背景的外资零售企业以惊人的速度不断增加在北京的店铺数量，抢占北京内资零售企业的生存与发展空间，使零售网点成为稀缺资源。1993—2002年的十年期间，累计在北京设立的外资零售企业仅有15个，店铺也只有25个；2003—2004年两年时间，外资零售企业数量却翻了一倍，多达32个，店铺数是2002年的5.56倍，增加到139个。随着2004年年底中国零售业对外的全面开放，外资零售企业加快了抢滩北京市场的步伐。外资零售企业采用直接投资、兼并收购等方式在北京快速扩张，并且带着外资零售业的各种优势与本地企业展开激烈的竞争。从2004年至今，世界零售业巨头在北京进行了攻城略地式的开发，如美国沃尔玛、法国家乐福和法宝、英国特易购、韩国易买得、新加坡BHG百货、欧尚综合超市等。另外，美国苹果电子、耐克、西班牙ZARA等品牌也在北京开设大量专卖店。至"十一五"末期，全市已有超过3000家零售外资店铺，1200多家国际品牌专卖店，世界顶级品牌100强中已有90家进入北京市场。

外资零售业相对本地零售业有着以下的优势：①融资优势：外资零售业大多有资金的优势，而且因其信誉、信用和现代企业制度的优势，再加上目前国际上货币资本十分宽裕，融资要比北京市本地企业容易得多。②管理与营销方式优势：只要是进入中国的零售外商，无论是数百年的老店还是新兴之秀，基本上都是世界顶尖的优秀企业，其在管理模式、管理经验、管理手段、管理人才等方面都非常有优势。目前，进入北京的大型跨国零售企业都建立了强大的计算机管理系统。而内资零售企业效益不佳的一个重要原因就是并没有真正建立起对市场快速反应、内部科学管理的信息网络系统。③品牌优势：从整体看，欧美国家的零售企业自有品牌的发展比较成熟，与国际零售巨头相比，北京零售企业多数还没有意识到自有品牌的作用，自有品牌比例很小，品种少，价值低，市场占有率低，产品和服务的质量不稳定。

尽管外资零售企业相对本地企业来说，有着极大的优势，但是，内资企业也有着外资企业不可替代的优势，因此必须要善于抓住机遇。比如下面说到的金融危机问题。在金融危机下，首都零售业势必会受到一定的影响，但消费行为依然存在，只是消费者因此更理性。无论国家、企业还是个人，只要口袋里有钱，就会去消费，那么对于零售企业来讲，就会有商机，关键在于能否把握好这个机遇，实现自我的突破。实际上，在北京，金融危机主要是对一些生产出口型外贸企业造成的影响比较严重，对零售业也会有一定冲击，尤其是对一些外资零售企业，但其影响力是有限的。从外资零售业在北京的扩张计划上，可以知道外资零售业扩张的脚步未曾停下，但是受到金融危机的影响，脚步有所缓慢，因此对于内资企业来说，也是一个机遇，内资零售企业必须明确自己的优势，看清形势，制定好发展方向，做好相应的应对措施。

(四) 首都零售业未来发展趋势规划

北京市零售业的规模应当与北京市居民的人口规模相适应。北京的零售业在发展中应当始终以 1800 万的居民规模为参照，在整体上稳步而适度地扩大发展规模。同时充分利用北京作为国家首都和文化名城的政治、文化和旅游资源优势，促进零售业的发展。在零售点的选址问题上，应以北京城市"两轴—两带—多中心"的城市空间建设为参照，使消费者和零售店商都可以充分利用发达的交通带来的便利性。在零售业态方面，应当采取多业态混合发展，允许多种新型业态和符合不同国家居民购买习惯和生活习惯的零售业态共存，以提供各式的产品和服务给来自世界各地的旅游者和在北京居住的外国公民，以契合北京世界城市的定位。同时，在发展模式上应向"连锁经营"、"电子商务"方向不断拓展。

1. 连锁经营

零售连锁经营是指将连锁经营运用到零售商业领域当中所形成的一种现代化流通方式。零售连锁经营是现代市场竞争发展的必然产物，作为竞争的工具，零售连锁经营具有低成本、特色化、能够最大程度地把握目标客户和便利消费者的适应市场竞争优势。实行统一采购、统一配送、统一标识、统一经营方针、统一服务规范和统一销售价格等是连锁经营的基本规范和内在要求。而连锁店由总部、门店和配送中心构成。总部是连锁店经营管理的核心，必须具备以下职能：采购配送、财务管理、质量管理、经营指导、市场调研、商品开发、促销策划、教育培训等。门店是连锁店的基础，主要职责是按照总部的指示和服务规范要求承担日常销售业务。配送中心是连锁店的物流机构，承担各门店所需商品的进货、库存、分货、加工、集配、运输、送货等任务。配送中心主要为本连锁企业服务，也面向社会。连锁企业的最大特点之一就是总部、配送中心和各连锁门店的地理位置分散，相互之间需要方便地进行信息交换和共享，以提高自身的整体竞争力。连锁企业的总部需要随时掌握各门店的销售和库存等信息，以及各配送中心配送商品的需求量和库存量，以便做出经营分析和决策。

连锁经营有着各种各样的优势，统一店名，统一形象，统一进货，统一培训，统一服务，统一广告，统一管理，统一促销；实现规模效益；强化企业形象；降低经营费用及成本；购物环境舒适、宽敞等，从而使得整体竞争力得到极大的提高。

连锁经营这种组织模式，近几年来发展速度逐步加快，日益显示出的经营优势已成为我国零售业、餐饮业和服务业普遍应用的经营方式和组织形式，并加快向汽车、医药、烟草、家居建材、加油站等多业种渗透，显示出强大的生命力和发展潜力。而对于北京零售业来说，连锁经营也将是其未来发展的主要组织模式。

当然，北京市连锁零售业的发展是比较快的，部分零售业的连锁化发展态势十分明显，主要反映在电器、通信器材，如苏宁，另外还有钟表、眼镜、保健品等；民营企业发展十分活跃，包括像国美、物美还有像做手机的迪信通等一些民营企业不仅活跃，并且在这个行业中都是处于领先的地位，这些和北京市政府的积极扶持、优化环境都是相关的；以传统文化和传统技艺为背景的老字号企业成为北京连锁发展的重要亮点，像同仁堂、张一元等。

但是，北京市大多数的连锁零售业规范化程度低，经营管理水平低下，经营规模比较小，达不到规模经济。并且不规范的经营管理也阻碍了零售企业连锁经营本应产生的规模效益。目前很多连锁经营企业仍沿袭过去的管理体制，难以适应市场发展的需要。例如在药品连锁企业中，由于北京很多零售企业尚未对药品品名规格等建立一个统一的编码，这使各企业不得不各自设一套编码，不能实现信息共享，这就加大了药品分类管理的难度。还有很多连锁企业没有成本领先的经营意识，缺乏对商圈内市场容量、赢利可能性的科学理性分析，没有核心竞争优势建立、终端促销策略，没有建立高效的内部运作管理体系，没有形成一套成熟的单店模型，企业经营的各个环节还没有量化，总部还不够强大，对绝大部分连锁店在管理控制上不甚有力。

2. 电子商务

电子商务通常是指在全球各地广泛的商业贸易活动中，在因特网开放的网络环境下，基于浏览器/服务器应用方式，买卖双方互不谋面地进行各种商贸活动，实现消费者的网上购物、商户之间的网上交易和在线电子支付以及各种商务活动、交易活动、金融活动和相关的综合服务活动的一种新型的商业运营模式。而据"中国网络营销网"相关文章指出，电子商务涵盖的范围很广，一般可分为企业对企业（Business-to-Business），或企业对消费者（Business-to-Customer）两种。另外还有消费者对消费者（Customer-to-Customer）这种大步增长的模式。

电子商务作为一种新型的销售模式，具有很多优势：①交易虚拟化。通过Internet为代表的计算机互联网络进行的贸易，贸易双方从贸易磋商、签订合同到支付等，无须当面进行，均通过计算机互联网络完成，整个交易完全虚拟化，打破了传统企业间明确的组织界限，使得交易方便简洁。②交易成本低。电子商务使得买卖双方的交易成本大大降低。比如电子商务实行"无纸贸易"，可减少90%的文件处理费用；互联网使买卖双方即时沟通供需信息，使无库存生产和无库存销售成为可能，从而使库存成本降为零；而传统的贸易平台是地面店铺，电子商务贸易平台则是网吧或办公室，大大降低了店面的租金。③交易透明化。买卖双方从交易的洽谈、签约以及货款的支付、交货通知等整个交易过程都在网络上进行。通畅、快捷的信息传输可以保证各种信息之间互相核对，可以防止伪造信息的流通。当然除以上三点主要优势外，还有其他优势。总的来说，电子商务是运用现代电子计算机技术尤其是网络技术进行的一种社会生产经营形态，根本目的是通过提高企业生产率，降低经营成本，优化资源配置，从而实现社会财富最大化，电子商务是利用信息技术实现商业模式的创新与变革。

当然，不可避免的电子商务也存在着一些现实问题：①网络自身的局限性。在把一件立体的实物缩小许多变成平面的画片的过程中，商品本身的一些基本信息会丢失；输入电脑的只是人为选择商品的部分信息，人们无法从网上得到商品的全部信息，尤其是无法得到对商品的最鲜明的直观印象。②搜索功能不够完善。当在网上购物时，用户面临的一个很大的问题就是如何在众多的网站找到自己想要的物品，并以最低的价格买到。③交易的安全性得不到保障，在开放的网络上处理交易，如何保证传输数据的安全成为电子商务能否普及的最重要的因素之一。④电子商务的管理还不够规范。电子商务的多姿多彩给世界带来全新的商务规则和方式，这更加要求在管理上要做到规范，这个管理的概念应该涵盖商务管理、技术管理、服务管理等多方面，因此要同时在这些方面达到一个比较令人满意的规范程度，不是一时半时就可以做到的。⑤税务问题。税务（包括关税和税收）是一个国家重要的财政来源。由于电子商务的交易活动是在没有固定场所的国际信息网络环境下进行，造成国家难以控制和收取电商务的税金。⑥配送问题配送是让商家和消费者都很伤脑筋的问题。网上消费者经常遇到交货延迟的现象，而且配送的费用很高。

电子商务显示了其强大的生命力。2009年，在北京市政府出资举办的"点击消费、放心实惠"中，有数据显示，在历时3个月的活动期间，北京著名的网络服务品牌企业当当网、优礼网、卓越亚马逊、凡客诚品、新浪商城、红孩儿、乐友网、京东商城、千纸鹤网、老字号网点、新七天电器网、富基赛维名品店、海龙大久宝，共13家企业共创造销售额22亿元，比2008年同期增长136%，大大超过中国B2C行业平均增长91%的水平。网站新增注册用户超过350万，比2008年同期增长133%，这个数据很好地诠释了北京市电子商务强大的生命力，尤其在金融危机的情况下，销售业绩能有如此大的提升，说明网络购物已经被越来越多的人所接受，它的发展有着巨大的市场潜力。活动的最大亮点在于北京市政府部门出资为企业宣传，企业利用政府提供的平台创造利润，2009年启动开始至今已历时五年。在未来，依靠政府的政策与措施，首都零售网络销售前景会更加灿烂。

三、首都现代零售业发展规划编制的对策

首都现代零售业发展规划编制工作是一项复杂但有序工作，如何编制好首都现代零售业的发展规划，最重要的首先是编制参与者的问题，而编制发展规划是由下到上以及由上到下两方面的作用使然，我们可以将零售业发展规划编制的参与者分为以下三个层次，并针对每个层次的任务特点来展开首都现代零售业发展规划编制工作。

(一) 企业的任务

首先，要明确这里所指的企业是包括首都所有可以涵盖在零售业的企业，但因为北京属于特大城市，不是所有零售业的企业都需要上交自己企业未来发展战略规划，否则，规划编制工作将是一项耗时但不一定就有回报的举措，主要需要在零售业中有一定影响力的企业的规划，他们的企业发展战略可以反映北京市零售业未来的发展方向，而这些企业的第一手资料就是规划编制的基础。但是，反过来说，不是说对其他比较零散的企业就可以漠不关心，因为要编制好零售业的发展规划工作，必须要有编制的基层参与人员的配合，及时献言建策，促进首都零售业整体的发展，共同进步，因此各个企业必须乘着发展规划编制的东风，从而明确自己的战略发展方向。要促进编制零售业发展规划，各个企业需要从以下几方面把握：

1. 业态结构和布局符合城市发展要求

我们指出北京市零售业的业态结构和布局不尽合理，而每一种业态都有其特定的市场定位，以形成差异化，满足不同需求。鉴于目前北京消费者需求的多样性和市场竞争的激烈化，定位于不同顾客层而形成不同的业态这种理念应该受到零售企业的足够重视。那么企业在编制自身的企业发展规划时，必须明确自身的发展定位与城市总体要求相符合，从而使得北京市现代零售业在未来的业态结构和发展布局上能够渐趋合理。

2. 明确自身发展优势

我们知道，自对外零售业实现全面开放以后，由于外资企业在北京不间断地跑马圈地，使得北京市本地零售业的竞争异常激烈，如何在激烈的竞争中站稳脚跟是本地企业急需解决的问题，相对外资企业极大的优势，本地企业也要把握住自身的优势，例如依靠政策优势，从而培养自身的竞争优势，以增强自身的竞争力。

3. 锁定零售业未来发展趋势

就北京市而言，零售业发展的趋势主要是采取连锁以及电子商务，当然，这

也是未来零售业整体的发展方向,因此,在企业编制自身的发展战略时,必须与时俱进,考虑自身发展的方向以及是否也应采取电子商务来开拓自身的市场,从而扩大业务,为未来的发展定向。

在考虑企业自身的发展方向时,必须综合考虑到以上三点因素,当然,各个企业因自身的特点不同,可以考虑自身发展的特殊要素,从而规划编制好企业一级的战略规划,我们编制的是北京市整体零售业的发展规划,而企业该层级的战略规划就属于规划本身的细胞,那么,只有企业提供好最基础的规划编制材料,规划编制才有了一个好的开始,企业这一层次的参与直接体现了自下而上的规划编制思想,使首都零售业发展规划编制拥有最完备的基础资料。

(二) 行业协会的任务

目前而言,尽管行业协会的自身定位还不够清晰,但是,不可否认的是它为社会经济发展起到了极大的促进作用。在北京市,关于零售业的协会有很多,大致可以分为三个层次,全国性、北京市以及北京市各地区协会。全国性的例如中国连锁经营协会,北京市的例如北京市商业联合会、北京市连锁经营协会,北京市各地区协会例如中关村街道商业联合会,另外也包括各种专项协会,如家电协会、建材协会、食品协会、汽车协会等,所有这些协会保证了首都现代零售业良好的发展趋势,在首都现代零售业发展规划的编制过程中起到了衔接的作用。

在首都现代零售业发展规划的编制过程中,行业协会不可避免地要参与进来,主要从两方面来配合首都零售业的发展规划的编制:①积极协调协会会员关系,明确本协会会员涉及首都现代零售业方面的成就、问题以及将来发展方向的第一手资料,总结本地区零售业发展的特点,进而概括分析出本地区零售业发展的特点,使自己在参与首都现代零售业规划当中拥有发言权;②积极协调与政府的关系,编制首都现代零售业的发展规划,这是一项利国利民的政策,在与政府有关部门分析问题时,切实能提出本地区零售业发展的问题,并可以为首都零售业的发展规划的编制工作提供一定的技术方法。

显然,在编制首都现代零售业发展规划的过程中,行业协会很明显起到了纽带作用,而编制发展规划,正是需要全体参与者的贡献,才能切实反映问题,共同解决零售业发展规划编制过程中的问题。

(三) 政府的任务

政府在编制发展规划中,承担的是领导、组织的角色,因此要体现自上而下的规划编制思想,只有政府部门将规划编制工作组织分配好,再加上各部门的密切配合,规划才可能编制好。要编制好首都现代零售业发展规划,政府部门必须在以下几方面切实做好发展规划的保障工作。

1. 人员保障

首先要组建首都现代零售业发展规划编制课题小组，指明组长，副组长以及成员，而这些首都现代零售业发展规划编制工作组的人员，需按有关要求抽调政府机关参与管理零售业的骨干中坚力量，可以是跨部门的相关工作人员，从而组建好首都现代零售业发展规划编制队伍。其次要组建好专家顾问团。规划编制工作需要的是群策群力，而专家组的指导就必不可少，只有这样，才可以统筹开展规划编制的各项工作。最后，要保障公民、法人和其他组织参与规划编制过程和了解规划内容的权利。与人民生活密切相关的空间规划、专项规划，在草案初步形成后，除需要保密的之外，可采取听证、公示等适当形式，为社会公众参与规划编制开辟畅通的渠道。只有在这些相关的人员有保障的前提下，首都现代零售业发展规划编制的工作才可以全面有效地展开。

2. 资金保障

编制规划需要的款项必须有所保障，任何事情要做好，资金是至关重要的一环。首都现代零售业发展规划对于北京市经济社会的发展起着重要的指示作用，而编制发展规划是一项利国利民的举措，因此财政必须适当安排经费，保障规划前期重点研究、规划重点项目论证及规划评审衔接等环节的经费开支，当然，我们也要强调一分付出一分回报，好钢用在刀刃上，使投入的资金能够真正地出成绩，而不是任意摊派资金，以至于造成浪费的现象。

3. 政策保障

发展规划的编制具有继起性，就北京市零售业发展规划而言，在时间上，应按照最近的"十二五"规划编制的相关意见来编制，另外，就是因为编制规划是一项继起性工作，必须总结上一任或上一阶段的编制发展规划的历史经验教训，防止在新的编制过程中发生同样的错误，从而减少不必要的损失。同时，也要参照并协调好与其他各项规划的关系，就首都零售业发展规划来说，应服从"十二五"规划中商业规划的整体目标，同时与首都城市总体规划要协调一致，防止在编制过程后出现互相矛盾的情况。

4. 工作保障

我们已经了解到发展规划的编制是由政府牵头，由各部门配合共同完成的一项工程，如何协调组织，使编制工作能够顺利进行，需要一套严密的机制，这也就是我们讲的工作保障。

规划的制定首先是一个从群众中来的过程，是一个自下而上的过程。因为规划要为人民谋福利，因此必须保证人民的发言权，正因为如此，首都零售业涉及的各个企业必须按照上部分所述要求，及时反映自己的情况及需求，同时，首都市市民也要积极参与到规划编制的过程当中来，政府可以收到来自社会各方面的声音。其次，规划的制订又是一个有机整合的过程，是一个自上而下的过程，政府在编制过程中，对于各单位所完成的初稿要从战略高度进行有机整合，就北京市而言，对于现代零售业的发展规划，须由北京市发改委牵头，各地区完成初稿编制之后，发改委要分别根据北京市各城区的特点，对各区所编制的发展规划内容进行整合，例如，属于城市功能核心区的东城、西城，集中体现的是政治、经济、文化中心的价值，很明显这两区应该依据该特点来规划，如果与这点相违背，则此项规划是不成功的；而基于这两区共同的特点，对于其共同重点要发展的项目也需要进行分析，加强地区之间的协调力。据北京市"十二五"时期功能区域发展规划，对北京市其他地区划分首都功能拓展区、城市发展新区、生态涵养发展区。其中，拓展区包括朝阳、海淀、丰台、石景山，主要承担面向全国和世界的外向型经济服务功能。发展新区包括通州、亦庄—大兴、顺义、昌平、房山，它们是北京疏散城市中心区产业与人口的重要区域，同时也是北京城市发展的重心所在。生态涵养发展区包括门头沟、平谷、怀柔、密云、延庆五个区县，是保证北京可持续发展的支撑区域，也是北京市民休闲游憩的场所。最后在政府编制工作小组的工作中，及时了解专家组的意见，从而作好规划的调整、修改、鉴定工作，形成完整的零售业发展规划。

因此，在编制规划时，政府必须按照以上几点，严格做好保障工作，使得首都零售业发展规划的编制能够有条不紊地进行。

四、结束语

发展规划编制的价值如何，取决于其科学性如何。而编制首都零售业发展规划的关键不是从抽象的理论出发，而是要从实际出发，力求科学、合理、可行、有针对性。首都现代零售业发展的战略定位为：立足北京、辐射全国、走向世界，鼓励有核心竞争力的首都零售企业不断增强实力，创建知名品牌，成为带领我国零售业发展壮大的领军企业；现代化水平高，符合北京国际大都市的城市定位；分布格局合理，适应北京市城市发展总体规划；多种业态并存，既满足居民生活需求又满足旅游市场需求；服务质量优异，为消费者营造舒适、享受的消费环境。而未来首都现代零售业的发展走向为：现代零售业，即零售科技含量高，具有较高的零售业便捷度和成熟度，具有较高的零售业经营管理水平和零售业业态发展水平；宜居零售业，即零售业环境宽松舒适，流通服务便利、周到，适宜都市人居；享受型零售业即零售业、文化、娱乐等有机结合，使消费者获得充分的现代享受，使单纯购物型消费向享受型、体验型消费转化。正是为了完成这样的使命，使首都现代零售业的发展能做到有章可循，我们才进行了首都现代零售业的发展规划编制研究，希望能对首都现代零售业的发展规划编制提供一定的借鉴意义。

第四章　首都零售业发展现代化评价研究

现代化是一个既动态又系统的概念。随着经济社会的发展、科学技术的进步以及人们认识的提升,其内涵和评价标准不断得到丰富和完善。在大工业时代,人们常用工业化和城市化水平来衡量现代化的发展水平;到了知识经济时代,人们在前者的基础上,又增加了信息化、国际化、社会公平、文明程度和政府效率等内容。

随着我国经济的快速发展,流通业在整个社会的资源配置、结构调整中发挥着重要作用。但是,由于流通现代化程度不高,严重制约了我国生产、消费乃至整个国民经济的又好又快发展。因此,客观评价我国流通现代化水平,加快实现流通现代化,提高流通业竞争力对促进经济社会发展具有重大意义。

一、零售业现代化的内涵

(一) 什么是现代化

18世纪70年代,英文"现代化"(Modernization)一词开始从英语单词Modernize和Modern衍生出来。现代化进程不是一个单方面、单层面的进程,而是各方面、各层面互相交织在一起,齐头并进的过程。[1] 根据国内外学者对于"现代化"的研究,我们可以将现代化概括为一个内涵丰富、形式多样、分层次分阶段的历史过程,是经济、科技、政治、文化等诸方面综合平衡的动态发展过程。换句话说,现代化代表着一种向前和进步的发展趋势,并将这种趋势动态地展示为一个历史过程和不同阶段的发展状态。就当代来看,现代化是从传统社会向现代社会、从农业社会向工业社会进而向信息化社会转变的"过程",其中流通现代化是这一总过程的重要组成部分,而零售业现代化又是流通现代化的重要内容。[2]

---

[1] 李飞:《中国商品流通现代化的构成要素》,《中国流通经济》2003年第11期。
[2] 宋则:《中国流通现代化核心评价指标研究(上)》,《商业时代·理论》2004年第32期。

（二）流通现代化的内涵

流通现代化是指伴随着工业化社会和信息化社会而在商品流通领域产生的变革、创新过程。其中，伴随着工业化社会出现的流通领域的变革、创新过程，可以称为前期流通现代化或第一次流通现代化；伴随着信息化社会出现的流通领域的变革、创新过程，可以称为后期流通现代化或第二次流通现代化。

第一次流通现代化为进入工业化社会的流通现代化。以规范化、标准化为特征，其标志为连锁经营模式的普及和标准化超市成为主流业态，产品、价格、渠道、促销组合成为营销的核心。

第二次流通现代化为进入信息化社会的流通现代化。以个性化、体验化为特征，其标志为客户关系管理系统、消费者快速反应系统的建立和集成个性化商店Shopping Mall 的快速发展，消费者期望、消费者成本、消费者便利、消费者沟通和消费者体验成为营销的核心。

中国流通现代化既遵从于世界流通现代化的一般规律，也有着自身的特点。由于经济二元结构和发展极不平衡，流通领域的两次现代化没能依次发生，而是以并存的方式同时到来，融合进行，因此增加了中国流通现代化的复杂性和难度。

根据流通现代化的内涵，界定流通现代化的外延，主要包括流通制度现代化、流通组织现代化、流通方式现代化、流通技术现代化、流通观念现代化和流通人才现代化六个方面。

（三）零售业现代化的界定

零售是指将商品和服务直接销售给最终消费者供其个人非商业性使用的过程中所涉及的一切活动，是使商品从流通领域进入消费领域的过程，是商品流通的最后一个环节，也是必不可少的环节。零售业一般是指直接向最终消费者出售商品和服务的商业行业，是联结生产和消费的桥梁，对于整个国民经济健康有序的发展起着非常重要的作用。

从动态来看，零售业现代化是商品流通的发展进入一个更高阶段的过程。从静态来看，零售业现代化则是零售业发展到一定水平的标志。零售业现代化具有以下特征：

整体性。零售业现代化不仅仅是流通体制、零售组织形式、零售业态的现代化，也是流通理念、商业文明和价值取向的现代化，是时空耦合的整体进程。

系统性。零售业现代化是一个系统工程，由多种因素相互促进、相互制约，共同推进。

同步性。零售业现代化与整个社会现代化是同步进行的，是流通现代化的重要内容。

趋同性。在世界经济一体化背景下，先进的流通理念、流通技术、流通模式得以无国界广泛传播，世界零售业现代化的方向也随之趋同。

阶段性。与社会现代化进程和流通现代化进程的阶段性特征相一致，零售业现代化也分为不同的发展阶段。

二、零售业现代化的评价指标体系

在研究零售业现代化的过程中，想要把握和分析一个国家和地区零售业现代化的性质、进程和基本状况，就必须有一个相对明确、稳定和可靠的标准或尺度，即以一些什么标准去衡量现代化。没有标准，就失去了使用零售业现代化这一概念的全部合理性。

（一）国内关于流通现代化的评价指标体系

20世纪80年代以来，国内关于流通现代化的研究不断深入，在科学的流通现代化评价体系方面取得了显著的成果。代表性的观点有理性标准、综合评价指标体系、三化评价体系、三个方向评价体系、过程评价体系和三维评价体系。

1. 理性标准

姚红在《流通现代化的理性标准研究》一文中提出了流通现代化有六个理性标准。[①] 主要包括以下几个方面：

第一，流通水平指数是否随着人均GDP的增长而不断提高，在达到最高临界点后，呈现相对稳定的趋势。

第二，流通业劳动力就业指数在劳动力结构中是否超过一二产业，成为吸纳劳动力最多的部门。流通业劳动力就业指数可以用流通产业劳动力就业人数占总就业人数的比重来表示。

第三，流通产业产权结构比例是否实现由政府为主转向私营企业为主的角色转换。只有民营经济兴起并在流通这个竞争性产业结构中的比例由降到升，才能说基本实现了经济制度层面的流通现代化。

第四，边际消费倾向由递增向递减转化过程中，流通产业是否呈现出产业素质逐步提高的变化趋势。

第五，二元经济结构中流通产业的城乡差距是否缩小。

第六，流通产业组织的集中度与企业规模。随着社会化大生产的发展，不同国家和历史时期的流通企业规模和规模结构是否都表现出从小到大、大规模企业

[①] 姚红：《流通现代化的理性标准研究》，《商业时代》2004年第15期。

的地位日渐主要的趋势。

理性标准从较为宏观的视野，揭示了流通产业发展的规律性，强调了流通产业的组织化程度与企业规模的重要性，注意到了从消费者角度评价流通现代化的问题。

2. 综合评价指标体系

宋则在《中国流通现代化评价指标体系研究》一文中，设计出了具有11个系统50个一级指标和若干个二级指标的评价体系——综合评价体系。① 其中11个系统分别是：

第一，流通总规模。其中包括流通总产值、流通就业人数、流通资本规模、流通业固定资产投资总额、流通利润总额、物流总规模和期货市场交易总量7个一级指标。

第二，对国民经济的贡献。包括国民经济贡献率、就业贡献率、税收贡献率3个一级指标。

第三，流通效率。包括流通速度、流通费用率、物流成本在GDP中所占比重4个一级指标。

第四，流通环境。包括市场开放程度、市场规范程度、社会诚信程度、国民待遇程度4个一级指标。

第五，流通效益。包括流通实现值、流通业增加值、流通业增加值率、流通利润率和单位营业面积（平方米）年销售额4个一级指标。

第六，流通组织化程度。包括流通企业规模和市场集中度、中小流通企业发展程度2个一级指标。

第七，流通结构。包括销售总额中各种销售业态所占比重、外商投资企业在流通企业中的比率、我国流通企业在国外投资开店户数和销售额3个一级指标。

第八，流通人才素质。各类专业技术人员在流通业从业人员中所占比重、大专以上学历者在流通业人员中所占比重、从业人员每年的职业培训率和再培训率、各类从业人员的人均业绩和流通企业经理层、管理层人员的素质指标。

第九，流通信息化水平。网上年交易额及其占全社会交易总额的比重、网上购物人数及其占全社会交易人数总额的比重、注册域名企业数及其在企业总数中所占比重、网上广告投放量及其在广告总量中所占比重、电子支付状况、网络安全状况、流通信息化水平、企业在信息化方面的投入及其增长幅度、物流系统标准化（程度）指标。

---

① 宋则：《中国流通现代化评价指标体系研究》，《商业时代》2003年第11期。

第十，流通方式。连锁经营化程度、物流配送化程度、电子商务交易额比重。

第十一，流通资本。流通企业货款结算周期、流通企业对社会资本和民营资本的利用程度、流通企业自有资金量及其在资金总额中所占比重、流通企业赊销量及其在交易总额中所占比重、流通企业呆坏账及其在资金总额中所占比重、流通企业上市公司数量及其在流通企业总量中和上市公司总量中所占比重。

这个体系从不同角度比较全面地反映流通业整体发展规模、环境、要素、功能与效能等，多数能够量化，从经济学和统计学上具有重要意义。不足之处是为统计部门和政府主管部门设计，没有消费者和流通企业参与评价，过分强调定量分析，缺少定性方法。

3. 北京市流通现代化相关指标体系

2003年，原北京市商委和北京市统计局开展了"建立流通现代化统计评级指标体系"课题研究，提出了北京流通规模及贡献率、连锁经营、物流配送、农产品流通、流通信息化、社区商业、新型行业、商业改革和对外开放10类指标和若干个具体指标，并将此纳入统计调查制度，定期对北京市流通现代化发展过程进行监测，为政府决策部门提供量化依据。这个指标体系从总体和行业角度反映了流通现代化发展水平，具有可统计性，但是主要为统计部门和政府主管部门服务，评价角度比较单一。

4. 三化评价体系

李飞和刘明葳在《中国商品流通现代化的评价指标体系研究》一文中，提出从商品流通物质现代化、制度现代化和观念现代化三个角度，建立一个包括三级子系统的相应指标体系。[①] 在此基础上确定了各个具体指标所占的权重和评价标准。具体如下：

第一，商品流通物质现代化。包括商品流通规模（人均流通业总产值）；商品流通贡献（流通业增加值占GDP比重、流通业就业人口占总就业人口比重）；商品流通效率（流通业总资产报酬率、流通业总资产周转率、流通业固定资产周转率）。

第二，商品流通制度现代化。商品流通非国有化程度（非国有经济就业人数占流通业总就业人口的比重、非国有经济占社会商品零售额的比重）；商品流通市场化程度（商品流通壁垒的程度、流通业集中化程度）；商品流通组织创新（连锁经营比重、第三方物流比重）。

---

① 李飞，刘明葳：《中国商品流通现代化的评价指标体系研究》，《清华大学学报（哲学社会科学版）》2005年第3期。

第三，商品流通观念现代化。商品流通公平观念（不正当竞争案件比重、消费者投诉率）、商品流通诚信观念（经济合同违约率、假冒伪劣产品案件发生率）。

这个体系第一次提出了中国流通现代化的评价指标权重系数和具体的评价标准，具有开创性的意义。但是指标体系设置的全面性不够，有些标准带有主观性，缺少动态性。

5. 流通产业评价指标体系

余国锋在《流通产业评价指标体系》一文中，提出基于流通现代化建设的三个方向的评价指标。[①] 具体如下：

第一，反映流通产业连锁经营现状的评价指标。包括连锁经营的销售额占社会消费品零售总额的比重、直营连锁与特许连锁经营的比例等。

第二，反映我国流通产业物流配送水平的评价指标。包括货损率、物流配送采用国际标准的流通企业的比例和使用第三方物流的企业的比例。

第三，反映我国流通产业电子商务水平的评价指标。包括 POS 系统、MIS 系统、BI 系统、EDI 系统、ECR 系统、VAN 系统、Bar Code Symbol 技术、CRM 系统、SCM 系统、DCM 系统及网上交易技术 11 项流通技术在流通企业中的普及率、网上交易额占商品销售额的比重。

该指标体系考虑到了连锁经营和物流配送的发展状况，提出要增加反映流通产业电子商务水平的评价指标，具有积极意义，但是并没有超越从流通主管部门角度评价的局限性。

6. 城市流通现代化评价体系基本模型

王成荣等在《北京流通现代化——饱和度、成熟度、繁荣度》一书中，提出基于政府、企业和消费者三个维度来评价流通现代化的指标体系，[②] 并从测度城市流通现代化的整体发展程度，依据指标的重要程度、客观性和可信度等，采用德尔菲法，集合专家的意见，对不同评价维度以及不同评价内容给出权重。具体如下：

第一，政府维度评价指标（占 40% 的评价权重）。包括规模度、发达度、和谐度、贡献度、公平度五个方面 36 个因子（指标）。

第二，企业维度评价指标（占 30% 的评价权重）。包括人性化、科学化、效率化、社会化四个方面内容和 28 个因子（指标）。

第三，消费者维度评价指标（占 30% 的评价权重）。包括安全度、便捷度、

---

① 余国锋：《流通产业评价指标体系》，《合作经济与科技》2005 年第 6 期。
② 王成荣，赖阳，黄爱光：《北京流通现代化》，北京：中国经济出版社，2009 年。

舒适度、体验度四个方面26个因子（指标）。

三维评价模型第一次从政府、企业和消费者三个维度用多达90个指标来评价城市流通现代化水平，具有全面性、系统性和科学性的特点。但是，在实际使用中，数据收集全面、准确有很大难度。为此，他们又创造性地提出了衡量城市流通现代化的简化评价模型——"三度评价模型"。具体包括：

第一，饱和度。具体包括规模指标和流通资源占有与贡献指标。

第二，成熟度。具体包括流通组织、流通结构、流通方式、流通效率与社会责任等指标。

第三，繁荣度。具体包括流通主体、流通辐射力与吸引力、流通秩序等指标。

三度评价模型从饱和度、成熟度、繁荣度三个角度，用一定的量化指标和定性描述，对城市流通现代化的发展水平和趋势做出大体合理的判断，使城市流通现代化评价体系向实用化迈进了一大步。

（二）本书关于零售业现代化的评价指标体系

1. 包括六大类18个指标的评价体系

目前国内已有的研究成果均是对于整个中国流通业现代化水平的评价，没有专门对流通业中的零售业现代化水平的评价体系。为了课题研究的需要，根据首都现代零售业现代化发展的重点和统计指标体系的现状，同时参考国内外有关资料和实践中提出的评价数值，本文构建了首都现代零售业现代化评价指标体系。该指标体系共设置六个大类，即零售业规模化、零售业市场化、零售业的效率与效益、零售业组织化程度、零售业信息化水平、零售业国际化水平共18个指标。具体如下：

第一，规模化。具体包括社会消费品零售额及增长率、批发零售业增加值占GDP的比重、零售业就业人口占总就业人口比重（就业贡献率）。

由于统计口径的原因，批发零售业的增加值、销售额等一直以来都在一起统计，因而无法获取零售业专门的数据，本课题只能取批发零售额等来分析零售业规模化程度。它反映了批发零售业对国民经济发展所作的贡献，也是衡量北京市批发零售业发展和实力的重要指标。

第二，市场化。具体包括非公经济企业零售额占社会消费品零售额比重、非公经济就业人口占总就业人口比重。

第三，效率与效益。具体包括资产报酬率、总资产周转率、流动资产周转率、全员劳动生产率、单位营业面积年销售额等指标。它们反映了零售业生存、发展的状态，反映了零售业在国民经济增长中的产出水平。

第四，组织化。具体包括大型零售企业销售额占全市社会消费品零售总额的比重（市场集中度）、连锁经营企业零售额占社会消费品零售额的比重、中小流通企业发展程度等指标。

第五，信息化。具体包括网上交易额占商品销售总额的比重，持卡消费零售额占社会消费品零售额比重，POS 系统、MIS 系统、BI 系统、EDI 系统、ECR 系统、VAN 系统、Bar Code Symbol 技术、CRM 系统、SCM 系统、DCM 系统及网上交易技术 11 项信息技术在流通企业中的普及率。

第六，国际化。具体包括外商投资企业零售额占社会消费品零售额比重、世界零售 500 强在京开店数。

2. 北京市零售业现代化统计评价的应用

分析和评价北京零售业现代化发展状况，除了进行定性的描述和分析之外，更重要的是需要对其进行定量描述和定量分析。

（1）评价方法

计算每个指标的个体评价指数即单指标的实现程度。个体评价指数计算公式为：（指标实际值/指标标准值）×权数。如指标为逆指标时，应将其转化为正指标后再计算。

计算各大类体系评价指数即类体系实现程度。类体系评价指数计算公式为：$\sum$（个体评价指数）。

计算总指数即零售业现代化程度。总指数为 $\sum$（类体系评价指数）。

（2）权数的确定

我们设置了北京市零售业现代化统计评价指标体系，共 6 个大类 18 项指标，构成了一个递进的层次结构指标体系。在指数计算综合评价的过程中，需要按由低到高的层次进行。因此，指标权数的确定需要通过下一层权重的计算来得到上一层权数，构成一个完整的权数结构。

按照上述计算权数的原理，拟采用专家赋权法，并参照实际及相关数据值分别赋予其不同的权重，然后归类求权重之和得出 6 个大类的权数。鉴于指标体系处于建立初期，建议先不急于确定权数，待统计指标运行一段时间后，根据实际情况再行确定。

（3）标准值的确定

评价标准值是对评价对象进行客观、公正、科学分析判断的标尺。在对零售业现代化的含义和统计评价指标体系所涵盖的指标群做出阐述和分析后，还需要从定量上把握零售业现代化进程，因此要对评价指标群进行标准值的确定。对于零售业现代化标准值，鉴于国内目前没有可以借鉴、参考的标准，无法对首都零售业现代化进程给予量化比较。我们拟采用有关部门提供的规划目标值作为标准值。

三、首都零售业现代化的总体评价

改革开放30多年来，首都零售业取得了极快的发展，在地区经济发展中的支柱地位日益凸显。2008年，社会消费品零售额实现4589亿元，首次超越上海，成为全国社会消费品零售额最高的城市，至今已连续三年成为国内最大的城市消费市场。全国430家中华老字号有67家在北京，数量位居全国首位。目前，已形成19个重点培育的特色商业街区和一批区域性特色商业街。

（一）首都零售业发展规模

具体包括社会消费品零售额及增长率、批发零售额及其占社会消费品零售总额的比重、批发零售业增加值占地区生产总值的比重、零售业就业人口占总就业人口比重（就业贡献率）。

1978年以来，首都零售业的发展规模不断扩大，社会消费品零售总额增长了140倍，批发零售销售额占社会消费品零售总额除1990年、1997年外均在70%以上，批零增加值占地区生产总值的比重一直在10%左右，零售业就业人口占全市总就业人口的比重（就业贡献率）稳步上升。零售业在满足居民消费需求，促进生产方面发挥着积极的作用。

1. 社会消费品零售额逐年增长，年增长率大多在10%以上

由表4-1可见，1978年北京社会消费品零售总额仅为44.2亿元，1984年超过100亿元，1996年突破1000亿元，12年翻了10倍；2010年达到6229.3亿元，是1978年的140倍，是"十五"末年的2.1倍；2006—2010年这五年中接连跨过3000亿元、4000亿元、5000亿元、6000亿元台阶。年社会消费品零售总额较上年增长率最高为1988年的35.52%，最低为1982年的6.65%；除1982年、1999年、2000年、2002年增长率在10%以下，其余年份均在10%以上；其中有10年增长率在20%以上。

表4-1　1978—2010年首都社会消费品零售额、批发零售额及其增长率和占比

年份	社会消费品零售额总额（亿元）	较前年增长比例（%）	批发零售额（亿元）	批发零售额占社会消费品零售额的比重（%）
1978	44.2	—	40.7	92.08
1979	53.3	20.59	48.3	90.62
1980	62.8	17.82	54.8	87.26

续 表

年份	社会消费品零售额总额（亿元）	较前年增长比例（%）	批发零售额（亿元）	批发零售额占社会消费品零售额的比重（%）
1981	70.7	12.58	59.4	84.02
1982	75.4	6.65	63.2	83.82
1983	86.4	14.59	72.8	84.26
1984	105.8	22.45	89.1	84.22
1985	134.4	27.03	111.9	83.26
1986	155.0	15.33	126.2	81.42
1987	188.9	21.87	150.0	79.41
1988	256.0	35.52	203.6	79.53
1989	294.8	15.16	235.5	79.88
1990	345.1	17.06	177.9	51.55
1991	408.3	18.31	326.7	80.01
1992	503.0	23.19	390.4	77.61
1993	611.2	21.51	451.7	73.90
1994	766.6	25.43	553.4	72.19
1995	950.4	23.98	672.2	70.73
1996	1061.6	11.70	755.2	71.14
1997	1208.5	13.84	815.3	67.46
1998	1373.6	13.66	994.9	72.43
1999	1509.3	9.88	1064.5	70.53
2000	1658.7	9.90	1178.6	71.06
2001	1831.4	10.41	1296.7	70.80
2002	2005.2	9.49	1446.8	72.15
2003	2296.9	14.55	1930.8	84.06
2004	2626.3	14.35	2227.0	84.79
2005	2911.7	10.85	2537.2	87.14
2006	3295.3	13.17	2883.2	87.49
2007	3835.2	16.38	3366.4	87.78

续表

年份	社会消费品零售额总额（亿元）	较前年增长比例（%）	批发零售额（亿元）	批发零售额占社会消费品零售额的比重（%）
2008	4645.5	21.13	4049.5	87.17
2009	5309.9	14.30	4662.3	87.80
2010	6229.3	17.33	5562.7	89.30

注：由于统计口径的原因，批发零售额、增加值等一直以来都在一起计算，因而无法获取零售业专门的数据，本课题只能取批发零售额等来分析零售业规模化程度。它反映了批发零售业对国民经济发展所作的贡献，也是衡量北京市批发零售业发展和实力的重要指标。

数据来源：根据北京市统计年鉴（1978—2011年）和2010年《北京国民经济和社会发展统计公报》整理所得。

2. 批发零售总额快速增长，对社会消费品零售总额的贡献最大

1978年，首都批发零售额为40.7亿元，占社会消费品零售总额44.2亿元的92.08%，是改革开放以来占比最高的年份。1979年占比仍在90%以上。此后，占比有所下降，但也仅有1990年、1997年占比分别为51.55%和67.46%，在70%以下。1978—2009年的32年中，有17年占比在80%以上。

至2009年，首都批发零售额已经为4662.3亿元，增长了116倍多，占社会消费品零售总额的87.80%，仅比1978年下降了4.28%（见表4-1）。可见，社会消费品零售总额的大部分是由批发零售业来完成的，批发零售额对社会消费品零售总额高速增长的贡献最大。

3. 批发零售业产值对地区生产总值的贡献稳中有升

由表4-2可见，1982年，批发零售业增加值为16.1亿元，占当年首都地区生产总值154.9亿元的10.39%；2010年，批发零售业增加值已增至1878.4亿元，增长了近117倍，占当年地区生产总值13777.9亿元的13.63%，为30年占比最高的年份。1982—2010年中有20年占比都稳定在10%以上。可见，批发零售业除了满足生产和生活需要外，已成为地区经济的基础和支柱产业之一。

表4-2　1982—2010年首都批发零售业增加值占地区生产总值的比重

年份	地区生产总值（亿元）	批发零售业增加值（亿元）	批零增加值占地区生产总值的比重（%）
1982	154.9	16.1	10.39

续　表

年份	地区生产总值（亿元）	批发零售业增加值（亿元）	批零增加值占地区生产总值的比重（%）
1983	183.1	18.3	9.99
1984	216.6	19.8	9.14
1985	257.1	25.9	10.07
1986	284.9	28.6	10.04
1987	326.8	27.3	8.35
1988	410.2	39.1	9.53
1989	456.0	34.7	7.61
1990	500.8	43.9	8.77
1991	598.9	47.6	7.95
1992	709.1	86.0	12.13
1993	886.2	113.9	12.85
1994	1145.3	146.6	12.80
1995	1507.7	174.7	11.59
1996	1789.2	187.6	10.49
1997	2075.6	202.5	9.76
1998	2376.0	207.3	8.72
1999	2677.6	210.4	7.86
2000	3161.0	372.5	11.78
2001	3710.5	424.1	11.43
2002	4330.4	463.0	10.69
2003	5023.8	515.5	10.26
2004	6060.3	587.7	9.70
2005	6886.3	704.3	10.23
2006	7861.0	872.0	11.09

续表

年份	地区生产总值（亿元）	批发零售业增加值（亿元）	批零增加值占地区生产总值的比重（%）
2007	9353.3	1098.2	11.74
2008	10488.0	1426.7	13.60
2009	12153.0	1525.0	12.55
2010	13777.9	1878.4	13.63

资料来源：根据1983—2010年《北京统计年鉴》和2010年《北京国民经济和社会发展统计公报》整理所得。

4. 零售业就业人口总体呈上升趋势，就业贡献率不断增加

由表4-3可见，1982年，零售业就业人口为20.57万人，占当年首都总就业人口535.2万人的3.84%。截至2008年，首都总就业人口已达878万人，首都零售业为就业人员最多的行业，成为首都经济社会发展的支柱行业之一，为首都经济增长和社会稳定做出了重要贡献。

表4-3　　　　1982—2003年零售业就业人口占总就业人口比重

年份	总就业人口（万人）	零售业就业人口（万人）	占比（%）
1982	535.2	20.57	3.84
1983	552.03	23.02	4.17
1984	556.2	25.07	4.51
1985	566.5	29.26	5.16
1986	572.7	30.22	5.28
1987	580.2	38.12	6.57
1988	584.1	40.10	6.87
1989	593.9	35.26	5.94
1990	627.1	37.49	5.98
1991	634.0	38.32	6.04
1992	649.3	42.69	6.57
1993	627.8	41.81	6.66

续表

年份	总就业人口（万人）	零售业就业人口（万人）	占比（%）
1994	664.3	46.71	7.03
1995	665.3	53.22	8.00
1996	660.2	60.97	9.24
1997	655.8	62.92	9.59
1998	622.2	55.80	8.97
1999	618.6	54.57	8.82
2000	619.3	55.08	8.89
2001	628.9	63.51	10.10
2002	679.2	69.61	10.25
2003	703.3	74.81	10.64

注：零售业就业人口占总就业人口比重即就业贡献率。由于北京市统计年鉴编制口径的变换，零售业就业人口总数只能统计到2003年。

资料来源：根据《北京市统计年鉴》1983—2004年整理所得。

（二）首都零售业市场化程度

具体包括非公经济企业零售额占社会消费品零售额比重、非公经济就业人口占总就业人口比重。

1. 非公经济企业零售额占社会消费品零售额比重不断攀升

由表4-4可见，1979年非公经济零售额仅0.1亿元，所占社会消费品零售额的比重不足1%，随着我国改革开放的进程和社会主义市场经济的发展，非公经济发展迅猛，所占零售额比重也迅速增长，至2009年，非公经济零售额所占社会消费品零售额的比重已经达到了93.27%，在国民经济中发挥着举足轻重的作用。同时，非公经济零售额比重的增长与市场发展的导向表现出高度的一致性（见图4-1）。零售业所有制结构由原来单一公有制结构逐步趋向多元化，非公有制投资主体大量涌现，成为零售业发展的重要推动力量。非公有制投资主体的参与，使市场竞争更加充分，不仅促进了消费市场的繁荣活跃而且推进了零售业态现代化的进程。

表 4-4　　非公经济企业零售额占社会消费品零售额比重

年份	社会消费品零售额（亿元）	非公经济零售额（亿元）	非公经济零售额占社会消费品零售额比例（%）
1978	44.2	—	—
1979	53.3	0.1	0.23
1980	62.8	0.5	0.86
1981	70.7	1.0	1.44
1982	75.4	1.0	1.36
1983	86.4	1.6	1.79
1984	105.8	2.0	1.87
1985	134.4	4.9	3.67
1986	155.0	11.6	7.50
1987	188.9	16.1	8.50
1988	256.0	22.3	8.69
1989	294.8	34.0	11.55
1990	345.1	40.3	11.67
1991	408.3	49.2	12.06
1992	503.0	69.9	13.89
1993	611.2	110.7	18.11
1994	766.6	225.8	29.45
1995	950.4	336.3	35.39
1996	1061.6	450.1	42.40
1997	1208.5	499.7	41.35
1998	1373.6	711.4	51.79
1999	1509.3	777.3	51.50
2000	1658.7	888.4	53.56
2001	1831.4	1124.3	61.39
2002	2005.2	1334.1	66.53
2003	2296.9	1516.1	66.01
2004	2626.6	2247.2	85.56

续 表

年份	社会消费品零售额（亿元）	非公经济零售额（亿元）	非公经济零售额占社会消费品零售额比例（%）
2005	2911.7	2533.1	87.00
2006	3295.3	2912.8	88.39
2007	3835.2	3424.2	89.28
2008	4645.5	4290.5	92.36
2009	5309.9	4952.3	93.27

资料来源：根据《北京市统计年鉴》1978—2010年整理所得。

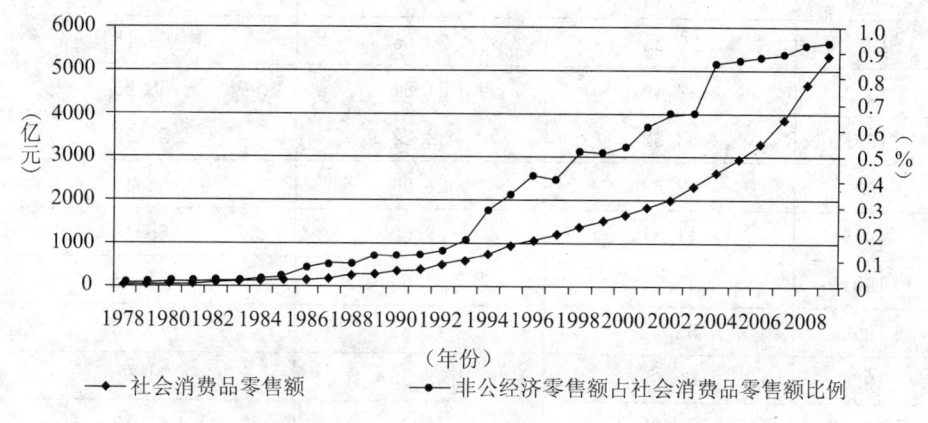

图 4-1 社会消费品零售额及非公经济零售额占社会消费品零售额比例

2. 非国有经济零售业吸纳了80%以上的就业人口数

非国有经济绝对就业人口呈现稳定增长趋势，其占零售业就业总人口的比重则曲折上涨。根据表5的数据，1982年我国非国有经济就业人口总数20.57万人，占零售业就业人口的比重为27.48%，3年后该比重就过了50%，之后的十年非国有经济就业人口占总就业人口的比重增长较稳定。该比重的增长在1995年达到一个小高峰——75.73%后开始有所放缓甚至开始反复，而在连锁企业重新进入高速发展期后，2000年之后非国有经济就业人口占总就业人口的比重又开始快速增长。

总体而言，1983—2003年20年的时间里零售业的就业人口翻了3倍有余，而其中非国有经济就业人口的增长却超过了8倍，零售业的市场化提高了企业间的竞争化程度，使人民生活得到了更多的便利。

表 4-5　　　　　　　非国有经济就业人口占总就业人口比重

年份	零售业就业人口（万人）	非国有经济就业人口（万人）	非国有经济就业人口占就业人口比重（%）
1982	20.57	5.65	27.48
1983	23.02	8.38	36.41
1984	25.07	—	—
1985	29.26	16.02	54.76
1986	30.22	17.36	57.45
1987	38.12	22.00	57.71
1988	40.10	—	—
1989	35.26	20.86	59.16
1990	37.49	21.84	58.26
1991	38.32	22.22	57.98
1992	42.69	27.96	65.49
1993	41.81	28.62	68.45
1994	46.71	33.60	71.93
1995	53.22	40.31	75.73
1996	60.97	43.59	71.50
1997	62.92	42.61	67.73
1998	55.80	41.79	74.89
1999	54.57	40.25	73.76
2000	55.08	40.56	73.64
2001	63.51	53.03	83.50
2002	69.61	58.80	84.46
2003	74.81	65.87	88.05

资料来源：北京市统计局1983—2004年《北京统计年鉴》。

（三）首都零售业效率与效益

具体包括资产报酬率、总资产周转率、流动资产周转率、全员劳动生产率、单位营业面积年销售额等指标。它们反映了零售业生存、发展的状态，反映了零售业在国民经济增长中的产出水平。

近年来我国零售业的整体资产报酬率有所提高，限额以上零售企业的资产报酬率从2004年的1.39%达到了2010年的3.62%，进一步吸引了资本所有者的进入，为零售业的发展创造了更好的环境。同时，随着社会的发展，零售业的经营技术和管理理念不断提升，使得全员的劳动生产率不断提高，单位营业面积的年销售额也从2006年以后逐渐攀升，反映了零售业在国民经济增长中的产出水平。然而零售业的资产营运能力不容乐观，主要体现在总资产周转率和流动资产周转率上，这两项指标自2008年后均有所下降。

1. 限额以上零售企业的资产利用情况

从表4-6可以看出，2004年限额以上零售企业的平均资产报酬率是1.39%，随着行业的发展，2010年该报酬率已经上升至3.62%，超过了一倍有余，说明企业在增加收入、节约资金使用等方面取得了良好的效果，充分反映了行业的赢利水平。

另外，行业的总资产周转率和流动资产周转率却有所下降，这两项指标反映的是企业的营运能力，体现了企业经营期间资产从投入到产出的流转速度，以及企业资产的管理质量和利用效率。从表中可以看到，2010年，全市限额以上零售业的总资产周转率为1.74次，流动资产周转率为2.17次，比2009年分别下降了0.05次和0.32次，比峰值的2008年分别下降了0.07次和0.44次。

表4-6 限额以上零售业的资产报酬率、总资产周转率、流动资产周转率

年份	资产报酬率（%）	总资产周转率（次）	流动资产周转率（次）
2004	1.39	—	2.30
2005	1.75	1.71	2.57
2006	2.96	1.73	2.53
2007	3.56	1.76	2.54
2008	2.76	1.81	2.61
2009	3.59	1.79	2.49
2010	3.62	1.74	2.17

资料来源：北京市统计局2005—2011年《北京统计年鉴》。

2. 连锁零售企业全员劳动生产率从2001年到2010年增长了2.7倍

1992年本市第一家连锁企业——希福连锁店诞生，从此连锁经营经历了"企业自发兴起—政府适时推动—企业自主发展"的过程，实现了从无到有、从小到大、从弱到强的转变。12年间，连锁经营覆盖了商业零售、餐饮以及服务

业等 70 多个业种。据北京市统计局数据显示，2004 年年底全市连锁企业达到了 152 家，经营店铺 5159 家。在连锁经营的带动下，全市商业流通组织化水平迅速提高，增长方式加快转变。

从表 4-7 的数据可以看到，2001 年连锁零售企业的营业额约为 483.12 亿元，从业人员的总数约为 13.95 万人，全员劳动生产率为 34.64 万元/人，到 2010 年连锁零售企业营业额增加约为 2132.98 亿元，从业人员总数约 22.83 万人，全员劳动生产率达 93.43 万元/人。营业额和从业人员数量逐年上升是显而易见的发展形势，行业的全员劳动生产率呈现较为规律的增长。其中 2001—2002 年一年的劳动生产率实现了 26.06 万元/人的跨越式增长，增长率高达 75.24%。

表 4-7 连锁零售企业全员劳动生产率

年份	商品销售总额（万元）	从业人员总数（人）	全员劳动生产率（万元/人）
2001	4831168	139470	34.64
2002	6621975	109089	60.70
2003	8404232	132030	63.65
2004	8603560	153942	55.89
2005	10612658	166598	63.70
2006	11229026	170007	66.05
2007	13890913	185114	75.04
2008	15720473	223954	70.20
2009	17366414	218024	79.65
2010	21329783	228292	93.43

资料来源：根据《北京统计年鉴（2011 年）》整理所得。

3. 首都连锁零售企业单位营业面积年销售额呈先下降后上升的趋势

2001 年，全市拥有各类连锁总店 129 家，门店 2123 个，实现销售总额 483.1 亿元，其中零售额 218.7 亿元，占全市社会消费品零售总额的 13.7%，这时的连锁门店还处于摸索阶段，2002 年北京市连锁商业企业店铺数量在 10 个以下的比率高达 64%，距离国际公认的连锁企业 14 个分店的赢利点差距较大，无法实现连锁业态的规模效益，随着连锁企业分店的扩张，从 2001 年开始的 6 年时间里，单位营业面积销售额几乎稳步下滑，2006 年达到最低点 2.02 万元/平方米。原因主要有三：第一，一些企业盲目竞相开设分店，片面追求扩张，造成资金投入大，成本回收困难等问题；第二，经营管理费用高。据某些企业反映，每开一家万平方米以上分店需要1000万元甚至更多的资金投入，而我市商业的融资能力普遍偏低，资金运作水平有限，经营管理费用常年居高不下；第三，不恰当的市场竞争，尤其连锁电器业更为突出。因为要占据一定的市场份额，彼此竞相降价，甚至低于成本价销售，利润仅靠年底厂家返点来获得。

2006年以后进入连锁经营的成熟阶段，大企业在不断并购中得到发展，单位营业面积销售额开始逐渐上升，到2010年恢复到将近3万元/平方米的水平（见表4-8和图4-2）。

表4-8　　　　　　　连锁零售企业单位营业面积年销售额

年份	营业面积（平方米）	商品销售总额（万元）	单位营业面积销售额（万元/平方米）
2001	1605808	4831168	3.01
2002	2356266	6621975	2.81
2003	3405562	8404232	2.47
2004	3783507	8603560	2.27
2005	4376383	10612658	2.42
2006	5546003	11229026	2.02
2007	6677266	13890913	2.08
2008	6745802	15720473	2.33
2009	6995047	17366414	2.48
2010	7268786	21329783	2.93

资料来源：北京市统计局2001—2011年《北京统计年鉴》。

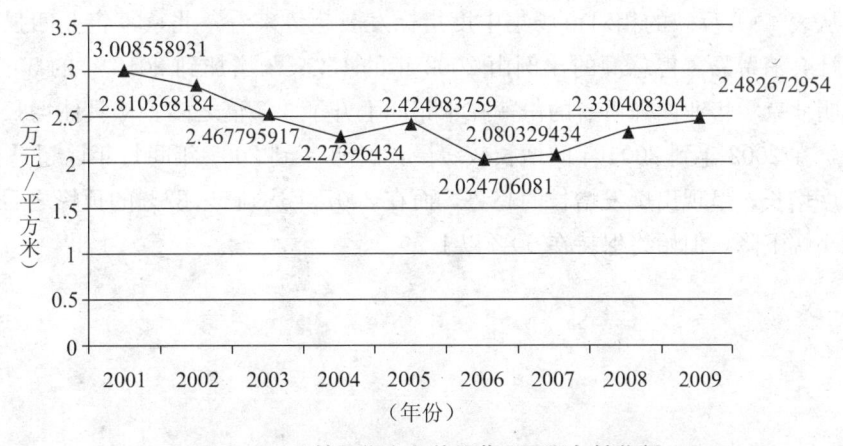

图4-2　连锁零售企业单位营业面积年销售额

(四) 首都零售业组织化发展程度

我国流通产业集中度总体上仍处于较低的水平，1999年，以商业百货零售业计算的流通业产业集中度CR4为0.57，CR8为0.81，CR100为2.81，显然极为分散。我国流通企业规模普遍较小，即便是位居中国零售百强之首的联华超市，其销售额2000年才超过100亿元人民币大关，其中的差距显而易见。随着流通现代化水平的不断提高，流通产业组织的集中度不断提高，企业规模也将会逐步扩大，2005年全市限额以上批发零售贸易企业资产总计达到6312.6亿元，比2000年增长1.2倍。

企业集中度不断提升，限额以上批发零售企业实现零售额占全部零售额的比重由2001年的49.4%上升为2005年的66%。2005年大型企业单位数仅占限额以上企业的2.1%，比2000年下降6个百分点，但单位企业的资产增长2.2倍，商品销售收入增长3.7倍，利润总额增长10.6倍。在商务部公布的2005年全国前30名连锁企业中，北京有6家企业名列其中，连续两年成为内资连锁企业最多的省市。4家企业入围商务部进一步重点培育的全国20个大型流通企业队伍。

近年来，进入零售百强企业数量逐年增加。2010年北京市有12家企业进入零售百强，百强企业数量居全国之首。同时，北京地区零售业市场集中度也稳步上升，自2007年起达到并超过50%。说明我国大型零售企业的影响力在逐步提高，组织化程度不断提升。

这些变化，既是流通现代化发展的要求，又是流通现代化发展水平的标志。具体体现在大型零售企业销售额占全市社会消费品零售总额的比重（市场集中度）、连锁经营企业零售额占社会消费品零售额的比重、中小流通企业发展程度等指标。

1. 北京地区零售业市场集中度自2007年起达到并超过50%

从表4-9反映的相对市场集中度指标发展趋势来看，北京零售业四强销售额占社会消费品零售总额的比例由2002年的15.46%增加到2010年的50.2%，这说明北京零售业四强占有的份额在十年间上升了3.2倍之多。从具体增长过程来看，在2002年到2004年间增长较缓慢，2005年到2007年间每年以超过10%的速度增长，呈现出爆发增长的趋势，而在2007年达到59.82%的顶峰之后增速出现小幅下降，但始终保持在50%以上。

表 4-9　　　　　　2001—2010 年北京地区零售业市场集中度

年份	社会消费品零售总额（亿元）	前 4 家销售额（亿元）	CR4（%）
2001	1831.4	—	—
2002	2005.2	310	15.46
2003	2296.9	451	19.64
2004	2626.6	590	22.46
2005	2911.7	962	33.04
2006	3295.3	1399	42.45
2007	3835.2	2294.2967	59.82
2008	4645.5	2461.2319	52.98
2009	5309.9	2674.1702	50.36
2010	6229.3	3126.975	50.20

数据来源：根据北京统计年鉴、历年全国连锁百强排行榜相关数据整理。

2. 连锁企业商品零售额占社会消费品零售额的比重先上升后下降

连锁企业商品零售额占社会消费品零售额的比重波动变化，整体上呈现先上升后下降的趋势。具体而言，从 2001 年到 2002 年，连锁企业商品零售额占社会消费品零售额的比重有较大增长，在 2002 年到 2007 年期间这一比重呈现小幅波动变化，并在 2007 年以后逐年小幅下降（见表 4-10）。

表 4-10　　　　连锁经营企业零售额占社会消费品零售额的比重

年份	社会消费品零售额（亿元）	连锁企业商品零售总额（亿元）	连锁企业商品零售额占社会消费品零售额（%）
2001	1831.4	218.654	11.94
2002	2005.2	648.7185	32.35
2003	2296.9	760.1221	33.09
2004	2626.6	833.7829	31.74
2005	2911.7	950.7168	32.65
2006	3295.3	951.4297	28.87
2007	3835.2	1157.384	30.18
2008	4645.5	1295.484	27.89

续表

年份	社会消费品零售额（亿元）	连锁企业商品零售总额（亿元）	连锁企业商品零售额占社会消费品零售额（%）
2009	5309.9	1381.6796	26.02
2010	6229.3	1625.5496	26.09

资料来源：北京市统计局《北京市统计年鉴（2011年）》。

3. 中小企业发挥重要作用

根据北京市经信委的统计数字显示，截至2010年，北京市中小企业共有25万多户，占全市企业总数的99%以上，其中非公中小企业占中小企业总数的86%；中小企业的营业收入、创造利润、上缴税收分别占全市企业总量的57%、68%和62%；从业人员约占全市企业就业人口的73%。由此可见，中小企业在确保首都经济稳定发展、扩大社会就业、优化经济结构、推动技术创新、保障改善民生等方面起到了重要作用。

（五）首都零售业的信息化

20世纪末至21世纪初的电子商务浪潮，为零售业信息化的发展起到了推波助澜的作用。首都流通领域的信息化快速发展，网上交易额占商品销售总额的比重接近3%，居民刷卡消费额增长迅速，信息技术已超越普及阶段。随着国外大批零售企业的进入，零售市场的竞争越来越激烈，信息化作为提高竞争力的手段，成为零售企业必不可少的投入。

具体包括网上交易额占商品销售总额的比重，持卡消费零售额占社会消费品零售额比重，POS系统、MIS系统、BI系统、EDI系统、ECR系统、VAN系统、Bar Code Symbol技术、CRM系统、SCM系统、DCM系统及网上交易技术11项信息技术在流通企业中的普及率。

1. 网上交易额占商品销售总额的比重接近3%

中国的电子商务交易市场一直保持高增长态势，北京的电子商务企业目前占到中国电子商务企业总数的9%，且中国电子商务中B2C的前十企业中有6个在北京。过去5年，北京市电子商务交易额年均增长45%左右。据不完全统计，2010年北京市电子商务总交易额超过4000亿元人民币，其中B2B交易额约占90%。同时，北京拥有上千万网民，网上交易额占商品销售总额的比重接近3%。

2. 居民刷卡消费额增长迅速

2009年上半年北京刷卡消费共计2028.95亿元，同比增加522.49亿元，增幅为35%，占2008年全年刷卡消费交易3090.36亿元的65.7%，按可比口径计算，刷卡消费额占社会消费品零售总额的比例在50%左右。① 2009年1～12月，北京POS跨行刷卡交易金额为4261.06亿元，同比增长68.1%，创历史最高水平。

2010年国庆黄金周期间，北京地区商户7天的刷卡消费额达1亿元，同比实现翻倍增长。② 2010年，北京新发展银行卡特约商户1.8万户，累计达18万户，刷卡消费额4642亿元，按可比口径计算，占到社会消费品零售额65%以上。目前，发达国家刷卡消费占比在60%左右，有些还在60%以下。③

刷卡作为一种支付方式，方便安全快捷，可以有效促进消费，减少现金流，也给商户带来便利。北京正加大力度促进商户与银行合作，通过刷卡促销、抽奖等方式，宣传推广刷卡消费，推动信用消费的发展。在商业设施上，不断提升刷卡消费无障碍水平，满足消费者刷卡需求，促使刷卡成为一种消费习惯。

2008年，世界各地的游客以及来自204个奥林匹克委员组的参加北京奥运会的11000多名参赛运动员，为中国经济带来了直接影响。在奥运会开幕当日，Visa刷卡消费达到将近1000万美元。中国2008年8月8日，游客使用Visa信用卡、借记卡、及预付卡的刷卡消费额比2007年同期增长了11%。奥运会开幕式当天，在北京的刷卡消费金额最高的Visa持卡人来自美国，随后依次是来自日本、中国香港特别行政区、韩国和英国的Visa持卡人。在2008年8月8日当天，来自这五个地区的Visa持卡人刷卡消费金额占到了Visa持卡人总刷卡消费金额的一半。

3. 信息技术已超越普及阶段

经过多年的发展，扫描设备、POS机、手持终端（PDA）、生鲜条码、电子标签等技术的出现和使用，使中国商业企业信息化水平有了质的提高。在对企业信息化的认识和应用上，中国商业企业也完成了从"信息技术是辅助工具"到"信息技术是智能中枢"的重要转变。随着商业企业信息化建设所带来的各种效益逐步显现，如运营效率提高、差错减少、成本降低、决策准确等，使得商业企业对于信息技术的依赖程度越来越高，信息技术在商业经营中角色受到越发的重视，商业企业在信息系统上的投资持续增加，利用信息技术实现企业经营管理的能力也显著提高。

中国商业企业先后引进了POS机、条码技术、基于PC的MIS、财务管理软

---

① 宋淼：《北京上半年刷卡消费额同比增长35%》，《金融时报》2009年8月12日。
② 张淼淼：《北京"十一"期间刷卡消费额超百亿，同比增一倍》，《新华网》2010年10月15日。
③ 王飞雁：《2015年社会消费品零售额过万亿，达世界城市规模》，《北京日报》2011年3月16日。

件、商业管理 ERP、SCM 系统、自动补货系统等，极大地提高了企业管理水平。目前，中国商业企业已经全面使用基于条码技术的扫描设备和 POS 机，数据基本可以实现实时传输，部门、配送中心、门店各业务模块能够完整链接，商业数据的处理效率和准确率都得到质的提高，数据挖掘和商业智能也被提上了引进的计划。相关数据显示，中国大中型零售商业企业80%采用了计算机管理，有70%以上的连锁企业建立了前台 POS 销售试点系统和后台 MIS/ERP 管理系统，30%左右的企业率先进入了商业自动化技术、现代通信技术和网络信息化技术相结合的数字化管理系统集成的阶段。

从行业角度看，信息技术在不同行业中的应用现状差距较大。目前，大约50.3%的企业应用信息技术处于中级水平，达到信息技术应用高级水平的企业只占24.6%。2010年中国零售业 IT 基准研究报告的数据也显示了条码在仓储、运输和门店运营等方面的运用，75%的企业已经应用1年以上，剩余25%的企业处于评估阶段。在无线射频技术应用方面，10%的企业处于使用或实施状态，47.5%的企业正在对此项技术进行评估，42.5%的企业近期不会采用该技术。另外，62.5%的企业已经使用了网络技术，其余企业也正处于实施阶段。由此可以推断，商业零售企业在商业智能、物联网、云计算等信息技术的高级应用方面有很大的发展空间，我国商业企业信息化的市场需求仍然具有较大的发展潜力。

因此，无论是对于信息技术认识的深度，还是对于信息技术应用的范围，从总体上看，中国商业企业信息化的进程已经超越了普及阶段，正在向高级应用阶段发展。

（六）首都零售业走向国际化

1992年7月，国务院同意先在北京、上海、广州、天津、大连、青岛6个城市和深圳、珠海、汕头、厦门、海南5个经济特区，各试办1~2个中外合资或合作经营的商业零售企业，项目由地方政府或国务院审定。从此，揭开了首都零售业对外开放的序幕。

2001年12月11日中国加入 WTO，对零售服务开放进程所做出的承诺是：在零售服务（不包含烟草）上，外国服务者仅限于以合资企业形式在5个经济特区（深圳、珠海、汕头、厦门和海南）和6个城市（北京、上海、天津、广州、大连和青岛）提供服务。在北京和上海，允许的合资零售企业的总数各不超过4家。在其他每一个城市，各不超过2家。将在北京设立的4家合资零售业中的2家可在同一城市（即北京）设立其分支机构。2002年后，外资进入首都零售市场的速度开始加快。"十五"期间首都累计批准外资零售项目39个，建筑面积82.1万平方米。2004年12月11日，中国零售业全面向外资开放，外资零售业在中国投资出现高潮,在北京也不例外。

零售业的国际化指标具体包括外商投资企业零售额占社会消费品零售额比重、世界零售500强在京开店数。

1. 北京外资投资企业零售额占社会消费品零售额的比重逐年上升

2003年外资商业实现零售额仅为57.92亿元,占当年全市社会消费品零售额的2.52%。这一比例逐年上升,到2010年,外资商业实现零售额为600.03亿元,占当年全市社会消费品零售额的11.22%,是2003年的4.45倍(见表4-11)。

表4-11　　　　　外资投资企业零售额占社会消费品零售额比重

年份	社会消费品零售额(亿元)	外商投资企业零售额(亿元)	外资投资企业零售额占社会消费品零售额比例(%)
2003	2296.9	57.92	2.52
2004	2626.6	78.91	3.00
2005	2911.7	201.05	6.91
2006	3295.3	238.14	7.23
2007	3835.2	304.44	7.94
2008	4645.5	359.81	7.75
2009	5309.9	492.92	9.28
2010	6229.3	699.03	11.22

资料来源:根据《北京市统计年鉴》2004—2011年整理所得。

2. 世界零售500强在京开店数

世界五百强企业中,在京已经投资566个项目,北京拥有30家世界五百强企业全球总部,已成为世界五百强第二大全球总部之都。《福布斯》杂志公布的数据显示,和中国香港、米兰等老牌的购物天堂相比,北京的综合排名只有1%的微小差距。[①]

2010年最新排名显示,世界知名的294家零售商已经有41%进驻北京,数量居全球第六。其中,法国的家乐福在京开店数量最多,有18家;其次是英国的百安居,有10家;居第三位的是泰国正大集团的卜蜂莲花,有8家;世界零售巨头沃尔玛和韩国零售业排名第一、超市业排名第二的乐天玛特有7家店(见

---

① 田丛:《今年北京消费品零售额将超6000亿》,《新京报》2010年12月28日。

表 4-12 和图 4-3)。

表 4-12　　　　　外资零售企业在京开店数

外资企业	在京开店数(家)	统计截止时间
家乐福	18	2011-6-17
沃尔玛	7	2011-3-29
麦德龙	3	2011-4-3
欧尚	4	2010-7-31
卜蜂莲花	8	2013-4-1
特易购	3	2012-2-23
百安居	10	2012-1-5
乐天玛特	7	2011-5-1

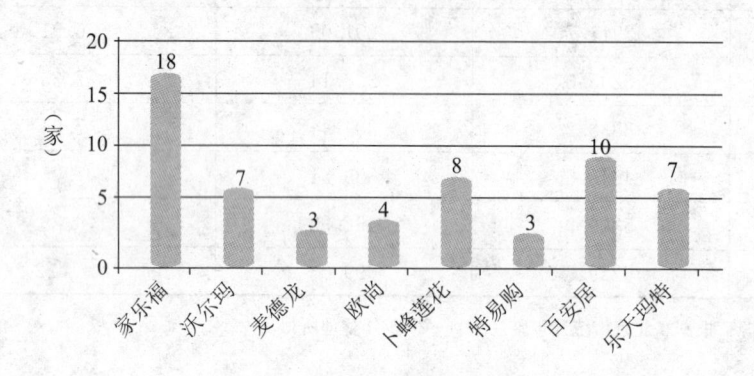

图 4-3　外资零售企业在京开店数

四、首都零售业发展的具体评价

(一) 首都零售业连锁经营的发展

1. 首都零售业连锁经营发展的现状

北京市连锁经营进一步发展,全市 9000 多个连锁门店实现零售额超过 1500 亿元,占到社会消费品零售额的 25% 左右。[①] 2009 年全市连锁商业经营网点达到

---

① 田丛:《今年北京消费品零售额将超 6000 亿》,《新京报》2010 年 12 月 28 日。

8928个，比2005年年底增加了2767个。[①]

连锁经营是最体现流通方式现代化的一种零售经营方式，采用连锁经营能有效提高商业经营效率和成活率。连锁店在发达国家和城市已经成为一种最普遍和常见的零售方式。20世纪70年代末，美国连锁商店已经占全部零售商店的30%，由连锁商店实现的销售额在百货公司系统中占总额的94%，在综合商店系统中占80%，在食品商店系统中占54%，在医药商店系统中占50%。到目前，美国连锁零售已经占据绝大部分零售份额。同样的，20世纪60年代日本连锁商业的发展带动了整个日本经济的加速崛起，目前日本连锁商店销售额无可争议地占零售总额的第一位。近年来，北京连锁零售额总体保持较快增长，平均增长速度保持在20%以上。具体特点如下：

（1）连锁经营集中度不断加强

伴随着连锁经营规模不断扩大，连锁经营实现零售额不断增长，占全市社会消费品零售额的比重逐年上升。据《北京市统计年鉴2009》显示，2009年北京市连锁零售业总店数达到了240家，与2008年持平。所属门店数达到了8928个，平均各连锁零售企业拥有37.2个（见图4-4）；从销售额上来看，2008年连锁企业商品销售总额达到1736.6亿元，零售额达到1381.6亿元，同比增长10.5%和6.6%，单位从业人员的销售额为79.6万元，零售额为63.4万元（见图4-5）；单位营业面积销售额为2.48万元；零售额为1.97万元，增幅分别为6.4%和2.6%（见图4-6、图4-7、图4-8）。

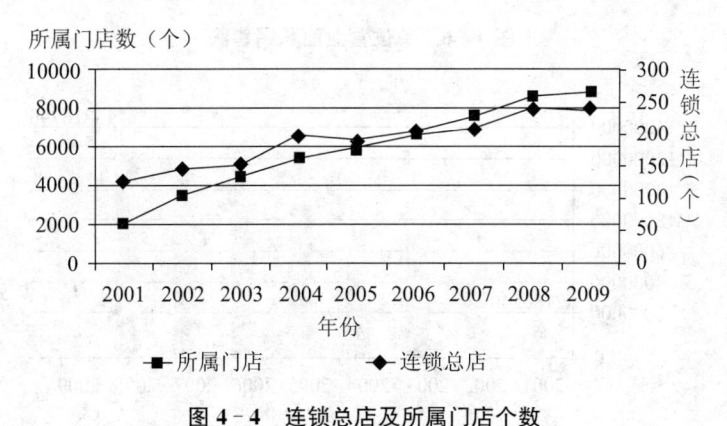

图4-4 连锁总店及所属门店个数

[①] 北京市发展改革委：《消费扩大拉动经济增长》，2010年11月。

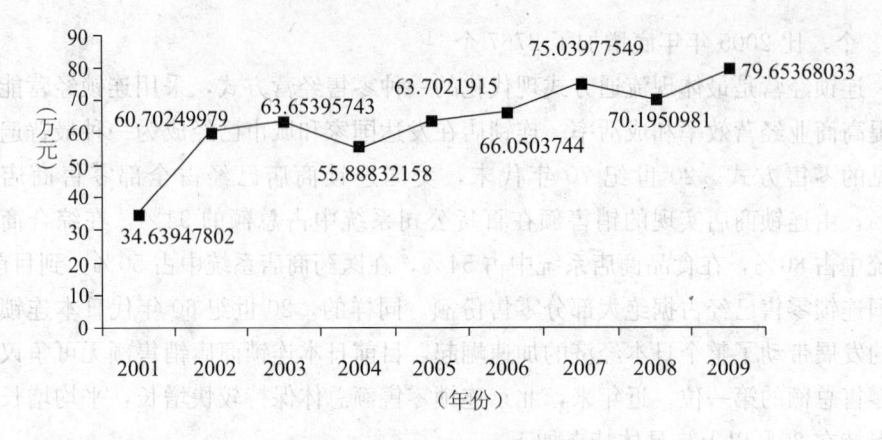

图 4-5 单位人员营业额

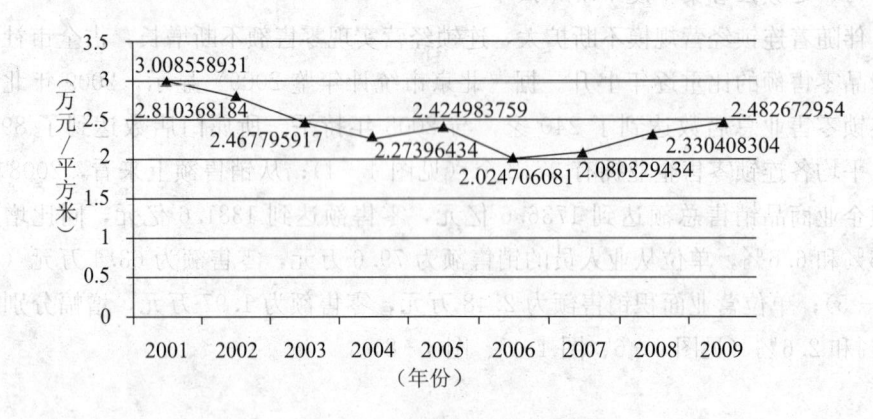

图 4-6 单位营业面积销售额

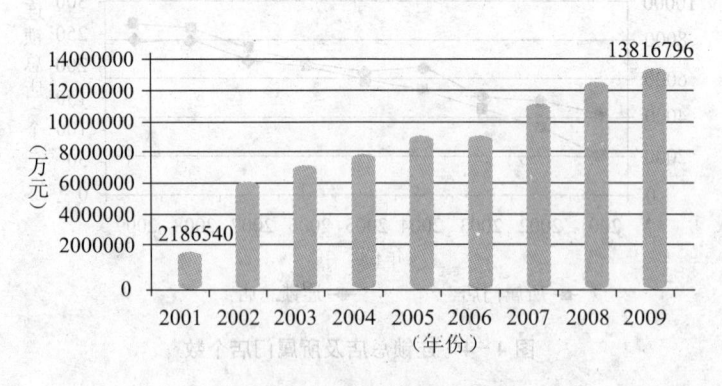

图 4-7 商品销售额中零售额

图 4-8 营业面积及商品销售额

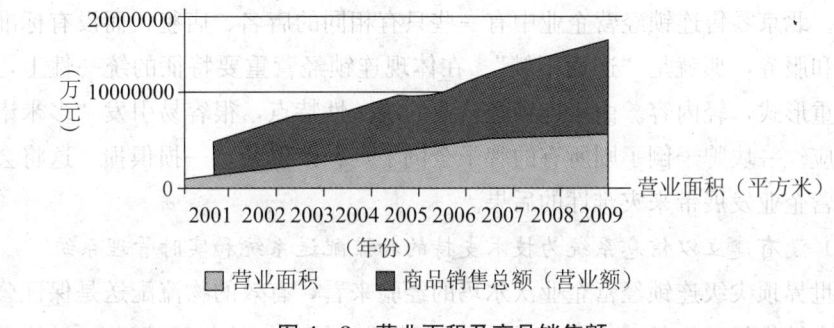

(2) 专业店依旧占主导地位

从连锁零售业态上来看,专业店依旧占据着主导地位。据统计,2008 年,北京市连锁零售企业中专业店的门店数最多,达 2009 个,占所有总门店数的 29.5%。

超级市场和专卖店发展速度也很快,门店数分别由 2007 年的 1553 家和 727 家增长到 2008 年的 1799 家和 1147 家,增幅分别为 15.8% 和 57.8%。

便利店连锁度进一步提高。2008 年便利店总店数为 12 家,相比 2001 年虽然只增加 1 家,但门店数却达到了 910 家,超出 2007 年 209 家,平均每家连锁便利店拥有 75.8 家门店,增长 19%。

另外,北京市仓储式商场也有突出的表现。首先,连锁度进一步提高,平均每家商场拥有 7 家门店,相比 2006 年增加 3 家。其次,2007 年和 2008 年两年,商品销售总额达到 24 亿元以上。种种现象说明人们对仓储商场这种零售业态的认可度不断增加。

(3) 直营店所占比重有所下降

从各个零售业态零售额的构成上看,直营店所占比重呈现出明显下降的态势。2007 年限额以上零售企业门店总数为 6037 家,其中直营店数量为 3984 家,所占比重为 66%,相比 2006 年下降了 3.8 个百分点;限额以上零售企业零售额为 1065.5 亿元,直营店零售额为 1035.2 亿元,占整体的 97.2%,与 2006 年持平。各业态中,百货店与仓储会员店的直营店比重达到了 100%,直营店比重最小的为超级市场,门店与销售额占比分别为 51.6% 和 97.4%。

2. 首都零售业连锁经营中存在的问题

(1) 管理规范化程度低

组织形式标准化是连锁经营的前提条件,只有对门店实行统一采购配送,统一经营管理,统一财务管理,统一质量标准,统一服务规范,才能体现连锁经营的优势。北京零售连锁经营企业中有一些只有相同的店名、店貌,而没有标准化的商品和服务,那就是"连而不锁"。在体现连锁经营重要特征的统一性上,许多企业重形式,轻内容。由于连锁经营业的统一性特点,很容易引发"多米诺骨牌"效应。一块牌子倒了则所有的牌子全倒了,一荣俱荣,一损俱损。这将会给连锁经营企业发展带来灾难性的后果。

(2) 没有建立以信息系统为技术支持的物流配送系统和实时管理系统

从世界顶尖级连锁经营企业沃尔玛的经验来看,有效的物流配送是保证公司达到最大销售量和最低成本的存量周转及费用的核心,沃尔玛超过85%的商品是由配送中心供应的。而先进的电子通信系统不仅使核心功能得到更大的发挥,而且建立了实时高效的管理系统,沃尔玛公司从订货到商品进商店不到10天,准确率为99%。而北京甚至全国多数连锁企业的经营网点目前只是采用了电子收款机,商品实时管理系统还未建立;大部分连锁经营企业没有真正建立与其经营相适应,保证其高效运转的配送中心;即使部分企业已有配送中心,但自动化水平很低。在和供货商直接联网方面,基本处于空白,有的连锁企业虽然建立自己的配送中心,但存在配送效率低、配送品种少、价格高等问题,严重阻碍了连锁企业的正常发展。

(3) 缺少资金和人才

许多国际大型连锁经营公司如沃尔玛、家乐福、麦德龙等早已在我国许多大城市拉开了战线,首都庞大的市场更是外资零售巨头的必争之地,他们的进入无疑给本土的零售业带来了巨大的冲击。由于国外竞争力量的进入,首都连锁经营业不再是从前不受外界干扰的低水平竞争了,而是高科技基础上的资金和人才的较量。北京连锁店从无到有直到形成一定的规模,需要连锁总部进行大量的前期投入。据调查,一家连锁店的内外改造最低需要几十万元,如果规模大一些,改造档次高一些,需要上百万元资金。由于资金不足,使连锁商业难以快速布置网点形成规模经营,一些连锁企业陷入不发展没有规模效益,欲发展缺乏资金的两难境地。另外,现代连锁企业更需要一批懂经营、会管理并能掌握现代技术设备、有较高素质的管理人员。由于我国整体连锁业发展较晚,这方面的人才比较缺乏,目前首都连锁经营店具有大专以上文化程度的各类专门人员只占3%,从业人员素质差,高级管理人员奇缺。

(4) 配送中心设施落后、配送效率低

配送中心是连锁企业的硬件设施,其功能是否全面,运转是否顺畅,直接关系到整个连锁企业的营运效率和效益。统一配送是连锁分店实现专业分工,获得规模经济的必要前提,因而配送被称为连锁的"生命线"。国外成功连锁企业的配送中心大多都实现了集采购、进货、库存、分货、加工、集配、运输、送货等一系列标准化、集约化和现代化的生产流程，这对降低商品进货成本、降低物流费用，对控制商品质量，减少分店库存以及提高经营效率等都起到了很大的作用。

(5) 品牌观念淡薄

连锁经营企业竞争力提升的关键是建立品牌商誉，而在北京以至于整个国内企业，无论是厂商还是中间商，都缺乏树立知名品牌的意识，更缺乏科学、成熟的品牌管理模式，难以形成品牌核心竞争力。在品牌运营方面，一些分店虽然采用了连锁经营方式，但仍然没有实现品牌标识及其服务理念的统一，品牌扩散效应难以发挥。

(二) 首都零售业物流配送的发展

1. 首都物流配送现代化发展的现状

北京市社会物流总额年均递增20%左右，物流成本占全市地区生产总值的比重降至12%左右，接近发达国家平均水平。

在《北京市物流业调整和振兴实施方案》政策下，北京市物流业得到了大发展，2010年，新入驻企业达114家，组织实施食品冷链物流科技示范项目，支持新建、改扩建冷库10万立方米。专业化物流进一步发展，新增11家A级物流企业，总数达34家。北京被商务部评为国家"现代物流示范城市"。

2006—2009年，北京社会物流总额以每年平均15%的速度增长。2009年由于受到金融危机影响，物流总额比2008年有所下降。不计算2009年的数据，2006—2008年平均增速达到了27%。2009年数据显示，北京市物流成本占全市地区生产总值的比重为14.8%，而发达国家这一比重平均在10%左右。

(1) 第三方物流发展迅速

新兴的第三方专业化物流在北京发展迅速，年业务增长率保持在30%以上，物流外包趋势明显。包括TNT、DHL、FedEx、UPS等知名企业在内的90多家外资物流企业已进驻北京。中铁快运、中铁行包、中铁现代、宅急送、邮政EMS等国内一批大型专业化物流企业纷纷在北京落户。2008年度中国物流百强企业中，排名前四名的中国远洋物流有限公司、中铁快运股份有限公司、中邮物流有限责任公司以及中远国际货运有限公司的总部都设在北京，前50名中有10家设在北京。截至2008年2月，中国物流与采购联合会会员中中国物流企业约为1050家，其中北京物流企业为92家，占中国物流企业的87.6%。

(2) 以中小物流企业为主

就物流市场格局来说，北京地区大部分物流企业是小型企业，基本没有涵盖各行业、综合性的物流公司。具有外资背景的物流公司占有一定市场份额，但是大都规模比较小；专注在特定行业的物流公司比较多，大宗货物的物流业务主要还由传统的国营物流公司完成。

2006年，北京市社会物流企业中，物流业务收入排在前20家的企业拥有资产1299.0亿元，占全市物流企业总资产的68.8%；实现收入590.3亿元，占全市物流企业总收入的79.8%。这前20家的企业中，内资企业有13家、港澳台及外资企业有7家。由于看到现代物流产业的良好发展势头，众多企业尤其是民营企业争相进入这一领域，2006年，在从事社会物流活动的1718家企业中私营企业有1012家，占到了58.9%；股份有限公司和其他有限公司有329家，占19.1%；国有企业有126家，占7.3%；集体企业有119家，占6.9%；股份制企业有62家，占3.6%；港澳台商、外商投资企业有70家，占4.1%。据统计，2008年北京市拥有限额以上专业化物流企业只有733家，也就是说即便以2006年的企业总数考虑，一半以上的物流企业都处于限额以下，显而易见从数量上看，中小企业才是北京市物流企业的主力军。

（3）基础设施建设投资显著增长

由于国家物流业调整和振兴规划的实施，在各级政府的大力支持之下，在物流企业财务状况得以改善的情况下，物流企业的基础设施建设得到了高速的增长。以交通运输、仓储邮政业为例，2009年其固定资产投资达到730.6亿元，同比增长14.6%，相对于2008年11.2%的增速，提高了3.4个百分点。同年限额以上企业物流基础设施中，自有仓库和货场面积由2008年的2193.6万平方米增长为2009年的2724.7万平方米，增长率为24.2%。货运车辆数由2008年的37541辆增长为2009年的41590辆，增长率为10.8%。物流计算机管理系统套数也由2008年的1883套增长为2009年的2177套，增长率达到了15.6%。这为物流企业进一步的发展奠定了坚实的物质基础。

（4）物流从业人员缺口较大

据《北京市第二次全国经济普查主要数据公报》显示：到2008年年末，北京市法人单位37.8万个。其中，从事交通运输、仓储及邮电业独立核算的法人单位数6022家，占全市单位数的2.2%；从业人员平均人数65.3万人，物流人才缺乏多达20万人以上。另据统计，2009年北京市物流业从业人员达到了47.5万人，相对于2008年增长了5.3%，其增长速度高于2009年第三产业就业人员3.7%的增长率。正是物流人才的缺乏导致了物流从业人员的高增长，但是人员结构似乎并未得到显著改善。目前在主营物流企业从业人员当中，学历在大专以上的占19%，而物流专业毕业的人员则不足1%。

2. 首都零售业物流配送现代化的困境

（1）物流配送规模小，统一配送效率不高

我国目前连锁企业配送规模较小，绝大多数配送中心没有达到经济配送的规模。据统计，我国现有的连锁商业企业平均每家拥有的店铺数虽达到 17 家，但不少企业仅有 3~4 家。北京大多数连锁企业都有自己的车辆、仓库，而自有车辆实载率仅为 25%。例如以创立垂直 3C 电子商务闻名的京东商城，2009 年销售额突破 40 亿元，2010 年超过 100 亿元。但随着规模的不断扩张，物流配送效率低下，京东的物流处理能力远远低于订单量的增长，让京东商城无奈地发出了订单处理延迟的公告。

国内物流专家指出，现在很多城市的物流车辆多为安全性较低的微型客车，而这类车辆缺乏专业的载货和装卸设备，在装卸和运输过程中造成了大量的物流损耗，大多数此类车辆内部空间不足专业车型的 1/3，远达不到物流配送需求，效率低下，能耗较高，大大增加了连锁企业物流的风险和成本。

（2）物流配送信息流通不顺畅

在我国连锁经营企业中，许多企业配送中心内部的数据采集，配送中心与外部接口系统如电子自动订货系统（EOS）、电子数据交换（EDI）等还不完善，与国外连锁企业自动化现代化的配送相比，配送效率低下、配送过程中的损耗和物流成本极高。

据报道，我国零售行业的 IT 总体投资占零售总额的比例还不到 0.2%，国际零售巨头基本占到 2% 以上。我国流通企业信息化投资占总资产平均不到 2%，而国外大企业的平均水平为 8%~10%。对信息的处理、分析、挖掘还很少，企业物流信息系统并没有发挥应有的作用。而现代信息技术和计算机技术在西方零售企业组织管理中得到了广泛的应用，在美国、欧洲、日本，许多零售企业采用 POS、EOS、SCM、MIS、CMS 等信息系统来提高企业的管理水平和效率。

（3）配送中心设施薄弱，自动化程度低

据零点研究集团调查报告显示，在我国 304 家已经开展配送的商业企业中，20% 的企业统一配送率在 40% 左右，67% 的企业的配送率介于 50%~70%，配送率达到 70%~90% 的商业企业不足 15%。

我国许多企业的配送中心设施落后，没有专业的分拣设备和电子扫描装置，作业中手工仍占很大的比例，配送中心功能不完善。而国外的配送中心普遍采用了机械化和自动化作业，美国的立体仓库大部分都建有专业的通信网，日本已呈现出采用尖端物流技术的趋势，如电脑控制的机器人和搬运特殊物品的机械手、高速分拣装置和特殊运货车辆等。

（4）自营配送为主，缺乏有效的合作机制

在我国许多大中型连锁企业都建立了自己的配送中心，据中国连锁经营协会统计，国内连锁百强企业中有80%的企业拥有自己的配送中心，配送中心的平均面积达到9693平方米，但仅有13%的企业依靠第三方物流企业。由于我国真正意义上的第三方物流形成的时间还不长，物流服务水平不高，大部分物流企业是从原来的储运业转型而来，大都未形成核心竞争力，企业的技术水平与管理水平不高，发展后劲不足，难以承接一个大型零售企业的所有物流业务。2009年中国第三方物流市场大约有26000个服务商和终端，排名前十位的服务商仅占市场总额的17%，这说明我国物流行业尚未实现充分的整合。

在竞争模式上主要体现在成本与价格上的竞争，而对第三方物流所带来的供应链增值效应关注不够，低水平的过度竞争成为我国第三方物流发展的瓶颈问题。根据分析，我国第三方物流行业目前利润率为3%~8%，行业利润空间尚未完全挖掘出来，与国际上相比差距还是很大。而第三方物流在国外的物流市场上已占据了相当可观的分量，欧洲目前使用第三方物流服务的比例约为76%，美国约为58%，日本约为80%；美国IDC公司进行的一项供应链和物流管理服务研究表明：全球物流业务外包将平均每年增长17%。

（三）首都零售业电子商务的发展

"十一五"期间，"数字北京"建设水平不断提升。截至2010年年末，北京已初步建成国内领先的3G网络、20兆宽带覆盖最广的信息网络和用户最多的高清交互式数字电视网络，启动了无线物联数据专网建设，地铁已建线路基本实现信号覆盖。用于移动视频传输的无线宽带专网正被积极推动建设，无线城市建设初具规模。

据统计，北京3G用户超过254万，高清交互数字电视用户达130万户，网民规模超过1160万人，占全市常住人口的2/3，手机网民规模达780万人，网站数为37.2万个，互联网普及率达到66.1%。[1]

庞大的网民队伍是北京发展电子商务的有利条件。北京电子商务呈持续快速发展态势，电子商务总交易额从2005年的666亿元增加到2009年的3200亿元，年均增长率超过20%。其中288亿元是网民个人购物贡献的，占电子商务总交易额的9%。网购人数超过530万，网购渗透率达到51.3%，网民参与网购的比例在全国最高。截至2010年5月，北京市二三产企业上网率达到58.3%，门户网

---

[1] 李舒：《北京网民超过1160万人》，《新华网》2010年12月30日。

站数量超过4万个。①

据淘宝网网购数据显示，2010年淘宝网注册用户达到3.7亿，在线商品数达到8亿件，最多的时候每天6000万人访问淘宝网，平均每分钟出售4.8万件商品。2010年11月11日，淘宝网迎来了单日交易额峰值，达到19.5亿元，这一数据已超过北京、上海、广州国内三个一线城市的单日社会消费品零售总额。用户方面，淘宝每位用户平均交易笔数比2009年增加了35%。在解决社会就业方面，截至2010年12月31日，全国有近182.3万人通过在淘宝网上开店实现了就业。

2010年，消费者购物习惯也在发生改变。网购从最初的"淘便宜"向"淘品质"转变，主打B2C的淘宝商城2010年业务增长是2009年的4倍。2010年11月11日，仅淘宝商城单日交易额便达到9.36亿件，每秒成交超1万元，2家店铺成交额超2000万元，11家店铺超千万元，20家店铺过500万元。②

1. 电子商务的兴起与作用

1986年中国银行北京分行发行了第一张银行卡。1986—2002年，银行卡特约商户增长缓慢。2002年年底起，北京市政府大力推进"刷卡消费无障碍工程"，带来了明显的效果。2003—2004年，平均每月新增可受理银行卡商户达1000多户。截至2004年年底，全市累计发展银行卡特约商户达31817户，与2002年年底相比，增长了近4倍，而全市POS消费金额占社会消费品零售总额比例也达到35.77%，位居全国前列。为了培育持卡人的刷卡习惯，推动北京刷卡消费，银行卡办公室2002年起启动了有奖刷卡消费活动：任何一张由北京市辖内的17家银行机构发行的个人银行卡，只要在市内特约商户的POS机上消费，无论金额多少，都可以参加抽奖。随着可受理银行卡商户的增多，各项推广活动的开展，银行卡安全、便捷的功能已深入人心，动卡率和机具使用率明显提高。③

2008年4月2日，北京市政交通一卡通正式开通物美超市的刷卡消费服务，持卡市民可以使用交通一卡通到物美超市购物。一张卡最高充值额为1000元。市民如果多交20元，还可以DIY一张个性"一卡通"。随着一卡通刷卡消费领域的不断扩大，市民持卡购物将更加方便，并可能在部分商户消费时享受到打折优惠。另外，一卡通还可以刷超市和电影院。④

---

① 《北京电子商务交易额今年有望突破4000亿》，《北京日报》2010年12月30日。
② 李斌：《淘宝发布去年网购数据，单日交易额最高达19.5亿》，《京华时报》2011年1月7日。
③ 耿彩琴《北京人刷卡消费逼近美国水平》，《北京日报》2005年3月30日。
④ 孟环：《北京物美超市开刷交通一卡通》，《北京晚报》2008年4月2日。

在全球金融危机背景下,北京市为扩内需、促消费、保增长,在北京市商务委员会的指导下,中国银联北京分公司及在京23家中资商业银行共同承办了历时七个月、北京市近年来最大规模的有奖刷卡消费活动。数据显示,2009年在北京市开展银行卡联合促销活动的6~12月,北京POS跨行刷卡成交交易笔数为1.46亿笔,比2008年同期增长3481万笔,同比增长31.29%;POS跨行刷卡交易金额为2504.19亿元,比2008年同期增长1169.52亿元,同比增长87.63%。截至目前,中国银联刷卡消费的境外网络已延伸至美国、法国、德国、英国、日本、韩国、新加坡、马来西亚等中国人常去的近80个国家和地区。[①]

同时,电子商务快速发展。截至2010年北京电子商务企业数量占全国总量的9%,我国B2C领域排名前十位的企业中有6家总部设在北京。据不完全统计,仅2010年,北京市的电子商务总交易额便超过了4000亿元人民币,其中B2B交易额约占90%。

目前,北京的电子商务零售额占社会消费品零售总额的近3%,各企业已从之前的跑马圈地,向提升企业的服务品质、满足消费者的多元化需求转变。眼下,北京正在加快产业结构转型、积极创建国家电子商务示范城市,未来5年,电子商务零售额占社会消费品零售总额的比重将升至8%。

电子商务的出现,使零售业在商品流通的各个环节都发生了变化,但它并不能取代传统的零售业,它们之间的关系是相互补充、相互融合的关系。

一方面,电子商务彻底改变了传统零售业的营销理念,利用电子商务作为工具使得营销必须利用信息技术和网络优势。全新的营销理论,是指从传统的同质化、大规模营销到异质化、集中营销,营销管理过程也从分散、独立发展到统一。电子商务对零售业物流体系实现再构造。物流是零售业的源头,电子商务改变了传统的物流观念,为物流创造了一个虚拟的运作空间;电子商务改变了物流的运作方式,通过网络上的信息传递,可以有效地实现对物流的实时控制,实现物流的合理化;电子商务还改变了零售企业物流的经营形态,要求从社会的角度对物流进行系统的组织与管理,从而打破了传统物流分散的状况。

另一方面,电子商务为零售业发展创造了全新的商务模式。电子商务改变了传统零售业的商品流通模式,建立了以数据库为核心的决策支持及运营系统,使整个系统由产品管理为中心转向顾客需求管理为中心。电子商务与传统零售业相互补充和融合,但电子商务无法代替传统零售业的社会功能。传统零售业具有休

---

① 张淼淼:《北京2009年刷卡交易额超4千亿元,创历史最高水平》,新华网2010年1月12日。

闲和娱乐的功能，网上购物虽然可以随时随地、随心所欲地挑选商品，但无法进行人际交流，也无法通过感官去感受商品的质地、气味等，而这些都是消费者购物过程中的重要心理体验，两者并不是替代关系。电子商务不是传统零售业的末日，而是一个更新、改造、提升传统零售业的平台。B2C 的发展如果没有传统零售业的加盟，只能停留在纸面上，或是在小范围内运作，而传统零售业如果不顺应新经济的潮流，积极发展电子商务，就有被市场遗弃的危险。

2. 连锁经营与电子商务的关系

连锁经营与电子商务从本质上说并不能将它们分别看作两种独立的业态，它们是一个事物的两个方面：连锁经营是企业资本的组织形式，是从资本组合方式的角度讲的；电子商务是在一定组织形式基础上的具体运作模式，也可以说是运用现代信息技术手段对传统企业经营方式或运作手段的信息化改造。因此，电子商务的低成本、高度扩张性符合连锁企业内在的发展要求，其技术的先进性也能保证连锁经营企业统一管理要求的实现，它们两者的结合散发着无穷的魅力。在日本，"雅虎-日本"与"7-11 日本方便连锁店"共同建立了 E-Shopping Books 新公司，顾客在因特网上选购自己喜爱的图书，"雅虎-日本"把消费者的购书信息通过 Internet 及时传送到离消费者最近的一家"7-11"连锁店，消费者可以亲自到 7-11 连锁店付款取书或由连锁店送书上门；在国内，新浪网通过与中国最大的特许连锁体系——亚飞汽车连锁总店联手，在网上进行汽车租赁、销售业务，实现了信息时代无形网络与汽车市场有形网络的结合。

电子商务与连锁经营相结合的一般物流过程如图 4-9 所示：

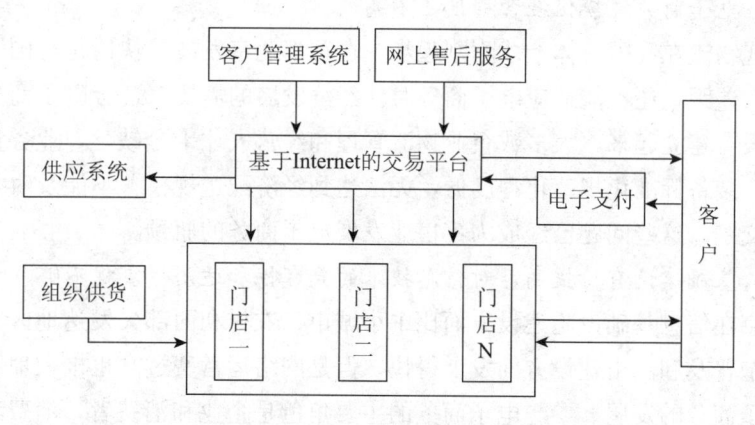

图 4-9 电子商务与连锁经营相结合的一般物流过程

3. 连锁经营与电子商务结合的优势

连锁企业运用电子商务手段，可形成一个有形与无形相结合的市场，实现各门店的同步运作，充分拓展和延伸连锁经营的整体优势，提高经营决策的正确性和时效性，从而迅速增强连锁经营企业在市场中的竞争能力。由此可以预测，无论在国内外，商品连锁企业大举进军电子商务将会成为必然的发展趋势。连锁企业与电子商务相互融合，将具有以下优势：

第一，利用互联网在线销售突破了地域的限制，使全国甚至是全世界的消费者都能够浏览了解连锁企业的产品信息，不仅可以扩大销售量，赢得了更多的潜在客户，同时也使连锁企业的品牌得到了延伸。

第二，连锁企业可以通过互联网向客户提供非常详细的产品信息，包括当前产品的详尽规格、技术指标、保修信息、使用方法等。客户也可以方便地通过互联网来查找自己需要的产品及其价格。

第三，在线销售可以有效跟踪每个客户的销售习惯和偏好，通过建立客户数据库，有针对性地调整营销手段和内容，提供个性化服务，最终有效地满足每一位消费者。

第四，连锁企业可以提供更加完善的售后服务，提高客户对连锁企业的满意度和忠诚度。网上售后服务24小时开放，客户可以随时上网寻求和接受服务，缩短客户信息的反馈时间。网上售后服务还可以综合运用多人的知识、经验和以往出现问题的解决办法，尽快地解决客户的问题。

4. 首都电子商务发展中存在的问题

(1) 电子商务规模化经营程度还不高

现代物流在我国总体上才刚刚起步，在首都北京发展较快但是与国际先进水平有较大差距，还不能适应电子商务时代经济发展的需要，适合电子商务的物流体系还没有建立起来，大多数企业物流管理和经营人才十分缺乏，业务量低，效率低下，装备标准化规范化程度低，无法达到经济配送规模，不能及时与用户完成实物交割，这些问题已经成为零售业发展电子商务的瓶颈。

(2) 基础建设有待提高，对信息技术的兼容性和适用性重视不够

北京在信息基础设施建设方面比中小城市、农村和西部欠发达地区在光缆建设、电脑普及和网络建设方面发展得快，但是网络运营费过高也极大地制约了零售业电子商务的发展。参与电子商务的主要角色是企业和消费者，消费者是电子商务的基础，谁拥有最多的访问量，谁就拥有最多的潜在消费者。目前B2C电子商务模式主要有两种模式：①先有线下成熟运营的实体商城、仓储系统、供应链体系、物流配送体系，后有网上商城，充分利用实体商城的渠道网点、既有的

仓储系统、供应链体系以及物流配送体系发展网上商城业务；②纯网络型网上商城，即先有品牌和众多的顾客，然后通过实业、品牌及线下核心顾客的基础逐步拓展网上的业务和顾客群体。无论何种模式，网络是电子商务的发展基础。消费者是 B2C 电子商务的基础。网络的浩瀚无穷也给消费者带来了很大的选择余地。任何一个网站他都无法涵盖所有的访问者。而对于从事 B2C 的商家来说，怎样能使最多的消费者在浩瀚的网络世界中找到自己的商品是商家成功的第一步，这也是目前 B2C 电子商务发展所欠缺的。目前很多商家都有自己的网站并进行网上销售，这是好现象，但是很多商家往往只局限于他自己的网站，自己做网站浏览量、自己做网上销售、自己做支付系统、自己做物流，即所谓的一站式模式。而结果往往是顾此失彼，特别是很难解决网站的浏览量的问题。

（3）物流障碍和安全问题仍然制约 B2C 模式发展

电子商务的最终成功还要依赖于高度发达的物流体系，除个别商品（如软件）外物流是无法通过网络直接进行的，它是商品实体流动的过程，包括运输保管、搬运、包装、流通加工、信息活动等，商品实物能否顺利、及时地到达客户手中，还要看是否有高度发达的物流。电子商务高效率和全球化的特点，要求物流也必须达到这一目标。另外，零售企业开展电子商务最担心的是安全问题，如何保证电子商务活动的安全，一直是电子商务的核心研究领域。作为一个电子商务系统，必须具备安全可靠的通信网络，以保证交易信息安全迅速地传递，还必须保证数据库服务器绝对安全，防止黑客闯入网络盗取信息。近年来，虽然计算机专家从各个角度开发了许多电子商务交易安全的技术保障措施，但仍难以完全保障电子商务的交易安全。对于我国零售企业而言，网络产品本身就隐藏着安全隐患，加之受技术、人为等因素的影响，安全问题更显突出。

五、提升首都零售业现代化发展水平的对策

（一）加快推进首都零售业信息技术的现代化发展

1. 提高电子商务信息技术的利用水平

首先，连锁企业要对信息增值和高科技的重要性有充分认识，未来竞争不是价格战，而是通过对高科技手段的采用看谁拥有立体化的信息资源，能够高效快速地应变，带给消费者贴心周到的服务。我们可先消化吸收国外同行的先进技术和成熟经验，如 POS 系统、EOS 订货系统、商业管理信息系统；然后再应用现代信息技术、计算机技术、网络通信技术等高科技手段，并结合目前的商业发展水平，搭建企业自己的配送中心，形成经营一体化的新产业。通过大型计算机数据库的建立和数据挖掘系统的建设，提高企业信息资源开发利用水平和效率，使

随后连锁企业与电子商务的对话有"共同语言"。

2. 重视培养电子商务与零售经营方面复合型人才

随着电子商务的发展,迫切需要大量具备电子商务知识和专业技术的人才,以便解决和处理电子商务发展中的各种问题,可是在首都零售企业中,普遍的问题是,具有计算机和网络知识的人才不懂得金融、商贸,而熟悉和掌握金融、商贸、经营管理的人才对网络知识又不是很精通。不管是改善企业的管理水平还是提高信息化能力,都需要懂现代化经营理论又有丰富实践经验的人才。所以要通过在高校开设相关专业,如物流管理、电子商务、连锁经营与管理等专业来大量培养专门人才;还可通过各行业协会开展从业资格认证的方式来激励人们投身于电子商务、物流行业,在企业精神氛围建设、个人职业生涯设计等方面增加企业亲和力,并改革对员工的激励方式以吸引更多的优秀人才加盟,加强内部人员的在职培训以提高人员的水平,尽可能地形成企业的专用性人力资源;同时也可通过走出去、请进来等手段与国外的知名企业近距离接触,学习和借鉴先进经验与理念,提高从业人员的整体素质;大型零售企业还可考虑加快与网络公司的融合,以解决企业迫切需要解决的人才与技术等问题。

(二) 促进首都零售业管理的现代化发展

1. 开展合资、合作与合并,实现集团化发展

走集团化道路,实行跨区域商业重组,打造北京零售业的"航母"。产业集中度低,缺乏规模效益一直是制约整个零售业发展的"瓶颈"。走规模化经营道路,充分利用规模优势是大方向,通过国有商业资本战略性改组、改制,培育起一批大型的、起先导作用的商业集团,构建混合式股份制商业集团如首都商业连锁集团,组建产、商、融结合的新型商业集团,实施商业战略联盟,这些都以实践证明是扩大规模经营的有效途径。北京翠微集团收编当代商城,北京王府井百货和东安集团联合成立北京王府井东安集团,由北京西单商场、超市发和上海华联超市跨区域联合组建的北京西单华联超市有限责任公司,都说明打破区域界限的联合重组将是现代商业的发展方向。京城的内资零售企业也渴望通过这种跨区域的强强联手,实现由地区霸主向全国巨头的演进。而当今国际上的竞争更强调"竞合",所以北京零售业"航母"的打造并非一定要与外资零售巨头相抗衡,如果外资认同,合资、合作也是明智之举。

2. 重视形成品牌效应,提升首都零售企业的核心竞争力

核心竞争力是能为企业带来相对于竞争对手的竞争优势的资源和能力,也是能使企业形成并保持长期稳定的可持续竞争优势及稳定的超额利润的能力,是企业竞争力基础和获得竞争优势的根源,是企业内在的区别于其他企业具有的根本能力。核心竞争力的形成要经历企业内部资源、知识、技术等的积累、整合过程，它是多种因素的组合（包括体制、规章、流程、特有的技术能力、核心产品及建立在企业文化基础上的团队精神和进化能力等），无法通过一次重大的发明或资源并购来实现，而是企业在长期的生产实践中以特定方式、沿着轨道逐步积累和培育起来的。同时，核心竞争力具备一定的延伸性，能为企业在未来的发展变化中衍生出成群的或系列的新产品和进入多个市场提供潜在途径，对企业一系列产品或服务的竞争都有促进作用，可最大程度地实现规模经济，零售企业核心竞争力的提升关系着企业长远的发展。从外资零售企业在我国的发展经验看，几乎所有的欧美日大型零售企业进入我国市场之前，都要进行长达数年的深入细致的调查，以把握市场特点，进行准确的市场定位，实施差异化战略，从而为目标顾客提供更具价值的产品和服务，一方面形成自己的品牌优势，另一方面提升自己的竞争优势。外资零售企业在销售中的低价策略，培育顾客忠诚、创造顾客需求、塑造零售商业服务品牌的服务策略以及一体化与本土化相结合的经营策略，对于内资零售企业很有借鉴意义。

（三）促进新型零售业态种类的共同发展，增加行业活力

随着首都经济的发展，形成了不同层次的消费水平，而消费者差异化的购买需求也是从物美价廉、经济实惠到品牌崇拜、个性至上应有尽有，这种消费状况决定首都传统零售企业必须进行商业业态创新，形成各自的经营特色，为顾客创造独特价值。从国际零售业发展的历程，以及首都正在发生的变革，我们可以看到零售业态正沿着"全、专、廉、便"四个方向发展："全"，指以综合为特征的零售业态，如百货公司、大型综合超市、购物中心等，其中百货公司一般经营价值和技术成分高的商品，因此从价格定位到服务都是较高档次的，其服务对象也是消费水平较高，以追求品位为主的中高档消费群体。"专"，指以专业为特色的"小而专"零售业态，具有小中见规模的特点，如服装店、药品店、家居饰品店等。"廉"，指以提供需求量大、购买频率高的低价位商品为主导的零售业态，如超市、仓储式商店、会员店等。"便"，指以方便购买为优势的零售业态，面积小，品种有限，提供的主要是小型日用生活品，如便利店、汽车商店、自动售货机、网络商店等。以上不同零售业态要求有自己的市场定位和经营特色，企业应从实际出发，研究分析市场，对市场进行细分，合理定位，实施特色营销，开展有效竞争，即要进一步细分零售市场，满足个性化、专业化、服务性消费需求。

具体到企业，业态的选择是零售连锁企业成功的前提。选择业态时，要了解目标市场，消费者购买水平和消费结构，北京这种经济发达地区的连锁企业更适合选择超市、仓储式商场、便利店、专卖店等零售业态。在业态运作方面应具有

中国特色，例如仓储式商场的发展要充分考虑两类消费主体的不同，采取不同策略：一是沿用欧美模式在城乡结合部发展大型仓储商场，以满足众多中小商业企业、机关团体购物的需求；二是在城市街区发展中小型仓储式商场。在北京郊区，消费市场的三级流通网络已初步形成，它是一种立体的服务销售格局，百货店、仓储超市、专业店、专卖店等各种业态的分布基本上与城市中心一样合理搭配。另外，随着市区居民逐渐向郊区迁徙，开发郊区居民社区商业资源已迫在眉睫。总之，在外资零售企业还未将目光投向广阔的京郊农村市场之前，京城内资零售企业应充分利用天时与地利占得先机，从而获得先动优势。同时，广阔的农村市场还为北京零售业态的创新提供了新的发展空间。

(四) 完善零售业连锁经营的物流配送体系，提高企业运营效率

随着北京日益成为我国进口商品的采购中心和国际货物进入中国的最佳集散中心，国际间、区域间和城市内部的物流日趋增多，作为"第三利润源"的物流已成为当前"最重要的竞争领域"。现代化的零售企业特别是一些大型连锁企业的竞争已发展到"供应链竞争"，即谁能做到货全、价低、配送及时，谁就有可能在市场博弈中胜出。因此，必须重视配送中心的建设，根据企业的经营状况合理确定配送中心规模，提供安全、可靠、高效率的配送体系，同时要积极发展社会化的"第三方物流"。应该鼓励零售企业结合自身实际情况，寻求最优的物流配送方案，比如是选择自己组建物流网络还是与专业物流公司合作，此外，要积极促进物流的社会化、信息化、自动化、网络化，努力提高劳动生产率，节约物流费用，实现物流的规模经济效益，为零售业电子商务的发展创造有利条件。目前，北京的零售商业企业中，大多数建设了MIS管理信息系统和POS实时销售系统，大中型商场基本实现了各种银行卡的互通互联，王府井百货股份有限公司更是在全国率先采用卫星通信手段与门店相连，有效地支持了全国性大连锁集中采购和配送业务的实现。品类管理、客户管理、供应链管理等现代管理技术和信息管理系统的发展无疑会促进电子商务的发展，对提高企业的运营效率大有益处。

(五) 强化企业自身建设，挖掘人力资源潜力，提高经营管理水平

1. 以人为本，实现人力资源的现代化发展

高素质的经营管理队伍是实现连锁经营和规模经济，走集约化发展之路的成功保证；而相对素质偏低的经营管理队伍是造成百货业生存和发展困境的关键因素。因此，必须提高经营管理者的素质。决定市场竞争胜负的是规模和实力，而决定企业胜负的决定性因素是人才，是那些掌握了现代化管理技术和能力，具有专业技术知识和积累一定实际工作经验的人才。谁拥有人才，谁就能掌握今天，

拥有明天。许多外国零售业尤其像沃尔玛这样的大型零售企业集团,"技术是现成的,资金是现成的,人才也是现成的",而当地企业却是"人才没地方找",这是国内零售业和外资相比的最大劣势,也是难以在短时间内能扭转的劣势。因此,为了百货企业连锁经营的生存和发展,必须加快人才培养步骤,加强人力资源管理。

(1) 充分挖掘和利用现有的人才潜力,利用内部培养和外聘相结合的方式,提高他们的经营管理素质和能力,尽快使他们成熟起来

要在公司里造成人才脱颖而出的环境和机制,尽快使他们成才;另外,要从企业发展战略和实际需要出发,从外部招聘企业特别需要的关键岗位人才。尤其是企业战略发展决策、现代市场营销、企业文化建设、现代信息管理技术等关键岗位一定要有真才实学的高素质人才去掌握。应该有让贤的宽宏大度,让企业在有才者手里顺利发展。

(2) 形成培养人才成长的机制

国外大型零售企业雄厚的人才储备,都是从零做起,逐渐形成的。因为这些企业拥有者明白,人才创造效益,因而,他们在人才培养上进行巨额投资,形成培养人才的机制,创造有利于人才成长的环境,在企业不断成长壮大过程中积累大量的人力资源。首都百货业要扭转在人才竞争方面的劣势,就必须在人才培养这个关键环节上舍得投资,为人才培养提供各种有利的条件。同时,形成人才选拔、培养、提拔、使用、保护的程序,要制订有利于经营管理人才脱颖而出的规章制度并坚决落实。要采取派出去学习和企业内部短训相结合,理论学习和岗位技能训练相结合,长期和短期培训相结合,多层次、全方位、高目标、重奖惩的培训方式,培养员工成才,并及时把他们分配到合适的岗位,学用结合,提高水平和才能。要坚决破除论资排辈、以资格和权力压制人才、以关系网排挤人才的陋习,坚持从企业的发展需要出发,用科学的模式发现和培养连锁百货所需要的职业经理人。

(3) 形成人才激励机制,使企业留住人才

形成人才激励机制,可以有效解决经营者长期激励不足的问题,可以吸引并留住人才。只有这样,才能不断扩大连锁百货的人力资源,满足其不断扩大经营规模的需要。

2. 重视组织结构创新,加强企业自身建设

传统的单体百货企业的组织结构大多以 U 形结构为主,即中央集权的职能部门化结构。这种组织结构的特点是按经营职能划分部门,各部门的运营是功能导向型。具体的机构设置是总经理下设采购部、商品部、财务部、人力部、营销

部等职能部门,各部门下设科、股,实行直线管理的多层次的金字塔式的组织构架。但是,实行连锁经营后,传统的机械的科层组织结构必然满足不了连锁分店的地域扩张的需要,因此,有必要对组织结构进行调整和改造,才能使企业的各项职能和人、财、物的调配跟得上企业新战略的需要,保证企业更有效地运营。

新建立的组织结构在增设分店管理机构的基础上,仍然保持原有组织结构的集中控制的特点,从整体上而言依然是 U 形组织架构,即最高管理层及其领导指挥下的职能部门与分店。中央集权式的组织结构保证了总部的指挥控制权高度统一,管理层级的精简,辅之以信息网络的应用将极大地推动信息真实、高效地传递和工作效率的提高。最高管理层的职能是决策,总部的各职能部门则承担相应的采购、配送、财务、人事等具体的职能,各分店则专司销售之职。这其实就是一种典型的直线职能式的组织结构。新的组织结构相比于传统的组织结构有一个明显的特征就是配送中心的出现,它是为适应"集中采购、统一配送"职能而产生的。

(六) 改善零售业发展的外部环境,实现零售业发展观念的现代化

首先,政府应规划引导外资进入,创造良好的投资环境,确保对外开放的顺利进行。对我国政府来说,要改革行业管理体制,建立符合国际惯例的商品分销管理和协调机构;制订完善的规划和政策措施,以制度创新和强化法制来拆除市场壁垒,促成全国统一市场的形成;在不违背 WTO 原则的条件下,对外资企业的资质审查、市场准入条件以及违规处罚等方面,做出有利于我国分销领域发展的规定;特别要充分利用反倾销、反补贴这些当今国际上贸易保护的惯用措施,对我国零售业进行合法保护。作为地方政府,北京市还应注意充分发挥商会、行业协会的作用,合理控制大型零售商场数量,切实改善北京的商业投资环境。一方面为外资零售企业的进入创造良好的投资环境,做好服务工作,并严格按国际惯例办事;另一方面也要对内资的零售企业给予必要的引导和扶持。

第五章 首都现代零售业国际化发展研究

一、绪论

（一）研究目的及意义

在经济全球化日益加快的今天，零售业的国际化发展已成为一种必然趋势，给现代零售业带来了十分深远的影响。从长远来看，实施"走出去"战略，积极引进外资和推动本土零售业开展国际化经营，是实现首都国际化大都市目标和首都现代零售业持续健康发展的必经之路。为了达成上述战略目标，首都政府先后制定了《北京城市总体规划（2004—2020 年）》、《北京市国民经济和社会发展第十二个五年规划纲要》、《北京市人民政府关于印发北京市加快国际商贸中心建设意见的通知》等，这些政策纲要正在首都现代零售业国际化中发挥着重大作用。

自 2004 年全面对外开放以来，首都零售业日渐成为跨国企业来华投资的热点领域，其投资项目数和投资额均保持持续上升的趋势。2008 年、2009 年在京零售业投资项目数为 510 个、398 个；2008 年、2009 年、2010 年、2011 年外资实际使用额分别为 608172 万美元、612094 万美元、636358 万美元、705447 万美元，2012 年外资实际使用额 80.4 亿美元。随着首都社会经济建设的全面提速，我们完全有理由相信，由外资零售企业主导的首都零售业国际化进程将会进一步加速。

在外资零售企业抢滩首都市场的同时，首都零售企业也在积极探索海外扩张，如天客隆借助政府支持登陆莫斯科市场、物美集团资本市场国际化，北京华联集团对新加坡西友百货进行跨国并购等。然而，由于自身发展条件的限制和国际化运作经验的缺乏，首都零售企业的国际化经营并没有取得预期的成绩，天客隆 2003 年从莫斯科退出，北京华联集团的海外扩张似乎也是以牺牲本土利益为代价。由此可见，首都零售业的国际化之路仍任重道远，如何适应现代零售业发展的趋势，积极走出去，在全球范围内参与市场竞争，并取得竞争优势和发展壮大自己，是首都现代零售业发展亟须解决的一个重要课题。

本研究正是上述背景下，从首都现代零售国际化发展现状分析入手，探讨了首都现代零售业国际化发展面临的机遇和挑战，进而对首都现代零售业的国际化发展水平进行评价,并结合首都现代零售业国际化发展的战略定位,提出了首都零售业国际化发展的相关战略及路径选择,以期为首都现代零售企业制定和实施"走出去"战略提供理论依据和政策指导。

(二)相关概念界定

1. 零售业国际化

零售业国际化主要是指零售企业在本国市场以外,积极拓展国际业务和参与国际竞争,以实现其经营目标的商业行为和过程。零售业国际化主要通过管理国际化、运作国际化、人才国际化及资本国际化等方式来实现。其中,管理国际化是指零售业的经营管理理念和管理技术与国际市场接轨,依靠全球领先的管理能力来指导零售业的国际化实践;运作国际化是指零售企业的业务范围跨越国境,在全球范围内获取零售的规模效应和学习效应;人才国际化是指零售业通过雇用具有国际化经营经验和管理素质的高层次人才,为跨文化管理提供支持;资本国际化是指零售企业在全球范围内实施有效的融资策略,或积极探寻有利的投资机会,保持零售业国际化发展的资本流动性和获取高水平的投资回报。

2. 零售业内向国际化与零售业外向国际化

所谓零售业内向国际化,即零售企业的主体业务(包括产品销售、网络布局、管控实体等)在母国市场进行,而通过国际化采购、金融市场上的跨国融资、国际人才交流等来实施国际化经营。内向国际化的主要目标在于满足国内零售市场的需要,实现国内市场的规模经济,内向国际化是零售业走向外向国际化的基础;而零售业外向国际化是指零售企业直接走出国内参与国际市场竞争,其国际化活动主要包括境外直接投资(FDI)、跨国销售配送、境外技术合作、境外企业联盟等。零售业开展外向国际化主要是由于国内市场日趋饱和、市场竞争日益激烈,海外市场具有相应增长机会,且企业本身具有国际优势,是内向国际化的延伸。

在零售业国际化中,内向国际化与外向国际化并不是独立运行的,更多的是两者之间的一体化融合——在成本效益等经济目标下,把国际化采购、境外直接投资、技术转移等活动有效整合起来,在国际市场范围内实现规模效应和学习效应。这种一体化融合的能力直接决定了零售业国际化的绩效和竞争力。

(三)研究内容

本研究共分为七个部分:

第一部分,绪论。对一些基本概念和研究内容做出界定。

第二部分,相关理论综述。主要是对与零售业国际化相关的现有研究成果进行回顾,为后续研究奠定理论基础。

第三部分，首都现代零售业国际化发展的现状分析。本部分的重点是对首都现代零售业国际化发展的背景、现实意义、发展特色及时代要求做出识别和界定，以加深对首都现代零售业国际化发展的把握。

第四部分，首都现代零售业国际化发展的环境分析。本部分运用波特的钻石模型理论，对首都现代零售业国际化发展中的主要环境因素进行研究，分析各种因素对首都现代零售业国际化发展的影响情况，进而总结出首都现代零售业国际化发展面临的机遇与挑战。

第五部分，首都现代零售业国际化发展的标志与衡量。本部分主要研究了零售业国际化水平的评价理论，并运用该理论对首都现代零售业的国际化水平进行评价，以全面把握首都现代零售业国际化发展的战略重点。

第六部分，首都现代零售业国际化发展的路径与模式。本部分是对首都现代零售业国际化发展的战略问题进行综合研究。基于前文关于首都现代零售业国际化发展战略环境的分析，针对性地研究了首都现代零售业国际化发展的政策、路径及策略选择。

第七部分，结论。对整个课题研究做出总结。

二、相关理论概述

（一）国际贸易理论

国际贸易理论揭示了国际贸易产生的原因、结构以及贸易利益的分配问题。在经济发展的不同时期，国际贸易理论也在不断发展，大致经历了古典、新古典、新贸易理论以及新兴古典国际贸易理论四大阶段。古典的国际贸易理论产生于18世纪中叶，是在批判重商主义的基础上发展起来的，主要包括亚当·斯密的绝对优势理论和大卫·李嘉图的比较优势理论，古典贸易理论以完全竞争市场等假设为前提，从劳动生产率的角度说明了国际贸易产生的原因、结构和利益分配；新古典贸易理论形成于19世纪末20世纪初，其主要理论观点是在新古典经济学框架下通过对国际贸易进行分析得出的，主要包括埃利·赫克歇尔（Eil Heckscher）和伯尔蒂尔·俄林（Beltil Ohlin）提出的要素禀赋理论和里昂惕夫（Leontief）根据要素禀赋理论推导出的里昂惕夫悖论；新贸易理论产生于"二战"后，包括新生产要素理论、偏好相似理论、动态贸易理论、产业内贸易理论、国家竞争优势理论等；新兴古典国际贸易理论则以专业化分工来解释贸易，其理论目的是要将传统贸易理论和新贸易理论统一在一个框架之内。

（二）国外直接投资理论

在理论体系上，国外直接投资理论可以看作为国际贸易理论的分支，包括垄断优势理论、内部化理论、产品生命周期理论和国际生产折衷理论等学说,其中以国际生产折衷学说最有代表性。

国际生产折衷理论(Eclectic Theory of International Production)是由英国经济学家约翰·邓宁(John Dunning)教授于1977年提出。该理论认为,一国的商品贸易、资源转让、国际直接投资的总和构成其国际经济活动,跨国企业所拥有的所有权优势、内部化优势以及区位优势的不同组合,决定了它所从事的国际经济活动的方式。所谓所有权优势是指一国企业拥有或能够得到别国企业没有或难以得到的生产要素禀赋(自然资源、资金、技术、劳动力)、产品的生产工艺、发明创造能力、专利、商标、管理技能等,决定企业对外直接投资的能力大小;内部化优势是指企业为避免不完全市场带来的影响而把企业的优势保持在企业内部,内部化的起源在于市场结构的不完全性和市场认知的不完全性;区位优势是指跨国企业在投资区位上所具有的选择优势,即可供投资地区是否在某些方面较国内企业更有优势,投资区位的选择要受到生产要素和市场的地理分布、生产要素和运输成本、投资环境等诸因素的影响(见表5-1)。邓宁认为,所有权优势和内部化优势只是企业对外直接投资的必要条件,而区位优势是对外直接投资的充分条件。

表5-1 国际生产折衷理论

经营方式	优势		
	所有权优势	内部化优势	区位优势
国外直接投资	有	有	有
出口贸易	有	有	无
技术转移	有	无	无

(三)产业发展理论

产业发展理论是现代产业经济学的重要分支,其典型的研究方法包括哈佛范式和芝加哥范式。哈佛范式以实证的截面分析方法推导出企业的市场结构、市场行为和市场绩效之间存在一种单向的因果联系:集中度的高低决定了企业的市场行为方式,而后者又决定了企业市场绩效的好坏,这便是著名的"结构—行为—绩效"(Structure-Conduct-Performance,SCP)分析范式。根据这一范式可以认为,一个地区零售业的市场结构决定了其国际化经营的行为,进而决定了零售业国际化的绩效;而芝加哥范式则从一种于哈佛范式截然不同的角度来对产业发展进行分析，其主要思想是，将哈佛范式的因果关系进行颠倒分析，认为企业为生存而战的获利能力决定现有的市场结构。

迈克尔·波特教授是将产业发展理论应用于产业竞争与发展战略研究的集大成者，他提出的钻石理论已成为分析一个地区某种产业的国际竞争力和产业发展的主要工具之一。在钻石理论中，波特认为决定一个国家的某种产业竞争力的主要因素有四个：生产要素；需求条件；相关产业和支持产业的表现；企业的战略、结构及竞争对手的表现。除四大要素之外，政府与机会也是影响产业国际竞争力的两个变数。这些因素的相互作用就形成钻石体系，钻石体系的总体状况直接影响产业国际竞争地位的变化。通过将钻石理论应用于产业发展分析，我们可以分析某一地区某种产业的国际竞争力情况，从而得出一些有益于促进该产业国际化发展的政策措施。

(四) 有效竞争理论

有效竞争是由美国经济学家 J. M. 克拉克（J. M. Clark）提出来的。从实质上来说，有效竞争是一种竞争与规模经济相协调的垄断竞争，既鼓励竞争，限制垄断，又防止低效的过度竞争和制止不公平竞争，以求兼得竞争与规模经济之利。目前，有效竞争理论已成为大多数国家制定和实施产业政策的一个基本出发点。

克拉克认为，虽然经济学家对完全竞争进行了准确的定义和精心阐述，但它在现实世界中不可能且从来没有存在过，其应用的最大意义在于可以作为人们分析问题的出发点或判别是非的行为标准。现实环境的复杂性，决定了竞争的多样性。例如各个产业之间以及同一产业在不同阶段的竞争特性都不可能完全相同。克拉克认为，竞争的多样性来自于产品的同质性或非同质性、生产者的数量及其规模结构、价格制定的方式、交易的方式、市场信息传递的特征和手段、生产者和消费者的地理分布、产出控制的时间特征、工厂或企业规模的差异导致的成本变动、短期产出波动引起的成本变动、生产能力的可伸缩性十个方面因素。

克拉克提出的有效竞争理论，启发人们对各个产业竞争有效性进行了大量的研究和评价。产业组织结构主义大师爱德华·梅森（Edward Mason）将有关有效竞争的定义和实现有效竞争的条件的论述归纳为两大类：一种是寻求维护有效竞争的市场结构，以及形成这种市场结构的条件，被称为有效竞争的"市场结构基准"；另一种是从竞争可望得到的效果出发，寻求竞争的有效性，称为有效竞争的"市场效果基准"。在梅森之后，史蒂芬·索斯尼克（Stephen Sosnick）依据"结构—行为—绩效"分析范式概括了有效竞争的标准：不存在进入和流动的资源限制；存在对上市产品质量差异的价格敏感性；交易者的数量符合规模经济的要求。

三、首都现代零售业国际化发展的现状分析

(一) 首都现代零售业国际化发展的背景及现实意义

1. 首都现代零售业国际化发展的背景

(1) 经济全球化的冲击

世界贸易组织的成立，地区性自由贸易协定的签订，促使了各国进出口贸易关税下降，各国对国际投资管理的政策普遍放宽，这有利于跨国采购和运送货物，也为零售企业跨国经营提供了可能和机会。基于现代通信和信息技术，零售商可以通过卫星通信线路和国际信息网络，对遍布全球的分店进行信息采集、指令发布和动态管理。大型集装箱运输，使得跨国货物的运输更为便捷且成本低廉。此外，制造商的前期跨国经营，不仅积累了经验，客观上也进一步需要零售业建立全球销售网络与之相适应。

全球化生活方式大量涌现。电视、广播、信息网络和通信，促进了各国的文化经济交流、贸易往来和技术转移，消费流行传播极快。不同国家和地区的人们，可以互相学习和交流各自的生活方式、消费理念和消费行为，全球消费者的需求和偏好逐渐趋同。例如，快捷的生活方式，饮食注重保健，崇尚健身健美等。由此，出现了"地球村"和"全球化生活方式"的概念。法国家乐福集团是欧洲第一大零售商，世界第二大国际化零售连锁集团。目前业务范围遍及全球30多个国家和地区，雇员超过43万人，拥有11000多家营运零售单位，2004年集团税后销售额增至726.68亿欧元。截至2013年8月，家乐福在北京共拥有17家分店。其他还有更多的零售商希望开展全球业务。经济全球化的冲击，使得首都现代零售业国际化成为必然趋势。

(2) 金融危机的影响

百货商场在各商业业态中，受金融危机冲击最为突出。受经济环境的影响，百货商场销售的增幅从过去的第一降至第八。全球金融危机对零售业的影响，不可低估。国际金融危机对百货店的影响大于超市。因为超市经营的主要是需求刚性大，价格较低的生活必需品。从2008年第三季度，百货店销售增长在各零售业态中由去年的首位，降为第八位，由此可见一般。此外，金融危机对家具、家电、家装、汽车的影响大于日常生活用品。据了解，2008年10月，全国百家大型零售企业，零售额比去年同期下滑了11.42%。受金融危机影响，消费者普遍对消费持谨慎态度，许多收入一般的消费者，偏向折扣消费。以销售首饰、钻石、高档服装等奢侈品的高端百货购物中心受到的影响会比中低端百货影响更大。因此，各大百货商场为应对金融危机的冲击，纷纷采取了精细化管理手段，

降低销售成本的措施来提升企业的抗危险能力。以差异化的经营，特别是加强服务营销、会员营销、捆绑式营销等措施，来拉升商场的销售额。另外，各大商场纷纷提前进行大力度的折扣、买减和返券活动，以挤占市场份额。

金融危机将使零售企业进入一个"并购+淘汰"的重要时期，其实，站在另一角度看也是对零售企业应对危机快速反应及经营能力的全方位考验！未来一些经营不善且粗放型的企业将面临被迫倒闭或被收购的命运。在经济低迷时代网上商店的"便利又便宜"的优势将会得到充分的发挥，网上商店在经济危机时代能够发展的主要因素除了消费者感到网上购物便利之外，主要还在于开一家网上商店其成本非常低，所以导致其售价比一般实体商店要低，因此，其具有与实体店竞争的优势，一些奢侈品商店、精品百货店、家电和建材家居连锁店等零售企业均会受到一定程度的影响。零售企业还将面对资金链紧缺的危机，在市场融资环境恶劣的情况下，即使是背景雄厚的大型零售商也要储备较为充足的资金渡过难关。一般国内连锁超市的流动资金大都是占用供应商的账款，如果供应商流动资金不足，就会产生断货、缺货等行为，更不用说会影响连锁超市的现金流了，如果有较多上游的供应厂商出现资金链问题，零售连锁企业必将面临严重的生存危机或会濒临倒闭。

与此同时，金融危机给零售业也带来了机遇。第一，从零售业整个发展的历史来看，每一次经济大变革的时代都是零售业态创新的时代，如工业革命催生了大规模销售的百货商店的出现，20世纪30年代的美国"黑色星期二"引发的世界经济危机又催生了以低价和快速发展的连锁超市的出现，在今天我们面临着国际性的金融危机的险恶的经济环境，同样也是机会。相信也会使我国国内零售业创新业态开辟一个新的纪元。如韩国的经济危机致使大宇倒闭，但成就了三星、LG等企业做强做大。第二，中国的"80后"已经进入了消费的主导层。"80后"大多数是独生子女，具有全新的消费理念，由于互联网的发展，他（她）们的消费观念和时尚化追求几乎与世界同步。而且，新生代的消费者已开始掀起组建新家庭的高潮了，由此带来的消费浪潮尤其是在时尚性商品和高性价比的商品的消费方面将起到主导性作用，也会主导由他（她）们组建家庭后所带来的"婴儿潮"消费倾向。据业内专家预测，婴儿类商品将会是消费提升缓速过程中的快速增长的"金牛"型品类，故业内要善于寻找和挖掘低潮中的商机。第三，在市场环境恶劣乃至恐慌的情况下，那些财务状况良好，经营实力雄厚的国内连锁企业可以趁机并购来加快优势资源规模化进程，有助其进一步做强做大。

（3）国际化大都市的城市定位

美国《福布斯》杂志在2009年给了北京三项排名。世界第十五大购物之都，世界第八大美食之都，全球500强总部聚集的第三大城市。首都是国际化大都市。北京的经济增长方式将由重视规模速度的外延型向突出结构优化提升、统筹协调发展的内涵型转变。城市建设将更加突出城乡统筹，快速推进郊区城市化进程。城市总体发展进入建设和谐社会与首善之区的新阶段。同时，随着区县功能的重新定位和城市空间发展战略的调整，中心城区的人口、产业及经济社会活动将逐步向新城和城市外围转移，新城将成为北京经济社会发展新的增长地。

2012年北京市户籍人口为1297.5万人，全市常住人口出生率9.05‰，全市常住人口密度为1261人/平方千米，每平方千米比上年年末增加31人。巨大的人口数量给城市带来了沉重的压力，但同时也为首都零售业的发展带来了庞大的消费群体和增长空间。此外，消费主体及其生活方式也发生了很大的变化，主要表现为：第一，收入不低、经济自主、注重生存价值的独生子女、年轻人将成为消费主体；第二，老龄者增加，促使社区各种业态连锁店的发展，便利店将逐渐成为这些消费者的首选；第三，社会生活节奏加快，家务劳动越来越向商品化、社会化趋势发展。2012年，政府企业多管齐下，商场不间断推出各类促销活动，使得北京消费市场呈现繁荣景象，社会消费品零售额突破7702.8亿元，同比增长11.63%，成为全国连续五年社会消费品零售额最高的城市。

世界领先的商业地产服务公司世邦魏理仕（CBRE）最近发布的2013年《零售业全球化进程》报告显示，对具有代表性的20家大型全球时尚业零售商在全世界208个城市中的分布发展情况进行调查之后的统计数据显示，全球时尚业零售商充分把握时机，在快速发展的准成熟市场进行扩张拓展。北京和上海在零售商城市渗透水平上名列全球榜首。截至目前，已有376间时尚业零售商门店进驻北京，336间门店进驻上海。在快速增长的北京市场，零售商继续进行门店扩展的机会仍然存在。

（4）宏观产业政策调整

作为我国的首都，北京集中了全国最高级别的权力机关和行政机关，以及众多的外国领事馆，它是我国政治、政策和法律信息的发布中心以及经济监管中心，这为北京零售业的发展提供了得天独厚的政治优势和信息获得优势。中央经济会议也提出了"统筹国内发展和对外开放，增强国际竞争力"的要求。这一系列号召和政策的提出，为首都零售企业进行国际化经营提供了有利条件。

在行业管理方面，为了规范行业的经营环境，国家出台了一系列法律法规，如为了规范企业的价格，国务院重新修改了《价格违法行为行政处罚规定》，对一些价格违法行为予以惩治；"十一五"时期我国流通领域进一步开放，国内市场竞争的国际化特征将更加突出。外资商业进入将由合资、合作的探索阶段进入以独资和并购为主的规模扩张阶段,此时北京必将成为跨国商业巨头国际竞争的主要市场之一,首都零售业面临更加严峻的市场竞争态势。可以预见,在如此巨大的压力之下,规范行业行为和提高企业竞争力的法律体系会不断完善、政策措施会更加健全,这既是市场竞争态势的需要,也是零售企业发展的自身需要。

2. 首都现代零售业国际化发展的现实意义

(1) 经济拉动效应

首都现代零售业迈向国际化道路可以拉动首都的经济增长。随着首都零售市场的日益成熟及竞争的日益激烈,在首都开设新店铺的余地越来越小。此外,首都零售企业对未来成长预期等积极因素也对零售企业进入海外市场影响较大。因此,首都零售企业走向国际化是自身发展和行业趋向的必然要求。首都零售业的国际化必然带动资金链的发展,吸纳更多的海外投资,同时扩大海外经营规模;首都零售业的国际化让全世界人民更加熟悉北京,这个文化古都、旅游胜地,因此可以促进首都旅游业的发展。国际化发展不仅对零售企业的长期发展有促进作用,重要的是还有对北京整体产业和经济的拉动效应。比如,首都零售企业跨国经营,必然要求其掌握先进的通信和信息技术,通过卫星通信线路和国际信息网络,对遍布全球的分店进行信息采集,指令发布和动态管理。这样可以促进首都信息获取能力的提高,以及信息技术的快速发展。

(2) 模范与试点的作用

加快发展零售业是促进城市繁荣、实现北京城市功能定位的需要。改革开放以来,特别是近几年来,北京市先后出台了多个促进零售业发展、规范经营行为的规章,通过规划和政策引导,促进了零售业的健康发展。如果首都零售业国际化发展顺利,将能成为我国其他城市的楷模,为其他城市零售业国际化的发展提供经验,包括组织化程度、管理方式、服务水平等。其他城市可以借鉴首都的成功经验,避免走弯路,结合自身的零售业特点,从而制定合理的国际化策略,使零售业国际化道路更加顺畅。

(3) 提升首都的城市竞争力和改善首都国际形象

首都现代零售业高速度和高水平的国际化发展,可以提升首都的城市竞争力,为改善首都国际形象贡献力量。许多零售企业选择在北京经营,是因为首都的市场潜力大,能够为企业提供潜在市场,拥有其他城市所没有的政策、经济、文化优势。随着商品流通和生产的国际化,各国市场需求呈现多样化、国际化趋势,消费者不再满足于本国商品及服务供给,对具有异国文化的零售服务也产生广泛需求,这为首都零售企业国际化经营提供了市场需求条件。和发达国家相比,我国首都商品物美价廉并具有独特的中国民族文化,是进入并立足于国际市场的天然利器。进入国际市场,为首都零售企业提供了更多的发展机遇和挑战。首都零售企业不断发展跨国经营的同时,也增加了首都的城市吸引力,综合提升了首都的城市竞争力,不断改善着首都的国际形象。

(二) 首都现代零售业国际化发展的现状

1. 首都本土零售企业和外资零售企业并存,竞争压力大

在零售业国际化过程中,大型零售集团往往具有很多小型企业所不能比拟的优势,如规模经济、资本供给、管理技术、市场化经验等,是零售业国际化的主体。从国际经济发展规律来看,零售业国际化发展战略往往都是本土化战略的延伸。因此,我们可以通过对首都规模以上(使用北京统计年鉴中限额以上批发零售企业财务状况数据)内资零售企业与外资(包括港澳台资)零售企业在本土市场的发展情况的比较,来分析首都零售业国际化的可能性。

首先,从表5-2可以看出,首都规模以上的内资零售业企业数在2010年和2011年有所下降,而外资(包括港澳台资)零售业企业数在增加。其次,从首都零售业的市场份额分布来看,首都零售业具有以下特点(见图5-2):第一,内资企业的零售业份额平稳,而外资企业份额呈上升趋势;第二,内资企业中,国有企业所占的市场份额下降,而股份类公司的市场份额基本持稳。这些特点表明,在2008年以后,外资企业大举进入首都零售市场,本土零售企业在首都零售市场面临的竞争压力加大。

表5-2　　　　　　　首都规模以上零售企业的发展情况

项目	年份			
	2008	2009	2010	2011
内资企业数目(家)	8135	8619	8463	8067
外资企业及港澳台商投资企业数目(家)	378	430	472	510

数据来源:根据2009—2012年北京统计年鉴整理。

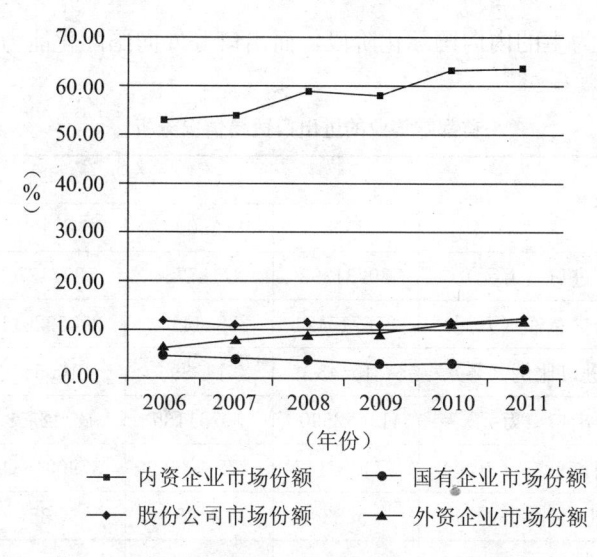

图 5-1 首都规模以上零售企业的市场份额变化

数据来源：根据 2006—2012 年北京统计年鉴整理。

2. 首都零售业内向国际化突出，外向国际化严重不足

零售业国际化主要是指零售业在本国市场以外，积极拓展国际业务和参与国际竞争，以实现其特定经济目标的商业行为和过程。零售业国际化主要有内向国际化和外向国际化两种基本模式。所谓内向国际化，即零售企业的主体业务（包括产品销售、网络布局、管控实体等）在母国市场进行；外向国际化是指零售企业直接走出国门参与国际市场竞争。在一定程度上，零售业国际化的发展水平可以通过零售业的进出口贸易结构来反映。表 3 显示了首都零售业的进出口贸易结构在 2008—2011 年的演变过程。

首先，总体上，首都零售业的进出口贸易额均呈增长趋势：2009—2011 年进出口额处于快速发展阶段：进口增幅分别达到 56.97% 和 25.77%，而出口的增幅为 18.24% 和 21.88%。其次，通过计算首都零售业发展的 G-L 指数[①]来分析首都零售业的国际化程度。2008—2011 年，首都零售业的 G-L 指数平均值为 0.425，其中 2008 年 G-L 指数最高，为 0.54，说明首都零售业参与国际经济竞争的程度中等偏上。第三，通过对首都零售业进出口贸易的比较可以看出，2008—2011 年，无论是从进出口总量还是从进出口比例来说，进口贸易为出口贸易 2.7~4.7 倍，其中 2008 年最小。这表明，首都零售业的国际化目前主要集

---

① G-L 指数，即格鲁贝尔—劳埃德指数，反映一个国家或者经济体参与国际经济竞争的程度。G-L 指数越接近于 0，国际化程度越低；而越接近于 1，国际化程度越高。

中在以国际采购为主的内向国际化阶段，而出口等外向国际化能力不足。

表 5-3　　首都零售业的进出口贸易情况分析

项目		年份			
		2008	2009	2010	2011
进口情况	进口（万元）	39731393	37187764	58374270	73422071
	购进总额（万元）	256715424	258414142	350592011	424575734
	进口比例（%）	15.48	14.39	16.65	17.29
出口情况	出口（万元）	14652590	10751189	12712553	15494395
	销售总额（万元）	274795117	278536099	379024581	458123720
	出口比例（%）	5.33	3.85	3.35	3.38
进出口贸易比例	进口额/出口额	2.71:1	3.46:1	4.59:1	4.74:1
	进口比例/出口比例	2.90:1	3.74:1	4.97:1	5.12:1
G-L 指数		0.54	0.45	0.36	0.35

数据来源：根据 2009—2012 年北京统计年鉴整理。

3. 首都本土优势零售业态国际化核心能力不强

从零售业态上说，现代零售业国际化主要集中在百货商店、超级市场、专业店、便利店等几种业态。2008—2011 年，首都零售业除便利店外其他经营业态都有所发展。具体来看，百货商店是主要发展业态，单店零售规模也是最大的；超级市场的单店规模持稳增长；专业店在 2009 年的规模较大；专卖店在 2011 年的规模达到 1370 家门店，但单店规模仍很小。此外便利店规模有所减小，从 2009 年的 910 家减少到 2011 年的 613 家（见表 5-4）。由此可见，首都零售业的单店规模普遍很小，大多数企业仍不具备直接走出国门、参与国际市场竞争的能力。

表 5-4　　首都主要零售业态的发展规模比较

零售业态	项目	年份			
		2008	2009	2010	2011
百货商店	所属门店数（家）	67	64	57	57
	单店零售额（万元）	32330.32	39230.53	43733.73	53348.21

续 表

零售业态	项目	2008	2009	2010	2011
超级市场	所属门店数（家）	1799	1944	2170	1952
	单店零售额（万元）	2079.70	2020.94	2046.35	2553.14
专业店	所属门店数（家）	2009	2088	1976	1914
	单店零售额（万元）	1147.11	1117.03	1731.66	2273.78
专卖店	所属门店数（家）	1147	1177	1122	1370
	单店零售额（万元）	510.77	501.34	626.00	499.63
便利店	所属门店数（家）	910	642	629	613
	单店零售额（万元）	193.98	246.93	165.02	210.57

数据来源：根据2009—2012年北京统计年鉴整理，其中表中超市一项包括年鉴中超市和大型超市。

4. 本土零售企业的国际化进展不大，但积累了丰富的国际化经验

在天客隆由于不了解当地市场、产权不清晰以及与当地政府关系协调不好等原因，于2003年关闭莫斯科超市，宣告国际化失败以来，首都大型零售企业开展国际化经营的进展十分缓慢。2004—2007年，首都零售企业实施海外并购和投资的案例只有2个：2005年11月，王府井百货收购首联集团持有的合资公司"7-11"25%的股权；2005年12月，北京华联集团以400万新元收购新加坡西友百货。其中，北京华联的海外并购意义重大。国际化为北京华联了解国外市场、扩大销售规模提供了可能；并购新加坡西友百货也对北京华联的经营管理提出了更高要求，包括经营管理方式的国际化、观念突破、人才培养、经营模式的改变等，从而为首都零售业的外向国际化发展积累了丰富经验。

（三）首都现代零售业国际化未来发展的特色与时代要求

1. 首都现代零售业国际化未来发展的特色定位

北京"国家首都、世界城市、文化名城和宜居城市"的城市功能定位，决定了北京应大力发展包括商业服务业在内的第三产业，并以流通业作为主导产业。首都零售业国际化的人文特色，体现了首都国际化都市定位的风貌，传播了首都的人文认知与发展。

2. 首都现代零售业国际化未来发展的时代要求

（1）首都城市定位

《北京城市总体规划（2004—2020年）》一改以往提了几十年的"国家政治、

经济、文化中心"的定位,而将未来北京的发展目标定位于:国家首都、世界城市、文化名城,并首次提出"宜居城市"概念。在该规划中,提出了北京2020年的产业目标,人均地区生产总值(GDP)要突破10000美元;第三产业比重超过70%,第二产业比重保持在29%左右,第一产业比重降到1%以下。可见,第一、第二产业比重明显下降,而第三产业则占将近3/4的比重。零售业属于第三产业,也是首都大力支持发展的行业之一。该规划对北京城市功能的定位,决定了北京应大力发展包括商业服务业在内的第三产业,并以流通业作为主导产业。在第三产业加快发展的大环境下,零售业态也必将得到更快更好的发展。北京人口众多,属特大型消费城市。随着经济的发展,人民生活水平不断提高,服务性消费比重日趋扩大,消费结构逐步升级,对零售业的发展在数量和质量上有着更新、更高的要求。

(2) 经济成长由量向质的转变

2004年第一次全国经济普查数据显示,北京市零售企业已达3.25万个,零售业营业面积达到1811.57万平方米,按当年全市常住人口计算,人均零售商业面积已达1.2平方米,与发达国家大城市人均1.1~1.2平方米的水平相比,已处于较高的水平。北京市的连锁零售企业总店到2011年年底已达到233个,连锁零售企业所属门店总数为9845个,全市连锁零售企业的总营业面积在2011年年底达到了7953891平方米。

目前,北京零售业主体为大中型百货店、购物中心、超市、专业店,这些主体与其他零售业态共存,携手满足消费者多方面、多层次的需求,业态结构日益趋向合理。以购物中心、超级市场、专业店、专卖店、便利店、仓储式商场、无店铺销售为主的新型零售业态,逐渐占据零售市场的主力地位。2011年,超市所实现的零售额基本上占全市连锁零售企业当年零售额的25.54%,百货店占15.58%,专业店占22.31%。2013年一季度全市限额以上批发零售企业网上零售额214.4亿元,占社会消费品零售总额比重首次突破10%,达到10.7%,同比增长57.1%。[①]

四、首都现代零售业国际化发展的环境分析

(一) 首都现代零售业国际化发展的环境分析:钻石模型

钻石模型是迈克尔·波特教授在《国家竞争优势》中提出的一种用于分析一个国家某种产业的国际竞争力和评价产业发展环境的产业分析工具(见图5-2)。

---

① 张倩怡:《北京市网上社会消费品零售额所占比首次突破10%》,《北京日报》2013年5月7日。

波特认为，决定一个国家某种产业竞争力的高低有四个因素：生产要素，包括人力资源、天然资源、知识资源、资本资源、基础设施；需求条件，包括国内市场需求的规模和国内消费者的素质；相关产业和支持产业的表现，主要指这些产业和相关上游产业是否有国际竞争力；企业的战略、结构、竞争对手的表现，即支配企业如何创建、组织和管理的国内条件，以及该国的国内竞争性质。除四大要素之外，波特还指出，政府与机会也是影响产业国际竞争力的两个重要变量。自钻石模型提出以来，其理论正确性和对实践的指导作用得到了有力证明，受到产业研究者的普遍认可和接受，越来越被学者们作为"经济分析范式"，并运用于不同产业的国际竞争力分析。

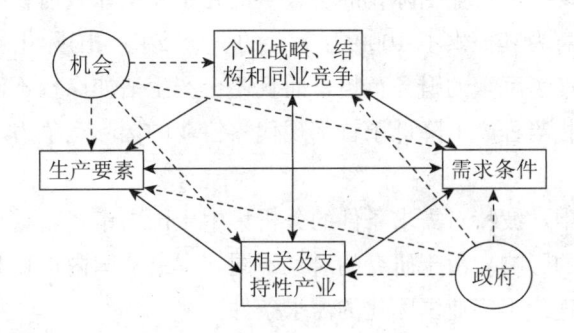

图5-2 波特的钻石理论模型

1. 生产要素

对首都现代零售业国际化发展起决定性作用的生产要素主要包括人才资源、技术资源和资金等。

首先，从人才资源来看，首都现代零售业的人才供给量大，每年都有上万受过高等教育的管理人才从各类相关专业毕业流入市场，加上零售企业在经营中得到培训、掌握必要劳动技能的大量产业工人，构成了首都现代零售业国际化发展的人才基础；然而，由于首都零售业国际化经营的起步较晚，以及教育体系的不完善，导致人才质量普遍不高，掌握国际化经营经验的高层次复合型人才极其匮乏。有关统计资料显示，高层次人才仅占人才资源总量的5.5%左右，高级人才中的国际化人才则更少。

其次，现代零售业不同于传统零售业，现代零售业的国际化极其依赖于现代科学技术的发展，通过对各种过程技术和产品（或服务）技术的创新性应用来在全球市场上提升产业附加价值。从技术发展和配置情况来看，首都现代零售业目前仍处于一个初级成长阶段，无论是在零售业态、经营模式等过程技术创新方面,还是在作为产品技术的物流技术创新方面,都面临着严峻的挑战。整个产业的先进技术基本由外资或合资零售企业所垄断,本土化零售企业大多靠"四不像"的技术模仿来参与市场竞争。当然,在首都现代零售业全面对外开放后,很多本土化零售企业(如王府井百货、北京华联集团等)在竞争中学习成长,开展了很多符合企业成长需求的技术创新活动,并取得了极大的成功。

最后,受国家丰富的外汇储备和积极的"走出去"战略的影响,首都现代零售业国际化在资金上的问题不在于资金的数量,而在于资金的来源或结构上。现代零售业的国际化资金主要由企业自有资金、政府低息贷款或补助、资本市场融资三部分构成。与国外大型跨国零售企业的资金主要来源于资本市场和企业自有资金不同,首都现代零售业国际化的资金供应几乎完全靠政府扶持,如天客隆的国际化扩张,政府为其提供了 1000 万美元的资金支持。国际化资金结构上的失衡不仅给政府带来了沉重的财务负担,而且还会产生诸如产权不清和激励不足等一系列问题,在相当程度上降低了首都现代零售业的国际竞争力。

2. 需求条件

在钻石理论中,波特对需求条件的分析集中于国内市场,重点分析了预期性需求对产业发展的影响。由于研究的对象不同,本书从国内市场和国际市场两个维度来分析首都现代零售业国际化的需求条件。

通过整理首都地区统计年鉴的相关数据可以发现,首都现代零售业的国内市场需求发展正处于一个急剧上升的阶段:需求量上,2011 年首都地区社会消费品零售总额和批零贸易额分别为 6900.3 亿元和 6134.4 亿元,2000—2010 年两者的平均增长率高于 10%;需求结构上,首都城镇居民恩格尔系数由 1978 年的 58.7% 下降到 2012 年的 31.3%;农村居民恩格尔系数由 1978 年的 63.2% 下降到 2012 年的 33.2%。首都居民正在由生存型消费向发展型、享受型消费转变,消费结构快速升级,家用汽车、住房相关商品、通信器材、数码电子商品逐渐成为居民消费的热点和重要的市场增长点。由此可见,首都现代零售业市场存在着巨大的发展潜力,有能力为其国际化发展提供充分的市场空间和国内支持。当然,巨大的国内需求也给首都现代零售业的国际化带来了极大的负面影响:如表 5-5 所示,由于零售业的进入壁垒低,在巨大的市场需求面前,不仅国内资本不断涌入零售业,而且国外企业也在加大对首都零售市场的投入力度,这就加大了首都现代零售业的竞争强度,使本土化零售企业的成长空间和国际化扩张实力受到严重挤压。

表 5-5　　　　　　　首都规模以上批零企业的发展情况

项目	年份			
	2008	2009	2010	2011
内资企业数目（家）	8135	8619	8463	8067
外资企业数目（家）	378	430	472	510
内资企业零售比例（%）	83.60	81.98	80.36	79.55
外资港澳台商投资企业零售比例（%）	16.40	18.02	19.64	20.45

数据来源：根据 2009—2012 年北京统计年鉴整理。

在国际市场需求方面，受全球金融危机的影响，全球消费市场低迷，消费者偏好与习惯也在发生巨大转变。以美国市场为例，金融危机以来，美国的信贷消费文化受到了沉重打击，甚至有学者认为，美国的消费者购买力 5 年都不可能回到危机前水平。消费者对奢侈浪费的抵制，以及对勤俭节约的推崇，完全符合首都现代零售业的发展历程和国际化定位，从而成为首都现代零售业国际化扩张的巨大机遇。

3. 相关及支持产业

首都现代零售业的国际化不是单独存在的，它一定要与相关强势产业一同崛起。与首都现代零售业国际化密切相关并提供支持的产业主要包括现代制造业、现代物流业、现代金融业及现代教育业等。

在现代制造业方面，"中国造"发展迅速，在产品成本和质量方面都日益受到全球市场的认同，产品种类也不断满足全球消费者的不同偏好，很多消费品已位居世界领先地位。而且随着首都与海外市场联系互动的程度不断加深，现代制造业的上升空间也十分巨大。这些都十分有利于首都现代零售业在国际化过程中获得强大的市场竞争优势。

相对现代制造业来说，首都现代物流业的发展就显示出极大的不足，相当程度上限制了首都现代零售业的国际化发展。首都现代物流业脱胎于早期的仓储运输业，起步非常低，在物流基础设施、物流信息技术以及物流管理理念方面都落后于发达国家。尽管近年来，首都明确制定了现代物流业的相关发展战略，但取得的成果仍然有限，物流国际化程度和效率都没有取得显著性提升，相关物流资源仍处于短缺状态。

作为全国政治文化中心，首都金融业和教育业近些年都取得了极大的进步，为首都现代零售业的发展提供了很好的支持：金融市场的健康发展为零售企业的融资和再融资提供了相对安全的渠道，是首都零售企业国际化扩张的根本前提；

发达的教育业为首都零售业国际化输送了大批高质量的人才资源。然而，正如前文提到的，由于自身结构上的不足和市场化运作上的局限性，两者的效率仍无法完全支持现代零售业国际化扩张的需求。总之，在包括现代制造业、物流业、金融业、教育业在内的零售产业集群中，产业间的相互支持程度较低，无法形成良好的集群提升效应，这对首都现代零售业国际化极为不利。

4. 企业战略、结构及同业竞争

波特认为，推进企业走向国际化竞争的动力可能来自国际需求的拉力，也可能来自本地竞争者的压力或市场的推力，创造与维持产业竞争优势的最大关联因素是国内市场强有力的竞争对手。在企业战略、结构及同业竞争方面，首都现代零售业国际化主要受市场集中程度、市场竞争方式和市场竞争强度等因素的影响，这些因素对零售企业制定合理的全球化经营战略和明确的国际化发展目标起决定性作用。

首先，同西方主要国际化大都市相比，首都零售业的市场集中度明显偏低，约为西方国际化大都市的1/4；其次，由于在管理理念和经营技术创新方面的不足，首都现代零售业参与市场竞争的方式单一，价格战在相当程度上已成为零售企业赢取市场份额的唯一武器，这种竞争方式虽然能在短期内取得成功，但从长远来看却牺牲了企业持续成长的机会；最后，在市场集中度低和市场竞争方式单一的双重作用下，造成了首都现代零售业的高竞争强度。

虽然在波特的分析中，成功的产业必然先经过国内市场的缠斗，迫使其进行改进和创新，海外市场是其国内竞争力的延伸，但是，对首都现代零售业的国际化发展来说，当前这种高强度的市场竞争，使得本土化零售企业的成长从一开始就受到了国外大型跨国零售企业全方位的挤压，其结果是在整个首都地区很少能够形成一家有能力与国外跨国零售企业相抗衡并实施国际化扩张的零售企业（见表5-6）。因此，本文认为，低市场集中度、竞争方式单一和高市场竞争强度的相互作用，阻碍了首都现代零售业的国际化进程。

表5-6　　　　　首都零售企业与跨国零售巨头的比较（2012年）

企业简称	在华销售规模（万元）	销售规模总计（万元）
物美控股	1733407	1733407
王府井百货	2157439	2157439
京客隆商业	1280862	1280862
华联综超	1450000	1450000

续 表

企业简称	在华销售规模（万元）	销售规模总计（万元）
菜市口百货	1270000	1270000
合计	12117836	337185061
家乐福	4527386	71997145
沃尔玛	5800000	292904300
麦德龙	1790000	26283616

数据来源：根据2012年中国零售业百强及企业官网数据整理，其中汇率按2012年欧元对人民币1∶8.3176，美元对人民币平均价1∶6.2855。

5. 政府与机会

在首都现代零售业国际化过程中，政府予以了高度重视，并发挥着积极贡献：首先，首都政府制定了《北京城市总体规划（2004—2020年）》、《北京市"十一五"时期产业发展与空间布局调整规划》、《北京市"十二五"商业发展规划》、《北京市"十二五"时期国际商贸中心建设发展规划》等城市和产业发展规划，从战略高度为首都现代零售业的健康成长提供政策支持。通过这些宏观产业政策，首都政府不仅明确了推动现代零售业发展的现实需要和战略目标，营造出良好的零售产业政策环境，而且指明了政府的未来工作目标，通过加强基础设施建设和产业整合能力培养等，积极引导首都现代零售业的国际化发展；其次，政府合理运用各种行政资源，鼓励优势企业实施整合，并将有实力、发展前景好的零售企业确定为龙头企业，并给予相应优惠政策，扶持本土零售企业做大、做强。目前，首都已明确确定了以北京物美商业集团股份有限公司、北京京客隆商业集团股份有限公司、北京王府井百货（集团）股份有限公司、北京市西单商场股份有限公司、北京华联综合超市股份有限公司等为重点发展对象的零售产业布局，这对增强首都本土零售企业的国际竞争力发挥了重大作用。

首都现代零售业国际化发展的机会来源于本土经济成长推力和海外市场变化两方面。经过30多年的改革开放，特别是在成功举办第29届奥运会后，首都经济建设和城市现代化发展都已达到了前所未有的高度，居民消费结构日益与国际市场接轨，这就为首都现代零售业的国际化发展提供了很好的动力和契机。而在海外市场上，一方面，全球金融危机的爆发，使得国外大型国际化零售企业的实力相对削弱，海外消费市场结构也在发生急剧变化，降低了首都现代零售企业在国际市场上竞争的压力；另一方面，经济全球一体化的深入，使得各种零售技术全球扩散变得频繁和容易，首都现代零售业通过学习模仿海外先进经验并通过创新来实现飞跃的几率日益提高。

6. 分析结论

我们用表7来概括首都现代零售业国际化发展的钻石模型分析结果。

表5-7　　　首都现代零售业国际化发展的环境分析结果

分析项目	具体影响因素	对首都现代零售业国际化的有利程度
生产要素	人才资源	中
	技术资源	低
	资金支持	中
需求条件	国内需求	中~高
	海外需求	中
相关及支持性产业	制造业	中~高
	物流业	低
	金融业	低~中
	教育业	低~中
企业战略、结构及同业竞争	市场集中度	低
	竞争方式	低
	竞争强度	低~中
政府与机会	政府政策	高
	机会	中~高

(二) 首都现代零售业国际化发展的问题与挑战

1. 国际经济环境层面的障碍

(1) 金融危机的影响

始于美国的金融危机对首都现代零售业国际化的影响主要有两个方面：第一，这次全球性金融危机导致了全球经济的停滞甚至衰退，大部分零售业发达、消费集中的地区都呈现出不同程度的消费萎缩，这就给首都现代零售业走出国门，实施境外业务拓展造成了极大阻力；第二，金融危机也使首都经济的发展受到了创伤，首都现代零售业不得不在本土市场上进行一些经营调整，从而导致本已有限的零售业资源进一步分散，造成在国际市场上经营乏力的问题。

(2) 国际政治

在国际化经营中，牵涉包括企业、东道国、母国在内的多个利益相关者之间的利益博弈。尽管近年来随着国内经济的迅速发展，我国在世界范围内的经济与政治地位不断提升，但是由于价值观方面的不同及对中国经济发展的恐惧，"中国威胁论"依然环绕在中国企业的周围，一些国家和地区甚至通过制定歧视性的法律法规来限制中国企业在该地区开展国际化经营。如此种种，使得很多首都零售企业在国际化项目的立项、审批及运作方面都遭遇了不同程度的不公平待遇，国际化进程也受到了极大阻碍。

2. 宏观产业政策层面的障碍

布局不合理，结构失调。具体表现为首都城区大型超市超常规发展，传统商业中心重复建设，而郊区新型业态发展滞后，网点数量不多，规模普遍较小。在一些地区，由于人们的收入水平低，消费观念落后，决定了新型业态比例低，呈小型化趋势，经营方式陈旧，管理方法落后。而且零售业态不规范、组织化程度低表现尤为突出，以为超市就是开架售货，以为商店统一了店名、服装、标识就是连锁。许多地方的连锁店表面连锁而实质仍是单店操作，很少真正做到统一配送、核算、管理。

管理水平和管理技术受限。首都零售业不仅规模较小，更重要的是管理水平和技术落后，缺乏明晰的经营理念。发达国家的零售跨国集团不仅能在本国市场游刃有余，而且还普遍运用信息技术，在全球建立广泛的市场营销网络，因而可以自如地在世界范围内进行商品、信息、人才的布局与运作，而我国在这方面还存在着明显差距。

3. 企业经营层面的障碍

(1) 国际化程度不高，零售企业规模小

从前文的分析可以看出，尽管首都零售业在近年来发展十分迅速，但单个企业的流通规模较小，总体上仍呈零散状态。在无法取得规模经济和本土生存困难的情况下，首都零售业参与国际化竞争的积极性偏低，不仅没有能力从事海外业务扩展，而且也不敢进军国际市场。

(2) 经营方式单一，新兴零售业态发展滞后

国外零售业经过几十年的发展，在国际化经营方面积累了丰富的经验，其经营业态除百货店之外，还通过超级市场、仓储商店、专卖店、便利店等新型零售业态取得竞争优势；而这些年首都零售业的发展仍以百货店为主，新兴的零售业态如超级市场、专卖店、便利店等虽然有了一定发展，但真正现代意义上的、跨区域乃至具有跨国经营实力的连锁性零售业态的发展仍处于起步阶段，对首都零

售业国际化十分不利。

(3) 整体管理和技术水平落后，经营理念落后，缺乏系统的战略经营设计

首都作为政治文化中心，居民的消费理念和消费偏好的个性化、多元化、异质化日趋明显，消费者已从过去单纯重视使用价值演变为既重视使用价值也重视消费价值，即追求消费满足最大化。然而，首都零售业仍未能主动迎合和满足这种消费需求的变化，无法将优质服务与企业的生存联系起来，与沃尔玛、家乐福等跨国零售企业真正"以顾客为中心"的现代营销理念相比还有较大的差距。经营理念的落后，不仅限制了首都零售业的国际扩张，甚至给一些零售企业带来了本土生存危机。

(4) 缺乏国际化经营创新的积极性。首都零售业的国际化经营创新基本上仍是一种低层次的创新，并不能从根本上解决首都零售业国际竞争力不足的问题

首先，经营创新严重脱离消费者（或市场）。对现代零售业来说，由于直接接触消费者，其对消费者需求的认知与掌握从根本上决定了企业经营创新的成功实施。但是，很多首都零售企业仍存在侥幸心理，盲目模仿国外企业运营，缺少对国际市场需求的研究，从而导致不能有效地实施创新。其次，创新观念与经营行动不协调。一些首都零售企业在实施创新时，往往需要一个漫长的高层讨论或专家咨询过程，尽管产生和培养了创新的观念，但是行动却迟迟不能落实，进而导致市场机会的丧失，或者由于创新成本过高而以失败告终。

五、首都现代零售业国际化发展的标志与衡量

（一）首都现代零售业国际化的标志

1. 首都现代零售业国际化标志的确认方法

目前学术界对零售业国际化标志的研究围绕两个方向进行：单一指标法和综合指标法。单一指标法即运用一个单一的统计指标，如外贸依存度、产业内贸易指数等，来跟踪分析零售业的国际化程度，以世邦魏理仕公司的研究最具有代表性。在《零售业的全球化进程》报告中，世邦魏理仕公司运用城市全球化顶级零售商的拥有率指标，来研究全球主要城市的零售业国际化程度，香港已经成为全球国际化程度最高的零售业城市，吸引了全球84%的顶尖零售商；紧随香港之后的才是迪拜（82%的零售商）和伦敦（81%的零售商）；而北京则以67%的顶级零售商拥有率位居第10位（见表5-8）。

综合指标法是通过构建零售业国际化的综合指标体系，然后运用系统工程方法计算零售业国际化的综合值，以得出零售业国际化程度的建设性结论。如，Sullivan模型，美国学者Daniel Sullivan提出的一种基于外国销售占总销售的比

重、外国资产占总资产比重、海外子公司占全部子公司的比例、高级管理人员的国际经验、海外经营的心理离散程度五个评价指标的企业国际化水平评价模型；Welch 和 Luostatinen 的六要素模型，该模型主要从企业向国际市场提供的产品、海外生产的经营方法、目标市场的选择、组织结构、融资方法和人员素质六个方面来综合考察企业的国际化经营水平；我国学者鲁桐（2000）提出的国际化蛛网模型，从跨国经营方式、财务管理、市场营销、组织结构、人事管理和跨国化指数等六个侧面来综合评价国际化水平评价模型。

表 5-8　　都市零售业国际化程度排名前 10 位（2011 年）

排名	城市	奢侈品及时尚商务品牌百分比（%）	进驻零售商占全球零售商总量百分比（%）	排名	城市	奢侈品及时尚商务品牌百分比（%）	进驻零售商占全球零售商总量百分比（%）
1	香港	84	41	6	莫斯科	69	40
2	迪拜	82	56	7	新加坡	69	38
3	伦敦	81	56	8	东京	69	35
4	纽约	71	44	9	洛杉矶	67	39
5	巴黎	71	44	10	北京	67	38

资料来源：世邦魏理仕 2011 年《零售业全球化进程》报告。

然而，零售业的国际化不仅包含着众多要素，而且国际化动机与方式也多种多样。在对零售业国际化程度进行确认时，一个单一指标往往只是倾向于某个方面，根本无法全面体现零售业国际化本质规律。因此，本文将在现有研究的基础上，运用综合指标法来对首都现代零售业国际化的标志进行确认。

2. 现代零售业国际化的标志体系

从构成要素上看，零售业国际化包括管理国际化、运作国际化、人才国际化及资本国际化等。其中，管理国际化是指零售业的经营管理理念和管理技术与国际市场接轨，依靠全球领先的管理能力来指导零售业的国际化实践；运作国际化是指零售企业的业务范围跨越国境，在全球范围内获取零售的规模效应和学习效应；人才国际化是指零售业通过雇用具有国际化经营经验和管理素质的高层次人才，为跨文化管理提供支持；资本国际化是指零售企业在全球范围内实施有效的融资策略，或积极探寻有利的投资机会，保持零售业国际化发展的资本流动性和获取高水平的投资回报。

从发展战略维度和方向上看，零售业国际化又可以区分为内向国际化、外向国际化和一体化融合三种。所谓内向国际化，即零售企业的主体业务（包括产品销售、网络布局、管控实体等）在母国市场进行，而通过国际化采购、金融市场上的跨国融资、国际人才交流等来实施国际化经营，是零售业走向外向国际化的基础；而外向国际化是指零售企业直接走出国内参与国际市场竞争，其国际化活动主要包括境外直接投资（FDI）、跨国销售配送、境外技术合作、境外企业联盟等，是内向国际化的延伸。当然，在零售业国际化中，内向国际化与外向国际化并不是独立运行的，更多的是两者之间的一体化融合——在成本效益等经济目标下，把国际化采购、境外直接投资、技术转移等活动有效整合起来，在国际市场范围内实现规模效应和学习效应。这种一体化融合的能力直接决定了零售业国际化的绩效和竞争力。

因此，零售业国际化的直接结果及显性标志必须包含内向国际化、外向国际化及支持性要素发展三个方面，如图5-3所示。其中，内向国际化和外向国际化是最重要和关键性指标。

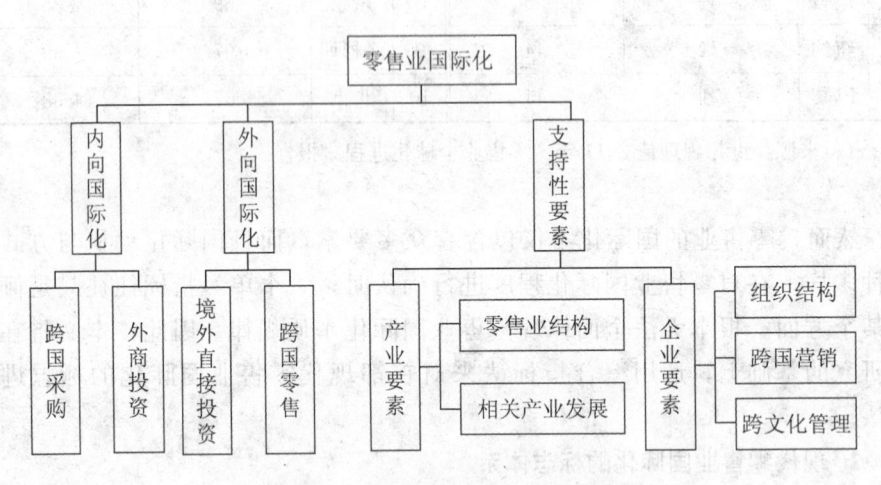

图5-3 零售业国际化的标志体系

（二）首都现代零售业国际化发展的衡量

1. 零售业国际化发展的评价指标体系

（1）指标选取的原则

第一，系统性。即指标体系应能全面反映零售业国际化的本质特点和整体性能，指标体系的整体评价效果要明显优于各个子指标的简单加总。具体操作时，系统性强调指标体系层次清楚、结构合理、协调统一及系统相关性，并且要抓住主要因素、摒弃无关紧要的因素。

第二，一致性。构建的零售业国际化水平评价体系必须与"全面体现零售业国际化本质"的评价目标相一致，从而体现零售业国际化水平评价工作的现实意义。因此，评价指标的选择不仅要与零售业国际化密切相关，而且选择的评价指标之间也应具有一定的相关性。

第三，科学性。以科学理论为指导，以对零售业国际化要素及其本质联系的系统把握为依据，通过定性指标与定量指标相结合，正确反映零售业国际化的系统整体与内部关系的数量特征。

第四，独立性。零售业国际化水平的同层次评价指标不应具有包含关系，确保指标能从不同方面反映系统的实际情况。

第五，可操作性。可操作性，一是指选择的指标能够被测定或者度量，尽可能用数字说话；二是指标体系要尽可能与现行的统计制度相吻合，获取的具体数据要体现可比性。

(2) 指标体系的构建

根据上述理论依据与指标选取原则，再结合对零售业国际化评价的系统分析，本文选取外商投资水平（X_1）、对外投资水平（X_2）、进出口贸易水平（X_3）、产业结构水平（X_4）、相关产业发展水平（X_5）、企业经营水平（X_6）六个主要指标。在此基础上，构建了一个旨在全面反映零售业国际化水平及国际化发展规律的三级评价指标体系，如表5-9所示。

第一，外商投资水平。即外资零售企业在首都进行直接投资经营的规模、效率、成长性等。其中，外商投资规模，是指在首都进行直接投资的规模以上外资零售企业数目与首都地区规模以上零售企业总数之比；外商投资成长性，是指本年度外商投资规模相对于上年度外商投资规模的增长比例。

第二，对外投资水平。即首都本土零售企业进行对外直接投资的规模与成长性。对外投资规模通过本土零售业的合同数与实际进行对外直接投资的本土零售企业数来反映；对外投资成长性则是本年度对外投资规模相对于上一年度对外投资规模的增长比例。

第三，进出口贸易水平。进出口贸易水平主要反映首都现代零售业与境外零售业的交流与依赖情况，包括零售进出口规模、进出口成长性、外贸依存度三个指标。零售进出口规模是指首都零售业对零售商品的进出口总量；零售进出口成长性，是本年度零售进出口规模相对于上年度零售进出口规模的增长比例；外贸依存度反映首都零售业对国际化经营的依赖水平，可以用进出口总额与零售业购销总体规模之比来计算。

第四,产业结构水平。产业结构水平反映了首都现代零售业国际化发展的障碍与未来潜力,包括市场集中度、国际化障碍、政府政策扶持三个指标。市场集中度通过首都地区最大的4家零售企业的市场份额之和来计算;国际化障碍是指现阶段的首都零售业结构对国际化的制约程度;政府政策扶持是政府产业政策对首都现代零售业国际化的激励水平。

第五,相关产业发展水平。主要指首都现代零售业国际化关系最紧密的物流、教育、金融等产业的发展状况,包括国际化物流水平、国际化人才培育、国际金融环境三个指标。

第六,企业经营水平。企业经营水平反映的是首都现代零售业国际化评价的微观影响因子,包括零售企业的组织结构国际化、跨国营销水平、跨文化管理水平等指标。

表5-9　　　　　　　　零售业国际化水平综合评价指标体系

一级指标	二级指标	三级指标	指标说明
零售业国际化（W）	外商投资水平（X_1）	外商投资规模（X_{11}）	规模以上的外资零售企业数目÷规模以上零售企业总数
		外商投资成长性（X_{12}）	（本年度外商投资规模－上年度外商投资规模）÷上年度外商投资规模
	对外投资水平（X_2）	对外投资规模（X_{21}）	本土零售业对外投资的合同数与实际进行对外直接投资的本土零售企业数
		对外投资成长性（X_{22}）	（本年度对外投资规模－上年度对外投资规模）÷上年度对外投资规模
	进出口贸易水平（X_3）	零售进出口规模（X_{31}）	零售商品进出口总量
		零售进出口成长性（X_{32}）	（本年度零售进出口规模－上年度零售进出口规模）÷上年度进出口规模
		外贸依存度（X_{33}）	（进口额＋出口额）÷（购进总额＋销售总额＋年末库存）

第五章 首都现代零售业国际化发展研究

续 表

一级指标	二级指标	三级指标	指标说明
零售业国际化（W）	产业结构水平（X_4）	市场集中度（X_{41}）	4家最大零售企业所占的市场份额之和
		国际化障碍（X_{42}）	零售业结构对国际化的制约水平
		政府政策扶持（X_{43}）	政府产业政策对零售业国际化的刺激作用
	相关产业发展水平（X_5）	国际化物流（X_{51}）	国际化物流的发展水平
		国际化人才培育（X_{52}）	零售业国际化人才培育机构数、培育质量
		国际金融（X_{53}）	国际金融环境的支持作用
	企业经营水平（X_6）	组织结构国际化（X_{61}）	设立国际化部门的零售企业数
		跨国营销（X_{62}）	零售业开展跨国营销的整体水平
		跨文化管理（X_{63}）	零售业实施跨文化管理的整体水平

2. 首都现代零售业国际化发展的综合评价

（1）数据来源

对首都现代零售业国际化发展进行综合评价的数据来源主要包括：①首都统计部门历年发布的统计年鉴；②与首都现代零售业相关的行业性协会发布的产业发展报告；③首都主要零售企业发布的企业发展年报；④评价专家根据现实经验得出的经验判断数据。

（2）计算过程

在上文构建的零售业国际化发展水平评价指标体系中，评价的指标不仅包含了部分定量指标，但更多的是一些模糊性指标。为了对首都现代零售业国际化发展水平做出一个科学的系统评价，我们可以借鉴系统工程学中的模糊综合评价法来进行。模糊综合评价以模糊数学为基础，应用模糊关系合成原理，将一些边界不清、不易定量的因素进行量化，通过从多个因素对评价事物的隶属等级状况进行综合性评价来获取决策信息。下面我们以2011年首都现代零售业国际化发展水平评价为例，来阐述模糊综合评价的主要工作步骤：

第一，确定模糊综合评价的因素集与评语集。模糊综合评价的因素集是由每一级评价的指标所构成的集合，如国际化水平 $W=\{$外商投资水平 X_1，对外投资水平 X_2，进出口贸易水平 X_3，产业结构水平 X_4，相关产业发展水平 X_5，企业经营水平 $X_6\}$。评语集则是由每个评价因素的多不同判断等级构成的集合，如将零售业并购供应链整合有效性评语集确定为 $V = \{优 V_1, 良 V_2, 中 V_3, 次 V_4, 差 V_5\}$。

第二，确定评价指标的权重。评价指标的权重确定既可以采用层次分析法原理进行测定，也可以通过专家调查法来设定。层次分析法（Analytic Hierarchy Process）是美国著名运筹学家 Satty 等在 20 世纪 70 年代提出的一种定性与定量分析相结合的多准则决策方法。这一方法的特点是，通过对相关决策问题所包含的因素及内在关系的深入分析，构建层次结构模型，然后利用相关定量信息，来求解决策问题。专家调查法则是通过对专家意见的综合处理来获得相关权重信息。在 2011 年首都现代零售业国际化发展水平的评价过程中，我们采用了专家调查法来确定相关指标权重，专家调查结果如表 5-10 中数字所示。

第三，确定模糊综合判断矩阵。模糊判断矩阵，亦称为模糊隶属度矩阵，由对评价因子的等级评价得分构成。模糊判断矩阵的确定过程是：由确定的相关专家根据评语和评价对象的属性给每项指标打分，取值范围为 0～1，然后对每项指标在每项评语下的得分求平均值，得出最终得分，即评价对象在指标下的隶属度。运用该方法对 2008 年首都零售业国际化发展情况进行打分，经计算得到表 10 右侧的数据。

表 5-10　　　　2011 年首都现代零售业国际化发展水平评价表

评价目标	第一层指标	第二层指标	模糊判断 优	良	中	次	差
零售业国际化水平（W）	X_1 (0.25)	X_{11} (0.7)	0.35	0.15	0.5	0	0
		X_{12} (0.3)	0.2	0.6	0.1	0.1	0
	X_2 (0.2)	X_{21} (0.65)	0.1	0.3	0.5	0.05	0.05
		X_{22} (0.35)	0.05	0.3	0.15	0.5	0
	X_3 (0.25)	X_{31} (0.5)	0.4	0.4	0.1	0.1	0
		X_{32} (0.35)	0.1	0.2	0.2	0.4	0.1
		X_{33} (0.15)	0.1	0.2	0.3	0.3	0.1
	X_4 (0.1)	X_{41} (0.3)	0.1	0.2	0.2	0.4	0.1
		X_{42} (0.3)	0.2	0.3	0.3	0.1	0.1
		X_{43} (0.4)	0.4	0.3	0.2	0.1	0

续表

评价目标	第一层指标	第二层指标	模糊判断 优	良	中	次	差
零售业国际化水平（W）	X_5 (0.15)	X_{51} (0.45)	0.2	0.1	0.45	0.25	0
		X_{52} (0.35)	0.4	0.3	0.2	0.1	0
		X_{53} (0.2)	0.1	0.2	0.4	0.1	0.2
	X_6 (0.05)	X_{61} (0.5)	0.1	0.4	0.3	0.1	0.1
		X_{62} (0.2)	0.4	0.3	0.2	0.1	0
		X_{63} (0.3)	0.1	0.3	0.5	0.1	0

第四，进行模糊综合判断。模糊综合判断由两部分构成：首先，利用加权求和方法将模糊评价矩阵与相应权重向量合成，其过程是根据指标层次依次往上，直至最高层；然后，利用最大隶属度原则得出评价结果，以支持零售业并购供应链整合决策。

2011年首都现代零售业国际化水平的判断结果如下：

X_1 = {0.305, 0.285, 0.380, 0.030, 0.000}；
X_2 = {0.083, 0.300, 0.378, 0.208, 0.033}；
X_3 = {0.250, 0.300, 0.165, 0.235, 0.050}；
X_4 = {0.250, 0.270, 0.230, 0.190, 0.060}；
X_5 = {0.250, 0.190, 0.353, 0.168, 0.040}；
X_6 = {0.160, 0.350, 0.340, 0.100, 0.050}；

零售业国际化水平的综合计算：

E = (0.25, 0.2, 0.25, 0.1, 0.15, 0.05)。

$$\begin{bmatrix} 0.305 & 0.285 & 0.380 & 0.030 & 0.000 \\ 0.083 & 0.300 & 0.378 & 0.208 & 0.033 \\ 0.250 & 0.300 & 0.165 & 0.235 & 0.050 \\ 0.250 & 0.270 & 0.230 & 0.190 & 0.060 \\ 0.250 & 0.190 & 0.353 & 0.168 & 0.040 \\ 0.160 & 0.350 & 0.340 & 0.100 & 0.050 \end{bmatrix}$$

= (0.226, 0.279, 0.305, 0.157, 0.034)

根据最大隶属度原则（0.305＞0.279＞0.226＞0.157＞0.034），可以认为2011年首都现代零售业的国际化发展状况为中等，即首都现代零售业的国际化发展的确取得了一定的发展，但是离国际化成熟状态还具有相当大的差距，还需要进一步加快零售业国际化进程。

六、首都现代零售业国际化发展的路径及模式

（一）首都现代零售业国际化发展的路径与模式选择

1. 零售品牌国际化

零售品牌国际化是指零售企业通过塑造强烈的品牌形象，对全球消费者开展营销，促进国际化业务的开展。一个城市的零售品牌可分为零售区域品牌和零售企业品牌，如北京王府井商业街、西单商业街等就是北京的零售区域品牌，这些区域品牌在我国乃至世界享有较高知名度，而北京本土化的零售企业如北京市百货大楼等一批零售企业在北京乃至全国有一定影响力，但在全球的品牌知名度却是很小。所以，首都现代零售品牌国际化的首要任务是集各种力量打造具有国际影响力的零售企业品牌。

实施品牌国际化战略的途径有三种：第一，将零售业品牌与本土化特色和国际化大都市的定位联系在一起，使零售品牌成为城市的标签，吸引全球消费者进行消费。如，秀水街、王府井、西单等，都已成为首都现代零售业国际化的代名词；第二，通过政府和企业（主要是国有企业）的共同努力，制订规划，强有力地实施首都零售企业品牌化战略；第三，零售企业在全球范围内开展品牌标准化营销，通过准确的全球化定位，来拓展零售品牌的知名度，支持企业的国际化经营。

以国美电器为例。国美电器的成功并非偶然，在"商者无域，相融共生"的经营理念的指导下，国美电器通过品牌标准化营销，极力在东南亚国际市场上塑造其"谦虚的行业领袖"、"成本控制专家"、"消费行家和服务专家"、"供应链管理专家"的品牌形象。这正是国美电器实现其"成为全球顶尖家电连锁零售企业"的长远战略目标的基础。

2. 零售业跨国并购

并购堪称获得所需资源最直接最快的手段。零售企业打入国际市场，通过实施购买战略而获益，具体方式是通过购买目标市场国并购目标的现有供货渠道、销售系统和顾客群而达到实现零售国际化的目标。在已经饱和的市场环境下，零售企业购买现有市场份额往往要比绿地投资来得容易，因此并购战略尤其适应于上述情况。

但是并购也有其内在的缺陷，即文化差异。两个文化理念不同的企业合并为一个组织，在文化整合过程中会遇到诸多问题，如管理理念、风格、制度等的差

异性太大。如果处理不得当，容易造成巨大损失。因此，管理人员必须在文化整合方面投资相当多的时间和资金，同时最好维持被并购企业的原有现状，不要试图强制进行改革。

3. 零售战略联盟

战略联盟是两个或两个以上的企业或跨国公司为了达到共同的战略目标而采取的相互合作、共担风险、共享利益的联合行动。在降低国际化经营风险、克服国际市场进入障碍、提高零售业国际竞争力等方面，战略联盟具有非常显著的优势，可以作为首都现代零售业实现跨越式国际化的主要策略。以北京华联为例，从2005年以来，北京华联已先后与新加坡凯德商用公司（2005年）、法国高档食品店Fauchon（2006年）、英国著名的COSTA公司（2007年）等组建了多种联盟，这些联盟已在提升北京华联的市场竞争力和促进国际化业务扩张方面发挥了重大作用。

当前的零售业国际化战略联盟主要有以下几种具体形式：国际化供应链联盟，即零售业通过供应链协议、供应商关系管理等，整合全球资源，建立国际化的供应链网络联盟；跨国并购式联盟，如相互持股，合资公司等；品牌式联盟，如特许经营，国际化连锁经营；技术合作，即多个零售企业之间建立技术网络，相互学习零售业国际化经营方面的有效经验。

当然，零售业通过战略联盟模式来开展国际化经营也承担着巨大的风险，信息不对称就是其中之一。如何克服联盟方信息不对称所带来的逆向选择和道德风险问题，是制约战略联盟模式成败的关键因素。在国际化经营时，零售业需要准确把握战略联盟的性质和意义，运用合理的谈判手段，在全球范围寻找联盟对象，通过联盟协议、管理制度、联盟结构安排等激励机制来规范战略联盟，以实现国际化经营的战略目标。

4. 国际化采购

国际化采购是最常用的零售业国际化战略，也是目前首都现代零售业国际化最主要的战略。零售企业实施国际化采购的主要目的是在全球范围内寻求低成本的商品供应，以增强企业的赢利能力，提升零售企业的竞争力。此外，在全球化背景下，消费者的商品需求也在国际化，对新产品、新生活方式以及跨国文化的认知速度不断加快，因此，满足特定细分市场的客户需求和提升消费者的生活质量也是零售企业国际采购的动因。

国际化采购战略成功实施的关键是良好的境外供应商关系管理。相对于国内采购来说，国际采购的物流成本要大得多，且采购周期也要长很多，这就要求零售企业的境外供应商要及时且高质量地完成产品供应。如果缺乏高效的境外供应商关系管理能力，那么极有可能使得零售企业的国际化采购得不偿失。

5. 零售虚拟经营

自1991年美国学者肯尼斯·普瑞斯等提出了"虚拟企业"的概念以来，世界范围内兴起了一场虚拟化经营的浪潮。虚拟经营是指零售企业在有限的资源下，为了取得竞争中的最大优势，仅保留企业中最关键的职能，如营销、供应链管理等，而通过各种外力进行整合互补，将其他的功能虚拟化，如零售门面等，其目的是在竞争中最大效率地利用企业有限的资源。一般来说，虚拟经营的价值来源于国际化进入成本的节约与专业化的优势。

近年来，通过B2C电子商务来实施虚拟经营，已成为一些零售企业迅速发展壮大并成长为跨国企业的捷径之一，如美国的亚马逊公司。亚马逊公司是在1995年由杰夫·贝佐斯（Jeff Bezos）成立的一家网络书店。网络虚拟经营的潜力和特色使亚马逊公司迅速成长，短短十余年就已成为美国乃至全球最大的办公用品在线零售商，其网络销售额大约是美国最大办公用品零售商Staples的三倍。通过在2000年与卓越网联盟并在2004年全资收购卓越亚马逊，亚马逊将其全球领先的网上零售专长与卓越亚马逊深厚的首都市场经验相结合，进一步提升客户体验，成功拓展了首都市场。

（二）提升首都现代零售业国际竞争力的微观策略分析

1. 零售业重组，力创零售企业品牌，推动外向国际化

零售业的充分竞争性决定了其进入壁垒低。规模经济和市场控制能力是实施零售业国际化战略的基础。正如前文所述，与国外大型零售企业相比，首都零售业在单店规模上处于明显劣势，缺乏市场控制能力。因此，首都现代零售业国际化的首要任务是，积极推动零售业重组，通过企业间的改组、联合、并购、连锁经营或股份制的形式，组建一批规模大、实力强、具有相当竞争能力的企业集团，作为首都零售业国际化的主导力量。

具体做法是：首先，充分利用国际国内竞争，推动首都零售业重组。随着2004年零售业的全面开放，国外企业已大举进入首都零售市场，同本土零售企业展开竞争。同时，本土零售企业之间的生存竞争也在加剧。如果政府能够有效利用市场竞争这一工具对首都零售业优胜劣汰，势必会使零售业重组事半功倍，并打造出首都零售企业强势品牌；其次，通过环形持股、设立共同投资公司、无形资产筹资等方式，组建零售企业集团。组建零售企业集团的目的在于，优化零售业结构和资源分配，获取零售业的规模经济和战略协调效应的数据，也为创造首都零售企业品牌、为首都零售业的国际化成长创造条件。

2. 开展经营创新，提升零售业经营管理水平

一般来说，零售业的经营创新主要有两种模式：第一，围绕生产企业的让渡价值来实施创新。为了能使生产企业让渡的价值能够最大限度地流入零售企业，零售企业最需要做的就是通过一系列的创新整合来最大限度地降低企业的运营成本。首先，零售企业通过规模优势来形成对生产企业的议价能力，以获得低价格的商品供应，降低经营投入；其次，零售企业借助于管理技术和工具方面的创新（如引入供应链管理等），充分压缩商品在运输、配送等环节的价值损耗；最后，通过对企业员工的培训，提升员工服务技能水平，以吸引消费者进行消费。第二，围绕消费者价值来重构零售企业的价值创造体系。即，零售企业根据消费者需求的发展变化，打造自身的经营体系，以消费者体验和差异化经营的形式来获得消费者对企业的认同和提升消费者价值，从而为企业带来丰厚的商业利润。在这种经营创新模式下，能否准确把握消费者需求的特点是经营成败的关键。

3. 完善零售业态和业态功能

现代零售业国际化竞争的实质是零售业态及其特定功能定位在全球市场上的竞争。首都零售业参与国际化竞争的起步较晚，长期以来都是百货商店一统天下；超级市场、专业店等新型零售业态尽管发展迅速，但毫无规模可言。相对于国外零售业通过差异化业态选择、业态移植和连锁化等竞争手段来占据国际市场上的主流业态和获取国际市场优势，首都零售业的国际化处境十分被动。因此，在开展国际化经营的创新的过程中，首都零售业积极探索和完善适合国际化扩张的零售业态及其功能，建立零售业国际化的业态定位优势，就成为推动首都零售国际化发展的战略性措施。

4. 重视高素质经营管理人才的培养，实施人才国际化战略

人才国际化是指人才不局限于一个地区或国家的范围内，而以本民族的文化为背景，超越国家的范畴，在全球范围内开发、配置，即人力资源的开发、利用呈现国际化的格局。人才国际化包括人才构成的国际化、人才流动的国际化、人才素质的国际化、人才教育培训的国际化以及人才评价与人才政策法规的国际化等。现代零售业国际化是以国际化人才竞争为核心的全方位的竞争。谁拥有国际化人才优势，谁就能在激烈的零售业国际化竞争中取得优势。烽火猎头有关统计资料显示，我国人力资源总量很大，但高层次人才仅占人才资源总量的5.5%左右，高级人才中的国际化人才则更少，严重制约了我国经济的快速发展和国际化进程。因此，实施人才国际化战略、加快具有跨国经营能力的人才培养，是提升首都零售业竞争力和国际化实力的必然选择。

5. 重视资本运营，积极实施跨国融资

零售业国际化尤其是外向国际化经营是一种资本密集型投资活动，投资量大，资金回笼周期长，且经营过程特别需要保持高效的资金流动性。首都现代零售企业自身的资金实力非常有限，根本无法承受庞大的国际化投资计划，很多情况下不得不求助于政府财政支持。除资金杯水车薪外，零售企业在申请政府财政支持时，往往需要漫长的审核过程，这无疑增加了资金获取的交易成本，同时极有可能损失稍纵即逝的投资机会。从当前一些零售业国际化案例来看，政府财政支持造成企业产权不清，极大地限制了零售企业的经营创新，对零售业国际化十分不利，天客隆国际化经营的惨败就是一个力证。

与政府财政支持相比，跨国融资战略是指零售企业在金融市场上募集开展国际化经营的国际资本，支持企业的市场运营，实现其国际化发展目标。通过引入市场化因素，国际金融市场选择性地为优秀的零售企业提供源源不断的资金支持，不仅解决了零售业国际化的资金需求问题，而且还具有激励零售企业寻求经营创新和提高经营业绩的作用。此外，一些专业跨国投资公司在为目标企业提供资金支持的同时，也积极为目标企业提供先进的管理技术支持和国际化人才支持。这对于缺乏国际化经验的首都现代零售业来说，显然比只提供资金的政府财政支持更有意义。可以说，跨国融资是首都现代零售业国际化的必经之路，也是首都现代零售业国际化的必然选择。

6. 积极参与国际市场竞争，在竞争中成长

面对外资零售业的强劲攻势，本土市场的防御性战略对首都零售业的长期发展而言只能算作权宜之计；主动走出国门进军海外市场，拓展新的发展空间，才是首都现代零售业赖以生存和发展的一条重要出路。虽然与发达国家和地区的零售业相比，首都零售业存在着资金、规模和经营管理技术等方面的巨大差距，但也应看到，经过多年的快速发展，首都零售业已取得了长足的进步，一批具有相当市场竞争力的本土零售企业逐渐成长起来，如北京华联、王府井百货、物美集团等，它们在与实力较强的国外零售集团在国内市场的竞争中，逐步缩小了差距，增强了与国际强手对抗的能力，为首都零售业国际化积累了丰富的经验。此外，当前的世界性金融危机在给国外零售业带来巨大压力的同时，也为首都零售业的国际化发展提供了有利条件。因此，如果政府能制定相应的政策，鼓励与扶持本土企业积极拓展海外业务和参与国际化竞争，首都零售业国际化的前景必将十分广阔。

七、结论

竞争环境的日益复杂化是现代零售业发展的主要特征。21世纪全球化的零售环境和首都建设国际化都市的城市定位，使得首都现代零售业的国际化发展成为必然。首都现代零售业只有走国际化发展的道路，在国际化的过程中学习，才能真正获得发展和壮大，成为具有国际竞争力的产业。

通过研究，本文得出了以下几个基本结论：

第一，首都现代零售业国际化发展迅速，尤其是内向国际化。世邦魏理仕的研究报告显示2011年已有38％的全球顶级零售商进驻北京。

第二，外向国际化缓慢，首都现代零售业国际化机遇与挑战并存。

第三，首都现代零售业国际化经验与技术的缺乏，是本土企业国际竞争力不足的主要原因。

第四，首都现代零售业的市场集中度低、竞争激化，也是造成国际化竞争力不足的一个原因。

第五，通过对2011年首都现代零售业国际化发展水平的衡量得出，首都现代零售业的国际化发展的确取得了一定的发展，但是离国际化成熟状态还具有相当大的差距，还需要进一步加快零售业国际化进程。

第六，在首都现代零售业的未来发展中，一方面，需要有一个强有效的发展战略规划，这其中包括宏观战略及微观策略两部分；另一方面，政府的作用也应进一步加强。

第七，在国际化战略模式选择方面，首都现代零售业在未来可以综合采用国际化采购、战略联盟、虚拟经营、品牌国际化、并购等方式来实施和扩大国际化经营。

第六章　首都现代零售业可持续发展研究

可持续发展是源于环保领域的一个概念,最广泛采纳的定义是1987年由世界环境及发展委员会发表的布特兰报告书所载的定义,即:既满足当代人的需求,又不对后代人满足其需求的能力构成危害的发展称为可持续发展。1994年通过的《中国21世纪议程》提出,可持续发展是一条人口、经济、社会、环境和资源相互协调发展的、既能满足当代人的需要而又不对满足后代人需要的能力构成危害的道路。当前,可持续发展的理念和实践已经从环保领域扩大到经济、社会领域,融入全球、各国乃至各行业、企业的发展战略之中。

随着可持续发展的理念日益深入人心,国内外研究者和企业界实践者普遍认同在商业流通领域,尤其是在连接生产和消费的零售领域实施可持续发展战略,对推动全社会的可持续发展有积极的作用。零售业是首都经济发展的支柱产业之一,与首都城市发展环境和城市综合竞争力密切相关,是体现以人为本、提高市民生活品质和建设宜居城市的重要基础行业。首都零售业的持续、协调、快速、健康发展,在扩大社会就业、维护市场安全和社会稳定方面,在加速实现首都城市发展新定位、促进城市繁荣与和谐发展方面,具有重要的作用和意义。《北京市"十一五"时期商业发展规划》提出,北京商业要按照"安全、规范、便利、繁荣和可持续发展"的总体要求,完成"三大任务",完善"六大体系"。"可持续发展支撑体系"是"六大体系"的重要组成部分之一。

零售业可持续发展,并不是简单地将一个流行词汇套用到某行业,应当有一个符合此行业本身特点与发展规律的丰富、准确的内涵。本课题将通过对国内外相关理念的综合分析、通过对可持续发展在商业流通领域,尤其是零售行业的实施情况的比较,全面阐述首都零售业可持续发展的内涵。本课题的研究,以首都现代零售业为研究对象,通过调研、考察首都现代零售业的发展现状,分析首都现代零售业发展过程中所面临的主要问题,阐述首都零售业可持续发展的必要性和可行性,提出促进首都现代零售业可持续发展的政策建议,进而提出促进首都现代零售业可持续发展的具体措施。

一、首都现代零售业发展现状概述

(一) 首都现代零售业的成就与优势

1. 零售业规模不断扩大

2012年全年北京社会消费品零售额超过7702亿元，增长11.6%以上。截至2011年年底，批发和零售业实现地区生产总值2139.7亿元。年主营业务收入500万元及以上的零售法人企业达8577个，资产合计250823054万元，营业收入54791370万元。

2. 零售业赢利能力发展势头保持良好（见表6-1）

表6-1　　　　　　　近三年首都零售业利税指标　　　　　　　单位：亿元

年份	主营业务收入	利润总额	应交所得税
2009	23508.9	841.3	496.6
2010	32359.2	1122.1	654.8
2011	39050.5	1283.8	815.6

数据来源：2010年、2011年、2012年北京统计年鉴。

3. 零售业现代化程度不断提高

零售企业开展连锁经营的程度不断提高。2011年，首都零售连锁企业达到233家，店铺9845家，实现零售额19507890万元，企业规模、行业组织化水平和市场集中度明显提升。物流配送业健康发展，第三方物流企业和连锁企业配送中心快速发展，物流配送能力明显增强，促进了流通效率的不断提高。"十一五"时期刷卡消费实现快速发展，全市累计发展银行卡特约商户18.5万户，较2005年增长3.5倍；刷卡消费额占社会消费品零售额的比重从2005年的27%上升到2010年的65%，提高38个百分点。

4. 零售业态结构和布局日趋合理（见表6-2）

表6-2　　　　　　　零售连锁企业基本情况

指标	门店总数（个）	从业人员（人）	营业面积（平方米）	商品销售总额（营业额）（万元）	零售额（万元）
零售业态	6950	149893	6371717	23521514	17376359
食杂店					

续 表

指标	门店总数（个）	从业人员（人）	营业面积（平方米）	商品销售总额（营业额）（万元）	零售额（万元）
便利店	613	2786	54827	129123	129081
折扣店	119	1459	76778	199984	178104
超市	1858	45004	1783379	3920574	2919522
大型超市	94	24643	940187	2131145	2064212
仓储会员店	7	2744	130869	373718	373718
百货店	57	15139	1208626	3040848	3040848
专业店	1914	31116	1352270	4737384	4352029
加油站	682	9334	320644	7744831	3397467
专卖店	1370	13623	176390	958201	684501
家居建材商店	26	3203	309043	236877	236877

数据来源：2012年北京统计年鉴。

从表6-2可以看出，各种类型零售业态在北京都有其生存发展的空间，例如百货店、综合超市、专业店、专卖店、仓储商店、便利店、购物中心、厂家直销中心、食杂店以及网上商店、邮购、电视购物等。随着城镇居民人均可支配收入的日益提高，消费需求和消费结构发生显著变化，社区居民对服务餐饮、休闲娱乐等多样化、综合性的消费不断增长。城市居民不仅需要繁华的城市、地区商业中心，更需要提高社区商业的服务水平。为此，当前已建设了一批便利店、菜市场、浴池、再生资源回收站、农资连锁店、集贸市场等便民、利民的商业服务设施，借此实现城乡商业、社区与中心区商业的均衡发展。

5. 零售业节能减排水平位居各行业前列

在商务部官方网站公布的《2011年中国零售业节能环保绿皮书》提供的调查数据显示，2011年，零售业各业态的万元营业额能耗量均呈下降趋势，平均降幅约为15%。首都商业节能降耗水平继续得到显著提升，10家1万平方米以上大型零售企业开展节能改造试点，提高了能耗管理专业水平。

(二) 首都现代零售业发展面临的问题和挑战

1. 零售业态发展不够平衡

Shopping Mall数量相对较多，但欠缺准确的市场定位、科学的商业规划、有效的招商组织和持续的管理创新，因此，出现商业趋同建设和空置面积严重，专卖店、便利店发展相对滞后,数量相对不足,特别是便利店。资料显示,7-11在全球的门店数达到了49500多家,仅在日本的门店数就达到1万多家,而作为国际大都市的北京,截至2013年5月底门店数仅有139家,不光是7-11,其他内资便利店的发展过程也不是一帆风顺,这与北京乃至中国飞速发展的商业状况不符。物流和信息系统建设、即食品生产,还有政策因素这四大问题成为京城便利店的发展瓶颈。

2. 零售业社区服务功能发挥不足

目前,北京社区商业发展不足,造成居民出门购买小百货用品时可能要走很远的路。一些郊区村镇商业设施相对落后,有的社区商业规模偏小、功能不尽完善,有的新建社区商业设施不够配套,依然存在居民买菜不方便和废旧物品收购不规范等问题,不能充分满足居民的多层次消费需求。

3. 零售业节能水平依然处于国际较低水平

我国大型百货店和超市的能源消耗高于发达国家同类商场2~3倍,尽管北京大商场处于国内能耗较低水平,但单位面积能耗仍然高出气候相近的日本同类商场40%左右,零售业节能潜力巨大。

4. 零售软环境建设相对滞后

零售领域标准规则体系不够健全,导致零售商与供应商的矛盾、零售商与消费者的矛盾依然时有发生。零售服务整体水平需要进一步提高,从业人员素质亟待提高。行业诚信建设尚处于起步阶段,诚信体系发挥作用不够充分。

5. 内资零售业市场竞争力不强

与国外零售巨头相比,国内零售企业在供应链管理上差距明显,供应链成本也是其最大软肋,不少零售企业没有严格的供应链成本管理机制,人为地抬高了其供应成本,所以,一直在价格上缺乏竞争优势。

目前,首都内资零售企业也正在努力建立全国布局,更多借助资本力量形成战略布局,如王府井百货目前在全国多个中心城市和二、三线城市布局了20家百货商店。但此轮经济危机加剧了外资零售商在华的布局以寻求避风港,内资零售企业在很多二、三线城市开店时不但遭遇外资对手,还要与当地零售企业展开激烈竞争。这样的代价是市场份额缩小,门店业绩下降,而且要承受由于价格战带来的毛利之殇。

二、首都现代零售业可持续发展的必要性与可行性

(一) 必要性

1. 现代零售业在首都经济发展中的地位和作用

现代零售业在首都经济发展中已经起到基础性作用。2012年全年北京实现地区生产总值17801亿元，比上年增长7.7%。三次产业结构由上年的0.8：23.1：76.1变化为0.8：22.8：76.4。第三产业增加值231626亿元，增长8.1%，对GDP贡献率达44.6%。其中，批发和零售业的地区生产总值为2139.7亿元，增长13.3%。

加快首都零售业现代化已成为首都经济和社会发展中的重要问题。北京作为综合性特大城市，作为全国的政治中心、文化中心，作为经济较发达的现代化大城市和重要的旅游城市，决定了它必须要有多元化、多层次的现代化商业为之服务。首都工农业生产的持续发展需要发达的商品流通网络开拓商品市场，实现其最终的价值。城市居民生活需求、生活质量、生活方式的日益社会化、现代化、多样化需要多种多样的商业形式和服务方式为之服务。党政军机关、企事业单位办公现代化、国内国际交往的发展和旅游休闲现代化都需要现代化的商业服务业与之相配套。首都的特殊地位和形象更要求发展具有中华民族特点的、现代化的商业与之相适应。首都的市场已经成为全国有代表性的市场之一，是全国经济发展的重要窗口，因此，首都商业的发展、首都市场的繁荣稳定与首都经济和社会的发展，与国家新形象和政治稳定密切相关。加快首都商业现代化的进程已成为首都经济和社会发展中必须大力解决的重要问题。

2. 首都现代零售业可持续发展对首都经济可持续发展的重要意义

《北京市国民经济和社会发展第十二个五年计划发展纲要》提出："努力打造国际活动聚集之都、世界高端企业总部聚集之都、世界高端人才聚集之都、中国特色社会主义先进文化之都、和谐宜居之都，推动北京向中国特色世界城市迈出坚实的步伐。"零售业的可持续发展，对实现整个首都经济的可持续发展意义重大。从根本上来说，这是由商业在社会价值体系中的特殊地位所决定的。商业连接了生产与消费，是商品价值实现的最重要环节。现代商业在社会价值体系中起到了三个基本的作用：一是将生产过程中的价值传递到消费过程；二是通过商业活动本身创造新的价值；三是在生产与消费之间起到信息沟通员和义务调度员的作用。正是现代商业的独特地位与作用，决定了零售业在可持续发展领域独特的地位和影响。首先，商业的可持续发展可以推动整个社会的可持续发展。其次，商业也是落实可持续发展的重要环节。

零售业的可持续发展可以推动整个首都经济社会的可持续发展。零售业是生产者与消费者之间最直接的桥梁，在可持续发展中起到极其重要的示范与窗口作用。零售业面向普通消费者，也是几乎所有商品的直接接触者，零售商业里使用和销售的产品环保与否、健康与否、节能与否等这些问题，都是消费者直接关心并且十分敏感的话题，直接影响到消费者对产品的最终选择。从这个角度来说，零售业是一个窗口，是众多消费品生产企业可持续发展努力与消费者诉求之间沟通的桥梁。一方面，商业企业可以通过自身的努力，将符合可持续发展要求的产品更多、更好地向消费者推出，引导合理、健康的消费；另一方面，商业企业可以将无数消费者分散的诉求集中起来，传递给生产者，鼓励生产者按照消费者的要求也就是可持续发展的要求去创新技术，优化生产流程，实现可持续发展的要求。通过两方面的双向作用，通过市场的自然调节，商业可以降低整个社会可持续发展的成本，提高发展效率。

零售业本身也是落实首都经济可持续发展的重要环节。在连接生产和消费的零售业实施可持续发展战略，对推动全社会的可持续发展有积极的作用。零售业本身庞大的规模效应使其对本地区环境及社会的可持续发展的影响力被放大。每一件商品都需要运输，储存，销售，如果这个环节能节省一度电，一滴水，那么这将是巨大的节约。2011年，北京万元地区生产总值能耗为0.43吨标准煤，水耗为22.13立方米，分别比2010年下降了0.06吨标准煤和2.81立方米，按批发和零售业的地区生产总值2139.7亿元测算，共节约能耗1283820吨标准煤（21397000×0.06），节约水耗60125570立方米（21397000×2.81）。为实现这一目标，迫切需要在能源消耗巨大的零售环节积极倡导可持续发展理念，提高能效，预防污染，广泛使用、销售和推广节能产品，从而大大降低企业运营的成本，给消费者带来实实在在的好处，也有利于创造一个更加绿色的环境。

3. 首都现代零售业自身发展的需要

随着城市化进程的推进、消费水平的变化，北京零售业的发展也走过了不同的时期。北京作为国际化大都市，在对外联系的过程中更催生了多元化、多层次的需求。消费环境的变化给首都现代零售业带来新的挑战与机遇，如何适应市场需求变化，实现零售业与环境的良好协调与互动，是关系到首都现代零售业未来发展的关键问题。要实现和谐发展，首都零售业必须用可持续发展的眼光去思考和看待问题，才能为北京实现国家首都、国际城市、文化名城、宜居城市的功能定位而服务。

当前，首都零售业新型业态发展虽快但规模过小，大型零售商业资本集团过少，国际化企业空缺。面对零售业商业资本过于拥挤、低水平过度竞争和外国商业资本的压力，零售商若片面追求外延、粗放、数量扩张的增长势头已经难以为继，亟待开创大型化、集约化、内涵化发展的新阶段。在深层或高级竞争阶段，不再是以价格战为主导的促销局面，而是对零售商提出了比短期行为、价格吸引力更高的要求，讲求品牌、诚信、服务、流程优化和长期战略。而真正满足这些要求需要企业的强大实力、巨额投入、长期积累和足够耐心作支撑。它的背后还需要市场集中度大幅提高、政府政策逐渐趋向稳定。这是行业整体的历史性跨越，是质的提高，而绝非简单的平面数量扩张。

（二）可行性

1. 外部环境与条件

（1）首都消费潜力巨大

北京是一座人口超过千万的大城市，巨大的人口基数带来庞大的、多样化的消费需求。作为一国之都，独特的政治地位为经济发展带来特定的促进作用；作为国际化城市，北京是国际交往的中心之一，人口流动相当频繁。同时，以滨海新区为龙头的环渤海地区的崛起，将给北京商业服务业发展带来一种外部推动力，也将成为首都零售业未来发展巨大而广阔的腹地。

在全球宏观经济趋势的影响下，外需减弱对北京经济造成了一定影响，强劲的内需则成为北京经济的主要支撑力量。消费拉动经济增长的作用更加突出，贡献率超过50%。2012年全市实现地区生产总值17801亿元，按常住人口计算，全市人均GDP达到87091元（按年平均汇率折合13797美元），比上年增长7.7%。2012年年末北京市常住人口为2069.3万人，比上年年末增加50.7万人，但人均GDP仍保持了较快增长。2012年北京消费品市场繁荣活跃，社会消费品零售额去年达到7702.8亿元，增长11.6%。

（2）政府高度重视零售业可持续发展问题

零售业对于提高国民经济运行质量、优化国民经济流程、调整国民经济结构、扩大内需、增进消费、增加就业、节能降耗、降低成本有重要作用，而且对增进社会总福利的影响力越来越明显、越来越广泛、越来越深入。因此，政府高度重视零售业的可持续发展，一方面，对零售业加以扶持；另一方面，对其加之规范。

2006年，商务部投入500亿元扶持流通业，意在打造"零售国家队"，专项支持大型流通企业建设城乡现代流通网络基础设施。其中，北京华联集团、北京物美投资集团、北京王府井三家企业作为国家重点培育的20家大型流通企业成员，进入首批试点之列。2009年5月11日，北京市商务委发布《关于促进网上零售业发展的意见》，鼓励商业服务业企业积极利用公共社会资源，开展网上零售业务。市商务委表示，对实体店开展网上零售业务等将给予政策鼓励和扶持。

零售业的节能降耗工作是实施商业流通领域可持续发展战略的一项重要内容。北京市商务委员会根据《商务部关于开展"零售业节能行动"的通知》，结合北京市零售业实际情况，制定《关于开展"零售业节能行动"实施方案》。

在"十五"、"十一五"期间，北京市陆续出台多项重点流通标准、规范，促进了行业规范化水平的提升。包括《商业、服务业服务质量》、《北京市商业零售企业促销行为规范（试行）》、《北京市商业零售企业进货交易行为规范（试行）》、《北京市大型商场超市试衣间设置与管理规范（试行）》、《北京市大型商场超市卫生间设置与管理规范（试行）》、《北京市商场、超市安全管理规范（试行）》等。

2. 内部动力与基础

(1) 零售业发展的内在动力

零售业业态的演化经历了小商店、集市贸易、大型百货商店、邮购商店、连锁经营、超级市场及大型的连锁超市大型百货店、互联网型商业组织即电子商务的过程。百货商店的出现带给顾客更大的选择，固定价格的便利和保证，并且集中了大量类似商品以提高购买的效率。邮购商店使偏远郊区的顾客能够买到更多的商品，而不仅仅是局限在当地的商店里。连锁经营提供给顾客一个标准化的购物模式和来自市场上的最新风格和产品。而超市包罗万象，减少了跑多家商店的必要，更重要的是带给顾客自选商品的乐趣。电子商务是目前快速成长起来的经营形式，它带给顾客的四大收益是便利、更广泛的选择、竞争性的价格和更大的信息来源，电子商务促成了组织流程和实践的进化，突破了公司之间，供应商、消费者、竞争者之间的组织边界。

新业态的出现、成长和发展说明零售行业自身所具有的前进性和适应性。从根本上来说，这是由商业在社会价值体系中的特殊地位所决定的。商业连接了生产与消费，是价值实现的最重要环节。现代商业在社会价值体系中起到了三个基本的作用：一是将生产过程中的价值传递到消费过程，二是通过商业活动本身创造新的价值，三是在生产与消费之间起到信息沟通员和义务调度员的作用。正是现代商业的独特地位与作用，决定了零售业在整个国民经济发展中的重大作用，也决定了零售业将最为直接地接触到消费者需求的变化，从而迅速在商品组合、经营方式、服务项目上作出反应和调整。

(2) 首都零售业可持续发展的自身基础

首都零售业经过改革开放以来近三十年的发展，已步入持续快速发展阶段，在规模继续扩大的同时，内部结构不断优化，增长方式开始转变，运行质量有所提高。首都不仅为北京市服务，还承担着为中央国家机关以及各省市驻京办事处服务的功能,因此,各种先进消费业态的引进,往往都是从首都开始的。在2008年北京奥运会成功举办之后,北京商业整体软硬件水平又上了一个新的台阶。

随着理念的进步以及技术手段的配合与完善,商业的可持续发展将向更深、更广的方向推进。首都现代零售业作为全国资本、信息、技术的密集之地,有意愿也有条件在商业可持续发展方面起到典型和示范作用。

三、国内外零售业可持续发展的经验借鉴

(一) 欧洲

1. 欧洲行业协会对零售业可持续发展的推进

在欧盟,有一个名为欧洲贸易(Euro Commerce)的机构,作为代表批发、国际贸易和零售业等部门的一个联合机构。其任务是推动并保护零售部门的利益,确保其特点被正确理解并受到欧洲决策者的重视。来自作为机构成员的联合会或者企业的专家组成的政策委员会组织该联合机构的工作,每个相关的政策领域都有其委员会。它们的作用是制定该部门在不同问题方面的立场以及为成员交换观点提供一个平台。例如,Euro Commerce下设环境委员会,其主要作用是制定零售业在欧洲环境立法草案方面的立场以及为成员交流观点和最优方法提供一个平台。

2. 欧洲零售业的可持续发展实践

欧洲零售商已经意识到参与可持续战略的重要性,他们为解决环境和道德问题采取诸多举措。这些举措不仅是一种被迫的反应,而且往往是一种自愿性的措施。包括降低商店的能源消耗并且尽可能地减少运输包装;确保森林保护;寻找当地的供应商;向消费者提供更环保的塑料袋替代品(例如"时髦的"波纹盒、可以再利用和回收的袋子);在商店或者零售点开展自愿性回收计划。具体实施方法有以下几方面。

①建筑里的能源效率。为了节约能源大零售商在建造商店时都设法采用最新技术。他们改进建筑管理系统、研究可再生能源的利用,还采用一些系统来减少冰箱的能耗和照明用电。

②家用电器的能源效率。零售部门宣传冰箱、洗碗机和其他设备使用能源标签,这些标签是和欧洲委员会一起制定的。

③运输政策。一些大零售商制订了"旅行工作"计划。为了减少二氧化碳的排放,他们采用了减少日常递送、优化流通的运输管理系统。其他举措包括发展提供液化石油气或者更多使用替代燃料的加油站。他们还支持回程载货并对路线

进行有效规划。

④可持续森林管理。大多数大零售商都是森林管理委员会的成员,他们购买经森林管理委员会认证的基于最佳林业管理的木材。另一些零售商则是与森林管理委员会有关的国内林业团体的成员。

⑤环境管理体系。大多数大零售商都支持 ISO 14001 环境管理计划,一些零售商已经得到了 ISO 14001 的认证。

⑥废品管理。大零售商的废品管理战略已经到位。他们对其供应商施加压力,让他们减少包装废品或者确保这些废品可以再利用或者回收。他们还尽可能使用回收材料。一些零售商有废品管理手册或者废品运送操作说明。

⑦培训。一些零售商给供应商提供机会参加专门针对环境问题的基本培训项目或者向他们自己品牌的供应商提供环境管理指导。他们刊印消费传单来提高对家庭生活改善和园艺活动(产品的购买、使用和处置)造成的环境影响的意识。一些零售商对其员工进行废品分类培训,还有一些零售商编写可持续性报告。

⑧有效消费回应。有效消费回应(ECR)是有意义的举措,其特点是在供应链中出现了生产商与零售商之间的合作管理新原则。人们都认识到企业通过与贸易伙伴合作,可以以更低的成本更好、更快地服务于消费者。ECR 提供了一个零售商和生产商被平等代言的论坛。ECR 正在制定标准以改进供应链管理,这些标准会直接影响到运输成本、运送优化或者包装废品,例如,制定供应链中的再利用、商品组装、运输、储存、处理和产品保护等方面的共同标准(例如使用货盘、条板箱、集装箱为百货商店运送商品)。ECR 制定了零售商和生产商都感兴趣的公共项目,包括为了赢得零售行业的大量用户而加速有效补充和跨欧洲零售业电子数据交换(EDI)技术的开发和利用。这是通过宣传经试验证实的效益和潜在收益实现的。该项目的第二阶段把第三方后勤服务供应商也纳入了补充进程,重点是运输。ECR 是生产商和零售商联合举措的一个有效的、已取得成果的例子。

3. 欧洲零售企业成功实施可持续发展的实例之一

法人社会责任(CSR)是欧洲支持可持续发展的手段之一。它包含一系列的问题,这些问题可以根据可持续发展战略的三个支柱(经济、社会、环境)进行分类。Marks & Spencer 是一个以"法人社会职责"作为管理程序,朝着更可持续性的商业模式前进的成功零售商典范。

Marks & Spencer 作为英国零售业的领路人,已经有百余年了。经营 100 多个国家大约 1500 家供应商生产的 3 万种产品系列,销售种类广泛的食品、服装、家居和美容产品,是 100% 自有品牌的零售商。20 世纪 90 年代后期曾面临重大的商业挑战，它关闭或卖掉了欧洲大陆的40家商店，同时还卖掉了在美国的Brooks Brothers的业务。由于贸易业务的败绩，一支新的管理队伍被引进来。这支管理队伍不仅改善了商业财务状况，而且找到了履行CSR的通道。Marks & Spencer现在已经稳定了企业业务，并且开始进入一个新的增长阶段。

面对经营的失败，新管理队伍首先分析了新市场，向消费者征询他们对主要零售商品价格、质量和时尚的意见，发现消费者逐渐转向希望零售商直接向他们保证其产品是安全的。并且认识到，消费者对零售商的期望已不仅仅是通过向慈善机构捐款、为雇员提供高标准的福利、降低自己经营即车队和商店的环境影响。人们开始期望一个零售商真正的环境和社会影响并不产生在他自己的经营活动中，而是产生在他的供应链以及他的产品使用和处理期间。

认清这些趋势之后，Marks & Spencer建立了自己的CSR商业理论。其商业理论内容如下：

①保护"销售"执照：确保我们的消费者相信我们是为覆盖我们的产品、服务和业务的整个生命周期负责的。

②特色：在"仿制品"充斥的市场上，提供自己产品的不同点，靠事实站住脚而不是靠市场炒作。

③风险管理：要降低我们得不到原料、化学品、制造方法和经营国家的风险，我们必须要把产品推向市场。

④经营成本：从降低资源利用上提高效率，而且还要有CSR紧要关头废物处理的"救火"时间。

⑤投资：打消我们投资者的疑虑，保证CSR风险不会伤害到他们对我们的投资。

⑥人员：要激励我们的员工、吸引人才，我们必须使未来兴旺发达。

⑦创新：对抗现状，开发对我们的消费者更有利且更少留下环境与社会痕迹的产品。

⑧合作伙伴：吸引未来的长期商业合作伙伴，他们中的许多人可能会来自我们当前定义为零售部门的外部。

以上八项商业驱动力量共同提供了内部管理CSR的框架，与此同时，建立了相适应的管理构架。公司引进了CSR委员会（CSRC），该委员会一年召开3次会议，负责描绘长期CSR商业前景，并将其统一到更广泛的商业规划中。在CSR之下设有CSR论坛，由整个商业的各个要害部（采购、人力资源、公司管理与商店经营）的高级经理组成，他们的任务就是把CSRC的前景设想变成行动，他们必须协调非常现实的短期商业压力与CSR长期设想的关系。

Marks & Spencer 总结其经验和教训主要有如下几条：一是不要做科学盲人。20世纪90年代末，当转基因（GM）食品第一次介绍到英国的时候，Marks & Spencer 像所有其他超级市场一样，也想涉足其中，但随即发现无法打消消费者的疑虑。消费者不再相信纯科学的信誓旦旦，而希望针对技术的不确定性、掌握世界食品生产的大公司的道德规范，以及哪些产品含有转基因哪些不含有的信息等问题进行广泛的讨论。Marks & Spencer 果断决定立即放弃销售转基因食品，成为销售的食品都不含有 GM 成分的少数几个西方食品零售商之一。二是不要仅依赖法律条文。对于消费者来说，食品生产中杀虫剂的使用是最重要的问题之一。Marks & Spencer 许多年里都根据英国政府对食品杀虫剂残留物季度调查结果，向消费者保证对于杀虫剂使用的措施是良好的。但是发现消费者期望它向零残留物前进后，迅速制定了自己的、高于政府一般规定的有关水果、蔬菜和色拉生产中杀虫剂使用的政策。三是为消费者提供便于理解的信息。为消费者提供他们能够参与的、有关可持续性的、直截了当的信息是至关重要的。

Marks & Spencer 认为，他们所确定的市场趋势和对实际解决方法的需求，未来会快速发展起来，零售商的期望以及他们在可持续性发展中所能够发挥的关键作用将会增加，因为社会生产产品和最终消费它们的方式将会有根本性的转变。可持续性像任何新事物一样，它有时也要经历痛苦的革命、遭遇死胡同、产生错误。但是，只要期望下一个世纪的繁荣昌盛，就必须坚持明确的目标。未来它将致力于倾听全体利益相关者的声音，明确能够被所有人理解的关键问题，提供商业向更可持续性进步的有力证据。

（二）美国

1. 美国行业协会对零售业可持续发展的推进

美国零售业协会（Retail Industry Leaders Association，RILA）发布了一项新的可持续性倡议："以推动社会可持续活动和商业上的践行，从而确保零售业领袖致力于可持续的先锋地位能够被消费者和决策者认可。协会计划帮助企业把可持续性纳入其供应链，并建立一个讨论和运作这个话题的框架。通过零售业可持续性活动（RSI），聚集国内零售业的领军企业来推进各种活动和商业行为，使得零售行业作为一个整体向前发展。"RSI 将成为零售行业的先锋论坛，它可以为遵守环保和自愿的可持续性活动的领导层设计程序和提供解决措施。

零售业协会将会从其两个合作伙伴的努力中获取支持，他们分别是 Navista 公共事务集团（Navista, Inc., The Public Affairs Group）和 Shaw 集团（Shaw Group）。Navista 坐落于华盛顿，将为 RSI 的可持续性和环境管理目标提供战略和战术支持。Shaw 集团是提供全方位服务的环境咨询和管理公司，已经有许多国家和地区零售企业履约问题和可持续性方面的经验。RSI 将会对美国零售业协会的会员和非会员开放。

2. 美国零售业的可持续发展实践

美国零售行业在环境保护方面的实践落后于欧洲。但是，美国零售业有其独特鲜明的发展特点和可资借鉴之处。

（1）发达的连锁经营

连锁经营方式首创于美国，1859 年出现在纽约，到现在已有近 140 年的历史。目前，连锁经营已成为美国现代商业零售业的主流，也被广泛应用于餐饮、旅店等许多服务行业。在全美 1000 强企业中，商业连锁企业有近 100 家。现在美国零售业销售额的绝大部分都是连锁商业创造的。连锁商业对商品采购、配送、销售、财务等业务环节实行专业化分工，各门店专门负责日常销售。集中采购、统一进货是连锁店的突出特色。美国连锁店货源的 95% 由总部来确定，5% 是门店自定的商品（主要是生鲜类商品）。连锁店总部或大区分部的配送中心负责订货，配送中心承担着各门店所需商品的进货、库存、分拣、加工、送货等任务。美国连锁商业零售企业都有一个完善、高效率的配送系统，沃尔玛便以其庞大的配送系统而闻名。连锁分店则按照总部的指示和服务规范要求，承担日常销售业务。每个连锁企业都有一套统一的经营策略和管理要求，详细规定了商品质量标准、服务标准、商品价格及操作规程等，所有分店必须严格执行。连锁经营把现代大工业、大生产的组织原则应用于商品流通领域，提高了协调运作能力，实现了规模经营效益，其最重要的影响就是降低了商品价格。同时，流通领域日益远离对生产领域的依附，发展成为独立的现代流通产业乃至形成商工一体化的新型企业。

（2）完善的信用体系

完善的信用体系保障了商业零售业的蓬勃发展。美国经济是一种典型的信用经济，其信用体系已经拥有 160 多年历史，信用体系渗透到经济社会各个领域，在商业零售业领域的作用尤为明显。概括来说，美国有比较完备的涉及信用管理各方面的法律体系，也构建了比较完善、有效的信用管理体系，财政部、联邦贸易委员会等都有专门机构负责信用执法和监督。信用服务公司都是独立的私人企业，既不受政府的控制，也独立于证券交易所和证券公司，更不能与被评级企业有任何私下交易。不但各类企业要被进行信用调查评级，美国的消费者也都要被进行信用评估。进行该类评估的机构被称为信用局，或叫消费信用报告机构。在美国，信用局收集消费者个人信用信息的工作方式是主动的，不需要向被记录者打招呼，而且大多数授信机构都会将消费者的不良记录主动提供给信用局。信用局主要通过三个渠道获取消费者的信息，一是经常从银行、信用卡公司、公用事业公司和零售商等渠道了解消费者付款记录的最新信息；二是同雇主接触，了解消费者职业或岗位变化情况；三是从政府的公开政务信息中获取被调查消费者的特定信息。目前，美国有三家大的信用局，分别是全联公司（Trans Union）、艾奎法克斯公司（Equifax）和益百利公司（Experian），还有数千家小型消费者信用服务机构，提供不同形式的消费者信用服务。完善的信用服务体系保障了交易安全，节省了交易成本，企业和消费者已经形成了自觉培育和维护自己良好信用的习惯，信用体系成为保持美国经济活力的"秘密武器"。目前，美国75%以上的居民使用信用卡消费，80%以上的企业间经营活动采用信用支付的方式。近50年中，美国居民消费信用额保持了年均12%的速度增长。同时，信用体系在维护公共安全、创造和谐社会环境方面也发挥了重要作用。美国的租车业十分发达，在任何城市，只要凭信用卡和驾照复印件数分钟内就可轻松地从租车行开走车；美国的退货服务也非常方便，多数商品在三个月甚至六个月内可以无条件退货，可凭发票在同一家连锁企业的任何一家门店退货，有的店甚至不要求顾客提供发票也同样可以退货。在这样一种商业氛围中，顾客不单享受到了快捷的服务，其受尊重的感觉也是不言而喻的。

（3）成熟的促销文化

美国已经形成了成熟、精细的消费文化，企业依据市场需求、商品特征等多种因素，对消费者类型、阶层、选购倾向、心理状况等进行了深入的研究，全方位地实施各种生产和促销策略。例如，起源于旧金山的Gap服装集团，旗下有三家品牌，每一个品牌都有其所针对的目标市场，这样的策略既能够让每一个品牌共享公司所有的资源，同时，又不至于让各个目标市场有所混淆。公司对三个品牌分别进行宣传，从宣传基调、宣传渠道乃至传递信息上都有所区别。在美国，商业是大学的热门学科，成功的市场推销员往往被认为是企业英雄。整个美国社会普遍认同经济促销活动，因此，能看到商场各类打折和售卖活动层出不穷，促销方式林林总总、花样繁多，具体有会员卡、优惠卡、折扣、返还货款、赠品、免费试用等。普通民众经常能接到各种推销电话，而如果不退订，各种各样的促销邮件和信件更是络绎不绝。商家也经常自行印制专门的"报刊式"广告，这些广告里经常有些优惠券，顾客可凭券享受一定的优惠。其中一个诀窍在于，优惠都是有时段限制的，早于或晚于该时间段使用都是无效的，过时不再优惠，为了能有效地享受到优惠，消费者就会经常性地关注和查询这些广告。一旦消费者有了兴趣，自然就能带动那些非优惠商品的销售了。据报道，美国95%以上的小商品公司都使用过赠送优惠券的办法，而有2/3的美国顾客在日常购物活动中使用优惠券。值得一提的是，美国企业特别重视培养"忠实型"顾客，认为忠实型顾客是企业最稳定的财源。美国营销学理论认为，企业80％的销售业绩来自20％的顾客。这20％的客户是长期合作的关系户，如果丧失了这20％的关系户，将会丧失80％的市场。因此，美国企业要求员工必须树立"老顾客是你最好的顾客"的观念，将"使第一次购买你产品的人能成为你终生的客户"作为员工的工作准则。因此，一些超市的"会员卡"可免费申请，而会员和非会员购买商品的价格可相差50％以上，如此一来，消费者购物想不申请会员卡也难了。

(4) 务实的商业服务

民族性格和特点能在很大程度上决定一国的经济发展模式和道路。就美国商业服务的现状来说，其形成和发展契合了美国国民尊重自由、重视创新、追求成功的民族性格。与"君子喻于义，小人喻于利"的中国传统文化不同，美国人将赢利赚钱作为实现自身价值和道德理想的最高尺度，视追求利润最大化为天经地义的事情，将企业做大做强是每一个商人的梦想。与此同时，美国人开朗自信，作风明快务实，在激烈的商业竞争中能接受恃强凌弱，但不认可暗箭伤人。因此，美国人对创新有着近乎宗教般的狂热，在商业领域尤其如此，超市、仓储式商店、大型购物中心、厂家直销中心等商业形态都起源于美国，肯德基、沃尔玛、eBay等商业巨头无一不是发迹于商业创新。同时，美国的商业服务也尊重和契合了美国人的生活方式。美国物资丰富，居民购买力强，生活富足但并不崇尚奢侈，爱好运动但不讲究吃喝。因此，可以看到美国店铺的装潢设计一般都很简单甚至粗糙，商品规格普遍比较大，但包装比较简单，实用的目的非常明显。人们普遍认为，美国生产的汽车，个头很大但做工粗糙，实用性很强但不舒适，不过这恰恰是符合美国人需求的。

(三) 日本

1. 日本政府对零售业可持续发展的管理

日本作为世界经济强国，零售业极为发达。第二次世界大战后半个多世纪以来，日本零售业在经济迅速崛起中得以重建、发展、繁荣和成熟。作为日本产业经济的重要组成部分，零售业的演进过程是与国家经济增长和城市发展进程相一致的，是与产业结构、人口分布、国土资源、交通建设相匹配的，也是与传统历史文化、国民生活方式、大众消费习惯相协调的。日本零售业是在学习欧美发达国家的基础上，结合本国国情不断创新的结果，体现了高度现代化与本土化相融合，高度国际化与传统文化相融合。因此，日本零售业在亚洲乃至全球独树一帜、充满创新和魅力。

日本零售业的健康持续发展有赖于日本政府的高度重视和规范管理。第二次世界大战后半个多世纪以来，日本政府极为看重零售产业，并以管理大型零售店为主线，以立法为内容，先后修订、制定、再修订了《百货店法》、《大店法》、《大店立地法》、"城市建设三法"等一系列法律法规。日本政府高度重视零售业法制化管理，并根据各个时期经济社会变化的要求，及时制订、修订乃至废除相关法律，以适应规范引导推进零售业的健康发展，使零售产业法律既保持了法律制定、执行的严肃性和延续性，又保持了法律执行、调整的灵活性和有效性。日本政府零售业政策从单纯"保护"和"限制"的经济规范，已经上升到零售业发展必须促进城市和社区和谐、注重环保要求、鼓励有序竞争的社会规范，从而既提高了零售产业在社会经济发展中的地位，更对零售产业提升综合竞争力和社会责任提出了更高的要求。

日本经济产业省、环境省共同推动了旨在开发城市矿山资源，促进废旧手机等稀贵金属资源回收再利用试点项目，活动范围由政府机构、环保团体扩大到家电零售店，二手书籍销售店以及东京都范围内的零售店。

2. 日本零售业的可持续发展实践

（1）零售业规划适应国家、地区的长远发展

零售业是日本城市功能的重要载体，也是日本城市建设的重要内容。日本国土面积狭小、城市集中发展、人口分布密集、建设空间不足，因此，日本零售业开发大都为综合开发，也就是通过统一的规划设计和功能定位，形成空间集约、功能综合、满足多样需求的城市商业空间。日本从20世纪六七十年代就开始大规模进行城市旧区改造和郊区新城建设。六本木新城是东京都内著名的购物中心和旅游中心，也是迄今为止日本由民间投资最大的旧城区再开发项目，总建筑面积约76万平方米，总投资达到2700亿日元。这片新城以打造都市文化中心为主，将办公、住宅、商业设施、文化设施、宾馆、多功能影城和广播电视中心等组合在一起，形成居住、工作、娱乐、休闲、学习、创作等多种功能融为一体的区域格局，被称为"城中城"、"立体城"、"艺术城"。位于东京湾的台场则是大都市沿海滨水区开发的成功案例。台场是日本经济高速成长期向大海要土地的一个杰作，基本上是靠垃圾填海造地建设起来的现代化新城。目前，台场已经建成了著名的富士电视台、日航酒店、AQUACITY购物中心等商业商务文化设施，无可争议地成为东京都的新地标。另外，日本的地下商业街也是适应国情而发展起来的一种独特的地下城市综合体，以规模之大、网络之密、城市功能之强和购物环境之优，受到日本国民的欢迎，也享誉世界。东京车站的"八重洲地下街"有着全球最大的地下商业网，营业面积达74000平方米，共分3层。地下街道与地面的大型百货店、办公楼、酒店等相贯通，集购物、餐饮、娱乐、休闲于一

体,成为一个完整立体的城市商业的新兴空间。

(2) 零售业态创新表现突出

日本零售业的创新集中体现在对传统业态的改造上。20世纪90年代,以百货店业态为主的传统商业聚集地区,如东京都日本桥地区,商业地位江河日下、日渐衰败。建于1904年的日本桥三越百货店,曾经代表了日本商业发展的一个新纪元,被日本政府列入"国宝"级百货店。随着时代的进步,其传统百货店的格局难以满足新的消费需求。为了使其重新焕发商业青春,日本桥三越百货店在老建筑旁边新建了一座新店,并和老店统称为三越日本桥总店。新店和老店经营定位错位互补,老店保持高端百货的传统悠久历史,新店则以满足年轻人消费需求的时尚大众品牌为主,新店的建筑外形新颖别致,好似正在扬帆出征的帆船,成为东京商业及观光旅游新的集聚地。

(3) 零售业参与环境保护热情极高

日本零售业在门店节能、节能家电及绿色产品推广、二手家电销售、废旧家电(电子)回收以及收银员塑料袋减量控制,环保公益宣传推广等环保方面成果丰硕,尤其以获得"最佳环保企业"认证的 BIC Camera 等公司为突出代表。例如,日本零售商参与废弃家电、电子回收资源再利用的热情,远非中国的苏宁、国美等大型家电零售商可比。同时,山田电机、BIC Camera、荣电集团等日本同行,目前有关废旧家电回收及二手家电销售资源节约、循环利用方面的产业化、制度化、效益化经验,则值得苏宁、国美等国内3C零售巨头借鉴。希望苏宁、国美等在促进资源再利用方面同样发挥出行业领军企业的作用,利用其庞大的店铺网络开展电池等有毒(害)固体废物以及废弃手机等带头回收环保宣传推广活动,引领行业向上(可持续)发展。

(四) 经验总结

从上述零售业为支持可持续消费和生产方式而采取的诸多举措中可以吸取许多经验教训。

1. 零售业可持续发展选择影响可持续消费

零售业的基本作用是预见消费需求、确定成千上万个分散的消费者决定背后的趋势,以便向消费者提供达到他们期望的产品选择。在这种背景下,商业在推动可持续消费方面、在回应这种潜在的绿色产品需求和向消费者提供选择方面就有作用了。在回应潜在需求方面,零售业也可以扮演教育者的角色,提供信息和分析帮助消费者做出决定,但是要在一定的范围内。消费者对绿色产品有潜在的需求,但这种需求现在并不总是反映在消费者的购买决定中。生产商和零售商应该准备满足这种新需求,尤其是当这种需求变得越来越具体时。零售商提出建议甚至部分地影响、支持更环保产品的消费选择，但是，只有通过受过教育的消费需求才能取得成功。

2. 零售业可持续发展需要借助供应链力量

一些零售商已经主要从那些证实可持续发展承诺的制造商那里购买产品。新的供应商法规正在起草中，法规提出了生产方法和产品要求以帮助制造商把整个产品生命周期的影响降至最小。一些超级市场拒绝购买他们认为不符合环境要求的产品。另一些超级市场推出了自己品牌的更具有环境可持续性的产品，以求在日趋饱和的市场占有一席之地。不过，零售商把环境问题纳入参考条件的能力是有限的。他们很难控制整个供应链以及可能出现在他们与现有的供应商之间的紧张关系。此外，如果参考条件过于严格，他们就会冒着必须从现有的供应商那里转移的风险——在一些情况下是从无法执行这些条件的第三世界国家转移，从而对发展造成负面影响。

3. 零售业可持续发展需要政府力量支持

零售商在决定消费趋势方面的能力有限。例如，如果某些海洋物种濒临灭绝，禁止出售它们不是零售商的任务，政府当局有责任禁止捕捞这些物种。立法者需要一段时间才能承担批准、禁止某些产品的销售或者为其规定条件并通过适当的控制确保强制执行的责任。此外，决定是否允许某些产品投放市场是政府的职责范围。企业为推动可持续发展而采取的行动包含一定的成本（监测、对低污染技术的投资等），这些成本又以这样或那样的方式转嫁给消费者。因此，消费者的理解以及愿意支付高价支持这种投资就构成了其实施的先决条件。企业可持续发展的成功很大程度上取决于受政府当局鼓励的协同行动。政府的作用应当是通过建立交流最优方法和激励因素的平台来鼓励和推动企业社会责任行为，以帮助企业采取负责任行为，同时表现出提高竞争力的意愿。政府和机构在政策制定上必须保持一致，以避免法律的不确定或者把矛盾的、目标错误的或者不必要的行政负担强加给企业尤其是中小企业。

4. 可持续发展的成功需要各个参与者在自身范围内承诺其责任

可持续发展的概念必须成为国家、地区或者国际范围内每一个人的切实可行的目标，实现这种结合要求以新的方式考虑我们的生产、消费、生活、相处或者决定方式。零售商和批发商都致力于这一过程，不过和他们分担这一责任的其他参与者还包括产业、消费者、非政府组织和政府，成功需要全世界协同政治意愿和行动、协同消费教育以及各部门在自身范围内承诺其责任。

四、首都现代零售业可持续发展的总体目标与重点问题

(一)首都现代零售业可持续发展的总体目标

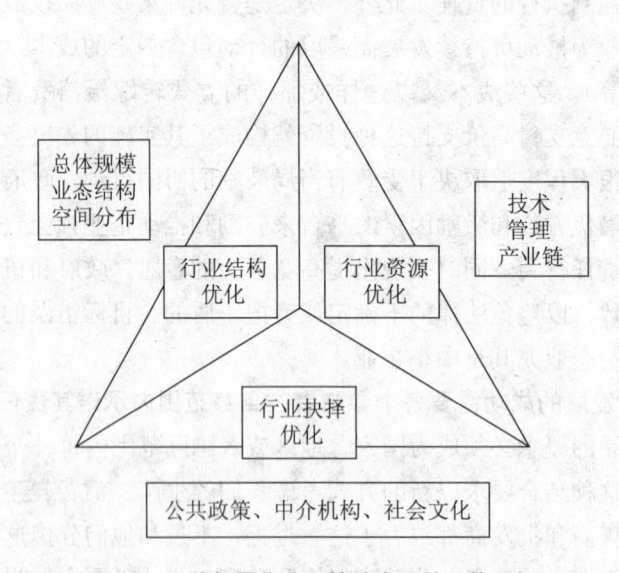

首都零售业可持续发展的总体目标可以概括为"一个中心、两个方向、三个维度":围绕一个中心,在两个方向上发展,在三个维度上构建首都现代零售业可持续发展的体系。

一个中心是以发展为中心,即首都现代零售业可持续发展的核心是"发展",强调发展性、持续性和协调性。两个方向即在纵向尺度上,确保首都现代零售业自身发展的持续性,保持对环境变化的适应性;在横向尺度上,确保首都现代零售业与其他产业在经济、社会、生态系统中发展的共赢性,保持与社会其他组成部分的协调发展,即零售业要发展,这种发展是其自身可持续性的发展,是经济效益、社会效益、环境效益相协调的发展。可持续是指时间和空间上的适应性、协调性,是围绕着首都经济社会发展目标、动态适应的体系。三个维度包括行业结构优化(包括总体规模、业态结构、空间分布的优化);行业资源优化(包括技术、管理、产业链的优化);行业抉择优化(包括公共政策、行业服务中介机构,社会文化、意识与传导机制的优化)。如图6-1所示。

图6-1 首都零售业可持续发展的总体目标

1. 一个中心

一个中心,就是紧紧围绕"人文北京、科技北京、绿色北京"这一城市发展

的大目标，更好地实现商业的基本作用与核心价值。商业的核心价值在于实现降低成本，提高社会交换效率，最终实现社会福利的增加。首都现代零售业的可持续发展应立足于符合城市定位，满足社会需求，经济、环境、社会效益并行不悖，走大型化、集约化、内涵化、专业化之路。这个核心是根本，是导向，任何可持续发展的政策、措施都必须紧紧围绕这一根本核心展开。

2. 两个方向

两个方向上的协调是指在纵向尺度上保持对环境变化的适应性；在横向尺度上保持与社会体系其他组成部分的协调发展。社会环境在不断发生变化，要实现零售业的可持续发展，零售业本身要对客观环境的变化做出良好的反应。可持续发展的理念已经成为我国经济、社会发展的指导思想，零售业的发展也必须顺应这一社会发展的大趋势。同时，可持续发展的节奏和步伐必须与当前社会发展的客观情况相一致。一味强调商业的可持续发展职能，眼光都盯在零售企业上，而忽视了相应的资本、技术、人力资源和政策体系的配合与支持，零售业的可持续发展就会成为空中楼阁，难以实现。首都现代零售业的可持续发展，必须是主体与客体共同作用的结果，表现为零售业与社会体系其他部分的协调、同步发展。

3. 三个维度

首都零售业可持续发展的三个维度指零售业行业结构优化、行业资源优化和行业抉择优化。

行业结构优化包括总体规模、业态结构、空间分布等的优化。保持首都零售业规模的合理适度增长，促进业态结构的优化组合和空间的合理分布，是实现零售业可持续发展的重要方面。

行业资源优化包括技术、管理和产业链的优化等因素的优化。技术在推动零售业发展的过程中起着重要的作用，是实现零售业可持续发展的重要手段和有力支持。只有良好的管理体系才能提高零售业的运营效率，才能将可持续发展的理念充分贯彻并落实到企业实践中。产业链的优化则是指应该用系统的眼光看待零售业的发展，协调好零售业与制造行业、批发行业、物流行业等上下游环节的关系，调整好产业分工与社会责任，推动零售业的可持续发展。

行业抉择优化指影响行业行为选择的信息更为充分，主要有公共政策、行业服务与中介机构、社会文化意识及其传导机制等。公共政策通常以法律、政策、法规的形式出现，因其通常具有强制执行力，因此，对于零售业的可持续发展具有强大的推动作用。行业服务与中介机构的意义在于，一方面，行业服务于中介组织可以为零售业服务，提供指导与帮助，降低其落实可持续发展措施的成本与费用；另一方面，行业协会可以通过自身的工作，加强可持续发展措施的宣传与评价工作，使可持续发展措施的好处显性化，从而激发行业实现可持续发展的内在动力。社会文化意识及其传导机制对零售业的发展作用是隐性的，难以直接衡量，但是，社会文化意识会影响消费者的选择，落实在消费者的最终消费行为当中，进而影响到零售业的选择和方向。因此，对社会文化意识及其传导作用机制做出合理的设计与安排会最终影响可持续发展的推进。

（二）首都现代零售业可持续发展的重点问题

1. 深化可持续发展行业理念

在零售行业进一步深化可持续发展理念是首都现代零售业实现可持续发展的首要任务，也是实现零售业可持续发展目标的前提和保证。可持续发展行业理念主要体现在两个转变上，一是从单一考量经济效益向综合考量经济效益、社会效益、环境效益转变；二是从绝对数量指标主导型的外延思维向相对数量指标主导型的内涵思维转变。

（1）经济效益——可持续性竞争优势国际理念

零售业赢利能力、发展能力和营运能力等经济效益指标直接体现出其竞争力。当前，首都现代零售业竞争力水平总体提高，资金和市场规模在全国优势明显，获利能力也与上海大体相当。但是，在金融海啸的大浪过后，零售企业发展的掣肘越发明显，零售业如何应对困难和挑战并保持可持续性竞争优势是现阶段首都零售业的重要命题。

目前，国民经济包括零售业的统计框架都是绝对量主导型，势必强化外延式增长。零售业要从绝对数量指标主导型的外延思维向相对数量指标主导型的内涵思维转变。例如，不仅要看企业规模、销售额、利润额等绝对量的增长，更要看利润率、人均销售额、单位面积销售额、费用率等相对指标的改善。

零售企业一般以营利性和成长性两个指标来比较并衡量业绩增长的可持续性。营利性指标反映企业在经营过程的效率和质量，主要靠销售毛利率、销售净利率、期间费用率、净资产收益率以及总资产报酬率等来体现。成长性指标则主要包括企业经营扩张的规模和数量，以内涵和外延两种方式增加销售收入、获取市场份额。零售企业的主要任务是在赢利和成长间找到一个合适的平衡点。

（2）社会效益——企业社会责任理念

深化零售业可持续发展的行业理念，必须强调零售企业的社会责任意识。零售业联系着众多供应商，又吸引着广大消费者，直接影响着全社会的生产、生活秩序，其对于社会责任的态度和行为最易为公众感知。零售企业通过其而安全的购物环境、过硬的商品品质、诚信的商业道德和完善的售后服务，又会提高知名度和美誉度，吸引更多的消费者，赢得更大的利润。因此，零售业的 CSR 表现会直接影响到消费者对其的选择,从而影响其经济效益。2009年7月20日,苏宁电器正式向社会发布了2008年《企业责任报告》。这是苏宁电器发布的首份社会责任报告,也是中国零售行业首份社会责任报告。此报告的发布标志着我国零售行业步入积极履行社会责任的"成熟期"。

对于首都零售行业而言,首先,由于企业数量众多,网点密布,因此,在提供就业、纳税、商品质量安全等方面承担着更为重大的社会责任,如何更好地保障消费者利益和员工利益是零售行业最突出的社会责任之一。其次,由于首都零售业市场集中度相对较高,有数家大型企业具有强大的市场势力和渠道权力,因此,零售商与供应商的关系处理成为一个关键而敏感的问题。零售业通过对上游供应商的影响力可以施加其认可的社会责任标准,扩大企业社会责任的影响范围,但现实中一些零售企业却利用其渠道权力过度挤压供应商,未起到正面带动作用,这需要零售行业在实现良好零供关系、与供应商共赢发展、共同成长方面作进一步地尝试和努力。再次,随着零售业连锁化经营程度的不断提高,零售企业对所在社区的影响也日益深入。企业对于社区的社会责任是企业社会责任的重要内容,如何与所在社区建立良好的关系,进行定期的互动,对于企业成为一个优秀的社区公民至关重要。与此同时,也使零售连锁企业品牌得到进一步和更大范围的认可,从而为门店扩张提供强有力的支持。

(3) 环境效益——绿色零售理念

绿色零售是未来零售业的发展方向,也是企业社会责任理念在环境保护领域的一个延伸和应用。要使首都现代零售业向全面绿色零售转变,不仅要加大有机产品的销售,还要倡导使用绿色包装,以及在建筑、节能、减少污染等方面推行绿色技术。

绿色零售是绿色消费的先导条件。中华环保联合会的绿色消费意识调查结果显示,仅11%的消费者最关心产品是否环保,33.4%的消费者总是关注消费行为对环境造成的影响,28.4%的人对绿色消费有较为全面的认识,对绿色产品不了解是人们没有特意进行绿色消费的最主要原因。目前,公众最关心的绿色消费领域是"绿色食品"和"绿色建材",消费者最常使用的绿色产品标识是"中国能效标识"、"绿色食品"和"中国环境标志(Ⅱ型)",公众对产品绿色功能的最大期望是"节约资源"和"有益于健康",女性消费者的绿色消费意识要高于男性消费者。公众认为提高绿色消费意识最有效的方法是"媒体加大宣传力度"。为此,需要积极培育绿色市场,开辟绿色通道,为绿色消费创造条件,引导消费者逐步形成符合环保、节能、绿色要求的消费行为。

绿色零售可以通过"绿色采购"向生产企业传递压力,从而促进绿色供应链的形成。从营销渠道的发展历程来看,渠道权力呈现出从营销渠道的上游逐渐向下游转移的趋势,即从生产商向分销商进而向消费者转移的对角线运动轨迹。随着国内市场态势由供不应求的卖方市场逐渐转向供大于求的买方市场,由于零售商处于营销系统的下端,拥有处于渠道终端的消费者这种稀缺资源,因而在整个营销渠道中掌握了最大的渠道权力。零售商可以向希望与己合作的供应商提出相关的要求和期望。例如,通过制定供应商协议,要求所有厂家必须承诺遵守所在地法规,达到严格的社会责任和环保标准,并提供相关的认证和证明。

2. 形成可持续发展业态结构

对北京来说,为了提高现有零售业态的成长性,仅选择和集中高收益型的目标市场是不充分的,必须有所兼顾和平衡。

(1) 推动零售业态结构合理化

实现零售业态结构合理化有两种基本方法。第一种是通过市场竞争,实现优胜劣汰,逐步形成较为合理的业态结构局面;第二种是靠国家的宏观政策调节,即设立门槛,促进资本集中,遏止过度分散竞争。目前,单纯依靠市场力量推进竞争的形成是缓慢且低效率的,应该两种方法并用,由政府通过宏观调控政策加以引导和推进。

(2) 促进内外资零售业协调发展

从零售业态发展角度看,外国资本投资零售业为我国零售业态经营技术提供了现场示范,有利于北京零售业态的完善和创新。但是,国内零售企业发展水平低,承受能力差,因此,零售业对外开放既要与国际化大都市目标相适应,又要减少开放零售业对国内商业的冲击。尤其是零售企业自身要利用开放的机遇,不断学习、消化、吸收外国零售技术和管理经验,提高企业国际市场竞争力,带动零售业态的优化、重组、创新。

(3) 强化特色经营以协调各种业态发展

应引导、提倡企业改变当前业态运作雷同的局面,从企业操作层面避免"千店一面"的状况。根据业态特征进行顾客定位、经营品种定位、价格定位、运作方式定位及服务定位。同业态内各企业间也应提倡突出特色,以特色经营赢得市场,丰富业态内容。此外,对业态结构、比例、地区分布也要进行科学规划、论证,以确保多种业态协调发展,提高首都零售业整体竞争力,实现可持续发展。

(4) 强化资本运营且追求适度规模

当前零售业态追求适度规模可考虑业态扩展与空间扩展、时间扩展、组织方式扩展相结合,如百货可以进入超市等其他领域,超市集团也可以进入其他业态领域;在本地、外地、外国设立各种子公司、分公司;根据市场与自身实际确定空间、业态扩展计划。

总之,北京市零售业态的组合应以大型百货为主导,以各种超市为主体,以专业店、专卖店为特色,有步骤地发展便利店,有重点地发展现代购物中心,充分发挥各种业态自身的优势和在市场上的特殊作用,共同形成北京零售商业的供应力量。零售业态结构调整要坚持控制总量、规划增量、调整存量、优化质量,使各种业态各尽其能,各得其所,和谐共赢。

3. 打造可持续发展零售品牌

零售品牌是一个具有丰富内涵的概念。品牌是质量标志,是企业的形象,是市场竞争力所在。零售品牌不在于经营品牌的数量,而在于品牌的质量及自身的形象,通过做好、做细、做精服务,达到提高企业的信用、信任和信誉,就是营造企业的品牌。对于一个商业企业来说,由单一的出售商品到打造品牌是一个逐步提升的过程。由于零售行业竞争日益激烈,零售品牌具有保持长久性地位的困难性。如在北京商业发展过程中,就有隆福寺商业街、巨库时尚商业广场、世都百货等典型失败案例。在中国商业联合会、中华全国商业信息中心最新公布的2008年零售百强名单中,共有13家企业惨遭淘汰,其中就有北京城乡贸易中心股份有限公司。

实施品牌发展战略。实施"品牌振兴"计划,建立品牌促进、保护和推介的政策体系,逐步形成有利于流通领域自主品牌成长发展的机制,营造良好的品牌发展环境。重点培育和支持发展一批在国内外市场具有发展潜力的北京商业企业品牌和商品品牌。引导零售企业将主要精力放在经营自身品牌上,以诚信为主导,以优化服务为内容,以塑造企业整体形象为条件,不断提高企业的凝聚力、辐射力和竞争力。

振兴京城老字号。突出历史文化名城优势,秉承京城优秀文化,促进老字号体制变革和创新,运用现代技术改造传统生产经营模式,推动老字号传承与发展相融合,鼓励企业深度开发具有北京老字号文化特色的京味品牌商品,用现代营销理念和完善的服务重塑品牌特色和企业形象。加强优秀老字号企业集中宣传推介,支持老字号企业通过直营或加盟连锁方式向重点新城、郊区、外埠及海外市场延伸发展。

4. 建立零售企业可持续发展评价体系

目前,我国还没有一个完整独立的零售业可持续发展测评体系,这既不便于进行零售业整体的竞争力评价,也不利于零售企业的个体价值分析。零售业怎样才能对自身真实的竞争力有一个客观正确的认识,哪些才是衡量和影响其可持续发展能力主要的和根本的因素,如何准确找出这些主要因素,并通过对零售企业进行科学评价从而得到对首都现代零售业可持续发展的总体评价，首先要解决零售企业可持续发展能力评价指标的选取问题。

用层次分析法（Analytic Hierarchy Process，AHP）进行零售企业可持续发展评价，首先要进行北京零售业可持续发展评价指标的筛选，以建立层次结构模型。本文主要是借鉴国外已有的零售业可持续发展评价指标体系，以及北京市商务委员会印发的"节约型零售企业"评价规范，确定北京零售企业可持续发展评价各相关因素及其层次结构。如表6-3所示。

表6-3　　零售业可持续发展评价各层次指标

北京零售企业可持续发展评价 A	经济指标 B_1	期间费用率 C_1
		门店数量 C_2
		门店经营面积 C_3
		单位面积销售额 C_4
		人均销售额 C_5
		工资总额 C_6
		净资产收益率 C_7
		销售净利率 C_8
	社会指标 B_2	员工培训和发展 C_9
		工会关系 C_{10}
		职业健康和安全 C_{11}
		提供就业 C_{12}
		客户投诉 C_{13}
		消费者健康和安全 C_{14}
		自有品牌 C_{15}
		社区与公共活动参与支持 C_{16}

续 表

北京零售企业可持续发展评价 A	环境指标 B_3	水耗 C_{17}
		电耗 C_{18}
		可再生能源使用 C_{19}
		浪费最小化 C_{20}
		产品包装回收 C_{21}
		气候变暖 C_{22}
		噪声污染 C_{23}
		有效的土地使用 C_{24}

（1）经济指标

①期间费用率 C_1：期间费用率 C_1 ＝（管理费用＋销售费用＋财务费用）/营业收入；

②门店数量 C_2：连锁企业拥有的门店数；

③门店经营面积 C_3：连锁企业拥有的总经营面积；

④单位面积销售额 C_4：连锁企业总营业额/连锁企业总经营面积；

⑤人均销售额 C_5：连锁企业总营业额/连锁企业总员工数；

⑥工资总额 C_6：企业发放给员工的年工资总额；

⑦净资产收益率 C_7：税后利润/净资产；

⑧销售净利率 C_8：净利润/销售收入。

（2）社会指标

①员工培训和发展 C_9：以企业在员工培训和发展方面的投入衡量；

②工会关系 C_{10}：企业是否建立了工会；

③职业健康和安全 C_{11}：企业是否履行工作场所健康与安全责任，以工伤事故率衡量；

④提供就业 C_{12}：零售企业年新增就业岗位；

⑤客户投诉 C_{13}：以年受理投诉量衡量；

⑥消费者健康和安全 C_{14}：对消费者健康和安全权益的保障；

⑦自有品牌 C_{15}：零售企业自有品牌比重；

⑧社区与公共活动参与支持 C_{16}：零售企业参加所在社区、城市等的公益性活动次数。

(3) 环境指标

①水耗 C_{17}：单位 GDP 水耗；

②电耗 C_{18}：单位 GDP 电耗；

③可再生能源使用 C_{19}：可再生能源在所有能源中的使用比例；

④浪费最小化 C_{20}：年平均损耗率；

⑤产品包装回收 C_{21}：可循环包装使用量；

⑥气候变暖 C_{22}：二氧化碳排放量；

⑦噪声污染 C_{23}：日播放音乐时长；

⑧有效的土地使用 C_{24}：商业物业设计。

评价体系构建采用 AHP 方法中常见的 1～9 标度（如表 6-4 所示），对同一层次指标的重要性进行两两比较，构成每层的判断矩阵。

表 6-4　　　　　　　　　　　1～9 标度法

标度 a_{ij}	定义	说明
1	i 因素与 j 因素相同重要	$a_{ij}=1$，$a_{ji}=1$
3	i 因素比 j 因素略重要	$a_{ij}=3$，$a_{ji}=1/3$
5	i 因素比 j 因素较重要	$a_{ij}=5$，$a_{ji}=1/5$
7	i 因素比 j 因素非常重要	$a_{ij}=7$，$a_{ji}=1/7$
9	i 因素比 j 因素绝对重要	$a_{ij}=9$，$a_{ji}=1/9$
2, 4, 6, 8	以上两判断之间的中间状态对应的标度值	
倒数	j 因素与 i 因素比较	$a_{ij}=1/a_{ji}$

本文采取了高校专家与在京部分零售企业经理人意见相结合的办法，最终确定各层次判断矩阵，如表 6-5～表 6-8 所示。

表 6-5　　　　　　　　　　判断矩阵 A-B

A	B_1	B_2	B_3
B_1	1	2	3
B_2	1/2	1	2
B_3	1/3	1/2	1

表 6-6　　　　　　　　　　判断矩阵 $B_1 - C$

B_1	C_1	C_2	C_3	C_4	C_5	C_6	C_7	C_8
C_1	1	2	3	3	4	2	5	1/3
C_2	1/2	1	2	3	2	2	5	1/4
C_3	1/3	1/2	1	1/2	1/2	1/3	1/3	1/5
C_4	1/3	1/3	2	1	3	2	5	1/2
C_5	1/4	1/2	2	1/3	1	1/2	3	1/4
C_6	1/2	1/2	3	1/2	2	1	5	1/2
C_7	1/5	1/5	3	1/5	1/3	1/5	1	1/6
C_8	3	4	5	2	4	2	6	1

表 6-7　　　　　　　　　　判断矩阵 $B_2 - C$

B_2	C_9	C_{10}	C_{11}	C_{12}	C_{13}	C_{14}	C_{15}	C_{16}
C_9	1	3	1/3	1/4	1/5	1/6	4	2
C_{10}	1/3	1	1/3	1/6	1/4	1/5	2	1/2
C_{11}	3	3	1	1/4	1/2	1/3	5	1/2
C_{12}	4	6	4	1	2	3	5	2
C_{13}	5	4	2	1/2	1	1/2	7	1/2
C_{14}	6	5	3	1/3	2	1	8	3
C_{15}	1/4	1/2	1/5	1/5	1/7	1/8	1	1/5
C_{16}	1/2	2	2	1/2	2	1/3	5	1

表 6-8　　　　　　　　　　判断矩阵 $B_3 - C$

B_3	C_{17}	C_{18}	C_{19}	C_{20}	C_{21}	C_{22}	C_{23}	C_{24}
C_{17}	1	1/2	3	1/5	1/4	3	2	1/5
C_{18}	2	1	4	1/3	1/2	5	1/2	1/2
C_{19}	1/3	1/4	1	1/5	1/4	1/2	1/3	1/3
C_{20}	5	3	5	1	1/2	5	2	1/3
C_{21}	4	2	4	2	1	4	2	3
C_{22}	1/3	1/5	2	1/5	1/4	1	1/3	1/4

续 表

B_3	C_{17}	C_{18}	C_{19}	C_{20}	C_{21}	C_{22}	C_{23}	C_{24}
C_{23}	1/2	2	3	1/2	1/2	3	1	1/2
C_{24}	5	2	3	3	1/3	4	2	1

数据处理主要是计算各层次判断矩阵特征向量和最大特征值。判断矩阵是决策者主观判断的定量描述，求解判断矩阵并不要求过高的精度。可利用线性代数中根法或和法，或利用计算机软件进行判断矩阵最大特征值及对应特征向量的求解，以特征向量各分量表示该层次元素的优先权重。

本文以判断矩阵 $A-B$ 为例，用根法求解。

应用公式求出判断矩阵 $A-B$ 每一行元素之积并计算方根，得：

$$\overline{w}_i = \sqrt[n]{a_{i1} \times a_{i2} \times \cdots \times a_{in}}, \quad i=1, 2, 3\cdots, n \quad (*)$$

$\overline{w}_1 = 1.8171$，$\overline{w}_2 = 1$，$\overline{w}_3 = 0.5503$

$\overline{w} = (\overline{w}_1, \overline{w}_2, \overline{w}_3)^T = (1.8171, 1, 0.5503)^T$

对特征向量 $\overline{w}$ 归一化处理，得

$$w_i = \frac{\overline{w}_i}{\sum_{i=1}^{3} \overline{w}_i}, \quad \sum_{i=1}^{3} \overline{w}_i = 1.8171 + 1 + 0.5503 = 3.3674$$

$w_1 = 0.5396$，$w_2 = 0.297$，$w_3 = 0.1634$

$\overline{w} = (\overline{w}_1, \overline{w}_2, \overline{w}_3)^T = (0.5396, 0.297, 0.1634)^T$

求判断矩阵 $A-B$ 的最大特征值，得：

$$\lambda_{max} = \frac{1}{n} \sum_{i=1}^{n} \frac{(AW)_i}{w_i} = 3.0092$$

重复上述方法与步骤，可得到判断矩阵 B_1-C，B_2-C，B_3-C 的特征值及其对应的特征向量。

B_1-C 矩阵：$\overline{w} = (0.1983, 0.1402, 0.0417, 0.1162, 0.0648, 0.1081, 0.0357, 0.295)^T$，$\lambda_{max} = 8.8625$；

B_2-C 矩阵：$\overline{w} = (0.0677, 0.0397, 0.0942, 0.2802, 0.1481, 0.2356, 0.0242, 0.1104)^T$，$\lambda_{max} = 8.9363$；

B_3-C 矩阵：$\overline{w} = (0.0749, 0.1079, 0.0356, 0.1851, 0.2533, 0.0397, 0.1027, 0.2008)^T$，$\lambda_{max} = 8.9296$。

W 经过标准化后，即为同一层次中相应元素对于上一层次中的某一个因素相对重要性的排序权值，这一过程即层次单排序。

然后，对每一个判断矩阵进行一致性检验，令 $CI=\dfrac{\lambda_{\max}-n}{n-1}$，$CI$ 是衡量一致性的数量指标，称为一致性指标；$RI=\dfrac{\lambda'_{\max}-n}{n-1}$，$RI$ 是平均随机一致性指标。RI 的值从表 6-9 获得（n 为矩阵阶数）。

表 6-9　　　　　　　　　　　　　RI 值

n	1	2	3	4	5	6	7	8	9
RI	0	0	0.58	0.90	1.12	1.24	1.32	1.41	1.45

令 $CR=\dfrac{CI}{RI}$，则 CR 称为随机一致性比率。当 $CR<0.10$ 时，认为判断矩阵具有满意的一致性，否则必须重新调整判断矩阵，直至具有满意的一致性。

以下将上述求得的特征向量标准化，并作一致性检验。

$A-B$ 矩阵：$\lambda_{\max}=3.0092$；判断矩阵一致性比例：$0.0088<0.1$；

B_1-C 矩阵：$\lambda_{\max}=8.8625$；判断矩阵一致性比例：$0.0874<0.1$；

B_2-C 矩阵：$\lambda_{\max}=8.9363$；判断矩阵一致性比例：$0.0949<0.1$；

B_3-C 矩阵：$\lambda_{\max}=8.9296$；判断矩阵一致性比例：$0.0942<0.1$。

通过检验，各判断矩阵的一致性都是满意的，于是得到同一层次中相应元素对于上一层次中的某个因素相对重要性的排序权值。

对指标层次进行总排序，即计算同一层次所有因素对于最高层（总目标）相对重要性的排序权值。再对层次总排序进行一致性检验。令：$CR=\dfrac{\sum\limits_{j=1}^{m}a_jCI_j}{\sum\limits_{j=1}^{m}a_jRI_j}$，当 $CR<0.10$ 时，认为层次总排序结果具有满意的一致性。由以上推导得到各个评价指标的相对优先排序，如表 6-10 所示。

表 6-10　　　　　　　　　各评价指标相对优先排序

序号	指标	权重
1	销售净利率 C_8	0.1592
2	期间费用率 C_1	0.107
3	提供就业 C_{12}	0.0832

续 表

序号	指标	权重
4	门店数量 C_2	0.0757
5	消费者健康和安全 C_{14}	0.07
6	单位面积销售额 C_4	0.0627
7	工资总额 C_6	0.0583
8	客户投诉 C_{13}	0.044
9	产品包装回收 C_{21}	0.0414
10	人均销售额 C_5	0.035
11	社区与公共活动参与支持 C_{16}	0.0328
12	有效的土地使用 C_{24}	0.0328
13	浪费最小化 C_{20}	0.0303
14	职业健康和安全 C_{11}	0.028
15	门店经营面积 C_3	0.0225
16	员工培训和发展 C_9	0.0201
17	净资产收益率 C_7	0.0193
18	电耗 C_{18}	0.0176
19	噪声污染 C_{23}	0.0168
20	水耗 C_{17}	0.0122
21	工会关系 C_{10}	0.0118
22	自有品牌 C_{15}	0.0072
23	气候变暖 C_{22}	0.0065
24	可再生能源使用 C_{19}	0.0058

上文所设计的所有指标已构成一个有机的体系，并具有通过科学方法得到的权重，但指标体系在用于为零售企业打分之前，还需要对每一项指标进行赋值。如有10家样本企业参加评价，则按照10家样本企业的不同指标值进行排序并赋分。例如，期间费用率越低赋分越高，最低者10分，最高者1分；门店数量越多赋分越高，最低者1分，最高者10分；连锁企业拥有的总经营面积越大赋分越高，最低者1分，最高者10分；

这些指标的评估赋值工作建议分别由专家或企业的各个部门完成，根据所有指标的赋值和权重计算出零售企业可持续发展的综合评分：企业总分＝∑（指标赋值×权重）。

五、实现首都零售业可持续发展的对策与建议

（一）政策与法规的保障

1. 加快零售业可持续发展法制环境建设

把促进行业规范发展与推进依法行政有机结合起来，抓紧制订和修订首都现代零售业的地方标准，逐步形成标准体系，实行标准化管理。争取在商品交易市场管理、大型商业设施设置、再生资源回收管理、酒类商品流通管理、零售企业促销和进货交易行为管理以及生活服务业管理等方面实现立法突破，进一步完善商业执法体系，大力提高行业规范化水平。政府管理部门应尝试首都零售行业分等定级工作，推动企业改进服务质量、提高服务水平、构建和谐商业氛围。

2. 完善零售业可持续发展政策措施

继续深入贯彻落实《北京市人民政府关于推进流通现代化的意见》和《北京市人民政府办公厅转发市商务局市发改委关于促进连锁经营发展实施意见的通知》。研究制定北京市落实国务院加快流通业发展意见的具体实施办法。充分发挥商业流通发展资金和中小企业发展专项资金的引导和促进作用，加强对商业流通基础设施、公共服务设施、中小流通企业的资金支持，提高资金的使用效率和效益。通过政策和资金的双重引导，促进首都商业持续快速协调健康发展。

3. 针对不同业态采取不同的产业政策

制订城市商业网点规划有利于促进商业结构和商业业态平衡发展，这是在发达国家获得普遍成功的经验。因此，要进一步把首都零售业发展与城市总体规划有机结合，对于不同业态采取不同的产业政策，避免盲目发展浪费资源，促进零售业可持续发展。

对大型购物中心应严格总量控制，大型购物中心虽是一种独立的业态，但其经营内容与已经发展得相当充分的百货、专卖店等有全覆盖的重复、交叉。应鼓励专业店和便利店的发展，并注重特色。便利店这种业态本身不具有规模优势和价格优势，超市等与便利店交叉的店型多、量大、经营品种全，加上北京季节与气候的原因，人们的消费时间相对集中，其他业态的时空覆盖已基本满足市场需求，个别超时需求不足以支撑便利店的经营。因此，北京便利店发展应注重特色经营，不应追求数量和业态的完整。

4. 注重提升内资零售企业可持续发展能力

在确保内外资平等竞争的基础上，注重提升内资零售企业可持续发展能力。

国内百货业平均毛利率在17%左右,美国零售行业的毛利率在28%左右,其中,百货店在33%左右。而这一较高的赢利水平正来自企业自营购销。过去一段时间,内资零售企业逐步放弃经销、代理的经营方式,向联营扣点、引厂进店和场地租赁的方式转型,弱化了商业功能,既减少了企业赢利,又不利于政府对市场的宏观调控。因此,要推动零售企业做大做强,以批发企业、第三方物流企业和大型零售企业为基础,培育一批有总经销和总代理能力的龙头企业,推动零售企业提高自营比例,增强应急调控和市场保障能力。

(二)行业协会及社会力量的推进

1. 加大行业信息引导力度

每年度制定和发布《北京市流通业发展分类指导目录》,组织力量定期编制本市商业发展报告、物流建设指南等公共信息资料,加大信息引导力度。进一步完善商务部门新闻发言人和政务信息定期发布制度,健全政府商务主管部门以及行业协会组织的网站,推进政务公开,做到信息渠道畅通,积极引导商业的社会投资,促进商业持续健康发展。

2. 加强行业协会组织建设

支持和引导相关行业协会加强自身建设,理顺政府与协会、协会与企业的关系。在新领域、新行业培育建立新的行业协会,扩大协会覆盖面。鼓励区县健全完善地方协会、商会组织。充分发挥行业协会作用,加强行业自律,增强行业自我约束和发展能力。加强与市、区工商联的沟通联系,引导非公有制商业企业积极投身商业产业结构调整升级和"十一五"规划的贯彻落实工作。

3. 提升消费者可持续消费意识

国内消费者的可持续消费意识正在提高,他们越来越多地表示必须更加重视环境和道德问题。不过,目前这种趋势还没有完全反映在他们的购物方式中,"道德"或者"绿色"产品的购买数量仍然很低。随着消费者对安全、环境、健康、生态关注程度的不断提高,必然推动首都零售业在零售产品结构、零售业态、经营上的转变。

(三)零售业管理和运营的创新

零售企业增长途径主要体现在两个方面:一是外延式增长,二是内在增长。外延式增长主要通过国际扩张和并购来拓展销售网络,内在增长主要通过进行经营、业态等方面的创新提高销售和经营能力。当前,一方面,首都零售行业要通过并购和扩张来做大做强,另一方面,要通过管理和运营的创新获得新的增长动力。

1. 转变赢利模式

收取进场费的做法曾经在企业发展中发挥了作用，但从长期来看，不重视商业经营会对零售商行为的价值取向产生不良影响。如零售商能力降低、商品趋同化、零供关系紧张、内部腐败等，最终都将影响企业的可持续发展。探索自主经营模式创造价值，通过进销差价获取利润才是零售的根本。

重视开发自有品牌商品。商品是吸引顾客的原动力，因此，销售特色商品、自有品牌商品是赢得顾客的主要方法。自有品牌由于具有独特的利润优势、价格优势，差异化优势、自主权优势等引起了零售企业的关注，成为大型零售企业新的竞争利器。自有品牌是企业充分利用无形资产而采用的一种竞争策略，其核心价值是把企业名称或企业自己确定的名称作为品牌的商品在本企业销售。国外不少大型零售企业都经历了从一般品牌为主逐步发展为自有品牌为主的过程，有的大型零售商的自有品牌达到了 20%～25%。当然，要发展自有品牌至少应该具备较强的产品研发能力和质量控制能力，较强的商业信息搜寻能力，一定的规模优势和网络优势，较好的商誉形象和资金实力，较强的市场营销能力和品牌管理能力。

要强化采购能力，从源头上提高核心竞争力。零售商的采购能力在弱化，进入超市的商品很大程度上是由代理商决定，促销也由供应商决定。要大力推行总部采购，对条件成熟的供应商，在城市中心采用集中采购、统一结算、统一商务条件的采购方式，逐步形成"总部对总部"的货源采购模式。

2. 加速零售业态创新发展

鼓励和引导传统百货业加快商品经营结构调整，强化品牌经营，突出主打特色，完善业态服务功能，向现代百货业过渡；进一步提高超市业经营管理水平；引进专业化、细分化的新业态，鼓励食品、化妆品、玩具、花木、娱乐用品、文化创意产品、汽车等专业店发展；探索开展二手商品专卖店试点；鼓励发展方便居民日常生活的 24 小时便利店和不同业种的折扣店；推进网上购物、电视电话购物、邮购等无店铺商业发展；在特定区域和场所推广自动售货机；引导有条件的小商品市场加快调整经营方式，促进批零功能分离，向现代百货店、专业超市等业态转变；积极探索业态创新，拓展服务方式，为居民提供更加丰富的商品和服务。

3. 推进节能减排和农超对接

节能店比传统店面整体节能 20%～30%。农超对接能节省成本、保障供货量并能有效避免产品的同质化，是形成零售企业核心竞争力的所在。更为根本的是，越接近农户终端并剔除中间环节，零售商就越容易掌握定价权，这对常打价格战的零售商们来说至关重要。尽管节能减排和农超对接的趋势已成为国内零售业的共识，但相对才起步的内资商企而言，外资巨头明显走在了前列。

4. 提高经营管理信息化和智能化程度

随着信息服务业的发展，经济信息网、企业产品信息网、行业信息网及国际互联网等一大批经济数据网的开通使用，北京零售业应充分利用现代化网络技术，掌握宏观经济信息，为消费者建立完备的信息资料库，同时加大技术投资力度，建立完备的网络智能系统，实现内部管理自动化及采购、销售、仓储自动化。

六、研究结论

（一）高度重视首都现代零售业可持续发展对首都经济社会可持续发展的作用

首都现代零售业通过其社会作用以及作为消费者和制造商的媒介，成为推动首都经济可持续发展的利益相关者之一。零售商作为消费者和生产商之间的媒介，把消费者的需求上传给供应商，同时把新的产品和服务下达给这些消费者，他们在塑造生产过程和消费方式方面发挥着关键作用。他们所处的位置有利于向生产商施加压力，让他们支持更可持续的消费选择。他们的主要作用是对消费需求作出回应，这种作用更为重要，因为人们已经普遍承认生产部门的积极趋势有目共睹，但是消费方式仍在继续威胁着可持续发展。

（二）在实现首都现代零售业总量增长的同时强调零售业质量的优化

按照科学发展观的要求，我们不仅追求首都现代零售业总量的增长，更强调零售业质量的优化和布局的合理性，使业态结构不断适应首都城市发展的需要，让消费行为规则更加规范清晰，同时，能够满足不同层次消费者的需求。北京的业态结构应以大型百货店为主导、各种超市为主体、专门店和专业店为特色，完善CBD的功能和市中心区的建设。要控制总量、规划增量、调整存量、优化质量，对现有业态要明确市场定位，要合理布局、总量控制，避免重复和盲目发展带来的同业态恶性竞争，要用业态的多样化满足消费需求的多层次和差异化。

（三）好平衡首都现代零售业的经济、社会、环境效益

在推进首都现代零售业可持续发展的过程中，必须在可持续发展战略潜在的经济、社会和环境三大支柱之间实现良好的平衡。企业应总结经验和教训，明确经济增长和企业发展是改善社会和环境状况的先决条件。如果企业没有能力进行必要的投资，或者自愿方法比法规取得的成果要好，那么把日趋严格的标准强加

给企业是错误的。

(四) 创新首都现代零售业行业管理手段

加强行业管理是促进零售业健康发展的重要保证，在市场经济条件下，行业管理的重点是政策导向、公共服务和社会管理，首都商务部门应继续致力于相关法律法规、行业标准和产业政策的制定与实施，创新行业管理手段，服务企业，加快构筑统一、开放、竞争、有序的市场环境，促进零售业的健康有序发展。

第七章　首都现代零售业"低碳"问题研究

一、首都零售业"低碳"问题的背景及研究意义

(一)"低碳经济"的宏观背景

1. "低碳"与"低碳经济"

低碳（low carbon），意指较低（更低）的温室气体（二氧化碳为主）排放。随着世界工业经济的发展、人口的剧增和人类生产生活方式的无节制，二氧化碳排放量越来越大，地球臭氧层正遭受前所未有的危机，已经严重危害到人类的生存环境和健康安全。高速增长或膨胀的 GDP 正以环境污染、气候变化为代价，因此，世界各国正呼吁开展"低碳经济"，呼唤"绿色 GDP"的发展模式和统计方式。

低碳经济是以低能耗、低污染、低排放为基础的经济模式，几乎涵盖了所有产业领域，著名学者林辉称之为"第五次全球产业浪潮"，并首次把低碳内涵延展为低碳社会、低碳经济、低碳生产、低碳消费、低碳生活、低碳城市、低碳社区、低碳家庭、低碳旅游、低碳文化、低碳哲学、低碳艺术、低碳音乐、低碳人生、低碳生存主义、低碳生活方式。低碳经济的实质是高能源利用效率和清洁能源结构、追求绿色 GDP 的问题，核心是能源技术创新、制度创新和人类生存发展观念的根本性转变。汇丰银行根据各国为此次金融危机而出台的刺激计划进行的测算显示，截至 2009 年 4 月 22 日的相关数据统计显示，全球总的经济刺激投资约为 3.1 万亿美元，其中与气候变化、低碳有关的"绿色刺激投资"（green stimulus）超过 4700 亿美元。因此，摒弃 20 世纪的传统增长模式，应用创新技术，通过低碳经济模式与低碳生活方式实现可持续发展成为各国政府的共识。

2. 中国的低碳历程

中国单位 GDP 能耗是发达国家的 8~10 倍，化学需氧量和二氧化硫排放量世界第一，碳排放量世界第二，工业危险废物化学物质处理率不足 30%。从中

国能源结构看，低碳意味着节能，低碳经济就是以低能耗、低污染为基础的经济，这种经济发展模式为节能减排、发展循环经济、构建和谐社会提供了操作性诠释，是落实科学发展观、建设节约型社会的综合创新与实践，完全符合党的十七大报告提出的发展思路，是实现中国经济可持续发展的必由之路，中国政府为实现这一目标做出了长期不懈的努力。

2006年年底，科技部、中国气象局、发改委、国家环保总局等六部委联合发布了我国第一部《气候变化国家评估报告》，按照一个国家的碳排放量来衡量这个国家的能源消耗量，目前，我国的碳排放量位居世界第一。2007年9月8日，在亚太经合组织第十五次领导人非正式会议上，国家主席胡锦涛出席并发表重要讲话，提出应该加强研发和推广节能技术、环保技术、低碳能源技术。2008年3月，SEE与TCG举办"中国企业与低碳经济"论坛，让中国企业了解国际低碳经济发展的情况，探讨中国企业在低碳经济发展中的作用。同年，国务院办公厅下发了《关于深入开展全民节能行动的通知》（国办发〔2008〕106号），进一步增强全民能源忧患意识和节能意识，开展全民节能行动，号召全国人民开展主题鲜明、形式多样的节能体验活动，强化节能意识。2009年，国务院办公厅印发《2009年节能减排工作安排》（国办发〔2009〕48号）（以下简称《安排》），《安排》指出，"十一五"前三年，全国单位GDP能耗累计下降10.1%，二氧化硫、化学需氧量排放总量累计分别下降8.95%和6.61%，但"十一五"节能目标完成进度仍落后于时间进度。《安排》要求加强目标责任考核。对省级政府去年节能减排目标完成情况进行现场评价考核，评价考核结果向社会公告，落实奖惩措施，实行严格的问责制。根据《安排》，通过实施十大重点节能工程，2009年要形成7500万吨标准煤的节能能力；实施"节能产品惠民工程"，对能效等级1级或2级以上高效节能空调、冰箱等10大类产品，通过财政补贴加大推广力度；推广节能灯1.2亿只；支持在北京、上海等13个城市开展节能与新能源汽车示范试点。全国36个大城市基本实现污水全部收集处理；新增燃煤电厂烟气脱硫设施5000万千瓦以上。2010年，十一届全国人大三次会议上"低碳"成为大家讨论的热点，发展低碳经济、建设低碳社会已经成为我国的战略重点和全民教育的重要方向。2010上海世博会上，低碳世博的理念为中国未来城市建筑发展起到示范作用，对今后可持续发展经济增长方式的转变发挥巨大的推动作用。

3. 中国零售业的"低碳"行动

（1）商务部开展"零售业节能行动"

2007年，商务部决定开展"零售业节能行动"，以转变零售业增长方式和倡导科学消费为核心，以建立零售业节能降耗长效机制为目标，以技术创新和制度创新为动力,以健全法规、完善政策、加强管理、强化宣传为手段,形成政府大力推进、市场有效驱动、企业主体作用得到充分发挥的零售业节能降耗工作格局,力争到 2010 年实现零售业万元营业额能耗降低 20%。同时,商务部组织编制了《超市节能标准》《零售业节能降耗技术、产品目录》,引导企业选择节能设备和技术,开展节能降耗工作。按照《国务院办公厅关于严格执行公共建筑空调温度标准的通知》(国办发〔2007〕42 号)的要求,加强零售场所室内温度控制,开展建筑节能和抑制过度包装等专项工作。

(2) 北京市零售业节能减排动态

为贯彻落实国务院和北京市节能减排行动,加强流通服务业节能减排,2010 年北京市商务委下发通知,部署商业零售业节能减排工作。通知中提出了有关零售业节能减排的六项措施:一是要严格节能标准,加强温度监测,夏季室内空调温度设置不得低于 26℃。二是要开展分项计量、能源审计,开展合同能源管理试点工作,加大节能改造力度。三是大力推广使用空调系统智能控制、变频调速等节能技术和节能灯具等产品,扩大绿色照明产品推广应用范围,基本实现全市商业服务业绿色照明。四是倡导绿色消费,鼓励开展绿色营销。推动节能环保产品进超市、上专柜。继续开展限制"过度包装"、"绿色北京,限塑活动"等。五是加大监督检查力度,会同节能行政主管部门,依法开展节能监察和执法,对于违法违规行为,发现一起,查处一起,对有关责任人要严肃追究责任。六是广泛开展节能减排宣传教育活动。

同时,北京市商业服务业企业联合开展了节能减排、绿色消费倡议,提出要加强商务领域节能减排工作,促进绿色消费形成;推进商务领域科技进步,倡导应用和销售节能绿色商品;积极开发和采用先进的节能技术,优先选用国家推广的高能效、低污染产品;积极回收利用余热、余能及各种可再利用资源。

(二) 研究首都零售业低碳问题的意义

由温室气体排放导致的气候变化对人类生活所造成的负面影响已广为人知,全世界都在加强对温室气体尤其是碳排放的控制。但是,与能源及制造业相比,零售业的节能减排问题似乎没有引起足够重视。实际上,商店和超市卖出的每一件物品在进入超市之前的制造运输和储存过程中,以及卖出之后在顾客手中保存、使用的过程中,甚至在产品生命周期结束后的废物处理与再循环利用过程中,都要消耗大量的能源,并排放出温室气体,零售业作为国民经济的重要组成部分,不仅占 GDP 的比重越来越大,而且对经济增长方式的影响力也越来越强。在当前全球都在追求低碳经济的大趋势下,零售企业的碳排放将受到越来越多的监督,企业在产品和服务中致力于减少碳足迹是大势所趋。2008 年,碳披露项目（CDP）①公布的3000个世界最大企业的碳排放数据，其中就有沃尔玛、乐购等零售巨头。

首都零售业发展迅速、规模庞大、大型零售企业聚集。自2001年以来，首都社会消费品零售总额持续稳定上升，其中，批发零售总额和比例均迅速扩大。2008年以来，全球性金融危机虽然对我国经济产生了一定的负面影响，但是零售业依然保持了高增长，2011年北京市社会消费品零售总额达到6900.3亿元，累计增速10.8%，2012年北京市社会消费品零售总额达到7702.8亿元，增速为11.6%（见表7-1）。

表7-1 2006—2012年北京市社会消费品零售总额及年增长率

年份	社会消费品零售总额（亿元）	增长率（%）
2006	3275.2	12.8
2007	3835.2	16.4
2008	4645.4	21.1
2009	5309.9	14.3
2010	6229.3	17.3
2011	6900.3	10.8
2012	7702.8	11.6

数据来源：北京市2012年国民经济和社会发展统计公报整理。

2012年，北京市第三产业生产总值为13592.4亿元，比上年增加7.8%，首都第三产业经济持续增长的现状表明，首都零售业的高增长势头将会长期保持，零售业已然成为首都现代服务业中的耗能大户，因此，在零售业和消费领域开展节能减排的意义越来越突出。一方面，在北京市政府提出的"人文北京、科技北京、绿色北京"政策的指引下，首都现代零售业的发展理念和首都人民的消费观念正在产生巨大的转变，零售业的经营模式正在向低碳发展模式迅速转变。从零售企业自身发展来看，在低碳经济潮流和高度开放的商业环境之下，零售企业如果不努力缩减产品和服务的碳足迹，将会丧失许多发展商机。在这一经营模式的转变过程中，在碳排放方面具有优势的企业将获得新的核心竞争力，在碳排放问题上拥有成功表现的企业将获得更多投资者和消费者的关注，得到政府等各种利

---

① CDP：碳披露项目，是一家著名的非营利机构，总部设在伦敦和纽约，该机构旨在让世界上最大的企业公布它们的碳排放量。

益相关方的青睐以及社会的肯定。因此，零售企业必须在其经营管理中考虑碳排放因素。另一方面，作为社会再生产的重要环节，零售业上游连接生产，下游连接消费，能够起到同时引导低碳生产和低碳消费的作用，零售业开展节能降耗不但能降低零售企业经营成本，还会对社会公众树立"低碳意识"起到极大的引导和教育作用，是倡导低碳经济最广泛、最直接的宣传途径。2012年，北京市拥有常住人口2069.3万，瞬间人口突破3074万人，这么庞大的消费群体每天与零售业密切接触，不但接受着来自零售企业的广告宣传，还受到零售企业经营理念和经营方式的影响。因此，加强首都零售业节能降耗，坚持节约发展和清洁发展，既是零售业自身发展的必然选择，更是增强全社会节能减排意识的客观需要。

(三) 本课题的研究思路

本研究课题将从三个方面对首都零售业"低碳"问题展开研究。首先，通过实地调研，对首都零售业的"低碳"经营现状进行描述，发现零售业"低碳"中存在的问题和不足。其次，借鉴欧美发达国家零售业节能减排的做法，结合首都零售业的实际情况，寻找可供借鉴的"低碳"之道。最后，探讨如何发展首都零售业的"低碳经济"，针对零售业该如何实施"低碳"，提出可行性建议和对策。

二、首都零售业"低碳"经营的现状

(一) 首都零售业"低碳"经营的基本情况

1. 首都零售业节能减排政策一览（见表7-2）

表7-2　　　　　　　　北京市零售业节能减排相关政策

政策	时间	主要内容
《商务部关于开展"零售业节能行动"的通知》	商改发〔2007〕199号	重点抓好营业面积在10000平方米以上的大型超市、百货店、专业店的节能降耗。为发挥示范带动作用，将北京、天津、上海、重庆、太原、沈阳、青岛、武汉、广州、西安10个城市作为试点。通过建立能耗统计指标体系、做好企业能耗评价工作、加强交流与培训等措施，从开展节能技术改造、加强能耗管理、开展建筑节能和开展抑制过度包装等全面推进零售业节能降耗工作

续 表

政策	时间	主要内容
《北京市商务局北京市发展和改革委员会关于严格控制本市商场超市室内空调温度的通告》	京商秩字〔2007〕17号	严格控制商场超市主要区域室内温度，除特殊用途外，夏季室内空调温度设置不低于26℃，冬季室内供暖温度不高于20℃。完善能源计量统计制度，逐步实现能源分类计量。通过计量检测对耗能大户进行重点监察。同时，大力推进节能技术进步，在商场超市推广使用绿色照明、节能灯具、空调通风系统智能控制、变频调速等节能技术与产品
《商品零售场所塑料购物袋有偿使用管理办法》	商务部令2008年第8号	零售场所向消费者有偿提供塑料购物袋，不得销售不符合国家相关标准的塑料购物袋，不得低于经营成本销售塑料购物袋，不得采取打折或其他方式不按标示的价格向消费者销售塑料购物袋和向消费者无偿或变相无偿提供塑料购物袋
《北京市商场超市节能改造资金管理实施办法》	2008年6月	政府拿出556万元对本市范围内9家企业营业面积10000平方米以上的商场、营业面积2000平方米以上的超市开展的节能改造项目给予资金支持。该批9家试点企业节能改造积极性高，投资力度大，共涉及改造零售店15家，改造投资总额达7000余万元。推广合同能源管理机制、继续开展商场超市节能改造专项资金支持项目将是商务局下一阶段节能工作的重点方向
《商业服务业节能改造指导目录》	京商秩字〔2009〕4号	主要涉及零售业、餐饮业、生活服务业三个行业。按照"政府推进、企业自主、突出重点、带动全局"的原则，结合各行业的不同特点和普遍性、针对性、可操作性的基本要求，提出了包括监测系统、制冷与空调系统、供热系统、照明系统、电梯系统、供电系统、给排水系统、燃气系统、围护结构等方面的57个项目内容及应用技术。鼓励商业服务业企业按照《目录》提供的项目内容及应用技术，树立节能意识，分析节能需求；推广节能技术，加大节能投入；强化节能管理，完善节能机制

续 表

政策	时间	主要内容
《超市节能规范》	商务部公告2009年第21号	《规范》将超市节能划分为节电、节水、节气（油）、建筑节能等几方面，并明确了各方面的节能操作要求，为企业提供操作指导，引导企业树立节能意识
《关于加快治理商品过度包装的通知》	国办发〔2009〕5号	要充分认识治理商品过度包装的重要意义，加强组织领导，强化监督检查，抓紧制定完善的商品包装标准、法规和政策，禁止生产、销售过度包装商品。同时，加大宣传教育力度，动员全社会抵制过度包装
北京市商务委部署商业零售业节能减排工作	2010年5月	北京市商务委下发通知，部署商业零售业节能减排工作。一是要严格节能标准，加强温度监测，夏季室内空调温度设置不得低于26℃。二是要开展分项计量、能源审计，开展合同能源管理试点工作，加大节能改造力度。三是大力推广使用空调系统智能控制、变频调速等节能技术和节能灯具等产品，扩大绿色照明产品推广应用范围，基本实现全市商业服务业绿色照明。四是倡导绿色消费，鼓励开展绿色营销。推动节能环保产品进超市、上专柜。继续开展限制"过度包装"、"绿色北京，限塑活动"等。五是加大监督检查力度，会同节能行政主管部门，依法开展节能监察和执法，对于违法违规行为，发现一起，查处一起，对有关责任人要严肃追究责任。六是广泛开展节能减排宣传教育活动
《关于进一步做好商业零售企业节能减排有关工作的通知》	京商务秩字〔2010〕6号	各商业零售企业要采取有效措施，积极开展节能降耗工作，特别是进入"空调季"后，要进一步控制室内温度，主要区域室内温度除特殊用途外，夏季室内空调温度设置不低于26℃。同时，要积极开展节能技术改造，采用节能设备，运用节能技术，提高用能水平

2. 首都零售业的耗能情况

中国连锁经营协会的调查数据显示,我国大型百货店和超市的能源消耗高于发达国家同类商场2~3倍,即使处于能耗较低水平的北京大商场,单位面积能耗仍然高出气候相近的日本同类商场40%左右。近年来,首都零售业的耗能总量成逐步上升趋势,2008年首都批发零售业的能源消费总量有所下降,能源消费总量为195.18万吨标准煤,主要能源消费品种有煤炭、汽油、天然气、热力和电力等,其中电力消耗量最大,2008年行业总耗电量32.70亿千瓦时,如表7-3所示。

表7-3 2008—2011年北京市批发零售业能源消耗总量和重要能源品种消费量

年度	能源消费总量(万吨标准煤)	煤炭(万吨标准煤)	汽油(万吨标准煤)	煤油(万吨标准煤)	柴油(万吨标准煤)	液化石油气(万吨标准煤)	天然气(亿立方米)	热力(万百万千焦)	电力(亿千瓦时)
2008	195.18	21.62	17.63		9.40	1.29	1.00	653.75	32.70
2009	195.18	21.62	17.63		9.40	1.29	1.00	653.75	32.70
2010	192.72	12.11	20.05		6.71	0.83	0.47	630.18	38.83
2011	211.46	13.38	22.17	0.01	8.18	0.56	0.52	701.70	42.18

据最新数据显示,北京市五类零售业态(百货店、大型超市、中小超市、家电卖场和便利店)全年耗电量超过35亿千瓦时,其中以百货店和大型超市为甚。百货商店耗电主要是为了营造舒适的购物环境,保证足够亮度的照明和较低的室内温度,而在大型超市中,冷冻冷藏、空调与照明占总耗电量近80%。从耗电量看,大型超市一般全年无休,特别是为保证食品安全,冷冻冷藏设备要保证24小时持续运转。大型超市每实现100元销售额耗电1.77千瓦时,如果按平均每度电0.9元计算,折合电费1.59元。以此计算,一家年销售额1.2亿元的大型超市,每年电费为190.8万元。如果店铺生鲜类商品经营占比较大,实际的耗电量可能还要超过这一数字。

本研究对北京市10家营业面积在8000平方米左右的大型综合超市进行的调查显示,平均每家超市年用电量为138万千瓦,所需要支付的总用电费约为120万元/年,占门店销售总额的1.23%。包装物(包括购物袋、撕裂袋、包装盒等)年费用额超过50万元,占门店销售额0.5%。水和燃气(油)所需费用分别在3万元和2.5万元左右。这10家超市门店年能耗费用总额平均为155万元,能耗费用占费用比约为20%。其中,电费和包装物费用是能耗费用中最重要的部分。而目前零售行业平均净利润率只有1%左右，电费支出就超出了1%，并且随着商品结构的调整和卖场环境的改善，比例有越来越大的趋势。

3. 首都零售业节能减排的举措

自2007年商务部倡导"零售业节能行动"以来，北京市零售业的节能减排一直走在全国前列，其节能措施主要包括节能改造、系统节能和智能控制技术三类，这些举措有利于推动商务部提出的零售业节能20%这一目标的实现。目前，首都零售业已从局部照明、空调等见效快的节能设备的更新，逐渐进入到门店全局架构节能统筹改造阶段，许多零售企业对既有门店进行节能改造，部分零售企业将节能范围延伸至公司总部的办公区域、配送中心以及物流基地。在这次零售业节能行动中，主要节能举措包括两方面，一是对现有商场超市进行设备节能改造；二是建设新型的节能店。

(1) 对现有商场超市进行改造是北京市零售业节能减排的重要手段

截至2009年6月底，北京市共有19家商场超市的24家门店完成节能改造工作。节能改造涉及中央空调系统、照明系统、电梯系统，共计24项。其中，照明更新改造项目（照明灯具更新、照明系统加装节电器）9项，更新改造照明面积153428平方米；中央空调主机更新及系统改造项目9项，改造制冷量15763.7冷吨；电梯更新改造项目6项，更新改造电梯67部。根据验收测算，14家企业的改造项目年节电总量538.6万度，折合减少标准煤消耗2175.9吨，平均节电率达到21.6%。其中，照明系统节能改造年节电量为320.4万度，节电率为22.3%；电梯节能改造年节电量为50.7万度，节电率为24.9%；中央空调系统节能改造年节电量为167.5万度，节电率为19.7%。

(2) 建设节能商店是北京市零售业节能减排的另一重要途径

对零售企业来说，建设节能店有两大益处，一是在经济上节能增效，商店的能耗虽然低于工厂，但在流通费用中比重较大，节能可降低费用，增加利润，据中国连锁经营协会测算，节能店一般要比传统店整体节能20%~30%。据沃尔玛望京店统计，与普通店相比，其节能店每年可节电23%，节水17%。二是体现企业的社会责任感，零售商店的耗能虽不及制造、交通、餐饮等行业，在中国政府大力开展全民节能减排活动，号召"低碳"经济和低碳生活的背景下，作为与消费者联系最密切的零售企业责任重大，不但要从自身开展节能减排、提倡环保，更要对社会公众起到节能减排的示范和宣传作用，因此，节能减排是凸显零售企业社会责任的一个缩影。

目前，首都零售业仍然处于业态发展不够均衡的阶段，中小型零售企业占绝大多数，单店实力不足，与一些外资零售企业相比，首都的内资零售企业在快速

第七章 首都现代零售业"低碳"问题研究

扩张能力、营销技术能力、财务运作能力、品牌价值能力和人才聚集能力等方面，都存在明显差距。外资零售企业的竞争力还体现在成本控制上，从调查分析的情况看，外资零售企业的耗电、耗水、耗材普遍低于内资零售企业。特别是在建设节能店方面，外资零售企业走在了内资零售企业的前面。法国家乐福、美国沃尔玛、Tesco等跨国公司大型零售企业在华连锁超市近年在全球节能减排大趋势下，加快了现有超市节能环保改造。家乐福自去年开始，投资了2亿元人民币对现有中国大陆地区的超市进行改造。改造后，这些超市的能耗将降低15%，新建超市将按新标准建设，能耗降低20%。沃尔玛在华新建超市能耗将明显降低，耗电减少23%，节水17%，这些门店的节能设施全部由设在上海的中央监控中心监控，所有冷藏、照明和空调的信息都可传输到该中心，并及时进行调节。Tesco乐购中国总部宣布将在中国建设21家全新节能的示范超市，占其在中国门店总数近1/3，并计划所有新增门店都实行节能标准，据介绍，其立式冷藏柜改造后可节能18%，照明系统预计节能6%。按照一般规律，节能投资的最长回收期限是3年，即从2010年起，外资零售店先期投入节能店的资金将陆续回收，并可用于下一轮节能店的建设。因此，与外资大型零售企业相比，内资零售企业在环保节能方面还有很大的差距。

（二）首都零售业"低碳"现状与存在问题

节能减排是转变零售业增长方式的重要途径，通过节能降耗，不但可以直接减少企业的能源消耗成本、提高利润率，还可以通过提高效率的流通方式加快零售企业自身的竞争力。我国政府已意识到零售业节能的重要性，并把大型超市、百货和连锁商店的环保节能提到重要日程上。但目前，我国零售业平均销售利润率只有1%左右，而电费支出占销售收入的0.3%～0.4%，加上其他耗能，总的耗能量明显高于国际水平。首都零售业的发展始终处于全国前列，在北京向世界城市迈进的过程中首都零售业的发展愈加蓬勃，整个行业几乎处于全年不休的状态，使零售业的照明、空调、冷冻冷藏设备等累计能耗极大。本课题通过调查发现，资金不足和零售企业耗能管理成为制约首都零售业"低碳"经营的主要因素。

1. 零售业的节能环保观念仍需增强

发达国家已经将节约能源、降低资源消耗作为现代零售业经营观念的重要组成部分，是零售业市场竞争力的综合体现。目前，在北京的外资零售企业无论是环保理念、资金实力，还是所拥有的技能环保技术都要优于内资零售企业。在对北京市内资零售企业管理者的访谈调查中发现，有72%的管理者关注到国务院办公厅关于深入开展全民节能行动的通知，对国家环保节能相关政策比较了解；

90%的管理者知道《商品零售场所塑料购物袋有偿使用管理办法》；69%的管理者了解商务部"开展零售业节能行动"通知精神，但熟悉北京市商务委《关于进一步做好商业零售企业节能减排有关工作的通知》精神的管理者不足50%。从整体上看，大型零售企业的管理者对国家、政府的相关节能政策了解较深，中小型零售企业的管理者环保意识较差，特别是一些小型超市、便利店的经营者环保意识淡漠，对管理当局下发的管理规定的内容知之甚少。

另外，被调查的零售企业管理者一致认为培养员工的节能意识和习惯是企业有效开展节能工作的基础，企业决策层应给与高度的重视，自上而下将环保节能列为企业的一个主要经营目标。在企业采取管理节能措施的调查中，有约50%的企业设有专职管理人员或机构负责管理节能工程，70%的企业制定节约使用水电管理制度，80%的企业严格实行对商场温度控制的有关规定（夏季不低于26℃，冬季不高于20℃），但水、电、气、包装物等主要能耗有节能目标的企业仅占30%，对员工定期进行宣传和培训，以提高员工的节能意识和技能的企业也不足40%。由此发现，首都零售业对于节能环保观念的树立仍需加强，特别是要从零售企业的管理者入手，切实提高其节能意识和"低碳"发展观念，同时要抓紧培养零售业从业人员的环保理念和节能意识。

2. 零售业节能管理制度建设还应加强

随着绿色环保理念在中国乃至零售行业的推进，大多数中国零售企业对绿色环保、节能减排、低碳经营等概念已不再陌生。商务部在零售业节能减排活动中提出了2007—2010年全国大型超市、零售企业将减少20%能耗成本的目标。很多业内人士都意识到了节能降耗的重要性，但是在具体实施中发现，在政府的节能制度建设与保障、行业的环保管理体系等方面都不同程度的存在问题。

根据国务院《关于进一步加大工作力度确保实现"十一五"节能减排目标的通知》（国发〔2010〕12号）和北京市电视电话会议精神，北京市商务委下发了《关于进一步做好商业零售企业节能减排有关工作的通知》，要求各商业零售企业要采取有效措施，积极开展节能降耗工作。其中，特别针对北京进入"空调季"后，如何进一步控制室内温度、节约用能提出了要求。另外，还对加快节能改造，开展能源审计和监督提出了要求，并要求贯彻落实《商业服务业节能改造指导目录》（京商秩字〔2009〕4号），大力推进节能技术进步，推广使用空调系统智能控制、变频调速等节能技术与产品，减少电能消耗。政府针对零售业节能问题下发了多个文件，但是这些文件并不系统，而且低碳的范畴要比节能减排宽泛得多，所以，目前出台的一些政策和制度明显不能适应零售业低碳发展的要求。

近年来，许多大中型零售企业实施门店节能改造，特别是外资零售企业把建设节能店作为重点,可目前所谓的"低碳超市"并没有一个行业标准,很多企业在推行中有很大的随机性和盲目性,缺少一个约束的行规。虽然商务委针对零售业节能问题下发了《通知》,全方位地提出了商业零售企业在经营管理中应该实施的节能措施,但该通知只是从行业的宏观角度提出了节能要求,除对零售业夏季室内空调温度提出了具体的执行标准外,其他关于如何加快节能改造、如何开展能源审计和监督等并无具体的节能目标和执行标准。2009年11月起试行的国内首部《超市节能规范》,为零售企业开展低碳商店的评比提供了一定的借鉴。因此,在低碳评估体系标准还未出台之前,只能暂时将节能减排作为衡量零售企业"低碳"的首选标准。调查中发现,70%的被调查者认为节能设备技术标准缺失,节能效益无法衡量是目前节能工作遇到的最主要问题,急需政府出台相关的规范标准,以推动节能的健康发展。

3. 资金不足制约零售业"低碳"发展

零售业实施"低碳"经营和发展的范围很广,涉及流通、零售、卖场管理等各个方面,但零售业"低碳"发展的最根本则是从节能降耗做起。本课题对零售企业的管理者进行了访谈调查,被调查者纷纷表示资金不足是制约企业实施节能改造所面临的一个现实问题。环保节能设施投资成本高,国内零售企业一般难以承受,同时又缺乏技术支持,调查中发现,很多在节能减排方面做得好的零售企业无论是在资金实力,还是在企业规模上都居行业领先地位,如沃尔玛、家乐福、国美电器和翠微百货,他们每年用于节能减排的投资巨大,多则几亿元少则几千万元,这样的资金投入规模一般中小型零售企业很难承受。

建设节能店作为零售业"低碳"经营的重要方式,首都零售业在建立节能店方面步伐缓慢,虽然自2009年以来,沃尔玛、家乐福等外资零售企业加快了建设节能店的步伐,但由于建设节能店的技术要求高、投资数额巨大,目前北京也只有3家节能超市。相比之下,内资零售企业对门店的节能设施虽然也加大了投入,但一般均是节能节水等若干分散的单项措施,缺乏建设节能店的系统性安排和措施。其中原因除了资金实力不足和国内节能技术上的问题外,主要是本土连锁零售企业大部分店铺都是租赁经营,没有自主产权的物业,无恒产便无恒心,故不愿做长期性的大额投资。调查中发现,这些内资零售企业对供暖、空调等设施开展节能改造的意愿并不是很强烈,他们更愿意在投资节能灯、降低室内温度等花费小、易回收的项目上做文章。

4. 零售企业的节能措施仍需强化

由于首都零售业的发展和市场竞争已趋于成熟,政府和管理当局对零售企业的经营管理干涉并不多,在对零售业节能减排的管理上也大多是利用政策进行指引，主要还是靠零售企业的自主节能管理实现整个行业的节能降耗目标。在对北京市零售门店实施的节能措施调查中发现，85％的零售企业使用照明节能灯，具有较高的普及率，是企业采取的主要节电手段。大约30％的企业通过使用智能化控制，调节加热、制冷、通风及空调系统设备来降低用电量。32％的企业采用节能冷冻冷藏设备技术，调查发现，冷冻冷藏设备作为超市的主要耗能环节，零售企业对节能新设备、新技术的潜力需求空间巨大。针对零售企业节水措施的调查发现，有65％的零售企业通过对重点部门安装分表来实行节水措施，但受制于设备投入和技术等问题，零售企业对废水利用程度较低，约9％的零售企业能够实现废水的循环利用，大多数企业仍旧是通过减少包装物的使用而履行其环保责任。通过以上数据能够看出，仍有部分零售企业对节能问题认识不够、措施不力，有些问题是由于资金、技术不足等客观原因造成的，而有些问题则是由于零售企业的执行力度和管理当局的监督力度不够造成的。因此，为促进首都零售业的"低碳"发展，还需要从政府管理当局出发，加强管控，推动零售企业节能措施的实践。

三、发达国家零售业节能减排的做法

（一）各国零售业的节能减排措施

特易购（Tesco）和沃尔玛等零售业巨头是当前低碳经济发展潮流中的典范。英国的全球第三大零售商特易购从2008年春季开始在英国市场实施碳足迹和碳标记工作，目前已有包括牛奶、灯泡、洗衣粉等在内的114种产品接受了碳标记。而沃尔玛已经于2009年7月宣布，要求供应商提供产品生命周期的环境信息，并制作碳标签供消费者了解，预计此举将影响沃尔玛所涉及的10万个供应商。沃尔玛中国方面也已经表示，计划将碳足迹标签在中国实施。

作为在全球范围拥有众多连锁超市的零售业巨头，特易购和沃尔玛在可持续发展方面所做的努力是有目共睹且值得效仿的。长期以来，这两个零售业巨头在低碳经济建设和发展的前端，致力于降低污染和缩减碳足迹，同时，对产品的供应者抱有同样的期许。其发起的"可持续指数"行动通过将供应商和产品的环境表现进行排名，以向整个利益链中的供应商施压，迫使他们"绿化"经营。

1. 英国特易购的全方位节能

英国最大、全球排名第三的超市集团特易购率先在英国开展了贯穿整个零售供应链的碳减排管理，力争从原材料采集、制造到配送、零售、消费以及废物弃置等整个产品生命周期的各个阶段都减少碳排放，从而把企业自身的减排努力与整个供应链的减排集成起来，最大限度地扩大减排效果。

(1) 建立低碳环保的绿色供应链

特易购从零售供应链的源头即原料采集和制造过程就开始控制碳减排，要求零售商与自己的供应链伙伴具有比较和谐的协作关系以及较强的协调与组织能力。例如，特易购与供应商合作，使供应商的货车在完成送货任务后回程不空驶，而是继续向超市各门店送货，这样在总体上减少不必要的空驶车程。迄今，特易购在英国通过类似这种与供应链伙伴的合作已经减少了超过800万千米的行驶里程，自然也达到了减少碳排放量的目的。此外，特易购还投资了280万英镑改装双层拖车，使这种车比通常用的货车每次的货运量最多可高出80%，这也意味着减少送货里程和减少碳排放量。为了最大限度地减少二氧化碳排放量，特易购采取的另一项有效措施是尽可能地从当地采购货品，并尽可能采用陆地或水上运输以降低空运污染。因为空运中温室气体排放量是最高的，每运输一吨货物一千米就排放570克二氧化碳，而这个数字在海上运输中只有15.83克。

(2) 高效分销系统助力节能降耗

此外，特易购还通过优化分销系统与供应商合作，提高仓储、物流配送和销售环节的效率，如在英国，特易购帮助供应商设计其产品向分销中心配送的路线，这样特易购就能将一次配送与二次配送以及向消费者运送产品有机结合起来，以最科学的运输路线和方式节约燃油和运费。

通过这些努力，特易购集团去年总共节约开支达5.4亿英镑，预计今年特易购集团在英国市场通过节能将节省成本1亿英镑。据特易购2008—2009年度报告指出，该年度特易购集团销售总额达594亿英镑，较上年度上升15.1%，税前利润增长5.5%。英国特易购超市每平方英尺能耗已较2000年减少50%，其全球连锁超市总体能耗下降了9.1%。去年特易购总销售额增长15.1%，但碳排放只增加3.7%，特易购年均碳减排达到10.9%。

(3) 超市自身的节能行为更重要

作为供应链上的重要一环，超市自身的节能减排工作也很重要，一般的措施包括使用节能照明设施，节能、节水设备，改善产品运送和摆放方式，节省包装等。在英国，特易购推出的"节能店"概念采用最先进的技术和方法设计制造门店。如特易购的第一家节能店2005年12月在英国迪斯开张，该店比同类型同规模的普通店节省了20%的能耗，相当于每年节约用电720000千瓦时，减少了310吨二氧化碳排放量。该店主要通过在房顶安装透明有机玻璃以便最大限度地利用自然光，同时还安装5个风力涡轮发电机发电，向店内15台收款机和传送带以及各种节能设备如节能灯、节能烤箱、冷空气循环系统等供电。通过改进装车方法，特易购每年能减少54000运输车次，相当于250万英里的车程。2006

年，特易购配送网络每运送一箱货物所排放的二氧化碳减少了10%。按照计划，未来5年内特易购将使这个数字进一步提升到50%。此外，特易购还采用电驱动货车为顾客提供上门送货服务，使顾客避免自行开车取货的麻烦每年平均可以减少6000辆车次，而电驱动货车每年还可以减少100吨二氧化碳排放。在商品摆放方面，从2000年开始，特易购便率先推出了可重复使用、可降解、容量大一倍的塑料制板条箱以取代纸板箱，通过创造新的可直接上架摆放的包装，这些创新每年可减少11000吨废物。

（4）对于大超市来说，最重要的合作对象之一就是前来购物的消费者

特易购为了向消费者提供明确的商品碳足迹等信息，专门与相关学术和科研机构合作，寻找并开发能简明、详细标示货品碳足迹的方法，以便消费者在看到商品标签时即能明了每件货品在整个生命周期内碳的总排放量。这样，消费者可以很方便地在货品之间进行碳足迹比较，以便选择碳排放量最低的产品。从2006年开始，特易购对循环使用购物袋的顾客奖励绿色积分，从而减少了3亿个购物袋的使用，平均每周减少1400万个。此外，特易购还推出绿色积分方案以促进节能产品的销售，如低能耗电视机、节能水壶和机顶盒等。与此同时，特易购还成功地降低了生物燃料的售价，使含量为5%的生物乙醇燃料在英国的185个加油站以同标准无铅汽油一样的价格销售。

（5）建设低碳超市是终极目标

朗姆锡零排放超市、曼彻斯特和爱尔兰特易购低碳超市都采用了全木结构低能耗建筑设计，用以替代钢结构框架，减少大量钢铁制造带来的碳排放。其屋顶设有大面积可活动天窗，能吸收自然光以代替人工照明，节约用电，这样的建筑设计可减排30%以上。零排放超市则在此基础上扩大了屋顶和窗户采光，屋内还设计了复合通风系统，进一步提高夏天制冷和冬天供暖的效率，从而达到最佳减排效果。

节能技术的广泛应用对特易购低碳超市的节能减排发挥了重要作用。特易购投入研发的制热和发电相结合的CHP技术以及与制冷、制热和发电相结合的CCHP技术对其超市的节能减排发挥了重要作用。2008年特易购在英国投入260万英镑建立了47个CHP和CCHP系统，27个风力发电机组，在一个超市装设了太阳能发电设备。这些环保技术的应用预计每年将总共减排6000吨二氧化碳。

CHP和CCHP系统的广泛应用使超市相关能源能够有效循环使用，发电产生的热能可用来供暖，所产生的二氧化碳可用来制冷，如特易购在爱尔兰、韩国、英国曼彻斯特低碳超市和零排放超市的空调都是用二氧化碳代替氟制冷。在土耳其，特易购2008年建造了首个三代发电系统相结合的发电机组，专为购物

中心供电，其2.2兆瓦发电机组较通常发电机减排量达16%。截至2009年5月，特易购所有中国超市都为冷柜（冰箱）安装了能源管理系统，该系统能为各中国超市节约用电15%。2013年特易购拟将其中国超市的所有空调设备接入该能源管理系统。

特易购还更多使用可再生能源以达到节能减排目的。据特易购发布的消息显示，在美国加利福尼亚分销中心，特易购花费750万英镑建造了46450平方米的太阳能光板，为其设施提供了3/4的能源供应。在泰国，特易购为其绿色超市建立了全球零售业最大的太阳能冷却设备以及风能、生物能燃料发电设备，节能达30%。在韩国，太阳能发电、风力发电和空调使用二氧化碳制冷等可节能40%。在英国，CHP发电系统大部分是靠天然气运作，有些还使用可再生能源以更多地减少碳排放，如朗姆锡零排放超市和曼彻斯特低碳超市都是用回收的菜油发电。

2. 沃尔玛节能环保从细节做起

2008年10月在北京召开"可持续发展峰会"，沃尔玛向在场的1000多名中国供应商提出了"全球供应链负责任的采购新标准"，在环保、节能、产品安全、社会责任等方面对供应商作出具体要求并且明确表示，到2012年年末达到该基准的供应商企业，沃尔玛将取消与之进行交易。预计到2012年为止，将对全中国110家门店进行节能改造。此外，在环保节能方面与供应商携手减少对包装材料的使用以达到二氧化碳减排等，对节能环保进行积极思考和实践。这是供应链管理中的二氧化碳管理，沃尔玛在实行可持续发展竞争策略和行动的基础上，主要措施和成果有以下几方面。

①全部商场设立节能目标：节水50%，节能40%。为此建立废水、废热回收系统，对空调进行改造；成立专门小组回顾现有工作流程，进行优化整合，以提高生产力，降低费用，减少消耗。

②办公节能措施：主动控制报告打印数量，文件双面打印，每年可减少300万张办公用纸；对快递信封循环使用；缩小名片制作尺寸等。

③面向员工，开展个人环保计划。培养员工的健康生活习惯和意识，使用节能产品等。

④在运营中采用诸多节能手段：非高峰期减少照明，减少电视机使用量；减少盛放冰鲜食品的冰台尺寸，降低用冰率；肉类解冻使用空气解冻或冷藏自然解冻，逐步淘汰流水解冻；减少废弃物，循环使用旧包装等。

⑤沃尔玛的节能店：沃尔玛在中国共开设两家节能旗舰店。一家是北京望京店，另一家是广州山姆会员店，北京望京店在节能方面收效显著。该店每年可节

约用水达48%，节约电能达36%，即每年节约139万度电。按照家庭年用电量4000度计算，节约的电能可供349个家庭使用一天。据统计，沃尔玛在北京望京开设的节能旗舰店比普通门店多投资45.6万美元，投资回报年限为2.56年。该店在节能方面的一个创新是在用水方面，即通过回收空调回收机中的水来给自来水加热以满足卖场的需要。而以往都是用电来加热冷水的，此举可节约电能1.2%，而且足以满足卖场对水的需要。同时，该店通过使用LED灯、在人流低的地方安装照明感应器、减少开启电视墙的电视数量等方式实现节能。实现100%使用可再生能源、实现零浪费等是沃尔玛可持续发展的目标。在2010年，沃尔玛再次减少现有店铺30%的能源消耗。

(二) 可借鉴的节能减排措施

首都零售业可以借鉴特易购和沃尔玛在节能降耗方面的经验，特别是大型超市可以根据自身实力复制这些零售巨头的做法，如缩短供应链，从商品采购到商品配送过程中要控制碳排放；加快节能店的建设，进一步改造零售门店的节能照明设施和节能、节水设备；向消费者进行"低碳"宣传，倡导绿色消费；零售企业要从日常经营的点滴做起，树立企业的节能目标，培养零售企业管理者和销售人员的节能环保意识，实践绿色营销，全面开展节能行动。

四、首都零售业"低碳"发展的建议

"低碳"是全社会共同关注的问题，减少"碳足迹"更需要各级政府、行业企业、广大公众以及社会各界的广泛参与。在推进首都零售业"低碳"发展的过程中，不但需要政府、行业管理部门的管理和主导，更需要各零售企业、商家厂家的支持与配合，而消费者作为低碳生活方式的最终践行者，也成为影响零售企业"低碳"经营举措能够顺利实施的主要因素。因此，在促进首都零售业"低碳"发展中，需要政府与相关部门齐抓共管、多方推进，才能逐步实现零售业的"低碳"。

(一) 政府管理部门要提供制度保证

政府管理部门是低碳经济的主要推动者和政策提供者，在零售业的节能减排行动中，商务部不断加强零售业节能降耗管理，对大中型商场超市进行了节能改造，制定了超市节能标准，在制度上为零售业"低碳"打下了良好的基础。在首都零售业"低碳"发展中，政府的综合主导力量占有关键地位，应首先从制度方面为首都零售业"低碳"提供保障。

1. 建立零售业的"低碳"评价标准

与节能降耗相比，低碳所涵盖的范畴更广。因此，对零售业进行低碳评估的体系范畴更大，评估标准指标体系中，除了现有的节能环保要求外，还包括排污、排油烟是否达标，门店中经营环保产品的种类和数量，为顾客提供的售后服务满意度，推动绿色消费活动次数，以及门店单位面积的耗电量、耗水量、综合能耗等都会被列入低碳考核指标。首都零售业地处北京，在经济实力和技术能力上都有较强优势，首都零售业应该充分利用北京市的科技资源，对首都零售业"低碳"评估体系进行研究，与北京市的环保、科技等相关部门联合制定首都零售业低碳评价标准。

2. 构建首都零售业的环保管理体系

作为服务行业，零售业的耗能虽然远不如工矿、机械等大型制造业，但随着零售业的飞速发展，其耗能正不断增加。首都零售业为树立行业形象，转变经济增长模式，进一步提高行业的国际竞争力，必须关心民生，重视环保，致力于行业的"低碳"发展，在发展中越来越多地融入环保的理念。

目前，首都零售业的百货商店、大型超市、专业店等耗能大户，每年都消耗大量的电能、水和其他资源，虽然北京市商务委下发文件，要求各零售企业加大节能降耗的力度，但这些文件和制度仍旧缺乏系统性，没有明确的执行标准，缺乏环保管理体系和有效的监督机制。因此，树立零售业环保理念，尽快明确零售业的环保方针、环保措施，加大社会环境公益事业的发展，构建一套完整的零售业环保管理体系势在必行。建立首都零售业的环保管理体系，可在行业环保管理中导入 ISO 14001 环境管理体系进行零售企业环境管理体系的认证工作，依据 ISO 14001 环境管理体系的标准，制定首都零售业的环保标准、法律法规、环境因素识别与评价等内容。

3. 利用引导资金促进节能店建设

为了更好更快地进行节能店建设，以此带动首都零售业的"低碳"发展，首都零售业的管理部门可以采取以下措施，促进节能百货店和节能超市的建设。

第一，建立引导资金。建设节能店是零售业"低碳"的终极目标，也是零售业节能减排的最有力措施，但是由于建设节能店的成本高，对节能技术也有较高的要求，实力较弱的零售企业很难建设节能店。因此，为加快节能店建设，需要政府设立引导资金，对节能店给予经济上的补助。

第二，评选节能示范店。通过评选节能示范店活动，不但可以树立行业标杆，推广其节能经验，引导广大零售企业学习和借鉴，获得良好的社会效应，还可以通过"以奖代补"方式鼓励更多零售企业参与节能店的改造和建设。但这也需要安排一定的财政资金，而且要制定细化的节能店考核奖励标准。

第三，扩展节能店内涵。要从仅仅在商店内部节约水、电、气等资源，扩展到更广泛的方面。例如，商品包装物，凡属过度包装的商品，节能商店应予拒绝；商品上要表明碳足迹；经营一定比例的节能产品；开展低碳活动等都应该属于节能店的经营范畴，这也是零售企业社会责任的一种体现。

(二) 培养消费者的低碳消费意识

伴随政府对环保节能鼓励政策的不断出台，节能新技术设备的不断发展，零售企业从对门店照明、空调等局部设备的节能改造，到门店整体系统改造投入，再到如今的节能店建设，零售业的节能行动近年来得到快速发展，对社会环保节能贡献度不断提高。这离不开政府法律法规的约束，离不开零售业自身对环保的重视，更离不开消费者对低碳消费和对低碳生活方式的支持。本研究在调查中发现，零售企业的主要耗能除了日常经营所需的能源外，人为造成的浪费也不可忽视。很多超市中，蔬菜、水果、熟食等剩余食品的浪费成为浪费的主要来源，大部分的销售人员认为，除了由于这些商品本身保质期较短、商家对商品销售数量估计有误造成了这种浪费外，消费者生活奢侈，只顾自己享受，乱扔食物的购物习惯也是造成浪费的重要原因。因此，对消费者进行绿色消费、低碳消费的教育和宣传显得尤为重要，毕竟消费者是低碳生活的最终践行者。在对消费者进行"低碳消费"的宣传中，政府、零售企业、社会组织等都承担了不同的角色和任务。

1. 政府引领低碳消费方式

"低碳生活"作为一种生活方式，意味着低能量、低消耗、低开支的生活方式。随着首都人民环境保护意识的增强，"低碳"正逐步被社会大众所认同和接受。在这场全民低碳消费潮流中，政府毋庸置疑地成为引领这一新型消费方式的领导者，政府应在践行低碳消费中起到带头示范作用，为低碳、环保、可持续消费方式的推广做出积极努力，戒除炫耀消费、奢侈消费等消费陋习。政府有关部门可以从以下几个方面入手展开工作。

(1) 营造低碳消费文化氛围，培育全民低碳意识

开展低碳消费教育的目的是要重新构建人与自然和谐共处的生态文化，摒弃极力追求炫耀性、奢侈性消费，追求无节制的物质享受，并以此作为生活目的的价值观念。政府可以开展丰富多彩、通俗易懂的活动，有针对性地进行教育引导，影响公众改变不良的社会消费模式、消费观念和消费方式，促使他们接受新的节能技术和产品。可以根据消费者的不同层次，制订不同零售业态的单位能耗使用定额标准和用能支出标准，从消费者看得见的地方入手进行优化治理，让每位消费者都把低碳消费行为变成一种自觉的行动。

(2) 完善政府激励低碳消费的法规政策

一方面，政府要出台政策和法规鼓励企业、公民和社会组织实行低碳消费，如制定奖励措施，对于开发低碳产品、综合利用自然能源、投资低碳生产流程的企业给予支持和鼓励，并在贷款、税收等方面给予优惠政策；另一方面，抑制消费主体的高碳消费方式。

(3) 政府机构带头进行节能减排

政府部门和单位通过早期采用、购买最新先进技术与产品等措施，为其他部门树立榜样。如率先使用节能减排型设备和办公用品，尽可能将办公大楼建设或改造成节能型建筑，制定和实施政府机构能耗使用定额标准和用能支出标准，实施政府内部日常管理的节能细则，制定政府节能采购产品目录，推行政府节能采购。

2. 企业主导低碳消费方式

零售企业是全社会推行低碳消费方式的"桥梁"，零售企业是低碳消费产品的流通主体，是联系低碳性生产和低碳性消费的桥梁。低碳消费方式作为一种新的经济生活方式，给经济发展和企业经营带来新的机遇，只有零售终端提供了低碳节能的消费品，使消费者在商场、超市或其他门店能够购买到低碳商品，能够在购买产品时根据低碳化程度进行选择，才能有更广泛、深入地推行全民低碳消费方式的物质基础保障。同时，零售企业在向消费者推行低碳消费理念，开展低碳消费宣传活动时，应注意遵循"5A"原则，即认知性（Awareness），要提高消费者对低碳消费方式的了解和认识；可行性（Availability），坚持低碳消费方式的实用性和对减少温室气体排放的有效性；可操作性（Accessibility），注重低碳消费方式的可操作性；可承受性（Affordability），即人们对实行低碳消费方式的经济成本可以承受；可接受性（Acceptance），在道德价值和安全可靠等方面要被社会和消费者所接受。

3. 社会组织倡导低碳消费方式

零售行业协会是现代多元治理结构中的重要主体，对促进零售业低碳有不可替代的作用。其分布广且深入社会各阶层，以其自身的布局优势比政府能更广泛、更深入地开展节能减排、低碳经济的宣传教育活动。例如，在提高消费者的关联型节能环保意识方面，虽然全国开始实施了"限塑令"，但无节制地使用塑料袋是多年来人们盛行便利消费最典型的嗜好之一，要使戒除这一嗜好成为人们的自觉行为，单让公众理解"限塑"意义在于遏制白色污染，这只是"单维型"环保科普意识。其实"限塑"的意义还在于节约塑料的来源——石油资源、减排二氧化碳，这是一种"关联型"节能环保意识。社会组织可以作为政府的补充，对消费者进行环保知识的普及，让消费者了解什么是关联型环保意识，引导公众明白"限塑就是节油节能"，同时，引导公众觉悟到"节水也是节能"，即节约城市制水、供水的电能耗，觉悟到改变使用"一次性"用品的消费嗜好与节能、减少碳排放、应对气候变化的关系。

另外，环保组织本身就是一类很重要的社会组织，这说明社会组织会更易于接受低碳消费的理念，并且积极实践、热忱推广。零售业可以连同这些社会组织，义不容辞地为政府承担起教育和宣传低碳消费的责任，可以定期邀请相关专家组建低碳消费宣讲团，深入社区、市场、企业、学校、机关等进行低碳消费专题讲座，培养消费者树立科学、合理、健康、文明的消费理念。编写低碳消费宣传手册发放给消费者，提高低碳消费意识和能力，及时听取企业和消费者在技术革新、降低能耗以及日常消费中实践低碳消费方面的好的意见和建议，为政府制订发展低碳经济、倡导低碳消费等方面的决策提供科学参考。

4. 开展丰富多样的"低碳"活动

通过开展低碳生活宣传教育活动，增强公众对低碳生活的认识，倡导公众积极行动起来，共同为保护环境做贡献。在开展低碳环保宣传活动，促进社会环保意识方面，零售业可以发挥极大的作用。一方面，可以利用零售业贴近消费者的特点，开展形式多样的"低碳"活动，还可以利用社区店、便利店广泛的网络覆盖优势开展收旧售新，饮料瓶、电池回收等延伸服务，引导消费者的环保意识和循环消费理念；另一方面，通过引领供应商关注减少包装、减少供应环节、降低供应成本，从源头开始节约资源，建设低碳环保的绿色供应链。

（三）零售企业实施"低碳"经营

1. 提高管理者的"低碳"经营观

自2007年商务部号召零售业开展节能行动以来，节能环保就被明确为零售企业的一种责任。随着社会对环保问题重视程度的加深，零售企业原有的环保行为，如限塑、节电、节水等已经不能再被视为发自公益之心，而应该被视为企业必须从事的经营行为，零售企业本就应该在这样一条更加环保的轨道上运营。对零售企业而言，环保不再仅仅是自己消耗了多少能源、排出了多少污水废气，而是要净化整个流通过程，尽可能地减少碳排放，经营更多具有环保特质的商品，对消费者进行绿色教育，甚至要重视生产者延伸责任（EPR）。首都零售业的飞速发展带来了经济的高增长，但经济发展到一定高度的时候，则会越来越重视环境和可持续发展。其实，零售业的发展和低碳并不矛盾，越是在发展中注意环境的发展，越会促进零售业经济的持续高增长，两者应该是一种和谐的关系。作为零售企业的管理者，需要深刻认识到这一点，应该树立低碳环保的理念，同时也承担一定的社会责任,通过管理创新更有效地配置资源,更有效地进行制度设计,通过技术创新把碳排放做得更好。

2. 企业设立节能减排目标

"节约一度电＝实现100元销售"已经成为超市提高利润水平的共识,零售企业开展"低碳"经营的最首要举措就是节能减排。每一个零售企业要根据商务部下发的零售业节能降耗的相关规定和北京市商务委对零售业节能减排工作的相关部署,加强能耗的统计分析和成本核算,制定节能目标和措施,加强节能耗考核,加强员工节能减排培训,将节能减排目标的实现责任到人,总结推广先进节能措施和管理方法。如制定夏季用电高峰的限电方案,根据客流量实施照明、电梯等启闭;为各品牌商安装磁卡电表,实行分户计量核算;将用电用水量与耗能单位的经营成本挂钩,签订耗能责任书;建立日常巡查制度,发现跑、冒、滴、漏现象立即通知维修人员;与物资回收公司合作,并设专人负责回收废旧物资。

3. 打造绿色供应链和配送系统

绿色供应链的实施过程包括绿色材料选择、绿色采购、绿色生产计划、绿色包装、绿色仓储、绿色运输、绿色分销和回收处理等,将这些过程有效集成,发挥整体最优化效益,才能在真正意义上实现绿色供应链。在打造绿色供应链的过程中,毋庸置疑地要用到先进的信息技术,包括信息集成技术和信息交换技术,但除了要建立强大的数据库和统一的数据传输格式,利用电子数据交换技术实现各节点企业内、外部数据的信息集成与交换,更需要零售企业与其供应商从供应模式上入手,探索更便捷、更迅速、反应速度更快的零供模式。同时,零售企业还要对自身的配送系统进行改善,提高配送效率、减少配送成本。

(1) 打造绿色供应链

来自国际碳信托研究机构的一项调查显示,一罐普通的可乐饮料,其在销售环节中所消耗的碳比它在原材料采集、制造、顾客使用和弃置、再循环过程中所耗费的碳还要多出几倍。由此可见,控制供应链各个环节上的碳排放量十分必要。在建设绿色供应链方面,一些大型零售企业可以借鉴沃尔玛、特易购这样的国际零售巨头的经验,如沃尔玛全球经营的战略是通过绿色供应链运营,强化与供货商、环保组织和供应链各个环节之间的密切合作,促使沃尔玛的经营活动对全球环境的负面影响降到最低限度。但是,对一些中小零售企业来说,他们的渠道控制权较弱,没有这样的经济实力进行全球采购甚至对供应商进行优化管理,但中小型零售企业可以充分利用其深入社区的地理位置优势,抓住本地区居民日常消费的特点,与生鲜食品、果蔬等快速消费品的生产制造商直接联系,缩短供应渠道,从价格和时间上寻找自己的优势。目前,很多超市采取的农超对接的方法就非常值得借鉴。

(2) 建立高效配送系统

零售企业作为渠道的终端，虽然其供应链的耗能大多都集中于从上游供应商到零售商之间，但商品从零售商到消费者过程中的耗能和碳排放往往被忽视。对零售企业来说，大多是消费者亲自到商场超市购物，除了一些特殊的耐用消费品需要送货上门外，零售企业本身所承担的配送费用并不多，但如果从碳排放的角度考虑，商品从零售企业销售到消费者手中的整个过程，包括人员配备、环境改善、结算方法、送货线路，甚至是消费者的购物出行方式都会耗费大量能源。零售企业有责任将这一过程进行整合，计算好存储、配货、配装、配送等各个环节的耗能情况，按照人口比例建立的物流中心，设计出高效的配送流程，以及与供应商建立联合配送体系，尽量减少配送环节，缩短配送里程，通过选择绿色交通工具，实现低碳物流、低碳配送。

4. 增设网络零售店

随着互联网在日常生活中的不断渗透，人们对网上购物越发热衷。网购这种全新的购物方式不仅提高了消费者对商品信息的掌握程度、增加了消费者的购物乐趣，而且节约时间、出行等购物成本，在很多方面减少了资源损耗。成熟的电子商务技术和市场运营使网上购物市场在近5年为众多行业所关注，不但吸引了越来越多的传统零售商、品牌生产商，同时大批的网购消费者也被培育起来，而这些喜欢网购的年轻消费者也正是低碳生活形态的主体。因此，网络零售是实现零售业低碳发展的最有效途径之一。

商品销售模式总是不同程度地与资源消耗和污染排放联系在一起，作为低碳经济环境下的一种节能零售模式，网络零售无论对商品储藏还是运输都比实体店铺销售的碳排放更低。网络零售不仅节省了房租、商品陈列、购物环境维持等基本的实体门店维护费用，还通过集中配送避免了消费者购物出行产生的二氧化碳。例如，定位在"家庭生活综合购物服务网上商城"的网上零售巨头是一家叫"1号店"的企业，其商品涵盖食品饮料、家具家电、手机数码、母婴玩具、办公用品等十大类，在线销售的产品超过6万种，而一个大型实体超市所销售的产品通常不超过25000种。通过网络化的陈列商品，消费者可以看到商品实物图片展示、说明、介绍、还能看到其他消费者的使用评价，不用出门，大量的日常生活用品，甚至是家电、家具这样的耐用消费品都会直接送到家。自2008年7月网站上线以来，1号店以每月不低于30%的速度增长，销售额第一年增长了27倍，第二年增长了16倍，被业界誉为"发展最快的电子商务公司"。1号店惊人的增长速度充分说明网络零售是大型零售业环保、绿色、低碳发展趋势的深度解读和超前实践。

5. 加强节能从细节做起

"便利"是现代商业营销和消费生活中流行的价值观,不少便利消费方式在人们的不经意中浪费着巨大的能源。例如,据制冷技术专家估算,超市电耗70%用于冷柜,而敞开式冷柜电耗比玻璃门冰柜高出20%。由此推算,一家中型超市敞开式冷柜一年多耗约4.8万度电,相当于多耗约19吨标准煤,多排放约48吨二氧化碳,多耗约19万升净水。因此,零售企业的节能应从日常经营的点滴做起。

对百货商店来说,可采取的节能措施主要有以下几方面。一是针对门店照明节电更换高效照明系统,按照营业峰谷时间、自然光强弱自动调整照明系统的使用。二是针对展示用电,控制展示产品轮流开机或不开机。三是针对公司运营用电,推广使用变频电梯、变频空调,推广使用自动门减少冷气或暖气外泄,午餐和下班时间切断一切不必要的供电等。四是节水,可将公共卫生间的洗手池水龙头和洁具全部改为感应式节水器具。回收洗手水、洗澡水和中央空调冷却水,经生化处理后冲洗卫生间的洁具,减少热能消耗,降低热供水系统的水温。五是推广网络办公和视频会议系统,减少纸张使用,采用双面打印等。对超市来说,可采用的节能减排管理措施有:在客流少的时候关闭部分顶灯;日间关闭停车场照明灯;禁止频繁开关冷库冰柜;给冷库加门帘、给冰柜加拉门;根据季节、天气情况,合理调整空调开关时间;根据商品品种和销售面积,核定每个销售柜台的额定耗电量,装上电表,超过部分由柜台自付等。

零售业在首都经济发展中的地位日渐重要,坚持低碳发展不仅是首都零售业转变经济增长模式、实现可持续发展的必由之路,更是为推进"人文北京、科技北京、绿色北京"而做出的不懈努力。零售业"低碳"不仅仅是零售行业自身的环保行为,还是对全社会树立低碳意识、实践低碳发展的最好诠释。

第八章 首都农村现代零售业发展问题研究

一、首都农村现代零售业发展现状

(一)首都农村社会消费品零售额的变化状况

1. 全市农村地区的社会消费品零售额基本保持逐年增长趋势

1978年以来除个别年份外,北京市农村地区的社会消费品零售额基本保持逐年增长之势(见表8-1和图8-1),2009年达到633.4亿元,比1978年的4.4亿元增加了近143倍,年均增速超过10%,达到17.39%,略高于同期全市社会消费品零售额年均增速水平(为16.7%)和同期市区社会消费品零售额的年均增速水平(为17.13%)。

全市农村地区的社会消费品零售额在1996年年末大幅跨过100亿元整数关口,比1995年骤增了1倍多;1999年年末再上一新台阶,突破了200亿元整数关口,比1995年增加了1.38倍;2002年年末又跨上新的台阶,突破了300亿元整数关口;2006年年末越过400亿元整数关口;2008年年末、2009年年末分别突破500亿元、600亿元的整数关口;2010年年末全市农村地区的社会消费品零售额达到700亿元以上。

2. 全市农村地区社会消费品零售额的年增速近十年来明显变缓

进入21世纪以来,全市农村地区的社会消费品零售额除2004年减少了9.31%以外(这与北京市行政区划的调整、城镇化建设导致农村范围的缩小有一定的关系),其余年份也均为逐年增长,但年增速明显低于20世纪80年代中期至90年代中期的平均水平。1995年年末全市农村地区的社会消费品零售额比1985年年末增长了6倍多,年均增速高达21.51%,而2009年年末仅比2000年年末增长了1.6倍,年均增速为11.19%。这一点从表8-1和图8-1中也不难看出。2000年以来,全市农村地区社会消费品零售额的年增速虽然基本保持在两位数以上,但除2005年和2008年超过了1978—2009年的年均增速水平外(2005年达到21.19%),其余年份均未超过14%,明显低于1978—2009年的年均增速水平。

第八章 首都农村现代零售业发展问题研究

表 8-1　　1978—2009 年北京市农村地区的社会消费品零售额及增速

年份	1978	1979	1980	1981	1982	1983	1984	1985	1986	1987	1988
零售额（亿元）	4.4	4.9	5.6	6.1	6.8	8.0	10.6	13.2	13.4	15.7	19.8
增速（%）	—	11.36	14.29	8.93	11.48	17.65	32.50	24.53	1.52	17.16	26.11
年份	1989	1990	1991	1992	1993	1994	1995	1996	1997	1998	1999
零售额（亿元）	22.3	22.1	26.5	33.6	46.3	59.0	92.6	188.0	178.1	190.4	220.2
增速（%）	12.63	−0.90	19.91	26.79	37.80	27.43	56.95	103.02	−5.27	6.91	15.65
年份	2000	2001	2002	2003	2004	2005	2006	2007	2008	2009	
零售额（亿元）	243.9	275.4	312.9	350.2	317.6	384.9	420.3	472.5	556.3	633.4	
增速（%）	10.76	12.92	13.62	11.92	−9.31	21.19	9.20	12.42	17.74	13.86	

注：(1) 本表中的"零售额"数据是统计年鉴中"按地区分"的"县以下"零售额数据，不包括"县"一级的零售额数据；

(2) 1978—2003 年社会消费品零售额按 2004 年第一次经济普查数据进行了修订，2004 年为第一次经济普查数据，2005—2007 年数据按第二次经济普查进行了修订，2008 年数据为第二次经济普查数据，全文同。

数据来源：根据北京市统计局、国家统计局北京调查总队，《北京统计年鉴 2010》，中国统计出版社 2010 年版中的相关数据整理、计算所得。

图 8-1　1978—2009 年北京市农村地区的社会消费品零售额及增速

(二) 首都农村社会消费品零售额所占比重的变化状况

全市社会消费品零售额中农村地区所占的比重近十年虽呈下降趋势，但仍在一成以上。1978 年以来，全市社会消费品零售额中农村地区所占比重的变化（见表 8-2 和图 8-2）可以分为两大阶段：1978—1995 年为第一阶段，1996 年至今为第二阶段。

表 8-2　1978—2009 年北京市社会消费品零售额中农村地区所占比重　　单位：%

年份	1978	1979	1980	1981	1982	1983	1984	1985	1986	1987	1988
所占比重	9.95	9.19	8.92	8.63	9.02	9.26	10.02	9.82	8.65	8.31	7.73
年份	1989	1990	1991	1992	1993	1994	1995	1996	1997	1998	1999
所占比重	7.56	6.40	6.49	6.68	7.58	7.70	9.74	17.71	14.74	13.86	14.59
年份	2000	2001	2002	2003	2004	2005	2006	2007	2008	2009	
所占比重	14.70	15.04	15.60	15.25	12.09	13.22	12.75	12.32	11.98	11.93	

数据来源：根据北京市统计局、国家统计局北京调查总队，《北京统计年鉴2010》，中国统计出版社2010 年版中的相关数据计算所得。

在第一阶段，全市社会消费品零售额中农村地区所占的比重除 1984 年略超 10%（为 10.02%）外，其余年份均不足 10%，最低（1990 年）仅为 6.4%，这 18 年的均值仅为 8.43%。在这个阶段，农村地区所占的比重总体呈 "W" 形走势：从 1978 年的 9.95% 逐年下降至 1981 年的 8.63%，连创 1978 年后的历史新低；从 1982 年开始连续三年回升，到 1984 年创出 1978 年后的历史新高；从 1985 年开始连续 6 年下降，并从 1987 年开始连续 4 年不断创下 1978 年后的历史新低，且在 1988 年降至不足 8%，1990 年降至 7% 以下；从 1991 年开始止跌回升，连升 5 年，到 1995 年时回升至接近 1978 年后的前期历史高位水平，达到 9.74%。

在第二阶段，农村地区所占的比重除 2008—2009 年略低于 12% 以外，其余年份均超过 12%，最高（1996 年）达到 17.71%，这 14 年的均值为 13.98%。在这个阶段，农村地区所占的比重总体呈倒 "N" 形下降走势：从 1996 年的历史最高值 17.71% 逐年下降至 1998 年的 13.86%，然后连续 4 年回升；2002 年回升至历史次高值后，排除因行政区划调整等原因而造成大幅下降的 2004 年，则基本呈逐年下降走势。

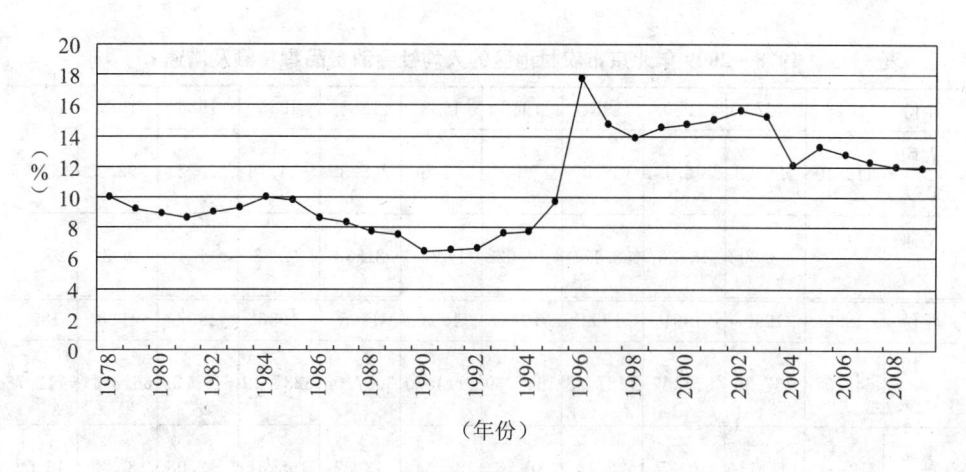

图 8-2 1978—2009 年北京市社会消费品零售额中农村地区所占比重

(三) 首都农村人均社会消费品零售额占人均年纯收入比重的变化状况

1. 全市农村地区的人均社会消费品零售额基本呈逐年上升走势

1978—2009 年,全市农村地区常住人口的人均社会消费品零售额除个别年份外,基本呈逐年上升趋势(见表 8-3 和图 8-3),从 1978 年的 112 余元上升至 2009 年的 24000 余元,共增加了近 214 倍。年均增速超过 10%,高达 18.91%,超出同期全市常住人口的人均社会消费品零售额年均增速水平(为 14.1%)达 4.8 个百分点。

具体来看,全市农村地区常住人口的人均社会消费品零售额在 1992 年年末跨过了 1000 元台阶,是 1978 年的 10 倍多;1994 年年末和 1995 年年末分别跨过 2000 元和 3000 元台阶,仅用 2 年多的时间就翻了一番;1996 年年末大幅越过 5000 元整数关口,比 1995 年增加了 105.31%;2002 年年末首次突破 10000 元整数关口;2005 年年末首次跨过 15000 元整数关口;2008 年年末首次突破 20000 元整数关口,比 2002 年年末增加了 112.04%;2010 年年末跨过 25000 元的整数关口。

2. 全市农村地区的人均社会消费品零售额近十年的年均增速略有下降但趋于稳定

从年增速来看(见表 8-3 和图 8-3),排除个别异常的年份外,1979—1983 年的年增速基本保持在 10% 以上,年均增速水平为 12.67%,低于 1978—2009 年的年均增速水平达 6.2 个多百分点,是后者的 2/3。

表8-3 1978—2009年北京市农村地区的人均社会消费品零售额及增速

年份	1978	1979	1980	1981	1982	1983	1984	1985	1986	1987	1988
人均（元/人）	112.10	126.68	146.14	158.07	173.91	203.56	268.35	334.18	329.24	382.93	481.75
增速（%）	—	13.00	15.36	8.17	10.02	17.05	31.83	24.53	−1.48	16.31	25.81
年份	1989	1990	1991	1992	1993	1994	1995	1996	1997	1998	1999
人均（元/人）	542.58	767.36	926.57	1187.28	1647.69	2114.70	3037.06	6235.49	6105.59	6613.41	7712.78
增速（%）	12.63	41.43	20.75	28.14	38.78	28.34	43.62	105.31	−2.08	8.32	16.62
年份	2000	2001	2002	2003	2004	2005	2006	2007	2008	2009	
人均（元/人）	7965.38	9062.19	10252.29	11478.20	10396.07	15279.87	16968.11	18668.51	21738.96	24065.35	
增速（%）	3.28	13.77	13.13	11.96	−9.43	46.98	11.05	10.02	16.45	10.70	

注：本表中的"人均"数据是根据统计年鉴中"按地区分"的"县以下"社会消费品零售额数据和"常住人口"中的"乡村人口"数据计算所得。

数据来源：根据北京市统计局、国家统计局北京调查总队，《北京统计年鉴2010》，中国统计出版社2010年版中的相关数据计算所得。

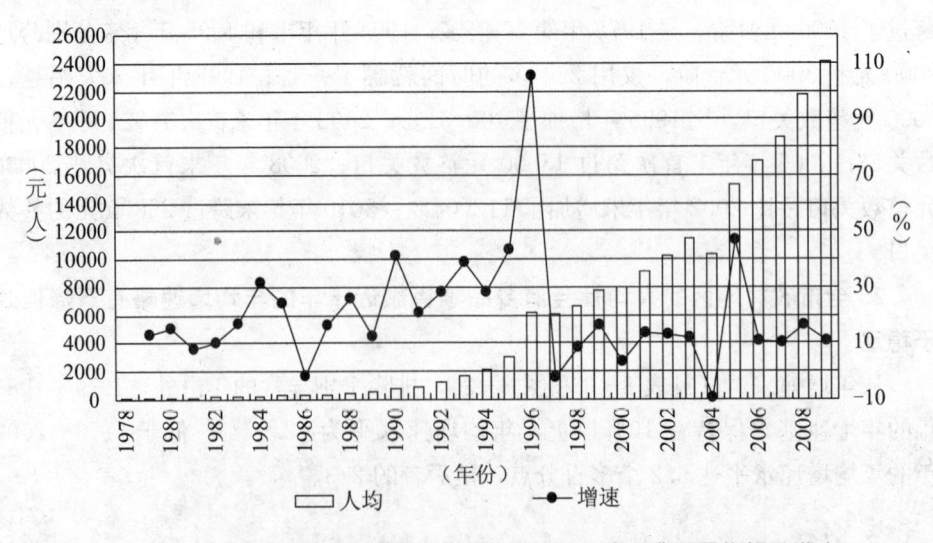

图8-3 1978—2009年北京市农村地区的人均社会消费品零售额及增速

1984—1995年的年增速基本保持在一个较高的历史水平上，除1986年为负值、1987年不足17%、1989年不足13%外，其余9年中有5年超过了20%、有2年超过了30%、还有两年超过了40%。这12年的年均增速水平高达25.26%，不仅是1979—1983年年均增速水平的近2倍，而且高出1978—2009年的年均增速水平达6.35个百分点，比后者高出1/3。

但在1998—2009年，年增速水平基本保持在10%左右，其中，2005年的增速接近47%，而2004年的增速由正转负、接近-10%，2000年仅达到了3%、1998年不足9%，另有2年略超过10%、有2年达到了11%、有2年达到了13%、还有2年达到了16%。这12年的年均增速水平虽然也超过了10%，达到了12.11%，但不仅低于1978—2009年的年均增速水平达6.8个百分点，也比1979—1983年的年均增速水平低0.56个百分点，更低于1984—1995年的年均增速水平达13.15个百分点（不足后者的1/2）。

因此，进入21世纪以后，全市农村地区常住人口的人均社会消费品零售额除个别年份虽也呈逐年上升走势外，但年均增速水平不仅低于改革开放30余年来的平均水平，而且在三个时间段中处于最低水平，只是年增速趋于稳定，波动幅度低于历史前期水平。

二、首都农村居民消费者分析

(一) 农村居民的家庭户规模状况

1. 二人户和三人户所占比重各超1/4，一人户、二人户比例上升明显，四人户、五人户级以上比例下降

从表8-4和图8-4可以看出，2009—2011年，北京市农村居民的家庭户规模中，三人户和二人户所占比重一直居前，均超过1/4，两者之间的差距值在加大，而其他三种类型所占比重明显低于前二者所占比重，在10%～20%变化，一人户比例在逐渐上升，四人户、五人户及以上比例逐渐降低，到2011年，五人户及以上比例下降到最低10.8%。

具体来看，二人户所占比重从2009年的25.1%大幅上升至2010年的29%，2011年为31.8%，总体呈上升走势，期间共升了6.7个百分点。年度排名从2009年的第2位曾上升至2010年、2011年的首位，且三年的均值位居首位。

三人户所占重比从2009年的26.9%逐年降至2010年的26.4%、2011年的25.7%，期间共降低了1.2个百分点。但年度排名靠前，2009年位居首位，2010年和2011年均位居第3位，三年的均值位居第2位。

一人户所占比重从2009年的14.9%大幅上升至2010年的18.7%，2011年微升至18.8%,总体呈上升走势,期间共上升了3.9个百分点。年度排名除2009年位居第4位外,2010年、2011年均位居第3位,且三年的均值也位居第3位。

三人户和二人户两者所占比重之和超过1/2,且呈连年上升趋势,从2009年的52%上升至2010年的55.4%,2011年为57.5%,三年共上升了5.5个百分点。

四人户所占比重降幅明显,从2009年的16.9%逐年降至2010年的14.2%、2011年的12.9%,期间共降低了4个百分点。年度排名除2009年位居中间的第3位外,2010年、2011年均居第4位,且三年的均值也位居第4位。

五人及以上户所占比重从2009年的16.2%大幅降至2010年的11.7%,降低了4.5个百分点,降幅为27.7%,2011年又继续降低至10.8%,总体呈下降走势,期间共降低了5.4个百分点。年度排名除2009年曾位居第4位外,2010年、2011年均位居末位,且三年的均值也位居末位。

表8-4　　2009—2011年北京市农村家庭户规模所占比重　　单位:%

年份	一人户	二人户	三人户	四人户	五人及以上户
2011	18.8	31.8	25.7	12.9	10.8
2010	18.7	29.0	26.4	14.2	11.7
2009	14.9	25.1	26.9	16.9	16.2
三年平均值	17.5	28.6	26.3	14.7	12.9

数据来源:根据北京市统计局、国家统计局北京调查总队,《北京统计年鉴》,中国统计出版社2010—2012年版中的相关数据整理、计算所得。

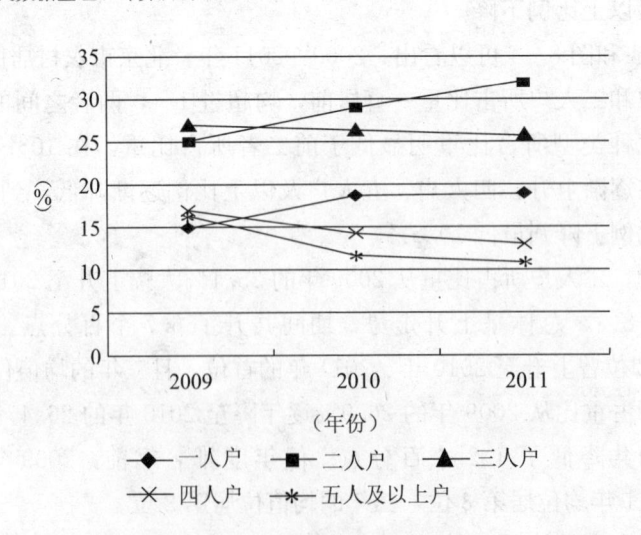

图8-4　2009—2011年北京市农村家庭户规模所占比重

综上所述，2009—2011 年，北京市农村居民家庭户规模中，一人户、二人户和三人户所占比重之和超过 60%，其中一人户、二人户比例上升明显；三人户比例微幅降低；四人户所占比重呈逐年下降趋势；五人户及以上所占比重下降最多。

因此，随着我国经济社会的发展和转型，北京市农村居民家庭户规模中丁克家庭、核心家庭开始成为社会细胞的主流，家族、大家庭逐渐减少，从过去常见的三代同堂甚至四代同堂过渡到两代同堂甚至二人世界。家庭核心从传统的父子（女）向夫妻转移，个人对亲属的依赖、亲属对个人的制约作用减少，个人的独立自主性加强，家庭本位向个人本位转移。家庭人口减少，劳务需求增加，家庭消费呈现出多样化、层次化、个性化的趋势。

2. 农村居民的家庭户平均规模仍大于城镇居民的家庭户平均规模

2009—2011 年，与城镇居民的家庭户规模相比，北京市农村居民的家庭户规模中，一人户、三人户所占比重均低于同期前者 3 个百分点以上，最多相差近 7 个百分点，而二人户比例在逐年接近，2011 年超过同期前者 1.3 个百分点，四人户、五人及以上户所占比重均高于前者 3 个百分点以上，最多时相差 9.4 个百分点（见表 8-5）。

具体来看，2009—2011 年北京市农村居民的家庭户规模中，一人户所占比重分别比同期城镇低 3.7 个、7 个和 4.4 个百分点，三年的平均值比同期城镇低 5 个百分点。

2009—2010 年北京市农村居民的家庭户规模中，二人户所占比重分别比同期城镇低 6.0 个和 1.4 个百分点，2011 年比同期城镇高 1.3 个百分点，三年的平均值比同期城镇低 5.3 个百分点。

2009—2011 年北京市农村居民的家庭户规模中，三人户所占比重分别比同期城镇低 6.6 个、3.1 个和 5.1 个百分点，三年的平均值比同期城镇低 5.0 个百分点。

2009—2011 年北京市农村居民的家庭户规模中，四人户所占比重分别比同期城镇高 6.9 个、5.6 个和 3.8 个百分点，三年的平均值比同期城镇高 5.5 个百分点。

2009—2011 年北京市农村居民的家庭户规模中，五人及以上户所占比重分别比同期城镇高 9.4 个、5.9 个和 4.4 个百分点，三年的平均值比同期城镇高 6.6 个百分点。

因此，近些年来北京市农村居民的家庭户规模与城镇居民的家庭户规模整体上在接近，但农村居民的家庭户平均规模仍大于城镇居民的家庭户平均规模。农村居民家庭与城镇家庭在消费水平、消费习惯与消费偏好等方面仍存在差别。

表8-5　　　　2009—2011年北京市城乡家庭户规模所占比重　　　　单位：%

年份	类别	一人户	二人户	三人户	四人户	五人及以上户
2011	城镇	23.2	30.5	30.8	9.1	6.4
	乡村	18.8	31.8	25.7	12.9	10.8
2010	城镇	25.7	30.4	29.5	8.6	5.8
	乡村	18.7	29.0	26.4	14.2	11.7
2009	城镇	18.6	31.1	33.5	10.0	6.8
	乡村	14.9	25.1	26.9	16.9	16.2
三年平均值	城镇	22.5	30.7	31.3	9.2	6.3
	乡村	17.5	28.6	26.3	14.7	12.9

数据来源：根据北京市统计局、国家统计局北京调查总队，《北京统计年鉴》，中国统计出版社2010—2012年版中的相关数据整理、计算所得。

（二）农村居民家庭的人均纯收入状况

1. 农村居民的人均年纯收入呈逐年增长走势，但年均实际增速不足一成

从表8-6和图8-5可以看出，在2002—2011年，北京市农村居民的人均年纯收入呈逐年增长走势，从2002年的5880元逐年增长到2011年的14736元，共增长了8856元，总增幅为50.61%，年均名义增速为10.81%，但扣除价格因素后的实际年均增速不到10%，只有9.36%。

具体来看，北京市农村居民的人均年纯收入在2003年首次突破6000元整数关口，比2002年增长了616元，名义增速为10.47%。2003—2005年农村居民的人均年纯收入分别比上一年增长了616元、676元和688元，名义年增速分别比上一年增长了10.48%、10.4%和9.59%。2006—2011年农村居民的人均年纯收入分别比上一年增长了760元、939元、1188元、1239元、1276和1474元，名义年增速分别比上一年增长了9.67%、10.89%、12.43%、11.52%、10.64%和11.11%，实际增速分别为8.7%、8.2%、6.5%、13.4%、8.1%和7.6%，另外，农村居民的人均年纯收入在2009年时就比2002年翻了一番，在2008年首次突破10000万元整数大关。2011年农村居民的人均年纯收入比2005年翻了一番，比上一年增长了1474元，名义年增速回落至11.11%。

因此，2002—2011年，北京市农村居民的人均年纯收入每年的增长幅度呈

"W"形走势：从 2002 年的 12.3% 慢慢回落到 2008 年的 6.5%，再上升到 2009 年的 13.4%，2010 年、2011 年平均在 8% 左右。

表 8-6　　2002—2011 年北京市城乡居民家庭人均年收入及其差距

年份	2002	2003	2004	2005	2006	2007	2008	2009	2010	2011
城镇居民人均年可支配收入（元）	12464	13883	15638	17653	19978	21989	24725	26738	29073	32903
城镇居民人均年可支配收入扣除价格因素后的实际增速（%）	15.6	11.2	11.5	11.2	12.2	11.2	7.0	9.7	6.2	7.2
农村居民人均年纯收入（元）	5880	6496	7172	7860	8620	9559	10747	11986	13262	14736
农村居民人均年纯收入扣除价格因素后实际增速（%）	12.3	11.5	9.2	8.1	8.7	8.2	6.5	13.4	8.1	7.6
城乡居民人均年收入之差（元）	6584	7386	8466	9793	11358	12430	13978	14752	15811	18167
城乡居民人均年收入之比	2.12:1	2.14:1	2.18:1	2.25:1	2.32:1	2.30:1	2.30:1	2.23:1	2.19:1	2.23:1

数据来源：根据北京市统计局、国家统计局北京调查总队，《北京统计年鉴 2012》，中国统计出版社 2012 年版中的相关数据整理、计算所得。

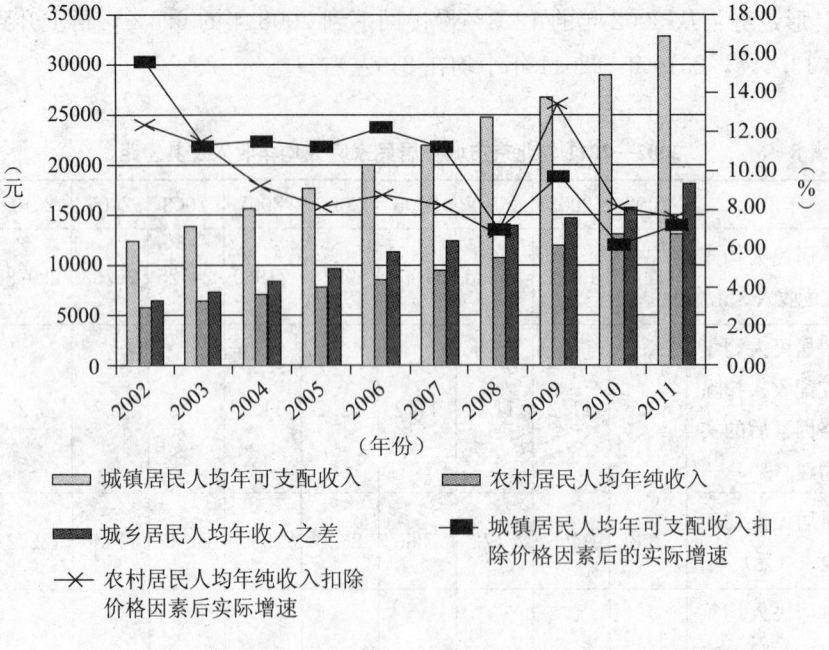

图 8-5 2002—2011 年北京市城乡居民家庭人均年收入及其差距

2. 农村居民的人均年纯收入不足同期城镇居民人均年可支配收入的一半，但 2009 年后实际增速超过前者

从表 8-6 和图 8-5 可以看出，2002—2011 年，随着社会经济的发展，北京市城乡居民的人均收入水平均呈逐年增长走势，但同期城乡居民之间的收入差距也呈逐年扩大的走势。与同期城镇居民的人均年可支配收入相比，农村居民的人均年纯收入水平不到前者的一半，但 2009 年以后扣除价格因素后的实际年增速水平高于前者。

具体来看，2002—2011 年，北京市城镇居民的人均年可支配收入从 2002 年的 12464 元逐年增长到 2011 年的 32903 元，共增长了 20439 元，总增幅为 163.98%，年均名义增速为 11.02%，略高于同期农村居民人均年纯收入的年均名义增速水平（10.82%）。扣除价格因素后的实际年均增速超过 10%，为 10.3%，高出同期农村居民人均年纯收入的实际年均增速水平达 0.9 个百分点。

从扣除价格因素后的实际年增速水平来看，2002—2011 年，北京市农村居民人均年纯收入的实际年增速水平在 2009 年之前（除去 2003 年）一直低于城镇居民人均年可支配收入，最大差距为 3.5 个百分点，但从 2009 年开始高于同期城镇居民人均年可支配收入的实际年增速水平（分别高出后者 3.7 个、1.9 个、0.4 个百分点）。

2002—2011年，北京市农村居民的人均年纯收入与同期城镇居民的人均年可支配收入之差呈逐年扩大走势：从2002年的6854元逐年扩大到2011年的18167元，并且每年的差距均再上一个1000元甚至2000元级别的阶梯。北京市城镇居民的人均年可支配收入与同期农村居民的人均年纯收入之比呈"先升后降"的走势。但波动幅度不大，最高为2.32∶1（2006年），最低为2.12∶1（2002年）。

北京市城镇居民的人均年可支配收入在2003年就已跨上了12000元的台阶，而农村居民的人均年纯收入在2010年才跨上13000元的台阶，与前者存在7年的差距。从2009年后农村居民人均年村收入增速水平略高于城镇居民的人均可支配收入，但城乡居民人均年收入的差距仍在加大，因而可以推断出农村居民的人均年纯收入水平与城镇居民的人均年可支配收入水平的在时间上的差距会越来越大。

（三）农村居民家庭的人均消费性支出状况

1. 人均年生活消费支出呈逐年上升走势，年均增速超过一成，占人均年纯收入的比重达七成

2002—2011年，北京市农村居民家庭的人均年生活消费支出呈逐年上升走势（见表8-7和图8-6），从2002年的4206元逐年上升至2011年的11078元，共增长了6872元，总增幅为63.38%，年均增速为11.14%，略高于同期北京市农村居民家庭人均年纯收入的年均名义增速水平（为10.82%）。

其中，2004年北京市农村居民家庭人均年生活消费支出的年增速创2000年后的历史最低水平，不足5%，且不到2003年的一半。但2009年北京市农村居民家庭人均年生活消费支出的年增速则创2000年后的历史最高水平，接近20%，比2008年上升了近7.3个百分点，也高于2002—2011年的年均增速水平达8.2个百分点，这表明2009年政府所为扩大内需、刺激消费而大力推行的"家电下乡"等措施对农村居民消费水平的提升起到了明显的作用。

另外，2002—2011年北京市农村居民家庭的人均年生活消费支出占当年人均年纯收入的比重在2009年后明显增加，从2008年以前的70%左右上升为2009—2011年的75.5%。

具体来看，北京市农村居民家庭的人均年生活消费支出占当年人均年纯收入的比重从2002年的71.53%逐年下降，2004年时降至七成以下（也是2000—2011年唯一不足七成的一年），为68.13%，低于2000—2011年均值水平4个百分点。而从2005年起所占比重则重新回升至七成以上，并基本呈逐年上升走势。2009年所占比重创出2000年来的历史新高，比2008年上升了5个百分点，也创出2000年来的最大升降幅度。这从另一个侧面也印证了2009年政府为扩大内需、刺激消费而大力推行的"家电下乡"等措施对农村居民消费水平的提升起到了明显的作用,并且此后两年作用还在持续,比重维持在75%以上。

表8-7　　2002—2011年北京市农村居民家庭人均年生活消费支出

年份	2002	2003	2004	2005	2006	2007	2008	2009	2010	2011
人均年生活消费支出（元/人）	4206.0	4655.3	4886.4	5515.0	6061.0	6828.0	7656.0	9141.0	10109.0	11078.0
增速（%）	8.64	10.68	4.96	12.86	9.90	12.65	12.13	19.40	10.58	9.58
占人均年纯收入的比重（%）	71.53	71.66	68.13	70.17	70.31	71.43	71.24	76.26	76.22	75.15

数据来源：根据北京市统计局、国家统计局北京调查总队,《北京统计年鉴2012》,中国统计出版社2012年版中的相关数据整理、计算所得。

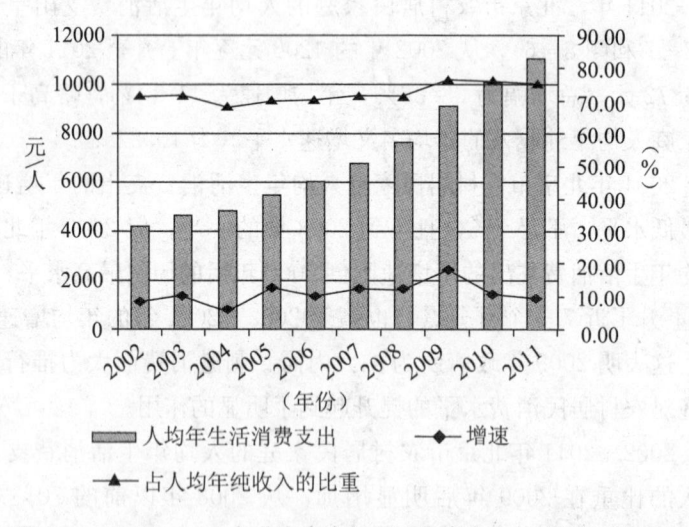

图8-6　2002—2011年北京市农村居民家庭人均年生活消费支出

2. 食品方面的支出占比位居首位且基本稳定在三成以上,居住方面的支出占比位居第二且达1/6左右,而其他商品及服务方面的支出占比最低仅在2个百分点左右

2002—2011年,在北京市农村居民家庭的人均年生活消费支出构成中（见

表8-8和图8-7),用于食品方面的支出所占比重(通常所称的恩格尔系数)一直位居首位,一直超过三成并且基本上是当年位居第2位(用于居住方面的支出)的1.5倍左右,最高为2008年的34.34%,最低为2010年的30.87%。这10年的均值水平为32.41%,也位居10年均值的首位,且是位居10年均值第2位的1.78倍。从走势来看,食品方面的支出所占比重除2008年外一直在31%~33%的区间窄幅波动,2008年为最高的34.34%。

2002—2011年,在北京市农村居民家庭的人均年生活消费支出构成中(见表8-8和图8-7),衣着方面的支出所占比重一直在7%~8%的区间窄幅波动,最低为2003年的7.11%,最高为2006年的7.87%,波动幅度不足0.8个百分点,这10年的均值水平为7.64%。另外,衣着方面的支出所占比重在2002—2011年一直位列倒数第3位。

2002—2011年,在北京市农村居民家庭的人均年生活消费支出构成中(见表8-8和图8-7),用于居住方面的支出一直位居第2位,其所占比重基本呈"V"形波动走势,先是从2002年的16.98%上升至2003年的19.79%,然后开始逐年回落,在2006年创下了2002年后的历史最低值(为15.64%),此后振荡回升,2011年达到了2002年后的历史次高值,仅比2010年低了0.56个百分点。另外,居住支出所占比重在2002—2011年的均值水平为18.2%。

2002—2011年,在北京市农村居民家庭的人均年生活消费支出构成中(见表8-8和图8-7),家庭设备用品及服务方面的支出所占比重总体呈"W"形下降走势,先是从2002年的6.70%逐年下降至2004年的5.36%(为2000年后的历史最低值),在2005年回升了0.8个百分点后,2006年和2007年又逐年回落但未创2000年后的历史新低,2008年和2009年又逐年回升,2010年降低到5.57%,2011年又回升到6.45%。此外,家庭设备用品及服务方面的支出所占比重在2002—2011年的均值水平为6.07%。同时,用于家庭设备用品及服务方面的支出所占比重在2002—2011年一直位列倒数第2位。

表8-8 2002—2011年北京市农村居民家庭人均年生活消费支出的构成 单位:%

年份	2002	2003	2004	2005	2006	2007	2008	2009	2010	2011
食品	32.97	31.70	32.59	32.77	31.96	32.07	34.34	32.39	30.87	32.43
衣着	7.49	7.11	7.44	7.76	7.87	7.75	7.80	7.66	7.70	7.79
居住	16.98	19.79	17.11	16.21	15.64	17.02	16.86	19.41	21.77	21.21

续 表

年份	2002	2003	2004	2005	2006	2007	2008	2009	2010	2011
家庭设备用品及服务	6.70	5.85	5.36	6.18	6.10	5.70	6.30	6.54	5.57	6.45
医疗保健	8.86	8.31	8.75	9.05	9.83	9.42	9.89	9.45	8.87	9.34
交通和通信	8.43	10.07	11.19	10.99	12.31	12.77	11.59	12.12	13.07	11.08
文教娱乐用品及服务	14.68	15.42	15.77	15.14	14.26	13.21	11.46	10.49	9.72	9.06
其他商品及服务	3.88	1.75	1.80	1.90	2.03	2.07	1.78	1.94	2.39	2.61

数据来源：根据北京市统计局、国家统计局北京调查总队，《北京统计年鉴（2012年）》，中国统计出版社2012年版中的相关数据整理、计算所得。

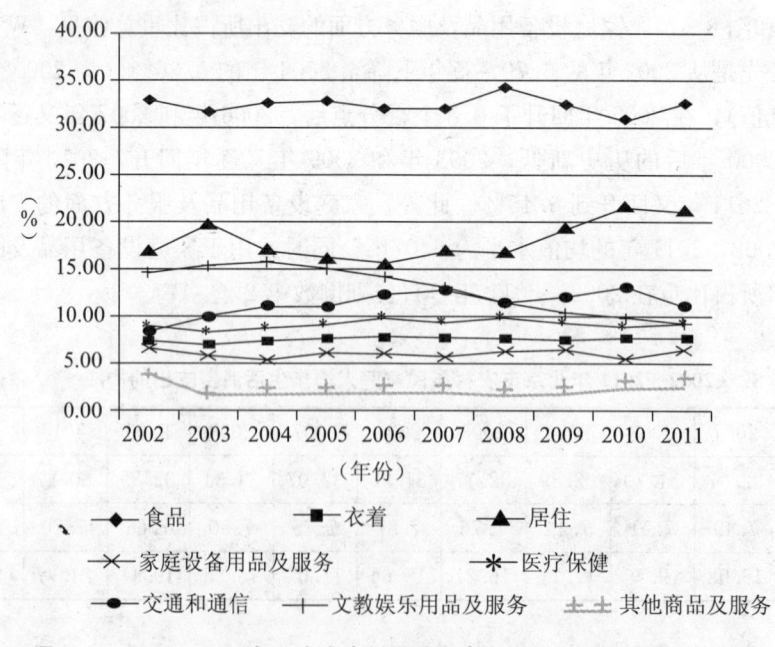

图8-7 2002—2011年北京市农村居民家庭人均年生活消费支出的构成

3. 农村居民的食品支出占比与城镇居民基本相当，衣着支出占比和家庭设备用品及服务占比略低于城镇居民，而居住支出占比则是城镇居民的两倍左右

2002—2011年，与城镇居民家庭的人均年消费性支出构成相比（见表8-9和图8-8），北京市农村居民用于食品方面的支出所占比重（恩格尔系数）相差不大，且两者的走势也基本相同。城镇居民的食品支出所占比重也一直位居首位，均超过三成且基本上是当年位居第2位（2002—2008年为文教娱乐用品及服务的支出、2009—2011年则是交通和通信的支出）的2倍左右，比重最高是在2008年（为33.8%），最低则为2006年的30.8%，这10年的均值水平为32.3%（与农村居民的基本接近），也位居10年均值的首位且接近位居10年均值第2位的2倍水平（为2.02倍）。从走势来看，城镇居民的食品支出所占比重从2002年的33.8%下降到2003年的31.7%，2004—2011年则呈小幅波动走势，波动幅度为3个百分点，这8年的均值为32.2%。

2002—2011年，北京市农村居民在衣着方面的支出所占比重一直低于同期城镇居民1~2个百分点，10年的平均值比城镇居民低1.7个百分点。另外，城镇居民的衣着支出所占比重在2002—2011年基本位列第4~5位，农村居民则比其靠后1~2位。

2002—2011年，北京市城镇居民家庭的在居住方面的支出所占比重除2002—2004年和2010—2011年位列倒数第4位外，其余6年均位居倒数第3位，而同期农村居民用于居住方面的支出则一直位居第2位。另外，城镇居民在居住方面的支出所占比重一直低于9%，2000—2011年的均值仅为8.22%。而同期农村居民在居住方面的支出所占比重一直处于15%~21%，10年的均值高达18.2%，比同期城镇居民的相应值高出9个多百分点，是其2倍以上。

2002—2011年，北京市城镇居民在家庭设备用品及服务方面的支出所占比重总体呈窄幅振荡走势，从2002年的6.2%（为2000年来的历史最低值），直到2011年的7.1%（为2002年后第一次突破7%），2002—2011年的均值为6.62%。而同期农村居民在家庭设备用品及服务方面的支出所占比重则基本比城镇居民的要低一些，除2002年高出0.5个百分点外，其余9年则要低0.3~1.4个百分点。此外，城镇居民在家庭设备用品及服务方面的支出所占比重除2010年和2011年曾位列第3位外，其余8年均位列倒数第2位。因此，不论是城镇居民还是农村居民，在2002—2011年用于家庭设备用品及服务方面的支出所占比重均位列倒数第2位。

表8-9　2002—2011年北京市城镇居民家庭人均年消费性支出的构成　　单位：%

年份	2002	2003	2004	2005	2006	2007	2008	2009	2010	2011
食品	33.8	31.7	32.2	31.8	30.8	32.2	33.8	33.2	32.1	31.4
衣着	8.4	8.2	8.7	8.9	9.7	9.9	9.5	10.0	10.4	10.3
居住	9.0	8.6	8.7	7.9	8.2	8.1	7.8	7.2	7.9	8.8
家庭设备用品及服务	6.2	6.3	6.8	6.4	6.6	6.4	6.7	6.8	6.9	7.1
医疗保健	9.2	8.9	9.7	9.8	8.9	8.4	9.5	7.8	6.7	6.9
交通和通信	12.4	15.2	12.8	14.7	14.7	15.2	13.9	15.5	17.2	16.0
文教娱乐用品及服务	17.6	17.7	17.3	16.5	17.0	15.6	14.5	14.8	14.6	15.0
其他商品及服务	3.4	3.4	3.8	4.0	4.1	4.2	4.3	4.7	4.2	4.5

数据来源：根据北京市统计局、国家统计局北京调查总队，《北京统计年鉴2012》，中国统计出版社2012年版中的相关数据整理、计算所得。

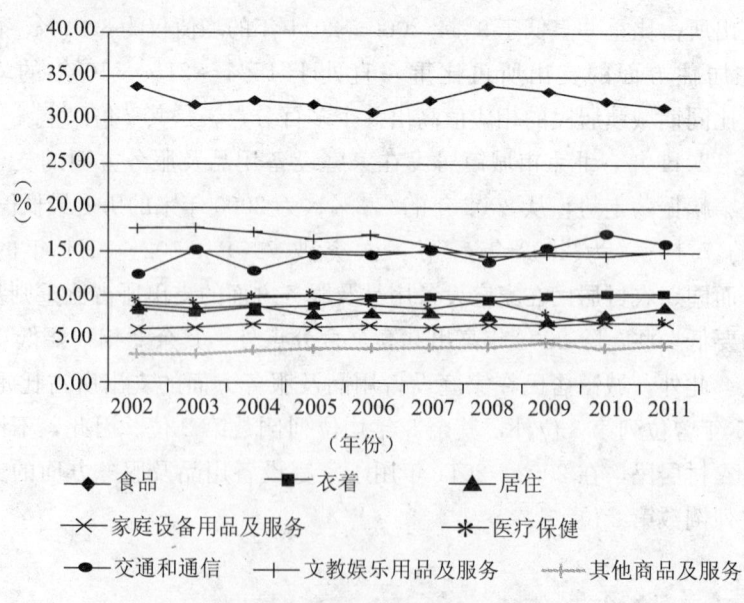

图8-8　2002—2011年北京市城镇居民家庭人均年消费性支出的构成

总的来讲，从 2002—2011 年北京市城乡居民家庭的人均年生活消费支出构成来看（见表 8-8 和图 8-7、表 8-9 和图 8-8），农村居民的生活消费支出构成与城镇居民除在食品方面的支出所占比重（恩格尔系数）较相当外，在其他 7 个方面均存在明显的差异性。而这种差异性必然会反映到农村居民的消费需求上，从而对农村零售业的经营管理活动产生一定的影响。因此，农村零售业的经营管理者尤其是从城市到农村开拓销售市场的零售经营管理者，必须针对这种差异性来开展针对性的经营管理工作，方能达到预期的效果、获得较好的收益。

三、首都农村现代零售业发展存在的主要问题

2010 年首都郊区流通网络联合采购的金额高达 10 亿元，采购品牌商品近 3000 种，完成了 36 家农村集贸市场改造，"一乡一集市"覆盖率达 80%，门头沟、密云等 7 个远郊区县有 64 个山区乡镇完成了对集贸市场的改造工作。房山、丰台等区积极参与并组织实施了"知名零售企业区县行"系列活动，引导大型品牌商业企业到新城和郊区发展，10 个郊区（县）共引进了 18 家大型商贸企业。[①] 但总的来讲，首都农村现代零售业的发展水平明显落后于首都的城市零售业，存在不少问题。农村居民消费水平低是影响农村现代零售业发展的根本性制约因素。

（一）首都农村居民的消费水平总体上明显低于城镇居民

1978 年以来，首都农村居民家庭的人均年消费性支出不仅在绝对数值（支出金额）上一直低于同期城镇居民的水平，而且近十余年在比例上也明显处于历史较低水平（见表 8-10 和图 8-9）。

首都农村居民家庭的人均年消费性支出在 2005 年首次突破 5000 元整数关口后又在 2010 年突破 10000 元整数关口，而城镇居民家庭的人均年消费性支出在 1995 年就已达到了 5000 元，2002 年突破 10000 元，前者比后者整整晚了 10 年和 8 年。2009 年首都农村居民家庭的人均年消费性支出才跨上 9000 元的台阶，仅比 2001 年城镇居民家庭的人均年消费性支出水平高出 218.3 元，超出 2.389%。2005 年以来，农村居民家庭的人均年消费性支出水平与城镇居民的时间差距基本在 9 年左右。

---

① 卢彦：《便民利民，促进发展打造服务全国、辐射世界的国际商贸中心》，2011 年 2 月 12 日，http://www.bjmbc.gov.cn/zwgk/fzgh/ndgh/201102/t20110216_54883.html，2011 年 2 月 21 日。

表 8-10　　1978—2011 年北京市城乡居民家庭的人均消费性支出情况

年份	1978	1979	1980	1981	1982	1983	1984	1985	1986	1987	1988
农村（元）	185.4	204.7	256.8	307.2	345.5	384.4	435.0	510.0	645.3	705.5	883.3
城镇（元）	359.9	408.7	490.4	511.4	534.8	574.1	666.8	923.3	1067.4	1147.5	1455.6
农村占城镇的比例（%）	51.51	50.09	52.37	60.07	64.60	66.96	65.24	55.24	60.46	61.48	60.68

年份	1989	1990	1991	1992	1993	1994	1995	1996	1997	1998	1999
农村（元）	976.3	980.7	1100.1	1179.0	1308.9	1676.5	2433.0	2655.5	2795.4	2945.5	3132.5
城镇（元）	1520.4	1646.1	1860.2	2134.7	2939.6	4134.1	5019.8	5729.5	6531.8	6970.8	7498.5
农村占城镇的比例（%）	64.21	59.58	59.14	55.23	44.53	40.55	48.47	46.35	42.80	42.25	41.78

年份	2000	2001	2002	2003	2004	2005	2006	2007	2008	2009	2010
农村（元）	3441.4	3871.5	4206.0	4655.3	4886.4	5515.0	6061.0	6828.0	7656.0	9141.0	10109.0
城镇（元）	8493.5	8922.7	10285.8	11123.8	12200.4	13244.2	14825.0	15330.0	16460.0	17893.0	19934.0
农村占城镇的比例（%）	40.52	43.39	40.89	41.85	40.05	41.64	40.88	44.54	46.51	51.09	50.71

年份	2011
农村（元）	11078.0
城镇（元）	21984.0
农村占城镇的比例（%）	50.39

数据来源：根据北京市统计局、国家统计局北京调查总队，《北京统计年鉴 2012》，中国统计出版社 2012 年版中的相关数据整理、计算所得。

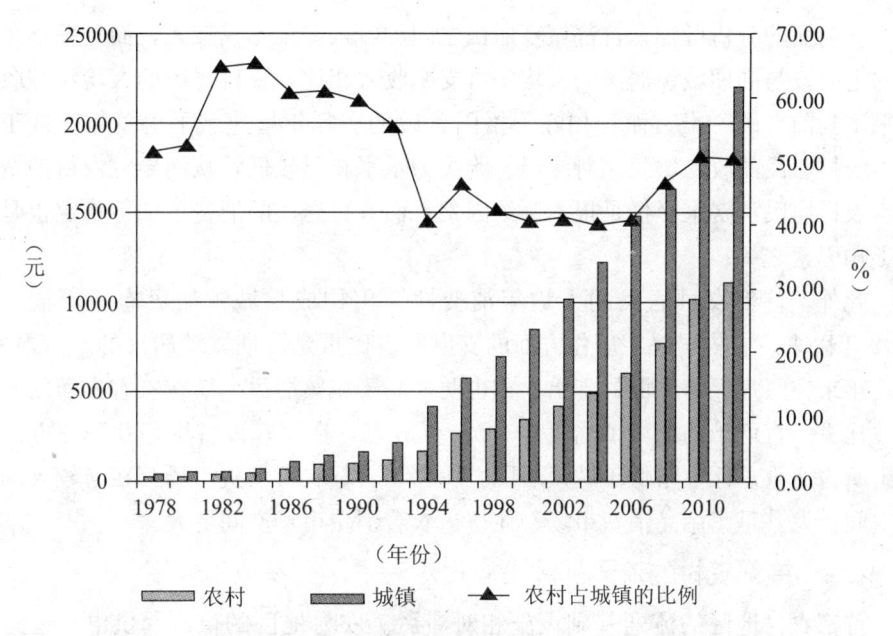

图 8-9　1978—2011 年北京市城乡居民家庭的人均消费性支出情况

1978 年以来，每年首都城乡居民家庭的人均年消费性支出金额差距值基本呈逐年上升走势，从 1978 年的相差 174.5 元扩大至 2011 年的 10906 元。其中，1979—1984 年两者的差距值基本保持在 200 元左右，均值不到 209 元。两者的差距值在 1985 年扩大至 400 元以上，1992 年已达到 950 余元，1993 年首次突破 1000 元整数关口，达到 1630.7 元，2006 年明显加大，并在 1994 年、1996 年、1998 年、2000 年、2002 年、2004、2006 年、2008 年和 2011 年分别跨过 2000～10000 元的台阶，即每两年跃上一个千元的整数台阶，并在 2011 年创历史新高，进一步扩大至 10906 元。

从首都农村居民家庭的人均年消费性支出占同期城镇居民的比例来看，基本上可划分为三个阶段。第一个阶段为 1978—1980 年，此阶段所占比例在 50% 的水平上，最高也不足 53%，这 3 年的均值水平为 51.32%。第二个阶段为 1981—1992 年，此阶段所占比例处于历史高位水平，最低也超过了 55%（1985 年和 1992 年），最高接近 67%（1983 年），有 3 年在 65% 左右，剩余 6 年则在 60% 左右，这 12 年的均值水平为 61.07%。第三个阶段为 1993—2011 年，此阶段所占比例处于历史低位水平，最低略超过 40%（2004 年），最高为 51%（2009 年）。其中有 5 年不足 41%，有 5 年在 41%～43%，有 3 年在 43%～45%，剩余的 6 年超过了 45%，这 17 年的均值水平为 44.16%，不仅低于第一个阶段的均值水平达 7.16 个百分点，更比第二个阶段的均值水平低 16.91 个百分点。

从前面的分析可知，首都城乡居民之间的收入差距不仅较大，而且呈逐年扩大的走势。与同期城镇居民的人均年可支配收入相比，农村居民的人均年纯收入水平不到前者的一半，而且扣除价格因素后的实际年增速水平也总体上低于前者。农村居民的收入增长相对缓慢、购买力水平相对较低，从而导致农村消费不足。农村居民消费水平低是根本制约因素，而农村居民的消费预期不稳定也是重要影响因素之一。

此外，首都农村居民的人均年消费性支出构成与城镇居民有所不同。如2002年以来，农村居民在居住方面的支出所占比重是同期城镇居民的2倍左右，近几年来在医疗保健方面的支出比重也明显高于城镇居民，而在衣着方面的支出所占比重一直低于同期城镇居民1~2个百分点，在家庭设备用品及服务方面的支出所占比重总体上略低于城镇居民。所以，首都农村消费市场存在着较大的提升空间，尤其是耐用品消费市场、住房、衣着消费市场空间更大。

(二) 首都农村的流通基础设施相对滞后，交易成本偏高

首都农村地区的流通基础设施相对滞后。农村地区的供水、供电、道路交通、通信网络、物流仓储设施等显得不足，这些成为阻碍农村流通业发展的问题所在。部分农村地区尤其是农村偏远地区的供水、供电、交通、通信等基础设施薄弱，抑制了农村居民对大件家电等物品的消费。

同时，农村商品的交易成本偏高。尤其是农村偏远山区，消费品的交易成本比大城市要高出30%以上。主要原因有以下两方面：

一是物流配送体系不健全。农村地区的中小型零售企业由于规模小，在贷款和用地方面存在较大困难，乡镇一级配送中心的建设普遍滞后，而大型商业零售企业多采用供货商配货模式，在乡镇一级一般没有物流配送节点。乡镇和村社商店销售的商品大多来自乡镇一级的代理商或直接来自县城（郊区）一级的批发市场。

二是物流费用过高。由于农村地区在交通、电力等基础设施方面的条件滞后于城镇地区，并且市场分散，而运输路途较远、燃油费高等都给相关物流配送增加了难度和成本，货品更新速度自然很慢，价格也没有优势。据测算，配送到农村乡镇网点增加的物流成本约占其在市内物流总成本的30%，每销售100元商品，农村地区的市场要比城市内的市场多增加物流费用达1.5%。

(三) 首都农村的零售业态相对落后

首都农村地区的零售业态相对落后。农村地区的零售业态以传统方式居于主导地位，而相对城区来讲现代零售业态的发展则显得不足。很多农村店还是"夫妻店"、"小卖铺"，远郊区（县）乡镇的农贸市场尤其是生鲜市场基本上是空白

点。目前,农村实现连锁经营的交易额占农村交易总额的比重不足10%。首都农村尤其是远郊区(县)的零售市场缺乏规模较大、知名度较高的零售企业进驻,新型零售业态的发展缓慢。百货店业态在扩大内需政策引导下和农村居民消费结构升级支持下仍有很大的发展空间,连锁超市、专业店、专卖店以及便利店和折扣店则相对不足,需要鼓励发展。同时也亟须政府出台相关政策法规来引导首都农村零售业进行合理的网点布局和业态转型,避免今后可能造成的资源浪费和恶性竞争。

(四)首都农村零售业的经营水平总体上较低

首都农村尤其是远郊区(县)从事零售业的经营者不少缺乏零售经营管理的相关知识,存在管理松散、商品质量差、种类不全、进货渠道杂乱不规范、定价混乱等问题。如经营的产品及售后服务不适合农村居民的消费行为及环境。或者由于需求量不大,经营者不愿意多进货或不愿进多品种的货物。还有些店铺不明码标价,普遍存在主观定价现象。

另外,不少零售业经营者法律意识不强。一方面,不能维护作为一个经营者的合法权益,如农村地区相互借钱消费或向邻近小商店常年赊账消费现象较普遍,这必然会对零售业经营者的资金周转等产生不良影响,继而影响到其经营状况。另一方面,经营者也不重视消费者合法权益的维护,加上农村消费者维权意识较淡薄,而且缺乏有效的市场管理,法律监管不到位,市场中发挥重要作用的工商、税务以及村委会等具有管理功能的部门没能很好发挥其监督管理作用,导致一些不法商家心存侥幸,从而把农村零售市场当成处理和销售假冒伪劣产品的场所,部分农村加盟店因追求利润而采购一些低档劣质的货品进行销售。

四、发展首都农村现代零售业的对策与措施

未来首都农村现代零售业的发展主要取决于农村居民的消费能力、农村零售业的业态以及政府对农村现代零售业发展的相关支持政策。根据首都农村现代零售业的发展现状以及北京市的"十二五"发展规划纲要,借鉴国内外农村零售业的发展经验,发展首都农村现代零售业应当重点做好以下几个方面的工作。

(一)进一步落实国家的相关政策,建立开拓农村市场的新机制

近几年来,国家相关部门为了促进农村的流通先后推出了不少政策性措施,如商务部2005年2月启动的"万村千乡"市场工程、2006年开始实施的"双百市场"工程,商务部等10余部委联合实施的"三绿工程"(以建立健全流通领域和畜禽屠宰加工行业食品安全保障体系为目的,以严格市场准入制度为核心,以"提倡绿色消费、培育绿色市场、开辟绿色通道"为主要内容)等,农业部实施

的"5520"工程、"信息化村示范工程",国家质量检验检疫总局于2006年开始实施的"百百万万"放心商品工程,全国供销合作总社的"新网工程"("新农村现代流通服务网络工程"的简称,"新网工程"旨在大力发展农业生产资料现代经营服务网络、农副产品市场购销网络、日用消费品现代经营网络和再生资源回收利用网络,于2006年开始实施),2009年5月23日国务院办公厅下发了交通运输部、发改委、财政部、农业部、商务部和工商总局6部委联合出台的《关于推动农村邮政物流发展的意见》。这些举措推动了农村流通网络体系的快速建设,对推动工业品下乡、激活农村市场起到了重要作用。但离真正实现建立农村现代流通体系、实现城乡流通一体化的目标差得还很远。

此外,中央政府以及商务部等部门还推出了"家电下乡"政策以及"汽车下乡"政策。2007年12月我国开始进行"家电下乡"政策的试点工作,并从2009年2月开始在全国全面推开,并且下乡的品种也从最初的彩电、冰箱(含冷柜)和手机三类增加到七类,新增的是摩托车、电脑、热水器(含太阳能、燃气和电力类)以及空调这四类产品。很快又增加了农民需求意愿较高的微波炉和电磁炉两类产品,同时放宽了产品限购政策。2009年根据汽车产业调整振兴规划的要求,我国政府又推出了"汽车下乡"政策,对农民报废三轮汽车和低速货车换购轻型载货车以及购买1.3升以下排量的微型客车给予一次性财政补贴,并对1.6升以下排量的汽车购置税减至5%。

在全国推广的各省市中,北京市是第一个启动"家电下乡"、第一家启动现场补贴的城市。2009年全市共设立"家电下乡"销售网点697个,销售17.3万台,发放补贴3238.5万元,带动销售3.4亿元。[1] 2010年全市共销售"家电下乡"产品达24.4万台,总金额超过5.6亿元,分别为2009年的1.4倍和1.6倍。[2]

2009年北京市共销售机动车114.8万辆,增长30.8%,而汽车、摩托车下乡销售额超过10亿元,其中,顺义等四个区销售额均超过1亿元。[3]

截至2012年9月底,上述家电下乡、汽车摩托车下乡、家电以旧换新和汽车以旧换新四项政策实施期间,中央财政用于补贴的资金已达1500多亿元。目前,我国扩大消费政策的主要支持方式是购买补贴,即在消费者购买商品时给予相关的政策补贴,以吸引消费者购买政策支持的产品。刺激政策对拉动消费增长

---

[1] 卢彦:《全力打造国际商贸中心 实现首都商务发展新跨越》,《时代经贸》2010年第3期。
[2] 北京市商务委员会主任卢彦在2011年全市商务工作会议上的报告. 北京市商务委员会网站,http://www.bjmbc.gov.cn/zwgk/fzgh/ndgh/201102/t20110216_54883.html。
[3] 卢彦:《全力打造国际商贸中心 实现首都商务发展新跨越》,《时代经贸》2010年第3期。

的正相关作用显著,但长期补贴实际难以为继。

2013年促进消费政策路径将有所转变,在刺激政策方面可能难再现大规模的中央财政补贴政策,取而代之的是财政较为充裕的地方因地制宜安排地方层面鼓励政策。此外,淡化补贴的同时会更加侧重改善消费环境和增加消费者收入。扩大消费政策还须加大落实力度,可以考虑补贴、减退税等多种方式促进消费,增加居民收入、改革收入分配制度、改善消费环境等长效政策也应尽快落地。

北京市应当建立起开拓首都农村市场的新机制,扩大农村居民的消费需求,带动农村居民的消费升级。为此,北京市一要继续增加对农村地区的水、电、路和通信等农村基础设施建设的投入,进一步改善农村消费的基础设施条件这一"硬"环境,消除妨碍农村消费扩大和消费水平升级的"瓶颈"问题,全面提高农村居民的生产生活条件。二要进一步优化有利于促进首都农村居民消费的税费与信贷环境,实行城乡区别对待的税费政策。如对提供消费服务的各类农家店降低电、水、热、排污等的收费标准,免收工商管理费。落实配送中心统一纳税的办法,对各类农家店给予免征各类税款的优惠。同时,对电子商务面向农村的网络建设给予积极扶持。三要进一步加大"万村千乡"市场工程建设力度,扩大覆盖面。四要继续抓好农村消费提升改造工程。启动基本金融服务"村村通"工程,完善城乡消费金融服务,扩大消费信贷。

(二)提高农村居民的消费能力

首都农村零售市场的潜力很大,而要充分挖掘这一潜力,最重要的是提高农村居民的消费能力。

从前面的分析可知,首都农村居民家庭的人均年消费性支出不仅自1978年以来在绝对数值(支出金额)方面一直低于同期城镇居民的水平,而且近十余年占城镇居民的比例也明显处于历史较低水平。2005年以来,农村居民家庭的人均年消费性支出金额水平与城镇居民的时间差距基本在9年左右。2011年首都农村居民家庭的人均年消费性支出金额首次跨上11000元的台阶(为11078元),比2003年首都城镇居民家庭的人均年消费性支出金额还要低45.8元。而2011年首都城镇居民家庭的人均年消费性支出金额已达到了21984元,是同期首都农村居民家庭的人均年消费性支出金额的1.98倍(见表8-10和图8-9)。

而且,在1993—2011年,首都农村居民家庭的人均年消费性支出不到同期城镇居民的1/2,这16年的均值水平不到45%(见表8-10和图8-9)。

影响首都农村居民消费水平的原因很多,包括农村居民的消费观念、消费预期等,但最主要的是农村居民的收入水平。

2002—2011年首都城乡居民的人均收入水平均呈逐年增长走势,但同期城乡居民之间的收入差距也呈逐年扩大的走势。与同期城镇居民的人均年可支配收入相比，首都农村居民的人均年纯收入水平不到同期城镇居民的1/2，且扣除价格因素后的实际年增速水平也总体上低于后者（见表8-6和图8-5）。与同期首都城镇居民相比，农村居民的收入增长相对缓慢、购买力水平也相对较低，导致农村消费水平不高。

要提高首都农村居民的收入水平，必须抓住建设国际化大都市和加快城市化、城镇化步伐的重大机遇，进一步加大对"三农"的支持力度。为农村居民开辟多样的致富途径，提高农村居民的收入水平，培养农民全新的消费观念，辅之必要的社会保障措施，让农村居民有钱可花、有钱敢花，使农村居民消费者无后顾之忧，从而开辟广阔的农村消费领域和消费空间。一是发展特色农业，推动规模化、产业化生产以增加经济效益，促进农村居民的增收。积极发展高附加值农产品，抢占农业高端市场，向农产品加工、储藏、流通等相关产业延伸与拓展，实现农业的产业化、集约化、规模化和生态化。遵循"比较优势"和"市场需求"两大原则，通过全面提高农产品的质量和技术含量，从根本上促进农业增效，农民增收，农村发展。对于山区农民转行增收要大力发展特色种植业、养殖业、旅游业、林果业等富民产业，引导山区农民由"靠山吃山"向"养山就业"转变。二是进一步推动城乡一体化进程，加快转移来促进农村居民的增收。应从城乡一体化整体规划着手，制定统筹发展的整体思路，真正做到城乡社会管理体制一体化、城乡基础设施建设一体化、公共服务一体化、人力资源市场一体化等，促进公共资源在城乡之间均衡配置、生产要素在城乡之间自由流动，推动城乡经济社会发展相互融合，形成以工促农、以城带乡的长效机制，以提高农村经济的竞争力，从而提高农村居民的收入水平。

(三) 进一步完善首都农村现代零售网络

北京市应从多方面入手，进一步完善首都农村地区的现代流通网络，以方便农村居民的消费。

首先，按照城区体现繁荣繁华、小城镇体现综合服务，农村体现便民利民的基本定位，组织推动各郊区（县）三级流通网络布局规划的制定工作，确定一批重点开发和建设项目，进一步推进首都农村地区零售网络的建设。

其次，要进一步完善在首都郊区（县）以区（县）店为龙头、乡镇店为骨干、村级店为基础的农村现代零售网络，完善三级销售（城区、乡镇、村社）、两级（乡镇、村社）连锁配送的农村零售市场体系，完善郊区流通网络的综合服务功能，做到"一网多用"。

再次，重点培育具备联结工农、市场拓展、经营管理、商品配送等能力强的龙头企业,继续开展"知名零售企业区县行"系列活动,引导"万村千乡"主体企业向郊区偏远村发展,让农民方便购物、放心购物,为农民生产生活编织一张"实惠网"和"安全网",从而全力撬动首都农村的消费市场。

最后,在较大的乡镇继续改造和提升集贸市场,并通过新增和改造农村供销网点,力争实现农村连锁超市覆盖全部的行政村。

在进一步推进"万村千乡"等工程的过程中,应当进一步整合供销社、邮政、粮食系统的网点资源,提高其配送能力,将其作为"万村千乡"市场工程的基础,提高首都农村流通网络的利用效率。工作重点应定在引导各类资金参与日用消费品网络建设上,对农家店进行合理布局,引导企业到尚未开店的乡村去建店,以充分利用社会资源,避免盲目竞争,防止不合理的重复建店。

通过以乡镇为据点、业态创新的大型零售企业进驻,同时通过村级或自由连锁、地域不同业态及加强冠名、环境陈列、产品、质量、价格、促销和服务管理的"夫妻杂货店"的改造,再加上乡村传统集市庙会的完善和管理使首都农村地区不同层次的零售业态组织得以完善发展,更好地满足和进一步引导农村居民的消费需求。

(四)调整首都农村现代零售业的业态

与城区相比,首都农村地区的零售业态种类相对要少一些、落后一些。调整首都农村现代零售业的业态,用现代零售方式改造传统零售方式,并采用信息化手段改善零售,大力发展连锁超市、专卖店、网上购物等新型业态,完善现代零售服务网络。

从政府角度来讲,一是合理规划郊区(县)的新城商业设施,引进和发展集购物、娱乐、休闲为一体的新型消费业态,满足居民的多样化消费需求。二是积极推动、引导大中型零售企业直接到郊区(县)的乡镇投资设立连锁零售企业,改造原有农村供销社的网点。三是鼓励各类大中型连锁企业通过吸引小型企业加盟的方式到农村地区建立、改造"农家店"。四是支持各类中小型企业通过自由连锁方式即企业自愿结合、统一采购、统一建立销售网络的方式来建设农村的零售网络。五是鼓励、支持乡村的杂货店、"夫妻店"业主加盟较大规模的零售连锁企业,实现村级连锁经营。六是发展网上商城,打造首都网上零售品牌,促进农村居民的网购消费。

对于在首都广大农村地区开展业务的零售企业来讲,在业态选择上应采取以便利店为主,小型连锁超市、专卖店等多种业态并存的策略,并开发具有农村特色、适合农村居民消费需求的主导产品线。在卫星城镇、城乡结合部以及人口相对集中、交通便利的大集镇可考虑设立仓储店和量贩店,在消费水平相对较低的乡镇设立以销售日用品为主的中型连锁超市,而在居住偏远、交通不便的山村可以就近设立小型连锁店铺以满足农村居民的基本消费需求。

(五) 提升首都农村现代零售业的经营水平

以前农村零售市场与城区的差距悬殊较大,无论是商品质量、种类、价格还是服务水平方面都相差很大。但近几年随着农村经济水平的逐步提升,农村居民的消费意识和消费水平也在不断提高。如果农村零售业的经营者不能及时地提高自己的经营水准,农村居民就不会买账。

与城区相比,首都农村零售业的经营水平亟须快速提升。主要措施有:一是政府相关部门通过开展零售企业在服务、设施、景观等方面的服务品质提升测试活动,举办商业街橱窗专业店和专卖店店堂大赛,培育先进典型,带动首都农村零售业服务品质的提升。二是继续推进零售业的人才队伍建设。通过组织开展零售业一线员工培训、技艺能手选拔、顶级大师评审等活动,加强梯次型人才队伍的建设,并充分发挥传帮带的作用来构建行业发展的梯次型人才队伍。三是整合全市促销活动资源,引导商家创新促销方式,鼓励文化促销、品牌促销。加大对家居、音像制品、化妆品、金银珠宝等商品的促销力度,培育首都农村消费新热点。

第九章　国际化大都市现代零售业发展研究

一、绪论

（一）本课题的研究目的及意义

随着新技术革命的推进和国际贸易的迅猛发展，经济运行中传统的生产决定流通、流通引导消费的时代已成为过去，生产者主导转变为消费者主导，零售业在经济发展中的作用和地位明显提升。

伴随着国际大型零售集团在全球范围的扩张和我国零售业的全面对外开放，国内零售业正经受着前所未有的冲击和挑战。尽管最近十几年来，我国通过商业对外开放，吸引外资，引进先进的经营理念、流通方式和营销技术大大推进了中国商业现代化进程，我国零售企业在与外资零售企业的同台竞争中取得了长足进步，但与世界零售业发展的主流相比，我国的零售业仍处于相对落后的状况。国外零售业历史悠久，发展成熟，研究国际大都市现代零售业的功能、业态对我国零售业的发展具有积极的推动作用。

（二）本课题的研究内容及框架

本报告通过对国内外基于国际大都市现代零售业的研究成果分析，明确本课题的研究思路。具体框架如下：明确国际大都市现代零售业发展的基本状况、特点及发展趋势，进而研究国际大都市现代零售业的功能，分析其功能定位及功能开发。作为零售业的表现形式的业态种类繁多，通过分析国际大都市现代零售业的业态结构及业态创新，为我国零售业进行业态变革提供指导。最后，通过总结典型国际大都市现代零售业发展的经验，结合我国零售业现状，指出我国现代零售业发展对策。

（三）本课题的研究方法与数据来源

本课题将在已有的基础上，前瞻性地思考国际大都市现代零售业的发展趋势，从国际大都市现代零售业的功能定位、业态研究以及核心竞争力构建的战略高度思考研究我国现代零售业发展的战略问题,采用国内国际比较研究,充分吸收国际现代零售业发展的经验和最新成果,研究形成对我国大都市现代零售业发展有指导意义的实证性研究报告。

二、相关理论综述

零售业是国民经济的重要行业,对国民经济的贡献越来越大。20世纪初流通中的批发业在全球社会经济中的分量逐渐下降了,零售业的社会影响与日俱增。21世纪的今天,这种发展趋势更加明显。零售业学术研究的领域非常广泛,既包括了零售的概念、地位、作用、性质、目标等基本问题的研究,也包括如零售现代化、外资零售业等新问题的研究。国际上关于零售业学术方面的研究起步较早,已经形成了一定的系统理论,而在中国改革开放的时代背景下,零售业学术研究也有了更加丰富充实的商业实践作支撑,取得了长足的进展。在经济全球化的大背景下,国内外学者对国际大都市现代零售业发展的研究也有了新的倾向,主要集中在对零售业的业态变迁、核心竞争力构建、信息化变革等一系列发展战略问题上的研究。

(一)国际上零售业业态研究现状

随着全球经济一体化和科技进步的日益加剧,零售业态发生了全球性的变革,呈现出多元化发展的趋势。零售业态的发展引起了学界的普遍关注,但与此同时,零售业态的发展还存在着不少问题,传统业态形式逐渐显露出弊端。为满足市场的消费需求,零售业态形式不断发生着变化,从单一业态经营到多种业态并存经营,零售业经营者们也致力于寻求更好的方式来适应市场发展的需求。

关于业态的分类方法有很多,不同国家、不同地区根据本地的实际发展情况与发展阶段的差异,所作出的界定也有所区别。但是,经济全球化浪潮使当今不同国家零售业态的种类与分类标准大同小异。目前,世界各国主要依据零售店的选址、规模、目标顾客、商品结构、店堂设施、经营方式、营业时间、服务功能、价格战略等进行业态的分类。零售业被划分为18种业态,[1] 从整体上分为店铺零售业态和无店铺零售业态。前者主要包括食品店、便利店、折扣店、超市等;后者主要包括电视购物、邮购、网上商店、电话购物等。

对于零售业态的变迁,西方理论给予了多种理论解释,其中最有代表性的有以下几种:M. P. 麦克奈尔(M. P. Mcnair)于1958年提出零售轮转理论,[2] 他

---

[1] 《商业部关于贯彻〈零售业态分类〉国家标准的通知》商建发〔2004〕第90号。
[2] Malcolm P. Mcnair, *Significant Trends and Development in Post War Period*, Pittsbuagh: University of Pittsburgh Press, 1958, chap1.

认为任何一种零售业态都要经过进入期、上升期和衰退期三个阶段，就像车轮的旋转一样。布兰德（Brand）和斯坦利·霍兰德（Stanley Hollander）分别于1963年和1966年提出零售手风琴理论，[1] 该理论也称"综合—专业—综合理论"，总的要旨就是在经营宽而浅和窄而深的商品组合的零售店之间有一个交替统治，说明商品组合的变化比价格更能说明业态的演化，而百货店、专业店、购物中心的出现都符合了该理论。丹麦学者尼尔森（Nielsen）于1966年提出，根据消费者对零售商的服务、价格水平存在着偏好空隙来解释新零售业态的产生。W. R. 戴维森（W. R. Davidson）等于1976年提出零售生命周期理论，[2] 他们认为零售业态就像产品一样，都有一个成长和衰退的过程，从而形成一个生命周期。R. R. 吉斯特（R. R. Gist）于1986年提出辩证发展学说，[3] 它以黑格尔的辩证法为背景，认为零售业态在变化发展中都要经历正—反—合的过程。得利斯曼（A. C. Desman）以达尔文的"适者生存"为基础提出自然选择论，是达尔文的进化论在零售业态发展上的应用，认为零售企业如果不能适应环境的变化，它将失去生命力，遭到淘汰。

关于中国零售业态变迁的研究，主要始于对中国商品流通业的研究。对于流通业地位和作用的认识经历了一个曲折的过程。冯炜（2003）指出，长期以来，中国零售业态的变革基本上都是对发达国家同行的外在模仿。基于模仿的创新是中国零售业态的必然选择。李飞（2003）指出，每种零售业态都有自己特定的生存环境条件，脱离本国、本地区的特殊环境条件，盲目照搬任何一种流行的业态都是死路一条。李程骅（2005）指出，我国的零售业态正伴随着国内零售业的开放和城市结构的重新组合而发生前所未有的变革。柴华奇等（2005）通过对西安地区三种典型零售业态的研究，运用层次分析法与零售业态生命周期理论构建了用以评价零售业态发展程度的排序模型。鲍观明、叶永彪（2006）认为，零售业态演变往往与一个国家或地区的经济发展水平具有一致性。阮维（2006）在其硕士论文中指出，判断零售业态优劣有三个标准，即竞争优势性、连锁适应性和运营"两便性"。杜漪、颜宏亮（2006）认为，零售业态具有适应性，即已有的业态并不是僵化不变的，可以通过战略调整和重新定位以适应变化的市场环境和消费需求，从而延缓或者避免衰退期的到来。曹鸿星（2009）指出，由于技术的迅

---

[1] S. C. Hollander, "*Notes on the Retail Accordion Theory*", Journal of Retailing, Vol. 42, (Summer 1966), pp. 29 - 40.

[2] W. R. Davidson, A. D. Bates, S. J. Bass, "*The Retail Life Cycle*," Harvard Business Review, (November - December, 1976), pp. 89 - 96.

[3] R. R. Gist, *Retailing: Concepts and Decisions*, John Wiley and Sons, 1968, pp. 106 - 109.

猛发展，零售业创新的驱动力日益体现为技术创新的驱动，主要是通过供应商和设备提供商、知识密集型服务业等外部力量来推动的。

目前，国内外的零售业发展理论框架可以用来解释零售业态发展的历史和未来趋势，尽管没有任何一个单独的理论能够解释零售业态发展的所有规律，但至少从某些角度揭示了零售业态的某些方面的规律。当然，这些发展理论同样适合中国零售业的业态分析研究，对实践具有重要的指导意义，不过要结合我国的实际情况，因地制宜，增加新的业态形式。

(二) 国际上零售业信息化研究现状

自20世纪90年代以来，消费者的需求特征发生了空前的变化，信息化浪潮席卷全球。零售业正以前所未有的规模和数量快速发展，信息技术的有效运用已经成为零售业发展的重要手段。在当前形势下，零售业信息化有着重要的实践意义。一方面，通过信息化可以提升管理水平，杜绝行业内的暗箱操作，缓和零售商和供应商的关系；另一方面，信息技术的应用可以提高零业对市场的反应速度，提高客户和顾客的满意度。零售业的内部结构则以超市为主，预计到2015年，超市的销售额可达到整个行业的25%～35%。在这样的形势下，业内竞争日益激烈，兼并重组方兴未艾，行业的集中度将进一步加强。[1]

信息化已成为零售企业进行市场竞争的重要战略，无论是世界的三大零售巨头还是国内的百强连锁零售企业，都对信息化建设投入了大量的资金并成功地运用了信息化管理，巩固了其在竞争中的优势地位。信息技术在零售企业中的作用主要体现在数据采集能力、数据传输能力、数据存储能力、数据分析能力、数据的服务能力等方面，具有系统化、网络化、接口标准化、智能化、电子商务等特征。

从世界各地零售业的发展情况来看，美国、日本、欧洲等国家和地区零售业起步早。伴随着西方国家的三次零售革命，其理论研究也逐渐成熟。零售业的信息化管理主要基于条码技术和供应链管理技术。

条码最早出现在20世纪40年代，是由美国乔·伍德兰德（Joe Woodland）和伯尼·西尔沃（Berny Silver）两位工程师研究的用码表示食品项目及相应信息的自动识别设备，并于1949年获得了美国专利。[2] 1959年，以吉拉德·费伊塞尔（Girard Fessel）等几位发明家申请了一项专利，描述了数字0~9中每个数

---

[1] 潘洪楠，晏再庚：《基于企业信息化的商业连锁零售企业竞争力研究》，《湖北财经高等专科学校学报》2005年第3期。

[2] 高亮：《条码技术在信息系统中的应用》，《微机发展》2000年第3期。

第九章 国际化大都市现代零售业发展研究

字可由七段平行条组成,这一构想促进了后来条码的产生与发展。[①] 1973 年美国统一编码协会(UCC)建立了 UPC 条码系统,实现了该码制标准化。[②] 1976 年在美国和加拿大的超级市场上,UPC 码得以成功应用,次年,欧洲共同体在 UPC—A 码基础上制定出欧洲物品编码 EAN—13 和 EAN—8 码,并签署了"欧洲物品编码"协议备忘录,正式成立了欧洲物品编码协会(EAN)。[③] 日本从 1974 年开始着手建立 POS 系统,研究标准化以及信息输入方式、印制技术等。并在 EAN 基础上,于 1978 年制定出日本物品编码 JAN。同年加入了国际物品编码协会,开始进行厂家登记注册,并全面转入条码技术及其系列产品的开发工作,10 年之后成为 EAN 最大的用户。随着技术的不断进步,条码技术也由一维条码技术向二维条码技术发展,二维条码是一种基于光学识读图像的编码技术,存储量大、性价比高、数据采集与识读方便。

供应链管理最初的论文是 1983 年和 1984 年发表在《哈佛商业评论》上的两篇论文。[④][⑤] 其后,SCM 的概念、基本思想和相关理论在美国开始迅速发展。到 20 世纪 90 年代初,关于 SCM 的文献大量出现,SCM 相关的学术组织也开始涌现。20 世纪 80 年代中期和 90 年代初期出现在美国的 QR(Quick Response)系统和 ECR(Efficient Consumer Response)系统是流通领域大变革的典型事例。[⑥] 随着世界经济的发展,新时代的零售企业面临着从"卖方市场"转向"买方市场"的形式,营销和商品流通领域的重要性日益显现,美国著名流通领域咨询公司 KSA 公司提出了 QR 的基本思想,将原有的以制造商为主导的"推动"方式变为消费者为主导的"拉动"方式,构成了支持 SCM 原理的一个重要思想。随着 IT 的迅速发展和价格的迅速低廉,企业已经越来越多地应用信息技术于企业管理。随着网络技术的发展,Internet 全球化,EDI 逐渐推广,客户—服务器平台领域的技术发展和基于 Web 的技术被广泛应用。企业在 SCM 中的可用手段大为增加,这些信息技术也使企业的 SCM 更为有效和高效。[⑦] 另外,众多软件公司推出多种 SCM 软件,IT 已经成为企业实施 SCM 不可或缺的手段。在不久的将来,基于网络的供应链会得到更快的发展,这种情况将给 SCM 带来一些新问

---

① 毛良青:《条码技术的发展及现状研究》,《电子技术应用》1999 年第 7 期。
② 谢凯:《商场物流管理》,广州:广东人民出版社,2002 年。
③ 李军:《论大型连锁超市的物流管理》,《商场现代化》2006 年第 2 期。
④ Peter Kraljic. "Purchasing must become supply management", Harvard Business review, May 1983.
⑤ Shapiro Roy D. "Get leverage from logistics", Harvard Business review, May 1983.
⑥ 刘丽文:《供应链管理思想及其理论和方法的发展过程》,《管理科学学报》2003 年第 4 期。
⑦ 林勇,马士华:《基于集成化供应链管理的 MRP 系统设计明》,《管理科学学报》1999 年第 2 期。

题。例如，如何实现多种数据（采购、销售、客户信息）的集成，如何在网上建立和维持伙伴关系，如何在供应链上各个成员之间分享网络带来的利益，如何保持网络供应链的强壮性等，[①] 这些都是进一步研究的课题。

1997年菲利普·科特勒在其经典著作《市场营销管理》中指出："现在，这些急剧增加的信息需要已依靠信息供应方面令人印象深刻的新的信息技术而得到解决，有些亚洲公司已建立了先进的营销信息系统，向公司管理层提供最新关于它们的分销网络，销售数字和购买者行为的信息。""今天是以信息为基础的社会，开发好的信息能使一个公司超越它的竞争者。"信息化不仅在零售业业务层次上广泛使用，而且通过收集消费者行为数据分析指导企业战略决策的制定。

目前，关于零售业信息化管理的研究已成热潮，我国在这方面的研究运用起步较晚，多是借用国外的研究成果加以创新发展，所以，在理论研究上尚属于起步阶段，并存在一定理论分歧。在国内，信息化的内涵指利用信息技术达成经营管理目的的全过程管理活动。进入21世纪后，国内理论界对于零售业信息化研究越发深入，许多学者认为，信息化是提升企业核心竞争力的重要手段，信息化管理是商业现代化进程的必然结果。2007年茹莉在《中国零售业发展战略研究》一文提出："现代高薪科学技术在零售业中有了广泛的应用，例如信息技术、电子数据交换技术、网络技术、电子商务、科学调查统计分析方法等，这些高科技应用对于提升零售业的核心竞争力起着关键的作用。"中国连锁经营协会会长郭戈平在第四届中国零售业CIO高峰论坛上表示："过去的十几年，中国零售企业在信息化建设中尝到了甜头，企业经营管理流程及效益都得到很大提升，零售业在做强的过程中，信息化起到了至关重要的作用，已成为企业发展中不可或缺的关键环节。"但是，信息化实施并不总是一帆风顺，有时并未能如期取得信息化效益，2003年黄丽华在《成功的企业信息化》文中指出："信息化已经经过了一些实施阶段，成功处理了一些问题，但是在实施过程中碰到了影响信息系统充分发挥的一些阻力。"

我国从20世纪80年代中期开始，一些高等院校、科研部门及出口企业把条码技术的研究和推广应用逐步提到议事日程。一些行业如图书、邮电、物资管理部门和外贸部门已开始使用条码技术。1988年12月28日，经国务院批准，国家技术监督局成立了"中国物品编码中心"。该中心的任务是研究、推广条码技术；同意组织、开发、协调、管理我国的条码工作。并于1991年4月19日正式申请加入了国际编码组织EAN协会。此后，我国在大型企业中广泛推行了POS管

---

① Andel Tom, "*Auto makers may teach you a lessons*", Transportation&Distribution, August 1998.

理。20世纪90年代后期，随着国外管理信息技术的发展，我国在全面推进大中型企业管理信息系统建设的同时，适应超级市场、连锁商业的快速发展，推广应用了条码技术、多种银行卡互通互联技术，探索了决策支持、现代物流配送技术和网上购物等技术的应用。各级商业管理部门的办公自动化建设开始起步，并取得了显著成效。

随着网络时代的到来，连锁经营成为零售业的一大发展趋势，零售业的信息化建设也得到了飞速发展。目前，我国国内的大型零售商已经基本实现物流仓储的信息化管理，但是随着国外零售商进入我国市场，我国零售业竞争日趋激烈，通过提升供应链管理来控制成本已是国内零售业信息化发展的大方向。早在20世纪90年代初，国内学者就开始提出将ERP的概念引入零售业管理体系中，此后，国内一些大型的零售业软件开发公司，如长益、富基等纷纷以ERP为核心开发了一系列商业软件，但是这些系统集中在对企业商品进销存的控制，缺乏数量分析工具。[1] 如今，国内零售业软件研究的方向主要针对智能决策支持系统，而这一系统又包含了对商品的进销存数据分析、商品销售预测、采购计划、客户分析等几个方面的内容。对于智能决策支持系统在零售业中的应用国内还处于理论研究阶段，国内软件供应商尚未开发出具有决策支持功能的零售业管理软件。

任惠军提出了目前零售企业信息化存在的问题，如缺乏总体规划、流程再造失效、信息系统成为传统业务流程的复制品、企业管理基础薄弱影响系统的运行质量，同时也提出了相应的建议。[2] 王晓燕阐述了信息化是连锁企业的必然发展趋势，指出信息化中要注意的事项，并论述了连锁企业信息化成功的条件：规范的管理、标准化的业务流程、高素质的复合型人才以及外部特定环境的信息化。[3] 史双凤指出了商业零售企业信息化建设的前期需要注意的问题：确定预算方案、确定经营模式、确保数据的准确性和高可用性。[4] 杨西玉论述了如何从价值链的角度去考虑信息化的作用。[5] 孟莹、刘强分析了基于商业智能技术的零售业信息化管理，探讨了零售业应用商业智能的关键策略。[6]

另外，零售企业竞争力较少引起国外学者的全面关注，主要理论总结如下。

20世纪90年代，美国学者C. K. 普拉哈拉德（C. K. Prahalad）和G. 哈默尔（G. Hanel）在《The Core Competence of the Corporation》一文提出创造未

---

[1] 秦苏涛：《现代企业资源计划管理（ERP）系统构建研究》，《计算机系统应用》1999年第10期。
[2] 任惠军：《关于连锁企业信息化建设的思考》，《商业现代化》2003年第8期。
[3] 王晓燕：《加快我国连锁企业信息化进程》，《商业现代化》1999年第10期。
[4] 史双凤：《零售企业信息化前期建设的几个关键问题》，《江苏商论》2003年第6期。
[5] 杨西玉：《论价值链信息化在零售业中的应用》，《商业时代》2005年第24期。
[6] 孟莹，刘强：《商业智能与零售业管理信息化》，《商业时代》2005年第7期。

来产业、培育核心能力或改变现有产业结构,以对自己有利为出发点的企业战略设计思想,引入了"核心竞争力"[①]的概念,提出核心竞争力理论,认为企业核心竞争力的积累过程伴随在企业的核心产品、核心技术的发展过程中。企业的持续发展是与核心竞争力紧密联系的,企业必须不断提高其核心竞争力。核心竞争力理论弥补了波特理论对竞争力理解的局限,开始涉及动态竞争力,从而使企业竞争力的含义更加广阔。蒂斯、皮萨诺和舒恩(Teece, Pisano and Shuen, 1990)将核心竞争力定义为提供企业在特定经营中的竞争能力和支柱优势基础的一组相宜技能、互补性资产和规则。迈克尔·利维(Michael Levy)和巴顿·A. 韦茨(Barton A. Weitz)指出,零售业的核心是顾客与竞争对手,对零售企业来说,建立长远的竞争优势取决于五个因素:顾客忠诚、商店选址、与供应商关系、信息管理与分销系统、低成本经营。这五个因素考虑周到就可以建立零售企业的竞争优势,能给零售企业带来竞争优势的资源和能力是零售企业的核心竞争力。大卫·E. 贝尔(David E. Bell, 2000)等认为零售企业的竞争力主要表现在管理水平、充足的资本、营销技术、组织技术、后勤技术、信息管理系统技术、会计技术和员工管理方面。

三、国际大都市现代零售业的发展概况

(一)现代零售业发展历程

零售业的发展可以分为三个阶段,分别为简单综合化阶段,专业化及细分阶段,深度专业化及专业化集成阶段,在这三个阶段中零售业态也发生了明显的变化(见表9-1)。

第一阶段(第二次世界大战以前),百货商场充分利用各部类生产的社会化分工和明码标价优势取得了迅速发展。

第二阶段(第二次世界大战结束至20世纪80年代中后期),消费者对不同品类的需求差异导致了专业化业态的发展,食品专业零售商运用连锁技术获得规模经济,从而在这一阶段得以迅速壮大,同时,消费者需求的多样化拉动了食品零售业态多样化。

第三阶段(20世纪80年代中后期至今),现代超市业态的稳步发展和品类杀手的日益壮大使百货商场进入衰退期。

[①] C. K. Prahalad, Gary Hamel, "*The Competence of the Corporation*", Harvard Business Review, vd. 68, no. 3 (1990), pp. 79-91.

表 9-1　　　　　　　　　　　　现代零售业发展阶段

第一阶段	第二阶段	第三阶段
百货商场兴起与鼎盛	百货商场的食品销售被连锁超市替代； 食品零售商出现多业态细分并成为食品销售主流渠道； 非食品品类杀手酝酿中	品类杀手大规模发展缩小了百货商场非食品类的生存空间； 百货商场衰落并转型； 食品零售业态创新； 购物中心产生和发展
主要业态：百货商场	主要业态：连锁超市、折扣店、便利店、大卖场、品类杀手	主要业态：连锁超市、折扣店、便利店、大卖场、购物中心、品类杀手、百货商场

20世纪90年代以来，世界经济的全球化发展趋势日趋明显，伴随经济全球化进程的加快，全球的销售服务获得了巨大发展，而作为销售服务基础的零售服务业在近20年里经历了深刻的变化。目前，就整个世界范围内来看零售业发展呈现新的趋势。

1. 零售业的全球化发展

尽管受到经济危机的影响，许多零售商特别是现金充裕的私营企业，仍在实施扩张计划。有数据显示，在过去的一年里，零售商全球扩张的平均速度为12%，这意味比前一年多进驻两个国家（见表9-2）[1] 零售商不仅继续追求国际化，而且还在谋求全球化发展，在2008年开业的所有新商铺中，有40%是在零售商本土地区以外开设的。

从跨国销售额看，包括沃尔玛、家乐福、阿赫德、麦德龙等在内的世界超级巨型零售企业，每年都以百亿美元计。荷兰阿赫德是名副其实的大型跨国超级市场，近年来销售额连续猛增，其海外销售额居全球首位。2003年美国沃尔玛的销售额达2563亿美元，遥遥领先于包括通用汽车、埃克森—美孚、福特汽车和通用电气等在内的大型工业企业。法国家乐福早在20世纪70年代就开始了跨国经营，现已发展成为著名的跨国零售企业。欧洲（法国除外）是家乐福跨国经营的主要阵地，销售额占家乐福跨国总销售额的近2/3（63%），其次是美洲和亚洲。德国最大的零售企业麦德龙在跨国经营或者说全球化方面，业绩也十分突出，两年前，它的国外销售比例已超过40%。此外，跨国销售额超过100亿美元的企业还有比利时的德尔海兹，德国的特格曼、奥托、埃德加，英国的特斯科，日本的伊藤洋华堂，法国的PPA、欧尚和瑞典的宜家。

---

[1] 资料来源于全球领先房地产顾问公司世邦魏理仕（CBRE）最新发布的2012年《零售业全球化进程》报告。

表 9-2　　　　　　　　国际化市场程度最高的 15 强国家

2008年排名	国家	2008年在该国开设业务的国际零售商百分比（%）	2007年在该国开设业务的国际零售商百分比（%）	2007年排名
1	英国	58	55	1
2	西班牙	48	47	2
3	法国	46	43	4
4	阿拉伯	45	39	6
5	德国	45	44	3
6	中国	42	37	10
7	俄罗斯	41	38	9
8	意大利	41	40	5
9	瑞士	40	38	8
10	美国	39	39	7
11	比利时	38	34	12
12	奥地利	38	36	11
13	加拿大	37	31	18
14	日本	37	33	13
15	沙特	37	24	31

2. 欧洲国际化程度最高，新生力量紧随其后

根据世邦魏理仕 2012 的零售业研究报告——《零售业的全球化进程》，如表 9-3 所示，从全球范围来看，伦敦再次成为了世界最大的国际商业城市，吸引了过半数（55.6%）的受访国际零售品牌入驻，而 2011 年，伦敦与迪拜平分秋色，并列国际商业城市排行榜首。虽然迪拜（进驻该城市的零售商数量占全球零售商总量的 53.8%）对国际零售商依然具有强大的吸引力，但由于部分零售商退出市场而名落榜眼之位。纽约（进驻该城市的零售商数量占全球零售商总量的 43.9%）依然稳居探花。根据该报告，英国吸引了 56.7% 的受访零售商，依旧是零售业国际化程度最高的国家。

中国香港继续在亚洲城市中独占鳌头，吸引了 40.5% 的零售商入驻，名列国际商业城市排行榜第 6。新加坡（进驻该城市的零售商数量占全球零售商总量的 38.9%）名列第 10 位，上海（名列第 11 位）紧随其后，北京、东京分别名列第 13 和第 19 位。其余的 20 强城市均融合了传统市场和新兴市场，这表明零售业实现了真正的全球化。

表9-3　　　　　　　　　　2012年零售业全球化城市排名

排名	城市	该城市拥有的零售商百分比（%）
1	伦敦	55.6
2	迪拜、巴黎	53.8
3	纽约	43.9
6	中国香港	40.5
10	新加坡	38.9

数据来源：世邦魏理仕发布2012年《零售业全球化进程》报告。

欧洲能成为国际零售霸主，主要得益于其统一的货币、法律平台及文化历史的相互交融。而其他城市迅速发展则表明，零售商现在不再过多地关注某个国家，而是关注具体的城市以及当地人群的消费习惯和结构。

3. 零售业态以百货商店和超级市场为主

百货商店诞生后很快风靡世界，成为现代都市的橱窗，独领风骚近百年，零售业也因此进入"百货商店时代"。美国1929年百货商店销售额占零售商业总额的9%，日本百货商店销售额在20世纪60年代初达到总销售额的10.5%以上。超级市场于1930年在美国出现后，1939年发展到近5000家，其销售额占整个食品杂货商店销售额的近20%，到20世纪60年代达到高峰，1965年占食品杂货商店销售额的76%。1976年美国超级市场的销售总额为984亿美元，超过百货商店的销售额，后者1977年为769亿美元。日本零售业的头把交椅于1972年被超级市场从百货商店手中夺去，这一年大荣超级市场销售额达1327亿日元，超过了创业300年的三越百货的销售额。1991年，美国超级市场销售额占零售业的29.1%而高居榜首，日本超级市场的销售额占零售业的18.5%，也远远超过了百货商店，同年百货商店的销售额为8.1%。1984年联邦德国超级市场销售额达到669亿马克，占商店零售业总额的16%，而大百货商店、自选百货商店与消费者市场三项总计只占商店零售额的11%（见表9-4）。

在世界经济中，百货零售业已经成为一个重要组成部分，对整个世界经济平衡起着重要作用。

表 9-4　　　　2012 年世界 500 强中的部分零售企业

名称	排名	所在地	营业额（百万美元）
沃尔玛	3	美国	446950
家乐福	38	法国	121734
特易购	59	英国	103839
麦德龙	72	德国	92746
永旺	134	日本	65989
伍尔沃斯	175	澳大利亚	53559

（二）典型国际大都市现代零售业的发展

1. 纽约现代零售业的发展

纽约是美国第一大都市和第一大商港，同时也是美国的商业、金融、贸易中心，市区的曼哈顿岛上集中了全美最具实力的一些礼品消费品和家庭用品行业的进口商和批发商。曼哈顿岛是纽约的核心，在五个区中面积最小，仅 57.91 平方千米。

但这个东西窄、南北长的小岛却是美国的金融中心，美国最大的 500 家公司中有 1/3 以上把总部设在曼哈顿。7 家大银行中的 6 家以及各大垄断组织的总部都在这设立中心据点。曼哈顿还集中了世界金融、证券、期货及保险等行业的精华。位于曼哈顿岛南部的华尔街是美国财富和经济实力的象征，也是美国垄断资本的大本营和金融寡头的代名词。这条长度仅 540 米的狭窄街道两旁有 2900 多家金融和外贸机构。著名的纽约证券交易所和美国证券交易所均设于此。

（1）纽约曼哈顿 CBD 发展情况

纽约的 CBD 形成于 20 世纪 70 年代中期，是世界上最早的 CBD 之一。主要分布在曼哈顿的老城和中城，总面积约 58 平方千米，容纳人口 150 万人。

曼哈顿 CBD 中心区域大约占地 3.3 平方千米，其金融服务业经济产出约占纽约总产出的 30% 以上，是美国金融业的心脏。在长约 1.5km、面积不足 1km^2 的华尔街集中了几十家大银行、保险公司、交易所和几百家大公司总部，成为美国高科技和都市财富的集中标志地。

曼哈顿 CBD 道路系统呈规则的方格网状，一条百老汇大街由南向西北斜穿。规整的方格路网铺满全城，唯有中央公园被留出特殊地带，似乎在均匀的格子路网上铺出一块绿"地毯"，形成一个巨大的公共开敞空间，有效舒缓 CBD 高层建筑林立所产生的压抑感。[①]

(2) 纽约典型零售业企业——沃尔玛的发展

1945年8月，山姆·沃尔顿在阿肯色州的新港小镇租下一个店面，加盟Ben Franklin小杂货店连锁成为一个特许分店，开始经营自己的第一家零售店。1950年，由于房东要收回自己的店面，他不得不将自己的小店搬到班顿威尔，即后来的沃尔玛公司的总部所在地，在整个20世纪五六十年代，他将自己名下的连锁分店扩展到了15家，年销售收入达140万美元，是该公司业绩最突出的分店。1962年他听到人们在谈论折价百货商店，他亲自外出做了考察，然后到Ben Franklin公司的总部建议投资百货折价店，但公司的董事们否决了这个富有创新性的建议。回到阿肯色，山姆决定自己动手开创新的事业。1962年7月，第一家折价百货店在阿肯色的罗杰开业。由于得不到任何投资者的支持，他不得不以自己的全部财产作抵押，向银行借下最高的贷款额支付开业资金。

商店获得了巨大的成功，第一年营业额就达到70万美元，这在人口只有几千人的小镇上当时称得上是一个奇迹。积累了两年经验以后，1964年山姆开始在周围的小镇上开设沃尔玛分店，20世纪60年代末沃尔玛已经有18家分店，加上原来的14家小杂货店，总收入3000万美元，其中，折价百货店的收入占74%。

为了更迅速地发展，1972年沃尔玛的股票在纽约证券市场上市，并获得巨大成功。由于充足的资金支持，其在20世纪70年代以更快的速度发展，70年代末分店达到276家，营业面积1250万平方英尺，销售收入达到12.48亿美元，净利润410万美元，两年的增长速度均超过40%。此时的沃尔玛成为美国最大的地区性折价连锁公司，并成为全美最年轻的年销售收入超过10亿美元的零售公司。

进入20世纪80年代，沃尔玛计划进一步发展为全国性的零售公司。这时，它遇到了强有力的竞争对手。由于要向全国发展，必然要打入别的企业占优势的地区，如竞争极为激烈的东北部和西海岸人口稠密、大都会密布的地区。沃尔玛要成为全美第一，必然会遇到更强大的竞争对手。

1981年，与折价百货第一的凯马特相比，沃尔玛的分店330个，销售收入16.4亿美元；凯马特分店1772个，销售收入142亿美元，相差8倍多。与零售业第一的百年老店西尔斯相比，凯马特1981年的营业总收入273亿美元，而沃尔玛仅24亿美元。

20世纪80年代，沃尔玛开始通过兼并迅速向其他地区扩展。一方面，以每

[①] 徐明前：《大都市中央商务区建设的国际趋势与上海的启示》，《上海城市管理职业技术学院学报》2008年第6期。

年新增100～150家分店的速度从9个州发展到35个州，特别是进入了西海岸和东北部各州。另一方面，山姆开始尝试新的零售形式，进入大都会人口较为密集的郊区。

20世纪80年代的高速发展使沃尔玛在1990年以326亿美元的销售收入成为全美第一大零售公司。

（3）纽约SAKS第五大道百货

萨克斯第五大道百货（SAKS Fifth Avenue，SFA）是由在纽约第34街各自独立经营零售店的HORACE SAKS和BERNARD CIMBEL两家于1900年年初创办的。SFA的宗旨是建造一家与时尚优雅的生活方式相吻合的个性化专业百货店。

①突出最高品质。1924年9月15日，创办者梦想中的百货店开业了，它成为了当时还是住宅区的第五大道上第一家大型零售店，出售最高品质的男女服装与珠宝，提供独特的客户服务。SAKS第五大道百货凭此成为品位经典的代名词，服务第一是SFA公司的口号。

②打造高贵奢侈经营者形象。SAKS在1925年对它的旗舰店进行了时尚艺术化的装修，格调豪华，在第五大道成功打造了一系列高贵奢侈的专业店，为专卖店精挑细选了一批经典的品牌，使之在行业中一直处于遥遥领先的地位。因此，其旗舰店成为全球最好的百货店之一，员工充满工作热情，总是设法满足顾客要求。1972年至1989年，SAKS又新开了20家分店，大部分位于德州和中西部，其中有8家是原有的老店。

③引进资本进行扩张。1973年上市公司BAT子公司BATUS通过收购GIMBEL BROS公司对SAKS进行了收购。在1990年，S.A投资公司和一群国际投资商又对BATUS进行了收购，从此开始了SAKS第五大道新的一页。

④经营开始强调满足顾客个性化需求。1980—1986年是SAKS第五大道发展的兴盛期，SAKS强调百货突出个性化，将连贯统一的个性贯穿到整体经营风格。

⑤经营策略进行修改——涉足折扣经营。SAKS第五大道第一家品牌折扣店在1992年以CL命名，在弗兰克林开业。品牌折扣店1995年正式改名为OFF 5TH，目的是占领更多的市场份额。

⑥通过横向收购实现进一步扩张。1994年年末，SAKS采取了积极的态度，收购了MAGNIN的四个百货店。随着1995年8月西部SAKS在BEVERLY HILLS开业，SAKS第五大道成为当地最大的专业店。扩张后的东SAKS和西SAKS店铺面积26万平方英尺，经营男士所有种类服装及女士特别尺寸服装（特小码和加大码）。1997年8月，公司在圣弗朗西斯科新开了一家男士服装专

卖店，推出了更多由女设计师创造的作品。

2. 伦敦现代零售业的发展

传统上，英国的零售业态以小型零售店铺为主。经过 19 世纪、20 世纪的几次流通革命，目前基本形成了以百货公司和连锁超市这两种业态为主体的多层次、多形式、多功能，适合不同消费群体需求的多元化零售经营业态。

伦敦已经成为全球顶尖零售商的首选之地，其零售业的发展有自身的特点。

(1) 业态发展多元化

就现在状况来看，伦敦的零售业主要由七部分组成，分别是大型连锁超市、大型百货商店、大型购物中心、仓储式商场、专卖店、无店铺经营，其他业态包括中小型超市、便民店、杂货店等（见表 9-5）。

表 9-5 伦敦零售业态及代表

零售业态	典型代表
大型连锁超市	TESCO
大型百货商店	马莎百货
大型购物中心	商业街
仓储式商场	CARGOCLUB
专卖店	各类专卖
无店铺经营	Littlewood
其他	HONDO

(2) 经营连锁化、全球化

连锁经营是英国零售业发展的最重要方式之一，伦敦更是如此。许多零售企业均采取了连锁经营的形式，据统计，连锁经营在整个零售业的市场份额超过 1/3。

连锁经营模式不但在国内如火如荼、遍地开花，目前还呈现出全球化发展趋势，一方面，由于英国国内市场的局限性和饱和性，只有实行国际化经营才能实现销售的持续增长；[①] 另一方面，随着生产和商品流通的国际化，国际市场需求呈多样化趋势，TESCO 就是一个典型例子。

---

① 白玉苓：《英国零售业发展现状及对我国的启示》，《商场现代化》2007 年第 1 期。

（3）组织机构规模化

生产社会化程度的提高、整个社会的消费规模不断扩大、消费者需求不断上升是企业规模化经营的外部环境，同时，信息技术的进步为企业管理提供了新的方法和保证，规模化的发展策略可以提高自身竞争实力，实现低成本经营。从20世纪90年代开始，英国零售企业不断扩大规模，由于零售企业发展呈巨型化、规模化，中小型企业被迫进行兼并、重组或联盟，使一些中小零售店举步维艰，有些地区为保护中小零售商的利益而抵制像TESCO等大型零售商进入本地市场，但规模化的发展趋势势不可当。

（4）网点布局合理化

各商业网点之间，综合商店与专业商店之间以及大中小商店之间，在发展中注重合理配比与有效构成。如TESCO、Marks&Spencer、NEXT、Boots、Bodyshop等往往分布在城市中心地带，发挥零售的集聚效应。[1] 又如，Lidi店的选址与其定位相一致，由于其服务对象主要是中低收入的工薪阶层、无固定收入居民及退休的老年人，因而，为适应这些人的需求，Lidi店往往设在市中心居民区和各个小城镇。

3. 东京现代零售业的发展

第二次世界大战后，随着日本经济和社会环境的变化，其流通业经历了五个时期的发展：20世纪50年代至60年代前半期的复兴、回归期；60年代后期至70年代前期的高速成长期；70年代末至80年代初期质的变化期；80年代后期至90年代初期业态多样化期；90年代后期开始的再构筑和变革期。进入21世纪，随着通信、计算机技术的普及以及网络化的实现，日本已建成世界上较成熟的流通系统，拥有了先进的零售业态。其零售业态的类型主要有百货店、大型综合商场、超级市场、大型超级市场、便利商店、购物中心、专门店、折扣商店等，[2] 它们在布局、规模、商圈、目标顾客、商品构成等多方面的差异构成了日本多样化的零售业态。

（1）购物中心

日本的购物中心功能丰富多样，为消费者提供车位；消费者日常所需商品能一次购足；既是购物场所又是休闲、餐饮、娱乐场所，满足消费者多种需求。这种购物中心的合理之处在于打破"大"的片面观点，合理运用空间，让消费者能合理利用时间完成全方位的购物消费，以消费频率高的商品为主，吸引消费者集

---

[1] 白玉苓：《英国零售业发展现状及对我国的启示》，《商场现代化》2007年第1期。
[2] 茹莉：《日本零售业的发展趋势及其对中国的启示》，《河南商业高等专科学校学报》2005年第1期。

中消费。

(2) 专门店

专门店即为我国的专卖店，指专门销售单一品种或单一品牌商品的商店。日本的专门店有三类：面积在600平方米以上的大型专门店；150～600平方米的中型专门店；150平方米以下的小型专门店。这种专门店的特色有以下三方面。

第一，日本店面在灯光设计上非常专业，不同产品都有适合的灯光做渲染，暖色和冷色灯光运用近乎完美。店内的灯光主要是以暖色灯为主，让客户有安全感。展示家电和数码产品的灯光主要以冷色灯光为主，突出产品的技术感，有些产品由于产品定位配以暖色系灯。

第二，日本零售店面充分运用POP（Point of Purchase）卖点广告，为顾客提供最清晰、便捷的购买信息。

第三，日本品牌店中都开辟产品体验区，这些区域的目的不是进行销售而是让客户充分体验主推产品的功能，特别是结合周边产品的布置陈列。这样的体验区域让顾客可以随时体验整套产品，给客户提供一整套的解决方案，区域内没有价格等销售信息，客户有购买需求可直接到销售区域获取信息。

(3) 折扣商店

折扣商店是指全年提供低价或折扣优惠的品质优良商品的商店，折扣商店以特有的价格优势而成为日本零售业的新宠。其商业借鉴之处有推行会员制，吸引消费者；推行仓库售货，减少商店装修费用，节省成本；批发兼营，销售渠道丰富；以自我品牌为主取得价格方面的优势。

(4) 便利商店

日本目前有接近8万多家便利商店分布在全国城乡各地，一般实行连锁经营，零售各种食品和日常生活用品。便利商店的竞争优势在于为顾客提供"随时、随地、随意"的购物服务，如7-11商店就是一个例子。日本便利店的特色商业之处主要是推行连锁经营和突出方便服务的经营特色，这也是其成功之处。

4. 巴黎现代零售业的发展

很长一段时间以来，巴黎城市一直是单中心发展，传统城市中心是巴黎的政治、经济和文化中心，跨国公司总部、专业事务所和国际组织机构等在巴黎内城西部格朗大道和第十六区原高级住宅区集聚。为应对经济全球化，巴黎在20世纪60年代初通过规划引导打破了单中心模式，在从卢浮宫、协和广场、香榭丽舍大街一直到凯旋门城市轴线的西端开发建设拉德芳斯，经过不懈的努力成为欧洲最大的新兴商务区。虽然按照原规划计划在巴黎近郊原有基础较好的地点建立9个新的副中心，但是其他的8个只是一般性的地区中心，仅提供商业和交通等服务，只有拉德芳斯最后发展成为巴黎新的商务集聚区，成为现代巴黎的象征。

不同于纽约曼哈顿CBD，巴黎拉德芳斯是一个脱离传统市中心由政府主导新建的城市CBD。20世纪50年代，由于巴黎办公楼紧缺和保护老区的需要，法国政府决定扩大市区范围，新建一个城市CBD。

巴黎拉德芳斯CBD位于巴黎城市主轴线的西端，1958年开始规划开发，占地750公顷。经过近50年的规划建设，已经成为当今世界著名的CBD之一。

区内交通实行互不干扰的人车彻底分流方式，位于巴黎城市主轴线上的大型二层人工广场在实现人车分流的同时，提供了一个巨大的、开阔的观景平台，成为拉德芳斯最主要的公共步行空间和观光旅游的必经之地。

拉德芳斯CBD区内的规划设计特别注重广场、水池、绿地、雕塑、小品和斜坡等所组成的街道开放空间的综合协调。商务区的1/10是开放空间，园区面积达32万平方米。位于主轴线中央独特的大拱门建筑具有很强的凝聚力，犹如"面向世界"的窗口，又好像巴黎的一座"新凯旋门"，使拉德芳斯CBD名扬四海，吸引了更多的商业投资。

（三）国际大都市现代零售业发展的特点

随着21世纪的到来，就整个世界范围来看，零售业发展呈现出以下的特点。

1. 零售业的先导地位日益突出

随着新技术革命的推进和国际贸易的迅猛发展，经济运行中传统的生产决定流通、流通引导消费的时代已成为过去，生产者主导转变为消费者主导，零售业在经济发展中的作用和地位明显提升。在全球性买方市场的大背景下，国际零售资本依托强大的营销网络、技术优势和资本实力逐渐控制了全球大部分消费品生产领域，如世界最大的零售业跨国公司沃尔玛，其投资和控股的工业企业就达10万多家。如果说21世纪的经济是以先进的信息技术和发达的物流为依托的流通主导型经济，零售业则是流通业的先导（见表9-6）。

表9-6　　　　　　　　国际大型零售企业本土情况

名称	所在地	店铺数量（本土）（家）	员工数量（本土）（人）
沃尔玛	美国	4058	约195万
家乐福	法国	5515	约17万
特易购	英国	691	约30万
麦德龙	德国	700	约14万
伍尔沃斯	澳大利亚	1114	约12万

2. 零售业态多样化，业态重心发生转移

消费需求的多层次、多样化对零售服务的形式提出了更高要求，这必然导致零售业态的多样化与之相适应。在当今西方发达国家，主要的零售业态有四种：一是以配送为基础的大型连锁超市，主要通过配送中心辐射多个超市形成区域化经营网络；二是以大型超市为中心，在城乡结合地区或高速公路边形成连接众多专卖店的规模化购物中心；三是以大型百货商店为主，包括餐饮、娱乐、住宿等为一体的综合性商场；四是以中小型超市、便民店、折扣店、专卖店等形成的零售经营网络。就某一单个企业而言，多数零售企业采用了多业态的经营方式。据统计，全球零售百强企业大多在两种至三种业态，有的企业甚至在五种业态中同时开展业务。在零售业态逐步趋于多样化、立体化的同时，零售业态的重心或者说业态的主导模式已经发生了转移。近20年来，世界零售业基本完成了从传统百货业态为中心向以连锁超市业态为中心的转变，连锁超市已成为当代零售业态发展的主流。进入21世纪，可以发现，世界及我国销售额排名靠前的零售企业，其经营方式无一不以连锁超市业态为主。

3. 零售经营管理高科技化

高科技是现代零售业发展的强大支撑力量。国外一些大型零售商借助高科技特别是信息技术手段的支持，建立起以商用卫星系统、商业电子数据处理系统、管理信息系统、决策支持系统为核心的强大的商业自动化处理系统，从而彻底改变了传统零售业的运作方式。企业的日常经营管理活动，包括顾客资料的收集与分析、销售资料整理、进货与补货的调整等都可以通过现代化的电子信息技术进行管理，如沃尔玛在美国总部拥有仅次于美国联邦政府的最大民用卫星通信系统，其总部与全球各分店和供应商的联系就是通过庞大的计算机信息系统进行的。除了对信息化技术的高度依赖，现代零售企业在经营管理中还广泛应用机械化技术、自动化技术、现代生物技术等，例如，现代物流技术（如现代化的配送中心，现代化的分拣技术、传输技术、堆码技术、包装技术等）、自动传感技术，食品的保鲜、冷冻、杀菌、干燥技术等。

（四）国际大都市现代零售业发展的趋势

全球化已经成为当前世界经济发展的突出特征之一。它通过全球金融市场的整合，商品和服务产品的全球分布以及劳动分工在全球层面的重组和扩展使城市成为世界经济的全球或区域节点，从而深远地影响着城市的经济发展。在全球化的今天，零售业的发展也呈现出新的趋势，主要表现在以下两方面。

1. 连锁化、集团化、集中化趋势明显

20世纪90年代以来，传统零售业的连锁化进程明显加快。世界零售业的几

大巨头,如沃尔玛、家乐福等就是以连锁超市为其主要业态。在一些快速发展的发展中国家,连锁店也逐步成为零售业发展的主要业态。自1995年以来,中国连锁超市业的平均增长速度在70%以上,连锁超市是中国商业领域最具活力的业态之一。同时,随着连锁超市业态的发展并逐步占据主导地位,零售企业原来分散的、单体的、区域的经营逐步朝着集中的、集团的、跨区域的规模经营转变。而且随着大规模生产向大规模订制的过渡,零售业过去以中小企业为主的产业组织格局正在发生根本性改变,而零售企业的连锁化、集团化、跨区域发展意味着零售业主导厂商的巨型化,这种巨型化可带来可观的规模效益,表现在大型零售企业尤其是大型连锁超市可集中批量进行采购,从供应商得到价格的优惠——低成本购入;可通过各分店商业设施的统一化、标准化降低成本;大型零售企业依靠雄厚的财力,可进行小企业无力开展的市场调研、广告宣传、产品研发活动等。

2. 零售业国际化发展的趋势日益显著

随着经济全球化和区域经济一体化趋势的加强,零售业国际化发展趋势越来越明显。一方面,随着服务贸易自由化的推进,不少国家对外资进入本国零售业都放松了管制,为零售业国际化消除了障碍;另一方面,全球化的采购中心日益成为国际零售业巨头降低成本、获取更大利润空间的主要手段。全球零售业200强企业中大部分都在两个以上国家设有营业场所。目前,零售业国际化主要表现为店铺选址国际化(零售企业在国外以独资、合资或合作等方式开立分店从而实现国际化)、商品供应国际化(零售企业从国外采购商品然后到国内销售)、资本国际化(零售企业通过在海外市场募集资金,然后向国内关联企业融资,或者在海外进行其他投资活动,从而实现国际化)、信用卡国际化(通过发行在国外使用的信用卡而实现国际化)、非零售事业的国际化(零售企业通过在海外经营非零售事业而实现国际化)等。

四、国际大都市现代零售业的业态研究

(一)国际大都市现代零售业的业态分析

1. 国际大都市现代零售业业态结构分析

(1)英国大都市现代零售业业态结构

英国大都市零售业态发展多元化。传统上,英国大都市的零售业态以小型零售店铺为主。经过19世纪、20世纪的几次流通革命,目前基本形成了以百货公司和连锁超市这两种业态为主体的多层次、多形式、多功能适合不同消费群体需求的多元化零售经营业态。英国大都市零售业态主要有以下六种类型。

第九章　国际化大都市现代零售业发展研究

①大型连锁超市。英国大都市的连锁超市相当发达。世界500强企业之一、赫赫有名的国际零售巨头TESCO就是以配送中心为基础的大型连锁超市，零售销售总额英国大都市排名第一，世界零售业排名仅次于沃尔玛和家乐福。TESCO成立于1919年，已有90多年的历史，其雇员超过25万人，年营业额700多亿美元。英国大都市人每8英镑的消费中，至少有1英镑花在TESCO的连锁店中。大约60%的英国大都市公众每月至少都会进TESCO一次。TESCO在全世界有2800多家门店，可以说连锁经营是TESCO成功的秘诀之一。

②大型百货商店。英国大都市许多百货商店有上百年的经营历史。虽然近些年各种新型零售业态对百货店造成巨大的冲击，但它们在风雨飘摇中稳稳地立足于市场中。例如，成立于1884年的Marks&Spencer（马莎）百货，坚持以市场为导向不断创新和改革，及时调整营销策略，明确市场定位，在商品结构上采用别具一格的战略，提供优质但并不昂贵的商品，树立主力商品概念，使其不断焕发青春。同样，具有近百年历史的T.J.Hughes百货店，以经营大众服装、鞋帽、家居用品为主，而John Lewis和NEXT百货店则面对高收入顾客。总之，不同的百货商店以特色经营在市场中站稳了脚。

③大型购物中心。英国大都市20%以上的购物中心位于郊区。[①] 据统计，英国大都市的购物中心已超过1400个，总建筑面积为2090万平方米。最近几年，英国大都市政府对新建购物中心开发采取严格的限制政策，所有的开发必须证明在市镇中心或周边没有可供其开发的用地，且这项开发并不会影响邻近市镇的发展。因此，几乎所有的开发计划无论是否有争议，在通过或否决开发案前都需要经过政府审议和公听程序，增大了新建购物中心的难度。当前，英国大都市的购物中心特点是休闲、餐饮、娱乐化。据统计，25%的新建购物中心开发设计方案中都包括了主要的娱乐设施，如电影院、保龄球场、夜总会等。大部分新购物中心都设置了许多餐厅、咖啡厅以及成规模的美食街、美食中心。购物中心呈现出一种向休闲、娱乐方面发展的趋势，扩张、整修更新为主流。为降低风险，许多购物中心的投资方案都不是建设新项目，而是以扩张、整修更新旧有的购物中心为开发方式。由于政府对新开发计划的总量管制，许多大型项目规划在市镇商业区中（大部分都在大城市中），带动了大城市商业中心的复兴。无论是在利物浦、伯明翰、曼彻斯特还是在爱丁堡、普利茅斯，都有一条主要的商业街，即在每个城市的中心区分布着不同的购物中心。

---

① 白玉苓：《英国零售业发展现状及对我国的启示》，《商场现代化》2007年第1期。

④仓储式商场。物美价廉是大家共同的需求，在富裕的英国大都市，人们也热衷于购买廉价商品。集商品销售与商品储存于一身的仓储式商场于20世纪60年代起源于荷兰，70年代后迅速波及欧美，英国大都市第一家仓储式商场CARGOCLUB，占地面积达100000平方英尺以上，实行会员制。目前，英国大都市的许多仓储式商场并不须办理复杂的会员手续，而是通过较低的地租、简陋的货架、低价的商品来吸引顾客。例如，Lidi店虽然来自德国，但在英国大都市的零售市场做得有声有色、可圈可点。Lidi店的营业面积一般在500~800平方米，只设两三个收银台，营业人员仅为4~5人，人均服务面积超过100平方米，充分挖掘了员工的潜能。包括店长，每人都身兼数职。Lidi店在经营中处处精打细算，为节省营业空间和理货时间，除少量日用品、食品设有货架、冷柜外，其他商品均按原包装的货物托盘在店内就地销售。腾空的纸盒顾客可随意自取，而且顾客需付费购买购物袋。这样既节省了包装开支，又防止了因滥用包装带来的环境污染。较低的运营成本使其经营的商品一般比其他超市便宜10%~20%，有些甚至便宜50%，我们做过对比，同样的一根黄瓜在TESCO是29便士（相当于人民币4元），而在Lidi店只需11便士（约1.5元人民币）。Lidi店以其低廉的价格吸引大众前来购物，尤其是留学生们常来光顾。另一家在利物浦的留学生中口碑较好的是Home Bargains店，虽然面积不大，但经营食品、洗涤用品、文具等，以"高品质，低价格"为招牌，客流量非常大。仓储式商场以薄利多销对英国大都市大型综合性商场构成了一定威胁。

⑤专卖店。英国大都市的专卖店多数设在繁华商业区、商店街或百货店、购物中心内。主要经营特色商品、品牌，专卖店的陈列、照明、包装、广告都非常讲究，服务人员具备丰富的专业知识，态度热情。例如，以经营医药、美容、保健品为主的Boots店和Superdrug店，以经营电器为主的Dixons，经营化妆品的Body Shop店，服装专卖店Monsoon、ZARA、GEORGE店，鞋类专卖店Barratts等。这些专卖店虽然相对价格较高，但以专业性、服务性和品牌的稳定性赢得了市场。

⑥无店铺经营。以邮购、直销、电话订货、电视销售为主的英国大都市的无店铺经营方式起源于1950年，此后迅速发展，其成功典范是以经营综合性商品邮购为主营业务的Little Woods店，年销售额名列零售业销售总额前十名。同时，英国大都市许多大型零售企业均以开设各种形式的无店铺经营为"副业"，使其成为新的经济增长点。以TESCO为例，其主营业务为连锁超市，但其专门设立了电话订购酒、花等小商品的TESCO Direct这一营销形式，并利用网络进行无店铺经营，TESCO的网上商店每星期收到的订单高达15万份，需要出动

第九章 国际化大都市现代零售业发展研究

1000辆卡车将这些货物送到订货人手中。

(2) 美国大都市现代零售业业态结构

层次分明的商业形态奠定了美国商业零售业的基础。美国大都市的商业零售业形态多种多样,极大地方便了居民生活。当前美国商业零售业形态主要包括以下几种。

①大型购物中心(Shopping Mall)。美国各个大小城镇都会有至少一个大型购物中心。购物中心以"大而全"为特点,占地面积37000~74000平方米不等(超过74000平方米的则称为"超级购物中心"),通常有几大区域,云集了数十至上百家品牌商店,服装、鞋帽、食品、百货等应有尽有,并配有餐饮、美容、娱乐等服务设施。很多大型购物中心没有公共交通,都有占地广阔的停车场,消费者需自行驾车前往。目前,美国最大的大型购物中心Mall of America位于明尼苏达州的伯明顿市,占地面积达39万平方米。

②厂家直销购物中心(Outlet Mall)。它也是大型购物中心的一种,与普通大型购物中心不同之处在于,这类购物中心容纳的大部分是专营名牌产品的厂家直销店(以服装类产品居多),另有少部分的店专卖退货商品和已停产商品。世界上第一家厂家购物直销中心"名利场"(Vanity Fair)1974年出现于美国宾夕法尼亚州的雷丁。该类购物中心一般选址在各州交界、人口稀少但紧邻高速公路的地方,由于场地租金低、中间环节少,价格会比普通商店便宜很多。

③百货商店。百货商店一般位于市中心,占地面积大,装修豪华,经营品种繁杂。美国主要的百货公司包括Macy's、Sears、T. J. Max、Nordstorm、H. M等。近年来,百货商店在零售业中的主导地位下降,市场份额减少。百货商店也在不断收缩经营面积,调整结构,向小型化、专业化方向发展。2008年10月,受金融危机影响,拥有59年历史的美国老牌连锁百货公司Mervyns申请了破产保护,旗下149家商店将在清货后关门停业。

④综合超市。与普通百货商店相比,综合超市的商品更加丰富,且以物美价廉为经营定位。这主要依赖于更大的销售量以及更加完善、高效的物流配送体系。美国主要的超市包括沃尔玛(Wal-Mart)、K-Mark、Target等。其中,沃尔玛2007年销售收入达3511.39亿美元,据美国《财富》杂志统计,沃尔玛也是当前全球最大公司。

⑤仓储式商店(又称平价俱乐部)。其特色是实行会员制,设施简单,以库为店,内部不装修。经营范围包括食品和非食品类商品,实行少品种大批量销售。商品价格低,同样商品的价格比普通商店要低20%~50%。平价俱乐部的

目标顾客是小企业主,但由于商品售价低也吸引了不少个人会员。① 比较著名的店有科斯科(Costco),在美国和波多黎各有 383 个店铺,在加拿大等其他国家和地区开设了 135 个店铺,2007 年的销售达 630 亿美元。美国人日常消费最多的大宗商品中,相当大的比重来自平价商店。

⑥专业超市。在美国,专业超市几乎遍布各个消费领域,如食品、服装、家居建材、家用电器、办公用品、体育用品、汽车用品、宠物用品、家具、玩具、图书、园艺及经营廉价商品的"一元店"等。这些超市多以连锁为主。比较著名的店如 Safeway、Trader Joe's、Bestbuy、Circuit City、Lowe's、Office Depot、Sports Authority、PetSmart、Pep Boys、Boarder 等,均着重提供专门领域的商业服务。

⑦便利店。经营日常用品和食品,每个店 100~200 平方英尺,为消费者就近购物提供了方便。20 世纪 80 年代遭到冷落,90 年代后东山再起。比较典型的有 Walgreens、7-11 等。

⑧网络。近年来,因为技术进步、网络购物本身的价格优势、购买便捷等多种原因,网络购物得以迅速发展。据美国统计署的资料,2007 年美国网络销售总额已高达 1364 亿美元,占美国零售总量的 3.4%,2013 年 2 月 8 日市场研究机构 ComScore 发布的最新报告显示,2012 年美国零售电子商务营收仍然保持增长势头,达到了 1862 亿美元,比 2011 年增长了 15%。不单是专业网络购物公司如亚马逊、eBay 等发展迅速,形形色色的生产商和超市(如沃尔玛)等都提供了网络购物服务。可以认为,电子商务已经开始成为主流销售方式,越来越多的美国人选择在网上购物,购物范围也越来越广。

(3) 日本大都市现代零售业业态结构

进入 21 世纪,随着通信、计算机技术的普及以及网络化的实现,日本已建成世界上较成熟的流通系统,拥有了先进的零售业态。其零售业态的类型主要有以下几种。

①百货业。百货业是日本传统的零售业态,20 世纪 40 年代初开始在日本迅速成长,并在 80 年代达最高峰,之后由于受到新型业态的竞争,百货业的地位开始逐渐下滑。② 2006 年日本百货店销售额约 8 兆 6440 亿日元,连续第 9 年呈下降态势,比 2005 年下降 1.4%,比最高峰时 1991 年减少了 4 万亿日元。近年来,百货店在日本零售业总销售额中的比重逐渐下滑,而购物中心、超市的比重

---

① 《美国商业零售业的特点》,http://www.Chinabidding.com/zxzx-detail-3030022.html,2008 年 12 月 22 日。

② 朱桦:《简论日本百货店的经营特征》,《商业经济》2008 年第 2 期。

第九章 国际化大都市现代零售业发展研究

却稳步增加。

②便利店。20世纪60年代末日本从美国引入便利店业态，70—80年代便利店在日本得到迅速发展。90年代初达到巅峰，进入成熟期，从90年代末开始日本便利店公司进一步向大型商社实行规模集中。便利店业态在日本随处可见，在东京比较有代表性的便利店是LAWSON（罗森便利店），7-11的网点没有LAWSON的网点密集。便利店在日本的飞速发展主要是适应了城市快节奏的消费需求。大街小巷随处可见的自动贩卖机是政府服务民众的一项措施，甚至在乡村小镇也是百步可见自动贩卖机。随着消费需求的发展，健康、时尚、便利成为大众消费的主要诉求，有机健康食品便利店也随之发展。NATURAL LAWSON（有机便利）店穿插在城市之中，装修风格强调轻松、舒适、居家的气氛。商品的丰富度极高，主要经营品种是包装食品、即食食品、饮料、护肤品、图书、食吧（咖啡、热包、茶）、保鲜食品（便当、寿司），便民服务设施主要以银行卡服务为主。

③专卖店。专卖店是日本零售业中重要的一种传统零售业态，专卖店主要集中在东京商业繁华地带，如新宿的银座，原宿的名店一条街。银座是一条二三十米宽阔的道路，两边林立世界一线品牌的名店，LOUIS VUITTON、BUBBERRY、SWAROUSKI、MONTBLANC、LANVIN、ZARA、PRADA、VERTU，其中也夹杂着独立的购物中心MATSUYAGINZA、三越的中元等。比较人性化的是道路中间专门设置了休闲的座椅和遮阳伞，全天在10：00—17：00全路段禁止机动车通行，给游客带来了极大的便利。

④大型综合商场。大型综合商场在日本零售业所起的作用非常重要。Tokyu Hands实际上是一个时尚生活馆的概念，主要包含十大品类中心：Bag&Travel、Strage、Home Maintenance&Light、Curtain&Bedding、Bathroom、Kitchen、Stationery、Variety Goods、Beauty&Health、Doubleday。各品类中心都有醒目的区域区分色和突出的门楣设计。整个卖场强调素雅的风格，动线清晰、布局合理、衔接有序。全场天花吊顶、筒灯照明，沿墙辅以暗藏灯光，陈列设备以1.35米高度为主，全场通透性极强，采用靠墙3.3米的嵌入式货架。商品的主题性陈列、展示性陈列、情景式陈列、突出式陈列相得益彰，交相辉映，全方面、多角度地展示了商品，引导出顾客的强烈购买欲。Precce是典型的中高端超市，生鲜和食品各占一半的营业面积。商品的陈列丰富度高，货架高度1.8米，通透性好。其突出的特点是全场使用电子标价签（在日本，中高端超市的电子标价签得到普遍推广应用），商品的展示陈列也向精细化发展。

⑤购物中心。购物中心业态近十年在日本发展迅猛。东京的购物中心有AE-

ONLAKETOWN、BEISIAMALL、LALAPORT、OUTLETPARK。购物中心的店铺构成主要以主力店（JUSCO、ITOYOKADO、THEPRICE）和次主力店为主，集中了休闲、娱乐、餐饮的配套服务，甚至还有宠物饲养、汽车销售等功能性配套。各式各样的商品琳琅满目、千姿百态的陈列夺人眼球、清晰明了的标识随处可见、色香味全的餐饮让人垂涎欲滴。

2. 国际大都市现代零售业业态的特点

在经济全球化的进程中，国际大都市零售业态呈现多样化，并且业态重心发生转移。消费需求的多层次、多样化对零售服务的形式提出了更高要求，这必然导致零售业态的多样化与之相适应。在当今西方发达国家，主要的零售业态有四种：一是以配送为基础的大型连锁超市，主要是通过配送中心辐射多个超市形成区域化经营网络；二是以大型超市为中心，在城乡结合地区或高速公路边形成连接众多专卖店的规模化购物中心；三是以大型百货商店为主，包括餐饮、娱乐、住宿等为一体的综合性商场；四是以中小型超市、便民店、折扣店、专卖店等形成的零售经营网络。就某一单个企业而言，多数零售企业采用了多业态的经营方式。据统计，全球零售业百强企业大多在两种至三种业态，有的企业甚至在五种业态中同时开展业务。在零售业态逐步趋于多样化、立体化的同时，零售业态的重心或者说业态的主导模式已经发生了转移。近20年来，世界零售业基本完成了从传统百货业态为中心向以连锁超市业态为中心的转变，连锁超市已成为当代零售业业态发展的主流。

（1）英国大都市现代零售业业态特点

连锁经营成为英国大都市零售业发展的最重要方式。无论在首都伦敦还是在其他任何城市，都有TESCO、Marks&Spencer、NEXT、Boots、Body Shop、Superdrug等店，充分展示了其连锁经营的特色。可以看出，在英国大都市，超市、百货商店、专卖店、便利店等各种不同业态均采取了连锁经营的形式，据统计，连锁经营在整个零售业的市场份额中超过1/3。英国大都市的连锁经营模式不但在国内发展得如火如荼、遍地开花，目前还呈现出全球化发展趋势。一方面，由于英国大都市国内市场的局限性和饱和性，只有实行国际化经营才能实现销售的持续增长；另一方面，随着生产和商品流通的国际化，国际市场需求呈多样化趋势。到目前为止，TESCO已经在英国大都市之外的13个国家开展了业务，包括爱尔兰、匈牙利、捷克共和国、斯洛伐克、波兰和土耳其，以及日本、马来西亚、韩国和泰国等。在2004年7月之前，TESCO在中国几乎都没有留下什么痕迹，中国的消费者也很少听说过TESCO。但是今天，TESCO已经在中国拥有了39家大卖场。TESCO主要是通过收购台湾顶新集团旗下的乐购超市正式进入中国市场。借助乐购原有地销售网络，TESCO 迅速完成了在中国东北、华北、华东市场的战略布局，预计 2007 年将在北京开店。TESCO 的全球扩张战略不仅使其有效地降低了经营成本，提升了规模效益，成为英国大都市零售业的龙头老大，而且迅速占领了欧洲及亚洲市场，充分实现了市场占有最大化、企业价值最大化和成本最低化。

（2）美国大都市现代零售业业态特点

连锁经营构成了美国商业零售业运营的主流。连锁经营方式首创于美国，1859 年出现在纽约，到现在已有近 140 年的历史。目前，连锁经营已成为美国现代商业零售业的主流，也被广泛应用于餐饮、旅店等许多服务行业。在全美 1000 强企业中，商业连锁企业有近 100 家。现在美国零售业销售额的绝大部分都是连锁商业创造的。连锁商业对商品采购、配送、销售、财务等业务环节实行专业化分工，各门店专门负责日常销售。集中采购、统一进货是连锁店的突出特色。美国连锁店货源的 95% 由总部确定，5% 由门店自定的商品中主要是生鲜类商品。连锁店总部或大区分部的配送中心负责订货，配送中心承担着各门店所需商品的进货、库存、分拣、加工、送货等任务。美国连锁商业零售企业都有一个完善、高效率的配送系统，沃尔玛便以其庞大的配送系统而闻名。连锁分店则按照总部的指示和服务规范要求承担日常销售业务。每个连锁企业都有一套统一的经营策略和管理要求，详细规定了商品质量标准、服务标准、商品价格及操作规程等，所有分店必须严格执行。连锁经营把现代大工业、大生产的组织原则应用于商品流通领域，提高了协调运作能力，实现了规模经营效益，其最重要的影响就是降低了商品价格。同时，流通领域日益远离对生产领域的依附，发展成为独立的现代流通产业，乃至形成商工一体化的新型企业。

（3）日本大都市现代零售业业态特点

连锁经营是日本零售业占绝对优势的经营组织形式。日本零售连锁企业创造了日本连锁业成长的奇迹，现在已成为日本零售商业市场组织的主要形式，渗透到零售、餐饮、服务各个领域，在很大程度上已经控制了零售业，覆盖了大多数的消费层面。[①] 第二次世界大战日本成长最快的零售连锁企业是大荣，拥有 8700 多家分店，跨国实施连锁经营最早也是最成功的是八佰伴，伊藤洋华堂则是实行多业态连锁的混合集团，拥有 26000 多家分店，三越为长期主导日本百货的大百货连锁公司。从这些企业的经营方式可以看出日本连锁经营企业成功的秘诀。

①广泛采用薄利多销策略。连锁企业引进先进的流通技术，如自助售货、分

---

① 茹莉：《日本零售业的发展趋势及其对中国的启示》，《河南商业高等专科学校学报》2005 年第 1 期。

期付款、信用卡、邮送商品等行销方式，打破了传统的柜台交易和现金交易方式；另外，争取由零售商掌握商品价格决定权，改变由厂家决定流通价格的权利，开发商品自有品牌，增强流通业对制造业的主导权和控制。

②连锁方式多样。许多连锁企业分店形态多样，涉及购物中心、综合零售商店、超市、折扣商店、便利店、邮购、仓储店、专业店等几乎所有零售业态，连锁经营的方式除直营外，还有自有、特许、加盟等多种形式。

③广泛采用POS系统，提升管理效率。近年来，零售业信息化的中心是POS系统，其最直接的优势是收款作业的省力化、迅速化和准确化，同时，在经营战略方面也能够运用POS系统。据调查，在日本98.15%的便利店、97.15%的综合超市、97%的生鲜店铺、96.17%的百货店、93.11%的食品超市都导入了POS系统。伊藤洋华堂是日本最早利用POS系统的企业，通过7000台POS收银机，总部准确掌握各类商品的销售动态，进行少量多样的进货作业以减少库存，市场针对性更强。

④经营上突出特色。罗森便利店已启动了一种使用紫红店招牌的便利店系统，专卖健康商品，如绿色食品、健康食品等，商品中不使用防腐剂和合成色素，深受消费者欢迎。

(二) 国际大都市现代零售业业态的创新

1. 传统零售业态的创新

百货业始于19世纪中叶，20世纪90年代初出现了全球化的衰退趋势。通过变革创新，1998年后国际大都市百货业又出现令人振奋的复苏迹象，如西尔斯、联邦百货、巴黎春天等世界著名百货店又焕发了青春，取得了骄人业绩。成功的策略主要包括百货业营销观念的创新；用特色营销战略代替了无差异战略；扩展服务内涵；通过并购重组实现规模化经营，积极应对挑战。

2. 购物方式的创新

网络化是零售业未来的主导，更多的企业将通过网络来开展销售信息化。电子商务的发展推动着交易方式的根本性改变，虚拟商场、网上商场等各种新型业态发展迅速。消费者的网上购物环境不断改善，网上零售品种越来越丰富，网上商品销售范围不断扩大，销售比重进一步增加，这种方便、经济的购物方式将受到越来越多消费者的欢迎。"网上看形，便利店看实物，配送中心送货"的经营模式也迅速推广开来，即店中只摆放样品，顾客可通过网上查询或到连锁便利店中看实物，然后直接在网上或到便利店中订购，配送中心再根据订单送到消费者指定的便利店或消费者家中。因此，网站运营商与传统商业企业的合作将越来越普遍。

3. 各种零售业态相互渗透与融合

随着竞争的加剧，一方面，各业态之间为扬长避短纷纷引入其他业态的优点，业态之间相互渗透与融合成为世界零售业态发展的一大趋势。另一方面，随着居民购买能力的提高和商业的繁荣，消费需求的多样性、层次性、动态变化性等特点客观上也决定了发达国家零售业态必然朝着多样性、多层次性、相互交融的格局发展。其特点包括百货店的超市化、购物中心化；超市与其他业态的融合；业态融合的产物——大型购物中心的出现。

4. 连锁经营

自从 1859 年世界第一家连锁店"大西洋与太平洋茶号"在美国纽约建立以来，经过 147 多年的发展，连锁经营几乎被所有零售业态作为组织形式所运用，成为零售业的主流发展方向之一。在一些经济发达国家，连锁经营销售额占零售业销售总额的比重高达 50% 以上。零售商业获取高额利润的时代已经结束，单店规模已不再适应市场的竞争要求，未来连锁经营占有的市场份额会更多，聚合单体经营、走向连锁规模经营是未来商业的主潮流。通过连锁经营进行重组改造，改变零售业普遍规模小、各自为战的局面，实现商业资本的集中经营，降低交易费用，提高零售业的组织化程度、规模化程度，提高市场占有份额成为国外大型零售企业的制胜法宝。连锁经营的迅速发展要以高效的配送中心为基础。随着信息技术的快速发展，发达国家已经通过建立高效化的物流网络信息系统实行供应链管理或零库存管理。连锁企业的信息系统将各连锁店和总部、物流配送中心密切连接起来。

5. 与其他行业结盟的业态创新

随着激烈的市场竞争，国际现代零售业与其他行业相结合更好地服务消费者，获得了更大的竞争优势。以美国为例，20 世纪 70 年代，美国"加油站"的名称被"汽车服务区"所代替，加油站的经营理念已上升到成为驾车人的服务场所，在为汽车加油的同时还提供休闲、娱乐、购物、就餐、车辆检维修等服务。国外石油公司在加油站引入便利店，对其实行一体化经营，统一管理，统一形象标识，统一规划设计，统一配送。在营销策略上，加油站和便利店采取统一互动的营销策略；在服务上，建立综合的服务体系，坚持物美价廉与优质服务的原则，为消费者提供全面、完善、便利而快捷的服务。

五、国际大都市现代零售业的功能研究

（一）国际大都市现代零售业功能定位的要求

1. 以消费者为中心

快速的人口、经济、社会和技术变化导致了消费者的价值观越来越具有个性，从而形成了日益复杂和多样化的消费需求。如何满足不同消费群体的需求成为零售业功能定位的最主要原则。消费需求驱动下的零售业功能创新体现为消费者主导的创新。一些零售业功能是由需求越来越挑剔的顾客引起的，这些高素质和高收入的顾客使零售商必须通过满足其需求，丰富零售业功能来获取利润。

2. 适应满足商品供应要求

商品供应企业分销新产品和服务的需要也使下游零售企业不得不做出改变，特别是必须满足重要供应企业的要求。不过，商品供应企业的驱动力量受限于其自身商品和服务的创新能力，所以，它对零售业功能定位的影响相对较弱。

3. 依托现代信息技术

国际大都市的零售企业充分利用现代信息技术进行管理和网络营销，这是在互联网时代企业信息化中又一新的管理方式和手段。英国的各种零售业态大量采用现代化的信息技术和科学化的管理系统，使商品的购、销、调、存全过程全面自动化，确保供应商与零售商、零售商和消费者的高度配合与精密合作，方便快速地满足消费者的不同需求。国际大都市零售业通过电子商务及高效的物流系统不断丰富零售业的功能，在竞争格局中占据更有利的地位。

（二）国际大都市现代零售业的功能分析

1. 活跃经济功能

英国大都市现代零售业对 GDP 的贡献率达到 8%，[1] 如果供应链也考虑在内，贡献率达到 11%。零售业已经成为整个经济增长的一个重要动力，现代零售业发展可以促进国内的需求和消费，而且零售业上市覆盖人群非常广。零售业的发展可以使整个供应链更加有效、更加具有竞争力，如果供应链得到有效的发展，还可以降低通货膨胀。国际大都市成熟多元化业态的均衡发展对经济的增长发挥了重要的作用。

2. 服务生活功能

顾客光顾零售企业通常不仅仅是为了单纯购物，他们更加需要的是"以人为

---

[1] 戴维·里德:《零售业能做出什么贡献》，2008年3月22日，http://finance.people.com.cn/GB/51844/51850/119164/119173/703452.htm/，2008年3月24日。

本"的现场感觉和顾客至上的精神享受,需要更加完善的、贴近生活的高品质服务。

日本百货店非常注重塑造特色服务,全面实施顾客满意战略。CS 战略是继 CI 营销战略之后 20 世纪 80 年代由日本企业界率先提出的一种新兴营销战略,其宗旨是以便利顾客为原则,最大限度地使顾客感到满意,在顾客满意中塑造良好的企业形象。实施 CS 战略需要在企业内部建立一套科学的顾客满意模式"CSM"(Customer Satisfaction Model)。[①] 从 20 世纪 90 年代中期起,三越百货公司率先通过建立顾客数据系统创新独特服务,建立顾客忠诚等一整套科学的营销和管理方法,创出了堪称世界零售业楷模的"顾客满意模式"。通过这个模式,一是推出统一的现金打折会员卡。通过发行现金打折会员卡形成以会员为纽带,借无限累计、多买打折的会员卡开展各种促销活动,吸引顾客重复惠顾。形成并拥有一批稳定的消费群体,并通过信息系统建立顾客档案、储存顾客性别、年龄、职业、婚姻、消费习惯等信息,细分消费者层,锁定目标顾客,实行差别化服务,也使"一对一营销"成为现实。二是举办"店外特别优惠展销会"。三越百货公司各分店均定期或不定期地租借高级宾馆、饭店或著名展览中心举行名目繁多、形式新颖的"店外特别优惠展销会",进场者不但可在与店内迥然不同的环境氛围中购买到质高价廉的商品,还可得到一份精美礼品。三越百货店凭着这些高品位的"超值"顾客满意战略,不仅赢得了众多的忠诚顾客,而且赢得了良好的口碑,为公司在近年来日本经济不景气,特别是零售市场萎靡不振时仍能创造不衰的绩效奠定了坚实的基础。

3. 城市形象功能

零售业是一个城市、一个区域整体竞争力和整体形象的窗口。一个城市的零售业业态分布及零售品牌的密集度在一定程度上反映了该城市的经济发展水平及整体形象。国际化大都市是世界 500 强优先考虑的目标市场,这与目标市场购物人群的购买能力及国际化品牌的定位密不可分。顾客不仅可以买到各种消费品,也能全方位地体味和享受现代都市生活,追求不同层面的心理愉悦和精神满足。

4. 文化承载与传播功能

零售业是一个城市的实力标志,也是城市的文化的象征。而购物中心作为城市的形象和窗口,它承载的不仅仅是商业的功能,还有展示城市个性、突出城市特色、彰显城市文化的功能。购物中心所经营的已经不仅仅是一般意义上的商品,从某种程度上讲,购物中心经营的更是一种文化,它代表着生活方式的转

---

① 朱桦:《简论日本百货店的经营特征》,《江苏商论》2008 年第 2 期。

变，能在很大程度上满足来客的精神和文化需求。因此，在国际大都市的购物中心运营中，十分注重对文化的弘扬和光大，注意把商业性与文化性紧密地结合起来，以商兴文，以文促商，以各式各样的文化如文化教室、书城、琴房、音乐厅、影剧院等来营造浓厚的文化色彩，使其与居民物质文化生活紧密联系在一起，对居民的物质消费和精神文化生活起积极的导向作用。国际大都市的购物中心都高度注重商业与文化的有机结合，努力体现本地区的民俗风情、文化特色，充分考虑居民的购买力水平、消费者的职业特征等，紧紧抓住顾客群，最大限度地提高艺术情趣。澳大利亚维多利亚皇后大厦通过浓重的巴洛克风格建筑和内部装饰，把旅游、参观、学习及购物巧妙地结合起来，使人们在购物的同时提高了艺术鉴赏水平，同时也彰显了其文化魅力。

（三）国际大都市现代零售业功能的开发与建设

1. 反映城市形象的零售业品牌建设

城市形象代表城市的身份和个性，它反映着城市的自然地理形态、历史文化的"文脉延伸"、产业结构特点、城市功能和整体视觉的特色。一座城市，当它依据自身的自然地理状况、经济基础、文化内涵发展，就会形成自身的个性与特色。这样的个性与特色才能给人们留下较为深刻的印象。在现代社会中，城市形象的优劣对于城市的发展有着至关重要的作用。特别是在当今全球化、信息化时代，城市形象本身就是一种十分重要的"注意力资源"，它不仅本身就是生产力，而且是新城市经济资源的整合器。

零售业作为反映城市形象的窗口，基于城市形象定位，国际化大都市零售业品牌建设进行得非常成功。国际化大都市零售业均建设了优秀的渠道品牌及自有品牌。优秀的渠道品牌会使顾客产生忠诚，是重要的无形资产。国际化大都市零售业通过整合自有品牌功能，在竞争格局中拥有了更多的主动权。

2. 体现消费形态变化的零售业发展模式

随着生产和商品流通的国际化，国际市场需求呈多样化趋势。这对零售业的发展模式提出了新的要求，如今连锁经营成为国际大都市零售业发展的最重要方式。由于连锁店减少了中间渠道的环节，渠道成本降低至 12%~20%。如沃尔玛全球有 1 万多家店面，库存周转大约只需要 30 天，低成本、高效率带来了价格上的明显优势，同时又使消费者在最短的时间内得到消费的满足，提高了消费效率。此外，由于信息技术的迅猛发展，网上购物消费群体的扩大催生了电子商务模式。由于省去了传统渠道商在门店租金和门店人员上的投入，电子商务在经营成本上更低，把利润转让给供货商和消费者。电子商务在物流、信息流、资金流的运转效率相对传统渠道要高得多，电子商务通过庞大的信息系统，根据消费者在网上的点击率、关注程度、过往的销售量等信息能快速对产品销售做出预判，为消费者提供了极大的便利。国际大都市成熟的电子商务系统迅速获得消费者的青睐，满足了其便捷的购物需求。

3. 城市功能与零售业布局的协调研究

一个城市的零售业态是与其所在的城市相伴相生的，城市现代化程度决定城市整体零售业态定位，城市的职能、交通状况、人文环境决定了城市零售业态的规模和分布。

城市的功能决定零售业整体构成的基本功能。从世界城市化进程中零售业市场格局的演变规律来看，在城市化初期，零售业格局以向心聚集为特征，零售业设施规模和发展速度快于农村。在城市化中期，零售业格局以同质消费行为向城市倾斜，而异质消费行为则向城乡结合部的大型超市倾斜。在城市化后期，零售业格局以离心分散为特征，即消费人口越分散，对交通条件的依赖性越强，零售业设施的半径越大，提供畅通半径交通的要求越强烈。

城市零售业网络是由零售业区、零售业街和不同规模、不同形态、不同职能的众多业态形式的商店构成的。国际化大都市的零售业布局讲求与城市功能相一致，如美国在商业设施规划中将网点配置明确分为城市中心、地区中心、社区中心等层次，分别调控，以保证合理建设、规模适度和有效竞争，体现城市功能。

第十章　中韩首都现代零售业发展比较研究

一、背景及研究意义

(一) 宏观背景

改革开放 30 多年，中国零售业发展实现历史性跨越，发生了巨大变化，由最初的单一供销社经营发展到目前以百货商店、超市经营为主导，多种国际上流行的仓储式商场、便利店、专卖店、折扣店和网络商店等新型零售业态并存，所有的零售业态如雨后春笋般随着改革开放的春风开遍了华夏大地。按照我国"入世"承诺，在 2004 年 12 月 10 日取消了外商零售企业进入中国市场的地域和数量限制，2005 年取消外商零售企业的控股权限制，世界 500 强的零售企业中，已有 70% 在中国布下了"棋子"。可以说，零售业已成为我国经济发展中变化最快、市场化程度最高、竞争最为激烈的行业之一。

随着改革开放的不断深入，居民购买力随我国经济的发展持续提高，居民消费结构不断升级，市场供应商品极大丰富，市场经营主体规模不断扩大，我国零售市场商品零售规模快速扩大。作为连接生产和需求的重要环节以及一个国家和地区的主要就业渠道，零售业的发展状况直接关系市场经济的活跃与否，也与人民生活、增加内需息息相关，是反映一个国家和地区经济运行状况的主要指标。

1. 零售业在我国经济发展中作用显著

全国社会消费品零售总额以年均 16.3% 的速度增长，规模由 2008 年的 10.8 万亿元增加到 2012 年的 21 万亿元，增长近一倍，销售规模跃居世界第二位。同时，批发零售业增加值占 GDP 比重由 2008 年的 8.3% 上升到 2012 年的 9.7%。说明批发零售业是 GDP 的稳定增长来源，对我国经济的增长与稳定起到了重要作用（见图 10-1）。

第十章 中韩首都现代零售业发展比较研究

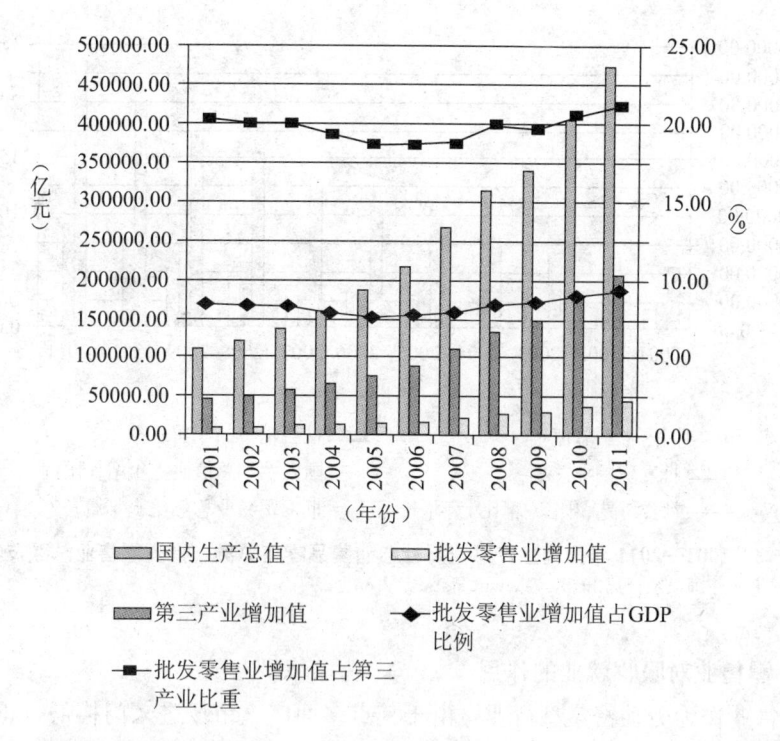

图 10-1 2001—2011 年全国 GDP、第三产业增加值、批发零售业增加值及其所占比例

资料来源：国家统计局 http://www.stats.gov.cn。

从生产、分配、交换和消费的社会生产总过程来看，零售业正处在从生产到消费的中间环节，是连接生产和消费的主要纽带，对生产和消费的实现起着重要的桥梁作用。社会消费品零售总额是衡量零售需求的一个重要指标，也是反映流通业对消费实际贡献的指标。从历史数据来看（见图 10-2），虽然随着总体经济周期波动，各个年份社会消费品零售总额涨幅有所不同，但是持续上涨的趋势不变，绝大部分年份的社会消费品总额及批发和零售业的增幅高于 GDP 的增长幅度。无论从历史数据还是现在的数据来看，批发零售业在实现生产与消费，通过生产、消费拉动经济增长方面的作用明显。

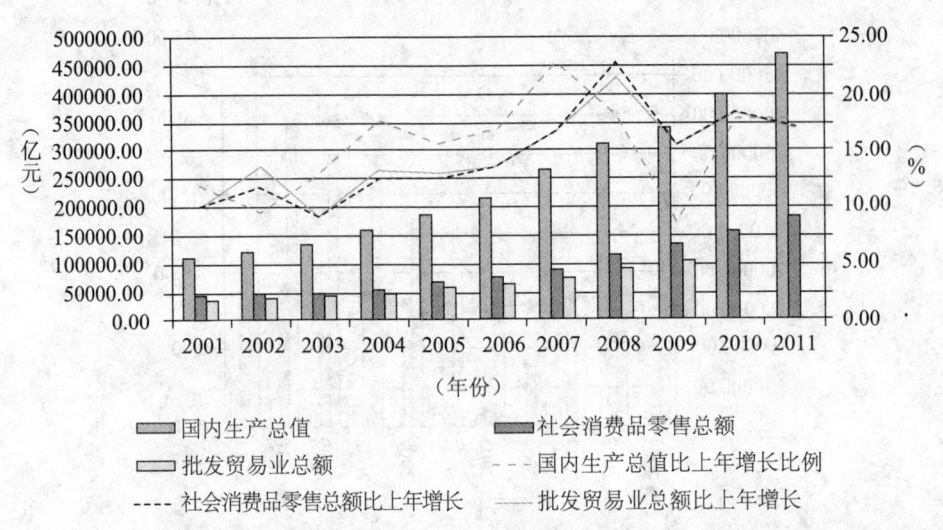

图 10-2 2001—2011年国内生产总值、社会消费品零售总额、批发零售业总额及其增幅
资料来源：国家统计局 http://www.stats.gov.cn。

2. 零售业对吸收就业的作用

零售业作为劳动密集型行业，由于其点多面广、市场进入门槛低，正日益成为吸纳社会劳动力的重要领域，成为解决城镇失业下岗和农村富余劳动力转移的有效途径，为缓解我国就业压力做出了重要贡献。批发零售业和住宿餐饮业从业人员从1950年的825.5万人增长到了2007年的6265.6万人，增长了6.6倍。相比1978年的1140万人增长了3.4倍，且自1978年以来，批发零售贸易和餐饮业就业人数占第三产业就业人员的比重也有所上升，由1978年的23.3%提高到2007年的25.1%（见图10-3）。

到2012年，全国零售业从业人数由2008年的4500万增加到现在的6000多万，经营单位数达到2300多万个。

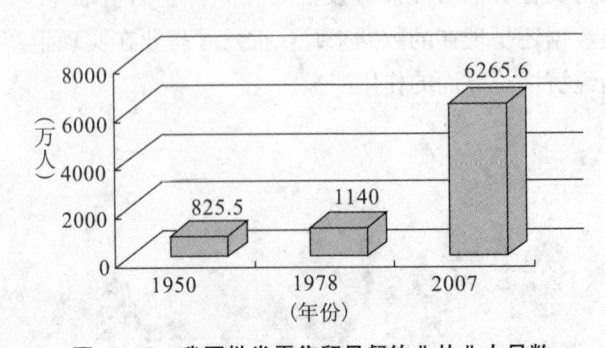

图 10-3 我国批发零售贸易餐饮业从业人员数
资料来源：国家统计局 http://www.stats.gov.cn。

3. 零售业在产业链中的作用

零售业处于产品价值链的末端,是最接近消费者需求的行业,没有哪一种行业能像零售业一样与广大消费者建立最直接、最广泛、最密切的经济联系。零售终端控制着产品与消费者见面的机会,一方面,通过商品销售来影响上游生产企业的利润;另一方面,通过商品价格定价权直接影响消费者福利,这就必然决定了它在整个产业链中充当关键角色。

零售业经历了从百货商店到连锁店、再到超级市场的三次大的演变,目前正迎来以电子商务为标志的第四次零售业革命,以电子商务为标志的零售业新渠道的崛起,减少了流通环节、降低了产业链的运营成本、提升了渠道及终端的效率。在与顾客沟通方面,新型零售企业充分利用网站、SNS社区等实现了自助式顾客服务。从商品咨询到订单跟踪、从商品评价到售后服务,通过利用现代信息技术,新型零售企业真正实现了"以人为本"的经营理念,大大提升了用户的购物体验。由于采用了数据仓库和数据挖掘技术,新型零售企业具有更高的提袋率和客单价。商务智能技术可以自动跟踪到每一个顾客的浏览和购买行为,并引导用户快速找到自己感兴趣的商品。通过EDM,那些沉睡的用户重新被唤醒,而新品可以及时地推荐给潜在的购买者。

同时,从现实经济来看,当前大多数行业中产品的竞争力基本上体现在流通环节,其原因在于:首先,科学技术飞速发展,使很多产品本身很难形成技术功能优势,大多数产品呈现同质化倾向(如家电行业和食品饮料行业),通过产品本身创造品牌差异已经变得非常困难,因此,谁拥有渠道优势成为决定企业竞争力强弱的重要因素。其次,大规模工业化生产已经日益成熟,大多数行业生产能力过剩已经成为普遍现象,产品制造成本基本上已经降到底限,所以,通过生产技术和管理技术降低产品的生产成本来营造价格竞争优势没有很大的发展空间,而从流通环节挖掘竞争空间就必然成为企业的理智选择。再次,从消费者需求的角度来看,哪个渠道最接近消费者需求,哪个渠道最能为消费者带来现实利益,哪个渠道就占据了竞争的制高点,因此也就必然成为制造商追求的对象。

总之,无论从宏观经济分析零售业对国内生产总值的贡献还是在吸收劳动力就业方面分析,无论从新型零售业在产业链中的作用方面分析还是它在现实经济中的地位方面分析,零售业作为连接生产和消费的关键环节,既关系着生产行业的利润也关系着消费者福利,既关系着一个国家经济的增长也关系着一个国家的就业稳定。特别是现在正处在全球经济还没有从危机中恢复过来的形势下,作为最接近消费者的零售业最能及时发现消费者的需求所在和消费变化。因此,研究作为我国政治、经济和文化中心的北京的零售业现状,存在的问题及发展方向,特别是借鉴已经经历过亚洲金融危机的韩国首尔零售业的经验，对于拉动我国内需，彻底转变依靠出口拉动经济增长的经济增长方式，实现扩内需保增长的宏观目标具有重要的作用。

（二）北京与首尔对比研究的可比性

中国和韩国一衣带水，具有深厚的历史渊源。韩国在古代与近代的很长时期内都是中国的附属国，中韩两国的历史交往和文化交流源远流长。1992年，中韩两国正式建交后，在政治、经济、社会、文化等广泛领域里的相互交融中推动了这种渊源的积淀，现在无论从两国的经济发展形势和阶段性上，还是从两国深厚的文化背景和价值理念上都具有相似性，甚至是同一性。

1. 经济发展形势及阶段相似

从中韩两国经济发展史看，两国都经历了10多年的经济飘摇，经济重建遭受到沉重打击，但两国都强调政府在经济发展中的主导地位和政策作用，都提出了"经济发展第一"的方针，采取非均衡增长战略实现工业化，从一个贫穷落后的农业国转变为工业国。从增长阶段和增长速度来看，韩国自20世纪60年代以来，连续30多年几乎每年都完成了8%以上的高速增长，这和我国改革开放30多年以来平均每年9%的经济增长几乎如出一辙。从拉动经济增长的方式来看，两国在经济高速增长的阶段都依赖于出口，是典型的外向型经济，对外依存度较高。从各经济的发展阶段看，我国的经济发展阶段与亚洲金融危机前的韩国十分相似，都面临出口紧缩，急需通过拉动内需来实现经济的增长。因此，从这个意义上讲，研究韩国特别是首尔的零售业对寻找北京零售业未来发展方向和应对当下金融危机的策略具有重要的现实意义。

2. 文化背景及价值理念相似

正如上文所言，中韩两国历史交往和文化交流紧密，两国同属儒家文化圈的相似传统背景使两国人民在情感表达、思维方式和价值取向、消费观念等诸多方面都比较接近。同时，随着两国在政治、经济、社会、文化等领域里的广泛交融，两国消费者在消费心理、消费行为上也有极为相似的方面。这就为借鉴首尔零售业的发展和经验，寻找北京零售业的发展对策奠定了可行的现实基础。具体而言，北京和首尔两个城市都是国家的首都，同是国家的政治、经济、文化教育中心和海、陆、空交通枢纽，也是全球最繁华的现代化大都市之一。在历史上都有悠久的建都史，都举办过亚运会和奥运会，是世界著名的旅游城市、全球大都市之一，在本国的都市圈中都处于中心位置。

综上所述，无论从宏观经济的发展模式和发展阶段，还是从北京和首尔具体的政治、经济、文化地位，两个城市都具有许多相似的地方，北京在发展零售业上可以借鉴首尔零售业的发展经验，这就为北京零售业的发展提供了现实基础。

二、北京与首尔零售业对比分析

（一）北京与首尔的城市状况

1. 城市地位

北京是中华人民共和国的首都，位于华北平原北端，东南局部地区与天津市相连，其余为河北省所环绕。北京有3000余年的建城史和850余年的建都史，自秦汉以来，北京地区一直是中国北方的军事和商业重镇，名称先后称为燕都、燕京、涿郡、幽州、中都、大都、京师、北平、北京等，全球极少数城市像北京这样长时间作为一个国家的政治和文化中心。北京作为全国政治、经济、交通和文化中心，同时也是中国陆空交通的总枢纽，是中国中央四个直辖市之一。以市区人口数相比，北京为次于上海的中国第二大城市。改革开放以来，北京的经济实力和国际地位得到了迅速提升，已经跻身世界大都市的行列，成功举办了1990年亚运会和2008年夏季奥运会。

首尔是韩国的首都，位于朝鲜半岛中部、地处盆地，汉江迂回穿城而过，距半岛西海岸约30千米，距东海岸约185千米，北距平壤约260千米，是韩国以及韩半岛上最大的城市。首尔作为首都已有近600年的历史，首尔古时因位于汉江之北，得名"汉阳"。14世纪末朝鲜王朝定都汉阳后，改名为"汉城"。1945年朝鲜半岛光复后，更名为韩语固有词，罗马字母标记为"SEOUL"，汉语名为"首尔"。首尔不仅是韩国的政治、经济、文化教育中心和海、陆、空交通枢纽，也是全球最繁华的现代化大都市、世界著名旅游城市、全球富裕城市之一。2007年世界城市综合排名第七，规模排名第五，经济实力排名第五。1986年成功举办亚运会，1988年成功举办夏季奥运会，2002年成功举办世界杯等多项国际知名的体育赛事，使首尔的经济发展、城市建设、产业发展实现了跨时代的提升。

2. 城市面积

北京面积16807.8平方千米，其中城八区面积1379平方千米，建成区面积1254.2平方千米，在中国的城市中位列第一。北京的行政区域为16区2县格局：东城区、西城区、崇文区、宣武区、朝阳区、丰台区、石景山区、海淀区、门头沟区、房山区、通州区、顺义区、昌平区、大兴区、平谷区、怀柔区、密云县、延庆县。

首尔面积605.77平方千米，其中江北面积为298.04平方千米，占整个面积的49.2%，江南面积为307.73平方千米，占整个面积的50.8%，全市南北最长处为30.3千米，东西最长处为36.78千米。首尔特别市由25个自治市政区构成,下面又分为522个洞一级的地区单位:江南区、江东区、江北区、江西区、冠岳区、广津区、九老区、衿川区、芦原区、道峰区、东大门区、铜雀区、麻浦区、西大门区、瑞草区、城东区、城北区、松坡区、阳川区、永登浦区、龙山区、恩平区、钟路区、中区、中浪区(见图10-4)。

图10-4 北京、首尔城市行政区域分布

两个城市在城市面积上,北京市比首尔大近28倍。这是由于在2006年,北京市委市政府将通州、顺义、大兴、昌平、房山、门头沟、平谷、怀柔、密云、延庆、亦庄开发区规划为北京市区,扩大了北京市的城市面积。单就都市圈来看,北京八城区的面积1379平方千米,仍是首尔城市面积的2.27倍。城市面积作为城市人口容量和城市未来发展的一个标志,很显然北京要比首尔具有更广阔的上升空间和发展前景。

3. 人口特征

截至2012年年末,北京市常住人口2069.3万人,其中户籍人口1297.5万人,居住半年以上的外来人口773.8万人,人口密度为1261人/平方千米。常住人口中,城镇人口1783.7万人,乡村人口285.6万人。全市人口中拥有全国所有56个民族,除汉族外,回、满、蒙古、朝鲜族人口均超过万人。到2012年年底,首尔市总户数达到404.6万户,总人口达到1044万人,都市圈约2300万,人口密度17260人/平方千米。首尔面积不到韩国的1%,但却有1/4的人口聚集于此,新增人口主要集中在汉江以南较为富裕的地区。1970年,首尔3/4的人口居住在江北地区,但现在两个地区的人口比率几乎差不多,主要为韩民族,外国人以中国人、美国人及日本人为主。

(1) 两城市的人口总量比较

北京和首尔的人口数量有一定差距。自2001年以来,首尔的人口增长不大,截至2012年年底,仅增加了21万人。而北京人口要比首尔人口多1025万,自2001年以来,北京新增人口686万人,特别是2005年后,北京人口的平均增长率为2.3%,每年新增人口约50万,人口的自然增长速度明显高于首尔。人口总量的增加推动着社会总需求的稳步上升,也带动了北京各项产业的不断发展(见表10-1和图10-5)。

(2) 两城市的城镇/农村人口数量比较

首尔的城市化水平已经相当高,近几年城镇人口数量增张不大,占总人口数量的99.9%。2001年以来,北京的城镇居民新增人口659.5万人,占总人口比重逐步提高,由2001年的77.5%提高到2011年的86.2%,增长了8.7个百分点,而农村人口的总量变动不大,这说明北京的城市化水平越来越高。人口不断向城市集中,提高了北京的城市化水平,城镇居民收入水平的增加,带动了居民消费需求的提高,按照现代零售业的变迁理论,零售业的发展都是以城市居民的消费需求为基础的。近年来,首尔的零售业发展和社会消费品零售总额增速不大,与首尔人口增长缓慢有很大原因。因此,北京城市人口的不断增加也为北京零售业的发展提供了更广阔的发展空间(见表10-2和图10-5)。

表10-1　　2001—2008年北京、首尔人口总量比较

	年份	2001	2002	2003	2004	2005	2006	2007	2008
北京	常住人口(万人)	1385	1423	1456	1493	1538	1633	1633	1695
	城镇人口(万人)	1081	1118	1151	1187	1286	1333	1380	1439
	城市化水平(%)	78.1	78.6	79.1	79.5	83.6	84.5	84.5	84.9
首尔	常住人口(万人)	1033	1028	1027	1029	1030	1042	1042	1045
	城镇人口(万人)	1032	1027	1026	1028	1029	1041	1041	1044
	城市化水平(%)	99.9	99.9	99.9	99.9	99.9	99.9	99.9	99.9

表10-2　　2003—2012年北京城市化进程与水平

年份	2003	2004	2005	2006	2007	2008	2009	2010	2011	2012
常住人口(万人)	1456	1493	1538	1601	1676	1771	1860	1962	2019	2069
城镇人口(万人)	1151	1187	1286	1350	1426	1504	1581	1686	1740	1783
城市化水平(%)	79.1	79.5	83.6	84.3	85.1	84.9	85.0	85.9	86.2	86.2

资料来源:国家统计局http://www.stats.gov.cn,韩国统计厅http://www.kostat.go.kr。

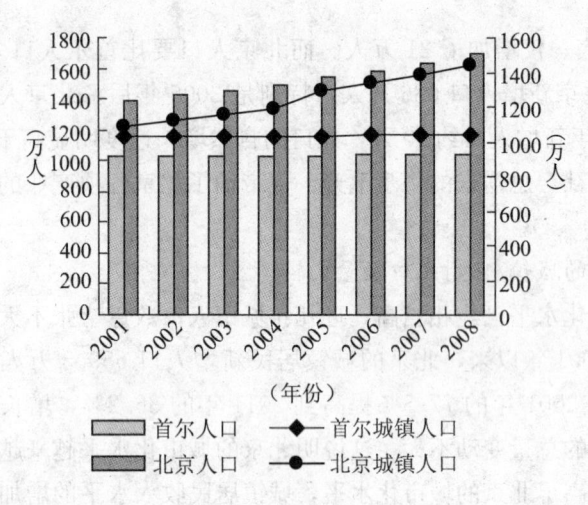

图10-5 2001—2008年北京、首尔人口及城镇人口比较

资料来源：国家统计局 http://www.stats.gov.cn，韩国统计厅 http://www.kostat.go.kr。

(3) 两城市的人口年龄结构

根据2009年中国消费信息和消费意愿调查数据显示，在参与家庭消费决策的消费者中，18~35岁消费者占53.0%，36~55岁消费者占36.3%，56岁以上消费者占10.7%，很显然，这部分消费者对家庭消费支出的影响很大。而且这个年龄段的人收入水平相对较高，需求旺盛，消费能力强，在整个社会中他们是消费的中坚力量。截至2008年，两城市20~29岁的人口占比，北京为21.5%，高于首尔的16.9%，30~39岁、40~49岁的人口北京和首尔差距不大，可见北京的主要购买决策人群在数量占有优势。另外，首尔15岁以下青少年占人口总数的15.4%，大于北京的9.7%，青少年的消费总量虽然不如成年人，但20年后他们将会成为主要的消费人群。60岁以上人口占比，北京为13.7%，高于首尔的12.5%，显示出北京和首尔都已经出现了老龄化问题，但北京的人口老龄化程度比首尔更严重一些（见图10-6）。

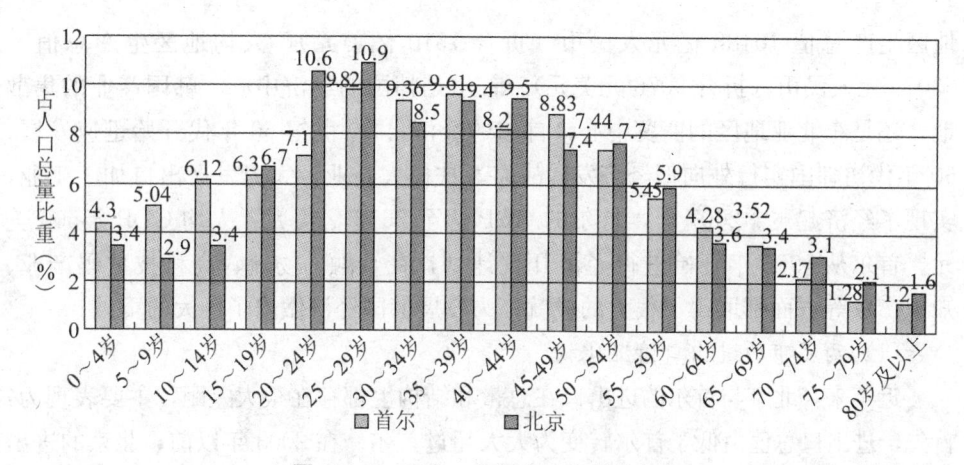

图 10-6　北京、首尔人口老龄化程度

资料来源：国家统计局 http://www.stats.gov.cn，韩国统计厅 http://www.kostat.go.kr。

（4）两城市的人口受教育程度

受教育程度的高低对人们的消费水平、消费结构、消费方式、消费观念以及消费技能等方面都会产生重要的影响。根据 2005 年的资料，两个城市在人口的学历结构上有明显差别，首尔人口的学历结构明显优于北京。北京 6 岁以上人口 1481.9 万人，首尔 921.4 万人，相差 560.5 万人。其中高中学历者，北京 372.3 万人，比首尔的 288.8 万人多 83.5 万人；大学专科学历者，北京 165.7 万人，比首尔的 94 万人多 71.7 万人；大学本科学历者，北京 168.3 万人，比首尔的 243.1 万人少 74.8 万人；研究生学历者北京 28.1 万人，比首尔的 40.3 万人少 12.2 万人。首尔的高中以上学历者占到应受教育人口的 72%，而北京不足 50%；其中，两个城市的受高等教育人口虽然在数量上差别不大，但其所占比重却有很大悬殊，首尔受高等教育者占应受教育人口比重为 41%，北京只有 24%，特别是大学本科以上学历人口数量，首尔要比北京多 87 万人（见表 10-3）。由此可见，首尔人口的整体素质要比北京高。

表 10-3　　　　　　　　北京、首尔人口受教育程度比较

学历水平	6 岁以上	小学	初中	高中	专科	大学本科	研究生
北京（万人）	1481.9	212.2	477.0	372.3	165.7	168.3	28.1
首尔（万人）	921.4	125.3	103.4	288.8	94.0	243.1	40.3

资料来源：国家统计局 http://www.stats.gov.cn，韩国统计厅 http://www.kostat.go.kr。

4. 经济状况

北京是综合性产业城市，综合经济实力保持在全国前列。2008 年，北京市

地区生产总值 10488 亿元人民币（折合 1510 亿美元），人均地区生产总值为 63029 元人民币（折合 9076 元美元）。首尔是韩国的经济中心、韩国产业的集散地，还是东北亚地区的商贸中心，首尔的经济自 20 世纪 60 年代开始迅速发展，60 年代初韩国实行外向型经济发展战略，扶植大企业，大力发展出口加工工业，实现了经济起飞。2007 年，首尔的 GDP 达至 2656 亿美元，人均 GDP 25500 美元。首尔从 1996 年开始进行经济开发计划，在金融、物流、高科技数码产业、知识产业等方面都取得了很大的成就，为发展韩国经济做出了巨大的贡献。

（1）两城市的进出口情况比较

近年来，北京与首尔的进出口在总量和结构上都存在很大差距，主要表现为：首先，进出口总值由低于首尔转变为大大超过首尔。在 2003 年以前，北京的进出口总额始终低于首尔。2000 年北京的进出口总值比首尔少 267 亿美元，随着时间的推移差距逐渐缩小，2004 年北京的进出口总值首次超过韩国 163 亿美元，并保持了持续超越势头。截至 2007 年，北京的进出口总值超过首尔 968 亿美元，是首尔进出口总值的两倍，在进出口贸易总量上占有绝对优势（见表 10-4、图 10-7）。

表 10-4　　　　　2000—2007 年中国、韩国进出口总值

年份	中国进出口（亿美元）			韩国进出口（亿美元）		
	总额	出口	进口	总额	出口	进口
2000	4940041	1196916	3743125	7607695	3191342	4416353
2001	5149809	1177236	3972572	6204278	2915457	3288821
2002	5250529	1261386	3989142	6274313	2586292	3688021
2003	6850017	1688682	5161335	6973610	2776988	4196712
2004	9457572	2056926	7400647	7830646	2992396	4838250
2005	12550643	3086590	9464052	7550124	2448286	5101638
2006	15803663	3795398	12008265	8349248	2471756	5877492
2007	19299976	4892639	14407337	9623083	2697872	6925211

资料来源：国家统计局 http://www.stats.gov.cn，韩国统计厅 http://www.kostat.go.kr。

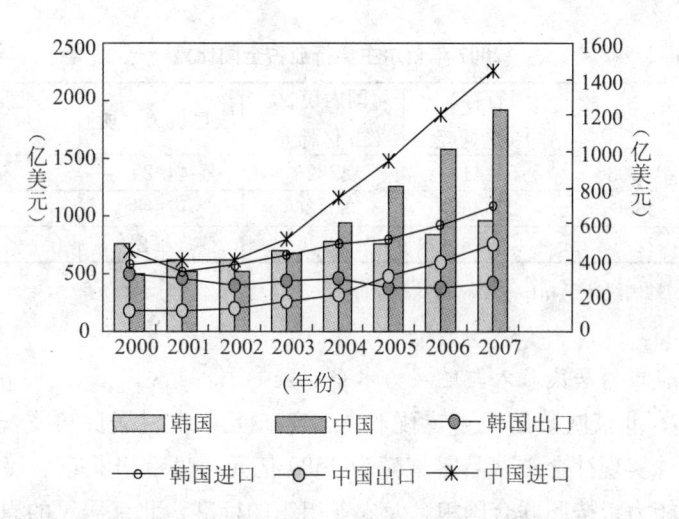

图 10-7 2000—2007年中国、韩国进出口总额比较

（2）两城市的行业发展比较

北京和首尔都已进入以第三产业为主导的经济发展阶段。2008年，北京市第一、第二、第三产业增加值分别达到112.81亿元，2693.15亿元和7680.07亿元。北京第三产业规模居中国大陆第一，占地区生产总值的比重超过73%，在第三产业中，现代服务业体系初步形成，成为促进北京经济快速发展的重要力量。虽然北京的第三产业已经实现了飞跃式的发展，服务型经济主导地位进一步巩固，但就地区产值占全国比重来看，北京较首尔还是存在一定差距。首尔的各项产业在全国都占据很重要的位置，作为韩国的商务活动中心区域，首尔从1962年开始吸收外国直接投资，而且首尔的外汇储备历来都倾向于服务业而不是制造业，其投资项目中服务业数量占87%。服务业占首尔地区总产值90%以上，是韩国GDP的63.2%，批发零售业占韩国批发零售总额的42%，国内税收、银行存款、医疗教育所占比重也都很大（见表10-5、表10-6）。

表 10-5　　　　　　　　　2011年北京各产业占全国比重　　　　　　　　单位：亿元

项目	生产总值	第一产业	第二产业	第三产业	批发零售业增加值
中国	472881.5	47486.2	220412.8	204982.5	43445.2
北京	16251.9	136.3	3752.5	12363.1	2139.7
比重（%）	3.7	0.4	8.9	6.7	4.8

资料来源：国家统计局 http://www.stats.gov.cn。

表 10-6　　　　　　　　2007 年首尔主要行业占全国比重

类别	GDP（美元）	银行存款（10 亿韩元）	国内税收（10 亿韩元）	医疗机关（所）	批发零售销售额（10 亿韩元）
韩国	10493	512419	82226	44029	5782005
首尔	2656	259355	35436	12396	2364053
比重（%）	22.5	50.6	43.1	28.2	40.8

资料来源：韩国统计厅 http://www.kostat.go.kr。

(3) 两城市的居民收入与购买力水平比较

2008 年，北京城镇居民可支配收入 24725 元，农村居民可支配收入 10747 元，全年累计实现社会消费品零售额为 4589 亿元，显示出北京居民已经具有了较高的消费能力。按照联合国粮食及农业组织的标准，北京居民的恩格尔系数已经接近 30%，北京已达到"富裕型"社会。与之相比，首尔居民的人均可支配收入 1410 万韩币，折合人民币 88823 元，其居民收入水平远高于北京，其收入水平和购买力分居世界第 33 位和第 38 位（见图 10-8）。

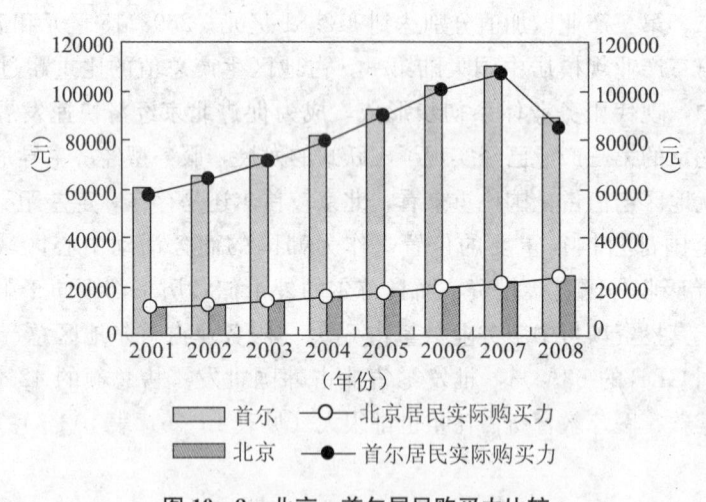

图 10-8　北京、首尔居民购买力比较

资料来源：国家统计局 http://www.stats.gov.cn，韩国统计厅 http://www.kostat.go.kr。

5. 城市交通

北京和首尔的城市交通各具特点，北京居民的出行方式主要以公交汽车、轨道交通、私家汽车和自行车为主，而首尔市民的出行方式以轨道交通、私家汽车和公交汽车为主。北京城市面积虽大，但拥有非常发达的公交网络覆盖整个城市，首尔则以便利性极高的现代化城市轨道交通而闻名。目前，首尔城市公交运营线路 406 条，运营车辆 7748 辆；北京的公交线路数量是首尔的 2 倍多，运营车辆是首尔的近 2.65 倍。按照城市面积计算，北京每平方千米的城市区域有 1.22 条公交线路，首尔为 0.67 条，显然北京的公交系统要比首尔更发达，公交网络的覆盖密度更大。加上近年来北京市政府为了方便居民出行，向公交系统提供了大量的财政补贴，公交车票和轨道交通的票价低廉，大大方便了市民的出行。

城市轨道交通方面，首尔显示出更高的便利性。首尔共有地铁线 9 条，总长 314 千米，263 个站点，日客运量 550 万人次，通行长度居世界第五位，客运量居世界第四位。北京市公共交通运营里程 1.75 万千米，运营线路 823 条，运营车辆共 2.05 万辆，地铁 9 条，总长 226.2 千米，站点 125 个。北京的地铁线路数量与首尔相等，但地铁总长度要比首尔短 88 千米，站点少 138 个。可见，首尔轨道交通的站点密集程度大于北京，市民搭乘地铁相对便利，加上地铁票价低廉，首尔市民出行方式主要以轨道交通为主。

(二) 北京与首尔零售业对比分析

1. 零售业发展历程

从零售业的发展历史看，北京与首尔的零售业有着极为相似的发展历程（见图 10-9）。20 世纪 80 年代之前的北京，零售业态主要以旧式的百货商店、粮油副食品店为主，改革开放 30 多年，北京的零售业态经过 20 世纪 80 年代的转型，90 年代的飞速发展，特别是中国加入 WTO 之后，经营格局发生了巨大变化，实现了从传统零售业向现代零售业的转轨，基本形成了大型超市为主导，百货商店、便利店、专卖店、网络零售等业态多样化、百花齐放的格局。首尔的零售业是伴随着 20 世纪 60 年代韩国推行的外向型经济政策逐渐发展起来的。20 世纪 70 年代末，韩国进入大众消费时代，得益于政府大力推行的超市连锁化和城市化政策，首尔的零售业得以起飞。20 世纪 80 年代首尔零售业发展迅速，百货商店、超市、便利店的店铺数量不断增加。进入 20 世纪 90 年代，借着韩国流通市场的全面开放政策，首尔零售业发展迅猛，行业结构发生了很大变化，随着新型业态的导入，大型综合廉价店和便利店成长迅速。1997 年亚洲金融危机后，韩国零售业的各种政策和市场机制逐步实现了平衡，首尔零售业的发展进入了成熟期。纵观北京、首尔两城市零售业的发展历程，它们都经历了相似的发展阶段，各阶段的行业发展特征基本一致，但各阶段的开始时间相差十年左右。目前，北京零售业正处于行业整合时期，零售企业数量多、规模小，所经营的商品没有特色，新型业态亟须发展，分散的行业结构亟待调整，这与 20 世纪 90 年代后期的首尔零售业非常相似，因此我们可以借鉴首尔零售业的发展经验，为北京零售业提供业态调整的可行方案。

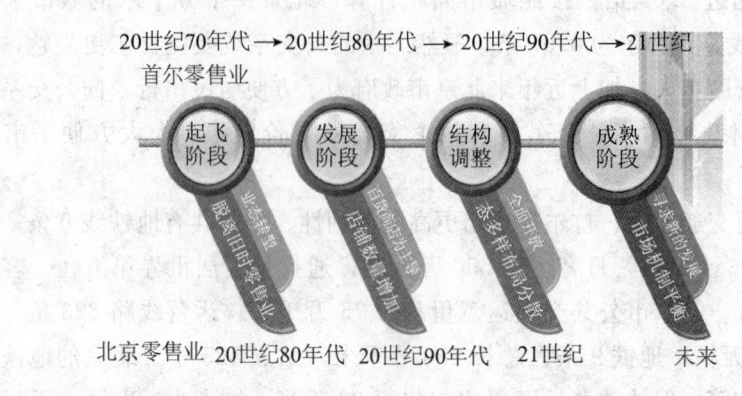

图 10-9 北京、首尔零售业发展历程比较

2. 零售业态和规模

2007 年，北京市限额以上零售业集团（企业）数从 2003 年的 92 家增加到 2007 年的 131 家，增幅为 42.4%，门店总数则从 2003 年的 3183 个增加到 2007 年的 6422 个，数量翻了一番。从零售业拥有门店数量看，各业态的门店数量随着我国履行 2004 年零售业全面对外开放的入世承诺出现了大幅增长，2006 年百货商店 57 个，便利店 1072 个，达到了历史最高值。2007 年超市和专业店数量分别是 1484 个和 2584 个，也达到了一个最大值，但随着零售业的竞争与进一步整合，2007 年百货商店和便利店的数量有所下降，这是由于北京市零售业在进行业态结构调整过程中加强了对百货商店和便利店的整合，行业集中程度在不断提高。反观韩国零售业限额以上主要集团（企业）有新世界、乐天、现代、三星旗下的百货商店、大型超市以及 8 个连锁性质的便利店组成，表现出了极高的行业集中度，这些有集团化经营和连锁经营背景的零售巨头掌控了韩国的零售行业，开设门店的数量以首尔市为最多，其中便利店 2962 个，在数量上远超过北京。这说明北京的零售业业态还存在很大的分散性经营，企业经营的集团化程度不高，各业态市场集中度远低于首尔（见表 10-7～表 10-10）。

表 10-7　中国与北京限额以上零售业集团（企业）数及业态分布　　　　单位：个

年份	地区	合计	百货商店	超级市场	专业店	专卖店	便利店	其他
2003	全国	967.00	64	353	390	75	56	29
	北京	92.00	2	24	31	14	14	7
	北京所占比例（%）	9.51	3.13	6.80	7.95	18.67	25.00	24.14
2004	全国	1055.00	69	391	471	62	58	4
	北京	100.00	3	29	39	16	13	0
	北京所占比例（%）	9.48	4.35	7.42	8.28	25.81	22.41	0.00
2005	全国	1416.00	79	406	715	7	15	194
	北京	132.00	3	31	49	1	1	47
	北京所占比例（%）	9.32	3.80	7.64	6.85	14.29	6.67	24.23
2006	全国	1696.00	108	477	915	5	19	172
	北京	124.00	6	24	51	1	3	39
	北京所占比例（%）	7.31	5.56	5.03	5.57	20.00	15.79	22.67
2007	全国	1729.00	109	490	773	4	15	338
	北京	131.00	7	27	47	2	4	44
	北京所占比例（%）	7.58	6.42	5.51	6.08	50.00	26.67	13.02
2008	全国	41503						
	北京	3201						
	北京所占比例（%）	7.71						
2009	全国	42615						
	北京	3142						
	北京所占比例（%）	7.37						
2010	全国	52306						
	北京	3019						
	北京所占比例（%）	5.77						

续 表

年份	地区	合计	百货商店	超级市场	专业店	专卖店	便利店	其他
2011	全国	58471						
	北京	2870						
	北京所占比例（%）	4.90						

资料来源：国家统计局 http://www.stats.gov.cn。

表 10-8　韩国及首尔地区主要零售业集团（企业）数及业态分布　　　单位：个

年份	地区	百货商店	大型超市	便利店
2003—2007	韩国	3	5	8
	首尔	3	5	8
企业名称	新世界百货、乐天百货、现代百货乐天玛特（所属乐天集团）、E-玛特（所属新世界集团）、Home plus（所属三星集团）GS玛特、农协玛特 Ministop、By the Way、7-11、C-Space、GS25Family Mart、OK Mart、Joy Mart			

数据来源：韩国统计厅 http://www.kostat.go.kr。

表 10-9　2008 年首尔大型综合零售店情况（年销售量折合人民币 1 亿元以上）

零售业态	门店数（个）	从业人员（人）	营业面积（平方米）	销售额（千万元）
大型综合零售店	97	21322	3336423	10651
百货商店	27	7202	1223146	4974
其他大型零售店铺	68	13618	1919708	5676
合计	192	42142	6479277	21292

数据来源：韩国统计厅 http://www.kostat.go.kr。

表 10-10　2003—2007 年北京、首尔主要业态的门店数量　　　单位：个

| 年份 | 门店总数 | | 百货商店 | | 超级市场 | | 专业店 | | 便利店 | | 其他 | |
	北京	首尔	北京	首尔	北京	首尔	北京	首尔	北京	首尔	北京	首尔
2003	3183	2633	42	27	1032	37	1094	14	350	2167	305	388
2004	3759	2913	16	27	1110	37	1514	14	545	2451	371	384

续表

年份	门店总数		百货商店		超级市场		专业店		便利店		其他	
	北京	首尔	北京	首尔	北京	首尔	北京	首尔	北京	首尔	北京	首尔
2005	4726	3077	17	27	1137	39	2072	15	631	2607	860	376
2006	5232	3186	57	28	1247	44	2119	17	1072	2682	737	439
2007	6422	3445	38	27	1484	46	2584	27	825	2962	1491	383

资料来源：国家统计局 http://www.stats.gov.cn，韩国统计厅 http://www.kostat.go.kr。

从业态规模上分析（见表10-11～表10-12），2008年北京连锁零售业态中无论是吸收从业人员数量还是在营业面积及销售额上，超市、专业店和百货商店都是所占比重较大的业态，说明北京市零售业态不仅在数量上以超市、专业店和百货商店为主导，而且在规模上也是以超市和专业店为主导。首尔与北京的业态结构基本相似，也是以大型综合购物零售店为行业主导，2008年首尔年销售额在1亿元以上的大型综合零售店和百货商店的门店就有192个，比北京限额以上零售企业总门店数还多61个，其中超市、百货商店、专业店的零售额占据整个零售业销售总额的近80%，特别是专业店的门店数只有27个，但其零售额占零售业总销售额比重的58.7%，而北京2009年专业门店的销售额仅占零售业总销售额的19.6%，说明首尔零售业为消费者提供一站式购物的便利性程度极高。2008年北京便利店门店数量为910个，在数量上还远远落后于首尔2007年的2962个，这也使北京的零售业在为消费者提供便利性的购买站点上存在数量上的不足。另外，首尔网上购物的发展要比北京更为迅速，2007年网络交易总额为156亿美元，高于中国全国网上购物总额120亿美元。两个城市各零售业态的销售情况比较同样显示出，北京市的零售业还处在分散经营、规模小的水平上，市场集中度不高，综合零售企业单店的综合性和竞争力不强，企业之间为争夺客源的竞争激烈。

表10-11　　2008年北京市连锁零售企业基本情况（按业态分）

零售业态	连锁总店(%/个)		所属门店(%/个)		从业人员(%/人)		营业面积(%/平方米)		零售额(%/万元)	
食杂店	0.654	1	0.132	9	0.015	21	0.002	120	0.001	144
便利店	7.843	12	13.384	910	3.870	5256	2.141	118214	1.503	176526
折扣店	1.307	2	1.941	132	1.486	2018	1.090	60149	1.129	132558

续 表

零售业态	连锁总店(%/个)		所属门店(%/个)		从业人员(%/人)		营业面积(%/平方米)		零售额(%/万元)	
超市	13.725	21	25.092	1706	30.936	42017	27.858	1537873	20.105	2360941
大型超市	7.190	11	1.368	93	11.805	16033	10.513	580345	11.755	1380442
仓储会员店	0.654	1	0.103	7	2.286	3105	2.371	130869	2.059	241806
百货店	5.882	9	0.985	67	11.615	15775	14.008	773300	18.446	2166132
专业店	40.523	62	29.548	2009	19.650	26688	21.073	1163291	19.625	2304563
加油站	1.307	2	10.163	691	5.540	7525	11.900	656948	18.380	2158439
专卖店	18.954	29	16.870	1147	10.267	13944	2.978	164391	4.989	585855
家居建材商店	1.961	3	0.412	28	2.531	3438	6.067	334906	2.007	235694
合计	100	153	100	6799	100	135820	100	5520406	100	11743100

数据来源：北京市统计信息网 http://www.bjstats.gov.cn/。

表 10-12　　2008 年首尔各零售业态销售额

零售业态	销售额（千万元）	占比（%）	零售业态	销售额（千万元）	占比（%）
百货商店	12294	8.1	便利店	3476	2.4
大型超市	18875	12.4	专业店	90013	58.7
超市	13568	8.8	无店铺零售	8560	5.6
总计			153295 千万元		

数据来源：韩国统计厅 http://www.kostat.go.kr。

从内外资比例上看（见表 10-13），北京市内资连锁零售企业的数量、所属门店、从业人员、营业面积、营业额和销售额都远高于外资和港澳台投资，占全市总量的 60% 以上，但从平均数量和规模上看，内资零售企业除拥有的平均门店数达到全市的平均水平 36 个外，在从业人员数量、营业面积、销售总额和零售额上还达不到全市的平均水平，说明北京市的内资零售企业虽然企业数量众多，但规模小。这与首尔零售业以内资为主导的格局形成鲜明对比，首尔零售业的外资主要集中在便利店上，8 大便利店品牌中 Ministop、7-11、Family Mart、OK Mart 都是由韩国乐天集团、LG 集团或现代集团与外商共同投资建起的连锁便利店。百货业和超市中外资企业占比甚少,百货业以乐天百货、新世界百货和现代百货占据了整个百货零售额的80%,大型连锁超市则以 E－玛特、乐天玛特、Home plus 为主导也占据了超市零售额的60%以上,2006年沃尔玛和家乐福退出韩国市场,所拥有的超市本店由新世界集团收购。北京与首尔的内外资零售业之战,显示出北京中资零售企业的竞争力比较弱,内资零售业亟待整合,实现规模化合集团化经营,提高自身竞争力。

表 10－13　2008 年北京市连锁零售企业基本情况（按登记注册类型）

企业类型	连锁总店（个）	所属门店（个）总数	所属门店（个）平均数	从业人员（人）总数	从业人员（人）平均数	营业面积（平方米）总数	营业面积（平方米）平均数	零售额（万元）总数	零售额（万元）平均数
内资	192	6863	36	138746	723	4942784	25744	9690984	50474
港澳台商投资	12	465	39	14261	1188	302983	25249	443917	36993
外商投资	36	1283	36	70947	1971	1500035	41668	2819938	78332
全市合计	240	8611	36	223954	933	6745802	28108	12954839	53978

数据来源：北京市统计信息网 http://www.bjstats.gov.cn/。

3. 零售业商圈比较

从北京市的商业模式来看,主要形成以王府井和西单为中心的传统色彩明显的和以"时尚、品味和休闲"为主题的青春型商圈;以燕莎、双安、CBD、方庄和五道口为中心的国内外高档名牌商品和时尚精品为特色的高消费群体商圈;以中关村、公主坟为中心的电子数码产品主题商圈;以阜成门、崇文门和亚运村为中心的社区商业圈,主要以超市、便利店、百货店和餐馆为主;以望京为中心的外籍人士消费商圈,其消费水平是北京市消费水平的7倍。

首尔则主要由以地区为中心的小型零售店铺和以商圈为中心大型零售商店铺形成,其商圈主要集中在钟路区、中区、江南、江东、东大门区、龙山区和瑞草区等,主要商圈是首尔市中心的钟路商圈,极具传统特点和现代气氛,也是首尔最为繁华的商圈之一;以明洞和南大门市场为核心的中区商圈,是首尔人购物休闲的首选之处;矗立在首尔的江南商圈则是韩国的第二大商圈,韩国最富有人群的居住区;以东大门市场和京东市场为代表的东大门商圈,是韩国最大规模的批发与零售市场等主要商圈见图10－10。

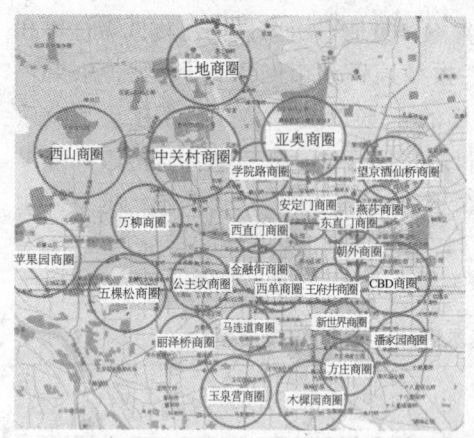

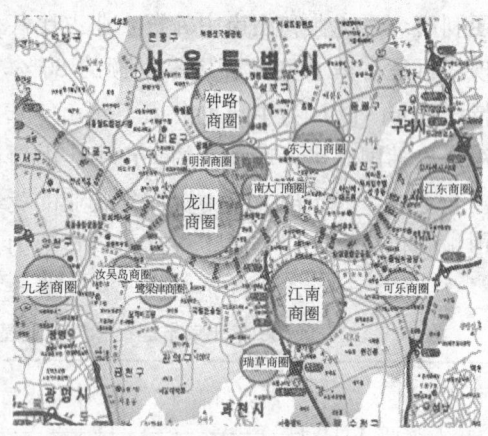

图 10-10　北京市与首尔市商圈一览

与首尔相比，北京市的商圈虽已形成了不同的特色，但由于过于分散，在规模和满足消费者需求方面还存在不足，需要进一步完善商圈内的零售业态。另外，除了这些主要商圈外，首尔的小型零售店铺很好地弥补了商圈无法覆盖的区域，而北京在这方面还存在一定的差距。

4. 经营能力的比较

2004 年中国实现了零售业的全面对外开放，北京零售业的格局也发生了巨大变化，大批外资零售企业投资北京，促进了北京零售业从传统零售业向现代零售业的转轨。相比之下，首尔的零售业发展和对外开放时间比北京要早。首尔零售业的开放是在 20 世纪 80 年代以后分阶段实施推进的，1981 年外商可以投资 100 平方米以下、经营单一品种的专卖店；1983 年美国经济委员会向韩国提出开放国内流通市场的要求，当时的韩国政府被迫承诺在规定的时间内开放国内流通市场；1988 年韩国政府提出"批发零售业振兴 5 年计划"，发表了阶段性开放市场的计划；1993 年发表"流通市场开放计划及补充对策案"；1996 年 1 月 1 日，韩国正式全面对外开放了国内流通市场。北京和首尔在城市经济发展上的差距使两个城市零售业的发展历程有所不同，零售企业在经营能力上还有一定的差距，本研究主要从零售企业的经营理念、人员素质、服务质量和硬件设施进行对比分析。

(1) 行业经营理念

零售业较早全面开放带给韩国零售业很多国际化的理念。首尔作为韩国最为发达的城市，是韩国对外开放的最前沿，在全面对外开放过程中，零售业虽然面对了很多冲击和挑战，更积累了丰富的市场经验，经营理念和管理能力得到了极大提升。加上韩国的资本主义政治体制，使其零售业在发展之初，就不存在国有零售企业占市场主导的情况,以市场经济为主导的股份、民营、私营等多种经济体制的自由式经营,让韩国的零售企业更早意识到市场的概念,体会到了"顾客就是上帝"。因此,从经营理念上,北京和首尔的零售行业还存在以下差距。

第一,思维的开放程度。主要是指对宏观环境保持一个开放的视野,具有国际化的意识,行业发展与规划应具备一定的前瞻性。对行业内外多方向、多层面地认真分析,不断更新思路、更新产品、创新商业模式。同时,对竞争对手应保持开放的心态,倡导文化融合,倡导从竞争走向竞合。在这一点上,北京的零售业虽然已经取得了很大成效,但由于计划经济时期形成的老的思维定式阻挡了思维和方法的创新,特别是在国有零售企业体制改革的进程中,企业间的联合、兼并、重组步伐以及零售业的国际化程度都要滞后于首尔。

第二,行动效率的提高。企业的根本价值在于创造价值和提升价值,重视行动的经济回报是零售企业必须遵循的铁律。如何利用有限的经济资源获取更高的社会效益和经济效益,提高行动的效率和效力,是每一个零售企业亟待解决的问题。首尔的服务业在全世界不是最优秀的,但是它及时意识到了效率的问题。在首尔,不光是零售业,每一个服务行业的窗口,每一个面对市场的部门,都在追求最有新意的营销手段,以最快的速度解决消费者的问题,以最快的反应处理每一个消费者投诉,这种以市场为核心、以消费者需求为导向的经营理念提高了组织的工作效率,带动了组织内部的高速运转。

第三,团队的合作精神。重视集体荣誉是韩民族的特点,这种民族精神深深地影响着韩国企业的经营理念。会聚更多的优秀人才,发挥团队的组合作用,团队成员共同分享集体成就和荣誉。在企业内部,正确认识团队成员的优点,对下级的充分信任与授权,部门间的信息畅通与相互协作,保证了各项管理制度得以高度执行。这种思想深刻地影响着首尔零售业的变革和发展,以团队合作降低经营风险,提高经济效益,使首尔的零售企业在联合、重组以及集团化和多元化经营过程中取得了显著成效。其产业集团的多元化经营,大型超市的集团化经营,便利店的连锁经营都显示出了这种取长补短、相互合作的优势。

第四,专业的积累程度。把握市场规律,逐步摸索零售业的行业规律,积累零售企业的管理能力和操作经验。在这一点上,首尔零售业一直走在了韩国零售业的前端。首尔零售业通过优化管理,改进服务品质,不断提升核心竞争力,无论是零售管理人员还是销售队伍都已经达到了非常专业化的程度。而北京的零售企业特别是中资百货商店和大型超市等,其高层管理者很多都是由行政委派,很少受过系统的专业教育,凭经验做事的情况时有发生,这样就很容易产生管理层不了解市场,不以市场规律办事,不以顾客需求为导向的问题。

(2) 从业人员素质

随着零售业的飞速发展，北京零售业已经拥有了庞大的零售管理和销售队伍。但因零售业属于劳动密集型行业，人力资源的成本很高，为了降低成本，零售商经常以最低的学历标准招聘销售人员，很少引进高学历人才，由此导致北京零售业从业人员整体学历较低、专业素质良莠不齐，人员的流动性较大。与之相比，虽然首尔的零售业对销售人员的学历要求不是很高，但他们很注重对员工的培训。首先，对于企业的高级管理人才会花费大量的资金培养，对于基层一线的销售人员则着重培养他们对企业的忠诚度。在日常培训中，他们会向员工灌输企业历史、企业文化，使其了解岗位职责、服务知识、工作时间、报酬福利、命令链、工作任务等情况，特别强调对员工职业素质的培养和服务意识的熏陶，强调以顾客为导向的自觉服务意识。其次，他们还非常重视对员工的后期培训、职业发展规划，使现有员工的激励、晋升、任用成为企业自主培养高级零售管理人才的途径。从短期看，零售企业自主培养人才的成本比较高，但这样培养出来的人才更认同企业的文化，更有利于企业的长远发展，员工对企业的忠诚度更高，人员流失的情况也会得到极大改善。

(3) 服务质量管理

零售业是窗口行业，对所经销的商品质量有一定标准，对服务质量的要求也更高。零售业的服务体系包含零售企业服务制度的建立、服务流程的制定、服务质量的评价，也包含对销售人员服务标准的规范。随着零售业竞争的加剧，北京的零售企业都在不断提高自身的服务质量。2008年北京市质量协会对北京地区商场、超市行业顾客满意度的调查结果显示，零售业发展态势良好，顾客满意度逐步提升，但在一些服务意识和细节上还存在不足。

首尔零售业发展较早，已经建立起了相对完善的服务质量管理体系。他们真正是以市场为核心，以顾客为导向，从顾客的需求出发，将顾客需求转化为服务质量的要求和标准，对服务质量的要求不但能够充分反映顾客对服务的明确或隐含需要，更能对服务质量进行准确的量化界定，把对服务质量的要求分解成具体的评价标准和行为规范，并在日常服务的全过程中予以贯彻实施。韩国零售业的高品质服务不光体现在销售人员对顾客毕恭毕敬的态度，对顾客服务的自觉性和能够提供专业化的购物指导上，在很多服务制度和服务流程的细节上无不体现出顾客至上的经营理念。例如，韩国零售业设立了在规定期限内无条件退货的制度；向消费者提供网络的定制服务；为VIP客户设立专门的贵宾服务；提供专业技术含量较高的售后服务；营造极具人性化的购物环境和氛围，对顾客投诉一定跟踪到底、及时处置。

(4) 硬件设施

近年来,北京零售业的商战如火如荼,主要体现在零售企业实力的竞争、规模的竞争、连锁化和专业化程度的竞争。零售企业在不断提高经营能力、服务质量和促销手段的同时,对企业的硬件环境一再更新和升级,以新的面貌和形象吸引消费者。北京与首尔零售业在硬件设施上的差别不大,甚至超过首尔。北京零售业的店铺面积和数量几乎是首尔的两倍;店铺内部的装潢、商品陈列、店内设施和购物环境都与首尔的店铺相差不大;在信息化程度上,北京与首尔的零售业特别是百货商店和大型超市基本都已建成了以信息流统率和优化资金流、物流、客流的信息管理系统,包含零售在线、基础信息系统、资金管理系统、配送中心管理系统、供应链管理系统、顾客关系管理系统等。

(三) 北京与首尔零售业对比分析的总结

1. 北京零售业具有更广阔的发展空间

从宏观经济角度看,无论是城市发展前景还是经济增长空间,北京的未来发展都要优于首尔。首尔经历了发展时期的经济高增长阶段,目前的经济增长速度放缓,城市规模的扩大和人口增长速度非常缓慢,城市的经济发展已经到了一个相对稳定的阶段。北京正处在经济飞速发展、城市规模逐步扩大、人均可支配收入大幅提高的高增长阶段,未来的人口增长趋势、城市化发展水平和居民购买能力的增长都会远高于首尔。2009年北京市政府在"人文背景、科技北京、绿色北京"的基础上,又提出了北京成为"世界城市"的发展口号,这更明确了北京在未来的发展趋势,城市规模、综合竞争力、国际化水平和城市的软硬件设施将有更大的飞跃。在这样的宏观经济背景下,两城市的零售业未来发展空间显示出较大差异。

从行业发展背景分析,首尔的零售业已经发展到相对成熟的阶段,市场格局稳定,已经形成了比较完善的市场机制,其零售营业发展过程中的一些好的做法完全可成为北京零售业发展的可借鉴经验。首尔零售业市场集中程度很高,这使其零售业态的结构和分布比较平衡,但是其零售业主要掌控在几个大的零售集团手中,使首尔零售业的内向型程度很高。因此,无论从行业发展历程还是从行业发展现状看,首尔零售业市场几近饱和,其零售企业在本土的发展空间不是很大,这也正是近年来韩资零售企业在北京大力发展、广开店铺的重要原因。相比而言,北京零售业虽处在行业整合阶段,业态结构较分散,但其零售市场的发展空间仍相当广阔,北京市城区内的核心商圈虽已形成一定规模和特色,但二级商圈和市郊边缘商圈的发展空间还很大,还需要通过零售业的大力发展来弥补商圈覆盖面的不足。因此,伴随着零售市场的不断整合和发展,北京零售业的业态结构将更加趋于合理，市场机制也会更加完善，其未来的发展会在北京城市经济发展的推动下更上一层楼。

2. 北京零售业的业态集中度有待提高

相比首尔零售业态的高度集中现象，北京零售业态较分散的问题凸显出来。市场集中度不高，业态结构分散，这是北京零售业发展必须经历的阶段，无论是欧美等发达国家的大城市还是东京、首尔、新加坡等亚洲城市，其零售业的发展都经历了行业结构调整的阶段。通过前面的对比分析发现，从2007年开始，北京零售业大部分业态的店铺数量有所下降，特别加强了对百货商店和便利店的整合，显示出行业的集中程度在不断提高。但是，与外资零售企业相比，内资零售企业的单店实力明显不足，表现为内资零售企业的总体企业数量、所属门店、从业人员、营业面积、营业额和销售额约占全市总量的60%，但从平均数量和规模看，内资零售企业除店铺数量达到了全市的平均水平外，从业人员数、营业面积、销售量和零售额仍不到全市的平均水平。因此，加快对内资零售企业的整合，通过连锁经营或集团联盟的形式提高内资零售企业的竞争力，不但是零售企业发展的需要，更是北京零售业提高行业集中度、实现业态结构平衡的有效途径。

3. 北京零售业的无店铺零售业亟待发展

首尔零售业在20世纪90年代的行业结构调整阶段，在其所有零售业态中，无店铺零售业发展迅速，其中网络零售的增长率最高。网络零售之所以有如此快速的发展，归结起来主要有如下几个原因：第一，首尔人的生活和工作习惯具有亚洲国家普遍的特点，工作压力大，生活节奏快，很少有时间休闲购物，这种生活方式使消费者的购物成本很高，人们不愿意投入过多精力和时间选购商品，低成本和便捷成为影响消费的最重要因素。第二，首尔有着全世界最为发达的网络系统，网络覆盖率广、网速高，为网络零售业的发展提供了基础保障。第三，首尔的房地产业发达，地价昂贵，商业地段的店铺租金极高，这使很多没有资金实力开实体店铺的零售商家转到网络上，同时很多实体店铺为了降低经营成本、提高竞争力也积极增加了网络零售业务。显然，北京零售业目前的行业发展态势也处于网络零售亟待发展的时期，无论是消费者对网购的偏好和需求，还是零售企业对经营成本控制的需要，都要求大力发展网络零售，要求政府提出与之相适应的网络零售业的管理制度。

4. 北京内资零售企业的竞争实力仍需加强

首尔零售业发展到成熟阶段，其市场份额都已经被几家大的零售集团分割完，各零售集团势均力敌，都有很强的实力，在韩国本土的发展经营已经达到顶峰，不会有更大的突破。近几年，韩国实力雄厚的零售企业转战亚洲发展中国家，在中国、越南等国家纷纷开店，其中新世界百货、乐天玛特在北京开设的零售店铺数量最多，这些韩国零售企业都在跨国经营中寻找到了新的经济增长点和发展机遇。相比之下，北京内资零售企业的外向型经营能力不足，这既有历史和所处的行业发展阶段的原因，也有其自身竞争实力不足的原因，主要表现为单店的实力不足、经营管理能力不强和国际化水平不高等。外资零售企业不但实力雄厚，更有丰富的管理经验，国际化的跨国经营能力很强，在北京零售市场的份额几乎过半。内资零售企业要想在这样激烈的市场竞争中不断发展，必须强练内功，提高自身的竞争力，不但要在经营理念、管理能力、服务质量上有所提升，更应该在创新商业模式上下工夫，如在跨国经营和跨区域经营上做文章，冲破地域的限制，依托首都优势，在北京零售市场之外寻求发展机遇。

三、北京零售业发展的经验借鉴与对策

2005 年我国零售业实现了全面对外开放，随着中国经济的飞速发展，零售业正在逐步向市场化、现代化、国际化转变。如今，零售业已成为竞争最激烈、变革最快、市场化程度最高的行业之一。北京作为中国的经济中心，是外企零售业进驻最早的城市之一，外资零售巨头凭借其先进的管理能力、高超的资本运作手段和高质量的服务进驻中国市场，使本已竞争激烈的北京零售业掀起了行业大战。在这场行业大战中，外资零售企业战果骄人，内资零售企业虽然顽强抵御，但其市场份额已被外资零售大鳄占据过半。今后，北京的零售业如何发展才更符合北京的城市发展和居民需求？如何才能避免零售业内部的竞争内耗，实现优势互补？如何提高中资零售企业的经营能力？本研究将结合首尔零售业的发展历程，吸取首尔零售企业的管理经验，拟从以下几个方面入手，探索北京零售业新的商业模式和发展的对策。

（一）首尔零售业发展的可借鉴经验

1. 业态结构均衡、市场集中度较高

20 世纪 90 年代初，韩国商业流通业态主要有百货商店、超市、传统市场三种业态，从 1996 年 1 月 1 日起韩国正式全面对外开放了国内流通市场，政府发表了分阶段开放市场的"三阶段流通市场开放计划"。随着流通产业的对外开放和新业态的出现，韩国流通业发生了重大转变，发达国家零售业态的代表——便利店和以低于通常价格为代表的折扣店出现，改变了韩国流通业的结构。1997年亚洲金融危机后，韩国零售业的各种政策和市场机制逐步实现了平衡，首尔零售业的发展进入了成熟期。

过去10年间，首尔的折扣店、便利店、无店铺销售店的数量急剧增加，而百货店和小规模零售业的店铺数量逐渐减少，行业集中度逐步提高。2002年折扣店进入流通产业9年之后，销售额首次超过百货商店，攀升至首尔零售销售额第一位。目前，折扣店、专业店逐渐发展成为流通产业的核心，其销售结构也逐渐从以服装、食品类为中心扩大到家电、汽车等产品领域。

目前，北京零售业正处于行业整合阶段，业态结构不够均衡，主要以百货商店、大型超市占据了零售业的重要位置，便利店、专业店发展明显不足。同时，由于中小型零售企业数量过多且实力薄弱，致使零售业行业集中度不高。这与20世纪90年代后期的首尔零售市场情况极为相似。借鉴首尔零售业的行业整合和业态结构调整经验，有利于北京零售业的稳定协调发展。

2. 零售企业具有很强的经营管理能力

由于零售业较早对外开放，首尔的零售企业在与外国零售巨头的竞争中积累了丰富的经验，企业的市场意识和零售管理能力得以迅速提高。为了与外资零售巨头抗衡，首尔零售业通过行业整合和结构调整，合并了大多数中小零售企业，成立起有极强行业背景的百货集团，这些百货集团不但经营各种档次的百货商店、购物中心，还利用其品牌效应以独资或合资的方式开设了大型超市、折扣店、便利店等。如韩国的新世界百货集团不但在首尔开设了多家百货商店和大型折扣店，其海外扩张经营能力也非常强劲，现代集团不但经营高级百货商店，还通过与7-11合资开设了便利店。首尔零售企业的单店实力极强，特别是其便利店的发展已经非常成熟，具有很强的品牌效应。折扣店、便利店、网络零售作为发达国家零售业态的代表形式，是北京零售业向现代化迈进过程中不可忽视的部分，未来北京零售业发展应着力于对零售企业单店实力的培养、品牌效应的提升和便利店的整合。

3. 零售行业整体服务水平很高

韩国服务业发达，在服务业中零售业的服务质量位居前列，首尔零售业服务水平之高有目共睹。服务水平的提高不但需要零售企业树立为顾客服务的理念，更要建立以向消费者提供超值期望为目标的服务管理体系，实行售前—售中—售后服务的一体化管理。首尔的零售业在服务方面极为注重细节，在售前，做好产品的展示、讲解，让消费者能够充分体验产品的特性，通过体验营销的方式刺激消费者的购买意愿；在售中，销售人员态度谦恭，都有很高的专业素养，着力于为顾客解决实际问题，人性化的购物环境和设施使顾客能够充分享受购物的乐趣；在售后，除了通常的送货、退换货服务，还提供了其他专业化程度较高的配套服务。

4. 网络零售的飞速发展弥补了传统零售的不足

近几年来,首尔网络零售的飞速发展弥补了传统零售模式的不足,很多实体零售店铺还通过网络零售找到了新的商业机遇,创造了实体店铺与网络零售的新型零售商业模式。首尔的网络零售业主要具备以下优势:第一,网络基础好,政府支持。韩国的网络发达程度居世界前列,像首尔这样的大城市的网络覆盖率达到100%,就是邑、面(相当于中国的乡镇)这样的基层地区的网络覆盖率也达到了98%。第二,网络零售商品种类多样化,网络购物商店形态多样。第三,诚信交易体系完善。韩国的网络实名制在维护网络安全健康,保护公民隐私权、名誉权、经济权益方面功不可没。第四,拥有现代化的物流配送体系。由于首尔的经济较为发达,人力成本较高,因此现代化的物流机械设备已经在物流行业普遍使用,物流配送已基本实现了自动化,加上首尔城市面积较小使网购配送的速度非常快。

(二)北京零售业发展的对策

1. 以连锁经营集团化提高零售企业的竞争力

首尔零售业的飞速发展很大程度上得益于其集团化管控之下的连锁经营模式。韩国的零售业主要由新世界、乐天、现代和三星四大产业巨头控制,这些零售企业都有实力强劲的产业集团为后盾。三星、现代、乐天分别以生产电子产品、汽车、食品起家,企业发展到一定规模后在向多元化经营转变的过程中投资了零售业,其零售店铺遍布全国各大城市,形成了今天有限的几个零售巨头掌控韩国零售市场的商业模式。这种高度的集团化连锁经营模式为首尔零售业态的合理布局提供了前提条件。以大型零售企业为主导,中小型零售品牌为辅助的市场格局的逐步形成缓解了零售企业间竞争无度、内耗严重的问题。目前,北京的零售业面临的最大问题就是零售业集中度较低,零售企业数量虽多,但比较分散,单个零售企业的经营规模、资金实力、品牌效应都没有体现出特别的优势。本研究认为,可以借鉴首尔零售业发展过程中的集团化经营和连锁经营的特点,对北京零售企业进行整合以提高行业集中度和企业竞争力。

(1)加强对连锁商业的政策扶持

在激烈的竞争中,很多零售企业不得不缩小经营规模,有的甚至倒闭。大量事实说明,单店的规模已不再适应市场竞争的要求,北京零售企业必须通过连锁经营推进企业的规模,走集约型之路,打破区域障碍,构筑开放竞争的统一市场运行体系。因此,政府应大力提倡零售企业发展连锁经营,政策要多向内资连锁零售企业倾斜,制订相应的政策法规,为连锁经营的发展创造宽松的环境,如在资金方面应鼓励银行给予零售商基准利率专项贷款或部分贴息贷款，政府财税在一定时期内减免或返还税收以增强连锁企业的起步能力和还贷能力。

(2) 连锁对象以中小零售企业为主

连锁经营在市场经济中的强大生命力源于它能够取得规模经济优势，实现规模收益。在零售业内开展连锁经营能够提高采购、配送、销售、经营决策等职能的专业化，提高店名、店貌、商品、服务方向的标准化，形成商流、物流、信息流的集中化，从而取得良好的规模效益。针对北京零售业店铺数量多、规模小、品牌杂的问题，特别要对中小型零售企业进行连锁经营，可以通过兼并重组实现资本的迅速扩张，也可以通过加盟方式对商圈外的百货商店、专业店和专卖店，对社区内的小型超市和便利店进行重组和品牌整合。在对中小型零售店实行连锁经营的过程中，要注意突出其便利性，突出其靠近居民聚集区的特点，形成消费者对中低档服装鞋帽、日常用品和食品的稳定需求，弥补大型零售企业功能上的空缺，弥补商圈无法覆盖的区域。突出连锁便利店的服务功能，从过去"能够买到各种生活用品"的便利店向能够提供手机充电、提取现金、快递、纳税服务等的"综合服务便利店"转变。

(3) 以集团管控实现连锁经营的统一管理

在中小零售企业连锁经营的整合过程中，还可以引入连锁零售集团化的理念。几个独立的连锁零售企业可以按照商圈、地域或商品种类，以取长补短、强强联合的原则结合成连锁零售集团，在统一采购、财务、营销、保管的过程中实现资源的共享和整合，从而达到最大化利用资源。在集团内部，从企业人员组合、市场调查、采购进货到摊位策划、装潢布置、营销方案制定、广告宣传，再到商品经营、企业管理、财务核算、照章纳税等，都由集团总部统筹安排。集团内各成员投入的资金不一，赢利按股份制分红。此外，子公司的运行要在集团总部直接严格的管控下进行，子公司在经营过程中不仅要考虑自身情况，还要考虑整个集团的发展。

2. 依托互联网，探索网络零售的新思路

今天，大多数零售商业模式的创新都是依赖于先进的新兴技术、依托互联网而产生的。首尔依托其全世界最为发达的互联网系统，大力发展其网络零售业，寻求传统零售与网络零售的最好融合，取得了令人瞩目的成绩。2009年5月30日，由北京市商务委员会支持、北京电子商务协会主办的2009北京"点击消费"活动盛大开幕。体现了网络购物已成为越来越多的消费者特别是年轻消费群体不可或缺的一种购物方式。随着北京经济的发展和大量人口与资本的涌入，未来的北京也将是个寸土寸金的地方，有形店铺的经营费用也会越来越高。因此，探索网络零售业的经营之道不但是北京零售业发展的需要，更是创造新的商业模式、提高零售企业管理能力的需要。

(1) 提高网络覆盖率，改善网络零售环境

北京市市区居民家庭电脑和网络普及率位居全国第一，电脑普及率达到64.7%，每1000人中约有互联网用户290人，其中有30%的网民有过网络购物经历。这表明，北京已经具备一定的网络零售的硬件基础和市场需求。北京以其良好的产业资源环境、技术资源环境、用户基础及社会资源环境，正在日渐会聚一些网购品牌，占据了全国网上零售服务领域的领先地位。传统零售方式虽然能向消费者提供现场体验的购物感受，但北京的城市面积大、生活节奏快、交通不畅、商业圈距居民生活区较远，整个购物过程要耗费大量的时间成本和精力，这也是越来越多的北京人热衷在网上购物的原因之一。但是，网络零售产品质量、售后服务、信誉问题、网购支付体系存在安全隐患、网购送货渠道不畅通等问题，也制约了北京网络零售业的进一步发展。应改善网络零售环境、建立诚信的交易体系、提高网络支付的安全性和隐秘性、提供个性化和专业化的商品和服务，物流行业合作建立覆盖面广、快速而畅通的网购配送渠道，进一步完善网络零售行业的监管制度，是北京网络零售业取得长远发展的必由之路。

(2) 寻求传统零售与网络零售的融合

传统的零售业在经营费用上升、市场竞争的压力下，应该从网络零售入手寻求新的发展机遇。网上购物不限时间、不拘空间、浏览方便，解决了传统零售业和消费者之间在距离、空间上的难题。传统的零售企业应该立足现有的实体店铺，积极开拓网上零售渠道，打破传统零售业在空间上的僵化现状，满足消费者的购物需求和作息变化。同时，传统零售业发挥在成本控制、财务运作、品牌价值、营销技术、供应体系和分销渠道等方面的优势，再依托网络零售的优势，完全有能力打造现代零售业的新型商业模式，赢得更多的市场份额。在这一点上，韩国三星集团旗下的 Home plus 大型超市已经有了成功的经验。

3. 提升服务理念，提高零售业整体服务水平

随着北京零售业的发展，零售业已经由卖方市场向买方市场转变，很多商品出现了供过于求的现象，生活水平的提高也是使人们的购买动机发生了变化，由最初的"能买到商品"转变为"买物美价廉的商品"，再转变为"买品位、买情趣"。显然，作为零售商仅依靠店中的商品已经很难吸引消费者的青睐，因此提倡以顾客为导向的服务意识，提出更人性化、更专业化的服务举措，提高销售人员的服务质量，提供舒适而方便的购物环境就成为零售企业争取顾客的主要做法。

零售业的竞争，根本是服务的竞争，对待顾客不能以"你要买什么"作为潜台词提供服务，而应以"我能为你做什么"来接待客人。在这一点上，北京的零售业应该好好学习首尔零售业的服务理念和服务细节。在首尔，所有售出的商品，大到金银珠宝小到日常用品，只要是在有效期限内消费者提出退货要求，马上就能得到满足，百货商店和专卖店对自己销售出去的商品更是提供无条件的售后服务。在购物环境上，首尔的百货商店根据每个楼层顾客群的不同，设置了各种档次的化妆间、休息设施、造景艺术，就连大型超市的购物环境也非常舒适，很多已经达到了国内百货商店的水平。刚刚举办过2008年奥运会的北京，在城市硬件设施的改造上成果显著，借着"迎接八方来客，笑对四海友人"的奥运服务精神，以奥运为契机，进一步提升北京零售业的整体服务水平则是更具更深远影响意义的另一个课题。

4. 做好跨区域和国际化扩张的准备

随着北京零售市场份额逐渐被挤占，要想在已经分配好的市场蛋糕中争夺新的零售增长点显然非常困难。那些实力雄厚的大型零售企业可以提供过跨区域扩张或者国际化战略，寻找新的市场。借鉴韩国新世界百货、乐天超市进驻北京零售市场的经验，以及沃尔玛、家乐福在韩国兵败退出的案例可以发现，在跨区域和国际化扩张时，零售企业遇到的最大问题并不是资本问题，而是对地域人文、社会、消费习惯、人口结构等的适应能力和同行业间的协作能力。在跨区域和跨国经营中，所有的经营特色、业态特征、品牌形象和管理创新都要因地制宜，以适应当地零售经济为前提，在扩张之前要做好精准的调查，选择最合适的业态和业态组合，结合当地消费特征形成本企业的经营特色。在与本地文化的融合上，韩国的乐天玛特在进驻北京的过程中做得尤为出色。2008年，乐天玛特在北京的韩国人聚居地望京开设了第一家超市，乐天玛特看准中国消费者价格敏感度高的特点，一改在韩国本土的做法，通过形式多样的促销活动、设立多趟免费购物班车、韩国特色的原装韩式商品、强调店内购物氛围的营造和环境的整洁，配以醒目和颇具韩国风格的品牌标识和店铺装潢，牢牢地抓住消费者的眼睛和钱包。仅仅一年，乐天玛特在北京已开设7家分店，通过收购京客隆，这个以经营大型超市为主的韩国零售巨头的触角已经伸进了北京社区零售市场。

北京是一个正在迅速发展和崛起的国际化大都市，其国际地位、经济发展、城市建设和居民生活水平正日渐提高。零售业作为地区经济发展的重要标志，作为联系企业与百姓最紧密的行业，其发展前景越来越受到北京市政府和有关部门的重视。过去的30年中，北京零售业发展有了翻天覆地的变化，今后，零售业同样要肩负推动社会经济发展、提高百姓生活水平、优化居民消费环境的艰巨使

第十章　中韩首都现代零售业发展比较研究

命。目前,北京的零售业仍处于行业整合阶段,行业主导企业实现规模效应势在必行,这也是内资零售企业提高自身竞争力,与外资零售巨头抗衡的唯一途径。同时,根据日韩和欧美零售业的发展经验,网络零售业是伴随电子商务迅速发展起来的又一新型业态,网络零售的出现将创造出全新的零售商业模式,由此引发零售业经营理念和经营模式的改变。北京市零售业应当抓住这一时机,依托作为首都在交通、服务、通信、IT业的有利条件,大力发展网络零售业,不断扩大市场空间、提升服务水平,寻求传统零售业态与新型零售业态的有效融合,满足北京城市居民的消费需求,为推动北京市的经济发展和成为宜居城市做出贡献。

第十一章 北京重点商业街区顾客满意度研究

一、问题的提出

顾客满意度已经成为企业获得竞争优势的重要策略。大量实证研究表明,顾客满意对企业的财务绩效存在正向影响,是度量商业经济运行健康状况的晴雨表。服务量是顾客满意的关键决定因素之一。因此,服务质量对顾客满意度的影响作用已经成为一个重要的研究课题。零售企业在我国的经济生活中起着日益重要的作用,针对商业街区的发展,从顾客满意度视角进行分析,并对西单王府井商业街区进行比较,帮助商业街区的企业了解顾客对自己商店的评价,为商业街区的发展提供帮助与指导;指导商业街区未来的发展,通过改进经营活动提高顾客满意度,进而提高企业的赢利能力;指导政府部门对商业街区的规划与发展,提供有关商业街区发展的有效预测。

(一) 研究目的和意义

1. 背景

纵观营销学几十年的发展历程,无论是20世纪50年代的消费者营销,60年代的产业市场营销,70年代的社会营销,80年代的服务营销,还是90年代的关系营销,其核心都是追求顾客满意。随着顾客需求日益多样化、复杂化、丰富化和个性化,在理性消费的基础上渗透了越来越多的情感因素。细分化营销、深度定位营销、个性化营销等体现了营销的趋势越来越体现以市场为起点,上到生产领域,下至消费领域,而不是仅仅局限于流通领域。单靠产品质量、式样、外观、服务态度等单一因素已经无法满足顾客的需求,顾客在交换中需要的是一种综合价值的体现,这种综合价值对顾客来说就是高度满意。顾客满意日益成为营销领域的热点之一。零售型企业间的价格竞争不再是有效的竞争武器,顾客是企业利润的源泉。满意的顾客更易于重复购买、交叉购买、承受更高的价格、向他人推荐产品或服务,且不易流失,可为企业带来更大的利益。由于企业的营销理念转变为"以顾客为中心",不只是经济数量上的衡量,更多的是经济产出质量的衡量。顾客满意度指数已成为质量管理体系的关键指标。企业通过测量和监控顾客满意度，可以了解顾客对产品和服务质量的整体评价，拉近与顾客的距离，调整、改进经营活动，提升服务质量，增强企业在市场中的竞争地位和竞争优势，为企业管理和战略决策起到重要的参考作用。如何留住现有老顾客并降低这些顾客的价格弹性等问题，已经成为企业需要解决的重要课题。

商业街是城市商业最集中的街道，是一种多功能、多业种、多业态的商业集合体，具有城市商业中心和现代购物中心的多重功能，其特点有以下几方面：

一是功能全。作为理想的购物、休闲、旅游场所的商业街，综合城市商业中心和现代购物中心的特点，结合现代消费的趋向，现代商业街至少应具有购物、餐饮、休闲、娱乐、体育、文化、旅游、金融、电信、会展、医疗、代理、修理和交通等15项功能和50~600个业种。在现代商业街要力争做到"没有买不到的商品，没有办不成的事"，最大限度地满足广大消费者的各种要求。

二是品种多。现代商业街应是商品品种的荟萃，特别是优质名牌产品要做到应有尽有。特别像西单、王府井作为国际大都市的北京商业街，不仅要做到"买全国、卖全国"，而且要有比较齐全的国际品牌，既是中国品牌的窗口，又把民族化与国际化有机结合，成为中外旅客理想的购物场所。

三是分工细。分工细、专业化程度高是现代商业街的重要特色。现代消费已从社会消费、家庭消费向个性化消费转变，要求商店专业化、品种细分化，显示每一个消费者的特色和特点。在美国许多购物中心里，仅儿童商品一项就分有婴儿商品专门店、少儿商品专门店、6~8岁（学龄儿童）商品专门店、芭比玩具专门店、维尼玩具专门店，面积都在500~1000平方米，经营的品种从几千种到上万种。现代商业街除少数几个具有各自特色的百货店以外，其余都是由若干个专门店、专业店组成的。

四是环境美。购物是享受，享受在商场。购物享受包括精神和物质两方面。首先，表现为对购物环境的要求，优雅、整洁、明亮、舒适、协调、有序是一种精神陶冶、美德教育和享受。其次，要做到最显眼的是顾客服务台、最宽敞的是购物通道、最豪华的是顾客休息室，突出体现现代商业街购物、休闲、交往和旅游等基本功能。

五是服务优。服务竞争将成为21世纪市场竞争的主要形式，它直接关系到现代商业街的形象，关系到它的生存和发展。"硬件硬、软件软、服务跟不上"是当前我国商业街存在的普遍现象。服务要成为商业街的优势和特点，除了每一个企业要塑造、培育和维护自己的品牌，推行特色经营外，还要突出商业街服务的整体性、系统性和公用性。

2. 研究目的

本文主要有三方面的研究目的：第一，设计一套适合区域研究的零售企业顾客满意度测量量表。第二，改进顾客满意度测量分析模型。第三，应用开发的量表和模型对王府井西单商业街的零售企业顾客满意度状况进行实证研究。

3. 研究意义

商业街区顾客满意度研究的主要意义表现在顾客满意度可以帮助零售企业了解顾客对商店的评价，市场竞争中零售企业的成败最终取决于顾客对商店所提供的产品和服务的接受程度；顾客满意度能够指导零售企业通过改进经营活动，提高顾客满意度和顾客忠诚度，进而提高企业的赢利能力。顾客满意度的提高可以通过增加现有顾客的忠诚、降低现有顾客的价格弹性、提升企业总体形象以及降低交易成本等方面增加企业赢利；顾客满意度可以为零售企业提供本企业经营状况同竞争者竞争状况的比较数据。通过这种比较，企业可以找到自己商店经营方面的不足，有针对性地加以改进和提高；顾客满意度可以预测零售业未来的发展前景。顾客满意度是顾客未来行为的风向标，可以对企业的发展进行有效预测。

本研究从消费者的视角对零售企业顾客满意度的影响因素进行了规范系统的量表开发和验证，并且第一次对王府井、西单商业街的零售企业进行了实证研究，研究结果对了解我国零售企业的竞争状况、提高它们的竞争力有着重要的参考价值。

我国学者对我国零售行业的顾客满意度进行实证研究，例如，王高、李飞等系统地开发了一套适合中国的零售顾客满意度测量量表，对零售额比较居前的20家大型连锁综合超市在全国范围内进行了随机抽样调查；熊曙初等在满意度指数理论框架下构建了新的模型，并以长沙、株洲、湘潭零售业的数据为实证研究；刘新燕等对顾客满意度指数模型进行了改进，提出了一个新的满意度指数模型，并以武汉市大型超市顾客为样本进行了实证分析，同时对 ACSI、ECSI 及新模型的拟合结果进行了比较研究。

但是，关于国内零售业顾客满意度的实证研究存在几个方面的不足。第一，顾客满意度研究主要集中在超市这一业态，缺乏对其他业态的分析。第二，缺乏对同一地理区域不同业态之间的横向比较。第三，顾客满意度实证研究主要是从理论层面进行分析，缺乏对零售企业的具体指导。

（二）研究结构和研究方法

1. 研究结构

本研究在继承 SCSB、ACSI、ECSI 模型的基础上，对模型进行了一些改进，提出新的顾客满意度指数模型，并对王府井、西单商业街的零售企业进行随机抽样调查（N=300），并对新的模型进行实证分析。本研究从五方面进行分析。第一，介绍零售业顾客满意度实证研究的背景和意义，以及本文的研究方法和结构。第二，主要介绍了 SCSB、ACSI、ECSI，并且分析各自的特点。第三，提出零售企业在中国的现状及零售业的特点，分析模型的理论基础和假设变量，提出零售业顾客满意度测评模型以及相关的量表设计。第四，设计好调查问卷，进行实地调研，分析整理统计数据，利用相关数据分析工具分析得出顾客满意度与哪些因素相关，哪些因素不相关。第五，根据数据分析得出哪些因素与顾客满意度存在很强的相关性，哪些因素不是很重要，由此为王府井、西单的零售企业提出有效建议和相应的营销策略。

2. 研究方法

本文针对王府井、西单商业街区的零售业实证研究，借鉴 Fornell 的理论方法，并根据王高、李飞的测量模型进行部分改进。我们通过对以往理论的回顾，先假设模型的潜变量以及路径关系，通过调查数据分析和采用逐步回归法消除多重共线性问题，通过确定隐变量与观测变量之间的关联关系，最终得出正确的路径关系。在此基础上，得出顾客满意度的相关数据和比较结论。

二、顾客满意度模型介绍

（一）顾客满意度的概念

顾客满意（Customer Satisfaction，CS），是指顾客对一件产品满足其需要的绩效（Perceived Performance）与期望（Expectations）进行比较所形成的感觉状态。菲利普·科特勒认为，顾客满意是指一个人通过对一个产品的可感知效果与他的期望值相比较后，所形成的愉悦或失望的感觉状态。亨利·阿塞尔也认为，当商品的实际消费效果达到消费者的预期时，就导致了满意，否则会导致顾客不满意。顾客满意或不满意有程度的区分，顾客满意水平的量化就是顾客满意度。顾客满意度是一种心理状态，也是一种自我体验，对这种心理状态也要进行界定，否则就无法对顾客满意度进行评价。心理学家认为情感体验可以按梯级理论进行划分，相应地可以把顾客满意程度分成七个级度或五个级度。七个级度为很不满意、不满意、不太满意、一般、较满意、满意和很满意。五个级度为很不满意、不满意、一般、满意和很满意。

顾客满意度是一种从消费者角度客观地对企业经营状况进行评价的一种手段，并一直被作为判断一个企业是否具有竞争优势的度量方法，也被作为度量商业经济运行健康状况的晴雨表。

顾客满意度是一个变动的目标，能够使一个顾客满意的东西未必会使另外一个顾客满意,能使顾客在一种情况下满意的东西,在另一种情况下未必能使其满意。只有对不同的顾客群体的满意度因素非常了解,才有可能实现百分之百的顾客满意。

(二) 顾客满意度指数

1. 顾客满意度指数的概念

顾客满意度指数(Customer Satisfaction Index,CSI)就是从总体、综合的角度将顾客满意度的衡量指数化,即消费者对企业、行业甚至国家在满足顾客需求方面进行评价,它与生产率指标的主要区别是后者偏重衡量产出的数量,而前者主要是从顾客角度衡量产出的质量。因此,该指数为传统的经济指标提供了有益的补充,成为目前许多国家使用的一种新的经济指标。

2. 顾客满意度指数的测量模型

(1) 顾客满意度指数研究

自从卡多佐(Cardozo)在1965年将顾客满意度的概念引进营销学领域,各国对顾客满意度的理论研究和实践应用取得了长足发展。零售行业顾客满意度的研究也可主要分为两种研究路线:一条路线是以顾客满意指数理论为基础的零售企业顾客满意度测量(Johnson and Fornell,1991;Fornell,1992;Fornell,Johnson,Anderson,Cha and Bryant,1996),其主要特点是从宏观上测量企业的顾客满意度状况。另外一条路线是以服务质量(Service Quality,SERVQUAL)理论为基础的顾客满意度测量(Parasuraman,Zeithaml and Berry,1985,1988;Parasuraman,Berry and Zeithaml,1991),其主要特点是能测量更加细节的影响顾客满意度因素的状况。

顾客满意度指数是在期望不一致理论基础上发展起来的(Oliver,1980;Oliver,1981;Cadotte,Woodruff and Jenkins,1987;Oliver,1996)。如果消费者感知与消费者预期相一致,或消费者感知超过消费者预期,则消费者表现为满意;如果消费者感知低于预期,则消费者表现为不满意,如图11-1所示。

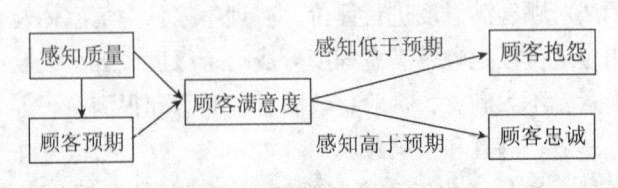

图11-1 期望不一致理论示意

(2) 瑞典顾客满意度指数

瑞典是第一个提出顾客满意度指数的国家，1989年瑞典率先开始测量和公布瑞典消费者满意指数（Sweden Customer Satisfaction Barometer，SCSB），由Claes Fornell设计，运用瑞典统计局收集的数据分别编制瑞典国家指数、各经济领域指数和各类公司指数。SCSB的范围包括30多个行业，100多家公司，22300多个顾客样本。

瑞典顾客满意度晴雨表指数模型如图11-2所示，其核心概念是顾客满意，它是指顾客对某一产品或者某一服务提供者迄今为止全部消费经历的整体评价。这是一种累积的顾客满意，现行的各国顾客满意度指数模型均采用这一概念，主要是因为消费者不是以某一次消费经历，而是以迄今为止累积起来的所有消费经历为基础来做出未来是否重复购买的决策。因此，与特定交易的顾客满意相比，累积的顾客满意能更好地预测消费者后续的行为、顾客忠诚以及企业的绩效，以它作为指标来衡量经济生活的质量也更有说服力。模型中顾客满意有两个基本的前置因素，即顾客期望和感知绩效。感知绩效又称为感知价值，即商品或服务的质量与其价格相比在顾客心目中的感知定位。感知绩效越高，顾客满意度也随之提高。模型中的顾客期望是指顾客预期将会得到何种质量的产品或服务，这是一种"将会的预期"。顾客通常具备一种学习的能力，他们会通过以前的消费经历、广告、周围人群的口头传播等渠道获得信息，对自身的期望值进行理性的调整。经过反复调整之后的期望值能够比较准确地反映目前的质量，因而它对感知绩效具有正向的作用。在特定的某次交易中，顾客满意由目前质量和预期之间的差额决定。而在累积顾客满意的测评中，总体顾客满意是过去感知质量和将来预期质量的函数。顾客期望的增加或减少会导致顾客满意短期内的减少或增加，但增加或减少顾客期望的长期影响会超过其短期影响，导致累积的顾客满意的减少或增加。因此，模型中顾客期望与顾客满意正相关。模型将顾客抱怨作为顾客满意的结果。当顾客对某一组织所提供的产品或服务不满意时，他们会选择两种渠道来表达这种不满意——停止购买该产品或服务，或者向该组织表达自己的抱怨或不满以获得赔偿。顾客满意度的提高会直接导致顾客抱怨行为的减少。从顾客抱怨到顾客忠诚的方向和大小可表明组织的顾客抱怨处理系统的工作成果。若测评得出顾客抱怨到顾客忠诚之间的关系为正，则意味着组织通过良好的抱怨处理系统将不满的顾客转化成为忠诚顾客，反之则意味着这些对组织不满的顾客极有可能流失掉。模型的最终变量是顾客忠诚，在此被宽泛地定义为顾客重复购买某一特定产品和服务的心理趋势。忠诚的顾客意味着持续的重复购买、较低的价格敏感度、较少的促销费用等，是组织赢利能力的一种表现。

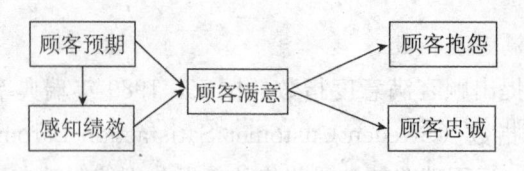

图 11-2 SCSB 模型图示

(3) 美国顾客满意度指数

美国于 1994 年建立由美国密歇根大学商学院、美国质量协会（American Society of Quality，ASQ）等单位联合编制的美国消费者满意指数（American Customer Satisfaction Index，ACSI），ACSI 对 SCSB 模型进行了修正，将质量感知从价值感知中分离出来并从三个方面考察质量感知：总体质量感知（Perception）、产品与服务满足顾客需求的程度（Customization），以及这些需求满足的可靠程度（Reliability）（Deming，1981），同时分别考察产品和服务的质量感知，如图 11-3 所示。

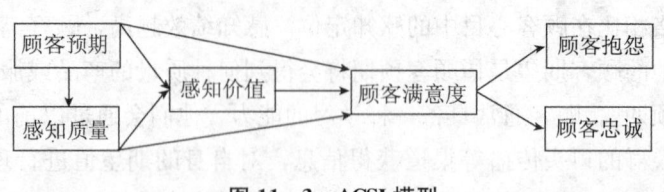

图 11-3 ACSI 模型

美国顾客满意度指数模型如图 11-3 所示，是在 SCSB 模型的基础上创建的。模型中感知价值仍然沿用最初的模型中测度感知绩效的两个标识变量相对于价格的质量评判和相对于质量的价格评判。模型主要创新之处在于增加了一个潜在变量——感知质量。如果去掉感知质量及与其相关的路径，模型几乎可以完全还原为 SCSB 模型。模型设计了质量的定制化、质量的可靠性以及质量的总体评价三个标识变量来度量感知质量。其中，定制化是指企业提供的产品或服务满足异质化的顾客需要的程度，可靠性是指企业的产品或服务可靠、标准化及没有缺陷的程度。增加感知质量这一概念和相关的路径有两大优势：一是通过质量的三个标识变量，可以清楚地知道定制化和可靠性在决定顾客的感知质量中所起的不同作用。二是感知质量侧重单纯的质量评判，而感知价值偏重价格因素方面的评判，通过比较它们对顾客满意的影响，可以比较明确地分辨出顾客满意的源头出自何处，是质量制胜还是成本领先，使管理者采取相应的管理措施。为了和感知质量的测度保持一致，模型中顾客期望的标识变量也分为三个关于定制化的期望、关于可靠性的期望以及总体的期望值。模型通过两个标识变量来度量顾客忠诚，以一个十个等级的李克特式量表测度顾客重复购买的可能性。如果结果显示该顾客会重复购买，则进一步调查使该顾客绝对停止购买的最大涨价幅度，反之则会调查该商品或服务降价百分之多少才会使原本打算停止购买的顾客回心转意。

(4) 欧洲顾客满意度指数

欧洲于 1999 年建立了各自国家的欧洲消费者满意指数（European Customer Satisfaction Index，ECSI），如图 11-4 所示。

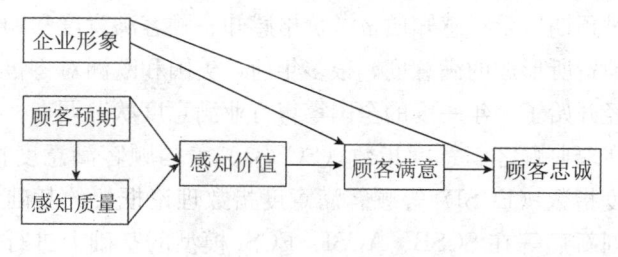

图 11-4 ECSI 模型

该模型继承了 ACSI 模型的基本架构和一些核心概念，如顾客期望、感知质量、感知价值、顾客满意以及顾客忠诚，两者的不同主要表现在以下一些方面。

第一，在模型的架构上，模型首先去掉了模型中顾客抱怨这个潜在变量。将顾客抱怨作为顾客满意结果的理论基础是 Exit Voice 理论。该理论提出时，关于顾客抱怨的处理系统或者还没有建立，或者即使建立了也处于起步阶段。这时，将顾客抱怨看作是顾客不满意的一种后续行为理所当然。但是近十几年来，人们越来越意识到对顾客抱怨处理的重要性，很多公司甚至将其作为提高顾客满意度的一种手段，这使仍将顾客抱怨作为顾客满意的结果欠妥，挪威、瑞典、美国的一些学者联合起来建立了一个新的模型，在模型中将顾客抱怨作为顾客满意的前置因素。然而，在对挪威境内 5 个行业的 6900 名顾客的调查结果显示：抱怨处理对顾客满意或者顾客忠诚均没有显著的影响。这和心理学上的某些观点是吻合的，即在人们的心理上，一个单位的损失要比一个单位的获得显得分量更重。抱怨处理至多只能让顾客恢复到没有"不满意"的程度，却不能使顾客达到"满意"的程度。模型增加了另一个潜在变量——企业形象。它是指顾客记忆中和组织有关的联想，这些联想会影响人们的期望值以及满意度的判别。态度和预测人们行为的行为意图在机能上相联系。因此，作为一种态度的企业形象也对属于行为意图的顾客忠诚有影响。

第二，在模型的度量上，ACSI 模型从 1996 年以后才只针对耐用品类商品分别测度其产品质量和服务质量。但是，ECSI 模型在针对所有行业的测评中，都将感知质量统一地拆分为针对产品的质量评判和针对服务的质量评判。同时，ECSI 模型将顾客忠诚的标识变量转变为顾客推荐该公司或该品牌的可能性、顾客保持的可能性、顾客重复购买时是否会增加购买量。

中国台湾、中国香港、韩国、马来西亚和欧盟等国家和地区也相继开展用户满意指数体系的研究和实施。零售行业顾客满意度指数的测量基本上都是在如瑞典顾客满意度指数（SCSB）、美国顾客满意度指数（ACSI）、欧洲顾客满意度指数（ECSI）等顾客满意度指数理论框架下进行的。该理论按照消费者满意度形成的过程，通过预期质量、感知质量、价格感知、顾客满意度和顾客忠诚度来测量消费者累积消费所形成的满意度。很多年前，美国和欧洲对零售行业的顾客满意度状况就已经开始了一年一度的全国零售行业满意度状况调查。

我国学者在瑞典顾客满意度指数（SCSB）、美国顾客满意度指数（ACSI）、欧洲顾客满意度指数（ECSI）等顾客满意度指数理论框架的基础上也进行了有益的尝试，如刘新燕等在 SCSB、ACSI、ECSI 模型的基础上进行了调整，在顾客满意度和顾客忠诚之间增加了顾客信任和顾客承诺两个中间变量，并通过对武汉 607 位超市消费者的调查验证了开发模型的有效性。王高、李飞等基于 20 家大型连锁综合超市的全国调查数据，对中国大型连锁综合超市从顾客满意度测量量表模型、测量分析模型等进行了实证研究，得出影响满意度的不同因素具有不同的效应等结论。

三、零售顾客满意度模型的建立

本文基于王府井、西单、前门商业街零售企业顾客满意度调查问卷，是建立在已经成熟并被广泛应用的中国顾客满意度指数模型基础上的研究。但由于模型所指的用于顾客满意度调查在中国尚没有很完善，所以在严格遵守调查问卷基本设计原则的基础上，设计了适合本应用的调查问卷，并对调查问卷进行了删减和处理。

我们有必要对我国的零售业顾客满意度测量量表进行系统开发和验证。在现有国内外研究的基础上，本研究以顾客感知为核心，以企业管理为导向，按照规范的量表开发过程开发适合我国零售行业的顾客满意度测量量表和分析模型。该测量量表和分析模型不但要符合顾客满意度的基本理论，而且在满足测量简洁的条件下，也力求满足为企业提供具体改进建议的目的。

(一) 测量量表的开发和设计

我国学者开发出的测量零售企业顾客满意度的量表大部分是基于国外现有测

量指标的基础上进行局部调整而得到的，实践证明，由于文化、经济、市场特点、政策约束等方面的差异，大部分的国外量表都需要根据我国的实际情况进行修订。因此，有必要采用规范的测量量表开发过程对量表进行系统开发。在开发测量量表时，我们采用消费者透镜的方法（Johnson and Custafsson，2000），即由消费者自己提供影响他们购物满意度的各个因素，而不是从零售商的角度来界定测量指标。本研究首先通过消费者小组座谈会来挖掘影响消费者购物满意度的因素，然后通过问卷调查数据来提取影响购物满意度的抽象维度。

（二）问卷设计及说明

本次问卷设计以小组讨论会的形式进行，小组讨论会是深入挖掘影响消费者超市购物满意度要素的一种有效的定性研究手段。准备组织两场小组座谈会，每场座谈会由 5 位在商业街区有购物经验的消费者组成。为了保证小组讨论能够尽量提取更多的信息，10 位消费者均为在小组座谈会举行前一周从商业街区购物的消费者中邀请的。基于购物的女性消费者明显多于男性消费者的特性，所以参加座谈会的男女比例为 2∶3。参加人员尽量选取在年龄段上分布比较均匀的，以 10 岁为一个年龄段，分别寻找 20 岁、30 岁、40 岁、50 岁、60 岁年龄段的消费者做消费者行为分析，预计每组小组座谈会的持续时间为 2 个小时，在座谈会主持人引导下，消费者围绕购物前、购物中、购物后各个阶段的购物经验进行了充分交流。记录座谈会的整个过程，会后将座谈会的内容整理出文字资料。在现有零售顾客满意度和零售企业服务质量测量量表基础上，结合这两组座谈会所挖掘出来的内容，剔除了一些不适合的指标，最后得到了测量指标，其中包括满意度的测量指标以及影响满意度的众多指标，供后面的问卷调查定量测试使用。

为了使顾客访谈获得所需要的数据，保证数据的准确性和一致性，以及所得到的数据能够有效地被处理和分析，调查问卷的设计需要遵循以下一些基本原则。

第一，问卷必须准确反映模型变量的含义。顾客满意度调查问卷是测评模型的具体化。在设计问卷的过程中，必须准确把握测评模型中各个变量的含义，并据此提出相关的调查问卷题项。只有这样，调查结果才有可能比较准确地反映测评模型拟达到的目标。在这一点上，应特别注意如何把相对抽象的观测变量准确地转换成问卷题项。

第二，问题必须易于顾客理解。顾客满意指数所调查和测评的内容主要是顾客对产品质量或服务质量问题的主观评价，即顾客对这些问题的感知和态度。对于顾客感知和态度的调查与测评涉及经济学、心理学、统计学、消费行为学等多方面的知识，其难度远远高于传统意义上对技术指标的调查。如何通过调查问卷的设计,将复杂的、抽象的调查内容和指标转化为容易使被调查者理解并做出准确回答的具体问题,这是调查问卷设计环节的核心问题,也是保证顾客满意度调查质量的关键。

第三,问题排列次序要有利于回答。合理的问题排列次序对顾客准确地回答问题也是重要的。合理的排列次序包括两个方面,一是指哪些问题应该先问,哪些问题应该后问;二是指哪些问题应该连续问,哪些问题应该分开问。一般情况下,顾客愿意回答的问题应该放在前面,顾客不愿意问答的问题应该放在后面;顾客容易回答的问题应该放在前面,顾客不容易回答的问题放在后面;在模型因果关系中,原因的问题应该放在前面,结果的问题应该放在后问。至于问题应该连续提问还是分开提问,主要取决于问题之间的逻辑关系,也包括思维的连续性。按照结构变量的逻辑关系排列问题,有助于被访问顾客一步一步作答;将结构变量所包含的观测变量问题放在一起,能够使被访问顾客较少地产生时空的跳跃,准确地回答问题。

第四,调查问卷应该加入人口统计问题。在顾客满意指数的调查问卷中,除了要对测评模型中的所有观测变量设计访谈问题,还应有必要的人口统计问题,如被访问者的年龄、性别、职业、受教育程度和家庭的年收入等。这是因为在对顾客满意指数进行分析时,这些人口统计数据将帮助提供详细的分析结论。

第五,尽量采用便于数据处理的封闭式问题。开放式问题更适合探索性研究,而非判断性研究。顾客满意指数的调查与分析总体上说是判断性研究。顾客满意指数的调查围很大,数据处理和分析的工作量也很大,这就要求调查问卷设计应重点采用封闭式问题,以便数据的录入、整理、计算和分析。

(三) 预调研和问卷完善

我们采用 5 级量表对每个指标进行评价,1 分为最低,5 分为最高。准备通过电话访问在全国随机调查消费者,对定性研究获得的测量指标进行因子提取。我们对数据进行了探索性因子分析(Exploratory Factor Analysis,EFA),结果显示影响满意度的指标可以分成 5 个因子。但是有些因子对应指标的载荷系数非常低,我们进行了进一步的提炼。在进行指标提炼时,我们一方面考虑载荷系数的大小,另一方面考虑各个指标与因子之间的实际意义,最终保留了 33 个测量指标来反映这 5 个因子。基于各具体指标的实际意义,我们将影响满意度的 5 个因子定义为商店声誉、购物便利、购物环境、商店设施、人员服务、店内商品、价格感知、结账过程、商店政策和售后服务。在完成全国数据收集以后,我们又进行了验证性因子分析来检验这些因子的稳定性。

（四）模型设计

本研究的视角是从消费者的角度出发，以质量—满意链理论为理论框架（Oliver，1997；Johnson and Gustafsson，2000）。在这里，质量是指由消费者感知的、由商店提供的影响顾客满意度的全部因素，也就是我们在前面提炼出来的5个影响满意度的因素。这个理论认为消费者对商店质量的感知直接影响总体满意度，而满意度又直接影响忠诚度。影响满意度的各个驱动因素可能存在一定的相关性，但是由于我们在提取因子时是基于探索性因子分析，所以各因子之间的相关性不会太大。模型设计如图11-5所示。

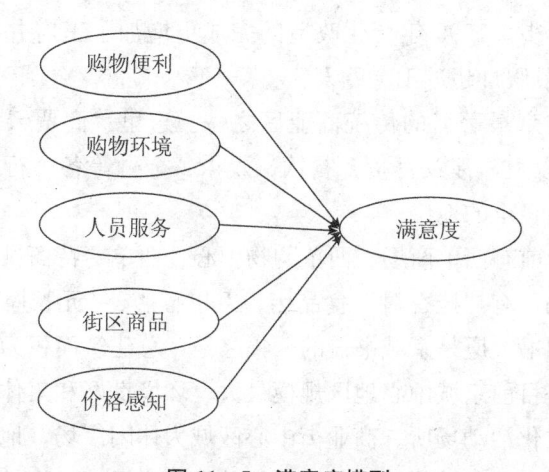

图11-5 满意度模型

（五）调研样本设计

1. 样本设计

商业街区作为一个城市商业的缩影，是城市的精华所在，它是以巨大的内聚力和辐射力形成一个开放式、跨区域的商业群体，既有城市商业中心的功能，又具备现代购物中心的特点。

我国商业街区的数量众多，本文研究的对象是北京比较著名的王府井、西单、前门商业街区。选择这三个商业街区的店铺作为研究对象基于以下考虑。第一，随着城市规模的日趋扩大以及城市功能的日趋完善，人民生活水平不断提高，商业街区已经成为我国城市消费者购买商品的主要渠道。商业街区包含了大型连锁综合超市、百货商店、专卖店等多种零售业态，很大程度地满足了消费者的购物需求。第二，国内已经有了大批研究顾客满意度的学者，并且设计出了标准的测量量表，但是他们的研究仅就一种零售业态进行分析，例如大型连锁综合超市，对在我国成为主导业态的大型综合超市顾客满意度影响因素及水平进行分析，研究中外资零售企业在这一竞争最为激烈的业态领域的优劣状况，为我国大型综合超市竞争优势的改进和提升提供依据。但是，研究仅局限于一个领域，本文的研究亦在寻求零售业态的突破，从地域的差别进行考虑，分析出街区的不同导致顾客满意度不同的因素。

在北京享有金街美誉的王府井商业街是一条历史悠久、享誉海内外的商业街，位于市中心的东长安街北侧，自明代以来商业活动就在此出现，是具有700多年悠久历史的著名商业区。新中国成立之后它又是新中国商业街的代表之一。如今它已成为集传统、现代、购物、休闲、商业、商务、文化、娱乐多种功能于一体的综合性商业街。1999年行化改造的完成更增加了王府井的吸引力，日均人流达60万人，节假日超过120万人。

西单大街是北京最著名的传统商业区之一。这里"商贾云集，人气高涨"，日均客流量20万以上，涉及百货、餐饮、娱乐、金融等各个行业，在北京市商业格局中具有举足轻重的地位。

西单商业区目前有西单商场、西单购物中心、西单赛特商城、中友百货等多家大型现代化商场，有"桂香村"食品店、万里鞋店、"元长厚"茶庄等京城老字号商店。北京图书大厦是京城书迷的云集之地，总建筑面积为3.5万多平方米的西单文化广场是目前京城中心地区规模最大、环境良好和集休闲、娱乐、购物为一体的综合性文化活动场所。商业街中心区域为休闲广场，地下设有餐厅、市场、电影院、保龄球馆、游泳池、攀岩和西单文化广场，成为长安街沿线面积最大的文化娱乐场所。西单以商业为主，各种服务业同步配套发展，呈现出交错经营的趋势，市场定位按消费群体划分，商品档次以中高档为主，突出了"专"而"全"的特色，能满足各阶层人士的需要。

北京前门大街原称"天街"，拥有数百年历史，是具有众多商业老字号和商家店铺的百年著名传统商业区，同时也是驰名中外的旅游购物中心。已经经过修缮改造的前门大街，重新面世时恢复了20世纪二三十年代的建筑风格，会聚了约80家"中华老字号"餐馆和商铺。街面换铺青条石，恢复皇家御道、有轨电车（铛铛车）、五牌楼和广合茶楼大戏台，成为南北主路长逾800米的一条步行街。传统商业步行街将建立三线、五片、九点旅游线。三线为前门大街、鲜鱼口街、布巷子品牌街；五片为京味文化、中外美食、品牌购物、四合院文化、休闲保健；九个重点景点是阳平会馆、前门古建群、广和文化广场、全聚德烤鸭店、湖北会馆、天乐园茶楼、月亮湾绿色园、台湾会馆、时代广场。

被调查对象按照三个条件进行遴选：①最近一个月内在王府井商业街有过消费行为的消费者。②本人或家人没有从事零售、市场营销或广告工作。③半年内没有接受过与零售有关的市场调查。第一个甄别条件是本次研究对调查对象的限制，而后两个条件是为了保证调查数据的质量，因为不符合后面两个条件的研究对象对市场调查的特点比较清楚，有可能给出不真实的数据。

调查所采用的方法是现场拦截访问与网络调研相结合。此次调查现场用了两天的时间，网络调研用了一周的时间。共发出问卷300份，回收250份，回收率为83.33%，最后完成有效问卷245份，有效率为98%。

2. 样本描述

(1) 样本性别分析

根据调研的顾客样本，女性有115人，男性有130人，男女的性别比例分别为53%和47%，男性的比例要略高于女性的比例，如图11-6所示。

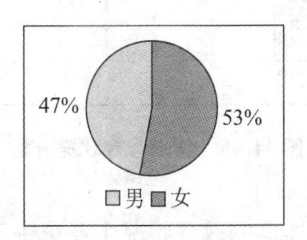

图 11-6　样本性别分析

(2) 样本年龄分析

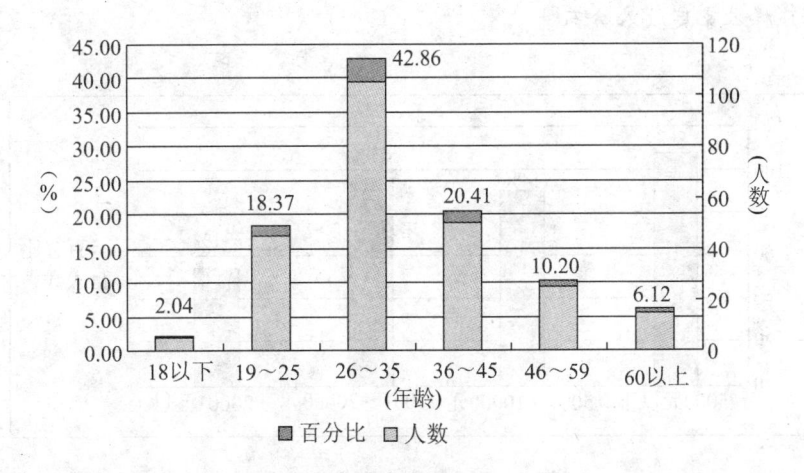

图 11-7　样本年龄分析

从图11-7可以看出，26~35岁年龄段的人最多，占样本的42.86%，36~45岁年龄段和19~25岁年龄段的顾客比例也比较多，这个现象说明，在商业街区的消费者还是以青年和中年为主，这个符合消费群体特征，因为这个年龄段的消费者有了一定的经济实力，因此购物需求较其他年龄段要多些。

（3）样本教育状况分析

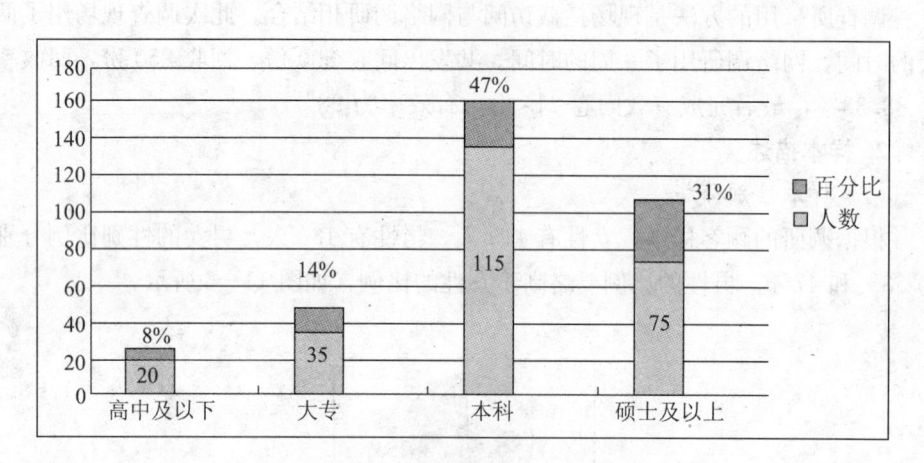

图11-8 样本教育状况分析

从图11-8可以看出，样本的教育状况主要集中于本科和硕士及以上，说明消费者群体的教育素质比较高，而学历高的消费者占据了本次调研样本的大多数，从另一个角度也说明教育程度高的人群更喜欢来商业街区购物，同时也说明商业街区多样化的购物环境能满足教育程度较高的消费者的需求。

（4）样本家庭收入分布

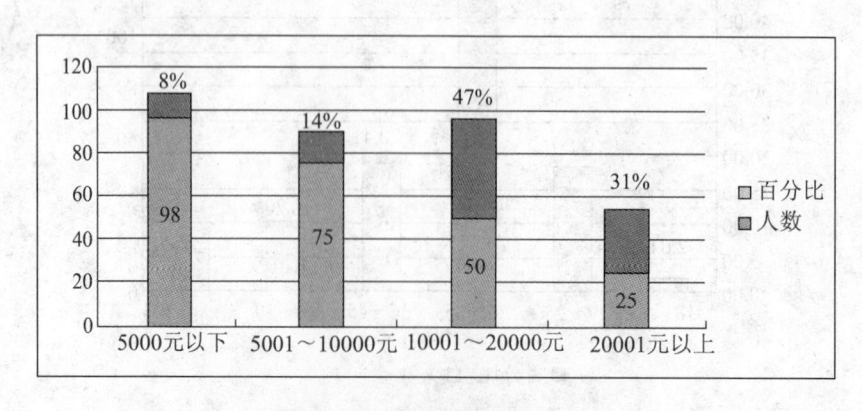

图11-9 样本家庭收入分布

样本家庭月收入的分布如图 11-9 所示，月收入在 5001~10000 元和 5000 元以下是消费群体的主体，占到了调研对象的 70%，这个结果有点出乎意料，经过对问卷的分析，发现部分消费者在选择家庭收入的时候只以自己的收入为基础，这也是本次调研 5000 元以下的消费者居多的原因之一。

3. 量表验证性因子分析和可靠性检验

(1) 验证性因子分析

根据拟定的量表和调研的数据，我们抽取了一部分样本进行了量表的验证性因子分析，以此来测定我们提炼出的因子和测量指标具有良好的稳定性，从而验证前面我们提取的 5 个影响因素是否稳定。

(2) 可靠性检验

我们对量表的可靠性进行了检验。

表 11-1 给出了北京重点商业街区零售企业顾客满意度测量量表的可靠性分析结果。从表中可以看出，价格感知的可靠性最高，得到了 0.782，人员服务以 0.774 紧随其后，说明这几个因子的可靠性还是不错的，唯一不太好的是购物便利，只有 0.489 的可靠度，可能是因为观测变量比较少的缘故。不过总体而言，这 5 个影响因子的可靠度还是可以接受的。

表 11-1　　北京市重点商业街区零售企业顾客满意度量表结果

结构变量	购物便利	购物环境	人员服务	街区商品	价格感知
观测变量	交通便利 停车方便	设施齐全 商品布局	服务态度 专业水平 及时解决问题	品牌布局 商品质量 找寻方便	价格划算 符合期望性 价比
可靠性（α）	0.489	0.647	0.774	0.634	0.782

四、数据处理与分析

（一）问卷的回收与样本特征

本次在商业街区的调研共发放了 300 份问卷，最后完成有效问卷 245 份，样本特征如表 11-2 所示。

表 11-2　　　　　　　　　样本特征

项目		频次	百分比（%）
性别	男	130	53.1
	女	115	46.9
居住地	北京	165	67.30
	非北京	80	32.70
年龄	18 岁以下	5	2.04
	19～25 岁	45	18.37
	26～35 岁	105	42.86
	36～45 岁	50	20.41
	46～59 岁	25	10.20
	60 岁以上	15	6.12
教育程度	高中及以下	20	8.16
	大专	35	14.29
	本科	115	46.94
	硕士及以上	75	30.61
家庭月收入	5000 元以下	95	38.78
	5001～10000 元	75	30.61
	10001～20000 元	50	20.41
	20001 元以上	25	10.20

(二) 数据处理

1. 原始数据的转换

调研采用 5 分量表收集收据，但是按照满意度研究的习惯，在分析和解释数据时把 5 分量表转换成 100 分量表，这样做对数据的结果没有影响。

2. 缺失数据的处理

针对有缺失数据的问卷，如果简单地将样本删除会减少样本的数量，从而降低样本的精确度。因此，在缺失数据处理时会采用平均值替换的方法，既保持该变量的均值不变，同时其他样本统计量如标准差和相关系数等也不会受到很大的影响。

（三）数据分析方法

1. 模型估计方法

我们将调查数据载入图 1 所示的模型，采用偏最小二乘法（Partial Least Square，PLS）对模型进行估计。虽然我们也可以使用结构方程方法，但是偏最小二乘法是满意度研究中使用最多而且最为合适的方法（Fornell and Larcker，1981）。沿用满意度指数模型的研究惯例，我们将原来十分制的观测变量和结构变量的分值转换成了百分制的变量，这样做对变量间的关系没有影响，但是便于模型的解释。满意度模型由 5 个影响要素结构变量进行解释。

2. 数据差异检验方法

王府井商业街区包含多种零售业态，各个零售业态满意度及影响因素存在差异，为了进一步分析这些差异是否具有统计意义的显著性，我们对结果进行了变量均值的 t 检验，这个需要由 SPSS13.0 来完成。

五、实证分析

（一）顾客满意度影响因素

1. 模型拟合情况

模型拟合情况是自变量能够解释因变量因素的变异程度。根据我们对三个商业街区的顾客满意度调研结果显示，满意度模型的 R2 为 0.335，这个结果说明 5 个测量因子能够很好地解释满意度大多数的变异情况，所以说我们所列的满意度模型具有较强的解释能力，总体上来说，模型的拟合情况还是比较好的。

2. 顾客满意度影响因素重要性

为了我们分析数据的需要，每一个结构变量的平均分值也列在了表 11-3 中。北京重点商业街区顾客满意度影响因素的排名为价格感知、人员服务和街区商品。

表 11-3　　　　　　　　顾客满意度影响因素重要性示意

结构变量	模型系数	P 值	平均分值
购物便利—>满意度	0.147	0.133	69.302
购物环境—>满意度	−0.224	0.012	73.447
人员服务—>满意度	0.320	0.000	72.925
街区商品—>满意度	0.197	0.022	69.578
价格感知—>满意度	0.390	0.000	66.477
满意度	—	—	72.774

（二）测量指标分析

基于表 11-3 的结果，我们可以进行如下分析：5 个结构变量中除了购物环境外，其他 4 个结构变量都对满意度产生显著的影响，对满意度影响最大的是价格感知这个变量，这个结果也符合我们的事先预期，因为对于大多数消费者来说，对于价格的敏感度还是比较高的，从数据分析的结果可以看出，价格感知的影响系数为 0.39，即每提高一个单位的价格感知，满意度会上升 0.39 个单位。排在第二位的是人员服务，影响系数为 0.32，即人员服务质量每提高一个单位，满意度会上升 0.32 个单位，从这个结果可以看出，随着人们生活水平的提高，消费者对于服务人员质量的要求越来越高，服务质量的提高也能很大程度地提高消费者的满意度。排名第三的是街区商品，影响系数为 0.197，即街区商品每提高一个单位，满意度会提高 0.197 个单位。街区商品里包含了商品质量和品牌布局等观测变量，说明商品质量对满意度的影响因素还是很大的。购物便利排在第四位，影响因素为 0.147，说明购物便利对顾客的满意度影响不大，这个结果跟以往我们的认识有点偏差，这可能是因为王府井、西单、前门地理位置比较好，相对来说交通比较方便，同时便利性对于消费者来说已经不是一个大问题了，只要这里的商店品牌和质量有保证，消费者还是很认可这几个街区的商品的。调查中我们遇到了一个居住于北五环的消费者，他对于购物距离并没有多大的抱怨，反倒是这里多样化的商品和较高的质量保证，以及便捷的停车场所提高了他的购物满意度和忠诚度。唯一呈现负数的指标是购物环境，影响系数为 -0.224。

以上面的结果为基础，我们可以进行以下几方面的概括：①北京市的消费者在商业街区消费最为重视的是商品价格，说明物美价廉还是北京市消费者最为关心的一方面，消费者对于价格的敏感性还是很强。从问卷中所展示的观测变量分析，大多数消费者认为商业街区的价格并不完全符合个人的期望，但是商业街区本身的品牌具有竞争力，综合服务和环境考虑，其价格还是可以接受的。②北京市消费者对于服务质量有了更高的要求，从问卷中可以看出，商业街区人员的服务态度总体来说还是比较好的，大多数消费者给了很高的分数。服务的专业水平得到了消费者的一致好评，说明这几个在北京很有代表性的街区服务人员的专业水平还是比较高的，这也从另一个侧面反映了商业街区对于服务人员的遴选和培训还是下足了工夫。服务质量的另一个观测指标选择了工作人员解决问题的能力，从问卷中可以看出，工作人员快速解决消费者问题的能力还是不错的，这个在现场的采访中，消费者也表扬了该街区的工作人员。③街区商品的影响系数排在了价格感知和人员服务后面，位列第三，选取了街区商品的布局合理性、商品质量作为这个影响因子的观测变量，消费者普遍感觉商业街区的商品质量高，值得信赖,品牌布局总体而言比较满意,消费者能根据指示牌迅速找到自己所需要的商品。④购物便利对北京市商业街区的顾客满意度影响不是很大,两个观测变量是方便到达和停车方便。方便到达这项说明大多数消费者还是能很顺利地到达王府井、西单、前门三个商业街区,同时这三个商业街区本身的地理位置比较好,处于北京市区的中心地带,地铁公交等交通设施比较齐全,消费者可以根据自己居住地的远近选择出行方案。同时,商业街区周围不断新增的停车位也大大满足了驾车来商业街区消费者的停车需求。因此,购物便利性不再是一个影响满意度的显著因素。⑤购物环境对消费者的满意度没有影响。

这五个特点是本次研究发现的核心内容,消费者还是对价格更加敏感,物美价廉是消费者在商业街区购买商品的首要因素,毕竟价格的竞争优势还是比较大的,价格低廉能刺激消费者的购买欲望,同时质量好、价格低能提高顾客的满意度,进而提高顾客的忠诚度。这次研究的意外收获是服务质量对北京市商业街区顾客满意度影响系数比较高,这也说明商业街区的消费者不再单独关注产品质量和产品价格,而是对购物时的实际体验有了更多的关注,消费者希望在购物时不仅获得一个满意的产品,而是从购物开始到购物结束的整个过程获得一个满意的购物经历,这就要求我们商业街区的服务人员在面对消费者时提高自己的服务态度,提高自己的服务质量,提高自己服务的专业水平,提高解决问题的能力,从而实现这个过程的满意而不仅仅是结果的满意。街区商品的影响因素排在第三位,消费者对产品质量的要求排在了服务质量的后面,说明了这三个商业街区的商品质量有保证,消费者已经不需要过多关注商品本身的质量问题。同时,消费者对于专业服务的要求提高了,对产品本身质量的信任促使影响消费者的满意度因素发生了转移,消费者希望从服务人员那里获得更加专业和优质的服务。

这次研究还发现了一个有意思的现象——购物便利不再是消费者关注的重点。为什么会有这样的结果呢?我们认为,可能是发达的交通使消费者购物便利,同时商业街区良好的信誉使一部分消费者产生消费忠诚,即使住处稍微远些也会因为顾客的忠诚度而驱车前往。另外,三个商业街区本身所处的位置也能使消费者方便地到达。这也说明,购物便利性已经不再是消费者考虑的问题了,因此购物便利性对顾客满意度的影响也就不那么显著了。

(三)零售企业之间的比较

1. 各商业街区的顾客满意度

我们将影响北京市商业街区的顾客满意度各要素做了详细的分析,同时我们还针对王府井和西单进行了对比分析,根据这些因子进行了要素的平均值分析,让读者更加直观地看到两个街区各项因子的比较分数(见表11-4)。

表 11-4　　　　　　王府井、西单商业街各项因子比较

王府井		西单	
满意度要素	平均值	满意度要素	平均值
购物便利	69.186047	购物便利	70
购物环境	73.545549	购物环境	72.857143
人员服务	73.015873	人物服务	72.380952
街区商品	69.904101	街区商品	67.619048
价格感知	66.127646	价格感知	68.571429
满意度	72.165179	满意度	76.428571

从总体上来看，这两家商业街区的表现都需要提高，因为各项指标的平均值都在80分以下。根据前面我们总结的五点来看，在价格感知方面，西单68分，王府井仅有66分；在人员服务方面，王府井比西单略微高些，分别为73分和72分；在街区商品方面，两个街区的分数都不高，王府井70分，西单67分；在购物便利方面，两个街区的分数也难分伯仲，都在70分左右；在购物环境方面，王府井和西单商业街区得到了不错的评价，分别为73分和72分。

2. 商业街区的比较分析

因王府井和西单比邻，在购物便利性、购物环境方面类似，所以在做商业街区比较时，我们选取了王府井商业街区与前门进行比较，既避免了分析出的结果数值太靠近，又能给消费者一定的借鉴，也为管理者提供了商业街区管理和改进的经验。

在价格感知方面（见图11-10），前门的表现较为突出，主要是因为前门街区具有地方特色的经营模式。前门街区主要以经营老字号的产品为主，产品价格弹性不大，同时较其他类型的商品竞争性小。总体来讲，老字号产品的销售依托其品牌效应，消费者对于价格的敏感度相对于王府井要小些，更加认可前门街区的商品价格，这也说明前门街区的商品价格更令消费者满意。

在服务质量方面（见图11-11），王府井的分值要高于前门的分值。王府井商业街区历史悠久，是集传统、现代、购物、休闲、商业、商务、文化、娱乐多种功能于一体的综合性商业街，吸引了越来越多的本地消费者和外地消费者。近年来王府井发展更快，从南口北京饭店入街北行，两边商铺林立，每天进入这条街的中外顾客多达百万人次。

王府井商业街现在已经拥有了亚洲最大的商业楼宇，密度最大、最集中的大型商场、宾馆与专卖店。日益积累的顾客消费体验也为王府井商业街区的管理者提供了充足的管理经验。另外，前门商业街区是重新修缮后的街区，服务经验可能较王府井商业街区要少一些，所以服务质量的分值略低于王府井。

在街区商品方面，王府井商业街区有比较明显的优势，主要因为这条充满现代气息、高品位、高标准的国际化中心商业街与法国的香榭丽舍大街结为友好姊妹街，使它的国际地位不断提高。百货大楼、外文书店、丹耀大厦、工美大楼、女子百货商店、穆斯林大厦、新东安市场与盛锡福、同升和、东来顺、全聚德、四联美发、百草药店构成了这条810米的现代化商业街。这里的商品品种繁多，日用百货、五金电料、服装鞋帽、珠宝钻石、金银首饰等琳琅满目，商品进销量极大，是号称"日进斗金"的寸金之地。百货店、专业店、娱乐设施等布局比较合理，各种品牌齐聚，最大限度地满足了不同消费者的需求。

在购物便利方面，王府井和前门的分值差距在一分以内，前门的平均分值达到了70分，王府井商业街区的分值为69.2分。

在购物环境方面，两个商业街区的购物环境分值都高于70分，说明两个商业街区的购物环境还是得到了消费者的肯定。王府井商业街区的分值略高于前门商业街区，从现场调研来看，街区的座椅、绿色植物、示意图、街头小品、厕所、垃圾桶等比较齐全，不同店铺之间的设计与布局都比较合理，所以在五个影响满意度因子的分析中，购物环境这一项得到了相对不错的分数。

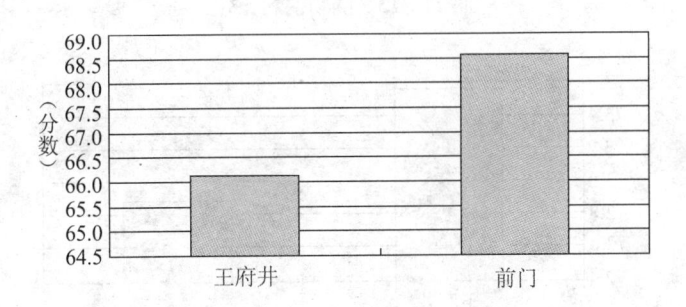

图 11 - 10 价格感知比较

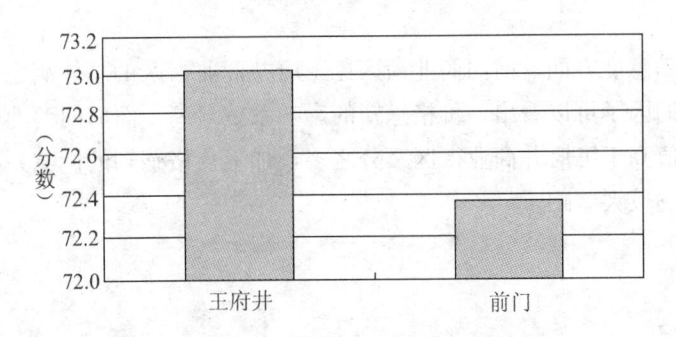

图 11 - 11 人员服务比较

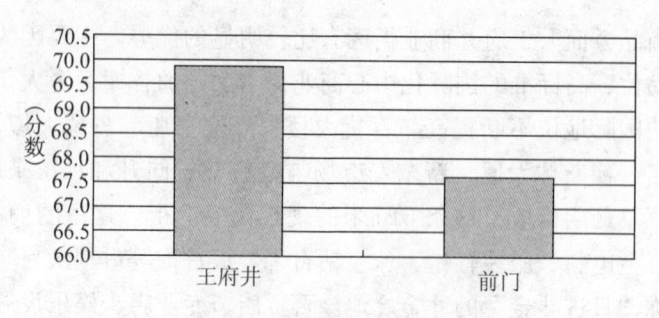

图 11-12 街区商品比较

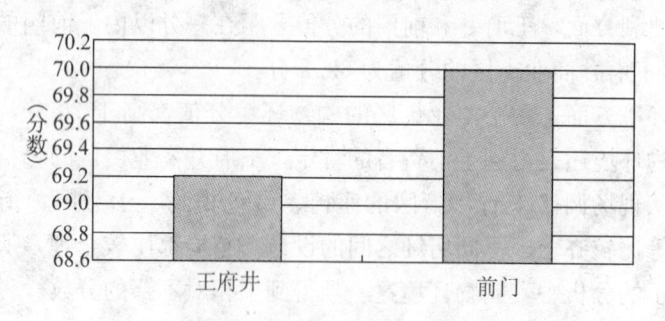

图 11-13 购物便利比较

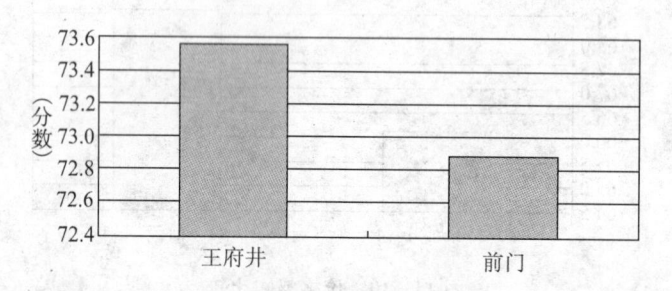

图 11-14 购物环境比较

在总体满意度方面，前门商业街区比王府井商业街区的总体满意度高。比较影响满意度的因子可以看出，价格感知的影响系数最高，而前门商业街区的价格感知平均分值高于王府井商业街区2分之多，加上价格感知的影响系数，产生了总体满意度的较大差距。

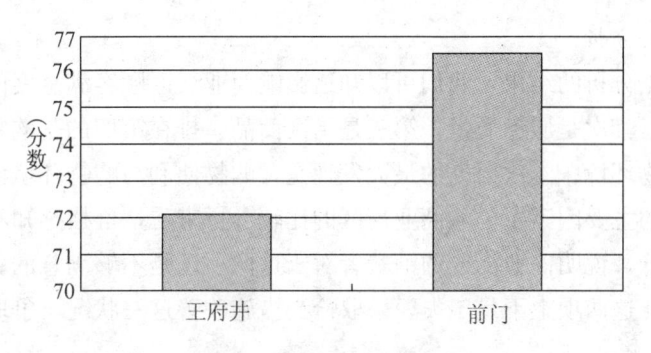

图 11-15　总体满意度比较

六、研究总结与展望

本文在已有的满意度研究基础上,开始了针对北京市重点商业街区的顾客满意度调研,根据北京市消费者的实际消费情况开发了北京重点商业街区顾客满意度调研问卷,并对王府井、西单、前门三个商业街区进行了随机调查,共发放 300 份问卷,收回有效问卷 245 份。本次研究是我们第一次对北京市重点商业街区顾客满意度的研究,测量量表比较可靠,数据能够反映北京市重点商业街区的顾客满意度状况,结论对于研究商业街区有一定的意义。本次研究在量表开发上有了新的突破,模型的研究继承了期望—质量—满意度的结构进行分析,实证分析的结果对于我们研究全国范围内商业街区顾客满意度的机理过程有很大的作用,同时,本研究也对顾客满意度的研究方向进行了新的选择,为研究零售企业顾客满意度提供了新的基础。

(一) 零售企业顾客满意度研究总结

1. 结论

(1) 测量量表

本次研究在小组讨论和预调研的基础上开发了北京市重点商业街区顾客满意度测量量表,发现影响商业街区顾客满意度的主要因素有五个,经过可靠性验证分析,发现这些因子的可靠性是比较好的,说明本次研究所开发的量表可以推广到商业街区的顾客满意度研究中去。

(2) 研究模型

本次研究用的是顾客期望—顾客感知—满意度的链式影响理论,对调查数据进行了最小二乘法模型分析,发现模型的拟合度还是可以接受的,这个模型可以用于商业街区顾客满意度的研究。

(3) 数据分析

根据数据分析的结果，我们可以知道影响商业街区顾客满意度的最重要因素是价格感知，其次是服务质量，第三是街区商品，排在第四的是购物便利性，最后一位是购物环境。本次研究的最大发现是，购物便利与购物环境已经不是影响顾客满意度的主要因素了。从商业街区的比较分析来看，价格感知和街区商品的分值都比较低，说明商业街区的消费者对于这两项还是不够满意的。商业街区的管理者应该在这两项上下足工夫，采取恰当措施改善这一状况，争取尽快提高这两项的分值。

(4) 商业街区之间的比较分析

商业街区之间的比较分析是为了分析出各个商业街区彼此的优势和不足，并为商业街区的管理者提供改进的建议和具体的实施措施。因为使用的是同一套调研问卷，消费者的判断标准还是比较一致的，所以对各个商业街区的比较分析具有其合理性和实用性，这次研究对每个因子进行了详细的对比，使商业街区的分值一目了然地呈现出来。王府井和前门在各项的分值有高有低，但从总体满意度来看，还是前门获得了顾客更多的青睐。

2. 对商业街区管理的启示

本次研究发现，影响顾客满意度的因素的权重在不同商业街区之间不存在显著性差异，这说明消费者评价满意度的标准还是大致相同的，对商业街区的管理者来说，要提高本商业街区的竞争力就要脚踏实地地在影响每个满意度因子上面下工夫，结合自己街区的实际情况使本商业街区在权重比重较大的影响因素上胜出，并同步提高其他的顾客满意度影响因素，从而提高商业街区的竞争力，提高顾客的满意度。

价格感知作为本次研究结构中权重最大的一项，说明消费者对于价格的敏感度很强烈，商业街区要想提高顾客的满意度，在商品价格和商品质量上要多加努力。对于消费者来说，还是青睐于物美价廉的商品，所以商业街区的商家们要想取得价格优势就要保证商品质量的前提下控制商品成本，从而控制商品价格，使本街区的商品具有价格优势。同时，要想最大限度地控制商品成本，商业街区的各商家要重视物流系统，同供应商建立起良好的供应链系统，合理控制商品运输成本，强化管理意识，使商业街区的商品能够做到名副其实的价廉物美，从而吸引更多的消费者前来消费。

对服务质量的重视是本次调研结果的一个重大发现，服务质量是影响北京市重点商业街区顾客满意度的重要因素，它已经超过了街区商品在顾客满意度的重要性。虽然整体的影响权重不及价格感知，但是高达 0.32 的权重系数还是表明了商业街区消费者对服务质量的重视,尽管服务质量与最后的销售成果不是直接的关系,但是优质的服务能增加消费者的购买欲望,并能提高消费者的顾客满意度进而提高顾客忠诚度,促使消费者有二次购买的愿望,从而间接增加了商店的销售业绩。所以,作为商业街区的服务人员要非常重视服务质量,提高街区服务人员的服务水平和专业素质,提高服务人员解决问题的能力,提高顾客的购物实际体验。通过提升服务质量提高顾客满意度。

购物便利性已经不是影响顾客满意度的主要因素了,购物便利性在五个因子中排名第四,说明购物便利已经不是商业街区消费者所关注的重点了,主要原因在于三个街区的位置都处于市中心,交通比较方便,停车也比较方便。而且随着顾客满意度和忠诚度的提高,商业街区的品牌效应日益增加,消费者不再单纯以距离远近来考虑购物的便利性,更多地从购物便利的引申意义来感知,例如停车便利性和交通便利性。

商业街区的比较分析结果说明,商业街区的整体满意度分值都不高,没有超过 80 分,这个结果不是很好,而且街区商品的分值没有到 70 分,说明消费者不太满意街区商品这个影响因素。根据传统的满意度研究模型,商品质量影响顾客满意,街区商品的观测变量中很重要的一个观测变量是商品质量,如果商品质量不能得到消费者的足够认同,那么再优质的服务与价格优势也是无济于事的,所以我们仅仅从商业街区的管理模式进行改进是不够的,商品质量的影响因子虽然不及感知价格和服务质量,但是作为满意度的根本,还是值得每个店面的经营管理者高度重视的。

随着中国城市化进程的明显加快,城市功能也日趋完善,商业街区作为城市发展的一个重要标志越来越受到全国各地各级政府的重视。现代商业街区是城市商业的缩影,是城市的精华,它以巨大的内聚力和辐射力形成一个开放式、跨区域的商业群体,既有城市商业中心的功能,又具备现代购物中心的特点。北京市的重点商业街区要建立完善的管理与服务体系,政府、行业协会以及相关部门应该联合起来共同努力,制定并施行特殊政策,要调动商业街区的商家参与管理工作的积极性和主动性。这种参与要贯穿于从管理方案的制订到管理方案的执行全过程,这样在管理过程中才能得到商家的配合与支持,避免管理者与商家不必要的对立。管理机构要有较强的协调能力,因为商业街区的管理不同于一般街道,大都处于城市中心地带,是比较敏感的地区,情况往往比较复杂,是各业务主管部门的管理重点,商业街区出台并实施特殊政策如果没有有关部门的支持配合,很难有所成效。

(二) 研究的局限与研究建议

本研究的局限性主要有三方面。第一,本次调研只是针对北京市王府井、西单、前门商业街区,不能反映北京市整体商业街区的情况,尤其是一些特色商业街区。第二,消费者也大多数是北京地区的消费者,确切地说主要北京城区的消费者,消费人群也不具有完全的代表性。本次研究只研究了商业街区的顾客满意度,对顾客满意度和顾客忠诚度之间的关系没有进行深入讨论。第三,量表的设计不够完美,购物便利的可靠性偏低了。

在以后的研究中,我们要尽力解决以上的局限和问题。首先,扩大商业街区的调研样本,不仅包括北京市的商业街区,可以把范围扩大到广大北方地区甚至延伸到南方。同时,尽量选取不同特色的商业街区进行分析和比较。

商业街区顾客满意度研究是一个长期性的课题,需要我们进行持续追踪研究,根据市场的变化和消费者需求的变化来进行适当调整,为商业街区的管理者提供翔实的信息,从而推动我国商业街区的健康发展。

第十二章 北京大型综合超市顾客满意度测评研究

一、绪论

中国经济飞速发展成为全球关注热点，国际零售商纷纷抢滩中国，首选北京、上海、深圳等大城市，以大型综合超市为首选抢占中国零售市场。自20世纪90年代以来，3000~20000平方米的外资大型综合超市瞄准中国市场，迅速在北京、上海、深圳等地开拓市场、抢占商机，由于这些城市的消费者有着较高的知识文化水平，消费者适应大型综合超市消费模式的能力极强。同时，我国零售商也察觉到了商机，迅速借鉴并模仿外资大型综合超市的运作模式，展开市场保卫战。

在世界零售50强中，超市的销售额占总销售额的35%，而我们熟知的百货店只占到14%，其中大型综合超市和仓储超市作为超市行业的主力业态发展迅速，但由于市场需求、消费者偏好的不断变化，仓储超市逐渐被大型综合超市所取代。此外，据最近统计数据显示，2009年北京的恩格尔系数为33.2%，[1] 北京居民可支配收入中用于食品消费的比例较大，其次是民生类商品，而食品和民生类商品是大型综合超市的主要商品，因此大型综合超市在我国有着广阔的市场前景。大型综合超市的消费方式得到中国消费者的追捧，使大型综合超市在中国发展迅速。我国本土大型综合超市虽然极力模仿外资大型综合超市，在借鉴外资大型综合超市经营管理经验的同时也锐意创新，但是市场份额、顾客满意度和消费者忠诚度始终无法赶超外资大型综合超市。

我们不难发现，自20世纪90年代以来，全球开始开展顾客满意研究。在顾客满意度研究方面，美国一直处于领先地位，而美国沃尔玛超市全球领先的市场地位与其关注顾客满意研究并致力于提升顾客满意的努力是分不开的，在顾客满意度指标建立、测评以及提高顾客满意度的水平上，外资大型综合超市大多都强

---

[1] 数据来源：北京市统计局网站。

于我国大型超市。所以，当处于同一竞争市场的时候，我国的大型综合超市必须不断摸索行业领先者在顾客满意方面的先进经验并根据自身条件加以吸收、改进，作为提高自己的借鉴和指导。

（一）研究视角

本文从北京大型综合超市的发展现状分析出发，以北京几家大型综合超市为样本，研究目的包括从顾客角度出发，分析影响北京大型综合超市顾客满意度的关键性因素，构建北京大型综合超市顾客满意度测评指标体系；构建适合北京零售业特点的大型综合超市顾客满意度测评模型；运用模型数据，对北京大型综合超市顾客满意度测评结果进行分析，在此基础上提出提高北京大型综合超市顾客满意度的具体策略并对北京大型综合超市营销策略改进进行探讨。

（二）研究意义

大型综合超市作为超市零售业的主力业态，在起步阶段资金需求高、管理难度大，外资大型综合超市凭借其资金和管理优势，往往选择大型综合超市作为突破口，如家乐福、沃尔玛等已经在中国市场占据主要地位。中国本土超市也逐渐意识到竞争的激烈性，北京地区的一些超市如华联超市、物美、美廉美等不断转变经营模式和发展思路，已经初步取得一些成效。在竞争激烈的大环境下，借鉴国内外学者及成功企业的现有理论成果和实践经验，探索建立适合北京特色的大型综合超市顾客满意度测评指标体系，通过实地调研对消费者满意度进行测评研究，为大型综合超市行业提供可操作的建议，同时为首都零售业其他业态提供一些借鉴。

从北京大型综合超市企业的角度来看，顾客满意度测评的推进促使企业实施顾客满意战略，有助于企业不断改进产品或服务质量，培养核心竞争力。从北京大型综合超市行业发展的角度来看，顾客满意度测评的意义在于为北京大型综合超市乃至整个首都零售业创造优质的良性竞争环境。从北京零售业发展以及零售业战略规划的角度来看，顾客满意度测评意义在于为首都零售业发展规划提供现实依据。

企业的顾客满意度指数是企业产品或服务被顾客接受程度的反馈指数，可以为企业经营决策提供参考。通过顾客满意度研究，可以引导企业适应顾客需求的变化，掌握顾客的购买心理和行为变化。顾客满意度测评可以为首都现代零售业发展提供现实的依据。

(三) 研究方法

1. 文献研究法

文献研究指针对某一具体研究课题，通过广泛查阅、认真研读相关文献资料，全面、系统、正确地把握此研究课题的一种方法。文献研究法广泛应用于各类学科。

其主要作用有：①有助于观察和访问，了解研究对象的一般规律。②能够获得现实资料的比较资料。③能够掌握有关问题的发展历史、现状，有助于确定研究课题的方向。④能够全面了解研究课题的全貌。

2. 问卷调查法

问卷调查法是市场调查中最常用的一种方法，通常采用书面提问的形式向目标人群搜集资料以达到研究目的。调研者根据研究课题确定调查项目并编制成表式，分发或邮寄给调查对象，请其填写答案，并将数据整理后通过统计软件进行数理统计和分析，得出相关结论。问卷设计是问卷调查法的核心环节，问卷设计的科学性、合理性直接决定研究结果的准确度。本文尝试采用问卷调查法，依据问卷设计基本原则，征求专家意见，保证问卷设计的合理性。

3. 定量分析法

在现代科学研究中，定量分析法越来越受到学者的重视，定量分析法可以客观地、科学地揭示事物发展的一般规律，对研究对象的认识更加精确，便于把握本质，理清事物发展的一般规律，预测发展趋势。本文主要采用定量分析法对北京大型综合超市顾客满意度进行测评研究，使人们对北京大型综合超市顾客满意度的认识精确化，从总体和分层次上掌握顾客满意的水平，从而科学合理地制定顾客满意策略和战略。

二、相关理论界定

（一）大型综合超市概述

1. 超市的分类

不同国家超级市场的分类标准不同，同一国家的分类标准也随着经济社会的发展不断变化。美国依据年销售额划分超级市场，如 1963 年明确规定，年销售额超过 50 万美元归为超级市场，1975 年这一标准提高至 100 万美元，进入 20 世纪 80 年代后又提高至 200 万美元；法国则按售货面积划分超级市场，面积在 2500 平方米以上归为大型超级市场，面积在 400～2499 平方米归为超级市场，面积在120～399平方米归为小型超级市场，售货面积低于 120 平方米的称为自动售货点。而英国的超级市场是指营业面积在 2000 平方英尺以上的自助服务商店，主要经营食品与杂货。

纵观中国超市的发展，目前中国超市行业可以划分为三类，如表12-1所示。

表12-1　　　　　　　　　　　中国超市分类

超市分类	概念特点
小型超市及便利店	便利店和超市在商品品种、品牌、价格、服务等方面都有很大差别，是两种不同的零售业态； 便利店在200平方米以下，以经营市民生活必需品为主，附部分服务项目； 根据目前我国的经济发展和消费水平，多数已经开办的便利店实际上只是小型的超市
普通超级市场	国内大量的由原来的副食商场、百货商场改造而成的超市； 营业面积大都在500~1000平方米； 超市绝大部分地处繁华街头，周围有大量居民居住，商品以食品和日用消费品为主； 目前，这种类型的超市在一些大城市中数量很多
大型综合超市及大型仓储式超市	20世纪60年代以来，国际上出现的一种新型的超市业态； 选址在城乡接合部、住宅区、交通要道； 商店营业面积2500平方米以上； 商品构成为衣、食、用品齐全，重视本企业的品牌开发； 采取自选销售方式； 设与商店营业面积相适应的停车场； 通常采用新型的营销方式，如连锁经营，仓储式销售

2. 大型综合超市的概念和特点

大型综合超市（General Merchandise Store，GMS）在各国有不同的标准，目前来说，是指以销售大众消费品为主，品种多样、品种齐全，满足顾客一次性购齐的零售业态，一般采取自选式销售。根据主营商品结构的不同，分为以经营食品为主的大型综合超市和以经营日用品为主的大型综合超市。大型综合超市可充分利用现代商业科技，采取连锁经营的方式，追求经济效益的同时取得规模效益，如法国的家乐福，美国的沃尔玛，我国的联华超市等。大型综合超市的选址很重要，一般建于交通要道、城乡接合部和住宅区，其规模的大小取决于对商圈人流量的分析以及现实的店址条件，营业面积最低2500平方米左右，最高可达几万平方米，经营范围涵盖衣、食、用品等。大型综合超市企业一般重视本企业的品牌开发，采取自选销售方式，辅助设施健全，一般根据经营规模设计相应的停车场和餐饮娱乐功能。

大型综合超市在日本由通产省定的标准是：超市的商品结构中食品类、服装类、商品类、居住用品类各占总营业总额的 10%～70%，且营业面积在 1500 平方米以上的超市可称为大型综合超市。其中营业面积因地区经济条件各异，如东京地区标准为 3000 平方米以上。20 世纪 60 年代起，日本的伊藤洋华堂、大荣、佳士客以大型综合超市作为主要零售业态，长期占据日本零售业的主导地位。日本大型综合超市多分在车站附近等地区，商品品种多样，品类齐全，涵盖食品、服装、日用百货等，商场规模大，商品结构定位以中低档主，采取自选销售、连锁经营方式，商品价格比较低廉。

关于大型综合超市的概念和特征，国家内贸局的《零售业态分类规范意见（试行）》解释为：大型综合超市是指采取自选销售方式、以销售大众化实用品为主，满足顾客一次性购足需求的零售业态。

与普通超市相比，大型综合超市面向家庭和工薪阶层，商品结构类多、线宽，经营服装、日化、百货、鞋帽、家电、杂品等各个门类，并经营生鲜食品，突出家庭起居日用类，60% 左右的商品低价销售，销售方式为开放式、自选式，强调商品本身的诉求性，促销意识强，结算方式简便，采用大批量采购方式，并自主开发部分商品，人工成本相对较低。

(1) 导入连锁机制

过去零售业普遍采用购销一体、单店核算的运营机制，连锁经营的出现改变了这一现状，保持大型综合超市的店名和店貌统一性的同时，也逐渐实现了商品服务的标准化，采购、销售、经营的专业化，员工培训、品牌宣传的统一化，在满足快捷便利消费需求方面发挥了巨大作用，形成了商品和服务社会化、现代化的大流通。连锁经营的导入大大增加了零售企业和消费者直接见面的机会，确保呈现给每一位消费者企业良好、统一的品牌形象，以最大限度挖掘潜在的消费潜力。

(2) 百货与超市的结合体

社会生产力的发展使居民生活水平显著提高，居民消费价值观也发生很大的变化，在大型综合超市行业，消费者更加注重商品和服务的多样性、消费的便利性和效率以及一些附加的利益。同时，随着城市规模的不断扩大以及远郊化的发展要求，特别在北京地区，追求辐射全北京的发展几乎是不可能的，因此要求确立目标群体，建立满足目标群体的商业中心。大型综合超市用大众化市场的目标顾客定位、完全的商品概念、低于百货的价格、无柜台经营和专业化的分工协作实现了百货和超市的综合功能，实行统一核算、统一采购、统一配送、统一销售和统一企业形象，符合了消费者的需求。

（3）综合优势

首先，每一家连锁门店在保持统一形象和统一服务标准的同时，也根据具体区域的消费者需求和消费倾向的不同建立反馈和应变机制。每一家零售企业包括大型综合超市企业，可以根据经营区域市场环境的变化，适时地调整经营范围和经营结构，以更好地满足市场需求，提高资金利用效率，增加竞争优势。

其次，自选式的消费形式大大节约了经营成本，同时降低了商品价格，满足消费者求廉心理。

此外，大型综合超市的商品以日用消费品为主，每一个社会居民的日常生活都离不开超市，连锁化的大型综合超市既满足人们对商品的信赖，同时可以解决一次性购物的需求，为工薪阶层和城市白领节约了时间，因此在经济发达的首都北京发展态势良好。

（二）顾客满意度基础理论

1. 顾客满意的概念

（1）顾客的概念

ISO 9000：2000《质量管理体系基础和术语》中规定：顾客是指接受产品或服务的组织和个人。顾客分为组织内部和组织外部，内部顾客指组织的内部成员，包括企业的股东、员工等，企业中的供、产、销和其他职能部门之间、上下工序之间的关系亦为顾客关系；外部顾客是指组织外部的单位或个人，是指购买或可能购买本企业产品和服务的个人和团体。

本论文所研究的顾客指组织外部的个人消费者。

（2）顾客满意的概念

顾客满意的概念由 Cardozo（1965）引入到市场营销领域。顾客满意是市场营销理论的核心概念之一。关于顾客满意的定义的研究，国外学者的主要观点见表 12-2。

表 12-2　　　　　　　　国外学者对顾客满意的定义

年份	学者	观点
1969	Howard & Sheth	从顾客的评价与比较两个角度来定义顾客满意度，他们认为顾客满意是顾客对其购买付出而获得的报酬是否适当的一种认知状态
1977	Pfaff	顾客满意是产品组合的理想与实际差异的反差

续表

年份	学者	观　点
1981	Oliver	顾客满意是对事物的一种情绪反应，而这种反应主要来自顾客在购物的经验中得到的惊喜
1982	Churchill & Surprenaant	顾客满意是一种购买与使用产品的结果，是由顾客比较购买者所付出的成本与预期使用的收益所产生的
1983	Quelcho & Takuchi	顾客满意受消费前、消费中、消费后三个步骤所分别涉及的因素的影响
1989	Woodside 等	顾客满意是顾客消费后产生的整体态度的一种表现，反映出顾客喜欢或不喜欢的程度，有人认为顾客满意是指顾客对某一产品或者某一服务提供者迄今为止全部消费经历的整体评价，个人对所购买产品的整体态度
1993	Philip Kolter	顾客满意是一个人所感觉的愉悦程度的高低，是源自其产品知觉绩效和个人对产品的期望，二者相互比较之下所形成的，也就是指顾客满意是知觉绩效和期望的函数
1994	Anderson	归纳过去学者的看法，从特定交易与累积交易两种不同的观点去解释顾客满意度，其中特定交易观点指顾客满意度是顾客对于某一特定购买场合或购买时点的购后评估，可提供对特定商品或服务绩效的判断资讯；而累积交易观点认为顾客满意度是顾客对商品或服务的所有购买经验的整体性评估
1997	Woodruf	比较标准应该基于顾客所向往的价值，这些向往的价值来源于产品的属性、性能及使用结果，顾客对满意的判断应该基于顾客在购前建立的期望价值层次
2001	Philip Kotler	满意是指一个人通过对一个产品的可感知效果（或结果）与他的期望值相比较后，所形成的愉快或失望的感觉状态

关于顾客满意定义的研究，国内学者的定义如下。

顾客满意（Customer Satisfaction，CS），顾客消费或购物后，会产生商品、服务及相关因素的情感体验，顾客会将这种情感体验表达出来，并影响顾客本人以及朋友的消费行为，通常来说，顾客的情感体验越强烈，影响力越大。研究顾客情感体验产生的过程和决定因素以及影响方式对于顾客满意的研究十分重要。情感体验一般表现为积极的情感，如愉快、满意等，也表现为消极的情感，比如失望、气愤等。

根据ISO 9000：2000《质量管理体系基础和术语》，顾客满意被定义为："顾客对某一事项在满足其要求和期望的程度的意见"，其中的"要求"既"包含明示的必须履行的需求或期望"，也包括了"隐含的或必须履行的需求或期望"。"某一事项"是指"在彼此需求和期望及有关各方对某次沟通的基础上的特定时间的特定事件"。换句话说，顾客在购买或消费企业提供的产品或服务的过程及之后，会产生一种自己的要求是否已被满足的心理感受或认知，这种感受或认知直接反映了顾客对产品或服务是否满意。

综合上述观点，我们可以看出，不同学者对顾客满意的理解和表述有所不同，但存在一些共识，满意是一种主观的感受，需要被顾客感知，满意兼有情感和认知两种成分，描述了顾客对于某一特定购买期望被满足的程度。顾客满意概念争论的焦点在于顾客满意的心理学基础，一种理解为特定交易的满意（Transaction Specific Satisfaction），另一种理解为累积的满意（Cumulative Satisfaction）。特定交易的满意将满意定义为顾客对某一次特定消费或购买经历的评价，是顾客在某一特定时间对特定产品和服务短暂性的感知程度；累积的满意将满意定位为顾客消费和购买后对全部消费经历的整体评价。

事实上，除非顾客只进行一次性购买，否则，顾客的满意评价大多都是累积性的。本文所采用的顾客满意定义主要为后者，即累积的满意定义，论文中所建立的指标体系也是基于顾客对不同大型综合超市近期全部消费经历的整体评价。

（3）顾客满意度的概念与特征

顾客满意度（Customer Satisfaction Degree，CSD）是用于测量顾客满意水平而设立的量化指标，顾客满意是一种主观的感受和情感反应，必须进行科学的计量才能对现代经营管理提供借鉴，顾客满意程度作为衡量一个企业管理水平、产品质量和服务质量的重要指标，也是评价组织质量管理体系的一个重要指标。

顾客满意度是对顾客消费或购买后的一种心理体验的数字化指标，由于顾客满意是一种抽象的心理感受，无法直接测量，所以引进期望、标准指标，通过与之比较对顾客满意度进行定量研究。通常，顾客在购买或消费前会形成对产品或服务的总体期望或标准，顾客购买中或购买后会对产品或服务的总体感知与期望及标准进行比较，产生的差距的方向决定了顾客是否满意，差距的大小决定了满意或不满意的程度。

顾客满意度可以简要定义为：顾客对产品或服务的实际感知与期望值比较的程度。

用公式表示为：顾客满意度＝实际感知/期望值。

顾客满意度是对顾客满意的定量描述，也就是说，顾客满意度是顾客消费或购买后的实际感知绩效与其消费前的期望或标准比较得出的一种差异函数。

（4）顾客满意度的特点

①客观性。无论企业是否测量，顾客满意度是客观存在的，不以人的意识为转移。顾客一旦接受了企业的产品或服务，就会有情感体验，就会存在满意评价，由于本文假设顾客满意是累积性的满意，因此，此时的满意评价必然会对以后的购物行为产生很大的影响，即不论企业是否意识或关注，顾客满意的评价是客观存在的，且对以后的顾客行为会产生深远影响。

②主观性。从顾客满意度的概念来看，顾客满意是一种情感体验，一种主观的感知活动，具有很强的主观色彩。从顾客角度来说，满意与否受许多因素影响，包括顾客的经济地位、文化背景等宏观因素，个人好恶、性格特点、情绪等微观因素。从企业角度来说，顾客满意的测量受企业调查过程中调查人员的主观性影响。因此，顾客满意的测量是一个科学性和艺术性相结合的学科。

③模糊性。由于顾客满意是一种情感体验和顾客感知活动，这种心理活动的判断带有很大的模糊性，直接影响顾客满意度的测量结果。顾客满意度作为一种比较结果，带有许多"亦此亦彼"或"非此非彼"的现象，即模糊现象。同时，对于"满意"和"较满意"的差距究竟有多大，很难准确地、科学地界定。

④比较性。顾客满意度是一个比较产物，即顾客感知绩效与顾客期望相比的结果，包括横向比较和纵向比较。但比较是有限的，且很难比较，因为某些情况下，不同顾客对同一影响顾客满意度的因素会有不同的感知和期望，同一顾客在不同情境下的感知和期望也不尽相同。

⑤动态性。由顾客满意度的比较可知，顾客满意度并非一成不变。同时，由于社会政治、经济、文化的快速发展，顾客需求和整体环境的素质不断提高，顾客满意的期望和标准会随之不断变化，顾客满意度也会发生变化，甚至从满意转为不满意。

2. 与顾客满意相关的基本概念

与顾客满意度相关的基本概念主要有顾客期望（Customer Expectation）、质量感知（Quality Perception）、价值感知（Value Perception）、顾客满意、顾客抱怨（Customer Complaint）、顾客忠诚，认识和了解这些基本概念对分析和研究顾客满意度有重要意义。就这些指标，一些学者给出的定义及它们的相互关系如下。

①顾客期望。Miller John A. 将顾客期望分为理想期望、预期期望、最低可忍受的期望、应当的期望四种。Claes Fornell、刘金兰认为，顾客期望是指顾客

依据过去经验性和非经验性的信息，对产品或服务的质量进行的判断和预测。

②质量感知。Zeithaml Valarie 认为质量感知是对全部的产品属性的更高层次上的抽象感觉，是一个整体判断。

Parasuraman A.、Zeithaml V. A. 和 Berry L. L. 认为，质量感知是顾客对某一产品的整体卓越程度的判断，并将质量感知区分为可靠性、保证性、响应性、移情性和有形性五个维度，如表 12-3 所示。

表 12-3 质量感知五维度

质量感知的维度	各维度的意义
可靠性	准确且可靠地向顾客提供服务的能力
保证性	帮助顾客，及时为顾客服务的能力
响应性	具备知识、技能和礼节，使顾客信任
移情性	为顾客提供个性化服务的意愿和能力
有形性	具体设施、服务人员和文字材料等实物给顾客留下深刻印象的能力

③价值感知。Zeithaml V. A. 认为价值感知是顾客在消费或购买过程中，将"获得"的部分的利益与"付出"的部分的利益进行权衡比较，其中"获得"的部分的利益包括顾客从购买的产品或服务中获得的质量和效用等，"付出"的部分指为了购买产品或服务所支付的金钱或非金钱成本，非金钱成本包括时间成本、体力、情感等。顾客的价值感由顾客对利益和成本的权衡表现。

唐晓芬认为价值感知是在消费或购买产品或服务过程中，顾客对所支付的费用和所达到的实际收益的体验。

④顾客满意。1965 年，Cardozo R. N. 将"满意"的概念引入市场营销领域，从而提出"顾客满意"的概念，并展开"顾客满意"的研究。顾客满意的定义很多，至今还没有统一的定义。顾客满意的定义基本可分为两类：顾客购买某种产品或服务后的评价，也就是某一特定交易活动的顾客满意，Howard J. A.，Sheth J. N.，Oliver R. L. 的顾客满意的定义属于此类；顾客对先前购买某种产品或服务所有经历的总体评价，也就是累积的顾客满意，Simon J. L. 的定义属于此类。本论文采用累积的顾客满意。

⑤顾客抱怨。Singh Jagdip 和 Robert E. Wilkes 认为顾客抱怨是不满的顾客为得到某种补偿（退换产品返款、要求道歉等）而向企业提出抗议的一种行为。Claes Fornell、刘金兰认为顾客抱怨是顾客对企业未能满足需求的一种表达，期待引起企业重视，并希望得到某种形式的补偿，最终达到企业提高产品和服务质

量，改善经营环境，更好地满足自我需求的目的。

⑥顾客忠诚。顾客忠诚的定义也很多，主流的定义有两个。Jacoby J. 和 Robert W. Chestnut 给出顾客忠诚的定义：顾客忠诚是顾客对某一品牌表现出的长期的、有偏向性的重复购买行为。Oliver 认为顾客忠诚是指顾客保持在未来持续一致地重复购买其偏爱的某种产品的强烈承诺，而且不管外部环境和竞争对手的营销手段如何诱惑都不愿意改变。

(三) 顾客满意度测评模型

顾客满意度的测量作为企业的一项非财务指标，已经被广泛应用于企业绩效评估，促使企业改进绩效，提升竞争力。顾客满意度的测量是企业进行决策的基础。国内外关于顾客满意度问题的研究主要是基于顾客的需要和愿望与提供的产品和服务的关系的认识和理解，来建立顾客满意度的评价模型测评顾客满意度。目前，国内外在进行顾客满意度研究时，由于研究者的研究目的和立足点不同，先后提出了几种测评顾客满意度的方法并应用于实践。

1. P-E（认知—预期）模型

$$SQ_i = \sum_{j=1}^{k} w_j (P_{ij} - E_{ij})$$

式中：SQ_i——对于激励 i 的可视服务的总体服务质量满意度；

k——产品或服务特性的数目，即产品评价指标的个数；

w_j——特性 j 对 SQ 的权重，即评价指标 j 的权重；

P_{ij}——与特性 j 相关的激励 i 的可视行为，即顾客对 j 的实际感受；

E_{ij}——与特性 j 相关的激励 i 的预期大小，即顾客对 j 的预期。

P-E模型认为，顾客的满意程度主要由认知价值和期望之差决定。顾客在消费过程中或消费后，往往根据自己的期望和实际感知对产品或服务的实际效果作出评价。如果感知的实际效果符合或超过期望，顾客就会满意，如果感知的实际效果低于期望，顾客就会不满意。

2. 四分图模型

四分图模型也叫做重要因素推导模型，是一种偏向于定性研究的模型。它首先罗列出产品或服务的所有测量指标，并从重要度和满意度两个角度请顾客打分，最终将影响企业满意度的各因素归为四类（见图12-1）。企业按照各指标的具体情况进行重要度和满意度分析，汇总得出企业整体满意度。各象限图对应的指标分析及意义如表12-4所示。

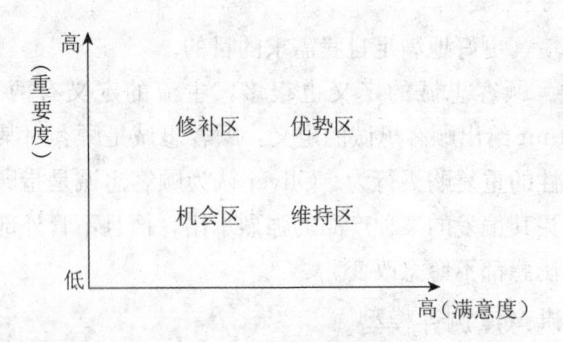

图 12-1　四分图模型

表 12-4　　　　　　　　　四分图模型各象限定义

修补区	优势区
指标分析：归于此区域的指标对顾客来说，重要度很高但是满意度很低	指标分析：归于此区域的指标，也是非常重要的指标，顾客满意评价较高
结论：企业的关键薄弱环节，需要重点改进	结论：保持此类重要指标的高满意度
机会区	维持区
指标分析：此区域指标相对重要性低，而且顾客满意度评价也较低	指标分析：此区域指标不是最重要的因素，但顾客满意度评价较高，属于次要优势（又称锦上添花因素）
结论：不是现在最急需解决的问题	结论：非重点指标，若考虑资源有效分配，应从此部分做起

在对所有的测量指标归类整理后，可从以下三方面对企业的产品和服务进行改进。

第一，重视消费者期望，消费者认为重要度最高的一些因素是消费者最为关注的，应该成为企业持续改进的目标。

第二，加强企业的优势指标，企业在这些优势指标上存在竞争优势，保有较高的满意度，因此应加强。

第三，明确企业的弱点，由于资源有效，企业在一些方面仍有不足或者未能引起高度重视，是企业的关键薄弱环节，必须突破。

3. 顾客满意度指数模型

顾客满意度指数（Customer Satisfaction Index，CSI）模型是通过特定的模型对顾客满意程度的心理感受的测评结果，是利用因果关系模型测评顾客满意度的指标。关于顾客满意度指数测量模型的开发最早源于欧洲,之后逐步传播到其他国家。1989年瑞典第一个建立了全国性的顾客满意度评价指标——瑞典顾客满意度指数(SCSB),美国、欧盟分别于1994年和1999年建立了顾客满意度指数——美国顾客满意度指数(ACSI)和欧盟顾客满意度指数(ECSI)。此外,在巴西、韩国、日本、加拿大等国家也相继开始了顾客满意度的研究和测量工作。

1989年瑞典开始测量和公布瑞典顾客满意度指数,建立了世界上最早的全国性顾客满意度指数模型。该模型包括五个结构变量,分别为顾客期望、感知绩效、顾客满意、顾客抱怨、顾客忠诚。其中,顾客期望是外生变量,其余变量是内生变量。

美国于1994年建立了美国顾客满意度指数。ACSI模型是美国国民经济研究协会委托美国国家质量研究中心和美国质量协会等机构于1990年开始构建的。1994年ACSI模型正式启动,至1998年ACSI模型已用于美国7个部门34个行业中的200家企业的顾客满意度指数测评。ACSI模型在原有SCSB模型基础上增加了一个潜在变量——感知质量。

1999年欧洲各国建立了欧洲顾客满意度指数。ECSI模型在ACSI模型的基本构架和核心概念基础上有所创新,去掉了顾客抱怨这一潜在变量并增加了企业形象这一潜在变量。另外,ACSI模型的测评面向耐用品行业,而ECSI模型适用于所有行业的测评。

此外,新西兰、加拿大等国家和地区也纷纷建立了顾客满意度指数模型。

自1998年以来,我国质量管理方面的专家学者开始将顾客满意度测评理论和实践引入我国。一些学者尝试测评指标体系模型构建和数据分析等方面的研究,并已取得初步进展。

王永清、严浩仁(2000)提出并通过实证验证了一个定量的测评指标体系。该体系包括顾客满意度指标体系、顾客满意级数、调查问卷、市场调查和结果分析等。刘宇(2001)在Fornel顾客满意模型基础上,利用模糊集合的贴近度提出了顾客满意度测评的新方法,并设计出适合一般行业的顾客满意度测评体系。宋先道、李涛(2002)通过比较分析,结合国内外顾客满意度测评的现状,提出我国企业顾客满意度测评体系中的问题,并提出改进定量测量的方法,从整体上大大提高了测评的精确度。清华大学中国企业研究中心联合中国标准化研究院顾客满意度测评中心(2003),在ACSI模型的基础上借鉴了ECSI模型的优点,建立起符合中国企业发展特征的顾客满意度模型。刘新燕等(2004)在SCSB、ACSI、ECSI模型的基础上,将感知价值替换为感知价格,并增加顾客信任和顾客承诺两个变量,建立起CCSI顾客满意度测量模型,并通过对武汉607位超市消费者的调查验证模型的有效性。

综合以上分析,我们可以看出,顾客满意度指数模型主要从宏观层面测量企业顾客满意度,因此能够为政府和企业提供宏观的理解,同时也存在一些不足。

①所选取的指标过于抽象,因此,为企业提供具体的改进措施时,很难给出可操作性的建议。

②模型所提供的信息较少,对于具体行业和企业的借鉴作用较小,特别是感知质量方面的信息对于微观企业很不足。

③这些宏观的满意度指数模型能够测量企业质量的定制化及可靠性,能够评判企业商品或服务的优势环节,但终究无法指出哪些具体的因素影响了顾客感知。

④顾客作为顾客满意度测评的研究对象,其心理过程随社会环境的变化而变化,不同地区的顾客呈现不同的心理特征,因此模型应更加贴合实际,贴近所研究区域的顾客。

三、北京大型综合超市发展现状

(一)我国大型综合超市的发展现状

连锁超市已经成为中国零售业的主力业态,提高人们生活水平的同时也为中国经济发展做出了巨大的贡献。

根据中国商务部和中国连锁经营协会联合发布的2010年中国连锁百强排行榜(见表12-5),其中联华、大润发、家乐福、沃尔玛、物美、苏果、华润万家、农工商等十家大型综合超市居我国连锁百强的前30位。从排名上看,我国内资超市中联华销售规模远远高于家乐福位居榜首,但从销售规模和门店总数的增幅来看远远低于家乐福,这种现象必须引起高度重视。从发展规模来看,沃尔玛和家乐福门店数增幅居前。因此,从整体来看,外资超市在销售规模和门店总数方面增幅相对较高,这也证明了我国内资大型综合超市在发展规模和发展速度上落后于外资大型综合超市,但内资综合超市联华仍连续几年排名第一,这也说明我国内资企业在全国销售网络布局方面仍存在优势。

表12-5　　　　　　　2010年中国连锁超市排名

排序	企业名称	销售规模(万元)	增幅(%)	门店总数(个)	增幅(%)
1	联华超市股份有限公司	7007723	4.3	5239	-6.4
2	康成投资(中国)有限公司(大润发)	5022500	24.2	143	18.2

续 表

排序	企业名称	销售规模（万元）	增幅（％）	门店总数（个）	增幅（％）
3	家乐福（中国）管理咨询服务有限公司	4200000	14.8	182	16.7
4	沃尔玛（中国）投资有限公司	4000000	17.6	219	25.1
5	物美控股集团有限公司	3750456	14.9	2578	10.5
6	苏果超市有限公司	3682800	10.8	1905	2.9
7	华润万家有限公司	3344200	39.8	2698	10.1
8	农工商超市（集团）有限公司	2781359	4.0	3204	－3.8
9	新一佳超市有限公司	1741320	1.0	112	2.8
10	好又多管理咨询服务（上海）有限公司	1650000	0.0	104	0.0

（二）北京大型综合超市发展现状分析

1. 北京大型综合超市的特点分析

首先，与其他零售业态不同，连锁经营的性质决定了大型综合超市品牌更加注重统一性和延续性。如果仅仅是店名店貌相同，内部缺乏标准化的商品管理、服务培训、品牌形象、企业文化等，那么不能算是真正意义上的连锁经营，依然是分散经营，不可能取得连锁经营规模效益的优势。标准化操作给人带来愉悦感，统一化经营能够实现一变十、十变百、百变千的延续效果。

其次，与中小型超市不同，"大型"和"综合"决定了大型综合超市品牌更加突出服务、环境以及品牌给人的满足感。大型综合超市低廉的价格、丰富的商品、舒适的环境、良好的氛围、超大的卖场空间、自助的方式以及贴心的服务都代表着一种全新的生活方式。大型综合超市品牌对人们而言，已经超越了一般意义上的购物场所的简单概念，而是融进了人们要求便捷、要求休闲生活的强烈愿望。

通过与其他零售企业和中小型城市的比较分析，可以总结出大型综合超市顾客在消费观念、消费方式和消费行为的特点（见表12-6）。

表 12-6　　　　　　　大型综合超市消费模式及特点

消费模式的分类	特点
消费观念	对便捷的需求
	满足休闲需要
	温馨的感觉
	把握消费主动权
消费方式	"随意"消费
	"自由"消费
	"便利"消费
消费行为	消费重点转移
	城市消费的特征明显
	集中式购买
	消费行为多元化

2. 北京大型综合超市行业的生命周期分析

北京零售业发展态势良好，居民可支配收入不断增加，零售消费额节节攀升。北京大型综合超市行业更是前景颇好，目前，连锁超市行业的主要发展方向有：多业态结合的发展态势，不断向多业态延伸；超市行业更加注重生鲜食品，将生鲜作为超市行业发展的突破口，同时注重品质生活，不断提升其核心竞争力；加强与上游供应商的战略合作，提升物流供应链的效应；零售技术的广泛应用，人才的激励制度得到空前关注；网络零售业务迅速发展。

大型综合超市是连锁零售业中发展速度较快的一类。从大的区域来看，一线、二线城市的大型综合超市正趋于饱和，三线、四线城市发展前景广阔，外资大型综合超市已经将目标转向三线、四线城市。同时，内资大型超市也在不断努力探索适合自身的策略，包括以创新实现差异化经营，追求区域优势，贴近社区、服务社区，进行精细化管理等。

本论文立足北京，通过调查研究并结合对企业市场占有率和企业知名度的比较分析，最终选取三家外资大型综合超市和三家国内大型综合超市作为调研对象。通过统计数据分析、与顾客沟通、实地调研观察，结合企业的生命周期理论分析得出结论。

首先，外资大型综合超市的发展时期较长，从企业生命周期来看已经到达成熟期。外企大型综合超市管理经验丰富，对国内顾客的消费心理和消费习惯有很好的把握，能够更好地吸引顾客，满足顾客要求；外企大型综合超市资金雄厚，在与供应商的谈判中处于优势地位，因此产品更新速度较快，产品价格优势突出；外资大型综合超市注重品牌形象的宣传和培育，并通过连锁化的形式保证名牌形象的一致性，在消费者心中留下更加深刻的印象和信任度。

其次，国内大型综合超市的发展周期相对较短，从企业生命周期来看仍处于发展期。国内大型综合超市的领军企业如联华、物美集团，近几年不断摸索大型综合超市管理模式的同时，也选择更加适合自己的道路，发挥自己作为中资企业得天独厚的优势，立足顾客角度，更好地为顾客提供服务。北京的物美集团，包括美廉美、超市发、物美等几个品牌，在北京地区的覆盖率极高，不同于外资大型综合超市大而全的特点，中资大型综合超市更多地发挥地理区位优势，建在居民生活区附近，更贴近居民生活。

北京地区的大型综合超市发展先于中国其他大中小城市，其发展过程、发展方向和研究成果可以被中国其他地区大型综合超市借鉴，因此本文立意创新，立足北京地区，分析处于现阶段的北京大型综合超市的发展现状，为北京大型综合超市顾客满意度的测评奠定理论基础。

（三）北京大型综合超市满意度影响因素分析

1. 顾客满意的内涵

满意的心理学意义是一种需求欲望被满足的状态或行为。在消费者行为研究领域，顾客满意并没有统一的定义。本研究从以下几方面对顾客满意的内涵进行分析。

（1）顾客满意的本质

顾客满意的本质是顾客对所消费或购买的产品或服务所形成的情感体验，是一种主观的心理过程。

（2）顾客满意的主体与客体

顾客满意的主体是顾客，客体是顾客购买或消费的产品或服务。

（3）顾客满意的时间点

因为顾客的整体购买行为可以划分为几个阶段，所以探讨顾客满意的内涵就必须明确顾客会在哪一个阶段形成满意反应。本研究认为顾客会在购买或消费的整个过程中对影响顾客满意的各个要素形成满意或不满意的评价，最终形成总体顾客满意评价、顾客抱怨以及顾客忠诚。

（4）评价比较标准

顾客对产品或服务的评价是依据一定标准进行评判的，学者们曾进行了大量的研究，并提出评判的标准有期望、需求、需要、欲望等，其中"期望"标准占据了主流地位。

(5) 特定交易的顾客满意与累积的顾客满意

这一问题是顾客满意内涵研究中存在的一个比较大的分歧。本研究认为顾客满意是指基于累积的购买和消费经验的特定交易的顾客满意。

通过以上对顾客满意内涵的辨析,在本研究的顾客满意可以定义为:顾客满意是在顾客购买和消费产品后,通过将其感受到的产品实绩及产品实绩与顾客所采用的关于产品的可明确认知的标准进行比较所形成的不同强度的情感反应。这一定义所反映的顾客满意的本质特征有三个方面。

第一,顾客满意是顾客的情感反应,顾客满意具有可区分的程度范围,也就是情感反应的强度。

第二,强调产品实绩是决定顾客满意与否的重要前置因素。很难想象产品实绩很差的经历会形成满意的反应。同样,无论如何都不可能得出顾客会由于产品实绩很好而不满意。

第三,顾客满意是顾客对产品的感受实绩和特定标准进行比较而产生的。

2. 大型综合超市顾客满意内涵

顾客满意不是一句简单的口号,而是一种经营管理思维模式,它的定义决定了它必须由服务对象作为衡量的主体。随着社会经济的发展和消费收入水平的不断提高,根据马斯洛的需求层次理论,人的需求层次也随之提升,顾客对大型综合超市的要求和期望也悄然变化。经过十几年的发展,大型综合超市在顾客心中已经形成了质量可靠、价格实惠、购买便利的印象。超市行业中顾客满意可概括为理念满意、行为满意和视听满意。

理念满意是顾客满意的先导和基本条件,是指顾客对超市提供的产品或服务的理念要求被满足的程度的感受。理念满意不仅要求体现大型综合超市的核心价值观,而且要使价值观得到企业内部和外部共同认可,直到满意。超市的理念包括企业精神、品牌形象、质量方针等方面。

行为满意是顾客满意的核心,指超市建立的以顾客需求为导向的行为准则和运行系统。通常这个行为准则和运行系统必须体现在超市员工的服务水平和行为上,因为顾客满意主要来自顾客对超市具体商品和服务体验的真实感受。不论超市的行为理念如何前瞻,如果没有行之有效的行为机制、行为规则和行为模式,那也只是纸上谈兵。

视听满意是指对于大型综合超市的各种形象,顾客在视觉和听觉上被满足程度的感受。超市的视听满意是顾客快速识别超市品牌的一种重要途径。超市的视听满意包括基本要素和延展要素。基本要素主要指超市的名称、环境、产品陈列及展示、员工着装、超市标准用语等相关因素,延展要素主要包括形象和知名度。

3. 大型综合超市顾客满意度影响因素

研究产品差异化比较有名的学者有霍特林(Hoteling)和兰凯斯特(Lancaster)。其中,兰凯斯特提出了著名的"产品特征空间理论"。他认为,一种产品可以看作一个多维向量,是在诸如质量、性能、颜色、规格、服务等变量中取一定的"值"构成,一个行业的多种类似产品组成一个多维的特征空间。借用兰凯斯特的思想,我们可以分析影响北京大型综合超市的一些具体影响因素。

(1) 商品

商品是影响我国超市行业顾客满意的主要因素之一。本文主要从商品质量、价格和品种多样性角度来分析。商品质量是服务的基本功能,是顾客的显性需求。商品质量的好坏直接影响顾客是否满意。对于价格而言,由于顾客的购买力总是有限的,故大部分顾客购物时价格因素仍然是其考虑的主要因素之一。顾客对价格的比较主要是对本超市中主力商品群和服务与同一目标市场的其他超市相同或相似产品的比较。如果相同的商品企业能保证其价格位于较低的水平,一定会大大增加顾客的满意度。品种多样性是由顾客的需求具有多样性的特征所决定的。商场经营的商品品种越多,顾客选择的余地越大,在其他因素一定的情况下,顾客的满意度就会越高,顾客的服务需求就越容易满足。

(2) 服务

零售业本身就属于服务行业,并处于供应链的末端,直接与顾客打交道,周密、细致的人性化服务对满足顾客的心理需求起着非常重要的作用,故服务质量的高低也是影响顾客对超市满意度的主要因素之一。超市可为顾客提供的商品服务包括商品位置、特色、价格的信息提供、快速结算、消费信贷、存车服务、送货服务和特殊定制等,企业在这方面可动的脑筋很多,这也是能真正赢得顾客满意和顾客忠诚的关键影响因素。

(3) 企业形象

确保商品品质是外资商业企业科学管理的手段之一。我国商业企业必须努力学习西方的这一重要管理经验,强化商品采购管理,加大商品质量检测力度,防止假冒伪劣商品进入,真正做到"高质高价"。另外,企业应倡导"购物零风险"的经营理念,切实加强售后服务工作,提高顾客满意度,培养忠诚顾客。产品质量的好坏和服务承诺的满足程度直接影响着企业形象和信誉。

(4) 地理位置

随着人们生活节奏的不断加快,顾客购物追求方便的心理也越来越突出。购买的便利性越强，顾客购买的时间成本和精力成本就会大大减少，从而提高其满意度。便利程度一般是用目标顾客来店铺完成购物所花时间的多少来衡量的。服务组织应该为顾客营造便利的乘车条件和购物条件。

(5) 购物环境

顾客去超市购物除看重其商品质量和服务外，还要看环境。色彩明亮、干净整洁、放有适宜背景音乐的店铺一般都会给顾客留下好的印象。服务设施的便利程度也会直接影响顾客满意，进一步影响顾客服务需求满足的程度。

以上介绍了影响我国超市顾客满意的主要影响因素，识别顾客服务需求并满足顾客服务需求才能真正赢得忠诚顾客，才能拥有核心竞争力。顾客满意的评价贯穿消费或购买的整个过程，因此在这五类因素基础上结合大型综合超市顾客购买的具体过程进行分析，顾客购买前会有对商品、服务、企业的预期，购物过程中会对商品、服务、购买便利性、环境等的总体感受，购买后则会将感受与预期进行比较，做出满意评价，并影响顾客下一步购买行为，如图 12-2 所示。

```
┌─────────┐   ┌─────────┐   ┌─────────┐
│  购买前  │   │  购买中  │   │  购买后  │
└────┬────┘   └────┬────┘   └────┬────┘
     │             │             │
┌─────────┐ ┌─────────────┐ ┌─────────┐
│预期商品质量│ │商品质量      │ │会员卡制度│
│预期服务质量│ │熟食生鲜安全可靠性│ │售后服务 │
│企业信誉   │ │新商品上市速度 │ │与预期比较│
│品牌形象   │ │商品种类、多样性│ │顾客满意评价│
│公益形象   │ │促销方式      │ │是否再次光临│
└─────────┘ │商品性价比    │ │是否推荐好友│
            │商品陈列摆放  │ └─────────┘
            │服务态度      │
            │服务水平      │
            │服务技能      │
            │员工形象      │
            │超市整洁度    │
            │超市购物舒适度│
            │超市整体布局  │
            │超市周边辅助设施│
            │超市周边交通  │
            └─────────────┘
```

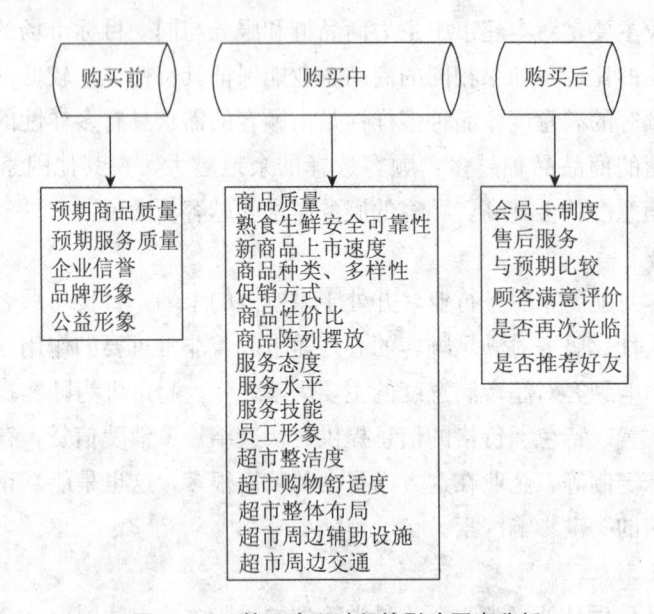

图 12-2 基于购买过程的影响因素分析

①购买前。现实生活中，每个居民都是大型综合超市的顾客，几乎都有大型综合超市的购物经验，本文所指的购物前，顾名思义，顾客在选择大型综合超市前往往根据以往购物经验和本次购买需求，在头脑中形成购买前的预期，通常包括商品、价格、服务、购物环境、超市的信誉和形象等方面，这些预期体现了顾客的期望，根据期望不一致理论，如果顾客在实际购买过程中，实际高于或基本

符合期望，顾客的满意度较高，如果实际不符合或远远低于期望，顾客满意度则相对较低。

②购买中。狭义来讲，购买中是指顾客购买体验过程中，广义来讲，是指顾客参与大型综合超市购物的整个过程。从顾客角度来看，顾客进店的方式、顾客选择商品和接受服务的过程、顾客体验购物环境的过程、顾客交易支付的过程、顾客其他需求满足的程度等决定了顾客满意度。从大型综合超市的角度来看，地理位置及交通便利性、超市商品的供应、超市布局和购物环境、超市服务人员的服务质量、超市周边辅助设施的建设等决定了超市满足顾客需求赢得高满意度评价的能力。同时，为了保证消费者满意度因素的合理性和全面性，本文选择从广义的角度考察消费者满意度。

③购买后。顾客购买后一定会形成对本次购买的评价，本文选择的样本中顾客购买行为多是连续性的，因此购买后的评价多是基于多次购买经历的综合评价，购买后顾客根据购买前的预期与实际比较，以及现实需求被满足的程度，对购买行为做出满意与否的评价，并会做出宣传或者反宣传的评语借以影响自身和朋友的选择。

通过对大型综合超市顾客的访谈及调查分析，总结出此三个阶段影响顾客满意度的因素（见表12-7）。

表 12-7　　　　　大型综合超市顾客满意度影响因素

购买前	购买中	购买后
预期商品质量	商品质量	会员卡制度（积分换礼）
预期服务质量	商品（熟食）质量安全可靠性	售后服务
企业信誉	新商品上市速度	
品牌形象	商品种类、多样性	与预期比较
公益形象	促销方式	顾客满意评价
	商品性价比	
	商品陈列摆放	是否再次光临
	服务态度	是否推荐好友
	服务水平	

续 表

购买前	购买中	购买后
	服务技能（结账准确性、排队现象）	
	员工形象	
	超市整洁度	
	超市购物舒适度	
	超市整体布局	
	超市周边辅助设施（娱乐休闲区）	
	超市周边交通（停车场/购物班车/公交车）	

四、北京大型综合超市顾客满意度测评指标体系构建

（一）测评指标体系构建一般步骤

1. 测评指标体系构建的原则

建立顾客满意度测评指标体系，必须遵循以下原则。

①建立以顾客需求为导向的顾客满意度测评指标体系。从顾客角度选择顾客认为重要的测评指标，必须准确反映顾客的需求。

②可测量的测评指标。顾客满意度测评是一个定量分析的过程，结果是一个量化的值，因此所选的测评指标必须是可以进行统计、计算和分析的。

③可控制的测评指标。顾客满意度测评的目的在于促进企业认识关键薄弱环节，采取关键措施改进经营管理。要根据地区、企业的实际情况确定可控制的测评指标，避免测评指标过大过空。

④建立测评指标须考虑与竞争者的关系。企业无时无刻不处于一个竞争环境下，只有击败竞争对手才能取胜，因此在设置指标体系的时候需要考虑与竞争者的关系。

2. 测评指标体系框架

通过北京大型综合超市发展现状、大型综合超市顾客满意内涵研究，从购买过程角度出发，确定北京大型综合超市顾客满意度的影响因素，以此构建出适合北京零售业特点的北京大型综合超市顾客满意度测评指标体系（见表12-8）。

表 12-8　　　　北京大型综合超市顾客满意度测评体系

顾客满意度测评指标	购买前	预期商品质量
		预期服务质量
		企业信誉
		品牌形象
		公益形象
	购买中	商品质量
		商品（熟食）质量安全可靠性
		新商品上市速度
		商品种类、多样性
		促销方式
		商品性价比
		商品陈列摆放
		服务态度
		服务水平
		服务技能（结账准确性、排队现象）
		员工形象
		超市整洁度
		超市购物舒适度
		超市整体布局
		超市周边辅助设施（娱乐休闲区）
		超市周边交通（停车场/购物班车/公交车）
	购买后	会员卡制度（积分换礼）
		售后服务
		与预期比较
		顾客满意评价
		是否再次光临
		是否推荐好友

3. 测评指标的量化

顾客满意度的评价是一种情感体验和心理过程，具有较强的主观性。满意的判断由顾客认知和情感构成，评价是认知的结果，情感是对结果的反映。因此，顾客满意的量表设计需采用标准的心理测量程序进行设置。顾客满意度的测量是一个量化的过程，首先，数字便于统计分析；其次，数字使态度测量活动本身变得容易、清楚和明确。

李克特（Likert）量表易于设计和处理，且易于操作，受访顾客也容易理解，因此在市场营销领域应用非常广泛。

本论文选用李克特五级量表（Likert Scale），该量表由一组陈述组成，"非常不满意、不满意、一般、满意、非常满意"五种回答分别赋值1，2，3，4，5，如表12-9所示，每个被调查者的态度总分就是他对各道题的回答所得分数的加总，这一总分可说明态度强弱在量表上的不同状态。

表12-9 李克特五级量表

层次	特征	详细特征
非常不满意	愤怒、恼怒、投诉、反宣传	顾客消费某商品和服务后感到愤慨、恼怒、难以容忍，寻找机会进行投诉并希望得到补偿，并通过反宣传发泄心中不快
不满意	遗憾、抱怨	顾客消费某商品和服务后所产生的遗憾或抱怨的心理状态，顾客虽心存不满，但有可能接受现实
一般	无明显正负情绪	顾客消费某商品和服务后，没有明显的情绪
满意	称心、愉快、赞扬	顾客消费某商品和服务后，感觉称心如意且愉悦，赞扬该商品或服务，并乐于向亲朋好友推荐
非常满意	激动、满足、感谢、正宣传	顾客消费某商品或服务后所形成的激动、满足的状态，也可能远远超出顾客期望，这时，顾客不仅会重复购买，还会主动向亲朋好友宣传、推荐，不断进行正宣传

4. 测评指标权重的确定

顾客满意度测评指标体系反映顾客对测评对象的质量水平和特征等感知的程度。由于每一指标对顾客最终满意度指数的影响程度是不同的，因此需要对不同指标分别赋予不同的权重。权重的确定与分配是测评指标体系设计中非常关键的一步，它对于能否客观、真实地反映顾客满意度起着至关重要的作用。权重的确定要求测评人员对顾客满意度测评、企业经营、社会心理学有深刻的了解和认识。在实践中，确定权重的最常用方法有层次分析法、德菲尔法等。

（1）层次分析法

层次分析法是运用美国著名运筹学家T.L.Satyt给出的1~9标度法，根据测评指标的相对重要性来确定权重。通过测评指标两两比较，使复杂的、无序的定性问题量化处理。层次分析方法的优点在于可以将决策者的主观判断与政策经验导入模型，并加以量化处理，即可以处理定性和定量相结合的问题。

第十二章 北京大型综合超市顾客满意度测评研究

(2) 德菲尔法

专家评判法也称为德尔菲法（Delphi），美国兰德公司的专家们20世纪60年代初为避免集体讨论存在的屈从或盲目而提出的一种定性预测方法。依据系统的程序，采用匿名形式，专家之间不能交流讨论，每个专家只能与调查人员联系，经过反复征询意见、归纳总结、修改、定量统计分析，最终汇成专家基本一致的看法。

本研究立足顾客视角，权重的确定首先通过调查问卷的形式请专家打分，汇总专家的意见，然后运用层次分析法进行权重的计算。

5. 顾客满意度的测评

顾客满意度的计算可借助模糊综合评价方法，该方法应用模糊变换原理和最大隶属度原则综合考虑被评事物或其属性的相关因素，进而对某事物进行等级或类别评价。

模糊综合评判法是模糊数学中最基本的数学方法之一，该方法是以隶属度来描述模糊界限的。建立在模糊集合基础上的模糊综合评判方法，从多个指标对被评价事物隶属等级状况进行综合性评判，把被评判事物的变化区间做出划分，一方面可以顾及对象的层次性使评价标准和影响因素的模糊性得以体现；另一方面在评价中又可以充分发挥人的经验使评价结果更客观，符合实际情况。模糊综合评判可以做到定性和定量因素相结合，扩大信息量，使评价精度得以提高，评价结论可信。应用模糊关系合成的特性，从多个指标对评价事物隶属等级状况进行综合型评判，把被评价事物的变化区间做出划分，又对事物属于各个等级的程度做出分析，对事物的描述更加深入和客观。

(二) 测评结果分析及评价

对测评结果的分析可以采用定性分析和定量分析。定性分析主要是对问卷中问题的答案进行分析，首先了解顾客对企业满意程度的高低，其次通过顾客对各个满意度指标的评价和重要程度，可以大致找出顾客满意或不满意的原因。在满意度的量化分析中，数据分析既包括对各满意度指标百分率的描述性分析，也包括运用复杂的统计技术确定不同的满意度指标对整体满意度的重要性，识别出关键的质量指标，寻找企业的薄弱环节。对结果分析评价后，针对企业的具体问题分别制定相应的措施。

(三) 测评指标体系的定期修正

顾客满意信息是顾客对服务理性的和情感的反映，与顾客的性格、知识、阅历、嗜好和实际需要与期望，以及发现缺陷的能力和对缺陷的承受程度密切相关。它是一个多因素影响的结果，而这些影响因素也是随着社会经济文化发展和行业的竞争激烈程度不断地变化,它们的影响力大小也相应地发生变化。从客源市场的总体特征来看,随着影响因素在内容和结构上的变化,顾客满意信息的内涵和重点也随之变化。同时,所评价的服务产品的固有特性和重要性也随之变化。

因此,当用顾客满意度测评指标体系进行定量统计时,必须确保指标体系的框架和内容适应上述影响因素的总体变化趋势。确保的关键途径就是定期评审指标体系的适宜性和有效性。这个评审应该和定期确定权重的顾客满意度调查一起进行,通过对一个时间序列上顾客满意信息的深入分析对指标进行增删,重新确定权重来保持测评与顾客满意影响因素的适宜性和有效性。

五、北京大型综合超市顾客满意度测评实证研究

(一) 调查实施

1. 确定调查方法

本研究的调查对象是大型综合超市的个人顾客,主要通过调查问卷搜集数据,所采用的抽样方法是概率抽样方法中的简单随机抽样和分层抽样。

简单随机抽样,即按照随机原则抽取样本的方法,总体中每一单位被抽取的机会均等,完全排除调查者主观和有意的选择。

2. 设计调查问卷

本研究主要采用问卷法来收集实证研究需要的数据。问卷法是通过书面形式以严格设计的心理测量项目为问题,向研究对象收集研究资料和数据的一种方法(王重鸣,1990)。调查问卷的设计遵循以下五个步骤:问卷设计准备、问卷问题设计、问卷总体设计、问卷的预测试和问卷的最后定稿。本次问卷调查具体实施步骤如下:

第一步,初始问卷设计。在初始问卷的设计过程中本人采用了两种方法,第一种是德尔菲法,通过查询有关文献、杂志、网站以及向设计专家咨询、讨论,并由作者从专业的角度进行分析来筛选和确定相关题项。第二种是头脑风暴法,由头脑风暴法进行发散性构想,得到多个问卷题项。

第二步,预调研。满意度测评的调查问卷需要进行预测试,通过预测试发现问卷设计中出现的一些问题,对其进行必要的修改,以保证正式投入使用过程中不再出错。通过向研究生同学发放问卷的方式发放50份问卷,通过与填答问卷者沟通了解各测量题项的问法是否合理、清晰及易于理解,并从填答问卷者反馈的信息中进行了部分修正。最后回收50份问卷,其中有效问卷50份。回收问卷后,我们利用SPSS统计软件对问卷数据进行了分析。

第三步,正式问卷的形成。经过现场预调研结果的分析对问卷进行了一定的修改,最终形成正式问卷。根据对北京大型综合超市顾客满意度影响因素的

分析，并结合量表设计的原则，本满意度调查问卷中包括以下几个部分：标题、问候语、基本情况部分、满意度指数测量部分和结束语。标题为北京大型综合超市顾客满意度调查问卷。问候语主要作用在于消除受访者与调查员之间的陌生感，建立和谐气氛，以利于继续交谈。满意度指数测量部分即问卷的核心部分，分为两大部分，第一部分为基本情况，第二部分为顾客满意度评价，具体分为购物前的预期、购物中的评价、购物后的评价三个层次（见附录1）。

3. 实施调查

本研究通过问卷星网站发布问卷，在超市门口拦截发放问卷，以及向研究生同学发放问卷，最终共取得300份有效问卷，并通过SPSS统计软件进行数据汇总。

（二）统计检验

1. 样本描述分析

样本描述主要就样本的性别、年龄、教育水平（学历）、收入水平（月收入）、职业和购买频率进行了描述。具体人口统计信息分析如下：

性别特征：男女比例为38.1%：62.9%，约为4：6，比较符合超市流量性别特征。

年龄特征如图12-3所示。

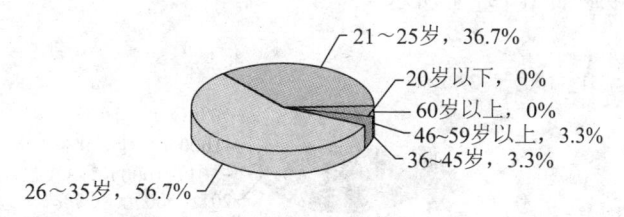

图12-3 年龄分布

教育水平：高中及以下占18.85%；大专38.52%；本科30.33%；研究生及以上9.02%（见图12-4）。

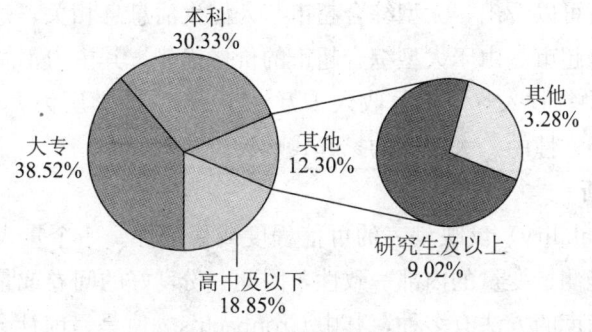

图12-4 教育背景分布

收入水平如图 12-5 所示。

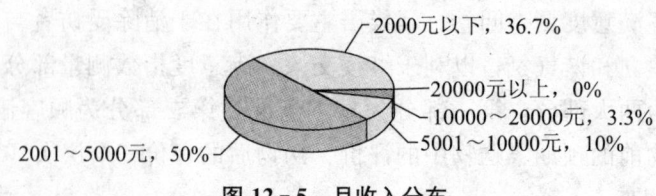

图 12-5　月收入分布

光临大型综合超市的频率如图 12-6 所示。

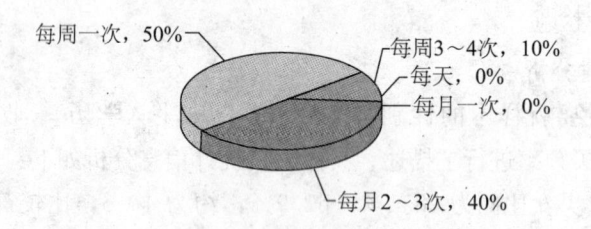

图 12-6　光临超市频率分布

每次消费金额如图 12-7 所示。

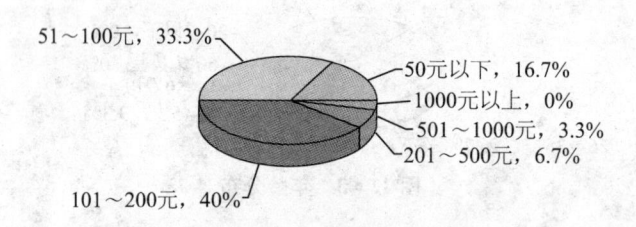

图 12-7　单次消费金额分布

从上述分析可以看出,大型综合超市与人们生活息息相关,每个人的生活都离不开大型综合超市。由于大型综合超市的价格优势,其主力消费群体是中青年(19～36 岁)、中等收入(家庭月收入 1 万～20 万元)、学历为大专以上的群体,其消费方式是经常性的、大宗性的家庭式购买。

2. 信度分析

信度(Reliability)反映量表的可信程度或稳定性。一个量表产生一致性结果的程度也就是测量变量的内部一致性,因此一份良好的问卷或量表应具备足够的信度。测量信度的方法有多种,其中 Cronbach's α 值是目前社会科学研究最为常用的信度测量方式，适合针对 Likert 量表进行信度分析。Cronbach's α 值对应的是该问卷或量表内部各个指标的相关性，值越大越大说明该变量的各个题项的相关性越大，即内部一致性程度越高。因此，本研究以 Cronbach's α 值作为衡量本问卷信度的方法。

Cronbach's α 系数的计算公式为：

$$\alpha = \frac{K}{K-1}\left(1 - \frac{\sum_{i=1}^{k}\sigma_i^2}{\sigma_T^2}\right)$$

其中 K 表示问卷中问题的数目，σ_i^2 为第 i 个问题得分的方差，σ_T^2 为总得分的方差。Cronbach's α 系数与可信度高低对应如表 12-10 所示。

表 12-10　　Cronbach's α 系数与可信度高低评价对照表

可信度 Cronbach	α 系数
不可信 Cronbach	α 系数 < 0.3
勉强可信	0.3 ≤ Cronbach's α 系数 < 0.4
可信	0.4 ≤ Cronbach's α 系数 < 0.5
很可信（最常见）	0.5 ≤ Cronbach's α 系数 < 0.7
很可信（次常见）	0.7 ≤ Cronbach's α 系数 < 0.9
十分可信 Cronbach	α 系数 ≥ 0.9

经信度分析后，本论文的大型综合超市顾客满意度调查问卷 Cronbach's α 系数大于 0.791 以上，因此本问卷具有内部一致性。

3. 效度分析

KMO（Kaiser-Meyer-Olkin）统计量用于比较变量间简单相关和偏相关系数。KMO 的取值范围在 0 和 1 之间，当所有变量之间的相关系数平方和大于偏相关系数之和时，KMO 越大，就越适合进行因子分析。根据学者 Kaiser（1974）的观点，当 KMO 的值小于 0.5 时，则不宜进行因子分析。Bartlett 球形检验的统计量是根据相关系数矩阵的行列式得到的，该值越大，表明原始变量之间存在相关性越大，则适合进行因子分析。本问卷效度检验结果如表 12-11 所示。

表 12-11　　KMO and Bartlett's Test

KMO 样本测度		0.775
Bartlett's Test of Sphericity	Approx. Chi-Square	46.291
	df	28
	Sig.	0.000

4. 因子分析

因子分析（Factor Analysis）是多元统计分析技术的一个分支，其主要目的是浓缩数据。它通过研究众多变量之间的内部依赖关系探求观测数据中的基本结构，并用少数几个假想变量来表示数据结构。简而言之，因子分析就是研究如何以最少的信息丢失把众多的观测变量浓缩为少数几个因子。它的主要作用是寻求基本结构（Summarization）和数据化简（Data Reduction）。

本文使用统计软件 SPSS 作为分析工具，采用最大似然法（Maximum Likelihood）提取特征值（Eigen value）大于 1 的共同因子，通过斜交旋转法（Direct Oblimin）进行共同因子斜交转轴处理。

表 12-12　　　　　　　　顾客满意度因子分析

因子	指标	1	2	3	4	5
顾客期望	X_{11}	0.772				
	X_{12}	0.691				
商品质量	X_{21}		0.887			
	X_{22}		0.758			
	X_{23}		0.721			
	X_{24}		0.691			
	X_{25}		0.686			
	X_{26}		0.659			
	X_{27}		0.643			
服务质量	X_{31}			0.858		
	X_{32}			0.791		
	X_{33}			0.779		
	X_{34}			0.776		
	X_{35}			0.753		
	X_{36}			0.649		
企业形象	X_{41}				0.691	
	X_{42}				0.679	
	X_{43}				0.596	

续　表

因子	指标	1	2	3	4	5
购物环境	X_{51}					0.887
	X_{52}					0.858
	X_{53}					0.721
	X_{54}					0.691
	X_{55}					0.686
	X_{56}					0.659
	X_{57}					0.643
内部一致性系数 (Cronbach' α)				0.791		

通过因子分析后，得出顾客满意度测评指标体系的 5 大因子，包括顾客期望、商品质量感知、服务质量感知、企业形象、购物环境，以及 2 个结果变量顾客抱怨和顾客忠诚度，在此基础上构建北京大型综合超市顾客满意度测评指标体系（见表 12-13）。

表 12-13　　北京大型综合超市顾客满意度指标体系

因子命名	指标编号及命名		对应问卷的题项及编号	
顾客期望 X_1	X_{11}	预期商品质量	Q_{11}	我预期商品能满足我的需求
	X_{12}	预期服务质量	Q_{12}	我预期服务能满足我的需求
商品质量感知 X_2	X_{21}	商品质量	Q_{21}	生活用品质量好
	X_{22}	商品（熟食）质量安全可靠性	Q_{22}	食品新鲜卫生
	X_{23}	商品种类、多样性	Q_{23}	商品丰富、品牌多样、货源充足
	X_{24}	新商品上市速度	Q_{24}	新产品上市速度快
	X_{25}	促销方式	Q_{25}	促销活动频繁
	X_{26}	商品性价比	Q_{26}	与其他超市相比，我认为在这里消费比较划算

续　表

因子命名	指标编号及命名		对应问卷的题项及编号	
服务质量感知 X_3	X_{31}	服务态度	Q_{31}	服务人员态度亲切，友好礼貌
	X_{32}	员工形象	Q_{32}	服务人员仪表整洁，举止文明
	X_{33}	服务水平	Q_{33}	员工具有充足的专业知识，能回答顾客提问
	X_{34}	结账准确性	Q_{34}	结账迅速准确
	X_{35}	付款排队时间	Q_{35}	排队等候付款的时间短
	X_{36}	会员卡制度	Q_{52}	我对会员卡活动很满意
	X_{37}	售后服务	Q_{53}	售后服务较好
企业形象 X_4	X_{41}	企业信誉	Q_{15}	超市的诚信度（无假货、履行退货、换货的承诺等）
	X_{42}	品牌形象	Q_{16}	我认为与其他超市相比，这家超市的品牌形象最好
	X_{43}	公益形象	Q_{17}	我对这家超市的总体印象非常好
购物环境 X_5	X_{61}	超市整体布局	Q_{41}	超市整体布局合理
	X_{62}	导购标示	Q_{42}	超市导购标示显著
	X_{63}	商品陈列摆放	Q_{43}	商品摆放合理方便查找
	X_{64}	超市整洁度	Q_{44}	超市整洁干净，卫生状况好
	X_{65}	超市购物舒适度	Q_{45}	超市购物环境舒适
	X_{66}	超市周边辅助设施	Q_{46}	超市周边配套设施齐全
	X_{67}	超市周边交通		我很方便到达此超市
顾客抱怨 X_6	X_{61}	顾客投诉	Q_{51}	顾客投诉
顾客忠诚度 X_7	X_{71}	是否再次光临	Q_{54}	我会再次来购物
	X_{72}	是否推荐好友	Q_{55}	我会向熟人推荐

（三）测评指标权重的计算

由 SPSS 因子分析得出，顾客满意度测评体系的 5 大因子，包括顾客期望、商品质量感知、服务质量感知、企业形象、购物环境，共同构成顾客满意度测评的目标层次。此外，通过问卷调查用于购买后评价的 2 个因子顾客抱怨和顾客忠诚度作为结果变量，因此不参与顾客满意度测评的计算过程，用于辅助说明。

目标层：$X = (X_1, X_2, X_3, X_4, X_5)$；$(X_6, X_7)$

准则层：

$X_1 = (X_{11}, X_{12})$

$X_2 = (X_{21}, X_{22}, X_{23}, X_{24}, X_{25}, X_{26})$

$X_3 = (X_{31}, X_{32}, X_{33}, X_{34}, X_{35}, X_{36}, X_{37})$

$X_4 = (X_{41}, X_{42}, X_{43})$

$X_5 = (X_{51}, X_{52}, X_{53}, X_{54}, X_{55}, X_{56}, X_{57})$

购后评价指标：

$X_6 = (X_{61})$

$X_7 = (X_{71}, X_{72})$

1. 确定各指标层的权重

准则层中 X_1，X_2，X_3 对指标层的权重分别是 A_1，A_2，A_3，且 $\sum A_i = 1$。权重的确定，目前有三种方法：德尔菲法、专家调查法和层次分析法。考虑到指标体系中定量指标较多的特点，本文采用层次分析法，即运用专家咨询构造两两比较矩阵，然后求最大特征根和最大特征根对应的特征向量，再进行归一化处理，最后进行一致性检验，一致性检验皆小于 0.1 则达到精度要求，从而得出目标层权重集：$A = (0.1269, 0.2093, 0.2801, 0.1825, 0.2012)；(0.4566, 0.5434)$

准则层中各指标对应的权重分别为：

$W_1 = (0.5499, 0.4501)$

$W_2 = (0.1544, 0.2304, 0.1283, 0.0741, 0.1665, 0.2463)$

$W_3 = (0.1332, 0.1674, 0.2227, 0.1581, 0.1674, 0.0843, 0.0671)$

$W_4 = (0.4631, 0.1821, 0.3547)$

$W_5 = (0.1544, 0.1304, 0.1183, 0.1204, 0.1264, 0.3501)$

购买后评价指标权重分别为：

$W_6 = (1)$

$W_7 = (0.5486, 0.4514)$

2. 确定评语集

评语集为 $Y = (Y_1, Y_2 \cdots, Y_n)$，其中 $Y_j (1, 2, \cdots, n)$ 表示北京大型综合超市顾客满意度因素由好到差的各级评语。本项目取 $n = 5$，Y_1，Y_2，Y_3，Y_4，Y_5 分别表示顾客满意度为非常好、好、较好、及格、差。如表 12-14 所示。

表 12-14　　　　　　　　　　　评语集

等级评语	非常好	好	较好	及格	差
综合评价值（分）	90～100	80～89	70～79	60～69	0～60

（四）顾客满意度的测评

顾客满意度的计算可用模糊综合测评法。将因子分析的结果应用于顾客满意度的综合判定，通常的做法是根据实际问题由专家组研究来确定。这里通过咨询相关专家以及部分顾客，根据数据统计的结果，运用 Excel 进行数据处理，对北京大型综合超市顾客满意度进行评估，具体步骤如下。

1. 确定模糊综合评价矩阵

选取专家通过问卷调查对评价指标体系中第二层各个元素进行单因素评价，并对调查结果进行数据处理，得到单因素模糊评价矩阵：

$$\boldsymbol{R}_{ij}=\begin{bmatrix} r_{i11} & r_{i12} & \cdots & r_{i1m} \\ r_{i12} & r_{i22} & \cdots & r_{i2m} \\ r_{in1} & r_{in2} & \cdots & r_{inm} \end{bmatrix} \quad (i=1,2,3)$$

其中，m 为评价指标集 X_i 中元素的个数，$m=(2,6,7,3,6)$，n 为评价集 Y 中元素的个数，$n=5$。

根据单因素模糊评价矩阵，进行综合评价。

目标层：$B=\sum\limits_{i=3} W_{i1} \cdot B_i$

准则层：$B_1=W_1 \cdot R_1$；$B_2=W_2 \cdot R_2$；$B_3=W_3 \cdot R_3$

综合评价：

$$B-AR=(b_1,b_2,b_3,b_4,b_5);\quad \boldsymbol{R}=\begin{bmatrix} B_1 \\ B_2 \\ B_3 \\ B_4 \\ B_5 \end{bmatrix}$$

根据最大隶属度原则对北京大型综合超市顾客满意度进行综合评价。

2. 顾客满意度测评结果

顾客满意度指数测评，目标层为顾客期望、产品质量感知、服务质量感知、企业形象、购物环境。将调研数据进行整理，通过专家评测的方法得出实证结果，经过运算可以得出测评结果，如表 12-15 所示。

表 12-15　　　　　　　　　测评得分（百分制）

目标层	准则层	准则层得分（分）	指标层	指标层得分（分）
北京大型综合超市顾客满意度测评（78.572）	顾客期望 X_1	88.7442	预期商品质量	92.3
			预期服务质量	84.4
	商品质量 X_2	79.3455	商品质量	81.4
			商品（熟食）质量安全可靠性	78.7
			商品种类、多样性	80
			新商品上市速度	73.5
			促销方式	76.8
			商品性价比	81.8
	服务质量 X_3	71.8203	服务态度	70
			员工形象	74
			服务水平	76.2
			结账准确性	76
			付款排队时间	68
			会员卡制度	60
			售后服务	70
	企业形象 X_4	78.8326	企业信誉	81.4
			品牌形象	72.8
			公益形象	78.6
	购物环境 X_5	80.5144	超市整体布局	70
			导购标示	78
			商品陈列摆放	80
			超市整洁度	76
			超市周边交通	80
			超市周边辅助设施	88

购后评价指标可用于顾客满意度测评的辅助说明（见表 12-16）。

表 12-16　　　　　　测评得分（百分制）附表

购后评价指标（分）	顾客抱怨 X_6	70.1	顾客投诉	70.1
	顾客忠诚度 X_7	74.7374	是否再次光临	78.8
			是否推荐好友	69.8

六、测评结果分析以及应用

（一）北京大型综合超市顾客满意度测评结果的分析

根据上述数据结果我们可以看出，目前中国的大型超市顾客满意度普遍偏高，尤其是外资超市公司，但顾客忠诚度很低，本文通过实证研究得到了一些新的观点，主要表现在以下方面。

第一，通过实证研究，我们得出大型综合超市顾客满意的几个主要因素，并发现中外大型综合超市顾客满意度仍然存在很大的差距。

第二，通过实证研究发现，大型综合超市辅助设施成为关注的焦点，人们往往希望得到一站式的服务，因此，超市周围其他餐饮娱乐的配套设施对大型综合超市的满意度具有一定的影响作用，这一结果对大型综合超市的企业经营管理有一定的现实意义。

第三，本次研究发现，对于大型综合超市行业，员工的服务和技能对消费者的影响程度很大，很多超市管理者认为超市的主要业务是商品的买卖，超市员工的作用很小，但是通过实证研究发现，员工服务技能和服务态度对顾客满意度有很大的影响，这一研究结果对很多超市行业的管理有一定的现实指导意义。

（二）提高北京大型综合超市顾客满意度的建议

未来的零售商发展将分化为两类主要的竞争群体，第一类是掌握顾客信息的公司，第二类是不掌握顾客信息的公司。在现实竞争中，大型综合超市行业必须先于竞争对手有效地分析目标顾客的需求变化，预测顾客的行为，并在商品管理、服务培训、促销方案、布局结构等方面努力超越竞争对手，才能贴近细分顾客的需要，获得优于竞争对手的核心竞争力，保持大型综合超市的顾客满意度和顾客忠诚度。

根据以上对顾客满意度的测评结果分析，北京大型综合超市顾客满意的提升应从理念满意、行为满意、视听满意三个层次入手。

1. 理念满意

世界零售巨头沃尔玛公司全球零售额居高不下与其重视顾客满意战略息息相

关,沃尔玛公司确立了"向每一位顾客提供比满意更满意服务"的核心价值观,在核心价值观的影响下创立了"日落原则",即公司对顾客的要求必须在当天予以满足;"十步服务原则"即要求员工在顾客进入自己视线十步距离就开始做应该做的事情;"比满意更满意"即提供超越顾客期望的业务。沃尔玛的核心价值观和三个原则以顾客需求为导向,以顾客满意为目的,从价值观层面到行为规范层面都渗透着对顾客满意的重视。

大型综合超市行业属于服务业,是面向顾客的零售终端企业,树立正确的顾客满意理念,在公司内部确立"以顾客需求为导向"的战略目标和经营方针,切实从上到下贯彻实施顾客满意战略。北京作为中国首都,服务业的发展在国内首屈一指,大型综合超市行业的发展也是全国领先,其竞争激烈性可见一斑。因此,北京大型综合超市要开展"理念满意"战略。首先,确定"以顾客为需求导向"的核心价值观,企业各项工作的开展以此为目标和前提,保障核心价值观的层层落实。其次,培育"顾客至上"的理念,使这种理念成为企业文化的一部分。最后,建立全员参与的企业氛围,让顾客满意不仅仅是一句口号。

必须从企业精神、品牌形象、质量方针等方面入手,形成统一的以顾客需求为导向的顾客满意理念层。

2. 行为满意

建立以顾客需求为导向的行为准则和运行系统。对超市员工进行系统培训,包括服务理念、服务态度、服务水平,只有将大型综合超市的行为准则和运行系统通过超市员工的表现传达给顾客,才能真正达到行为满意,否则只是纸上谈兵。北京大型综合超市要做到行为满意必须提升员工的基本素质、服务水平和技能,同时建立相应的以顾客需求为导向的运营机制,应通过目标管理方法层层落实,全员参与,形成有效的良好机制,培育良好的顾客满意行为层。具体有以下两方面:

第一,商品和服务是大型综合超市的核心,在北京大型综合超市顾客满意度测评指标中的权重占据前两位,其中商品品类、商品质量、服务水平、服务技能等是顾客选择大型综合超市的主要因素。

北京大型综合超市顾客对商品和服务的要求偏高,因此北京大型综合超市企业必须不断提升产品质量,特别是生鲜产品的质量,满足人民日益增长的物质文化需求。此外,服务质量的提升也十分重要,在整个行业产品同质化越来越严重的过程中,服务质量的提升可以形成企业的差异化竞争优势。

第二,随着顾客购物观念的改变,有竞争力的价格和商品品种只能作为零售行业经营管理的一部分,如今,顾客希望自己需要的商品、店面布局、结算以及服务都能够使购物过程非常有效率。未来零售行业的胜利者将是那些以顾客为出发点，提高购物效率的商家。零售商必须做到：第一，现货供应，提供顾客所需商品；第二，商品合理摆放，顾客在寻找他们需要的商品时不会感到困难；第三，充足的购物信息，帮助顾客找出他们想购买的商品；第四，态度友好的售货人员，雇用对顾客有帮助且服务周到的售货员，才能使顾客满意并忠诚于门店。

3. 视听满意

大型综合超市的视听满意是顾客快速识别超市品牌的一种重要途径，是大型综合超市提升自身形象和区别度、保持顾客满意度和忠诚度的有力武器。从视听满意的基本要素来看，超市的名称、环境、产品陈列及超市布局直接影响大型综合超市对顾客的吸引力，员工形象和超市导购标识等细节部分可以增加顾客的好感，提升顾客满意度，减少顾客抱怨。从延展要素来看，大型综合超市的形象和知名度是一笔长期的资产和财富，可以增加转移成本，保持较高的顾客忠诚度。

首先，顾客进入超市后，首先映入眼帘的就是超市的商品陈列和布局环境，这将直接影响顾客的满意度评价。因此从布局环境出发，营造舒适的购物环境和购物氛围将大大提升顾客满意度和顾客忠诚度。

其次，购物过程中的一些细节部分，如导购标示、员工形象等也会得到顾客的关注。随着经济社会快速发展，人们对于细节的关注越来越多，北京大型综合超市的顾客大多都是学历较高的知识分子，生活品位和生活质量较高，因此北京大型综合超市对细节部分的关注一定会吸引顾客的注意力，对于顾客满意度的提升有重大作用。

最后，连锁经营使大型综合超市的品牌形象得以延续，形象和知名度作为一项无形资产，若得以良好经营就会给企业带来巨大的财富。让顾客从心理上接受，增加心理转移成本可以使顾客保持更好的行为忠诚。

第十三章　购物中心顾客购买行为研究

一、绪论

美国在第二次世界大战后，以中产阶层为主的消费者大量向城市郊外转移，致使城市中心部的消费者大大减少，但传统的百货店并没有对这种环境的变化有充分的准备与反应，从而使其在零售业的地位大大降低。与此相反，迅速适应这种环境变化的购物中心则纷纷进军郊外，在很大程度上满足了周边消费者的需求，向传统的百货店提出了挑战。多功能的购物中心悄然改变了人们的休闲生活方式。会客聚餐、访问亲朋好友的地点由家庭逐渐转向购物中心的咖啡吧、餐馆、俱乐部等场所。每逢周末或节假日，许多人都聚集在购物中心里，一起购物、闲逛、喝咖啡、聊天、运动健身等。在休闲娱乐的过程中，人们在那里顺便购买商品或进行其他消费。

现代购物中心自20世纪20年代在美国形成以来，逐渐成为美国消费型经济增长模式的代表性产业的同时，其全球化趋势也日益显著。随着我国经济的发展，居民消费水平的提高，城市居民消费结构的快速升级，消费者在购物时不仅追求方便性、多样性，而且在注重个人品位的同时更加注重场所环境与整体消费过程所带来的愉悦与综合性的享受。为了实现居民的需求，购物中心作为新的现代化零售业态便应运而生，并且成为重要的社会公共平台和社会生活组成部分。

近年来，购物中心在我国方兴未艾，购物中心的兴建如火如荼，而且其兴建的速度和规模惊人。福布斯网站根据大型购物中心的使用面积公布了全球十大购物中心，在这10大购物中心里有8家都落户亚洲，这8家中有4家在中国，其中有2家在北京。其中，2004年开业的金源时代购物中心位居第二，地处北京市海淀区中关村中心区，地理位置优越，周边也新建了众多的公寓和写字楼。在这座高达5层、使用面积为55.7万平方米的购物中心里有近1000家商铺，出售的商品有NIKE和DKNY等国际知名品牌。

在中国北京、上海、广州等一线城市，人均消费水平已经赶上中等发达国家，但由于各国的基本国情各不相同，购物中心的顾客购买行为表现也有很大的差异。顾客为什么愿意经常去购物中心，顾客选择购物中心的因素是什么？影响购物中心顾客购买的主要因素和影响程度如何？不同的购物中心类型在顾客购买行为上是否有差异？因此，通过对我国购物中心顾客购买行为的研究，寻找自己独特的战略以构筑自身核心竞争力是至关重要的。

二、相关理论界定

(一) 购物中心的含义、特征和分类

1. 购物中心的概念

购物中心（Shopping Mall）是 MALL 的全称，音译"摩尔"或"销品贸"。朗文当代辞典里 mall 的释义为：商店大型的聚集地，有屋顶遮盖，不允许车辆进入，即为购物中心。购物中心集合了百货店、超市、大卖场、大型专业店等各种零售业态，把零售商店、娱乐设施、电影院、游乐中心和餐馆等服务机构组织在一起，成为提供购物、休闲、娱乐、饮食等各种服务的一站式消费中心。

由于购物中心强调功能的多样化，因此在功能设施的配置上不仅满足购物方面的需要，而且也满足文化、娱乐、旅游和餐饮等方面的需求。这些功能设施将大力提高购物中心的吸引力，延长顾客在购物中心的停留时间，从而增加顾客计划性购买和非计划性购买的机会。购物中心的功能设施组成零售设施的招牌，包括百货商店、超市、专卖店等；文化娱乐设施包括电影院、图书中心、游乐中心、体育场等；餐饮设施包括吃喝庭院、餐馆、咖啡屋、酒吧等；服务设施包括咨询中心、售后服务中心、配送中心、银行、展览场、表演场、汽车修理场、园景中心等；附属设施包括停车场等。

2. 购物中心的特征

购物中心作为店铺零售业态的一种，以主力店为核心，通过与半主力店以及休闲、餐饮、娱乐场所的交相辉映产生的商业集聚效应，充分地满足了消费者的一站式购物需求，真正实现了在购物中娱乐、寓娱乐于购物中的全新消费模式。正是这种全新的消费模式使大型购物中心的顾客来源与其他业态不同。不同的组成部分会吸引不同的消费者，例如专卖店主要是针对品牌偏好度较高的消费者，而餐饮娱乐设施主要为各个年龄阶段的人提供了一个吃、喝、玩、乐的场所。购物中心与其他零售业态相比，其特色主要体现在以下两个方面。

(1) 对休闲和娱乐的注重

现代消费者除了要求商家提供购物外，还非常注重休闲和娱乐，往往在购物

的同时还进行休闲活动,这就使商家在满足消费者购物之外,还为消费者提供休闲娱乐环境,借此吸引顾客。购物中心是各种零售业业态和服务业的组合,但绝非一种普通的聚集,而是一种有机组合。各子部分联结后在内部制度下形成一个整体,发挥整体服务的效能,任何子部分的个体利益都与整体利益和功能密切相关,这种内在的聚合力是购物中心发挥规模效应的根本。

购物中心一般都设计有透明天窗、中心庭、喷泉、植物盆景、绿化带、拱形走廊、长廊椅、艺术壁画等装饰物,这些人造景观可以使人产生如同置身室外的幻觉。同时,购物中心还提供一些公共服务设施,例如较大的休息区域(可供孩子们看书、写作业)、美食店、饭店、会议室、书店、邮局、银行、美发厅、健身俱乐部等。提供各种生活服务设施的购物中心俨然成为附近居民的休闲生活中心。例如,休闲娱乐(游戏中心、保龄球馆、电影院、各种学习室等)追求的是体验那种体验型(或者感动型)设施和购物设施之间的设施复合共存感,也就是说对于购物服务的销售来说,具有辅助作用的设施的意义就变得更加重要了。

(2) 实现体验与消费的整合

体验是以商品为道具、以服务为舞台,使顾客全身心地融入其中。因此,美好的体验对顾客具有持久的吸引力。购物中心是体验与零售业完美融合的体现,在购物中心可以发现四类体验的影子:娱乐体验、审美体验、逃避现实的体验和教育体验。很多顾客去购物中心是为了娱乐和休闲(娱乐体验),也为了暂时跳出自己一成不变的日常生活模式而到购物中心寻找新奇的乐趣(逃避现实的体验);在清洁舒适、高雅辉煌的环境中闲逛,欣赏琳琅满目的商品、最近新上映的大片是美的享受(审美体验);通过商品的浏览和购买以及与具备专业知识的售货人员交流,顾客能知道各种商品类型和流行时尚(教育体验)。

3. 购物中心的分类

国际购物中心协会(ICSC)定义了八种类型的购物中心,包括邻里购物中心、社区购物中心、区域购物中心与超区域购物中心、时尚专卖店、能量中心、主题购物中心、假日购物中心、直销店购物中心,如表13-1所示。

表13-1　　　　　　　　ICSC定义的购物中心类型

类型	定义	租赁面积(英尺)	占地面积(英亩)	典型的主力店 数量	典型的主力店 类型	主力店比例(%)	商圈范围(千米)
邻里购物中心	便利	30000~150000	3~15	1个或更多	超市	30~50	3

续 表

类型	定义	租赁面积（英尺）	占地面积（英亩）	典型的主力店 数量	典型的主力店 类型	主力店比例（%）	商圈范围（千米）
社区购物中心	日用商品便利	10000～35000	10～40	2个或更多	折扣百货商店、超市、药店、家居装饰店、大型专卖店	40～60	3～6
区域购物中心	日用商品、时尚用品（一般是封闭式的购物中心）	400000～800000	40～100	2个或更多	折扣服装店、种类齐全的百货商店、小型百货商店、综合零店、时尚服装店、折扣服装店	50～70	5～25
超区域购物中心	与区域购物中心类似，但商品品种和门类更多	800000以上	60～120	3个或更多	折扣服装店、种类齐全的百货商店、小型百货商店、综合零店、时尚服装店	50～70	5～25
时尚专卖店	高端、时间定位	80000～250000	5～25	N/A	时尚店	N/A	5～15
能量中心	以品种取胜的主力店、小租户极少	250000～600000	25～80	3个或更多	低价专卖店、家居装修店、折扣百货商店、仓储式会员店、折扣店	75～90	5～10

续 表

类型	定义	租赁面积（英尺）	占地面积（英亩）	典型的主力店 数量	典型的主力店 类型	主力店比例（%）	商圈范围（千米）
主题购物中心、假日购物中心	休闲、定位于游客零售、服务	80000~250000	5~20	N/A	餐饮和娱乐店	N/A	N/A
直销店	制造商、直销店	50000~400000	10~50	N/A	制造商的直销店	N/A	25~75

对于购物中心的分类，中国划分的标准与ICSC定义的标准略有不同。目前，我国按照2004年国家质量监督检验检疫总局和国家标准化管理委员会联合颁布的新国家标准《零售态分类》[①]，于2004年10月1日开始实施，该标准如表13-2所示。

表13-2　　　　　　　　　中国购物中心的分类标准

类型	选址	商圈与目标顾客	规模	商品（经营）结构	商品售卖方式	服务功能	管理信息系统
社区购物中心	市、区级商业中心	商圈半径为5~10千米	建筑面积5万平方米以内	20~40个租赁店，包括大型超市、专卖店、专业店、饮食服务及其他店	各个租赁店独立展开经营活动	停车位300~500个	各个租赁店使用各自的信息系统
市区购物中心	市级商业中心	商圈半径为10~20千米	建筑面积10万平方米以内	40~100个租赁店，包括百货店、大型综合超市、专卖店、专业店、饮食店、杂品店及娱乐服务设施等	各个租赁店独立展开经营活动	停车位500个以上	各个租赁店使用各自的信息系统
城郊购物中心	城乡结合部的交通要道	商圈半径为30~50千米	建筑面积10万平方米以上	200个租赁店以上，包括百货店、大型综合超市、各种专业店、专卖店、饮食店、杂品店及娱乐服务设施等	各个租赁店独立展开经营活动	停车位1000个以上	各个租赁店使用各自的信息系统

---

① 国家标准《零售业态分类》(GB/T/8/06—2004)将购物中心分为社区购物中心、市区购物中心、城郊购物中心。

(二) 顾客行为理论

顾客行为研究主要集中在顾客购买行为的研究上。Reynolds 于 1974 年根据心理学概念提出 S-O-R 理论，源自早期心理学家的学习理论，如今已被普遍引用到各种特定反应主体的行为研究中。消费者行为是人类行为的子集合，所以借用心理学的行为模式，可以作为探讨消费者行为的基础。S 表示导致消费者反应的刺激；O 代表有机体或反应的主体；R 表示刺激所导致的反应。对应 SOR 观点，我们可以界定消费者刺激、消费者特性与消费者反应，模型如图 13-1 所示。该理论的精髓在于强调刺激的输入，经过消费者内化，最后做出反应。

刺激 ⇒ 消费者 ⇒ 反应

图 13-1 刺激—反应模型

1. 购买行为模式

由于顾客购买行为是千差万别、不断变化的，而不同的顾客对不同的产品甚至是同一顾客对同一产品在不同的时期，其购买动机、购买方式和购买过程都是不同的。因此，在现实生活中不存在一个统一的、能解释和反映所有顾客对所有产品的购买行为模式。西方经济学、心理学、社会学、市场学、管理学和行为科学等学科立足于不同的理论，从不同的角度提出了多种购买行为模式。下面重点介绍在理论界具有代表性并有较大影响的四种模式。

（1）尼科西亚模式

1968 年尼科西亚将购买行为分成外来信息流程、信息收集与方案评估、购买行为、信息反馈四个部分，模式如图 13-2 所示。第一部分为"从信息到消费者态度"，企业通过广告宣传等手段把有关信息传达给消费者，这些信息经消费者处理后转变成对产品的某种态度并输出；第二部分为"调查评价"，消费者形成对某商品和服务的态度后就开始对该商品和服务进行调查和评价，并形成购买动机的输出；第三部分为"购买行为"，表示在购买动机的驱使下形成购买决策并采取购买行动；第四部分为"反馈"，表示消费者购买后，将购买经验存储起来并指导以后的购买行为。

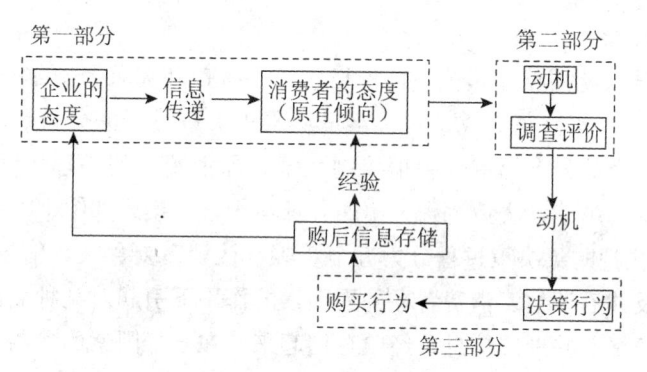

图 13-2　尼科西亚模式

(2) 霍华德—谢思模型

霍华德—谢思模型由学者霍华德在 1963 年提出，后与谢思合作，经过修正于 1969 年在《购买行为理论》中提出，模式如图 13-3 所示。该模型认为消费者购买行为主要由投入因素、外在影响、内在变量和产出结果四个层面构成。投入因素包含三种不同的刺激因素：一是产品实体刺激因素；二是商业媒体提供的信息刺激因素；三是消费者所处的社会环境因素。外在因素包括相关群体、社会阶层、文化、购买的必要程度、时间紧迫性、产品选择性和支付能力等。内在变量表示消费者接受外界信息或刺激后在大脑内部的刺激与反应之间的心理活动过程。产出结果是消费者经过刺激后产生某类反应，这类反应分别引起注意、增加了解、产生某种态度、形成购买意图，最后引起购买行为。

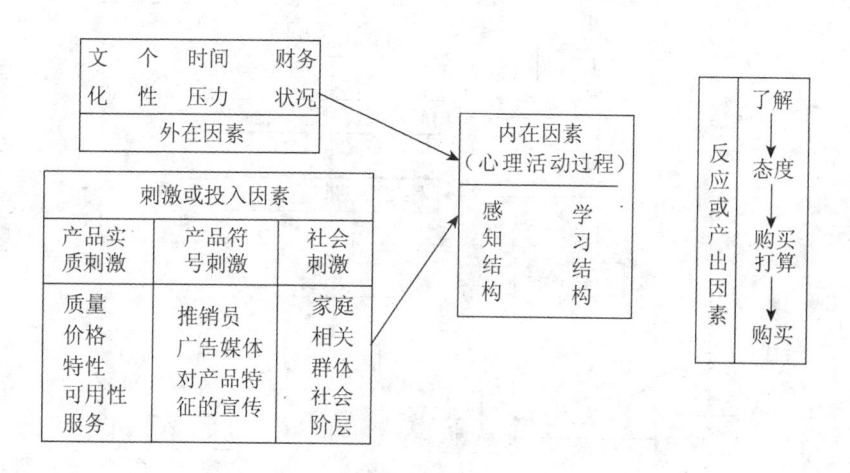

图 13-3　霍华德—谢思模型

资料来源：Howard J. A., Sheth J. N. The Theory of Buyer Behavior [M]. New York: John Wiley and Sons, 1969.

(3) EBK 模式

EBK 模式又称恩格尔模式，由恩格尔、科特拉和克莱布威尔三人于 1968 年提出，并于 1984 年修正而成，其重点是从购买决策过程去分析购买行为。将整个模式分为四个部分：第一，中枢控制系统，即消费者的心理活动过程；第二，信息处理系统；第三，决策过程；第四，环境因素。模式如图 13-4 所示。

EBK 模式把购买决策过程分为五个步骤：认识需要、收集信息、评价方案、购买决策以及购后评估。消费者在外界因素的作用下引起对某种商品的知觉、注意、理解和记忆，并形成信息及经验存储起来。在自身因素的参与下，消费者更加清楚地认识问题，并根据自己的需求开始寻找购买对象。再经过对几个备选方案的相互比较，消费者做出最后决策，实施购买。最后对购后结果进行评价，并作为下一次消费活动过程的依据。

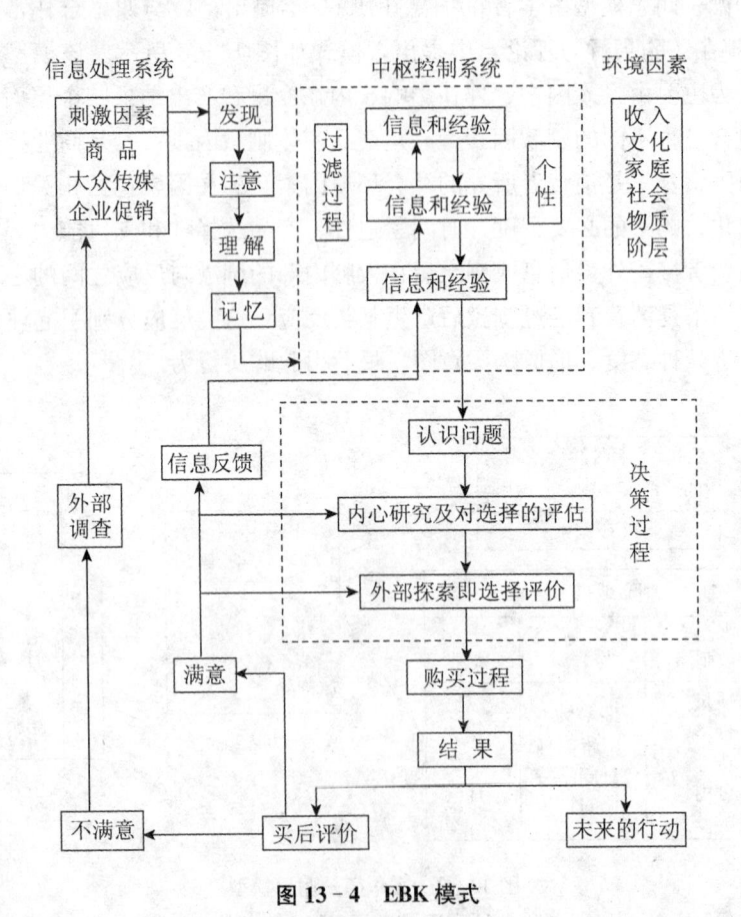

图 13-4 EBK 模式

资料来源：Engel J. F., Kollat D. J., Blackwell R. D. Consumer behavior (4th ed) [M]. New York: Dryden Press, 1984。

(4) 科特勒模型

科特勒模型认为营销和环境的刺激进入了购买者的意识。购买者的个性和决策过程导致了一定的购买决定，消费者购买行为的反应不仅要受到营销的影响，还受到外部因素影响。而不同特征的消费者会产生不同的心理活动过程，通过消费者的决策过程导致了一定的购买决定，最终形成了消费者对产品、品牌、经销商、购买时机和购买数量的选择。营销者的任务是要了解在外部刺激和购买决策之间购买者的意识发生了什么变化。科特勒购买行为模式如图13-5所示。

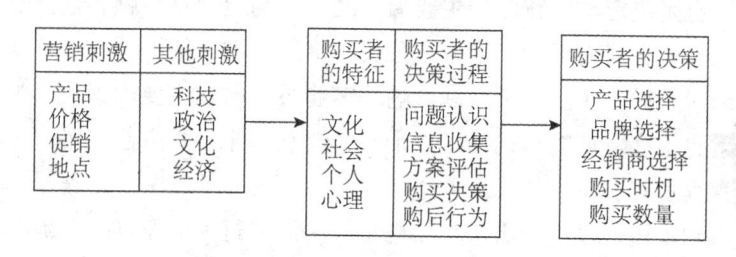

营销刺激	其他刺激	购买者的特征	购买者的决策过程	购买者的决策
产品 价格 促销 地点	科技 政治 文化 经济	文化 社会 个人 心理	问题认识 信息收集 方案评估 购买决策 购后行为	产品选择 品牌选择 经销商选择 购买时机 购买数量

图13-5 科特勒购买行为模式

资料来源：菲利普·科特勒. 营销管理（第11版）[M]. 梅清豪，译. 上海：上海人民出版社，2003：200。

2. 购买意向的研究

(1) 购买意向的定义

购买意向是购买行为的前奏，是顾客购买到某种或某些适合自己需要的商品的心理倾向，是消费心理的表现，通常用来测度顾客对一个对象采取行动的倾向。在市场营销研究中，购买意向是指消费者购买某种特定产品的主观概率或可能性。顾客对某一商品或品牌的态度加上外在因素的作用，构成顾客的购买意向，购买意向可视为顾客选择某一商品的主观倾向。国内外学者也一致认为购买意向处于顾客购买行为的购买决策阶段。

(2) 购买意向影响因素分析

在对购买行为理论的总结分析基础上，得出影响顾客购买意向的因素是非常多的。根据科特勒的购买行为模式，环境、营销、个人三大因素对顾客购买意向起了重要作用。

环境因素方面，影响顾客购买行为的环境因素包括政治、经济、文化、科技、地域、传统、购买环境等。文化是人类欲望和行为最基本的决定因素，不同的文化背景人们对事物的看法和观点不同，所以对购买行为起到了影响作用。一方水土养育一方人，不同的地域文化在各个方面影响着各地顾客的思维方式和心理活动，地域因素通过不同的地域文化对购买行为产生影响。民族传统是一种亚文化，特有的习惯和爱好为其群体成员提供更为具体的认同感和社会化。人在一定环境下生存，购买行为也发生在一定环境中，因此一定也会受到购买环境的影响和制约。

营销因素方面，在营销刺激下顾客会产生一定的情感反应，并导致以后的购买行为。商品的质量、品牌、价格和沟通等属于营销刺激，好的品牌除了能在消费者心目中留下很好的印象，还能引发顾客的购买欲望。质量和价格是顾客最敏感的因素，也是决定购买行为的主要因素之一，沟通则是与顾客建立起互动的桥梁，沟通的有效方式有促销、广告、公关、赞助、推广等。

个人因素方面，个人因素亦是影响顾客购买意向的主要因素，影响购买意向的个人因素有很多，如需求、动机、个性、性别、年龄、兴趣、爱好、职业、收入、受教育程度等。

①需求和动机。顾客的需求与动机是一切消费行为的驱动力和源泉。需求推动着人去从事某种活动，是人对某种目标的渴望和欲求，是个体由于缺乏而产生的内心紧张、与周围环境形成某种不平衡的状态而在人脑中的客观反映。没有需求就没有消费，需求是一切消费行为的前提和基础，消费和购买行为也是为了满足需求。著名的马斯洛需求理论将人类的需要按层次排列，认为先满足最迫切的需要，然后再满足其他需要。

动机是将顾客行为向取得他或她的需求方向引导的一般内驱力。动机推动人们去从事某种活动、达到某种目的，能够产生足够的压力去驱使人行动。心理学家提出的人类动机理论最流行的有三种，分别由西格蒙德·弗洛伊德、亚伯拉罕·马斯洛和弗雷德里克·赫兹伯格提出，这些动机理论对顾客购买分析和营销战略各有不同的含义。

②个性。个性是指一个人所特有的心理特征，一般情况下，每个人都有影响自身购买行为的独特个性，并直接表现在顾客对产品、服务、购物地点的购买决策上。

③性别。性别的不同，在性格、思维、心理、情绪、爱好等方面表现出巨大差异，存在购买能力的性别差异、存在消费需求的性别差异、购买决策的性别差异，并反映到消费心理上。

男性属于理性消费者，对商品的挑选粗略而快速，较少注意商品的外观和包装，但更注重商品实际效用，因此做出购买决策的时间短。女性属于感性消费者，心思细腻，心境易受环境、情绪、心情所影响，注重商品的样式、外观、包装，挑选商品时比较仔细、谨慎，做出购买决策的时间相对较长。

④年龄。年龄是消费者结构的一个重要方面。人们在一生中购买的商品和服务是随着年龄的变化而不断变化的，同样，人们对衣服、家具和娱乐的喜好也随年龄的变化而发生改变，处于不同家庭生命周期阶段往往具有不同的购买行为特征。因此，营销人员经常把目标市场瞄准生命周期中某一阶段的顾客作为目标市场。

⑤收入。收入水平决定着顾客的需求层次、消费水平及消费结构，与顾客的购买能力水平存在直接的联系。通常按不同的收入群体划分不同的社会阶层，不同的阶层一般具有不同的需求层次和消费心理。例如，贫困阶层的人群只能维持生存需求，在消费上限于生活必需品，价格是他们购买时考虑的最主要因素。中产阶级在消费能力上要高于贫困阶层，他们也想追求享受，但由于经济状况的限制只能选择兼顾价格、档次和实用性的商品。高收入阶层购买时则较少考虑价格、实用等因素，主要考虑商品是否符合自己身份。

⑥兴趣、爱好。根据西方消费者行为理论，顾客更加注意自己感兴趣和爱好的东西，甚至花时间去认知和了解，因此，也更容易产生购买意愿。

⑦学历。一方面，由于受教育程度与收入水平有密切的关系，因此受教育程度与购买力水平也直接相关。另一方面，学历、受教育程度不同影响着消费者知识和认识水平的不同，对顾客购买行为的理性判断能力也存在差异。

（三）零售业态与消费者行为的互动研究

国外对零售业态研究主要以零售业态演化研究最多。许多学者为了探索零售业演化的规律和趋势，说明新型零售业态形成的机理，分别从不同的角度提出了一系列关于零售业的演化理论。

1. 零售业态演化理论

1982年美国零售专家罗伯特·F.卢斯先生出版的《零售商业企业的经营管理》一书中归纳了零售业态变迁的五大定律，简洁而有代表性（见表13-3）。

表13-3　　　　　　　　　零售业态变迁理论

理论分类	提出人及时间	代表作
零售轮假说	马克奈尔，1958	《战后时期显著的发展趋势》
零售手风琴假说	布兰德，1963；赫兰德，1966	《纽约梅西的历史》
自然淘汰定律	德瑞斯曼，1968	—
辩证发展假说	吉斯特，1968	《营销和社会：概念的引入》
零售生命周期假说	达比德森、伯茨、巴斯，1976	《零售生命周期》

零售轮假说分析了新型零售业态的形成原因，认为各种零售业态都是从价格诉求到商品组合诉求，再到服务内容诉求的反复运作。一般来说，一个新的零售商通过新技术或提供较少的服务来降低其经营成本，大量而低价地销售畅销和周转快的商品进入零售领域。在这种经营方式取得成功后，其他经营者开始模仿并开始激烈的价格竞争。这个创新的零售商为了使自己与竞争对手相区别，开始提高服务和商品档次，并改善经营设施和环境，进入另一个新的创新型零售商阶段。同样，这个新进入的创新型零售商仍会重复刚才那个创新型零售商所走过的路。这就是零售轮假说，即零售业态发展过程像一个会旋转的车轮，每转一圈就会有一个或一批新的创新型零售商出现。

零售手风琴理论假说中赫兰德借助手风琴演奏的一张一合，从商品组合宽度的扩大和缩小来解释新业态的产生。早期是经营商品组合很宽的杂货店，之后出现经营商品组合较窄的专业店，接着又演化出经营组合更宽的百货店，其后则出现了只经营单一品牌的专卖店，最后则出现了经营范围更广、经营内容更为全面的购物中心。因此，该理论认为零售业态的变迁是沿着"宽—窄—宽—窄—宽……"即综合—专业—综合往复循环的路径进行的。

自然淘汰定律认为，零售业态与生物物种进化具有类似性，零售企业面对的是不断变化的消费者需求、技术、竞争及法律等环境，只有适应时代或环境的变化才能生存。

辩证发展假说以冲突理论为背景，认为现有零售业态的冲突会导致危机的发生，新业态正是为了解决这种危机出现的，从正—反—合的辩证法原理来解释零售业态的变迁。有正就必然有反，同时还会出现正反的统一体——合，而合又会重新转变为正。按照这一理论，新的零售业态是对旧业态的摒弃，即保留和发展传统经营形式的合理成分，并在此基础上容纳和吸收新的成分，从而形成一种全新的零售经营形式。例如，当高毛利、慢周转、高价格、高服务的百货店作为正出现时，低毛利、快周转、低价格、低服务的超市作为反出现，导致大型综合超市兼有百货店和超级市场的特点，成为一种新的零售经营业态。购物中心则集合了零售和娱乐的特点，吸引顾客在玩中购买商品。

1976年达比德森、伯茨和巴斯三人共同提出了零售生命周期假说。应用产品生命周期理论来解释业态从产生到衰退的发展过程。该假说认为，与产品生命周期一样，零售业态也要经过导入（创新）、成长、成熟、衰退四个发展阶段。同时，该假说以美国的零售业为研究对象，指出各种新型业态从导入期到成熟期的过程正在缩短，因此，零售商应该不断进行业态创新。

2. 零售业态与消费者行为的互动研究

零售业态与消费者行为的互动主要体现两个方面。一方面，消费者行为的变化引导着零售业态的变革。第二次世界大战后，职业女性占女性总数的比例稳步上升，家庭中两个人工作赚钱，家庭收入极大提高，人们空闲时间和购物休闲时间减少，消费者花在每一个店铺的时间和费用却在增加。许多家庭没有足够的时间逛商店，导致商家店铺和购物中心的各部门更加关注消费者的便利和省时。尽管消费者会对这些业态存在偏好，但惠顾行为可能也会随着新型业态的出现而发生变化。

另一方面，零售业态的变革也影响着消费者行为的变化。零售业态的变革导致了生活方式的重大变化。第一，是购物场所的改变；第二，是购物半径的改变；第三，是购买频率的改变；第四，是购买目的的改变，即购物不仅是为了购物，更多是在购物中休闲，甚至只是为了休闲。新型的非封闭购物中心包含娱乐、电影院、大盒子商店和小店，这种形式提供了购物中心消费的最好组合模式，满足消费者对便利性的需求。有的购物中心甚至还有书店，改变了之前只能在书店才能买到图书的消费传统。

在零售业态变革的过程中，零售商家通过教育和引导增强了顾客对业态变革的认同，引导消费行为变化。另外，通过领袖的作用使本来只是少数人的行动扩大为社会性的行动。零售商通过教育和引导塑造消费者行为并逐渐改变顾客的生活方式和消费文化，使顾客的消费行为更加适应零售业态的变革。顾客从新的零售业态中得到更多的附加值，也不断在行为塑造的过程中对业态提出新的要求，进一步推动零售业态的发展，以此系统循环。

3. 零售业态的比较

根据《零售业态分类标准》，零售业态从总体上可以分为有店铺零售业态和无店铺零售业态两类。[①] 分别从顾客选择的因子模型和顾客与店铺零售终端的行为互动来分析现有的几种主要形式终端的优势和劣势（见表13-4），以及顾客选择零售业态的主要因素。

[①] 国家标准《零售业态分类》（GB/T/8/06—2004）按照零售业态分类原则分为食杂店、便利店、折扣店、超市、大型超市、仓储会员店、百货店、家具建材商店、购物中心、电视购物、邮购、网上商店等17种零售业态。

表 13-4　　　　　　　　几种主要形式终端的优势和劣势

零售业态	优势	劣势
超市	促销活动丰富，促销力度大，容易吸引消费者的非计划购买；价格便宜，低价多是以日用品的大宗购买为基础的；购买便利，超市都位于居民的生活区域附近，而且超市还特别开辟了班车服务	信息少，专业性不强，信息的来源除了现场的实物比较，基本上来自消费者的内部信息搜集和在购买前有限的外部信息收集；品牌建设活动少；超市很少刊登或发布商业广告，公共关系活动也较少举行；环境和设施的局限，顾客难以享受到舒适的环境和悦耳的格调
百货商店	轻松舒适的购物环境与高雅的格调，有自己鲜明的装饰装修特点，在布局上也有自己独特的考虑，橱窗和专柜设计与超市相比更专业，更有时尚性和艺术性；定位清晰，品牌突出，在消费者中拥有较高的知名度和美誉度；服务细致周到，能提供较为翔实的购买信息	经营成本高，商品价格售价较高，促销力度不大
专业店	专业的信息和服务，专业店的工作人员具有较强的专业知识，可以与消费者进行充分的交流，给予详细的消费指导和商品信息；品牌特色突出，重视品牌建设；规模化的价格优势能提供有竞争力的价格，促销活动丰富多彩；购买便利，对于大宗购买也会提供专门的送货服务，允许顾客通过目录采购，电话订购或是网上订购	经营商品种类较少
购物中心	商品和品牌极大丰富，方便顾客货比三家买到自己最满意的商品；功能极大拓展，集购物、休闲、娱乐、社交于一体，提供"一站式消费"，提高消费效率；人性化的建筑和布局设计使消费体验化、享乐化，提高消费乐趣；给人们提供休闲娱乐的去处，年轻人在那里会友，老年人到那里锻炼，一家老小把逛购物中心作为一次家庭的外出休闲机会	经营成本高，商品价格售价高

影响顾客选择的因素比较如下。

第十三章　购物中心顾客购买行为研究

吴长顺、范士平的百货商店与综合超市形象影响因素差异性研究显示，百货商店的环境舒适、卖场亮丽、位置处于市区、服务等因素十分重要，而综合超市商店在购物的便利性、离家近、价格低方面较为重要。一方面，顾客需要更优惠、更便利、更多产品种类选择的购物场所。另一方面，顾客也需要在购物过程中享受到更多的服务。综合超市和百货商店分别在这两方面满足了顾客的需求。研究还显示，无论是百货商店还是综合超市，顾客对商品、服务、商店的声望评价较高，对这三个因素比较看重。

吴世军、孙伟、郭海峰将影响顾客选择超市的因素归结为两类，第一类是商品相关因素，即品种、价格、品质（或质量）；第二类是超市相关因素，即规模、便利性、购物环境、服务态度、商品摆设、促销活动等。通过调查发现，顾客在选择超市时最关注的因素分别为商品质量、服务态度、商品价格、品种的齐全度和超市舒适程度。

毕学萍研究的影响顾客选择超市的因素则与吴世军等有所不同，认为顾客选择超市时最为注重的是商品质量和购物的便利性，价格并不是最注重的因素。随着人们消费水平的不断提高，顾客在关注商品质量的同时越来越关注服务水平，而随着交通工具的日益普及，购物便利性的重要性有所下降。

综上所述，店铺零售业态影响顾客选择的因素主要集中在商品、服务、价格、环境和商店的声望等。商品价格和质量是影响顾客选择超市的最主要因素，促销是顾客冲动型购买的主要因素，服务和环境则是超市的劣势。环境、服务、地理位置则是影响顾客选择百货商店的最主要因素。影响顾客选择专业店的主要因素是品牌和专业的服务。对各零售业态下顾客主要购买商品类型和影响顾客选择的主要因素比较分析如表13-5所示。

表13-5　　　　　　　影响顾客选择主要因素的比较分析

零售业态	顾客主要购买商品类型	影响顾客购买的主要因素
超市	大众化衣装、日化产品、生鲜副食	商品、超市规模、便利性、购物环境、服务态度、商品摆设、促销活动；商品价格和质量是影响顾客购买的最主要因素，促销是顾客冲动型购买的主要因素
百货商店	百货公司比超市更适合经营一些高格调、时尚性的商品。以服饰、鞋类、箱包、高档护肤产品家庭用品、家用电器等为主	专柜服务可以为消费者提供较详细的商品信息，消费者可以与服务人员面对面进行交流，也可以试用产品，服务是影响顾客购买的最主要因素

续表

零售业态	顾客主要购买商品类型	影响顾客购买的主要因素
专业店	电子产品、家用电器、家居装饰等	品牌和专业的服务是影响顾客购买的最主要因素
购物中心	经营范围较广,除商品外还包括服务,如影院、餐饮、健身等	除上述因素外,还有休闲娱乐

(四)购物中心顾客购买行为的影响因素

本文所指的购买行为不仅指购买的有形商品,还包括无形的服务,如在电影院看电影、在美发厅理发等。本文根据店铺零售业态影响顾客选择的因素,再结合购物中心的特点来确定影响顾客选择购物中心的因素。从商品、服务、价格、便利、环境、休闲娱乐、声誉几个方面来测度顾客对购物中心的评价。这些因素也将是本文问卷设计的理论基础。

1. 商品因素

商品因素主要包括商品的品种、品质、品牌以及是否时常提供时尚商品。商品的品种主要是商品是否齐全,是否包含不同类别的商品,如家电、服装、首饰、珠宝、生活用品、食品等;商品品牌是否由高、中、低档品牌组成,且各个档次的品牌数目是否合理。商品品质则是评价商品使用价值及与其规定标准技术条件的符合程度,是反映商品的自然有用性和社会适应性的尺度。商品因素还包括是否时常提供时尚商品,它能反映购物中心能否紧跟潮流的步伐。

2. 服务因素

在购物中心无论是购物还是休闲娱乐都离不开服务的主体,即服务人员。他们的言谈举止、着装、服务意愿、职业素养、专业水平都会影响一个顾客光顾购物中心的心情和对它的评价,从而影响其逗留时间的长短和购买意向,直接影响顾客的购买行为。

3. 价格因素

价格因素指购物中心的商品相比其他场所中同种商品的价格是否合理。商品的性价比和价值可以为顾客提供额外的利益。如果购物中心的商品质量好且性价比更高,将使很多消费者流连忘返。

4. 便利因素

交通易达性代表某一商业集聚区可以尽量便利消费者购物的程度,交通越便利,消费者浪费在路上的时间越少,越能够快速、无障碍地到达零售场所,则消费者更倾向再次惠顾,并推荐朋友前来。停车场所及停车的方便程度也是为了尽可能地方便顾客。

5. 环境因素

环境因素指购物中心空间布局的合理性,例如动线的引导设置是否流畅,保证消费者享受井然有序的购物环境,能一目了然地看到商场内的店铺布局、徜徉其中又不至于迷失方向,上下楼梯的交汇处不会有拥挤的人群。空间布局合理不仅有疏导人流的功能,更能传递出大型购物中心的服务能力,从而影响消费者的购物评价。

6. 休闲娱乐因素

现在的消费者已经不是仅仅从购物中得到乐趣,他们在购物的同时会考虑得到另一种放松,例如滑冰、看电影、轻松的商务会谈、美体健身等。对于此类需求,购物中心则可以为其提供想要的场所,让顾客漫步其中,尽情地享受休闲购物的乐趣。特别是家庭购物群体,不仅可以满足男士的休闲需求,更能使孩子和老人有一次愉快的经历。本文从娱乐设施的娱乐性、趣味性和可参与性方面来衡量休闲娱乐因素。

7. 声誉因素

声誉因素指购物中心以独特的风格、良好的口碑、知名度以及开展的一些公益形象文化活动来赢得顾客的好感,并达到提升购物中心品牌和美誉度的目的。

购物中心开展与居民的互动活动可加强与顾客的沟通,为购物中心吸引忠实的顾客。如 2009 年西单大悦城举办的第二届国际美食节吸引了来自世界各地的美食爱好者;2011 年春节前夕,金源燕莎购物中心的庙会主题活动、传统民间手工艺现场制作和欢乐互动体验项目带动了整个购物中心的人气。

顾客正面积极的口传信息能增加顾客的再次购买意向和向他人推荐以及称赞的意愿。而企业对顾客抱怨服务不良却不做反应时,负面的口传信息就会增多,因此导致的不良后果则是购物中心口碑差,进而减少顾客的再次购买意向。

特色和知名度则是区别不同零售店铺的因素之一,本文将购物中心的特色风格和知名度也作为影响顾客购买的声誉因素。

三、研究设计

(一) 概念模型和研究假设

通过对文献的梳理、对零售业态与消费者行为的互动研究和店铺零售业态及影响因素的比较,总结出店铺零售业态影响顾客选择的因素,再根据购物中心的特征对影响购物中心顾客购买行为的因素做出了定性分析。将影响购物中心顾客购买行为的因素归为商品、服务、价格、便利、环境、休闲娱乐和声誉七个方面。影响顾客选择的因素概念模型如图 13-6 所示。

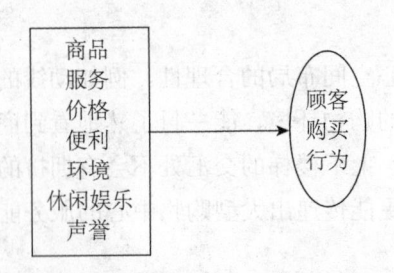

图 13-6　影响购物中心顾客购买行为因素的模型

1. 影响顾客购物因素变量的定义与测量

本文主要探讨影响顾客购物行为的因素和顾客购物行为的特征。将顾客购物行为的特征分为出行所使用的交通工具、喜欢光顾的地方、在购物中心逗留的时间和消费的金额。将顾客购物行为影响因素测量的变量分为商品、服务、价格、便利、环境、休闲娱乐、声誉。具体来说,商品指的是商品品种、商品质量和品牌;服务指的是零售实体店为顾客所提供的附加服务;价格即同样的商品在不同的购物中心或是不同的零售实体店存在的价格差别;便利对于购物中心来说指的是顾客感受到的商品为消费者的行为提供的地点便利、搜寻便利、占有便利和交易便利;环境指的是店堂布置、拥挤程度和清洁舒适等因素;休闲娱乐指购物中心娱乐设施的娱乐性、趣味性和参与性;声誉指购物中心所具备的口碑、知名度、定期举办主题活动,或是具有自身独特的风格。

表 13-6 列出了影响顾客购买因素的操作性定义及衡量问项。量表采用五点尺度计分方式,分为极不同意、不同意、中立、同意、非常同意五类,分值分别对应 1~5 分。

表 13-6　　　　　　　　影响因素的操作性定义与衡量问项

因素	定义	衡量问项与编码
商品	顾客所感受到的购物中心产品的多样性、独特性、熟悉性和流行性	商品种类齐全、质量好(qa1) 时常提供时尚商品(qa2) 有许多大家所熟悉的品牌(qa3)
服务	顾客所感受到的人员服务的态度、专业性及效率	服务人员态度亲切、能即时提供帮助(qa4) 服务人员的专业知识丰富(qa5)
价格	顾客感受到的所购买产品的价格合理性及相对价格便宜性	商品的性价比高(qa6) 能经常提供特价商品(qa7)

续 表

因素	定义	衡量问项与编码
便利	顾客感受到的为消费者的行为提供的地点便利、搜寻便利、占有便利和交易便利	购物中心附近交通便利（qa8） 购物中心商品陈列清楚，容易找到想购买的商品 qa9） 购物中心业态丰富，能提供方便的一站式购物（qa10） 购物中心停车方便（qa11）
环境	顾客对购物中心实体环境与气氛的感受水平	购物中心的指示牌是醒目的（qa12） 购物中心是干净的、温度适宜的（qa13） 购物中心的拥挤程度是比较低的（qa14）
休闲娱乐	购物中心娱乐设施的娱乐性以及趣味性和参与性	购物中心提供的娱乐设施娱乐性强（qa15） 购物中心提供的娱乐设施趣味性、参与性强（qa16）
声誉	购物中心会定期举办主题活动，具有自身独特的风格、口碑与知名度	购物中心定期举办主题活动（qa17） 购物中心具有独特的风格（qa18） 购物中心有好的口碑（qa19） 购物中心有良好的知名度（qa20）

2. 研究假设

假设 H1：商品与顾客购买行为是正相关的；

假设 H2：服务与顾客购买行为是正相关的；

假设 H3：价格与顾客购买行为是正相关的；

假设 H4：便利与顾客购买行为是正相关的；

假设 H5：环境与顾客购买行为是正相关的；

假设 H6：休闲娱乐与顾客购买行为是正相关的；

假设 H7：声誉与顾客购买行为是正相关的。

（二）调研设计

1. 调查问卷设计

本文的问卷是在文献阅读的基础上设计的。问卷先在小范围人群中进行了问卷测试，根据反馈回来的信息，将部分产生歧义的语句进行了修改最终形成了本文问卷。本文问卷分为三大部分，第一部分是对顾客光顾购物中心情况的简单调查；第二部分是关于影响因素的判别语句，对这些问题采用李克特 5 分量表来衡量，以便用这些数据进行相关分析；第三部分是关于被调查者的个人信息，包括性别、年龄、职业、学历、收入等。具体问卷见本文附录1。根据前次测试的分析结果,本研究进行正式问卷的发放与数据收集及结果分析。正式问卷调查采取现场填写和电子邮件的方法,共发出了300份问卷,收回问卷260份,有效问卷237份,其中金源燕莎80份、西单大悦城157份。现场填写是针对本次在购物中心的购物情况,采用电子邮件方式的则是回顾最近一次的购物情况。

2. 调查对象

由于受种种条件所限,本文样本选取的对象主要集中在北京市,希望通过对北京市两种不同类型的购物中心正在购物的消费者进行一定规模的调研,分析两者的共性得出购物中心顾客购买行为的影响因素及其影响程度,并对两者的顾客购买行为特征进行比较。本文主要选择在北京的两个大型购物中心进行问卷调研,分别是金源燕莎购物中心和西单大悦城。之所以选择这两个大型购物中心,原因除了这两家购物中心规模大、知名度都较高外,还在于以下三点。第一,金源燕莎购物中心位于海淀区的远大路,临近万柳路,属于北京市城乡接合地带的次级商圈。公交车站并不在该购物中心门口,顾客在车站下车后还要步行一段距离才能到达,算是郊区型大型购物中心的代表。第二,西单大悦城则位于北京市的核心商圈——西单商圈,定位年轻时尚型,较受年轻人喜欢,有地铁和多路公交直达,是市区型购物中心的典型代表。第三,两者皆为北京购物中心的典型代表,规模大,业种多,服务功能齐全,购物、餐饮、娱乐、休闲、文化融为一体,是研究购物中心顾客购买行为影响因素的合适对象。

(三)假设检验

本研究使用SPSS统计软件对数据进行信度分析和效度分析。

1. 信度检验

信度又称可靠度,测验结果的稳定性及可靠性,即被测试者回答的可信程度。本研究采用Cronbach's α 系数来对量表的信度进行检验。α 越大,表示该变量的各个题项的相关性越大,即符合程度越高。一般来说,Cronbach's α 大于0.7为高信度,低于0.35为低信度,0.5为最低可以接受的信度水平。

统计结果显示,影响因素的 α 系数也均高于0.6,如表13-7所示,一般认为 α 系数在0.7以上的问卷其信度较高,因此问卷具有较高的内部一致性。

表13-7　　　　　　　　问卷信度分析结果

构面	题数	Cronbach's α 值
商品	3	0.618

续 表

构面	题数	Cronbach's α 值
服务	2	0.734
价格	2	0.647
便利	4	0.612
环境	3	0.633
休闲娱乐	2	0.626
声誉	4	0.698

2. 效度检验

效度检验为了检验问卷设计的合理性，既要对每一因素对顾客购买行为影响评价结果的影响程度进行检验，同时也要对问卷中因素分类的合理性进行检验。

（1）内容效度

内容效度是指所选的条目是否能够代表购物中心顾客行为测量的主要特征。本量表参考了大量文献基础，研究了购物中心与其他业态影响因素的区别，并经顾客认可修改及实地调查，所制定的项目均能从一个侧面反映购物中心顾客购买行为，同时该量表的各项指标基本涵盖了影响的各方面，问卷的形式和语言表达清晰明了，可以认为本量表具有较好的内容效度。

（2）结构效度

结构效度也称构想效度，即设想的量表结构与测定结果相吻合的程度，也就是说如果问卷调查结果能够测量其理论特征，调查结果与理论预期一致，则认为数据具有较高的结构效度。确定结构效度的基本步骤是首先从某一理论出发，提出关于某一特质的假设，然后设计和编制测量并进行实测，再对数据的结果采用相关分析或回归分析等方法进行分析，验证其与理论假设的相符程度。我们用因子分析对其进行验证。

首先进行 KMO 检验 Bartlett 球形的检验。KMO 检验用于检验变量间简单相关的偏相关系数是否过小，其取值范围在 0 和 1 之间。如果 KMO 的值越接近 1，则所有变量之间的简单相关系数平方和远大于偏相关系数平方和，因此越适合作因子分析。如果 KMO 值越小，则越不适合因子分析。学者 Kaiser（1974 年）给出了一个 KMO 的标准：KMO>0.9 时效果最佳，小于 0.5 时不适宜做因子分析。Bartlett 球形检验用于检验相关系数矩阵是不是单位阵，结论是不拒绝该假设，则表示各个变量都是各自独立的。统计分析结果如表 13-8 所示。

表 13-8   **KMO and Bartlett's Test**

Kaiser - Meyer - Olkin Measure of Sampling Adequacy.		0.716
Bartlett's Test of Sphericity	Approx. Chi - Square	891.672
	df	200
	Sig.	0.000

从表 13-8 可以看出 KMO 的检验结果，KMO 值为 0.733（大于 0.7），同时表中 Barlett 球形检验的 Sig 取值 0.000（小于 0.01），表示拒绝该假设，说明数据适宜做因素分析。

（四）数据分析方法

1. 因子分析

因子分析的主要任务之一是对原有变量进行浓缩，即将原有变量中的信息重叠部分进取和综合成因子，进而最终实现减少变量个数的目的。在进一步的分析中，用较少的因子代替原有变量参与数据建模。

2. 回归分析

回归分析是描述一个因变量 y 与一个或多个自变量 x 间的线性依存关系。根据自变量数目的不同分为一元线性回归和多元线性回归。线性回归分析是一种应用极为广泛的数量分析方法，它用于分析事物之间的统计关系，侧重考察变量之间的数量变化规律，并通过回归方程的形式描述和反映这种关系，帮助人们准确把握变量受其他一个或多个变量影响的程度，进而为预测提供科学依据。由于一种现象经常是与多个因素有联系的，用多个自变量的最优组合共同来预测或估计因变量比只用一个自变量进行估计更符合实际，因此多元线性回归比一元线性回归的实用意义大。

运用多元线性回归进行分析时，要检验模型回归效果，有以下一些检验方法或检验标准。

（1）复相关系数 R

复相关系数表示因变量 y 与自变量 x 之间线性相关密切程度的指标，取值是 0~1，其值越接近 1，表示其线性关系越强，其值越接近 0，其线性关系越弱。

（2）R^2 判定系数和经调整的 R^2

多元回归中也使用判定系数 R^2 来解释回归模型中自变量的变异在因变量的

变异中所占的比重。但判定系数的值随着进入回归方程的自变量的个数或样本量大小的增加而增大。因此，为了消除自变量的个数及样本量的大小对判定系数的影响，可以引入经调整的 R^2。

(3) 显著性 F 检验

检验的假设是总体的回归系数均为零或不都为零，使用 F 统计量进行检验。F 检验是说明 y 对自变量 x_1, x_2, $\cdots$, x_p 整体的线性回归效果是显著的，但不等于 y 对每个自变量 x 的效果都是显著的。

(4) 自变量显著性 t 检验

检验的假设是各自变量回归系数为零，常数项为零，没有通过检验的回归系数在一定程度上说明它们对应的自变量在方程中可有可无，一般为使模型简化需剔除不显著的自变量，重新建立回归方程，但在实际应用时，为了模型结构合理有时也保留个别对 y 影响不大的自变量，尤其在建立宏观经济模型时常常如此。

3. 方差分析

方差分析正是从观测变量的方差入手，研究诸多控制变量中哪些变量是对观测变量有显著影响的变量，对观测变量有显著影响的各个控制变量其不同水平是如何影响观测变量的。本文使用最小二乘多元回归的辅助分析方法，用来分析多个因素对顾客购买行为影响的显著性，以便结合最小二乘多元线性回归做出更准确的分析结论。

4. 人口统计特征

人口统计特征变量常被运用于市场营销管理中来区分顾客群体，主要是对个人和家庭的客观描述，具体包括顾客的年龄、性别、职业、受教育程度、家庭成员状况等个人因素。这些因素与顾客对产品的需求、偏好和使用率密切相关，也容易识别和衡量。因此，经常运用统计特征进行市场细分并制定相应的策略。科特勒认为人口统计特征可以分为年龄、性别、家庭人口数、家庭的人口结构、收入、职业、教育、宗教、种族及国籍十类。本文依次分类并考虑国内实际情况，以下列六项代表人口统计特征变量的内容：性别、年龄、受教育程度、职业、家庭月收入、家庭成员状况。本文研究的人口统计特征的说明如表 13-9 所示。

表 13-9　　　　　　　　　　人口统计特征说明

人口统计变量	说明
性别	男、女
年龄	顾客的年龄

续 表

人口统计变量	说明
受教育程度	顾客的最高学历
职业	顾客的职业
家庭月收入	顾客的月收入
家庭成员状况	顾客家庭的人口结构

四、购物中心顾客购买行为的实证研究

(一) 购物中心顾客行为特征的分析

1. 购物出行交通方式

在西单大悦城接受调查的157名顾客中,选择步行的有6人、选择乘公交车的有61人、选择地铁的有73人、选择自驾车的有10人、选择其他的有7人。顾客出行最经常选择的是公交和地铁,两项合计占调查人数的85.4%,而选择步行、自驾车和其他的占14.6%。在金源燕莎购物中心接受调查的80名顾客中,选择步行的有15人、选择乘公交车的有32人、选择地铁的有1人、选择自驾车的有18人、选择其他的有14人。顾客出行最经常选择的是公交和自驾车,两项合计占调查人数的62.5%,而选择步行、地铁和其他的占37.5%。购物中心顾客出行所使用的交通工具如表13-10所示。

表13-10　　　　　　　　顾客出行所使用的交通工具表

出行方式	西单大悦城		金源燕莎购物中心	
	人数(个)	百分比(%)	人数(个)	百分比(%)
步行	6	3.8	15	18.8
公交车	61	38.6	32	40.0
地铁	73	46.8	1	1.2
自驾车	10	6.3	18	22.5
其他	7	4.5	14	17.5
合计	157	100.0	80	100.0

从上述比较可以看出,市区购物中心顾客出行最经常选择的是公交和地铁,

而城郊购物中心顾客出行最经常选择的是公交和自驾车。这与北京的实际情况也比较符合，北京市政府从2008年起出台对私家车的限行政策以及对市民出行乘坐地铁和公交车的鼓励政策，北京市民更多地选择地铁和公交出行。

2. 光顾购物中心的类型业态

从在西单大悦城的调查来看，喜欢光顾超市的有22人、专卖店/专业店的有103人、影院的有46人、餐饮美食城的有87人、其他的则为4人。显然，顾客喜欢光顾的前三个地方为：专卖店/专业店、餐饮美食城和影院，最低的为其他。同时选择专卖店/专业店、餐饮美食城和影院三项的有21人，占调查人数的13%。各类型业态受顾客欢迎程度的百分比如图13-7所示。

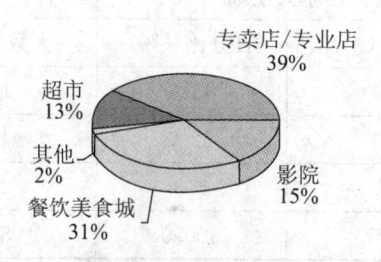

图13-7 西单大悦城各类型业态顾客欢迎程度的百分比

在金源燕莎购物中心接受调查的80名顾客中，喜欢光顾百货店的有26人，超市的有22人，专卖店/专业店的有50人，影院的有46人，餐饮美食城的有70人，其他的则为6人。顾客喜欢光顾的前三个地方也为：餐饮美食城、影院和专卖店/专业店，占百分比最低的为其他。同时选择专卖店/专业店、餐饮美食城和影院三项的为20人，占调查人数的25%。各类型业态受顾客欢迎程度的百分比如图13-8所示。

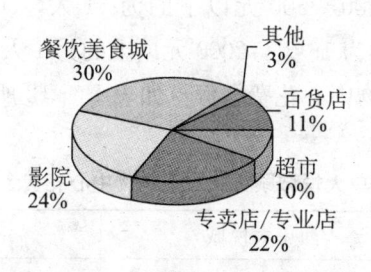

图13-8 金源燕莎各类型业态受顾客欢迎程度的百分比

从上述比较来看，顾客喜欢的地方两者差别不大，但同时选择专卖店/专业店、餐饮美食城和影院三项的占调查人数的比例，金源燕莎购物中心要明显高于西单大悦城。

3. 此次在购物中心逗留时间

从在西单大悦城的调查来看，逗留时间为2个小时以下的为68人，2～5个小时的为83人，5个小时以上的为6人。逗留时间为2～5个小时占多数。在金源燕莎购物中心的顾客，逗留时间为2个小时以下的为11人，2～5个小时的为49人，5个小时以上的为20人。顾客在购物中心逗留时间如表13-11所示。

表13-11　　　　　　　　　顾客在购物中心逗留时间

时间	西单大悦城 人数（个）	西单大悦城 百分比（%）	金源燕莎购物中心 人数（个）	金源燕莎购物中心 百分比（%）
2个小时以下	68	43.3	11	13.8
2～5个小时	83	52.9	49	61.3
5个小时以上	6	3.8	20	25.0
合计	157	100.0	80	100.0

从上述数据可以看出，顾客在购物中心的逗留时间在2～5小时的占一半以上，而在金源燕莎购物中心逗留时间则要稍微高于西单大悦城，特别是在5个小时以上顾客的比例要远远高于西单大悦城。

4. 此次在购物中心的花费金额

从在西单大悦城的调查来看，花费金额为200元以下的为50人，200～500元以下的为65人，500～1000元以下的为27人，1000～2000元以下的为15人，平均花费金额为200～500元。从在金源燕莎购物中心的调查来看，花费金额为200元以下的为18人，200～500元以下的为31人，500～1000元以下的为14人，1000～2000元以下的为16人，2000元以上的为1人，平均花费金额为500～1000元。顾客此次在购物中心花费金额见如表13-12所示。

表13-12　　　　　西单大悦城顾客此次在购物中心花费金额

金额	西单大悦城 人数（个）	西单大悦城 百分比（%）	金源燕莎购物中心 人数（个）	金源燕莎购物中心 百分比（%）
0～200元	50	31.8	18	22.5
200～500元	65	41.4	31	38.8

续 表

金额	西单大悦城		金源燕莎购物中心	
	人数（个）	百分比（%）	人数（个）	百分比（%）
500～1000元	27	17.2	14	17.6
1000～2000元	15	9.6	16	20
2000元以上	0	0	1	1.3
合计	157	100.0	80	100.0

5. 描述性统计

两个购物中心的调查对象中女性占大多数，比例达到2/3以上，这与女人喜欢逛街有关。而从年龄段来看，西单大悦城30岁以下人群比例为58%，占了一半以上，30～40岁、40～50岁、50～59岁人群比例分别为22.9%、11.5%、7.7%，没有60岁以上的顾客；金源燕莎购物中心20～29岁人群比例为18.8%，30～40岁、40～50岁、50～59岁比例分别为45%、23.8%、8.7%，20岁以下、60岁以上的顾客共占3.8%。也就是说，光顾购物中心的顾客多为有消费能力的青年和中年人。从家庭构成看，西单大悦城单身的比例为43.9%、两口之家为22.3%，三口之家为17.8%，四口之家为16.0%；金源燕莎购物中心单身的比例为11.2%、两口之家为20%，三口之家为46.3%，四口之家为22.5%。从学历来看，没有高中及以下的顾客，西单大悦城（包括专科和本科）大学学历者比例为63.7%，硕士学历者比例为33.8%，硕士以上学历比例在2.5%；金源燕莎购物中心（包括专科和本科）大学学历者比例为60.0%，硕士学历者比例为33.8%，硕士以上学历比例为6.2%。本文问卷的学历分布相对成正态分布。从职业来看，公务员占2.5%，教师及科研人员占1.9%，金融、保险、房地产、高科技公司占3.2%，公司职员33.8%，专业人员20.4%，自由职业者占0.6%，学生占34.4%，其他占3.2%；金源燕莎购物中心公务员占2.5%，教师及科研人员占11.3%，金融、保险、房地产、高科技公司占25%，公司职员17.5%，专业人员20%，自由职业者占6.3%，学生13.8%，其他占3.6%。从收入来看，金源燕莎购物中心除月收入在1万～1.5万元占的人数较多外，两者的差异并不明显，如表13-13所示。

表 13-13　　　　　　　　　人口统计特征分析

统计特征	说明	西单大悦城 人数（个）	西单大悦城 百分比（%）	金源燕莎购物中心 人数（个）	金源燕莎购物中心 百分比（%）
年龄	20岁以下	1	0.6	1	1.3
	20~29岁	90	57.3	15	18.8
	30~39岁	36	22.9	36	45.0
	40~49岁	18	11.5	12	23.8
	50~59岁	12	7.7	7	8.7
	60岁及以上	0	0	2	2.5
性别	男	47	29.9	31	38.8
	女	110	70.1	49	61.2
家庭构成	单身	69	43.9	9	11.2
	两口之家	35	22.3	16	20.0
	三口之家	28	17.8	37	46.3
	四口之家	25	16.0	18	22.5
	五口之家	0	0	0	0
学历	高中及以下	0	0	0	0
	大学	100	63.7	48	60.0
	硕士	53	33.8	27	33.8
	硕士以上	4	2.5	5	6.2
职业类型	公务员	4	2.5	2	2.5
	教师及科研人员	3	1.9	9	11.3
	金融、保险、房地产、高科技公司	5	3.2	20	25.0
	公司职员	53	33.8	14	17.5
	专业人员	32	20.4	16	20.0
	演艺界	0	0	0	0
	自由职业	1	0.6	5	6.3
	学生	54	34.4	11	13.8
	其他	5	3.2	3	3.6

续 表

统计特征	说明	西单大悦城 人数（个）	西单大悦城 百分比（%）	金源燕莎购物中心 人数（个）	金源燕莎购物中心 百分比（%）
家庭月总收入或月可支配收入	3000元以下	42	26.8	8	10.0
	3000~4999元	39	24.8	18	22.5
	5000~9999元	57	36.3	26	32.5
	1万~1.5万元（不含1.5万）	16	10.2	24	30.0
	1.5万~2万元（不含2万）	3	1.9	3	3.8
	2万元以上	0	0	1	1.2

（二）影响顾客购买行为的因素分析

1. 因子分析

本研究以主成分分析、最大方差法、转轴法将购买行为影响因素缩减、归纳并且转成有意义的维度，再加以命名。

从表13-14可以看出，前7个因子的特征值大于1，累计解释了62.10%的信息，且前7个因子变动较大，从第8个因子开始变动趋缓（见表13-14）。可以认为，这7个因子基本上反映了原变量绝大部分信息，表明应该提取7个因子。通过方差正交化旋转，测项与原假设汇聚得很好（见表15）。

表13-14　　　　影响因子总方差解释

因子	原始特征值 总数	原始特征值 方差贡献率	原始特征值 累积贡献率	提取的载荷平方和 总数	提取的载荷平方和 方差贡献率	提取的载荷平方和 累积贡献率
1	3.591	17.954	17.954	3.591	17.954	17.954
2	2.189	10.943	28.897	2.189	10.943	28.897
3	1.650	8.251	37.148	1.650	8.251	37.148
4	1.381	6.903	44.051	1.381	6.903	44.051
5	1.291	6.454	50.505	1.291	6.454	50.505
6	1.226	6.131	56.635	1.226	6.131	56.635
7	1.093	5.466	62.101	1.093	5.466	62.101
8	.976	4.879	66.980			
9	.888	4.440	71.420			

续　表

因子	原始特征值			提取的载荷平方和		
	总数	方差贡献率	累积贡献率	总数	方差贡献率	累积贡献率
10	0.832	4.159	75.579			
11	0.752	3.760	79.338			
12	0.718	3.588	82.926			
13	0.674	3.368	86.294			
14	0.543	2.716	89.009			
15	0.469	2.345	91.354			
16	0.448	2.238	93.592			
17	0.423	2.116	95.708			
18	0.339	1.697	97.405			
19	0.263	1.313	98.717			
20	0.257	1.283	100.000			

表 13-15　　　　　旋转后的因子矩阵

	因子						
	1	2	3	4	5	6	7
qa1	0.738						
qa2	0.761						
qa3	0.551						
qa4		0.811					
qa5		0.718					
qa6			0.725				
qa7			0.862				
qa8				0.581			
qa9				0.643			
qa10				0.677			
qa11				0.580			
qa12				0.662			

续 表

	因子						
	1	2	3	4	5	6	7
qa13					0.647		
qa14					0.568		
qa15						0.652	
qa16						0.711	
qa17							0.649
qa18							0.510
qa19							0.645
qa20							0.786

通过正交旋转后的因子负荷值可以看出，每个观察变量的因子负荷值皆处于 0.50~0.9，有着较高的比例，因此，量表的各个测项可以很好地测量相应变量，表明影响因素量表的效度较高。

2. 影响因素与顾客购买行为的关系

影响因素与顾客花费金额之间的相关关系结果表明，影响因素变量与顾客购买行为之间具有显著的正相关关系（见表13-16）。

表 13-16　　　　影响因素与顾客花费金额之间的相关系数

		商品	服务	价格	便利	环境	休闲娱乐	声誉	花费金额
商品	1		0.565 (**) 0.000 237	0.513 (**) 0.000 237	0.473 (**) 0.000 237	0.480 (**) 0.000 237	0.513 (**) 0.000 237	0.581 (**) 0.000 237	0.347 (**) 0.000 237
服务		0.565 (**) 0.000 237	1	0.434 (**) 0.000 237	0.585 (**) 0.000 237	0.447 (**) 0.000 237	0.521 (**) 0.000 237	0.535 (**) 0.000 237	0.306 (**) 0.000 237

续表

		商品	服务	价格	便利	环境	休闲娱乐	声誉	花费金额
价格		0.513 (**)	0.434 (**)	1	0.437 (**)	0.486 (**)	0.425 (**)	0.408 (**)	0.250 (**)
		0.000	0.000		0.000	0.000	0.000	0.000	0.000
		237	237	237	237	237	237	237	237
便利		0.473 (**)	0.585 (**)	0.437 (**)	1	0.579 (**)	0.440 (**)	0.497 (**)	0.331 (**)
		0.000	0.000	0.000		0.000	0.000	0.000	0.000
		237	237	237	237	237	237	237	237
环境		0.480 (**)	0.447 (**)	0.486 (**)	0.579 (**)	1	0.484 (**)	0.403 (**)	0.256 (**)
		0.000	0.000	0.000	0.000		0.000	0.000	0.000
		237	237	237	237	237	237	237	237
休闲娱乐		0.513 (**)	0.521 (**)	0.425 (**)	0.440 (**)	0.484 (**)	1	0.598 (**)	0.339 (**)
		0.000	0.000	0.000	0.000	0.000		0.000	0.000
		237	237	237	237	237	237	237	237
声誉		0.581 (**)	0.535 (**)	0.408 (**)	0.497 (**)	0.403 (**)	0.598 (**)	1	0.247 (**)
		0.000	0.000	0.000	0.000	0.000	0.000		0.000
		237	237	237	237	237	237	237	237
花费金额		0.347 (**)	0.306 (**)	0.250 (**)	0.331 (**)	0.256 (**)	0.339 (**)	0.247 (**)	1
		0.000	0.000	0.000	0.000	0.000	0.000	0.000	
		237	237	237	237	237	237	237	237

注：**表示双边检验：在小于0.01水平（双尾检验）时显著相关。

为了进一步考察影响因素变量对顾客购买行为的影响，本研究采用了多因素方差分析和多元回归分析方法。

(1) 影响因素与购买行为的方差分析结果

利用SPSS统计软件进行多因素方差分析时以影响因素为控制变量，顾客在购物中心的花费金额为观测变量，建立非饱和模型来考察影响因素是否对顾客购买行为产生显著影响（见表13-17）。

表 13-17　影响因素变量与顾客花费金额的多因素方差结果

观测变量总变差分解的说明	观测变量变差分解的结果	自由度	均方	F	检测统计的概率 ρ 值 Sig.
Corrected Model	112.658^a	40	1.760	6.812	0.000
Intercept	18.497	1	18.497	71.582	0.000
商品	14.248	8	1.781	6.894	0.000
服务	20.960	8	2.620	10.139	0.000
价格	10.740	6	1.790	3.056	0.002
便利	7.902	6	1.317	5.098	0.003
环境	4.032	3	1.344	5.201	0.001
娱乐休闲	15.240	6	2.540	2.090	0.000
声誉	6.507	3	2.169	8.394	0.000
Error	24.031	93	0.258		
Total	797.000	134			
Corrected Total	136.690	133			

a：$R^2=0.824$　调整=0.703。

控制变量商品、服务、价格、便利、环境、娱乐休闲、声誉的概率 P 值分别为 0.001、0.000、0.000、0.002、0.000、0.000、0.003，小于显著性水平 α（显著性水平 α 为 0.05），可以认为不同的商品、服务、价格、便利、环境、娱乐休闲、声誉下给顾客的花费金额总体带来了显著影响。控制变量对应的 F 检验统计量和概率 ρ 值说明，观测变量变动主要是由控制变量的不同水平引起的，控制变量能较好地反映观测变量的变动。另外，表 13-17 中的 ($R^2=0.824$) 和调整的 ($R^2=0.703$) 反映的是多因素方差模型对观测变量数据的总体拟和程度，它们越接近 1 说明对数据的拟合程度越高。

(2) 影响因素与购买行为的回归结果

本研究采用了回归分析方法，以影响因素为自变量，顾客在购物中心的花费金额为因变量建立回归方程来考察影响因素对顾客购买行为的影响。

变量对购买行为的回归模型统计（见表 13-18），Sig.<0.05 表示通过检验。结果表明，变量商品、服务、价格、便利、娱乐休闲与购买行为呈显著的相关关系（见表 13-19），但是变量环境、声誉与购买行为的显著性并不明显。

表 13-18　　影响因素变量与顾客花费金额的回归结果

模型		非标准化系数		标准化系数	t值	显著性
		回归系数	标准差	标准回归系数		（Sig.）
影响因素	常数	2.210	0.059		37.438	0.000
	商品	0.215	0.059	0.214	3.637	0.000
	服务	0.168	0.059	0.167	2.839	0.000
	价格	0.287	0.059	0.285	4.851	0.000
	便利	0.130	0.059	0.129	2.192	0.003
	环境	-0.066	0.059	-0.066	-1.120	0.229
	娱乐休闲	0.139	0.059	0.139	2.357	0.001
	声誉	-0.010	0.059	-0.090	-1.527	0.128
常数		2.210	0.065		33.917	0.000

表 13-19　　通过检验影响因素的回归结果

模型		非标准化系数		标准化系数	t值	显著性
		回归系数	标准差	标准回归系数		（Sig.）
通过检验的影响因素	常数	2.210	0.059		37.311	0.000
	商品	0.215	0.059	0.214	3.637	0.000
	服务	0.168	0.059	0.167	2.839	0.000
	价格	0.287	0.059	0.285	4.834	0.000
	便利	0.130	0.059	0.129	2.192	0.003
	娱乐休闲	0.139	0.059	0.139	2.357	0.001
	常数	2.210	0.059		37.311	0.000

实证结果显示，在所有通过检验的假设中，对顾客购买行为的影响作用最为显著的几个因素依次是价格、商品、服务、娱乐休闲和便利。在调研中，我们了解到很多消费者对购物中心商品的价格是非常关注的，能否提供一个高性价比的商品成为影响其最终购物行为的重要影响因素。另外，购物中心特别是市区型购物中心的消费者，有很大一部分属于功利主义型，他们光顾购物中心就是为了购物，比享乐型购物的消费者更注重所购商品的价值和性价比。假设检验结果如表13-20所示。

在 7 个假设中，没有得到检验的共有 2 个，一个是购物中心的环境对顾客购买行为的影响，另一个是购物中心的声誉对顾客购买行为的影响。

表 13-20　　　　　　　　　　　假设检验结果

变量	假设内容	结果
商品	商品与顾客购买行为有着显著的关系	接受
服务	服务与顾客购买行为有着显著的关系	接受
价格	价格与顾客购买行为有着显著的关系	接受
便利	便利与顾客购买行为有着显著的关系	接受
环境	环境与顾客购买行为有着显著的关系	不接受
娱乐休闲	娱乐休闲与顾客购买行为有着显著的关系	接受
声誉	声誉与顾客购买行为有着显著的关系	不接受

假设没有通过的原因有：购物中心的环境很多时候可能相当于购物的"保健"因素，如果缺少，顾客会觉得"没有满意"，如果具备，他们也只会觉得"没有不满意"，但不会产生满意。说明随着顾客对购物环境要求的不断提高，购物实体环境已经与购物的便利设施一样成为购物中心的基础条件。

口碑和知名度需要靠零售商的长期积累形成，金源燕莎购物中心和西单大悦城的开发商分别是世纪金源集团和中粮集团，两者都有较好的口碑和知名度。但是购物中心给顾客的总体印象是同样的商品在购物中心的价格相对其他商店要高。如果购物中心想要较多的客流量和较高的成交率，仍然需要在价格定位方面来提升自身的声誉度。

购物中心的主题活动和自身的特色还没有深入到顾客的心中，从现场购物的顾客了解到，购物中心的主题活动并不多，并且缺少宣传。因此，人们并不会把购物中心的主题活动作为去消费的因素。同时，由于本文的样本数量有限，再加上调研的顾客女性占多数，可能对价格更为敏感，因此，对购物中心的声誉评价过低。

（3）不同类型购物中心影响因素及其影响程度回归结果的比较

购物中心由于类型的不同，通过对顾客的购买行为特征分析，光顾的顾客群体逗留时间、出行方式等方面都存在一些差异。金源燕莎购物中心和西单大悦城影响因素变量与顾客花费金额回归结果如表 13-21 和表 13-22 所示。

表13-21　金源燕莎购物中心影响因素变量与顾客花费金额的回归结果

模型		非标准化系数		标准化系数	t值	显著性
		回归系数	标准差	标准回归系数		(Sig.)
影响因素	常数	2.558	0.088		28.946	0.000
	商品	0.538	0.089	0.503	6.050	0.000
	服务	0.216	0.089	0.202	2.431	0.000
	价格	0.215	0.089	0.201	2.413	0.001
	便利	-0.078	0.089	-0.073	-0.876	0.014
	环境	0.046	0.089	0.043	0.522	0.036
	娱乐休闲	0.247	0.089	0.231	2.780	0.000
	声誉	0.170	0.089	0.159	1.910	0.060
通过检验的因素	常数	2.044	0.064		31.997	0.000
	商品	0.538	0.089	0.503	6.050	0.000
	服务	0.216	0.089	0.202	2.431	0.000
	价格	0.215	0.089	0.201	2.413	0.001
	娱乐休闲	0.247	0.089	0.231	2.780	0.000
	常数	2.044	0.064		31.997	0.000

表13-22　西单大悦城影响因素变量与顾客花费金额的回归结果

模型		非标准化系数		标准化系数	t值	显著性
		回归系数	标准差	标准回归系数		(Sig.)
影响因素	常数	2.044	0.064		32.138	0.000
	商品	0.213	0.064	0.228	3.336	0.001
	服务	0.146	0.064	0.156	2.282	0.000
	价格	0.377	0.064	0.404	5.912	0.000
	便利	0.182	0.064	0.195	2.858	0.002
	环境	-0.024	0.064	-0.025	-0.372	0.111
	娱乐休闲	0.096	0.064	0.103	1.508	0.003
	声誉	0.151	0.064	0.162	2.322	0.202

续 表

模型		非标准化系数		标准化系数	t值	显著性
		回归系数	标准差	标准回归系数		(Sig.)
通过检验的因素	常数	2.044	0.064		31.997	0.000
	商品	0.213	0.064	0.228	3.336	0.001
	服务	0.146	0.064	0.156	2.282	0.000
	价格	0.377	0.064	0.404	5.912	0.000
	便利	0.182	0.064	0.195	2.858	0.002
	娱乐休闲	0.096	0.064	0.103	1.508	0.003
	常数	2.044	0.064		31.997	0.000

对表进行比较的实证结果显示，西单大悦城对顾客购买行为的影响作用最为显著的几个因素依次是价格、商品、便利、服务和娱乐休闲。金源燕莎购物中心对顾客购买行为的影响作用最为显著的几个因素依次是：商品、娱乐休闲、服务、价格。便利对郊区型购物中心的影响作用不明显，可能与郊区型购物中心所处的地理位置是非核心商圈有关，公交车并不能直接到达金源购物中心门口，顾客乘坐公交、地铁都不能直接到达。另外，金源购物中心是独立的购物中心，附近的商业设施较少，而西单大悦城附近有中友百货、君太百货、西单商城、西单明珠等各个档次的商业场所。因而金源购物中心在便利方面处于明显的劣势地位。

五、研究结论和展望

(一) 研究结论

从顾客购买行为特征分析得出，顾客的消费方式在发生变化。顾客除了要求商家提供购物外，还非常注重休闲和娱乐，在购物的同时还进行休闲活动。人们在繁忙的工作闲暇之余喜欢在购物中心逛逛专卖店、看场电影，再享受一顿美食，而随着经济的发展和人们生活水平的提高，人们的个性得以张扬，从衣食住行方面注重个性化，对商品的需求也表现出多样化。消费方式的个性化、生活化使顾客愿意选择具有特色的专门店或消费内容丰富的购物中心。而购物中心这个多业态的集合体，不仅在娱乐与社会体验方面满足了消费者的需求，在商品的多样性方面也满足了消费者的需求。

本研究通过实证分析，较为全面地考察了购物中心各属性因素对顾客购买行为的影响，这些属性因素包括商品、服务、价格、便利、环境、休闲娱乐、声誉，实证结果显示了商品、服务、价格、便利、娱乐休闲对购物中心顾客购买行为的影响及影响的程度。在所有通过检验的五个假设中，对顾客购买行为的影响作用最为显著的几个因素依次是价格、商品、服务、娱乐休闲和便利。顾客对购物中心商品的价格是非常关注的，能否提供一个高性价比的商品成为其最终购物行为的重要影响因素。人员服务对顾客购买行为的影响也较大。一般来说，当顾客身在大型购物中心时，能接触到的最直接的服务来自服务人员，因此，他们对这个大型购物中心的评价直接受到人员服务质量的影响。便利也是一个主要的影响因素。目前，国内的大多数顾客依旧搭乘公交车或是地铁前去购物。因此，交通是否便利、是否能毫无障碍和快速地到达购物地点成为影响顾客是否会选择这个购物中心的一个重要因素。如果是处于交通还不是很便利的城乡接合部，提供方便停车的停车场则至关重要。

通过实证研究还发现，商品、服务、价格是有店铺零售业态顾客选择的共同影响因素，娱乐休闲因素是购物中心与其他有店铺零售业态相区别的一个因素。购物仍然是有店铺零售业态的主要功能，顾客对店铺所售的商品比较关注，例如商品的种类是否齐全、品牌的可选择性是否多，而且年轻的消费者更加注重商品是否时尚。娱乐休闲作为购物中心的主要特征，让顾客能在购物的同时享受到娱乐休闲体验，成为购物中心与其他业态的主要区别。另外，也正是由于顾客对娱乐休闲因素比较看重，顾客在购物中心要比在其他有店铺零售业态内逗留的时间长。

市区型购物中心的主要功能仍是购物，选择购物和娱乐的人占调查人数的52%和48%。而郊区型购物中心的娱乐功能要明显高于市区型购物中心，选择非购物性业态的（影院、餐饮美食城、其他）占调查人数的57%。实证结果还显示，市区型购物中心对顾客购买行为的影响作用最为显著的几个因素依次是价格、商品、便利、服务和娱乐休闲。而郊区型购物中心对顾客购买行为的影响作用最为显著的几个因素依次是：商品、娱乐休闲、服务、价格。便利对郊区型购物中心的影响作用不明显，与郊区型购物中心所处的地理位置是非核心商圈，其顾客主要是附近的居民和开车从较远的地方来有关。

（二）对企业的建议

零售商之间的竞争都归结到商品与服务之间的竞争。服务主要是硬件环境的服务与软件环境的服务，购物中心与其他的零售业态相比在硬件环境上具有得天独厚的优势，因而在运营成本上也高出其他业态，商品售价也明显偏高。本文在数据分析的基础上，针对实证分析的最终结果得出一些启示，并给出相应购物中心的管理和营销建议。

1. 提高购物中心的软件服务水平

本文的实证结果显示，服务人员的态度和专业知识在一定程度上影响着顾客的购买行为，也是顾客再购意向的重要因素。服务人员作为顾客的直接接触者是购物中心的"首席代表"，随着物质生活水平的不断提高，人们更注重购物、休闲时得到关注和体贴的服务。因此，购物中心应选用合适的服务人员，建设一支素质高、有专业知识的服务人员队伍，善于为顾客介绍产品的知识，帮助顾客挑选到需要的产品，并能为消费者设身处地地着想，让顾客真正能从服务人员身上感受到亲切和友好。除此之外，还应提供问询、租借雨伞、家电上门维修等便利服务，将服务至上的理念贯彻到底，在每一个细节付出一颗热诚的服务之心，这对于提高购物中心的服务水平是至关重要的。

2. 举办主题活动

增加主题活动与顾客的互动环节、创造欢乐的互动气氛以加强与居民的接触与沟通，维护良好的社会关系。举办主题活动时，购物中心可根据商圈的主要客户设计许多不同的活动。例如，像金源燕莎这类郊区型购物中心，可针对全家客户推出各种亲子活动（彩绘灯笼、制作圣诞树或泡菜等），虽然这并不是十分特别的主题活动，却能提供家庭的互动空间，享受亲子之间互动的亲情外将许多看似普通的活动添加许多新的花样，不但能延长活动举办的寿命，也能让参与活动的人们从活动中得到不同的惊喜，为购物中心吸引忠实的顾客，增加购物中心的人气，并提升购物中心的知名度。

3. 创造娱乐空间

对于并非是为了买几样东西然后就赶回家，而是到购物中心就餐、看场电影或者只是来看热闹，逗留的时间较为随意的娱乐型顾客。针对这一类顾客，购物中心应提供能够鼓励他们随处逛一逛、看一看的空间，同时搭建更多活动的舞台，让这些顾客能够即兴娱乐、即兴参加各种互动活动。

4. 满足个性化消费和需求

不断丰富自身的业种，提供满足各层次消费需求及特殊消费需求的商品，满足日益明显的个性化消费。购物中心的利基点在于百货公司所无的业种，因此丰富包括电影院、买菜、做头发等多元化消费层次，让顾客在购物中心里能够一次满足所有需求。同时，为了方便顾客货比三家，做出满意的购买决策，同种类型商店也要求足够多。将各具特色同类商店聚集在一起，如所有的珠宝商店集中设置在一个区域，方便消费者相互比较，或者把针对同类目标顾客的商店集中在一起，如玩具商店和童装商店毗邻而居来提高顾客的购买欲望和效率。

（三）不足及展望

本文的不足主要表现在以下两个方面。

一方面，由于时间、人力和物力的局限，本文主要对金源燕莎购物中心和西单大悦城的部分顾客进行调研（不包括集团用户）。调研群体主要集中在 30 岁左右的青年人，样本采集具有一定的局限性。同时由于样本量较小，因此不能完全适用于购物中心。另外，在进行顾客购买行为研究时，我们无法从各个企业获得顾客的实际消费数据，而只能根据顾客自己的报告计量顾客的消费金额，由此产生的数据误差对本项研究的结果也可能有很大的影响。

另一方面，本文主要从零售业与消费者行为的互动方面，在对几个主要零售业态进行比较的基础上，结合购物中心的特点来探讨影响顾客选择购物中心的因素及其影响程度。而在现实消费环境中，影响顾客购买的因素十分复杂，如顾客价值、企业的营销策略、促销等，在模型中没有将这些影响因素全部列出，因此在研究结果上会受到一定的限制。

进一步研究的方向有两个。

第一，我们的研究模型只涉及商品、服务、价格、便利、环境、休闲娱乐、声誉这七个变量对顾客购买行为的影响，还有很多对顾客购买行为有影响的变量，如顾客价值、促销等。由于时间和物力等方面的限制，本次研究并没有一一考虑。在后续研究中将从其他角度切入，对购物中心顾客购买行为的研究会更加全面。

第二，研究顾客购买行为应该把促销这个重要变量考虑进去，但是我们无法获取购物中心促销前和促销后的销售资料，而且促销（打折和送礼品）后会反映到商品的性价比上。我们此次研究的目的主要在于从定性和定量的角度探讨顾客购买行为的影响因素和影响程度，在本次研究中没有从促销的各个层次探讨与顾客购买之间的关系，因此我们研究的结论不是很全面。在后续研究中将进一步从促销的各个层次探讨与顾客购买行为之间的关系，分析概念模型对各类顾客的普遍适用性。

首都现代零售业发展研究报告

（下册）

主　编　唐立军
副主编　孙永波　刘文纲　周　佳

中国财富出版社

图书在版编目（CIP）数据

首都现代零售业发展研究报告：全2册/唐立军主编．—北京：中国财富出版社，2014.4

ISBN 978-7-5047-5116-4

Ⅰ.①首… Ⅱ.①唐… Ⅲ.①零售业—经济发展—研究报告—北京市 Ⅳ.①F724.2

中国版本图书馆CIP数据核字（2014）第020579号

策划编辑	王宏琴	责任印制	方朋远
责任编辑	韦 京 禹 冰	责任校对	饶莉莉

出版发行	中国财富出版社		
社　　址	北京市丰台区南四环西路188号5区20楼	邮政编码	100070
电　　话	010-52227568（发行部）	010-52227588转307（总编室）	
	010-68589540（读者服务部）	010-52227588转305（质检部）	
网　　址	http://www.cfpress.com.cn		
经　　销	新华书店		
印　　刷	北京京都六环印刷厂		
书　　号	ISBN 978-7-5047-5116-4/F·2087		
开　　本	710mm×1000mm 1/16	版　次	2014年4月第1版
印　　张	57.75	印　次	2014年4月第1次印刷
字　　数	1132千字	定　价	220.00元（全2册）

版权所有·侵权必究·印装差错·负责调换

编写组成员

（按姓氏笔画排序）

于 苗　伍学梅　刘文纲　孙永波

李振国　张　永　陈　荣　张晓磊

陈　曦　罗朝能　周　佳　郭天超

郭馨梅　唐立军　陶小波　黄桂芝

曹正进　梁征伟　翟雪莹　魏中龙

前　言

近年来，首都现代零售业快速发展并成长为首都经济社会发展的主导产业，成为体现以人为本、提高市民生活品质和建设宜居城市的重要基础行业。与此同时，首都现代零售业发展环境也发生了重大而深刻的变化，尤其是国际化竞争日益加剧、新技术应用加速、电子商务零售额迅猛增长、消费结构不断升级等新形势，要求零售业在转变发展方式、提升行业竞争力、优化服务能力等方面取得新进展、新突破。

2011年2月，北京市政府发布《北京市"十二五"时期国际商贸中心建设发展规划》（京政发〔2011〕49号）（以下简称《规划》）。该《规划》指出，要全面推进北京商贸流通业规范化、现代化、特色化、国际化发展，塑造"北京服务"。现代零售业是首都现代服务业体系中的重要组成部分。大力提升首都零售业现代化水平，有效发挥零售业商品集散、资源配置、先导带动的产业功能，使之成为促进消费、优化城市功能定位、转变经济增长方式的长效动力，既是北京国际商贸中心建设的重要目标，也是其重要举措。在此背景下，首都现代零售业的转型升级和跨越发展成为中国特色"世界城市"建设过程中的关键环节。

唐立军教授主持的北京高校科技创新平台——首都现代零售业发展研究成果报告，正是适应这一形势和需求而出版的。自2008年课题立项伊始，课题组潜心研究，通过行业企业实地访谈、商界学界问卷调查、中外文献研究等，运用数据定量、案例分析、比较研究等方法，充分调研首都现代零售业发展历史、现状，深入探究首都现代零售业发展成就、运行机制、存在的问题、面临的机遇与挑战，有针对性地提出了首都现代零售业发展的方向与态势、路径与对策。

全书分为上下两册。上册高度凝练国际大都市现代零售业发展规律、经验教训，从总体上创新谋划首都现代零售业发展战略、营销战略、规划编制、现代化评价以及国际化、可持续化、"低碳"化、农村零售现代化等总体发展目标、思路，实证分析首都现代零售业面临的消费群体特征与变化趋势；下册围绕行业分类梳理首都现代零售业在业态管理、组织管理、文化建设、人才队伍、网络营销、自有品牌、渠道管理等方面的核心问题并建言献策，并从微观角度重点剖析了核心竞争力提升、运营管理、赢利模式、社会责任等首都零售企业现代化管理热点问题。

唐立军教授拟订提出课题研究及成果汇编的总体计划、研究思路与研究体系，组织多次研讨交流，指导课题组成员完成课题研究及最终成果审订。并与孙永波教授、刘文纲教授共同完成总报告撰写、研究成果汇总梳理及全书编纂工作。课题组其他成员分工负责承担各自专题的研究和报告撰写工作。除所列作者外，还有一些老师、同学参与课题研究，做出了应有贡献。研究过程中参考了各界专家的观点，吸取了一些建议，在此一并表示衷心的感谢。

本书作为相关课题研究成果的集结，在结构体系、研究内容、学术观点以及写作风格上，难免存在一些不尽完善之处，诚望各界专业人士和广大读者予以指正。同时也希望本书能起到抛砖引玉、启发思维的作用，共同促进首都商贸流通业的现代化发展。

编　者

2013 年 12 月

目 录

首都现代零售业发展问题研究总报告 …………………………………… (1)

上册

第一章　首都现代零售业发展战略研究 …………………………………… (33)
第二章　首都现代零售业营销战略研究 …………………………………… (107)
第三章　首都现代零售业发展规划编制研究 ……………………………… (135)
第四章　首都零售业发展现代化评价研究 ………………………………… (150)
第五章　首都现代零售业国际化发展研究 ………………………………… (195)
第六章　首都现代零售业可持续发展研究 ………………………………… (230)
第七章　首都现代零售业"低碳"问题研究 ……………………………… (266)
第八章　首都农村现代零售业发展问题研究 ……………………………… (290)
第九章　国际化大都市现代零售业发展研究 ……………………………… (317)
第十章　中韩首都现代零售业发展比较研究 ……………………………… (350)
第十一章　北京重点商业街区顾客满意度研究 …………………………… (382)
第十二章　北京大型综合超市顾客满意度测评研究 ……………………… (409)
第十三章　购物中心顾客购买行为研究 …………………………………… (447)

下册

第十四章　首都现代零售业业态管理研究 ………………………………… (487)
第十五章　首都现代零售业组织管理研究 ………………………………… (498)
第十六章　首都现代零售业文化建设研究 ………………………………… (516)
第十七章　首都现代零售业网络营销研究 ………………………………… (544)
第十八章　首都现代零售业渠道管理研究 ………………………………… (573)
第十九章　首都现代零售业人才队伍建设研究 …………………………… (617)
第二十章　首都零售业自有品牌建设研究 ………………………………… (633)
第二十一章　基于品牌关系理论的零售商自有品牌创建问题研究 ……… (688)
第二十二章　首都零售业态适应性及其影响因素的实证研究 …………… (724)

第二十三章　首都零售企业核心竞争力提升研究…………………………(769)
第二十四章　首都现代零售企业运营管理研究……………………………(815)
第二十五章　首都零售企业社会责任管理模式研究………………………(835)
第二十六章　零售企业赢利模式问题研究…………………………………(850)
第二十七章　基于翠微"大顾客观"的零售企业关系营销研究…………(863)

参考文献………………………………………………………………………(875)
附录……………………………………………………………………………(882)

第十四章　首都现代零售业业态管理研究

首都北京作为我国四个直辖市之一和全国政治、文化中心，因其得天独厚的区位优势和良好的发展环境，零售业一直保持着快速发展态势并形成其自身的特点。本文主要研究首都零售业业态的现状、发展趋势以及发展过程中出现的一些问题，并提出相应的对策和措施。

一、首都零售业态现状与发展趋势

（一）首都零售业态现状

北京人口众多，属特大型消费城市。随着经济的发展，人民生活水平不断提高，如表14-1所示，北京市城镇居民的人均家庭收入、人均可支配收入、人均消费性支出每年都在增加，服务性消费比重日趋扩大，消费结构逐步升级，对零售业的发展在数量和质量上有着更新、更高的要求。如表14-2所示，首都社会消费品零售总额也是呈逐年增加的趋势。2003—2012年，首都社会消费品零售总额从2296.9亿元上升到7702.8亿元，年均增长率14.44%以上。这显示出首都零售业最近几年的发展速度，而居民可支配收入的增长是零售业发展最重要的驱动力。

表 14-1　　　　　北京市城镇居民家庭基本情况

年份	人均家庭收入（元）	人均可支配收入（元）	人均可支配收入实际增长（%）	人均消费性支出（元）	城镇居民家庭恩格尔系数（%）
2007	24576.0	21989.0	11.2	15330.0	32.2
2008	27678.0	24725.0	7.0	16460.0	33.8
2009	30674.0	26738.0	9.7	17893.0	33.2
2010	33360.0	29073.0	6.2	19934.0	32.1
2011	37124.0	32903.0	7.2	21984.0	31.4
2012		36469.0	7.3		31.3

资料来源：北京市统计信息网。

表 14-2　　　2003—2011 年首都社会消费品零售总额及年增长率

年份	社会消费品零售总额（亿元）	增长率（%）
2003	2296.9	14.55
2004	2626.6	14.35
2005	2911.7	10.85
2006	3295.3	13.17
2007	3835.2	16.38
2008	4645.5	21.12
2009	5309.9	14.30
2010	6229.3	17.31
2011	6900.3	10.77
2012	7702.8	11.63

资料来源：北京统计信息网，根据北京市统计年鉴 2012 年版整理。

零售业态是按照店铺的经营方式、商品结构、服务功能，以及选址、商圈、规模、店堂设施、目标顾客和有无固定营业场所原则进行分类的。根据 2004 年国家质量监督检验检疫总局、国家标准化管理委员会联合颁布的国家标准《零售业态分类》，零售业态主要包括：百货商店、便利店、专业店、综合超市、大型超市、折扣店和无店铺零售等。近年来，在首都零售业发展进程中，不同业态的增长速度和业绩是有差异的，具体表现在以下方面。

1. 传统零售业态——百货商店的主导地位动摇，其在零售业中不再占有绝对优势

从 20 世纪 90 年代中期开始，百货公司销售业绩大幅下滑，从经营业态看，2011 年年末全市百货店门店数量为 57 个，零售额比重占全部经营业态比重仅为 17.5%，[1] 百货店独霸北京零售市场的局面已不存在，其在未来的发展因百货商的经营规模不同大致呈两个方向发展。其中一个趋势是走专业化、特色化道路，如中小百货店向专业店发展，加强服务功能，体现高档次、精品化、休闲化；而分布过于密集、结构布局不合理的中心商业区，也正朝着错位经营，积极发展特色商业街的道路发展。百货商的另一个趋势是大型百货商将向大型化、综合化、多功能发展，并从数量增长转向集约化增长，如从我国国情出发，一些百货店兼

---

[1]　北京统计局：《北京统计年鉴 2012》，北京：北京统计出版社，2012 年。

有餐饮、娱乐等购物中心的功能。

2. 以连锁方式发展的超市业态成为主力业态，发挥着越来越重要的作用

超市的优质、廉价和便利等特点赢得了大批消费者的青睐，它的发展机遇在于其自选购物形式、经营大众化商品与低价格。2004—2011年，北京市连锁超市门店数量从1083个发展到1952个，从业人员数量从47969人增长到69647人，零售额从2860709万元增长到4983734万元（如表14-3所示）。

仓储式超市是超市的特例，以大众化衣、食、日用品为主，商品的种类较多，实行大批量订货等方式，实现廉价销售。随着首都居民个人交通工具的逐步现代化，商品储藏条件的改善，消费者购物周期化、批量化习惯的逐步形成，仓储式超市在北京市将会有较大幅度的发展。此外，随着商圈逐渐扩展至城市郊区，24小时便利店无法覆盖到商业区和社区，16小时以上的便利超市和社区超市等新型业态开始不断涌现。

但从总体而言，北京市的大部分超级市场门店数量仍偏少，连锁化程度较低，配送中心缺位，集中配送率较低，难以形成规模优势，其发展也面临着很多的问题。

3. 专业店、专卖店的发展日益完善

在北京市的商业中心以及百货商店、购物中心内，经常可以看见各种各样的专业店和专卖店。专业店以销售某类商品为主，并集多个商家品牌，凭借规模化的经营、齐全的规格、专业化的知识、低廉的价格，满足不同消费者的需求。专卖店以销售某一品牌系列商品为主，销量少、质优、高毛利，能够满足中高档消费者和追求时尚的年轻人的需求。随着北京市居民购买力的增强，专业店和专卖店在城市中发展的日益成熟。2005—2011年，北京市连锁专业店所属门店数量从2508个变化为1914个，专卖店所属门店数量从502个变化为1070个（如表14-3所示）。

表14-3　2004—2011年北京市部分经营业态连锁零售企业的基本情况

	年份	2004	2005	2006	2007	2008	2009	2010	2011
超市	连锁总店（个）	26	31	24	27	32			
	所属门店（个）	1083	1157	1309	1553	1799	1944	2170	1952
	从业人员（人）	47969	50472	46498	51627	58050	58683	67529	69647
	营业面积（平方米）	1721798	1711819	1765126	2090460	2118218	2340618	2679517	2723566
	零售额（万元）	2860709	3566145	2853851	3159473	3741383	3928724	4440582	4983734

续表

	年份	2004	2005	2006	2007	2008	2009	2010	2011
百货店	连锁总店（个）	3	3	5	7	9			
	所属门店（个）	27	29	45	54	67	64	57	57
	从业人员（人）	11417	11111	12039	10339	15775	15778	16092	15139
	营业面积（平方米）	413482	450485	468216	747911	773300	956415	1077979	1208626
	零售额（万元）	598088	764228	996348	1591850	2166132	2510754	2492823	3040848
专业店	连锁总店（个）	41	51	48	45	62			
	所属门店（个）	2607	2508	1903	1925	2009	2088	1976	1914
	从业人员（人）	24934	38862	22764	21580	26688	25319	28238	31116
	营业面积（平方米）	688163	1421585	1213239	1033723	1163291	1123478	1185241	1352270
	零售额（万元）	1992054	4050605	2539700	2518028	2304563	2332379	3421771	4352029
加油站	连锁总店（个）			1	2	2			
	所属门店（个）			463	686	691	675	671	682
	从业人员（人）			6055	6335	7525	6866	8101	9334
	营业面积（平方米）			161751	668975	656948	271665	292324	320644
	零售额（万元）			1448306	1941414	2158439	2238447	2733580	3397467

注：《北京统计年鉴》2005、2006年版中无加油站的相关统计数据。从2010年开始无连锁总店一项。从2009年起年鉴将超市细分，故2008年及以后超市数据为超市和大型超市总和。

数据来源：《北京统计年鉴》2005—2012年。

4. 仓储式商场迅猛发展

仓储式商场已由经济最发达的广东省，向北京、上海国际大都会，再向省会城市以及其他工商业重镇拓展，呈迅速蔓延之势。此后北京的仓储式商场也迅猛发展起来了，1995年北京只有仓储式商场四十多家；之后仓储式商场在其他大中城市也得到了高度重视和发展，仓储式商场由单店向连锁经营发展，积极对外谋求规模效益。为了在市场竞争中站稳脚跟，仓储商场不约而同地开展连锁经营，走规模经营的路子。建材装饰材料仓储式商场成为我国仓储式商场家族中不可或缺的成员之一。我国第一家建材装饰材料仓储商场天津家居于1996年12月诞生以来，仅短短的三四年时间，已发展到近十家建材仓储式公司，其网点已覆盖北京、上海、天津、西安、沈阳、南京、无锡、青岛等地。

5. 便利店、折扣店仍有较大发展空间

便利店是以满足青少年、上班族、单身家庭等消费为主的零售业态，便利店具有商店面积小、营业时间长、顾客自我服务的特点,可以随时满足顾客需要。20世纪90年代初,随着连锁经营的发展,便利店从改造粮油店、杂食店等传统的商业网点开始起步,在北京市逐步兴盛起来。便利店通常分布在北京市的交通要道以及车站、学校、办公楼等公共活动区,为广大消费者提供24小时的便捷服务。由于北京市居民生活的快节奏和生活水平的提高,便利店有着很大的顾客群体,前景辉煌。折扣店是以廉价或折价销售生活用品、服装及其他工业用品并采取自我服务的方式的零售业态。两种业态在首都有着较大的发展空间。

6. 无店铺零售模式快速进入都市人日常生活

无店铺零售业态是指不通过店铺销售,由厂家或商家直接将商品递送给消费者的零售业态。当前的无店铺零售业态主要包括电视购物、邮购、网上商店、自动售货亭和电话购物五种。当前,无店铺零售模式已具有一定的挑战传统商业模式的能力,特别是网上零售。网上零售凭借其经营成本低、跨越时空限制、便于沟通、灵活性强等特点,赢得越来越多的消费者和创业者的青睐。尽管发展迅速,但目前北京市网上零售业还很不成熟,还没有形成规模性赢利的企业,实现赢利的企业主要集中在少量垂直类的B2C公司,以及淘宝等平台类商家,更多的企业只是小打小闹;而且,随着经营规模的扩大和业务量的增多,多数网店将面临信息化的发展瓶颈。

7. 大型购物中心呈良好发展趋势

购物中心的目标顾客群以中、高收入阶层为主。大型购物中心一般分布在北京城乡结合部的交通要道处,通常包含数十个甚至数百个服务场所,业态涵盖大型综合超市、专业店、专卖店、饮食店、杂品店以及娱乐健身休闲等,它把购物和娱乐结合在一起,迎合人们"轻松购物,享受生活"的观念。其综合性、全面性和多功能性,可以满足消费者多层次、多样化的需要。大型购物中心的出现,促进了零售业态的升级,提高了商业科学管理水平,推进了商业组织化程度提高,促进了商业企业先进营销与理念更新,具有积极的意义。大型购物中心已成为欧美国家的主流零售业态;在北京,随着中、高收入人数的增加和城市交通建设的快速发展,大型购物中心也将呈现出良好的发展势头。

(二)存在问题

首都零售业发展存在着诸多问题,如过度竞争,业态结构不合理,业态区域结构失衡及过度开放等。

1. 业态结构不合理,投资效益差

北京市零售业态发展不平衡,结构失调。一方面,大型购物中心业态过度增长,建设中出现了盲目上规模、上档次、过度追求豪华等问题(有脱离城市经济发展和社会结构变迁实际的可能），新建设的商厦大都集中在商业区，使商店设施造价大大提高，经营成本上升，投资效益下降。另一方面，北京市零售业态布局紊乱、功能雷同、脱离消费需求，一定程度上影响城市商业区域功能的发挥。

2. 业态选择定位不清

北京有很大一部分零售企业"跟风跑"，看到一种业态赚钱，就立即转变为这种业态，没有过多的时间考虑自身的条件和外部环境，更没有考虑自己的核心竞争力，致使换了业态不但不赢利还亏了本。例如，标准超市与大型综合超市相比，由于经营面积小、商品品种不如大型综合超市丰富，难以满足消费者一站式购物的要求。因此，对于价格敏感而对时间不敏感的消费者，倾向于到大型综合超市购物；对于时间敏感的消费者则倾向于就近选择便利店进行购物。标准超市陷入定位不明的窘境。

3. 运作不规范，各种业态的优势难以发挥

北京市的零售业态运作很不规范，影响业态优势的发挥。如百货商店的市场定位和经营方式已不能适应多样化需求，片面追求面积和装潢，却没有从实质上满足消费者的需求。再如连锁超市没有达到一定的规模，赢利水平低，有些连锁超市在形式上统一店名、标识，但实质上仍然是单店操作，没有做到统一配送、统一核算、统一管理。而其他业态发展很不充分，大多缺乏规范的管理和长足的发展。由于运作不规范，我国城市的零售业态难以发挥在经营管理、价格、服务和消费者忠诚度等层面上的优势。

4. 业态变革不深入，仅仅是数量和形式上模仿

北京市的零售业态变革还很肤浅，主要是引进国外模式，尤其是国外商家一些店铺形式、商品布局，模仿某些营销手段和技巧等。许多企业不顾自身实力和消费者真正需求，片面追求发展速度、发展规模和豪华装修，盲目追求多业态发展，而不去分析各种业态的适用情况。我国城市零售业态仅仅在形式上紧跟国际流行趋势，然而并没有建立自己的竞争优势。

5. 零售企业对商品零售方式创新力度不够以及不能很好地解决管理、人才、资金、组织程度化等问题

北京市有很多零售企业不能准确地满足企业目标市场的需要；零售企业不能"与时俱进"，适应市场变化，调整商品结构，形成商品经营重点与特色。在解决人才、资金、组织程度化等问题方面无所适从。

（三）首都零售业态的发展趋势

由于经济发展水平不同、购物习惯等差别大，人们的消费选择存在差异，因此在经营上，零售业态将朝着多样化、专业化和相互融合的方向发展，形成以综合为特征的零售业态、以专业为特色的零售业态和以高需求量的日用品为主导的零售业态等多业态同时并存、相互竞争的格局。各种业态全面发展，新兴业态不断细分市场，覆盖各层次、多方面消费需求，一直处在零售业主导地位的传统百货店开始让位于超级市场、专业（专卖）店等新兴业态，连锁超市将逐步确立其领导地位，而连锁经营和业态的多样化则将成为北京市未来几年内零售业变革的主要内容。此外，有店铺零售与无店铺零售相结合也将是重要的发展趋势。但是，不同业态因市场不同需求而存在，中国消费需求的迅速增长和需求的多样化，决定了新兴业态和超市、百货业将会共同发展。

从发达国家的经验来看，传统零售业态让位于新兴零售业态，已经成为不可逆转的趋势。可以预计，首都零售业未来发展的主要方向正是这种在强大技术实力支持下的以"低价格"为主要特征的超级市场。据北京市统计信息预见，未来5~10年，首都零售市场大部分市场份额将由超市占领，专业（专卖）店的市场份额将占到20%，百货店的市场份额在10%左右，其他各种零售业态单体可能不会超过10%以上的市场份额。

1. 百货店

从长期看，中国的消费升级要经历一个较长的时期，百货业仍将是一个持续较快发展的零售业态。面对新型零售业态竞争的压力，百货店将更加注重进行业态的改良和创新，即变传统百货为现代百货。百货业态细分趋势将更加明显，如细分为高档百货、时尚百货、生活百货、主题百货、折扣百货、精致超市百货等。在经营内容上，部分百货店将向精品化、专业化的方向发展；一些体量较大的百货店将向整合娱乐设施和其他服务设施的区域购物中心方向发展。有条件的百货企业可以利用自身在电子商务方面已有的优势建立虚拟商场、网上商城。社区百货店则将继续发挥其区域优势，在管理绩效提升和营销策略组合方面有所改善。在经营策略上，将进一步向连锁化、集约化经营发展，同时一些新的营销模式将进入百货店竞争领域，如体验消费、顾客关系管理、网络促销等。

2. 超市

在大型综合超市业态中，外资零售商在对大型店铺的综合管理能力方面的优势将更加明显。大型超市将出现百货化趋势，百货化的含义是：第一，提高百货类商品的比重及其档次；第二，招商区要引进品牌较好的百货类商品，以百货类商品专卖厅的形式与超市收银线内的货架形式形成呼应。在中小型超市领域中，本土企业在标准超市和社区便利性超市方面，依然具有相对优势。在某些地区，这类中小型超市甚至能与大型综合超市对抗。如何在快速扩张的同时，保证相关人力资源的适配及管理制度的完善，也将成为超市业态发展所面临的重要课题。

超市的专业化是零售企业的另一个重要的发展方向。例如屈臣氏、国美、苏宁等这样的专业化超市只提供一种或相关种类的产品，但品牌多样化，满足了顾客专业化要求，又让顾客有更多的选择。相似的还有现在兴起的生鲜超市、药品超市。

3. 便利店

受经济发展水平、气候、消费习惯等因素制约，我国大多数地区还不具备发展标准化城市性便利店的条件。在今后一个较长时期内，便利店的发展仍将集中于上海、北京、广州、深圳等大城市。便利店的经营也将从店铺数量的竞争演变为个性化、差异化与企业品牌塑造的竞争。由于便利店的竞争是小型化多店铺的竞争，便利店的赢利模式最终将取决于特许加盟的模式，因此，企业品牌的塑造将是便利店竞争的重点。

4. 专业店

在未来一定时期内，专业店将继续保持强劲的发展势头。以连锁经营为主要特征的家电、家具建材、办公用品等专业店将进入大幅度整合期，而外资零售商的进入将使这种整合的状况更趋于复杂化。在产品差异化和店铺特色并不明显的专业店领域，采取整合营销手段建立清晰的店铺品牌，提高消费者的认知度和忠诚度，将是未来提升竞争力的重要手段之一。

5. 购物中心

据不完全统计，在中国目前的商业地产项目中，已建成和在建中的超过10万平方米的购物中心已超过300个。北京目前已建成开业或即将建成开业的大型购物中心有金源新燕莎MALL、百盛购物中心、中关村购物广场、大钟寺国际商业广场、富力广场、东方新天地、银泰中心柏悦生活等40多家。随着竞争的加剧以及政府规划的合理引导，大型购物中心的建设将有所降温，其开发将走向理性、科学和精细化。购物中心的营销管理将更加注重业态组合和顾客开发培育，以增强项目整体的持续赢利性。

6. 无店铺销售

网上购物业态正逐渐走向成熟，电子支付方式已经为一部分消费群体接受，市场份额将持续扩大。电视购物、邮购因较多出现商品质量和服务问题，发展将相对迟缓，有待政府主管部门和行业机构强化管理和合理引导。

二、首都零售业态结构的调整与优化

首都零售业的快速、健康发展，一方面需要科学制定零售业态发展战略规划，另一方面还需要从城市布局、交通运输、企业融资等方面创造必要条件，以促进某种零售业态的生成和发展以及不同业态的渗透和融合。

北京乃至我国零售业态目前呈现大型百货店资源相对过剩（从长期看，中国的消费升级要经历一个较长的时期，百货业仍将是一个持续较快发展的零售业态），超级市场等新兴业态比重偏少，整体规模不大，仍有较大发展空间，新兴零售业态的地区分布不尽合理等特征，因此要通过加快百货店业态的调整，超级市场的细分化，发展折扣店、专业连锁店等新兴业态，调整零售业态地区分布等途径，优化首都地区零售业态的选择与布局。

调整和优化首都零售业态结构应从以下几个方面着手。

（一）大力推行连锁经营

经过十几年的快速健康发展，连锁经营已被首都零售企业广泛应用到百货商店、超级市场、专业店、专卖店、仓储式商场等所有零售业态中。各零售企业根据自身发展情况选择了多业态或单一业态的连锁经营，使首都现代零售业呈现出繁荣发展的面貌，多业态并举成为市场主流。从北京市的实际出发，当前应该把发展连锁超级市场和连锁便利店放在优先地位。当前连锁商店的发展重点，应该以为民、便民、利民为指导思想，以中等收入的工薪阶层为基本顾客，以满足人民群众基本生活需求为经营宗旨，以大众化生活用品和"菜篮子"、"米袋子"食品为主体商品，以超级市场、便利店和与居民生活密切相关的快餐业、服务业店铺的连锁经营为主要形式。

为推动首都连锁零售业的发展，需要采取以下五项措施。①加快连锁经营企业公司制改革步伐，完善法人治理结构，突出经营主业，增强创新能力，提高核心竞争力。鼓励连锁经营企业以资本为纽带，建立母子公司体制的直营连锁网络，或通过商品、品牌、商号、配送、管理技术等联结方式发展特许经营网络。鼓励相同业态或经营内容相近的连锁经营企业通过兼并、联合等形式进行重组，实现低成本扩张和跨地区发展。对资产质量好、经营机制规范、成长性强的连锁经营企业，要鼓励其上市。②统筹规划，加快物流配送体系建设。要做好规划与标准制订等基础工作，积极扶持连锁零售企业配送中心的建设，鼓励引进和自主开发先进物流管理技术，努力实现仓库立体化、装卸搬运机械化、商品配货电子化，加快建立高效率的配送体系，提高连锁经营企业商品统一采购和集中配送的比例。③加强管理，提高连锁经营企业规范化水平。要按照连锁经营标准化、专业化的要求，建立连锁经营企业规范的作业标准和管理手册，连锁经营企业总部要强化对门店经营行为的监管和约束，杜绝不规范的商业行为。进一步推进和完善连锁经营企业时点销售系统、管理信息系统的建设，推广客户关系管理和供应链管理技术，加快连锁经营企业信息化建设步伐，推广品类管理、电子标牌、防损防盗等现代管理方法和手段。④抓紧培养熟悉现代流通规则、方式、管理及技术的高素质人才，积极开展连锁经营从业人员培训。⑤通过采取简化行政审批手续、实行统一纳税、减少重复检查等措施，为连锁零售业的发展创造良好的外部环境。

（二）积极发展便利店、折扣店和无店铺零售

便利店通常分布在交通要道以及车站、学校、办公楼等公共活动区，为广大消费者提供24小时的便捷服务。由于城市居民生活的快节奏和生活水平的提高，便利店有着很大的顾客群体，应积极发展便利店。这种业态可以迎合我国消费者的便捷和节俭消费心理，在适合我国的消费水平的同时又很好地满足了消费者追求物美价廉、少花钱买名牌的消费习惯，与北京市市场状况适应。积极发展便利店和折扣店，带动首都经济发展。

近年来，网上商店、电视购物、邮购、自动售货亭和电话购物已经成为一种购物趋势，大众的消费观念也由走进商场逐渐转为在家便可购物的方式，这种方便快捷的优点赢得广大消费者的青睐，其市场也不断发展壮大。发展网上零售业有利于促进本市流通领域经营结构调整、商业交易模式创新、提高交易效率、降低交易成本、拉动消费，有助于推动并形成商业经济发展新的增长点和新动力。

发展无店铺零售应坚持政府推动与企业主导相结合，营造环境与市场化推广相结合，网上零售与有店铺零售相结合，重点推进与协调发展相结合，加快发展与加强管理相结合的原则；应发挥行业协会及企业主导作用，积极优化发展环境，以新技术应用推动传统业务创新，加强分类指导，借助相关组织加强网络环境的市场监督，建立有效的规范管理体系，维护网上零售活动的正常秩序；应鼓励已有信息化管理基础的大型百货店、专卖店、专业店、大型批发市场、连锁超市等零售企业开展网上零售业务，建立网上商城，在实体店经营的基础上，增加经营品种，延伸产品线，构建网络营销渠道，建立与消费者交流和互动的平台，不断了解并满足消费需求。

（三）努力完善大型购物中心的综合性和全面性

大型购物中心是集购物、餐饮、娱乐、休闲、旅游、社交与商务等功能于一体的为消费者提供一站式服务的综合服务体，是一种区域商业中心。随着人民消费水平的提高，对于大型购物中心的需求日益增加，所以大型购物中心的综合性和全面性需要进一步加强以迎合现今的消费习惯。

对于经营者来说，应从建立标准经营管理体系、消费者资源开发能力和承租户战略伙伴关系三方面构筑购物中心的核心竞争力。完善、系统的经营管理体系是购物中心成功开发和正常运营必备的条件，开发消费者资源能力是购物中心生

存的基础,而承租户则是购物中心获取投资回报持续发展的动力,三者既相互制约又相互促进,缺一不可。从政府监管的角度看,应根据城市总体发展规划、商业网点布局及发展规划,加强对购物中心项目的审批,促进其规范、稳妥、有序发展。

(四)大力发展各种新型零售业态,便利居民生活,提高生活品质

大力发展与北京市居民生活息息相关的生鲜食品超市(便利超市)、药品超市和社区菜市场等社区零售业态。目前重点应该是发展生鲜食品超市和社区菜市场。在这个过程中,可以顺势把农贸市场改造为现代生鲜超市或社区菜市场。生鲜食品超市的发展,建立供应链将是关键。发展生鲜食品超市的关键是建立生产、加工、包装、组配、运输、销售的供应链。这需要政府、农民、加工者、经营者、消费者的共同努力才能成功。

(五)区别不同业态,确定适宜的规模和区位,使零售业态布局与城市建设保持同步

零售业态的选址布局及规模要同城市建设紧密结合。要结合北京市商业发展规划,按照三级商业中心不同的规模、功能、市场定位和商圈范围,调整各种业态的布局。大型综合超市、仓储式商场重点向三环、四环路间及四环路以外的居住小区和郊区卫星城发展;地区级商业中心及居民密集区、新建小区大力发展食品超市;大力发展社区商业服务,在居民居住区和交通要道发展连锁便利店和24小时便民店;大型连锁集团、百货店、专业店、特色餐饮店在市级商业中心、繁华商业街区发展与完善的同时,向城市周边及卫星城拓展,从而达到总体上的布局均衡、资源优化和效益提高。

第十五章 首都现代零售业组织管理研究

一、首都现代零售业组织管理现状

(一) 首都现代零售业市场结构状况

1. 社会消费品零售额与批发零售业的零售额均呈逐年增长之势

从1978年以来,北京市社会消费品零售额一直保持逐年增长之势(见表15-1和图15-1)。北京市社会消费品零售额1996年年末突破1000亿元;2002年年末再上一新台阶,突破2000亿元;2006年年末又越过一新台阶,突破3000亿元;2008年年末已超过4500亿元,达到4589亿元,同比增长了20.76%,并且市场规模首次超过上海市(其全市社会消费品零售额2008年年末为4537.14亿元,2007年年末为3847.79亿元)从而跃居全国内地城市之首,2012年年末达到7702.8亿元。北京市社会消费品零售额的年增长率基本保持在两位数以上,部分年份的年增长率超过20%。

与此同时,在北京市社会消费品零售额中,批发零售贸易业的零售额从1978年以来也一直保持逐年增长之势(见表15-1和图15-1),1998年年末接近1000亿元,2003年年末接近2000亿元,2008年年末已超过4000亿元;在1988—2008年期间每5年增长一倍。北京市批发零售贸易业零售额的年增长率也基本保持在两位数以上,部分年份的年增长率也超过20%。

表15-1　　　　1978—2011年北京市社会消费品零售额　　　　单位:亿元

年份	1978	1979	1980	1981	1982	1983	1984	1985	1986	1987	1988
零售总额	44.2	53.3	62.8	70.7	75.4	86.4	105.8	134.4	155.0	188.9	256.0
批发零售贸易业	40.7	48.3	54.8	59.4	63.2	72.8	89.1	111.9	126.2	150.0	203.6
年份	1989	1990	1991	1992	1993	1994	1995	1996	1997	1998	1999
零售总额	294.8	345.1	408.3	503.0	611.2	766.6	950.4	1061.6	1208.5	1373.6	1509.3

第十五章 首都现代零售业组织管理研究

续 表

年份	1989	1990	1991	1992	1993	1994	1995	1996	1997	1998	1999
批发零售贸易业	235.5	277.9	326.7	390.4	451.7	553.4	672.2	755.2	815.3	994.9	1064.5
年份	2000	2001	2002	2003	2004	2005	2006	2007	2008	2009	2010
零售总额	1658.7	1831.4	2005.2	2296.9	2626.6	2911.7	3295.3	3835.2	4589	5309.9	6229.3
批发零售贸易业	1178.6	1296.7	1446.8	1930.8	2227.0	2529.4	2865.6	3335.7	4044.4	4662.3	
年份	2011	2012									
零售总额	6900.3	7702.8									
批发零售贸易业											

注：1978—2003年社会消费品零售额按2004年第一次经济普查数据进行了修订，2004年为第一次经济普查数据，2005—2007年数据按第二次经济普查进行了修订，2008年数据为第二次经济普查数据。2010年以后年鉴中无批发零售贸易额数据体现。

数据来源：北京市统计局、国家统计局北京调查总队，《北京统计年鉴2012》，中国统计出版社，2012年。

2012年数据来自北京统计信息网。

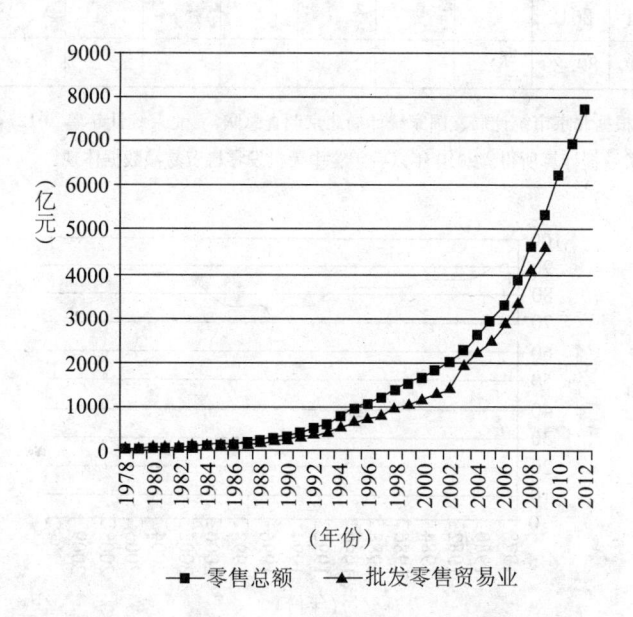

图 15-1 1978—2012年北京市社会消费品零售额

2. 批发零售业的零售额占社会消费品零售额的比重先降后升

从1978年以来，北京市批发零售业的零售额占全市社会消费品零售额的比重先降后升，呈扁"U"形（见表15-2和图15-2）。先是从1978年的92.08%逐年下降到1987年的79.41%，之后三年略有回升；1991年又开始逐年下降，1997年降至历史最低点（67.46%）后开始回升，但仍未超过90%（1978年和1979年均在90%以上）。在此期间，北京市批发零售业的零售额占全市社会消费品零售额的比重在1986—1991年期间基本在80%左右，在1993—2002年期间（除1997年）基本在72%左右，在2005—2009年期间基本为87%~88%。

表15-2　1978—2011年北京市社会消费品零售额中批发零售贸易业所占比重　单位：%

年份	1978	1979	1980	1981	1982	1983	1984	1985	1986	1987	1988
所占比重	92.08	90.62	87.26	84.02	83.82	84.26	84.22	83.26	81.42	79.41	79.53
年份	1989	1990	1991	1992	1993	1994	1995	1996	1997	1998	1999
所占比重	79.88	80.53	80.01	77.61	73.90	72.19	70.73	71.14	67.46	72.43	70.53
年份	2000	2001	2002	2003	2004	2005	2006	2007	2008	2009	2010
所占比重	71.06	70.80	72.15	84.06	84.79	86.87	86.96	86.98	87.06	87.80	89.29
年份	2011	2012									
所占比重	88.90	89.29									

数据来源：根据北京市统计局、国家统计局北京调查总队，《北京统计年鉴2012》，中国统计出版社2012年版中的相关数据计算所得。2010年以后年鉴中无批发零售贸易额数据体现。

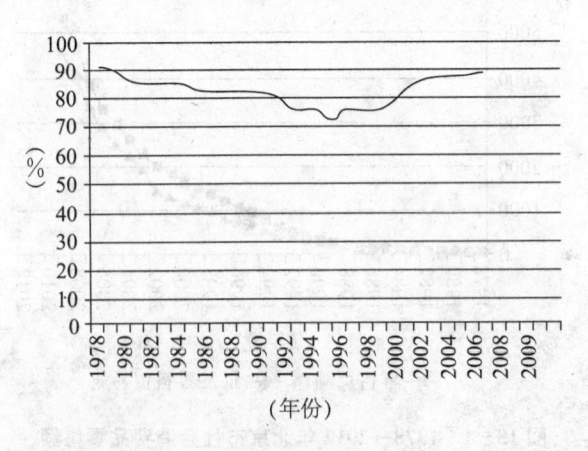

图15-2　1978—2009年北京市社会消费品零售额中批发零售贸易业所占比重

3. 批发和零售企业的零售额占社会消费品零售额的比重大幅上升

从表15-3和图3可以看出，北京市批发和零售企业的零售额占全市社会消费品零售额的比重在2003年以后持续保持在50%以上。2003年和2004年均不足60%，而2005年、2007年则上升为70%～71%，2006年虽有所回落但也达到68%左右，2008年以后均在78%以上。这表明，近几年来，北京市社会消费品零售额的70%左右是由批发和零售企业（主要是零售企业）实现的，非企业（包括个体户）所实现的社会消费品零售额比重在大幅减少。

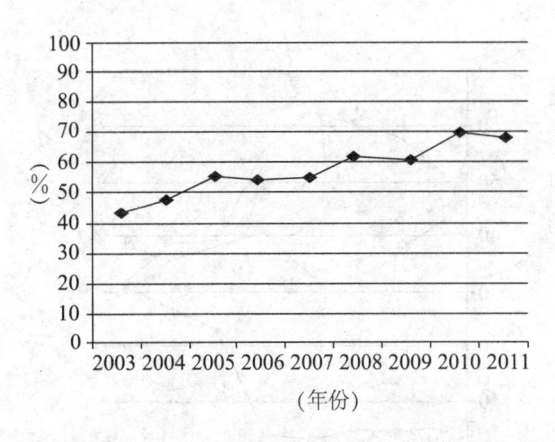

表15-3 2003—2011年北京市批发和零售企业的零售额占社会消费品零售额的比重

单位：%

年份	2003	2004	2005	2006	2007	2008	2009	2010	2011
所占比重	53.49	59.56	70.40	68.91	70.03	79.82	78.04	91.34	88.89

数据来源：根据北京市统计局，《北京统计年鉴》，中国统计出版社2004—2012年版中的批发和零售企业商品购进、销售、库存总值相关数据计算所得。

图15-3 2003—2011年北京市批发和零售企业的零售额占社会消费品零售额的比重

4. 小型批发和零售企业的零售额所占比重大幅上升并超过大、中型企业

在2001年和2002年，北京市不同规模的批发和零售企业的零售额占全市批发和零售企业零售额的比重的排列顺序分别是大型、中型、小型批发和零售企业，大型批发和零售企业所占的比重在65%左右，远大于中型、小型批发和零售企业所占的比重（分别为21%和14%左右）。而从2003年开始，从表15-4和图4可以看出，小型批发和零售企业所占的比重达到50%以上（最高的2006年超过63%），排在大型、中型批发和零售企业之前，并且大型批发和零售企业

所占的比重降到了43%以下（其中2005年和2006年只占1/3左右），而中型批发和零售企业所占的比重更是大幅减少。

表15-4 2003—2010年北京市不同规模的批发和零售企业的零售额比重 单位：%

年份	2003	2004	2005	2006	2007	2008	2009	2010
大型企业	43.02	37.55	34.83	33.42	40.39	37.6	35.4	37.8
中型企业	5.87	4.56	4.99	3.57	4.51	23.1	26.4	31.0
小型企业	51.12	57.90	60.18	63.01	55.10	39.3	38.2	31.2

注：统计部门对大型、中型、小型企业的划分标准（本标准自2003年起执行）为：
(1) 批发业：①大型企业：年销售额30000万元及以上，从业人员200人及以上；②中型企业：年销售额3000万~30000万元，从业人员100~200人；③小型企业：年销售额3000万元以下，从业人员100人以下。
(2) 零售业：①大型企业：年销售额15000万元及以上，从业人员500人及以上；②中型企业：年销售额1000万~15000万元，从业人员100~500人；③小型企业：年销售额1000万元以下，从业人员100人以下。
(3) 2011年开始不再划分大型和中型企业，统一称大中型企业。
数据来源：根据北京市统计局，2004—2012年《北京统计年鉴》相关数据计算所得。

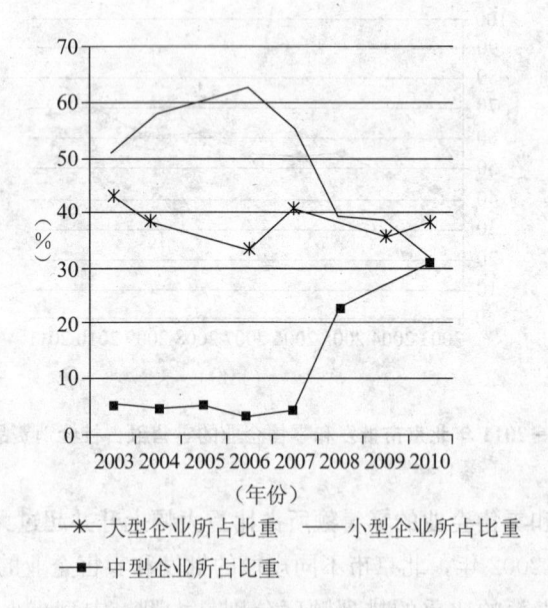

图15-4 2003—2010年北京市不同规模的批发和零售企业的零售额比重

从2003—2010年北京市不同规模的批发和零售企业的零售额占全市社会消费品零售额的比重来看（见表15-5和图15-5），也存在着类似的情形。北京市不同规模的批发和零售企业的零售额占全市社会消费品零售额的比重在2000—

2002年的排列顺序分别是大型、中型、小型批发和零售企业，并且在2001年和2002年，大型批发和零售企业所占的比重远大于中型和小型批发和零售企业所占的比重之和。小型批发和零售企业所占的比重从2003年开始排在大型、中型批发和零售企业之前（仅有2010年大型企业比小型企业高），且大型批发和零售企业所占的比重降到了30%以下（其中在2003—2006年期间不足1/4），中型批发和零售企业所占的比重骤减，其中2008年只有0.06%。

从2003—2010年期间北京市不同规模的批发和零售企业的零售额占全市批发和零售企业零售额的比重和占全市社会消费品零售额的比重情况的变化来看，近年来，北京市小型批发和零售企业的零售额总体增长速度较快，超过大型、中型批发和零售企业的零售额的总体增长速度，这表明首都现代零售业的市场集中度在减小。

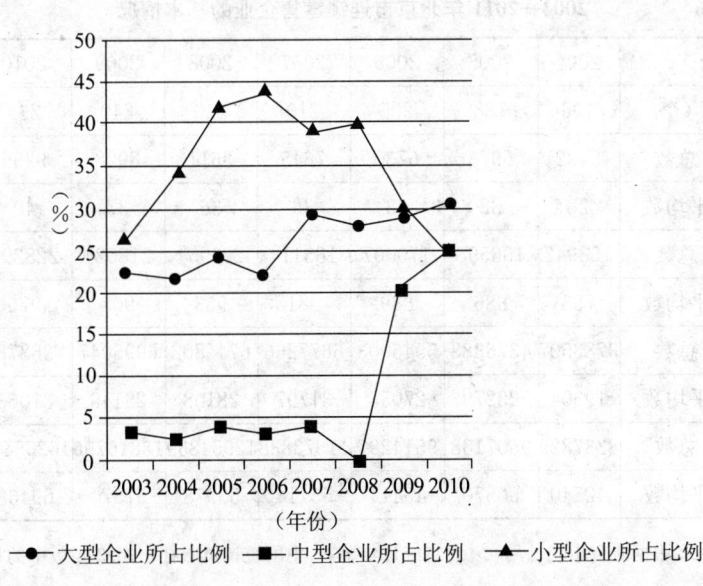

表15-5　　2003—2010年北京市不同规模的批发和零售企业的
零售额占社会消费品零售额的比重　　　　　　　　　　单位：%

年份	2003	2004	2005	2006	2007	2008	2009	2010
大型企业	23.01	22.36	24.52	23.03	28.55	27.34	27.63	30.89
中型企业	3.14	2.71	3.51	2.46	3.19	0.06	20.57	25.33
小型企业	27.35	34.48	42.37	43.42	38.94	39.63	29.83	25.50

数据来源：根据北京市统计局，《北京统计年鉴》，中国统计出版社2004—2012年版中的相关数据计算所得。2011年不再单独划分大、中型企业，统一称大中型企业。

图15-5　2003—2010年北京市不同规模的批发和零售企业的零售额占社会消费品零售额的比重

（二）首都现代连锁零售企业发展状况

1. 连锁零售企业发展态势良好

进入21世纪以来，北京市连锁零售企业呈现良好的发展势头（见表15-6）。北京市的连锁零售企业总店数到2011年年底已达到233个，比2004年的196个增加了37个。全市连锁零售企业所属门店总数2011年年底为9845个，比2004年的门店总数（5432个）增加了接近1倍；2011年平均每个连锁总店拥有门店42个，比2004年拥有的门店平均数（28个）增长了50%。

到2011年年底，全市连锁零售企业共有从业人员280798人，比2004年的从业人员数（153942人）增长82.4%；平均从业人员人数呈逐年增长趋势，从2004年的785人增长为2011年年底的1205人。

全市连锁零售企业的总营业面积在2011年年底达到了7953891平方米，是2004年的总营业面积（3783507平方米）的两倍之多；2011年平均每个连锁总店的营业面积为34137平方米，比2004年的平均每个连锁总店的营业面积（19304平方米）增加了76.8%。到2011年年底，全市连锁零售企业共实现零售额19507890万元，比2004年的零售额（8337829万元）增加了1.33倍；2011年年底平均每个连锁总店的零售额为83725万元，比2004年连锁总店的平均零售额（42540万元）增加了近1倍。

表15-6　　2004—2011年北京市连锁零售企业的基本情况

年份		2004	2005	2006	2007	2008	2009	2010	2011
连锁总店（个）		196	188	205	210	240	240	234	233
所属门店（个）	总数	5432	5973	6730	7645	8611	8928	9299	9845
	平均数	28	32	33	36	36	37	40	42
从业人员（人）	总数	153942	166598	170007	185114	223954	218024	228292	280798
	平均数	785	886	829	881	933	908	976	1205
营业面积（平方米）	总数	3783507	4376383	5546003	6677266	6745802	6995047	7268786	7953891
	平均数	19304	23279	27054	31797	28108	29146	31063	34137
零售额（万元）	总数	8337829	9507168	9514297	11573838	12954839	13816796	16255496	19507890
	平均数	42540	50570	46411	55114	53978	57570	69468	83725

数据来源：根据北京市统计局，《北京统计年鉴》，中国统计出版社，2012年版中的相关数据计算所得。

2. 连锁零售企业实现的零售额所占比重从 2005 年呈下降之势

2005—2011 年,北京市连锁零售企业共实现的零售额占当年全市社会消费品零售额的比重(见表 15-7 和图 15-6)呈下降之势,由 2005 年 32.65% 下降至 2011 年的 28.27%,但仍占 1/4 以上。

与此类似,2005—2011 年,北京市连锁零售企业共实现的零售额占当年全市批发和零售企业零售额的比重(见表 15-7 和图 15-6)也呈下降之势,2005 年为此七年中的历史最高值(46.52%),从 2008 年至 2010 年持续呈下降之势,但到 2011 年又略有回升。

表 15-7   2005—2011 年北京市连锁零售企业的零售额所占比重   单位:%

年份	2005	2006	2007	2008	2009	2010	2011
占社会消费品零售额的比重	32.65	28.77	30.17	27.88	26.02	26.09	28.27
占批发和零售企业零售额的比重	46.52	42.15	43.08	36.29	33.34	31.93	34.71

数据来源:根据北京市统计局,《北京统计年鉴》,中国统计出版社 2006—2012 年版中的相关数据计算所得。

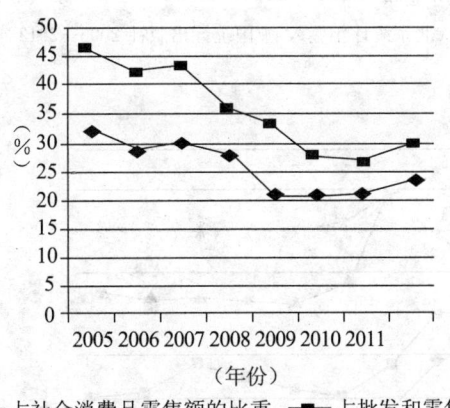

图 15-6   2005—2011 年北京市连锁零售企业的零售额所占比重

3. 超市等四种经营业态成为全市连锁零售企业的主体

2004—2011 年,从经营业态来看,在北京市连锁零售企业中,超市、百货店、专业店和加油站这四种经营业态所实现的零售额基本上占全市连锁零售企业当年零售额的 80% 左右(见表 15-8 和图 15-7)。这四种经营业态中,超市所实现的零售额基本上占全市连锁零售企业当年零售额的 30% 左右,其中 2004 年和

2005年较高，超过35%，在不同经营业态中位居首位；百货店和加油站所实现的零售额占全市连锁零售企业当年零售额的比重基本上呈上升之势；而专业店所实现的零售额占全市连锁零售企业当年零售额的比重从2004年开始基本上呈下降之势，由2004年的33.97%降至2008年的17.78%，2009年后又略有上升之势。

表15-8　　　　2004—2011年北京市部分经营业态连锁零售企业的
零售额占连锁零售企业总零售额的比重　　　　单位：%

年份	2004	2005	2006	2007	2008	2009	2010	2011
超市	48.78	37.51	29.99	27.29	28.88	28.43	27.31	25.54
百货店	10.20	8.03	10.47	13.75	16.72	18.17	15.33	15.58
专业店	33.97	42.60	26.69	21.75	17.78	16.88	21.04	22.31
加油站			15.22	16.77	16.66	16.20	16.81	17.42
合计	92.95	88.14	82.37	79.56	80.04	79.68	80.49	80.85

注：《北京统计年鉴》2005—2006年版中无加油站的相关统计数据。其中2009年以后"超市"所用数据为北京统计年鉴中型超市和大型超市总和。

数据来源：根据北京市统计局，《北京统计年鉴》，中国统计出版社2005—2012年版中的相关数据计算所得。

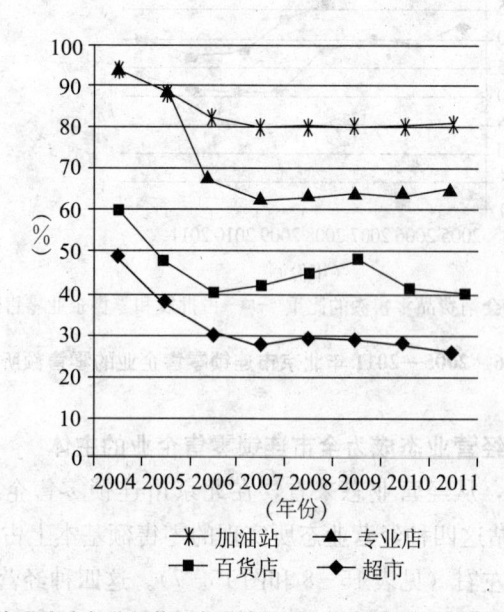

图15-7　2004—2011年北京市部分经营业态连锁零售企业的零售额占连锁零售企业总零售额的比重

在北京市的连锁零售企业中,超市等不同经营业态的发展势头不同(见表15-9)。

(1) 连锁超市的发展情况

连锁超市所属门店总数2011年年底为1952个,比2004年的门店总数(1083个)增加了80.24%;2011年年底共有从业人员69647人,比2004年的从业人员数(47969人)增加了45.19%;总营业面积在2011年年底达到了2723566平方米,比2004年的总营业面积(1721798平方米)增加了59.18%;2011年年底所实现的零售额为4983734万元,比2004年的零售额(2860709万元)增长了66.14%。

(2) 连锁百货店的发展情况

百货所属门店总数2008年年底为57个,比2004年的门店总数(27个)增加了111%;2011年年底共有从业人员15139人,比2004年的从业人员数(11417人)增加了32.6%;总营业面积在2011年年底达到了1208626平方米,比2004年的总营业面积(413482平方米)增加了192.3%;2011年年底的零售额为3040848万元,比2004年的零售额(598088万元)增长了408.4%。

(3) 连锁专业店的发展情况

专业店所属门店总数2011年年底为1914个,比2004年的门店总数(2607个)减少了26.58%;2011年年底共有从业人员31116人,比2004年的从业人员数(24934人)增加了24.79%;总营业面积在2011年年底达到了1352270平方米,比2004年的总营业面积(688163平方米)增加了96.50%;2011年年底所实现的零售额为4352029万元,比2004年的零售额(1992054万元)增长了118.46%。

(4) 连锁加油站的发展情况

加油站所属门店总数2011年年底为682个,比2006年的门店总数(463个)增加了47.30%;2011年年底共有从业人员9334人,比2006年的从业人员数(6055人)增加了54.15%;总营业面积在2011年年底达到了320644平方米,比2006年的总营业面积(161751平方米)增加了98.23%;2011年年底的零售额为3397467万元,比2006年的零售额(1448306万元)增长了134.58%。

表 15-9　2004—2011 年北京市部分经营业态连锁零售企业的基本情况

	年份	2004	2005	2006	2007	2008	2009	2010	2011
超市	连锁总店（个）	26	31	24	27	32			
	所属门店（个）	1083	1157	1309	1553	1799	1944	2170	1952
	从业人员（人）	47969	50472	46498	51627	58050	58683	67529	69647
	营业面积（平方米）	1721798	1711819	1765126	2090460	2118218	2340618	2679517	2723566
	零售额（万元）	2860709	3566145	2853851	3159473	3741383	3928724	4440582	4983734
百货店	连锁总店（个）	3	3	5	7	9			
	所属门店（个）	27	29	45	54	67	64	57	57
	从业人员（人）	11417	11111	12039	10339	15775	15778	16092	15139
	营业面积（平方米）	413482	450485	468248	747911	773300	956415	1077979	1208626
	零售额（万元）	598088	764228	996348	1591850	2166132	2510754	2492823	3040848
专业店	连锁总店（个）	41	51	48	45	62			
	所属门店（个）	2607	2508	1903	1925	2009	2088	1976	1914
	从业人员（人）	24934	38862	22764	21580	26688	25319	28238	31116
	营业面积（平方米）	688163	1421585	1213239	1033723	1163291	1123478	1185241	1352270
	零售额（万元）	1992054	4050605	2539700	2518028	2304563	2332379	3421771	4352029
加油站	连锁总店（个）			1	2	2			
	所属门店（个）			463	686	691	675	671	682
	从业人员（人）			6055	6335	7525	6866	8101	9334
	营业面积（平方米）			161751	668975	656948	271665	292324	320644
	零售额（万元）			1448306	1941414	2158439	2238447	2733580	3397467

注：《北京统计年鉴》2005、2006 年版中无加油站的相关统计数据。表中超市一项为北京统计年鉴中型超市与大型超市两项之和。

数据来源：北京市统计局，《北京统计年鉴》，中国统计出版社 2005—2012 年版。

（三）首都现代零售业对外开放状况

1. 首都现代零售业对外开放的程度居内地城市之首

按照我国加入 WTO 的承诺，从 2004 年 12 月 11 日起，外资进入我国零售业已经不再受地域、股权等方面的限制。

受 2008 年国际金融危机的影响，在全球经济不景气的情况下，世界的目光都聚焦到中国，希望它成为带动环球经济走出低谷的"火车头"，一些现金丰盈的跨国企业更是摩拳擦掌，希望能在中国的市场上趁机播种能有更多的收获。

在金融危机导致全球零售业不景气的情况下，外商（包括港澳台商）零售企业包括尤其看好北京的发展空间，他们纷纷在京追加投资，加快在京开设新店的步伐。2009年新年刚过，就有2家营业面积在3000平方米以上的零售外资店铺在北京开业。其中2009年1月开业的欧尚来广营大型综合超市，营业面积为12000平方米；2月14日新开业的台湾特力屋来广营家居用品专业店，营业面积也近4000平方米。美国沃尔玛、法国家乐福、英国特易购、韩国易买特、新加坡BHG百货、香港新世界百货等10多家零售外资大型商场先后在北京开业。另外，台湾的统杰法宝超市、美国的蕃麦士超市、美国苹果电子用品专卖店、美国耐克体育用品专卖店、西班牙ZARA服装专卖店、西班牙迪亚天天折扣店、日本7-11便利店等世界著名品牌零售外资企业年内也将在京开设新的店铺。这些外资企业全年新增营业面积将达到数万平方米，并创造上万个就业机会。"十一五"期间北京累计批准外资零售店铺3245家，是2005年的3倍多。

随着零售业对外资政策的开放，外资（包括港澳台商）零售企业的市场份额不断增加，本土零售商在日趋激烈的竞争环境下也在不断成长，出现了物美、超市发等不少区域零售龙头企业。今后北京商业发展确定的四大方向之首就是国际化，这意味着将有更多的国际商贸企业将涌入北京，而本土商业企业将面临更加残酷的竞争形势。当然，外资零售企业和港澳台零售企业的进驻也为京城百姓提供了更多的消费选择空间。

2. 世界顶级品牌入驻率接近国际化都市水平

顶级品牌入驻率是反映一个城市零售业开放程度及购物环境的重要指标。北京市有关部门在零售业对外开放过程中，特别注重品牌的聚焦、特色的强化，通过引进国际知名品牌丰富北京市场，带动消费的升级。"十一五"时期，北京通过不断引进国际国内知名品牌，不断丰富北京市场，有效带动了消费升级。在近300家世界知名零售商中超过40％入驻北京，全市已有超过3000家零售外资店铺，1200多家国际品牌专卖店，世界顶级品牌100强中已有90家进入北京市场。顶级品牌占有率位列世界第六，零售业开放程度居内地之首。

在打造国际商贸中心的战略目标下，北京市有关部门将依托中心商业区和多功能购物中心，加大国际知名品牌的引进力度，缩小与巴黎等国际购物城市间的差距。

二、首都现代零售业组织管理存在的主要问题与原因

(一) 存在的主要问题

进入21世纪以来，首都现代零售业的组织结构发生了很大的变化，不同规模、不同所有制、不同经营业态的零售企业并行发展，反映了零售企业对市场结构的适应和对各种市场机会的有效反应，推动了首都现代零售业的发展和首都经济的增长。但从首都现代零售业组织结构的变化历程来看，零售业组织结构仍存在"小、散、乱、差"的缺陷。主要表现在以下三个方面。

1. 产业集中度低，经济规模偏小

产业集中度是用来衡量某一产业竞争或垄断属性的一个基础性指标。零售业市场集中度作为零售业市场结构的主要变量对市场行为和市场绩效具有重要影响，而国际零售业的发展趋势之一是集中度的提高。

从表15-5可以看出，2003年以后北京市大型批发和零售企业零售额占全市社会消费品零售额的比重比重降到了30%以下（其中在2003—2006年期间不足1/4）。而小型批发和零售企业的零售额占全市社会消费品零售额的比重在2004—2009年期间比同期大型批发和零售企业所占的比重要大，仅有2010年大型企业比小型企业高。其中2006年比大型批发和零售企业所占的比重高出20多个百分点。小型批发和零售企业的零售额所占比重在2003—2010年期间的均值达到了35.19%，而大型批发和零售企业的零售额所占比重在2003—2010年期间的均值只有25.92%。

从全世界范围来看，瑞典前十大零售企业占全国消费品零售总额的比重高达94%，德国前十大零售企业占全国消费品零售总额的比重为86%，美国前十大零售企业占全国消费品零售总额的比重为64%，法国前十大零售企业占全国消费品零售总额的比重也达到了59%。[1]

根据日本产业经济学家植草益的市场结构分类体系[2]，20＜CR8＜40为低集中竞争型市场结构，CR8＜20为分散竞争型市场结构。由此可见，北京市零售业的市场结构不仅属于竞争型，而且是分散竞争型的，市场集中度偏低，零售业缺乏规模较大的上位企业，组织化程度较低，缺乏规模经济。

2. 缺乏规模效应

随着社会经济的快速发展，零售业组织规模结构呈现非均衡发展的趋势。一

---

[1] 尚慧丽：《我国流通业的SCP分析》，《学术交流》，2007年第4期。
[2] 马龙龙：《流通产业组织》，北京：清华大学出版社，2006年。

种趋势是盲目扩张和片面追求大型化，造成重复建设和规模不经济。另一种趋势是一些零售企业的规模呈小型化发展。零售业所具有的技术要求低、投资少、进入门槛低等特点，使得下岗人员、竞争力差的人员纷纷涌入零售领域。2011年，北京市连锁零售企业平均每个连锁总店所拥有的门店数为42个（见表15-6），超市连锁店总数为1952个（见表15-9），与拥有10700多家分店的沃尔玛、11000多家分店的家乐福等国际大型零售企业相比差之甚远。

大量小商业资本盲目扩张趋势使得零售企业过度竞争、不正当竞争难以避免，导致零售领域的低效率、高成本和对城市公共资源的严重破坏。小型零售企业成为经济生活供应系统的主体，这显然不能与工业化、现代化、国际化进程相匹配。盲目扩张和小型化使零售业的组织结构朝两极发展，难以形成规模经济。

3. 进入壁垒偏低

进入壁垒由规模经济壁垒、产品差异壁垒和相对费用壁垒这三种经济性壁垒所构成。由于零售业的特殊性和经济性，使得零售业的进入壁垒较低。

（1）规模经济壁垒较低

与工业企业相比，零售企业的开办要相对容易得多，只要达到基本的条件要求（甚至只需要几平方米的门店和几万元的资金），选址合理、定位恰当，就能在市场上找到生存的空间，由此可见，零售业的规模经济壁垒并不显著。

（2）产品差异壁垒低

在买方市场的条件下，由于商品供应的相对丰富，零售企业一般都能采购到大多数同行都经销的商品，这使得零售企业销售商品的差异性较小，新企业进入零售业的产品差异壁垒是较低的。

（3）相对费用壁垒也低

零售业并非技术密集型产业，新企业开办时购进设备、引进技术、寻求供应商、培训人员等费用均不高，这使得潜在进入者不需要很大的投入就可进入零售业。

（二）主要原因分析

1. 专业化分工协作水平低

在计划经济体制时期，我国流通体系内的批发、零售、仓储运输等企业以行政指令为纽带，形成了专业分工协作体系。而在我国的流通体制进行了改革以后，原来的传统体系被打破了，企业成为独立自主、自负盈亏的主体。这在给流通企业带来了生机与活力的同时，在客观上又造成批发、零售、仓储运输业各自分割的局面。加之小商人经营思想、行政条块管理的影响，分割状态下的批发、零售、储运企业无法走向联合，无法进行分工协作，各自为战，呈现了过大或过小的极端发展。有的零售企业盲目扩大规模，而其销售额又没有与其营业面积的扩张实现同步增长，甚至利润水平还下降了。同时，家电、服装、汽车等产业的厂家自办销售，甚至自办延伸至最终消费者的销售网络已经成为了一种趋势，工业企业自办销售带来的是专业化分工效应的进一步萎缩，造成社会资源的浪费。

2. 低水平的过度竞争

主要表现为：

(1) 工业领域的过度竞争延伸到流通领域

如家电行业，一方面是大量工业品滞销，恶性价格竞争情况不断出现；另一方面是广阔的农村市场未得到有效开发，广大农村居民消费者的需要未得到满足。

(2) 零售企业所依赖的竞争手段主要是价格竞争

零售企业之间以降价、打折、优惠为主的低层次价格竞争愈演愈烈，从彩电、空调、汽车到手机等，为压倒竞争对手，甚至强行让利，亏本经营，使企业利益受损。大部分零售企业只是因市兴企，而国外的零售企业在我国能够因企造市。未来商战的核心是以消费者为中心的战略。在消费者看来，不管是到中资零售企业还是到外资企业去购物，不仅仅是其物美价廉与否，重要的是其能够提供所需的优良服务。而许多零售企业并没有将工夫下在给消费者所提供的服务的质量和档次上，服务意识、创新意识不强烈，在营销手段上以模仿、跟随为主，各种促销重奖大战、广告大战、价格大战连绵不断，恶性竞争更是愈演愈烈，不仅损害了零售企业的自身利益，也严重损害了上游供应商和消费者的切身利益。

(3) 商业网点竞争加剧

一方面，本土零售企业在跑马圈地，加快开新店的速度。另一方面，外资（包括港澳台商）企业在我国加入WTO后，家乐福、沃尔玛、麦德龙、百安居等世界零售业巨头加快了进入我国市场的速度，纷纷制订扩张计划。近300家世界知名零售商中超过40%入驻北京。2013年6月5日，世界领先的商业地产服务公司世邦魏理仕（CBRE）最近发布的2013年《零售业全球化进程》报告显示，截至目前，已有376家时尚业零售商门店进驻北京。这不仅会使商业网点更加密集，竞争更加激烈，而且零售大店过多、过快发展，还会造成同一业态间的恶性竞争。这种不合理的状态不但容易造成资源浪费、恶性竞争，也不利于整个经济的综合平衡和协调发展。

3. 异地市场的高进入壁垒

在由计划经济向市场经济的过渡过程中，我国出现的垄断现象主要是地方行政性垄断。形成垄断的主要根源是地方与部门的权力。这些权力构成的行政性垄断，时常对企业经济活动进行干预，通过行政手段，设置市场壁垒，垄断并阻碍了正常的市场交易。例如，一些地方及部门为排斥异地企业进入本地市场时常制造地方性垄断，规定了苛刻的准入政策。在一些大型项目的交易中，他们不采取市场经济条件下通常采用的公开拍卖等公平竞争的方法，长期维持内部审批、小范围招标和行政分配，对异地企业竞相排斥等。地方行政性垄断的危害是：排斥地区间的正常竞争，分割市场，形成了经济性、强制性和保守性的封闭环境，妨碍商业资源的合理配置。专业性零售企业跨区域经营难，只限于在本地区内寻求规模，这必然会形成零售企业普遍规模过小和进入异地市场过高的壁垒。

三、首都现代零售业组织管理的对策与措施

世界工业化历史表明，经济发达国家无一例外是从流通领域开始推进并加速完成工业化进程的。在市场经济条件下，流通在社会经济中居于先导性的地位。我国正处在工业化发展过程中，提高流通效率，无疑能极大地推动我国工业化发展进程。

今后我国零售组织发展趋势将呈现三大发展趋势：零售组织将向规模化、整体化和集约化方向发展；零售业态将向多样化、细分化、差异化方向发展；零售组织将面临一场新的"零售技术革命"。而目前北京市本地商业品牌企业发展的方向则是：国际化、规范化、现代化、特色化。

（一）首都现代零售业组织结构优化的目标

我国正处在不断加快发展的工业化、市场化、信息化、全球化进程中，迫切需要发展集约化的现代零售组织形式，以促进经济的快速发展和消费水平的提高。我国原有的专业零售企业在改革开放以后通过市场化经营管理的磨炼和学习，发生了深刻的变化，取得了重要发展，但还存在着一些根本性的缺陷。在我国零售企业组织结构中，与世界发达国家有着很大的差距。我们应当从实际出发，根据我国的国情，吸收、借鉴外国模式的合理模式，发展符合我国实际需要的零售组织形式。

具体来讲，北京市现代零售业组织结构调整的主要目标应为以下三个。

（1）培育和发展一批创新能力强、主业突出、拥有知名品牌、核心竞争能力强的大型零售企业和企业集团，使之成为发展现代流通体系的骨干和依托，成为与国外零售企业相竞争的"主力军"和对外实行跨国经营的"先遣军"，从而形成零售产业适度集中、企业间充分有效竞争、大中小型不同规模零售企业协调发展的组织结构。

（2）建立起适应社会主义市场经济的零售业组织形式，遵循客观经济规律和

市场法则,加快零售业组织的规划,加强立法工作,提高零售业组织建设的规范化程度,运用市场机制调整和完善零售业组织和组织方式,发挥经济杠杆的作用,积极推进政企分开,使零售企业真正成为市场的主体。

(3) 引进和吸收国外先进的零售业组织形式和营销方式,尤其要针对当前零售企业组织规模偏小、低水平过度竞争难以发挥规模经济优势从而使零售企业的经济效益下降等问题,政府应当通过制定相关的零售业组织政策,避免过度竞争,以追求规模经济为主要目标导向。

(二) 促进首都现代零售业组织结构优化的政策措施

为引导、推动首都现代零售业的健康发展,全力打造国际商贸中心,为北京实现世界城市战略目标而不懈努力,有必要通过政策对零售企业实施有效的集中、兼并、融合、协作与联合,从而提高首都现代零售业的组织化程度。零售业组织政策应当侧重于鼓励、支持零售企业的一体化、多角化、兼并、联盟,鼓励零售企业在更高层次、更大规模乃至全球范围内参与市场竞争。

1. 打破行业垄断、部门分割和地区封锁

这有利于统一市场的形成,也是实行规模经营和集约化经营,催化和发展一批跨行业、跨地区、跨国界的零售企业和企业集团的条件和前提。在经济全球化的大背景下,只有大企业和企业集团才有实力参与国际竞争,这正是发达国家在反垄断政策上转变的直接原因之一。①尽快制定反垄断法。反垄断法不仅仅是针对垄断企业,而且也针对形成垄断的行为。目前特别是对由地方保护和行业保护形成的垄断加以限制。②清理现有行业法规。由于政出多门,地方与中央、部门之间以及新老法规之间存在着冲突,需要对现有法规进行一次大清理,特别应撤销和废除一些阻碍竞争和制造垄断的法规。③促进形成全国或区域性统一市场,制定相关法律、法规和市场准入制度,同时要有保证实施法规的执法和监管体系。

2. 制定鼓励零售企业兼并、联合的政策

对于零售业来讲,企业兼并能减少零售企业的数量,提高市场的集中度,扩大企业的规模,从而能较好地发挥零售企业的规模经济效益,解决零售业内低效率竞争的问题。20世纪60年代,日本政府成功地运用了这一产业政策,当时日本的零售企业规模同样普遍偏小,不能有效地利用规模经济,因而其成本高于当时经济发达国家的水平;而且为数众多的小规模零售企业间存在低效率竞争,也影响了技术进步和经营水平的提高。日本政府为了从根本上改变这种不利状况,积极推行了零售企业兼并、联合政策,以实现企业集中化,最终建立了具备规模经济效应的零售业体系。政府制定零售企业兼并政策的重点是要促进零售企业间

的兼并活动,并从税收、金融上支持零售业的优势企业去兼并劣势企业,统筹解决和安排为被兼并企业的债务和职工问题。对于不具备组建企业集团这种紧密性联合方式的企业来讲,也可以先通过建立起较为松散的联合关系,采取统一联网、信息共享、统一退换保修商品等方面的合作。这有利于减少零售企业间的无序竞争,降低交易费用,提高零售企业的规模经济效益。在制定这方面的政策时,需要注意的是推动零售企业并购、联合应以经济手段为主,通过经济杠杆的作用达到目的,而不能单纯采用行政手段来进行扶持甚至直接进行干预。

3. 制定零售业有效竞争政策

零售业竞争政策的目标导向就是要规范零售企业间的竞争行为。由于近几年来,我国零售业普遍存在过度竞争现象,同时又缺乏必要的竞争政策约束,致使各种不正当的价格竞争、促销竞争不断发生。政府应该就零售企业的定价、促销、商业秘密等制定出一系列相应的政策法规,使零售企业的竞争行为有明确的法律规范和制度保障,从而抑制零售业的无序竞争和过度竞争。

4. 制定适度的市场壁垒政策

为遏制零售业过度竞争的进一步扩大,政府应当提高进入零售业市场的准入标准。这既可以控制零售业数量上的盲目扩张,又能提高零售业的规模效益。只有用适度的进入壁垒将低素质和低效率的零售企业拒之门外,才能为具有发展前景的零售企业创造良好的竞争环境。对于具有发展前景的中小零售企业,政府应当制定相应的扶持政策。同时,为了规范市场,达到发展经济、促进消费的目的,应根据不同区、县和不同行业设置不同的进入壁垒标准。

5. 制定跨区域集团化的催化政策,以培育一批现代大型零售企业

面对国内零售企业规模呈现小型化和分散化以及海外跨国零售企业抢占国内市场的格局,要打破区域界限,加快零售企业的集团化建设,特别要发展区域性的零售业大集团和跨国公司,以提高零售业的集约化程度和流通效率,增加零售企业在国际市场和国内市场上的竞争力。政府应当降低甚至取消地域性市场壁垒,采取一系列产业催化政策,这种政策包括压力催化、利益催化和协调催化。

第十六章　首都现代零售业文化建设研究

北京作为世界闻名的历史古城、文化名城，是全国的政治、经济、交通和文化中心，形成了民族、民俗和民情韵味十足，独具特色的京味商业文化，涌现了诸如同仁堂、瑞蚨祥、内联升、张一元等一大批闻名全国的老字号。新中国成立以后，又出现了以"一团火"精神闻名的王府井百货大楼等传统百货零售企业；王府井商业街、西单商业街、前门大栅栏商业街成为北京三大商业中心。改革开放以来，首都现代零售业发展迅速，不仅传统的百货店大量增加，各种新型业态也不断涌现，超级市场、便利店、专业店、专卖店、购物中心、大型综合性超市、仓储式商场、Shoppingmall等现代零售企业形式被引入北京。以沃尔玛、家乐福为代表的国外零售企业也纷纷登陆北京市场，它们拥有先进的管理技术、管理理念和管理手段，给北京本土企业带来很大的冲击。这些情况使得零售业文化的地域特色趋于淡化，多元化成为发展趋势。随着北京作为"国家首都、国际城市、文化名城、宜居城市"功能定位的确立，以及大力发展现代服务业战略的实施，零售业在首都经济中的地位日益提高，零售业文化的作用和社会影响也愈来愈大，加强零售业文化建设，不仅可以提高企业服务质量，塑造企业良好形象，增强竞争能力，还可以提升城市形象、促进城市经济的健康发展。在此新形势下，很有必要对首都现代零售业文化的建设情况进行全面的研究，本文通过对首都现代零售业文化的现状、发展趋势、存在问题的分析，提出了构建具有首都商业特色的现代零售业文化的建议，同时也构建了首都现代零售业文化创新的模式，希望对首都现代零售业更好地的发展有所帮助。

一、首都现代零售业文化的理论界定

(一) 首都现代零售业的范畴

1. 首都现代零售业的含义

一般来说，零售业是指百货商店、超级市场、专门零售商店、品牌专卖店、售货摊等主要面向最终消费者的销售活动，包括以互联网、邮政、电话、售货机等方式的销售活动，还包括在同一地点，后面加工生产，前面销售的店铺（如面包房)。本文中首都现代零售业指的是在北京注册的零售企业的集合体,包括所有在北京发生交易行为的零售企业,这些企业具有现代经营管理理念,软硬件都运用新技术进行了现代化的改造和升级,经营环境和经营手段也都符合现代化发展的潮流。

近年来,首都现代零售业发展迅速,经营规模不断扩大,零售企业销售额占全市消费品零售额的比重不断提高,经营的领域和范围进一步扩大,已经成为北京市国民经济新的增长点。2009年,美国《福布斯》杂志给了北京三项排名,第一项排名是世界第十五大购物之都,第二项排名是世界第八大美食之都,第三项排名是全球500强总部聚集的第三大城市。2009年,是金融风暴肆虐全球的一年,但北京零售业却独放异彩,消费依然保持快速增长,这与北京市场的品牌丰富度和各种特色消费的聚集度密不可分。2012年,是北京消费市场大繁荣的一年,消费品零售额达到7702.8亿元,连续成为全国社会消费品零售额最高的城市。

2. 多维度认识首都现代零售业

(1) 从业态形式看首都现代零售业

从企业经营形态上看,目前北京的零售业态大致可分为八种:百货店、超级市场、便利店、专业店、专卖店、购物中心、大型综合性超市和仓储式商场。其中,专业店、大型综合性超市和仓储式商场,是近年来发展较快的零售新业态,目前正实现从传统百货向现代百货、从综合百货向主题百货、从单体经营向连锁经营的转变,呈现出多业态并存的局面。

(2) 从产权性质看首都现代零售业

从产权性质看,首都现代零售业包括内资企业、港澳台商投资企业、外商投资企业。2013年6月5日,世界领先的商业地产服务公司世邦魏理仕(CBRE)最近发布的2013年《零售业全球化进程》报告显示,截至目前,全球200多个城市320家世界顶尖零售商中,已有376家时尚业零售商门店进驻北京。[①] 在争开大型综合超市的同时,步伐较快的外资零售商已利用拓展折扣店、便利店等新业态模式,以进一步扩张在中国的业务。可以预见,北京零售市场的竞争会越来越激烈。

(3) 从企业定位看首都现代零售业

首都现代零售业中的每一家企业必须根据市场竞争的规律和动态趋向,结合本企业自身的条件,适应不同消费群体的需要和偏好,调整经营品种,创新经营

---

① 王熙喜:《世邦魏理仕:北京、上海对全球时尚零售商吸引力强》,http://industry.caijing.com.cn/2013-06-05/112875370.html,2013年6月5日。

特色，进行市场定位，以独特的经营理念、经营内容和经营模式吸引消费者，形成核心竞争力。经过多年的发展，首都现代零售业已经形成了满足不同顾客消费需要、市场定位鲜明、经营主题突出、多功能、层次化、多样化的商业格局，改变了以往"千店一面"、缺乏特色的现象。如赛特、燕莎主打高档；庄胜、百盛主打青春时尚；当代商城将市场定位为"高档精品百货店"；东安市场升级改造摇身变成时尚百货；家乐福所售商品以中低档产品为主，市场定位为中低收入阶层；家居仓储的市场定位是以自我动手族为主等。

（二）首都现代零售业文化的内涵

1. 首都现代零售业文化的含义

企业文化是指企业在长期的生存和发展中所形成的、为企业多数成员所共同遵守的基本信念、价值标准和行为规范。企业文化本质上属于"软文化"管理范畴，既有社会文化和民族文化的一般文化特征，又具有各行业、各地区的个性文化特征。

首都现代零售业文化是在首都零售企业文化建设和发展的基础上形成的具有北京特色的行业文化，是通过整合和集成北京零售企业的优秀文化基因而形成的指导首都现代零售业发展的共同的价值观。首都零售企业文化是指北京零售企业在实现企业目标过程中形成和建立起来的，由企业内部全体成员共同认同和遵守的价值观念、道德标准、经营理念、行为规范、管理方式与规章制度等的总和。

零售企业具有与其他类型企业所不同的特征——与消费者"面对面"，消费者可以直接从感性上了解零售企业的企业文化。零售企业文化是一种管理型文化，它是一定历史条件下零售企业及其职工在日常经营活动与适应企业环境变化过程中所创造的物质形态和观念体系的总和，它是以人的管理为主体，以企业精神为核心，以职工的群体行动为基础，以形成最佳经营机制为目的的一种现代零售企业管理理论，其最终目标是追求和实现人的全面发展，培育和造就一大批优秀的零售企业人才。

2. 首都现代零售业文化的基本构成

（1）首都现代零售业的价值观与企业精神

首都现代零售业的价值观，即该行业的领导者和管理者所倡导的为全体成员所共同遵守的基本信念和行为模式，主要体现为行业的经营哲学，反映了行业的追求和信念，是行业一切活动的行为准则和指导思想。

首都现代零售业的精神，即行业及其全体成员共同具有的精神状态和思想境界，反映了首都现代零售业界对一系列问题的认识、观念以及它所采取的态度。首都现代零售业的精神是在行业发展中逐渐形成，并为全体企业认可、信守的理想目标、价值标准、职业道德和精神面貌，它是行业文化最深刻、最具特色的反映。

首都现代零售业文化作为一种意识形态，价值观和行业精神是它的基石和核心，构成卓越的行业形象（社会形象、文化形象）的核心要素，是该行业凝聚团结各个企业实现行业发展目标的共同基础，是首都现代零售业赖以生存的土壤和条件，是行业的灵魂和支柱。个性鲜明的价值观和行业精神也是形成（与其他地域的同行业）差异、建立差异化的行业形象和区别化的行业商誉、强化形象优势和市场竞争力的策略体现，更是京商文化形成的基础。

在首都现代零售业，王府井百货大楼的"一团火"精神独树一帜，成为一道亮丽的风景线和经商文化的典型代表。"一团火"精神是一笔巨大的文化财富。近年来，王府井百货大楼不断挖掘"一团火"精神的内涵，把体现"服务与奉献"的"一团火"精神具体化为"真、善、美、和、爱"，并把它作为一种思想、一种品格、一种道德，通过"一团火系列满意工程"等形式，在经营、管理、服务、公关上全方位体现、实践这种精神。

(2) 首都现代零售业的管理哲学与经营目标

首都现代零售业的管理哲学是指该行业理论化、系统化的世界观和方法论。它以自身发展为内在根据，以行业的生产经营活动为特定环境，是行业在观察和处理行业内部各种关系和外部环境之间关系问题时，形成的共同的基本观点和方法。换句话说，首都现代零售业的管理哲学是指该行业在经营实践活动中，从管理的内在规律出发，通过对世界观、方法论的概括和凝练，所揭示的行业本质和行业辩证发展的观念体系。

首都现代零售业的经营目标是该行业在特定的期限内预期要达到的文化和经济的最佳效益。首都现代零售业的经营目标是多元体系，经济目标和文化目标是行业目标体系中两个最基本的内容。经济与文化是共生互动关系，经济需要文化，文化渗透经济。经济的增长和行业的发展，取决于经济中的文化含量大小和文化作用的强弱，健全的市场经济需要有健康的企业文化相匹配。

北京现代零售业的发展、兴衰、成败，深受行业管理哲学和经营理念的支配与影响。建设好北京零售业的经营管理哲学，就要解决好义与利、人与物、贵与贱、真与假、美与丑，以及攻与守、远与近、进与退等与经营息息相关的问题。北京贵友大厦就是成功解决了奇正相生、德智相融、义利相通、治乱相宜、破立相协五对经营哲学范畴的关系，因而取得了良好的经营业绩。

(3) 首都现代零售业的道德规范与整体形象

首都现代零售业的道德规范是在该行业发展中形成的调节行业与社会各利益

相关者关系的行为规范总和，是该行业评判是非善恶的标准。

首都现代零售业的整体形象，是指社会公众对该行业的总的看法以及对其所持有的文化个性的一个综合性印象，整体形象是行业文化的综合反映和外部表现。良好的形象是行业的无形资产，是行业有形资产得以充分创造价值的必要条件。塑造良好的形象是行业文化建设的必然要求，其本质是建立良好的行业信誉，塑造良好的行业营商环境。

良好的行业道德规范，对内可以化为所有企业和职工的"灵魂立法"，激励他们在善良与邪恶、诚实与虚伪、公正与利己、勤俭与浪费、廉洁与腐败等是非善恶相互对立的道德范畴中，进行正确的选择，对外有助于树立良好的行业形象。

(4) 首都现代零售业的伦理与信用

首都现代零售业的信用是指该行业在市场经济活动中，遵守有关法律法规和约定俗成的社会行为规范，行业内的各家企业信守交易双方当事人之间的正式或非正式的交易契约，交易主体之间采取互惠互利的可持续交易策略。信用是行业的无形资产，能够给行业带来效益，是行业生存和发展所必需的一项资本要素。能在市场竞争中立于不败之地并发展壮大的行业，都具有良好的信用。

任何经济活动都无法脱离经济伦理和道德的文化背景。首都现代零售业的伦理（信用、商誉）是商业理念不可或缺的基本要素，诚信至上，商业才能百年不衰。伦理文化本身的生长环境是有差异的，不同地方的自然、社会、人等因素各有自己的特点，不同地方的伦理文化也各有其侧重。北京零售业必须根据本地伦理道德的生态环境、生长氛围，结合企业实际，构建有北京特色的伦理文化。例如长安商场在首都现代零售业文化建设中独树一帜，积极实施"诚信工程"，育诚信人，兴诚信风，铸诚信魂，在激烈的市场竞争中，既发展了自身的事业，也回报了社会。

(5) 首都现代零售业制度文化与环境文化

首都现代零售业制度文化是指行业价值观、道德观和行为准则的具体化、条例化，是行业文化的组织保障系统。它约束行业成员的行为，维持行业经营活动的正常秩序，集中体现了行业文化物质层和精神层所属成员行为的要求。制度的健全和创新，蕴含巨大的约束和规范力，并能树立行业良好的形象。

首都现代零售业的生产经营环境，直接体现了行业的经营理念。对于首都现代零售业的环境文化而言，第一是商业硬环境，这是指从事零售活动具体的、有形的环境。店容店貌是最直接的商业硬环境。好的商业硬环境，必须符合科学性、合理性、美观、庄重、整洁的条件。第二是商业软环境，指的是一种有利于购物的无形的气氛。这种环境给顾客一种舒适感、美感，能把顾客留得住，使顾客流连忘返。零售业的环境不仅可以提高顾客的满意度，也可以促进经济效益的提高。例如，北京西单购物中心将美的精神奉献给顾客，以"热心、耐心、诚心、爱心"接待顾客，在有限的购物面积之中精心设计、精心布置，形成"环境公园化、灯光舞台化、商品陈列艺术化"，使西单购物中心顾客如潮，在商厦如林的北京别具一格，取得了良好的社会经济效益。

二、首都现代零售业文化建设的重要性

（一）首都现代零售业文化建设对自身发展的重要性

面对知识经济时代的到来、经济全球化的迅猛发展的新挑战，文化建设已经越来越受到首都现代零售业的关注。不重视行业文化，就没有优秀的行业文化，也就没有行业的经营战略和管理哲学，也不会有科学的管理，就更谈不上赶超世界零售业发展的步伐。塑造优秀的行业文化对行业的制度创新、管理创新、战略实现以及打造行业的核心竞争力将会起到越来越重要的作用。

1. 文化是首都现代零售业发展的灵魂

首都现代零售业文化作为该行业所信奉的价值理念，只有成为所有企业共同的信念和行动指南，渗透在每一家企业的灵魂深处并认真践行，才能发挥其应有的作用。因此，从行业的发展规划、布局定位、战略选择，一直到行业从业人员的一言一行，都受到行业文化的影响和统领，最终体现在整个行业的业绩和持续发展的能力上。文化无影无形，却已渗透到首都现代零售业的每个角落，浸润着每一家零售企业，让人随时随处都能感到它的存在。

以蓝岛大厦为例，蓝岛大厦自开业之初就独创了一条"以文兴商"的企业发展之路，并通过自身的经营实践，充分发挥了企业文化对员工的凝聚、激励作用，对企业的推动、导向作用和对顾客的吸引、培育作用，使蓝岛大厦在开业的第四年的销售额突破 13 亿元，位列京城第三，全国第八，成为京城名店。

2. 文化是首都现代零售业制度执行和战略实现的重要思想保证

文化建设、制度执行和战略选择是首都现代零售业发展的三个重要方面，它们相互作用、互相影响，而文化是保证制度执行和战略实现的精神支柱。

文化可以提高首都现代零售企业对行业管理制度的认识和接受程度，为制度的执行提供思想保证。行业管理制度虽然有其自身的制度程序和强制力，但终究必须通过各个零售企业的行动才能实现实际的执行。行业文化通过其内在的渗透力和辐射力，影响着企业的思想观念和对行业管理制度的认识和实际接受的行为，并在企业的生产经营活动中得到体现。同时，行业文化构建了行业发展的核

心价值观，统一了行业内所有成员的意志，使首都现代零售企业自觉主动地贯彻行业发展战略，为行业战略目标的实现提供了思想保证。

3. 文化是首都现代零售业经营管理创新的基础

经营管理创新是保证首都现代零售业持续发展的重要因素，而文化的类型和特质则决定了首都现代零售业能否有效地进行创新。行业文化是行业管理制度和发展战略在行业管理理念上的反映，"不断创新"的价值观能够在首都现代零售业营造良好的创新氛围，使行业的精神能量得到充分的释放和发挥，从而推动首都现代零售业界的经营管理创新。例如，西单商场特有的价值追求体现在经营上就是不断创新，谋求企业更快的发展。正是有了这种"不断创新"的企业文化特质，才使其能够在经营方式和管理手段上不断地创新。

4. 文化是首都现代零售业改善管理、凝聚人心、增强活力的源泉

凝聚人心、改善管理、促进发展是首都现代零售业文化的重要作用之一。行业文化通过对从业人员的习惯、知觉、信念、动机、期望等微妙的文化心理沟通，使他们认同行业共同的道德规范和价值观念，从而形成对行业发展的共同认识和对职业的自豪感，产生一种强大的向心力，使之同心同德，共谋行业的发展，从而使行业发挥巨大的整体优势，改善行业的管理。

作为服务性行业，活力是首都现代零售业发展的重要保证。行业发展活力最终来自于人，只有从业人员的积极性被调动起来了，才能使行业最终充满活力。而人的积极性的调动，往往受其价值理念的支配，从业人员只有在价值理念上认同行业的要求标准，才会有内在的积极性。行业文化作为从业人员所信奉的价值理念，必然会直接涉及行业发展活力，作为行业发展活力的内在源泉而存在。

5. 文化是首都现代零售业行为规范的内在约束

首都现代零售业的管理制度是企业日常运行过程中的行为规范，是行业对企业的外在约束、硬约束，而只有外在的硬约束往往是不够的，特别是对作为服务业的零售业，更应加强内在的软约束。零售业的服务人员如果只是机械地按规章制度为顾客提供服务，便不能把真诚和热情传递给顾客，整个行业的服务水平也就无法提高。行业文化正是通过微妙的文化渗透和行业精神的激励和感染，形成一种内在约束倾向，成为从业的无形准则。

例如，作为首都现代零售业代表的燕莎友谊商城，把尊重顾客、让顾客在消费过程中得到享受作为服务理念，从商品、购物环境和具体的服务过程中都贯穿这一理念，使消费者得到物质和精神上的满足，真正做到了"服务是享受，享受到燕莎"。如此高水准的服务单靠企业的外在行为规范是很难做到的。

6. 文化是首都现代零售业打造核心竞争力的手段

面对越来越激烈的首都现代服务业的市场竞争，首都现代零售业若想保持发展并逐步壮大自己,形成行业发展的核心竞争力是当务之急,即在首都现代服务业中形成"独一无二"、"难以模仿"、"不易被取代"和"独特长久的用户价值"的行业竞争优势。

文化对行业核心竞争力的影响是全方位的,它能明确行业的核心价值观、发展战略和经营策略,明确行业的使命与方向,确定行业如何正确对待顾客,如何以人为本激励员工,如何维护与合作伙伴的关系,如何奉献服务、回报社会,如何创建学习型组织、形成个性鲜明的文化积淀,这些都是首都现代零售业核心竞争力形成、积累的关键所在。

(二)首都现代零售业文化建设对北京社会发展的重要性

21世纪的头20年是北京发展面临的重要战略机遇期,能否抓住机遇促进首都经济社会全面、协调和可持续发展,对于北京全面建设小康社会、在全国率先基本实现现代化至关重要。而首都现代零售业作为北京建设国际化大都市和提升服务经济发展品质的重要力量,作为北京优化居住、旅游环境和对外展示形象的窗口,其文化建设对北京构建和谐社会,打造首善之区,促进精神文明建设都将起到推动作用。

1. 首都现代零售业文化建设是北京打造全国首善之区的需要

北京作为国家首都,是全国的政治中心、文化中心和国际交往中心,承担着"四个服务"(为党政军领导机关服务;为日益扩大的国际交往服务;为国家教育、科技、文化和卫生事业的发展服务;为市民的工作和生活服务)的重要职责,是世界观察、了解中国的窗口。而首都现代零售业正是为市民的工作和生活服务的重要力量,其文化建设也会促进行业服务水平的提升,更好地为市民的工作和生活服务。同时,提高从业人员的整体素质和文明程度,在行业层面构筑了打造全国首善之区的思想基础,从业人员又作为一个个宣传员,身体力行地向他们的服务对象传播着这一思想,更广范围地推动首善之区的建设。

2. 首都现代零售业文化建设能促进行业与社会和谐一致,为北京构建和谐社会做贡献

一个社会是否和谐,一个国家能否实现长治久安,很大程度上取决于全体社会成员的思想道德素质。没有共同的理想信念,没有良好的道德规范,是无法实现社会和谐的。我们正是通过发展社会主义先进文化来不断巩固和谐社会建设的精神支撑,行业文化建设作为社会主义先进文化建设的子系统,在行业层面为和谐社会的建设提供精神支持。

作为掌握一定社会资源的首都现代零售业,通过行业文化建设,将促使行业中的每家企业承担更多的社会责任,形成有号召力和影响力的企业精神,塑造和提升良好的企业形象,从而成为北京和谐社会的一分子;同时,还能提高员工的思想道德素质,培育员工的良好道德规范,增强他们为北京构建和谐社会做贡献的自觉性和主动性。

3. 首都现代零售业文化建设能够促进从业人员的全面发展,并通过他们良好的道德和精神境界影响和优化社会心理

目前,我国正处于经济社会加速转型和发展的关键时期,激烈的竞争、复杂的利益关系和层出不穷的新情况、新问题、新矛盾,使人们的精神世界产生了躁动和不安。

导入人本管理思想是塑造优秀行业文化的关键。首都现代零售业通过人本化的管理,在充分开发人力资源的同时,也从思想道德水平、专业文化素质和精神风貌等各方面促进了从业人员的全面发展,并在他们与所服务的消费者进行深入接触和良好沟通的过程中,把这种优秀的心理基因渗透到更为广泛的社会层面,从而影响和优化社会心理,推动社会健康稳定地向前发展。

4. 首都现代零售业文化建设能够更好地服务公众,辐射社会,促进精神文明建设

从行业文化形态和属性看,行业文化属于亚文化,是社会文化的子系统,是社会主义先进文化在行业层面的具体体现。行业精神文明建设和行业文化建设两者之间是相互联系、相互交叉、相互渗透、相互补充的,在提高从业人员思想道德、文化素质,提升行业文明形象,为行业发展提供精神动力和智力支持方面是一致的。

良好的行业文化建设,能够使首都现代零售业提高从业人员素质,开展文明服务,提高服务质量,正确处理行业与社会的关系,促进社会精神文明建设。

三、首都现代零售业文化发展的现状与走势

(一)首都现代零售业文化发展的现状

1. 首都现代零售业文化发展的基本情况

北京作为中国历史上的七大古都之一,积淀了中华民族几千年丰富的历史文化,哺育了北京商业特有的京商文化。首都现代零售业文化是与首都经济发展紧密结合,反映了首都经济的发展历史,它在首都经济发展的不同阶段有着不同的表现形式。首都现代零售业文化的发展历史可以追溯到18世纪初,在以后长期的发展历程中,经过不断凝练和沉淀,形成了以北京老字号为主要代表的经营理念,即以和为贵,力求稳妥,重视亲情,诚信为本。在中华人民共和国成立后实行计划经济的时代,北京作为国家首都,其零售业文化的发展也深深地打上了时

代的烙印,深受当时政治、经济、文化的影响,"为人民服务"和"保障供给"成为首都现代零售业文化的主要特征。为了便于开展研究,本章以1984年现代企业文化理论引入我国并在首都现代零售业中的学习和运用为基点,将首都现代零售业文化的发展划分为三个阶段:理论引入与认知消化阶段、本土化与广泛应用阶段、国际化与形成差异阶段。

(1) 理论引入与认知消化阶段(1984—1991年)

20世纪80年代初,企业文化作为一种现代管理理论在美国诞生,1984年传入我国。此时,我国正值加快改革开放步伐和经济体制改革初见成效的时期。党的十二届三中全会也是在1984年召开的,会议做出的《中共中央关于经济体制改革的决定》指出,改革是我国形势发展的迫切需要,是为了建立充满生机的社会主义经济体制;增强企业活力是经济体制改革的中心环节;要建立自觉运用价值规律的计划体制,发展社会主义商品经济;商品经济是社会主义经济发展过程中不可逾越的阶段,我国社会主义经济是公有制基础上的有计划的商品经济。随着我国经济体制改革的不断深化和经济的快速发展,首都的商品生产和商品经济也突飞猛进,首都的商贸业逐渐向现代流通业转变,并且在首都经济中发挥着越来越重要的作用。在大力发展商品经济的过程中,首都现代零售业通过对管理体制、组织结构、经营形式等方面进行改革,增强了行业发展活力,提高了对市场的认识,越来越朝着按照市场规律办事的方向发展。随着首都现代零售业管理体制改革的不断深入和企业经营自主权的不断扩大,首都零售业的各家企业对现代企业管理理论、管理思想、管理方法的需求也日益强烈。尤其是首都的国有大中型现代零售业,他们出于加强管理、推进改革和增强凝聚力的需要,在坚持和发挥企业传统的思想政治工作优势的同时,率先对企业文化做出了反应,并把企业文化的理论和方法运用于企业的经营管理中。

因此,企业文化从传入我国之初就受到首都现代零售业的高度关注。不少企业在消化和吸收西方企业文化的理论过程中,便开始进行积极的探索和实践,提出了企业精神、场风店貌、商业文化的概念。例如,1988年,王府井百货大楼首次确定"一团火"企业精神的内涵,具体阐述了百货大楼以及为之不懈奋斗的员工始终坚持的全心全意为人民服务的精神、对企业高度负责的主人翁精神,永不满足的开拓进取精神,以及艰苦奋斗、埋头苦干的实干精神。全聚德秉承"全而无缺、聚而不散、仁德至上"的企业理念,体现了"永远奋进、圆满团聚、诚信为本"的精神内涵。首都零售企业文化的发展促进了行业文化的发展,但总体而言,这一阶段首都现代零售业对企业文化的理解还不够全面,还未能深刻地领会其本质内涵,主要是模仿国外行业文化的一些形式,行业内企业文化同质化程度高，很难反映当时企业的个性，流于形式的比较多。实质上，在这一阶段，首都现代零售业文化的发展主要是和当时国家的经济改革保持一致，受宏观环境中的政治、经济、文化因素影响较大，是计划经济体制向市场经济体制转轨背景下的社会文化在行业中的体现，因而行业文化无论是在突出自己的个性和特色方面，还是在建设的科学性和系统性方面，做得还很不够。

（2）本土化与广泛应用阶段（1992—2000年）

1992年邓小平"南巡讲话"的发表和随后召开的中共十四大关于社会主义市场经济体制改革目标的确立，使我国的改革开放事业和经济社会发展进入一个新的历史时期。要发展市场经济，就必须搞活流通，流通不畅，市场就不会繁荣。因此，加快培育和建设我国统一的大市场就显得格外重要。在这种背景下，首都现代零售业也进入了一个全新的发展阶段，国有现代零售业纷纷进行股份制改革，民营资本和外国资本进入首都零售业，使首都零售业出现了多种经济成分的企业之间的竞争，进一步活跃了首都零售市场，形成了首都现代零售业多元化发展的格局。北京市百货大楼、东安集团、西单商场和友谊公司四个大型商业企业转换经营机制，实行计划单列，与北京市一商局脱钩，组建独立的企业集团。1994年首家规范的综合性超市——物美超市开始营业，是首都最早以连锁方式经营超市的民营企业。1995年家乐福在北京朝阳区开设创益佳店。1999年联邦快递将总部设在北京。首都经济体制改革的深化、市场经济的发展、企业机制的转换，使首都的政治、经济和文化环境发生了根本性的改变，为首都零售业的发展提供了一个千载难逢的机遇，也使首都现代零售业加快了改革和发展的步伐，借鉴国际先进的管理经验、把制度管理与文化管理结合起来、加强文化建设与创新成为大家的共识。

在党的十四大报告中，中央第一次明确提出了搞好企业文化的号召，使我国的企业文化建设和发展进一步受到了全社会的重视。因此，首都零售企业文化加快了发展的步伐，首都现代零售业文化建设也在原有的基础上，呈现出快速发展的新局面。首都民营现代零售企业的兴起，外资现代零售企业的进入，在推动企业产权结构多元化的同时也突破了原有企业文化建设的模式，带来了一种全新的企业文化建设理念，推进了首都现代零售业文化的创新和发展，提高了首都现代零售业文化的建设水平，进一步发挥了文化建设在首都现代零售业经营管理中的作用，扩大了首都现代零售业文化的社会影响，得到了首都现代零售业的经营管理者广泛认同。如果说第一阶段的首都现代零售业文化是嫁接和移植的话，那么第二阶段的首都现代零售业文化则是更大程度上的本土化发展，是结合企业自身特点、根据企业经营管理的实际而提出的高品质文化和精品文化，是注入更多经济因素和经营理念的个性文化。可以说，这个阶段首都现代零售业文化发展的实质，不仅是对原有文化的扬弃，也是为适应市场经济新时代而对文化的创新。首都现代零售业文化的繁荣表现在首都现代零售企业文化出现了"百花齐放、百家争鸣"的新景象。一时间，"同修仁德，济世养生"的同仁堂企业文化，"以文兴商、情义服务"的蓝岛文化，"心诚业精，志在非凡"翠微文化，"物美为家，顾客至上，合作奋斗"的物美文化，"薄利多销，服务当先"的国美文化等，迅速成长为首都现代零售业文化的一朵朵奇葩。

(3) 国际化与形成差异阶段（2001年至今）

2001年北京申奥成功，为首都流通业带来了巨大的商机，提高服务质量、优质服务奥运的目标，必将推动首都现代零售业更加全面、快速的发展。同时，我国加入世界贸易组织，国内市场国际化趋势不断加强，使得首都现代零售业的经营环境、活动范围和竞争对象均发生了重大的变化，流通领域的市场竞争更趋激烈。2002年7月，世界500强商业巨头——英国的百安居、法国的欧尚同时进入北京金四季购物中心。2003年7月，美国沃尔玛在北京的第一家店开业。尤其是2004年12月11日，我国零售业开始对外全面开放，国外大型零售企业加快了进入首都流通领域的步伐，通过兼并或新建等方式以惊人的速度扩张。而且来北京投资的外资企业都是世界现代零售业中的翘楚，规模巨大，实力雄厚，经营理念先进，管理水平高。此外，北京居民收入和消费水平也在不断提高，消费行为更趋个性化、多样化和理性化，这也促使首都现代零售业进行改进和发展自己的营销策略，从而使首都流通业的业态发展呈现出多样化、细分化和差异化的特征。因此，我们认为，外商大量进入首都的流通领域，不仅带来了先进的经营管理模式，促进了首都流通市场的繁荣，也带来了先进的企业文化理念，促进了首都现代零售业文化的多元化发展。

这一阶段，首都现代零售业有良好的产业发展环境，但也实实在在地感受到了来自国外现代零售业的竞争压力和挑战，如何走上国际化经营之路，如何面对全球化的竞争，如何进一步改革和完善企业经营和管理，成为首都现代零售业关注的课题。为此，首都现代零售业把创造新的经济增长点聚焦于行业文化建设上，视文化为促进行业的核心竞争力，加快了行业文化创新的步伐。首都现代零售业把文化建设提到行业发展战略的高度，使之成为行业发展战略的重要组成部分，并将行业文化建设和创新的成果渗透到行业生产经营管理的过程中，成为统领行业经营管理的核心与灵魂。在这一阶段，首都现代零售业文化更多地表现出有容乃大、海纳百川的特点，学习国外先进的文化，从本历史传统、行业特点、产品特色、服务对象、员工素质以及北京的地理环境和资源环境出发，培育出既别具一格又具有时代特征的行业文化,比如学习型组织、育才型领导、绿色经济、战略同盟、追求双赢、竞合发展、关心员工等理念。2004年北京金源新燕莎MALL的开业,在借鉴国外购物中心(shopping mall)经营管理模式的基础上,提出了提供全方位服务,"生活从此改变"的经营理念,是首都现代零售业文化国际化的一种综合体现。2008年北京奥运会的成功举办,进一步促进了首都现代零售业繁荣和发展,提高了首都现代零售业国际化和差异化程度。

2. 首都现代零售业文化的特点

(1) 与时俱进,创新成为首都现代零售业文化建设与发展的主流

创新是行业发展永恒的主题,是铸造行业核心竞争力,保持基业常青的根本途径。与时俱进,不断创新是文化建设的应有之义。首都现代零售业文化创新是推进首都现代零售业重组、业态归并和整合的基础工作,是推进行业精神文明建设的重要实现形式和主要成果。面对经营环境不断地变化,首都现代零售业提出主动创新理念,以适应新形势新任务的要求,以市场为导向,以顾客为中心,坚持与时俱进,转变思想观念,创新行业文化,推行人本管理和人性化服务,使首都现代零售业的文化管理水平不断提高。例如,王府井百货大楼的"一团火"精神有了新的诠释,被注入新的时代内涵,从当年的"拿递一抓准,算账一口清",到今天的"知识型、智能型"服务,服务的理念和方法都在不断延伸。首都现代零售业在开展文化创新、推进文化管理的过程中,为顾客提供了低成本、高效率的服务;提供便利顾客的服务,增加了贯穿于服务全过程的人文关怀;推进流通管理现代化,实现电子商务与店铺经营的整合,不断扩大和深化行业的市场基础,增强行业竞争优势,提升了行业的核心竞争力。

(2) 承前启后,传统京商文化和首都现代零售业文化有机整合

和气生财、规矩本分、精益求精、海纳百川、以天下兴亡为己任等传统京商文化源远流长,朴实无华,经过千锤百炼,在当今社会独树一帜,富有北京地方文化色彩和独特的吸引力,具有巨大的亲和力与凝聚力。首都现代零售业文化创新不可能平地而起,必须根植于首都传统商业文化之中,以行业的发展历史和文化传统为基础进行提炼和升华。首都现代零售业文化创新,如果不与传统京商文化相结合,就成了无水之源,就不能形成具有首都气质与风格的行业文化。首都现代零售业文化的发展,始终坚持承前启后、整合传统京商文化和现代商业文化的原则,一方面从首都现代零售业文化建设的要求出发,对传统京商文化进行认真科学地分析,严格审慎地选择,从中找出优秀的文化基因;另一方面把知识经济时代的科学精神、商业精神、人文精神、知识创造价值的理念以业界应有的法律意识、社会责任意识等现代理念,注入首都现代零售业文化,从而使首都现代

零售业文化在继承、发展与创新的过程中形成了自己的特色，体现了首都现代零售业文化发展的逻辑和历史的统一、传统与时代的结合。久负盛名的北京老字号，如内联升、瑞蚨祥、稻香村、张一元、全聚德、同仁堂等能在经济改革和国际化的浪潮中生存下来并不断发展壮大的原因，就是这些百年老店通过建设传统与现代相结合的企业文化，增加了企业的魅力和经营活力。

(3) 以客为尊，顾客价值中心论渗透到首都现代零售业的经营管理中

首都现代零售业文化是体现以顾客价值为主导的行业文化，依靠精细管理提升以客为尊的服务文化，通过不断提升服务品质为顾客创造价值，通过赢得顾客的满意和忠诚来实现自身的价值。今天的首都现代零售业界已经越来越认识到，得人心者得天下，赢得顾客才能赢得市场；只有心系顾客，按照顾客需求提供他们欢迎的优质产品和服务，提高商品配送速度和效率，加强销售服务的信息化和便利化，才能最终赢得顾客的青睐。

随着北京居民消费水平的不断提高和闲暇时间的增多，其消费也由生存型消费向发展型与享受型消费转变。为此，首都现代零售业界能够顺应潮流，秉承"顾客至尊，超越期望"的经营理念，并将其渗透到企业的经营管理中，教育员工接受与认同这种理念，并以此转变员工的服务观念，规范员工的行为。为了创造更大的顾客让渡价值，首都现代零售业在商业设施、交易方式、服务措施等方面采取更加方便顾客的办法，通过运用娴熟的商业服务技术、营造宜人的购物环境、设计精美的商品陈列、保持合理的存货、提供超低售价的商品、报以热情温馨的微笑、方便外宾的双语服务等，使顾客着实感受到了应有的尊重和人与人之间美好的感情。例如，大中电器在为顾客提供低价位商品的同时，还实现了店面形象统一，店内购买点（POP）海报悬挂统一，工作人员着装统一，各店销售区域规划整齐有序、遵循共同服务规范，使顾客不仅能买到称心如意的商品，还能感受到强烈的文化氛围与家庭般的温暖。

(4) 重德守信，首都现代零售业的社会责任意识不断增强

重德守信的理念在首都现代零售业文化中占有重要的地位，是首都现代零售业十分重视的一种基本的商业行为规范。诚信被认为是现代零售业最大的无形资产。首都现代零售业界以全方位的诚信理念和真诚、公正的商业精神指导经营活动，做到了货真价实，买卖公平；诚信为本，童叟无欺；合理合法，理性竞争。首都现代零售业界的价值观念也发生了新的变化，由过去追求企业利润的最大化转向追求企业社会责任的落实，把社会责任当作社会资本对企业的投入，认为市场环境的改善、贫困的减少与社会的和谐是一个企业立于不败之地的基础。当商业利益和社会利益发生矛盾时，企业能崇尚以义取利，不取不义之利。首都现代

零售业立足于长远,把对国家、社会和顾客的责任感贯穿于生产经营全过程,积极纳税、拉动所在社区的就业、带动首都相关产业发展、支持社会公益事业,实现了经济效益和社会效益双赢的目标。例如,物美集团在整建制的过程中接收国有企业、大量安置国企职工,就体现出了强烈的社会责任感。在2003年北京非典型性肺炎肆虐时期,物美集团更是充分发挥了大型骨干现代零售业稳定市场、保证供应、平抑价格、安定人心的零售网络主渠道作用,开展了捐款捐物、卫生防疫、善待员工、坚守岗位等系列活动,体现了民族企业在国家最高利益面前的义无反顾和勇于承担社会责任的良好形象。

(5) 注重形象,首都现代零售业的竞争策略日趋理性化

行业形象是社会公众对整个行业的总体印象和整体评价,是行业文化的重要组成部分。良好的形象是行业发展的无形资产,是行业有形资产充分发挥作用、创造更大价值的必要条件。对于连接生产者和消费者的现代零售业而言,培育和塑造外部良好的形象有利于行业的生存和发展。现代零售业塑造良好的形象是行业文化建设的必然要求,也是行业形成良好商誉、实现可持续发展的必然选择。首都现代零售业界十分重视企业形象建设,许多企业系统地导入了企业识别系统(Corporate Identity System,CIS),实现了理念识别、行为识别与视觉识别的统一,塑造了富有文化内涵、具有鲜明个性的企业形象。

首都现代零售业界在塑造良好形象的同时,也开始关注和实践行业文化倡导的理性竞争理念。越来越多的企业认为,企业持续的竞争力来自为顾客提供最好的产品、最低的价格和最佳的服务,而采取不正当竞争危害竞争对手的做法会破坏市场秩序,造成两败俱伤。因此,首都现代零售业的竞争日趋理性化,业界反对你死我活的恶性竞争和无序竞争,越来越通过挖掘企业自身在产品、服务、价格、信用、形象等方面的比较优势来提升自己的竞争力,越来越通过比竞争对手做得更好、更精、更具特色来形成自己的竞争优势。

(6) 开放融合,吸收和借鉴国际大型现代零售企业优秀的企业文化

北京居民收入的不断增加所形成的市场潜力,使越来越多的外商进入首都零售业,他们在带来先进经营理念和管理模式的同时,也带来了对首都现代零售业界原有企业文化模式的冲击。为此,首都现代零售业以发展的眼光、开放的姿态和海纳百川的胸怀,坚持"以我为主,为我所用"的原则,博采各国企业文化之所长,在引进、学习、研究、消化的基础上,吸收和借鉴国际大型现代零售企业优秀的文化,不断增强文化的吸引力和感召力,在包容、开放中实现了与国际现代零售业优秀文化的对接,完成了自身文化的创新与超越。首都现代零售业文化的开放融合、多元和谐,使首都零售市场出现了有序竞争、繁荣发展的新景象,

西单商场、王府井百货大楼、翠微大厦、物美集团等本地现代零售企业与落户北京的沃尔玛、家乐福、欧尚、百安居等国外品牌现代零售企业新一轮的竞争蓄势待发，企业间的文化借鉴与创新仍将持续进行。

(7) 落地生根，首都现代零售业文化越来越融入业界的经营管理中

首都现代零售业文化要发挥导向和凝聚的功能，就必须根植于业界的经营管理中，必须在制度体系以及具体的工作细节中得到落实，必须在管理者的行为和员工的服务中得以体现。也就是说，文化只有回到实践中，得到行业从业人员的广泛认同和有力执行，实实在在地变为每一个人的行为，才能发挥其作用，才能转化为生产力。当前，首都现代零售业越来越注意把文化融入业界的经营管理中，落实在产品和服务中，体现在最后形成的经济效益中。为此，首都现代零售业一改过去文化与管理两张皮的做法，许多企业将文化理念融入企业的规章制度、工作流程与工作规范，将企业的价值观转化成具体的行动步骤、内化为员工的思维方式和行为习惯，贯穿到提高顾客满意度、进行员工绩效评价等各项经营管理决策中，并对所有企业行为进行规范和引导，从而使企业文化在强有力的执行系统中发挥了应有的作用。金源新燕莎"以情服务、用心做事"的企业理念和"务实高效、开拓进取"的企业精神，通过系统的"企业理念培训"、"岗位培训"、"管理干部培训"，把企业文化通过潜移默化的教育转化为员工自觉的行为规范，利用企业的形象识别系统和举办各种文化活动使企业文化有了植根的土壤。

(二) 首都现代零售业文化发展的趋势

1. 进一步突出以人为本的价值观

面对我国零售业全面开放的局面，首都现代零售业若想在激烈的国内外市场竞争中发展壮大，需要进一步突出"以人为本"的价值观。人是首都现代零售业发展最大的资源和财富，先有满意的员工，才会有满意的顾客，才能真正实施以顾客忠诚为目标的长远发展战略。目前，首都现代零售业界已将"以人为本"的价值观作为行业的经营管理理念，将员工切身利益和自身发展视为文化建设的重要环节，并采取切实有效的措施全面促进人的发展，使员工把个人的事业融入到所在企业的事业发展中。随着首都现代零售业文化建设的不断发展，这种一切从人出发，着重调动人的积极性、主动性、创造性的思想观念，在行业文化建设中将会愈发突显。

2. 进一步强化以顾客为中心的经营理念

作为销售终端的首都现代零售业，以正确的方式对待顾客将成为各零售企业的制胜之道。因此，零售业文化的发展趋势必将是进一步强化以顾客为核心的经

营理念，企业也将凭借良好的顾客关系在竞争中拔得头筹。各种零售业态通过提供符合顾客需求的个性化商品与服务，创造最佳的全面顾客体验，促使顾客情愿消费，并利用口碑效应不断招揽新顾客的加盟，使零售业务蒸蒸日上。

3. 进一步加强服务文化建设，强调为顾客创造价值的观念

首都现代零售业的服务意识已渐成熟，在实际操作中能否通过服务为顾客创造更多的价值，在一定程度上决定了自身的竞争力。周到细致的信息服务、导购服务，态度友好、尽职尽责的售后服务，都能降低顾客的购物成本，增加对顾客的吸引力。北京零售业界应根据顾客让渡价值的理论，从完善商品采购、服务质量、人员素质、形象建设几个方面提升顾客总价值，从降低商品价格和顾客的精力成本、时间成本几方面降低顾客的购物成本，使他们获得更高的顾客让渡价值，从而提高顾客的满意度，建立顾客忠诚。具有长远眼光的企业应不断地优化配置其技能和资源，为顾客提供优于竞争对手的更高的商品附加值，从而获得竞争优势。

例如，北京颇具发展潜力的便利店，在进一步加强服务文化建设方面存在更大的空间。通过提供大型超市所缺乏的更加个性化、更加细心、更有人情味的便民服务，建立与顾客的亲密关系，赢得社区居民的好感，从而在与其他的零售业态的竞争中形成自己的特色。

4. 更加注重团队精神和共同价值观的培育

在日益重视员工个人发展的同时，团队精神和共同价值观的培育也将成为今后首都现代零售业界文化建设的重要课题。团队建设在全球企业界已蔚然成风，作为北京零售企业这个具有全国示范作用的重要群体，势必要在团队精神建设方面大力投入，通过构建学习型企业，改善心智模式，建立共同愿景来引导团队成员一起学习、成长、超越，使团队形成系统思考能力和强大执行力，创造不断成长的业绩；通过培育和确立企业员工认同的价值观，指导建立企业生产经营活动的宗旨目标和行为规范，以顺应市场环境的发展变化。

5. 更加注重文化管理的作用

文化管理主张以"以人为中心"，首都现代零售业的生命力在于从业人员主体积极性的发挥；主张建立一种理性与感性交融的柔性管理，既有助于消除从业人员在制度硬性管理下所形成的被动服从的消极心态，又利于促使他们在共同价值观指导下形成一种强大的自我控制和约束力量；主张更开放的经营观，将行业视为开放系统，强调以"顾客为中心"，强化了行业与社会的政治、经济和文化的联系与调节。当首都现代零售业将文化管理与制度管理相结合时，其生存和发展的能力便能得到更高水平的发挥。首都现代零售业管理需要制度与文化的"双

向突破",把文化管理与制度管理有机地结合起来,建立文化管理发挥作用的体制和机制,创新文化管理发挥作用的模式。

6. 更加注重诚信的树立

北京处在我国市场经济发展的前沿,首都现代零售业界已经认识到信誉是能够为行业带来丰厚利润的无形资产,只有以诚信为立业之本,经历长期的市场考验,才能在激烈的竞争中赢得消费者,从而赢得可持续发展的市场格局。面对消费者的不断成熟和消费者权益保护立法的不断完善,首都现代零售业正在继续完善信用机制,构建以诚信为本的行业文化。

7. 更加注重行业形象的建设

行业形象是行业文化的综合反映,是行业价值观、行业精神的外在表现;是行业精神文化、制度文化、物质文化的合成力量。它作为首都现代零售业参与市场竞争的重要无形资源,在行业的发展中占据重要地位。良好的行业形象,对所属企业是一种支持,是行业信誉的保证,可增强行业内部凝聚力,增强行业竞争力。鉴于此,首都现代零售业会在已有的形象建设的基础上,进一步提高行业的技术力、产品力、销售力和文化力,实现行业内部形象和外部形象的全面整合,进一步打造一流的行业形象。

8. 更加注重供应商、零售商、顾客"三方共赢"的理念

在"既竞争又合作"的时代,企业单纯追求自身利益很难获得长远利益和长久发展,市场环境要求零售商与供应商协同合作来满足顾客的需求。因此,首都现代零售业深化供应商、零售商、顾客三方共赢的理念,有助于价值链上的各家企业建立彼此信任以实现有效的合作。目前关于进场费问题是供应商和零售商关系争论的焦点。付不起费用的供货商无法将产品摆上货架,新产品开发受到抑制,由此限制了消费者的选择权;否则便将加价转嫁到消费者的购买价格中。如此下去的后果是导致零售价格上涨,或商品质量和服务水平下降,无疑都会损害消费者权益。为了遏制这种情况,首都现代零售业应该用先进的科技,做好物流成本控制,同供应商和顾客做好信息沟通,以实现三方共赢的局面。

9. 外资零售商与中资零售商之间在文化上产生冲突和借鉴

近年来,首都现代零售业文化的发展有一个明显的发展趋势,就是外资零售商与中资零售商之间在文化上产生冲突和借鉴。中外各异的文化传统决定了企业文化的差别:中方重人治,重动机,提倡集体意识,用共同的情感联系及价值取向形成企业的内聚力;西方重法治,重效果,提倡自我支配与发展,内聚力为物质利益和需求的满足。

外资零售企业文化强调启发人的自觉性、主动性,强调尊重人、相信人,对员工的培养因人而异；充满积极进取的竞争意识；重视创新和学习型组织的建设。我国零售企业在这些方面略显欠缺，应积极借鉴和学习。我国崇尚集体利益和国家利益，强调对社会的义务和责任。相比之下，西方传统讲求的个人自由与个人利益也暴露了弊端。首都现代零售业文化的建设，既要注意吸收我国优秀的传统文化和我国零售商文化建设成功的经验，也要注意借鉴外资零售商文化建设成功的经验，走出一条有自己特色的、适合于自己的文化建设之路。

10. 外资零售商进驻北京后进行文化的适应与变革

外资零售商以往的傲人业绩离不开其独具特色的企业文化，在进驻北京市场后，企业文化的本土化更不容忽视，因为文化的融合性在很大程度上决定了外资企业能否再续辉煌。

人才本土化是比较有效的适应方式，另外，遵守北京相关法规和政策，对北京市的经济社会发展作出贡献，积极融入首都现代零售业的行业发展中，充分调查研究北京消费者的偏好与消费习惯，研发立足于当地，管理方式向中国文化的"人情味"靠近，外方管理人员加强对北京文化的学习和了解等，都对外资零售企业文化本土化的成功起到了促进作用。

宜家家居最初在北京本土化问题上的探索，沃尔玛的本土化适应与家乐福相比稍显不足等事实，证明了外资零售商文化的本土化并非易事。当然，文化的适应和变革不能急于一时，应在未来漫长的探索与学习道路中不断地完善。

四、首都现代零售业文化建设和发展中存在的问题

行业文化的影响是深远的，决定行业文化建设的因素是细微复杂的。首都现代零售业文化建设还不能满足行业发展的要求，存在各种问题。如今，北京越来越激烈的市场竞争又要求首都现代零售业充分发挥行业文化的功能，利用文化建设和文化管理来提升行业竞争力。所以，北京现代零售业要认真研究行业文化建设中存在的问题，并进行有针对性的整改。首都现代零售业在文化建设和发展中主要存在以下问题。

（一）文化的个性和北京特色不突出

行业文化是在企业发展的基础上产生的，同时良好的企业文化又是行业发展的原动力。在首都现代零售业界，一部分企业规模较小，没有形成自己的企业文化，还没有意识到企业文化对于企业发展的重要意义；一部分企业具备了一定的规模和市场能力，也提倡建设企业文化，却在文化内涵上千篇一律，没有特色。如百货业主要是"顾客至上，服务第一"，超市主要是"低成本、低价格"，这些本是零售业的共有文化，同质性强，缺少企业自己独特的个性。而对于企业文化

内涵的提炼应该突出个性，不求其全，但求其特，这样才能区别于同类企业，树立本企业特有的企业形象。

北京有悠久的文化传统和深厚的历史积淀，有着地域文化的特点和浓郁的风土人情。同时，北京作为首都其文化也体现了国家和民族的文化理想和精髓。首都现代零售业文化虽然成型于行业文化的发展与积淀，但也要与民族和地方的优秀文化相结合，只有符合社会价值观念，结合地方特有文化建设而成的行业文化，才能得到社会更广泛的认可，才能在消费者心中树立良好的形象并取得应有的地位。地处北京的零售业文化，缺少北京特色的文化魅力和文化底蕴，并没有借助北京作为全国"首善之区"的地缘优势来提升行业的文化竞争力和形象。这种缺少地方特色的行业文化是狭隘的，不能起到用文化体现恒久形象的作用，无法发挥文化潜在的强大功能。所以，首都现代零售业界要充分认识到文化建设对于行业发展的重要意义，更要致力于建设有个性、有北京特色的首都现代零售业文化。

（二）战略性规划和系统性管理不够

行业文化建设是一个知识含量很大的系统工程，需要多层次的管理，需要战略性的规划。制度与文化是紧密相连的，科学的行业管理过程就要把制度管理和文化管理很好地结合起来，要从战略的高度给予重视，统筹规划。在首都现代零售业界，很多企业管理者对于企业文化的建设缺乏战略性规划，缺乏文化管理的层次，存在重制度、轻文化的现象。他们认为与有形的制度相比，文化太虚化、太无形，所以更关注企业的制度层面、物质层面，忽视了精神层面和执行层面，忽视了对于执行制度的人的关注和理解，忽视了企业文化对人在执行制度时的心理、态度、行为方式等的影响。因为对企业文化的管理缺少战略性和系统性，导致一些企业中的制度僵化，执行力不佳，企业文化没有渗透到企业经营管理的各个环节，制度与文化不能相互促进；同时，企业文化建设也没有与企业发展的各项战略相互适应。所以，如果企业文化不能帮助企业发展并实现其战略目标，那么文化的建设也就失去了原有的意义。

（三）脱离经营管理实际，缺乏针对性和有效性

在首都现代零售业界，有的企业文化手册很华丽，理念很时髦，但企业的经营管理和员工的行为水平却很低，企业文化与管理、经营定位、员工素质脱节，造成"文化虚脱症"。例如，有的零售企业本应瞄准中端消费者，却以高高在上的姿态示人，既不能吸引高端消费者，也吓跑了中端消费者；零售企业中有相当一部分员工的文化程度不高，而有的零售企业的企业文化比较泛化，没有结合本企业的竞争优势，企业文化手册中语言"玄学化"，仅停留在时髦的口号或深奥

的词汇上。这种与实际脱节的企业文化不能形成文化推动力,甚至造成了企业制度、经营管理等的低效率,形成文化与制度、文化与管理之间的内耗。

这些问题表明,首都现代零售业界对于文化建设的实质和文化如何发挥作用的内在机制理解得还很不够。首都零售业文化建设是一个"实践、认识、再实践、再认识"的循环过程,企业不能只引进文化管理的形式,而对文化的内涵、实质及适用条件等缺乏认真细致的研究和认识,不能忽视企业文化与社会文化的关系、企业文化与企业管理的关系、企业文化的表层形式与企业文化的实质效用的关系等问题,否则,企业文化就难以在实践中发挥作用。

(四)注重形式,缺乏创新,不能与时俱进

随着北京买方市场的不断发展和深化,消费观念和市场环境的不断变化,消费需求呈现多元化的趋势,使消费者成为主宰市场的主要力量。因此,首都现代零售业已不仅仅是生产和消费之间的桥梁和渠道,还起着开发需求、引导生产的作用。同时,随着北京本土零售企业的迅速扩张和外资零售企业的大举登陆,零售业在北京市场上的竞争将会越来越激烈。这都要求零售业文化建设从形式和内容上进行创新,以适应市场发展和新的消费需求,充分吸收社会先进的文化成果,形成对行业发展的持续推动力。

然而,在首都现代零售业界,有些企业的文化建设流于形式,没有内涵,缺乏层次,跟不上市场和环境的变化,不能适应消费的潮流,缺乏创新,甚至很多管理者认为举办一些活动就是文化建设了。而且,比较对管理创新、技术创新、制度创新的投入而言,管理者对于文化创新的认识不够,没有认识到文化创新也是企业创新的重要组成部分。因此,如果首都现代零售业仍然只注重文化建设的形式,就等于抽掉了文化的灵魂,缺乏创新精神的文化也不会持续推动行业的发展。

(五)文化建设与学习教育脱节,作用发挥不够

中国企业家调查系统在"2005年企业文化现状与问题"的调查报告中指出,企业文化建设的主要困难是缺乏良好的内部共识和内在动力。这个内部共识和内在动力主要体现在企业员工对企业文化的理解和认识上,如果对员工的企业文化教育不到位,在企业遇到一些困难和外部干扰时,就不会有价值理念形成的内部合力,员工会表现出浮躁和不安。这种浮躁和不安再传达给消费者,就会对企业造成很大的不良影响。

在首都现代零售业界,很多企业在文化建设上存在重建设、轻教化的倾向,没有发挥文化对人的引导作用,也没有一些有效的文化教育形式增强全体员工对企业价值理念的认识和理解,企业文化没有起到增强凝聚力的作用。另外,在企

业文化建设上没有做到"以人为本",没有很好地关注和掌握员工的需求状况和不同特点。这些问题的存在,都使得企业不能有效地调动全体员工的主观能动性和创造性,无法在文化建设上形成内部共识和内在动力。

(六)文化建设"清谈化",管理与执行脱节

在首都现代零售业界,把文化建设落实到行动上还存在一定的差距,在文化建设上存在管理与执行脱节的问题,企业管理层对于自己制定的企业文化高谈阔论,却无法与员工产生共鸣,执行与落实无法达到预期目标。有的管理者虽然口头上讲文化建设,在实践中却还是一派官僚作风,违背了文化管理的实质性要求。产生这种现象的原因主要是在文化建设中没有建立起民主沟通的管理氛围,没有把文化的实质内涵贯彻到执行层面上。没有民主沟通,就不能激发员工参与,员工仍然是"被动者"的角色,他们可能会对文化的实质内涵不理解、不认同,这样就不会有好的执行力。

五、构建具有北京商业特色的零售业文化

(一)政府主管部门要加强对首都现代零售业文化建设的支持和管理

1. 制定首都现代零售业文化发展规划,支持和加强首都现代零售业文化建设

在市场经济条件下,行业的发展和行为仍离不开政府的支持与引导,首都现代零售业文化的建设也不例外。为提倡、鼓励、建设和发展首都现代零售业文化,建议政府零售业主管部门要适应首都现代零售业发展的要求,建立统一、高效、权威的管理机制,根据首都现代零售业发展的需要,成立专门的机构,加强政府对全市零售业文化建设的管理;借鉴国际经验,通盘考虑,制定首都现代零售业文化整体发展规划,提出宏观的、指导性的意见,避免首都现代零售业文化盲目、无序的发展,促进企业文化健康、持续的发展;建立首都现代零售业文化发展政策的政府协调机制,协调各部门对发展首都现代零售业文化的支持;聘请有关专家,建立首都现代零售业文化发展与建设专家委员会,为政府指导首都现代零售业文化建设的重大决策提供相关咨询服务。

2. 首都现代零售业要继承和弘扬北京商业优秀传统的行业文化

经过多年的发展,北京零售业形成了许多优秀的传统文化,取得了丰硕的成果,如"以人为本、天人合一、义利相宜、诚实守信、勤劳俭朴"的义利精神;"炮制虽繁必不敢省人工,品位虽贵必不敢减物力"的同仁堂信条;"绸缎在苏州定织,毛皮要张北的头水货"的瑞蚨祥质量信念;王府井的"一团火"精神;蓝岛大厦的"一片情"意识,精益求精、追求完美的敬业精神等。这些不仅是北京

零售业的精神财富，也是一笔巨大的社会财富，在市场经济发展中仍然具有强大的生命力。对此，建议政府主管部门引导首都现代零售业对传统文化进行正确的取舍、吸收、重建，深度挖掘其中的合理内核，继承和弘扬北京商业优秀的传统文化，加快北京流通经济和首都现代零售业文化的发展进程。

3. 首都现代零售业要根据北京城市功能定位的要求和消费市场的特点，确立首都现代零售业文化的特质

2005年1月，国务院常务委员会通过了《北京城市总体规划（2004—2020年）》，将北京定位为"国家首都、国际城市、文化名城、宜居城市"。目前，北京市正在努力建设"人文北京、科技北京、绿色北京"，这是北京落实科学发展观的战略任务，也是新时期首都发展的基本方向。伴随这一进程，北京日益完善的城市功能和良好的城市环境优势将转化为商务优势、贸易优势，为北京带来更多的购物、休闲、旅游、会展、洽谈等商机，形成越来越大的商流、物流、客流、资金流和信息流，促进了首都现代零售业的进一步发展。同时，从全国来看，北京属于经济发达地区，收入水平较高，是全国性的大市场，也是层次高、有内涵、商品丰富的市场，引领着国内消费的发展方向。当前北京城乡居民消费全面进入了结构升级的新阶段，正由生存型消费向发展型、享受型消费转变，消费者越来越追求高品质、实用性、个性化的产品和服务。北京居民消费结构的升级，为首都现代零售业扩展市场、扩大规模、保持较快的增长速度提供了有利条件。对此，政府有关部门要引导首都现代零售业根据这些新形势确立具有北京地方特色的行业文化。

4. 评选和表彰首都现代零售业文化建设先进单位，创造促进首都现代零售业文化建设和发展良好的舆论氛围

在首都现代零售业树立一批企业文化建设先进典型，不仅有助于提高首都现代零售业经营管理水平、服务质量，加强企业诚信建设，规范市场经济秩序，而且还会对首都现代零售业文化建设与发展起到积极的作用。对此，要立足全市零售业文化建设的实际，严格评审条件，树立一批公众认可，内容健康向上，形式活泼多样，运作规范，文化特色突出，凝聚力、竞争力强的企业文化建设示范单位。通过树立先进典型，发挥示范作用，促进首都现代零售业文化建设不断向前发展。最后形成企业家倡导、弘扬、实践，广大零售企业积极参与，全社会重视的首都现代零售业建设大环境。

（二）政府主管部门要引导首都现代零售企业加强文化建设，充分发挥企业文化的作用，以促进首都现代零售业文化的建设

首都现代零售业是由众多零售企业组成的现代服务性行业，首都现代零售企业文化建设的水平与企业文化作用的发挥，直接影响着首都现代零售业文化的建设和发展的水平。因此政府主管部门要从以下几个方面引导首都现代零售企业加强文化建设，以促进首都现代零售业文化的建设。

1. 引导首都现代零售企业把文化建设和管理纳入企业的战略管理系统予以重视

首都现代零售业企业应从战略角度加强企业文化意识，把企业文化建设和管理纳入到企业的战略系统予以重视。企业文化犹如一把总钥匙，启动着企业管理的各个方面，使企业的一切活动都始终围绕着企业目标运行，并努力为实现企业目标做出贡献。优秀的零售业文化应注重通过各种文化手段建立一种管理模式，即用正确的价值观指导员工行为，用良好的行为规范保持企业的运行秩序，用独具特色的经营理念弘扬企业的宗旨，用诚信的形象提高企业的市场占有率。零售业文化要在企业员工中倡导和营造一种积极健康、活泼和谐的精神氛围，对企业的各方面的工作起到良好的推动作用，体现企业文化的价值。

2. 引导首都现代零售企业根据其市场定位和目标确定企业文化建设的定位和目标

企业的定位和目标是企业生存和发展的基础。企业文化是企业改革和发展的思想源泉，它渗透在企业经营管理目标实现的全过程。企业文化的定位与目标是以企业的市场目标和定位为基础的。例如蓝岛商场作为一家百货店，强调的是"亲和"，是"营造温馨的环境文化"，其场内的每一类商品，都有一条文化用语与之相对应。如箱包："一箱一包都是情，天涯海角伴君行"；香水："让芳香渗透您的全部生活"；摄录像机："摄取美好生活，留住美好回忆"等，让顾客感到处处充满温馨与欢乐。所以零售企业要根据企业的市场定位确定企业文化的内容，使企业文化的目标和企业的经营目标相一致。

3. 引导首都现代零售企业根据其发展所处的历史阶段和实际情况确定企业文化建设的层次，加强企业文化与员工的互动，确保实效

零售企业在不同的发展阶段对企业文化的认识和反应会有所不同。对于新兴的零售企业，在创业期就要注意企业文化要素的积累，在发展期就要逐步形成具有凝聚力的企业精神，这是企业文化建设的第一步。而后，企业会进一步发现企业文化的价值，邀请专家对企业文化进行系统总结和提炼，有的企业会自行总结企业文化，去伪存真，系统地塑造企业文化，并找到保持企业文化的对策，这是

企业文化建设的第二步。企业文化形成后，对员工进行教化，使企业文化的核心理念融入到员工的思想意识里面，这是企业文化建设的第三步，是确保企业文化能够发挥作用的关键。对于传统的零售企业，则要发扬企业文化中优秀的因素，加强与员工的互动，确保实效。

4. 引导首都现代零售企业把企业文化建设与企业管理紧密结合起来，使之深深扎根于企业管理的土壤，实现文化管理和制度管理的互动

企业文化建设是零售企业经营管理的重要内容，零售企业注重员工与顾客的管理，应该把企业文化的核心内容如企业精神、经营理念贯穿经营管理的方方面面，在加强企业文化建设的同时，更要加强企业的科学管理，讲求企业文化与企业管理的有机结合，让文化融入管理。管理与文化，本身就是对立统一、一实一虚的关系，文化讲求氛围和心理契约，管理则讲求制度和外部规范，但这两者必须有机融合，文化中有规范，规范中有文化，文化离开管理的方法和策略会成为空中楼阁，管理离开文化的指导会失去灵魂与方向，注定无法成为卓越的企业。因此，把优秀的文化理念转化为零售企业的各项制度、流程、员工的日常行为，并与考核、培训等结合起来，才能真正形成执行文化。

5. 引导首都现代零售企业在进入新的发展阶段时对企业文化进行再造，处理好传统继承与创新的关系

美国著名企业文化专家沙因指出：在企业发展的不同阶段，企业文化再造是推动企业管理前进的动力，是企业发展的灵魂。而世界500强企业胜出其他公司的根本原因，就在于这些公司善于给他们的企业文化注入活力。对于传统的零售企业，在企业发展进入到新阶段时，对于企业文化优秀的基因必须继承和发扬下来，同时要不断地创新。对于现代的零售企业，要建立与时俱进的企业文化，不断适应新的市场环境。一个优秀的企业文化应该是学习型的文化，是融入到企业的具体实践、得到全体员工认同的不断推进企业管理的再造进程，能够促进经营机制的转变和干部、人事、分配制度的改革，并能与企业发展相协调、相统一、相促进，在实践中不断汲取营养，在实践中不断得到强化，形成富有企业特色、具有生机和活力的文化竞争力。

6. 引导首都现代零售企业把企业理念和核心价值观作为企业文化建设和企业核心竞争力形成的关键予以重视

企业理念和核心价值观是影响个体和组织行为的内在因素，是企业共有价值观和员工个人价值观的统一。企业文化建设的目的就是塑造企业的理念和核心价值观，从而形成核心竞争力。首都现代零售业文化建设要塑造企业的理念和核心价值观，以规章制度、行为准则、道德操守等形式，约束职工的行为，并形成一种强大的约束力量，形成企业的核心竞争力。与传统的强制性约束不同的是，这种约束是建立在企业职工自觉的基础之上，主要是自我约束，因此更为持久，更为有效。

7. 引导首都现代零售企业高扬人本主义旗帜，建立人本管理的企业文化

人都是具有主观能动性的，员工是否主动参与企业的经营管理，是决定员工是否以企业的发展、企业的繁荣作为实现自我价值的关键。北京零售企业要把企业文化扩展到"以人为本"的育人层次，并立足于创建培养员工"自我实现"的企业环境，积极引导和提升员工价值观向更高层次发展，从而形成一个具有崇高价值观的团队，提高员工的凝聚力和战斗力，增强综合竞争能力，发挥以文化占领市场、以文化赢得顾客、以文化实现管理的风格和魅力；树立形象，创造理想工作环境，从而留住人才，进而赢得顾客；通过开展各种活动，创设各种环境，制定激励制度，把敬业精神、团队协作、职业道德、毅力品格、工作态度、行为规范等都纳入到员工的素质教育中去，进一步激励员工积极参与企业管理，增强服务意识，热爱自己工作，自觉地学习、思考、实践、创新企业文化。

8. 引导首都现代零售企业把企业家的战略思想和员工的精神追求、人性需求作为企业文化创新的源泉，努力形成原创性、个性化的企业文化

个性是企业文化的特征之一，没有个性的企业文化就没有生命力。企业文化有没有特色，反映了这个企业是否真正重视企业文化建设，是否真下了工夫建设企业文化。企业文化不能模仿，盲目的模仿难免会产生"东施效颦"的尴尬；企业文化也不必模仿，企业文化唯有形成自己的特色，保持自己的原创性，才能充分发挥其应有的作用。燕莎集团针对企业文化建设了理念建设、制度建设、环境建设、形象建设和员工建设，并且重点抓理念建设和制度建设。其充分利用集团具有一批品牌企业和老字号企业的优势，总结、梳理、挖掘品牌企业具有的鲜明个性化的理念体系，构筑了企业文化的个性化模式。

9. 引导首都现代零售企业把提升顾客满意度、培育顾客忠诚与提升员工满意度、培育员工忠诚结合起来，为顾客创造价值，为员工提供成就事业的平台

优秀的企业文化，应该面向客户需求，提供满足客户需要的优质产品和优质服务。只有这样，企业无形的文化竞争力才能转化为有形的市场竞争力，才能经受起市场经济的考验。没有市场和客户的认可，再好的企业文化也只能是空谈和虚设。优秀的企业文化，应该能用先进的理念和共同的价值观，把员工的心凝聚在一起，使员工心往一处想，劲往一处使。北京零售企业文化建设必须为员工创造与企业共同成长的环境，保护好员工的工作积极性和创业激情，使每个员工都能在推动企业发展的进程中得到发展和实惠，都能在劳动的过程中获得成功的喜悦和人格上的尊重。

10. 引导首都现代零售企业建立与供应商、顾客的利益共同体关系和利益共享机制，实现三方共赢

作为零售企业，如果只强调自己的利益，那么对于自己、供应商、顾客都不能实现利益的最大化。当前，在北京商业进货交易环节中零售商利用强势地位，强迫供货商签订不平等的格式合同，并在合同履行过程中拖欠货款、降低返款比例、乱立名目收取费用等问题非常普遍，严重损害了广大供货商的合法权益，扰乱了商业流通市场经济秩序，引发了尖锐的社会矛盾。为进一步规范流通领域市场经济秩序，引导商业零售企业依法经商，诚信兴商，规范企业进货交易行为，北京商务局会同工商局研究制定了《北京市商业零售企业进货交易行为规范》，针对零售业供应商与零售商之间容易引发矛盾纠纷的事项做出了明文规定。北京零售企业要严格遵守规范的条款，与供应商建立长期共赢的合作关系；要努力为顾客创造价值，提高顾客的满意度，赢得顾客的理解、支持和尊重，进而永远留住老顾客，赢得新顾客；要进一步与供应商、顾客建立起利益共同体关系，实现利益共享和三方共赢。

11. 引导首都现代零售企业加强企业文化的宣传、教育与核心价值理念的教化，把建立学习型组织与企业文化修炼结合起来

北京任何一家零售企业要想站稳市场，扩大销售，都必须向品牌要效益、向服务要效益、向商誉要效益。因此，加强企业文化的宣传、教育与核心价值理念的教化，强化企业文化的执行力对于首都现代零售业企业经营具有重要的意义。企业文化教化就是用先进的企业文化促进企业成员的自我超越和心智模式的改善，建立共同愿景，形成团队精神，从而使企业成为一个活的有系统思考能力的生命有机体，把文化渗透到企业的每一个细胞中，并使核心的理念和价值观沉积为企业发展的文化基因。企业文化、企业中的共同愿景会改变成员与组织间的关系。共同愿景可以将来自不同地方的人凝聚成一个共同体，使组织成员产生集体荣誉感，使他们的价值观、工作目标趋向一致。这对于零售企业提高员工素质，开展整体管理，实现企业文化的价值有着重要的意义。

12. 引导首都现代零售企业建立企业文化发挥作用的体制和机制，创新企业文化价值的实现模式

北京零售企业应根据企业的性质和员工的思想来建设具有自己企业特色的企业文化，这样的企业文化才是有生命力的，才能在企业管理的过程中发挥实质的作用。零售业文化从实践中来，更要运用到实践中去，用科学、系统、适用、有效的企业文化指导企业的经营管理。要用共同的价值观念塑造企业的员工队伍，用共同的行为规范约束企业的员工队伍，用企业精神激励企业的员工队伍，用经营理念凝聚企业的员工队伍，用管理思想武装企业的员工队伍，用发展战略鼓舞企业的员工队伍，从而达到不断促进企业管理，增强企业活力，增强企业信用的目的，最大限度地调动广大员工的积极性、主动性和创造性，最大限度地提高顾客满意度，确保企业经济效益和社会效益的最大化。

第十七章　首都现代零售业网络营销研究

零售业是指以向最终消费者（包括个人和社会集团）提供所需商品及其附带服务为主的行业。零售业态是零售企业为满足不同的消费需求进行相应的要素组合而形成的不同经营形态。我国目前对零售业比较权威的分类、定义是国家质检总局、国家标准委2004年联合发布实施的国家推荐标准《零售业态分类》规定的。该标准按照零售店铺的结构特点，根据其经营方式、商品结构、服务功能，以及选址、商圈、规模、店堂设施、目标顾客和有无固定经营场所等因素，将零售业分为17种业态，包括有店铺零售业态——食杂店、便利店、折扣店、超市、大型超市、仓储会员店、百货店、专业店、专卖店、家居建材店、购物中心、厂家直销中心和无店铺零售业态——电视购物、邮购、网上商店、自动售货亭、电话购物，并规定了相应的分类条件。

零售业是一个国家最古老的行业之一，也是一个国家最重要的行业之一。零售业的每一次变革和进步，都带来了人们生活质量的提高，甚至引发了一种新的生活方式。零售业是反映一个国家和地区经济运行状况的晴雨表，国民经济是否协调发展，社会与经济结构是否合理，首先在流通领域，特别是在消费品市场上表现出来。零售业也是一个国家和地区的主要就业渠道。

现代零售业是高投资与高科技相结合的产业。技术和互联网正在逐渐改变消费者购物的模式，也改变了消费者对零售商的期望值。网络作为一种新型的信息交互平台，在信息容量、信息传递速度、信息交互性等方面相比传统的信息传递渠道更具优势。通过互联网，产品的价格和信息弹指之间就可获得，消费者可以轻而易举地达成理想的交易。网上购物群体数量持续增长，网上交易量的增长速度已经大大超过传统零售业的增长速度，互联网与零售业的融合明显加快，这意味着首都零售业流程、格局再造的开始，不管是新兴的电子商务公司，还是传统的实体零售商，都不能对此视而不见。

所谓网络营销（On-line Marketing 或 E-Marketing）就是以互联网络为基础，利用数字化的信息和网络媒体的交互性辅助营销目标实现的一种新型的市场营销方式。零售业的网络营销不单纯是指网络技术，也不简单等同于是网上零售业务，是零售业现有营销体系的有利补充。

网络营销突破了传统零售经营的时间、空间限制，实现了制造商、零售商和消费者的实时互动交流，能够帮助零售业更好地适应社会经济发展状况、人们消费习惯及偏好变化，是首都零售业实现从"传统"向"现代"转型的必由之路。

一、网络营销的基本认识

（一）网络营销与传统营销的异同

1. 网络营销与传统营销的共同点

无论是网络营销还是传统营销，都是企业整体营销一个组成部分。虽然在手段和形式上有所不同，但是在本质上有共通之处。

网络营销与传统营销都需要为提高效率、节约成本、赢得顾客、获取利润服务。

市场营销的关键就是使消费者满意，只有了解并满足消费者的需求，企业才能成功。因此，不论网络营销，还是传统营销，其营销活动都是以满足顾客的实际需求为中心而展开。

企业要想在残酷激烈的竞争中生存与发展，就必须形成有特色的品牌，这是网络营销和传统营销的共同策略。

虽然网络促销与传统的促销在促销的观念方法和手段上有所不同，但推销产品的目的是相同的。所以，对待网络促销的理解，一方面，应站在全新的角度认识这一新型的促销方式，充分利用好网络这一新技术促进产品的销售；另一方面，则应当充分吸收、利用传统促销方式的整体设计思想和行之有效的促销技巧，打开网络促销的新局面。

总之，传统的促销主要有人员推销、广告、营业推广和公共关系四种形式。而网络促销是在网络市场上开展的促销活动，促销的形式分别是网络广告、销售促进、站点推广和关系营销四种形式。

2. 网络营销与传统营销的不同点

（1）网络营销打破了时空限制，产品几乎无限丰富

网络营销打破了传统销售模式下产品形态、时间、空间等多方面的限制，使得网络营销的产品几乎可以无限丰富。通过互联网营销的产品可以是有形的，也可以是无形的，可以是任何产品或任何服务，但在传统营销领域则很难做到。传统销售过程下为了节约成本，商品必须首先进行一定程度上的空间集聚。比如北京某家商场销售的商品至少要先进入商场的仓库，然后才能实现销售。但是在网络模式下，同一网站销售的产品可能分布在全国乃至全球的任何一个地方。传统

销售过程受到营业时间等限制，但是网络营销基本可以实现全天24小时不间断的销售。

(2) 营销对象的地理分布不同

传统营销的对象一般局限在本地区、本省或本国，而网络营销的对象则可能是全球任何一个角落的需要这个产品或者服务的上网用户。

(3) 营销过程不同

网络营销的过程具有电子化、虚拟化的特点，主要表现为：营销双方之间信息传递数字化；多媒体技术使商品展示更加生动、形象；"网络商店"中陈列的商品数量不受限制，经营规模任意化；经营者既可以是零售商，也可以是批发商，因此经营形式多样化；商家通过 FAQ（Frequently Asked Questions）随时解决网络消费者的问题，商家可以通过网络提供售后服务。

传统商品零售的过程就是物流、信息流和资金流实现交互的过程。传统零售模式下，物流、信息流和资金流几乎是在某个特定空间下同时发生交换的，商品所有权和控制权几乎同步完成转移。但是在网络条件下，信息流、资金流和物流的交互并不是同时发生的，其相应的商品所有权和控制权的转移也是所有权转移在前，控制权转移在后。这是网络与传统交易过程本质的区别。

(4) 营销成本不同

网络营销的成本要远远低于传统营销。首先，网络营销没有昂贵的店面租金。其次，网络营销无码库房，因此库存成本较低；再次，网络广告费用较低；最后，网络营销的销售与结算都在网上进行，因此人力资源成本较低。

(5) 消费者的地位不同

传统营销的模式下商家具有更加充分的信息和更大的控制权，消费者相对来说只是信息的被动接受者，只能在商家提供的有限的商品中进行挑选。消费者挑选的范围越大，成本越高。网络营销的条件下，消费者可以自主决定接收哪些信息并从众多的商品中挑选自己中意的商品，选择的成本不会因为范围的快速扩大而上升。

(二) 网络营销和网络销售的区别

目前，很多人简单地认为网店就是网络营销，把网络销售和网络营销混为一谈。

商品销售只是市场营销的职能之一。研究市场营销职能、经验的做法是从商品销售入手。美国市场营销协会定义委员会1960年曾发表过这样一个定义："市场营销是引导商品或劳务从生产者流向消费者或其使用者的一种企业活动。"这个定义虽不承认市场营销就是销售，但是认为市场营销包含着销售，也包含着对商品销售过程的改进与完善。这个定义过于狭窄,不能充分展示市场营销的功能。然而,不论其是否恰当,这个定义清楚地揭示了市场营销与商品销售的关系,即销售只是市场营销的功能之一,是其重要的组成部分。

营销的定义很多。美国市场营销协会下的定义是:营销是创造、沟通与传送价值给顾客,以及经营顾客关系以便让组织与其利益关系人(stakeholder)受益的一种组织功能与程序。菲利普·科特勒给的定义强调了营销的价值导向:市场营销是个人和集体通过创造产品和价值,并同别人进行交换,以获得其所需所欲之物的一种社会和管理过程。格隆罗斯给的定义强调了营销的目的:营销是在一种利益之上下,通过相互交换和承诺,建立、维持、巩固与消费者及其他参与者的关系,实现各方的目的。但营销从不等同于销售。

从现实的角度来看,除了销售,网络在宣传企业形象、加强企业与消费者互动、客户关系管理等方面都可以发挥巨大的作用。网络销售更多的是网络营销最终期望达成的一种结果,但它本身不能代表网络营销的全部。

二、首都现代零售业网络营销发展现状

(一)北京网络营销环境成熟,网络零售市场规模不断扩大

网络营销的发展不是空中楼阁,其发展状况是与环境条件高度相关的。经济发展水平、互联网普及率、政府支持力度等方面的表现,是影响零售业网络营销的关键因素。北京作为我国的政治、文化中心和重要的经济中心,各种环境条件相对成熟,有力促进了零售业网络营销的快速发展。

1. 经济基础良好

根据《北京 2012 年国民经济和社会发展统计公报》的数据,在经济增长方面:初步核算,全年实现地区生产总值 17801 亿元,比上年增长 7.7%。其中,第一产业增加值 150.3 亿元,增长 3.2%;第二产业增加值 4058.3 亿元,增长 7.5%;第三产业增加值 13592.4 亿元,增长 7.8%。[①]"十一五"期间,全市地区生产总值年均增长 11.4%;其中三次产业年均分别增长 1.4%、9.5% 和 12.3%。三次产业结构由 2005 年的 1.3∶29.1∶69.6 变化为 2010 年的 0.9∶24.1∶75。在国内贸易方面:北京 2012 全年实现社会消费品零售额 7702.8 亿元,比上年增长 11.6%。"十一五"期间,北京全市累计实现社会消费品零售额 23315.2 亿元,是"十五"时期的 2 倍;五年间年均增长 16.4%,高于"十五"

---

① 北京市统计局、国家统计局北京调查总队:《北京市 2012 年国民经济和社会发展统计公报》,2013年2月7日。

时期平均增速 4.5 个百分点。

经济的快速发展带动了总体社会条件的改善,提高了居民的收入和消费水平。网络消费总体上属于社会总消费的一部分,因此从根本上受到总体消费水平的影响。2008 年北京人均 GDP 已经超过 8000 美元,达到中上等发达国家标准。2012 年人均 GDP 达 13797 美元。人均 GDP 反映着一个地方的综合经济实力,一方面意味着老百姓的总体收入水平和生活质量的提高;另一方面也反映了本地区政府的财政收入提高,这就代表了一个地方的基础设施和公共支付水平。

2. 技术环境成熟

互联网及通信技术的发展是网络营销存在基础,是网络营销实现的平台。北京互联网普及率高,拥有全国最多的网民和网络渗透率。根据中国互联网信息中心发布的《第 31 次中国互联网络发展状况统计报告》的数据显示,截至 2012 年年底,北京市网民规模达到 1458 万人,互联网普及率达到 72.2%,普及率全国排名第一(见表 17-1)。

表 17-1　　　　　　　　　2012 年部分省市网民规模及增速

地区	网民数（万人）	普及率（%）	网民增速（%）	普及率排名	网民增速排名
北京	1458	72.2	5.8	1	27
上海	1606	68.4	5.3	2	29
广东	6627	63.1	5.2	3	30
福建	2280	61.3	8.5	4	23
浙江	3221	59.0	5.5	5	28
天津	793	58.5	10.3	6	18
辽宁	2199	50.2	5.1	7	31
江苏	3952	50.0	7.2	8	25
山西	1589	44.2	13.1	9	13
海南	384	43.7	13.6	10	12

资料来源:中国互联网信息中心。

3. 网络零售市场潜力巨大

根据《2012 年中国网络购物市场研究报告》(中国互联网络信息中心,2013 年 3 月发布),网购市场在我国前景广阔。2012 年,我国网络购物市场交易金额达到 12594 亿元，较 2011 年增长 66.5%。2012 年网络零售市场交易总额占社会消费品零售总额的 6.1%。截至 2012 年 12 月底，我国网络购物用户规模达到 2.42 亿，网民使用网络购物的比例提升至 42.9%。随着居民消费水平的提高和网络消费渗透率的提高，北京地区网络消费市场规模将进一步扩大。

网络购物在很大程度上打破了时间和空间的限制，通过网络，北京的商家可以为全国的消费者提供商品和服务，而北京的消费者不仅可以就近选购自己中意的产品和服务，还可从全国甚至国外进行选购。网络的这种特性为北京网络零售市场的快速发展插上了翅膀。北京网络零售市场发展很快，而且市场发展潜力巨大。

北京市商务委在 2 月 29 日全国电子商务工作会议上"关于国家电子商务示范城市建设工作有关情况"的交流汇报中提供的相关数据表明：2010 年北京市电子商务交易总额约为 4000 亿元，"十一五"期间年均增长 45%，第三方电子商务平台交易额约为 2600 亿元。2011 年，北京市网上商店零售额达到 256 亿元，同比增长 1 倍，增长幅度居各业态的首位。2012 年北京市网络购物零售交易额达到了 596.8 亿元，占全市社会消费品零售额的 7.7%，比去年增长近 1 倍，明显高于全国网络购物零售额增加的比率（66.2%）。[①]

4. 资本市场助力

随着网络零售市场的快速发展，资本市场也向网络零售业抛出了橄榄枝，使得网络零售业取得了快速的发展（见表 17-2）。

美国东部时间 2010 年 12 月 8 日，当当网以"DANG"为股票代码正式在美国纽交所挂牌上市，发行价 16 美元，开盘价 24.5 美元。截至收盘，当当网较发行价大涨 86.94%，收报 29.91 美元。以开盘价计算，市盈率可达到 103 倍，创近年来中国赴美上市企业首发市盈率新高。当当网本次募集资金将用来继续加强在网上图书零售市场的领先地位，同时加大技术研发力度、拓宽在线销售产品的范围和完善购物流程各环节的服务，继续改善用户体验，包括在核心城市实现当日达，八成用户实现次日达，加速布局手机购物、电子书内容平台等。

当当网的上市成功为中国 B2C 网站的发展展示了一个美好的前景，将极大促进 B2C 电子商务网站的发展。

随着电子商务的快速发展，风险投资也将目光集中于此。大量的风险投资促进了电子商务产业的快速发展。

---

① 北京电子商务协会：《北京举行"共铸网络诚信、共创繁荣发展"》，http://www.beca.org.cn/info.aspx? id=881，2013 年 3 月 14 日。

表 17-2　　　　　　　　2006—2010 年电子商务企业融资情况

企业	金额	投资机构	融资时间
好乐买	1700.00 万美元	红杉中国、英特尔投资、德丰杰	2010/7/15
酷团网	800.00 万元	N/A	2010/6/8
酷团网		N/A	2010/5/27
快乐购	33000.00 万元	红杉中国、弘毅投资、中信产业基金	2010/3/31
京东商城	7500.00 万美元	老虎基金	2010/1/22
纵横天地		凯雷集团	2009/11/19
卖买提	300.00 万美元	和利资本	2009/11/6
艾摩	400.00 万元	永辉瑞金创投	2009/9/29
丫丫购物搜索			2009/8/18
商讯通	500.00 万美元	嘉富诚	2009/8/13
尚品网		晨兴创投	2009/1/1
京东商城	2100.00 万美元	今日资本、雄牛资本	2008/12/19
悠都网	300.00 万美元	联想投资、海纳亚洲	2008/11/12
凡客诚品	2000.00 万美元	IDG 资本、赛富基金、启明创投、联创策源	2008/8/1
阿里巴巴	2000.00 万美元	软银集团	2008/5/15
橄榄网络	2500.00 万元		2008/5/10
九钻网		凯鹏华盈、启明创投、清科创投	2008/1/8
梦芭莎	200.00 万美元	崇德投资、清科创投	2007/12/25
批批吉	1500.00 万美元	三山	2007/12/7
500WAN 彩票网		IDG 资本、海纳亚洲、红杉中国	2007/9/20
乐友网	1100.00 万美元	永威投资	2007/7/4
中华生意网		华禾投资	2007/7/1
天下门票		IDG 资本	2007/5/20
京东商城	1000.00 万美元	今日资本	2007/4/10
批批吉	1500.00 万美元	凯鹏华盈、集富亚洲、华盈创投	2007/4/1
悠都网	150.00 万美元	联想投资	2007/3/1
北斗手机网		IDG 资本	2007/2/14
秀客网			2007/2/8

续表

企业	金额	投资机构	融资时间
影像国际		IDG资本、海纳亚洲	2007/1/9
红孩子	700.00万美元	恩颐投资、赛伯乐、北极光创投	2006/9/1
批批吉		集富亚洲、华盈创投	2006/8/1
当当网	2700.00万美元	华登国际、DCM	2006/7/4

资料来源：投资中国 http://cvsource.chinaventure.com.cn/。

资本市场的支持极大促进了网络零售业的发展。以发展强劲的京东商城为例。自2004年创立至2010年，京东商城的年销售额分别为1000万元、3000万元、8000万元、3.6亿元、13.2亿元、40亿元和102亿元。京东以平均340%的复合增长率增长。即使在盛产"快公司"的互联网领域，这仍然是一个令人震撼的速度。相比传统渠道商，国美从创立到销售额突破100亿元，用了15年。从1999年8848、当当、卓越诞生至今，中国的B2C浪潮经过几轮起伏，始终不曾出现销售额超过20亿元乃至上百亿元的公司。在地球的另一端，美国亚马逊公司2008年的销售额已经达到192.7亿美元。京东商城的快速成长与资本市场对其强劲的支持是分不开的。

（二）企业发展意愿强烈，零售业电子商务迎来新发展

北京作为经济中心城市，具有发展网络营销的先天优势。传统的经济中心城市由于具有人才、技术和基础设施等方面的优势，是某个行业的知识和创新中心；同时，电子商务发展对仓库、航空货运和其他运输服务的需求增加，使传统经济中心城市成为电子商务的最大受益者，传统经济中心最有可能成为电子商务的发展中心。随着零售业电子商务的快速发展，传统零售也纷纷拓展网上销售业务，同时无店铺销售模式快速扩张，竞争日趋白热化。打造统一的网络营销平台，有利于控制成本，降低风险，更好地发挥网络营销的优势。

1. 首都零售电子商务示范效应明显

目前，北京在发展电子商务方面已经初见成效。根据《商务部关于开展电子商务示范工作的通知》（商贸发〔2010〕428号）要求，商务部于2010年11月20日起开始接受各省级商务主管部门电子商务示范企业申报工作，最终收到全国155家企业的申报材料。商务部组织专家组按照公平、公开、公正的原则，根据《电子商务示范企业创建规范（试行）》，对申报企业进行了认真审查研究，最终拟确定北京京东世纪贸易有限公司等87家企业为商务部电子商务示范企业。

在示范企业中,北京市有 14 家,占到了总数的约 16%,是全国最多的地区(见表 17-3)。

表 17-3　北京地区商务部电子商务示范企业名录(14 家)

公司名	网商名	公司名	网商名
北京京东世纪贸易有限公司	京东商城 www.360buy.com	凡客诚品(北京)科技有限公司	VANCL 凡客诚品 www.vancl.
北京当当网信息技术有限公司	当当网 www.dangdang.com	北京世纪卓越信息技术有限公司	卓越亚马逊 www.joyo.cn
北京红孩子互联科技有限公司	红孩子商城 www.redbaby.com.cn	北京乐友达康科技有限公司	乐友母婴用品网 www.leyou.com
艺龙网信息技术(北京)有限公司	艺龙旅行网 www.elong.com	北京慧聪国际资讯有限公司	慧聪网 www.hc360.com
北京敦煌禾光信息技术有限公司	敦煌网 seller.dhgate.com	中粮创新食品(北京)有限公司	中粮我买网 www.womai.com
北京京卫元华医药科技有限公司	药房网 www.yaofang.com	北京王府井百货(集团)股份有限公司	王府井百货集团网上商城连锁 www.goonow.com
北京金象在线网络科技有限公司	金象网 www.jxdyf.com	北京千纸鹤电子技术发展有限公司	千纸鹤 www.qianzhihe.com.cn

资料来源:北京电子商务协会。

这些企业或由传统企业发展而来,或者通过新型的无店铺销售业态迅速崛起,带动了北京电子商务的快速发展,而且在全国范围内也打响了知名度。

2. 传统零售企业涉足电子商务成为趋势

近年来,便捷、低价优势吸引着越来越多的居民选择网购。随着网上购物平台的发展壮大,网络购物用户规模的持续增长,网上销售额规模持续快速的增长,网上零售将成为零售市场日趋重要的组成部分。传统零售渠道商家开始线上线下两条腿拓展市场。传统企业涉足电子商务将会成为一种趋势,商家一改前几年把网上商城当摆设的尴尬局面,实行线上与线下两种渠道相互渗透的策略,发展热情很高。网购模式改变了传统的流通格局,传统企业纷纷发展网络直销,B2C 网站迎来爆发期。根据调查统计,虽然中国网络购物市场仍是 C2C 网站占主导，但从 2009 年四季度开始，越来越多的用户开始尝试在 B2C 网站购物。以苏宁电器、西单商场为代表的传统企业进入电子商务领域，带来了电子商务行业发展的新信号。

以课题组的调研对象翠微百货、苏宁电器、国美电器、西单商场为例。

翠微百货网上奥特莱斯是国内实体百货公司控股经营的网上商务平台，由北京翠微集团所属的北京翠微大厦股份有限公司旗下开办的虚拟商城，数百个品牌，荟萃国内外知名品牌的停产、过季、断码商品，并整合多方资源，简化商品流通环节，降低运营成本，为客户开辟一个坐在家里低价淘名品的宝地，同时为供应商提供一个推进库存流动的新渠道。

2010 年 9 月，家电连锁巨头苏宁上月高调宣布正式上线易购网，并定下了"三年内成为中国家电网购市场老大"、"市场份额达到 20％"的强势计划。

传统渠道的竞争对手将在网上继续面对面。就在苏宁借助实体优势介入电子商务领域之际，国美签约上海世博会，成为全球最大的家电类特许商品经销商，国美逐渐找到"自己的感觉"，并计划正式进入电子商务领域。

西单商场应该是开通网上商城较早的零售企业，2009 年以来，西单商场 igo5 网上商城加大了宣传力度。在北京电子商务协会组织的数十家电子商务企业联合促销活动中，西单 igo5 网上商城也借鉴网购中流行的"秒杀"等促销手段。

传统企业触网的成功者应该是中粮集团。中粮集团凭借旗下粮油、饮料、方便食品等产品以及在传统渠道的市场占有率，使其"我买网"成为很多白领购买日常用品的主要渠道。

传统零售商家进入电子商务领域，凭借其在实体渠道多年形成的市场影响力和口碑，在诚信度方面有优势；传统渠道实体门店与网上商城相互借势，可以发挥"1+1>2"的效果；加入到网商营销大平台，传统零售企业可以与大品牌网商形成借势。但是，传统零售企业触网面临着技术平台建设、采购模式转变等挑战，如何避免线上与线下的自我冲突是传统商家需要化解的问题。

3. 无店铺模式网络零售不断优化营销策略

无店铺模式的网络零售网站竞争更加激烈，带来网站经营策略的调整。2010年，京东和当当之间的营销大战成为社会关注的焦点。同时，以往专门经营图书的当当、卓越由"专"转向"杂"，日化用品、家居、服装、厨房用品等百货类产品纷纷上线。专营母婴用品的好孩子网站，也增加了小家电等产品以及服装类产品。网站百货化的原因：一方面在于随着消费者对网上购物接受度的提高以及网上消费的习惯化，网站百货化可以为网民提供一站式购物便利，并可借助原有消费群体增加销售。另一方面一些 B2C 电子商务网站向综合化发展，可以改变目前电子产品、图书打价格战带来的利润摊薄问题。众所周知,服装、家居、婴幼儿用品等百货类商品的利润率高,购买频率也高。通过拓展品类,可以平衡主打商品的利润。

(三)政府高度重视,支持力度不断加大

1. 政府部门高度重视电子商务的发展,配套政策、法规不断完善

2007年,《国家电子商务"十一五"规划》(以下简称《规划》)的颁布标志着我国政府已经形成了对电子商务发展从战略、地位、规范到法律问题解决等方面的全方位设计。《规划》明确了"十一五"期间我国电子商务的发展原则、主要目标和任务、重大引导工程,以及配套的保障措施,对未来我国电子商务的发展提出了一系列创新举措和具体要求。2012年3月27日工信部规划司发布《电子商务"十二五"发展规划》,确定目标是"到2015年,电子商务进一步普及深化,对国民经济和社会发展的贡献显著提高。电子商务在现代服务业中的比重明显上升。电子商务制度体系基本健全,初步形成安全可信、规范有序的网络商务环境"。2013年8月,国务院《关于促进信息消费扩大内需的若干意见》出台,意见中指出要"拓宽电子商务发展空间。完善智能物流基础设施,支持农村、社区、学校的物流快递配送点建设。各级人民政府要出台仓储建设用地、配送车辆管理等方面的鼓励政策。大力发展移动支付等跨行业业务,完善互联网支付体系。加快推进电子商务示范城市建设,实施可信交易、网络电子发票等电子商务政策试点。支持网络零售平台做大做强,鼓励引导金融机构为中小网商提供小额贷款服务,推动中小企业普及应用电子商务"。

国家相关部委均高度重视电子商务的发展,在各自领域制定了推动电子商务发展的促进及保障措施,比如国家版权局和新闻出版署出台针对版权的保护措施以及加大对非法网站的查处力度;中国人民银行在《电子支付指引第一号》的基础上即将出台的《清算组织管理办法》,对我国电子商务特别是第三方支付市场产生深远影响。2010年中国人民银行制定了《非金融机构支付服务管理办法实施细则》。而作为网络零售的主管部门,商务部先后出台了一系列电子商务管理意见。2007年3月,商务部发布了《关于网上交易的指导意见(暂行)》,明确了电子商务的交易主体资格以及网上交易的基本原则,而且分别从电子商务的各个层面进行了规范,包括信息传播、交易行为、支付行为、配送行为、保障措施和组织领导等。2007年年底,商务部正式公布《商务部关于促进电子商务规范发展的意见》,指出"我国电子商务发展还处于起步阶段,整体应用水平比较低,交易环境有待改善,社会公众对电子商务的认知度和认可度有待提高,电子商务信息披露、资金支付和商品交付等行为还有待规范"。2009年,《商务部公布关于加快流通领域电子商务发展的意见》明确指出：电子商务是基于信息技术和互联网的现代流通方式。加快流通领域电子商务发展是当前我国应对金融危机，扩大居民消费、保持经济增长动力的有效手段，是提高商品流通效率、转变经济发展方式的必然要求。要从推动传统流通企业开拓网上市场，加快发展面向消费者的专业网络购物企业，完善流通领域电子商务发展扶持政策，建立流通领域电子商务促进工作体系等方面促进流通领域电子商务的发展。2012年2月国家发改委、财政部、商务部等八大部委联合下发《关于促进电子商务健康快速发展有关工作的通知》。

"十一五"期间，面对国际"金融危机"的巨大冲击，以网盛生意宝、阿里巴巴、中国制造网、京东商城、当当网、凡客诚品等为代表的国内电子商务逆势上扬，不仅逐渐成为经济发展的新亮点，而且带动了一大批传统产业转型升级。因此在"十二五"规划中，对于电子商务的发展目标国家将有更高的预期。而与"十一五"不同的是，"十二五"期间，电子商务将被列入战略性新兴产业的重要组成部分，作为新一代信息技术的分支，将是下一阶段信息化建设的重心。此外，电子商务的应用领域也将进一步拓宽。

2. 北京市大力促进网络零售市场发展

（1）建立健全相关政策

2009年，北京市商务委员会制定了《关于促进网上零售业发展的意见》（以下简称《意见》），为北京市网上零售业的快速发展提供了良好的政策保障。《意见》明确指出：网上零售业是信息技术与经济发展相结合的产物，是一种新型商品交易方式，是电子商务重要模式之一。大力发展网上零售业是贯彻落实科学发展观的客观要求，是应对国际金融危机、把握发展主动权、提高市场竞争力的必然选择，是转变经济增长方式、提升本市商业服务业电子商务应用水平和数字商务服务能力的重要举措。发展网上零售业有利于促进北京市流通领域经营结构调整、商业交易模式创新、提高交易效率、降低交易成本、拉动消费，有助于推动并形成商业经济发展新的增长点和新动力。《意见》从十六个方面对如何促进北京网络零售业发展进行了具体的阐释，是促进北京市网络零售发展的纲领性文件。

2013年5月31日北京市人民政府出台关于促进电子商务健康发展的意见，明确促进电子商务健康发展的任务分工。长达18页的文件中几乎涉及了与北京电子商务市场有关的方方面面。从电商服务到物流配送，从金融电子商务到民生电商服务，从传统零售业上网到电商企业开出线下体验店。

（2）建设电子商务聚集区，力争形成产业集聚效应

2010年8月，北京市电子商务聚集区正式落户通州。为保持北京电子商务

行业在全国的领先地位，通州电子商务聚集区将作为北京促进电子商务政策的试验区。2010年7月1日，北京市商务委、经信委、工商局三部门为"北京电子商务聚集区"揭牌，正式落户通州商务园，届时入驻的电子商务企业将可以享受到多方面优惠政策。通州为此已发布了《促进电子商务企业发展暂行办法》，从办公用房、库房租金、税收返还、高级人才落户等多方面给予补助或提供便利服务。其中规定，2010年5月后新落户的、注册资金200万元以上的实体电子商务企业，购买自用办公用房、库房，一次性补贴最高可达100万元；新企业建成运营后，当年上缴税收达100万元且形成区级财力达30万元以上，给予四年期奖励，用于企业发展和员工福利，符合条件的高级管理、技术人才可办理户口或居住手续，为子女入学提供便利服务，安排区内劳动力就业的，也将按照就业人数给予一定奖励。政府还设立企业发展资金，对入驻4年以上、年区级财力超10万元的企业，最高奖励10万元。针对电子商务的发展趋势，通州区凭借公路路网、铁路大动脉等交通优势，已变身国际电子商务示范基地。目前已吸引凡客诚品、卓越、京东商城等13家电子商务企业前去考察。

（3）打造网络零售和谐氛围

北京电子商务协会倡导50家网商签订了"服务公约"，其中对客户服务的反应时间做了具体规定。电子商务企业的网站客服邮箱要每天24小时、网站人工客服即时通信客服至少在工作日期间保证8小时接受消费者投诉；网站工作时间的客户投诉响应时间不超过2小时、网站非工作时间的客户投诉响应时间不超过24小时。

为增强网民购物信心，北京电子商务企业有望集体加入12315绿色维权通道。北京电子商务协会将配合政府行业监管部门，将12315维权绿色通道推广到更多网购企业和第三方网上交易保障中心，作为网购投诉的调节方式。通过政府监督，加强电子商务行业的信誉度，提高售后纠纷处理的满意度。

据了解，当当网是京城首家成为12315维权绿色通道的B2C电子商务企业。当当网副总裁陈腾华介绍，自从2009年9月加入12315维权绿色通道起至2010年3月，从12315转过来的投诉电话近70起，这仅占当当网订单量的十万分之一。

不仅B2C企业向政府投诉平台靠拢，淘宝、拍拍等网购平台也开始通过设立售后保障基金、先行赔付等措施增强消费者的网购信心，规范网商诚信经营。

现在公司设立的客服是企业自己监督的方式，如果能加入到12315投诉专线，将有政府共同监督企业的经营行为，可以弥补企业自身不足，提高消费者对网购的信心。

政府部门和协会将重点关注电子商务行业的"网络消费商圈"建设，在政府支持、行业协会牵头的"点击消费、放心实惠"统一推广平台上，集聚更多与首都形象相适应的电子商务品牌企业，发挥"网络消费商圈"的辐射力，形成几何效应，帮助电子商务企业快速发展。

3. 打造网络消费统一平台

从 2009 年开始，为加快电子商务的发展，市商务委、北京电子商务协会联合近 50 家网上零售企业开展为期 3 个月的"点击消费"大型联合网上营销活动。"点击消费"不仅为网商搭建扩大网购市场的平台，还通过规范网商服务，净化网购市场秩序，树立网购品牌的正面形象。各方协力打造的促销平台，集合了北京各类网络零售企业的优势，不仅让参与企业树立了诚信品牌，在销售上也受惠不少。据统计，2009 年 6 月启动的首轮"点击消费"促销活动，3 个月内销售额突破 22 亿元，同比增长 136％；2009 年 12 月进行的为期一个月的"点击消费"活动累计实现销售额 13 亿元，同比增长近一倍。2012 年北京"点击消费"成为商务部"2012 全国消费促进月之网络放心购物"的第一亮点。2013 年 6 月 28 日，以"点击消费、便捷实惠、放心网购、快乐无忧"为活动口号的"点击消费 2013"活动在北京大兴区政府正式启动。

三、首都现代零售业网络营销的受众研究

网络沟通具有交互性、实时性、跨时空等特点，它可以使用户在消费主动性、参与性等方面有更大的主动权。用户可以决定是否与企业保持联系以及通过何种渠道、接受哪些信息并对信息作出相应反馈性决策，所以，网络沟通实质上是逆向沟通。网络企业在开展网络营销的过程中，除充分利用常见的网络工具与营销手段以外，还应强调为消费者互相沟通提供支持。此外，网络营销所指向的消费者必然不是社会大众，而是一个特定的消费群体。产品是否适合网民的特点是网站营销人员应当思考的问题。因此，只有对消费者及其网络消费行为进行有效的分析，才能够切实提高网络营销的成效。

（一）研究方法

为了更好地研究网络营销受众的情况，本项目主要采取简单随机抽样，采取问卷调查的研究方法。

项目调研采取街头拦截访问的方式进行。问卷主要选择四个区域进行发放：国贸及周边地区、东单商业区、西单商业区和公主坟商业区。项目访问对象为北京地区的网购人群。

项目共发放问卷 400 份，回收有效问卷 389 份。

(二) 网购消费者的特征分析

1. 性别比例

调查数据显示，女性的网购热情更高。女性占网购网民的比例达到59.4%，明显高于男性40.6%。如图17-1所示。

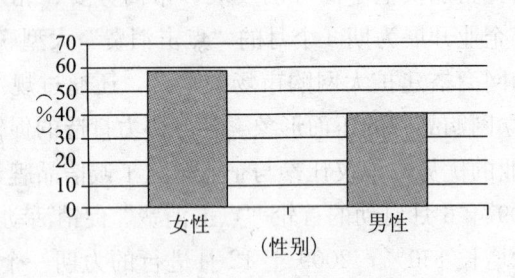

图17-1 网购网民性别结构比

资料来源：项目调研。

女性网民比例高，一方面源于女性在家庭消费金额中扮演着重要的角色，另一方面由于网络购物的时尚性、便捷性、娱乐性、相对低价格等特性与女性的购物习惯相吻合，女性热衷购物的习惯在线上自然延伸，女性网民也逐渐成为网络购物的活跃人群。女网民为主，也提示我们在网站建设、服务、宣传途径等方面应该迎合女性消费者的需求。

2. 年龄结构特征

从年龄结构上来看，目前年轻人是网购的绝对主力。18~30岁的网民是网购的主力，其中18~24岁的占网购总数的44.3%，25~30岁的占总数的38.4%，两者共占网购用户总数的82.7%。31~35岁的占总数的10.1%。其他年龄段占比较低。如图17-2所示。

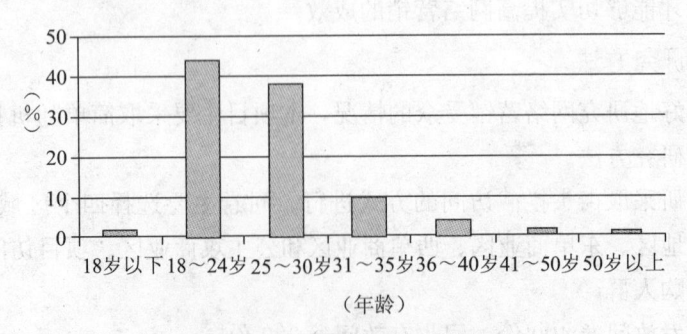

图17-2 网购网民年龄结构

资料来源：项目调研。

年轻人追求个性、时尚，对新事物、新技术接受、掌握较快，自然会成为网购的主力。同时，网络上搜集产品价格信息快捷方便，价格相对较低，也适应了青年人追求时尚同时经济能力有限的特点。消费习惯一旦形成，改变是比较困难的，因此抓住年轻人这个充满潜力的消费群体，对零售企业的长远发展都是有好处的。

3. 收入特征

从收入的分布情况来看，网购网民的收入水平还是相对偏低。月收入为2001～3000元的占总数的约25.2%，3001～4000元的占总数的35.4%，二者占总数的60%左右（见图17－3）。因此网络购物带来的价格优势可能是目前吸引消费者的主要诱因。

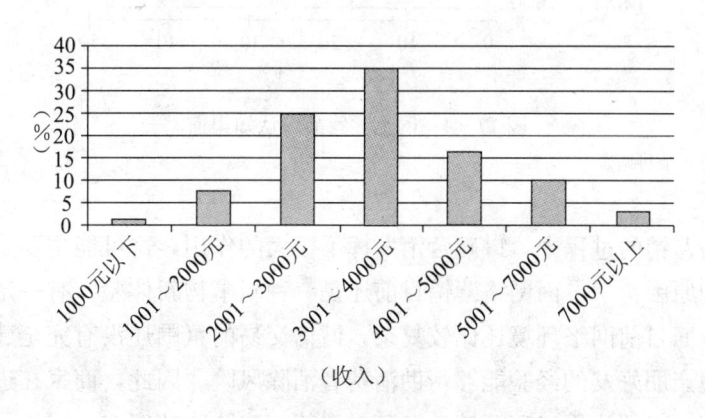

图17－3 网购网民收入结构

资料来源：项目调研。

收入过低，限制了网络的应用水平。收入较高的人群，可能更加追求购物过程的实际体验。收入处于中间段的人群，获得价廉物美的商品愿望更加迫切，而网络购物的特性能很好地满足这方面的需求。

网购群体月收入水平为2001～4000元的占总数的六成，因此在网络营销过程中价格仍然是极有杀伤力的武器。但是，我们也应该看到月收入在4000元以上的消费群体也是一个值得挖掘的大市场，应从产品设计、购物服务体验等方面进行有针对性的营销开发。

（三）网购消费者的行为分析

1. 消费者对网上零售品牌认知渠道的选择分析

通过调查，消费者之间的口碑相传对网络零售的影响最大。在调查中，约有一半（47.6%）的人是通过周边亲朋好友的宣传而选择网站并尝试购物

(见图17-4)。

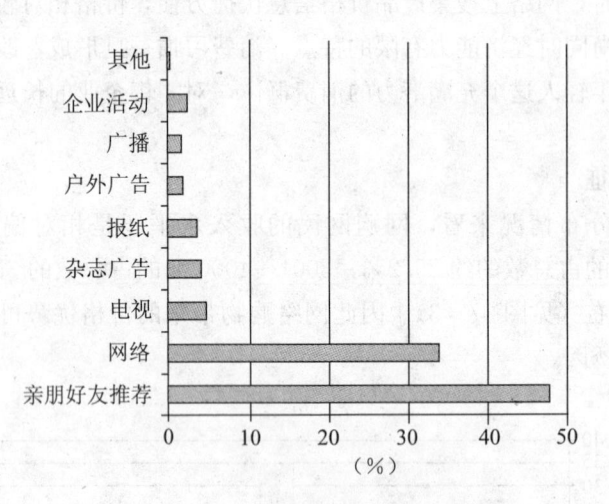

图17-4 网上零售品牌认知渠道

资料来源：项目调研。

在网络营销的过程中，口碑营销发挥了极大的作用，这可能主要是处于避免交易风险的原因：一方面网络营销目前还是一种新事物新体验，有一定的不确定性；另一方面目前网络环境还比较复杂，诚信交易的氛围还没有完全建立。先行者尤其周边亲朋好友的经验能够帮助消费者消除风险。因此，商家在进行网络营销的过程中，必须注重口碑营销；尤其是对待初次购物的客户，应给予其良好的购物体验进而将客户固化。交易风险的存在加大了消费者转换的成本，因此能否扩大客户群体并予以固化是网络营销能否成功的关键。

2. 消费者对基于网络的宣传形式的偏好分析

约有33.8%的人是通过网络渠道了解有关网络购物信息的，因此基于网络平台的营销是很重要的，也是有效果的。目前常见的网络推广形式有：搜索引擎、网站链接、邮箱广告等。网络上存在海量的信息，因此如何通过网络有效地将信息传递给目标消费者是网络营销需要考虑的问题。

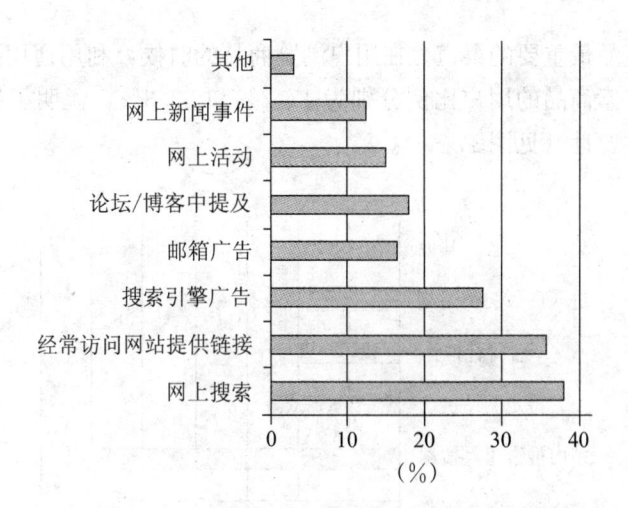

图 17-5 网民通过网络知晓购物网站的方式

资料来源：项目调研。

通过网络了解购物网站的用户，目前主要是通过网上搜索和网站链接进入购物网站（见图 17-5）。分别有 37.8% 和 35.6% 的网民是通过网上搜索和网站链接入购物网站的，显示了搜索营销及网络广告联盟在吸引网民点击，进而实现用户转化上的重要作用。

但是，作为目前相对成熟的网络广告形式，如何提高搜索引擎和网站链接营销的有效性和经济性是网络营销企业应该重点考虑的问题。搜索引擎作为互联网的门户之一，其影响日益深远。但是，搜索引擎的广告营销费用较高，看看谷歌和百度的快速增长就不难知道。同时，大量的无意识点击和无效点击都需要企业支出相应的营销费用，但未必会带来与支出相对应的收益。网站链接广告有一定的目的性和可靠性，但是容易引起读者的反感，因此如何针对目标人群选择合适的网站进行广告投放以及如何设计出新颖别致的广告形式吸引消费者是需要企业认真考虑的问题。

同时，网络只是一个平台，包含很多的信息传递渠道。通过搜索引擎和常见网站是简单的做法，但是却不能就简单地把这两方面同整个基于网络的营销行为等同起来。论坛、交友社区、邮箱广告、新闻事件营销等都是有效的网络营销手段，应结合企业和产品、服务自身的特点进行营销的组合设计，争取实现营销活动的价值最大化。

3. 消费者对信息搜索的使用分析

消费者在进入某个购物网站之后，面对的一般是纷繁复杂的商品信息，如何最快最方便地找到自己想要的商品是消费者切实关心的。搜索是用户在购物网站上查找目标商品最重要的渠道。在用户浏览商品的时候，利用通用搜索引擎搜索商品和站内搜索商品的用户比例分别为 17.2% 和 32.3%，说明了搜索在网购商品选择中的重要性（见图 17-6）。

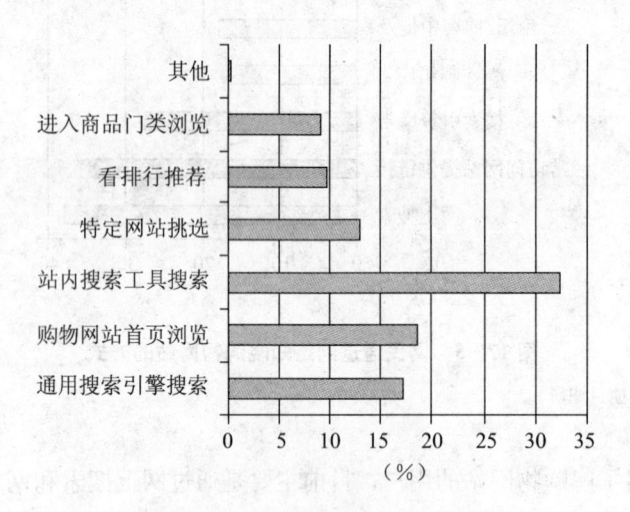

图 17-6　网民网购时商品查找方式

资料来源：项目调研。

目前流行的购物搜索，一般借助网民使用搜索的购物习惯，将用户需要的产品按照看重的属性进行排序，方便用户挑选商品。随着网购的发展，将搜索与购物结合将是未来网络购物发展的趋势，购物搜索等工具可能会成为未来网络购物市场商家角逐的关键。购物搜索过程的智能化、人性化、个性化是影响其发展的关键因素。

同时，在购物过程中，一旦消费者对某个网站建立了信任和联系，那么在该网站首页上进行的产品宣传往往会得到消费者更大的关注。某种程度上，购物网站在网络购物过程中充当着引路员的重要角色。因此未来购物网站将主要向着综合化和专业化方向发展，以更好地满足不同消费者的需求。

4. 消费者网购商品品类分析

网络上商品琳琅满目，但是消费品类上还是有所侧重的。生活化和个性化的商品更受消费者的青睐。

服装家居饰品是目前网购商品的主力，约有 59.3% 的受访者在网上购买过此类商品（见图 17-7）。

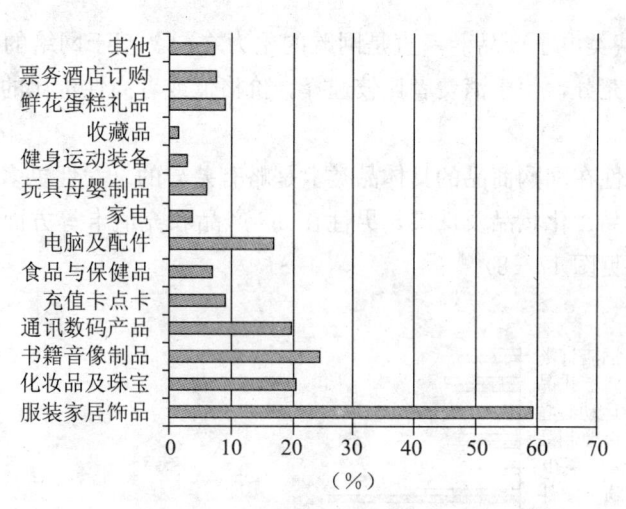

第十七章 首都现代零售业网络营销研究

图 17-7 网购各类商品的网民比例

资料来源：项目调研。

服装家居用品之所以成为网购的主力，有多方面的原因：第一，服装家居产品是生活化和个性化结合的商品，商品消耗量大，更新换代快，消费者对此类商品较为追求时尚和个性展示，这些恰恰是网络购物形式可以较好满足的。第二，服装家居用品一般具有金额小、易保存、体积不大等特点，流通较为方便。第三，随着时尚元素向网购市场的渗透，与男性在3C产品上的消费热度对应，女性在服装饰品上展现了强大的购买力。由于女性往往是家庭采购的主力，对服装饰品的网购具有良好体验的女性，可能将家庭日常购物中的部分商品也通过网上购买来实现，从而带动了日用品网络零售的增长。

化妆品及珠宝异军突起，以20.5％的选择比率排名第三。传统上认为，化妆品对品质和安全性的要求极高，而珠宝属于价值很高的商品，而网络环境相对复杂，消费者一般不会选择从网络上购买。但是，在传统的商场等销售渠道下，化妆品和珠宝往往是与高价画上等号的。在网络购物条件下，信息更充分所以竞争更充分，同时没有传统模式下高昂的租金、流通费用，因此网购中的化妆品及珠宝价格往往比传统购物低很多。同时，消费者可以足不出户就完成对大量商品的选择比较，选择方位更大。网络能够快速传递流行趋势和个性化的设计、产品，满足不同消费者的需求。基于这些原因，化妆品及珠宝网购有很大的发展潜力。

化妆品及珠宝的异军突起，由此可以预期，随着网络诚信环境的建立，像食品和保健品、玩具母婴制品这类对品质要求更严的商品通过网络进行购买的比例将会大大提高。

同时，书籍、音像制品和3C产品〔计算机（Computer）、通信（Communication）和消费类电子产品］一直是网购的主力之一。基于网络的价格信息更加透明，竞争更充分，便于消费者比较选择。价格低或者高性价比的商品更易受到消费者的青睐。

男性和女性在网购商品的具体品类上是略有差异的。女性更多购买的品类是服饰、家居饰品、化妆品及珠宝，男性在3C产品和充值卡等方面的购买比例明显高于女性（见图17-8）。

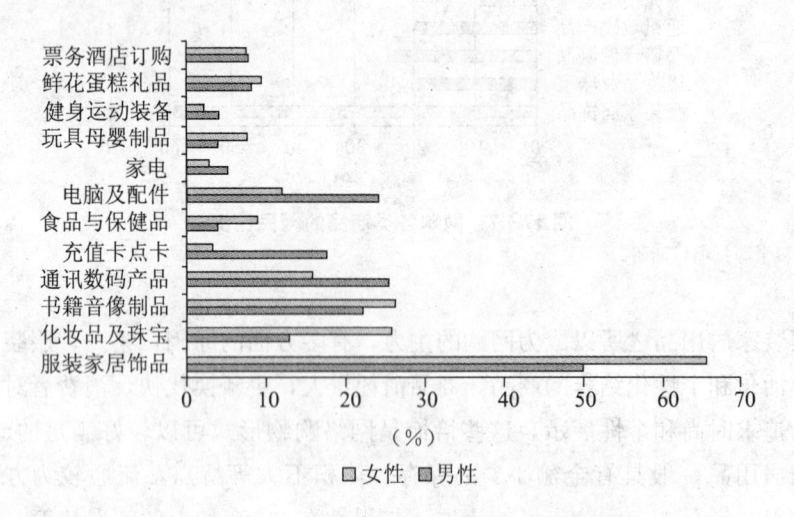

图17-8 不同性别用户网购商品种类差异

资料来源：项目调研。

传统零售业的竞争受到时间和空间的限制，而网络销售则打破了这一点，使竞争更加充分。传统的地域限制、交易的时间成本等影响因素不再那么重要。因此只有以更有竞争力的价格提供满足消费者多样化需求的产品，才能在网络条件下的竞争中取胜。

5. 消费者支付方式分析

有关调查显示：支付宝是目前网购用户使用的最主要的电子支付工具。在使用电子支付的网民中，使用支付宝的用户占54.6%，通过银行汇款的用户占36.9%，使用财付通的用户有17.9%，但后二者占比均远低于使用支付宝的用户占比。总体来看，随着电子支付手段的丰富和完善，支付手段已经不再成为网络购物发展的瓶颈。如图17-9所示。

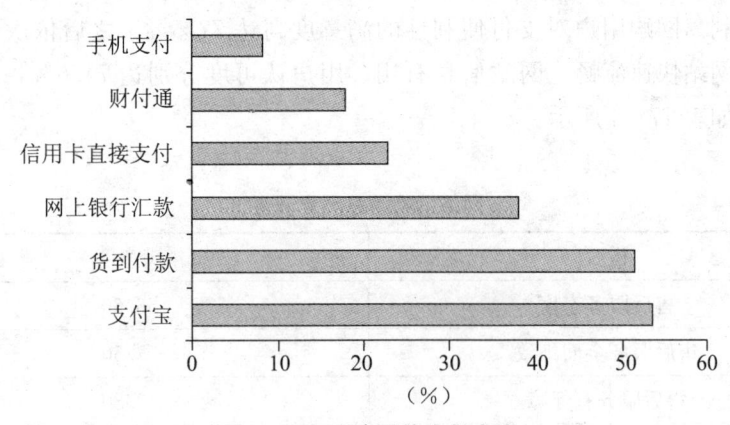

图 17-9　用户网购支付方式

资料来源：项目调研。

当下，随着物流行业的快速发展，针对北京、上海、广州等大城市用户，许多网站都推出了货到付款的方式。这种付款方式一定程度上降低了消费者的网购风险，因此受到消费者的欢迎。调查显示，有超过一半的人在可能的情况下愿意选择货到付款，这可能主要是基于安全性的考虑。

6. 消费者对网购经历的满意度分析

调查显示，整体而言，消费者对网购的经历满意度较高。20.1%的用户认为非常满意，56.9%的人认为比较满意，不太满意和非常不满的分别只占总数的5.6%和1%（见图17-10）。

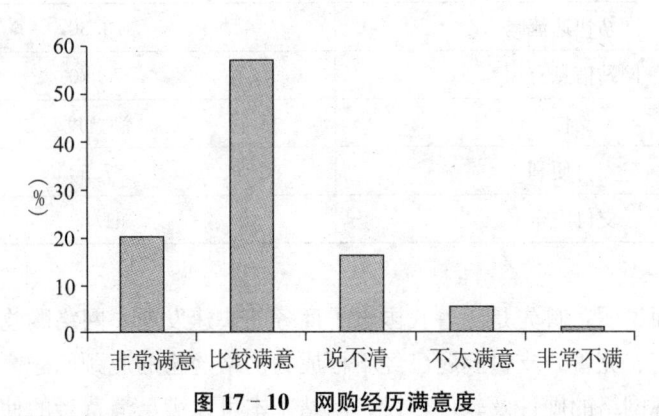

图 17-10　网购经历满意度

资料来源：项目调研。

7. 影响消费者满意度的因素分析

根据调查对影响网购因素进行综合分析。目前网络购物者满意度排名最高的是支付便利。网购用户对支付便利性的满意度高达77.5%。之后依次是网站查找方便、网站快速流畅、网站信息有用，用户认可度分别达74.6%，73.3%和70.7%。如表17-4所示。

表17-4　　　　　　　　　网络购物满意因素调查　　　　　　　　单位:%

售后	满意度
售后服务态度	56.60
售后服务全面细致	53.50
售后服务有保障	49.80
物流	满意度
物流送递速度快	65.70
物流服务态度	59.80
物流送货可靠	56.20
商品	满意度
商品价格低廉	69.20
商品物有所值	60.30
商品质量有保障	47.90
网站运营	满意度
网站查找便利	74.60
网站快速流畅	73.30
网站信息有用	70.70
支付	满意度
支付便利	77.50
支付安全	51.80

这些方面说明：首先是随着我国电子商务的快速发展，网络购物过程中支付手段日趋丰富、完善，支付问题已经不再成为网络购物的瓶颈问题。其次，目前企业普遍重视网络的硬件及软件建设，网站基本可以满足消费者的使用便利性等方面的需求。虽然消费者对这些因素的满意度较高，但这也意味着对于网络销售企业来说，这些工作是企业必须做足的——做得好也许不会带来特别突出的收益，但是做不好却会在消费者的对比体验中为自己减分不少。

消费者满意度排名最低的几项如图 17-11 所示。

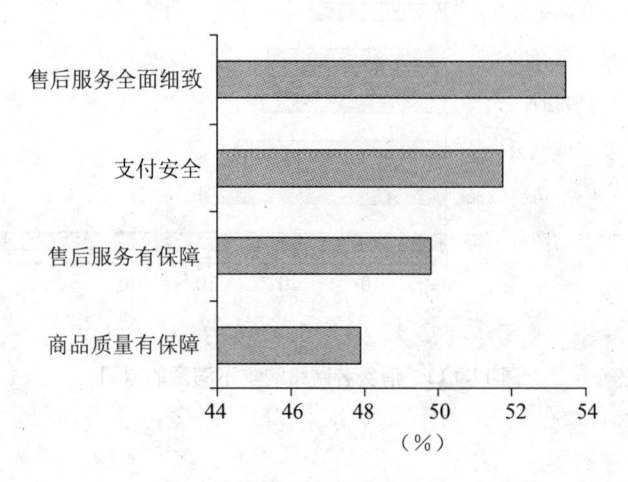

图 17-11 网购用户满意度最低的四类因素

资料来源：项目调研。

网购商品的质量问题是消费者最担心、满意度最低的因素。只有 47.9% 的消费者认为网购商品质量是有保障的，满意度最低。其次是售后服务的问题，包括售后服务是否有保障、是否全面细致等。消费者同样比较关心的是网络支付的安全性问题，对支付信息受保护工作满意的只有 51.8%。目前对网购不满意的抱怨主要集中在商品品质和物流方面。商品品质问题是造成网民网购不满意的主要原因。在调查数据显示，有过不满意网络购物经历的用户中，56.4% 的人是因为商品与图片不符。产品品质问题也容易引起用户的不满，在有过不满意网络购物经历的用户中，有 31.3% 的用户是因为商品是仿冒的，27.1% 的网民遇到了伪劣和残损物品。物流问题也是造成用户不满意的原因之一，有 23.5% 的不满意用户是因为送货时间太长，22.8% 的用户认为快递人员服务态度不好，9.6% 的用户认为运费过高。如图 17-12 所示。

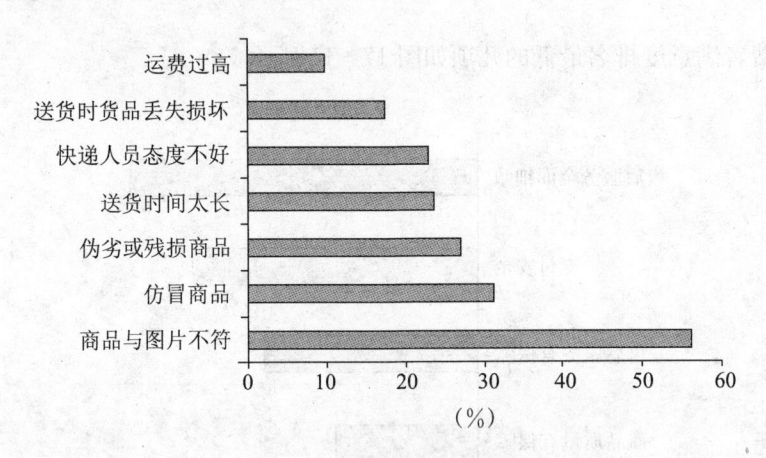

消费者网络购物不满意原因柱状图：
- 商品与图片不符：约55%
- 仿冒商品：约31%
- 伪劣或残损商品：约27%
- 送货时间太长：约23%
- 快递人员态度不好：约22%
- 送货时货品丢失损坏：约17%
- 运费过高：约10%

图 17-12　消费者网络购物不满意的原因

资料来源：项目调研。

网络销售虽然与传统销售过程有所区别，但是在一些基本要求上应该都是一致的，如产品的质量有保证，交易过程和信息应该是安全的，售后服务应该落实等。企业不能因为网络的虚拟性而对自身的工作有所放松。

四、提升首都现代零售业网络营销有效性的对策与建议

（一）各方合力，打造诚信的网络购物环境

近年来，假冒伪劣商品屡禁不止，已成为全社会关心的热点问题。消费者权益在受损心态的驱使下，自然调整了自己的购买行为，重新树立了自己的消费价值观念。买者与卖者之间不再是信任，而是报以怀疑的态度。由于存在疑虑，消费者在作出购买决定之前，要从多种渠道获得尽可能多的信息，尤其是要对商品做仔细的检验、挑选，尽管他们也可以从销售商那里获得充足的信息，但由于缺乏信任，他们宁可花费更多的时间和精力从商品实物和其他渠道中搜寻信息，再作出购买决定。由此而形成的消费文化，我们称之为"缺乏信任"的消费文化。

网络营销这一新业态，剔除了交易时展示商品实物的不便，使买卖双方超越时空的限制，实现即时异地的迅速产权交易。它有一个暗含的假设，交易双方相互信任、信守承诺。买方假设卖方的商品服务合格，没有缺陷；卖方假设买方有支付能力，双方都会履行交易时达成的承诺。双方依靠信任，认定网络上传递的信息为真，不需要其他辅助信息来证明对方用以交易的商品是否符合交易条件，消费者不需要对商品实物做实地检验，就可成交。在"缺乏信任"消费文化环境中，消费者只信物、不信人，必须对商品实物做检验，从其他渠道收集信息，才决定是否交易，因此网上的信息并不能获得消费者的信任，网络营销暗含的信任

假设不成立。要完成交易，消费者还需以其他手段获得更多的信息，这会大大阻碍网络营销的发展。

消费者调查显示，消费者对网络购物不满牌子第一位的就是产品质量问题，这说明目前诚信的网络环境还没有有效建立。应制定和完善法律、法规、运行监督制度，杜绝欺骗行为，树立货真、价实、量足、守义的商业道德，建立网络营销诚信的形象。总之，树立起以诚信为本的消费文化，恢复消费者的信心，网络营销才能获得发展的动力。

打造诚信的网络环境，需要各方合力。各级政府机构、职能部门应该切实担负起在网络领域相应的监管的职能，使网络也能成为真正的阳光地带。商家可以组成诚信联盟，通过第三方服务机构约束交易行为。社会媒体应该积极弘扬健康、积极的网络文化，营造诚信的网络氛围。商家可积极积极开展诚信承诺，用积极的行动打消消费者的顾虑。消费者也可以积极交流购物体验，通过用脚投票的方式为诚信的企业发展助力，将不诚信的商家淘汰。

(二) 发展规范、高效的配送业，是网络营销发展的基础

完整的商品流通过程包括两方面，一方面是商品价值形态的转化过程，通过买卖交易活动，使商品的所有权由卖方转向买方；另一方面是商品物质形态的转移过程，通过包装、储运等活动，使商品实体真正到达买主的手中。前者称为"商流"，后者称为"物流"。商品配送是物流活动的重要组成部分，它是指根据用户的需要，将商品经过必要的集结、加工、分理之后，向相对稳定的收货人进行分送的活动。配送中心是完成这一活动的主要组织形式，它把生产企业或供货企业同客户、消费者之间对应的众多平行重复的物流简化为全部集中于配送中心，然后再向客户扩散的这样一个集约化的物流关系。

网络的优点在于搜寻和交换信息快捷、方便。卖方在网络上展示商品信息，提供有关查询，与顾客展开双向沟通；买方通过网络可以向卖方提出要求，双方不断进行信息交流和反馈，足不出户就可以获取信息，达成交易意向。双方超越了时间和空间的限制，使交易过程中的信息搜寻和交换变得方便、容易，降低了交易成本和损耗。然而，这只是完成了"商流"过程，商品的产权从卖方转到买方，商品的实物还没有转移，还要经过配送，使商品物质形态到达买方手中，完成"物流"过程，交易的整个过程才结束。

网络营销的商流与物流是高度分离的，商流在网络中完成，物流脱离开来，由市场的另一部分力量完成。商流与物流越是高度分离，越是要求二者配合密切，相互适应。网络营销的商流手段和方式是先进的，这就促使物流手段和方式也要先进、高效；网络营销面对的买方是大量的、分散的，单位交易量少，要求

商品物质形态的配送也要分散化，单位业务小量化。滞后的物流与网络营销商流的快速、低成本不相适应，使网络营销在信息交流方面的优势受到削弱，降低的成本被滞后的物流手段吞噬了。网络营销的发展和配送业的发展是紧密联系在一起的。网络购物需求激增但是很多交易最终却受限于货物无法送达消费者手中而被迫取消的情况时有发生。消费者是将物流服务和网络销售的产品作为一个整体来看待的，物流服务质量差会直接影响消费者的购物体验。因此，打造规范、高效的物流业是网络营销发展的基础。

要根据环境变化，加强物流领域的立法与监管。鼓励有实力的企业发展自有的流通体系，提高流通业的竞争水平。充分挖掘现有流通渠道的潜力，通过企业联合的形式提高物流业的实力和竞争水平。物流业自身鼓励兼并重组，做大做强。零售企业之间鼓励联合办物流，分担成本、分散风险又可以提高物流服务水准。

（三）积极发展网络营销相关技术，突破技术瓶颈

正如所有新技术一样，网络也存在一定的问题，如电子欺骗、伪装和非法漫游者的侵入等。而更让人担心的是清算的安全问题，许多人害怕在网上使用信用卡。调查显示，消费者对支付信息手保护这一项的满意度不高，不满率仅次于对产品质量问题的关注。所以，积极发展相关的网络安全技术，打造安全可靠的交易环境将有助于网络营销的发展。

同时，最新的视频技术、交互技术、数据挖掘工具和客户关系管理系统的开发与应用，都将有助于提高网络营销的效率与水平，将网络营销的优势更加充分地挖掘出来。

（四）因地制宜，结合企业自身特点发展网络营销

网络营销作为一种新的营销手段，都是为企业整体的营销策略服务的。企业应该根据自身情况，打造高效、投入产出比高的网络营销体系。

传统零售企业应充分发挥自身在品牌、产品品质、购物体验、服务体系等方面的优势，发展网络营销。联华、家乐福、沃尔玛等传统的零售商已经把超市开到网上。尽管网络购物发展迅速，但是互联网不可能完全代替实体店。传统零售商的品牌是其运作网上商城的巨大优势，而长期以来形成的成熟的物流、供应商等商业资源将是众多零售商涉足网上商城的有利因素，基于传统渠道基础的大型零售企业，若能发挥混合渠道的优势，把面向消费者的电子界面与传统零售店的运营与商品展示结合起来，将极大扩展自己的销售渠道。

新兴的电子商务公司虽然没有传统零售商的优势，但如果依靠自身的灵活性，依托网络店铺低成本、商品品类全、个性突出的特点，踏实做好客户互动、

物流及售后服务工作,将网上店铺做出特色,在追求个性化的时代,一样有胜出的机会。

(五)网络营销与传统营销互补,协同发展

网络营销与传统营销是一个互补的过程,可以结合使用。首先是市场覆盖面的互补。由于经济、技术发展的差异和消费需求个性化的要求,互联网覆盖的群体只是整个市场中的一部分群体。传统的营销策略和手段可以覆盖网络无法覆盖的消费群体。其次是市场调研方式的互补。网络销售可以更加精确地记录消费者的相关消费信息,为深入挖掘市场信息提供了高效、便捷、可靠的手段。为了确保企业方便快捷地获取准确的信息,在用传统的方式开展市场调研的同时,企业还可以通过互联网进行调研和数据挖掘。最后,传统市场和物流渠道可以作为网络营销的物流渠道。网络在信息沟通方面有着无可比拟的优越性,但最终是以实物交易完成的,物流必须在真实世界实现。网下市场营销与网络营销在这方面可以互补。

目前,网上店铺为了提高客户体验,纷纷往实体化方向发展,组建自身的物流配送和商品体验店。而传统零售业也纷纷开设网店,试图利用自身的实体店和网络的优势提升营销水平。总体而言,网络营销并非完全虚拟的,最终还是要实体来实现最后的价值交换,因此虚实结合是未来营销发展的大方向。

(六)打造网络营销"5C"模式

打造网络营销"5C"模式,就是指:以满足顾客需求为导向,优化网络营销品类管理(Customers' needs);以降低交易成本为目标,实施网络营销价格决策(Cost);以提升购物便利性为原则,整合线上、线下渠道资源(Convenience);以增进与消费者的实时互动为宗旨,调适促销组合(Communication);以完善信用体系为支撑,确保网络营销效果(Credit)。

在网络营销过程中,在产品/服务组合设置方面,应该走极端,或者"大而全",或者"小而精"。"大而全"的好处在于可以提供一站式的购物体验,让客户多次反复消费;小而全的优势在于针对特定人群,提供高度个性化、差异化的产品和专业化的服务,从而避免价格战,以差异化求生存。

流通业存在的根本价值就在于通过集中的交易降低了社会交换的成本。而网络营销的兴起也很大程度上得益于其低成本所带来的竞争优势。所以,在网络营销过程中精确实施成本控制并让利于消费者,永远都应该是企业追求的目标。

线上渠道和线下渠道各有优势,各有特点。线上渠道产品选择多,价格相对透明;线下渠道环境好,顾客可以获得对产品、服务更加直观的认识。应该以顾客需求为中心,利用多种渠道为客户提供完善的、立体的购物体验和服务。

网络营销的过程具有电子化、虚拟化的特点，主要表现为：营销双方之间信息传递数字化；多媒体技术使商品展示更加生动、形象；"网络商店"中陈列的商品数量不受限制，经营规模任意化；经营者既可以是零售商，也可以是批发商，因此经营形式多样化；商家通过FAQ（Frequently Asked Questions）随时解决网络消费者的问题。商家可以通过网络提供售后服务。网络营销的电子化、虚拟化为商家与消费者的实时互动提供了可能。同时，消费者的消费过程、结果及沟通情况都是可以记录的，这样就可以形成完整的客户数据库，为深入挖掘客户需求提高网络营销效率提供了可能。

网络交易本身就存在商流和物流的分立，是以信用为基础的。因此，良好的信用是网络营销最好的名片。企业为了打造自身良好的信誉，可以打造全方位承诺体系。来源于网络服务的承诺，是指企业对顾客能够得到的服务具体内容和利益以及出现服务失误时能够获得补偿而向社会公开作出的保证。网络承诺可以降低或化解网络用户的消费风险。全面的承诺包括产品承诺、支付承诺、售后服务承诺和安全承诺。在当前网络信用比较缺失的情况下，通过全方位承诺体系，塑造一个良好的微观服务环境，不仅是企业负责任的表现，也可以提升消费者的购买信心，塑造企业的良好形象，稳定并扩大企业的消费者群体。

第十八章　首都现代零售业渠道管理研究

一、现代零售业渠道管理概述

（一）渠道管理

1. 渠道管理的内涵

渠道管理是指为实现公司分销的目标而对现有渠道进行管理，以确保渠道成员间、公司和渠道成员间相互协调和相互合作的一切活动，其意义在于共同谋求最大化的长远利益。渠道管理分为：选择渠道成员、激励渠道、评估渠道、修改渠道决策、退出渠道。

2. 渠道管理的方法

公司可以对其分销渠道实行两种不同程度的控制，即高度控制和低度控制。

（1）高度控制

企业能够选择负责其产品销售的营销中介类型、数目和地理分布，并且能够支配这些营销中介的销售政策和价格政策，这样的控制称为高度控制。高度控制对某些类型的企业有着很大的益处，对特种商品来说，利用高度控制维持高价格可以维护产品的优良品质形象。因为如果产品价格过低，会使消费者怀疑产品品质低劣或即将淘汰。另外，即使对一般产品，高度控制也可以防止价格竞争，保证良好的经济效益。根据企业的实力和产品性质，高度控制在某些情况下是可以实现的。

商务通可以说是采取渠道高度控制模式大获全胜的典型案例。自从1999年入市以来，商务通采用小区独家代理制，终端市场密耕细作，严格控制销售区域和终端价格，对促销员进行严格的培训和管理，不断淘汰不合格的代理商，只用半年时间，在全国县级市场铺开，销售点达3000多个。

（2）低度控制

低度控制又可称为影响控制。如果企业无力或不需要对整个渠道进行高度控制，企业往往可以通过对中间商提供具体支持协助来影响营销中介，这种控制的程度是较低的，大多数企业的控制属于这种方式。低度控制包括如下一些内容：

①向中间商派驻代表。大型企业一般都派驻代表到经营其产品的营销中介中去亲自监督商品销售。生产企业人员也会给渠道成员提供一些具体帮助,如帮助中间商训练销售人员、组织销售活动和设计广告等,从而通过这些活动来掌握他们的销售动态。生产企业也可以直接派人支援中间商,比如目前流行的厂家专柜销售、店中店等形式,多数是由企业派人开设的。②与中间商多方式合作。企业可以利用多种方法激励营销中间商宣传商品,如与中间商联合进行广告宣传,并由生产企业负担部分费用;支持中间商开展营业推广、公关活动;对业绩突出的中间商给予价格、交易条件上的优惠,对中间商传授推销、存货销售管理知识,提高其经营水平。通过这些办法,调动营销中间商推销产品的积极性,达到控制网络的目的。

制造商必须在整个市场上塑造自己产品的形象,提高品牌的知名度,也就是必须对分销商提供强大的服务、广告支持。另外,分销商在自己区域内执行制造商的服务、广告策略时,制造商还应给予支持。为分销商提供各种补贴措施,比如焦点广告补贴、存货补贴,以换取他们的支持与合作,达成利益的统一。这一点很重要,制造商必须制定详细的措施,因地制宜地实施各种策略,争取分销商的广泛参与、积极协作。这既提高了自身品牌的知名度,又帮助分销商赚取利润,激发他们的热情,引导他们正当竞争,从而减少各种冲突,实现制造商与分销商的双赢。

(二) 现代零售业渠道管理

零售业的核心竞争力主要在于拥有强大的分销渠道网络,正是借助渠道这一市场经济中日益稀缺的终端资源,零售商逐渐成为制造商与消费者建立稳定联系的桥梁,展现出其对上游制造商和下游消费者强大的控制力,得以在全球经济中扮演日趋重要的角色。零售业的渠道管理通常包括上游的供应商渠道管理和下游的销售渠道管理。

1. 上游供应商渠道管理

零售业的典型特征就是借由商品的买卖来实现销售,赚取利润价值。在整个销售链条中,商品的购买是销售的基础,是决定性环节。假如采购不到高质量的、有价格优势的商品,那再怎么努力也不可能有好的销售成绩,也就谈不上价值和利润了。商品的重要性不言而喻,因此选择合格的供应商就很重要,做好供应商渠道管理是零售业渠道管理的基础。供应商渠道管理主要是指供应链管理。

(1) 供应链管理

供应链是指围绕核心企业,通过对信息流、物流、资金流的控制,将产品生产和流通中涉及的原材料供应商、生产商、分销商、零售商以及最终消费者连成一体的功能网链结构模式。它不仅是一条连接供应商到用户的物料链,而且是一条增值链,它要求成员企业必须达成客户至上的共同目标,最大限度地发挥各成员企业合作关系所带来的整体竞争优势,互相信赖,共同服务于客户。如图18-1所示。

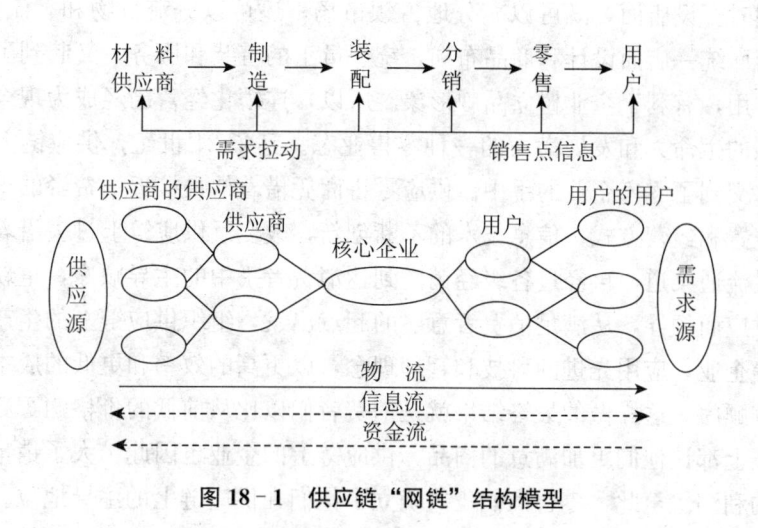

图 18-1 供应链"网链"结构模型

从图18-1中可以看出,供应链由所有加盟的节点企业组成,其中一般有一个核心企业,节点企业在需求信息的驱动下,通过供应链的职能分工与合作(生产、分销、零售)等,以物流、信息流和资金流为媒介实现整个供应链的不断增值。

供应链管理是指将生产企业、配送和存储中心,供应商和各级分销单位整合在一起,按照总成本最低的原则,实现商品的生产、运输、批发与零售等功能,以提供一流的服务和高品质的产品让消费者满意。

(2)零售业供应链管理

①零售业供应链管理产生的背景。在20世纪早期,在从生产到销售的整个流程中,生产厂家是占有最重要的位置的,诸如运输、存储和销售等企业只能扮演配角,没有主导权。对于零售企业来说只能是制造商生产什么,他们卖什么。至于消费者来说,他们就更没有选择的余地了,只能购买制造商生产出来的产品,市面上卖什么他们才能买什么。伴随着市场环境的变化,零售企业因为处于最接近消费者的优越位置,所以他们能够最先了解到消费者的需求,顾客的需求信息通过零售商、物流通道逐渐反馈给生产厂家,制造商们再根据消费者的喜好

生产出可以投其所好的产品,进而抢先一步占领市场,获得主动权。零售业有了较高的地位,很多大型的零售企业便逐渐出现了。同时,因为商品的种类和数量越来越多,单一的大型零售商也很难应付巨大的货物销售和运输采购等带来的巨大成本。于是,又一种新型的零售业态——连锁店出现了。选择在城市的主要商业地区同时开设店面,既可以充分地占领市场,还可以分流货物和客流。同时,较多的店面统一店面设计和商品布局,统一员工的着装和服务,又起到了非常好的宣传作用,有利于企业树立品牌形象。所以,连锁化经营已经成为现今市场上具备强烈的生命力和发展潜力的一种零售业态。到了21世纪,供应链上的主导权最终移交到了零售企业的手中。供应零售商凭借着他最接近消费者的得天独厚的地理位置和经营方式,信息技术的不断创新,改变了供应链上过去沿着生产厂家,经过流通渠道,再经过各级经销商到达消费者手中的主导顺序,重新建立起一种由供应商领导,从满足消费者意愿的起点出发,组织供应链上的生产、运输和分销等企业,应用先进的科技和管理理念,以更高的效率和更低的成本来运行的供应链顺序。这样做的最终结果就是消费者们以比从前低的价格购买到了在质量和花样上都让他们更加满意的商品,供应链上的企业也因此扩大了销量而赚取了更多的利润。至此,零售商们正式确立了他们在供应链上的主导地位。②供应链管理对提升零售企业竞争力的重要作用。在零售企业的竞争中,获胜者的表现就是自身不断成长壮大的同时,还能够获得消费者的市场认同和肯定,在业界有良好的口碑,甚至在他竞争对手提及他的时候,也能够表现出心服口服的钦佩态度。核心竞争力是一个企业(人才、国家或者参与竞争的个体)能够长期获得竞争优势的能力,是企业所特有的、能够经得起时间考验的、具有延展性,并且是竞争对手难以模仿的技术或能力。企业怎么样才能够获得核心竞争力呢?那就是应用供应链管理的理论来运作企业,并充分利用外部资源。供应链管理对于提升企业核心竞争力的作用主要体现在以下几个方面:

  供应链管理可增强企业的时间优势

  供应链上的企业一旦实现了供应链管理,共同运用大型的集成信息管理系统,这样信息就能够在链上的企业之间迅速传递。同时传递的准确性也较之前有了很大的提高。这就在很大程度上减少了过去纠正错误所浪费的时间。另外,也减少了信息从零售终端反馈到生产源头的时间和出错率,制造商就能够在最短的时间内根据消费者的需求信息安排设计和投产。对于中间的物流环节,因为和上下游企业有了更详尽的沟通和更先进科技的应用,货物交付的速度也大大提高。这样一来,供应链上的企业就能够真正做到及时生产,及时送货和及时销售,获得消费者的喜爱。

供应链管理可增强企业的成本优势

供应链上的所有企业建立了伙伴一样密切的合作关系，无论是在信息畅通还是对消费者需求的迅速反应上，都能很快地达到高度的统一。这样，在加快了货物流转的同时，还能有效避免无目的地生产，减少库存的积压，降低了成本的消耗。并且，相比较从前没有形成供应链联盟的时候，各个企业不再考虑如何把成本转移到上下游的企业身上，而是通过供应链整体的运作减少了各自的花费。这样，企业也可以把节省下来的时间和资金投入到新产品的研发和新流通渠道的培养中。

供应链管理可增强企业的专业优势

正如前面所说，企业之间实施供应链管理，就像是在这样一个团体内重新实现了专业化分工。企业可以专注于自己所擅长的，而把其他自己不擅长的业务分包给供应链上更适合做这样工作的企业承担。大家发挥各自的优势。没有任何负担地、在自己能够做好的领域内为消费者提供最好的服务和最完美的产品。通过紧密地团结起来，供应链上每个企业都发挥了自己最大的优势，共同完成了从前无法完成的任务。零售企业在领导供应链方面的优势。世界上有很多著名的大型零售企业都通过组成上下游企业联合的供应链并且由自己领导这种方式取得了巨大的利润收益。实际上，这些大型的零售企业在领导这些供应链时也是具备相当的实力的。

供应链由传统的推动式变为现在的拉动式。推动式供应链其实就是对于我国传统的生产程序的一种描述，那时在从生产到销售的整个流程中，生产厂家是占有最重要的位置的，诸如运输、存储和销售等企业只能扮演配角，没有主导权。随着改革开放，我国的经济环境有了很大的改善，几大产业的生产能力也有了很大的提高，物质产品的种类和数量极大丰富，人民生活慢慢的富裕了起来，老百姓手中的钱多了，对商品的挑选也挑剔了起来。人们不仅要吃饱穿暖，还要吃得好穿出品位，个性化需求愈来愈强烈，于是买方市场便出现了。这样，随之而来的是推动式供应链的缺陷便慢慢地显现了出来，盲目生产出来的产品被推到市场上，要是消费者能够接受还好，不然的话消费者如果不掏钱包，谁也没有利润可赚。随着市场环境的变化，零售企业在供应链上所处的地位也有了不同于以往的变化。因为零售商距离消费者最近，所以他们能够最先地了解到消费者的需求，顾客的需求信息通过零售商，物流通道逐渐反馈给生产厂家，制造商们再根据消费者的喜好生产出投其所好的产品，进而抢先一步占领市场，获得主动权。这样，传统的推动式供应链逐步转变为新型的拉动式供应链。推动式供应链和拉动式供应链的运行原理比较见图18-2。

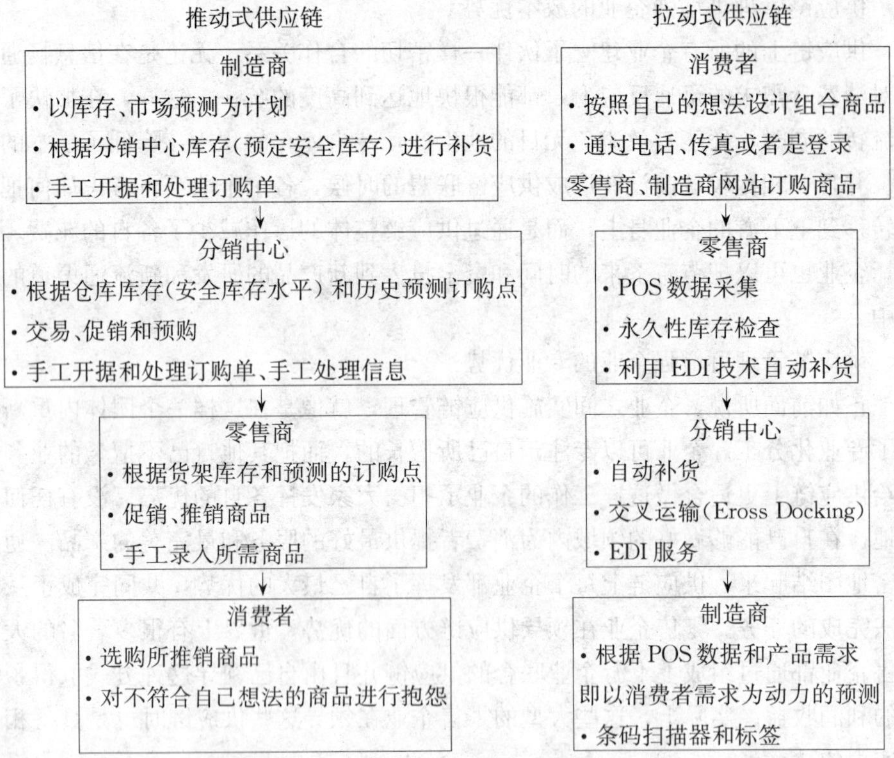

```
   推动式供应链                    拉动式供应链
┌─────────────────────┐      ┌─────────────────────┐
│      制造商          │      │      消费者          │
│ • 以库存、市场预测为计划│      │ • 按照自己的想法设计组合商品│
│ • 根据分销中心库存(预定│      │ • 通过电话、传真或者是登录│
│   安全库存)进行补货   │      │   零售商、制造商网站订购商品│
│ • 手工开据和处理订购单 │      │                     │
└──────────┬──────────┘      └──────────┬──────────┘
           ↓                             ↓
┌─────────────────────┐      ┌─────────────────────┐
│      分销中心        │      │      零售商          │
│ • 根据仓库库存(安全库存│      │ • POS 数据采集       │
│   水平)和历史预测订购点│      │ • 永久性库存检查     │
│ • 交易、促销和预购    │      │ • 利用 EDI 技术自动补货│
│ • 手工开据和处理订购单、│      │                     │
│   手工处理信息       │      │                     │
└──────────┬──────────┘      └──────────┬──────────┘
           ↓                             ↓
┌─────────────────────┐      ┌─────────────────────┐
│      零售商          │      │      分销中心        │
│ • 根据货架库存和预测的│      │ • 自动补货           │
│   订购点            │      │ • 交叉运输(Eross Docking)│
│ • 促销、推销商品     │      │ • EDI 服务           │
│ • 手工录入所需商品   │      │                     │
└──────────┬──────────┘      └──────────┬──────────┘
           ↓                             ↓
┌─────────────────────┐      ┌─────────────────────┐
│      消费者          │      │      制造商          │
│ • 选购所推销商品     │      │ • 根据 POS 数据和产品需求│
│ • 对不符合自己想法的 │      │   即以消费者需求为动力的预测│
│   商品进行抱怨       │      │ • 条码扫描器和标签   │
└─────────────────────┘      └─────────────────────┘
```

图 18-2 推动式供应链与拉动式供应链的比较

大型零售商具备领导供应链的能力。大型零售商的销售能力和所占据的绝对数量的市场份额是毋庸置疑的。巨大的销售能力意味着对产品进货的巨大需求。如果能够和这样的大型零售商结成联盟，为其提供所需要的货源，那么对于供应商来说无疑是得到一块硕大的利润蛋糕。同时，大型零售企业能够给他们带来的不仅仅是长期的稳定数额巨大的供货要求，这种大型企业所具备的资金也是相当雄厚的，供应商们可以第一时间拿到货物的回款而不必担心因为拖欠而背负的资金风险。总之，能够和这种大型的零售企业达成伙伴式的合作关系，能够得到的好处简直是太诱人了。所以，可以毫无疑问地说，只要具备实力的大零售商想要组建一条配合自己的上游资源的供应链并且作为领导者，那么他的号召力是毋庸置疑的。另外，从零售商具备的经济实力和长期运作积累的丰富经验来说，我们也绝对有理由相信配备了先进的设备和技术，有了英明的指导，所有在其领导的供应链上的企业都会提高利润。

2. 下游销售渠道管理

零售业态的多样性和零售业本身的特性决定了零售渠道管理的复杂性和细节

第十八章 首都现代零售业渠道管理研究

性特点。现代零售连锁渠道（以沃尔玛、家乐福、国美、苏宁和百安居为代表）在中国的迅速发展，为中国消费品企业的销售管理带来了巨大的挑战和机遇。销售渠道管理水平已成为衡量企业实力的标志。

（1）销售渠道管理

销售渠道，又称分销渠道，是指某种货物和劳务从生产者向消费者移动时取得这种货物和劳务的所有权或帮助转移其所有权的所有企业和个人。它主要包括商人代理商、代理代理商以及处于渠道起点和终点的生产者与消费者。销售渠道的使命是把生产厂商生产的产品转移到消费者手上，满足消费者需要。履行这一使命的难点在于产品供应与消费需要之间存在差异（包括时间、地点、所有权差异），销售渠道致力于协调产品供应与消费需要之间的关系。因此，销售渠道成员之间相互依赖、彼此合作，承担分销渠道使命赋予的各种营销功能。渠道的管理的内容包括：①渠道成员管理。对企业的渠道成员进行维护和管理，即对企业的渠道成员组成、基本信息与企业的渠道层级关系等内容进行定义和更新，为整个销售管理和客户关系管理提供基础数据。②渠道运作管理。对企业的销售渠道运作进行管理。通过对企业和渠道间商务活动的数据分析，对渠道成员的商誉、信用等级、销售能力、市场能力、经营业绩、竞争势态等各方面指标进行综合评估，制订、推进、考核各渠道的合作、经营计划，推动企业渠道的运行和发展。③销售合同管理。对企业销售合同进行管理。支持总量合同、总价合同、非具体存货合同、劳务合同等多种形式的合同。系统对所有合同进行分类管理，实现从签订到履行结束的全过程跟踪，监控整个执行过程中的合同状态。④销售价格管理。对企业的销售或服务价格体系进行管理。支持多种灵活的价格体系管理模式，与渠道管理、销售订单等应用结合，可以定义和管理与指定范围、指定对象、指定产品或服务、指定时间相对应的不同价格体系、销售政策，有利于企业建立科学、灵活的销售管理制度。

（2）零售业销售渠道组织模式

①松散型销售渠道模式。松散型销售渠道模式是一种传统的市场营销模式，它的主要特征是：成员是由在产权和管理上都独立的企业构成；渠道成员之间缺乏信任感，且具有不稳定性；成员间靠谈判和讨价还价建立联系。它在市场经济不甚发达，生产商尚未形成规模时极为盛行。在当今较为发达的市场经济国家，这样的模式仍然存在，但规模已趋减小。松散型销售渠道模式主要适用于"两小"。一是小型企业。小型企业资金实力有限，产品类型与标准处于不稳定状态，不适合采用固定的分销系统形式。二是小规模生产。小规模生产的产品数量太少，不可能形成一个稳定的分销渠道系统。志高空调是松散型分销模式的典型代

表。志高模式的特点在于对经销商的倚重。志高公司在建立全国分销网络时,一般在各省寻找一家或几家经销商作为总代理商,把销售工作全部转交给总代理商。志高公司在其中没有权益,双方只是客户关系。总代理可以视情况发展多家批发商或直接向零售商供货。②公司型销售渠道模式。公司型销售渠道模式是指一家公司拥有和控制若干生产机构、批发机构、零售机构等,控制着分销的若干渠道乃至全部渠道,综合经营和统一管理商品的生产、批发和零售业务。公司销售模式的特征是:产权、管理一体化;建立途径是投资和兼并。商品分销分别由生产商、中间商控制。公司型销售渠道分为生产商主导型、批发商主导型和零售商主导型。这种销售渠道是建立在产权一体化基础上的网络,其各种主体类型又有许多不同的具体形式,这就需要根据主体生产经营的产品性质、资本实力等因素来决定其网络内部各环节的多寡及具体的联系形式。格力空调采取的就是这种公司型销售渠道模式。格力模式最大的特点就是格力空调在每个省与当地经销商合资建立了销售公司,与经销商化敌为友,以控价为主线,坚持区域自治原则,确保各级经销商的合理利润。各地市级的经销商也成立了合资销售分公司,由这些合资企业负责格力空调的销售工作。厂家以统一价格对各区域销售公司发货,当地所有一级经销商必须从销售公司进货,严禁跨省市串货。格力总部给产品价格划定一条标准线,各销售公司在批发给下一级经销商时,结合当地实际情况"有节制地上下浮动"。③管理型销售渠道模式。管理型销售渠道模式介于松散型模式和公司型模式之间。一方面,它是由相互独立的经营实体构成;另一方面,渠道成员之间存在着紧密的联系。管理型销售模式的特征是:渠道成员的地位相差悬殊;渠道成员具有相对的独立性;渠道成员间的相互关系相对稳定;分销目标趋向协调。

核心企业是管理型分销渠道的中心和灵魂。以宝洁公司为例,为帮助分销商迎接新的挑战,全面地推进分销商的生意,宝洁公司在1999年7月推出了"宝洁分销商2005计划",该计划把分销商定位为现代化的分销储运中心、向厂商提供开拓市场服务的潜在供应商以及向中小客户提供管理服务的潜在供应商。分销商是向其零售和批发客户提供宝洁产品与服务的首要供应商,由于提供一定价值的产品和服务(产品储运、信用等),分销商将从其客户处赚取合理的利润。未来分销商将具备完善的基础设施、充足的资金、标准化的运作、高效的管理,能够向客户提供更新、更稳定、更及时的产品。宝洁公司的策略是建设由战略性客户组成的分销商网络。宝洁的分销商除具备规模、效率、专业服务和规范的特点之外,还需具有很强的融资能力。宝洁分销商必须将宝洁的生意置于优化发展的地位。战略性一直是分销商与宝洁共同发展的关键。④契约型销售渠道模式。契约型销售渠道模式是指渠道管理者与渠道成员之间通过法律契约来确定它们之间的分销权利与义务关系，形成一个独立的分销系统。它与产权型销售渠道模式的最大区别是成员之间不是形成产权关系，与管理型销售渠道模式的最大区别是用契约规范各方的行为，而不是用权力和实力。越来越多的厂商和分销商采取了契约型垂直通路系统，并显示出良好的发展前景。一般而言，在某一契约关系网络内，存在着一个相对市场势力较强的主体，如资本实力雄厚、有品牌优势的生产商、批发企业或经营管理十分出色的零售企业等，围绕这一主题形成契约网络。契约网络运行的客体一般以消费品为主，特别是那些消费量大、产品市场范围广的消费品。契约型销售渠道模式分为批发商主导型契约网络、零售商主导型契约网络和特许分销渠道模式。早期的特许经营是商品商标型特许经营。在这一阶段，特许商向加盟商提供的仅仅是商品和商标的使用权。作为回报，加盟商需定期向特许商支付费用。例如，通用汽车公司、福特公司、可口可乐公司、麦当劳公司等都是采取这种方式从事经营的，这也被称为"第一代特许经营"。但是，这种模式在实践中遇到了一系列问题，麦当劳公司率先看到了这一点。1955年麦当劳在芝加哥东北部开始了第一家"样板店"，并建立了一套严格的运营制度——QSCV运营系统，即优质服务、质佳味美、清洁卫生、提供价值。麦当劳借助这样的经营模式推行了第二代特许经营，全世界所有麦当劳使用的调味品、肉和蔬菜的品质均由公司统一规定标准，制作工艺也完全一样，每推出一个新品种，都有一套规定。麦当劳正是依靠这样的经营获得迅速发展。

（3）零售业销售渠道的创新

①在管理理念层面上，销售渠道的作用、职能与地位已经发生了变化。销售渠道成为建立和发展企业核心竞争力的重要源泉，而非仅作为一项管理职能与日常运作，同时渠道策略也趋于强化核心竞争优势；渠道由原来的"物流"形式向增值服务转化，强调服务功能；渠道构建需求导向由单纯地从企业及其产品出发，转换为以顾客购买行为为主。②在具体操作层面上，当前企业对销售渠道进行了许多变革和创新。渠道系统由"金字塔"式转向扁平化；由单一渠道转向更多的多元化组合，直接销售与间接销售结合，大型超市、百货商店、仓储式商店、便利店和连锁专卖店等综合运用；传统的形式是交易型，而现代则多为"伙伴型"、"关系型"渠道；虚拟市场将越来越重要，电子商务条件下的渠道设计方案成为有待解决的重要领域。

二、首都现代零售业渠道管理现状

（一）首都零售业现状分析

2011年是我国进入"十二五"规划发展的第一年，在这个开局年，北京零售业发展却面临着严峻挑战。一是受到国内外宏观经济环境的影响，国内生产总值呈现明显放缓的趋势。全年实现地区生产总值16000.4亿元，按可比价格计算增长8.1%，增速下降2.2个百分点。二是北京市出台的房地产、汽车限购政策，对北京汽车、家具、建材等类商品的销售有较大影响。三是全年通货膨胀压力较大，CPI从1月份的4.8%一路走高，除5月份有轻微下降外，直到CPI最高的8月份曾一度高达6.6%，之后才开始逐渐走低。然而，在宏观经济和政策的不利环境下，北京社会消费品零售总额依然实现了10.8%的增长，达到6900.3亿元，再度进入全球十大零售城市之列，并以第10名成为进入该榜单的唯一一个内地城市。零售业在扩大内需的政策背景下，相较于金融业、工业等，依然是稳定首都经济增长的重要力量。

1. 零售业规模快速扩大

北京市零售业在"十一五"期间发展迅速，"十一五"的五年社会消费品零售总额达23315.2亿元，比"十五"总额增加了1.1万亿元。2007年北京市社会消费品零售额达到3770亿元，2008年北京市社会消费品零售总额已达到4589亿元，首度位居国内社会消费品零售额首位。2009年，北京市社会消费品零售总额在高位基础上增长15.7%，突破五千亿元大关。到"十一五"末的2010年，北京已跻身世界十大零售业中心。

2011年，北京市社会消费品零售总额达6900.3亿元，位列中国大陆所有城市之首，继续保持中国第一大消费城市的地位。从增速看，同比增长10.8%，放缓6.5个百分点，剔除价格因素影响，实际增长7.3%。增长放缓的主要原因是2011年汽车限购政策导致汽车消费大幅下降，如果扣除汽车类商品的影响，全年实现零售额5587.1亿元，增长22.4%，继续保持活跃（见图18-3）。

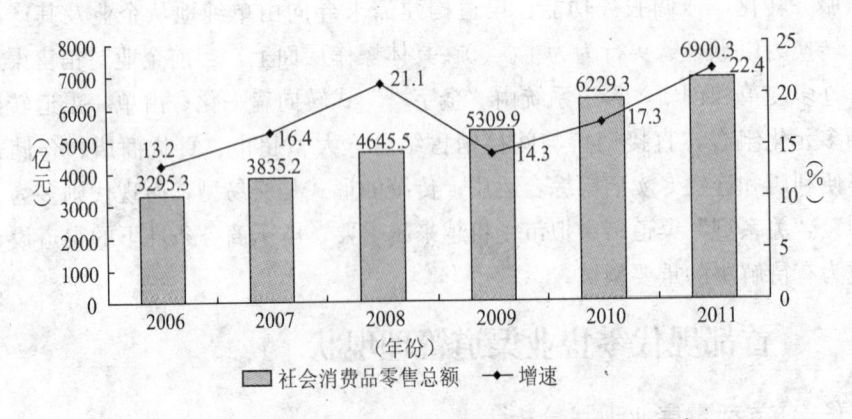

图18-3 北京市社会消费品零售总额（2006—2011年）

资料来源：《北京统计年鉴2012》。

此外，商品消费结构有所调整。从大类商品分类来看，吃、穿和用类商品继续保持高速增长，用类商品增速大幅下降至5%，比2010年增速放缓13.5个百分点。2011年全市限额以上批发零售企业销售的25类商品中，汽车类零售额占限额以上批零企业零售额的比重由2010年的34.2%降至2011年的24%，下降了10.2个百分点，其余主要类别的产品比重均有所提高，其中文化办公用品类实现零售额360.8亿元，占比为6.7%，同比增加2个百分点，提升幅度最大。

2. 连锁零售业集中度不断加强

近年来，北京市连锁零售额总体保持较快增长，平均增长速度保持在20%以上。据《北京统计年鉴2012》显示，2011年北京市连锁零售企业总店数达到了233家，比2010年加少了1家，但所属门店总数有所扩充，达到9845个，平均各连锁零售企业拥有42.3个，相比2010年增加了2.5个，相比2009年增加了5.1个，连锁企业的集中度正在不断提升。从销售额上来看，2011年平均每家连锁企业实现销售额110483.0万元，单店零售额83724.9万元，同比增长分别为21.2%和20.5%。单位从业人员的销售额为91.7万元，零售额为69.5万元，同比减少1.9%和2.4%。单位面积销售额为3.23万元，零售额为2.45万元，增幅分别为10.3%和9.7%。

3. 北京南城零售业发展迅速

自从《促进城市南部地区加快发展行动计划》发布后，北京南城零售业迅速发展，大型商业项目、品牌零售商纷纷进入南城。自2010年首地大峡谷购物中心、大兴火神庙国际商业中心开业后，绿地中央广场、新业广场等大型商业项目以及银泰百货等品牌零售商也陆续在南城开业，进一步丰富了南城消费者的消费选择。北京市的南部商圈正日趋成熟（见表18-1）。

表18-1　　　　　　　　　　北京主要商圈

主要商圈	标志性商业项目
王府井商圈	东方新天地、王府井百货
西单商圈	西单大悦城、中友百货、君太百货、北京图书大厦
前门商圈	前门大街
CBD商圈	新光天地、国贸商城、华茂购物中心
三里屯商圈	三里屯 Village
朝青商圈	朝阳大悦城
公主坟商圈	翠微百货

续表

主要商圈	标志性商业项目
中关村商圈	海龙大厦、鼎好电子城、中关村购物中心
亚奥商圈	北辰购物中心
木樨园商圈	百荣世贸
十里河商圈	建材市场
四季青商圈	金源燕莎购物中心
望京商圈	新世界百货、赛特奥特莱斯

4. 大型商业项目保持增长

北京市拥有的巨大消费市场对于大型商业项目的吸引力有增无减。2011年，北京市人均GDP达到了12447美元，按世界银行的划分标准，已高于世行中等收入人均GDP的上限，进入高收入地区；从城镇人均消费支出来看，2011年北京城镇人均消费支出达到了21984元，保持了10%的增长。此外，北京作为中国政治、文化、教育中心，吸引着大量国内外人士来京旅游消费。因此，北京商业特别是零售业发展具有巨大的市场空间。2011年，北京市新增大型商业项目达8个，总计建筑面积达112.8万平方米（见表18-2）。相比2010年新增大型商业项目，2011年的项目位置更多地分布于城市周边，项目业态更加多元化，包括城市综合体、购物中心、百货商场等。

表18-2　　　　　　　北京市2011年新增大型商业项目

项目名称	位置	建筑面积（单位：万平方米）	项目名称	位置	建筑面积（单位：万平方米）
绿地中央广场	大兴黄村	45	世贸百货	三里屯	5
分钟寺新业广场	分钟寺	5	华润五彩城 Living Mall	上清商圈	20
新奥购物中心	亚奥商圈	24.5	斯普瑞斯奥特莱斯	首都机场	3.5
NOVO百货	望京	3	合计		112.8
国盛时尚购物中心	东直门	6.8			

资料来源：《北京商业发展蓝皮书2011》。

5. 网上零售业发展迅猛

2011年,北京市网上商店实现零售额256.4亿元,在18种零售业态中位居第六,排名较上年上升一位;同比增长100%,增速远高于其他零售业态。北京网络零售发展以B2C为主,涌现出了京东商城、卓越亚马逊、当当网、红孩子、凡客诚品、中粮我买网、苏宁易购、银泰网以及包括糯米网、拉手网等大量团购网站在内的知名电子商务公司。但是在规模飞速扩张的同时,不少网上商店仍然处于亏损经营状态。2011年1~11月,全市31家网上商店中有20家亏损,合计亏损22.1亿元。

(二)首都零售业态的渠道模式

改革开放以前,北京市零售业的物流和生产供应的通道非常繁琐复杂,在商品最终到达消费者手中之前,经过了一道道的关卡和"苛捐杂税",在商品流通包括各级的批发和最终的零售环节都要与这些环节上的相关单位分割利益。显而易见,这样冗长的流通渠道占去了商品销售过多的利润,最终使商品的价格居高不下,缺乏竞争优势。

改革开放以后,北京市的零售业在许多方面都发生了天翻地覆的巨大变化。市场产品的分派根据实际的需求来安排,供应流程大为缩短,供应链上涉及的单位的数量有所减少,流通效率大大提高,商品到达市场上待售时的价格下降,提升了竞争优势。在这种利好前提下,北京市的商品经济也取得了很大的发展。

目前,北京零售业已形成了以大中型百货店、购物中心、超市、专业店为主体,以其他零售业态为补充,满足多方面、多层次消费需求的格局,业态结构日益趋向完整、合理。传统的百货业态继续得到发展,据统计,2011年全市57家大中型百货店实现销售额304.08亿元,比2010年增长21.98%。以购物中心、超级市场、专业店、专卖店、便利店、仓储式商场、无店铺销售为主的新型零售业态,逐渐占据零售市场的主力地位(见表18-3)。

表18-3 2011年连锁企业基本情况(按登记注册类型、经营业态分)

指标	门店总数(个)	从业人员数(人)	营业面积(平方米)	商品销售总额(万元)	零售额(万元)
零售业态	6950	149893	6371717	23521514	17376359
便利店	613	2786	54827	129123	129081
折扣店	119	1459	76778	199984	178104
超市	1858	45004	1783379	3920574	2919522

续 表

指标	门店总数（个）	从业人员数（人）	营业面积（平方米）	商品销售总额（万元）	零售额（万元）
大型超市	94	24643	940187	2131145	2064212
仓储会员店	7	2744	130869	373718	373718
百货店	57	15139	1208626	3040848	3040848
专业店	1914	31116	1352270	4737384	4352029
加油站	682	9334	320644	7744831	3397467
专卖店	1370	13623	176390	958201	684501
家居建材商店	26	3203	309043	236877	236877
其他	210	842	18704	48829	0

资料来源：《北京统计年鉴2012》。

1. 百货商店模式

不论是从市场份额、门店分布率还是在我国居民心目中的认可度来说，百货商店可以说是首屈可指了。百货商店是在诸多零售业态里最早出现的一种业态，即便是发展到了现在，百货商店在我国的零售业界仍然占据着相当的主体地位。但是由于我国的很多百货商店经营方针落后，机构臃肿，品牌缺乏特色，使其更好的发展受到了限制。这一业态的供应链模式见图18-4。

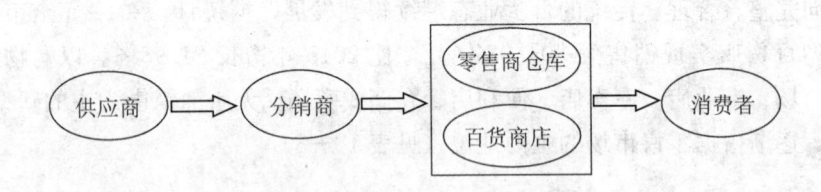

图 18-4 百货商店的模式结构

2. 购物中心模式

购物中心在我国尚处于起步阶段，20世纪90年代中期，一些主要城市相继出现一种基本具备购物中心特点的零售业态，如北京的新东安就是这种业态模式。这时的购物中心和欧美的购物中心还有一定差距，但已经基本具备购物中心的一些特征。进入21世纪，各大城市的政府商业发展规划纷纷将购物中心作为城市商业发展的重要举措，购物中心开始快速发展，成为新的重点商业投资热点。

购物中心作为一种有计划地实施的全新的商业聚集形式,有着较高的组织化程度,是业态不同的商店群和功能各异的文化、娱乐、金融、服务、会展等设施以一种全新的方式有计划地聚集在一起。它通常以零售业为主体。与自发形成的商业街相比,购物中心在其开发、建设、经营管理中,均是作为一个单体来操作:一般是物业公司建楼、出租场地,专业商业管理公司实行统一招租、管理、促销,承租户分散经营。

尽管购物中心在我国的发展时间只有十几年,但由于这一业态给消费者带来了全新的消费方式和生活方式,受到消费者和投资者的追捧,引发了一轮过热的投资风潮。在人们还没有完全明白购物中心和 Mall 的时候,在世界建筑面积最大的 10 个购物中心的排行榜上,有 6 个位于我国,其中北京的金源时代购物中心更是位居前列。仅 2007 年,北京就有 280 万平方米的购物中心陆续开业。随着改革开放后我国消费结构调整速度的加快,消费者需求从单一购物,逐渐转向娱乐化、高档化、便利化的多元娱乐休闲,购物中心作为集娱乐、休闲为一体的新型购物场所,正好契合了这部分消费者的需求。

3. 超市模式

我国的超市最早出现在 19 世纪 70 年代,在 80 年代的时候取得了长足的发展。北京第一家超市是于 1984 年 9 月 28 日开业的北京京华自选商场(现万方西单商场)。发展到现在,北京的超市业态类型已经由原来千店一面逐渐分化出不同的类型,其中包括超级市场、大型综合超市、仓储式商场和便利店。综合型超市的营业面积在 2000~5000 平方米,主要为特定的居住区顾客服务,目标是成为该地区的购物第一站点;大卖场的营业面积在 1 万平方米以上,实行廉价销售,经营品种齐全,有足够的辅助面积。便利型超市的营业面积一般在 1000 平方米以下,主要经营食品和日用百货。其模式分别见图 18-5~图 18-7。

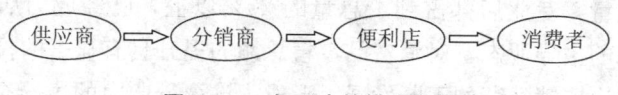

供应商 ⇒ 分销商 ⇒ 便利店 ⇒ 消费者

图 18-5 便利店的模式结构

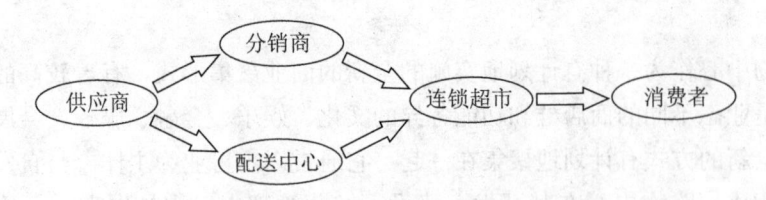

供应商 → 分销商 → 连锁超市 → 消费者
供应商 → 配送中心 → 连锁超市

图 18-6 连锁超市的模式结构

供应商 → 仓储超市 → 消费者

图 18-7 仓储超市的模式结构

从超市经营的商品看,除以食品、小百货为主的综合性超市外,专业性的超市如家具超市、日杂土产超市、家电超市、电脑超市、建材超市、文化超市等也相继兴起。预计今后的业态将进一步细分为:以生鲜食品超市作为基本生活满足型的主力业态;以大型综合超市作为消费需求满足型的主力业态;以仓储式商场作为小型商店、集团采购满足型的主力业态;以便利店作为服务满足型主力业态;以专业、专卖店作为差异化个性需求满足型主力业态。

4. 专业店模式

在零售业态的现代化进程中,专业店突破了过去的业种店概念,发展成一种满足顾客专项需求的现代零售业态。专业店以其商品结构的专业性和深度性,相关产品品种的多样性,为消费者提供了更多的选择和专业服务,深受消费者追捧。尤其是随着连锁化的推进,专业店的规模也在不断扩张,在居民日常消费中所占的比重不断提升。2011年北京市连锁专业店(不含加油站)的销售额为473.74亿元,占连锁企业销售总额的20.14%,位居所有业态首位。2011年北京市专业店连锁门店1914家,占到北京市连锁门店总量的27.54%。无论是销售额还是门店数量,专业店都占到了总量的20%以上,已经成为居民日常生活消费中名副其实的主导业态,对消费品零售总额的提升具有显著的拉动作用。

随着专业店连锁经营的不断发展,形成了许多行业内的主导企业,这些主导企业的发展十分迅速,已经粗具规模,并且在行业总体销售额中占据较大比重。以家电行业为例,市场上已经形成了国美、苏宁的双寡头市场,在2011年连锁百强中,苏宁电器凭借1170.0亿元销售额的绝对优势领跑连锁百强榜单,而国美电器则以1068.0亿元的销售额排名次席。

在经历了初期的跑马圈地之后,已实现规模经营的专业连锁企业开始将提高单店赢利能力作为新的利润增长目标。企业开始注重自身内部管理能力的提升,改善与供应商的关系，加强渠道管理，优化购物流程，提升企业采购及库存管理水平。这种内涵式的增长方式是未来提高企业效益的主要途径，已经引起了行业的重视。

(三) 首都现代零售业整合与创新渠道管理的特点

1. 流通渠道主体结构日趋合理，竞争机制基本形成

北京市流通渠道改革的一个突出成就就是从根本上改变了计划经济体制下国有商业对流通渠道的垄断。近几年，北京市流通渠道改革的重点之一就是建立多元化的流通渠道主体结构，通过出台一系列政策，鼓励多种经济成分进入流通渠道，而且外资企业也在陆续进入中国，中国流通渠道已经面临来自全球竞争的挑战。

2. 流通渠道模式趋于健全，流通效率普遍提高

流通渠道的模式已由过去的单一的国家商业经销改变为现在的生产企业自销与中间商间接销售相结合的多种流通渠道模式。流通渠道的另一主体机构：生产企业的自主经销权得到进一步的扩大。生产企业以更加有效率的角度，根据产品的经销特点及消费者的要求，科学选择最佳的流通渠道。

近几年来，零售业出现了许多新的营销渠道模式，分销渠道扁平化，尽可能地拉近与用户的距离，这一新的渠道管理方式受到愈来愈多企业的瞩目。扁平化渠道模式具有减少利润损耗；增加产品信息透明度，避免因流通环节过多造成信息流失；将物流、服务、库存等成本转由渠道体系分担三大优势。分销渠道扁平化、缩短供应链、降低流通成本、实现利润最大化已成为企业的共同追求。

3. 经营形式多样，较好地满足了消费者的各种需求

随着零售企业市场意识的增强，为了最大限度地满足消费者日益变化的各种需求，优化配置企业的资源，北京市零售企业开展了形式多样的经营活动。集团式经营、连锁式经营、专业化经营、复合式经营成为不同零售企业的不同选择。

4. 重视与发展流通渠道的现代化

新经济时代的来临，预示着知识与技术在社会经济生活中的渗透正在加剧。北京的流通渠道受全球化竞争的影响，尽管起步较晚，但也开始重视与发展流通渠道的现代化。目前，北京市已从较全面的角度，在流通渠道的组织结构设计、经营形式、管理方法等方面开展现代化的探索。在组织设计上尝试建立扁平的组织结构模式，为推进流通渠道供应链管理的有效实施奠定组织基础；在经营上大胆探讨连锁经营、网上销售等现代化经营方式，以适应流通渠道规模化、电子化发展的需要；在管理方法上，充分利用信息化手段，通过建立电子信息处理系统提高企业订货、库存的管理效率。这几年北京零售企业在政府的倡导下及市场竞争的压力下所进行的现代化建设是卓有成效的,并为未来的加速发展奠定了良好的基础。

5. 线上线下结合成为零售业新特点

2011年零售业线上业务与线下环节的结合正成为当前中国电子商务的新特点,互联网渠道对传统渠道的渗透主要表现在两个方面:一是线上交易规模占整体经济的比重不断提升;二是传统企业对线上交易的介入程度正逐步深化。

目前北京市场的家电、钻石、家具销售都开始呈现出线上网站与线下体验店结合的运营特点。通过与第三方合作,实现"网上购物"、"线下体验"和"一站式送货服务"的整合,让生产厂商借助互联网和实体体验馆直接面对消费者,实现了产品的原产地直销,减少产业链流转环节,降低了销售成本。线下体验馆的开设,可以满足消费者购买家居用品时的实地体验需求,打消了消费者的购物疑虑,降低了用户网上购买此类商品的心理门槛,促进此类商品的销售。对于个性化突出、体验性强烈、单价高的产品而言,线上线下渠道的相互配合起到了很好的互补作用。

(四) 首都现代零售业渠道管理中存在的问题

1. 没有建立科学的销售渠道

渠道建设过程中,忽视了对品牌号召力、影响力的培育。品牌的号召力与影响力需要公司长期的投资与培育,需要消费者的认同和市场的考验才能形成。如果人们不了解你生产的是什么产品、拥有什么样的产品特性,那么渠道建设是永远不可能成功的。

2. 渠道管理模式不成熟、覆盖面过广

许多企业在渠道建成后,不注意与渠道成员的感情沟通与交流;不能正确处理好销售部门与其他部门的关系,没有及时根据市场的发展状况不断加以调整,缺乏对客户的管理和售后服务的跟进,或者是物流系统不完善等,从而出现了很多问题。

由于渠道覆盖面过广,渠道冗长,企业必须有足够的资源和能力去关注每个区域的运作,尽量提高渠道管理水平,积极应对竞争对手对薄弱环节的重点进攻。这会增加渠道管理成本,造成资源的浪费,管理难度加大。

3. 信息的不通畅

北京市零售商与供应商信息共享的情况并不乐观。零售商通常不愿将销售、库存等信息完整地反馈给供应商,而是试图利用这些信息获取供应商的"价保"优惠,避免供应商"压货"及大量占用资金。因此常常导致供应商无法及时获得终端市场的信息反馈。造成这种现象的主要原因有以下方面:

(1) 传统观念的约束

在传统观念中，成本、价格、库存等信息通常被认为是商业机密，即使在零售商内部也需要一定权限才能获取这些信息。对于供应商这种"外人"，零售商就更不愿意将内部信息与其共享。这种观念在许多零售商头脑中根深蒂固，很难改变。

(2) 信息不对称

就终端市场而言，零售商与供应商之间存在着明显的信息不对称，处于优势地位的零售商可以利用其掌握的终端市场信息作为筹码，向供应商索取额外利益。例如，零售商通过对销售量、库存等信息的占有，可以要求供应商给予价格保护、现金折扣、推迟付款等优惠。另外，零售商通常认为信息共享能够给供应商带来较大利益，而自身从中获取的利益较少，这也降低了零售商进行信息共享的积极性。

(3) 基于法律和制度的信任机制尚未建立

由于缺乏法律和制度上的约束，零售商和供应商之间往往缺少信任，双方在合作中更多注重和追求短期利益。这种不信任表现为：零售商认为与供应商共享信息后会导致自身处于被动地位；供应商则会对零售商提供的终端信息产生怀疑。在缺少信任的情况下，信息的真实性和完整性都受到质疑，因此双方很难实现信息共享。此外，供应商在与零售商交往中有时会采取一些强制性手段，这导致了零售商的反感。虽然从商业利益出发，双方仍然会维持业务往来，但零售商并不愿进一步共享信息，这也在一定程度上阻碍了其信息共享的意愿。

综上所述，导致零售商与供应商信息共享意愿降低的原因既包括商业理念、利益等经济方面的因素，更有信任、渠道权利、零售商感受等行为方面的因素。信息共享意愿的提高有赖于上述各方面的全面改善。但目前来看，商业理念短期内较难转变；经济利益则具有"刚性"作用，容易导致零售商因期望值提高而降低刺激效用；而行为方面的相关因素如信任程度等，是可以通过供应商的努力加以改善的。

4. 供应链各环节衔接不顺，渠道效率低下

零售企业在零售市场竞争日益激烈、销售毛利率趋于下降的情况下，不断地向供应商进行压价，把供应商的让利作为公司利润来源之一；供应商则隐瞒自己的真实成本，以各种理由和手段变相提价，作为对零售商的反击。双方在价格上进行博弈，把渠道伙伴作为产生利润的来源，导致双方无法建立互相信赖的协作关系。有些零售商和供应商之间一直都能够保持长期的良好的合作关系。可是在这样的表面现象之下，却仍然不能够掩盖他们之间利益对立的事实。大多数的企业之间只有竞争关系,彼此想方设法勾心斗角,甚至不惜损坏对方的利益来达成自身的牟利,这其实是一种恶性竞争,对社会资源造成了很大的浪费。

不论是制造企业还是销售企业,从避免风险的角度考虑,希望上下游的公司一旦在运货环节出现了问题时,自己不至于束手无策太被动,因此都在自身企业内部建立了相应的产品流通的部门。从内部看起来,这些企业的物流方面的管理是效率很高的,可是如果是从供应链整体的角度来看的话,所有的物流建设效率低下并且存在着严重的重复现象。另外,从企业的意识形态方面来看,他们对于采用物流服务的认识还停留在一个很初级的层次上面。中国物流与采购联合会对北京市的第三方物流市场共同进行了一次调查。结果显示,第三方物流难以吸引商业企业来消费他们服务的主要障碍,就是这些商业企业对于将物流业务外包出去存在着一定程度上的心理抵制。

另外,因为供应链各环节衔接不顺畅,超过半数的零售企业出现了缺货的现象。值得关注的是造成这一现象的原因主要是供应链上的企业彼此之间的沟通出现了问题,而不是因为产品数量不够。因为没有事前很好的沟通,生产企业虽然生产了大量完全可以满足消费者需求的产品,这些产品在批发商那里一级一级地囤积了起来,分散了存量,于是矛盾便产生了。物流效率低下引发的问题日渐凸显。

5. 渠道冲突

(1) 网络渠道对线下渠道的冲突

步入21世纪,随着互联网技术的应用和电子商务的发展,传统品牌企业辛苦多年打造的成千上万家分销店面系统和励精图治的窜货管理,却让日益繁荣的网络渠道把他们一夜之间拉回了新中国成立前——完全不同的商业模式让线下企业头痛不已,顺应潮流,要忍割肉之痛;不闻不问,则有暗疮之疾;强硬反对,几乎无济于事。现代渠道和传统渠道之争,就如同超市卖场和便利店之争一样,渠道冲突是必然的。成熟的品牌拥有知名度、美誉度和忠诚度的优势,也有网点的优势,有人才优势,有物流优势,同时又占据价格高地等等,这些都是传统销售模式下取得好成绩所必需的前提条件,然而面对来势汹汹的网络销售渠道,却不再是保证经营业绩的黄金定律。一般来说,线下销售是有一定区域的,产品、市场和客户是线下营销的三人基础要素,而取得市场区域销售权的大小是根据销售任务、市场开发、专业化程度和资本实力来圈定的,但是线上销售的出现打破了这一规则,由于利益链较短和渠道直流的特性,使得网络渠道天生就比传统渠道成本低,消费者和生产商都会认可这种渠道,从而让线下经销商感觉被釜底抽薪了。北京图书市场的现状就是这一现象的真实写照,随着凡客、京东等多家电商陆续推出图书经营业务，不到两年时间里，第三极书局、风入松书店、光合作用等在北京乃至全国都有很大影响力的民营实体书店先后陷入经营危机。第三极书局亏损关张，风入松书店关门停业。而席殊书屋、思考乐书局等名噪一时的民营连锁书店，均关门或被收购。第三极书局和那些小打小闹的民营书店不同，它有雄厚的资本支持，有繁华地段的巨大店面，2006年7月在中关村开业时，打出的标语是"全球最大全品种书店现身京城"，书店营业厅面积近2万平方米，即使是与各地新华书店兴建的书城相比，也不占下风。但是，就是这样一间根红苗壮、天生丽质的书店，还是被网上书店的折扣战打垮了，在三年赔了7800万元之后，黯然关门。

(2) 多重渠道冲突

随着网络营销的不断发展，企业采用线上线下多重渠道成为渠道建设所必需的。一个顾客可能在网上寻找产品信息，然后到实体的零售店购买，最后又从网上获得售后服务。美国的一项研究表明，在网上搜索产品信息的顾客，有65%会通过实体分销渠道购买该产品。2005年，美国前100家零售巨头中只有亚马逊公司是纯网络零售商。电子商务可以帮助企业降低成本，进入新的市场细分，为企业提供全球范围的市场信息。然而，电子商务在带来众多利益的同时，也会带来多重渠道冲突。多个渠道之间会争夺企业的内部资源（如营销开支）和外部资源（如顾客），即出现多重渠道冲突。多重渠道冲突的原因主要有以下几点：①目标不兼容。渠道成员之间的目标经常是不兼容的。不同渠道成员由于增长率、收入、利润和市场份额等目标经常会发生冲突。当使用网络渠道时，这种情况更为明显。使用网络渠道可以降低成本，而且比传统渠道有更强的灵活性。网络渠道依靠自身的成本优势，为了实现自身的利润目标，大幅压低商品价格，对传统渠道的利益造成损害。这样，可能会阻碍传统渠道的目标实现，因而便会引发多重渠道冲突。②区域重合。不同渠道成员可能会因使用相同的内部和外部资源完成分销目标，出现渠道间的区域重合。区域重合的外部资源包括所服务的顾客群、提供产品的范围、提供的服务或功能等；内部资源包括资金和人员等。渠道间所需资源的相似性越高，资源基础越有限，区域重合就越严重。电子商务的出现使区域冲突问题变得更为严峻。网络渠道和传统实体渠道可能会对同一个顾客群展开竞争。售前和售后服务也会导致功能和任务的重合。顾客可能先到一个零售店中观察、询问商品，然后在网上购买。有时，消费者在网上购买产品却向零售商退货。这是典型的搭便车现象，零售商承担服务顾客的成本，但却没有获得销售额。③对现实的不同感知。渠道成员对现实的感知经常存在差异，对同一情境的认知存在着冲突，这是渠道冲突的一个重要来源。渠道成员对现实的不同感知，会导致在同一情境下产生不同的行为，从而会损害其他渠道的利益，引致冲突。调查显示，相当一部分被访者只是从网上购买在零售店中难以买到的商品。但传统渠道商却始终认为网络渠道吞食了他们大部分的销售额。这种对现实感知的差异，会引起传统渠道商对企业电子商务战略的抵制和反对。

三、零售企业渠道管理的成功实践

（一）宝洁—沃尔玛的渠道管理实践

1. "宝洁—沃尔玛协同商务模式"

宝洁是全球最大的日用品制造企业，沃尔玛是全球最大的商业零售企业。它们之间的合作并非一帆风顺。曾几何时，宝洁与沃尔玛经历过长时间的冷战，宝洁总是企图控制沃尔玛对其产品的销售价格和销售条件，而沃尔玛也不甘示弱、针锋相对，威胁要终止宝洁产品的销售并把最差的货架留给它。1987年为了寻求更好的手段以保证沃尔玛分店里"帮宝适"婴儿纸尿布的销售，宝洁的CEO戴耶和沃尔玛的老板沃尔顿终于坐到了一起。那个时刻，被认为是协同商务流程革命的开始。

"宝洁—沃尔玛协同商务模式"的形成其实并不复杂。最开始时，宝洁开发并给沃尔玛安装了一套"持续补货系统"，该系统使得宝洁可以通过电脑监视其产品在沃尔玛各分店的销售及存货情况，然后据此来调整自己的生产和补货计划。此项措施很快在客户服务水平的提升和双方库存的下降方面取得了"戏剧性"的效果并迅速地恢复了双方的信任关系。

在持续补货的基础上，宝洁又和沃尔玛合力启动了协同计划、预测与补货（CPFR）流程。这是一个有9个步骤的流程，它从双方共同的商业计划开始，到市场推广、销售预测、订单预测，再到最后对市场活动的评估总结，构成了一个可持续提高的循环。流程实施的结果是双方的经营成本和库存水平都大大降低，沃尔玛分店中的宝洁产品利润增长了48%，存货接近于零。而宝洁在沃尔玛的销售收入和利润也大幅增长了50%以上。基于以上成功的尝试，宝洁和沃尔玛接下来在信息管理系统、物流仓储体系客户关系管理、供应链预测与合作体系、零售商联系平台以及人员培训方面进行了全面、持续、深入且有效的合作，宝洁公司甚至设置了专门的客户业务发展部以项目管理的方式密切与沃尔玛等合作伙伴的关系，以求最大限度地降低成本、提高效率。

"宝洁—沃尔玛协同商务模式"的形成和实施最终给双方带来了巨大的收益，并极大地提升了双方的市场竞争能力，巩固和增强了双方的战略联盟关系。

2. "宝洁—沃尔玛协同商务模式"成功的原因

（1）以供应链的整体战略目标为导向，树立了共享、共建、共赢的意识

宝洁与沃尔玛作为供应商和零售商的代表，从观念上根除了"独立小企业"意识，将个体企业置身于整个供应链之中，从市场竞争的全局出发，考虑和制定共同的战略目标，并树立信息资源共享，技术、产品、流程等资源共建以及整个供应链价值最大化的共赢意识，从而形成了一种长期友好合作的格局，实现了供应链管理的协同效应。

（2）理顺了供应链条上的上下游企业关系，进行互助合作的流程再造

宝洁和沃尔玛作为供应链的节点企业，考虑了从产品开发到销售给最终用户的整个过程的高效率，合理规划和构建供应链条，并明确各自在供应链中的位置、责任与权利等，在互助合作理念的指导下，以降低供应链的综合成本为原则，帮助合作伙伴进行流程再造，并利用计算机网络技术全面规划供应链中的商流、物流、信息流、资金流等，使双方之间形成一种高效而合作的伙伴关系，分享整个供应链的总成本降低所带来的利益。

（3）建立了企业资源共享信息数据库，实现信息资源在供应链中的共享

信息数据库以计算机网络系统控制为核心，通过卫星定位与传输以及其他先进的生产技术和信息处理技术，设计供应链协同管理的理想运作模式，提供合作双方产品生产与销售数量以及成本的预测、决策、计划和控制等各方面的信息，不断调整偏差，优化结果，发挥战略化供应链管理的最大协同效应。

（二）国美大卖场的渠道管理实践

1. 国美模式

国美电器是中国家电零售业的第一品牌，在连锁化程度、管理水平、经营业绩和企业文化建设等方面都已在同行业中遥遥领先，正向着"成为全球顶尖家电连锁企业"的长远战略目标持续快速前进。2011年9月，《福布斯》公布2011年亚洲上市企业50强榜单，国美电器位列第14位，成为亚洲唯一入选的家电零售品牌。

从国美电器本身来说，在经营实践中，国美电器形成了独特的商品、价格、服务、环境四大核心竞争力。全面引进了彩电、冰箱、洗衣机、空调、手机、数码摄照、IT、数码等产品，使所经销的商品几乎囊括了所有消费类电子产品。完善的售后服务体系、高素质的售后服务队伍和一整套完善的售后服务制度体系，并提出"我们员工与众不同"的口号，提出"超越顾客期望"的思想，提供"一站式服务"。这些都是国美电器的规模化经营的基础。然而，更重要的是，国美适时地抓住了渠道创新和整合这一历史发展的必然趋势。国美的渠道管理优势主

要有以下几点。

首先是从进货渠道上采取直接从生产厂商供货的方式,取消了中间商、分销商这个中间环节,降低了成本也就降低了产品价格,把市场营销主动权控制在自己手中。2004年3月,国美与格力电器的斗争正源于此,因格力空调是从销售公司给国美供货,国美无法获得更为优惠的价格,因此在空调销售旺季国美将格力空调在其卖场暂停销售,其实这正表明了以格力为代表的传统代理销售渠道模式与以国美为代表的连锁销售渠道模式之争。

其次是采用诸如大单采购、买断、包销、定制等多种适合家电经营的营销手段,也就保证了价格优势。国美是国内几乎所有家电厂家最大的合作伙伴,供货价一般都给得低;另外,以承诺销量取代代销形式。他们与多家生产厂家达成协议,厂家给国美优惠政策和优惠价格,而国美则承担经销的责任,而且必须保证生产厂家产品相当大的销售量。承诺销量风险极高,但国美变压力为动力,他们将厂家的价格优惠转化为自身销售上的优势,以较低价格占领了市场。销路畅通,与生产商的合作关系更为紧密,采购的产品成本比其他零售商低很多,为销售铺平了道路。同时采用全国集中采购模式,优势明显,国美门店每天都将要货与销售情况通过网络上报分部,分部再将各门店信息汇总分销的优势直接转变为价格优势进行统一采购,因其采购量远远超过一般零售商,使其能以比其他商家低很多的价格拿到商品。如同沃尔玛全球集中采购一样,具备最大的话语权,可以与家电厂家直接谈判。国美有专门的定制、买断产品,价格自然比一般产品要低。

最后是国美将降价的部分影响转嫁到生产厂商身上,因为销售一定量的产品国美就可以从生产厂家获取返利,因此国美电器的销售价格有时都可以与厂家的出厂价相同甚至更低,2004年9月,上海国美将商品的挂牌价全部调整为"进货价",即国美把从供应商处进货的价格作为挂牌价公之于众。这样做使众多生产商愤怒不已,但消费者得到了实惠,同时,也给了消费者"买电器,去国美"这样的概念,使之竞争力进一步增强,也让任何上游生产厂家都不敢轻易得罪国美,唯恐失去国美就会失去大块市场,迫使生产厂家不断地优化生产,降低成本。

早在2003年,国美电器在进货渠道上就进行大胆探索,全面互动营销充分整合厂家、商家、媒体、社会评测机构以及消费者等资源,发挥了巨大的市场能量。2004年,国美开始重新审视和缔造新时期厂商关系,整合营销渠道,倡导"商者无域,相融共生"的战略联盟,以发展的眼光加强联盟伙伴之间广泛持久的联系,并且相互帮助、相互支持、相互服务,通过资源共享、专业分工、优势互补，更好地服务于消费者，最终达到战略协同、合作制胜、共存共荣的目的。这个观点得到了众多家电制造企业的广泛认同，这似乎也标志着一个由家电零售业带领前进的中国家电业发展时代正式到来。

借助于进货渠道的整合，在汲取国际连锁超市成功经验的基础上，国美电器结合中国市场特色，确立了"建立全国零售连锁网络"的发展战略。到2004年年底，国美电器将基本完成在中国大陆地区的一级市场的网络建设，同时扩展到较为富裕的二级市场，并致力于用2～4年的时间占有中国家电市场20％的份额。2011年5月25日，国美电器网上商城正式改版上线，定位于做中国最大、最好、最专业的家电网购商城，加入了轰轰烈烈的电商战争中。

国美电器网上商城自改版上线一个月来呈现600％的高速增长态势，新增注册用户超过72万户，销售态势势如破竹，充分显示出国美电器在网购领域中的强大竞争优势。

2. 国美模式成功的原因

（1）树立了以顾客为中心的服务营销理念，认真设计服务内容

顾客营销理念是以"顾客的需求都是不同的"，"产品或服务最终要满足顾客的需求"为理论基础，以顾客的消费心理、行为日益成熟，日益多元化、差异化、个性化为市场基础，以现代科学技术为保障的营销模式，这要求企业要根据顾客的要求，进行产品或服务的开发、设计、制作，制定相应的营销组合策略，以实现与每个顾客一一映射的销售活动。家电连锁企业作为流通企业，把以顾客为中心，全面提升服务水平作为企业核心竞争力已是不争的事实。

（2）协调内部服务营销，规范内部竞争

服务利润链原理表明：企业若能为员工提供较完善良好的内部服务质量，员工对企业的满意率将得到提高，对企业满意的员工必将有更高的忠诚度和更好的服务质量，他们会为顾客提供更多的服务价值，外部服务价值的提高会使更多的顾客得到满意，从而提高了顾客的忠诚度，而企业的赢利能力主要由顾客的忠诚度来决定。这样，始于企业内部的、针对员工内部服务质量的提高，通过一系列的传导最终使得企业的利润增长。同样，企业利润的增长使得企业能够投入更多资金来提高企业的内部服务质量，于是形成另一个利润增长的良性循环。而在家电连锁企业，每一位员工，包括各个卖场的员工以及各家电供应商的促销员都属于内部员工，他们的满意度决定了企业的服务质量，从而决定顾客的满意度及企业的发展。内部员工的不满意主要源于家电卖场的无序竞争。家电连锁企业只有规范内部竞争，使整个卖场内呈现出和气生财，而不是硝烟弥漫的气氛，才能使员工工作态度得到改善。目前，家电连锁企业内部的无序竞争主要表现为各个不

同品牌的促销员之间争夺客源。要很好地解决这个问题，就必须使卖场内所有员工明白共生的原理。国美电器"商者无域，相融共生"的理念正是抓住了这个关键点。

（3）建立顾客数据库，加强售前服务

每个家电连锁企业对于现实顾客都会建立顾客数据库，以便对顾客所购产品进行质量追踪，但要想让本企业的服务更胜一筹，仅仅把顾客数据库的作用局限于此是不够的。家电连锁企业现在建立的数据库一般也只有顾客姓名、住址、联系方式、所购产品的型号等，而如果再加进顾客生日一项，在顾客生日时，家电连锁企业及时寄上一张卡片或是电话祝福，那顾客对该企业的印象就会更好，并有可能成为忠诚顾客。此外，家电连锁企业还可与咨询公司等合作，取得一些潜在顾客的基本资料，对这些顾客进行电话拜访，在交谈中发现他的需求，并把企业能为他提供的产品、服务等方面的信息告知顾客。在激烈的竞争中，家电连锁企业必须主动去寻找顾客，并为顾客提供购买前的产品知识、企业服务承诺等信息，加强企业的售前服务。

（4）多种方式开展体验营销

体验营销是通过让顾客体验产品，确认价值，促成信赖后自动贴近该产品，成为忠诚顾客。它不是把体验当作一种无定形的、可有可无的东西，而是将其作为一种真实的经济提供物，作为一种有别于产品和服务的价值载体。家电连锁企业经营的各种家用电器都需要消费者亲自去操作，因而开展体验营销，让顾客现场体验产品，更能让顾客对产品产生信任感，对家电连锁企业产生认同和亲切感。要想达到这种效果，用传统营销的 4P 组合来开展体验营销显然是远远不够的。它应该是体验、人员、氛围、定价、渠道、促销六个因素的营销组合，形成整合营销。而在家电卖场内外，根据六个因素整合来开展体验营销的方式是多种多样的。①产品组合附加体验。家电连锁企业作为一个产品中转站，虽然不能在产品实体上作改进，但却可以把多种产品进行组合搭配。比如对于厨卫类的产品，可以在卖场设立一个透明厨房，这个厨房里的产品由某个品牌的系列产品或是几个品牌的不同产品搭配而成。顾客可以进入这个透明的厨房试用自己想购买的厨卫类产品。②用氛围渲染体验。用氛围渲染营销就是要有意营造使人流连忘返、印象深刻的氛围体验，顾客即使只来一次也会有牢记在心中的印象，当下次再想享受此类服务时，该场所就是首选。家电卖场利用氛围渲染体验营销可以体现在多种产品上。③在创新中设计体验。目前，在旅游行业兴起休闲农庄旅游，就是游客花一定费用在农庄买下几棵果树或是一块地自己种，对于家电连锁企业一样可以借鉴旅游业的创新来设计体验。如家电卖场可以用日薪聘请的方式把顾客聘为卖场的工作人员，让其到卖场工作一天，这样不仅可以让顾客感受到卖场工作人员的辛苦，站在卖场工作人员的角度理解卖场的工作，而且可以集思广益，不同的顾客在同一工作岗位可以提出不同的改进工作建议，这样，卖场与顾客既达成理解也改进了卖场的工作。

总之，针对任何一种产品，家电连锁企业都可以用一种方式让顾客融入到其中，亲身体会。在买方市场的今天，体验营销是我国家电连锁企业形成有自己特色服务的有力武器。这不仅体现在可以促进家电连锁企业的销售，更多的是能让顾客真正信赖企业，在接受企业产品的过程中同时接受企业的服务理念，可以大大提高顾客满意度，培养忠诚顾客。

(5) 家电厂家与家电连锁企业共创顾客服务满意

家电厂家与家电连锁企业之间存在着共同的利益，一方利益受损，另一方同样受到牵连。许多顾客不满意也产生于厂家与连锁企业之间的服务衔接不顺畅。而家电厂家与连锁企业要想取得双赢，就必须共同创造顾客满意，如在货源问题上，家电连锁企业依靠 ERP 系统与厂家保证供货及时，避免货源短缺；而在售后服务上，厂家必须与连锁企业分工合作，明确责任。

四、首都现代零售业进行渠道有效管理的对策

零售企业必须要重视渠道管理，在全球化及分工日益细化的趋势下，当最终客户选择一件产品，整个渠道上的成员都会受惠；如果最终客户不要这件产品，整个渠道上的成员都会被淘汰。而有效的渠道管理，则是提升整个渠道的竞争力，是零售企业在激烈的国际市场竞争中屹立不倒的关键。

(一) 选择合理的渠道模式

渠道的发展源于零售终端的发展，而零售终端的发展则源于消费需求的发展。因此，市场消费特性和零售终端是确定渠道结构的基础，渠道的细分化从根本上源于消费需求的日益细分化。在渠道细分化的时代（如批发流通渠道、分销渠道、团购渠道、专卖渠道、专营渠道等），企业不能再用单一的思维来看待渠道的选择和拓展。在渠道多元化的时代，每一种渠道都有其自身的运作规律，零售企业需要有针对性地选择渠道模式。构建渠道价值链的前提要搞清楚厂商在以下九个要素中的角色定位，分别是：合作关系、贸易条件、谈判、合同、铺货（接单）、送货、结算、支付、由谁维护。下面分别论述不同终端模式之下的渠道选择。

1. 针对大型零售商的渠道选择

针对大型零售商的渠道模式有三种：经销商拓展、厂家直营、三方联销，在

经销商拓展模式中，九大要素都由经销商承担；在厂家直营模式中，九大要素都由厂家承担（物流也可以由经销商承担）；而在三方联销模式中，厂家和经销商共同承担九大要素，由此共同实现对大型零售商的高效拓展。

(1) 经销商拓展和厂家直营

渠道细分化的发展趋势要求企业必须做到对不同渠道的多元化拓展，不少企业的整体渠道结构较为简单，不同的渠道之间没有形成联动，比如对于主要的国际性大型零售商和全国性大型零售商，有一些企业都是采取直营的业务模式，而对于地域性的大型零售商，一般都是由经销商直接覆盖，另外对于那些数量众多而且分布广泛的中小终端网点，企业基本上都倾向于由经销商直接覆盖终端，对于这些分销网点的覆盖要么是空白，要么就是自然流通的局面。在这样的渠道运作中，各类渠道实际上并没有有机地整合在一起，难以发挥应有的作用。

(2) 三方联销

目前，零售业内部的竞争逐渐使供零之间开始走向合作。中国连锁经营协会2011年3月发布的《连锁百强企业排名》显示：大润发2010年销售额高达502亿元，已经跃升为国内大型卖场的老大，而曾经业绩卓越的家乐福已经被大润发和沃尔玛抛在后面。这个变化有着更深层的含义，竞争使得零售商将供零合作的关系视为提升综合竞争力的重要途径，一味压榨供应商的经营模式已经不适应市场的要求，大润发之所以超过家乐福，一个很重要的原因就是大润发会选择有实力的供应商进行深度合作，甚至会买断供应商的某类产品进行销售，同时在订单执行、信息共享、合同条款执行等方面都与供应商建立了共赢合作。

在上述背景下，厂家和经销商将有机会重新构建与大型零售商之间的合作模式，供应商曾经利用厂家之间的竞争获取最大化利益。如今，供应商也完全可以利用零售商之间的竞争来获取最大化利益，零售商不再是"铁板一块"难以击破了。从世界零售业的发展态势来看，供零力量走向平衡是一种必然趋势，国内供零之间曾经的不平衡主要是因为当时国内企业和经销商的整体运营水平不高。随着厂商整体经营水平和信息化程度的提升，零售商压榨供应商的做法将越来越没有市场，而供应商也将更有能力来应对零售商的压力。未来，类似沃尔玛与宝洁之间那种令人羡慕的供零合作关系也将在国内的企业与零售商之间看到，国内供应商必将与大型零售商真正形成基于高效消费者响应（ECR）的战略合作，共同推动双方利益的最大化。企业与大型零售商的合作简单来说要解决8个方面的问题：建立合作关系、确定贸易条件、谈判、签署合同、支付费用、送货、结算以及维护，涉及企业、大型零售商和经销商三方的职能职责，这里面既包括双方角色如何界定，也存在成本与效率如何平衡的问题。如果能够把这几个环节的运作理顺，就意味着企业与大型零售商的合作走上了快车道。

2. 针对分销渠道的选择

针对分销渠道的选择和拓展，也有三种模式：大流通模式、深度分销模式、分销联合模式。大流通模式下，经销商完全承担渠道拓展；深度分销模式则由厂家承担主要职能，经销商沦为配送商；而分销联合模式则分别由厂家和经销商承担相应的职能，共同实现对分销渠道的高效低成本的拓展。

（1）大流通模式

大流通模式，即分销模式，是传统的渠道模式，它对于加快周转速度、提升产品销量、市场覆盖率意义重大。传统的分销模式下，渠道成员通常包括二级批发商、三级批发商等。这种模式投入少、启动快、渗透力强。然而，近年，受大型零售商的冲击，传统的批发市场逐渐萧条；同时，在分销模式下，经销商忠诚度也比较低。所以，尽管批发市场还不失为一个重要的销售渠道，但其越来越被边缘化已经成为不争的事实。

（2）深度分销模式

20世纪90年代以来，可口可乐、雀巢等跨国公司以及康师傅、王老吉等国内标杆企业采用了另外一种分销模式——深度分销。其优势在于：渠道层级少，经销商重心低，强化了分销商的区域管理功能，企业销售人员则定期直接服务分销商和重点终端，从而达到掌控渠道的目的。不过，这种模式也有其局限性，即对分销渠道管理能力和销售人员数量要求较高，因此通常适用于市场容量大、网点密集、配送距离短的发达市场，如果没有足够量的销售额为前提往往难以支撑下去。

（3）分销联合模式

分销联合模式以娃哈哈"二级联销体"模式为典型代表。其渠道成员包括一级特约经销商、二级特约经销商、批发商和零售商四级，分别覆盖地级市/省会城市、县级市/县、乡镇和村等级别市场。和采用深度分销的企业直接将经销商设置到县不同的是：娃哈哈的渠道宽度很广，几乎覆盖了全渠道，包括现代渠道（大卖场/超市/便利店）、传统渠道（批发市场/杂货店/流动摊点）及特殊渠道（交通口岸/娱乐场所/旅游景点/餐饮场所/学校/工矿企业等）。其渠道的密度则更加惊人，渠道成员数量极其庞大，如果以终端铺货率衡量，娃哈哈是绝对的王者，在中国的任何一个偏远地区（比如新疆）或高原地区（甚至在海拔4000米的高山），你都可以见到娃哈哈产品的身影。

分销联合模式的特点在于：①经销商：从配送商到渠道服务商。大部分企业简单套用深度分销模式都并不成功，忽略了专业化分工和对销售资源的共享，这使得企业耗费了大量人财物去做本不该自己做的事情,而经销商则日益依赖于企业的业务人员对渠道提供维护。结果,企业的销售费用不断上升,无法做到对渠道的细致维护;同时,经销商原本只为下级客户提供简单的送货工作,根本没有精力和能力对渠道的维护。这样一来,厂商双方的资源都造成了浪费。企业不应将经销商视作单纯的物流配送商,而应该视其为渠道服务商。企业应该充分利用经销商的资源和服务平台,引导经销商为渠道成员提供专业化的服务,企业则重在提供培训和专业指导,从智力上为经销商提供支持,使经销商的资源力得到最大限度的发挥。②服务型的业务模式是掌控市场的核心。在传统随机配送型的业务模式下,经销商陷入了尴尬的境地:如果按照下级客户的要求进行配送,配送成本居高不下,而如果只给大客户配送,则无法形成对市场的有效覆盖。因此,经销商必须转换经营模式,提高铺货效率。经销商和分销商可以建立按照固定行程计划开展巡访配送,根据每个客户固定时期的进销存数据,按照正常库存量的1.5 倍为客户备货,尽量做到既不断货也不积压。在该模式下,经销商和分销商的配送效率将大大提升,同时还可以减少车辆,降低每辆车成本,从根本上解决前面提到的"两难"问题。

3. 品牌专卖渠道的建立

品牌专卖渠道的建立,亦可以分为三种模式:自营模式、单店加盟模式、区域加盟模式。自营模式完全由厂家自己开设专卖店;单店加盟模式则是由厂家发展单个门店或数个门店的加盟商来实现渠道拓展;而区域加盟模式则先由厂家发展省级或者地市级区域经销商来实现对渠道的拓展,再由区域经销商去发展单店加盟商。

(1) 自营模式和单店加盟模式

在多个行业,品牌专卖店都呈现蓬勃发展的势头。品牌专卖店快速发展的同时,又面临着一个瓶颈,那就是快速高涨的租金。近年,企业实施品牌专卖模式,不遗余力地开展"圈地运动",这也变相推高了商业地产的租金。以家纺行业为例,2010 年,罗莱和富安娜的店铺数量分别超过了 2000 家和 1670 家;在食品行业中,来伊份、85 度 C、久久鸭、绝味、紫燕百味鸡等企业也纷纷快速扩张,以数千家门店的规模来构筑竞争优势。不过,随着租金成本不断上升(近年增幅超过两位数),造成零售业新门店亏损压力很大。这使得不少直营店或加盟店开业后,经营状况不佳。数据显示,家纺行业中部分品牌的终端流失率甚至高达 40%,如果企业不能及时提升单店赢利能力,最终将被加盟商集体抛弃。

(2) 区域加盟模式

区域加盟模式的核心思想是:"定位店、组合店、聚焦店"这九个字。"定位店"的意义在于：品牌的定位必须和店铺定位一以贯之。要做到这点，企业就必须将消费群定位、需求定位、品类定位、品牌定位、价格定位、渠道定位、区域定位、竞争定位这几个关键战略定位点清晰地提炼出来。"组合店"的意义在于：随着消费需求趋于多元化，单一业态的生存方式正在逐步被摒弃，取而代之的将会是多元业态模式。一方面，企业的产品数量庞大，需要通过不同业态的店铺来进行分类组合；而另一方面，企业在市场上难以完全按照自己的意愿来开设店铺，位置和资金都不允许，只能根据市场态势机动灵活地通过不同业态店铺的组合来满足不同类型的需求。例如，上海可颂坊蛋糕房拓展杭州市场时，就设定了包括五种零售业态的渠道组合：社区店、商业中心店、商务区店、旅游景区店、文教区店，每种类型功能的店铺都在适合的区域内发展，按照规划的运营模式打造出样板门店，然后再将成熟的运营模式进行推广，以点带面，逐步在杭州市区形成全面布局。

"聚焦店"的意义在于：强化对渠道和终端的掌控力，在"定位店"和"组合店"的前提下，企业需要对区域市场的店铺拓展布局进行系统规划，明确商圈及业态组合，重点针对核心市场实施精耕，完善店铺布局及终端表现，同时配套建立系统的营销管理体系作为保障支持，占领核心市场。为了实现以"定位店、组合店、聚焦店"为核心的立体组合式运作，企业可以导入一种战略性的市场运作模式——ARS，即区域滚动销售。其要点在于：企业通过对区域市场的深入分析，发现区域中具备较大发展潜力、能与其他市场相互策应的重点市场，根据市场竞争态势制订出系统的市场策略规划，然后再聚焦集中投入资源，力争在重点市场打造自己的"战略根据地"，实现区域领先。企业可以在实现上述目标后，再辐射其他有发展潜力的市场。

除此之外，还有专门针对特殊渠道或者团购渠道的大客户直营模式，或者通过呼叫中心进行的无店铺直销模式，这些不同的模式都有其各自所针对的渠道和终端类型，企业只有对此有清晰的认识，才能够真正实现对于渠道的高效拓展。

（二）与渠道成员创建双赢的发展模式

1. 加强与生产商合作，建立关系型渠道

在整个零售业渠道上，供应商因为参与了价值链的构成，所以对于零售业来说，供应商的地位不容小视。供应商和零售商彼此之间有着复杂的利益关系。供应商可以为零售商提供稳定充足的商品来源，零售商又可以为供应商提供商品的销路和消费者资源。所以，对于零售企业而言，是否能够寻找到实力雄厚，货源稳定齐备的供应商并与其建立起长远牢固的合作关系，是非常重要的。

要在零售商和供应商之间建立起这样一种亲密无间、互惠双赢的合作伙伴关系。首先，零售商和供应商之间充分的沟通与了解是完美合作的前提和基础。这要求双方在众多方面都要建立起良好的对话沟通机制。具体包括业务员之间企业的高层领导与高层领导之间以及业务经理和业务经理之间。并且在零售商和供应商企业的所有员工心目当中都要明白，他们彼此双方是一个利益共同分享的整体，只有他们之间彼此紧密配合，相互信任，才能最大效用地利用现在拥有的资金和各方面的资源。并且，这两方面还要共同开动脑筋，寻求更为新颖和合理的合作模式。

现在，供应商与零售商之间合作伙伴关系的主要形式有经销代销、租赁联营和承包等，但是我国的经济环境是在不断发展变化着的，所以，二者之间的关系也不能够墨守成规、僵化固定，而是应该不断寻求新型的合作方式，比如买断经营、电子商务、租赁品牌和特许经营权等，这样才能激发市场活力。

在很多商家的观念里面，供应商和零售商在利益方面是对立的。供应商处于利润的考虑，总是想要把销售商品供应价格提到最高，而零售商为了节约成本，却是竭尽全力，想方设法地以最低进货价格拿到商品的采购权。买卖两者之间的这种明争暗斗成为产销双方关系顺畅的最大绊脚石。零售商与供货商维持融洽的伙伴合作关系是非常重要的一点。

宝洁与沃尔玛的"协同商务模式"创造了制造商与零售商紧密合作的样板，越来越多的商家与厂商开始亲密接触。全美最大的仓储零售商好事多量贩店、塔吉特还有法国的家乐福都在努力朝向这一模式努力。

应该指出的是，从工业社会发展到现在，零售商与供货商之间的关系将从互相制约、互有所图的关系向新型的互相合作、共生共荣的双赢的伙伴关系发展。零售商帮助供货商了解市场，了解消费者需求，提出适销对路的产品和价格的建议；对于他们之中的任何一方来说，这样一种双赢的合作方式都是百利而无一害，如果北京市众多的零售商和供货商能够从宝洁与沃尔玛的合作中看到建立合作伙伴关系给彼此带来的好处，并且在榜样带动的力量下，尽快走入高速发展的道路，那将大大推动北京市零售业的发展。

2. 理顺与批发商关系，确保供货渠道的畅通

在批发商—零售商这种分销模式中，批发商零售商之间采用何种方式进行利润的分配，就变得尤为重要。伴随着实践的深入，目前通常的核算方法有：批发价格模式、买回模式和利润共享模式。在批发价格模式下，零售商与批发商之间的交易与一般交易活动并没有区别，批发商给零售商制定相应商品的批发价格，零售商根据自己对需求的预测决定自己的采购批量。在买回模式下，批发商按照一定的价格将商品卖给零售商，但是回购零售商期末没有卖出的剩余商品。在利润共享模式下，批发商除按照一定的价格将商品卖给零售商之外，还将提升零售商所实现的利润。

多种模式在实际生活中的存在，本身就说明了这种问题的存在：采用何种模式，才能促使批发商和零售商都达到利润的最大化。实际中普遍存在的批发商和零售商之间单纯的批发价格模式。现代供应链的观点是，局部决策的最优在整个供应链系统中看来不一定是最优的。由于各方矛盾和利益的不一致性，各个环节的最优决策有可能带来系统的低效，如果能够从全局出发来决策，通常能够带来各个利益相关者的帕累托改进。

理顺与批发商的关系，应当做好寻找当地最佳批发商、共同扩展渠道网络、对批发价格进行管理和监控、做好公司与批发商之间的信息沟通与反馈工作，确保供货渠道的畅通；处理好渠道之间的矛盾与冲突，维护公司品牌的发展等。

3. 健全各项规章制度，强化对网点或门店的规范管理

通过健全各项规章制度、培训和在实践中培养管理人员，使其逐渐成为门店管理队伍的中坚力量，有助于使门店的经营管理决策更加合理，不断对门店的各项工作进行改进。门店管理人员在取得总部授权的前提下，应针对实地情况的变化，对门店的商品、布局、促销活动等不断调整，以期适应网点区域特点。

对零售业门店来讲，周围的社会居民是主要的客户群，门店要想成功，必须成为本社区的好居民、好邻居，成为社区居民放心的采购员、保管员和服务员，树立这样的形象，居民才能把门店当成日常生活中可以依赖的朋友，门店才能立足发展。与相关利益者如本地供应商、合作单位、消费者服务机构、政府部门等要加强沟通，为门店运营管理创造和谐有利的环境。

加强网点和门店管理，提高顾客的忠诚度，应做到以下几个方面。

（1）把握与顾客的关键接触点，提高顾客满意度

顾客满意是顾客忠诚的基础，零售门店顾客数量巨大，提高顾客满意度就要在与顾客接触的关键点提高服务水平和能力。门店服务所包括的一系列环节和因素都会对顾客的服务体验产生影响，并最终影响到顾客的忠诚，顾客与企业发生接触的每一个点，都是一个"关键时刻"，都会影响顾客对服务质量的整体感觉。门店要提高顾客满意度，主要需要对"关键时刻"的服务效果给予充分的关注，一旦一个"关键时刻"没抓住，就可能出现大量顾客不满。门店服务的关键点主要有：停车场、总台（存包处）、商品挑选便利、品种全、是否缺货、清洁卫生、商品质量、价格标识、卖场秩序、结算（收银）速度等。缺货是导致顾客忠诚度下降、零售门店利润下降的重要因素。缺货率高，给零售商乃至制造商的产品销售造成重大影响，并导致顾客忠诚度下降、利润减少、零售商与供货商协作混乱

等一系列问题。据统计，在架商品的可获得率提高2.6%，门店净利润即可提高5.2%，购物者满意度将大幅提高，供应商的利润也会相应增加。收款台是影响消费者购物情绪的重要地点。有64.7%的顾客认为在超市不愉快的购物经历主要是由付款队伍太长引起的，这是影响购物情绪的主要原因。45.4%的顾客交款时只能容忍3位以下顾客排在自己前面，40.5%的顾客只能容忍6人以下的交款队伍。门店管理者抓好上述关键点可以有效提高门店的顾客满意度，提高赢利水平。

(2) 利用信息技术挖掘顾客资源

飞速发展的信息技术为零售企业服务顾客、开发顾客、管理顾客提供了有效工具。没有什么比顾客个人行为和偏好的信息更有作用了，门店管理者可以用POS系统、商业智能分析系统（BI）收集顾客数据，确定哪些是自己的有价值顾客，预测顾客将来的购买行为，分析数据以发现趋势和识别出门店的最佳顾客；向门店的最佳顾客提供消费刺激和进行特别促销；预见顾客需求并据此来更精细地调整库存。利用信息技术可以有效地开拓和维持回头顾客，进而建立顾客忠诚，比如会员卡和常客优惠等。

(3) 重视顾客抱怨，实施"忠诚补救策略"

任何企业都不可能做到从不发生失误，也不能保证永远不会引起顾客的不满和投诉。就工作内容繁复、顾客接触频率高的零售业来说，对这一点尤其体会深刻。在店铺距离越来越近、门店定位大部分相似的许多城市里，"服务失败"可能会导致相当危险的后果——在这些城市，顾客寻找替代店购物的成本太低了，他们很容易因为你的失误而"另觅新欢"。我们应该明白，对服务失败进行及时补救可以大大降低顾客不满，迅速积极的反应还能够挽回，甚至进一步提升顾客忠诚。菲利普·科特勒教授的研究表明，如果顾客的投诉得到妥善处理，有54%~70%的顾客会选择再次购买企业的商品；如果处理十分迅速得当，再次达成忠诚的顾客会达到95%。而我们要强调的"忠诚补救策略"，就是要求从识别本企业的服务失败入手，圆满地解决顾客投诉，并通过系统的学习以不断提高企业服务质量，从而提高顾客的满意度和忠诚度，最终达到增加企业利润的目的。

4. 为消费者提供更多服务，培养顾客忠诚度

经济越发展，零售行业中的企业所面临的竞争也就越来越激烈，是否能够得到消费者对零售商的认可对零售企业能否继续生存和发展至关重要。尽管有很多企业每天都把顾客是上帝这样的口号挂在嘴边，可是真正能去做到的企业却很少。有一点我们其实很容易理解，那就是从一件商品被制造商生产出来开始，再由运输部门把这件商品运输到逐级的分销商，再到达零售终端。这一系列的过程下来，不论是制造商、分销商、物流公司还是零售商，他们的利润要想得以实现是有一个前提，那就是消费者从自己的腰包里掏钱，把这件商品买下来。通过这样简单的分析我们可以看出消费者这样一个角色在整条供应链上的决定性作用。

零售业是直接与最终消费者打交道的行业，顾客决定一切，如果企业不以满足消费者需要为中心是无法生存下去的。这一点沃尔玛公司理解得最为透彻。Sam是沃尔玛公司的创始人，由于他本身曾经在早期做过一名营销员，这种宝贵的经历使他十分清楚在与顾客打交道的时候如何能让消费者们满意。正因为如此，他不论是在经营之初的小规模店面，还是到后来的折扣百货店，始终都维持着一种物美价廉高品质服务的经营方针。不仅仅是他自己，包括所雇用的所有的员工，都秉承着顾客就是上帝这样一个信条，无论在出现任何情况下，都以让客人满意为前提。可以说是真正地做到了"顾客永远是对的，当员工与顾客的观点存在矛盾的时刻，请参照第一条"。在美国本土有过购物经验的人们都对这一点印象颇为深刻，那就是只要你对自己所购买的商品有任何的不满意，沃尔玛都可以实现无理由地接受您的退货。并且积极地与您沟通，接受反馈信息，根据反馈及时调整商品组合、陈列顺序、购物环境等等，真正做到让顾客在各方面都能满意。

顾客满意的提高通常要经历如下四个步骤：第一，争取潜在顾客的关注并令其尝试购买自己的产品或服务，以获得与顾客接触的机会。在注意力经济时代，企业要通过鲜明的品牌形象，吸引潜在顾客的目光，点击企业的产品或服务，通过顾客与企业的真实接触，给顾客留下良好的第一印象。"获得"顾客，不仅要达成一时的交易，更要与顾客建立良好的长期信任关系；第二，利用顾客对企业的初始体验的机会，进一步加强与顾客的联系，在情感上对顾客进行同化，争取顾客的好感和满意。这是企业建立顾客满意的关键，也是顾客对企业观察和取舍的时期。这个时期顾客往往游离不定，他们会根据最初接触产品或服务的经历，要么满意与企业继续交往，要么不满而离开企业；第三，企业在情感同化的基础上进一步强化顾客在理念上对企业的认同和行为上的满意；第四，难免的服务失误会伤害到客户，经过服务补救后，顾客可能比以前更满意，因为顾客在困难的时候能更容易感受到企业的关怀。

（三）加强对渠道的精细化管理，提高流通效率

菲利普·科特勒先生曾指出："促销费用的大部分都打了水漂，仅有1/10的销活动能得到高于5%的响应率，而这个可怜的数字还在逐年递减。"这是对市场营销体系及理论缺陷的高度概括。20世纪60年代初，麦卡锡将营销中的众多因素概括为四大要素，即产品、价格、分销和促销，简称为4P，以此为基础建

立了创新的市场营销理论体系。但是随着经济的发展,市场营销环境了很大变化。一方面,是产品的同质化日益增强,另一方面,是消费者的个多样化日益发展,于是美国营销学者劳特明在20世纪90年代提出了著名的4C理论,即顾客、成本、便利和沟通。4C理论认为,对现代企业来讲,重视顾客要甚于重视产品;追求成本要优求价格;强调沟通而不仅仅是促销,企业必须从消费者的角度出发,为消费者提供满意的产品和服务,才能在竞争中立于不败之地,因此,精细化管理理论将4P与4C有效结合。

精细化管理是在精准定位的基础上,依托现代信息技术手段建立个性化的顾客沟通服务体系,实现企业可度量的低成本扩张之路。精细化管理有三个层面的含义:第一,精准的营销思想,营销的终极追求就是无营销的营销,到达终极思想的过渡就是逐步精准。第二,实施精准的体系保证和手段,而这种手段是可衡量的。第三,达到低成本可持续发展的企业目标。

精细化管理力求做到:

复杂的事情 → 简单化
简单的事情 → 流程化
流程化事情 → 定量化
定量的事情 → 信息化

有价值的精细化管理通常需要具备几个特点:要有庞大的基础数据资源,基础数据资源涵盖面要足够大,这是前提;要有专业的营销沟通能力和资源,如营销专家需要有比较丰富的策划、管理和运营经验、有专业的营销员团队,且项目经验丰富;要有营销咨询能力,在进行数据库营销执行之后,要有对数据进行解释和发现问题提升价值的能力;也要具备整合的营销服务能力,要有基于在营销咨询、数据、营销沟通方面的能力和资源。

精细化管理实现模式主要包括以下几个步骤。

第一步:构建完善的数据仓库系统。在信息获取过程中,需要构建以客户为中心的完善的数据仓库系统为基础,真正将各个业务系统的信息按照以客户为中心的原则进行清理、转换和组织,建立一个高质量的客户信息中心。

第二步:在数据仓库的基础之上,通过深入的数据分析和数据挖掘等技术充分发现客户个性化需求。在客户分析中,利用数据仓库中完备的客户信息数据这一重要资源,借助数据挖掘等先进技术,从客户的基础特征描述开始,进而判断客户全生命周期价值,识别出客户之间的差异,挖掘客户特定需求,最终实现客户的个性化交叉销售和个性化的产品定制,以超出客户期望为目标满足客户需求。在客户差异化分析方面,主要是在对客户深度洞察的基础上进行合理的客户细分，将看起来都一样的客户按照客户的业务行为模式和价值区间进行合理区分，使客户特征鲜明，目标精确，把大众地毯式营销模式转变为针对目标人群的差异化营销模式；在客户个性化需求发现部分，主要通过发现客户潜在需求和各产品线之间的交叉销售机会，通过规模产品定制，来满足或者超过客户需求。

第三步：充分利用营销平台，通过有效的营销活动，将满足客户个性需求变成实际的销售行动，并通过有效的支撑技术帮助实现这一过程。

（四）借助 IT 技术，加强对渠道的信息化管理

信息的沟通在渠道的管理中非常重要，制造企业需要根据零售商们传递过来的信息安排生产的时机、种类和数量。物流部门也需要相关的信息来合理安排路线，统筹计划，尽量做到路线总和最短，耗用时间最短，花费成本最低。可见，良好的信息沟通在渠道管理中发挥着十分重要的作用。所以渠道上的每个企业都要尽量完善自身的信息化建设，虽然现在的资金投入多一些，但是将来的回报也会是非常可观的。

从当前的情况来看，北京市有很多企业都花钱对企业内部的网络、数据管理和企业内部数据的传输等信息方面进行了建设。这是一个好现象，也的确从一定程度上提高了企业的运行效率。可是如果我们从渠道整体运行的角度出发来看的话，现今还很少有企业在信息建设的时候做到了着眼于全局。因为渠道上的任何一个企业都不再是独立的存在了，他的每一个决定和动作都会对其他的企业产生很重要的改变。所以说，北京市的零售企业在其开始动手管理和运作企业的时候，必须要通盘地想好自己的网络支撑系统和信息化的决策。

信息和网络科技将所有渠道管理中所涉及的处理数据的软件系统和硬件系统都包含在内。有关于信息技术在渠道管理中的应用，可用图 18-8 表示。

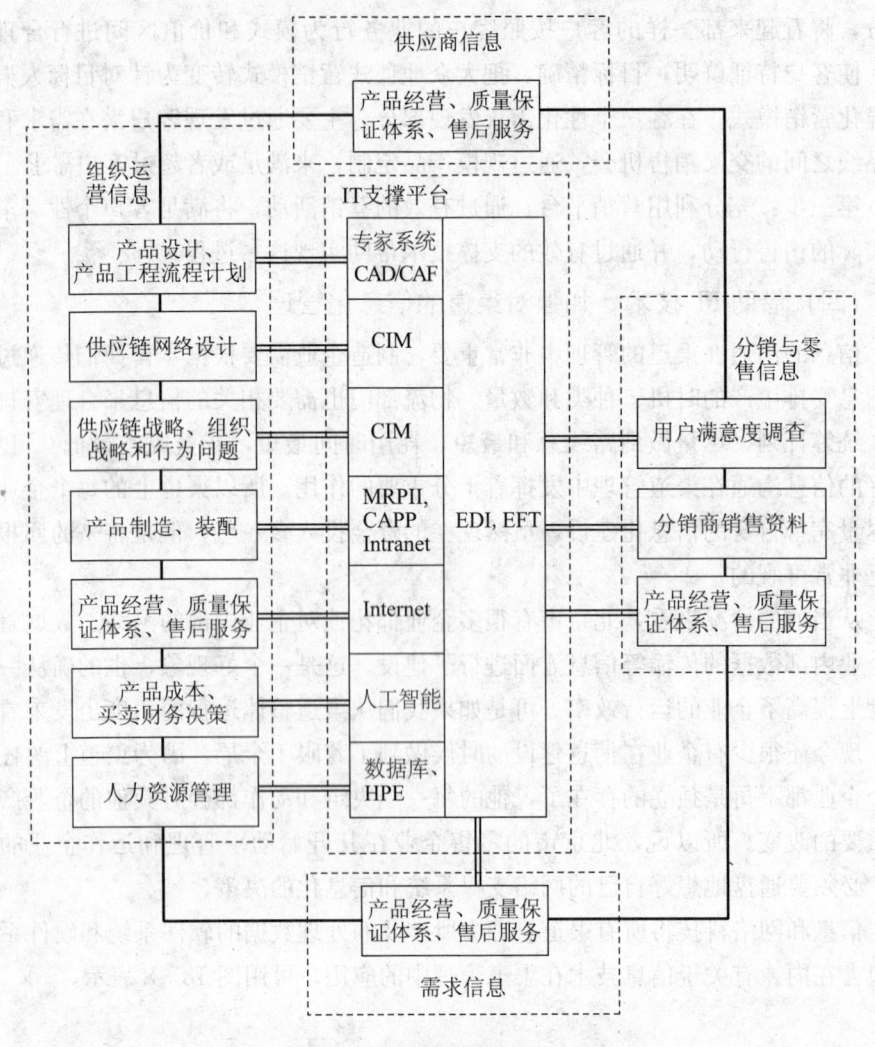

图 18-8　IT 在渠道管理中的应用

沃尔玛作为全球最大的商业零售商，高效的信息管理对其供应链和销售渠道的运作至关重要，而 IT 技术的发展为此提供了很好的基础。表 4 系统地总结了沃尔玛在零售业中引入的各种技术和管理手段。我国有大量的制造企业和零售企业，这些企业可以分享跨国零售企业的信息与全球网络资源，但更重要的是可以学习它们先进的供应链技术，降低无效库存，提高物流管理水平。

表 18-4　　　　　　　　信息技术在沃尔玛流通管理中的运用

年份	供应管理	订单管理与业绩
1969	计算机跟踪存货	
1980	条码技术	可以利用条码了解订单流向
20世纪80年代	横向物流管理技术	
1985	地区的分销中心开始采用电子数据交换	集中采购
1986	保持每周的订货和送货周期交叉使用账台	
1988	全面推广电子数据交换,首次采用卫星定位系统,引入无线扫描枪	多层次采购
1989	72小时订货到送货的时间	
1990		IT供应商通过网上进行销售分析
1992	如果要求,可以每天/当天送货	通过订单分析系统,加快信息沟通和共享
1995	减少店员	加快供应链速度
1997	实时销售和库存数据	
1998		用于小型/当地供应商自动化供应链
20世纪90年代	与宝洁公司联合开发"有效顾客反映系统"	向商店经理和大堂经理提供了顾客购买类型的详细资料,并通过视图链接
21世纪初	"互联网统一标准平台"的建设	沃尔玛投资90亿美元开始实施
2000	一年网站的访问量增长了570%	感恩节获得了11亿美元的历史上最大单日销售量
2001	重新启动了经过改造后的网站	网站改进搜索引擎后,消费者能够很容易地找到50万种商品中的任何一种
2002	业绩突出	成为《财富》500强之首
2002	单天销售记录	感恩节之后的单天销售量达到14.3亿美元,是历史上最大单日销售量

续　表

年份	供应管理	订单管理与业绩
2003	开始推广 EDIINT AS2，试图建立行业标准系统	塔格特、洛斯等大零售商开始接受沃尔玛倡导的标准系统；感恩节之后的单天销售量单日 15.2 亿美元，是历史上最大单日销售量
2005	沃尔玛将可持续发展作为其全球至关重要的使命	制定了"可持续发展 360"战略，并开始为三大目标而努力，包括百分之百使用可再生能源，"零"浪费、出售有利于资源和环境的商品
2008	沃尔玛全球可持续发展高峰会议在北京召开	会议邀请了超过 900 名的官员和供应商代表，探讨全球变暖条件下的节能减排、减少包装的环保新举措
2009	沃尔玛中国"农超对接"项目	先后在 14 个省、直辖市建立了 28 个农超对接基地，面积 30 万亩，带动农民就业 28.3 万人
2010	沃尔玛宣布温室气体减排目标	到 2015 年年底之前从其全球供应链中削减 2000 万吨的温室气体排放量。这相当于此公司在未来五年内预计全球碳足迹增量的 1.5 倍

（五）整合供应链，获取更多通道利润

1. 优化企业内部供应链

企业的供应链从纵向的角度看有三个层次：基于企业内部业务流程的内部供应链、内部供应链与外部企业的供应链、企业供应链与企业供应链。在这三个层次的供应链中，企业内部供应链是一切供应链的基础，它是由企业的采购供应部门、营销部门、客户服务部门、信息部门、财务部门等为职能单元组成的信息流、资金流、物流、服务流的功能网链。优化企业内部业务流程是基础，没有企业内部业务流程的优化就不可能将企业内部的业务流程延伸到企业外部，建立与其上游的供应商关系，和与其下游的顾客关系，从而使之与中间层次和最上面层次的供应链对接和协调运行。因此要从企业战略高度解决企业内部业务流程冲突，实现内部市场化运作，对业务流程进行集成和优化，强化企业整体性，通过供应链集成，朝着跨职能部门的一体化方向发展，以实现整体效率与整体成本的平衡。并通过系统结构、人员组织、运行方式和市场供求等方面的变革，持续改进生产流程。

2. 充分利用集群优势，整合外部供应链

改革开放 30 余年来，北京市的劳动密集型企业已经逐步发展成为一个产业集群。在这样一个产业集群地域内，聚集了生产或制造某类产品从研发机构到供应商、制造商、批发商，甚至是终端客户等组织。劳动密集型企业可充分利用本地一体化的供应链系统，参与或构建属于自己的外部供应链，即联合行业中其他上下游企业，通过资源的整合、业务流程的调整和相关节点企业的能力整合，建立一条经济利益相连、业务关系紧密的行业供应链，实现优势互补，共同增强市场竞争力。迈向能带来更大效益和顾客满意度的企业间供应链一体化的阶段，完成供应链中企业之间核心竞争力的有效整合，并逐步形成供应链联盟，构建全新的集群竞争力。

3. 培育新的核心竞争力，向供应链的两端发展

培育新的核心竞争力，向供应链的两端发展：向上游，从制造环节入手，最终进入研发设计领域。加大研发投入力度，注重引进专利、技术许可证等软技术，引进国外处于研究开发后期、尚未市场化的技术，或者有能力的企业可直接成为技术创新的主体，形成产、学、研战略联盟，快速形成有自主知识产权的技术，从而提高国际竞争力。向下游，逐步进入销售和服务领域，在劳动密集型产业中培育自己的民族品牌。通过塑造品牌文化即以产品的天然属性和目标市场的文化属性为基础，通过特定的品牌（文字、图案）为产品赋予一定的意义，使消费者通过该品牌来感知一种文化的存在，并把此品牌作为彰显自己价值观的一种载体，使品牌成为消费者与社会进行非语言沟通的有效工具。此外，在创品牌的基础上制定科学的品牌发展战略，通过降低成本、提供差异化的产品和服务、扩大生产经营规模、提高市场占有率以提高品牌的赢利能力，并从原材料的选择一直到最终用户的服务进行全方面品牌管理。

4. 进行全球供应链战略规划

从前面分析可知，劳动密集型企业无法通过被动纳入到跨国公司的全球供应链中保持长久的竞争力，这就要求企业应在立足国内市场的前提下，变被动为主动，进行全球供应链战略规划，以其自身拥有的独特优势，选择能弥补本企业竞争不足的合作伙伴，通过协议、规则、惯例和具有竞争力的优势资源管理供应链，通过整合供应链的资源实现共同的目标，利用共同的资源和能力去规避单个企业无法承担的风险,并且将其目标统一为以自身优势来培育供应链整体的核心竞争力、以供应链整体竞争力加强各自企业的核心竞争力,形成利益共同体、实现供应链集成,从而实现增强竞争力。

(六)实现渠道融合,建立多渠道的数字神经

渠道融合的核心就是把线上的消费者带到现实商店中去——在线支付购买线下的商品和服务,再到线下去享受服务。它是第一个全面将线上虚拟经济与线下实体店面经营相融合的商业模式,也是移动互联网技术发展扩散到人们日常生活中的必然结果。这种品牌商渠道新模式,最终可以达成货品统一管理、价格统一管理、服务统一管理、物流统一管理的目标。其基本思路如下:

首先,实现品牌保护与加盟店利益平衡。以保障品牌形象与品牌价值为前提,开放各门店在互联网分销的权限,同时鼓励门店发挥自身优势进行会员拓展,并获得推广酬金。

其次,平衡网络与门店的利益链。品牌商要和线上、线下渠道重新协商货品销售利益及分配原则,网络所销售的商品可以由全国加盟店来配送,以客户所在地门店为优先物流源,利润卖家与发货商按比例分配。

最后,品牌商的线上网店可获得全国线下的库存做支撑。品牌商线上的库存与线下库存共享,可以保障线上渠道在营销活动时,库存有足够的广度和深度,也能解决经销商库存积压的问题。

上述思路可以为品牌商建立起一个健康的电商渠道生态系统。在整合的渠道中,典型销售流程就变成了如下的场景:订单补货的渠道,可能来自品牌商的官方网站,也可以来自呼叫中心、移动终端、淘宝店铺、平台商或是门店的销售……这些订单需求都会经过品牌商统一的订单管理和处理中心,分发到最合适的订单交付点,它可能是由品牌商的物流中心,也可能是由一个经销商的门店来负责发货。最后,多渠道融合的关键在于:如何实现订单的利益在品牌商、货主、产品销售方以及会员四方分成?具体分成比例由四方协议决定。

渠道融合的关键转变在于,以前线上线下冲突的局面变成共赢,参与的多方都能够得到合理的利益。在具体操作渠道整合时,建议由品牌商电子商务部去触发这件事,把维护经销商的利益作为推动渠道融合的着力点,把线上提交的订单由线下交付作为渠道融合的核心。

在品牌商渠道融合和供应链优化上,一套有效的订单管理系统极为关键,它可以帮助品牌商对直接渠道、间接渠道来的订单,实现跨渠道系统订单调拨和库存可视化管理,建立一套完整的数字神经网络系统:

第一,品牌商可以根据市场要求,灵活决定网上销售商品类型,并快速打造

电子商务统一订单管理和履行的运作体系,从而建立全方位、全时段的立体渠道体系。

第二,多渠道融合打破网络与实体门店之间的界限,依托品牌商和经销商已经拥有较多实体门店的物流和直接客户拓展的优势,同时也发挥网上对长尾客户的个性化需求的满足和覆盖面无限大的优势,实现共赢。

第三,平衡经销商之间的利益,打破他们之间各自为战的弊端。经销商既可以开设网店吸引订单,也可以为其他网店发货,从而实现品牌商与经销商之间、经销商与经销商之间的共赢。

虽然电商业务可能只占企业总业务量的3%,却可以为企业带动另外97%的业务管理水平的提升:它不但驱动了企业供应链管理水平的提升——整合线上线下直销、分销的能力,还可以整合企业内外部共享的流程——包括财务、信用管理、客户关系管理等能力,并智能确定最佳履行订单的组织。

百思买在美国拥有700家零售店,在订单管理系统帮助下,其门店和呼叫中心可以通过集成多个订单管理模块的单一平台,捕获和修改各种送货方式的订单。顾客可以网上购买,在商店提货和退货,也可以要求送货上门和安装。这一系统让百思买能够主动了解业务问题,提高了库存准确性和服务水平,让客户得到了更佳的体验。

DHL是国际著名的物流公司,遍布在220多个国家,共有4700个工厂。它们需要建立一个集中的门户网站,查看DHL快递和DHLExel的物流业务部门的订单数据。在订单管理系统的帮助下,DHL的物流管理系统可以协调跨渠道的订单并调配复杂的物流系统,通过主动将订单信息推送给最终用户和客户服务代表,获得了更高的客户满意度。

国内跨渠道融合案例虽然尚在雏形,但一些前瞻性的企业已经坚定了跨渠道融合的目标,开始了转型的实践。

品牌商线上、线下融合模式一旦有效搭建,将可以明显缓解线上线下的渠道冲突,同时也满足电商所需要的价低量大的需求。电商部门在充足货源支持下,可以专注互联网营销,以更低的成本获取流量和消费者,不用在商品和供应链上花费过多精力。另外,这种模式还会帮助品牌商建立更高的进入门槛和优势,不容易被低成本拷贝。

总之,零售业渠道管理是一项系统工程,仅靠零售企业自身的努力是远远不够的,还需要政府和行业协会的推动和调控作用,为零售企业发展创造良好的外部环境。一是尽快建立健全相应的政策法规体系,特别是优惠政策的制定和实施,使北京市零售业渠道管理的发展有据可依;二是尽快建立规范的行业标准,实施行业自律，规范市场行为，使零售业渠道管理业务运作有规可循；三是发挥组织、协调、规划职能，统一规划，合理布局，建立多功能、高层次、集散功能强、辐射范围广的现代物流中心，克服条块分割的弊端，避免重复建设和资源浪费现象，促进零售业健康、有序发展。

第十九章　首都现代零售业人才队伍建设研究

一、零售业在现代经济发展中的作用

改革开放以来，随着计划经济向社会主义市场经济的转化，批发和零售业不断发展壮大，尤其是随着经济的持续快速增长和居民消费水平的大幅提高，在国家一系列扩大内需的政策效应的促进下，批发和零售业发展进一步加快，不仅成为第三产业中比重最大的行业，对整个劳动力市场的就业增长产生了重要的推动作用。2012 年全年实现社会消费品零售总额 7702.8 万亿元，同比增长 11.6%，扣除价格因素，实际增长 11%，增幅比上年提高 3.7 个百分点，创 1986 年以来最高实际增速。消费对经济的拉动作用明显增强，2011 年 8.1% 的经济增长中，消费拉动 6.8 个百分点，贡献率达到 83.4%[1]，比 2010 年提高 17.6 个百分点。随着连锁经营、特许经营等新型流通形式的出现，部分流通企业已经开始走向集团化、规模化、品牌化的发展道路。根据人力资源和社会保障部统计，2011 年全国 117 个城市劳动力市场中批发零售业用工需求 324.71 万人，占全部用工需求的 15.7%，仅次于制造业（32.2%）[2]。在社会再生产产业链中，流通业已由末端产业变为先导产业，成为引导生产、消费和经济运行的先导性力量。批发和零售业作为与人们衣食住行等日常消费密切相关的行业，不仅是流通业的重要组成部分，也是目前流通业中市场化程度高、活力强、发展快、特色鲜明的行业，对国民经济发展的带动作用不断增强。

（一）流通是现代经济的火车头

流通是反映一个国家经济繁荣程度的窗口，是观察一个国家综合国力和人民

---

[1] 数据来源：北京市统计局：《三大需求对地区生产总值增长的拉动（2001—2011 年）》，http://www.bjstats.gov.cn/nj/main/2012-tjnj/content/mV33_0213.htm。

[2] 数据来源：中华人民共和国人力资源和社会保障部：《2011 年度全国部分城市公共就业服务机构市场供求状况分析》，http://www.mohrss.gov.cn/SYrlzyhshbzb/zwgk/szrs/sjfx/201203/t20120306_66147.htm，2012 年 3 月 6 日。

生活水平的晴雨表,是不断启动市场、促进需求和消费不断升位的助推器。流通带动生产,小流通带动小生产,大流通带动大生产,现代流通带动现代生产。现代流通是社会再生产过程的血脉和神经,是各种生产要素集结、整合与聚变的载体;是决定经济运行速度、质量和效益的引导性力量。运用高新科技建立和发展现代化大流通体系,可以带动产业结构的调整,提高劳动生产率和经济运行的效率。

(二)城市要发展,流通必先行

城市是商流、物流、信息流、资金流和人流的中心;流通越发达,城市就越繁荣,就越具有竞争力、生命力和辐射力。

一个城市核心竞争力主要表现为生产力与流通力的统一。即:竞争力＝生产力×流通力。在生产相对稳定的条件下,流通力成为决定因素。流通力小于1,不仅本地生产能力无法实现,而且内外交流堵塞,这就大大削弱了城市的竞争力。如果流通力大于1,不仅可以弥补本地生产能力的不足,而且通过促进内外交流、优势互补、组合配置,可极大提高城市的辐射力和影响力。

城市经济的发展不仅要依靠"新经济增长点"所提供的利润,更依靠商业繁荣带来的土地、房产、劳动力及基础设施等要素的普遍升值。名列世界竞争力前茅的新加坡,主要不在于其生产优势,而在于其强大的流通力;我国香港也是靠"商"成为国际大都市。因此,一个城市的发展,不仅要重视生产的发展,还必须重视流通力的投入和培植。只有将流通业提高到优先发展产业的高度,才能促进首都城市发展和首都各项功能的发挥,提升首都经济的综合能力。

二、首都现代零售业的发展对北京经济的贡献

首都现代零售业开始于改革开放,发展于1992年中国零售业对外开放之后。随着首都经济结构的调整和经济增长方式的转变,经济总量快速增长的同时,居民收入水平不断提升,消费需求稳步增长,经营环境的逐步改善以及奥运经济产生的效应等,在很大程度上共同促进了首都现代零售业的快速发展。

(一)零售业流通规模不断扩大,在首都经济中的贡献不断扩大

从1978年改革开放到现今,首都市场日益繁荣,购销两旺,社会消费品零售额快速增长。1978年社会消费品零售额仅为44.2亿元,10年后增长到234.3亿元,到1997年又增长到1208.5亿元,到2011年达到6900.3亿元,累计增长高达156倍。零售业在首都经济中的贡献作用有了质的发展,零售业对国民经济的推动作用和拉动作用十分显著,零售业所创造的增加值不断提高。其中1978年零售业生产总值仅为8.27亿元,到1988年增长到39.06元,1997年为202.4

亿元，2007年则高达879.4亿元，占当年北京国内生产总值的9.4%，累计长超过100倍，2011年更是达到了2139.7亿元。如表19-1和图19-1、19-2所示。

表19-1　北京第三产业、零售业所占国内生产总值比重

年份	1978	1988	1997	2007	2011
北京市国内生产总值（亿元）	108.8	410.2	2075.6	9353.3	16251.9
人均国内生产总值（美元/人）	797	1046	2004	7654	12643
第三产业生产总值（亿元）	25.8	151.8	1218.0	6742.6	12363.1
零售业生产总值（亿元）	8.27	39.06	202.4	879.4	2139.7
社会消费品零售总额（亿元）	44.2	234.3	1208.5	3800.2	6900.3
第三产业占国内生产总值比重（%）	23.7	37.0	58.7	72.1	76.1
零售业占国内生产总值比重（%）	7.6	9.5	9.8	9.4	13.2

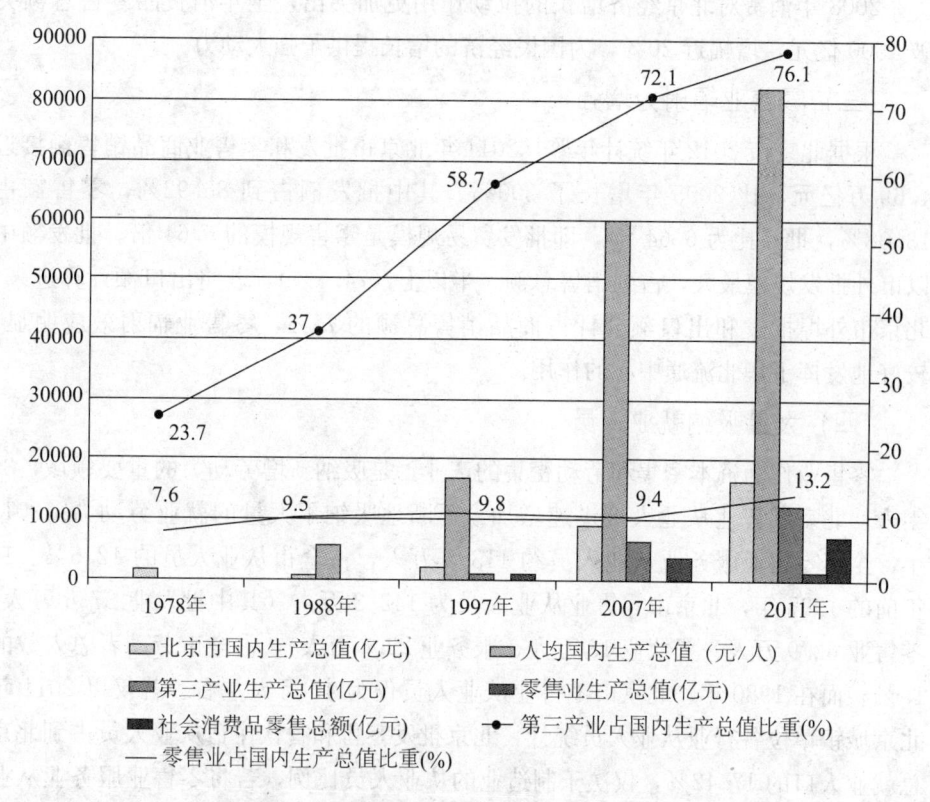

图19-1　北京第三产业、零售业所占国内生产比重

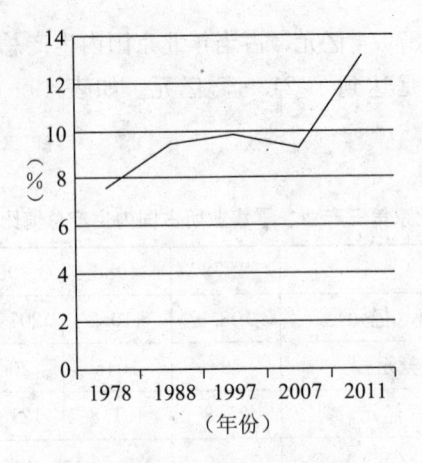

图 19-2　北京第三产业、零售业所占国内生产总值示意

可以说，零售业已成为北京现代经济发展的新的增长点和支柱产业之一。

（二）对北京市 GDP 贡献较大，是拉动国民经济增长的重要力量

2008 年消费对北京经济增长的拉动作用更加突出，全年消费品零售总额突破 4500 亿元，增幅近 20%，为国民经济的增长提供了强大动力。

（三）零售业辐射力增强

根据北京市 2012 年统计年鉴，2011 年北京市批发和零售业商品销售额接近 4.69 万亿元，比 2005 年增长了 300%。其中批发额占到 86.92%，零售额占 13.08%，批零比为 6.64：1，即批发贸易规模是零售规模的 6.64 倍。批发额中以市外批发规模最大，占到销售总额一半以上（74.6%），若将出口额计算进来，北京市外埠批发和出口额合计占商品销售总额的 75%，零售业辐射效应明显，较好地发挥了华北流通中心的作用。

（四）大量吸纳就业人员

零售业作为资本密集和劳动密集的产业，是吸纳新增劳动力的重要领域，30 年来，北京零售业从业人员迅速增加，不断地吸纳了大量的就业劳动力。2011 年，全市零售业服务业从业人员约 113.5 万人，占全市从业人员的 12.5%。14 年前的 1997 年，北京市零售业从业人员为 142.3 万人（其中批发业 37.6 万人、零售业 62.9 万人、餐饮业 18 万人、服务业 23.8 万人），占全市劳动者总人数的 15%。而在 1980 年，北京市零售业从业人员仅为 47 万人左右。若仅以 2011 年北京城镇单位各行业从业人员统计，北京批发零售和餐饮住宿从业人员占到北京总就业人口的 17.42%，仅次于制造业的从业人员比例，若将零售业服务业从业人员的统计计入，则从业者比例高达 21.7%，是北京吸纳就业人员最多的行业。

三、首都现代零售业人才队伍建设的成果和问题

（一）首都现代零售业人才队伍建设的成果

"十五"、"十一五"时期，北京商业经历了中国加入世贸组织、政府机构改革、内外贸合一等重大历史事件。在首都人才发展战略的指导下，北京市现代零售业人才队伍建设工作取得了令人鼓舞的成绩。

1. 人才队伍不断壮大，素质不断提高

20世纪90年代以来，随着北京现代流通业的迅速发展，现代流通业的人才队伍不断壮大，人才素质不断提高。近几年来，随着北京新的现代商贸流通方式如连锁经营、现代物流、电子商务、会展业和现代批发市场等迅猛发展。北京市现代流通业人才队伍的壮大和优化程度更为明显。课题组对连锁经营及百货、批发市场及贸易、物流业企业的抽样调查结果基本反映了这一趋势。2000年与2008年比较，调查企业中，中专以上人才增长20.58%，专业职称人才增长达6.86%；中专以上人才占职工人数比重由27.94%上升到41.31%，专业职称人才占职工比重由18.90%上升到19.44%；大学以上人才比重由2.81%上升到5.71%，高级职称人才比重由0.18%上升到0.22%；从各类人才增长速度看，大学以上人才和高级职称人才的增长速度最高，分别为34.09%和12.86%（见图19-3）。

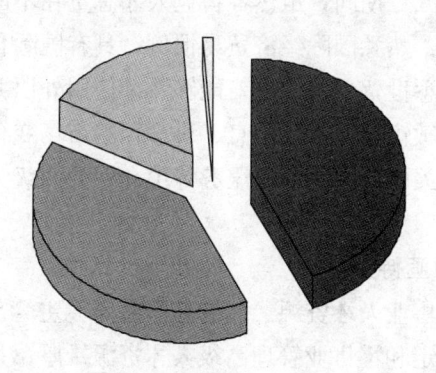

图19-3 北京市现代流通业人才队伍学历分布
（■ 中专人才　■ 大专人才　■ 大学人才　□ 研究生以上人才）

2. 人才队伍实现初步融合，结构更加优化

市区县政府商务主管部门适应政府机构改革、内贸外贸合一的管理体制变化，有针对性地加强公务员的管理和培养，采取专业知识培训，开展干部交流，

建立健全公开、透明、有序的干部选拔任用和管理考核制度，实施公开透明的人才引进制度，加强作风建设，提高政府部门的工作标准和效率等措施，零售管理人才队伍的思想政治素质、专业知识水平以及履行岗位职责的能力不断提高，干部的年龄结构、知识和专业结构更加优化。

3. 零售业人才队伍的整体综合素质不断提升

北京市商业企业在一线销售人员中普遍开展了"引厂进店"培训、商业职工外语培训；积极开展了营销师、促销员、商业企业价格助理、价格经理和价格总监等各类专业技能岗位从业人员专业知识和能力的培训；在企业经营管理者中推行商业职业经理人培训；进行了大型商业企业师资培训等，商业人才队伍的整体综合素质不断提升。

4. 招商引资人才队伍粗具规模

开办了"北京市投资促进理论与招商引资事务高级研修班"，通过理论研修、赴东部沿海地区实地考察等，培养了一批熟悉招商引资工作程序和具体操作方法的专门人才队伍，促进了北京市招商引资工作，收到了明显成效。

（二）首都现代零售业人才队伍建设的存在的问题

在"十五"、"十一五"时期，北京零售业人才队伍建设取得一定成就，但在人才结构、资源整合等方面仍存在一定问题。

1. 高级零售业人才数量短缺

在"十五"、"十一五"期间，虽然零售业人才总量在不断增长，但高级人才短缺突出。主要表现为：熟悉国际经济贸易惯例，具有国际化视野的零售业政策制定人才为数不多；熟悉世贸组织规则，能够熟练使用外语并且具有实践经验的零售业法律人才奇缺；敏锐洞察市场信息、科学预测市场变化的高级零售业运作人才不足；与零售业相关的研究、信息服务等中介服务高级人才缺乏；从事服务贸易的人才数量较少。

2. 零售业人才资源亟待整合

北京具有丰富的零售业人才资源。北京是国家商务主管部门——商务部机关所在地，零售业政策制定和零售业管理高级人才资源雄厚；是各国驻华使领馆和跨国公司总部聚集地，国际零售业信息和零售业人才集聚；是全国性零售业协会总部所在地，拥有国内著名的零售业教育培训机构，中介服务人才密集；是国内许多大型进出口企业总部所在地，拥有众多的国际化零售业运作人才。这些宝贵资源还有待于进一步开发利用，北京市相关机构间的联系与合作有待于进一步加强。零售业人才资源也有待进一步整合。

3. 人才比重偏低，缺口较大

在与北京市其他行业比较和从现代流通业发展的需要来看，北京现代流通业的人才比重明显偏低，供需缺口较大。据 2008 年资料分析表明，流通业的两大行业即交通运输、仓储及邮电业与批发零售贸易及餐饮业的中专以上人才占职工人数的比例分别仅为 23.42% 和 14.68%，居全市 16 大行业的第 10 位和第 12 位，与流通业在北京经济发展中的重要地位极不相称。

4. 中低级人才比重高，高级人才比重低

从流通业的人才结构看，人才资源主要集中在中低级，高级人才比重较低。以 2008 年普查资料分析看，交通运输、仓储及邮电业中专人才占 38.7%，大专人才占 39.6%，大学占 20.1%，研究生以上占 1.6%；批发零售贸易及餐饮业中专人才占 43.2%，大专人才占 39.8%，大学人才占 15.9%，研究生以上人才占 1.1%。近年现代流通业的人才结构有所改善，但总的态势基本没有改变。中低级人才基本上可按需招聘，但高级人才特别是复合型高素质人才招聘困难。如连锁经营企业欲求既熟悉连锁经营和各种营销方式，又具有一定零售业物流配送、电子商务知识和经验的复合型高级人才就十分困难。

5. 营销类人才资源相对较多，现代物流人才较少

由于北京商贸业较发达，营销类人才资源相对充足。而现代物流业在北京尚处于起步阶段，专业人才的教育培养也刚刚起步，据有关统计，2008 年国内开设的现代物流管理专业学科的院校仅 8 家，物流专业人才培养远不能满足迅猛发展现代物流业的需要。本报告抽样调查中，企业大多反映北京营销类人才较多，且较容易通过院校或社会招聘，而现代物流专业人才难以招聘，尤其是具有现代物流理念、系统专业知识并具有一定的实际操作经验的专业人才十分缺乏。

6. 零售业人才评价体系尚不完善

目前，零售业人才评价缺乏明确统一的标准，适用于零售业人才的资格认证体系尚未建立，已有的职业资格证书权威性不够，在一定程度上影响了零售业人才积极性的发挥。

7. 零售业人才教育培训机制有待完善

零售业人才的培养教育工作在利用社会性教育资源、发挥行业协会和企业培训人才的重要作用、提高人员参训率、建立合理的人才培养投入机制等方面还需要不断探索和完善。

四、首都现代零售业人才队伍建设面临的机遇

"十二五"是首都实现新北京战略构想的关键时期，商业流通领域将进一步

开放,经济全球化、区域经济一体化和贸易自由化迅猛发展;贯彻科学发展观,实现经济增长方式的转变都对北京零售业人才队伍建设提出了新的要求。首都现代零售业人才队伍建设也面临新的机遇。

(一)首都经济建设的发展为现代零售业的发展带来的机遇

首都经济建设的发展体现在以下几个方面:

1. 新的城市功能定位和产业发展规划所给予的政策支持

《北京城市总体规划(2004—2020年)》明确了北京的发展目标为"国家首都、国际城市、文化名城、宜居城市",这个城市功能定位意味着北京将发展成为政治中心、文化中心、世界著名古都和现代化国际城市,将是一个消费型的大都市。1500多万的人口,不断涌入的中外游客,庞大的市场需求将促进首都现代零售业规模的扩张。《北京市"十一五"时期产业发展与空间布局调整规划》明确提出构建"以现代服务业和高新技术产业为双引擎、以现代制造业和基础服务业为双支撑、以都市型工业和现代农业为重要补充"的与城市功能相吻合的产业格局。都市型工业和现代农业的发展可以为首都现代零售业提供丰富的、优质的产品,以满足消费者的不同需求。高新技术产业的发展能为零售业提供更多的先进的技术和装备。有利于提高北京零售业的现代化水平。现代服务业的发展,将为现代零售业的快速发展提供良好的运营环境。如信息产业的发展,为现代零售业的发展提供的硬件和软件的支持;金融市场的健康发展为零售企业的融资和再融资提供了相对安全的渠道。资金的充足也是零售企业发展壮大的根本前提;房地产业的发展,大量新建小区的落成,政府大力发展社区服务业,推动文化娱乐等产业健康发展,为社区零售业的发展创造了条件;发挥北京区位优势,在环渤海经济区快速发展的同时,大力发展物流业,形成全国和区域性的商品物流中心,为现代零售业降低物流成本,增强市场竞争力奠定了基础。

经济的发展和城市化水平的提高成为发展的助推器。"十一五"以来,全市地区生产总值年均增长11.4%,总量达到13777.9亿元,人均超过1万美元。经济发展高端化格局初步形成。首都社会消费品零售总额持续增长,从2006年以来始终保持在10%以上的速度增长;尤其是批发零售产业,2009年以来占地区生产总值的比重均在12%以上,占第三产业增加值的比重都在17%以上,分享着经济增长所产生的辐射效应。北京市经济总量的持续增加,将成为首都现代零售业发展的助推器。城市化水平是衡量一个地区经济发展水平的根本标准。近七年首都城市化水平进展迅速,由2000年的77.5%提高到2011年的86.2%。人口向城市集中,日益增长的生活消费需求推动着首都现代零售业的快速发展。

2. 城市化水平的提高，城镇居民收入水平增加，促使消费品销售异常活跃，推动着首都现代零售业进一步发展

现代零售业态变迁理论告诉我们。现代零售业的大部分业态多以城镇居民的需求为生存基础的。从世界零售巨头的发展轨迹看，无论是其起家是以农村市场为重点（如西尔斯）还是以小城镇市场为重点（如沃尔玛），在走向成熟的过程中无一不是把城镇市场作为争夺的重点。其中一个很重要的原因就是城镇居民的收入水平和实际购买能力要高于农村地区，城镇市场有旺盛的需求。

3. 城镇居民平均消费倾向高于农村地区

1997—2011年，北京城镇居民由于收入的增加，其消费欲望和消费能力不断增强，加上城市零售业发展的相对成熟，无论是产品种类还是服务形态都较农村地区有更多的选择。城市居民旺盛的消费需求，促进北京消费品市场的进一步繁荣，推动了首都现代零售业的发展。

4. 城市空间布局的演变推动零售业新格局的形成

人口向近郊区的迁移，推动近郊区零售业的发展。北京城市的发展已经呈现明显的离心化现象，随着人口的不断增加和经济的迅速发展，城区面积逐渐扩大，近郊成为人口迁入的重点区域。近郊人口密度的提高、购买能力的增强。使得零售业在近郊有着很大的发展潜力。

东城、西城、崇文、宣武等首都功能核心区的重点零售业街区已经完成改造和升级。朝阳、海淀、丰台、石景山等城市功能拓展区一直在完善人口迁入的零售业配套设施及其布局，同时，这部分城区有北京众多高等院校，人才和科技的发展也为该地区现代零售业的发展提供了一个很好的技术平台。房山、通州、亦庄等城市发展新区，在中心城区零售业日趋饱和而外迁的情况下，成为重要的转移地。由于位置的优越和经济开发区的发展，很多零售业住宅相继投入使用，社区零售业的发展十分迅速。门头沟、怀柔、平谷、密云和延庆等生态涵养发展区，围绕山区、浅山区的生态旅游项目开发，建立了必要的零售业配套服务设施，满足北京市居民甚至周边城市居民休闲旅游的需要。

5. 居民消费结构的升级，促使零售业态新格局的形成

世界各国经济发展的历程表明，在人们的温饱需求得到满足之后。就进入以公共交通、廉价住房、邮电通信为主导产业的小康阶段；之后是以私人轿车、高级住宅为主导产业的富裕阶段；最后进入以服务业为主导产业、以消费品需求高级化、丰富化为特点的高度富裕阶段。世界银行根据不同人均收入水平（按购买力平价计算）居民消费结构的变化得出的结论是，随着收入水平的提高，食品、衣着类在消费支出中的比重下降，居住、医疗、教育、交通等在消费支出中的比重上升。与国际粮农组织按恩格尔系数划分富裕程度的标准相对照，1000美元以下为小康阶段（恩格尔系数为0.4~0.5）；1001~4000美元和4001~10000美元组为富裕阶段（恩格尔系数为0.2~0.4），10001~20000美元和20000美元以上组为高度富裕阶段（恩格尔系数低于0.2）。世界主要国家和国内发达城市消费结构统计资料表明，人均GDP超过3000美元后，消费结构的变化突出表现为如下特点：第一，基本生活消费的比重已降到40%左右，并继续下行；第二，住房消费比小康阶段已有较大幅度的提高，但继续上行的速度放慢，直到高度富裕阶段才有明显的上升。从世界水平和各国情况看，富裕阶段的住房消费均占有一定的比重，普遍在15%左右；第三，交通通信支出持续快速上升，到高度富裕阶段后开始下行。2001年北京市人均地区生产总值达到26998元，首次突破3000美元，达到3060美元；截至2011年年底，年人均GDP达到81658元（折合为12643美元）。城乡居民的恩格尔系数自2000年开始就在0.4以下，逐年呈下降趋势。按恩格尔系数标准衡量，北京居民生活已开始进入富裕阶段，消费结构开始向10000美元以上组的方向演变，进入以私人轿车和高级住宅为主要特征的富裕阶段。

从北京居民2011年消费支出的构成来看，城镇居民的文娱用品和服务支出、交通和通讯支出、医疗保健支出、家庭设备用品和服务支出以及其他支出已占据民消费支出的49%以上，农村居民的以上支出也在38%以上，说明北京居民的消费已由衣食消费为主转变为以服务消费为主；由千、万元级家电设备消费为主转变为电脑、轿车、住房为主的高档品和奢侈品为主。北京城乡居民正在由生存型消费向发展型、享受型消费转变。居民消费结构快速升级，家用汽车、住房相关商品、通讯器材、数码电子商品成为居民消费的热点和重要的市场增长点。这就为家电、建材超市或专业店、品牌专卖店（包括汽车专卖店）、高档百货店、便利店、家居用品中心、工厂直销中心和购物中心的发展提供了市场基础。北京新的零售业态格局应运而生。

6. 资本市场的发展拓宽了融资渠道

目前，北京共有9家零售业上市公司，2012年实现销售额为2092亿元。自1994年至今，在国内上市的华联股份、华联综超、国药股份、西单商场、王府井、北京城乡在内地证券市场共筹集了超过71.68亿元人民币；国美、物美、京客隆在香港证券市场共筹资95.34亿港币。零售企业通过股票发行，有利于建立规范的现代企业制度；所筹的资金具有永久性，成为企业自有资金，没有还本压力，有利于降低企业的负债率；所筹金额大，有利于企业获得更多的流动资金，提高运营能力；有利于提高企业的知名度，为企业带来良好声誉。通过发行股票融资，是加快北京现代零售企业发展的一条有效途径。

中国资本市场的快速发展，将为更多的北京零售企业提供上市融资机会，使北京现代零售企业融资难的问题得到一定程度的缓解。

(二) 首都经济和商业的发展为首都现代零售业人才队伍建设带来的机遇

1. 落实科学发展观，实现经济增长方式的战略转变对政府的商务政策制定和商务管理能力提出了新的挑战

科学发展观要求商务事业的发展也必须实现增长方式的转变。"十二五"时期，首都商务事业实现增长方式的转变任重道远。一是出口企业、出口产品的集中度偏高，存在潜在的市场风险，出口市场和劳动密集型产品的出口原产地也需要走向多元化；二是内资出口企业拥有自主知识产权和自主品牌商品的比例仍然很低，核心竞争力和出口商品附加值不高。支持内资企业提高消化吸收国外技术、增强技术创新能力和保护知识产权的政策体系有待完善；三是国际贸易摩擦出现新的特点，应对技术性、绿色、社会责任标准以及知识产权等国际贸易相关问题的贸易纠纷解决体系尚不完善；四是促进服务贸易发展、建立国内外统一大市场的任务相当艰巨。

要彻底走出传统商务发展模式，推动商务事业顺利发展，必须实施"人才强市"、"人才强商"战略，优先开发人才资源，加快建立一支熟悉国内外商务情况、通晓国际惯例、具有战略眼光、能把握时代特征和商务发展规律的商务政策制定和商务管理人才队伍。

2. 商务事业的迅猛发展对商务中介服务人才形成了巨大的需求

"十二五"时期，北京市商务事业将继续快速发展。根据北京市"十二五"外经外贸发展规划，重点工作是要"适应对外开放和建设中国特色世界城市的战略要求，着力优化投资环境，增强服务功能，积极引进世界500强企业以及跨国公司地区总部和职能总部，集聚国内著名企业和大型企业集团总部，努力建设面向全球的总部经济和高端产业集聚地"，"十二五"期间，北京地区对外货物、服务贸易占全球比重争取突破1%，服务贸易中承接国际服务外包的规模实现年均增长20%。

商务事业的发展不仅需要大量企业经营管理人才，也需要众多的电子商务、信息咨询、物流代理、国际认证、贸易与投资促进、商务纠纷解决等专业化高素质的社会中介服务人才。

3. 对外开放不断深化，商务经营主体迅速增加，对商务行业管理和商务企业经营管理人才提出了更高的要求

外贸经营权由审批制改为登记备案制后，北京市贸易主体数量迅猛增加。

2004年7月，北京市批准成立的各类进出口企业仅4883家，到2008年年底已达18000多家。"十一五"时期，跨国公司地区总部不断增加，新增跨国公司地区总部53家，累计达到82家。获得外贸经营权企业数量的急剧增加，一方面，为北京市对外贸易的快速发展提供了强劲的动力；另一方面，外贸经营主体数量的增加，对外贸秩序将产生更大压力，增加了行业管理的难度，对行业商协会管理人才也提出了更高的要求。

商业流通领域全面对外开放，外资商业和外埠商业进入北京的步伐不断加快，传统业态加快改造提升的同时，新业态快速发展，新技术广泛应用。"十二五"时期，新型业态仍将保持快速增长势头。新型的商业经营模式需要新型的经营和管理人才，传统商业人员观念更新和知识、技能培训任务艰巨。

4. 建设世界城市需要大量国际商务运作人才

建设现代化国际大都市是北京市重要战略目标之一。国际化大都市战略目标的实现要求提高北京市经济外向度和国际竞争能力，进一步开拓国际市场，发展外向型经济，建立一支高素质的国际零售业人才队伍已经迫在眉睫。尤其是占北京市GDP 70%以上的第三产业的深度对外开放，对服务贸易人才的数量和素质提出了新的要求。

五、促进首都现代零售业人才队伍建设的措施

（一）实施"人才强商"战略

现阶段，人才的缺乏已经成为制约零售业发展的一大瓶颈。据有关资料表明，零售业管理人才是我国紧缺的人才之一，目前国内零售业具有大专以上文化程度的各类人才只占3%，这大大低于其他行业的水平。

零售业人才匮乏和培养问题成为社会关注的重点。A.C.尼尔森认为："目前在零售领域，人才非常缺乏，没有足够的具有相应技能、经验的人才支撑行业发展，零售商们将面临一个较大的人才流动。"

因此，应根据北京现有商业人才情况，加强多层次的培训体系建设，加强和重视人才资源开发，做好人才培养体系建设。要一手抓商业职业经理人队伍建设，建立商业职业经理人数据库，搭建行业人才交流平台，完善职业经理人的约束和激励机制，为行业发展提供必要的人力支持；一手抓员工素质提高，进一步加强员工培训，大力推行持证上岗，提高商业员工的整体素质、业务技能和综合服务水平。

1. 创新观念，提高人才管理和服务水平首先要牢固树立"人才资源是第一资源"的观念

一是把人才资源的开发建设放在行业发展优先的位置，彻底改变"等、要、靠"的思想，以积极、主动的态度加强人才资源开发建设工作。二是要改变人才资源开发建设管理只着眼于"体制内"的观念和体制，确立全行业人才管理、服务的观念和体制。三是人才资源开发建设要有前瞻性、计划性和实效性，根据行业发展趋势，对人才需求的总量、结构有充分的了解和把握，以提高人才培养、引进、储备、使用的针对性和有效性。

2. 编制现代零售业人才规划，加强宏观指导

组织编制现代零售业的人才资源开发建设规划，有利于从首都城市发展和现代零售业发展的战略高度，把握整个行业、各个子行业的发展趋势以及对人才供需变动的规律、特点和趋势，明确现代零售业不同发展时期对各类人才在行业、专业、年龄和职能方面的总量与结构需求，从而明确首都现代零售业及各子行业人才资源开发建设的目标、思路和重点。行业人才规划是加强宏观指导的基础，对指引流通行业和企业人才资源开发建设，引导教育部门提高人才培养教育的针对性、前瞻性和实用性，促进人才市场资源配置的有效性具有积极的意义。

3. 加大高层次人才引进力度，尽快形成高素质人才资源的集聚优势

北京是中国的首都，在吸引人才方面有很大的优势。要牢固树立"人才是第一资源"的观念，从战略任务的高度加快人才资源开发与管理。通过设立引才奖、高薪聘用、提供重要岗位、外出招聘、向社会公开招录、挂职锻炼、企业顾问等行之有效的手段，加快引进一批高层次的人才。当务之急是积极引进一批现代管理、市场营销、电子商务、物流配送、外贸、法律等高层次专业人才和复合型企业家。

4. 加大各层次人才培养力度，充分发掘现有人才资源的潜能和作用

积极支持高校商业人才的培养，保证充足的后备人才输送，引导和鼓励北京地区的大专院校多开设现代流通业的专业课程，进行基础性和长期性的现代零售业人才培养教育；调动大专院校和社会上各种教育培训力量，针对首都零售业发展中对各类人才的实际需要，采取多种形式，举办各种类型的培训班，培养各种类型、各种层次急需的现代流通业人才，尽快出台和完善鼓励在职人才提高学历和考取职称的有关政策；每年选派若干名有培养前途的中青年人才到国内高校深造攻读硕士博士学位或进行 MBA 培训研修；创办商贸论坛，不定期地邀请专家教授和商贸界的成功企业家开展讲座交流；办好商贸培训中心，对商贸干部进行培训。加强大专院校与现代流通业界的沟通与互动，走联合办学和企业委托教育培养人才的道路。

5. 其加快用人分配机制改革,调动各类人才的积极性和创造性

努力通过机制创新造就新一代商业人才,真正形成一个能使优秀人才大显身手和脱颖而出的用人机制;冲破论资排辈的束缚,更新人才的选拔标准,重水平、重能力,让优秀年轻人才挑重担,特别在困难的环境中多锻炼,以加速成长;确立业绩取向的人才价值观,尽快形成与岗位、能力、业绩紧密联系向优秀人才倾斜的分配机制,不断探索运用股票期权、经营管理才能因素折价入股等方式使经营者和企业长期利益捆在一起的分配机制,最大限度发挥经营管理人才的积极性、主动性和创造性。彻底改变论资排辈的观念,真正建立起优胜劣汰的人才使用机制。营造优秀人才能尽快脱颖而出的企业氛围,形成人才能进能出、能上能下的人事制度;彻底打破"大锅饭"式分配制度,真正建立起业绩、贡献与报酬收入紧密挂钩的激励机制,营造人才归宿感、吸引力强的企业环境,形成人才价值能得到真正体现的分配制度。进而提高首都现代零售业人才队伍的整体素质。

6. 培养高素质的国际化人才

零售企业"走出去"要投身到风云激荡、竞争激烈的国际市场中去,成功的关键在于人才。而我国目前缺乏的就是高素质的国际化人才。零售企业一方面要通过报酬、文化来留住人才,另一方面要通过"人才本土化"策略来聘用当地人才。但最根本的是要培养适应"走出去"需要的高素质人才,既可以自己培养,也可与外国零售企业合作培养。要重视业务技能与知识的掌握,更要重视思想品质的提高。要加大教育、培训的投资力度,建立一套能使优秀人才脱颖而出的机制,培养出一批具有国际商业头脑,并能从事国际经营的商业人才。

(二)创新管理方式,营造零售业人才成长的良好环境

按照北京市人才管理工作的要求和零售业人才的成长规律,不断创新人才管理方式和手段,积极营造良好的零售业人才发展环境。

1. 建立科学、零售业人才评价体系,构筑信息化网络交流服务平台,加快现代零售业人才信息化建设

研究制定零售业人才分类和统计指标体系,对零售业人才队伍建设状况定期进行跟踪研究;整合各区县商务局、行业协会和企业的信息资源,设立零售业人才信息库,汇集零售领域人才信息,预测未来零售业人才需求趋势,定期向社会发布;依托市商务局政府网站或其他成熟网站,建立零售业人才信息网,构筑零售业人才交流和服务网络平台;建立起基于电子网络的人才信息系统,并将零售业包括人才资源数据库系统、人才市场网络系统、零售业人事人才管理职能系统等在内的现代零售业人才信息系统纳入人事人才信息系统，实现零售业人才培养、使用、配置、管理、服务信息化，提高零售业人才资源开发建设、管理和服务的效率。

2. 充分发挥人才市场的作用，建立规范有效的零售业人才激励制度

充分利用有形和无形的人才市场两种资源，提高商务人才招聘和录用工作的效率以及人才选拔工作的透明度。给予商务人才中介机构政策支持，提高其专业化服务水平。大力开拓国际人才市场，吸引国际商务人才来京工作，积极参与国际商务人才竞争。

本着"有效激励、才尽其用；精神奖励为主、物质奖励为辅"的原则，充分发挥社会荣誉的激励作用，充分调动零售业人才的积极性，在商务领域形成层层争先创优、人人奋发进取的良好文化氛围。积极与有关部门协调，对WTO事务、涉外法律、贸易促进、招商引资、高级翻译等急需骨干人才试行特殊岗位津贴制度，并在办公、住房条件等方面给予政策倾斜。

3. 培育首都现代零售业专业人才市场

在市场经济条件下，人才市场是市场配置人才资源有效的方式。首都作为华北乃至东北亚地区的商贸流通中心，零售产业规模大、发展快、零售人才需求量多，对市场配置能力要求高。虽然北京人才市场较为发达，但没有一个专门为北京庞大的零售业服务的专业人才市场，不利于现代零售业人才资源的开发建设。因此，有必要培育一个现代化程度高、规模大的现代零售业人才专业市场，既有效促进北京现代零售业人才资源的开发建设，为首都现代零售业发展服务，也为华北地区现代零售业人才资源的开发建设提供服务。

4. 营造人才成长和创业的文化氛围

在零售业人才的引进、培养、使用等各环节牢固树立"以人为本"的理念，体现人文关怀，加强环境建设，创造良好的工作和生活环境，营造宽松的创业和发展环境，为零售业人才创业创造优良的硬环境和软环境，吸引更多优秀零售业人才来北京创业。

在继续加强基础设施建设，为零售业人才提供优良的生活待遇、工作条件的基础上，重点加强软环境建设。一是优化体制、机制环境。建立与市场经济要求相适应的精干、统一、高效的行政管理体制，形成公开、公平、公正的竞争机制；二是优化用人政策环境。实现行政手段和经济手段的有机结合，形成人才引得进、用得好、留得住的良好政策环境；三是优化人才成长环境。以促进北京市零售业人才素质的整体提高为目的，下大力气办教育，抓培训，构筑拥有顶尖师资队伍、培养高级零售业人才的教育培训高地；四是优化人才服务环境，为商务人才提供规范、高效、专业化的服务；五是优化人才创业环境。创造待遇公平、绩效认可、尊重人才、和谐合作的社会环境。创造健康向上、积极进取、提倡包容的文化氛围。激发零售业人才创业的活力和潜能，为首都零售事业的发展做出更大的贡献。

第二十章 首都零售业自有品牌建设研究

一、零售业自有品牌相关理论综述

零售商拥有自有品牌并开发、提供自有品牌商品，体现了零售商在消费品生产和流通中主导作用和控制力的加强，有利于工商一体化、避免生产的浪费并推动经济的发展。西方国家零售商自有品牌经营实践已有较长的历史，而国内零售商自有品牌实践相对落后；国内外关于零售商自有品牌战略的研究也有较长的时间，研究内容主要集中在自有品牌特点、自有品牌商品购买意愿、自有品牌实施条件、自有品牌商品生产运营、自有品牌商品的宣传推广等。

（一）零售商自有品牌的内涵

零售商自有品牌在国外被称为 PL（Private Label）、PB（Private Brand）和 SB（Store Brand），大多数学者认为这三者并没有什么区别。Kotler 和 Amstrong（2001）认为[1]，零售商自有品牌是在零售商品牌下销售的产品，并区别于全国性的制造商品牌名称，也就是这种品牌专属零售商所有。McGoldrick（1990）基于竞争层面上而给予自有品牌的描述更具有营销力，他指出，自有品牌作为一个比较近代的现象，表征了市场营销形式的复杂化和零售商作为一个整体能力素质的增强，是市场控制权在制造商和零售商之间重新配置的重要里程碑。[2] 孙成旺（1998）[3] 认为，零售企业自有品牌在国外又称 RPB（Retailer Private Brand），是指零售企业通过搜集、整理、分析消费者对于某类商品的需求特性的信息，开发出新产品，在功能、价格、造型等方面提出设计要求，自设生产基地或者选择合适的生产企业进行加工生产，最终由零售企业使用自己的商标对该产品注册和宣传，并在本企业销售的产品。

---

[1] Kotler, Gary Amstrong, *Principles of Maketing*, New Jersey: Upper Saddle River, Prentice-Hall, 2001, pp. 39 - 51.

[2] McGoldrick Peter. J., Grocery generies: an extension of the private label concept, *European Journal of Maketing*, 1990 (18), pp. 5 - 24.

[3] 孙成旺：《中间商品牌挑战生产者品牌》，《经济论坛》，1998 年第 4 期。

零售商企业品牌和零售企业自有品牌是两个不同的概念。零售商企业品牌是指零售商业企业的名称，如"一百"、"华联"、"联华"、"物美"等都是零售商业企业品牌，它是连锁经营的前提条件。通常情况下，零售企业可以凭借其著名的企业品牌来发展加盟连锁和特许经营，从而推动门店数量和销售量的上升。零售企业自有品牌则是零售企业创立并拥有自主知识产权的产品品牌，所以它不包括零售商业企业品牌和服务品牌，但零售企业自有品牌名称与零售商业企业品牌名可以一致，如联华超市开发的"联华"牌；也可以不一致，如华联超市开发的"勤俭"牌（张同慧[1]，2009）。企业品牌与产品品牌是否统一，是零售企业自有品牌战略实施过程中需要处理好的一个重要关系。

（二）零售业自有品牌的特点

从本质上说，零售业自有品牌与传统的制造商品牌是一样的，都是企业或品牌主体的所有无形资产的综合体现，并且可以通过特定的形象及个性化"符号"识别它，其本身有着广义品牌的共同特征，例如无形性、专有性、扩张性等。

但是，零售业牌商品因经营方式的特殊性决定它也有自己的一些特点，正如学者 Hoch（1996）[2] 所提出的，零售业自有品牌是一可以遍布整个卖场产品种类的品牌；是唯一零售商可以完全决定销售方式、存货规划等决策的产品；一定是放在最醒目的货架，且不需支付上架费用，可以将产品价格折扣 100% 转至消费者身上的产品。零售业自有品牌的特点具体包括以下几个方面。

1. 自有品牌经营者角色具有双重性

零售业自有品牌商品的生产方式主要有两种基本形式，一种是自设生产基地，即零售企业根据消费者的需求信息，设计开发并自设工厂生产商品，销售时使用自己的品牌；而另一种则是委托制造商生产，即零售企业根据市场需求对商品的类型、结构、原料、质量、规格、包装等进行设计，然后委托制造商按照具体要求生产，销售时使用自有品牌。自设生产基地的方式要求零售企业应具备充足的从策划、设计到生产、销售的专业人才以及雄厚的财力；而由于受到资金、管理、技术水平等多种因素的限制，大多数零售企业都是委托制造商生产自有品牌商品，并派专人指导。不管是自设生产基地还是委托生产商生产，零售企业都参与了自有品牌商品的生产、销售过程。这样，经营自有品牌的零售企业就具有生产和销售的双重角色。

---

[1] 张同慧：《我国大型零售企业自有品牌发展战略研究》，硕士学位论文，山东大学，2009年。
[2] Hoch, Stephen J., "How Should National Brands think about Private Labels?", *Sloan Management Review*, vol. 37, no. 2 (1996).

2. 自有品牌商品分销渠道简短

在零售业自有品牌商品的生产和销售过程中，商品的经营者本身就是商品的零售企业，因此中间流通环节大大减少，其营销渠道为从零售企业直接到消费者，比制造商品牌商品的营销渠道更简短、更顺畅。零售企业自有品牌产品分销渠道短，从而节约了大量的分销成本，相比制造商品牌，自有品牌产品成本优势非常明显，这也决定了零售企业自有品牌产品在价格上的优势。

（三）零售业自有品牌的产生背景

1. 零售业的市场结构变化

根据西方发达国家的发展经验，零售业的市场结构越集中，其零售企业就越倾向于采取自有品牌战略。例如，在欧洲的英国，零售产业高度集中，排行前5家的零售企业可以占到全英国零售市场份额的62%；在美国，最大的五家零售企业共占总体市场份额的21%；而日本的零售市场则更加高度分散。与之相对应，根据 A. C. 尼尔森公司2009年的调查结果，瑞士和英国的自有品牌市场占有率分别高达46%和44%；美国的自有品牌占市场销售额的17%；而中国香港和新加坡自有品牌的市场占有率则仅为5%和3%。

而之所以存在这种关联的原因一方面是由于在集中性的零售市场中，主要零售企业的规模实力都很强，可以影响制造企业按照自身的要求和品牌生产商品；而另一方面也是由于集中性的零售市场中，大型的零售企业具有更高的市场占有率和知名度，拥有为数众多的忠诚顾客，为自有品牌的建设提供坚实的市场基础。

然而近些年来，随着各个国家的经济发展，零售产业中的收购和兼并现象层出不穷，大型的零售集团不断出现，各国零售业的市场结构不断集中，进而不断促进了零售企业的自有品牌发展。

2. 零售企业与制造企业之间的整体绩效

零售商除了起到将商品销售给最终消费者的作用以外，还发挥了许多原本由制造商发挥的作用。比如，很多大型连锁零售企业还要承担很多市场调查，开发产品，产品宣传，店内促销和提供售前售后服务等职能。消费者购买的产品价值中由零售商创造的价值比重日益提高，顾客的满意度和产品的成功销售也愈发依赖于零售商。

然而对于消费者而言，大多数情况下他们并不能正确地将其满意归功于零售商或是制造商，更不要说对两者各自的贡献进行量化。那么，零售商发挥的功能越多，可能吃的亏就越多，零售商与制造商的矛盾就会越发激烈，增加二者协调成本。这种消费者无法将制造商和零售商各自绩效分开并评价的现象可以称为

"整体绩效（Performance inseparability）"现象（ShihFen Chen[①]，1996）。由于它的存在，制造商和零售商都有可能为对方的失误承担责任，遭受损失；而产品畅销时，双方又都会声称是自己提供了更好的商品或服务，进而导致在利益分配上出现分歧。整体绩效的范围越广、程度越深，制造商与零售商之间的冲突就越激烈，协调矛盾的成本也越高。

自有品牌的出现为解决整体绩效的问题提供了最佳的途径。零售商给商品贴上自己的品牌，就承担起使消费者满意的全部责任。相应地，消费者则会将增加的商品价值直接回报给零售商。这种做法避免了制造商与零售商签订合约限制的需要，并促使零售商实现商品价值最大化。制造商隐身于幕后，也不必与零售商签订任何确保自身声誉的协议，更不必激励零售商收集市场信息，或者担心零售商提供的信息失真。由于商品使用的是零售商自有品牌，面对消费者的监督，零售商为了保全声誉，一定会尽力提供准确有效的信息，确保制造商提供优质产品，并且在销售过程中提供最好的服务。

3. 品牌沟通方式的变化

目前，从企业与消费者沟通方式的效率来看，大众渠道正逐渐取代大众媒体成为营销大战的最前线。

制造商品牌所依赖的大众媒体广告，往往需要企业投入大量的制作和传播费用，而零售企业自有品牌的宣传则基本上以店内宣传为主，为企业节省了很多宣传促销的费用。另外，消费者可能会因为私人生活空间受到干扰而对电视、广播或是报纸广告产生反感，进而采取主动回避的措施，导致高成本的广告对消费者的吸引力越来越差；而对于零售企业自有品牌的店内宣传，消费者则不容易产生反感，而且只要消费者去购物，几乎是无法回避的。例如，宝洁公司需要花费大量的广告费才能确保他的目标顾客每个星期都能看到2~3次飘柔的广告，而一家7-11便利店则不需要花一分钱就可以确保他的目标顾客每天至少两次能看到自己的绿色标志。

而正是由于自有品牌沟通方式的高效率和低成本，进一步激发了各个零售企业不断推出自身自有品牌的热情和动力。

（四）自有品牌商品购买意愿

在消费者对自有品牌态度的早期研究中，学者们通常认为消费者对自有品牌商品并无好感，其眼中零售商自有品牌商品的特征应是低价格、低质量、高风

---

① ShihFen Chen, *A Theory of Private Branding and Its Implication*, for the Relative Competitiveness of Foreign versus Domestic Manufactures, University of Illinois at Urbana Champaign working paper.

险，此时，自有品牌商品的开发也被限定在十分狭窄的范围。随着自有品牌产品质量的不断提高，产品链的不断完善壮大，产品种类的持续增加，实证研究证明，越来越多的消费者对自有品牌的态度趋于中性或者乐观，Harvey 等（1998）[1]认为自有品牌物有所值，值得以同制造商品牌相同的价格来购买。并且，这种势头逐步朝着有利于零售商的方向发展，Gapper（2005）[2]认为商店忠诚度高的消费者在制造商品牌还是零售商自有品牌的选择时会更倾向于购买后者，而商店忠诚度与消费者对零售商品牌形象的认可呈正相关，并且顾客的忠诚并不总是低价可以收买的。Steenkamp 等（2007）[3]认为，产品成分相似性的信息披露及传播对消费者在制造商品牌与零售商自有品牌之间所做的选择没有影响，而独特的品牌形象对消费者的购买决策有重要影响。Sinha 和 Batra（1999）[4]研究了消费者的价格意识及与价格相关的认知（如价格—质量联想、对制造商品牌的感知价格不公平）对自有品牌感知质量和自有品牌购买行为的影响。

国内学者徐云连和蒋青云（2007）[5]在用求实动机、求廉动机和求名动机三种内在消费动机，研究消费者对大卖场自有品牌的偏好时验证，认为自有品牌的低价诉求并没有完全起到作用，和制造商品牌相比，自有品牌的质量并不出众，而质量表现、价格和包装对总体感知质量有着显著正向影响，自有品牌偏好和感知质量显著正相关。江敏华等（2007）[6]从货币感知价值、感知质量、感知风险、外部信号的依赖性及社会经济因素等方面论证自有品牌消费者行为的影响因素，及其对顾客忠诚度的影响。费明胜和李社球（2007）[7]将影响消费者行为的感知因素分为商店感知形象（自有品牌感知形象）、感知质量、感知价格、感知风险四个维度，论证了商店感知形象和感知质量对自有品牌消费者的购买意向和向他人推荐产品的意向产生正的影响，感知价格和感知风险对自有品牌消费者的购买意向和向他人推荐产品的意向产生负的影响。

---

[1] Michael Harvey, Rotle J T, Lucas L A, The "trade dress" controversy: A case of strategic cross-brand cannibalization, *Journal of Marketing Theory and Practice*, 1998 (6), pp. 1 - 15.

[2] John Gapper, Brands Get The Worst of A Hard Bargain, *Financial Times*, 2005 (6), pp. 172 - 206.

[3] Lien Laney, Barbara Deleersnyder, Marnik G. Dekimpe, Jan Benedict E. M. Steenkamp, How Business Cycles Contribute to Private Labels Success: Evidence from the U. S and Europe, *Journal of Marketing*, 2007 (17), pp. 221 - 243.

[4] Indrajit Sinha, Rajeev Batra, The effect of consumer price consciousness on private purchase, *Research in Marketing*, 1999 (16), pp. 112 - 137.

[5] 许云连，蒋青云：《消费者对大卖场自有品牌的偏好及其影响因素》，《市场营销导刊》，2007 年第 1 期。

[6] 江敏华，郑亚苏：《我国零售企业自有品牌研究》，《安徽农业科学》，2007 年第 5 期。

[7] 费明胜，李社球：《基于感知的自有品牌消费者行为研究》，《市场营销》，2007 年第 4 期。

（五）零售业自有品牌的发展历程

零售企业自有品牌商品最早可以追溯到 19 世纪 80 年代的英国，但是作为能够与制造商品牌相抗衡的自有品牌则是在 20 世纪 80 年代以后才出现的。20 世纪 70—80 年代，零售商自有品牌得到了迅速的发展，在与制造商品牌的竞争博弈中，欧美国家的许多大型超市、连锁商店、百货商店几乎都出售标有自有品牌的商品，一些较早涉足自有品牌的商家，已在这一领域获得了巨大成功。英国马狮百货集团从 1928 年便开始销售自有品牌"圣米高"牌商品，目前仅在英国就有 260 多家连锁店，营业面积达 609 万平方米，每周光顾其连锁店的顾客超过 1400 万人。全球最大的零售集团沃尔玛 30% 的销售额和 50% 以上的利润来自它的自有品牌。

调查公司 A.C. 尼尔森 2005 年对 38 个国家的超市自有品牌进行了调查，发现全球自有品牌产品市场份额为 11%，相对 2004 年的增长率是 5%。按地区划分，欧洲自有品牌产品市场份额最高，达到 23%，增长率为 4%，北美排第二，市场份额占 16%，增长率为 7%，其他地区市场份额及增长率差不多相同，且比例不高。

而对于我国的消费者而言，"零售商自有品牌"可能是一个陌生的词汇。但实际上，自有品牌在我国的商业中已经有了很长的历史，其中最主要的表现就是我们所熟悉的商业老字号。例如创建于 1669 年的北京同仁堂、1853 年的内联升布鞋，还有荣宝斋、稻香村等。而在我国的现代商业中，上海的开开百货商店于 1978 年实施自有品牌策略，自创的"开开牌"多次获得名牌称号；北京燕莎友谊商城是北京著名的高档百货商店，她凭借享有很高知名度的"燕莎"品牌，推出了同品牌的衬衫、箱包等自有品牌商品；上海华联 1997 年推出的"勤俭"自有品牌涉及 2000 多种产品，当年销售额超过 2 亿元；香港屈臣氏连锁超市销售大量自有品牌的日用品，其质优价廉、包装新颖的产品深受年轻消费者的喜爱。

（六）发展零售业自有品牌的意义

1. 实现零售企业的利润最大化

任何企业生存和发展的根本目的都是实现利润的最大化，零售企业也不例外。在传统的制造商品牌产品销售过程中，零售企业为该产品提供店内展示、促销等销售服务。随着消费者逐渐接受该产品，商品获得了稳定的销路，并且为制造商赢得一定声誉。制造商会以产品畅销为由，提高批发价格。零售商要么提高产品价格，要么降低销售服务质量，否则将减少获利。但是这两种做法都有可能使消费者减少甚至放弃购买，导致销量减少，利润减少，形成恶性循环。此时，自有品牌为零售商提供了获取利润的工具。零售商以固定的价格向制造商订购产品，贴上自有品牌后，以优质的销售服务将产品销售给消费者。产品销量增加，零售商的利润自然增加；零售商还可以通过增加订货的方式，降低进货价格。这样，零售商不仅获得投资于销售服务的回报，还为自身赢得了良好的口碑，有助于提高品牌的知名度，增加品牌资产。

2. 塑造零售企业的差异化优势

随着零售市场的竞争不断加剧，越来越多的零售企业意识到，在市场竞争中不能仅仅依靠价格来赢得消费者，必须实现商品品牌的差异化，改变现有的战略。对于当前的百货公司和大型超市等零售企业而言，基本70%以上的商品都是相同的。因此，零售店必须通过塑造个性化的自有品牌来与竞争对手区别开来，吸引更多消费者的关注。

3. 提升零售企业在渠道中的地位

无论零售企业采取自行组织生产还是与制造商合作开发的方式，零售企业自有品牌都会使零售商有权参与商品的生产和经营，并且在制定价格上享有更大的自主权和灵活性。自有品牌成为零售商制衡供应商的主要砝码，使零售企业和制造企业的关系发生了改变。

4. 扩展零售企业的操作空间

与传统的零售企业职能不同，开发自有品牌使零售商掌握更大的自主权和主动性。一方面，零售企业可以根据不同消费者的需求特点，选择自有品牌的产品种类、供应商，并为自有品牌产品设计富有特色的包装，制定灵活的价格。而另一方面，在自有品牌产品的生产过程中，往往是零售企业向供应商一次性买断产品，因此使零售企业拥有较大的产品议价空间，并在议价过程中占有主动权，保证零售企业有能力根据销售情况随时调整产品价格。

二、零售业自有品牌的成长路径

随着零售业的持续快速发展和零售市场竞争的日趋全球化，实施自有品牌战略成为零售企业扩大市场占有率和获取竞争优势的重要途径。国外一些大型零售企业实施自有品牌战略已经进入成熟阶段，例如沃尔玛、家乐福、阿尔迪和玛莎等国际知名零售企业旗下都拥有大量的自有品牌商品，其中沃尔玛拥有20%～25%的自有品牌商品，家乐福拥有56%～60%的自有品牌商品，阿尔迪拥有90%的自有品牌商品，玛莎拥有100%的自有品牌商品。

近年来，面对强劲的国际化趋势和日益激烈的市场竞争，大商股份、物美超市、华联、屈臣氏等国内一些大型零售企业已经意识到建立自有品牌的重要性，并开始进入自有品牌建设的起步和探索阶段。实施自有品牌战略不仅对增强我国零售企业市场竞争力和赢利能力、促进我国零售业可持续发展有重要的作用，而且对更好地满足市场需求和提高居民生活水平也有重要的意义。虽然我国一些零售企业具备了一定的开发自有品牌的基本条件，但仍面临诸多的制约因素和障碍。因此，如何有效实施自有品牌战略成为摆在我国零售企业经营者面前的紧迫而艰巨的任务。

(一) 零售商实施自有品牌战略的前提条件

1. 具备相当的经营规模和资金实力

零售企业必须具备较大的经营规模和雄厚的资金实力，这是零售企业实施自有品牌战略的基本条件。实施自有品牌战略是一项系统工程，前期要进行市场调研、选定开发自有品牌的产品项目，中期要监控自有品牌产品的生产过程，后期要对自有品牌产品进行宣传推广、构建物流配送渠道等，缺乏足够资金实力的中小型零售企业是无力做好所有这些工作的。不仅如此，零售企业还必须具备相当的经营规模，即经营面积、经营项目和销售量要达到一定的规模，只有具备相当的经营规模，才能体现出规模的经济意义。例如，完善的分销和物流网络，准确地把握市场需求动态、销售促进方面的营销优势，等等。这样才能有与供应商进行讨价还价的能力，从而采取低价销售商品的策略，取得市场竞争优势（张凯，郑小军[①]，2010）。

2. 良好的企业形象

零售商自有品牌的建立，必须以零售商的企业品牌为依托。零售企业在长期经营过程中形成的管理严谨、服务优质、商誉良好等企业特点，会给消费者留下深刻的印象。零售企业通过树立良好的企业品牌形象，以顾客的需求为基准，为消费者提供优质的商品和服务，使零售企业自有品牌从一开始建立，就能够快速地得到消费者的认可，迅速占领市场（方敏、黄玲[②]，2008）。

3. 高素质的管理团队

零售企业建立自有品牌，需要一个高素质的管理团队，这个团队不仅仅要具备管理方面的知识和才能，还要具备市场信息收集处理、自有品牌开发管理、商务谈判和跨国商业法规等方面的知识。这意味着建立一个成功的自有品牌需要管理团队具备全方位的知识和成熟的商业技巧，去应对供应商、消费者对零售企业建立自有品牌的阻碍和怀疑，能够成功地说服供应商与零售企业合作，让消费者愿意接受零售企业推出的自有品牌产品（胡洪力[③]，2006）。

[①] 张凯，郑小军：《河北零售业应对风险措施探讨》，《现代商贸工业》，2010年第12期。
[②] 方敏，黄玲：《本土零售商发展自有品牌的路径选择》，《江苏商论》，2008年第19期。
[③] 胡洪力：《浅析零售商自有品牌建设的必要条件》，《商业时代》，2006年第1期。

4. 良好的市场环境

零售企业决定建立自有品牌，必须充分了解整个消费者市场和相关生产者市场的情况。首先，零售企业需要充分了解目前和未来竞争对手的动向，及时掌握竞争对手的信息，分析竞争对手下一步可能采取的措施。同时，针对竞争对手的措施，零售企业能够及时结合企业自身的情况，做出适当的回应。其次，零售企业应充分分析目标消费群体，进行市场细分，充分了解消费者的需求变化和品牌忠诚度等情况。除了了解消费者市场和生产者市场，零售商还必须了解目前已经实施和未来预计实施的各项政府政策，熟悉法律法规、地区文化、宗教信仰等方面的情况。

（二）零售企业自有品牌成长路径模型及路径

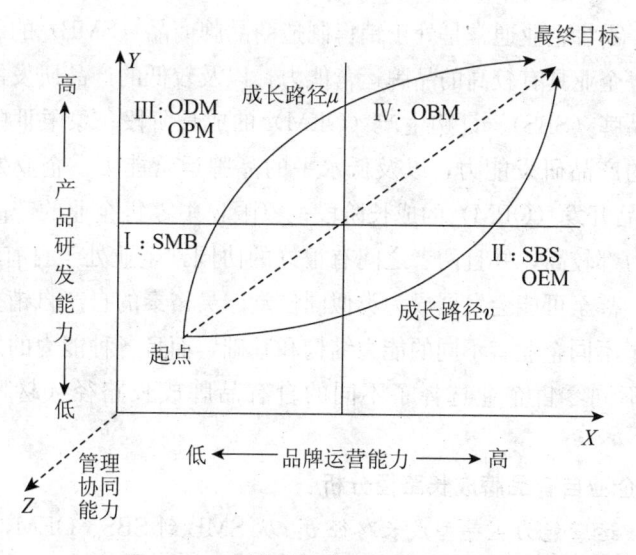

1. 零售企业自有品牌成长路径模型

为推动国内零售企业自有品牌战略的实施，通过借鉴生产制造商自有品牌成长路径模型和波士顿矩阵（BCG）（杨晨[①]，2009），并基于对零售企业自有品牌战略实施条件的分析，本章建立了如图 20-1 所示的零售企业自有品牌成长路径模型。此模型能够帮助零售企业在建立自有品牌初期，通过正确评估企业自身的能力，针对不同产品类型，选择合适的自有品牌成长路径。

图 20-1　零售企业自有品牌成长路径

[①] 杨晨：《品牌管理理论与实务》，北京：清华大学出版社，2009 年。

如图 20-1 所示，零售企业自有品牌成长路径取决于企业三个维度的能力：品牌运营能力、产品研发能力和管理协同能力。其中，品牌运营能力直接决定了产品附加值和品牌知名度，该能力主要与零售企业的经营规模、市场定位、市场推广能力、顾客沟通能力等有关。产品研发能力可以促进零售企业开发出差异化的产品，进而获得产品优势，该能力主要与零售企业的市场调研能力、设计能力、品质控制能力等有关。管理协同能力，主要是指企业在沟通内外部关系、保持目标一致、优化资源配置等方面的能力，例如，保持与供应商良好的合作关系、高效的物流配送体系等都是管理协同能力的主要表现。

图 20-1 中虚线表示零售企业自有品牌在最短的时间内达到最终目标，前提是品牌成长过程中产品研发能力和品牌运营能力接近良性均衡与协同发展。但从现实来看，这种情况非常少，绝大多数零售企业的自有品牌成长路径图都呈曲线状，路径曲线的弯曲程度由 X、Y 坐标轴上的两种能力所形成的合力来决定。Z 坐标轴上的管理协同能力，可以提升产品研发能力和品牌运营能力，并促进两者之间的协同耦合。同时，由于路径的选择取决于零售企业产品研发能力和品牌运营能力积累和演变，而零售企业的这两种能力具有一定的刚性和依赖性，这样就使得零售企业自有品牌成长路径具有一定的路径依赖性。

图 20-1 中，起始象限Ⅰ由于产品研发能力和品牌运营能力都较低，在这一初始位置上，零售企业通常是处于销售制造商品牌商品（SMB）的成长阶段；象限Ⅱ是指零售企业具有较高的品牌运营能力，以及较低的产品研发能力，企业处于自有服务品牌（SBS）、订购生产（OEM）的成长阶段；象限Ⅲ中零售企业具有较高水平的产品研发能力，以及低水平的品牌运营能力，企业处于产品设计（ODM）、产品开发（OPM）的成长阶段；象限Ⅳ中零售企业的产品研发能力和品牌运营能力都较高，并且两者之间有很好的协同，企业处于自有品牌（OBM）的成熟阶段，甚至可能会发展成为类似同仁堂、吴裕泰的自产自销企业。从现实情况看，由于不同企业有不同的能力结构和基础，而且各种能力的发展速度存在差异，导致不同零售企业选择了不同的自有品牌成长路径（赵晖，庞晓玲[①]，2005）。

2. 零售企业自有品牌成长路径分析

（1）品牌运营能力主导型成长路径 v：从 SMB 到 SBS、OEM，再到 OBM

成长路径 v 是指零售企业从较低水平的品牌运营能力和产品研发能力开始，利用零售企业不断提升的品牌运营能力，逐步提高零售企业品牌在消费者中的影

---

① 赵晖，庞晓玲：《不同零售业态的自有品牌经营模式》，《经营管理者》2005 年第 3 期。

响力，促进自有品牌产品的市场地位从非主导到主导的转变，并不断增加自有品牌的附加值和知名度的品牌升级过程。从 SMB 到 SBS、OEM，再到 OBM，这条典型的成长路径，反映出零售企业在品牌运营能力逐渐增强的情况下，先从贴牌生产大众化且非专业、小规模、质量欠佳商品，到生产专业化、大规模、质量佳的自有品牌商品的成长升级过程。随着自有品牌产品销售量的增加，以及产品研发能力和品牌运营能力的增强，零售企业通过了解市场、调查需求，从订购生产制造企业的无品牌产品，即进行贴牌生产的 OEM 成长阶段，发展为具备较高的自有品牌产品研发能力和品牌运营能力且两者协同耦合的 OBM 成熟阶段。

SBS 成长阶段的特征：零售企业面对的是终端客户群，商店内大多数的产品种类基本相同，使得零售企业之间缺乏差异性。服务水平，作为零售企业差异化经营的一个重要因素，在一定程度上，促进了零售企业之间差异化的形成。在 SBS 成长阶段，零售企业注重于打造自有服务品牌，提供给消费者优雅的购物环境和全方位的服务享受，同时结合 4P 营销策略的运用，形成企业特有的自有服务品牌，使消费者在购买制造商有形的产品时能享受到零售企业无形的服务，形成零售企业独特的经营特色。例如，屈臣氏作为亚洲区最大的保健及美容产品专业店，围绕"健康、美态、快乐"三大理念，给消费者提供专业化的服务。店内销售人员根据顾客自身的肤质特点或发质特点等，向顾客推荐合适的产品。屈臣氏以"个人护理专家"为市场定位，这一专业化服务形象是其最大的经营特色和竞争优势，同时也是其自有服务品牌处于 SBS 成长阶段的表现。

OEM 成长阶段的特征：在 OEM 模式下，零售企业不参与产品的开发设计，其主要动机是获取低成本、快速响应市场需求的竞争优势，通过购买生产制造企业的研发成果或无品牌产品，以自有品牌的形式来进行销售。处在 OEM 成长阶段的零售企业，产品研发能力稍弱，而企业品牌知名度和信誉高，经过贴牌生产的产品，由于节省了中间环节上大部分支出和费用，定价一般比普通制造商品牌产品便宜，有一定的成本优势和价格优势。

目前，大多数零售企业的自有品牌产品都处在 OEM 成长阶段。以沃尔玛为例，其著名自有品牌冰箱 Magi Chef，是由广东科龙电器公司设计和生产的；"惠宜"啤酒，是由北京蓝宝酒业有限公司贴牌生产的等等。

OBM 成长阶段的特征：从 OEM 阶段进入 OBM 阶段过程中，零售企业通过积聚资源将其自有品牌创建成为知名品牌，其管理重心向增加自有品牌产品核心技术开发的方向移动。零售企业可以通过购买产业关键技术来提升产品研发能力；当零售企业拥有较强的研发能力时，寻求与供应商进行供应链整合，采取收购或兼并、参股或持股等方式渗透到生产制造企业，在实现零售企业技术跨越的同时，进一步提升企业自有品牌竞争力。

(2) 产品研发能力主导型成长路径 μ：从 SMB 到 ODM、OPM，再到 OBM

成长路径 μ 是指零售企业依靠产品研发能力的增强推动零售企业自主开发和设计产品，进而实现自有品牌升级的过程。这条路径并不是指仅仅依赖产品研发能力，而是指在成长过程中，品牌运营能力相对较弱，产品研发能力对自有品牌建设起主导作用。沿着这条路径成长的零售企业，从 SMB 进入 ODM 和 OPM 阶段，对产品进行自主开发和设计，或参与产品的研发，由零售企业独家销售。从单一、技术含量低的自有品牌产品开始，如鸡蛋、蔬菜等，到研发和设计多样化、较高端的自有品牌产品，如电脑配件、家用电器等专业化程度较高的自有品牌产品，最后到自设生产基地（包括兼并或收购、参股或控股的生产制造企业）的 OBM 成长阶段。选择这条路径的零售企业能够通过了解消费者的需求，及时做出反应和相应调整，自主提供差异化的产品，形成产品竞争优势。

ODM 成长阶段的特征：ODM，是指零售企业与生产制造企业形成战略联盟的合作关系，零售企业按照市场需求参与产品的设计，并利用其分销和物流链，独家销售此产品，产品品牌使用生产制造商品牌，或使用双重品牌，即同一产品既有制造商品牌又有零售商品牌。在 ODM 模式下，生产制造企业与零售企业之间相互合作，零售企业参与产品的设计但不参与生产，生产制造企业参与产品的促销，共享供应链资源。例如，在 2004 年 3 月国美和海尔形成战略联盟，国美参与海尔产品的研发，海尔参与国美的卖场促销，国美独家销售其参与设计的海尔牌产品，双方通过整合优势资源及供应链效率，共同为终端客户服务。

OPM 成长阶段的特征：OPM，是指零售企业组建专业的研发团队，参与产品的开发，委托生产制造企业严格按照技术标准和质量要求组织加工产品，最后使用零售企业自有品牌将产品推向市场。进入 OPM 成长阶段意味着零售企业通过 ODM 成长阶段的学习和模仿，具备了自行设计开发产品的能力，拥有了生产自有品牌产品的能力。相比 ODM 阶段，在 OPM 模式下，零售企业处于主导地位，参与产品研发、生产、销售等一系列流程。这一阶段需要零售企业投入大量的时间和资金，并且要面对风险高、周转慢、回收期长等压力，同时要面对来自同类产品供应商的竞争，加大了对管理团队素质、物流链和销售促进等方面的要求。例如，英国玛莎百货 1928 年创建的自有品牌"圣米高"，是目前世界上最大的"没有工厂的制造商"，其属下的所有连锁店全部销售"圣米高"商品，其所有产品都是由自己的技术团队或与制造商一起设计开发，由制造商按照玛莎百货提供的规格要求严格地进行生产。

OBM 成长阶段的特征：OBM 成长阶段，零售商通过自设生产基地（包括兼并或收购、参股或控股的生产制造企业），自主研发生产符合市场需求的自有品牌产品。此成长阶段，零售企业处于自有品牌建设的成熟阶段，企业的管理力、产品力、渠道力、品牌力，形成了相互的协同耦合，其特有的自有品牌产品形成了差异化竞争优势，巩固了市场地位。

相比 OPM 阶段，OBM 阶段的重点是提升自有品牌的知名度、美誉度、忠诚度，增加自有品牌产品的附加值，全面控制自有品牌产品的质量，完善自有品牌产品的生产监督体系，获取供应链和销售链的持续稳定，构建阻止竞争者进入目标市场的品牌屏障，降低替代品的竞争压力，维持企业持久性的竞争优势等等。

（三）零售企业自有品牌成长路径的关键要素

1. 顾客的参与程度

西班牙学者 Salvador Miquel 等[1]（2002）的实证研究发现，消费者对产品种类了解的知识越多，就越会倾向于购买零售企业的自有品牌；但是，如果这种对产品的了解导致消费者对制造商品牌差异性感知程度提高，将会促使消费者决定购买制造商品牌。

一般消费者存在这样一种心理：随着社会的分工不断细化，任何一个零售商投入在自有品牌上的资金、技术都是有限的，并且其专业水平不会高于制造企业。所以消费者参与程度越高，越容易在制造商品牌与自有品牌的同种产品之间比较，并且觉察到制造商品牌产品具有的特色和良好的品质保证，越可能选购制造商品牌产品。

正是由于这个原因，零售企业在采取自有品牌策略的过程中，其自有品牌的产品选择大多集中在顾客参与程度和技术含量都相对较低的日用品和食品上。

2. 消费者的质量感知

质量可以表现为客观质量和主观质量。前者是从技术角度描述产品整体上是否优良；后者是消费者主观感知到的质量水平，即感知质量。它是出于个人或环境要求对相关质量属性的一些暗示自觉或不自觉的分析后做出的。

学者 Richardson[2]（1997）的实证研究发现，在品质方面，消费者认为零售店自有品牌与其他产品没有本质区别，自有品牌的市场份额与零售商的连锁渗透程度呈正比，具有购买自有品牌倾向的消费者通常是在自己最常去的零售店中购

---

[1] Salvador Miquel, Eva M. Caplliure and Joaquin Aldas Manzano, The Effect of Personal Involvement on the Decision to Buy Store Brands, *Journal of Product & Brand Management*, vol. 11, 2002.

[2] Richardson, Paul S., A Store Brand Perceived to Be Just Another Brand?, *Journal of Product and Brand Management*, vol. 6, 2007.

买自有品牌产品。而我国学者江明华、郭磊[①]（2003）在针对北京地区零售企业的调查研究中也发现，商店的形象与自有品牌质量感知正相关。消费者对零售商店形象评价越高，则认为其自有品牌的质量越高。

由上我们可以发现，消费者对自有品牌产品本身的质量并无偏见，只是由于熟悉程度不如制造商品牌，所以对品牌名称十分看重，普遍认为知名品牌的质量更好。而零售商的形象和品牌知名度直接影响消费者对自有品牌的感知。说明零售商塑造优秀形象、树立良好品牌口碑对自有品牌的成败至关重要。

3. 目标顾客的品牌忠诚

零售企业目标顾客的品牌忠诚是指消费者对某零售商的满意态度，它会导致消费者在该店长期、一贯地购物。消费者对商店的品牌忠诚与自我形象有密切关系。当消费者对商店的印象与自我形象相符时，就会增加对商店的忠诚，反复在特定商店购物。例如，事业有成的企业家喜欢光顾高档百货商店，是因为装饰考究、名牌云集的百货商店与他们的自我形象吻合。

另外，商店的环境也影响着消费者对商店的忠诚。商店的环境包括硬件和软件两方面，比如，店内整洁与否、布局是否合理方便、交通是否便利、有无停车场、商品种类是否丰富、销售人员服务质量、结账的便捷性、有无退换货的服务、是否具备应付突发事件的能力等等。而且随着消费者需求的多样化和个性化，零售企业已经不能将"环境"仅仅解释为装潢精美，设备高效，还应该重视人性化服务和时时处处以顾客为中心的经营理念。

三、零售商自有品牌适用性分析

零售商实施自有品牌战略，必须深入分析自有品牌的适用性问题。研究自有品牌战略的适用性，就应当首先了解自有品牌适用性的影响因素，并进而根据这些影响因素建立适用性的测度维度，采用适当的方法对适用性进行测试。因此，本部分将从产品、顾客和企业的三个角度描述适用性的影响因素，并在此基础上，提出对自有品牌适用性的测度维度和测度方法。

（一）产品属性因素

产品属性是产品本身内在固有的性质，是一种产品区别于其他产品的差异性的集合。更重要的是顾客通过购买和使用能满足其需求的要素和特征的集合，产品属性是消费者购买行为研究的重要内容。产品属性是由众多因素所决定，包括市场需求、市场竞争、消费者个性特征、经济技术发展水平、价格档次、渠道特

[①] 江明华，郭磊：《商店形象与自有品牌感知质量的实证研究》，《经济科学》2003年第4期。

性等，在不同的产品领域中，这些因素对产品属性的影响力也不尽相同，进而呈现在消费者面前的是复杂多样的产品属性。

为了更直观地研究产品属性，学者们对产品属性有不同的分类方式，其中使用比较普遍的是讲产品的属性划分为相关属性和非相关属性（Keller，1998）。Keller认为，产品的相关属性是产品能够满足消费者需要的核心要素，包括产品的物理成分、功能状况、服务需要等方面，决定了产品的性能水平；而产品的非相关属性则是产品的外部方面，它虽不决定产品的性能，却和产品的购买和消费相关，包括品牌个性、价格、使用形象和使用者形象四个方面。

1. 产品相关属性

目前，国内外众多的实证研究已经明确证明了产品的相关属性对消费者的购买行为产生直接的影响，此外，产品相关属性通过影响顾客价值因素（如归属感、安全感、成就感、幸福等），决定了顾客的重复购买行为（VOSS，2003；涂荣庭，2007）。对于自有品牌商品的开发而言，产品的相关属性是一种既定存在的客观因素，不同相关属性的商品对消费者的购买行为和购后行为的影响是不同的，其品牌自有化的使用度显然是不同的，总体而言，对自有品牌适用性有显著影响的产品相关属性分析如下：

第一，产品技术含量属性影响自有品牌的适用性。尽管技术含量是一个不容易度量的指标，但它却对自有品牌的适用性有着巨大的影响，在自有品牌的研究中，这一点基本也有共识。这是由于，较高技术含量的产品通常可以带来更多的经济附加值，但往往也需要专业优秀的研发团队、先进的生产设备和精湛的生产工艺、严密高效的销售维护和支持管理，这也就意味着高昂的研发成本、制造成本、维护成本以及售后服务成本等，对于超市而言，这样的负担难以承受。并且，这些高科技领域的研发资源、生产资源、销售资源基本都集中于少数厂商手中，规模经济现象明显，消费者对这些厂商的产品质量也比较信任，重复购买行为较为普遍，这种对制造商品牌的青睐，势必进一步增加零售商自有品牌的转换成本，并且使得零售商的收益变得不可预期。总而言之，高额的显性及隐形成本支出，成为了超市进入高新技术产品领域的壁垒，并且，在短期内难以逾越。

第二，产品的保质保鲜属性影响自有品牌的适用性。对于生鲜产品来说，消费者最为关心其是否足够新鲜，有无腐烂、变质，而对于品牌并无明显偏好。因此，这一领域适用于自有品牌的创建，零售商的实践行动纷纷证明了这一点。但与此同时，此类产品对超市的货源监控、运输配送、仓储冷藏、包装上货等运营环节提出了比较高的要求，存在比较大的操作风险。这种风险也使得零售商必须充分评估自身在人员、资金、技术、设备等方面是否具备符合此类产品的能力，并对操作过程进行严密控制，否则，一旦稍有疏忽，不仅不能获得品牌自有化带来的超额利润，甚至有可能对零售商自身的声誉和品牌形象带来难以估计的损失。

第三，产品外观属性影响自有品牌的适用性。产品的外观是一种可视化属性，包括产品的色彩、包装、结构、设计、声音、气味等。传统研究认为，对产品外观要求不高或者较易模仿成熟制造商品牌产品外观的产品，较为适用于自有品牌的创建，如纸巾、洗涤用品、垃圾袋、厨卫用品、简易家具等。这是由于，这些产品的外观设计和制造成本不高，有利于自有品牌商品创建竞争优势。而对于那些外观属性是消费者选择购买的决定性因素的产品而言（如高档实木家具、精美时装），自有品牌的进入尚需时日，这不仅仅是成本因素的问题，而更重要的是建立消费者对自有品牌的信任与忠诚需要一个长期的过程，对此类产品的选择购买又往往建立在长期的购物经验的基础之上。而超市商品以中低档次为主流，长期提供的是较低外观属性要求或者无外观模仿属性要求的产品，使得消费者对自有品牌商品在外观属性方面缺乏足够的信心，进而抑制了超市高外观属性产品的品牌自有化的开发。

第四，产品特殊功能属性影响自有品牌的适用性。有些产品在功能方面具有明显的特殊性，如白酒、香烟、精制茶叶等产品具有明显的文化属性，除了满足消费需求外，在更多情况下也用于满足人际交往、应酬等方面的需求，再如轮椅、假肢、助听器、血压计等医疗器材用品，也以其生产的专业化、政府监管的严厉性以及用途的独特性大大抑制了自有品牌商品的创建。消费者的生活习惯、文化传统、特殊需要等构筑了特殊功能产品的极高的进入壁垒。

2. 产品非相关属性

产品的非相关属性（如价格、品牌个性、渠道、广告促销等）尽管并不决定产品的性能、功能、用途，但与消费者的购买意愿和购买行为紧密相关。在考虑某类产品是否适用于自有品牌的创建，必须考察非相关属性的影响，总体而言，对自有品牌适用性有显著影响的产品相关属性的分析如下。

第一，产品的价格弹性属性影响自有品牌的适用性。价格是影响消费者购买的最直接、最显著的因素，产品的价格弹性，即产品的需求量随价格变动的幅度，按照幅度的大小分为价格敏感产品（如洗涤用品等日用百货）和价格不敏感产品（如食盐等生活必需品）。目前，国内的不少超市都将自有品牌创建的重点放在价格敏感产品方面，即中低端产品，采用低价策略引入，通过各种促销手段吸引顾客，扩大市场份额，因而，开发的产品品类比较有限，极少涉足价格弹性较小的高端消费品市场。然而，在国外的大型超市中，不少零售商早已将自有品牌打入高价格、高质量、高利润的市场中，进而获取更大的收益，比如乐购的 Tesco Finest 系列、玛莎的 Per Una Due 内衣和 St. Michael 的服装等在价格上甚至高于同品类的制造商品牌，不仅在销售业绩上有良好的表现，而且培养了顾客对店铺的忠诚。

第二，产品的品牌属性对自有品牌适用性的影响。品牌是一种象征，由品名（如文字或者数字可发音者）和品标（如图案）组成，用于区分不同销售者所销售的产品。在很多情况下，品牌是一般消费者对于产品的唯一认识，并在重复购买中不断培养品牌消费者对制造商品牌的认知度和忠诚度，对新品牌的尝试缺乏主动性，这些都是超市自有品牌商品的引入的一种障碍，因此，不少研究较为普遍地赞同这样一种观点，即超市应选择消费者的品牌忠诚比较淡化的产品领域开发自有品牌，通过低价和质量保证提高消费者对超市的品牌忠诚度，进而扩大自有品牌商品的范围。对于一些已在消费者心目中根深蒂固、建立了极高忠诚度的品牌，不应过度模仿以避免增加消费者对自有品牌的厌恶感。

第三，产品的货源渠道属性对自有品牌适用性的影响。货源渠道是超市可获得的产品来源。一般而言，货源渠道的稀缺程度对自有品牌商品的适用性的高低具有显著影响，即如果某一产品的货源十分稀缺或者已为制造商所控制，则在这一产品领域，很容易形成制造商垄断的局面，从而排斥了零售商的进入。但从更具普遍意义的角度来看，零售商能拥有更多可靠、稳定而充足的货源渠道，其自有品牌就有了更大的适用范围。如沃尔玛之所以能在自有品牌的品种开发方面处于行业领先，就是得益于其所建立的全球化的较为完善的货源渠道。

第四，产品的市场饱和度对自有品牌适用性的影响。市场饱和度是某个产品市场中消费者需求被满足的总体程度，是判断某类产品市场竞争的指标，消费者的需求会随着市场饱和度的上升而下降（如日趋饱和的常温液态奶市场）。对于那些饱和度较高的产品市场而言，不仅竞争激烈、利润空间趋于萎缩，而且，消费者对新进入市场的品牌的接受程度也会较低。

第五，产品的销售渠道属性对自有品牌适用性的影响。由于不同产品在物理特性、销售策略方面存在着显著差异，导致了不同产品存在不同的销售渠道，并且在不同的销售渠道中，产品又呈现出不同的渠道属性，如强调品牌的专卖店、强调品类特色的专业店以及强调方便时尚的便利店等。超市应立足于自身控制的产品销售渠道，创建符合其销售渠道属性（如强调便利与品质生活）的自有品牌产品。

综上所述，产品属性与自有品牌适用性的关系可以用图2来表示。实际上，对于规模庞大、资金雄厚、声誉良好、顾客群体忠实而稳定的大型超市而言，产品属性并非实施自有品牌所不可逾越的障碍,因而,自有品牌的适用性更多地取决于企业资源条件和顾客的购买意愿。

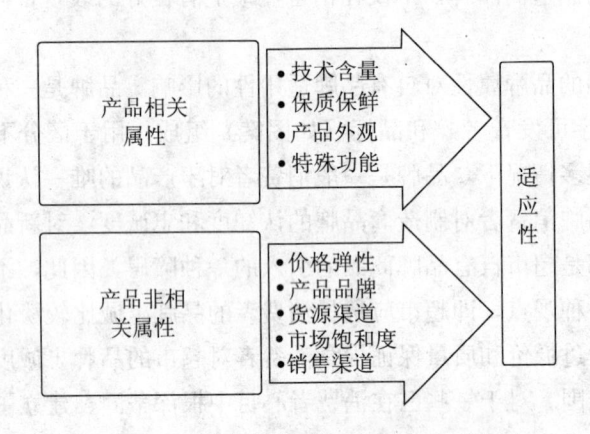

图 20-2 产品属性与自有品牌的适用性

(二) 企业资源与能力因素

兴起于 20 世纪 90 年代的资源基础观认为,企业的资源禀赋是企业竞争优势和业绩差异的主要原因。是企业战略的出发点,而企业是否拥有运用和管理其资源的能力是企业战略实施的关键。对于大型超市而言,自有品牌商品战略的实施,必须以其自身的企业资源与能力为依托。

1. 企业资源

资源理论认为,企业资源是企业所拥有或控制的有效因素的组合。企业的内部资源条件决定了其是否以及如何有效利用外部环境所提供的机会,消除潜在的威胁,从而获得竞争优势。对于企业资源有多种不同的分类方法,如 Tomer (1987)、Barney (1991) 将企业资源分为人力资源、物质性资源和组织资本资源;Grant 等人则是从组织资源、名誉资源、人力资源、财务资源、科研能力、有形资源六个方面进行划分,更具影响力的是潘罗斯以及 Foss & Knudson 等人的分类方式,即将企业资源分为物化型资源和知识型资源。为了能够更直观地说明企业资源对自有品牌适用性的影响,本书采用潘罗斯等人的分类方式,其结构如图 20-3 所示。

第二十章 首都零售业自有品牌建设研究

```
                    ┌── 资本资源
                    ├── 固定资产
        物化型资源 ──┤
                    ├── 区位自然资源
                    └── 其他
企业资源 ──┤
                    ┌── 市场资源
                    ├── 知识产权资源
        知识型资源 ──┼── 人力资源
                    ├── 组织资本资源
                    └── 社会资本资源
```

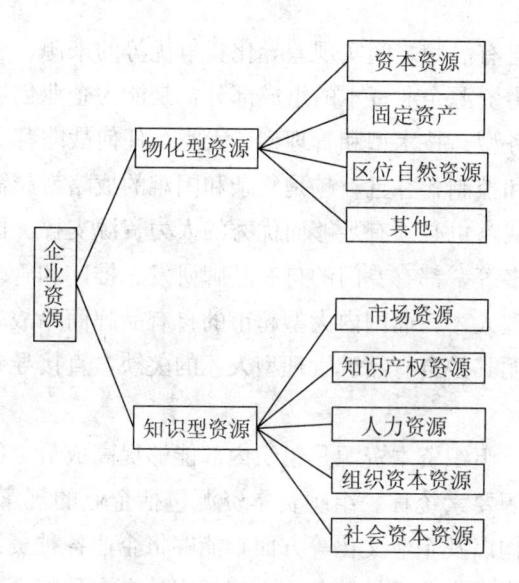

图 20-3 企业资源的分类

第一，物化型企业资源对自有品牌适用性的影响。物化资源是物质化的资本，是可见的、以物质形态存在的、并能以货币直接计量的资源。尽管随着市场竞争的加剧、企业规模的不断壮大以及消费需求的多样化，物化资源的重要性已明显下降，但其仍是企业战略运作的基本条件。也就是说，大型超市实施自有品牌战略必须以自身所拥有或控制的物化型资源为基础，物化型资源丰富的企业在创建自有品牌方面具有更大的选择权，从而可以寻找更多的市场机会，进入更为广泛的商品领域，自有品牌商品的适用性也较高，反之亦然。从另一个层面上来说，不同种类的产品的品牌自有化给企业带来的物化型资源的占用和消耗程度是不同的，某种产品实施自有品牌的适用性程度，可以用其收益是否足以弥补资源耗费来衡量。

第二，知识型企业资源对自有品牌适用性的影响。知识型企业资源是以一种非物质形式存在的人力资本型的资源，又称为智力型资源、无形资源。尽管这种资源本身难以估值，但在知识经济时代，相对于物化型资源来说，它对企业自有品牌战略的成功实施具有更为重要的意义。知识型资源是由不同的资源要素所组成，其对自有品牌适用性的影响也更不相同，具体分析如下。

市场资源。市场资源是来源于市场或顾客并能为企业拥有和控制的、与企业发展相关的资源要素，包括企业品牌、企业客户资源、经营许可权范围、销售渠道等方面。其中，大型超市的企业品牌对于其自有品牌战略的成功实施至关重要。顾客对超市企业品牌认可和接受是其认可和接受超市自有品牌商品的基础，也是与其他超市的自有品牌之间实现差异化竞争优势的来源。

人力资源。人力资源企业资本的组成部分,是能为企业创造财富的最为宝贵的财富,可分为业务型、技术型和管理型三大类,任何战略都必须由符合要求的人员来制定、实施和控制,并且,越是复杂和困难的战略就越需要专业的人才队伍。自有品牌商品战略也必须有足够而优秀的人力资源支撑。国外大型超市如沃尔玛、欧尚、好事多等,都有专门的自有品牌研发、推广和管理部门,招揽大批专业的自有品牌管理人才,而国内大型超市的自有品牌商品战略起步较晚,缺乏足够的人才储备,尤其是自有品牌管理型人才的欠缺,直接导致了自有品牌经营管理水平较为落后。

组织资本资源。组织资本资源是组织内部能够提高成员之间协调工作效率以完成工作任务的资源要素统称。组织资本资源包括企业的规章制度、控制系统、业务流程、组织结构以及企业文化等方面,能够将企业各种资源凝聚起来,从而能够更为有效地为实现企业目标服务。大型超市的自有品牌商品战略的实施不仅需要有效地调动企业内部各种资源,更需要树立自有品牌的企业文化。此外,企业的知识产权资源和社会资本资源对自有品牌商品的适用性也有一定程度的影响,但关系并不明显,此处不再一一赘述。

从以上论述可以看出,中外大型超市在物化型资源和知识型资源方面的差距,是导致了二者在创建自有品牌商品适用性差异方面的一大原因,而是否具备运用好企业资源、形成竞争优势的企业能力则成为另一大原因。相比较而言,企业能力对自有品牌适用性的影响更为重要。

2. 企业能力

企业能力的定义一直存在争议,一种观点认为,企业能力是企业资源的组成部分;另一种观点则认为,资源是能力产生的载体,两者相互配合促进企业的发展。本文认为应对二者进行明确的区分,进而研究其对自有品牌商品适用性的影响。因此,赞同第二种观点,并将企业能力定义为:能够为企业合理有效地配置各种资源、并进而实现企业成长和价值最大化的一系列思维、路径和方法的集合,由组织学习能力、组织创新能力和组织整合能力三大体系组成。以下简要分析各种能力对自有品牌商品适用性的影响:

(1) 组织学习能力对自有品牌适用性的影响

组织学习能力是指企业在与环境交互影响的作用下,获取信息、分析信息、进而改进自身行为的能力,学习能力是企业能力体系中的基本形态,是创新能力和组织整合能力的基础。无论是在初级还是高级的自有品牌发展阶段,自有品牌商品绝非凭空而来,而往往要通过对已有制造商品牌或其他成熟的自有品牌的学习和模仿。并且,在自有品牌的实施过程中,零售商需要对各种有关自有品牌商品的市场反馈信息进行收集和评估,从而调整资源配置、改善组织管理,提高顾客对自有品牌的感知价值、降低感知风险。

(2) 组织创新能力对自有品牌适用性的影响

组织创新能力是组织从内部产生和外部取得的,在产品、工艺、流程方面的技术创新能力和在计划、领导、决策和控制方面的管理创新力。组织创新能力是以组织学习能力为基础,并推动组织整合能力,是企业能力的高级形态。简单的抄袭模仿和不断压低成本的低价高质产品,并不是自有品牌发展的最终阶段,通过创新不断开发新产品,带给消费者更多的感知价值,同时,有效控制顾客对新产品的感知风险,进而不断扩大自有品牌商品适用范围,最终培养消费者对自有品牌的偏好。

(3) 组织整合能力对自有品牌适用性的影响

组织整合能力就是有效配置组织内外各种可以为组织所拥有和控制的资源,使其能为组织的发展服务的能力。组织整合能力是最为综合的一种企业能力,它以组织学习和创新能力为基础,并决定了学习和创新能力的高低。因此,良好的组织整合能力可以帮助大型超市根据消费者的购买意愿,有效地挖掘和利用各种资源,开发出满足市场需求的自有品牌商品。

(三) 顾客购买意愿及影响因素

大型超市根据产品的属性,从自身的资源和能力出发创建自有品牌的商品能否为企业创造价值,则必须由市场绩效来决定,而顾客对自有品牌的购买意愿则是其市场绩效的动力。因此,研究自有品牌的适用性必须了解顾客对自有品牌的购买意愿。购买意愿的三个研究角度,即感知价值、感知风险、品牌偏好。

1. 感知价值

感知价值是一种顾客在选购商品是的心理评判,是顾客代价(商品价格)和感知到的商品中可能带来的效用满足之间的平衡关系,它与顾客购买意愿正相关。用公式可以直观地表示为(式20-1):

$$V = U - P \qquad (20-1)$$

其中 V 代表感知价值,U 代表顾客的效用,P 代表商品的价格。大量的实证研究已经,证明了顾客的效用满足是顾客感知质量的函数,并且二者之间具有正相关的关系,可见感知质量也与感知价值正向相关。

从式20-1中,我们可以看出较高的感知质量和较低的价格,都可以增加顾客的感知价值,也就是与制造商品牌相比,在 P 一定的情况下更高的 U 或者在 U 一定的情况下更低的 P,以及二者的组合都是合理的。常见有:①低价格、低感知质量，如原始状态型的自有品牌；②低价格、相同的感知质量，如跟随型的自有品牌；③高价格、更高的感知质量，如高端型自有品牌；④更低价格、更高质量，如价值创新型自有品牌。因此，只要能给顾客带来更高感知价值的产品，都是可以创建自有品牌的，换句话说，某种产品是否适合实现品牌自有化取决于零售商能否使其相对于制造商品牌而言更具感知价值。这与传统的自有品牌战略理论截然不同，并且扩大了自有品牌商品的适用范围。比如德国的高折扣零售商阿尔迪，通过高效的运营节省运营成本从而长期为顾客在低价的前提下提供比制造商更高质量的自有品牌商品，这种高感知价值的产品使其自有品牌销售额占总销售额的比例高达95%，并成为德国最受尊敬的零售商品牌之一。

2. 感知风险

感知风险是一种顾客主观上对客观风险的判断，当这种感知风险超过消费者可接受的程度时，消费者将拒绝购买该种产品。对于感知风险存在两种度量模式，即相乘模式和相加模式。相乘模式者认为，感知风险是损失的不确定性和后果的严重性的乘积，但在不少研究中，相乘模式在理论上受到很大的质疑，相加模式进而成为了研究的主流，其中 Dowling 和 Stealin（1994）的观点比较具有代表性，他们提出的度量公式如下：

$$OPR = PR + PCR \qquad (20-2)$$

在式 20-2 中，OPR 是顾客整体的感知风险（Overall Perceived Risk），而 PCR 是指产品的品类风险（Product-Category Risk），PR 是指产品的特定风险（Product Risk）。其中，产品品类风险是与产品的品种有关，是特定品种的产品属性决定的，而产品特定风险则由具体产品的各种线索（如价格、品牌形象、购物环境、包装等）带给顾客的质量感觉引起，当消费者决定购买某种品种产品时，他们心中可以接受的该种产品属性带来的风险实际上已经确定下来了。此时，产品品类风险是个常量，影响总体感知风险的是产品的特定风险，而当产品的特定风险很大导致总体感知风险超过消费者可接受程度时，消费者将拒绝购买该项产品。可见，产品特定风险比产品品类风险更为重要。而产品特定风险取决于消费者对质量线索的判断，通常而言，消费者认为价格较高、包装较好、品牌形象较好、购物环境较好的产品质量较好，可感知的风险也较小。

综合以上感知风险的理论分析，感知风险从以下几个方面影响自有品牌的适用性：

(1) 当产品品类风险很高时，消费者对于产品的特定风险只有很少的容忍度

此时，消费者对于质量线索与其心理可接受最低水平的匹配度的要求会很高，而当零售商创建的自有品牌商品所提供给各种质量线索无法满足消费者的最

低要求时，则难以形成消费者的购买意愿，这样的产品不适宜开发自有品牌。如对于技术含量很高的数码产品来说，消费者对其功能质量的要求要明显远高于诸如日常生活用品，因此，数码产品具有了很高的产品品类风险，而在现实世界中，消费者十分关注该种产品的品牌线索，仅在有限的品牌中挑选性价比更高的产品。此时，消费者就是通过品牌线索控制产品的特定风险，而消费者在这类产品上不会选择自有品牌，正是因为，自有品牌产品的感知风险过高。

(2) 当产品品类风险不高时，消费者对于产品的特定风险具有较高的容忍度

此时，消费者对于质量线索的要求不会很高，或者当某一方面与其心理要求相差不大时，通常情况下都不会认为该项产品的感知风险不可接受，此时，大型超市可以通过提供更为优越的线索因素，从而降低自有品牌商品的感知风险。例如，多数大型超市在日用品领域都有自己的自有品牌产品，并且，市场表现也不错。

3. 品牌偏好

品牌偏好是消费者相对于其他竞争品牌，消费者对某一品牌的喜好程度。一般而言，企业的品牌价值吸引力越高，消费者的品牌偏好越强。消费者一旦对某种产品形成了品牌偏好，在购物时，就很难关注其他品牌的产品，并且，品牌偏好还帮助消费者提高了购物的效率。而长期满意的购物体验，能让消费者对品牌更加忠诚，其他品牌厂商若想吸引消费者、抢占市场份额，就必须支付很高的转换成本，因此，由品牌偏好带来的高额的转换成本，成为了一种市场的进入壁垒。此外，品牌偏好也具有传导效应，企业往往可以利用消费者对其品牌的偏好，进入新的市场领域。

由此可见，大型超市在开发自有品牌商品时，应从以下方面考虑消费者品牌偏好的影响：首先，在消费者对制造商品牌较为偏好的领域，应该谨慎权衡进入该市场所付出的转换陈本与可能带来的收益之间的关系，并考虑是否会对企业的整体形象造成影响；其次，对于消费者品牌偏好较小的领域，应充分利用自身的企业品牌辐射效应，提供低价而高品质产品，逐渐培养信任与忠诚，并逐步形成对自有品牌的偏好。

综上所述，产品属性、企业资源与能力、顾客购买意愿相互影响共同决定了自有品牌战略的适用性，其关系模型如图20-4所示。

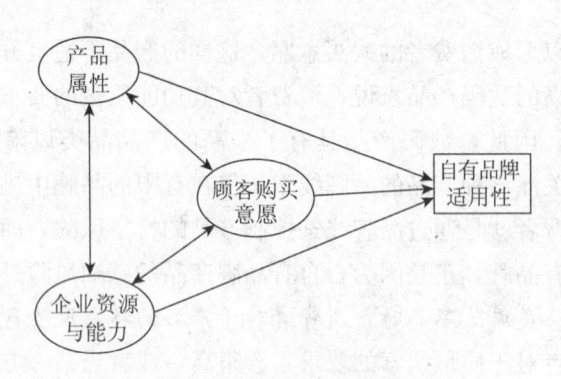

图 20-4 自有品牌适用性的影响因素

(四) 自有品牌适用性测试方法

在以上的分析中,我们讨论了自有品牌适用性的三大影响因素,但更为重要的是,应如何从这些因素出发来测试自有品牌的适用性。对于大型超市而言,产品属性是一种客观的、不可控因素,也就是说,将产品属性作为测度维度缺乏理论根据,因此,对于自有品牌适用性的测度,将从企业资源与能力和顾客购买意愿两个维度出发,并以不同的方法来进行。

1. 自有品牌产品绩效测试

测试自有品牌的适用性,并不需要全面评估企业所拥有和控制的所有资源与能力,这既不准确,也与研究目的不相关。而大量企业资源与企业能力方面的研究已经表明,企业资源和企业能力与企业绩效正相关,并且,绩效是企业资源与能力最直观的表现。绩效就是企业能否创造价值,是企业的经营者和投资者最为关心的问题,也是某项战略是否与组织目标相匹配的最重要的判断标准。也就是说,自有品牌战略的适用性问题,可以转化对某项商品实施自有品牌战略能否取得企业理想的绩效,即自有品牌产品绩效测试问题。

测试某项商品实施品牌自有化的绩效,应测算的是其对企业整体绩效的贡献,也就是边际绩效的概念,因此,不仅应考虑其市场表现如销售量、销售额,而且应当考虑企业为实施自有品牌而付出的成本和代价,这其中还应包括由于经营自有品牌而可能放弃的经营制造商品牌的收益,即机会成本。综合以上分析,本文认为可以通过以下公式来测算某种自有品牌商品的边际绩效,并据此评价其适用性:

$$R = Q(P - C_1) - C_2 - C_3 \qquad (20-3)$$

在式 20-3 中,R 代表某种自有品牌产品给企业带来的边际利润,P 代表产品的单价,C_1 代表产品的单位变动成本,包括采购成本和生产成本,以及随销量变化分配到单位产品的各种费用支出，Q 代表销售量，C_2 代表固定成本，包括产品研发成本、市场可行性调研、品牌转换成本（如促销费用），C_3 代表机会成本，即由于经营该种自有品牌产品而占用的货架面积用于经营制造商品牌的收益，包括商品进销差价以及进场费、上架费、促销费等向制造商收取的各种费用。

需要说明的是，R 能否大于 0，决定了该项自有品牌产品能否给企业带来收益，也就决定了该项产品是否适用于自有品牌的创建。此外，C_1、C_2、C_3 可以用于描述很多对适用性有重要影响的产品属性，比如货源稀缺的产品往往有过高的 C_1，而技术含量很高或者顾客对制造商品牌偏好很强的产品 C_2 则会很高，C_3 可以代表在零售中利润很好的产品，可以看出，只要企业具有足够的资源可以负担得起所有产品的 C_1、C_2、C_3，就可以在所有的产品领域创建自有品牌。而销售量 Q 是这一公式中最为敏感的因子，直观地反映了产品受市场接受的程度。因此，这个公式可以讲顾客购买意愿、产品属性以及企业的资源和能力进行有机的结合，从企业最为关心的利润角度较为综合的测试自有品牌商品的适用性，但也存在一些缺陷，说明如下。

第一，单用一个边际利润的指标可能难以准确地测度商品自有品牌的适用性，比如自有品牌大师库马尔就认为，每平方英尺货架空间产生的利润是衡量自有品牌绩效最恰当的指标。由于此次研究的条件限制，对于单位货架空间的利润相关数据的收集十分困难，估算起来也很可能并不准确，并且，公式中也考虑了机会成本的存在，也从一定程度上弥补了一般绩效公式的不足。

第二，公式提供的是一个绝对数的指标，不利于不同投资规模的产品的绩效比较，还应考虑收益率、投资资本回报率等相对数型的指标。一方面，相对数所需要的比较指标如企业期望的最低收益率、最低回报率等更加难以取得；另一方面，研究目的是解决自有品牌适用性的问题，而使用相对数指标并不直观，而且很可能对结论造成困难。

从理论上来说，大型超市尽管可以通过对大型超市所有的自有品牌商品进行绩效的测试来验证其适用性，但这样做既不现实，也缺乏效率，因此，对几大种类产品随机选取样本进行测试，然后推而广之，并与其他的测试方法的结果相结合，是更为科学的方法。

2. 顾客购买意愿测试

通过自有品牌产品绩效测试可以直观地反映自有品牌的适用性，但并不能说明自有品牌适用性的差异问题，同时，产品绩效取决于产品的市场表现，而顾客对自有品牌的购买意愿则决定了其市场表现。因此，将顾客购买意愿的测试与对自有品牌绩效测试相结合，才能更全面地测试大型超市自有品牌的适用性问题。同时，购买意愿的测试结果还可以同产品绩效测试相互验证，从而，使结果更具可靠性和说服力。

目前，学术界对顾客购买意愿的测试采用的是问卷的形式，并采用统计软件对结果进行描述，本次研究也将使用问卷的方式，并结合案例企业具体情况，将测试的内容划分三大部分，即对顾客自有品牌感知价值、感知风险以及品牌偏好的测度，这与之前的论述相符。其中，对感知价值的测试，是顾客对案例企业自有品牌产品总体价值的总体评价；对感知风险的测试，是顾客对案例企业自有品牌产品效用不确定性的总体评价；而对品牌偏好的测试，则是顾客相对于制造商品牌而言，对自有品牌的偏好程度。

（五）案例企业自有品牌适用性测试分析

通过以上分析，我们已经了解了自有品牌商品适用性的影响因素，以及在此基础上所建立的自有品牌适用性的测度方法。为了更深入地分析自有品牌的适用性，本章将用案例分析法对欧尚和物美两家大型超市进行比较分析，并运用所建立的测试方法，对自有品牌适用性进行比较评价，将自有品牌绩效测试和购买意愿测试相结合，并为最后的研究结论奠定基础。

1. 案例企业自有品牌现状简介

（1）欧尚自有品牌现状简介

欧尚目前在超市中出售的自有品牌商品主要有三种：①大拇指品牌，定位于中低端市场，分布于食品、日用品等；②欧尚品牌，产品品类与大拇指品牌较为接近，但市场定位较为高端，形象与欧尚企业品牌一致（红鸟）；③欧尚优纺产品，主要集中在衣服鞋帽等产品。欧尚自有品牌产品主要有以下一些特点：从品类上来看，欧尚的自有品牌产品在生鲜、食品和百货中广泛分布，涉及1038种产品，如表20-1所示。从产品分布上可以看出，欧尚自有品牌不仅品类众多，而且分布广泛，几乎涉及超市的所有产品品类，并且，所有自有品牌商品在欧尚各个大型超市中的分布是比较一致的，并且，欧尚并不满足于现状，一直在不断开发新的品类的自有品牌产品。从定价策略上来看，欧尚采取十分灵活的定价策略，即使在消费者购买频率比较高的日常生活用品，食品等领域，也不是一味的低档定位，而是根据不同系列的产品（大拇指、欧尚）的目标市场，采取有层次差别的定价，以吸引不同需求的消费群体，总体而言，大拇指系列和优纺系列低于市场的平均价位，而欧尚系列则接近于较高品质产品定价，部分甚至超过主流制造商品牌。从自有品牌的包装、货架陈列和标识上来看，一般而言，不少自有品牌商品采用了模仿策略，在包装上比较接近于制造商品牌产品，但也不乏特色。其货架陈列以功能纵向陈列为主，品牌纵向陈列为辅，一般讲大拇指系列和优纺系列陈列于主通道一层的货架，而将欧尚系列摆放在一线制造商品牌旁的副通道一侧的货架上，并在所有陈列自有品牌商品的货架上立有十分醒目的标识，并且，欧尚有意地增加货架上同种商品的数量，以迎合中国消费者"挑选"的需要。

表 20-1　　　　　　　　欧尚自有品牌品类分布　　　　　　　单位：种

产品品类	欧尚系列	大拇指系列	优纺系列
酒水饮料	56	32	0
休闲零食	53	47	0
食品杂货	43	35	0
电子配件	28	30	0
母婴	7	3	0
运动宠物	42	22	0
汽车用品	4	0	0
家居用品	38	13	0
厨浴用品	52	51	0
文化用品	14	65	0
清洁用品	76	42	0
健康美容	36	40	0
进口食品	91	1	0
生鲜食品	35	35	0
服装	0	0	23
内衣裤	0	0	11
袜子	0	0	7
鞋类	0	0	6
合计	575	416	47

资料来源：整理自欧尚官网：http://www.auchan.com.cn/。

(2) 物美自有品牌现状简介

物美是内资大型超市中一直十分重视自有品牌的创建和运营的，并且是国内零售商中率先开发自有品牌。早在 2001 年物美就已成立自有品牌研发部，而在

2005年成立物美商品中心自有品牌部,统一管理整个集团的自有品牌规划、设计、开发、质量控制和销售工作。目前,物美已拥有了六大自有品牌系列产品,分别是:给你省系列、东纺西织系列、良食记系列、优宜系列、自然集萃系列以及那时候系列,除了给你省系列有一个很醒目的"省"字标志容易为顾客所识别外,其他系列产品的LOGO在设计方面也很精致,但过于复杂,顾客往往选购时很难将其与物美联系在一起。此外,物美的自有品牌产品还有以下一些特点:从品类上来看,物美超市的六大自有品牌系列分布各不相同,与欧式不同的是在不同的业态中,以及在不同的店铺中,物美所出售的自有品牌的系列和品种各不相同,即使是在大型超市中,也没有同时出售所有品类的自有品牌商品,有的门店品类甚至十分有限,这给全面统计和研究带来一定的困难,其结果也可能并不十分准确,基本情况如表20-2所示:其中,应当指出的是,优宜系列产品原本定位于科技含量较高的市场领域,并曾经推出过笔记本电脑等产品,但由于市场表现不佳,不得不转换品牌定位,经营现有产品,除此之外,其他系列产品也由于销量欠佳,产品品类有明显的下降。从定价策略上来看,物美自有品牌产品采用的是普遍低价的策略,尤其以给你省系列为代表,即使是包装较为精美、质量上乘的部分自然集萃和那时候系列,也比同规格、同等质量的非自有品牌产品便宜不少,可见,价格策略是物美自有品牌商品最重要的市场策略,但是缺乏灵活性。从自有品牌的包装、货架陈列和标识上来看,物美自有品牌商品的包装以简单和模仿为主,但少数休闲食品也包装得比较精美。在货架陈列上,物美并没有对自有品牌商品进行专门的陈列设计,也没有把主通道中一些显眼的位置留给自有品牌商品,而是将其与非自有品牌商品混合摆放。此外,在货架旁一般没有专门的标识引导消费者购买自有品牌,有些货架虽有"物美特供"的标语,但也没有统一的摆放标准。

表20-2　　　　　　　　　　物美自有品牌品类统计表

品牌系列	品类	数目
给你省	食品、日用百货、调味品等	约25种
东纺西织	休闲服饰、床单、蚕丝被、被罩等	约5种
那时候	休闲食品	约8种
自然集萃	个人护理用品、保健品	约7种
良食记	传统食品、大米、燕麦、绿豆等	约6种
优宜	办公用品、小家电	约4种

从以上分析可以看出,尽管物美在北京地区占据着规模上的优势,经过多年稳定的发展也有了相当良好的商誉以及高素质人力资源储备,但在自有品牌的经营效果上却与欧尚存在明显差距,尤其是在自有品牌产品的品类数目和变化趋势上。这种差距也就是自有品牌适用性在二者之间的差异的反映,是由二者自有品牌产品的绩效贡献所决定,而根据上一章的论述,产生绩效差距的最直接的原因是顾客对二者自有品牌产品的购买意愿不同。

2. 案例企业自有品牌产品购买意愿对比分析

(1) 研究设计

本次问卷旨在从总体上测度顾客对欧尚超市和物美超市自有品牌商品的购买意愿,根据之前的论述,问卷分为三大部分,即对感知价值的测试、对感知风险的测试以及对品牌偏好的测试,每个部分有六七道题目,题目的设置以及语句陈述均有参考之前此类研究的成功问卷,对所有正向陈述赋值1、2、3、4、5,对所有的反向陈述赋值5、4、3、2、1,以分数的高低来表示顾客购买意愿的强烈程度。为了调研结果尽可能的可靠,在正式调研之前,进行了一次小范围内的预调研,并根据预调研的结果,对问卷的结构及部分问题进行了修改。使用了更便于顾客理解的措辞,问卷的基本结构如表20-3所示。

表20-3　　　　　　　　　顾客购买意愿调查问卷基本结构

问卷内容	语句陈述	题号
感知价值	正向	A1、A3、A4、A7
	反向	A2、A5、A6
感知风险	正向	B7
	反向	B1、B2、B3、B4、B5、B6
品牌偏好	正向	C1、C2、C3、C4、C5、C6
	反向	

根据以往统计的经验,应在评价统计结果之前,设定评价分值体系作为评价标准,本文参考以往成果,结合本次研究具体情况,将不同部分总分划分为不同区间段,配以评价标准,如表20-4所示。

表 20-4　　　　　　　　　　问卷评价标准表

项目	分值段（分）			
感知价值	7~14	14~21	21~28	28~35
评价	没有价值	有些价值	很有价值	非常有价值
感知风险	7~14	14~21	21~28	28~35
评价	风险非常高	风险比较高	风险不高	风险非常低
品牌偏好	6~12	12~18	18~24	24~30
评价	没有偏好	有些偏好	很有偏好	偏好非常高

除此以外，按照一般调查购买意愿的惯例，问卷中也对消费者的基本信息进行了统计，主要包括年龄、性别和可支配收入。在调查时，向消费者出示欧尚和物美自有品牌标识，询问其能否辨认，以及是否购买过欧尚和物美的自有品牌商品。

为了确保调查样本的准确性，以及样本的随机性和多样性，本次问卷调查选择在周六、周日进行，对北京地区的四家门店（欧尚金四季店、欧尚朝阳店、物美方庄店、物美大兴店）的消费者采用随机拦截式的问卷调查。总共发出 300 份问卷，回收有效问卷 249 份，概况如表 20-5 所示：

表 20-5　　　　　　　　　　问卷回收情况统计

	发出问卷数（份）	有效回收数（份）	有效比率（%）
欧尚金四季店	75	67	89.33
欧尚朝阳店	75	64	85.33
欧尚小计	150	131	87.33
物美方庄店	75	61	81.33
物美大兴店	75	57	76.00
物美小计	150	118	78.67
总计	300	249	83.00

在所有被调查的消费者中，男性占到 48.59%，略低于女性（51.41%）；年龄结构则以中青年为主体，其中，18~30 岁和 31~45 岁加在一起占到了样本总量的 76.71%；在顾客的可支配收入方面，以中低收入群体为主，合计占

72.29%，由此可见，样本的分布与日常生活中超市的主力消费人群基本特征，总体比较吻合。样本概况如表20-6所示。

表20-6　　　　　　　　　　　样本概况

性别	男		女	
人数（人）	121		128	
比重（%）	48.59		51.41	
年龄（岁）	18以下	18～30	31～45	45以上
人数（人）	34	92	99	24
比重（%）	13.65	36.95	39.76	9.64
可支配收入（元）	2000以下	2000～5000	5000～10000	10000以上
人数（元）	94	86	65	4
比重（%）	37.75	34.54	26.10	1.61

此外，在所有的有效问卷中，顾客都可以辨认出欧尚和物美自有品牌的标识，并且都曾购买过欧尚自有品牌的商品，而二者有效问卷数量上的差距与二者自有品牌的辨识度有关，总体而言，欧尚比较容易辨识，而物美则相对要低一些。

(2) 结果分析

在处理数据之前，为进一步了解问卷的可靠性与内部一致性，应对问卷进行信度检验。在李克特态度量表法中常用的内在信度检验方法为Cronbach's Alpha系数，Bryman和Cramer（1997）认为，如果总量表内在信度Alpha系数在0.80以上，表示量表有较高的信度。经分析处理，本研究中购买意愿的问卷总量表内在一致性的Alpha系数为0.870，说明了该问卷可靠性较好，可以接受。如表20-7所示。

表20-7　　　　　　购买意愿Cronbach's Alpha系数

	Cronbach's Alpha	项数
总量表	0.870	20
感知价值	0.881	7
感知风险	0.831	7
品牌偏好	0.739	6

对回收的有效问卷，进行整理，根据统计结果，从以下三个方面对比分析。

第一，欧尚与物美自有品牌商品感知价值的对比。经过统计，131份顾客问卷对欧尚自有品牌产品的感知价值的评价总分为3087分，均值为23.56分（3087/131），属于"很有价值"的评价段，按评分段的人数分布如图20-5所示（其中横轴代表分数评价段，纵轴代表人数，下同）。

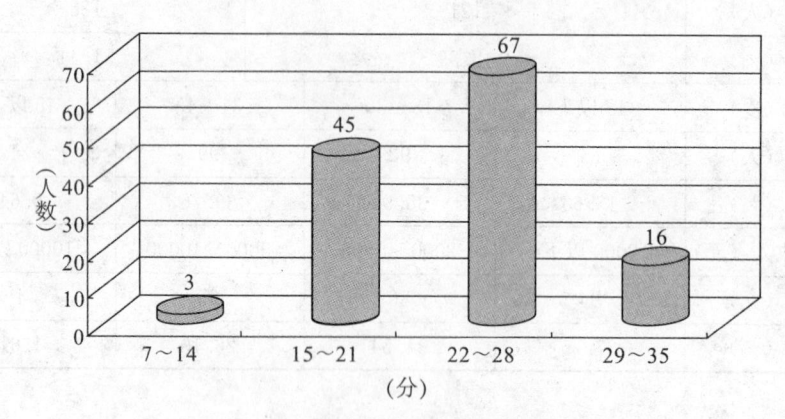

图20-5 欧尚感知价值分数分布

从图20-5中，可以看出，有2.29%（3人）的顾客认为欧尚的自有品牌没有价值，但有51.45%（67人）的顾客感觉其很有价值，更有12.21%（16人）的顾客认为欧尚自有品牌时非常有价值的。

118份顾客对物美的感知价值总评分达到了2434分，均值为20.63分（2434/118），与"很有价值"的评价段比较接近，但仍属于"有些价值"的评价段，按评分段的人数分布如图20-6所示。

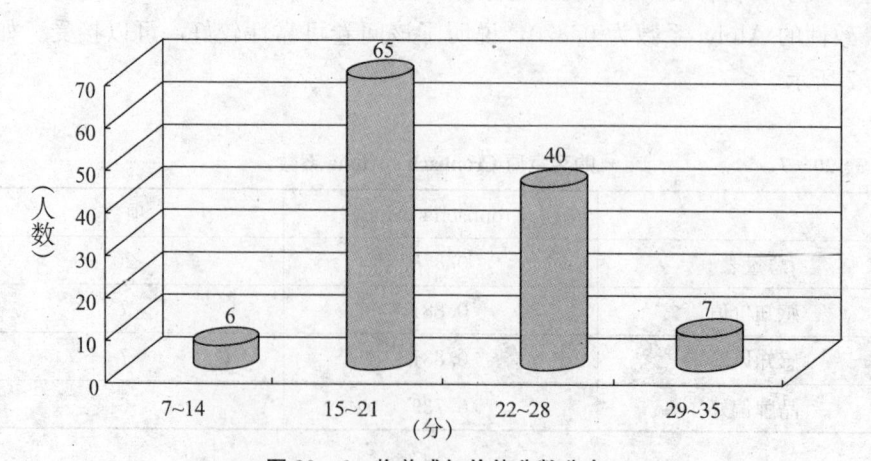

图20-6 物美感知价值分数分布

第二十章 首都零售业自有品牌建设研究

从图20-6中可以看出,有5.08%(6人)的顾客认为物美的自有品牌没有价值,虽有33.90%(40人)的顾客感觉其很有价值,以及5.93%(7人)认为其非常有价值。但大多数消费者对其的评价是有些价值,达到了55.08%(65人)。

对比感知价值的统计结果,顾客对欧尚自有品牌的感知价值无论是在均值上还是在评价段上都显著超过物美,并且,主要评分段的人数分布也与这种结果相吻合。也就是说,顾客认为付出购买欧尚自有品牌的商品比购买物美自有品牌商品在付出同等代价的情况下能获得更大的满足,或者在获得同等满足情况下代价更小。

第二,欧尚和物美自有品牌商品感知风险的对比。经过统计,131位顾客对欧尚自有品牌的感知风险总评分达到了2950分,均值为22.52分(2950/131),属于"风险不高"的评价段,按评分段的人数分布如图20-7所示。

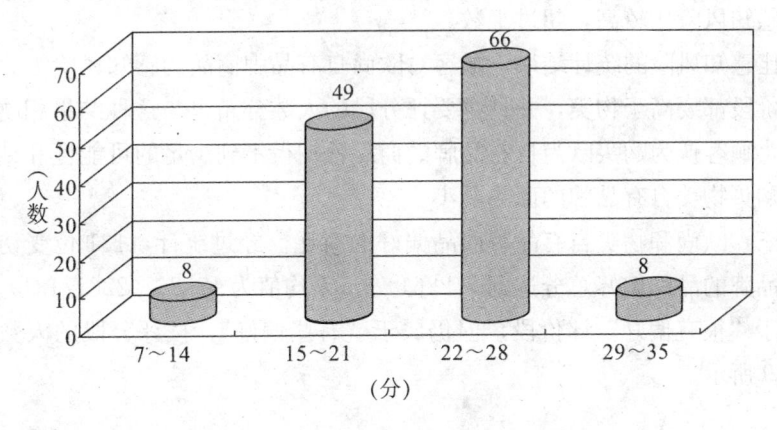

图20-7 欧尚感知风险分数分布

从图20-7中可以看出,感知风险非常高和非常低的顾客人数同为8人,合占总人数的12.21%,有50.38%(66人)的人认为,其感知风险不高,比例过半,此外,也有37.40%(49人)顾客感知风险的判断是"风险比较高"。

118位顾客对物美自有品牌的感知风险总评分达到了2350分,均值为19.92分,与"风险不高"评价段比较接近,但仍属于"风险比较高"的评价段,按评分段的人数分布如图20-8所示。

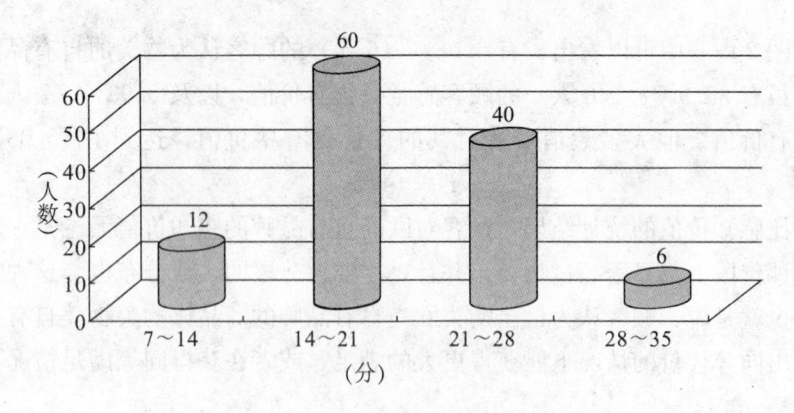

图 20-8　物美感知风险分数分布

从图 20-8 中可以看出，认为感知风险非常高和非常低的人数分别占总数的 10.17%（12 人）和 5.08%（6 人），属于少数派，而有超过 50.85%（60 人）的人认为感知风险比较高，超过半数。

对比感知风险的统计结果，顾客对欧尚自有品牌商品的感知风险无论是均值还是评价段都要高于物美，并且主要评分段的人数分布也与这种结果相吻合。也就是说，顾客认为购买欧尚自有品牌的商品预期得不到满足的可能性和结果的严重性比购买物美自有品牌的商品要小。

第三，欧尚和物美自有品牌商品偏好的对比。经过统计，131 位受访者对欧尚自有品牌的品牌偏好总分达到了 2261 分，人均值为 17.26（2261/131）分，尽管接近于"很有偏好"评价段，但仍属于"有些偏好"，按评分段的人数分布如图 20-9 所示。

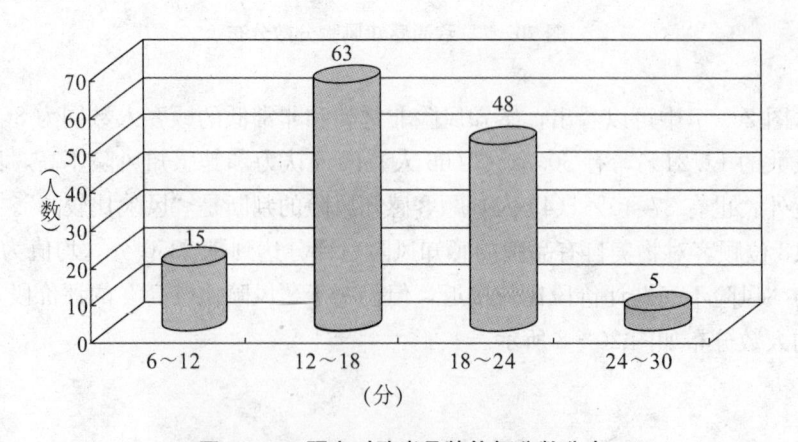

图 20-9　顾客对欧尚品牌偏好分数分布

从图 20-9 中可以看出，有 11.45％（15 人）对欧尚品牌毫无偏好，以及 48.09％（63 人）是有些偏好，也就是说，合计达到 59.54％（78 人）的顾客并未对欧尚自有品牌产生明显的偏好，与此同时，也有 36.64％（48 人）的人很有偏好。

118 位受访者对物美自有品牌的品牌偏好总评分达到了 1836 分，人均值为 15.56 分（1836/118），属于"有些偏好"评价段，按评分段的人数分布如图 20-10 所示。

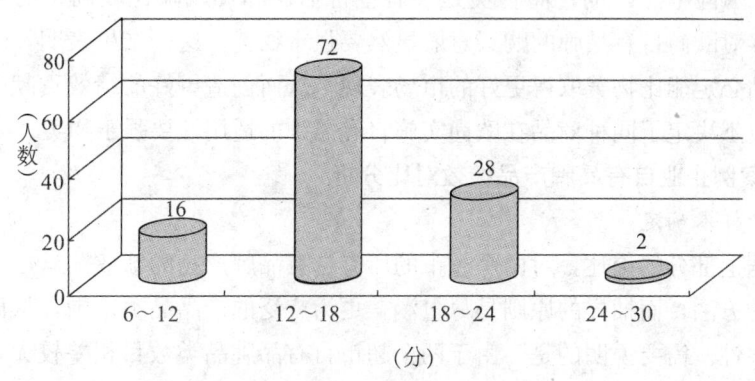

图 20-10　顾客对物美品牌偏好分数分布

从图 20-10 中可以看出，有 13.56％（16 人）的顾客对物美自有品牌毫无偏好，以及 61.02％（72 人）仅是有些偏好，总计高达 74.58％（88 人）的顾客对物美的品牌偏好并不强烈，而表现出比较强烈偏好的合计仅占 25.42％（30 人）。

对比顾客品牌偏好的统计结果，顾客对欧尚的评价分数尽管高于物美，但二者同处于"有些偏好"的评价段，也就是说，相对于制造商品牌而言，顾客无论是对欧尚或者物美的自有品牌都没有强烈品牌偏好，顾客仍然比较偏好制造商品牌。实际上，品牌偏好的培养和形成是一个长期而复杂的过程，尤其是在国内零售业，绝大多数零售商很难在短期内使顾客对其自有品牌的品牌偏好超过制造商品牌，但总体而言，顾客对欧尚自有品牌的品牌偏好也较物美要高一些。

综上所述，可以通过表 8 描述顾客对欧尚和物美两家超市自有品牌的购买意愿评价。

表 20-8　　　　顾客对物美和欧尚自有品牌的购买意愿评价对比

超市	感知价值	感知风险	品牌偏好
欧尚	很有价值	风险不高	有些偏好
物美	有些价值	风险比较高	有些偏好

从表 20-8 可知,除品牌偏好以外,顾客认为欧尚自有品牌商品是"很有价值"和"风险不高"的;而物美是"有些价值"和"风险比较高"的,也就是说,顾客对欧尚自有品牌的购买意愿显然要强于物美。这一结果表明,欧尚自有品牌产品必定能比物美取得更好的市场表现,从而创造更好的绩效贡献,而更好的绩效贡献决定了同种商品在欧尚实施自有品牌的适用性要强于物美。

3. 案例企业自有品牌产品绩效对比分析

(1) 样本确定

根据上部分的论述,对两个超市的所有自有品牌产品的绩效测试,将采用随机抽样的方法,而抽样的原则是尽量涵盖更为广泛的产品品类范围,从而使测试更有代表性。需要说明的是,由于两个超市自有品牌品类数目相差较大,因而随机抽取的产品数目也不尽相同,品类上无法完全一一对应。

在欧尚,笔者随机选取了 10 种自有品牌产品,包含了大拇指、欧尚以及优纺三个系列以及 10 种产品品类,为方便讨论,将其编为 A1、A2…A10,产品明细资料如表 20-9 所示。

表 20-9　　　　　　　　欧尚抽样测试产品明细

编号	系列	产品品类	产品名称	规格	产地
A1	欧尚	母婴用品	婴儿爽身粉	140g	江苏扬州
A2	欧尚	厨浴用品	多用切刀	不锈钢	广东阳江
A3	欧尚	健康美容	男士洗发露	400ml	江苏扬州
A4	欧尚	休闲食品	蜂皇浆巧克力	80g	上海
A5	欧尚	电子配件	电话听筒线 2m	4P4C(AR—51)	广东深圳
A6	大拇指	文化用品	红色资料册	60 页	上海
A7	大拇指	食品杂货	纯正芝麻油	400ml	安徽阜阳
A8	大拇指	生鲜食品	香糯八宝饭	200g	浙江嘉兴
A9	大拇指	家居用品	高效电子节能灯	12W、冷光、白色	浙江宁波
A10	优纺	服装	全长打底裤	96%棉、4%氨纶	浙江宁波

在物美，笔者选取了 8 种的自有品牌，囊括了物美六大自有品牌系列，以及现有自有品牌的大多数品类，为方便同欧尚自有品牌产品进行比较，将其编号为 B1，B2，…，B8，产品明细资料如表 20-10 所示。

表 20-10　　　　　　　　　　物美抽样测试产品明细

编号	系列	产品品类	产品名称	规格摘要	产地
B1	给你省	调味品	优级绵白糖	500g	北京朝阳
B2	给你省	厨浴用品	PE 食品保鲜膜	20cm×20m	天津
B3	给你省	食品杂货	单片黑木耳	100g	吉林延吉
B4	东纺西织	床上用品	双人提花蝉丝被	200cm×230cm	北京通州
B5	那时候	休闲零食	奶香瓜子	180g	广东广州
B6	良食记	传统食品	黑芝麻糊	480g	北京
B7	自然集萃	健康美容	喷雾啫哩水	400ml	江苏昆山
B8	优宜	办公用品	A4 单强力文件夹	4 个装，天蓝色	广东深圳

(2) 测试结果的对比分析

运用上部分所提出的自有品牌的绩效公式：$R=Q(P-C_1)-C_2-C_3$（式 20-3），对两个超市的抽样产品进行适用性的测试，需要获得与公式相关的各个产品数据，而这些数据基本来源于企业内部，有些数据更是涉及企业商业秘密的核心指标，比如采购成本、大型超市向零售商收取的各种费用（机会成本）以及商品进销差价等，因此，本文将通过访谈超市经营者、阅读公司年报等方式以及从实际情况出发，并参考各个产品的市场情况，进而对公式所需要的部分数据进行合理的假设，力求与客观情况相符。

其中，最难以估算的是机会成本，即自有品牌产品所占用货架面积可能带来的收益。一般而言，超市可以通过向制造商收取销售返点以及货架占用等各项费用取得收益，但由于同一货架面积用于经营制造商品牌的销售数量无法合理估计，因此，此处只考虑以各种名目收取的货架租金收入，以及向虽不占用货架、但以悬挂墙方式出售产品的供应商收取的条码费等，不考虑商品进销差价、返点以及促销费等各项与销售数量有关的收入。根据目前行业惯例，大型超市在向供应商的收费方面并不相同，对知名而强势的制造商甚至不收取任何费用，但为了比较的统一口径，假设各种自有品牌商品所占用的货架都能为超市带来收益，而根据目前行业惯例，大型超市每年每平方米向供应商收取的各种收益之和为 12000～

18000元，取均值15000元，并根据各种商品实际占用货架面积进行估算。

①经过数据收集整理，将欧尚10种自有品牌产品在其一家门店的2011年1月1日—12月31日的有关数据汇总如表20-11。从表20-11中可以看出，从欧尚抽样的10种自有品牌商品的绩效贡献（R）都大于0，因此，都适用于实施自有品牌，但此处也必须说明，如果欧尚向每平方米供应商收取的费用大于15000元，比如为18000元或者更高，则A1和A2两种商品的绩效贡献很有可能小于0，从而不适用于自有品牌。此外，C_2为0主要是由于：一方面，固定费用如开发、促销费用等非常小；另一方面，这些费用在超市的财务系统内被作为期间费用，由所有产品共同承担，此处可忽略不计。②汇总物美8种自有品牌商品在其一家门店的2011年全年的数据如表12所示：从表20-12中可以看出，B4、B6、B7三种商品的绩效贡献均小于0，不适用于自有品牌产品的开发，最重要的原因就是销量不佳，不足以补偿机会成本，但如果物美每平方米来自制造商的收益可能并没有达到15000元，则结果可能不同。但根据笔者观察，自2012年2月1日起，B4和B6两种产品已在多数物美大型超市内下架，这也从侧面证明了绩效测试的准确性。

表20-11　　　　　　　抽样商品指标数据（欧尚）

编号	P	Q	C_1	C_2	占用货架面积（m²）	C_3	R
A1	6	9115	4.2	0	1	15000	1407
A2	17	2022	12.9	0	0.5	7500	790.2
A3	19.9	6785	16.5	0	1	15000	2704.5
A4	8.8	18154	7.6	0	1	15000	8069
A5	5.9	8451	4.6	0	0.5	7500	3486.3
A6	12.5	7898	10.6	0	0.75	10000	5006.2
A7	12.9	5531	9.2	0	1	15000	5464.7
A8	2.3	94516	1.9	0	1.25	18750	19056.4
A9	8.8	4351	5.6	0	0.5	7500	6423.2
A10	25	3762	19.8	0	1	15000	4562.4

表20-12　　　　　　　抽样商品指标数据（物美）

编号	P	Q	C_1	C_2	占用货架面积（m²）	C_3	R
B1	5.8	12941	4.3	0	1	15000	4411.5

续　表

编号	P	Q	C_1	C_2	占用货架面积（m²）	C_3	R
B2	5.8	19542	4.8	0	1	15000	4542
B3	21.5	6701	18.1	0	0.75	10000	12783.4
B4	169	345	128	0	2	30000	−15855
B5	6.8	21161	5.4	0	0.5	7500	22125.4
B6	14.9	1648	11.8	0	0.5	7500	−2391.2
B7	13.8	2101	10.9	0	0.5	7500	−1407.1
B8	9.8	7433	8.1	0	0.75	10000	2636.1

综合以上分析，从欧尚抽样的自有品牌商品的绩效贡献要明显高于物美，因而其自有品牌商品的实施有更好的适用性，这也与欧尚自有品牌商品在品类数目上大大超过物美的现实情况相符。尽管机会成本的存在，使得商品占用货架空间的面积以及单位面积的收益影响了产品实施自有品牌的适用性，但二者自有品牌产品不同的市场表现是这一差距的最主要原因，而市场表现又是与顾客对二者自有品牌产品的不同购买意愿所决定，因此，这一测试结果与之前购买意愿的调查结果相互验证。

4. 案例企业资源与能力对购买意愿以及适用性的影响

从上面的理论分析可知，不同企业的资源与能力所调动的顾客购买意愿效应是不同的，而顾客对欧尚和物美自有品牌的不同购买意愿也是来源于二者资源与能力方面的差异。通过两家企业概况比较可以看出，无论是物化型资源还是知识型资源，物美都具备与欧尚竞争的资质，因此，二者企业能力方面的差异，是产生购买意愿以及自有品牌适用性差距的真正原因。具体而言：

（1）企业学习能力方面的差异

所谓学习能力，并不只是模仿成熟品牌的能力，更是学习市场信息的能力，即了解顾客对自有品牌购买意愿的能力。欧尚善于通过各种渠道了解顾客对自有品牌的选购信息，不仅有员工内部试用、超市内开展的有奖调查，更是迎合当前新兴的购买习惯，大力推动网上销售的信息收集方式。其自有品牌占据了官网购物平台的大部分空间，并提供所有自有品牌产品的详细信息，便于顾客获取信息和选购，并通过整理汇总顾客对具体产品的关注程度和购买频率等信息，不断优化自有品牌产品结构，进而帮助实体超市自有品牌的经营。相比之下，物美信息来源渠道明显不足，缺乏对顾客购买意愿的了解，使其难以提高顾客的感知价值、控制感知风险以及培养顾客对自有品牌的品牌偏好。

(2) 企业创新能力方面的差异

依托于强大的市场信息收集与处理能力,欧尚除了在自有品牌开发上推出了模仿跟随型产品,更是推出了不少价值创新型产品,比如红酒、高端巧克力等等,据估计,欧尚每个季度都至少推出4~5种自有品牌产品,尽管这些新产品不一定都能在市场上表现良好,但这种创新能力有效地提高了顾客对欧尚品牌的认可程度。除此以外,新产品往往意味着较高的告知风险,因此,有效地控制顾客的感知风险也是创新能力的体现。物美也曾在自有品牌的创新上有一些尝试,但绩效贡献并不理想,比如创造性的进入笔记本电脑领域,但由于高技术含量产品本身的品类风险很高,再加上超低价格的定位更加深了消费者对其质量的质疑,感知风险超过其心理可接受的水平,导致此类产品的失败。

(3) 组织整合能力方面的差异

自有品牌管理大师、哈佛大学教授库马尔曾经指出,自有品牌大发展需要零售企业有效的投入核心资源。欧尚和物美都是大型的商业连锁集团,都拥有发展自有品牌所需的足够丰富的物化型和知识型资源,但在建设自有品牌的资源整合和运用上,欧尚更有效率,并且,效果也更加明显。第一,欧尚更为有效地利用良好的企业形象来推广自有品牌,比如欧尚系列产品,而反观物美,几大系列产品的标识设计都有意与企业品牌形象保持区别,而现阶段顾客对自有品牌的认识度本就有限,这样的策略更增加了顾客的品牌陌生感;第二,欧尚对全球供应系统的整合帮助其自有品牌在成本和差异化方面具有更大的弹性空间,并且,一贯坚持严格的质量控制体系,而物美由于规模的快速膨胀在供应系统的整合方面有待完善,较低的质量管理能力也影响了消费者的信心,近年来,几次问题质量产品事件的爆发就是例证;第三,欧尚在货架资源、价格策略、包装策略、促销策略等方面更有经验,更能有效地树立自有品牌的形象,调动顾客的购买意愿,而物美以低价为核心的策略组合则使消费者很难改变对其自有品牌廉价低质的定位。

四、零售企业的自有品牌决策

(一) 零售企业的品牌决策过程

零售企业的品牌决策过程主要包括市场调查、品牌决策、自有品牌模式、产品设计、产品生产等几大核心环节,具体如图20-11所示。

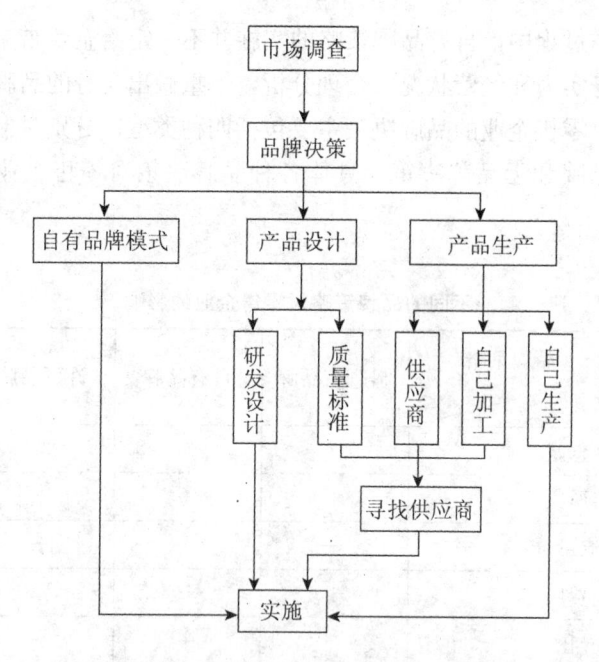

图 20-11 零售企业自有品牌的决策过程

1. 市场调查

零售商需要收集来自企业内部的销售分析数据、财务数据和对企业外部的市场调查分析以及来自消费者的信息。只有将决策建立在对这些数据的综合分析、评价基础之上，才能保证决策的准确性。

2. 选择开发自有品牌的商品种类

通过之前的分析，我们发现，消费者对商品的质量感知对其是否选择零售商自有品牌商品具有非常重要的影响作用。因此，零售企业的自有品牌产品应当尽量选择生产技术水平相对较低的日用品。如何正确地选择自有品牌商品种类，对于零售企业的自有品牌开发策略至关重要。

3. 自有品牌的设计与生产

在确定商品种类之后，零售商应根据商品品种的生产特点和市场竞争状况，制定品牌策略、开发产品、确定自有品牌的生产方式。开发产品主要是研发、设计产品和制定质量标准。零售商可以采取的生产方式包括完全由制造商供应，对制造商提供半成品进一步加工和完全自行生产。如果选择与制造商合作生产自有品牌，还需要根据制定的质量标准，选择合适的供应商。

（二）零售企业的品牌决策类型

虽然目前很多学者和企业管理者都在强调自有品牌对零售企业的重要作用，

然而在实际操作过程中,自有品牌策略的实施并不一定给企业带来收益,零售企业应该结合自身实力和经营状况,合理分析,慎重做出自身的品牌决策。

一般而言,零售企业的品牌决策主要包括四种类型,分别是制造商品牌、自有品牌、许可品牌和无品牌决策。具体各种品牌决策对零售企业的影响参见表20-13所示。

表20-13　　　　　不同的品牌策略对零售企业的影响

品牌策略 零售企业影响	制造商品牌	自有品牌	许可品牌	无品牌
顾客忠诚	?	+	?	+
商店形象	+	+	+	-
客流量	+	+	+	+
促销费用	+	+	+	?
差异化	-	+	+	?
利润	?	?	?	?

注:"+"表示对零售企业有利,"-"表示对零售企业不利,"?"表示对零售企业的影响取决于具体环境(Michael 和 Barton[①],1996)。

1. 制造商品牌策略

制造商品牌(Manufacturer Brands)指产品由制造商设计、生产和销售并负责创立品牌和广告宣传。有的品牌以制造商的名称出现,有些则各自使用单独的名称。

由于一般消费者普遍认为制造商品牌产品的质量往往都比较好,因此零售企业采购制造商品牌产品有利于提高商店形象,增加客流量,节约销售费用;同时由于制造商已经在开发和提高需求上投入了很多资源,零售商销售具体产品的费用则相对较少。然而,零售企业从制造商品牌中所获得的利润往往比较少。由于各个零售企业都可以出售制造商品牌产品,所以零售商不得不在激烈的竞争中提供价格折扣来吸引顾客。

2. 自有品牌策略

由零售商开发和销售的自有品牌策略则有利于确立消费者对零售店的品牌忠诚。高品质、款式时尚的自品牌产品有利于提升零售店的形象,吸引客流,也使

---

① Michael Levy and Barton, A. Weitz, Essentials of Retailing, Richard D. Irwin Press, 1996.

零售店从制造商的种种限定中解放出来。最重要的是零售商可以从自有品牌产品中获得丰厚的利润。

3. 许可品牌

许可品牌（Licensed Brands）是由知名品牌制造商许可设计、生产并以该品牌出售的产品品牌。被许可方可以是零售商，也可以是第三方。使用许可品牌的好处是可以利用知名品牌吸引消费者注意。

4. 无牌商品

无牌商品（Generic Products）指没有品牌，不去做广告宣传的产品，多出现在药品、杂货中。销售无牌商品可以为零售商赚取利润，但同时会损害制造商品牌产品的销售，所以很难一概而论无牌商品是否会增加零售企业的赢利。

通过以上的分析，我们可以看出，零售企业应该根据每一种产品的市场竞争情况、产品特点和实际销售情况，同时结合自身的能力，选择最佳的品牌策略或是几种策略的组合。而自有品牌策略，作为零售企业的品牌策略选择直译，也并不一定能够给企业带来利润增加，这一方面是由于零售商需要在自有品牌的维护上投入大量资金，通过长期的、大规模的宣传活动加强消费者对自有品牌忠诚度，这样做会大大提高自有品牌的成本，在不提高价格的情况下，总体利润很难增加；而另一方面零售商将大量资源投入在自有品牌上，可能影响其制造商品牌的销售，进而导致零售企业的获利减少。

（三）零售企业自有品牌模式选择

当零售企业决定采取自有品牌策略时，还要具体规划自有品牌的结构，突出与竞争对手的差异。一般而言，零售企业可以采取的自有品牌设计模式包括综合品牌模式、个别品牌模式、副品牌模式和联合品牌模式四种。

1. 综合品牌模式

综合品牌模式也称统一品牌模式，是指各种不同类型的产品共同使用同样的自有品牌。采用综合品牌的优点是节省大量的广告、公共关系等品牌建设成本；有利于集中资源塑造一个大品牌，并带动更多产品的畅销；综合品牌下每一种产品的畅销又都有利于品牌价值的提升。但其缺点是一个品牌旗下产品种类很多，难免会模糊品牌个性。

很多零售企业的自有品牌决策都选择综合品牌模式，并使用商店的名称作为自有品牌的名称，主要的考虑就是想利用零售企业自身品牌的知名度，使经常光顾商店的消费者对自有品牌就不会有陌生感，而且把对商店品牌的忠诚转化为自有品牌忠诚。此外，零售企业采用综合品牌模式的另一个目的是希望通过自有品牌的成功反过来提高商店的声誉，增加客流量。也正因为此，综合品牌模式的选择需要零售企业具备较高的知名度和美誉度；同时，零售商必须具有较强的品牌管理能力，确保不会因为自有品牌的质量问题使零售企业的品牌蒙受损失。

2. 个别品牌模式

个别品牌模式即零售企业为不同的产品制定不同的自有品牌。当零售企业的自有品牌策略采取个别品牌模式，往往会将商品的品牌与企业品牌区别开来，使很多消费者在购买商品的过程中，并不知道是零售企业的自有品牌的商品。这样就可以克服商品品牌可能对企业声誉造成负面影响的风险。但是，零售企业的这种个别品牌模式不能充分利用零售企业已有的品牌资产，而且需要投入大量的设计和宣传费用，所以在零售企业中较少被使用。

3. 副品牌模式

副品牌模式是以一个主品牌涵盖企业的系列产品，同时给各产品创立副品牌，以突出产品的个性形象的一种战略模式。

在零售企业自有品牌决策的副品牌模式中，主品牌往往是企业品牌，但同时也直接用于产品，而且是产品品牌的识别重心；而副品牌则往往是直观、形象地表达产品优点和个性形象。采用副品牌模式，零售企业的广告宣传的重心仍是主品牌，副品牌并不单独对外宣传，都是依附于主品牌联合进行广告活动。因此，零售企业自有品牌的副品牌模式一方面能够尽享主品牌的影响力，可以最大限度地利用已有的品牌资产；而另一方面又不会额外增加零售企业广告费用。

4. 联合品牌模式

联合品牌模式是指两个独立品牌共同组成一个品牌的模式，往往是由合资双方或联合技术开发双方共同组成联合品牌。联合品牌战略的优点是既可以充分利用两个企业的知名度，又可以彰显品牌的个性。它的缺点是：如果各种产品之间差异较大，企业总品牌的核心价值与产品独立品牌的核心价值就可能发生冲突。

零售企业的个性塑造往往依赖于独立品牌，但当独立品牌的知名度和威望不足以单独打动消费者，需要总体品牌的帮助才能让消费者接受时，可以考虑采用联合品牌模式。如果一个零售企业的自有品牌涉及商品的种类范围较广，为了突出每个品种的特色，该零售企业需要为每类商品使用独立品牌模式。但是创建过多的独立品牌一是需要投入大量资金，二是使消费者对产品品质产生怀疑，三是不能利用零售商品牌资产。而联合品牌模式的使用则可以很好地避免以上问题。

在零售企业自有品牌决策的实际操作过程中，零售企业应该根据实际需要合理地选择一种或者几种模式的组合。如果零售企业的自有品牌商品种类较少，而且品种关联度较大时，可以考虑使用综合品牌模式，即所有自有品牌使用统一的品牌；如果自有品牌涉及种类广泛，而且关联度较小，则应该考虑使用个别品牌模式或副品牌模式；而联合品牌特别适用于大型零售企业与知名制造商合作提供自有品牌的情况，通过强强联合的方式增强品牌的竞争力和吸引力。

（四）零售企业自有品牌的商品选择

1. 自有品牌商品的自身特性

（1）象征意义较小

商品品牌除了作为企业产品的标志外，还具有更加深层次的象征意义和内涵，而且现代消费者在购买商品的过程中，商品品牌正在取代商品本身成为消费对象。消费者选择某个品牌就代表选择了某种品味和生活方式。例如巧克力、香水和香烟。而对于零售企业的自有品牌商品而言，由于自身的产品生产和品牌宣传相对于制造企业而言要低，很多时候即使零售商提供质量过硬的自有品牌产品，但由于很难塑造自有品牌产品的象征意义，因此也很难引起消费者的关注。所以，零售企业在选择自有品牌商品的过程中，应当尽量避免象征意义较高的产品，而应当选择较低档次的生活日用品。如表20-14所示。

表20-14　　　　不同产品类别的自有品牌占有率和增长率　　　　单位：%

排名	产品类别	自有品牌占有率	排名	产品类别	自有品牌占有率
1	冷藏食品	32	8	酒精饮料	12
2	纸张、塑料和包装材料	31	9	家庭护理产品	10
3	冷冻食品	25	10	快餐与糖果	9
4	宠物食品	21	11	酒精饮料	6
5	普通食品	19	12	个人护理产品	5
6	尿片与女士卫生用品	14	13	化妆品	2
7	健康护理产品	14	14	婴儿食品	2

资料来源：A.C. 尼尔森《全球经理人报告：2005年自有品牌的力量》。

正如A.C. 尼尔森公司的调查结果，2005年在全球大型零售企业的自有品牌商品中，占有率最高的是冷藏食品，占有率达到了32%；其次为纸张、塑料和包装材料产品，占有率达到了31%；再次为冷冻食品，占有率达到了25%。而所有的这些产品总体上都属于象征性较弱，同时档次相对较低的产品。

（2）可以取得规模经济

只有生产达到一定的规模，才能降低单位商品的成本，才能使自有品牌商品以较低的价格出售,并获得较高的利润。否则,自有品牌将失去价格竞争力。另外,如果某种商品的市场规模过小,零售商也很难寻找到愿意合作的商品供应商。

(3) 生产技术相对简单稳定

由于零售企业在产品研发上的投入有限,自有品牌所需的技术应该是稳定的,而且产品生命周期应该较长。这也是为什么目前自有品牌产品种类多集中在快速消费品和耐用消费品。高科技产品往往由于处在领导地位的制造商把持着主要研发力量和技术专利,不宜以自有品牌的形式出现在零售店中。

2. 自有品牌的消费者特征

第一,学者 Batra 和 Sinha[1] (2000) 的研究发现,即使消费者错误地选择了某个零售企业的自有品牌,如果产生的后果也不严重,消费者购买该自有品牌商品的倾向就会增大;消费者往往倾向于购买品牌之间质量差别不大的产品,特别是那些仅凭文字说明就可以了解产品主要成分,判断质量和功能的产品。

第二,消费者在选购某种商品时,除了包装上提供的信息以外,还必须具备一定的经验才能判断商品质量。如果消费者不具备相关的知识,会感到存在较大的购买风险,进而减少甚至不购买自有品牌商品。

3. 自有品牌商品的市场竞争特性

随着经济的发展,消费者的购买需求越来越多样化,各个品牌商品之间的市场竞争正变得越来越激烈。而对于零售商的自有品牌商品而言,由于相对于制造商品牌,其专业化水平和市场推广能力相对较弱,因此很难与制造商品牌进行直接正面的竞争。此时,对于零售企业自有品牌商品的市场竞争环境也有一定的要求,具体包括:

①没有强势品牌存在的市场。大众消费者通常可以接受零售商自有品牌的产品质量更为可靠,并愿意支付较高的价格,如果脯、毛巾等。

②商品的市场规模较小。制造商广告宣传不能为其带来丰厚的利润,例如鞋油、卫生纸等,进而为零售企业的自有品牌商品提供市场空间。

③制造商品牌在价格促销上的开支占营业额的比重大,导致消费者对价格更为敏感,零售商可以借机鼓励消费者转换品牌。

4. 自有品牌商品与零售企业形象的匹配

学者 Sheinin 和 Wagner[2] (2003) 的实证研究发现,零售企业的市场形象与

---

[1] Batra, Rajeev and Sinha, Indrajit, Consumer-level Factors Moderating the Success of Private Label Brands, Journal of Retailing, vol. 76 (2), 2000.

[2] Sheinin, Daniel A. and Janet Wagner, Pricing Store Brands Across Categories and Retailers, Journal of Product & Brand Management, vol. 12, 2013.

商品种类的不同组合对自有品牌策略的成败具有非常重要的影响。如果零售企业的自有品牌商品与企业自身的形象相匹配，将会使自有品牌商品对消费者具有更强的说服力和吸引力。具体包括以下几种情况。

①低端形象的零售商提供高风险类别自有品牌，当价格定在消费者预期价格水平时，消费者的购买意愿最强，对自有品牌的评价最高；当自有品牌价格高于预期价格时，消费者认为零售商的低端形象不足以提供抵减感知的风险品质保证。

②低端形象的零售商提供低风险类别的自有品牌时，由于消费者感知不到风险，所以没有收集并评价有关信息的动力，价格也就对消费者质量感知没有多大影响。

③高端形象的零售商提供高风险类别的自有品牌产品时，价格与质量感知存在正相关关系。消费者认为零售商的高端形象为自有品牌提供了担保。既然自有品牌和制造商品牌品质没有多少差别，消费者乐于购买等于或低于预期价格的自有品牌产品。

④高端形象的零售商提供低风险的自有品牌产品。以预期价格或更高的价格购买自有品牌被视为造成经济损失，所以只有当价格低于预期价格时，消费者才会购买自有品牌。

五、首都零售业自有品牌建设现状分析

从整体上看，我国零售企业的自有品牌建设还处于刚刚起步的阶段，而北京作为我国的首都以及众多国内和国外大型零售企业激烈争夺的目标市场。首都零售企业的自有品牌建设在全国还处于领先的地位。目前，很多首都零售商都已经认识到实施自有品牌战略的重要性，而且一些零售企业通过实施连锁经营和并购重组，为企业实施自有品牌战略开创了条件。但目前首都零售企业的自有品牌策略尚不成熟，在自有品牌管理和开发等方面仍然存在着很多问题。

（一）首都零售业自有品牌建设的发展现状

1. 外资零售企业以自有品牌为竞争手段

随着外资零售企业在中国市场特别是在北京市场上的不断扩展，各种各样的外资零售企业自有品牌商品也跟着摆上了货架。例如沃尔玛T恤、麦德龙床单、伊藤洋华堂月饼等。目前，由于国内零售企业的自有品牌商品仍不多见，自有品牌已经成为很多外资零售商在首都市场进行差异化竞争的重要手段。

2. 国内零售企业开始重视自有品牌建设

随着我国国内零售企业近些年来的不断发展，规模实力得到了很大提升，同

时在与国际大型零售企业的竞争过程中,也学习和积累了很多管理经营经验,其中之一就是自有品牌策略。特别是在北京市场上,一些国有零售企业已经注意到了自有品牌的作用,并开始实施了自己的自有品牌策略。例如北京燕莎友谊商城是北京著名的高档百货商店,她凭借享有很高知名度的"燕莎"品牌,推出了同品牌的衬衫、箱包等自有品牌商品。而在北京华联超市中,自有品牌系列商品包括果果衣领净、呢呢洗发露、呢呢青苹果洗浴露等很多种产品种类。

3. 国内零售企业与国际的差距显著

在北京,很多国内零售企业的自有品牌策略只是处于学习和探索阶段,很多零售企业对自有品牌策略尚不熟悉。虽然,目前尚无有关零售商自有品牌的权威的统计。但从部分零售企业的资料可以看出我国自有品牌商品的市场占有率很低,即使在北京,国内零售企业自有品牌商品的销售额占整体销售额的比例还不足2%,而北京沃尔玛的自有品牌商品比重则为20%～25%,家乐福的自有品牌商品更是高达50%～60%。国内零售企业与国际的差距依然显著(林佳[①],2004)。

(二) 首都零售业自有品牌建设的主要问题

1. 自有品牌开发目标不明确

零售业自有品牌产品只有首先了解顾客需求,再针对其需求开发出适销对路的产品,才能使产品真正得到广大消费者的认可。而首都的很多零售企业,虽然已经比全国其他地区的零售企业较早认识到了自有品牌的重要性,但是在实际自有品牌开发过程中缺乏一个非常明确的目标。

很多首都的零售企业,在自有品牌开发过程中缺乏对消费需求深入细致的调研,仅凭经验或主观臆断确定自有品牌的开发品类或品种,使得部分自有品牌产品供需脱节,不能促进顾客让渡价值的增加,而只能依靠低价取胜。这不但无法实现差异化优势和获得忠诚的顾客,反而会让消费者产生自有品牌产品是廉价商品的不良印象,同时还可能迫使其他品牌竞争者跟随降价,导致制造商品牌和自有品牌利润的下降。忽视顾客需求的结果往往是零售企业在自有品牌商品种类的选择上盲目跟风,不仅极易引起行业陷入低水平价格的漩涡和与制造商品牌形成正面冲突,导致自有品牌产品失去本身固有的特色,也有违开发自有品牌的初衷。目前我国零售企业自有品牌中,95%以上是贴牌生产。而这些贴牌生产的零售商并不参与开发和生产过程,有些甚至不从生产厂家处直接采购,而是从经销商、批发商处间接采购然后贴牌,导致产品品质难以保证。

---

① 林佳:《零售商自有品牌策略研究》,硕士毕业论文,首都经济贸易大学,2004年。

2. 产品质量控制能力差

首都一些国内零售企业，由于自身经营理念和管理水平的限制，在目标消费群中的美誉度较低，因此在实施自有品牌战略的过程中，更多地注重商品价格的控制而忽视了对产品质量的管理。尽管我国自 2004 年年初就开始在 15 类食品中推行食品质量安全准入制度，但仍有很多超市自有品牌产品质量不容乐观，自有品牌商品的负面报道也频频出现。

此外，很多零售企业自有品牌发展的过程中还缺乏实际的质量控制方面的严格把关，95％以上是零售商委托加工生产的，对生产企业的监管能力并不强，受限于生产商的加工能力、管理要求、物流能力等，发展自有品牌的社会供应链基础还比较差。

另外，由于产品检测费用较高，一些零售企业除将有限的自有品牌商品委托第三方检测外，更多是自行检测。而由于缺乏专业检测人员和设施，一些生产条件没有达标的企业往往能混入自有品牌商品的供应商之列。

3. 自有品牌商品竞争力比较弱

由于自有品牌观念的缺乏，很多首都零售企业将战略重点放在选择供应商、商店整体形象宣传等策略上，对自有品牌开发策略不够重视，已开发的自有品牌大部分被应用于销量比较大、资金周转较快、保质期较长、商品价值低、质量差异不明显、品牌认知度不太敏感的商品上，无形中也削弱了自有品牌的影响力。

另外，在自有品牌商品的委托加工生产时，实力较强的制造商一般拥有较为完善的分销渠道，大多不愿意为零售企业贴牌生产自有品牌。因此零售企业只能选择一些实力相对较弱的中小生产厂家，使得产品质量良莠不齐，容易留下安全隐患。零售商自有品牌产品的质量控制在初期一般都缺乏科学技术的支撑，定牌加工之前往往缺乏对产品品质的技术指导和技术控制。因此，在质量方面与制造商品牌之间存在一定的差距，最终导致自有品牌缺乏竞争力。

(三) 首都零售业发展自有品牌的机会

1. 政府政策的扶植

自有品牌战略的实施必须以相当的规模为基础，连锁化是实现规模经营的重要组织形式之一。近年来，我国大型零售企业如"雨后春笋"，发展迅速。国家政策为本土零售企业提供了很好的发展机遇。销售规模化发展为自有品牌战略的实施创造了条件，有利于自有品牌的推出和发展。

我国零售企业对我国零售业的主导地位已初步形成，对我国零售业、流通业乃至我国经济发展影响作用的发挥进入了新的时期，零售企业百强也进入新的规模扩张平台。2005 年，商务部发布公告，建议采取四项措施提高内地零售企业的竞争力。第一项就是加快培育具有国际竞争力的国内品牌大型流通企业。争取用 5~8 年的时间,培育出至少 20 家可以和外国零售企业相抗衡,初步具有国际竞争能力的大型零售企业。

而作为全国的首都,北京的零售市场一直吸引着大量的零售巨头的目光,特别是中国加入 WTO 之后,许多国际大型零售企业迅速进入,其自有品牌的建设经验给首都零售企业提供了很多非常有意义的借鉴。与此同时,北京市政府近些年又提出了打造世界城市和国际商贸中心城市的发展目标,着力改善北京市的商贸业经营环境,并为首都零售业的发展提供了一系列的扶植政策,进一步促进了首都零售企业的自有品牌建设和发展。

2. 忠诚的顾客和良好的商誉

目前,我国的整体商业环境还很不规范,市场上仍充斥着各种各样的假冒伪劣商品,而且许多可以以假乱真。因此,很多消费者更倾向于到一些知名的商场、超市购物,往往是为了花钱买个放心。根据中国连锁经营协会和其他相关机构的调查显示,零售企业已经成为消费者最常光顾的购物场所。特别是在整体食品安全形势并不乐观的情况下,许多大型零售企业以其优质的产品和完善的服务在消费者心目中逐渐树立了良好的形象,广大消费者总是到"放心店"、"信得过"商店去购物,于是这些有实力的大店、名店或老字号就成了消费者经常光顾的场所。

而北京作为全国的政治和文化中心,拥有诸如王府井、燕莎等为数众多的全国驰名零售企业。对于这些首都著名零售企业所开发的自有品牌,人们相信该品牌商品只能在零售企业严格控制的销售渠道里出售,商店当然不可能自卖假货砸自己的牌子。有忠诚的顾客和良好的商誉作保障,自有品牌的实施已经迈出了关键的一步。这为自有品牌获得消费者的认可提供了心理条件。

3. 制造商对首都零售商的依赖

随着我国市场经济 20 余年的快速发展,社会商品开始极大丰富,产品供过于求的状况开始出现,我国形成了以消费者为主导的买方市场。现在,几乎任何一个国内的生产企业均面临十分激烈的市场竞争。生产能力不再成为决定企业命运的因素,相应地,销售渠道作为实现商品"惊险的一跃"的工具,开始日益变得重要。在这种经济大背景之下,零售商在与制造商的博弈中开始占据明显优势,其讨价还价的能力越来越强,制造商尤其是缺乏品牌的生产性对于零售商有很强的依赖性,在争取相同的零售商时会发生激烈的竞争。同时,我国制造商的产品趋向于同质化,这也降低了制造商的讨价还价能力。因此,相当数量的生产能力过剩的制造商、处于困境的制造商的出现为零售企业开发自有品牌提供了绝好的机会。

而北京依靠其独特的地位，很多制造企业都期望将北京作为其开拓全国市场的渠道和桥梁。因此，对于首都的零售企业而言，它面临着非常丰富的商品选择，而且零售企业可以要求制造商按照一定的技术、设计条件实现定制生产。这种丰富的商品选择为首都零售企业发展自有品牌提供了稳定的货源，零售商可以利用自己的讨价还价能力保证产品质量，在保证产品品质的前提下寻求最低成本的制造商进行自有品牌的加工、生产，挑选合适的合作伙伴，为自有品牌建设提供坚实的产品基础。

六、首都零售业自有品牌建设的政策建议

（一）改善首都零售业的宏观环境

1. 加强首都零售业的政策支持

零售企业自有品牌的经营已经成为零售发展的重要趋势，是一条已经被企业实践所证明了的成功的零售经营策略，是企业发展的新增长点。因此，政府应当对培育我国零售企业的名牌效应予以足够重视。

我国政府对制造商品牌的市场效应认识较早，对制造商品牌鼓励和发展的政策也开展得较成熟，如各种著名品牌的评比及免检企业称号的授予等。但对于零售商自有品牌的效应却认识得较迟，部分地方甚至还没有意识到零售企业也可以发挥品牌效应，缺乏相应的政策鼓励和支持。因此在品牌发展的规划中，应该把零售商的品牌建立提高到一个战略发展的层次上，和制造商品牌一起予以同等甚至更多的重视。

所幸的是自有品牌战略已引起了北京市政府和零售企业的关注。特别是加入WTO后，在平等的竞争环境下，我国相对力量薄弱的零售企业是否能迅速建立自有品牌、与国际企业形成品牌竞争格局与政府的大力支持及政策的适当倾斜有很大关系，特别是在融资、用地等方面应该得到政策适当的扶持，否则难以和实力雄厚的国际企业竞争。

2. 健全首都零售市场的运作机制

零售企业发展自有品牌还需要一个完善的市场经济运作机制及良好的法律维护体系。随着我国市场经济体制的发展，市场环境得到了很大改善，但受传统经营机制的影响，依然存在地区封锁、部门分割严重以及财政体制上存在行政壁垒等问题使我国零售企业在地域及行业空间的发展受到局限，致使零售企业的自有品牌战略的发展也受到了很大的影响。

例如2001年，北京13家商业零售企业重组成立的北京首联集团。首联集团

曾计划在5年内，店铺发展到1500余个，年销售额突破200亿元。然而，以注资1000多万元的方式加入首联并成为集团最大股东的北京物美集团，却抽回这部分资本金，并正式宣布退出首联。而首联集团由于对各股东之间缺少必要的约束力，加上北京市范围内存在地区封锁、部门分割严重以及财政体制上存在的行政壁垒等问题，致使零售企业难以跨地区、跨所有制联合，无法实行规模经营。由此可见，虽然做大做强是目前北京零售业的当务之急，但如何在现存体制框架中实现企业的优化组合是首都零售企业所面临的一个难题。

3. 加强首都零售业品牌的法律保护

当前，北京市政府对品牌特别是零售商自有品牌的法律维护机制还很不完善。尽管2001年我国政府对《商标法》进行了第二次修订，但对诸如服务商标等问题的应用和保护还不完整和全面。目前，在北京市的零售市场上，假冒伪劣商品和产品侵权的问题仍然比较严重，虽然零售企业的自有品牌在某种程度上防止了假冒商品的产生，但在规范市场品牌运作及维护品牌产权等问题上对我国及北京市的零售法律的完善又提出了更高的要求，法律建设依然任重而道远。

因此北京市政府还需要继续深化经济体制的改革，注重建立完善的市场运作机制和法律维护机制，按照市场规律办事，为首都零售企业自有品牌的发展营造一个良好的商业运作空间。

4. 完善首都零售业人才培养机制

国际零售巨头在中国市场的迅速发展以及自有品牌的成功建设，一方面是由于有雄厚的资金以及丰富的经验和良好的运营模式，而另一个关键方面就是拥有良好的具备国际先进经营理念、经营手段的人才及相应的储备人才的选拔和培训系统。

而制约首都零售业发展的一个重要瓶颈就是缺乏与现代化经营方式相适应的营销、管理人才，而自有品牌的管理和运作则对首都零售业人才队伍的建设提出了更高的要求。因此，要推动首都零售业的自有品牌建设，就必须完善首都零售业的人才培养和引进机制。

首先，在人才培养方面，北京市政府及其零售企业应当充分利用北京市优越的教育资源，与北京市的各大院校积极合作，共同培养零售管理和品牌管理等相关专业的本科生和研究生，为首都零售业自有品牌的建设打下坚实的人才储备。

然后，在人才的引进方面，北京市政府应当为引进国内外零售业相关优秀的管理人员提供优越条件，吸引那些在国际大型零售企业工作，具有丰富的零售企业自由品牌建设经验的企业管理人员，参与到首都自身零售企业的自有品牌建设当中。

（二）提高首都零售业的自有品牌管理能力

1. 注重目标市场分析

零售企业的自有品牌策略要获得成功，首先就要求零售企业必须能够非常详细准确地了解目标消费者的需求特点。因此，是否掌握正确的市场信息对零售企业的自有品牌建设格外重要。零售商应注意对目标顾客和市场的相关信息和数据进行收集和整理，建立一个完整的分析系统。

目前，很多首都零售企业都已经开始重视对零售终端 POS 机的数据收集和分析，找出关于消费者购买行为的规律。例如，购买某种商品的消费者的光顾频率；一次购买的数量；是否选购了同类竞争对手的产品；同时还选购什么商品；是否购买大量的特价促销商品；通常集中在什么时间购物等。此外，零售企业还可以通过推广会员卡的使用，了解消费者的年龄、职业、教育状况、家庭结构、收入水平等信息。

但是，当前首都零售企业对于市场信息收集的渠道还比较单一，往往忽略了对消费者声音数据和图像数据的整理分析。消费者的声音数据可以是对顾客的定期或随机的访谈记录。图像数据则是摄像机记录消费者选购过程中的动作和神态。通过对这两类信息的分析，零售企业可以更加准确地把握消费者购买习惯。

如果零售企业能够全面地收集有关目标市场的各种信息，建立一个完善的市场信息收集、整理和分析系统，就可以为企业自有品牌策略的制定和执行提供更好的参考，达到事半功倍的效果。

2. 充分发挥自有品牌商品的优势

传统的零售企业是各种制造商产品的分拣和分销的地方，各个零售商之间的产品并无多大差别。各个零售商之间的竞争主要是通过抢占优越地理位置的店面和提供更多的无形服务来吸引消费者。但是这种方式并不能给零售企业带来长期而且稳定的竞争优势。而自有品牌则可以帮助零售企业获得排他的、独一无二的优势，这也就是越来越多的零售企业都在积极开展自有品牌策略的重要原因。

然而，作为首都零售企业的管理者，还应当注意到，在各个零售商都一哄而上，纷纷开发自有品牌的时候，将来的首都零售企业自有品牌之间可能将面临形象定位趋同的威胁，而由于形象定位的趋同，进一步可能导致各个零售企业陷入恶性的价格竞争当中。因此，首都的零售企业必须在自有品牌策略制定过程中注重塑造自有品牌产品的特色，并通过产品设计和品牌宣传，在目标消费者心目中树立起一个显著区别于其他零售自有品牌的市场形象。

3. 使用合理的营销组合策略

根据之前的分析我们发现，当消费者掌握的商品信息越充分，对零售企业自有品牌的质量风险的感知就越弱。因此，零售企业在自有品牌的建设过程中还应当选择和设计合理的营销组合策略。

首先，在自有品牌商品的设计和宣传过程中，首都的零售企业应当尽量让消费者熟悉其自有品牌的特点，降低消费者对自有品牌商品的感知风险。在商品的包装上应尽量详细地提供商品各种相关信息，提供具有说服力的证明或是能够提供第三方的质量认证担保，以达到降低消费者疑虑。此外，零售商可以选择具有一定知名度的制造商生产制造自有品牌，并在产品包装和宣传中说明双方的合作关系。

然后，首都的零售企业还可以考虑通过体验营销的方式来降低消费者对于自有品牌商品的感知风险。由于消费者对于商品信息的收集和整理主要来自其购买过程，因此如果零售商能为消费者提供试用装、免费尝试等促销活动，将有利于对自有品牌商品的评价。

4. 建立配套的物流配送体系

随着零售企业规模不断扩大、连锁化程度不断提高，是否拥有高效的物流配送系统成为零售企业成败的关键。而零售企业的自有品牌则更加需要利用物流配送系统在各连锁店中销售，争取实现规模经济。在零售企业的自有品牌商品中，速冻食品、新鲜果蔬、自产糕饼等产品往往占有很大的份额。这就需要零售商在从产品生产到摆上货架的各个环节中，不仅提供及时的物流服务，还能够利用先进的技术保证商品的品质。由于零售商的产品专业化程度不及制造企业，而且还要力求降低自有品牌的生产成本、保持价格优势，建立完善的配套物流系统对零售企业降低自有品牌商品的经营成本具有非常重要的意义。

一般而言，零售企业可以选择的物流配送系统主要有三种方式，第一种是自己建立的物流配送中心，第二种是利用社会化第三方物流企业的物流服务，第三种是前两种方式结合，一部分自己建设，其他则利用第三方物流。而根据西方发达国家的发展经验，这三种方式在零售企业中都有比较广泛的应用。比如，英国的大型零售企业 TESCO 主要是依靠自己建立的物流配送系统。而法国家乐福的物流配送是自建与外包相结合的方式，自有物流配送中心约占 20%，利用第三方物流服务的约占 80%。这几种物流体系各有优势，自己建立的配送中心便于管理，而利用第三方物流企业外包物流配送业务，则可以避免一次性的大量投入，省去日常管理的烦琐工作。

21 世纪的竞争不是企业与企业之间的竞争，而是供应链之间的竞争。作为首都零售企业的管理者们有必要认识到，尽管自有品牌实现了零售商的差异化，但是在产品日趋同质化的今天，这种差异化会被渐渐削弱，配套的物流系统是提高企业整体竞争力的武器,是零售企业的利润源泉(林佳[①],2004)。

5. 大力开展自有品牌的电子商务

首都零售企业的管理者们还应当注意的另一个现象是电子商务(E-Business)作为信息时代的创新力量,在引发一场社会生产和消费革命的同时,也给商品流通企业带来了巨大的影响。一方面,电子商务为零售企业扩展了业务空间,催生出了许多网络零售业态;而另一方面,电子商务也使制造商可以通过网络平台直接销售商品、提供服务,而摆脱了对零售企业的依赖。

对于零售企业而言,应当充分利用电子商务给企业所带来的机会,并尽量避免电子商务所带来的冲击。而其中一个非常重要的手段就是大力开展自有品牌的电子商务活动。

首先,通过电子商务可以扩展自有品牌的市场空间。零售企业可以借助网络信息技术大力推广自有品牌商品,不仅可以吸引更多的消费者注意,还能节省宣传费用。

然后,通过电子商务可以更好地提供顾客服务,塑造自有品牌的顾客忠诚。零售企业借助于自身的先天优势和电子商务的特点,可以通过门店销售和网络销售相结合,克服了传统门店销售和网上购物二者的局限性。一方面,门店商品展示,可以让消费者切实观察和购买到自有品牌商品,降低消费者对于网络购物的感知风险;而另一方面,通过电子商务和网络销售,可以让消费随时随地浏览零售企业自有品牌的商品目录,查询信息并完成购买,减少了消费者购买商品的时间和程序。两个方面共同作用,可以为消费者提供了更多的服务,进而为零售企业的自有品牌塑造更高的顾客忠诚。

---

① 林佳:《零售商自有品牌策略研究》,硕士毕业论文,首都经济贸易大学,2004年。

第二十一章 基于品牌关系理论的零售商自有品牌创建问题研究

一、导论

由于零售业竞争越来越激烈,零售商的利润空间越来越低。为了降低成本,提高商品的差异化,提升竞争力,很多大型零售商开始尝试自有品牌的建设。屈臣氏、上海华联、恒源祥等少数信誉和质量较为可靠的零售商自有品牌建设初具成效。但从总体上看,国内零售商自有品牌建设步伐缓慢,创建效果很不理想。

在西方发达国家,自有品牌商品占有相当大的比重,且呈逐年上升之势。在国外,零售商自有品牌的销售额一般会占到商店总销售额的20%~30%。世界著名的零售商 J. C. Penney(彭尼)的自有品牌占总销售额的40%,Sears Roebuck(西尔斯·罗巴克)占55%,Target 的服装销售中自有品牌占据80%的总销售额[1]。而我国目前的自有品牌销售额比例只有0.5%,中国大部分零售企业仍以销售制造商品牌商品为主,对零售商自有品牌的认识还处于探索阶段。

零售商自有品牌创建的影响因素很多。本书主要基于零售商品牌权益对自由品牌关系质量的影响的研究,来说明零售商品牌权益对自有品牌创建的影响。

具体来说,通过本研究达到以下目的:

第一,构建零售商品牌权益对自有品牌的品牌关系(以下简称自有品牌关系)的影响模型,通过模型验证,初步揭示零售商品牌权益对自有品牌关系的作用机制。

第二,对零售商品牌权益和自有品牌关系进行界定。零售服务作为一种特殊产品,要更多地重视商店形象对顾客的感知质量的影响,通过访谈和问卷调查及实证分析,开发用于测量零售商权益的测量量表,使其能更好地反映零售商的品牌权益。建立自有品牌关系的测量量表。

第三,对中、外资零售商的品牌权益做出比较,发现它们在品牌权益各指标

---

[1] McGoldrick PJ. *Retail Marking*, England: McGram-Hill Publishing, 1996: 131.

上的表现情况。

第四,为我国零售商自有品牌创建、增强自有品牌关系质量提供对策性建议。

二、零售商自有品牌创建的必要性和重要性

(一) 零售商自有品牌创建的必要性

零售商自有品牌创建的必要性主要体现在竞争压力和自身所具备的创建条件上。

1. 迫于竞争的压力和利润的降低,零售商自有品牌创建的迫切性日益增加

首先,同行业竞争加剧要求实现经营品种差异化。大多数大型零售商曾一度只销售制造商品牌的商品,就意味着其货品的品牌种类和其他零售店铺具有同质性,无法在自己和竞争对手之间建立商品品牌的差异,而只能采用简单的降价和促销的手法进行竞争。恶性的价格竞争和长期支出的促销成本使供应商的利益受损,同时也使零售商在管理上的投入受到影响,长此以往对零售商的发展也会产生负面影响。所以,零售商需要创建自有品牌,有效规避正面竞争,通过差异化产品吸引顾客并建立顾客忠诚度。

然后,与供应商的讨价还价的压力越来越大,急需创建自有品牌。如果零售商过分依赖用制造商的品牌商品来提高自身的销量,则在与供应商合作过程中及进行讨价还价时,往往受制于供应商,处在不利的地位。

2. 零售商在开发自有品牌方面具有得天独厚的优势

由于零售商直接和消费者接触,比制造商更了解消费者的需求,更能创造令人印象深刻、深得人心的商品和服务,零售商打造自己的品牌更容易为消费者所接受,并有助于企业树立长期形象,培养忠诚顾客。拥有自有品牌,零售商可以在分销、促销、信息等方面拥有先天优势,以价格低廉形成差异化,其价格通常比制造商品牌低 20%~40%。1994 年英国消费者协会杂志 *Which* 指出自有品牌使得消费者每周花销降低 25% 左右。

(二) 零售商自有品牌创建的重要性

零售商自有品牌创建的重要性可以分别从其对制造商、零售商、顾客的重要作用体现出来。

1. 对零售商的重要作用

首先,有利于经营成本的降低,从而增加销售利润。制造商品牌商品的售价之所以会高,是因为其中包含了高昂的广告宣传成本。其次,零售商可凭借自身店铺品牌的优势,利用众多中小型制造企业无能力创建自主品牌的缺陷,委托其

加工生产自有品牌的商品,从而降低生产成本。再次,自有品牌商品的进货不必经过中间的流通环节,销售也是通过自身的店铺网络来进行,很大程度上节省了商品的流通成本。

然后,有利于适应顾客个性化需求,占领补缺市场。自有品牌大多定位于满足顾客个性化的需求、提供制造商品牌所没有的功能和优势,从而更好地满足顾客、建立顾客忠诚度。

另外,可以增强零售企业竞争力。零售商自有品牌可以增加零售商经营的差异点,而有效的差异点是企业竞争优势的重要来源。

2. 对制造商的重要作用

首先,可以提高制造商的生产能力的利用率。由于大多数市场的供给超过需求,很多制造企业的生产能力过剩。零售商通过分析顾客未被满足的需求,设计补缺市场供应品,从而带动了市场总体需求量的增加。因此,自有品牌有助于提高制造商特别是委托制造商的生产能力的利用率。

然后,有利于委托制造商自身品牌开拓市场、赢得顾客。许多委托制造商自身品牌没有竞争优势,企业知名度低,如果零售商自有品牌的销售量很大,则有助于扩大委托制造商的知名度,特别是在商品质量较好、能更好满足顾客个性化需求的情况下,将极大地提升委托制造商的企业形象。企业知名度和形象的提升有利于制造商自己的品牌开拓市场,赢得顾客。

3. 对顾客的重要作用

首先,可以使顾客有更多的产品选择,丰富顾客的物质生活,增加顾客的购物兴趣。零售商自由品牌都是根据顾客未被满足的需求进行设计,很多自有品牌属于补缺产品,更能满足顾客的个性化需求。零售商自有品牌增加和丰富了产品的种类,有更多的产品供顾客选择,从而丰富和满足顾客的物质需求并增加了顾客的购物兴趣。

然后,使顾客获得物美价廉的商品。由于自由品牌生产和流通成本较低,所以价格较低。与制造商品牌相比,很多零售商自有品牌的质量并不差,使顾客有更多物美价廉的产品可以选择。

三、相关研究理论界定

(一) 品牌关系

1. 品牌的概念

根据美国市场营销协会的定义,品牌是一个"名称、专有名词、标记、符号、或设计,或是上述元素的组合,用于识别一个销售商或销售群体的商品与服务,并且使它们与其竞争者的商品与服务区分开来"。

凯勒(Keller)在其《战略品牌管理》一书中引用了一位观察家的观点,作为对产品与品牌的区别解释:"品牌是消费者对于产品属性的感知、感情的总和,包括品牌名称的内容及与品牌相关的公司联想。"

2. 品牌关系相关理论

(1) 品牌关系的内涵

Blackston(1992)根据人际关系交往的原理规范了品牌关系的定义,认为品牌关系就是"消费者对品牌的态度和品牌对消费者的态度之间的互动"。

在其品牌关系的研究中将品牌分为主观、客观两个方面,主观方面反映了品牌的态度、定位和服务主观信息,而客观方面反映了品牌形象、地位等信息。在这个关系中,顾客与品牌被看作同等重要的部分,并且之间会有互动反应(卢泰宏,周志民,2003)。Fournier(1994)认为品牌关系是品牌与顾客自发形成的一种相互依赖的感觉,这种感觉会受到以往的互动和对未来预期的影响。马永生(2001)认为,品牌关系是品牌与消费者之间相互的、具有个性的、长时间的、以提高价值为出发点的交流与沟通。

(2) 品牌关系形态

品牌关系型态是将纷繁的品牌关系进行分类,以更清楚地认清品牌关系的本质,更好地解释消费者针对品牌的行为(Mundkur,1997)。品牌关系型态主要按以下四个视角进行划分:角色论、互动论、交换论和强度论(周志民,2007)。

目前,基于角色论的品牌关系型态研究是一个热点。角色论主要关注角色关系。D. Aaker(1998)基于品牌个性维度的研究,将品牌关系型态分为以下五种:纯真、刺激、称职、教养和强壮。叶香麟(2003)基于类似的研究思路,分析出四种品牌关系型态:夫妻与亲人、密友与朋友、同事与同学和咨询顾问。何佳讯和卢泰宏(2007)将中国人际关系分类运用于品牌关系情境中,认为中国本土的品牌关系型态存在以下四种基本类型:家人关系、好朋友关系、合作伙伴关系和熟人关系。

互动论关注品牌关系的互动特征。在消费品领域,Fournier(1998)通过广深访谈,全面分析出了15种品牌关系形态。Sweeney(2000)、chew(2002)在服务领域,对 Fournier 提出的15种品牌关系型态进行了验证,并归纳为四种关系类别:友谊、婚姻、隐形关系和暂时的关系,并且还补充了一个新的关系型态"爱恨交融"。

交换论关注品牌关系建立的交换基础。Aggarwal(2004)依据社会交换理论,将品牌关系型态划分为交换关系和共享关系。交换关系主要基于互惠,指等量价值的交换,主要存在于陌生人之间或商人之间;共享关系主要基于情感,是一种价值不等的交换,主要表现为家族关系、浪漫关系和友谊。

强度论关注品牌关系的强度和等级。Fajer 和 Schouten(1995)根据品牌忠诚程度,将品系分为品牌试用、品牌喜好、多品牌忠诚、品牌忠诚、品牌沉溺。

(3)品牌关系质量

第一,品牌关系质量的内涵。品牌关系质量和品牌关系型态是品牌关系研究的两个分支,它们都是对消费者与品牌的关系状态的描述,只是描述的方式不同。目前,比较认可的品牌关系质量定义由 Founier(1994)提出,即"品牌消费者之间关系的力量与深度"。

第二,品牌关系维度。Duncan 和 Moriarty(1999)从企业实际运作的角度提出评价品牌关系的八个指标:知名度、可信度、一致性、接触点、回应度、热忱心、亲和力和喜爱度。著名咨询公司盖洛普公司则提出品牌关系的五个因子:忠诚、信心、可靠、自豪、激情。这些研究成果为我们了解品牌关系维度指明了思考方向。

对品牌关系研究比较深入和细致的是 Fournier(1998)。他应用深度访谈技术,结合心理、社会与文化取向,研究品牌关系,以个案研究的方式分析受访者的生活事件、目标以找出不同的品牌关系型态,访谈了几位不同年龄层的女性,依据访谈对象的不同特性及所涉及的各项产品,他将品牌关系分为十五种类型,大致可归纳为四种关系类别:朋友关系、婚姻关系、情绪性关系、暂时性关系。其中朋友关系包括普通朋友、承诺的伙伴、最佳朋友、区分性朋友;婚姻关系包括童年友谊、相亲结婚、便利婚姻、亲戚;情绪性关系包括逃避、依赖、敌意、秘密恋情、奴役;暂时性关系者包括冲动、求爱。

Fournier(1998)参考 Hinde 人际关系的四人核心发展品牌关系形态与品牌关系发展模型,最后提出品牌关系品质量表作为"顾客品牌关系"的指标(Brand Relationship Quality, BRQ)。品牌关系品质分成六大构面,爱与激情(love and passion),自我联结(self-Connection),互相依赖(interdependence),个人承诺(commitment),亲密关系(intimacy),品牌伙伴品质(brand partner quality)六大构面。各维度的含义整理如下:

第一,爱与激情:强烈的品牌关系往往可以反映出人际关系中丰富的情感及消费者对"爱"的回忆。此类品牌关系由于基于情感的支持,相较于简单的品牌偏好来说更具有持久性与深度。

第二,自我联结:品牌可传递消费者所关心的、生命的目标及任务,因品牌可表达消费者过去、现在与未来的自我。

第二十一章 基于品牌关系理论的零售商自有品牌创建问题研究

第三，互相依赖：强烈的品牌关系可用消费与该品牌互依的程度来区分。互相依赖包含与该品牌互动频繁、增加参与品牌相关活动的范围及广度、互动不频繁但具强度。

第四，个人承诺：强烈的品牌关系往往具有高度的承诺性，通常是消费者继续使用该品牌、排除其他替代品的保证。

第五，亲密关系：强烈的品牌关系因具亲密性而持久，亲密性基于消费者对品牌的绩效深具信心，而认为该品牌为不可替代的，优于其他竞争品牌。

第六，品牌伙伴品质：消费者对该品牌的评价及消费者感受该产品的态度。品牌伙伴品质的五个要素：①该品牌对消费者具有正面的影响力，使消费者感受到被需要、被尊重、被聆听、被关怀；②品牌具可靠性、可信性、可预测性；③品牌会遵守某些隐含的契约规则；④品牌会宣传消费者渴求的信念；⑤品牌会为其行动负责。

Fournier 的实证研究证明这些品牌关系因素可以解释消费者对营销行为反应的一些影响。通过分析，品牌关系质量可以解释顾客反应变化的 65.9%，特别是，拥有较高 BRQ 的顾客更愿意为企业做广告上的宣传，更愿意试用新品牌延伸的产品，更愿意把品牌介绍给其他朋友，以及为品牌的溢价而付出。一个较高且积极的 BRQ 可以使顾客更可能承担因为品牌产生增加的财务、来自个人或者社会的风险。也就是说，一个具有较高品牌关系质量的顾客更具有愿意保持与品牌建立关系的积极性。另外，对于关系深度、稳定度以及强度等与维持性相关的变量，BRQ 可以解释它们变化的 59.7%，这些变量包括再购买意愿、使用频率、与他人分享以及关系的持久性等。另外，BRQ 也可以解释顾客对竞争对手行为的抵抗性，特别是竞争对手的优惠（据研究可以解释变量变化的 27.2%）。

Scott (1998) 将关系构面定义为四个构面，分别是功能性、感生、信赖/承诺与价值表达。他认为顾客之所以能够对品牌产生忠诚，一方面是因为品牌为他带来的"功能性利益"，另一方面也会受"感性利益"的影响。如果功能性利益表现在产品质量、价格优惠、广告效应等营销要素上，那感性利益则表现在服务态度、售后跟踪、VPI 待遇等方面。

Barnes (2001)、Fournier (2001)、McAlexander, Schhouten, Koenig (2002) 等学者提倡在品牌关系研究中增加品牌之外的关系主体。例如，产品、消费者、营销者等。这一研究思路是品牌关系评估的最新阶段和趋势，称为广义品牌关系评估。基于此，对品牌关系结构的研究应当转向广义的层面。

许多国内学者借鉴国外研究成果，结合对中国本土实情的研究，提出了更适合于中国本土的品牌关系质量模型和相关维度。

周志民（2004）借鉴现有研究成果，从系统视角结合关系性质和关系主体提出了广义品牌关系结构假设，并用一个规范的实证方法予以验证，得出了一个广义品牌关系的五维结构模型。即广义品牌关系由承诺/相关度、归属/关注度、熟悉/了解度、信任/尊重度、联想/再认度五个部分组成。由此研究得出广义品牌关系具有一个稳定、全面的五维结构系统，该模型为广义品牌关系评估提供了一个含有5个指标、29个测项的指标体系，从而方便品牌管理者动态掌握品牌关系的状况，以便开展更有成效的品牌关系管理。对于广义品牌关系的五个构面，周志明认为必须兼顾，否则就不能建立真正深刻、稳固、持久的品牌关系。因为从品牌关系综合评估的角度来看，对任何一个关系结构方面的忽视都将影响到品牌关系的整体状况。

何佳讯（2006）借鉴国外的品牌关系模型，通过区别我国与西方国家在文化和人际关系特征上的不同，通过本土化研究，开发中国社会文化背景下的品牌关系质量模型（Chinese Brand Relationship Quality，CBRQ）。通过高阶因子结构模型分析，得出了中国消费者—品牌关系质量的最优模型是二阶三因子结构，三个高阶因子分别为：象征性价值因子（包括社会价值表达、自我概念联结）、信任—承诺因子（包括信任与承诺）和亲密情感因子（包括依赖和真有与应有之情）。

（4）品牌关系质量各维度的驱动因素

Frank Huber，Kai Vollhardt，Isabel Matthes 和 Johannes Vogel（2010）通过研究证实，消费者自我概念与品牌的一致性、合作伙伴质量等是形成良好品牌关系质量的重要前提。（Brand misconduct：Consequences on consumer - brand relationships）品牌个性如果与消费者的理想自我概念是一致的，这满足了消费者自我确认的愿望。通过这样一个品牌，消费者更接近它的理想自我概念，实际和理想的自我一致性增强了品牌关系质量。合作伙伴质量来自品牌持有者针对消费者的正确的经营行为。

瞿艳平、陈海波（2010）[①] 通过对已有研究的总结，认为对品牌关系质量的影响因素包括以下四个方面：消费者因素，即消费者自我概念；品牌个性；消费情景因素，包括商店氛围、社会氛围、时间、任务和购前状态等；企业因素，包括企业的各种经营或营销行为等。

[①] 瞿艳平，陈海波：《国内外品牌关系理论的演化趋势》，《汉江论坛》，2010年10月。

(二) 零售商自有品牌

1. 自有品牌的定义

美国自有品牌协会网站对自有品牌的定义是，自有品牌产品包括所有零售商品牌的商品。这一品牌可以是零售商自己的名称，或是零售商专门创立的名称。目前，使用较广泛的零售商自有品牌的定义是 AC 尼尔森的定义：零售商自有品牌是零售商企业拥有的品牌，并通过独家或可控制的渠道进行分销。

于晓云（2009）认为，零售商自有品牌是指零售企业通过收集、整理和分析消费者对某类商品需求特性的信息，提出新产品功能、价格和造型等方面的开发设计要求，进而选择合适的生产企业进行开发生产，并最终再由零售企业用自己的商标对新产品注册并在企业内销售商品。

2. 自有品牌的发展情况

关于西方零售自有品牌的发展情况，于晓云指出，国外零售商自有品牌的发展经历了四个阶段：低价导入市场阶段；在低价基础上提高商品品质阶段；品牌特色化（包含个性化、体验化、情感化）阶段；成为零售商的主打品牌（即自有品牌影响力和竞争力超越制造商品牌）阶段。AC 尼尔森于 2003 年 9 月 30 日发布的报告中指出，2000 年 5 月到 2003 年 4 月对北美、西欧、亚太地区等 36 个国家的调查结果显示，欧洲地区的自有品牌市场份额最高，达到 22%；北美排名第二，其市场份额为 16%；而瑞士的自有品牌市场份额最高，达 38%。

关于国内自有品牌的发展情况，汪旭辉（2006）认为，中国本土零售商实施自有品牌战略主要是受在华外资零售商的影响。近年来，在华外资零售商自有品牌的市场份额逐年上升，如沃尔玛从 1996 年进入中国以来，一直致力于发展涵盖服装、纸巾、食品、玩具、电池饮料、日用品等 12 个系列的沃尔玛专卖品牌，目前已经拥有全部 12 个品牌系列的自有品牌商品；易初莲花的自有品牌已经成为其在华超市利润的重要来源。在外资零售商自有品牌开发热潮的带动下，国内很多超市企业也纷纷开始实施自有品牌战略。如上海华联超市的自有品牌商品包括粮油制品、日用百货、洗涤用品等 15 大类、1000 多种；北京华联自有品牌自 2000 年发展至今已开发 20 余个品牌、146 个品项；上海农工商超市的"农工商"牌米、油、肉以及"伍缘"杂货，均在自己的卖场里崭露头角。据我国商务部商业改革发展司发布的 2006 年度中国连锁企业百强榜单显示，国内零售商自有品牌仅占整个连锁经营企业销售额的 0.5%。显然我国的自由品牌已开始起步，但发展程度太低。

3. 零售商品牌权益对自有品牌创建的影响

品牌权益理论的研究始于 20 世纪 90 年代的美国，当时，由于竞争的加剧，各种品牌不断涌现，使得原本很出名的品牌被很多竞争品牌挤压得无法生存，而与此同时，资本市场上许多品牌利用其品牌价值，获得了巨大的收益。市场竞争的加剧和资本市场的机遇使得许多企业和学者开始对品牌价值的构成和来源进行研究。西方学术界普遍认同 Farquhar 对品牌权益做了一个概括性的定义："与没有品牌的产品相比，品牌给产品带来的超越其使用价值的附加价值或附加利益"。

由顾客感知的商店形象属于零售商品牌权益的一部分，所以这一部分也包含商店形象对品牌创建的影响研究。

汪旭辉（2006）指出应注重通过商店形象优化提升顾客自有品牌感知。对于一个已经达到基本质量标准的自有品牌商品而言，利用自有品牌声誉与零售商自身声誉紧密相连的特点，通过商店形象的优化来提高顾客自有品牌感知，是零售企业自有品牌创建的有效途径。

于晓云（2009）提出零售商自有品牌创建途径具有无形性。她认为无论是零售企业还是制造企业，由于经营范围的不同，品牌创建各具特色。制造企业的品牌创建主要通过其生产的有形产品来实现；零售企业自有品牌的创建主要借助于其业务内容来实现，即借助商品的购、销、运、存等活动，实现了商品从生产领域向消费领域的转移。因此于晓云认为零售商自有品牌的主要创建途径不是有形商品自身，更多的是借助商品流通过程中无形的服务来实现。概括来说，于晓云认为，自有品牌的创建来自零售商整体品牌的创建，整体品牌的提升也赋予了自有品牌价值。

Pettijohn 等（1992）、Grewal 等（1998）、Collins-Dodd and Lindley（2003）以及江明华、郭磊（2003）的研究都证明，商店形象与顾客自有品牌感知呈正相关关系。Vahie and Paswan（2006）以商店形象的六个主要维度（服务、便利性、总体商品质量、选择范围、价格、店内氛围）为基础，并将顾客自有品牌感知分为感知质量与感知情感两个维度，然后通过实证研究进一步发现了商店形象中的商品总体质量要素和店内氛围要素对顾客自有品牌感知质量呈显著的正向影响；商店形象中的便利性要素、商品总体质量要素、价格要素对顾客自有品牌感知情感呈显著的正向影响。可见，商店形象以及商店形象中的不同维度对顾客自有品牌感知有着重要的影响。

江明华、郭磊（2003）通过针对北京八家连锁超市的实证研究，得出商店形象与自有品牌感知质量正相关，消费者对超市商店形象的评价越高，则认为该超市自有品牌的感知质量就越高。

贺爱忠（2008）、李钰（2010）开展了商店形象对自有品牌信任与购买意向的实证研究，其采用的理论模型及假设关系见图 21-1。商店形象分为功能形象和情感形象，他们借鉴 Oxenfeldt（1974）的研究，情感形象其用了五项测量指标：舒适感、亲切感、满足感、信任感、闲购感。应该说，他们将情感形象从功能形象中剥离出来进行研究能更好地发现对自由品牌信任的影响因素，但其情感形象明显还是由功能形象带来的，或者说仍属于功能形象的范畴。

4. 自有品牌创建的其他影响因素

除了零售商品牌权益外，还有很多对因素会对自有品牌创建产生影响。

赵丽华（2004）认为，有些商品处于已建立强势制造商品牌的行业之中，零售商如果创建这些行业中的自有品牌，将会面临很高的进入壁垒，如竞争压力、商品促销费用等，如果自己在消费者心目中的信誉和声望又非常有限，将很难与强势制造商品牌相抗衡。

葛翔曦（2009）通过实证研究认为，百货业自有品牌影响因素包含三个方面七个指标：制造商因素（知名度）、产品因素（复杂性、价格、促销）、商场因素（品牌形象、内部环境、服务）。其中，产品复杂性、商场内部环境、商场服务等指标对顾客的购买意愿影响较大。葛翔曦认为，之所以实证结果显示商场品牌形象与顾客购买意愿相关性不大，是因为我国商场的品牌影响力还太小。

洪江涛、张杰（2010）在对自由品牌创建战略进行实证研究时，提出了自由品牌创建的影响模型（见图21-1）。他们通过研究证明，从顾客感知和品牌战略角度出发，商店印象、使用保障、促销模式、感知质量、购买意愿之间都存在着内部的相关性。

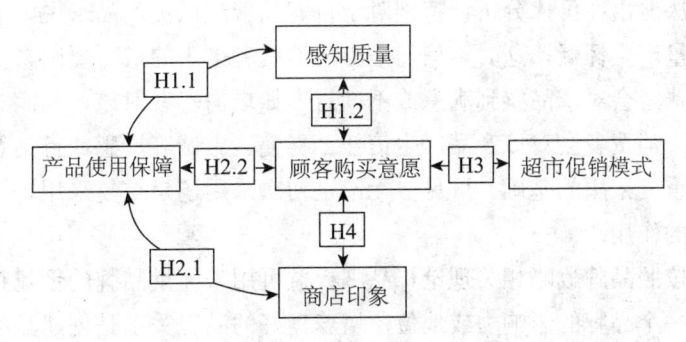

注：H1.1：顾客自有品牌感知质量和产品使用保障呈正相关关系
H1.2：顾客自有品牌感知质量和自有品牌购买意向呈正相关关系
H2.1：自有品牌产品使用保障和商店印象呈正相关关系
H2.2：自有品牌产品使用保障和顾客购买意愿呈正相关关系
H3：超市促销力度和自有品牌购买意向呈正相关关系
H4：商店印象和自有品牌购买意向呈正相关关系

图 21-1 顾客购买意愿影响模型

四、理论模型构建、假设提出和相应理论分析

(一) 理论模型构建

1. 自有品牌创建的核心是强化消费者—自有品牌关系质量

研究自有品牌创建问题,首先要弄清楚自有品牌创建的目标是什么,以及哪些因素影响或决定着这些目标的实现。

自有品牌创建的目标是强化顾客对自有品牌的购买意愿。通过对品牌关系质量各维度的分析可以知道,品牌关系质量决定着顾客的购买意愿。对品牌关系质量维度的划分有很多种,目前在国内影响较大的一种划分是何佳讯等提出的本土化品牌关系质量模型,包含信任、社会价值表达、情感、忠诚、相互依赖、自我概念联结六个维度。其中信任是指消费者对品牌保持长久关系的行为意图,情感是指对品牌的喜爱和热爱。信任、情感、忠诚都是对顾客购买意愿具有决定性影响的因素,信任、情感和忠诚程度越高,顾客的购买意愿越强。既然品牌关系决定了消费者购买意愿,所以可以用品牌关系质量作为衡量自有品牌创建程度的指标,品牌关系质量高,说明自由品牌创建程度高,品牌关系质量低,则说明自有品牌创建程度低。

购买意愿可分为初次采用和重复采用。对于新产品的采用,消费者要经历知晓、兴趣、评价、试用、采用五个步骤,通过前四个步骤可以得到新产品的性价比,然后采用性价比较高的新产品。但是,因为很多产品无法直接获知其真实性能,所以无法做出性价比分析,特别对于自有品牌或低价产品来说,消费者容易对其内在质量产生怀疑,这时,信任是影响消费者采用的最重要因素。经历了初次采用,消费者会对产品感到满意或不满意,如果消费者对该产品满意,那么基于这种满意,消费者会对该产品产生信任、喜爱、忠诚等情感或行为意向,这构成了消费者重复采用的基础。可见,无论是初次采用还是重复采用,品牌关系均起着决定性的作用。

另外,按照品牌战略相关理论,品牌权益可用来衡量品牌的创建程度,品牌权益标志着一个品牌的影响力或地位。培养良好的品牌关系是创建品牌权益的有效途径,良好的品牌关系标志着较高的品牌权益(Blackston,1995,1998),所以品牌关系可以作为衡量品牌创建程度的标志,同时,可以通过建立良好的品牌关系来提高品牌权益。

既然品牌关系质量决定着自有品牌购买意愿和自有品牌创建程度,良好的品牌关系质量标志着较高的品牌权益,那么,自有品牌创建的核心问题可以转化为如何强化消费者—自有品牌关系质量。

品牌关系质量六个维度中,信任、情感、忠诚具有普遍适用性,即适合于各种商品,而其他三个因素则适用于部分商品。在信任、喜爱、忠诚三个维度中,信任是基础,然后才会对商品产生喜爱乃至忠诚。

2. 影响消费者—自有品牌关系质量的因素

与知名生产厂商生产的商品相比,自有品牌商品给人以生产商专业性不强的感觉,对于初次购买者,人们往往对其内在质量感到怀疑。必须找到一些能够起到质量信号的因素,这些因素会对品牌信任起到重要的影响,减少人们对自有品牌质量的怀疑。然后,基于品牌信任的影响因素,分析和寻找建立在品牌信任基础上的品牌喜爱和品牌忠诚的影响因素。另外,分析事物的影响因素,要从内部和外部环境两方面寻找。所以,可将自有品牌自身作为内部环境来分析,超市(商店)可作为自有品牌的外部环境来分析,从这内、外两方面寻找品牌关系的影响因素。

影响自有品牌关系质量的因素可以分为两大方面,即自有品牌方面和零售商方面。

(1) 自有品牌方面包括:自有品牌自身质量、包装、自有品牌柜台氛围、促销等因素。

自有品牌的包装是指对商品所附加的一层塑料或纸质的外包装,对于食品来说,外包装起着容器的作用;对于衬衣来说,外包装主要起防护作用。另外,无论是食品还是衬衣,精美的包装还会起着吸引消费者注意的作用。

自有品牌柜台氛围是指众多的自有品牌放在一起,并通过合理的摆放和柜台装饰所形成的吸引人的氛围及广告牌效应。

促销是指对自有品牌采取的低价或优惠促销的营销策略和行为。

(2) 零售商方面包括:商店(超市)形象、零售商品牌权益等因素。

严格来说,零售商品牌权益包含商店形象,商店形象等同于品牌权益中的品牌联想维度,但由于众多学者聚焦于商店形象对自有品牌信任的研究,使得商店形象的内容要比品牌权益中品牌联想所包含的内容更加全面细微。所以,本文将商场形象作为一个单独的因素列出,以在零售商在商店形象的建设上起到更好的指导作用。

3. 自有品牌创建理论模型

基于以上内容,拟定自有品牌创建理论模型,如图 21-2 所示。

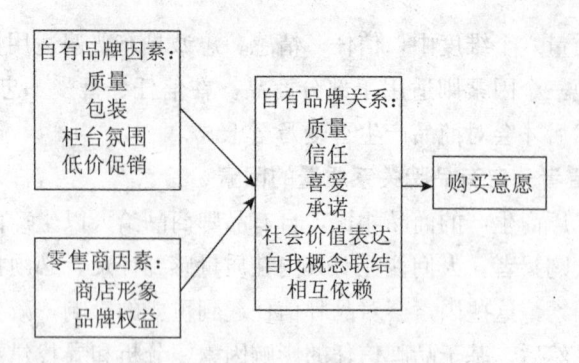

图 21-2 自有品牌创建理论模型

为保证理论模型的有效性和可研究性，笔者组织了小组讨论。经讨论一致认为我国零售商自有品牌建设刚起步，大多数自有品牌还不具有社会价值表达、自我概念联结及相互依赖等品牌关系，且这些变量受商品种类的影响较大，有些商品容易与顾客建立这三种品牌关系，有些商品不易与顾客建立这三种关系。不过，对于任何商品品种，以上各因素都会对品牌信任、品牌情感、品牌忠诚以及品牌关系整体产生显著影响。考虑到研究的可行性问题，对以上模型进行修正，如图 21-3 所示。

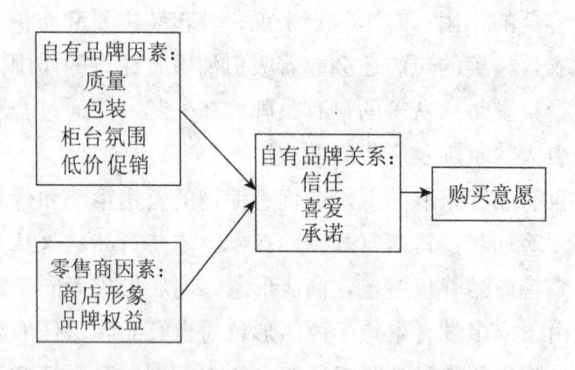

图 21-3 修正后理论模型

（二）假设提出和相应理论分析

根据以上模型，本书提出研究假设如下。

(1) 自有品牌质量对自有品牌信任、情感、忠诚具有正向影响

产品有好的质量才会使会使顾客满意，并真正赢得顾客的信任。特别是对于自有品牌，由于零售商不是专业生产厂家，而委托生产厂商也均属于不知名企业，所以，顾客在购买时会对商品质量产生疑惑。但是，如果顾客在一家商店买

过一次自有品牌商品后，感到该自有品牌商品质量很好，那么，他不但对该商品产生信任，而且会对该商店所有自有品牌商品均产生信任。这可以通过线索利用理论和晕轮效应来解释。因为所有自有品牌的商标上都注明了由该商店出品，所有自有品牌商品形成了一个品牌家族，所以顾客往往会以一个自有品牌商品质量为线索判断整个家族品牌商品的质量，这实际上也是一种晕轮效应。如果一个自有品牌商品质量不好，那么即使其包装、促销做得再好，商场形象和品牌权益再高，顾客也不会对该商店的自有品牌产生信任，所以质量是信任的基础。

高质量的商品往往会带来顾客的满意甚至是惊喜，而满意不仅会带来信任，也会带来顾客对该商品的喜爱和忠诚。顾客购买并使用一种商品后，往往会对该商品做出评价，评价经常会影响到消费对商品的信念和态度，态度是指一个人对某些事物或观念长期持有的好或坏的评价、情感和行为倾向。顾客对所购买商品的满意评价，往往会带来其对该商品的积极的态度，即信任、喜爱和忠诚。

（2）从短期来看，自有品牌低价促销对自有品牌认知度和购买意愿有正向影响，但从长期来看，自有品牌低价促销对品牌信任、喜爱、忠诚有负向影响

当一个自有品牌商品刚推向市场的时候，为了提高顾客对该商品的认知度，低价促销无疑是一种最好的销售策略，通过降价，增加销量的同时，也使更多的顾客认识和了解了该商品。但对商品的信任、喜爱和忠诚却是由商品本身的内在质量决定的，通过降价、赠券和奖励等方法进行促销会降低产品在消费者心目中的价值。

信息经济学认为，商品交换中存在着质量信息不对称问题[①]。如果买方不能直接确定品牌质量，就要依靠某种信号进行判断，并做出他的购买决策。由于价格容易得到，并且容易理解，因而，常常被用做判断品牌质量的最主要的线索。所以，如果过度降价或长期降价，顾客会觉得该商品是低质量或低档次的，这会降低顾客对该商品的信任和喜爱程度。低价促销严重损害了品牌的形象，对于非品牌使用者，促销活动可能会吸引他们购买，但较大的折扣促销会给他们留下不良的品牌形象；对于品牌忠诚者，则会打破他们对内部参考价格的"公平感"，甚至会让品牌忠诚者感到丧失了一些既得品牌利益。这些负面结果将造成品牌转换行为的发生，降低品牌忠诚[②]。因此，从长期来看，低价促销会降低顾客对自有品牌的忠诚。

（3）自有品牌包装对自有品牌信任、喜爱、忠诚具有正向影响

随着人们富裕程度的提高，包装的作用已不限于便于运输和保护商品，它还

[①] George Stigler, "The Econornics of Information," *The Tournal of Political Econorny*, vo169, no. 3 (June 1961), pp. 213-225.

[②] 江明华，董伟民：《价格促销的折扣量影响品牌资产的实证研究》，《北京大学学报》（哲学社会科学版），2003年5月，第48—56页。

起着便于消费和品牌识别、吸引消费者注意以及质量信号的作用。精美的包装，不仅会吸引消费者的注意，人们还往往以包装的档次和精美程度作为质量信号来判断商品的内在质量。特别是对于贵重物品以及顾客对质量比较重视的商品，在无法直接判断其质量的情况下，包装的质量信号作用尤其重要，顾客会通过包装来判断商品的内在质量和档次。如果一个商品本身具有好的内在质量，再加上一个精美的包装，往往会增强顾客对该商品的喜爱程度，同时精美的包装也会在顾客心中留下深刻长久的印象，这有助于顾客对该商品的识别和重复购买。

对于自有品牌来说，商品本身的制造商知名度和专业性不强，所以更需要通过包装给顾客以质量信号，并吸引顾客的注意。

(4) 自有品牌柜台氛围对自有品牌信任、喜爱和忠诚具有正向影响

人们去超市购物，不仅是为了购物，通常还为了休闲。好的商店形象给人们提供了好的休闲场所，人们对良好的商店环境和氛围的欣赏是一种很好的休闲。同样，作为商店环境的一部分，良好的柜台摆设、装饰不仅会吸引顾客的注意，也给顾客以美的享受。

良好、精美的柜台摆设首先会起到质量信号的作用，试想，如果一个柜台设计得很粗糙，又比较脏，顾客又怎能对柜台中所摆设商品的质量放心？另外，通过对自有商品的合理摆设和柜台装饰，可以吸引顾客的注意力，并会唤起顾客对自有品牌商品的情感和忠诚。美的东西不仅引人注目，而且会引起人们对它的喜爱。笔者曾多次去北京市四季青桥南的某大型超市考察，该超市本身对各种柜台设计得很精美，他们又在每一种自有品牌商品旁插了一列精美的超市商标牌做装饰。于是，由突出的商标牌、精美的柜台、带有良好包装的自有品牌商品共同组成了一道引人注目的美丽的风景线，这道风景线不仅使其自身和置身于其中的自有品牌商品获得了顾客的喜爱，还烘托了整个超市良好的购物氛围。

(5) 商店形象对自有品牌信任、喜爱、忠诚具有正向影响

关于商店形象的定义有很多，Mueller 和 Beeskow 综合了有关学者的定义后指出，"商店形象是某一商店在消费者头脑中所唤起和激活的所有客观或主观的、正确或错误的想象、态度、意见、经验、愿望和感觉的总和"。关于商店形象维度的研究也很多，本文赞成王正选、祁正波的商店形象维度模型，即商店形象有以下九个维度：商品维度，包含质量、品种、时尚、保证、价格等内容；服务维度，包含一般性服务、员工形象和素质、服务态度、售后服务、退货方便等内容；顾客维度，包含社会阶层、自我形象、销售人员等内容；商店设施维度，包含商店装修、购物的便利性、购物通道的位置、宽度、地毯等内容；便利性维度，包含店址的便利性、停车方便等内容；广告、促销维度，包含促销、广告、

第二十一章　基于品牌关系理论的零售商自有品牌创建问题研究

商品陈列展示、折扣券、标记和颜色等内容；商店气氛维度，包含温暖、舒适、放松等内容；组织维度，包含现代性、声望、诚信等内容；购后满意维度，包含商品使用、退货、赔偿等内容[①]。

首先，商店形象会作为质量信号，影响顾客对自有品牌的信任程度，商店形象越好，顾客对自有品牌的信任程度越高。然后，商店形象是零售商品牌形象的主要部分，商店形象好，顾客会对零售商品牌产生信任和好感，信任和好感又有助于产生品牌忠诚。由于自有品牌实际上是零售商品牌的子品牌，人们对零售商品牌的信任、好感、忠诚自然会延伸到自有品牌上。所以商店形象对自有品牌的信任、喜爱、忠诚起着重要的影响。

（6）零售商品牌权益及其部分维度对自有品牌信任、喜爱、忠诚具有正向影响

零售商的自有品牌一般都会在其商标上注明由该零售商出品，有的甚至直接以零售商的名字为自有品牌命名，这使得自有品牌与零售商品牌直接产生了联系。顾客在购买自有品牌时，也会意识或联想到零售商品牌，于是零售商品牌作为母品牌对自有品牌起到了品牌延伸的作用，自有品牌实际上成了零售商品牌的子品牌。

品牌延伸可以是相似性高的延伸，也可以是相似性低的延伸。相似性是指延伸产品与原产品之间在功能属性上具有互补性、替代性和转移性。相似性越高，延伸效果越好。但并不是相似性低或没有相似性就不能进行品牌延伸。如果对原产品的品牌联想主要建立在功能属性上，即具体性联想，则延伸的范围较窄，仅适合于相似性高的延伸；如果对原产品的品牌联想主要建立在情感属性或其他非功能属性上，即抽象性联想，则延伸的空间较大，可用于相似性低的品牌延伸。从零售商品牌向自有品牌延伸，属于服务品牌向实体品牌延伸，品牌之间的相似性较低，但因为商店品牌所包含的较多的非功能性属性联想如有实力、亲切、美丽、值得信任等形象，使其向自有品牌延伸成为可能。它的有实力、亲切、美丽、值得信任等形象会影响人们对自有品牌产生兴趣、信任和喜爱。

品牌延伸的效果往往用原品牌的品牌资产向延伸品牌的转移效果来衡量。只有具有较高品牌资产的品牌才能向延伸品牌传递更多的资产，帮助延伸品牌资产或品牌关系的建立。本书将基于顾客的品牌资产称为品牌权益。零售商品牌权益高，即品牌联想、品牌忠诚程度高，则会有更好的延伸效果，有利于自有品牌关系的提升。

品牌权益是指给产品和服务所附加的价值，反映了顾客对该品牌的想法、感受和所采取的行动，以及品牌带给公司的价格、市场份额和营利性。从顾客角度

[①] 王正选，祁正波：《商店形象及其影响因素的关联性分析》，《北京工业大学学报》（社会科学版），2006年2月，第21-24页。

衡量品牌权益包含四个维度,即品牌知名度、感知质量、品牌联想和品牌忠诚。对于超市来说,以上四个维度可以改为商店知名度、商品质量、商店(包含企业整体)形象和品牌忠诚。显然,根据质量信号作用原理和晕轮效应,在这四个维度上评价较高的零售商品牌,消费者也会对其自有品牌更加信任,具有更好的印象。而且,商店的情感形象越好,即其有实力、亲切、美丽、值得信任的形象越强,其情感形象也越容易延伸至自有品牌,有助于提升消费者对自有品牌的喜爱和忠诚程度。品牌忠诚往往是建立在较高的品牌联想基础之上,所以品牌忠诚程度高的消费者对自有品牌的形象也会有较好的评价,从而对自有品牌产生程度较高的信任、喜爱和忠诚。

五、理论模型和假设的实证分析

前面对自有品牌创建模型进行了理论分析,即为模型和假设提供了理论依据并进行了理论论证。但理论的提出或论证往往还需要实证来提供支持。

(一) 对以上部分假设提供支持的已有实证分析

已有很多与前面假设相关的实证研究。彭锋等通过对电器、服装、清洁用品、饮料四类自有品牌商品的实证研究中,发现价格与感知质量正相关性存在于以上四类商品中,包装与感知质量正相关性存在于电器、清洁用品两类商品中,而感知质量是顾客信任的基础。[1] 江明华等通过对北京大学生进行问卷调研,证明了虽然短期内低价促销增加了顾客的购买意愿,但从长期看,低价促销与感知质量、品牌忠诚负相关,而且损害了品牌权益。[2] 杨德锋等也通过研究证实,自有品牌商品的价格与同类知名品牌商品的价格差别越大,顾客对自有品牌商品的感知质量越低。[3]

目前,关于商店形象对自有品牌信任的研究是一个热点。汪旭辉通过实证研究得出,店铺形象与自有品牌感知质量和感知情感正相关,而自有品牌感知质量和感知情感与购买意愿正相关。[4] 贺爱忠、李钰认为品牌信任包含品牌可靠性和品牌意图,他们以多个城市的大型超市为调研对象,通过实证研究得出,商店形

---

[1] 彭峰,程小又,李永强:《自有品牌产品影响感知质量因素的实证研究》,《四川大学学报》(哲学社会科学版),2008年3月,第106-111页。

[2] 江明华,董伟民:《价格促销的折扣量影响品牌资产的实证研究》,《北京大学学报》(哲学社会科学版),2003年5月,第48-56页。

[3] 杨德锋,王新新:《零售商自有品牌感知质量的居中性》,《商业经济与管理》,2009年5月,第81-89页。

[4] 汪旭辉:《店铺形象对自有品牌感知与购买意向的影响研究》,《财经问题研究》,2007年8月,第77-83页。

第二十一章　基于品牌关系理论的零售商自有品牌创建问题研究

象与感知风险负相关,与品牌可靠性和品牌意图正相关。

虽然许多研究是针对制造商品牌商品进行的研究,但由于本质上都是商品,自有品牌商品与普通商品具有同样的性质,对商品的信任、喜爱、忠诚的影响原理都是一致的,所以针对制造商品牌商品得出的研究结论同样适用于自有品牌商品。另外,虽然以上研究没有一个证明低价促销、包装或商店形象与所有三个品牌关系（包括信任、喜爱、忠诚）均发生联系,但都分别证明了它们与品牌关系（包括信任、喜爱、忠诚）单个维度或两个维度之间的关系,而喜爱与忠诚又是密切相关的,与品牌喜爱正相关,必然会与品牌忠诚正相关。所以综合以上研究,可以得出低价促销、包装、商店形象与所有三个自有品牌关系维度之间的相关关系,即假设B、C、E。

有关品牌质量与品牌信任、喜爱、忠诚的实证研究更多,尽管很多都是针对制造商品牌的研究,但所得出的结论具有普适性,同样适用于自有品牌商品。

本书将不再对假设B、C、E进行重复的实证研究。

对于本书前面的六项假设,缺少实证研究的是自有品牌柜台氛围和零售商品牌权益对自有品牌关系的影响。但由于关注自有品牌柜台氛围建设的超市较少,关注到自有品牌柜台氛围的消费者更少,目前缺乏问卷调研的条件,无法进行基于问卷的实证分析,所以本书仅限于对其进行理论分析。本书将只针对零售商品牌权益对自有品牌关系的影响展开实证研究。

（二）关于零售商品牌权益对自有品牌关系质量的影响机制的实证分析

已经有很多关于商店形象对自有品牌信任的影响的机制研究,零售商品牌权益对自有品牌关系质量影响机制的研究还有必要吗?尽管商店形象与零售商品牌权益的品牌联想维度的内容非常接近,但毕竟还是有所不同。商店形象仅关注单个商店的形象,零售商品牌联想除了包含商店形象外,还包括企业整体的形象,因为作为零售企业来说,它的形象不仅限于单个商店。而且,品牌权益从四个维度展开,全面地衡量一个企业的品牌影响力或资产,通过品牌权益可以很好地研究零售商品牌影响力对自有品牌创建的影响。

1. 零售商品牌权益和自有品牌关系质量维度的确定

（1）零售商品牌权益结构维度

Aaker（1991）通过对品牌权益的来源及其如何创造价值的研究,从企业角度提出了包含五个维度的品牌权益模型,这五个维度是：品牌认知度、品牌忠诚度、品牌联想、品牌感知质量和其他独占性的品牌资产。品牌认知度,是指品牌名称为消费者所知晓的程度；品牌忠诚度,是消费者对品牌偏爱的心理反应；品牌联想,是指消费者由品牌而产生的印象,通常,品牌会使消费者联想到产品特征、消费者群、消费者利益、竞争对手等；品牌感知质量，是指消费者对某一品牌的总体质量的感受或在品质上的整体印象；其他独占性的品牌资产，是指那些与品牌密切相关、对品牌竞争优势和增值能力有重大影响、不易准确归类的特殊资产，一般包括专利、专有技术、分销渠道等。

对于实体商品，国内多数学者在研究中参考 Aaker 对品牌权益结构维度的划分，把基于顾客的品牌权益分为划分为四个维度：品牌认知度、品牌感知质量、品牌联想和品牌忠诚。但由于零售商品牌属于服务品牌，在品牌权益的测量内容上应与实体商品有所不同。

目前有两个影响比较大的零售品牌权益的测量方法，其中之一来自 Yoo 与 Donthu（2001）的主张，即将已经建立的基于消费者的品牌权益维度延伸至零售品牌而形成测量体系，测量的维度沿用了品牌权益研究先驱们的模型维度，包括品牌认知、品牌联想、质量感知和品牌忠诚；另一种测量方法则是基于零售业的特点专门开发出来的，Arnett 等（2003）认为，零售品牌权益是一个多维度结构，包括：知名度、零售品牌联想、服务质量和商店忠诚四项，此外，Arnett 等还认为产品质量和感知价值是零售品牌联想的两个次级维度，他建议应基于以上所有维度建立零售品牌权益的测量指标。Ravi Pappu（2005，2006）认为，Yoo、Donthu 和 Arnett 等的测量方法在测量维度是实际上是相同的，但在怎样定义和测量这些维度上，他们存在着差异。他同时认为，包括 Yoo、Donthu 和 Arnett 等在内，目前所有的基于消费者的零售商品牌权益的测量方法存在着一些局限，包括以下几点：在产品品牌和零售商品牌的结构相似性上缺乏实验证据；关于维度的数量和本质缺乏清晰性；缺乏具有可辨性的测量品牌联想的指标。Ravi Pappu 和别人一起改进了基于消费者的零售商品牌权益的测量方法，并提供了实验证据证明了零售商品牌权益的维度结构，相应地，Ravi Pappu 将零售商品牌权益定义为："它是一种与零售商名字联结在一起的价值，这种价值通过反映零售商知名度、零售商联想、零售商感知质量、零售商忠诚而得到。"Ravi Pappu 对零售商品牌权益的维度划分是跟 Aaker 对品牌权益的划分相似的，也相似于 Yoo、Donthu 和 Arnett 等的维度划分。Ravi Pappu 对前两个维度的定义与 Aaker 的定义基本相同，对于零售商感知质量，他认为不是指服务质量，而是指一种对零售商的品质和货物提供服务的质量的感知；对于零售商忠诚，他认为是指基于消费者态度的忠于某个零售商的倾向，这种倾向表现在把该零售商作为优先选择的意愿。随后，Ravi Pappu 通过实验证明了品牌权益与零售商品牌权益结构的相似性，并建立测量指标体系进行了实证研究，它的测量指标包含 15 个项目：零售商认知度（知名度、想起品牌个性的迅捷性、名字的可辨认性）、零售商联

第二十一章 基于品牌关系理论的零售商自有品牌创建问题研究

想（商店氛围、便利性、商品品种的多样化、售后服务、顾客服务）、零售商感知质量（好的品质、持久的品质、可信赖性、优秀的特性）、零售商忠诚（感情忠诚、不愿意去其他商店购买、第一选择）。

由于国内零售商对大型超市经营形式越来越与国外大型超市有所趋同，对于国内零售商品牌权益的结构维度的划分可以直接参考国外学者的划分，本文采用 Ravi Pappu 对零售商品牌权益结构维度的划分。不过，对于每一维度的具体测量指标可能会有所调整。

（2）自有品牌关系质量结构维度

目前在国内影响较大的一种划分是何佳讯等提出的本土化品牌关系质量模型，包含六个维度：信任、社会价值表达、情感、忠诚、相互依赖、自我概念联结。但这种品牌关系维度划分是针对普通商品的研究结果，不一定符合自有品牌，所以本书通过小组讨论的方法对以上维度划分进行修正。

小组讨论的成员有 11 位，都是企业管理研究生，他们对自有品牌相关研究非常了解，对品牌关系质量模型理解较深刻，并经常去大型超市购物，多数都有自有品牌购物史。经过深入讨论，大家一致认为：由于国内自有品牌发展较慢，目前自有品牌商品与顾客的关系尚发展不到相互依赖的程度；社会价值表达、自我概念联结、相互依赖受商品种类的影响较大，不适用于所有自有品牌商品，而且目前的自有品牌商品大多属低端产品，能够激发顾客产生以上三种关系的产品非常少；信任、情感、忠诚三种品牌关系适用于全部自有品牌商品。

基于小组讨论的结果，对于自有品牌关系的结构维度，本书采用"信任、情感、忠诚"的划分方法，即只保留品牌关系质量模型中的三个维度。

2. 研究假设的细化

在前面理论分析部分，只提出了零售商品牌权益对自有品牌关系质量有正向影响的概括性假设，没有细化到具体维度。为了后面具体研究的开展，将零售商品牌权益、自有品牌关系质量的各个维度作为变量，提出以下细化的假设：

F1：零售商品牌认知度与自有品牌信任正相关；

F2：零售商品牌认知度与自有品牌喜爱正相关；

F3：零售商品牌认知度与自有品牌忠诚正相关；

F4：零售商品牌质量感知与自有品牌信任正相关；

F5：零售商品牌质量感知与自有品牌喜爱正相关；

F6：零售商品牌质量感知与自有品牌忠诚正相关；

F7：零售商品牌联想与自有品牌信任正相关；

F8：零售商品牌联想与自有品牌喜爱正相关；

F9：零售商品牌联想与自有品牌忠诚正相关；

F10：零售商品牌忠诚与自有品牌信任正相关；

F11：零售商品牌忠诚与自有品牌喜爱正相关；

F12：零售商品牌忠诚与自有品牌忠诚正相关。

3. 测量量表开发

为保证测量量表的有效性，本书借鉴前人的研究成果，参考已经被证明有效的且被普遍认可的量表，制作本研究使用的量表。在量表的制作过程中，组织11个企业管理研究生成立讨论小组，并访谈了部分教授，对前人的量表进行了适用性调整。

零售商品牌权益部分，主要借鉴Pappu（2006）的测量量表，但零售商品牌质量感知题项中，为避免和零售商品牌联想的题项内容过度交叉，所以侧重于对零售商所经营商品的质量的考察，这样既增强了零售商品牌感知质量的独立性，又保证了对其实质内容的测量。零售商品牌质量感知题项同时借鉴了吴锦锋、田志龙（2009）开发的量表。为保证零售商品牌忠诚测项的全面性，同时借鉴了沈鹏熠（2010）开发的量表。

自有品牌关系质量主要借鉴何佳讯（2006）开发的量表中的题项。

对每一测量项目均采用李克特（Lilert）7点计量尺度。设计了一系列测量问项，对各个变量进行测量。各变量的测量指标、问项见表21-1。

表21-1　　　　　　零售商品牌权益和自有品牌关系量表

变量	问项	问项依据
零售商品牌认知度	A1 我熟悉这家商店 A2 我能从许多商店中认出这家商店 A3 我能迅速想起这家商店的一些布局、外观或促销等方面的特征	Pappu（2006）
零售商质量感知	A4 这家商店提供优质商品 A5 这家商店提供质量稳定的商品 A6 这家商店提供可靠的商品	Pappu（2006） 吴锦锋、 田志龙（2009）

续 表

变量	问项	问项依据
零售商质量感知	A7 这家商店的购物氛围很好	Pappu（2006），吴锦锋、田志龙（2009）
	A8 这家商店的设施很方便	
零售商品牌联想	A9 这家商店的顾客服务很周到	Pappu（2006）
	A10 这家商店的商品很丰富	
	A11 这家商店的售后服务很好	
零售商品牌忠诚度	A12 这家商店是我购物的首选	Pappu（2006）沈鹏熠（2010）
	A13 如果能从这家商店购买到同样的商品，我将不从其他商店购买	
	A14 我愿意再次来这家商店购物	
	A15 即使涨价，我也愿意购买这家商店的商品	
	A16 我愿意向朋友推荐这家商店	
自有品牌信任	B1 这个自有品牌值得信赖	何佳讯（2006）
	B2 这个自有品牌让我觉得安全放心	
	B3 我相信这个自有品牌会对它的行为负责的	
	B4 我觉得这个自有品牌是诚实的	
自有品牌喜爱	B5 这个品牌对我有很大的吸引力	何佳讯（2006）
	B6 我觉得自己应该使用这个品牌	
	B7 为了一直使用这个品牌，我愿意作出小小的牺牲	
	B8 我常常情不自禁地关心这个品牌的新情况	
	B9 我一看到这个品牌，就有种亲切感	
自有品牌忠诚	B10 即使我的生活变化，我还会使用这个自有品牌	何佳讯（2006）
	B11 我不会因为潮流变化而更换掉这个自有品牌	
	B12 我对这个自有品牌很忠诚	
	B13 这个自有品牌能指望我一直使用它	

4. 问卷设计与数据分析方法

（1）问卷设计

问卷主要分成三个部分，分别是卷首语、量表测量和受访者的基本资料。

第一部分为卷首语，是为了保证问卷的准确性，说明调研目的，给出自有品牌的相关信息，并用图表对自有品牌做直观形象的展示。这样方便受访者在充分了解自有品牌的情况下完成问卷，保证问卷质量。

第二部分是问卷的主体，主要是了解消费者对其所熟悉的零售商的品牌权益和自有品牌关系的个人态度，共有七个测量变量、29个题项，所有的题项均采用7点李克特量表，1~7分别代表题项与个人主观或实际情况的符合程度，"1"表示"非常不符合"，"7"表示"非常符合"。

第三部分主要由受访者填写个人基本资料，包括受访者的性别、年龄、职业、收入水平等信息，题型采用的是单选的形式。

(2) 数据收集

本研究的调研对象主要是企业管理研究生、公司职员，并采用街头拦截访问的形式，在北京市多家超市门口对顾客进行访谈，这些超市包括：沃尔玛、家乐福、欧尚、物美、超市发、屈臣氏等。为了保证问卷回答的质量，本次调研的部分调研对象选择了企业管理研究生和公司职员为调研对象，因为企业管理研究生对自有品牌及品牌理论都很了解，可以更准确地理解题项内容并做出准确回答，企业职员一般都有较好的收入，去超市购物频繁，对商店形象和自有品牌会有更深入的感悟。对于在超市门口的访问，笔者尽量对受访者认真讲解题项的含义，保证他们能够正确理解并做出正确回答。

本次问卷共发放了150份，收回有效问卷131份，其中预调研30份。

(3) 预调研与问卷修正

本研究使用30份问卷进行了预调研，以检查各变量的有效性和测量效果。经过对数据进行因子分析，从旋转矩阵可以看出，所有问项合成了两个因子。其中，B5~B13问项归为了第一个因子，即品牌喜爱变量和品牌忠诚变量合成了一个因子，这显然与原问卷不符。B1~B4归为了第二个因子，B1~B4是品牌信任变量的四个问项。

笔者再次组织小组讨论，对品牌喜爱和品牌忠诚两个变量的题项进行对照分析，发现问题在于：两变量的题项含义非常接近；喜爱和忠诚本来就是相关性非常高的两个变量。在讨论对此问题如何处理时，大家一致认为，如果将两个变量合为一个变量，则测量问项太多，而且无法用一个变量名称来概括所有的问项内容。为了保证研究的准确性，本书决定取消品牌喜爱这一变量，保留品牌忠诚变量。品牌忠诚是建立在品牌喜爱基础之上的，所以，单从品牌信任和品牌忠诚两个变量也可以判断品牌关系总体的好坏和自有品牌创建的程度，所以去掉一个变量对本研究的最终目的并无实质影响。这样，将自有品牌关系的测量量表更正为如表21-2所示。

表 21-2　　　　　　　　　　自有品牌关系量表

变量	问项	问项依据
自有品牌信任	B1 这个自有品牌值得信赖	何佳讯（2006）
	B2 这个自有品牌让我觉得安全放心	
	B3 我相信这个自有品牌会对它的行为负责的	
	B4 我觉得这个自有品牌是诚实的	
自有品牌忠诚	B5 即使我的生活变化，我还会使用这个自有品牌	何佳讯（2006）
	B6 我不会因为潮流变化而更换掉这个自有品牌	
	B7 我对这个自有品牌很忠诚	
	B8 这个自有品牌能指望我一直使用它	

根据以上量表，本部分的研究假设修正为：

F1：零售商品牌认知度与自有品牌信任正相关；

F2：零售商品牌认知度与自有品牌忠诚正相关；

F3：零售商品牌质量感知与自有品牌信任正相关；

F4：零售商品牌质量感知与自有品牌忠诚正相关；

F5：零售商品牌联想与自有品牌信任正相关；

F6：零售商品牌联想与自有品牌忠诚正相关；

F7：零售商品牌忠诚与自有品牌信任正相关；

F8：零售商品牌忠诚与自有品牌忠诚正相关。

（4）数据分析方法

本研究主要用 SPSS 17.0 软件，运用以下统计方法来描述和分析通过问卷收集到的数据。

①信度分析：信度是指衡量工具的可信赖性、稳定性、一致性与精确性等。对于调查问卷中描述相同指标的问题，只有当他们的答案相同或是相近时，其度量才是可靠的。本研究利用 SPSS 17.0 统计软件工具，采用在企业研究中应用相当普遍的 Cronbach'sa 一致性系数来检定本研究问卷的信度，通常的研究采用 Cronbach'sa 最小为 0.70 的标准（李怀祖，2004）。

②效度分析：效度是指衡量工具是否能真正衡量到研究者想要衡量的问题。效度可分为三类：内容效度、效标关联效度、建构效度，其中建构效度是最重要的效度指标。对建构效度的测量是采用因子分析中的主成分分析法，并选择物 Varimax 正交旋转方法，同时选择了显示 KMO 测度和巴特利球体检验结果，以

确认数据是否适宜做因子分析。

③相关性分析：这种分析主要是研究变量之间的密切程度，相关系数则是描述这种线性关系程度和方向的统计量，通常都是用系统默认的 Pearson 系数。

5. 数据分析

(1) 样本基本信息

受访者的基本情况汇总见表 21-3。

表 21-3　　　　　　　受访者的基本情况汇总

人口统计特征	分类	人数（人）	频率（%）
性别	男性	60	44
	女性	71	56
年龄	21~30 岁	38	34
	31~40 岁	28	24
	41~50 岁	24	20
	51~60 岁	20	15
	60 岁以上	11	7
学历	本科以下	30	22
	本科	47	37
	硕士	44	35
	博士	10	6
月收入	2500 元以下	16	8
	2500~4000 元	28	20
	4001~6000 元	42	35
	6000 元以上	45	37

从表 21-3 中数据可看出，受访者中本科、硕士学历者较多，占 72%，这与高学历的被访者更易接受访问有关。从年龄、收入来看，分布比较均匀。总体上，本次访问样本分布比较均匀，范围比较广泛，避免了因为样本单一而造成某些偶然因素起到影响。所得到的研究结论具有普遍性。

(2) 零售商品牌权益变量的效度和信度分析

因子分析可以避免原有变量内容的共线性问题，可以在尽量减少原变量所含信息的损失的同时，减少分析的指标个数，并检查变量的效度。

零售商品牌权益的16个题项经过因子分析见表21-4、表21-5、表21-6。

表21-4　　　　　　　　KMO 和 Bartlett 的检验

KMO 的测度	取样足够度的 Kaiser-Meyer-Olkin 度量	0.744
Bartlett 的球形度检验	近似卡方	3321.893
	df	120
	Sig.	0.000

表21-5　　　　　　　　旋转因子矩阵 a

	因子			
	1	2	3	4
A15	0.917	0.292	0.188	0.083
A13	0.894	0.258	0.197	0.165
A12	0.890	0.291	0.152	0.205
A14	0.884	0.354	0.155	0.088
A16	0.847	0.349	0.175	0.226
A11	0.451	0.795	0.158	0.242
A7	0.420	0.777	0.275	0.153
A10	0.377	0.752	0.390	0.108
A8	0.464	0.746	0.165	0.290
A9	0.452	0.657	0.410	0.072
A6	0.217	0.166	0.919	0.133
A4	0.204	0.217	0.897	0.178
A5	0.120	0.340	0.810	0.347
A2	0.159	0.339	0.164	0.765
A1	0.323	0.196	0.242	0.764
A3	0.028	0.378	0.164	0.693

表 21-6　　　　　　　　　四个因子所解释的总体方差

因子	提取平方和载入		旋转平方和载入	
	累积（%）	合计	方差的（%）	累积（%）
1	60.724	5.105	31.909	31.909
2	73.147	3.760	23.503	55.411
3	80.676	3.017	18.858	74.270
4	87.618	2.136	13.349	87.618

表21-4为KMO测度和巴特利球体检验结果，从表中数据可知，KMO测度值为0.744，说明样本数据适合进行因子分析（按照有关标准，大于0.7为适合）。此外，巴特利球体检验的统计值的显著性为0.000，小于0.001，也说明所检验的样本数据具有非常高的相关性，可以做因子分析。表5为因子分析和旋转后各题项的载荷，因子分析得到4个因子，分别与零售商品牌权益的4个变量相对应一致，因子1为零售商品牌忠诚，因子2为零售商品牌联想，因子3为零售商品牌质量感知，因子4为零售商品牌认知度。表6为4个因子所解释的总体方差，为87.618%。从以上分析结果可以看出零售商品牌权益问卷具有很高的效度。

信度分析用于检验问卷测量的可靠性。必须先检验量表的信度，合格后，才能对收集的样本数据进行统计分析。本研究采用Cronbach内部一致性系数（a系数）对量表进行信度分析。零售商品牌权益四个因子的信度分析结果见表21-7。

表21-7　　　　　零售商品牌权益样本数据信度分析

指标	α系数	
零售商品牌忠诚	0.984	参考值：≥0.700
零售商品牌联想	0.961	
零售商品牌质量感知	0.951	
零售商品牌认知度	0.716	

从表21-7可以看出零售商品牌权益的4个因子的a系数全部大于0.7，说明本研究所采用的零售商品牌权益量表是可靠的，样本的信度通过了一致性检验。

（3）自有品牌权益变量的效度和信度分析

因子分析可以避免原有变量内容的共线性问题，可以在尽量减少原有变量所含信息的损失的同时，减少分析的测量题项的个数，并检查变量的效度。

自有品牌关系的 8 个题项经过因子分析后得出结果见表 21-8、表 21-9、表 21-10。

表 21-8　　　　　　　　　　**KMO 和 Bartlett 的检验**

KMO 测度	取样足够度的 Kaiser-Meyer-Olkin 度量	0.898
Bartlett 的球形度检验	近似卡方	1783.706
	df	28
	Sig.	0.000

表 21-9　　　　　　　　　　旋转因子矩阵

	因子	
	1	2
B6	0.919	0.339
B7	0.893	0.371
B8	0.893	0.408
B5	0.865	0.413
B3	0.333	0.912
B1	0.370	0.897
B4	0.377	0.895
B2	0.472	0.839

表 21-10　　　　　　　　两个因子所解释的总体方差

因子	提取平方和载入	旋转平方和载入		
	累积（%）	合计	方差的（%）	累积（%）
1	81.248	3.801	47.510	47.510
2	94.151	3.731	46.641	94.151

表 21-8 为 KMO 测度和巴特利球体检验结果，从表中数据可知，KMO 测度值为 0.898，说明样本数据非常适合进行因子分析（按照有关标准，大于 0.8 为非常适合）。此外，巴特利球体检验的统计值的显著性为 0.000，小于 0.001，也说明所检验的样本数据具有非常高的相关性，可以做因子分析。表 21-9 为因子分析和旋转后各题项的载荷，因子分析得到 2 个因子，分别与自有品牌关系的

2个变量相对应一致,因子1为自有品牌忠诚,因子2为自有品牌联想。表21-10为两个因子所解释的总体方差,为94.151%。从以上分析结果可以看出自有品牌关系样本数据具有很高的效度。

信度分析用于检验问卷测量的可靠性。必须先检验量表的信度,合格后,才能对收集的样本数据进行统计分析。本研究采用Cronbach内部一致性系数(a系数)对量表进行信度分析。自有品牌关系两个因子的信度分析结果见表21-11。

表21-11　　　　　　自有品牌关系样本数据信度分析

指标	a系数	
自有品牌忠诚	0.980	参考值:≥0.700
自有品牌信任	0.897	

从表21-11可以看出自有品牌关系的两个因子的a系数全部大于0.7,说明本研究所采用的自有品牌关系量表是可靠的,样本的信度通过了一致性检验。

(4) 相关分析

本研究采用Pearson相关系数对零售商品牌权益各维度与自有品牌信任、自有品牌忠诚之间的相关关系进行分析。分析结果见表21-12,表中带有"**"表示:在显著性水平a为0.01,变量之间显著相关;带有"*"表示:在显著性水平a为0.05,变量之间显著相关。

表21-12　　　　　　　　相关分析结果

		自有品牌忠诚	自有品牌信任
零售商品牌忠诚	Pearson相关性	0.416**	0.686**
	显著性(双侧)	0.000	0.000
	N	131	131
零售商品牌联想	Pearson相关性	0.219*	0.441**
	显著性(双侧)	0.012	0.000
	N	131	131
零售商品牌质量感知	Pearson相关性	0.164	0.154
	显著性(双侧)	0.062	0.079
	N	131	131

续 表

		自有品牌忠诚	自有品牌信任
零售商品牌认知度	Pearson 相关性	0.170	0.040
	显著性（双侧）	0.053	0.653
	N	131	131

从表 21-12 可以看出，零售商品牌忠诚与自有品牌信任、忠诚均有显著的正相关关系（相关系数分别为 0.416、0.686），零售商品牌联想与自有品牌信任、忠诚均有显著的正相关关系（相关系数分别为 0.441、0.219）。而零售商品牌质量感知、零售商品牌认知与自有品牌信任、忠诚无显著的相关关系。

(5) 结果与解释

①相关分析的结果支持了以下假设：

F5：零售商品牌联想与自有品牌信任正相关；

F6：零售商品牌联想与自有品牌忠诚正相关；

F7：零售商品牌忠诚与自有品牌信任正相关；

F8：零售商品牌忠诚与自有品牌忠诚正相关。

在消费者对各零售商品牌联想和品牌忠诚存在差异的情况下，他们对其自有品牌的信任和忠诚程度也会存在相应的差异。这与前面的理论分析部分是相符合的。品牌联想是零售商在顾客心目中的形象，品牌忠诚是基于对品牌的情感即好感和热爱而产生的，形象和情感自然会由母品牌延伸至子品牌身上。所以，较高的品牌联想和品牌忠诚自然会带来较高的自有品牌信任和忠诚。

②未得到支持的假设是：

F1：零售商品牌认知度与自有品牌信任正相关；

F2：零售商品牌认知度与自有品牌忠诚正相关；

F3：零售商品牌质量感知与自有品牌信任正相关；

F4：零售商品牌质量感知与自有品牌忠诚正相关。

虽然顾客对零售商的品牌联想和忠诚存在差异，但在品牌认知度和品牌感知质量上，零售商之间的差距并不明显。因为对于北京市来说，消费者只是对自己附近的超市比较熟悉，受地理区域的限制，人们对各自经常光顾的超市的认知度基本上没有区别。这造成对零售商认知度所得的样本数据没有明显差异，所以无法得出与自有品牌信任和忠诚具有相关性的结论。大型超市为了保证信誉，对自己经营的商品的质量都进行了严格的控制，大型超市的商品普遍质量比较好，所以在对零售商品牌质量感知的测量上，数据之间也不可能存在明显的差异。

零售商品牌联想和零售商品牌忠诚不仅与自有品牌关系有正相关关系，而且较高的零售商品牌联想和品牌忠诚明显可以造成较高的自有品牌关系，所以零售商品牌联想和品牌忠诚对自有品牌关系具有正向影响。虽然零售商品牌认知度、品牌质量感知与自有品牌关系无显著的正相关关系，但更无负向的相关关系，所以零售商品牌权益从整体上来说对自有品牌关系具有正向影响。

6. 对实证分析的一些补充说明

本次实证分析所收集的数据针对所有自有品牌商品，由于我国目前自有品牌建设尚处于起步阶段，所以，很多自有品牌还难以使顾客产生社会价值表达、自我概念联结、相互依赖等品牌关系。且这三个变量还受到商品种类的影响，本次实证研究也没有将这些品牌关系变量包含进去。但这并不表示现在的自有品牌都不具有这些品牌关系，比如屈臣氏的护肤美容类自有品牌，显然已具有以上品牌关系。而且，随着自有品牌的发展，会有更多的自有品牌与顾客生成以上三种品牌关系。所以，在自有品牌建设中，不应忽视以上三种品牌关系的发展和强化。影响品牌信任和品牌忠诚的很多因素特别是零售商品牌权益也会对以上三种品牌关系的建立和强化起到重要影响。

另外，在实证分析的过程中，去掉了品牌喜爱这一变量，但很明显品牌忠诚是建立在品牌喜爱基础之上的，影响品牌忠诚的各因素也会对品牌喜爱有同样的影响，这些影响在理论分析部分已有详细论证。

总之，虽然最终在实证分析中只选了两个品牌关系变量，但在指导自有品牌创建的过程中，应根据原理论模型，考虑所有自有品牌关系变量及其影响因素，全面建立和强化自有品牌关系。

六、零售商自有品牌创建的对策和建议

上一节证明了理论模型以及假设 A—E 的正确性，本章根据该理论模型和所证实的假设提出零售商自有品牌创建的对策和建议。

（一）加强自有品牌的品牌化意识

品牌化是赋予产品和服务品牌的力量。品牌的作用非常明显，消费者可以根据类似产品的品牌对其进行区分，品牌具有简化决策和降低风险的功能：品牌可以传递某一水平的品质保障，满意的购买者可以很容易地再次选择该产品。品牌权益或品牌关系的高低标志着品牌化程度的高低，品牌权益或品牌关系高，说明消费者对该品牌的认知、情感、忠诚程度高，较高的品牌权益或品牌关系可以带给公司较高的价格、市场份额和营利性。

品牌化的关键是建立差异，即让消费者感觉到产品的品质、功能或与非产品

相关的因素与众不同或强于对手。除了无法建立差异化的商品，如小麦、食盐等，只要在顾客心目中存在品质甚至样式上的差异的产品，品牌化都会对该产品的市场份额起到重要作用。自有品牌商品的种类很多，绝大多数种类的自有品牌商品都能够在品质、样式上与竞争者产生差异，所以品牌化对自有品牌创建同样非常重要。

最新的营销理论和品牌理论认为，企业的所有营销策略和行为都应该以企业的品牌化建设为核心，所以自有品牌的创建行为也应该以树立品牌为导向。品牌关系的高低是衡量品牌化的重要标准，品牌关系的强化是品牌化的重要途径。

（二）以品牌化为导向，认真规划对自有品牌关系有影响的各种经营行为

品牌化的核心是在顾客心目中树立鲜明统一的品牌形象，而品牌形象来源于顾客对企业经营行为的感受。所以要想在顾客心目中形成鲜明统一的形象，零售商必须认真规划好围绕自有品牌所进行的各种经营行为，这些经营行为不仅使自有品牌实现差异化，而且使同一品牌下的商品具有统一的形象。

1. 制定有效的品牌战略

（1）开发有效的品牌元素

品牌化的前提是建立品牌元素，品牌元素是指用来识别和区分品牌的商标设计，包括标识、品号、名称等。这些品牌元素应具有一定的内涵或意义，使顾客根据这些元素便会对产品产生一些有意义的看法或感想。科特勒等（2009）认为，品牌元素的选择标准是：难忘、有意义、讨人喜欢、可延伸、可修改、可保护。欧尚的自有品牌都有红色小企鹅的标志，赋予了自有品牌可爱的、有朝气的形象。

（2）制定有效的品牌命名组合策略

因为有些商品适合品牌化建设，有些商品不适合品牌化建设，对于适合品牌化建设的商品，也可能在品牌形象上有所区别。所以，不必建立完全统一的品牌名称，可以实施公司名称加个体产品名称的策略，公司名称说明新产品的出处，个体名称则显示产品的个性。一种不太明显的公司名称加个体产品名称的方法是，对不同的产品实施不同的品牌名称，但是在商标上注明由该零售商出品，这样也会发挥品牌延伸的作用。正如沃尔玛所采取的措施，由于食品、服装、清洁类产品不可能在顾客心目中形成一致的印象，所以它对食品、服装、清洁类产品分别用不同的品牌名称，但在商标上清楚地注明由其出品。实施不完全相同的品牌名称，还有一个重要原因就是有些商品特别是中高档的或顾客比较重视其质量或样式的商品，较易引起顾客的情感反应，比如品牌喜爱、自我概念联结，所以这类商品容易建立较高的品牌资产或品牌关系。应将这些品牌单独命名，即采用

公司名称加个体产品名称的方式，以利于其品牌建设。

对于适合建立较高品牌关系且较有市场前景的自有品牌商品，应作为重点对象进行品牌化建设，作为延伸品牌，其品牌关系高也会反作用于母品牌，即增强零售商品牌的品牌资产。而对于无法差异化、不适合品牌化的自有品牌商品，也应该保证其质量，给顾客以较高的质量感知，因为作为延伸品牌，其较低的质量，或在顾客心目中不好的印象也会影响到母品牌（即零售商品牌）和其他自有品牌的发展。

零售商应着重创建和发展少量强势自有品牌，即具有较高品牌关系的自有品牌商品。这样，既可以增强零售商品牌资产，也可以带动更多自有品牌的创建。

2. 加强产品质量，以顾客感知价值为依据进行定价

质量是品牌信任的基础，也是品牌化的基础，所以必须加强产品质量。另外，只有质量提高，才能抬高产品价格。低质量和低价格都给人一种低端或低劣商品的感觉，无法在顾客心目中形成良好的形象，对自有品牌的发展和品牌化建设造成了严重的阻碍。对自有品牌商品的定价应采用感知价值定价法，即把价格建立在顾客感知价值的基础上。这要求零售商首先要利用非价格因素，如提高质量或档次，在顾客心目中建立和增强感知价值。然后与制造商品牌相比较，得出该自有品牌所带来的真实顾客价值，然后进行相应的定价。这样，避免了过低定价给顾客造成的低品质印象，也避免了盲目定价影响销售。感知价值定价法还要注意的是要充分利用外部线索如包装、柜台氛围、产品说明等将产品的真实价值有效地传递给顾客。

3. 为自有品牌商品制作良好的包装

从前面的分析知道，包装会对顾客的品牌信任、喜爱、忠诚产生影响，所以，零售商必须提高包装品味，制作精良包装。包装档次应与商品相符合，以免包装成本增加太多，应尽量从包装设计风格上提高其精美程度和品味。

4. 规划好自有品牌商品的柜台氛围

良好的柜台氛围来自以下两方面：

首先是自有品牌商品数量多、品种多，即占有较多柜台，或至少占有一组柜台的大部分区域。因为只有较多的数量，才足以使顾客注意到，如果太少，顾客可能一扫而过，根本没注意到。只有数量足够多、品种足够多，才能显示出有一定的专业性和实力，顾客才会对自有品牌产生信任。

其次是柜台装饰精美。精美的柜台，特别是当柜台明显好于非自有品牌商品柜台时，会吸引顾客的注意，提升人们对自有品牌商品的品位的感知。另外也可以加一些精美的标牌引起顾客对自有品牌商品柜台的注意。

自有品牌柜台氛围建设做得比较好的商店如北京橡树城沃尔玛超市，它在店内为自有品牌服装专门开辟了一个销售区域，该区域内自有品牌服装品种繁多、摆放整齐、布局美观，专门有几个柜台摆满了整齐叠放的牛仔裤。该区域的柜台氛围明显好于其他区域，给人以耳目一新的感觉，增添了人们对其自有品牌服装的信任和喜爱。

5. 努力实现自有品牌品种、性能的差异化

如果自有品牌商品在功能和特性上与制造商品牌商品完全相同，一般很难竞争过知名制造商品牌，也不利于其自有品牌形象的提升，所以零售商应着重开发与制造商品牌在性能、用途上有差异的自有品牌，即着重于实施补缺战略。然而，真正有效的补缺产品很难寻找，所以，大多数零售商所经营的自有品牌商品都定位于缺少知名品牌竞争的品种，虽然没有实现差异化，但生产相同品种商品的制造商也不是很强。但这种策略的成功不能建立在低价上，而应建立在品质上。如沃尔玛生产的服饰和食品，没有强有力的竞争者，且其自身质量相对较好，受到了很多人的喜爱。并不是所有零售商都不会或永远不会与知名品牌展开竞争，在自有品牌关系发展到一定程度，也可以尝试生产与知名品牌相同的产品，这样尽管可能在销售上不如知名品牌，但在与知名品牌的竞争中，自身的品牌形象、地位会受益于与知名品牌的竞争，而有所提升。比如屈臣氏自有品牌在与知名品牌商品同柜台竞争过程中，其自有品牌的品牌形象也得到了提升。

（三）加强零售商自有品牌化建设

零售商品牌权益对自有品牌关系建立具有很大影响，所以自有品牌的品牌化建设要以零售商品牌权益的强化为前提。作为一个服务品牌，零售商品牌权益建设的关键在于其服务行为即经营行为能在顾客心目中留下深刻的或与众不同的印象，为零售商树立鲜明的基于顾客感知的良好形象，这种形象有利于促进顾客对零售商的情感和行为忠诚。

结合前面提到的商店形象和零售商品牌权益的测量指标，对于零售商品牌权益建设，提出以下具体对策，所有对策都应以建立统一的、鲜明的商店和零售商形象为导向。

1. 建立差异化的商店环境

商店环境包括商店的柜台、商品布置，也包括商店建筑结构的装饰、布局。差异化商场环境可以在顾客心中形成明确的实体形象。差异化可以是标新立异，也可以是比别人做得更好。一般来说，有效的标新立异很难做到，所以关键是比别人做得更好。商店的实质内容是商品和人员服务，但在所提供商品和人员服务无法实现差异化的时候，商店环境差异化也会给企业带来竞争优势，并起到品牌化的作用。而且,现在人们在购物的同时越来越注意休闲,这增加了商店环境的重要性。

(1) 从商店建筑结构的装饰和商店内部布局上,建立差异化的实体形象

商店的外观以及内部装饰是顾客区分不同商店的重要标志,别具特色的外观和内部装饰、布局可以增强顾客对商店的认知度。更为重要的是,有特色的内部装饰、布局可以给顾客以美的享受,给顾客留下深刻印象。笔者曾多次到北京公主坟西的某百货商场考察,当在商场内乘坐扶梯而上,抬头看到顶棚上的七仙女下凡的巨幅图画时,顿时觉得仿佛进入了美丽的仙境,在里面购物真是一种美的享受,笔者对此百货商场的好感油然而生。这些感受是在其他商场体会不到的,好感往往是情感的开端。

(2) 从柜台和商品布置上,建立差异化的购物氛围

柜台和商品布置是构建良好购物氛围的基础,柜台的货物满盈、商品的琳琅满目,增强了商品对顾客的吸引力与顾客的购物欲望。另外,柜台装饰要注意美观、舒畅。笔者曾去北京四季桥南的一家大型超市考察,该超市内部柜台布置相对紧凑,但无拥挤感,通道整齐有致,既方便了顾客通行,又让人对超市内的商品布局一目了然,不像有的超市,顾客置身其中,仿佛是进了迷宫一样。另外,这家超市的柜台和商品布置明显给人一种琳琅满目的感觉,柜台上到处插着优惠、自有品牌的标志,却不显凌乱,倒给人一种置身于漂亮的集市一般。这些布置增强了笔者的购物欲望。

(3) 从商店布局上,创造购物的舒适休闲感

人们逛超市,不仅是出于对商品的需求,大多还出于对放松休闲的需求。所以超市考虑如何从内部布局和装饰上给顾客以舒适的感觉与美的享受。柜台的布局要尽量简单,一目了然,不至于给顾客寻找商品造成困难。柜台与柜台之间既要紧凑,给人一种商品量大品种多的感觉,也应留有足够的通道,不宜太拥挤,否则顾客会有压抑感,降低了购物的舒适度。另外,超市内部的装饰要做到简洁而美丽,让人既感舒畅,又觉得美丽。

2. 建立差异化的服务特色

商店为消费者提供购物服务,所以,服务内容既包含所提供的商品的情况,也包含商店提供的服务行为。

(1) 从商品经营特色上建立差异化

商品经营特色的差异化首先来自商品品种多而全。这方面,外资超市要比国内超市做得好,主要是因为实力和管理经验所致。笔者在对北京市区内主要的几家外资超市进行考察时,明显感觉其经营面积要比国内超市大得多,而且其商品

品种明显要多于国内超市,笔者特别注意到,外资超市内有很大一部分饼干、糕点等袋装副食品在国内超市内是找不到的,而且这些副食品有很多都非常受顾客喜爱。商品品种多而全使顾客能够买全所需商品,并有足够的挑选余地,增加了顾客购物的便利性,同时也使超市给消费者以有实力的感觉,增强了顾客对商店的信任。商品的多而全,以及由此给顾客带来的感受,会在顾客心中留下深刻的良好印象。

(2) 从人员服务上建立差异化

由于超市都是自选购物,服务人员并不多,能够让人明显感到有服务人员存在的地方就是收银台,超市应做好收银人员的调配,在购物高峰时,避免出现过长的排队现象。超市内所有服务人员都应微笑服务、对顾客有礼貌,这一点是所有超市管理人员经常提到的,然而却又是最难做到的,越是难做到,却越是重要,因为做到的超市明显会在这方面强于竞争对手,在顾客心中留下差异化的服务印象。另外,要做好售后服务,处理好顾客投诉。

3. 建立有特色的品牌标识

品牌可以是名称、图案或口号。好的有意义的标识容易识别、记忆,并给人以某种有意义的联想,再将这种联想赋予该零售商,即与零售商相连,如果这种联想是顾客所喜爱的,便会产生对该零售商的喜爱。欧尚超市的标识图案是一个红色的可爱的小企鹅,人们普遍喜爱企鹅,而这只可爱的企鹅代表着欧尚,所以该标识使欧尚树立了可爱的品牌形象。

本研究基于品牌关系理论,以品牌关系质量为品牌创建程度的衡量指标,构建了自有品牌创建模型,并提出了质量、降价促销、包装、柜台氛围、商店形象、零售商品牌权益等对自有品牌关系质量的影响的有关假设,并通过理论分析和研究论证了这些假设。本研究所提的理论模型和经证明的各假设,是对自有品牌理论研究的发展。另外,本研究的理论模型和提出的自有品牌创建对策会对零售商建设自有品牌起到实践指导作用。

当然本研究也存在不足,有待以后研究深化。由于自有品牌的自我概念联结、相互依赖、社会价值表达等变量受品牌种类的影响较大,且目前大多数自有品牌尚未与顾客生成这三种品牌关系,不存在问卷调研的条件,为了使研究不至于太复杂,并保证实证分析的可行性,本研究未涉及对这三个变量的影响机制的研究。然而,随着自有品牌的发展,这三种品牌关系会越来越突出,并对自有品牌的发展起到重要作用。另外,由于能力和经验所限,笔者不可能把所有自有品牌创建的影响因素及创建策略都一一指出,而且,本书所提出的各种自有品牌创建对策尚等实践验证和深化。

第二十二章 首都零售业态适应性及其影响因素的实证研究

一、研究背景

零售业作为国民经济的一个重要部门,其自身存在着多种经营业态,而且随着经济的不断发展,各种零售业态之间的相互地位也会发生相应的转变。对于我国的零售业而言,随着我国国民经济的持续快速增长,我国城市结构的不断重新组合,以及国内零售产业的开放程度不断提高,我国的零售业态也正发生着前所未有的变革(李程骅[①],2005)。

而对于首都北京的零售业而言,近些年来来,随着首都经济的不断发展,首都的零售业态也发生了一系列的变化。一方面,随着经济的发展和居民生活水平的不断提高,消费者的购买习惯发生了一系列的变化,进而促进了一些新兴零售业态的快速发展;另一方面,也有一部分传统的零售业态由于无法及时适应消费者购买习惯的转变,或者由于自身的经营不善,也出现了门店关闭的现象。因此,研究首都北京各种零售业态的适应性问题,更好地规划和促进首都零售业的健康发展,已经成为北京市市政府以及各个零售企业所关心的重点问题。

二、理论综述

(一)相关概念界定

1. 零售业态

零售业态的概念最早是在 20 世纪 60 年代由日本学者提出,原意是指零售店铺的营业形态,即为满足某一特定目标顾客需求,对全部零售营销组合要素进行组合而形成的店铺营业形态(赵尔烈,于淑华[②],1996)。后来,该词被翻译为

[①] 李程骅:《挑战"沃尔玛化":中国城市商业业态的战略选择》,《社会科学》,2005 年第 12 期,pp. 26 - 31。

[②] 赵尔烈,于淑华:《中日零售业结构与业态的比较》,《商业经济研究》,1996 年第 2 期,pp. 39 - 42。

英文"Type of Operation",含义从营业形态扩展为经营形态,即根据满足消费者购物意向组合成的所有零售形式,包括店铺零售和无店铺零售、连锁与特许等更广泛的内容(夏春玉[①],2002)。

在本部分的实证研究过程中,我们重点关注的主要是零售店铺的营业形态,而不考虑无店铺零售的形式。各种零售业态的差异主要体现在零售营销组合要素组合方式的不同。

2. 零售业态适应性

然而对于任何一种零售业态而言,都有其生存和发展的特定的经济社会环境,而且随着环境的变化,原有的零售业态日趋成熟,然后逐渐衰退,同时又会不断涌现出新的零售业态。也就是说,每一种零售业态都会有其对于外部环境的适应性问题,这就引出了零售业态适应性的概念。

我国学者杨宜苗和夏春玉[②](2007)第一次提出了零售业态适应性的概念,他们将零售业态适应性界定为:"一种零售业态与其运行的环境相匹配的状态,这些环境既包括政治、经济、文化、科技、教育、自然、人口等宏观因素,又包括零售顾客、竞争者、中介等微观因素。"

在本部分的实证研究过程中,我们采用与学者杨宜苗和夏春玉相同的定义,将零售业态的适应性定义为与其运行环境的匹配状态,并从零售业态的自身规模和效率以及消费者的评价和满意度两个层面进行衡量和评价。

(二)相关文献综述

针对零售业态问题,国内外的学者们已经开始展开了大量研究,但目前的研究主题还主要集中在零售业态的概念与类型、零售业态的演化发展过程、零售业态创新等几大方面(隋红霞[③],2005)。他们大多从影响零售企业经营的因素的角度进行研究,以解释零售业态结构特征,或为零售企业的战略决策提供参考(Hollander[④],1960)。虽然这些研究大部分并不是直接针对零售业态适应性,但却构成了我们分析零售业态适应性的理论基础。

1. 零售业态的构成要素理论

对于零售业态的构成要素,在学者中还存在着不同的看法,大体可以归纳为

---

① 夏春玉:《零售业态变迁理论及其新发展》,《当代经济科学》,2002年第7期,pp. 70-77。
② 杨宜苗,夏春玉:《零售业态适应性的影响因素——以35个零售企业为例》,《经济管理》,2007年第19期,pp. 70-75。
③ 隋红霞:《零售业态及其选择方法研究》,硕士学位论文,山东大学,2005年。
④ Hollander, S. C., "The Wheel of Retailing", *Journal of Marketing*, vol. 24, 1960, pp. 37-42.

广义和狭义两种观点。广义观点的代表人物为 Goldman[①] (2001),他认为零售业态包括外部要素和内部要素,外部要素指商品组合、购物环境、人员服务、店铺位置以及价格策略等,这些外在要素可以向消费者提供功能性的、社会性的、心理的、美学的以及娱乐性的功能;而内在要素则是指零售技术、零售企业文化等,这些内部要素决定了零售企业运营能力和战略发展方向。零售业态构成要素的广义观点几乎包括了零售企业经营管理的全部内容。而我国学者李飞[②] (2006)进一步提出了零售业态构成要素的狭义观点,即零售业态是为满足某一特定目标顾客群的需求、对全部零售营销组合要素进行组合而形成的店铺营业形态。

而目前学者们对于零售商店营销组合要素的研究,主要从零售营销的特殊性、零售顾客购买行为、顾客对零售商店的印象和满意度等几个不同的视角展开。

首先,一部分学者从零售行业的特殊性出发,对传统营销组合的 4Ps 进行修正补充。他们认为,产品、价格、分销和促销(4Ps)是对制造企业营销活动的概括,虽然对服务业的营销组合有一定的借鉴意义,但是还需要进行补充。服务业的营销具有自身的特殊性,包括无形性、不可分割性、异质性和易逝性等(Zeithaml 和 Berry[③], 1985)。因此需要在 4Ps 的基础上补充 3Ps(人员 Participants、有形展示 Physical Evidence 和服务过程 Process)(Booms 和 Bitner[④], 1981)。后来的零售营销学者们就直接将服务营销的 7Ps 应用到了零售营销,视其为零售营销组合的要素。在此理论的指导下,McGoldrick[⑤] (2002)提出,零售营销组合的要素主要包括选址、商品、定价、广告和促销、购物环境、服务等内容。

其次,一部分学者从零售顾客购买行为出发,找出顾客选择零售商店最为关注的因素,并将其进行归类,进而确定零售营销组合要素的构成。Nielson[⑥] (2000)在消费调查的基础上,发现顾客在购买日用品的过程影响其商店选择的

[①] Goldman, A., 2001, "The transfer of retails formats into developing countries: the example of China", *Journal of Retailing*, vol. 77 (2), pp. 221 - 242.

[②] 李飞:《零售业态创新的路线图研究》,《科学学研究》,2006年12月,pp. 654 - 660。

[③] Zeithaml, Parasuraaman V. A., Berry, L. L., "Problems and strategies in services marketing", *Journal of Marketing*, vol. 49, pp. 33 - 46.

[④] Booms, B. H., Bitner, M. J., "Marketing strategies and organization structures for service firm in marketing of services", in Donnelly, J. H., George, W. R., *American Marketing Association Proceedings*, pp. 47 - 51.

[⑤] McGoldrick, P. J., 2002, *Retail Marketing*, New York, McGraw Hill Book Co.

[⑥] Nielson, *Retail Pocket Book*, NTC, Henley on Thames, 2000.

主要因素包括：物有所值、位置便利、停车便利、价格低廉、商品齐全、店铺整洁、产品质量高、店内促销和乐于助人的员工等因素。

再次，还有学者从顾客形成商店印象的影响因素对零售营销组合的要素进行归纳，并列出了18个主要方面和90个特定元素（McGoldrick，2002）。此外，我国学者王高等[①]（2006）提出，除了考虑顾客对商店的印象，还应该补充顾客的满意度方面，因为影响顾客满意的可控制因素就是零售营销组合的要素，这些要素的有机组合可以直接达成营销的顾客满意目标。

最后，我国学者李飞（2006）在前人研究的基础上，将零售营销组合的主要要素划分为产品、服务、价格、店址、环境和沟通这六大方面和24个具体维度。

2. 零售业态选择的影响因素

确定了零售业态的概念和构成要素之后，国内外的学者们进一步探讨了零售业态选择的影响因素，并指出任何一种零售业态的产生和选择都受到了当地的经济状况、文化状况和消费者状况等多方面因素的影响。

我国学者周泽信[②]（2000）指出，零售业态的生成有其一般规律，即由经济发展水平所处的阶段、市场的消费总量和消费结构、消费特点和城市发展水平等因素共同决定的。郑小京[③]（2005）进一步将影响零售业态选择的因素细分为政治环境、法律环境、文化环境、经济环境、技术环境、人口环境和家庭环境七个方面。杨伟文和赵明[④]（2005）认为，人均国民生产总值、基尼系数和市场发育程度是影响零售业态多样化发展的主要因素，而大型连锁超市和购物中心等现代零售业态往往都是在较为发达的市场基础上发展起来的。

3. 零售业态适应性的影响因素

然而，对于目前已经存在的各种零售业态而言，不同的零售业态具有不同的适应性，其经营和发展也受到了很多因素的影响。而目前针对零售业态适应性及其影响因素，仅有少数的学者进行了探索性研究。

国外学者Chow和Clement[⑤]（1995）研究了不同的国外零售业态在我国的

[①] 王高，李飞，陆奇斌：《中国大型连锁综合超市顾客满意度实证研究》，《管理世界》（北京），2006年第6期，pp. 101 - 110。

[②] 周泽信：《我国市场化进程中的零售业态及其结构》，《财贸经济》（北京），2000年第1期，pp. 71 - 74。

[③] 郑小京：《零售业态结构优化体系的研究》，《哈尔滨商业大学学报》（自然科学版），2005年第4期，pp. 255 - 259。

[④] 杨伟文，赵明：《国际零售业态多样化与我国零售业态的战略调整》，《中南大学学报》（社会科学版），2005年第2期，pp. 52 - 56。

[⑤] Chow Kong Wing and Clement, "Evaluating Small Business Development in China's Retail Sector: An Empirical Analysis", *Journal of Small Business Management*, vol. 33 (1995), pp. 87 - 92.

经营状况，通过实证分析他们发现，目标消费者状况和经济环境状况对各种零售业态的经营状况具有显著的影响作用。而我国学者李飞和汪旭晖[1]（2006）也指出，每一种零售业态都存在于某种特定的环境条件，只有与本国、本地区的特殊环境条件相适应的零售业态才能够生存。穆健玮[2]（2003）进一步列举了反映零售业态发展环境的指数，如人均国民生产总值、恩格尔系数、住房面积、人均汽车拥有量等。柴华奇等[3]（2005）通过对西安地区三种典型零售业态的研究，运用层次分析法与零售业态生命周期理论构建了用以评价零售业态发展程度的排序模型。鲍观明和叶永彪[4]（2006）认为，零售业态演变往往与一个国家或地区的经济发展水平具有一致性。杜漪、颜宏亮[5]（2006）认为，零售业态具有适应性，即已有的业态并不是僵化不变的，可以通过战略调整和重新定位以适应变化的市场环境和消费需求，从而延缓或者避免衰退期的到来。

我国学者夏春玉和杨宜苗[6]（2007）首先提出了零售业态适应的概念。进一步，他们通过实证研究发现，当前我国不同地区的不同零售业态适应性存在着显著的差异，而且当地就业、产值、交通状况、居民收入、城市化、市场化、经济增长和价格指数等因素对于不同的零售业态也具有不同的影响作用。然而他们在研究零售业态适应性的测量及其影响因素的过程中，都只是从零售业态自身的规模和效率等因素来分析的，而忽略了消费者对于零售业态的态度和感知等因素。

三、本研究所提出的理论模型及相关假设

（一）本研究所提出的理论框架模型

根据以上的文献综述我们可以看到，虽然前人直接针对零售业态适应性的研究还比较少，但是学者们所提出的零售业态的构成要素和影响因素等相关理论，已经为我们提供了一个大体的理论基础。

本研究所研究的零售业态适应性，其实质就是零售业态与外部环境的相匹配

---

[1] 李飞，汪旭晖：《零售企业竞争优势形成机理的研究》，《中国软科学》，2006年第6期，pp.129-137。

[2] 穆健玮：《经济环境及其对零售业态的影响》，《商场现代化》，2003年第8期，pp.4-6

[3] 柴华奇，翟森竞，陈王伟：《零售业态发展程度的综合评价》，《商业经济与管理》，2005年第2期，pp.65-69。

[4] 鲍观明，叶永彪：《零售业态演变规律的综合模型构建》，《财贸经济》，2006年第4期，pp.48-51。

[5] 杜漪，颜宏亮：《我国城市商圈内的零售业态趋同现象研究》，《商业经济与管理》，2006年第3期，pp.11-15。

[6] 夏春玉，杨宜苗：《零售业态适应性评价及影响因素判定——基于限额以上连锁零售企业的研究》，《财贸经济》，2007年第10期，pp.87-92。

状况,并表现为一个零售业态的实际经营状况和顾客评价。因此,影响零售业态经营状况和顾客评价的因素也必然会影响到零售业态的适应性。因此,在前人研究的基础上,我们提出了本研究的理论框架模型,见图 22-1。

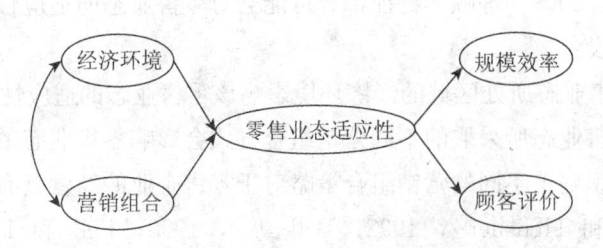

图 22-1 零售业态适应性的测量及其影响因素

从图 22-1 中我们可以看到,在本文所设计的理论框架模型中包含了零售业态适应性的测量以及零售业态适应性的影响因素这两个方面。首先,零售业态的适应性主要是通过零售业态的规模效率等实际运营指标以及顾客评价和满意度指标三个方面来共同测量。其次,零售业态所处区域的经济环境以及零售业态自身所采取的营销组合,这两个相互联系的因素共同影响着零售业态的具体适应性。

（二）本研究所提出的相关假设

1. 零售业态适应性测量的相关假设

根据本文对零售业态适应性的概念界定,一种零售业态的适应性是该零售业态与其运行环境的相匹配状态,并表现为该零售业态自身的运行效率以及零售业态消费者的评价和满意度。

因此,在本文的实证研究过程中零售业态的适应性也主要就零售业态自身的规模效率和顾客评价两个方面来测量。如果某种零售业态的运行状况表现良好,顾客的评价和满意度都比较高,那么这种零售业态的适应性程度就较高。因此,我们提出假设如下:

H01:一个零售业态的适应性决定了该零售业态的规模及效率,即零售业态的适应性越高,那么它所体现出来的规模和效率也就越高。

H02:一个零售业态的适应性决定了该零售业态的顾客评价,即零售业态的适应性越高,那么顾客对它的评价和满意度也就越高。

2. 零售业态适应性影响因素的相关假设

首先,零售业态所处的经济环境决定了该零售业态的适应性状况。每一种零售业态都存在于某种特定的环境条件,只有与本国、本地区的特殊环境条件相适应的零售业态才能够生存和发展（李飞、汪旭晖,2006）。因此,零售业态所处区域的就业、交通状况、城市化、市场化、经济增长等经济发展因素（夏春玉、杨宜苗，2007），以及当地消费者的人均收入、恩格尔系数、住房面积、汽车拥有量、冰箱拥有量（Chow 和 Clement，1995；Messinger 和 Narasimhan[①]，1997；穆健玮，2003）等顾客特征都有可能会对零售业态的适应性产生影响，因此我们提出假设：

H03：零售业态所处区域的经济环境影响该零售业态的适应性。

然后，零售业态所采取的不同营销组合方式会影响零售业态的适应性。很多学者都已经认识到了不同的营销组合策略对于零售企业的经营具有重要的影响作用（Barnard 和 Hensher[②]，1992；Bell 等[③]，1998；Bell 和 Lattin[④]，1998；Fox[⑤] 等，2004）。作为零售业态营销组合要素的产品、价格、店址、人员服务、购物环境和沟通等方面的相互组合，构成了零售企业的竞争优势的内容（李飞、汪旭晖，2006）。因此，零售业态各种营销要素之间不同的组合，会显著影响该零售业态与周围环境的匹配状态，即该零售业态的适应性。因此，我们提出假设：

H04：零售业态的营销组合状况影响该零售业态的适应性。

3. 外部经济环境与零售业态营销组合的相关性假设

零售业态所处的经济环境状况与该零售业态所采取的营销组合之间也存在着相关关系。而任何一个企业在选择自身的行为的过程中，必然要遵循企业战略行为与环境相适应的原则（Porter[⑥]，1980；Venkatraman and Prescott[⑦]，1990；

[①] Messinger, Paul R., Narasimhan, Chakravarthi, "A Model of Retail Formats Based on Consumers' Economizing on Shopping Time", *Marketing Science*, vol. 16 (1997), pp. 1 – 23.

[②] Barnard, Peter O., and David A. Hensher, "The spatial distribution of retail expenditures", *Journal of Transport Economics and Policy*, vol. 26 (September 1992), pp. 299 – 312.

[③] Bell, David R., Teck-Hua Ho, and Christopher S. Tang, "Determining where to shop: Fixed and variable costs of shopping", *Journal of Marketing Research*, vol. 35 (August 1998), pp. 352 – 69.

[④] Bell, David R., and James M. Lattin, "Shopping behavior and consumer preference for store price format: Why 'large basket' shoppers prefer EDLP", *Marketing Science*, vol. 17 (Winter 1998), pp. 66 – 88.

[⑤] Fox, Edward J., Alan L. Montgomery, Leonard M. Lodish, "Consumer Shopping and Spending across Retail Formats", *Journal of Business*, vol. 77, pp. 25 – 60.

[⑥] Porter, Michael E., *Competitive Strategy: Techniques for Analyzing Industries and Competitors*, New York: The Free Press.

[⑦] Venkatraman, N. and John E. Prescott, "Environment-Strategy Co alignment: An Empirical Test of Its Performance Implications", *Strategic Management Journal*, Vol. 11 (1990), pp. 1 – 23.

Cavusgil and Zou[①]，1994）。因此，对于零售业而言，不同的零售业态在制定自身的营销要素组合的过程中必然要考虑不同的外部经济环境及其所带来的不同的目标顾客需求（Anderson and Zeithaml[②]，1984；Hofer[③]，1975）。因此我们提出假设：

H05：零售业态所处的经济环境与零售业态所采取的营销组合之间存在着相关关系。

四、相关变量的测量

（一）零售业态规模和效率的测量

零售业态的规模和效率表现的是该零售业态的具体运行状况。其中，规模体现了零售业态的总量状况，而效率则体现了零售业态的经营和发展状况。在本文的实证研究过程中，我们主要是对北京各种零售业态的经营管理者进行问卷调查，通过零售业态的经营管理者对自身规模和效率状况进行打分评价。

对于零售业态的规模状况的测量，我们采用我国学者夏春玉和杨宜苗（2007）所提出的总量指标，具体包括零售业态的总销售额、总经营面积、从业人员数量这三个指标；而对于零售业态的效率状况的测量，则主要采用相应的比例指标，具体包括零售业态的库存周转率、利润率和销售额增长率这两个指标。

（二）零售业态的顾客评价和满意度的测量

学者Cardozo[④]（1965）最早将"满意"引入市场营销领域后，越来越多的学者开始关注顾客满意度及其测量的问题，并逐渐演变出宏观层面的顾客满意度指数测量模型和微观层面的顾客满意度测量模型两个方向（巩伟等[⑤]，2002）。

宏观的顾客满意度指数模型是在期望不一致理论基础上发展起来的（Oliver[⑥]，1981）。该模型认为，顾客预期和顾客感知质量共同决定了顾客的感知价

[①] Cavusgil, S. Tamer and Shaoming Zou, "Marketing Strategy-Performance Relationship: An Investigation of the Empirical Link in Export Market Ventures", *Journal of Marketing*, vol. 58 (1994), pp. 1 - 21.

[②] Anderson, C. and C. P. Zeithaml, "Stage of Product Life Cycle, Business Strategy and Business Performance", *Academy of Management Journal*, vol. 27 (1984), pp. 5 - 24.

[③] Hofer, C. W., "Toward a Contingency Theory of Business Strategy", *Academy of Management Journal*, vol. 18 (1975), pp. 784 - 810.

[④] Cardozo, "An Experimental Study of Customer Effort, Expectation and Satisfaction", *Journal of Marketing Research*, vol. 2 (1965), pp. 244 - 249.

[⑤] 巩伟，王楠，刘建卫：《从顾客满意到顾客忠诚》，《现代商业》，2002年第23期，pp. 34 - 36。

[⑥] Oliver, Richard, "Measurement and Evaluation of Satisfaction Process in Retail Settings," *Journal of Retailing*, vol. 57 (Fall, 1981), pp. 25 - 48.

值,进而影响顾客的满意度,并最终决定顾客忠诚。而微观的顾客满意度模型则是基于服务质量理论,学者们从各个角度考虑了更加细节的影响顾客满意度的各种因素(Parasuraman 等[1],1988)。

在本书的实证研究中,我们将这两种测量方法进行了整合。首先,本书所研究的零售业态顾客满意度的主要目的是测量顾客对该零售业态的评价和满意状况。因此,本书在测量顾客满意度的过程中主要考虑顾客对零售业态相关服务质量的感知评价、总体满意状况和顾客忠诚状况这三个方面,而不考虑顾客预期。然后,考虑到零售业的自身特点,我们将影响零售业态顾客满意度的因素归纳为商品因素、价格因素、服务质量、商店位置、购物环境和促销活动这几大方面(马万里、孙秀娟[2],2006;李乐[3],2008)。

相关指标的测量都通过对北京各种零售业态的顾客进行问卷调查,得出零售业态的顾客对相关方面的打分并进行评价。

(三)零售业态所处经济环境的测量

任何一种零售业态的产生和选择都受到了当地的经济状况、文化状况和消费者状况等多方面因素的影响。之前的学者们在研究过程中,也总结了影响零售业态选择及其适应性的相关因素,如我国学者周泽信(2000)指出,影响一种零售业态产生的因素主要有当地的经济发展水平、市场的消费总量、消费结构、消费特点和城市发展水平等因素。郑小京(2005)进一步将这些因素细化为政治环境、法律环境、文化环境、经济环境、技术环境、人口环境和家庭环境七个方面。

然而,由于我们所研究的只是针对首都北京,各种零售业态所面对的政治环境、法律环境和文化环境都基本相同,因此,各种零售业态的环境差异,主要是经济环境的不同,而且主要表现为顾客的特点不同。因此在本文的实证研究过程中,我们主要通过顾客特征来测量零售业态的经济环境状况,具体包括顾客的年龄状况、收入状况、受教育状况、家庭人口状况、距离该零售店的距离状况、购买次数、平均购买金额等指标。

(四)零售业态营销组合的测量

对于零售业态的营销组合方面,之前的学者们也提出了很多的测量方法。其中,Booms 和 Bitner(1981),提出零售企业的营销组合包括 7Ps,分别为产品、

---

[1] Parasuraman, A., V. A. Zeithaml, and L. L. Berry, "Servqual: a Multiple-item Scale for Measuring Consumer Perceptions of Service Quality", *Journal of Retailing*, vol. 67 (4), pp. 40-45.

[2] 马万里、孙秀娟:《零售业顾客满意度测评研究》,《商业研究》,2006 年第 12 期,pp. 4-6。

[3] 李乐:《我国零售业顾客满意度关键因子分析》,硕士学士论文,天津大学,2008。

价格、渠道、促销、人员、展示和服务。McGoldrick（2002）提出零售企业的营销组合包括选址、商品、定价、广告、促销、购物环境、服务。Nielson（2000）在消费调查的基础上，将零售企业的营销组合要素概括为：物有所值、位置便利、停车便利、价格低廉、商品齐全、店铺整洁、产品质量高、店内促销和乐于助人的员工等方面。我国学者李飞（2006）在前人研究的基础上，进一步将零售营销组合的主要要素划分为产品、服务、价格、店址、环境和沟通这六大方面和24个具体维度。

在本文的实证研究过程中，我们采取李飞（2006）的划分方式，将北京各种零售业态的营销组合划分为产品、价格、服务、店址、环境和沟通六个方面，并通过调查问卷，利用各个零售企业经营者对自身状况的评价打分进行衡量。

五、数据的获得

根据以上的分析我们可以看到，在本书的实证研究过程中，零售业态的适应性问题涉及了零售业态的规模效率、顾客评价、所处区域的经济环境，以及零售业态自身所采取的营销组合方式，共四个方面的变量。而对于这四个方面的测量，有的需要通过调查具体的零售企业获得，有的则需要通过调查零售企业的顾客来获得。因此，在本文的研究过程，我们针对每个零售企业设计了两类问卷，分别为由零售企业的管理者来填写的企业问卷和由若干名该零售企业的顾客来填写的消费者问卷。所有问卷都采取五级的李克特（Likert）语意量表，通过各个零售企业的经营者和顾客的打分进行测量。其中企业问卷主要调查零售业态的零售业态的营销组合和规模效率状况；而消费者问卷则主要调查零售业态所处区域的经济环境，以及顾客的评价和满意度状况。

2009年10~12月，我们对北京市不同类型的零售商店进行了市场调查。在调查过程中，每个零售商店都选取一位管理者填写企业问卷，并随机选择至少三名该商店的顾客填写消费者问卷，并以该店所有消费者的平均打分作为该零售店的顾客评价。

截至2009年12月30日，我们共有效回收了85份零售店管理者问卷和230份消费者问卷。被调查的零售店涉及了百货商店、大型超市、专业店、专卖店、便利店和仓储店六大业态类型，广泛分布在北京市的14个区县。具体的调查样本分布状况见表22-1和表22-2。

表 22-1　　　　　　　　调查样本零售店的业态分布状况

零售业态	零售店数量（家）	比重（%）	零售业态	零售店数量（家）	比重（%）
百货商店	15	17.65	专卖店	9	10.59
大型超市	34	40.00	便利店	21	24.71
专业店	3	3.53	仓储店	3	3.53

表 22-2　　　　　　　　调查样本零售店的区县分布状况

区县	零售店数量（家）	比重（%）	区县	零售店数量（家）	比重（%）
昌平	2	2.35	怀柔	1	1.18
朝阳	10	11.76	密云	1	1.18
大兴	4	4.71	石景山	3	3.53
东城	5	5.88	顺义	2	2.35
房山	21	24.71	通州	2	2.35
丰台	7	8.24	西城	8	9.41
海淀	16	18.82	宣武	3	3.53

从表 22-1 和表 22-2 中我们可以看到，本次调查的零售商店中，在零售业态类型上，最多的是大型超市，共 34 家，占总体的 40%，其次是便利店，共 21 家，占总体的 24.71%；在区县分布上，最多的依次是房山区、海淀区和朝阳区，分别占总体的 24.71%、18.82% 和 11.76%。

进一步，我们对这 85 家零售商店的外部经济条件、营销策略、规模效率和顾客评价四个方面的具体调查结果进行了描述统计，具体见附表 22-1。

六、各种零售业态的对比分析

首先，我们对六种不同零售业态的外部经济环境状况、营销策（略）、规模效率和顾客评价的相关指标打分状况进行了对比分析。通过单因素的方差分析，我们发现各种不同的零售业态在很多指标方面都存在着很大的差异。我们将差异比较显著的相关指标进行了汇总，结果如下。

(一) 各种零售业态的外部经济环境比较

表 22-3　　　　　各种零售业态的外部经济环境方差分析

	百货商店	大型超市	专业店	专卖店	便利店	仓储店	F	Sig.
顾客年龄	2.378	2.475	2.444	2.185	2.579	2.778	0.741	0.595
购买次数	3.533	3.500	3.667	3.222	3.476	3.667	0.206	0.959
教育程度	3.333	3.500	3.667	3.333	3.524	3.000	0.405	0.844
家庭人口	4.000	3.441	3.333	4.000	3.524	3.333	2.366	0.047
家庭收入	4.067	3.294	2.333	3.333	3.476	4.000	2.789	0.023
到店距离	3.800	2.941	3.667	3.778	3.190	3.000	1.105	0.364

从表 22-3 中我们可以看到，六种不同的零售业态在顾客的年龄、顾客一周的购买次数、顾客的受教育程度以及顾客到零售商店的距离等方面的差异都不显著。但是我们也注意到，六种零售业态在顾客的家庭人口数量和家庭收入上的差异却是非常显著的。我们从表 22-3 中可以看出，百货商店和专卖店顾客的家庭人口要明显高于其他零售业态的顾客，同时在家庭收入方面，百货商店的顾客和仓储店的顾客的家庭收入要明显高于专业店和大型超市的顾客。

(二) 各种零售业态的营销策略比较

从表 22-4 中我们可以看到，六种零售业态的产品、价格、服务、店址、环境和沟通等营销策略都存在着很多的显著差异。

表 22-4　　　　　各种零售业态的营销策略方差分析

	百货商店	大型超市	专业店	专卖店	便利店	仓储店	F	Sig.
种类数量	4.133	4.235	4.333	4.111	3.429	4.667	2.601	0.031
种类范围	4.000	4.118	4.000	4.111	2.952	4.000	5.989	0.000
单品数量	3.600	4.206	4.667	4.111	3.190	4.667	4.125	0.002
商品质量	4.267	4.059	4.667	3.889	3.619	4.000	1.678	0.149
平均价格	2.667	4.235	4.333	3.667	3.238	4.333	2.904	0.019
比较价格	2.800	3.529	4.000	3.556	2.952	4.333	2.487	0.038
价格促销	4.067	4.265	3.667	3.111	2.905	4.333	6.156	0.000

续 表

	百货商店	大型超市	专业店	专卖店	便利店	仓储店	F	Sig.
全面服务	4.267	4.029	4.667	3.889	3.286	4.333	3.595	0.006
服务效率	4.067	3.912	4.667	4.000	3.905	4.667	1.369	0.245
顾客关系	4.200	3.765	4.667	4.222	3.905	4.667	2.326	0.050
营业时间	3.933	3.706	4.333	3.889	4.286	4.667	1.670	0.152
居民距离	3.933	4.294	4.667	4.000	4.143	4.333	0.648	0.664
商区距离	4.067	3.647	3.667	3.889	3.000	4.333	2.256	0.057
交通便利	4.267	4.206	4.667	4.000	3.905	4.333	0.685	0.636
商圈范围	4.000	3.529	3.000	3.444	2.762	4.333	3.341	0.009
停车便利	2.867	3.059	3.000	2.556	1.810	3.333	3.378	0.008
环境整洁	4.267	4.265	4.667	4.333	4.048	4.333	0.578	0.717
布置宽敞	4.267	4.029	4.667	4.222	3.238	4.333	3.662	0.005
陈列讲究	4.267	3.853	4.667	4.222	3.667	4.333	1.912	0.102
娱乐设施	2.267	2.412	2.333	2.889	1.810	2.000	1.699	0.145
报纸广告	3.400	3.500	3.333	2.222	2.000	3.000	6.416	0.000
电视广告	2.133	2.853	2.667	2.444	1.952	2.000	2.840	0.021
促销活动	4.000	4.441	3.667	3.111	2.762	4.000	8.443	0.000
形象宣传	3.867	3.471	4.000	2.444	2.571	3.333	4.492	0.001

(1) 在产品策略方面，各种零售业态在商品质量并没有显著的差异。但在商品的种类数量、种类范围和单品数量方面的差异却非常显著（F检验的P值分别为0.031、0.000和0.002）。其中，仓储店和专业店里的种类数量要明显高于便利店和专卖店的商品种类数量；便利店的种类范围非常狭窄，远低于其他几种零售业态；便利店和百货商店的单品数量明显低于仓储店和专业店的单品数量。

(2) 在价格策略方面，我们可以看到，在平均价格、与其他零售店的价格比较以及零售业态的价格促销方面，六种零售业态之间都存在着非常显著的差异（F检验的P值分别为0.019、0.038和0.000）。从总体上看，便利店和百货商店的价格打分都显著低于仓储店和专业店的打分，这也就意味着便利店和百货商店的价格都比较高，而仓储店和专业店的价格则比较低。

(3) 在服务策略方面，各种零售业态的服务效率和营业时间之间的差异并不显著，但是在全面服务和顾客关系维护方面却存在非常显著的差异（F检验的P

值分别为 0.006 和 0.050）。总体上看，便利店和大型超市的服务水平要明显低于百货商店和仓储店的服务水平。

（4）在店址选择方面，各种零售业态在与居民区的距离以及交通便利的状况方面差异并不明显，而在与商业区的距离、商圈范围和停车便利方面的差异却非常显著（F检验的 P 值分别为 0.057、0.009 和 0.008）。从表 22-4 中我们可以看到，便利店在与商业区的距离最远、商圈范围最小、停车最为不便利，而仓储店距离商业区的距离最近、商圈范围最大、停车也最为便利。

（5）在店内环境方面，我们看到各种零售业态在环境整洁、商品陈列和娱乐设施方面的差异都不是很明显，而只是在空间布置宽敞方面存在显著差异（F检验的 P 值为 0.005）。其中，便利店的空间布置最为拥挤，明显低于专业店和仓储店。

（6）在顾客沟通方面，各种零售业态在报纸广告、电视广播广告、促销活动和形象宣传四个方面都存在着非常显著的差异（F检验的 P 值分别为 0.000、0.021、0.000 和 0.001）。具体而言，便利店在广告投入、促销活动和形象宣传方面的投入都是最低的，而百货商店和大型超市的投入则都很高。

（三）各种零售业态的规模效率对比

表 22-5　　　　　　各种零售业态的规模效率方差分析

	百货商店	大型超市	专业店	专卖店	便利店	仓储店	F	Sig.
总销售额	3.600	4.235	4.333	3.333	3.286	4.000	5.038	0.000
营业面积	3.933	4.088	3.000	3.222	3.333	4.333	4.313	0.002
从业人员	4.000	4.000	2.667	2.889	3.190	4.000	4.609	0.001
库存周转	3.467	3.941	4.667	3.333	3.571	3.667	1.815	0.119
利润率	3.667	3.794	3.667	3.222	3.429	4.000	1.076	0.380
增长率	3.400	3.735	4.333	3.333	3.190	3.667	2.002	0.087

从表 22-5 中我们可以看到，各种零售业态的规模效率在库存周转和利润率方面差异并不显著，而在总销售额、营业面积、从业人员和增长率方面却存在显著的差异（F检验的 P 值分别为 0.000、0.002、0.001 和 0.087）。其中，在总销售额方面，专卖店和便利店的销售额要明显低于大型超市、专业店和仓储店的销售额；在营业面积方面，专业店、专卖店和便利店的营业面积要明显小于大型超市和仓储店；在从业人员方面百货商店、大型超市和仓储店要明显高于专业

店、专卖店和便利店；在增长率方面，近些年来专业店在北京的发展速度要明显快于其他几种零售业态。

（四）各种零售业态的顾客评价对比

表22-6　　　　　　各种零售业态的顾客评价方差分析

	百货商店	大型超市	专业店	专卖店	便利店	仓储店	F	Sig.
总体满意	3.733	3.735	4.000	3.778	3.667	3.667	0.164	0.975
预期比较	3.622	3.583	3.333	3.407	3.468	3.556	0.199	0.962
理想比较	3.600	3.382	3.667	3.444	3.429	3.667	0.277	0.924
经常光顾	3.600	4.025	3.222	3.667	3.817	3.667	2.417	0.043
推荐他人	3.400	3.618	4.000	3.556	3.571	4.000	0.586	0.711
商店忠诚	3.422	3.485	3.778	3.481	3.460	3.444	0.144	0.981

从表22-6中我们可以看到，各种零售业态在顾客评价方面总体一致，只是在顾客光顾的经常性方面存在显著差异（F检验的P值为0.043）。其中，顾客经常光顾专业店的倾向性最低，而经常光顾大型超市的倾向性最高。而在顾客的总体满意状况、与预期的比较、与理想零售店的对比、向他人推荐的倾向性以及始终光顾某家店的忠诚度方面，各种零售业态之间都没有显著的差异。

七、零售业态适应性的探索性因子分析

本书在研究首都零售业态适应性及其影响因素的过程中，涉及了各种零售业态面临的外部经济环境、营销组合策略、规模效率和顾客评价共四大类相互联系的因素。在研究设计过程中，我们针对每一个因素都设计了若干个指标来测量。因此，为了检查这些指标在测量相关变量过程中的统一性，探索指标之间的内在联系，进一步明确各个相关变量的含义，提高总体模型的有效性，我们首先采用主成分法对总体零售店样本进行探索性因子分析，并根据探索性因子分析的结果对原有测量指标和模型进行修正。

（一）外部经济环境的探索性因子分析

在本文的实证研究过程中，零售店所面对的外部经济环境，也就是来该零售店消费的顾客状况。在本文的最初设计中，我们主要通过顾客的年龄状况、一周的购物次数、受教育程度、家庭人口数量、家庭收入和到零售店的距离这六个指标进行测量，这六个测量指标的相关系数矩阵如表22-7（a）所示。

第二十二章　首都零售业态适应性及其影响因素的实证研究

表 22-7（a）　零售业态经济环境测量指标的相关系数矩阵

	顾客年龄	购买次数	教育程度	家庭人口	家庭收入	到店距离
顾客年龄	1					
购买次数	−0.09056	1				
教育程度	−0.13188	0.557906	1			
家庭人口	−0.41208	0.094612	0.016629	1		
家庭收入	−0.05882	0.403803	0.227974	0.191564	1	
到店距离	−0.18148	0.196269	−0.12159	0.181275	0.072589	1

从表 22-7（a）中我们可以看到，最先提出的六个指标之间很多都具有较强的相关关系，部分相关系数达到了 0.4～0.5。通过 KMO 和 Bartlett 球度检验进一步验证了这些评价指标的相关性比较高，适合进行因子提取（$X^2 = 79.004$，$P=0.000$）。但是，我们也看到，六个指标中有一些指标之间的相关性比较差，相关系数小于 0.1，说明这些指标的内部尚不够统一，需要进行调整。因此，我们进一步对这六个指标进行探索性因子分析。其中，单因子对各个指标的解释结果如表 22-7（b）所示：

表 22-7（b）　外部经济条件指标的单因子解释状况（最初指标）

评价指标	因子解释状况
顾客年龄	0.212
购买次数	0.625
教育程度	0.412
家庭人口	0.221
家庭收入	0.397
到店距离	0.092

从表 22-7（b）中我们就可以看到，提取外部经济条件单个因子对于原先设计的六个测量指标的解释状况并不理想。其中，对到店距离、顾客年龄和家庭人口数量这三个指标的解释力都非常差，共同度仅为 0.092、0.212 和 0.221。因此，经过不断调整之后，我们决定剔除这三个指标，而只保留顾客的购买次数、受教育程度和家庭收入这三个指标，进一步重新进行探索性因子分析的结果如表 22-7（c）所示。

表22-7（c）　　外部经济条件指标的单因子解释状况（修正后）

评价指标	因子解释状况
购买次数	0.758
教育程度	0.618
家庭收入	0.431

表22-7（d）　　外部经济条件指标的因子提取状况（修正后）

因子	初始特征根	方差解释率（%）	累计解释率（%）
1	1.808	60.277	60.277
2	0.786	26.209	86.486
3	0.405	13.514	100.000

剔除掉到店距离、顾客年龄和家庭人口数量这三个指标后，表22-7（c）显示，单因子对剩余的3个评价指标的解释程度都比较好（共同度都接近0.5或0.5以上）。同时表22-7（d）进一步显示，在因子提取过程中，初始特征根大于1的因子只有一个，而且单因子可以解释外部经济条件三个测量指标60.277%的方差。这表明，这三个测量指标可以很好地对零售业态的外部经济条件进行评价。

（二）营销组合策略的探索性因子分析

在本文的实证研究过程，各个零售业态的营销组合策略包括了产品策略、价格策略、服务策略、店址选择策略、店内环境策略和顾客沟通策略六个方面，而且每个具体策略又由若干个指标进行测量。因此，我们需要对这六个具体策略逐个进行探索性因子分析。

1. 产品策略的探索性因子分析

在本文实证研究的初步设计中，零售店的产品策略主要通过零售店所提供的商品种类的数量、商品种类的范围、商品的单品数量和商品质量四个方面进行评价。这四个测量指标彼此之间的相关系数矩阵见表22-8（a）。

表22-8（a）　　零售业态产品策略测量指标的相关系数矩阵

	种类数量	种类范围	单品数量	商品质量
种类数量	1.000			
种类范围	0.688	1.000		

续 表

	种类数量	种类范围	单品数量	商品质量
单品数量	0.639	0.619	1.000	
商品质量	0.613	0.498	0.583	1.000

从表22-8（a）中我们可以看到，最初提出的测量零售业态产品策略的四个指标之间存在着较强的相关关系，相关系数全部为0.5~0.7。通过KMO和Bartlett球度检验进一步验证了这些评价指标的相关性比较高，适合进行因子提取（$X^2=149.599$，$P=0.000$）。进一步对这四个测量指标进行探索性因子分析，结果如表22-8（b）和表22-8（c）所示。

表22-8（b） 零售业态产品策略指标的单因子解释状况

评价指标	因子解释状况
种类数量	0.774
种类范围	0.700
单品数量	0.717
商品质量	0.632

表22-8（c） 零售业态产品策略指标的因子提取状况

因子	初始特征根	方差解释率（%）	累计解释率（%）
1	2.823	70.569	70.569
2	0.510	12.745	83.314
3	0.380	9.511	92.825
4	0.287	7.175	100.000

首先从表22-8（b）中我们可以看到，产品策略单个因子对于四个测量指标的解释状况都比较理想，各个指标的共同度均达到了0.6以上。表22-8（c）进一步显示，在零售业态产品策略的因子提取过程中，初始特征根大于1的因子只有一个，而且单因子可以解释零售业态产品策略四个测量指标70.569%的方差变化。这表明，四个测量指标可以很好地对零售业态的产品策略进行评价。

2. 价格策略的探索性因子分析

对于零售业态的价格策略，本研究初步设计通过零售商品的平均价格、与周边竞争对手的价格比较以及零售店的价格促销三个测量指标进行评价,这三个测量指标的相关系数矩阵如表22-9(a)所示。

表22-9(a) 零售业态价格策略测量指标的相关系数矩阵

	平均价格	比较价格	价格促销
平均价格	1.000		
比较价格	0.598	1.000	
价格促销	0.132	0.312	1.000

从表22-9(a)中我们可以看到,最初提出的三个指标之间存在较强的相关关系,平均价格与比较价格之间的相关系数达到了0.598,比较价格与价格促销之间的相关系数达到了0.312。过KMO和Bartlett球度检验进一步验证了这些评价指标的相关性比较高,适合进行因子提取($X^2=44.559$,$P=0.000$)。但是,我们也可以发现,平均价格与价格促销之间的相关系数只有0.132,相关性比较差,可能需要调整。进一步,我们对这三个指标进行探索性因子分析,单因子对各个指标的解释结果如表22-9(b)所示。

表22-9(b) 价格策略指标的单因子解释状况(最初指标)

评价指标	因子解释状况
平均价格	0.669
比较价格	0.790
价格促销	0.275

从表22-9(b)中,我们可以看到,价格策略单个因子对三个测量指标的解释状况并不理想。其中,对价格促销指标的共同度仅为0.275。因此,我们决定剔除该指标,而只保留平均价格和比较价格两个指标,重新进行探索性因子分析的结果如表22-9(c)和表22-9(d)所示。

表22-9(c) 价格策略指标的单因子解释状况(修正后)

评价指标	因子解释状况
平均价格	0.799
比较价格	0.799

第二十二章 首都零售业态适应性及其影响因素的实证研究

表22-9（d）　价格策略指标的因子提取状况（修正后）

因子	初始特征根	方差解释率（%）	累计解释率（%）
1	1.598	79.877	79.877
2	0.402	20.123	100.000

剔除掉价格促销指标后，表22-9（c）显示，单因子对剩余的两个评价指标的解释程度都比较好（共同度都接近了0.8）。同时表22-9（d）进一步显示，在因子提取过程中，初始特征根大于1的因子只有一个，而且单因子可以解释了价格策略两个测量指标79.877%的方差变化。这表明，两个测量指标可以很好地对零售业态的价格策略进行评价。

3. 服务策略的探索性因子分析

对于零售业态的服务策略，在本文的最初实证设计中是通过零售店所提供服务的全面性、提供服务的效率、顾客关系的维系和营业时间四个指标进行测量，这四个测量指标的相关系数矩阵如表22-10（a）所示。

表22-10（a）　零售业态服务策略测量指标的相关系数矩阵

	全面服务	服务效率	顾客关系	营业时间
全面服务	1.000			
服务效率	0.399	1.000		
顾客关系	0.303	0.660	1.000	
营业时间	0.040	0.174	0.200	1.000

从表22-10（a）中我们可以看到，最先提出的四个指标之间基本上都存在着较强的相关关系，部分相关系数达到了0.4~0.7。通过KMO和Bartlett球度检验进一步验证了这些评价指标的相关性比较高，适合进行因子提取（$X^2=65.011$，$P=0.000$）。但是，我们也看到，四个指标中有一些指标之间的相关性比较差（如全面服务与营业时间之间的相关系数仅为0.04），说明这些指标的内部统一性依然较差，需要进行调整。因此，我们进一步对这四个指标进行探索性因子分析。其中，单因子对各个指标的解释结果如表22-10（b）所示。

表22-10（b）　　服务策略指标的单因子解释状况（最初指标）

评价指标	因子解释状况
全面服务	0.390
服务效率	0.766
顾客关系	0.713
营业时间	0.122

从表22-10（b）中我们就可以看到，提取服务策略单个因子对于原先设计的四个测量指标的解释状况并不理想。其中，营业时间的共同度仅为0.122。因此，我们决定剔除这一指标，而只保留全面服务、服务效率和顾客关系这三个指标，重新进行探索性因子分析的结果如表22-10（c）和表22-10（d）所示。

表22-10（c）　　服务策略指标的单因子解释状况（修正后）

评价指标	因子解释状况
全面服务	0.431
服务效率	0.782
顾客关系	0.713

表22-10（d）　　服务策略指标的因子提取状况（修正后）

因子	初始特征根	方差解释率（%）	累计解释率（%）
1	1.927	64.224	64.224
2	0.743	24.763	88.986
3	0.330	11.014	100.000

剔除掉营业时间后，表22-10（c）显示，单因子对剩余的三个评价指标的解释程度都比较好（共同度都接近0.5或0.5以上）。同时表22-10（d）进一步显示，在因子提取过程中，初始特征根大于1的因子只有一个，而且单因子可以解释了零售业态服务策略三个测量指标64.224%的方差变化。这三个测量指标可以很好地对零售业态的服务策略进行评价。

4. 店址选择策略的探索性因子分析

对于零售业态的店址选择策略，在本书的最初实证设计中是通过零售店距离居民区的距离、距离商业区的距离、交通的便利状况、商圈的范围和停车的便利状况五个指标进行测量,这五个测量指标的相关系数矩阵如表 22-11(a)所示。

表 22-11（a） 零售业态店址选择策略测量指标的相关系数矩阵

	居民距离	商区距离	交通便利	商圈范围	停车便利
居民距离	1.000	0.121	0.361	−0.030	−0.100
商区距离	0.121	1.000	0.311	0.590	0.315
交通便利	0.361	0.311	1.000	0.272	−0.001
商圈范围	−0.030	0.590	0.272	1.000	0.400
停车便利	−0.100	0.315	−0.001	0.400	1.000

从表 22-11（a）中我们可以看到,最先提出的五个指标之间基本上也都存在着较强的相关关系,部分相关系数达到了 0.4~0.6。通过 KMO 和 Bartlett 球度检验进一步验证了这些评价指标的相关性比较高,适合进行因子提取（$X^2=75.513$,$P=0.000$）。但是,我们也看到,五个指标中同样也有一些指标之间的相关性比较差（如交通便利与停车便利之间的相关系数仅为 −0.001;居民距离与商圈范围的相关系数仅为 −0.03）,这说明指标内部尚不够统一,需要进行调整。因此,我们进一步对这五个指标进行探索性因子分析。其中,单因子对各个指标的解释结果如表 22-11（b）所示。

表 22-11（b） 店址选择策略指标的单因子解释状况（最初指标）

评价指标	因子解释状况
居民距离	0.044
商区距离	0.694
交通便利	0.296
商圈范围	0.688
停车便利	0.309

从表 22-11（b）中我们就可以看到,提取店址选择策略单个因子后,对于原先设计的五个测量指标的解释状况并不理想。其中,居民距离和交通便利的共同度仅为 0.044 和 0.296。因此,我们决定剔除这两个指标,而只保留商区距离、商圈范围和停车便利这三个指标,再次进行探索性因子分析的结果如表 22-11

(c) 和表 22-11 (d) 所示。

表 22-11 (c)　　店址选择策略指标的单因子解释状况（修正后）

评价指标	因子解释状况
商区距离	0.673
商圈范围	0.739
停车便利	0.468

表 22-11 (d)　　店址选择策略指标的因子提取状况（修正后）

因子	初始特征根	方差解释率（%）	累计解释率（%）
1	1.880	62.678	62.678
2	0.718	23.949	86.627
3	0.401	13.373	100.000

剔除掉居民距离和交通便利两个测量指标后，表 22-11（c）显示，单因子对剩余的三个评价指标的解释程度都比较好（共同度都接近 0.5 或 0.5 以上）。同时表 22-11（d）进一步显示，在因子提取过程中，初始特征根大于 1 的因子只有一个，而且单因子可以解释了零售业态店址选择策略三个测量指标 62.678% 的方差变化。这三个测量指标可以很好地对零售业态的店址选择策略进行评价。

5. 店内环境策略的探索性因子分析

对于零售业态的店内环境策略，在本文的最初实证设计中是通过零售店的环境整洁状况、店内空间的宽敞状况、陈列讲究和娱乐设施状况四个指标进行测量，这四个测量指标的相关系数矩阵如表 22-12（a）所示。

表 22-12 (a)　　零售业态店内环境策略测量指标的相关系数矩阵

	环境整洁	布置宽敞	陈列讲究	娱乐设施
环境整洁	1.000			
布置宽敞	0.565	1.000		
陈列讲究	0.695	0.651	1.000	
娱乐设施	0.042	0.184	0.178	1.000

从表 22-12（a）中我们可以看到，最先提出的四个指标之间基本上都存在着较强的相关关系，部分相关系数达到了 0.5~0.6。通过 KMO 和 Bartlett 球度检验进一步验证了这些评价指标的相关性比较高，适合进行因子提取（X^2=107.618，P=0.000）。但是，我们也看到，四个指标之间也存在着一些比较差的相关性（如环境整洁与娱乐设施之间的相关系数只有 0.042），这说明指标内部统一性不足，需要进行调整。因此，我们进一步对这四个指标进行探索性因子分析。其中，单因子对各个指标的解释结果如表 22-12（b）表示。

表 22-12（b）　　店内环境策略指标的单因子解释状况（最初指标）

评价指标	因子解释状况
环境整洁	0.718
布置宽敞	0.716
陈列讲究	0.812
娱乐设施	0.071

从表 22-12（b）中我们就可以看到，提取店内环境策略单个因子后，对于原先设计的四个测量指标的解释状况并不理想。其中，娱乐设施的共同度仅为 0.071。因此，我们决定剔除这个指标，而只保留环境整洁、布置宽敞和陈列讲究这三个指标，再次进行探索性因子分析的结果如表 22-12（c）和表 22-12（d）所示。

表 22-12（c）　　店内环境策略指标的单因子解释状况（修正后）

评价指标	因子解释状况
环境整洁	0.750
布置宽敞	0.712
陈列讲究	0.814

表 22-12（d）　　店内环境策略指标的因子提取状况（修正后）

因子	初始特征根	方差解释率（%）	累计解释率（%）
1	2.276	75.863	75.863
2	0.439	14.623	90.485
3	0.285	9.515	100.000

剔除掉娱乐设施指标后，表22-12（c）显示，单因子对剩余的三个评价指标的解释程度都比较好（共同度都达到了0.7以上）。同时表12（d）进一步显示，在因子提取过程中，初始特征根大于1的因子只有一个，而且单因子可以解释了零售业态店内环境策略三个测量指标75.863%的方差变化。这三个测量指标可以很好地对零售业态的店内环境策略进行测量。

6. 顾客沟通策略的探索性因子分析

在本书实证研究的初步设计中，零售店的顾客沟通策略主要通过零售店所进行的报纸平面广告状况、电视广播广告状况、促销活动状况和形象宣传状况四个测量指标进行评价。这四个测量指标彼此之间的相关系数矩阵见表22-13（a）。

表22-13（a） 零售业态顾客沟通策略测量指标的相关系数矩阵

	报纸广告	电视广告	促销活动	形象宣传
报纸广告	1.000			
电视广告	0.512	1.000		
促销活动	0.603	0.293	1.000	
形象宣传	0.575	0.350	0.630	1.000

从表22-13（a）中我们可以看到，最初提出的测量零售业态顾客沟通策略的四个指标之间的相关关系都比较显著，相关系数基本上都在0.5～0.6。通过KMO和Bartlett球度检验进一步验证了这些评价指标的相关性比较高，适合进行因子提取（$X^2=112.691$，$P=0.000$）。进一步对这四个测量指标进行探索性因子分析，结果如表22-13（b）和表22-13（c）所示。

表22-13（b） 顾客沟通策略指标的单因子解释状况

评价指标	因子解释状况
报纸广告	0.743
电视广告	0.416
促销活动	0.667
形象宣传	0.677

表 22-13（c）　　顾客沟通策略指标的因子提取状况

因子	初始特征根	方差解释率（%）	累计解释率（%）
1	2.503	62.570	62.570
2	0.771	19.282	81.852
3	0.395	9.875	91.728
4	0.331	8.272	100.000

首先从表 22-13（b）中我们可以看到，顾客沟通策略单个因子对四个测量指标的解释状况都比较理想，各个指标的共同度均达到了 0.4 以上。表 22-13（c）进一步显示，在零售业态顾客沟通策略的因子提取过程中，初始特征根大于 1 的因子只有一个，而且单因子可以解释四个测量指标 62.57% 的方差变化。这表明四个测量指标可以很好地对零售业态的顾客沟通策略进行评价。

（三）规模效率的探索性因子分析

对于零售业态的规模效率状况，实际上就包含着不同零售店的规模状况和效率状况两个层面，而且在本文的实证研究过程中，我们针对零售店的规模状况和效率状况分别设计了若干个测量指标。因此，在这里我们分别对零售业态的规模状况和效率状况进行探索性因子分析。

1. 规模状况的探索性因子分析

在本书实证研究的初步设计中，零售店的规模状况主要通过零售店的总销售额、总营业面积和从业人员数量三个测量指标进行评价。这三个测量指标彼此之间的相关系数矩阵见表 22-14（a）。

表 22-14（a）　　零售业态规模状况测量指标的相关系数矩阵

	总销售额	营业面积	从业人员
总销售额	1.000		
营业面积	0.580	1.000	
从业人员	0.443	0.686	1.000

从表 22-14（a）中我们可以看到，最初提出的测量零售业态规模状况的三个指标之间的相关关系都比较显著，相关系数基本上都在 0.4 以上。通过 KMO 和 Bartlett 球度检验进一步验证了这些评价指标的相关性比较高，适合进行因子提取（$X^2=86.461$，$P=0.000$）。进一步对这三个测量指标进行探索性因子分

析，结果如表 22-14（b）和表 22-14（c）所示。

表 22-14（b）　　　　规模状况指标的单因子解释状况

评价指标	因子解释状况
总销售额	0.615
营业面积	0.816
从业人员	0.713

表 22-14（c）　　　　规模状况指标的因子提取状况

因子	初始特征根	方差解释率（%）	累计解释率（%）
1	2.145	71.498	71.498
2	0.569	18.965	90.463
3	0.286	9.537	100.000

首先从表 22-14（b）中我们可以看到，规模状况单个因子对三个测量指标的解释状况都比较理想，各个指标的共同度均达到了 0.6 以上。表 22-14（c）进一步显示，在零售业态规模状况的因子提取过程中，初始特征根大于 1 的因子只有一个，而且单因子可以解释三个测量指标 71.498% 的方差变化。这表明三个测量指标可以很好地对零售业态的规模状况进行评价。

2. 效率状况的探索性因子分析

在本书实证研究的初步设计中，零售店的效率状况主要通过零售店的库存周转率、利润率和销售额增长率三个测量指标进行评价。这三个测量指标彼此之间的相关系数矩阵见表 22-15（a）。

表 22-15（a）　　　　零售业态效率状况测量指标的相关系数矩阵

	库存周转率	利润率	增长率
库存周转率	1.000		
利润率	0.552	1.000	
增长率	0.626	0.618	1.000

从表 22-15（a）中我们可以看到，最初提出的测量零售业态效率状况的三个指标之间的相关关系都比较显著，相关系数基本上都在 0.5 以上。通过 KMO 和 Bartlett 球度检验进一步验证了这些评价指标的相关性比较高，适合进行因子提取（$X^2=86.591$，$P=0.000$）。进一步对这三个测量指标进行探索性因子分析，结果如表 22-15（b）和表 22-15（c）所示。

表 22-15（b）　　　　效率状况指标的单因子解释状况

评价指标	因子解释状况
库存周转率	0.718
利润率	0.710
增长率	0.770

表 22-15（c）　　　　效率状况指标的因子提取状况

因子	初始特征根	方差解释率（％）	累计解释率（％）
1	2.198	73.264	73.264
2	0.448	14.941	88.205
3	0.354	11.795	100.000

首先从表 22-15（b）中我们可以看到，效率状况单个因子对三个测量指标的解释状况都比较理想，各个指标的共同度均达到了 0.7 以上。表 22-15（c）进一步显示，在零售业态效率状况的因子提取过程中，初始特征根大于 1 的因子只有一个，而且单因子可以解释三个测量指标 73.264％ 的方差变化，表明三个测量指标可以很好地对零售业态的效率状况进行评价。

（四）顾客评价的探索性因子分析

零售业态的顾客评价状况包含着顾客对于不同零售店的满意度和忠诚度两个层面，在本书的实证研究过程中，我们分别针对零售顾客的满意度和忠诚度设计了若干个测量指标。因此，在这里我们也是分别对零售业态的顾客满意度和顾客忠诚度进行探索性因子分析。

1. 顾客满意度的探索性因子分析

在本文实证研究的初步设计中，零售店的顾客满意度主要通过顾客对零售店的总体满意程度、顾客对零售店与预期的比较状况和顾客对零售店与理想状况的比较三个测量指标进行评价。这三个指标彼此之间的相关系数矩阵见表 22-16（a）。

表 22-16 (a)　零售业态顾客满意度测量指标的相关系数矩阵

	总体满意	预期比较	理想比较
总体满意	1.000		
预期比较	0.533	1.000	
理想比较	0.535	0.560	1.000

从表 22-16 (a) 中我们可以看到，最初提出的测量零售业态顾客满意度三个指标之间的相关关系都比较显著，相关系数基本上都在 0.5 以上。通过 KMO 和 Bartlett 球度检验进一步验证了这些评价指标的相关性比较高，适合进行因子提取（$X^2 = 68.324$, $P = 0.000$）。进一步对这三个测量指标进行探索性因子分析，结果如表 22-16 (b) 和表 22-16 (c) 所示。

表 22-16 (b)　顾客满意度指标的单因子解释状况

评价指标	因子解释状况
总体满意	0.680
预期比较	0.702
理想比较	0.703

表 22-16 (c)　顾客满意度指标的因子提取状况

因子	初始特征根	方差解释率（%）	累计解释率（%）
1	2.085	69.516	69.516
2	0.475	15.833	85.349
3	0.440	14.651	100.000

首先从表 22-16 (b) 中我们可以看到，顾客满意度单个因子对三个测量指标的解释状况都比较理想，各个指标的共同度均达到了 0.6 以上。表 22-16 (c) 进一步显示，在零售业态顾客满意度的因子提取过程中，初始特征根大于 1 的因子只有一个，而且单因子可以解释三个测量指标 69.516% 的方差变化。这表明三个测量指标可以很好地对零售业态的顾客满意度进行评价。

2. 顾客忠诚度的探索性因子分析

对于零售店的顾客忠诚度主要是通过顾客对于经常光顾的倾向性、向他人推

第二十二章 首都零售业态适应性及其影响因素的实证研究

荐的倾向性以及不被竞争对手吸引的忠诚度三个测量指标进行评价。这三个指标彼此之间的相关系数矩阵见表 22-17（a）。

表 22-17（a） 零售业态顾客忠诚度测量指标的相关系数矩阵

	经常光顾	推荐他人	商店忠诚
经常光顾	1.000		
推荐他人	0.413	1.000	0.484
商店忠诚	0.515	0.484	1.000

从表 22-17（a）中我们可以看到，最初提出的测量零售业态的顾客忠诚度三个指标之间的相关关系都比较显著，相关系数基本上都在 0.4 以上。通过 KMO 和 Bartlett 球度检验进一步验证了这些评价指标的相关性比较高，适合进行因子提取（$X^2=51.34$，$P=0.000$）。进一步对这三个测量指标进行探索性因子分析，结果如表 22-17（b）和表 22-17（c）所示。

表 22-17（b） 顾客忠诚度指标的单因子解释状况

评价指标	因子解释状况
经常光顾	0.637
推荐他人	0.607
商店忠诚	0.699

表 22-17（c） 顾客忠诚度指标的因子提取状况

因子	初始特征根	方差解释率（%）	累计解释率（%）
1	1.943	64.776	64.776
2	0.589	19.633	84.409
3	0.468	15.591	100.000

首先从表 22-17（b）中我们可以看到，顾客忠诚度单个因子对三个测量指标的解释状况都比较理想，各个指标的共同度均达到了 0.6 以上。表 22-17（c）进一步显示，在零售业态顾客忠诚度的因子提取过程中，初始特征根大于 1 的因子只有一个，而且单因子可以解释三个测量指标 64.776% 的方差变化。这表明

三个测量指标可以很好地对零售业态的顾客忠诚度进行评价。

八、变量测量的有效性分析

在探索性因子分析的基础上，我们已经对零售业态的相关因子测量有了初步的认识。进一步，我们将对各个测量指标进行信度分析，检验零售业态各个方面的测量指标是否在衡量同一个概念，是否具有稳定性和可靠性。在实证研究中，信度分析一般通过内部一致性系数（Cronbach α 系数）来测量。

本研究利用软件 SPSS 13.0，针对总体零售店样本数据计算了零售业态适应性所涉及的各个因子的测量指标之间的内部一致性系数。计算结果如表 22-18 所示。

表 22-18　　测量数据的信度分析结果（Cronbach α 系数）

因子	项目数	Cronbach α 值	因子	项目数	Cronbach α 值
产品策略	4	0.859	经济环境	3	0.658
价格策略	2	0.747	规模状况	3	0.795
服务策略	3	0.691	效率状况	3	0.816
店址选择	3	0.690	顾客满意	3	0.778
店内环境	3	0.829	顾客忠诚	3	0.721
顾客沟通	4	0.800			

美国统计学家 Hair[①]（1998）指出，当 Cronbach α 系数大于 0.7 时，表明数据的可靠性较高，如果测量指标的数目少于 6 个，只要 Cronbach α 系数大于 0.6 就说明数据是可靠的。从表 22-18 中，我们可以看到，本研究各个因子的测量指标数最多只有 4 个，而全部因子的测量指标内部一致性系数都大于 0.6，而且很多都大于 0.8。这表明本研究的测量指标数据是非常可靠的。

九、零售业态适应性的验证性因子分析

通过以上的探索性因子分析，我们已经初步确定了零售业态的外部经济环境、营销组合策略、零售业态的规模效率和顾客评价四个方面所涉及的各个因子的测量指标，并通过信度检验，我们进一步检验了样本调查数据的可靠性。

在此之后，我们将借助 SPSS AMOS4.0 分析软件，利用样本零售店的调查

[①] Hair Joseph F. Jr., Rolph E. Anderson, Roald L. Tatham, and William C. Black, *Multivariate Data Analysis*, Fifth Edition, Upper Saddle River, NJ: Prentice Hall, 1998, pp. 449.

数据,通过极大似然估计方法(Maximum Likelihood),对零售业态营销组合策略、规模效率和顾客评价三个方面进行验证性因子分析,对各个因子的测量指标载荷以及各类因子内部之间的彼此关系进行检验。值得注意的是,进行验证性因子分析要求自由度大于0,而对于零售业态的外部环境因子,由于只有三个测量指标,自由度为0,因此我们无法展开验证性因子分析。

(一)营销组合策略的验证性因子分析

根据前人的研究,我们已经确定了零售业态的营销组合策略包含了产品策略、价格策略、服务策略、店址选择策略、店内环境策略和顾客沟通策略六个方面。而通过之前的探索性因子分析,我们进一步确定了各方面的具体测量指标。因此我们首先提出零售业态的营销组合策略验证性因子分析模型,如图22-2所示。

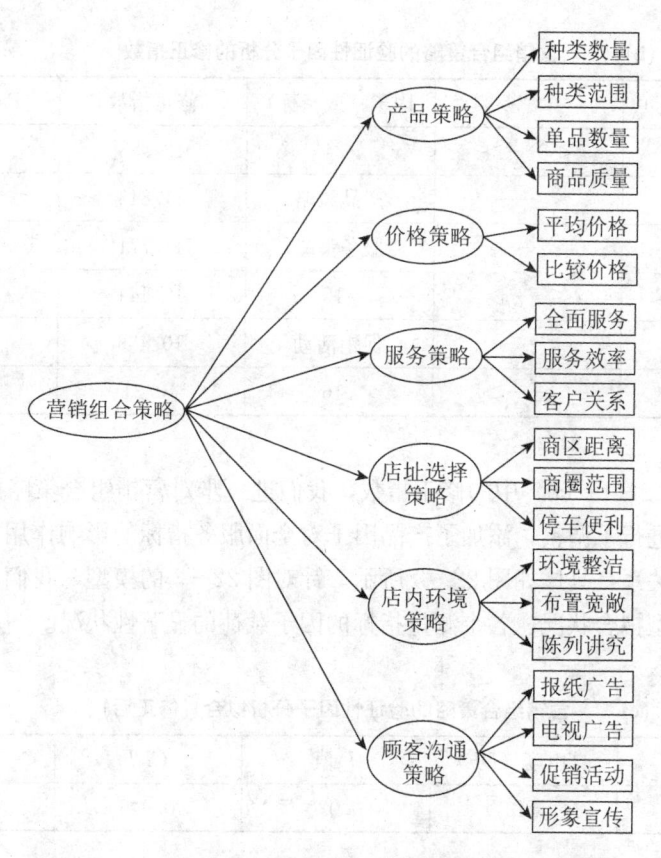

图22-2 零售业态营销组合策略验证性因子分析(初设)

利用全体样本零售店数据,我们对图22-2所示的营销组合策略进行了验证性因子分析，模型的拟合结果如表22-19（a）所示。

表22-19（a）　营销组合策略的验证性因子分析拟合（初设）

卡方	自由度（DF）	P值	CFI	RMSEA
234.586	146	0.000	0.870	0.085

从表22-19（a）中我们可以看到，验证性因子分析模型对数据的总体拟合状况并不是非常理想，其中相对拟合指数 CFI（Comparative Fit Index）仅为0.87，略低于理想的标准0.9，因此我们有必要对原有的模型进行调整，进一步查看模型的修正指数表22-19（b）。

表22-19（b）　营销组合策略的验证性因子分析的修正指数

因子（或指标）		因子（或指标）	修正指数	Par. Change
e17	<-->	e24	12.088	0.102
全面服务	<--	产品策略	11.843	0.112
布置宽敞	<--	服务策略	11.771	0.335
e5	<-->	e16	10.444	0.246
全面服务	<--	促销活动	10.436	0.236
e13	<-->	e16	10.21	−0.156

根据表22-19（b）中的修正指数，我们进一步对营销组合策略的验证性因子分析模型进行了调整，添加了产品因子对全面服务指标的影响作用，以及残差之间的相关关系，具体如图22-3所示。针对图22-3的模型，我们分别计算了修正后的模型拟合状况、各个测量指标的因子载荷的显著性状况。

表22-19（c）　营销组合策略的验证性因子分析拟合（修正后）

卡方	自由度（DF）	P值	CFI	RMSEA
178.670	142	0.020	0.946	0.055

从表22-19（c）中我们可以看到，修正后的模型对数据的拟合状况要明显优于初设模型，模型的卡方值下降到了178.670，相对拟合指数 CFI 提高到了0.946，调整后的均方根指数 RMSEA（Root Mean Square of Approximation）下

第二十二章 首都零售业态适应性及其影响因素的实证研究

降到了 0.055，而且都优于理想水平。

表 22-19（d） 营销策略影响具体策略的路径系数及其显著性检验

因子		因子	路径系数	P 值	标准化路径系数
产品策略	<－－	营销策略	1		0.759
价格策略	<－－	营销策略	0.422	0.040	0.425
服务策略	<－－	营销策略	0.167	0.060	0.517
店址选择	<－－	营销策略	0.625	0.002	0.527
店内环境	<－－	营销策略	0.719	0.000	0.811

表 22-19（e） 各测量指标的路径系数及其显著性检验

指标		相关因子	载荷	P 值	指标		相关因子	载荷	P 值
种类数量	<－－	产品策略	1		电视广告	<－－	顾客沟通	0.441	0.000
种类范围	<－－	产品策略	0.891	0.000	促销活动	<－－	顾客沟通	1.148	0.000
单品数量	<－－	产品策略	0.967	0.000	商品质量	<－－	产品策略	0.741	0.000
平均价格	<－－	价格策略	1		形象宣传	<－－	顾客沟通	1.022	0.000
比较价格	<－－	价格策略	1.765	0.009	商区距离	<－－	店址选择	1	
服务效率	<－－	服务策略	3.398	0.037	商圈范围	<－－	店址选择	1.335	0.000
顾客关系	<－－	服务策略	2.431	0.031	停车便利	<－－	店址选择	0.773	0.000
环境整洁	<－－	店内环境	1		全面服务	<－－	产品策略	0.562	0.000
布置宽敞	<－－	店内环境	1.354	0.000	全面服务	<－－	服务策略	1	
陈列讲究	<－－	店内环境	1.3	0.000	布置宽敞	<－－	店内环境	1.354	0.000
报纸广告	<－－	顾客沟通	1		陈列讲究	<－－	店内环境	1.3	0.000

表 22-19（d）显示，零售业态的营销组合策略对其产品策略、价格策略、服务策略、店址选择策略、店内环境策略和顾客沟通策略的影响作用都是非常显著的（通过固定载荷估计法，T 检验的 P 值全部都小于 0.1）。此外，表 22-19（e）中进一步显示，对于这六种具体营销策略的测量指标的因子载荷也都十分显著（通过固定载荷法估计，非固定载荷的测量指标的 T 检验 P 值全部小于 0.05）。由此可见，本研究所提出的这些测量指标很好地反映了零售业态的营销组合策略状况。如图 22-3 所示。

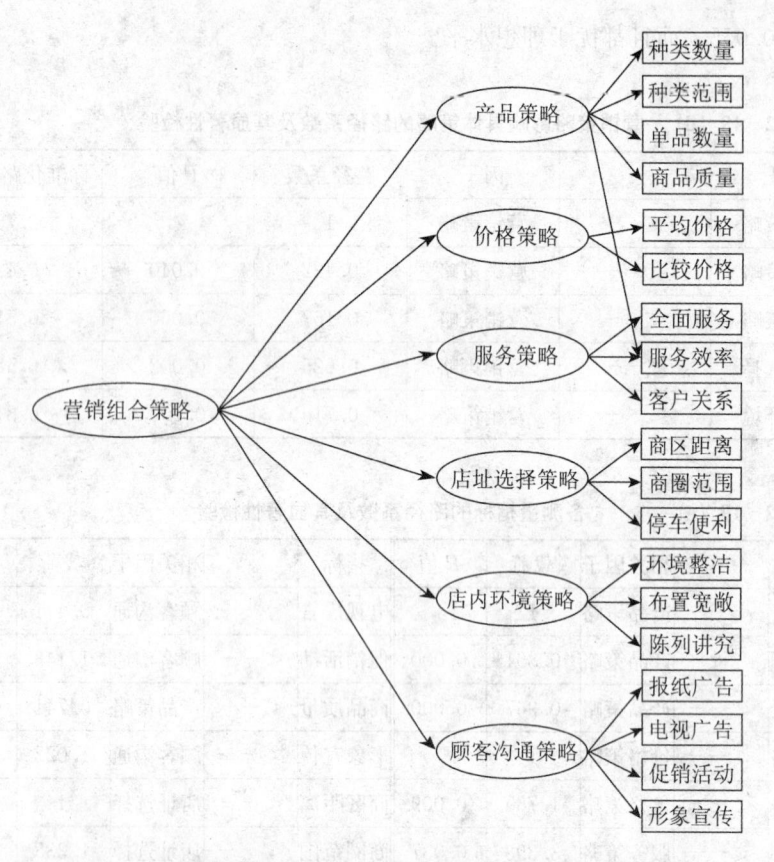

图 22-3　零售业态营销组合策略验证性因子分析（修正后）

（二）规模效率的验证性因子分析

零售业态的规模效率包含着零售店的规模状况和效率状况两个方面，在之前的探索性因子分析中，我们已经确定规模状况是通过总销售额、营业面积和从业人员三个指标进行测量，效率状况则是通过库存周转率、利润率和增长率三个指标进行测量。此外，零售店的规模状况和效率状况，作为零售业态规模效率的两个方面，彼此之间也应当存在着相关关系。因此我们提出规模效率的验证性因子分析模型如图 22-4 所示。

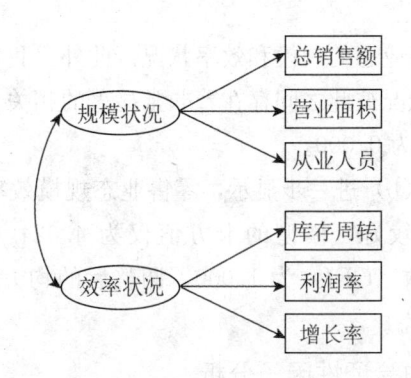

第二十二章 首都零售业态适应性及其影响因素的实证研究

图 22-4　零售业态规模效益的验证性因子分析

利用样本零售店的调查数据，我们计算了相关测量指标在零售业态的规模状况和效率状况两个因子上的载荷及其显著性、规模状况与效率状况之间的相关关系及显著性以及验证性因子分析模型的整体拟合状况，具体结果见表 22-20。

表 22-20 (a)　零售业态规模效率的因子载荷检验

指标（因子）		因子	因子载荷	标准化载荷	P 值
总销售额	<－－	规模状况	1	0.914	
营业面积	<－－	规模状况	0.677	0.630	0.000
从业人员	<－－	规模状况	0.63	0.504	0.000
库存周转	<－－	效率状况	1	0.752	
利润率	<－－	效率状况	0.91	0.748	0.000
增长率	<－－	效率状况	0.997	0.825	0.000
规模状况	<－－>	效率状况	0.488	0.905	0.000

表 22-20 (b)　零售业态规模效率的整体拟合状况

卡方	自由度（DF）	P 值	CFI	RMSEA
4.024	7	0.777	1.000	0.000

从表 22-20 中我们可以看到：首先，表 22-20 (a) 显示，零售业态的规模状况和效率状况的测量指标的因子载荷都非常显著（通过固定载荷法估计，非固定载荷的评价指标的 T 检验 P 值全部为 0.000），说明我们之前所提出的测量指

标可以很好地评价零售业态的规模和效率状况。此外，我们还可以看到，零售业态的规模状况和效率状况彼此之间存在着非常显著的相关关系，相关系数达到了 0.905，T 检验的 P 值为 0.000。

其次，表 22-20（b）进一步显示，零售业态规模效率的验证性因子分析模型对数据的拟合程度较好，模型的卡方值仅为 4.024（自由度为 7，P 值为 0.777），相对拟合指数（CFI）为 1.000，调整后的均方根指数（$RMSEA$）为 0.000，均优于理想状态。

（三）顾客评价的验证性因子分析

零售业态的顾客评价则包含着顾客对零售店的满意度和忠诚度两个方面，在之前的探索性因子分析中，我们也已经确定顾客满意度是通过顾客的总体满意、预期比较和理想比较三个指标进行测量，顾客忠诚度则是通过经常光顾、推荐他人和商店忠诚三个指标进行测量。此外，顾客满意度和顾客忠诚度彼此之间也应当存在着相关关系。因此我们提出零售业态顾客评价的验证性因子分析模型如图 22-5 所示。

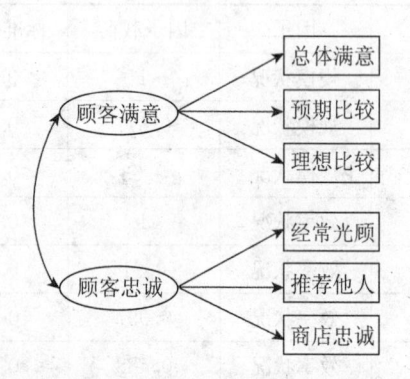

图 22-5　零售业态顾客评价的验证性因子分析

利用样本零售店的调查数据，我们计算了相关测量指标在零售业态的顾客满意和顾客忠诚两个因子上的载荷及其显著性，顾客满意与顾客忠诚之间的相关关系及其显著性，以及整个验证性因子分析模型的拟合状况，具体结果见表 22-21。

表 22-21 (a) 零售业态顾客评价的因子载荷检验

指标（因子）		因子	因子载荷	标准化载荷	P 值
总体满意	<--	顾客满意	1	0.707	0.000
预期比较	<--	顾客满意	1.324	0.800	0.000
理想比较	<--	顾客满意	1.15	0.693	0.000
经常光顾	<--	顾客忠诚	1	0.692	0.000
推荐他人	<--	顾客忠诚	1.267	0.674	0.000
商店忠诚	<--	顾客忠诚	1.18	0.695	0.000
顾客满意	<-->	顾客忠诚	0.148	0.874	0.000

表 22-21 (b) 零售业态顾客评价的整体拟合状况

卡方	自由度（DF）	P 值	CFI	RMSEA
9.300	8	0.318	0.992	0.044

从表 22-21 中我们可以看到：首先，表 22-21 (a) 显示，零售业态的顾客满意和顾客忠诚的测量指标的因子载荷都非常显著（通过固定载荷法估计，非固定载荷的评价指标的 T 检验 P 值全部为 0.000），说明我们之前所提出的测量指标可以很好地评价零售业态的顾客满意和顾客忠诚状况。此外，我们还发现，零售业态的顾客满意和顾客忠诚之间确实存在着非常显著的相关关系，相关系数达到了 0.874，T 检验的 P 值为 0.000。

其次，表 22-21 (b) 进一步显示，零售业态顾客评价的验证性因子分析模型对数据的拟合程度较好，模型的卡方值为 9.3（自由度为 8，P 值为 0.318），相对拟合指数（CFI）为 0.992，调整后的均方根指数（RMSEA）为 0.044，均优于理想状态。

(四) 零售业态适应性的验证性因子分析

根据本章之前的研究，我们提出，零售业态的适应性包括零售业态的规模效益和顾客评价两个方面。通过前面的验证性因子分析，我们已经分别探索发现了零售业态的规模效益和顾客评价内部因子之间的相互关系。那么在此基础上，我们进一步从零售业态适应性的整体角度，分析各个因子之间的相互关系。我们首先提出零售业态适应性的验证性因子分析模型如下：

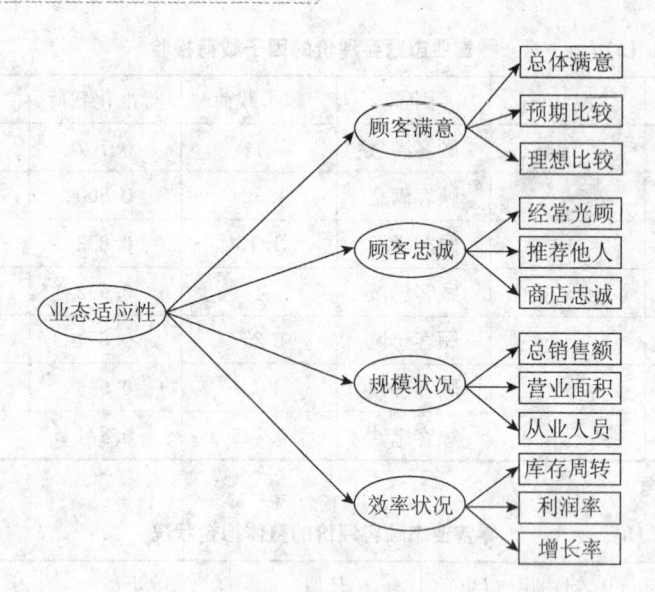

图 22-6 零售业态适应性的验证性因子分析

利用样本零售店的调查数据，我们对模型中的各个因子之间的路径系数以及模型整体的拟合状况进行了计算，具体结果见表 22-22。

表 22-22 (a)　　　　零售业态适应性对各因子的影响作用

因子		因子	因子载荷	标准化载荷	P 值
规模状况	<--	适应性	1	0.931	
效率状况	<--	适应性	0.984	0.975	0.000
顾客满意	<--	适应性	0.439	0.661	0.000
顾客忠诚	<--	适应性	0.38	0.711	0.000

表 22-22 (b)　　　　零售业态适应性的指标载荷检验

指标		相关因子	载荷	P 值	指标		相关因子	载荷	P 值
总销售额	<--	规模状况	1.000		总体满意	<--	顾客满意	1.000	
营业面积	<--	规模状况	0.731	0.000	预期比较	<--	顾客满意	1.173	0.000
从业人员	<--	规模状况	0.684	0.000	理想比较	<--	顾客满意	1.080	0.000
库存周转	<--	效率状况	1.000		经常光顾	<--	顾客忠诚	1.000	
利润率	<--	效率状况	0.840	0.000	推荐他人	<--	顾客忠诚	1.360	0.000
增长率	<--	效率状况	0.911	0.000	商店忠诚	<--	顾客忠诚	1.270	0.000

首先，我们 22-22（a）中可以看到，零售业态适应性对于零售业态的规模状况、效率状况、顾客满意和顾客忠诚四个方面的影响都是非常显著的著（通过固定载荷法估计，非固定载荷的评价指标的 T 检验 P 值全部为 0.000）。这说明，规模状况、效率状况、顾客满意和顾客忠诚都能够反映零售业态的适应性状况。进一步，根据因子间的标准化路径系数，可以发现不同方面反映零售业态适应性的重要程度也不同。从表中我们可以看到，在四个因子间的路径系数中，零售业态适应性与效率状况的标准路径系数最大（0.975），这说明效率状况因子（库存周转、利润率和增长率）最能够反映零售业态的适应性状况，其次为零售业态规模状况因子，而顾客忠诚和顾客满意两个因子对零售业态适应性的反映作用则相对较弱。

其次，我们通过表 22-22（b）可以发现各个因子的测量指标的因子载荷都是非常显著的（通过固定载荷法估计，非固定载荷的评价指标的 T 检验 P 值全部为 0.000），这说明本文所提出的相关指标都可以很好地反映零售业态的适应性状况。

表 22-22（c）　　　零售业态顾客评价的整体拟合状况

卡方	自由度（DF）	P 值	CFI	RMSEA
75.307	49	0.009	0.941	0.080

最后，表 22-22（c）进一步显示，零售业态适应性的验证性因子分析模型对数据的拟合程度较好，模型的卡方值为 75.307（自由度为 49，P 值为 0.009），相对拟合指数（CFI）为 0.941，调整后的均方根指数（RMSEA）为 0.08，均优于理想状态。

十、零售业态适应性及其影响因素的总体模型结果

（一）总体模型的拟合与修订

通过验证性因子分析，我们确定了零售业态的营销组合策略、规模效率、顾客评价以及零售业态适应性的内部各个因子之间的相互关系。在此基础之上，我们将利用这种因子划分和测量方式，并结合之前提出的总体模型，进一步分析经济环境、营销策略与零售业态适应性三类因子之间的相互关系。

在模型估计的过程中，对于零售业态的外部经济环境，由于只有单一因子，因此在总体模型的分析过程中就直接以其测量指标来测量。而对于我零售业态的营销组合策略和适应性状况，由于又包含了多个二阶因子，因此，为了提高模型

和参数估计的稳定性,在总体模型估计过程中,以各个二阶因子的指标均值作为测量指标,对这两类变量进行测量。具体的模型设计如图22-7所示。

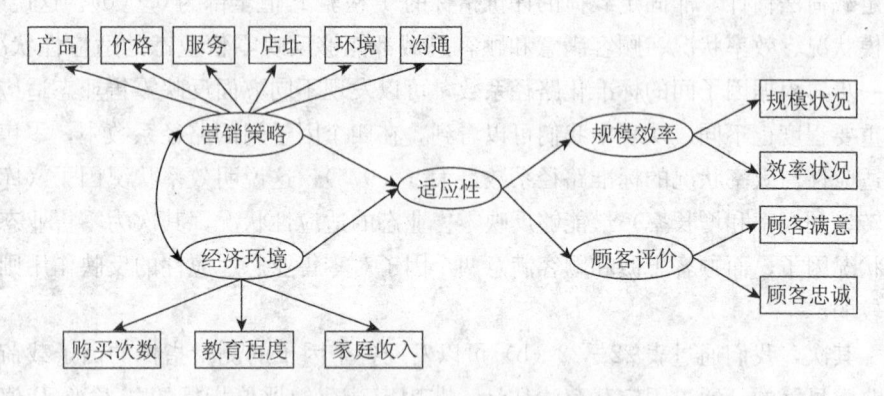

图22-7 零售业态适应性及其影响因素的总体模型(初设)

根据样本零售店的调查数据,利用 SPSS AMOS4.0 软件,通过极大似然法(Maximum Likelihood)我们对初设的总体模型进行了拟合计算,模型总体的拟合结果如表22-23所示。

表22-23　　　　　　总体模型的拟合状况(初设模型)

卡方	自由度(DF)	P值	CFI	RMSEA
98.798	60	0.001	0.899	0.088

从表22-23中我们发现,初设的总体模型对数据的拟合状况还比较理想,模型的卡方值为98.798(自由度为60,P值为0.001),相对拟合指数(CFI)为0.899,调整后的均方根指数(RMSEA)为0.088。但是我们注意到,模型中零售业态的经济环境与营销策略之间的相关关系却并不显著(相关系数仅为0.08,T检验的P值为0.556)。这表明,对于北京的零售业态而言,其所面临的经济环境状况与其所采取的营销组合策略之间并不存在显著的相关关系。因此,我们将原模型略微调整,删除经济环境与营销策略之间的相关关系,建立最终模型如图22-8所示。

第二十二章 首都零售业态适应性及其影响因素的实证研究

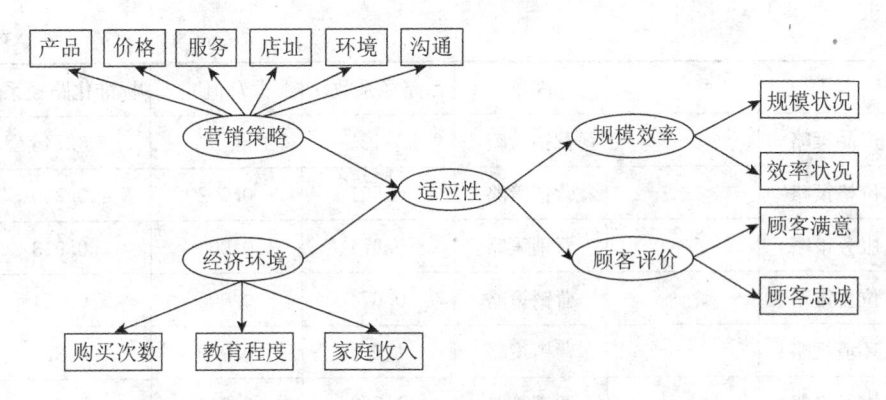

图 22-8 零售业态适应性及其影响因素的总体模型（修订）

利用 SPSS AMOS4.0 软件,通过极大似然法（Maximum Likelihood）,我们进一步对修订后的总体模型进行了拟合,模型的计算结果如表 22-24（a）所示。

表 22-24（a） 最终模型的拟合状况（修订后）

卡方	自由度（DF）	P 值	CFI	RMSEA
99.145	61	0.001	0.901	0.086

从表 22-24（a）中我们可以看到,删除了经济环境与营销策略之间的相关关系后,最终模型的卡方值略有上升,但是模型的自由度得到了提高,相对拟合指数（CFI）和调整后的均方根指数（RMSEA）也都优于原模型,且均已经优于合理条件。

我们计算了最终模型中的各个因子之间的路径系数,并对各个路径系数的显著性进行检验,具体结果见表 22-24（b）。从表中我们可以看到,最终模型中的所有路径系数都统计显著,所有因子之间路径系数的 T 检验 P 值都在 0.01 的显著性水平之下。

表 22-24（b） 最终模型中各个因子之间路径系数

因子		因子	路径系数	P 值	标准化路径系数
适应性	<--	营销策略	0.439	0.001	0.444
适应性	<--	经济环境	0.548	0.011	0.410
经济效率	<--	适应性	1		0.969
顾客评价	<--	适应性	0.592	0.001	0.767

续表

因子		因子	路径系数	P值	标准化路径系数
产品策略	<－－	营销策略	1		0.746
价格策略	<－－	营销策略	0.591	0.002	0.350
服务策略	<－－	营销策略	0.974	0.000	0.913
位置策略	<－－	营销策略	0.674	0.000	0.414
环境策略	<－－	营销策略	1.078	0.000	0.829
沟通策略	<－－	营销策略	0.783	0.000	0.480
规模状况	<－－	经济效益	1		0.744
效率状况	<－－	经济效益	1.143	0.000	0.896
顾客满意	<－－	顾客评价	1		0.730
顾客忠诚	<－－	顾客评价	0.977	0.000	0.783
家庭收入	<－－	经济环境	1		0.436
教育程度	<－－	经济环境	1.204	0.001	0.637
购买次数	<－－	经济环境	1.911	0.002	0.881

(二) 零售业态适应性的影响因素分析

利用最终模型的计算结果，我们进一步分析了零售业态适应性及其影响因素彼此之间的直接影响、间接影响和总体影响关系。具体结果如下。

1. 零售业态适应性的影响因素（如表22－25所示）

表22－25　　　　　　零售业态适应性的影响因素（标准化后）

影响因素	直接影响	间接影响	总体影响
经济环境	0.410	0.000	0.410
营销策略	0.444	0.000	0.444

从表22－25中我们可以看到，零售业态的适应性只受到外部经济环境和自身营销策略两方面的影响，而且两方面都只对零售业态的适应性产生直接影响作用。在具体影响作用的大小方面，我们可以看到，零售业态所采取的营销策略对

自身的适应性产生的影响作用（标准化后为 0.444）要略高于外部经济环境的影响作用（标准化后为 0.410）。

2. 零售业态规模效率的影响因素（如表 22-26 所示）

表 22-26　　　　零售业态规模效率的影响因素（标准化后）

影响因素	直接影响	间接影响	总体影响
经济环境	0.000	0.397	0.397
营销策略	0.000	0.430	0.430
适应性	0.969	0.000	0.969

从表 22-26 中我们可以看到，零售业态的规模效率受到了外部经济环境、自身的营销策略和适应性三方面的影响。其中，外部经济环境和营销策略是通过零售业态的适应性间接影响其规模效率。从总体影响的大小来看，零售业态的规模效率最主要的影响因素是其零售业态的适应性，其次是营销策略，最后是外部的经济环境。

3. 零售业态顾客评价的影响因素（如表 22-27 所示）

表 22-27　　　　零售业态顾客评价的影响因素（标准化后）

影响因素	直接影响	间接影响	总体影响
经济环境	0.000	0.315	0.315
营销策略	0.000	0.341	0.341
适应性	0.767	0.000	0.767

从表 22-27 中我们可以看到，零售业态的顾客评价同样也受到了外部经济环境、自身的营销策略和适应性三方面的影响。其中，外部经济环境和自身的营销策略是通过零售业态的适应性间接影响其顾客评价。从总体影响的大小来看，零售业态的顾客评价最主要的影响因素是其零售业态的适应性，其次是营销策略，最后是外部的经济环境。

附表22-1　　　　样本零售店的相关指标描述统计

营销策略	指标含义	均值	标准差	经济条件	指标含义	均值	标准差
产品1	种类数量	4.024	0.951	经济条件1	顾客年龄	2.463	0.608
产品2	种类范围	3.800	0.936	经济条件2	购买次数	3.482	0.895
产品3	单品数量	3.871	1.044	经济条件3	教育程度	3.447	0.779
产品4	商品质量	3.988	0.838	经济条件4	家庭人口	3.612	0.692
价格1	平均价格	3.259	1.025	经济条件5	家庭收入	3.471	0.946
价格2	比较价格	3.306	1.080	经济条件6	到店距离	3.271	1.417
价格3	价格促销	3.753	1.133	规模效率	指标含义	均值	标准差
服务1	全面服务	3.906	0.908	规模效率1	总销售额	3.788	0.874
服务2	服务效率	4.000	0.690	规模效率2	营业面积	3.753	0.858
服务3	顾客关系	3.988	0.732	规模效率3	从业人员	3.635	0.998
服务4	营业时间	3.965	0.892	规模效率4	库存周转	3.718	0.908
店址1	居民距离	4.176	0.862	规模效率5	利润率	3.624	0.831
店址2	商区距离	3.612	1.124	规模效率6	增长率	3.518	0.825
店址3	交通便利	4.141	0.875	顾客评价	指标含义	均值	标准差
店址4	商圈范围	3.424	1.095	满意度1	总体满意	3.729	0.625
店址5	停车便利	2.671	1.248	满意度2	预期比较	3.533	0.730
环境1	环境整洁	4.235	0.701	满意度3	理想比较	3.459	0.733
环境2	布置宽敞	3.929	0.973	忠诚度1	经常光顾	3.820	0.561
环境3	陈列讲究	3.965	0.823	忠诚度2	推荐他人	3.588	0.729
环境4	娱乐设施	2.271	1.040	忠诚度3	商店忠诚	3.476	0.658
沟通1	报纸广告	2.953	1.243				
沟通2	电视广告	2.424	1.004				
沟通3	促销活动	3.765	1.192				
沟通4	形象宣传	3.224	1.148				

第二十三章　首都零售企业核心竞争力提升研究

一、零售企业核心竞争力内涵界定

(一) 零售企业核心竞争力概念的界定

1. 企业核心竞争力的内涵与本质

企业核心竞争力概念（Core Competence）的提出者普拉哈拉德（C. K. Prahalad）和哈默尔（G. Hamel）认为："企业核心竞争力是企业内部经过整合了的知识和技能，尤其是协调各方面资源的知识和技能。企业据此创造出超越其他竞争对手的独特的生产技术、经营理念、产品和服务。"他们认为企业本质上是一个获取、共享和利用知识的学习型组织，企业核心竞争力决定了企业发现市场机会、配置生产资源的能力，也决定了企业内各种资源效能发挥的效力。

企业核心竞争力的实质就是企业有效率地使用生产要素的能力，它对企业的长远发展具有非同寻常的意义。首先，它使企业间的竞争从争夺产品占有率转向企业间整体实力的较量；其次，核心竞争力的构建与提升增强了企业在相关商品市场上的竞争地位，能够形成新的创造力，促进自身不断发展；再次，核心竞争力的形成需依靠经验和知识的积累，这使得它不会轻易被竞争对手模仿，具有极强的持久性；最后，核心竞争力还能够体现企业发展的整体战略，把握企业发展的未来，体现未来市场的需求。认清企业核心竞争力的本质则有利于在实践中将该理论运用得更高效，通常从以下四个方面来理解和解释企业核心竞争力的本质。

(1) 各种核心能力的集合体

企业核心竞争力是企业各种能力或综合素质的高度概括，代表了企业最本质的东西。企业的核心竞争力是由一组能力构成的集合体，这个集合体在不同的企业里具有不同的核心优势。整个能力体系中，各种能力互相有机联系，形成强大的核心向量，有力地支撑着企业的运作。正如经济学将企业视作生产函数；制度经济学将企业作为契约组织；而能力理论则将企业看作是能力集合体，这在一定意义上开创了一种全新的研究范式。

(2) 具有放大效应

企业核心竞争力是企业运行中产生的一个综合力,它的作用是将企业运行所投入的资本、资源、劳动力、科技知识等各种要素交互形成聚合、润滑、裂变,从而释放出更大能力,就是人们所熟悉的1+1>2的放大效应。对于缺乏核心竞争力的企业来说,只能对资源、资本、劳动力等生产要素进行简单的叠加,这种方式甚至会使各要素产生相互作用递减的结果。

(3) 企业长期积累和学习的结果

企业核心竞争力是以知识为特征的企业战略性资产,体现在企业生产经营活动的各个层面,渗透到企业有机体的所有组织里,贯穿于企业生产经营的全过程。可以将它理解为"组织中的积累性学习,特别是关于如何协调不同生产技能和有机结合多种技术流派的学识"。对此我国的一些学者将其解释为"企业内存在的一组技术及技能的结合体","以一项或多项领先核心技术为主建立的企业深层次能力"。[1] 不能将企业的核心竞争力简单地归结为某些以技术为主导的企业能力,这样认识的核心竞争力很容易等同于通常理解的企业某一方面的能力,如管理能力、技术能力等。

(4) 企业不断发展的能力

已经树立的企业核心竞争力还会随着产品特性及市场环境发生变化,尤其会随着现代科学技术的发展而不断发展和变化。值得注意的是这种变化是沿着企业的核心优势、顺应市场的特点而渐进发生。企业要有高瞻远瞩的发展眼光,持续将既有的能力作为知识储存起来,非但不会使既有的核心竞争力随时代发展沦为普通能力,反而能发挥自身的成果优势实现核心竞争力的持续提升。

2. 零售企业核心竞争力的概念与特殊性

零售企业的目标顾客是最终消费者,其最显著的特征为商圈半径有限性,根本业务是通过自己的经营活动,满足最终消费者的消费需求。零售商的顾客通常是营业点附近的居民和流动人口,因此零售经营地点的选择就成为影响经营成败的关键因素。零售企业核心竞争力是指零售企业能够即时掌握并且适应消费者需求的变化趋势,是经过长期精心培育而建立起来的独特的差别优势,是能够增强其在该业态中以及整个零售市场范围内竞争地位的关键能力。是以零售企业的经营能力和服务能力为表现形式,以零售企业的应变能力、成本控制能力和内部管理能力为支撑点,以零售企业的企业文化渗透力、感染力和人力资源开发能力为根基的能力结构[2]。

---

[1] 宁建新:《企业核心竞争力的构建与提升》,北京:中国物资出版社,2002年,第30-32页。
[2] 张垫:《培育零售企业核心竞争力的路径创新》,《现代财经》,2002年第7期。

零售企业所处的市场不是完全竞争市场,而是垄断竞争市场,因为在零售市场中存在着垄断要素,如:不同业态的存在、零售商要受厂商等上游企业渠道策略的影响、店铺选址的影响。因此,零售企业核心竞争力除了具备企业核心竞争力的诸如价值性、稀缺性、知识性、系统性、延展性、持久性等一般特征以外,还具有自己鲜明的特征,主要表现在:第一,服务特性。零售企业的核心竞争力更多地体现在提供的服务而不是产品。为顾客所创造的价值也更多地表现在交付时间及时、服务设施便利等方面。第二,学习性。与其他的技术能力相比,零售企业对学习性要求更高,对员工的技能性要求多样化,专业化程度也相对较高。第三,差异性。零售企业中每种业态有其自身独具的特征,因而不同业态的零售企业间会因服务形式、服务运营系统、服务传递方式及营销系统的设计不同而形成具有较大差异性的核心竞争力[①]。

(二)零售企业核心竞争力的构成要素

本文以零售企业核心竞争力的概念及特殊性的界定为基础,参照已有的研究成果,提出零售企业核心竞争力的构成要素包括选址能力、学习能力、流程控制能力、经营管理能力和培养顾客忠诚度能力,这五方面的合力促成零售企业核心竞争力的提升,五大构成要素都符合零售企业核心竞争力特殊性的规定要求,如图 23-1 所示。从长远来看,随着外部环境的变化以及企业发展战略的调整,这些构成要素对零售企业核心竞争力的相对贡献率水平可能还会发生变化。

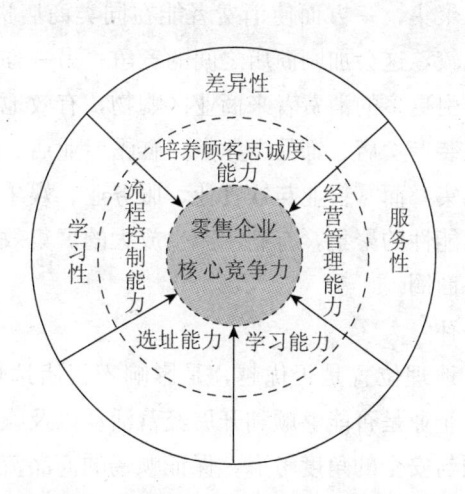

图 23-1 零售企业核心竞争力逻辑关系

---

① 赵峰:《零售企业核心竞争力的整体模型构建及战略分析》,《学术交流》,2006 年第 6 期。

1. 选址能力

选址能力对零售企业而言是一个关键性的因素，恰当的店铺位置是零售企业的一笔无形资产，为企业创立了成功的基本条件。从顾客角度来看，他们在进行购物选择时首要考虑的是商店位置，通常顾客会选择离住处和工作单位最近的商店；对零售企业而言，优越的商店位置是稀缺的关键资源，占据了优越的商店位置的零售商就具有了其他竞争者不容易模仿的一种核心竞争力，零售企业可以利用其位置来开发可持续的竞争优势。

（1）客流规律

客流始终是衡量一个商店区位和店址价值的最重要因素，在其他条件相同时客流量最高的店址往往是最好的。要了解商店的客流规律，必须分析各项指标，包括：当地的人口总数、人口密度、人口分布及年龄结构、购买力水平、未来人口成长的趋势、商圈内人口的增长情况、新婚家庭的增加、人口年龄结构等。除了吸引当地居民，过往行人也是商店客流来源的重要组成部分，要了解行人的年龄结构、来往的高峰时间和稀薄时间规律、行人来往的目的及停留时间。

（2）周边商店聚集状况

某一地区零售业态的聚集状况被分为异种零售业态的聚集、有竞争关系的零售业态的聚集、有补充关系的零售业态聚集以及多功能聚集四大类。其中异种零售业态聚集不会使商店之间产生竞争，反而会给商店带来更强的市场吸引力。有竞争关系的零售业态聚集，一方面使消费者能在同类商店进行商品质量、价格、款式及服务方面的比较，这会加剧商店之间的竞争；另一方面商店的集聚又会产生集聚放大效应，吸引更多的消费者来商业区购物，有效地扩大购物商圈。而百货商店周围聚集的服装专卖店、饰品专业点、鞋帽专业店、快餐店等，这是一种补充关系的零售业聚集。而零售业与饮食业、服务业、娱乐业以及邮电、银行的聚集，则是一种多功能性的聚集，有利于产生放大的聚集效应，从而有效地扩大该地区的购物与服务商圈。

（3）交通地理条件

交通是否便利、地理位置是否优越，是影响零售店选地址的另一个重要因素，它影响并决定了企业是否能够顺利开展经营活动以及顾客购买行为的顺利实现。从商品运输便利与安全的角度考虑，保证顺畅的商品流动通道，便于零售商店完成每天大量的商品输送工作，也便于对商品管理；从吸引顾客的角度分析一个重要的考核指标是，商店开设地点可供利用的停车场规模，这对于百货店和大型超市尤为重要；从顾客出行角度分析，开设在远离商业中心的商店一般距离车站、交通枢纽越近，购买越方便，客流就较多。

2. 学习能力

学习能力贯穿于零售企业核心竞争力发展的始终，是零售企业把知识资源转化为知识资本的能力，在构成要素中发挥部分统领性的作用。不断提高零售企业的学习能力，以最快速度、最短时间把学习到的新知识、新信息应用于企业变革与创新，有助于更好地适应市场和客户的需要，获得持久的竞争优势。

（1）个人学习

组织是由个体构成的，个人学习是组织学习重要的前提和基础，加强零售企业从业人员的个人学习需要企业制定有针对性的全面培训机制。零售企业属于劳动密集型的组织，人员结构区分层次存在一些特定差别，因此人员培训的内容要依据实际情况区别设计。对销售服务人员的培训内容重点为专业与规范化的服务；对中、高层管理人员的培训内容侧重于本领域相关的专业理论知识，重在拓宽专业视野增强能力。

（2）团队学习

提高零售企业整体学习能力，需要将个人学习要与团队学习搭配进行。团队的集体智慧高于个人智慧，加强"组织整体学习"能集思广益，取得最大的学习成效。当团队学习有效开展时，不仅团队整体产生优秀的成果，个体成员的成长速度也比其他学习方式更快。

（3）组织间学习

组织间的学习是非常重要的学习层次，把整个业务链上的利益相关者如顾客、合作伙伴、供应商以及竞争对手等，都视为不可忽视的重要学习对象。组织间学习的重要方式包括：同顾客讨论商品需求、邀请顾客参与体验式培训、与同行业者交流及向竞争对手学习。通过与顾客、业务伙伴、供应商和经销商企业分享知识，使业务链上的所有利益相关者都参与到企业的学习项目中双方获益并对提高企业学习能力有所贡献。

3. 流程控制能力

零售企业业务流程的核心是控制商品从外部进入、内部管理到售出的过程。完整的流程控制应该是系统结构良好并且整体运转顺畅，能够适应企业经营管理需要。流程控制的主要职能是：自始至终地与供货商和生产商保持良好的关系；努力按照市场变化和消费者需求变化来实现企业业务流程再造，以及企业内部中心流程的不断优化，形成零售企业与供应商、生产商的互动机制；完善商品供应链管理，最终实现商品流的优化和商品品种的优化。

（1）信息化水平

信息管理能力是指零售企业在经营活动中获取、分析和利用信息的能力。零售企业通过信息系统可以了解各类商品卖出情况，以此判断顾客的需求及其变化，以便提供满意的商品和服务；通过与供应商信息的共享，零售企业能够更加清楚货源情况，以便做出适当的调整。通过市场情况的收集，零售企业能够更加了解竞争对手的情况，进而调整竞争策略，提升竞争能力。信息技术已经应用于零售业的方方面面，最明显的是绝大多数零售企业采用的电子销售点收银机和收银台的激光扫描仪，许多零售企业还采用电子积分卡来刺激销售。店铺零售企业采用电子销售点系统提供的信息以及通过电子数据交换与其供应商直接通信取得的信息实现自动续订和补充存货。互联网也改变了零售企业与供应商的通信方式，可以采用信息技术提高市场营销和商品管理水平。

（2）物流体系

物流体系贯穿零售企业经营业务的全过程，从商品采购到销售服务，从保管运输到包装、加工，都直接影响企业运营的成本与效率，影响企业对市场和顾客的反应速度，影响企业的服务水准，并最终影响企业的核心竞争力和经营的成败。

零售企业物流流程繁杂，可细分为许多的阶段性流程，如进货流程、配送中心或仓库作业流程、验收流程、商品导入卖场作业流程、销货流程、坏品处理流程、滞销品处理流程以及退货、回收流程。由于科技飞速发展，产品生命周期变小，现代零售企业的物流管理通过信息技术的应用，如POS系统可自动收集、整理销量信息，经过分析之后给出各类商品的销售预测值，达到适量库存甚至于零库存的理想状态。

（3）与供应商关系

一方面，零售企业能够与上游供应商保持长期稳固的合作关系是其核心竞争力的表现。因为这种合作关系可以为零售商赢得一个地区的产品独家代理机会，帮助增加商店的忠实顾客；还能帮助零售企业用比其竞争对手更低的价格或更好的合同条款购进商品，使零售商在让利于消费者的同时也能提高自己的赢利水平；得到需求季节性较强的紧俏商品等特权。

另一方面，供应商也需要零售商提供有关商品销售情况的反馈信息，能及时了解销售、需求情况，以利于及时调整生产，改进和开发产品，保证企业的生产经营始终符合市场的需求，以便及时开展生产与配送，降低库存成本。总之，与供应商建立稳固的关系有助于提升零售企业的核心竞争力。

4. 经营管理能力

经营管理是零售企业对其所有的人、财、物资源的驾驭和优化配置，零售企业的经营管理能力体现在分析、研究、选择、开拓和占据市场方面的能力。提高零售企业经营管理能力需要企业结合自身经营管理活动，建立和健全一整套适应科学管理要求的系统的管理模式。

（1）促销管理

零售促销是指零售商为告知、劝说或提醒目标市场顾客关注有关企业任何方面的信息而进行的一切沟通联系活动。零售商日益认识到与顾客沟通比选择合适的地址、商品、价格更重要。许多零售商纷纷通过采取各种促销活动加强与消费者的信息沟通，刺激顾客的购买欲望，达到扩大销售增加赢利的目的。零售商要吸引消费者，创立竞争优势，必须不断地与顾客沟通，向顾客提供商店地点、商品、服务和价格方面的信息；通过影响顾客的态度与偏好说服顾客光顾商店，购买商品；使顾客对商店形成良好的印象。

（2）成本控制管理

成本控制能力是指零售企业采用现代经营模式和运用现代技术手段控制和降低经营成本、不断提高经济效益的能力。零售企业日常经营过程对能源消耗较大，一般高于其他行业，主要用于水电耗成本、人力成本以确保提供优质的服务环境，所以有效的零售企业成本控制不是单纯依靠追求低成本。零售企业成本控制管理，需要建立起科学合理的成本分析与控制系统，让企业的管理者清楚地掌握公司的成本构架、赢利情况和正确的决策方向，从根本上改善企业成本状况，真正实现有效的成本控制。

（3）零售企业文化

对于零售企业而言没有企业文化，就谈不上核心竞争力。零售企业的企业文化是其在长期经营活动中形成的以企业全体成员共同价值观为基础的思想观念和行为观念的总和。企业文化具有强烈的感召力、凝聚力和约束力，有利于零售企业充分调动广大员工的工作积极性和主动性，形成强大的凝聚力。进而促使广大员工自觉遵守企业工作规范和企业章程，一致努力实现企业的奋斗目标。优秀的企业文化还能向大众展示企业成功的管理风格、良好的经营状况和高尚的精神风貌，为企业塑造良好的整体形象、树立信誉、扩大影响，是零售企业巨大的无形资产。

（4）人才聚集能力

人才是所有生产要素中最活跃的因素，人力资源是一种具有特殊创造性的资源，零售企业是否能构建核心竞争力，核心竞争力能否持久，关键取决于对人力资源的有效开发与管理。国外许多成功零售企业的经验证明，高素质、充满活力和有竞争力的员工队伍，比单纯的硬件设施更能让顾客忠诚，更能创造优良的业绩。零售企业通过人力资源开发发挥人才的重要作用，利用人力资源管理构造其核心竞争力,这对企业来说是具有战略意义的。管理者提供的人力资源管理质量越高,员工的满意度越高,最终赢得的顾客忠诚度也就越高,零售企业的核心竞争力就越强。

(5) 公共关系管理

公共关系是市场营销的一个重要工具,它承担着为零售商在其公众中塑造良好形象的一切沟通联系活动。零售商不但与顾客、渠道成员建立联系,还和其他群体如员工、投资者、政府、中介协会、新闻媒体及一般公众建立沟通联系。零售商与众多社会群体关系的好坏可以帮助或阻碍企业的发展,越来越多的零售商重视通过公共关系来增强自身的核心竞争力。对外通过设立市场营销公共关系部门来促进商品的促销和商店形象的建立,以此提高零售商的知名度,在社会公众中树立良好的形象,赢得消费者信赖,为确立竞争优势打下基础;对内则协调好企业内部上下级、员工之间的关系,为商店的顺利经营创造和谐、融洽的内部环境,获取更佳的促销效果。

5. 培养顾客忠诚度能力

顾客忠诚意味着顾客总是倾向去固定的零售店购买商品。零售商要使顾客忠诚就必须不断追求顾客高度满意,高度满意和愉快创造了一种顾客对零售商品牌情绪上的共鸣,而不仅仅是一种理性偏好,正是这种共鸣创造了顾客的高度忠诚。高顾客忠诚度是零售商的一笔巨大商誉,也是一笔无形的资产,特别是在零售市场由卖方市场转为买方市场以后,顾客忠诚度也是零售商之间竞争最激烈的部分。零售商培养顾客忠诚的方式通常有四种:独一无二的商品组合、良好的购物环境、完善周到的服务以及商场的品牌号召力。

(1) 商品组合

对零售商来说,仅靠商品来形成顾客忠诚是十分困难的,因为竞争对手在大多数情况下也能够购进和销售同样的商品种类。零售商要跟上消费者变化的脚步,必须不断地调整商店商品经营范围,丰富商品组合,满足一站式购物的需要。优化商品组合要注意把持六大原则,即正确的产品、数量、时间、质量、状态与价格。丰富商品组合可以采取的措施主要包括了开发独特的自有品牌商品、设立与其他零售商相区别的专供品牌产品、突出某种有特色的产品销售形象、彰显主打商品的格调和时尚特色。

(2) 购物环境

如果零售企业在商品、价格、促销和地理位置方面很难获得差别优势时,商店独特的购物环境是一个制造差别的机会。但是对大多数零售商店而言,选择设计店堂环境是个长期的决策,因为商店开发和重新装配需要大额投资,回报周期长。商店氛围和商品陈列对顾客的购物行为有着重要的影响,零售企业要提供空间,让目标客户感到舒适、有兴趣产生购买的意愿并方便地完成购物。购物环境的管理可以分为相互关联的两个阶段,首先是商店本身的设计,接下来是产品与服务的展示。

(3) 服务质量与服务创新

服务被称为"软黄金",被视为比产品与特色更为重要的首选购物原因。顾客服务是零售商为了使顾客购物更加方便而进行的一整套活动和计划,这些活动增加了顾客购物的价值。零售企业要想提高核心竞争力,关键是要提供顾客满意的服务。服务质量领先的企业能够对顾客担心的问题做大胆的承诺,顾客也愿意为较高的服务水平支付相对更多的费用,为了服务买商品,已是很多消费者新的消费观。服务是精神与物质的统一,是技术与艺术的融合,不容易被模仿。通过不断提高服务质量满足消费者的个性化需要可以为零售企业赢得顾客的忠诚。即使采用与别人完全相同的服务方式,因服务的理念、服务的态度方面的差异,也会收到不同的效果。

(4) 品牌号召力

零售商培养顾客忠诚的另一种方式是提高自身的品牌号召力,首先树立一个清晰的和有特色的品牌形象,并依靠商品和服务来不断强化这一形象,以明确的品牌定位将自己的品牌形象固定在顾客的印象中。零售商需要定期调查它的形象,并且确保它的形象能够符合其目标市场上顾客的需求。

表23-1整体反映了构成零售企业核心竞争力的五大能力要素及各项核心能力要素具体的体现因素。

表 23-1　　　　　　　　零售企业核心竞争力构成要素

选址能力	客流规律
	周边商店聚集情况
	交通地理条件
学习能力	个人学习
	团队学习
	组织间学习
流程控制能力	信息化水平
	物流体系
	与供应商关系

续 表

经营管理能力	促销管理
	成本控制管理
	零售企业文化
	人才聚集能力
	公共关系管理
培养顾客忠诚度能力	商品组合
	购物环境
	服务质量与服务创新
	品牌号召力

6. 零售企业核心竞争力构成要素之间的关系

综上所述，本书确定选址能力、学习能力、流程控制能力、经营管理能力和培养顾客忠诚度能力五个方面构成了零售企业的核心竞争力，而从零售企业直接服务于最终顾客的行业性质来分析，培养顾客忠诚度能力是最重要的构成要素，是五大构成要素的核心，如图23-2所示。

与其他行业相比，零售业者间的竞争显得更为直接、激烈，竞争方式也更加多样。零售企业各类活动安排始终以顾客为中心，把争取更多顾客摆在第一位。零售商面对终端顾客的购买方式形成了少量多次进货、低库存和重视现场促销服务的经营特点；为了满足顾客多样化的购物需求，零售企业的经营方式呈现不断创新的多元化特点；零售经营地点的选择，也要重点考虑营业点附近的居民和流动人口数量。因此就长期发展而言取得顾客忠诚、使顾客愿意选择一个相对固定的地点购物就意味着企业拥有了不可复制的竞争优势。此外，其他四个构成要素的作用也不容小觑。选址能力、学习能力、流程控制能力和经营管理能力都是零售企业核心竞争力的重要构成要素。不过这四个能力提高很大一部分作用是为了提高培养顾客忠诚度而服务，它们相互之间的影响程度也与零售企业所处的业态环境、市场定位和整体实力有关联。

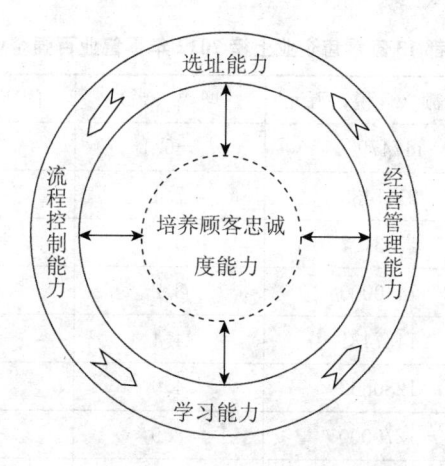

图 23-2 零售企业核心竞争力构成要素关系

二、首都零售企业核心竞争力的现状分析

(一) 首都零售企业的发展现状

北京社会消费品零售总额连续两年高居榜首,成为中国第一大消费城市。即使在国际金融危机的不利影响下,2012年北京市社会消费品零售总额实现了7702.8亿元,在上年增长10.8%的基础上又实现了11.6%的较快增速。2012年12月,全市实现社会消费品零售额758.2亿元,比上年同期增长11.9%,单月销售规模首次突破750亿元,为历史最高水平。而国际公认的国际商贸中心城市的标准是社会消费品零售总额达到250亿美元,北京已经远远超过这一标准。

1. 经营规模不断扩大

北京地区培育和形成了一批规模大、实力强、有核心竞争力、品牌影响力广泛的零售企业集团。在中国商业联合会每年发布的零售企业百强名单中2012年有13家首都零售企业榜上有名,详细名单见表23-2。这些零售企业的销售规模和门店数量大都保持了两位数的增幅,其中北京王府井百货(集团)股份有限公司、北京西单友谊集团、北京翠微大厦股份有限公司、北京京客隆商业集团股份有限公司这些企业都是自1998年起就常年位居零售业百强企业排名中,连续多年保持强劲的发展势头,是国内零售企业中的佼佼者。

表 23-2　首都 13 家零售企业上榜 2012 年零售业百强企业

企业名称	销售额（含税，万元）	增幅（%）	门店数（个）	增幅（%）
国美电器	11747974	-6.1	1685	-3.0
王府井百货	2157439	7.4	28	12
物美集团	1733407	5.7	538	3.7
北京华联	1450000	8.2	130	16.1
首商集团	1437431	4.4	17	0.0
京客隆集团	1280862	4.9	241	-4.0
菜市口百货	1270000	8.9	15	25
迪信通	1012447	24.4	1440	9.1
乐语世纪通讯	900000	12.5	1900	58.3
翠微大厦	555658	2.6	6	20
顺义国泰商业大厦	461852	2.4	14	0
超市发	403161	3.4	131	10.1
全聚德	330441	9.5	91	4.6
合计	24740672		6236	

数据来源：根据 2012 年全国连锁百强排行榜相关数据整理。

与此同时 2011 年内北京市营业面积在 1 万平方米以上的大型零售店铺新开业 9 家，营业面积达到 94 万平方米，分别比上年增长率 10.58% 和 16.04%。另据北京市第二次全国经济普查公报数据显示，2008 年零售业的法人单位数为 44248 家，从业人员人数为 45.6 万人。法人单位数比第一次经济普查增加 10754 家，增长 32.1%。与第一次经济普查比较从业人员人数增加 4.5 万人，增长 10.9%。

北京市限额以上零售企业的经营规模扩大，其中综合零售与汽车、摩托车、燃料零配件零售同家用电器及电子产品零售是主营业务收入的主要贡献项目，这三项的利润额占整个零售行业主营业务收入的 82.3%，如表 23-3 所示。经营情况最不理想的零售项目是纺织、服装及日用品项目、无店铺及其他零售项目，这两个项目的利润总额为 -212388 万元。五金、家具及室内装修材料类零售项目的经营水平仍有很大的进步空间，其对利润总额的贡献率只有 2.1%。

表 23-3　　　　　　　2011 年限额以上零售企业经营规模

项目	企业单位（家）	资产（万元）	负债合计（万元）	所有者权益合计（万元）	主营业务收入（万元）	主营业务成本（万元）	利润总额（万元）
零售业	2834	29822056	21935219	7886837	51133188	45136434	1307113
综合零售	228	10058598	6759074	3299524	13482804	11457346	527624
食品、饮料及烟草	119	565507	292895	272612	726580	530394	54436
纺织、服装及日用品	261	1460478	1276703	183775	2453641	1771797	－57324
文化、体育用品及器材	252	1620765	1091666	529099	1832896	1470943	64044
医药及医疗器材	339	2239165	1677831	561334	2958507	2617904	61539
汽车、摩托车、燃料及零配件	733	7020968	5097301	1923667	19855491	18505493	333142
家用电器及电子产品	541	4636762	3857882	778881	6368315	5783291	450041
五金、家具及室内装修材料	136	710037	559054	150983	842503	618670	28676
无店铺及其他零售	225	1509776	1322814	186962	2612451	2380597	－155064

注：限额以上零售企业是指批发业年主营业务收入 2000 万元及以上、零售业年主营业务收入 500 万元及以上的法人企业。

数据来源：《北京统计年鉴 2012》。

2. 所有制形式多元化

从《北京统计年鉴 2012》的数据来看（见表 23-4），首都零售企业的所有制形式包括有国有企业、集体企业、股份有限公司、港澳台投资企业和外商投资企业等多种类型。在各类所有制形式中，内资零售企业在门店数量、从业人员、营业面积等指标上都体现出明显的领先优势。而外商投资零售企业的各项指标的统计结果都优于港澳台商投资的零售企业。

表 23-4　　　　　　　按登记注册类型分连锁企业基本情况

指标	所属门店（个）	从业人员（人）	营业面积（平方米）	商品销售总额（万元）	零售额（万元）
内资	7153	161589	5762215	20607118	14645003

续 表

指标	所属门店（个）	从业人员（人）	营业面积（平方米）	商品销售总额（万元）	零售额（万元）
国有	65	756	13107	25690	23517
集体	305	1464	91345	110152	108864
股份合作	23	337	7092	5595	4962
联营	5	41	928	796	796
有限责任公司	3141	75559	3028430	8970264	6266985
股份有限公司	1414	55755	2077888	10687924	7504245
私营	2200	27677	543425	806697	735634
港澳台商投资	1002	28657	473719	1101994	942801
外商投资	1690	90552	1717957	4033424	3920086

数据来源：《北京统计年鉴2012》。

此外，港商投资的品牌专卖店占有相当大的外资专卖店份额。截至2009年10月，香港企业在京设立各类品牌专卖店483个，占全部零售外资专卖店总数的56%。涉及的香港品牌有：莎莎化妆品、万宁、屈臣氏护肤用品、周大福、周生生珠宝首饰等品牌。品牌专卖店主要集中在王府饭店、国贸、东方新天地、新东安广场、来福士购物中心、金融街购物中心、西单大悦城、前门大街、银泰中心、新三里屯、富力广场、金源购物中心、中关村广场、永旺购物中心等商业设施内。[①]

比较各类不同所有制形式的零售企业，内资企业依然是首都零售企业的发展主体。根据北京市第二次全国经济普查发布的主要数据公报（见表23-5），2008年按登记注册类型分的批发和零售业主要经济指标中的内资企业在经营规模、资产、主营业务收入和销售总额等数据都表现出极大的优势。其经营单位数是港澳台商投资单位数的216倍、外商投资单位数的90倍；资产总计量是港澳台商投资资产的46倍、外商投资资产的6倍多；主营业务收入是港澳台商的36倍、外商投资商的4.4倍；此外，内资企业的销售总额还是港澳台商的35倍、外商投资的3.9倍。但是这些具有说服力的数据并不能完全证明内资企业具有了绝对的优势，内资企业的利润总额比外商投资企业多45.4亿元，只是外商投资企业利

---

① 北京市商务委员会：《港资品牌专卖店占北京零售外资品牌专卖店一半以上》，2013年3月1日，http://www.bjmbc.gov.cn/web2/。

润总额的1.13倍。最终结果表明，内资企业巨大的成本投入仅赢得微弱的利润优势。

表23-5　　2008年按登记注册类型分的批发和零售业主要经济指标

	单位数（个）	从业人员平均人数（万人）	资产总计（亿元）	负债总计（亿元）	主营业务收入（亿元）	利润总额（亿元）	销售总额（亿元）	零售额（亿元）
合计	85054	95.6	17832.9	11478.6	24000.6	726.5	27479.5	3569.4
内资	83741	82.8	15147.3	9889.7	19187.1	381.2	21406.3	3027
港澳台商投资	386	2.4	328.5	229.8	527.4	9.5	601.9	125.7
外商投资	927	10.4	2357.1	1359.1	4286.1	335.8	5471.3	416.7

数据来源：北京市第二次全国经济普查主要数据公报（第三号）。

3. 业态类型日趋多样

北京城内的新型零售业态相继出现并迅速发展，零售业态种类不断丰富。百货店、专业店和便利店业态类型最受消费者青睐，表23-6数据显示了北京连锁零售企业各种业态类型在近两年的发展情况。

表23-6　　2010—2011年北京连锁零售企业基本情况

指标	所属门店（个）		从业人员（人）		营业面积（平方米）		商品零售总额（万元）	
	2010年	2011年	2010年	2011年	2010年	2011年	2010年	2011年
便利店	629	613	2817	2786	53214	54827	113794	129123
折扣店	7	119	585	1459	50430	76778	121538	199984
超市	2085	1858	46226	45004	1868547	1783379	3308317	3920574
大型超市	85	94	21303	24643	810970	940187	1925027	2131145
仓储会员店	7	7	2651	2744	130869	130869	334932	373718
百货店	57	57	16092	15139	1077979	1208626	2492823	3040848
专业店	1976	1914	28238	31116	1185241	1352270	3738672	4737384
加油站	671	682	8101	9334	292324	320644	6271384	7744831
专卖店	1122	1370	11689	13623	160056	176390	985589	958201

数据来源：《北京统计年鉴2011》、《北京统计年鉴2012》。

以北京百货店这类业态为例。在改革开放之初，北京只有4家百货大型商场，20世纪90年代北京提出建100个大商场曾经被称为百货店大跃进，至今已经超过这一数字，甚至正在向150家迈进[1]。据不完全统计，在2008年开业的百货店至少11家，面积达到32万平方米以上，这是历史上北京开业百货店最集中的一年。另外在2008年签约、计划在2009年开业的百货店至少还有8家，包括王府井百货、太平洋百货、当代商城、北辰购物中心、华堂商场、国泰百货、翠微广场、吉之岛百货等有计划开业的项目。2009年开业的数量和营业面积和2008年差异不大[2]。

另一个特色业态类型是以专门经营某一大类商品为主的专业店，包括办公用品店、玩具店、家用电器店、药店、服饰店等。以北京市场上国美电器专业店为例，国美电器在京城开设了包括3C店在内的33家门店，拥有员工3000余名。经销商品几乎囊括所有消费类电子产品，形成了大单采购、买断、包销、定制等多种营销手段。2007年12月国美全面托管大中电器，大中电器门店数量近60家，年销售额近100亿元，市场占有份额常年稳居北京家电市场之首。卖场覆盖核心商业区、盘踞交通枢纽、围绕二环、三环、四环主干道，深入高密度住宅社区，远达郊区城县。

4. 满足城乡居民需求

首都零售企业着力发展电子商务、社区零售与郊区零售三个方面的业务，全方位满足城乡居民的消费需求。

首先，首都零售企业大规模应用了电子商务这种便利、安全的交易方式，最大范围地满足了首都城乡居民的消费需求。北京地区成为电子支付普及率最高以及电子商务发展水平最高的城市。目前已有的注册用户数目为966万，平均每个账户年消费超过了650元[3]。2009年元旦网络零售企业通过秒杀、团购特价等联动促销成为北京商家新年促销、拉动消费的一大亮点。据统计显示，2009年前11个月，北京传统商业零售业增长率为15.2%，而电子商务销售增长率高达120%[4]。北京市商务委员会也就促进该市网上零售业发展出台16条意见，以推动并指导北京市网上零售业健康、快速发展，促进消费需求协调持续发展。

其次，社区零售是以社区范围内的居民为服务对象，以便民、利民、满足和

---

[1] 洪涛：《2010年的时尚是什么》，2009年11月16日，http://hongtaoblog.blog.163.com/blog/static/120171973200911602636570/。

[2] 中国玩具协会，2010年2月1日，http://www.toy-cta.org/info/shownewsopen.asp?newsid=3923。

[3] 北京商报：《北京网上电子支付率全国最高》，2009年12月10日，http://www.bbtnews.com.cn/。

[4] 北京商报：《2009北京十大商业新闻》，2009年12月1日，http://www.bbtnews.com.cn/。

促进居民综合消费为目标的属地型零售类型。与城市中心商业区不同,社区商业以面向社区内居民为主,具有很强的地域性和相对独立性。首都零售企业发展社区零售业务则更多依靠了政府的政策引导与资金支持。北京市商务委员会鼓励便民商业服务进社区,设定了规范、发展便民超市和便利店1000家的任务。目前的发展规模情况是:北京物美便利超市总共201家,北京京客隆便利店148家,北京好邻居181家,7-Eleven便利店89家。现有的社区零售规模基本完成了预订的任务指标,有助于实现商住分离,更有效地整合社区配套资源,形成真正的舒适社区。

最后,当区域人口基数达到一定数量,其经济收入达到一定水平后,就需要区域内有更多的商业设施作为配套,而郊区商业的繁荣对于首都商业的整体发展有很大影响。郊区零售企业涵盖郊区居民的所有日常需要,免去他们到市区购物的车程。同时越来越多的零售商也将未来的发展眼光投向了首都的郊区市场。顺义区的国泰广场在2009年的国庆长假中的一天成为全北京商场的销售冠军;怀柔区成为第一个完成了两个"基本覆盖"的区县,乡镇和千人以上村全部实现了连锁超市和便利店的覆盖;房山区的华冠购物中心成为当地居民的购物首选;此外,沃尔玛在昌平区开设了一个1万平方米以上大型超市;日本永旺在昌平区开设外资购物中心[①]。家乐福在石景山区开设大型超市、新世界商场即将进入顺义区、乐购王府井百货即将入驻大兴区。

(二) 首都零售企业核心竞争力的特点

1. 分布格局适应首都发展要求

店铺的布局选址是零售企业的一项垄断性要素,占有优越选址点的零售企业意味着其掌握了不能被复制的竞争优势。首都零售企业总体分布合理,即将传统商业中心成功地保留发展,也发展出众多新兴的商业商圈,适应了首都的总体城市发展规划。

前门、西单和王府井是三个传统商业中心格局,也是公认的北京市一级商业中心。其中前门历史最悠久,在清朝中叶就是成熟的商业、文化和金融中心。2009年9月28日,经过两年多的改造后,前门大街再现了清末民初时期"天下第一街"的风貌。最新数据显示,前门大街的签约商户共103家,国内品牌为81家,占79%;国际品牌为22家,占21%。王府井商业区在民国时期兴起,并迅速发展成为与前门在货物品种和顾客门槛上相互补充的商业中心;新中国成立以后,西单商业区地位得到进一步巩固和提升,并在短短几十年时间内迅速发展为

---

① 《北京年鉴2009》,北京:华龄出版社,2009年,第373页。

成熟的市级商业中心。

从布局上看，中心城区是新增大型商业的主要发展区域[①]，外资大型零售店铺和小型便利店分布呈现向社区、新区和郊区发展的趋势，已有80%以上的大型零售店铺到五环外的区域发展，如7-Eleven便利店和迪亚天天折扣店分别在社区新增了12家便利店和15家折扣店。具体的首都零售企业的分布格局，如表23-7所示。

表23-7　　　　　　　　　　北京主要商圈的零售企业

地理位置	商圈名称	所属商圈内的零售企业
西北	中关村商圈	新中关村购物中心、中关村购物广场、华宇时尚购物中心、当代商城、双安商场
北部	亚奥商圈	北辰购物中心、华堂商场（亚运村店）、上品折扣亚奥旗舰店
	奥北商圈	
东北	望京商圈	望京嘉茂购物商城、中福百货、华联超市、京客隆超市、欧尚超市
东部	泛CBD商圈	世贸天阶、赛特购物中心、贵友大厦、蓝岛大厦、燕莎友谊商城、丰联广场、新光天地、SOHO尚都、燕莎奥特莱斯购物中心、国贸中心、嘉里中心、太平洋百货盈科店
南部	崇文门商圈	新世界商场、国瑞购物中心、搜秀城、物美超市
	马连道商圈	家乐福超市、易初莲花超市、安安市场、欧贝德家居市场、亿客隆商场
西部	金融街商圈	西单商场、西单购物中心、西单赛特、华威大厦、中友百货、大悦城、首都时代广场、君太百货、西单文化广场
	公主坟商圈	城乡贸易中心、翠微广场
四环	家居建材市场	居然之家、红星美凯龙、百安居、爱家家居、宜家家居、曲美家具店

首都零售企业布局还有另一大特色，即随着北京总部经济的发展，在空间上初步形成了商务中心区（CBD）、金融街、中关村科技园区等若干特色总部聚集区。而各类型零售企业也抓住这一机遇，在这六大高端产业功能区中扎根落户，

---

① 《北京年鉴2009》，北京：华龄出版社，2009年，第373页。

并且都取得了一定程度的发展,如表23-8所示。

表23-8　2008年零售和批发企业分布于六大高端产业功能区情况

功能区名称	单位数（个）	期末从业人员（万人）	资产总计（亿元）	主营业务收入（亿元）	利润总额（亿元）
中关村科技园区	2578	5.1	881.5	1080.9	137.1
商务中心区	1240	3.4	900.6	1205.1	70.5
金融街	387	1.3	1232.5	942.7	66.8
奥林匹克中心	1944	2.6	1322.9	798.2	29.2
北京经济技术开发区	305	1	318	606.2	128.2
临空经济区	511	0.9	119.1	172.9	-0.7

数据来源：北京市第二次全国经济普查主要数据公报（第三号）。

2. 借奥运契机提升流程控制能力

北京奥运盛事对首都零售企业而言是机遇也是挑战,最大的阻力来源于奥运限行,这给零售企业顺利开展市内配送服务工作和货源的储备补给工作带来非常大的困难。如何继续保障一贯的周到便利的配送零售服务,如何积极准备协调整合物流资源,如何参与奥运经济展现首都零售企业的良好风貌,这些都是首都零售企业经营者同时面临的问题。事实证明首都零售企业经受了考验,抓住奥运机遇更进一步提升了自身流程控制能力。

借助北京奥运契机首都零售企业更全面地完善了对第三方物流外包与构建配送中心两种配送资源的积累。如家电零售企业苏宁、国美,京客隆、物美等超市都提前部署紧急预案,做好每家店面的销量预算,加大库房储备,保证限行期内充足的商品供应。以京客隆干货配送中心为例,它是国内屈指可数的低温供应链配送系统及生鲜食品配送中心。该配送中心位于北京朝阳区双桥中路,占地7.7万平方米,拥有立体货架库房2.3万平方米、储位18740个。配送中心坚持"团结创新、规范高效"的管理理念,以"服务第一、卖场第一、效益第一、效率第一"为服务宗旨,承担着京客隆集团下223家连锁超市的物流服务重任,日均进出库商品7万箱,涵盖食品、副食、日杂等40大类17173个品种,年配送额达20亿元。

3. 本土零售品牌号召力强

零售企业需要树立自己独特的品牌号召力,它是维持顾客对零售企业忠诚程度稳定和提高的基础。品牌号召力的特点是比较难以形成,但一旦形成则具有较长的持续性。首都零售企业聚集了大批的忠诚顾客,本土品牌号召力强。这是因为消费者历来重视人际关系,普遍来讲顾客如果在固定的零售店买过几次商品,并且感觉满意之后往往很难再改变消费习惯换到别的店铺去。此外,本土零售企业与消费者具有相同的文化传统和消费方式,更容易把握顾客的消费心理,最大限度满足顾客的需求。

翠微百货是本土品牌号召力强的典型零售企业代表。从2001年第一个"翠微店庆"销售突破7000万元之后,以后每年的翠微店庆都在上演着店庆促销领域的传奇。2007年三天店庆时间,销售额突破1.6亿元;2008年四天店庆时间,销售额突破2.2亿元;2009年五天的店庆时间实现了3.33亿元销售额,最高单日销售额8300万元,创造了全国百货店新的销售纪录。

4. 培育顾客忠诚度能力名列国内前茅

赢得顾客满意是培育顾客忠诚度的关键,本文以收集的顾客满意度调查数据为依据,说明顾客对首都零售企业的服务水平具有较高的评价。北京市商务局开展了"2008好运北京商业满意服务"主题测试活动,对服务水平、购物环境、无障碍保障、安全生产等方面的筹备工作进行预演和检验。共派出测评人员960人次,对320家企业进行现场测试,其中零售企业150家、餐饮企业170家。共访问13362名顾客,收回有效测评卡12576张,其中166张来自外籍人士,收集顾客意见和建议4270件。测试调查结果数据显示,顾客综合满意度达到87.88%,其中服务满意度为86.68%、环境满意度87.84%、安全满意度89.36%[①]。

另据北京市消费者协会统计数据得出,如表23-9所示的消费者投诉与处理情况。2008年消费者投诉与处理的总解决率为99%。受理投诉的各项投诉案件数与2007年相比都有明显下降趋势,尤以广告、假冒与虚假品质表示这三个项目的投诉数量下降最为明显。

表23-9　　　　　　　　　　消费者投诉与处理情况

项目	2008年		2007年	
	受理投诉件数(件)	构成(%)	受理投诉件数(件)	构成(%)
合计	19887	100.0	20944	100.0
质量	12930	65.0	14282	68.2

---

① 《北京年鉴2009》,北京:华龄出版社,2009年,第376页。

续表

项目	2008年		2007年	
	受理投诉件数（件）	构成（%）	受理投诉件数（件）	构成（%）
安全	106	0.5	139	0.7
价格	435	2.2	489	2.3
计量	40	0.2	44	0.2
广告	149	0.7	344	1.6
假冒	69	0.3	140	0.7
虚假品质表示	181	0.9	518	2.5
营销合同	1083	5.4	1018	4.9
人格尊严	22	0.1	56	0.3

数据来源：北京市消费者协会。

（三）首都零售企业核心竞争力存在的不足及原因

1. 服务创新能力有待提高

服务创新能力是零售企业核心竞争力的关键所在，这是由零售企业直接服务于最终消费者的特性所决定。同时零售企业的服务创新能力还会从多方面影响到消费者的满意度评价与忠诚程度，因此可以说服务创新能力是零售企业一项不折不扣的软实力。

服务创新能力体现在创新客户管理、创新购物体验、创新购物方式、创新服务方式多个方面。首都各类业态零售企业服务创新能力较弱。以超级市场为例，京城超市的客户管理都采用会员卡制度，普遍采取的促销方式是特价优惠，这与国际一流零售企业的服务创新水平还有很大差距。沃尔玛曾将啤酒与尿布放在一起促销，这是一个非常成功的服务创新案例。得出这一出奇制胜招数来源于沃尔玛对顾客购买信息分析时的发现：每周都有一批特定的顾客群，他们先到商店二楼拿一包尿布，然后到一楼提一打啤酒，沃尔玛发现这类顾客多为一些初为人父者，便推出了"啤酒加尿布"的促销活动，一方面为顾客购买提供了更多的便利，另一方面则迅速扩大了销售额。

2. 中高层专业人才储备不足

近几年北京零售企业发展迅速，普遍缺乏经验丰富的资深管理人员等复合型人才。对销售、物流、采购环节的专业人才有大量需求，特别是配送中心的计算机系统管理、零售业的高级采购、企业的信息化管理等都需要高精尖的专业人才参与。以北京王府井集团为例，2004年集团拥有大学本科学历者382人，仅占职工人数的3.8%。硕士以上学历者47人，仅占职工人数的0.47%，就业人员的素质明显偏低。人才专业构成集中于营销、财会、统计等领域，缺乏相关的金融、资本运营、信息化管理等专业人才。中高级管理人才的缺乏和人才结构的不合理已成为制约北京零售业上市公司发展的瓶颈之一。

3. 自有资本不足影响扩张速度

这一不足集中体现在首都发展连锁经营的零售企业。目前首都连锁经营零售企业主要采取的是直营连锁经营方式，它是由总部直接经营、投资、管理各个零售点的经营形态。这种方式对零售企业有很多积极的影响：可以统一调动资金，统一经营战略，统一开发和运用整体性事业；在人才培养使用、新技术产品开发推广、信息和管理现代化方面，易于发挥整体优势；众多的成员店可深入消费腹地扩大销售。但是采用这种经营方式对企业自身具备的自有资本规模有一定要求，同时大规模的直营连锁店管理系统庞杂，容易产生官僚化经营，使企业的交易成本大大提高，影响利润收入且不利于快速扩张。自有资金不足影响到首都连锁零售企业的扩张速度。以2005年、2006年排名30强的北京零售企业为例，只有物美商业控股集团有限公司直营店的比例占67.5%，其他三家北京零售企业都是100%采用了直营连锁这种发展形式。这三家零售企业除了国美电器具有雄厚的资本实力，保持较高增长速度之外，其他几家零售企业的发展速度明显不如上海、江苏的零售企业，详细数据见表23-10。

表23-10　　　部分零售企业直营连锁经营模式基本情况

地区	企业名称	店铺数（个）2005年	店铺数（个）2006年	增长速度（%）	其中：直营店铺数（个）2005年	其中：直营店铺数（个）2006年	直营店比例（%）2006年
北京	国美电器	426	820	92	426	820	100
北京	华联控股集团	74	76	3	74	76	100
北京	王府井	14	16	14	14	16	100
上海	百联股份	6345	6280	-1	2674	2567	40.90
江苏	苏宁电器	363	520	43	224	296	57
北京	物美商业	659	728	10	425	492	67.5
地区	企业名称	店铺数（个）2011年	店铺数（个）2012年	增长速度（%）	其中：直营店铺数（个）2011年	其中：直营店铺数（个）2012年	直营店比例（%）2012年
北京	国美电器	1737	1685	-3	1737	1685	100

续 表

地区	企业名称	店铺数（个） 2011年	店铺数（个） 2012年	增长速度（%）	其中：直营店铺数（个） 2011年	其中：直营店铺数（个） 2012年	直营店比例（%） 2012年
北京	华联综超	112	130	16.1	112	130	100
北京	王府井	25	28	12	25	28	100
上海	百联股份	5604	5147	−8.2			
江苏	苏宁电器	1724	1705	−1.1			
北京	物美商业	519	538	3.7			

数据来源：全国连锁企业30强名单。

4. 零售企业文化建设需加强

零售企业文化是企业核心竞争力的重要部分，往往获得成功的零售企业都发展了成功的企业文化，独特且响亮的企业文化口号则是加强企业与员工和顾客之间沟通的桥梁，首都的大部分零售企业正是缺乏这种独特的文化标签。

如物美商业集团的口号是"物美为家、顾客至上、合作奋斗"；超市发超市奉行"顾客需要是我们努力的方向，顾客满意是我们追求的目标"；苏宁电器提出了"至真至诚，苏宁服务；服务是苏宁的唯一产品，顾客满意是苏宁服务的终极目标"的服务观；居然之家提出"以一流的设计、一流的商品、一流的服务，为顾客营造时尚温馨之家"。与外资零售企业提出的口号比较，如沃尔玛主打"天天平价"、家乐福打出醒目温馨的"家乐福、福到家"口号，宜家家居则是倡导"一个更美好生活"，通过对比我们就能发现内资零售企业的文化口号趋于雷同化、缺乏独创性，急需加强零售企业文化建设。

分析造成首都零售企业核心竞争力存在不足的原因，要综合多方面因素来探讨。

第一，大部分零售企业还缺乏长远提升的发展战略。对于零售企业来说树立其自身的核心竞争力需经历一个从构建、保持与提升的长期动态持续过程，而企业的发展战略是影响生存发展的首要问题，以企业战略规划的高度来重视核心竞争力，是赢得市场领先地位的基础。首都零售行业中的高层管理者没有从战略上提起对零售企业核心竞争力的重视，由此造成在中高层专业人才的储备不足、零售企业文化建设的工作力度较弱等一系列后续问题。

第二，首都零售企业还没有彻底摆脱一元化体制结构下形成的负担，体制转变不彻底。首都零售企业大都前身是国有性质企业，虽然随着国民经济的发展逐步转制为股份制企业，但是长期的一元化结构安排造成的资源配置和运行低效率等遗留问题依然存在，企业内部运作中还有多方面的阻碍因素。尤其对于以服务为主、劳动力密集型的零售行业而言，牵扯一系列的人员的计划、组织、领导、控制等短时间无法解决的问题。

第三，首都零售企业融资能力不足。零售企业的规模扩张需要调动庞大的资金运作，单纯依赖银行贷款风险过大，最有保障的融资方式首推上市。但并不是每一家零售企业都能在短期内成功上市融资，目前首都只有为数不多的三家企业：北京王府井百货（集团）股份有限公司、北京市西单商场股份有限公司和北京城乡贸易中心股份有限公司成功实现了通过上市募集资金。

(四) 首都零售企业核心竞争力提升的必要性

1. 更全面地满足首都居民消费需求

首都零售企业具有核心竞争力是形成持续竞争优势的基础，也是确保其更全面满足首都消费者需求的根本保障。提升首都零售企业的选址能力既能满足顾客购物便利的需求，也为零售企业自身获取了一项垄断资源；提升首都零售企业的学习能力，符合核心竞争力的动态性的特征；而提升流程控制能力和经营管理能力能够帮助零售企业完善内部管理，实现最大化的赢利积累；注重培养顾客忠诚度能力的提升对零售企业来说则意味着零售企业拥有了稳定的客户来源。总之从整体上实现首都零售企业的核心竞争力的提升，能够更全面地满足首都居民的消费需求。

2. 使首都零售企业具有应对竞争的核心要素

当前首都零售企业能否成功应对竞争，关键在于核心竞争力水平的高低。核心竞争力是零售企业在经营过程中长期培养形成，在这个过程中企业内部各个构成要素和能力不断地完善提高，因此企业一旦形成了自身的核心竞争力就形成了与竞争对手相比独特的优越性。另外，核心竞争力包含的一项重要内容为零售企业文化，这其中包含了企业的价值观念等深层的不易被模仿的内容。正是基于这些特点，构建、提升核心竞争力能够使首都零售企业具有应对竞争的核心要素。

3. 加速推动首都零售企业发展壮大

零售企业核心竞争力是促进首都零售企业规模发展壮大的基本条件，能够增加首都零售企业进入不同市场的机会，并且能够提高其成功进入不同市场的可能性，从而增强首都零售企业在不同区域市场上的竞争地位，将首都零售企业的经营规模扩张到更广阔的市场中。这对首都零售企业的发展具有极为深远的意义，意味着首都零售企业可以在经营的过程中将核心竞争力运用到不同区域商业市场中，把企业的优势转化为用户可感受的价值，并以此作为一种动态资源，在新的市场区域里形成竞争力，实现自身的成长发展。

三、首都零售企业核心竞争力提升的内外条件与经验借鉴

（一）首都零售企业核心竞争力提升的内部资源条件

1. 区位优势

北京是中国的首都，也是一座世界城市。首都零售企业整体上具有非常独特的先天区位优势。从整个华北地区乃至全国范围来看，北京市地处华北平原西北边缘，属于京津冀区域经济生态系统区域范围，还是环渤海经济区的中心，连接着东北、华北、西北乃至全国的枢纽型区位。从国际上来看，北京的科技投入相对水平或科技资源聚集的相对水平是世界最高水平；北京投资总额相对水平居世界最高水平；北京的国民储蓄总额相对水平处于世界最高水平。首都零售企业可以充分利用首都具有的区位优势，大力提升自身的核心竞争力。

2. 本土化优势

首都零售企业历经多年的经营服务，在本地百姓心中树立了良好的便民利民形象，客观上聚集了一批固定顾客群。一般来讲大多数消费者对于不太熟悉的购物环境会产生一种陌生感和不信任感，所以往往很难改变自己的消费习惯。此外本土零售企业能够更容易把握顾客的消费心理和习惯并与之建立起特殊的情感关系。首都零售企业把握本土化优势有利于实施差异化经营，扩大零售企业间的互补与协调，形成互促互进的共赢局面，提高整体实力。

3. 传统文化优势

北京是世界闻名的古都和历史文化名城，融合了我国不同历史时期、众多民族的优秀文化，是中国及东方几千年古老文化的浓缩和典型代表。北京从周朝末年燕国定都城于蓟，就开始了它的都城地位，距今已3000多年。在漫长的历史发展过程中，积累沉淀了丰富的物质与非物质的文化遗产。与此同时北京也是现代文化与古老文化、中国文化与世界文化交汇处，聚集了全国一流的文化艺术机构和文化人才。首都零售企业正是占有了这一独特的文化优势，孕育培养了一批文化底蕴丰厚的老字号企业，构成首都零售企业的一道独特风景。这其中的典型代表有，以经营的工艺美术品"全"、"特"、"精"、"绝"而独树一帜的北京工美集团有限责任公司；以"名店、名品、名服务、名维修"的信誉而闻名遐迩的北京市亨得利瑞士钟表有限责任公司；还有享誉中外的新中国第一店——北京市百货大楼；以及素以"验配准确、技术精良、专业能力强和承接高难光度眼镜定配制作"而闻名的老字号眼镜零售企业——大明眼镜。

4. 区域销售规模

2012年全国社会消费品零售总额207167亿元，北京市社会消费品零售总额

达到7702.8亿元，再次超越上海，连续五年成为全国社会消费品零售额最高的城市。2009年至2011年间，除国有企业和集体企业外的各类所有制形式零售企业的商品零售额情况都保持了持续增长的趋势，如表23-11所示。

表23-11　按登记注册类型分限额以上批发和零售企业商品零售额　　单位：万元

所有制形式	2011年	2010年	2009年	2010年增长速度（%）	2011年增长速度（%）
总计	54791370	48796587	37466959	30.2	12.3
内资企业	43591525	39215899	30716676	27.7	11.2
国有企业	1319965	1791193	1549077	15.6	-27.3
集体企业	507371	538515	478153	12.6	-5.8
股份有限公司	8392615	6869910	5667878	21.2	22.2
港澳台商投资企业	3053455	2590342	1821068	42.2	17.9
外商投资企业	8146390	6990346	4929215	41.8	16.5

注：限额以上零售企业是指批发业年主营业务收入2000万元及以上、零售业年主营业务收入500万元及以上的法人企业。

数据来源：《北京统计年鉴2011》、《北京统计年鉴2012》。

（二）首都零售企业核心竞争力提升的外部环境条件

1. 政策法律

影响首都零售企业核心竞争力提升的政策法律因素涉及国家政府机构与北京市地方政府两个层级颁布的政策内容。这些出台的法律条文促进了国民经济的发展，对零售企业决策者具有重要的导向作用，决策者们需要及时掌握结合利好政策，并且及时规避受限的商业领域。

（1）国家宏观调控政策

第一，政策支持信用消费模式，推动消费观念转变。2009年1月中国银行业监督管理委员会正式批准北京银行、中国银行、成都银行分别在北京、上海、成都筹建消费金融公司，据悉三家公司于7月正式营业。同月商务部副部长称，2009年将扩大信用消费，创新信用、融资业务内容和服务方式，支持和规范商贸信用服务业，推进信用体系建设。2009年7月22日中国银行业监督管理委员会又公布了《消费金融公司试点管理办法》，该办法旨在为中国境内居民个人提供以消费为目的的贷款的非银行金融机构。

第二，政府出台扶持政策，加快流通领域电子商务发展。2009年12月，商务部发布关于加快流通领域电子商务发展的意见,提出要扶持传统流通企业应用电子商务开拓网上市场,培育一批管理运营规范、市场前景广阔的专业网络购物企业,扶持一批影响力和凝聚力较强的网上批发交易企业。预期提高社会公众对电子商务的认知度和参与度,开拓适宜网上交易的居民消费领域,培育和扩大网上消费群体,到"十二五"期末,力争网络购物交易额占我国社会消费品零售总额的比重提高到5%以上。意见称要完善流通领域电子商务发展扶持政策,开展流通领域电子商务示范引导工作,健全流通领域电子商务发展环境[①]。

第三,出台了进一步规范超市经营管理政策。2009年4月,商务部发布《超市节能规范》和《超市防损经理岗位要求》。2009年8月,商务部发布的《零售业基层岗位技能要求》系列行业标准正式实施。从此,超市里的营业员、收货员、防损员、生鲜工、收银员的培训、考核、提拔有了标准。2009年10月,国标《超市购物环境》实施。该标准规定了超市购物的硬件及软件环境的基本要求,对超市出入口、收银区、销售区、生鲜区、垃圾处理、库房及环保、节能、安全、设施设备等提出了明确的要求,重点强调了购物安全和食品安全。

第四,在2010年商务部将采取五大措施继续扩大消费、促进经济增长,内容都涉及零售企业。一是扩大农村消费。提高"万村千乡市场工程"配送率,提升"双百市场工程"的商品集散和价格发现功能,扩大"农超对接"范围。二是扩大城市消费。支持有实力的连锁企业拓展服务项目,加快推进零售业节能行动。三是扩大换代消费。完善汽车、家电"以旧换新"政策,研究完善补贴标准和操作方式。四是扩大信用消费。五是扩大节庆消费。结合传统和现代节庆日,组织开展各种"购物节"等促销活动。整合各地活动资源,组织开展全国性促销活动,培育消费热点。

(2) 北京市政府商业规划政策

首都零售企业在硬件设施、业态组合以及企业规模等方面都是国内的佼佼者,不过要实现将北京打造成国际商贸中心城市的目标还有差距,关键的一个原因就是北京只有城市规划,但没有整体意义上的商业规划,通过整理发现北京市政府已经做出了很多鼓励与限制零售企业发展的条文,详细内容在表23-12与表23-13中列出。未来政府努力的方向是尽快完善推出整体城市商业规划。

---

① 北京商业信息港,2010年2月12日,http://www.bcinet.com.cn/index.jsp。

表23-12　　　　　　　　　　鼓励发展目录[1]

序号	项目	鼓励范围
1	发展特色商业	保护和提升"老字号"品牌
		改造与提升特色商业街
		鼓励开展特色服务
2	发展数字商业	搭建信息技术服务平台
		推进信息化、数字化进程
3	发展生态商业	鼓励节能降耗
		加快发展商业循环经济
		鼓励绿色营销和节约型消费
4	加快物流配送体系建设	鼓励公共物流区的建设
		鼓励物流配送体系运营水平提升
5	加强农产品流通体系建设	鼓励农产品批发市场升级改造
		鼓励规范化菜市场建设，采取多种形式完善蔬菜零售网点
		鼓励农产品流通组织发展
6	促进消费增长	加强市场营销，拓展消费空间
		促进供应保障
		发展便民、利民商业服务设施，营造良好消费环境
		发展现代流通经营方式和营销方式
		提升郊区流通业连锁水平
		提升流通服务行业专业化水平
		中心（商业街）建设和改造
		强化行业安全监管

---

[1] 北京市流通业发展分类指导目录（2009年）京商务规字〔2009〕17号。

表 23-13　　　　　　　　　限制发展目录①

序号	项目	限制区域
1	新增营业面积 6000 平方米以上的大型超市、仓储式会员店、建材家居商店（商品交易市场业态提升项目除外）	二环路以内地区
2	新建、改建、扩建建筑面积在 1 万平方米以上的大型批发、零售商业设施（商品交易市场业态提升项目和王府井、西单商业街区、前门大街及其延长线以南地区的商业项目除外）	三环路以内地区
3	新建、改建、扩建建筑面积在 5 万平方米以上的大型商业设施	东、西、北五环，南四环以内地区
4	新建、扩建和新开办各类商品零售、批发交易市场（符合《社区菜市场（农贸市场）设置与管理规范》的社区菜市场、符合《商品交易市场设置与管理规范》的文化创意商品市场除外）	东、西、北四环路和南三环路以内地区
5	家居建材市场	五环路以内地区
6	未列入相关专项规划的各类汽车交易市场	全市范围内
7	汽车配件市场、新增汽车品牌四位一体专营（专卖）店（4S店）项目	
8	未列入相关规划的大型购物中心（shopping mall/shopping center）	全市范围内
9	未列入相关专项规划的成品油加油站	
10	未列入相关专项规划的建筑面积在 10000 平方米（含）以上的物流仓储设施	
11	影响居民生活的餐馆等商业服务业设施	住宅底层

说明：新增是指包括新建商业设施和利用已有设施（含商业设施和其他用途的建筑设施）新开办商业店铺；新建是指新申请建设商业设施；改建是指改造其他用途的建筑设施用于商业零售、批发经营；扩建是指在现有商业设施基础上扩大商业用房建设规模；新开办是指利用现有商业设施或其他用途的建筑设施新设立商业店铺或市场。

2. 经济环境

经济发展是促进商业市场繁荣的动力，良好的经济形势是影响首都零售企业

---

① 北京市流通业发展分类指导目录（2009 年）京商务规字〔2009〕17 号。

核心竞争力提升的重要因素。近年来首都整体经济形势大好,国民生产总值稳步上升,尤以第三产业的增长速度最为明显。人均生产总值逐年保持较高的增长,2009年北京人均GDP突破1万美元大关,跻身中等富裕城市(见表23-14)。随着经济增长进而拉动了居民的消费需求,首都社会消费品零售额数字连年提升,这个统计指标里批发零售业占有很大的比重,2011年6900亿元的社会消费品零售额是一个具有突破意义的成果(见图23-3)。

表 23-14　　北京地区国民经济和社会发展总量与速度指标

项目	总量指标				速度指标指数（%）			
	2008年	2009年	2010年	2011年	2008年	2009年	2010年	2011年
地区生产总值（亿元）	11115.0	12153.0	14113.6	16251.9	9.1	10.2	10.3	8.1
第一产业	112.8	118.3	124.4	136.3	1.1	4.6	-1.6	0.9
第二产业	2626.4	2855.5	3388.4	3752.5	0.8	10.4	13.7	6.7
第三产业	8375.8	9179.2	10600.8	12363.1	12.5	10.2	9.3	8.7
人均地区生产总值（元）	64491	66940	73856	81658	3.7	4.6	4.8	3.8

数据来源：北京统计年鉴2012。

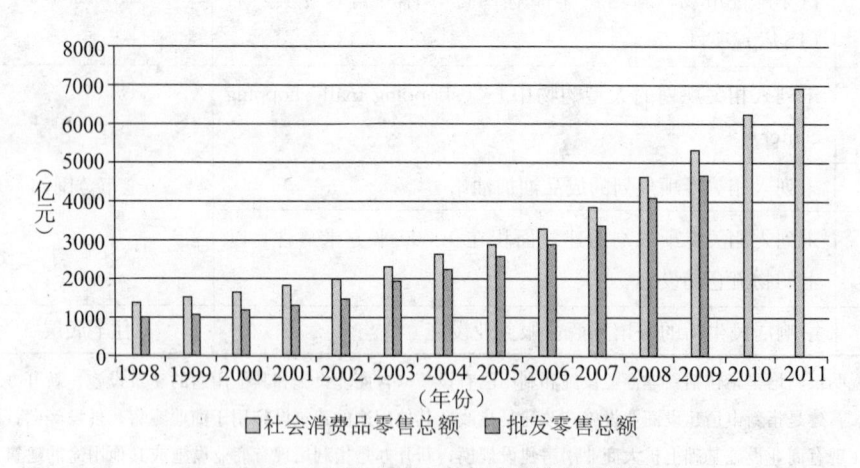

图 23-3　1998—2011 年社会消费品零售额

首都经济的辐射力水平是另一个衡量经济发展水平与城市发展水平的重要指标。随着北京向发达城市迈进,吸引国内外企业将总部落户北京、发展总部经济,成为提升城市辐射力的重要内容。北京已被美国《福布斯》杂志评为"第三大世界500强总部之都"。全市一级总部企业达到784个,占全市单位的0.3%,

其控制的在京下属二级单位达 3894 家。总部企业及其在京下属二级单位期末从业人员 164.9 万人，资产总计 396510.7 亿元，负债合计 313300.4 亿元，主营业务收入 27394.7 亿元，利润总额 3803.5 亿元，分别占全市单位的 61.3%、59.6%、44.8%和 69.3%。世邦魏理仕发布的《2009 年度零售业全球化进程研究报告》显示，世界顶级 280 家零售商已有 101 家进驻北京。北京市已经累计批准外资零售店铺 2500 余家，而在 5 年前北京的外资零售店铺数量还只有 26 家，北京商业的国际化程度在快速提升。

从企业视角分析首都经济的发展现状，主要的判断依据是企业景气指数与企业家信心指数两项指标。企业景气指数是根据企业决策者对本企业当前生产经营状况的判断及未来企业生产经营状况的预期而编制的指数，是企业决策者对企业生产经营现状及未来景气动向的一种综合评价和判断；企业家信心指数是根据企业决策者对本行业发展状况的判断及其未来走势的预期而编制的指数，反映企业决策者对国家宏观经济发展的信心和预期，是企业决策者对当前宏观经济状况及未来走势的一种感受、体验和期望。指数大于 100 时，表明经济状况趋于上升或改善，处于景气状态；指数小于 100 时，表明经济状况趋于下降或恶化，处于不景气状态。从 1999 年到 2011 年的数据显示（见表 23-15），企业决策者对所经营的企业和所在的行业领域的发展前景都持积极态度，尤其是在 2008 年国际金融危机的背景下企业家对首都经济发展还都保有充足的信心与干劲，这比黄金还重要。

表 23-15　　　　1999—2011 年企业景气指数、企业家信心指数

年份	企业景气指数				企业家信心指数			
	一季度	二季度	三季度	四季度	一季度	二季度	三季度	四季度
1999	111.0	114.7	112.4	121.0	98.0	97.4	102.4	104.4
2000	113.7	130.0	132.9	138.1	107.7	120.6	123.5	118.6
2001	112.6	123.5	117.7	115.8	124.0	116.1	118.7	111.9
2002	117.6	126.9	128.2	131.8	125.4	125.3	124.9	128.8
2003	124.8	100.9	134.5	137.6	132.5	108.0	136.7	136.1
2004	132.7	135.1	134.0	138.0	136.7	127.2	130.0	129.5
2005	129.5	132.9	131.8	127.9	131.4	128.0	126.2	125.1
2006	131.6	138.9	143.4	150.0	136.7	137.5	134.3	140.4
2007	145.8	153.8	158.5	158.7	138.4	142.6	142.3	136.1

续 表

年份	企业景气指数				企业家信心指数			
	一季度	二季度	三季度	四季度	一季度	二季度	三季度	四季度
2008	152.0	144.7	128.7	108.9	152.9	138.7	117.4	85.5
2009	110.3	115.4	127.9	133.3	91.5	104	121.7	126.2
2010	133.2	138.1	141.5	143.8	131.5	130.1	136.7	141.1
2011	131.6	140	139.4	138.8	134.4	137.8	132.7	123

数据来源：《北京统计年鉴2012》。

首都城乡居民的历年收入增长情况可以从另一个侧面反映出首都经济的发展。其中，城镇居民人均可支配收入从1998年的10098元增长为2011年的37124元，相比增长了2倍多。农村居民人均纯收入历年来也有较大幅度的增长，并在2011年首次突破14000元。

但是城乡收入差距依然存在。在图23-4"首都城乡居民历年收入情况"中可以明显反映出，首都城乡居民之间收入差距的距离还没有拉近的趋势。并且历年收入情况显示的是城镇居民的可支配收入指标，而农村居民显示的是人均纯收入指标，这两个指标所代表的实际购买能力也还存在有较大的差别。加上可能在短期内还没有可行的办法能够改变首都城乡居民收入差距大的现状。因此首都零售企业要善于分析把握这个客观存在的差距现状，制订合理的零售发展规划，最大限度地满足城乡各类居民消费需求。

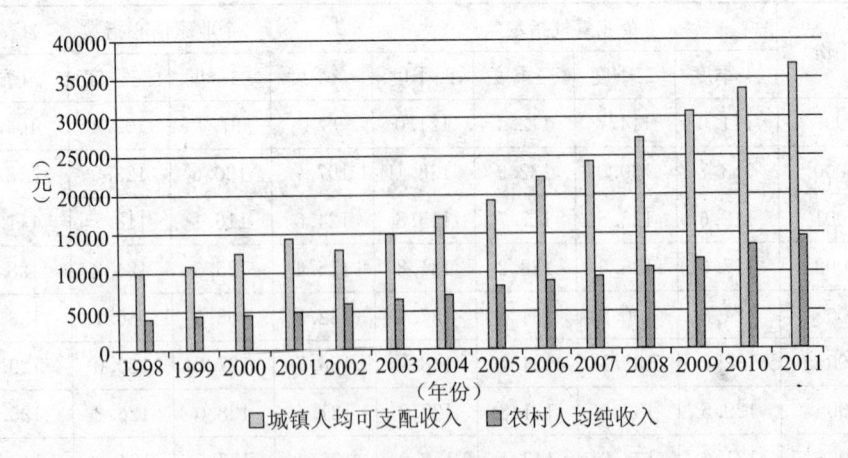

图23-4 首都城乡居民历年收入情况

数据来源：《北京统计年鉴2012》。

3. 社会环境

北京作为我国首都是全国的政治、文化中心和国际交往的枢纽，也是一座著名的历史文化名城，其城市功能定位为"国家首都、世界城市、文化名城和宜居城市"，这决定了北京应大力发展包括商业服务业在内的第三产业，并以流通业作为主导产业，零售企业在其中充当重要角色。

北京市区域面积16410.54平方千米，人口数量为2018.6万人，2011年境外游客520.4万人次，国内游客20884万人次，这为首都零售企业的发展带来巨大的消费群体和市场空间。按照城市功能划分为功能核心区、城市功能拓展区、城市发展新区和生态涵养发展区，各区域常住人口密度存在较大差别，如表23-16所示，功能核心区虽然常住人口密度大，但是土地面积小，零售市场几近占领完毕。而像通州区、大兴区、顺义区和平谷区等土地面积大、常住人口密度还比较小的区域，必将成为首都零售企业扩大规模发展的入驻地。

表23-16　　　　　　　　2011年常住人口密度

地区	土地面积（平方千米）	常住人口密度（人/平方千米）
全市	16410.54	1230
首都功能核心区	92.39	23271
东城区	41.86	21739
西城区	50.53	24540
崇文区	1275.93	7731
宣武区	455.08	8038
城市功能拓展区	305.8	7096
朝阳区	84.32	7519
丰台区	430.73	7898
石景山区	6295.57	1001
海淀区	1989.54	486
城市发展新区	906.28	1379
房山区	1019.89	897
通州区	1343.54	1294
顺义区	1036.32	1379
昌平区	8746.65	214

续表

地区	土地面积（平方千米）	常住人口密度（人/平方千米）
大兴区	1450.7	203
生态涵养发展区	2122.62	175
门头沟区	950.13	440
怀柔区	2229.45	211
平谷区	1993.75	160
密云县	16410.54	1230
延庆县	92.39	23271

数据来源：北京统计年鉴 2012。

4. 技术环境

零售企业依靠技术条件实现信息化需要经历四个阶段。首先是以销售为中心，应用信息系统来掌握销售信息，进行销售业绩的考核阶段；第二阶段是以库存为中心，重点是用信息系统来管理库存增减变动；第三阶段是以供应商关系和顾客关系管理为中心；第四阶段则是以营销和顾客为中心的阶段。北京零售企业大部分属于第二个阶段，而首都聚集的大批科研教育机构，拥有的众多科研成果，能为零售企业发展网络化、信息化发展提供强有力技术支持的环境条件。

（三）可供首都零售企业借鉴的核心竞争力提升经验

本书总结的经验主要是针对上述内容中所研究的首都零售企业核心竞争力存在的不足所提出。因此可供借鉴的经验分别是从服务创新、人才储备、自有资本以及零售企业文化四个方面具体展开。

1. 服务创新方面

（1）以顾客需求拉动营销活动的服务理念

香港利丰集团旗下的 OK 便利店服务理念为"以顾客需求拉动整个连锁店的营销活动"。其业务宗旨是：以最合适的价钱，售卖最合适的货物，在最整洁的购物环境及便利地点，为顾客提供最快捷、友善的服务。以顾客需求为中心的营销内容包括根据顾客需求制定决策，根据顾客需求确定店铺位置、商品组合、管理文化，按照市场供求定价，重视顾客的满意程度，改善对顾客的售后服务。

（2）建立社会化的服务网络

日本便利店依靠增加服务项目和改变服务方式提升竞争力，他们运用"电子便利店"设备，增加了网上购物、下载音乐节目、旅馆预订、搬家公司预约、订票等服务，随着这些服务的大规模开展将把便利店塑造成一个社会化的服务网络。

武汉中百集团股份有限公司将企业主营业务与政府公共事业相结合，旗下遍布全市的400多家连锁便民超市向市民提供公交IC卡充值服务，并且公交IC卡也可用于在中百超市里刷卡购物。中百便民超市还提供诸如代收电话费、电费、水费，收发电子邮件、传真等服务。这些业务的开通，不仅可以方便市民，也可以为政府公共事业减轻负担，得到政府部门的支持，同时还可以增加客流量，促进主营业务的发展。这给武汉本土零售企业的发展奠定了良好的基础。

2. 人才储备方面

（1）以提高雇员满意度聚集人才

没有满意的员工就不会有使顾客满意的服务，零售企业应该充分尊重每位员工的需求，使他们能满意地工作。Metro（麦德龙）为了提升雇员的工作技能、多样性和乐趣，给每位员工承担工作之外的辅助角色，如急救员、团队代表、员工论坛管理员等。IKEA考虑到解决有小孩的员工后顾之忧，在一些店铺里设立了员工幼儿园。

（2）独具特色的员工培训计划

Carrefour（家乐福）分别制定了第二梯队计划和ETP（Executive Training Program）项目。第二梯队计划的培训基地设在天津，它是针对应届高校毕业生员工安排的培训项目，主要内容是对应届毕业生员工进行为期16周的业务操作技能培训。而ETP是专门针对高级管理人才的培训项目，培训时间为18周，内容包括基本零售知识、专业化培训、店长培训三部分。每年家乐福会从报名者中挑选富有潜力的优秀员工展开集中培训，成功完成培训的员工就可以直接走向中高层管理岗位。

3. 自有资本方面

（1）通过强强联合扩大自有资本规模

2008年国内规模最大的商贸流通集团——上海百联（集团）有限公司挂牌成立，这是国内零售企业通过强强联合扩大规模的成功经验。新组建的上海百联（集团）有限公司是由上海一百（集团）有限公司、华联（集团）有限公司、友谊（集团）有限公司和物资（集团）总公司四家大型企业整合而成。新集团总资产超过280亿元，年销售规模达700多亿元，是国内最大的商业集团。北京也具有同类规模的商业企业集团，并且目前还面临着自有资本不足影响扩张速度的不足，可以参考借鉴上海百联的经验。

（2）节约能源、降低排放

从某种意义上说，注重节约能源也是解决自有资金不足的有力措施。如Carrefour（家乐福）西班牙公司使用制冷系统中的热水作为厕所冲刷水源。英国最大的连锁零售商 Tesco（特易购）在 2006 年投资 2000 万英镑用于能源节约计划，实施环境可持续发展战略，每年减少电耗 1.35 亿度，减少 5.8 万吨的二氧化碳排放，减少能源消耗 810 万英镑。

4. 零售企业文化方面

法国欧尚集团成立于 1961 年，是以经营大型综合超市为主的国际商业集团，在短短的四十几年时间里，它就发展壮大成为全世界最大的零售企业之一，是目前法国第二、欧洲第六的大型跨国商业集团。欧尚凭借其强有效的企业文化，保持了企业生命力不断发展和壮大。该零售企业的企业文化精华内容包括：注重企业声誉、知名度的开发和管理；注重零售业的美学文化，强化企业形象，提高顾客满意度；树立品牌观念，营造品牌文化，增强企业文化的内涵；拓展市场的同时，注重本企业文化与地方文化的融合力。

他山之石，可以攻玉。以上归纳总结的国内外零售企业提升核心竞争力的成功经验，无疑能为首都零售企业核心竞争力的提升提供参考经验。但是不同地区与国家的具体情况有差别，不能盲目照搬他们的经验制定提升措施。此外，我们还应该认清现实分清差距，国外零售企业的发展阶段明显高于国内，他们制定的提升措施更加人性化、社会化，包括首都企业在内的国内企业都无法短时间内达到他们的规模实力。因此不能期望一劳永逸全面实现零售企业核心竞争力的提升，首都零售企业核心竞争力的提升需要规划一个长期的动态的整体方案，逐步与国际一流零售企业缩短差距。

四、首都零售企业核心竞争力提升的思路与措施

（一）首都零售企业核心竞争力提升的思路

1. 首都零售企业核心竞争力构成要素的层次分析

为了更加明确首都零售企业核心竞争力构成要素的相对权重，便于制定有侧重点的针对性提升措施，本书选取层次分析法进行定量分析，依据零售企业核心竞争力构成要素体系（见表 23-17），向首都地区的 12 位零售企业高层管理者发放调查问卷，收回问卷全部有效。通过对调查问卷的分析整理，得出了各层次的判断矩阵和每个构成要素的权重值，表 23-18～表 23-23 列出了所有判断矩阵的计算结果。

表 23-17　　　　　零售企业核心竞争力构成要素体系

零售企业核心竞争力层次模型体系 A	选址能力 B_1	客流规律 C_1
		周边商店聚集情况 C_2
		交通地理条件 C_3
	学习能力 B_2	个人学习 C_4
		团队学习 C_5
		组织间学习 C_6
	流程控制能力 B_3	信息化水平 C_7
		物流体系 C_8
		与供应商关系 C_9
	经营管理能力 B_4	促销管理 C_{10}
		成本控制管理 C_{11}
		零售企业文化 C_{12}
		人才聚集能力 C_{13}
		公共关系 C_{14}
	培养顾客忠诚度能力 B_5	商品组合 C_{15}
		购物环境 C_{16}
		服务质量与服务创新 C_{17}
		品牌号召力 C_{18}

表 23-18　　　　　　　　判断矩阵 A—B

A	B_1	B_2	B_3	B_4	B_5	W
B_1	1.00	2.00	0.50	0.33	0.20	0.08
B_2	0.50	1.00	0.25	0.25	0.17	0.06
B_3	2.00	4.00	1.00	0.25	0.25	0.13
B_4	3.00	4.00	4.00	1.00	0.25	0.24
B_5	5.00	6.00	4.00	4.00	1.00	0.50

表 23-19　　　　　　　　　　判断矩阵 B_1—C

B_1	C_1	C_2	C_3	W
C_1	1.00	3.00	1.00	0.44
C_2	0.33	1.00	0.50	0.17
C_3	1.00	2.00	1.00	0.39

表 23-20　　　　　　　　　　判断矩阵 B_2—C

B_2	C_4	C_5	C_6	W
C_4	1.00	1.00	4.00	0.46
C_5	1.00	1.00	3.00	0.42
C_6	0.25	0.33	1.00	0.12

表 23-21　　　　　　　　　　判断矩阵 B_3—C

B_3	C_7	C_8	C_9	W
C_7	1.00	1.00	0.25	0.17
C_8	1.00	1.00	0.25	0.17
C_9	4.00	4.00	1.00	0.67

表 23-22　　　　　　　　　　判断矩阵 B_4—C

B_4	C_{10}	C_{11}	C_{12}	C_{13}	C_{14}	W
C_{10}	1.00	1.00	0.50	0.50	0.33	0.10
C_{11}	1.00	1.00	0.50	0.50	0.33	0.10
C_{12}	2.00	2.00	1.00	0.33	0.25	0.13
C_{13}	2.00	2.00	3.00	1.00	0.25	0.21
C_{14}	3.00	3.00	4.00	4.00	1.00	0.45

表 23-23　　　　　　　　　　判断矩阵 B_5—C

B_5	C_{15}	C_{16}	C_{17}	C_{18}	W
C_{15}	1.00	1.00	0.50	0.33	0.13
C_{16}	1.00	1.00	0.33	0.25	0.11

续表

B_5	C_{15}	C_{16}	C_{17}	C_{18}	W
C_{17}	2.00	3.00	1.00	0.25	0.23
C_{18}	3.00	4.00	4.00	1.00	0.54

根据所得数据进一步计算出组合权重，就得出首都零售企业核心竞争力构成要素体系的最终权重值，如表23-24所示。

表 23-24　　首都零售企业核心竞争力构成要素体系权重

准则层	权重	方案层	权重	组合权重	排序
选址能力 B_1	0.08	客流规律 C_1	0.44	0.0352	8
		周边商店聚集情况 C_2	0.17	0.0136	14
		交通地理条件 C_3	0.39	0.0312	9
学习能力 B_2	0.06	个人学习 C_4	0.46	0.0276	10
		团队学习 C_5	0.42	0.0252	11
		组织间学习 C_6	0.12	0.0072	15
流程控制能力 B_3	0.13	信息化水平 C_7	0.17	0.0221	13
		物流体系 C_8	0.17	0.0221	13
		与供应商关系 C_9	0.67	0.0871	4
经营管理能力 B_4	0.24	促销管理 C_{10}	0.10	0.024	12
		成本控制管理 C_{11}	0.10	0.024	12
		零售企业文化 C_{12}	0.13	0.0312	9
		人才聚集能力 C_{13}	0.21	0.0504	7
		公共关系 C_{14}	0.45	0.108	3
培养顾客忠诚度能力 B_5	0.50	商品组合 C_{15}	0.13	0.065	5
		购物环境 C_{16}	0.11	0.055	6
		服务质量与服务创新 C_{17}	0.23	0.115	2
		品牌号召力 C_{18}	0.54	0.27	1

从统计结果中可以明显发现首都零售企业核心竞争力构成要素之间的重要性程度是不均等的，培养顾客忠诚度能力与经营管理能力两项能力所占比重较大，

分别是50％和24％的比重值，培养顾客忠诚度能力的重要性尤为突出，这与零售企业的服务特性密不可分。选址能力、学习能力同样是零售企业核心竞争力的重要构成部分，它们的比重占了8％和6％，流程控制能力占有13％的比重。

方案层的组合权重的结果也显示出了差别，品牌号召力、服务质量与服务创新能力、公共关系以及与供应商关系位于排序的前几位，是首都零售企业提升核心竞争力首要重视的因素。尤其值得关注的是组织间学习这项构成要素排在最后一位，这可能反映了组织间学习对零售企业核心竞争力的影响程度相对较小，但或许是从另一个侧面反映出零售企业凭借个体的努力很难实现企业间的相互学习。

2. 明确提升首都零售企业核心竞争力的思路

首都北京在成功举办了一届有特色、高水平的奥运会后，城市的包容性、知名度、辐射力也正在向国际著名大都市看齐。2009年北京商业实现社会消费品零售总额超过5300亿元的重大跨越，更加彰显了北京城的商业规模与实力。新时期首都北京将城市发展定位为"国际商贸中心城市"，零售企业作为这其中的一分子，也将顺应首都商业的发展趋势，继续提升自身的核心竞争力，为首都商业的全面繁荣做出更大的贡献，促进早日实现国际商贸中心城市的定位目标。

基于前面的分析内容可以归纳出几个非常重要的结论。首都零售企业在经营规模、所有制形式、业态结构以及满足城乡居民需求方面都具备较优越的现实条件，其具备的核心竞争力实力也具有非常独特的区域特点，不是其他竞争对手可以轻易模仿的，能够保有持久的竞争优势。虽然首都零售企业的核心竞争力也存在不足之处，但是这些不足是目前整个零售行业内企业普遍没有解决的问题。这一方面体现了提升首都零售企业核心竞争力的必要性，另一方面也体现出文中所提的提升对策具有普遍指导意义。此外，身在首都的零售企业还享受到一国之都造就的独特内部资源条件所带来的优势，同时还拥有良好的经济发展环境与宏观政策指导，这些都在客观上为首都零售企业提升核心竞争力提供了便利条件。虽然在政策法律上规定了一些限制发展的项目，但只要零售企业善于趋利避害，并不会对发展提升造成阻碍。

本研究运用层次分析法得到的分析结果体现出首都零售企业核心竞争力五大构成要素间的相对重要性存在明显的偏重，这是符合零售企业发展要求的。因为对于每个零售企业个体来说为了对资源合理运用与高效配置，获得相对较高的投入产出比，必须要分清轻重缓急，着重建设最重要的能力要素。但是零售企业核心竞争力五个构成要素是相互关联缺一不可的，必须实现五项能力要素的全面提升才能完成核心竞争力的提升。基于对这些现状的客观认识，本书提出要借助更广泛的社会力量,运用多方面的资源条件,协助首都零售企业实现核心竞争力的提升,具体的提升思路如下。

第一,以零售企业自身为提升的主体,重点提升培养顾客忠诚度能力和经营管理能力两项构成要素。主要依据是:首先,零售企业的经营管理能力和培养顾客忠诚度能力与其经营活动联系最为紧密,并且在零售企业核心竞争力构成要素体系中这两项占有相对较大的比重;然后,选址能力和流程控制能力包含部分垄断性的资源优势条件,如占有的选址点位置、自主开发的管理信息系统,这与零售企业自身的经济实力基础相关,还比较依赖外界力量的帮助,无法在短期内从微观层面完成提升。

第二,重视行业协会和商会的力量。行业协会和商会发挥的主要职能包括向政府反映行业状况和企业诉求、科技质量管理、行业信息统计、标准制定和资质认定等。借助中间层面力量可以加强行业内信息资源互通有无、增进企业间相互沟通与学习,帮助零售企业加强与政府之间的联系,提升零售企业的公共关系能力;协助零售企业加强与顾客之间沟通,提升顾客满意度;促进零售企业相互间的交流合作,提升零售企业的组织间的学习能力。

第三,依靠政府宏观调控指导,从三个方面入手为首都零售企业提升核心竞争力给予支持,即政府部门发挥监管职能加强宏观规范,维护公平的市场竞争;推行补贴与扶持政策,为零售企业外部规模扩张提供资金支持;搭建零售行业信息平台,推进零售企业信息化水平的提升速度。

(二)首都零售企业核心竞争力提升的措施

从多方面着手,做到有的放矢全面提升首都零售企业的核心竞争力。首要任务是针对目前首都零售企业核心竞争力存在的不足之处提出有操作性的措施建议,重点针对能够促进经营管理能力和提升顾客忠诚度能力的构成要素。

1. 发展品牌战略,强化品牌形象

品牌号召力因素是首都零售企业核心竞争力层次模型中组合权重排名第一的因素,其对零售企业的重要性可见一斑。品牌是一种产品乃至一个企业区别于其他产品和企业的标志。对零售企业而言,它代表了一种潜在的竞争力与获利能力;对消费者而言,它是质量与信誉的保证,减少了消费者的购买成本和风险。

首都零售企业已经具有较好的品牌形象基础,要着重通过发展品牌战略,强化品牌形象提升零售企业的品牌号召力。首先,要吸引更多的顶级品牌总部基地进驻北京。目前北京已经引进了世界上 200 多个顶级品牌中的 100 多个,但现在北京还没有成为各大国际品牌代理商的总部基地,很多品牌都是通过香港引进的,北京在这些方面与巴黎、东京等国际商贸中心城市尚存较大差距。其次,还要吸引国内名优品牌，强化中国特色。作为中国的首都，展示中国商业服务的企业与品牌，体现中国商品和服务的理念与水平，成为中国名优特新商品与服务的会聚之地。最后，还要发展当地传统，强化北京特色。从长远来看首都零售企业重视培育发展自有品牌将是一个积极有效的提升措施。

2. 发挥服务特色，倡导服务创新

服务质量与服务创新因素紧跟品牌号召力因素之后位于首都零售企业核心竞争力层次模型中权重的第二位。

零售企业服务创新的内容主要包括：服务理念、服务内容、服务管理链与服务价值，即要树立享受式服务的服务理念，不仅突出商品特色，更加强调文化、知识和艺术带给消费者的附加价值。通过产品的组合和与经营理念紧密结合的营销策略向消费者传达一种生活的概念，一种更高层次的对美好生活的向往。服务内容是由服务环境、亲和力服务、商品质量、零售企业信誉构成。服务管理链是由服务、责任、商品、信息构成，每个节点环环相扣形成服务管理链条。而服务价值不能以简单的货币形式来衡量，这种因素使消费者对产品的实际价格产生了模糊的概念。消费者愿意选择付出更高一点的价格，买到超出产品实际价值的东西——服务。优质的服务会给消费者以超值享受。

进行服务创新时分两个层次展开。第一个层次是品类管理和促销，它们直接推动服务的创新，为服务创新提供平台。品类管理的任务是让表面看起来杂乱无章的商品条理化，其核心要素就是把握消费需求，通过有效地向消费者提供产品和服务，达到最佳的经营效果。这一层次体现高效率的补货、高效率的配送、高效率的促销和高质量的店内服务。第二层次为招聘和培训、部门经理、评估报酬、激励机制，它们为服务创新提供技术支持和制度保证。

3. 整合物流资源，优化供应链

一方面首都零售企业要与供应商建立起战略伙伴关系，调整价值链利益分配格局。另一方面首都零售企业还需要加快现代物流配送的发展，整合物流资源。未来发展趋势是零售企业将剥离自身的物流业务，转而依赖大型物流企业、公共物流区建设和第三方物流企业，发展专业化社会化物流。通过提升物流企业管理机械化、自动化和信息化水平，能大力提高商品流通效率。

近十几年来随着买方市场的形成和常态化，特别是大型连锁零售企业规模的扩大，首都许多零售商的赢利模式和利润结构发生了变化：原来以进销差价为主要利润来源的模式日益淡化，而各种通道费用、租金成为主要利润来源。要转变这种赢利模式，必须要与供应商建立诚信互惠的关系。这就要求首都零售企业做到：同众多优秀的供应商建立战略联盟，化解目标冲突，依靠双方资源有效整合

所产生的协同效益来赢利,合理收取进场费;规范采购行为,有效防范商业贿赂;从管理、资本等方面介入供应商,通过信息共享的实现降低采购成本并得到更快的订单响应。

4. 加强人才培养,创建学习型组织

从组织结构层面来说,首都零售企业需要形成健全有效的组织学习机制,建立扁平化的组织,让尽量多的企业成员参与到重大决策中,使每个成员的思考和行动方向一致。营造组织成员间共同学习的氛围,带动所有组织成员的学习热情和实践创造力。

从指导精神上,建立鼓励学习型组织的企业文化。此外还要从企业的领导层实施措施,发挥领导层的模范带头作用,鼓励企业员工从组织的整体利益出发,将组织的价值观和信念体现在工作中。

从学习方式上,倡导全员、全程、全方位投入学习。一是提倡"全员学习",即企业的决策者、管理者、员工都要学习,特别是决策者与管理者更应该加强学习。二是提倡"全程学习"。不仅注重商品销售过程中的学习,更应注重整个流通过程的学习;不仅注意销售过程的学习,还应注意售前的市场调查以及售后的跟踪访问。三是提倡"全方位学习",既向专家、同行学习,又向客户、自己学习;既可"走出去"学习,又可"请进来"学习,或是内部互相交流共同学习。四是提倡"灵活学习"。将学到的管理经验、经营策略、服务技能等灵活地用于实践中,并不断改进、创新。五是提倡"终身学习"。不仅现在要学习,而且将来企业发展了也要学习,在永不停止的学习过程中,不断进行组织自我再造,永保企业活力。

5. 培育以顾客为中心的企业文化

企业文化是一种被组织成员共同认可的价值观念和行为准则,适宜的企业文化可以促成企业成功,反之则会加速其失败。培养以顾客为中心的企业文化是建立在顾客价值感知基础上的。其次,要把实现顾客感知价值最大化作为企业理念的核心目标。最后,要树立起零售企业的高层倡导机制,在企业高层的带领下推广企业文化。

首先,应建立基于顾客感知价值的企业文化。企业创造和让渡顾客感知价值的所有活动归根结底是依靠它的员工来完成的,员工的满意程度与顾客所感知的服务质量之间有很强的正相关关系。满意的员工会和顾客建立起积极的关系,而不满的员工会直接或间接地将负面的情绪传递给顾客。首都零售企业必须开发基于顾客感知价值的企业文化,将顾客价值的理念深植入每一个员工心中,激励其创新行为,将员工视为企业的内部顾客,把员工的利益与企业的利益、顾客的利益紧密地结合起来。

其次，树立以顾客感知价值最大化为核心目标的企业理念。零售企业的人力资源作为知识和技能的载体，已经成为创造顾客感知价值的最根本的因素。忠诚的雇员往往意味着更高的利润和生产率，更加完美的品牌和社会形象以及更加稳固的顾客资源，因此意味着使顾客感知价值更大地得到提升。企业目标是创造为顾客满意的价值，其一切工作归根到底是靠全体员工来实现，他们的热情和行为与为顾客提供的产品和服务是一种正相关关系，而且他们的创造和活力都是其精神状态的反映。因此，为实现顾客感知价值管理，以顾客价值最大化为核心的战略目标必须要变成全体员工的最高理念，深入到他们的言行中，一切工作都从能否增加顾客感知价值为标准来衡量，这种理念的核心与最高目标是达到顾客感知的价值最大化。

最后，以顾客感知价值为导向的文化应由零售企业的领袖倡导。企业的文化和理念应采取自上而下的运作模式，由企业高层为主导在企业中推广应用。同时，企业文化应以企业全体员工集体意识为基础，达到全企业的共识和认同，最终融合为全体企业员工的默契、习惯和氛围。

6. 重视行业协会和商会力量

充分发挥行业协会和商会的桥梁纽带作用向政府建言，反映首都零售企业的诉求。行业协会和商会履行的职能有：根据授权进行行业统计，掌握国内外行业发展动态，收集和发布行业信息；创办报刊和网站，开展法律、政策、技术、管理、市场等咨询服务；组织人才、技术、管理、法规、就业等培训，帮助会员企业提高素质，增强创新能力，改革经营管理；由行业协会牵头，组建专家委员会，制定相关职业标准，并授权行业协会对其从业人员进行职业资格鉴定及发证。建设行业协会共享服务平台，开展产品展示、质量检测、招商引资、交易会、展销会等服务；代表会员企业进行反倾销、反补贴、保障措施等调查，应诉和诉讼。

具体来讲行业协会和商会发挥作用的工作内容包括：协助首都零售企业做好配送和销售工作，为首都零售企业提供分析有关国家的产业政策、行业结构以及供求等各种信息；反映企业的各方面的要求，做好首都零售企业间的沟通与协调。首都零售企业要不断弱化行业协会的行政方面和政治方面功能，淡化行业协会的官方色彩，增加其民间色彩，重点强化服务功能，充分发挥行业协会的指导、服务、沟通和监督作用，成为与政府、零售企业、顾客三者之间有效沟通的桥梁，从而为首都零售企业核心竞争力的提升创造一个更为良好的外部环境。

7. 依靠政府宏观调控指导

首都零售企业提升核心竞争力时需要依靠政府宏观调控指导，这要求政府进一步加强相关商业法规政策的完善工作。正如将首都打造为国际商贸中心城市需要制订完善的城市发展规划，提升首都零售企业的核心竞争力也亟待出台整体的规划政策。建议政府部门制订一个针对首都商业发展的具体规划，应该包括对规划布局、业态分布、非正常促销竞争等方面内容做出具体规范。结合"两轴—两带—多中心"的城市空间结构的城市总体规划，设计首都零售的长远总体布局；继续鼓励发展电子商务、无店铺零售企业等适应趋势的新业态类型；鼓励发展绿色销售、绿色包装等符合低碳经济的经营方式，降低零售企业的能源支出；实时监控零售市场活动，纠正不正当的市场竞争行为。

继续依靠促进零售企业发展的相应扶持政策和补贴政策。主要内容有：政府支持有条件的零售企业跨地区、跨行业发展，推动具备上市能力的大型零售企业上市融资，加快网点布局的速度；建立中小型零售企业贷款担保机构和资金，扶持中小型零售企业采用计算机技术设备，扶持为中小型零售企业服务的配送体系，支持帮助中小型零售企业提高水平的咨询服务和信誉评估活动。继续加大资金投入，搭建零售行业信息平台。在结算方式、管理方式和手段上大力推行管理信息系统；加快建立高效、畅通的商业信息网络，提高商业信息交流的质量和速度，为网上购物等无店铺新型商业的发展准备条件。

五、研究结论与研究展望

（一）研究结论

本研究始终围绕首都零售企业核心竞争力提升为主线，分析首都零售企业核心竞争力的现状特点与提升的必要性，得出了以下结论：

第一，核心竞争力理论应用于零售企业这一具体行业范围应该要有更确切的定义规范。本文选用了一种普遍接受的概念，认为零售企业核心竞争力是由选址能力、学习能力、流程控制能力、经营管理能力和培养顾客忠诚度能力五方面合力构成，本文还进一步论述培养顾客忠诚度能力是最重要的构成要素。并且通过首都零售企业核心竞争构成要素的层次分析的数据结果，检验论证了培养顾客忠诚度能力是零售企业核心竞争力的核心要素这一观点。

第二，本研究对首都零售企业的发展现状、核心竞争力的特点以及存在的不足进行了全面细致的分析总结，得出提升首都零售企业核心竞争力的必要性。对首都零售企业所处的内外部环境条件进行针对性地归纳，同时找出值得借鉴的提升经验，明确提升首都零售企业核心竞争力是大势所趋。

第三，首都零售企业核心竞争力提升是个长期动态的过程，需要按重点、分阶段，依靠行业协会和商会、政府等外界力量逐步完善提升。本文以层次分析法为依据提出明确的提升首都零售企业核心竞争力的思路，即以首都零售企业自身为提升主体，重点加强经营管理能力和顾客忠诚度能力的提升；重视行业协会和商会力量；依靠政府宏观调控指导，为首都零售企业提升核心竞争力寻找外力支持。

(二) 研究展望

与此同时首都零售企业核心竞争力的研究课题中还存在很多有待研究的问题，值得继续深入探讨。

首先，本研究选取的研究对象为首都零售企业，这个研究视角相对宏观，可能无法将首都的每个零售企业的独特性完整总结进来，缺乏深入挖掘，文中提出的提升措施也许并不适合每个企业。未来开展此类课题研究时可选取有代表性的单个零售企业对研究对象进行跟踪分析研究。

然后，首都零售企业中包含的业态形式多样，它们彼此之间存在着差异性，超市与百货店、百货店与专门店之间都有不同。虽然零售业态组合发展是零售企业将来的发展趋势，但是现阶段还不会马上发生改变。今后再开展此研究时可尝试选择一个具体的零售业态，研究如何提升它的核心竞争力。

第二十四章　首都现代零售企业运营管理研究

近年来，首都经济保持了持续快速的发展，零售业对经济增长的贡献率呈上升态势，首都现代零售企业纷纷呈现出欣欣向荣的景象。为了推动首都经济的持续增长，有必要对首都零售企业进行客观的分析研究，这也是实现北京城市功能定位的需要。改革开放以来，首都零售企业在经历了快速发展的同时，虽然企业管理水平有了长足的发展，但是仍然面临着一系列问题亟待解决。

一、中国现代零售企业发展的现状

现代零售企业从 20 世纪 80 年代的改革开放开始发展以来，先后经历了快速成长期和成熟期。到目前为止，中国的现代零售企业经过不断地发展和完善，已呈现出零售业态多样化、科技含量高、运营效率高的特点。

（一）中国现代零售企业的发展现状

从我国不同地区零售企业的竞争力上看。东部地区现代零售企业竞争力总体上较强，但中西部地区零售企业发展速度较快。整个中国的零售企业赶上了前所未有的好机遇。

我国经济已进入新的发展阶段，为我国零售企业的健康发展提供了广阔的空间和发展环境。很长时期以来，投资和出口一直作为主要动力拉动中国经济的增长，而消费对于经济增长的拉动作用相对比较弱。进入到 21 世纪，随着经济发展阶段的推进，尤其是国际经济危机的出现，客观地加快了中国经济结构调整的步伐，如今消费正成为拉动中国经济持续快速增长的一支生力军。

1. 中国现代零售企业步入快速成长阶段

（1）中国现代零售企业发展迅速

居民总的购买力连续提高，推动了我国零售市场商品零售的规模化，为我国零售企业的快速扩张和发展提供了有利的环境。经过 30 年的改革、整合和发展，我国整个零售行业的市场体系已初步建立，并正在向现代零售市场体系的方向发展和完善，零售市场经营规模不断扩大。消费品市场稳定、快速的发展态势，表明我国消费品市场的发展已进入一个新的时期,零售市场规模已经跃上了一个大的扩张平台——每年以增加万亿元的速度发展。同时零售市场商品零售额的快速增长和零售市场的发展,使我国的零售业基础设施等发展环境得到进一步改善,同时又推动了我国零售企业的快速发展,从而形成了良性循环,使我国零售企业更加壮大。

(2) 中国现代零售企业呈连锁和集团化发展趋势

随着WTO相关保护政策的结束,2005年我国零售企业全面对外开放,开放程度不断提高,居民消费呈多元化发展,促使我国零售企业业态呈现出多元化的趋势。虽然我国零售企业真正的起步阶段是20世纪80年代,比发达国家晚好多,但是近些年来有利的环境正在使我们与国际现代零售经营接轨。目前我国零售企业几乎包含了世界上所有的零售业态。和欧美等国家一样,以连锁经营形式发展的现代零售企业业态也已成为我国零售企业发展的主流。中国政府良好的政策措施和市场秩序也为零售企业的发展建立了良好的市场和法制环境,连锁化、集团化经营管理水平进一步提高,零售企业重组、并购等改革步伐进一步加快,推动了我国大型零售企业规模持续快速扩大,并呈现出集团化发展的特点。中国零售企业总体发展势头良好。但是,中国零售企业也有很多问题值得关注。

2. 中国零售企业发展所面临的挑战

(1) 中国零售企业的经营管理水平相对较低

中国众多零售企业内部的管理不规范,虽然近些年来随着国内外商务交流更加密切,引进了一些较好的管理方法,管理水平有所提高,但很多还只是照搬照抄,作用相当有限。很多零售企业未对连锁业经营的本质作深入的分析,物流配送中心的作用和功能没有得到了解和重视,难以形成真正的连锁经营体系,难以发挥连锁经营的优势。许多零售企业的经营没有其特色,千店一面,竞争手段较为单一,以价格竞争为主。经营者风险意识亟待提高,经营观念有待更新。

(2) 内资零售企业的生存环境差、竞争力较低,如表24-1和表24-2所示

表24-1　　　　单店面积万平方米以上零售企业零售额分析

总数(个)	外资企业(个)	外资企业占总数(%)	外资企业销售额占总销售额(%)
75	47	61.5	71.3

目前单店(超市、商场等)经营面积在万平方米以上的75个现代零售企业中,外资企业有47个,占61.5%,其销售额合计占万平方米以上企业销售额合

计的 71.3%。

表 24-2　单店面积 5000 平方米以上零售企业销售额分析

总数（个）	外资企业（个）	外资企业占总数（%）	外资企业销售额占总销售额（%）
299	157	56.6	73.9

从表 24-2 看出，单店经营面积在 5000 平方米以上的有 299 个，其中外资门店 157 个，占总营业面积的 56.6%，占营业额的 73.9%。

不难看出，目前外资零售企业已经具有了绝对的优势。从所统计的超市企业平均每平方米营业面积的销售额数据来看，外资企业为 2.06 万元。最高的是中国台湾的企业，为 3.9 万元，欧洲企业 3 万元，而内地企业平均为 1.4 万元，其中上海企业为 2.19 万元，北京企业为 1.7 万元。

而我国零售企业中，有 90% 以上为中小零售企业和个体户。所以中国零售企业的现代化进程不容乐观，形势较为严峻。在市场经济体制深入发展的形势下，中国零售企业的经营方式、管理水平、生存环境劣于外资大型零售企业。但这些问题正在逐步引起重视，政府已制定一系列政策措施来扶持和引导中国零售企业的健康发展。

(3) 中国零售企业的信息技术综合应用水平相对较为落后

从信息化技术应用的程度上看，中国的零售企业还未形成完善的、系统化的信息应用系统，普遍在操作层面采用的信息化技术比较先进，如在收银、收货、库房管理等环节；而在管理层的应用情况主要集中在销售统计分析等相关部门；在最高决策层方面大部分只集中在采购和资金分配、利用方面。

虽然众多的零售企业已经认识到了这方面的问题，但都往往会出现因急于求成而盲目进行投资应用以改善现状的情况。

总之要认识到，我国零售企业在规模与组织化程度、连锁化经营程度、物流配送水平、人才、经营管理能力、现代信息技术应用水平、业态创新能力以及国际竞争能力等方面，虽然取得了相当瞩目的成就，但与世界经济发达国家的现代零售企业相比还有一定的差距，它们的经验都值得我们去借鉴和学习。

(二) 首都现代零售企业的发展背景及现状

1. 首都零售企业发展的背景

要研究首都零售企业的发展现状，有必要对北京的人口、经济收入情况等背景资料做简单的介绍，北京作为中国的首都，是全国的政治、文化、经济、科研、教育和国际交往中心，全市常住人口为 2018.6 万人（2011 年），外来和流动人口超过1亿,有着全国最大的消费群体,2011年北京的GDP为16251亿元,人均GDP 81658元。2011年,北京第一、第二、第三产业的增加值分别达到136.3亿元、3752.5亿元和12363.1亿元,第三产业规模居中国大陆第一,占GDP的比重达到76.1%。当年城乡居民可支配收入32903元,比2010年实际增长8.2%,农村居民人均纯收入14736元,比2010年实际增长7.6%。根据惯例,人均GDP水平突破3000美元,消费结构和人们的生活方式随之就会发生新的变化,北京大型零售企业已经迎来更为广阔的市场空间,由此可知,北京居民具有较高的消费能力和消费潜力,这将会持续地推动首都现代零售企业的快速发展。

2004—2012年,首都社会消费品零售总额从2626.6亿元上升到7702.8亿元(见表24-3)。显示出首都零售企业最近几年的发展速度。

表24-3　　　2004—2012年首都社会消费品零售总额及年增长率

年份	社会消费品零售总额(亿元)	增长率(%)
2004	2626.6	14.35
2005	2911.7	10.85
2006	3295.3	13.17
2007	3835.2	16.38
2008	4645.5	21.12
2009	5309.9	14.30
2010	6229.3	17.31
2011	6900.3	10.77
2012	7702.8	11.62

数据来源:根据北京市统计年鉴整理。

2. 首都零售企业的发展现状

(1) 连锁经营引领首都零售企业发展

作为现代流通方式的重要表现形式,连锁经营与零售企业的结合使得零售企业的效率和影响力大大提升,加快了首都零售企业的现代化进程。

连锁企业规模与市场集中度明显提升。近年来,首都连锁零售企业总体保持了较快的增长,年均增长速度保持在15%以上,高出社会消费品零售额的增速。截至2011年年底,连锁经营已覆盖零售、餐饮业、住宿业三大领域85个业种,零售、餐饮、住宿连锁企业达到 233 家，店铺 9726 家，实现零售额 1950.7 亿元，占全市零售额的 28.26%，2001—2011 年增加了 16.33 个百分点。

连锁零售企业所属门店、从业人员、营业面积、商品销售总额等增速较快（见表 24-4）。2011 年北京市连锁零售企业总店数为 234 个，相比 2007 年增加了 23 个，同样每个连锁企业实现的商品销售总额较 2007 年增加了 11851623 万元；门店数为 9475 个，相比 2007 年增长了 28.77%；平均每个连锁企业拥有门店数为 45.2 个，相比 2007 年增加了 9.0 个；从业人员增加了 95684 人，每人实现的商品销售总额增加 16.64 万元。以上数据表明，连锁企业数量有所增加，连锁企业平均规模有所扩大，连锁企业所吸收的就业人数也呈扩大趋势。

表 24-4　　　　　2010—2011 年首都连锁零售企业发展情况

年份	连锁总店（个）	所属门店（个）	从业人员（人）	营业面积（平方米）	商品销售总额（万元）
2011	233	9845	280798	7953891	25742536
2010	234	9299	228292	7268786	21329783

数据来源：根据《北京市统计年鉴 2012》整理。

经过十几年的快速健康发展，连锁经营已被首都零售企业广泛应用到百货商店、超级市场、专业店、专卖店、仓储式商场等所有零售业态中。各零售企业根据自身发展情况选择了多业态或单一业态的连锁经营，使首都现代零售企业呈现出繁荣发展的面貌，多业态并举成为市场主流。

(2) 首都新型零售业态发展迅速

各种新型业态发展势头迅猛。从 20 世纪 90 年代中期开始，首都零售企业相继引进了仓储店、大型综合超市、专业店、专卖店、便利店等西方发达国家用了一个多世纪才发展完整的零售业态。单一百货业的业态结构结束，业态纷争、并存共荣的格局确立。

2008 年，专业店、专卖店、超级市场、便利店和大型超市为代表的新型零售业态继续保持强劲的发展势头，其中专业店、专卖店、超级市场发展较快。截至 2011 年年底，北京市连锁专业店总店数最多，已达 233 个，门店数为 9845 个，零售额达 1950.7 多亿元，尤以北京市国美电器、苏宁电器为代表的家电连锁专业店增长较快，专业店主导地位明显，继续跻身全球零售 250 强；超级市场零售额最多，为 498.3 亿元，门店数增加到 1952 个；便利店总店数有 12 个，门店数量增加到 613 家，零售额也出现明显增长，为 12.9 亿元；专卖店总店数居第二位，为29个，门店数为1370家，零售额约为68.4亿元（见表24-5）。

表24-5 2011年北京部分连锁零售业态发展情况

	连锁总店（个）	所属门店（个）	从业人员（人）	营业面积（平方米）	商店销售总额（万元）	零售额（万元）
便利店	613	2786	54827	129123	129081
折扣店	119	1459	76778	199984	178104
超市	1858	45004	1783379	3920574	2919522
大型超市	94	24643	940187	2131145	2064212
仓储会员店	7	2744	130869	373718	373718
百货店	57	15139	1208626	3040848	3040848
专业店	1914	31116	1352270	4737384	4352029
加油站	682	9334	320644	7744831	3397467
专卖店	1370	13623	176390	958201	684501
家居建材商店	26	3203	309043	236877	236877
其他	210	842	18704	48829	
总计	6950	149893	6371717	23521514	17376359

数据来源：根据北京市2012年统计年鉴整理。

（3）首都零售企业信息化水平总体上在不断提高

率先结束WTO保护、全面向外资开放的首都零售企业，在外资零售巨大规模扩张的挤压下，不断地寻找新突破口。对它们来说，合理的门店布局和选址可以减少投资失误，培养高效的人才团队是发展的根本，供应链的优化整合是创造赢利模式的关键，不断改善的配送方式和配送能力是提高商品周转率、降低缺货率和跨区域发展的核心环节，而遍布各业务环节的信息系统则扮演着"中枢神经"的重要角色。首都零售企业信息技术应用的广度与深度不断扩大，信息技术已经成为各个零售企业的核心竞争力。

二、国外现代零售企业运营管理的成功经验

欧美日等国家的零售企业都经历了长期发展、整合和创新的过程，从19世纪中期百货商店的出现开始，经过长时期的发展和完善，现代零售企业呈现出业态多样化、信息化等特征。现代科学技术的发展和应用是零售企业步入现代化的

标志，其最基本的特征是以现代通信和计算机为基础，逐步实行无店铺销售，如电话购物、电视销售、网络商店等，这些零售方式顺应了广大消费者快节奏的生活。欧美日零售企业经过长期的发展，有很多经验值得我们去学习借鉴。

（一）美国现代零售企业成功经验

1. 在人力资源管理上重视员工培训，是提高企业竞争力的关键

美国的零售企业很重视员工的培训。早在1975年，沃尔玛就成立了专门的部门，面向全体员工培训。沃尔玛为员工安排的培训项目有：入职培训、技术培训、工作岗位培训、海外培训等。现在沃尔玛在其总部本顿维尔已建立了一个非常现代化的培训中心——沃尔顿零售学院。

企业管理和经营的载体都是人，企业之间的竞争归根结底也都是人才的竞争。能否建立一个高素质的员工队伍是零售企业提高竞争力的关键。

2. 在经营上重视对供应链的管理

随着现代零售企业之间竞争的加剧，竞争已不是单个企业之间的竞争，而是整个供应链之间的竞争。这就要求零售企业重视对供应链的管理。所谓供应链管理是指将生产、流通和顾客消费与服务等过程作为一个整体来计划、控制、协调，实现整个供应链的系统优化，从而使企业利益最大化。有效的供应链管理可以提高企业的效率、降低运营成本，为顾客提供物美价廉的商品和服务，更好地满足顾客的需求，增强企业的竞争能力，同时也能使零售商与供应商的关系变得融洽。

沃尔玛与宝洁公司的合作是零售企业供应链管理的典范。他们通过EDI和卫星通信网络共享信息。沃尔玛不仅能共享到宝洁各种产品的成本；而且宝洁也能及时地了解到沃尔玛各分店的销售和存货信息传向。这种关系使双方都获得了"赢利"。

（二）欧洲现代零售企业成功经验

欧洲现代零售企业成功的经验可以从三方面来分析：

1. 注重规模化经营，合理利用资源，降低成本

规模化经营主要体现在：一是店的总面积大；二是收款台多；三是服务范围大；四是发展空间不断地扩大。大规模的销售，他们不仅从大规模采购中享受优惠的价格折扣，降低进货成本，而且与其他的商店相比，在利用雇员、设施和空间上，这种大规模的超市也更具优势。根据零售理论，店铺规模越大集客能力越强，足够的客流就能保证大量的销售。另外，欧洲的现代零售企业在不断地扩大其经营范围，比较突出的例子是以家乐福为代表的欧洲现代零售企业一直在倡导一次购足的理念，尽可能多地满足消费者的需求，给消费者带来最多的方便和实惠，其经营的品种规模大而繁多，包括了食品、食品材料、日用杂货、日用药品甚至鲜花等。这些都对消费群体产生了巨大的吸引力。此外其规模经营还表现在所运用的连锁经营模式上。

2. 注重企业文化的建设

企业文化是指企业在长期的经营活动中所形成的员工普遍认可和遵循的具有本企业特色的价值观念、团体意识、工作作风、行为规范的总和。合适的企业文化能大大提高员工的归属感和忠诚度，从而增强企业的凝聚力，促进企业的发展。欧洲的大型零售企业都非常重视企业文化的建设。他们制定了切合企业自身的企业文化，并通过各种方法强化，使之深入人心。

中国零售企业可以从企业精神、企业行为文化、企业物质文化三个方面来加强企业文化建设。首先要结合自身的情况进行企业价值观和企业精神的设计。然后进行企业行为文化的设计，包括制定行为规范、完善规章制度等。最后是企业物质文化的建设和实施。在建立企业文化的过程中，要始终强调以人为本，使员工能感觉到企业的重视，参与的愿望能够得到充分满足，最大限度地激发他们的积极性和创造性，正确的企业文化在无形中就增强了零售企业的竞争力。

3. 选址模式，是影响零售企业销售额的重要因素

一个好的店址是零售企业成功的一半。对于零售企业来说，在对外扩张时，店铺的地理位置是首要考虑的因素，争夺了这一资源就能获得发展的先机，也就为它的后续发展奠定了良好的基础。作为依靠广大日用消费群体的零售企业，选址要特别注意客流量、周边顾客购买力和消费结构、对潜在顾客的吸引力方面的问题。如果选址适当的话，它就会拥有绝对的优势，就能吸引大量的顾客，为了方便消费者能够顺利地光临和消费。欧洲现代零售企业很注重店址交通的便利性，不管是机动车还是非机动车，无论是现在还是未来，他们选择的都是"很容易进入的地段"，一般都是十字路口交通便利处优先。举个很简单的例子，欧洲的零售企业巨头家乐福在进入广州之前，曾让自己的市场开发人员在广州考察了四年，最后才选定了店址，当其在广州开业之后，很快便成为广州的一个亮点。家乐福在选址方面的慎重和耐心很值得我们国内零售企业去借鉴和学习。

零售企业的选址一定要注意两点基本要求：①要有足够的人口基数和消费群体，而且消费者的购买总量足够大，并且有较大的潜在购买力；②要有良好的交通和道路条件，以方便顾客消费。

（三）日本现代零售企业成功经验

商务部在2009年上半年对部分零售企业的调查显示，中国国内商业零售企业无论在资金规模、销售能力上，还是在营销技术、管理方式上，都与跨国商业企业有很大差距，与国外跨国公司相比，还是"中小企业"，主要表现之一为企业管理和信息化水平低，仅有6.84%的企业基本实现了电子商务，流通企业信息化投资占总资产平均不到2%，与国外大企业8%～10%的平均水平相比差距较大。

在此我们分析和借鉴一下日本现代零售企业的成功经验。

1. 实行店面的科学管理和高效营运

分析日本现代零售企业的成功经验，其根本原因还是坚持以为消费者提供最大便利为宗旨，并且实现科学的管理和高效的营运，这是他们能够成功的重要保证。企业的管理和营运也需要完善的制度和高素质的员工来执行。这两个条件缺一不可，透析日本的现代零售企业，可以发现他们从总部到各个店铺，制订了严格的规章制度及完善的岗位责任制度，运用多种方法对员工进行教育培训，这些制度之所以能够实施和运用到现实中，最重要的是将制度的实施情况与个人的报酬结合起来层层考核，从而提高了店铺的管理水平。科学的营运和管理是零售企业正常运营的基本保证。

2. 在企业内部建立和完善以市场为主体的信息系统

建立和完善信息系统，才能正确地把握市场需求变化，及时地调整经营策略、商品结构，是日本现代零售企业特别重视的一项基础性工作。日本的现代零售企业基本上都有DSS内部决策支持系统和EDI电子数据交换系统这两种信息系统，有了这样的信息系统，基层第一手、直接的市场信息就能快速地传达到高级决策层，这类市场信息主要包括单品信息、分类信息、销售信息、营业信息及进货信息。这样上级决策层就能及时掌握足够市场信息，通过进行数据处理和汇总分析，他们很容易就可以迅速地做出决策，有针对性地提出对策和建议，如是否应改变经营策略、加强企业管理、提高服务水平，再决定是否应该完善自己的管理体系，从而最终使企业能够赶上环境的变化，提高其竞争力。

3. 完善协调运转的现代物流系统

健全的现代物流系统是零售企业与供应商之间的桥梁，完善的物流配送系统，可以最大限度地提高配送效率以及店铺的使用率，一个完善的现代物流体系包括先进的信息工具和物流观念，通过高效的物流作业来减少其中间成本，使供应商的效率能够充分地转换成零售商的配送效率。目前最受欢迎的一种做法是零售商尽可能地依托供应商的物流体系或第三方物流，最大限度地降低自己的营运成本，从而使资源得到了最大的利用，优势得到了最好的发挥。

现代物流与先进的科学技术是密不可分的，信息技术可以给零售企业带来巨大的经济效益，信息是零售企业组重要的资源，最大限度地获取和利用信息是零售企业经营成功的关键,日本的现代零售企业基本上都有强大的计算机系统作为其物流控制的支撑,计算机系统在零售企业中发挥着九大重要功能:订单管理、自动补货、收货、退还厂商、价格变动、店间移库、库存调整、盘点查询及报告功能。正是因为做到了这些,物流系统才能得到充分发挥,大大地提高了企业的运营效率。

（四）跨国零售企业在中国发展的成功经验

随着全球经济一体化进程的加快,跨国经营已成为欧美日等发达国家大型零售企业或集团的战略选择。在2008年,世界前50强零售企业中,已经有70%多进入了中国市场。在零售排行十强中,前五位的沃尔玛、家乐福、家得宝、乐购、麦德龙已经进入中国数年,尽管发展程度不一,但势头普遍强劲。

全球经济危机刚刚过去,正是我国一些大的零售企业实行走出去、国际化战略的一个重要契机。我国零售企业经过10年多的对外开放和利用外资,已从内、外两个方面促进了自身的发展,涌现出了一批如联华、华联、国美等基本掌握现代零售企业管理方法的、具有一定的跨地区经营实力和市场应变能力的大中型零售企业,加上近些年中国政府对一些有条件的大型企业"走出去"的政策措施的支持,我们有必要通过研究和学习国外零售企业特别是发达国家零售企业的跨国经营经验（包括其在中国所采用的经营战略）,促进我国零售企业顺利地"走出去"。那么他们有哪些跨国经营经验值得中国零售企业学习和借鉴呢?

1. 在组织结构上向组织扁平化和管理分权化发展

目前许多国外大型零售企业的组织结构正积极向扁平化方向发展。为了应对经济全球化形势下激烈的竞争,零售巨头沃尔玛和家乐福纷纷减少企业的管理层次,向下分权。以沃尔玛为例,上层的CEO下面只设四个事业部:购物广场、山姆会员店、国际业务、配送业务,下层则是庞大的分店。家乐福的各个分店具有较大的自主权,管理更趋扁平化。

管理分权化也已成为国外零售企业组织管理的共识。分权是指上层管理者把某些管理权和决策权授予下属。这样可以在较大程度上鼓励下级更加努力地工作去满足消费者的需求,提高工作效率。在沃尔玛,不仅给商店经理分派任务,而且允许其享有决策资格。他们有权根据销售情况并决定商品的促销策略。零售巨头家乐福则更趋向于管理分权化,它实行以门店为中心的管理体系。家乐福的门店和店长可以根据实际情况,具有独立的行事权,包括商品组合结构的建议权和决定权、商品的价格变动权、人事管理权、商品的促销权等。家乐福以门店为中心的管理体系是其海外经营成功的关键因素之一。

2. 要选择好合适的零售业态模式

沃尔玛和家乐福可以说在业态选择上都是极为成功的，由于中国有着深厚的文化底蕴，受着中国传统文化的影响，中国的消费者已经形成了一种适合自己的零售模式：一个面积巨大的商场，可以提供大量低价和丰富的商品。所以他们运用大卖场的模式进入中国市场是极为正确的，倡导的天天平价的理念非常适合中国消费者。

3. 选择本土化的管理方式，进行本土化经营

国际零售商在向外扩张过程中，为了适应东道国的文化和市场环境，大都进行经营商品、经营方式、管理人员的本土化转换。经营商品本土化，一是可以更好地适应当地消费者的消费习惯，保证拥有相对稳定的消费者群；二是可以节约采购运输成本，降低商品售价。管理人员和经营方式的本土化，主要也是因为本地人更熟悉本地的环境、文化传统和生活习惯，也就便于制定正确的经营理念，并能更好地融入到家乐福的经营活动中去，更容易得到当地消费者的接受和认可；另一个原因是因为中国廉价的劳动力可以节省很多工资成本，家乐福在中国的分店除了极少数法国的高层管理人员外，其余95%的员工都是在当地招聘的。总之，实施本土化战略对跨国零售企业来说是非常有利的。

三、首都现代零售企业运营管理存在的问题

（一）首都零售企业管理中人力资源方面存在的问题

人力资源管理主要是进行人力资源规划，并组织人员招聘、培训和考评和人事任免等，也就是采取切实可行的办法吸引优秀人才，总之一切都是为了提高人才利用的效果。零售企业的人力资源管理是指对整个企业员工的招聘、考核、奖励、福利待遇等进行计划、组织、监督和协调等各项活动的总称。

零售企业人力资源环境的特殊性决定了零售企业的人力资源管理具有很大的挑战性。随着市场竞争的加剧，零售企业中的人力资源管理成了非常重要的部分，而人才也成为了零售企业中非常重要的竞争力，人才资源也成了无价的资源。

在首都零售企业的人力资源管理中，同样存在着很多有待解决的问题，它是零售企业持续健康发展的保证。

1. 重高层而轻基层，招聘程序往往简而化之，制度体系不健全

目前，首都很多零售企业的领导只重视对高层管理人员的引进、培训和发展，而忽视了基层员工。

在招聘普通员工时往往认为对这类员工的教育、培训和技能的要求都较低，

不必要按照一般的招聘程序层层筛选。其实零售企业对普通员工的要求更高，需要有足够的激情、吃苦耐劳的精神、服务的意识、良好的道德品质等。同时大多数零售企业还没有建立起完善的素质评价系统，零售企业在进行员工招聘的时候，很难对其这些素质进行考察。他们在员工达到基本条件的基础上仅仅进行简单的体格检查和例行的面试，而忽略了对员工性格、表现、志趣和能力的测验。这就造成了员工离职率高、工作效率低等的重要原因。

很多零售企业虽然在员工培训方面有很大的投入，但并没有建立起全面而有效的员工培训制度。他们的培训仅仅面向高层管理人员。认为作为最基层的员工不需要太多的培训甚至不必培训。

另外，员工的招聘来源比较狭窄。尤其是对那些低层的销售职位，零售商只对那些中等以下学历、满足最低背景水平的申请者加以考虑，这样虽然节省了大量的时间和金钱，但也使得大量的具有较高能力的应聘者在选择中被淘汰，无可避免地造成了人力资源的浪费与流失。

招聘程序的简化和制度体系的不健全都会导致企业管理秩序的混乱，从而使企业发展的脱节。

2. 适合企业发展的中高层管理人力资源匮乏

随着零售业全面开放，外资巨头纷纷进入，首都零售企业也如雨后春笋般发展壮大，地理位置和日趋同质化的商品已无法给企业带来期望的收益，人才的核心作用就凸显出来了。人才发展和培养跟不上首都零售企业快速发展的步伐，再加上对培训人才重视不够，人才缺乏的矛盾更加突出，适应现代连锁零售企业需要的中高端专业和综合人才明显缺乏。

零售连锁企业竞争的特点和运作模式与其他形式的企业不同，要求员工必须具备一定的连锁零售经营知识，特别是具备一定技术的人才。例如配送中心的计算机系统管理、企业的信息化管理等，都需要高精尖的专业人才的参与；另外，连锁零售企业在资产重组和资源整合中，尤其是店铺的迅速扩张中也明显感到复合型管理人才、营销策划人才、铺店人才等的不足。因此人才问题已成为限制首都连锁零售企业发展的一个难题。

3. 人员缺乏管理创新，缺乏灵活性，培训制度不够完善

任何一个组织都是一个开放的系统，适者生存，这是不争的真理，只有顺应自然发展的规律，才能避免企业不被自然、不被社会所淘汰。企业能够长期处于不败的地位也是因为它能不断地革新和创新。

但是由于首都零售企业近20年的快速发展，对零售人员的需求比较急切。许多零售企业对新招聘员工只进行一次短期的简单培训甚至不经培训直接上岗，许多员工的工作效率、服务质量达不到要求,不仅引来了顾客的抱怨,也影响了企业的销售利润。上岗培训具有向员工灌输企业历史,企业文化,并使其了解一个岗位的服务知识、工作时间、报酬、命令链、工作任务的作用,并教育新员工如何干好工作、提高自己。所以,成功的零售企业都不会忽视对员工的上岗培训。

同时一些零售企业也忽视了员工培训的持续性。培训是一项连续性的活动。新设备、新系统的引进,法律的变化,上新的产品线以及现有员工的激励、提拔、辞退,这些都使培训和再培训成为必不可少的活动。通过培训,可以帮助员工认识到自己的职能与公司所希望的水平之间的差距,帮助员工提高自己的工作技能,可以有效地降低离职率。而目前的首都零售企业对员工的培训制度的建设尚不完善。

(二) 首都零售企业管理中配送物流模式方面存在的问题

零售企业的经营以其专业化、发挥规模效应和分工优势的特点正逐渐成为其发展的新趋势。实践证明,连锁零售企业的经营发展离不开有效地物流配送,只有合理的物流配送才能够使连锁经营中的统一采购、统一配货、统一价格得到实现,能否建立高度专业化、社会化的物流配送中心关系到连锁经营的规模效益能否充分发挥。建立高效的物流配送中心是首都连锁零售企业亟待解决的问题。

然而首都零售企业的物流配送体系建设正处于快速发展阶段,现行的配送物流方式有很多的不足之处,这为首都零售企业的发展造成了一定的障碍。

众多的首都零售企业片面地以追求规模为目的,从而造成零售企业的快速扩张以及运营能力的严重缺乏,在资源整合和管理方面形成越来越多的潜在危机,尤其是资源配置和利用方面是较为严重的问题之一,而运营和采购之间的沟通不畅是影响其关键因素,所以现代零售企业能否把握和选择好适合它自身的配送物流模式是至关重要的。

(三) 首都零售企业管理中业务流程方面存在的问题

企业的业务流程在企业的经营管理过程中非常重要。流程,就是企业在日常管理和业务活动中各个部门和相关工作人员共同遵守的工作顺序和规范性的工作内容。

零售企业的业务流程包括采购、运输、货物陈列、销售、结算和售后服务等主要的环节。具体运作程序如下:首先,零售企业从制造企业采购可供销售的产品,该产品通过运输过程进入企业,然后由零售将产品销售给消费者并进一步通过运输过程将产品送达用户。零售企业业务流程的系统化的特点也就决定了它在零售企业中的重要战略位置。

随着零售企业经营规模、经营业务的不断扩大以及经营管理的不断深入，零售企业在运作过程中也不可避免地会出现一系列问题，目前首都现代零售企业业务流程中存在的问题主要有三个。

1. 零售企业组织结构庞杂、业务流程中的不增值环节多

首都绝大多数零售企业一般是按照分工理论建立的集权式的金字塔形组织体系，以庞大的组织追求生产与经营的规模效益，以层层叠叠的中层管理机构和人员承上启下形成一个庞杂的管理系统。在业务流程中，零售企业总是处于被动的位置，这也是某些零售企业的产品缺货率居高不下的重要原因。为了弥补这种缺陷，它们通常采取提高库存的方法应付需求变动，但是这样往往增大了企业的经营风险，也增加了运营成本，而且信息是单向传递的，流程中各环节难以协调，同时也不利于资源的有效配置。

2. 信息沟通传递不畅，没有切实有效地利用信息技术和信息系统

虽然高速发展的信息技术给零售企业助了一臂之力，但是很多零售企业仅仅将新技术运用在业务流程的某个环节中，并没有系统地将信息管理技术运用在对关键的业务流程的控制上。例如，部分的大型的零售企业利用电子数据交换系统（EDI）只停留在收银和整理库存阶段，根本没有将相关数据用于供应商管理，对顾客行为以及企业促销策略分析上。另外大多数零售企业在应用现代信息技术手段时并没有考虑到信息化管理的特点，也没有考虑到零售行业的背景及其特有的行业管理模式。信息问题在零售企业中显得最为突出，这一方面是由于职能部门之间缺乏沟通造成的，另一方面是由于企业内外部缺乏共享的信息沟通平台造成的。

3. 零售企业业务流程本身的设计不规范、不合理

主要表现在：①旧的企业业务流程的设计和执行以企业的管理为核心，业务流程的起点和归宿都是以企业的管理为遵循。②业务流程不完整，未形成闭合回路，层级体系重叠交叉等。从而造成企业业务流程运作效率低下；业务流程的各个环节衔接得不够缜密，责任不够明确；当然在出现了错误之后，由于责任不够明确，权责利不一致，查找问题困难、解决问题不及时也就成为必然的了。

（四）首都零售企业管理中服务管理方面存在的问题

如今的市场竞争就是顾客竞争，争取和保持顾客是企业生存和发展的唯一出路，任何企业都是以消费者和顾客为根本，买卖的实质也就是希望得到尽可能多的顾客，但这需要相当程度的努力才能实现，在企业的实际经营过程中，经常会出现这样一种情况，往往是一大批新客源滚滚而来，另有一批顾客会悄然而去。据统计，零售企业每年要流失 10%～30% 的顾客，平均每五年要流失一半的顾客。

服务人员的行为对企业的服务质量起着决定性作用。在零售企业中，基层员工在顾客面前的显露率最高，而在服务的过程中，企业是无法直接控制员工行为的。因此，企业只有通过对服务人员的管理来影响其行为、实现其目的。零售企业服务人员的特殊性决定了对服务人员管理的难度较大。目前在首都零售企业中，服务管理方面存在着众多的小问题。在思想观念上，大多过于重视价格方面的竞争优势，而往往忽视了企业服务质量方面的管理。企业的管理者缺少系统的培训，不知如何进行科学化的管理，往往凭长官意志、经验主义去做决策。少数零售企业往往不通过审核和选择就"引厂进店"，使得假冒伪劣产品乘虚而入，严重地败坏了零售企业的声誉。不积极开展售后服务的建设，认为零售就是简单的卖东西，忽视了服务管理体系的建设。在人员素质上，企业往往认为给企业带来利润和效益的是一些高级人才，而忽视了与顾客直接接触的基层服务人员的作用。很多管理者认为对基层零售人员不需要太高的要求，不需要太高的素质和道德。所以在人员招聘中就不太重视基层服务人员的引入，导致了低素质服务人员的流入，为企业的服务管理带来了一定的困难。

四、首都现代零售企业运营管理的对策

（一）首都零售企业管理中人力资源管理问题的对策

首先要重视人力资源管理，零售企业要把人力资源管理看作企业最宝贵的战略资源来进行经营。没有人力资源管理战略，首都零售企业就不可能保持其竞争优势，更无从谈起如何与国外零售巨头抗衡。所以要重视人力资源管理的每一个环节。

1. 严格按照程序招聘员工，加强制度体系建设

在员工招聘上，要把基层员工和中高层员工放到同等重要的位置。严格按照招聘程序进行新员工招聘。首先要进行职位分析，要收集与每一职位的职能和要求有关的信息：任务、责任、能力、兴趣、教育、经验和身体状况等，再根据这些信息选择人员、确定行为标准不同的薪酬水平。然后开始准备招募工作，通过内外部招聘，由应聘者填写申请表。它要提供关于应聘者的教育程度、工作经验、健康状况、业余爱好等多方面的资料。零售企业可以事先对现有或前任的员工业绩进行评分，并确定有利于工作开展（通过是否能延长任期、增加销售量、减少缺勤率等指标来衡量）的各项标准（教育水平、工作经验等）。申请表应与职位说明书结合起来使用。最后，通过初步选拔，对符合职位最低要求的应聘者进行面试。目的是为获取那些只有通过面对面的提问和观察才能收集到的信息。

能够使企业了解应聘者的表达等基本能力，并探察其职业目标。面试者必须事先做出下面几个与面试过程有关的决策：面试的正式程度、面试的次数与每次面试持续的时间、地点、面试的参加者、面试氛围以及面试由哪一层次的人来组织。这些决策都取决于面试者的能力和职务要求。

在思想观念上，改变基层零售人员不需要太多培训的偏见，积极建立全面的员工培训制度。使培训不仅面向管理人员，也面向零售企业的基层人员。

制定有关人事的规章制度、考评标准和原则，并以各项规章制度为依据去制定合理的薪酬制度。例如劳动和服务纪律、员工工资、福利待遇、保险和奖惩制度等，奖勤罚懒，留住人才，提高效率。

2. 制订合适的人力资源规划，保持企业人才资源的平衡

基层管理人才多而高层管理人才少的问题是由外部环境所决定的，随着教育现代化的实施以及咨询类企业的发展，这个问题正在逐步得到解决。但是零售企业应及时根据自身的业态、发展阶段和规模制订适合企业的人力资源规划。通过对企业未来的人力资源需求和供给状况进行分析及估计，对职务编制、人员配置、人力资源管理政策等内容进行整体性计划。既然企业所需要的人才较为缺乏，更应该通过合理的人力资源规划及时地去寻觅合适的管理人才、降低因零售企业人员频繁流动、岗位多样化而造成的不确定性。规划的及时更新能够促进企业的进一步发展。

3. 加强创新能力建设，进一步完善员工培训制度

创新包括观念创新和组织创新，观念创新是组织创新的前提条件，组织的每位员工都要敢于进行观念创新。另外我们在创新的基础上还要坚持一个原则：创新性和稳定性的统一，组织的稳定性总是相对的，若不能去伪存真，吐故纳新，就会导致机制的僵化和机体失调，必须找到稳定性和创新性的结合点，在相对稳定和积极创新中建立组织稳定性与动态性的统一。

培训也是培养员工创新意识所不可缺少的环节之一。在零售企业中，60%的员工必须直接与顾客打交道。他们负责满足顾客的需要，并解答他们的问题。随着环境的发展，为了能适应新的工作和提升竞争力，要不断地对各级员工进行定期或不定期的培训。培训是教育员工如何干好工作、提高自己的工作能力，实现员工不断成长的重要措施。培训既有为期几天的关于填写售货单、操作收银机、个人销售技巧的训练，又有中长期的关于零售商及其运营各方面知识的管理培训。沃尔玛把培养人才看成本企业的一项重要任务，在阿肯色大学专门成立了沃尔顿学院，以使一些早年没有机会受到高等教育的经理能有一次进修的机会。沃尔玛还为员工制订了培训与发展计划，让员工更好地理解他们的工作职责，并鼓

励他们要勇于迎接工作中的挑战。公司对合乎条件的员工进行横向培训和实习管理培训。横向培训是一个持久的计划，在工作态度及办事能力上有特殊表现的员工，会被挑选去参加培训。例如业绩突出的收银员就有机会参加收银主管的培训。为了让有领导潜力的员工走上领导岗位，沃尔玛还设立了管理人员培训课程。法国家乐福也非常重视员工的培训，几乎在每个区域总部都建立有培训中心。它可以在六个月内，从培训新员工开始，边工作边教学，培训出能独立带班的组长。

员工教育培训，是企业人力资源管理与开发的重要组成部分和关键职能，所以不仅要重视对中高层领导的培训和发展，对基层人员的培训教育也不能忽视，这既是对员工个人价值的尊重，也是企业战斗力的基本保障。

（二）首都零售企业管理中配送物流模式方面问题的对策

由于零售企业的快速发展和扩张，它们呈现出了商品的多品种、小批量、高配送频率、多配送点、快速配送的局面，也就使得整个物流活动更为复杂，其实零售企业的基本要求简单地说也就是要做"五统一"：统一进货、统一配送、统一核算、统一管理、统一信息。目前，首都现代零售企业所运用的物流配送模式主要有以下几种。

1. 建立自己的物流配送中心

但美中不足的地方是：普遍存在着信息化和机械化程度低的问题，另外建立自己的配送中心投资非常大，这也会给普通的零售企业带来巨大的压力。假如具备一定能力和条件的话，建议还是建立自己的配送中心并加强管理。

2. 直接请供应商进行配送

但是这种配送模式比较少，它主要适用于店铺数量少，规模很大的零售企业。供应商直接配送的前提是该企业的销量要足够的大。因为零售企业会把这类成本转嫁给供应商，容易造成二者矛盾，如果供应商的利润不足以弥足自己的成本时，这种关系可能会破裂，另外建立一套完善的、用来使二者及时沟通和传递信息的系统，也需要相当的投入。

3. 二者建立共同配送中心

共同配送中心是指零售企业委托某一特定供应商统一在首都建立配送中心，收集各个供应商生产的同类产品，并向自己管辖区域内进行集中配送。它实际上适应了供应商与零售企业间联系加强的趋势，实现了供应链的整合，这需要零售商有很强的信息处理能力和对供应商的驾驭能力。

4. 委托第三方物流进行配送

这种方式主要应用在供应零售企业的制造商身上，产品通过第三方物流企业送到零售企业的配送中心等。第三方物流实现了物流配送环节的专业化管理，节约了零售企业的经营成本，所以对其来说，这种模式有较强的优势，目前在首都乃至我国零售企业采用第三方物流的方式的数量有明显上升的趋势。

这几种模式各有特色，零售企业应根据实际情况选择适合自身的物流配送模式，不能生搬硬套，这样只会搬起石头砸自己的脚。在企业选择和发展自身的物流配送模式时，还要注意到，高度发达的现代信息技术是建立安全可靠和高效的物流配送模式的重要支撑。

以零售巨头沃尔玛为例，其在美国国内共有近3万个大型集装箱挂车，5500辆大型货运卡车，24小时不停地工作，合理调度如此规模的商品采购、库存、物流和销售管理，离不开高科技的手段，为此，沃尔玛建立了专门的电脑管理系统、卫星定位系统，拥有世界一流的先进技术。公司的计算机系统在美国仅次于五角大楼，全球4000多个店铺的销售、订货、库存情况可以随时调出查问。沃尔玛正是对物流、信息流进行有效的控制，使得从采购原材料开始到制成最终产品，最后通过销售网络把产品送到消费者手中的过程变得高效有序，实现了商业活动的标准化、专业化和统一化，从而达到了实现规模效益的目的，使其成为零售业的巨人。

虽然我国零售企业还没有如此先进的信息管理系统，但是由于北京地理位置的优越性，其发达的信息产业为我国零售企业的发展提供了重要的支撑，我们要以沃尔玛为榜样，把不断发展的高新科学技术运用到现实中去，把其转化成巨大的生产力，实现首都现代零售企业的跨越式发展。

(三) 首都零售企业管理中零售业务流程方面问题的对策

为了解决零售企业业务流程中所出现的新问题，就有必要对零售企业业务流程进行优化。对零售企业业务流程优化可以从以下几个方面进行。

1. 组织变革，使组织结构扁平化，建立供应链管理的新模式

零售企业应以适应客户、竞争和变化为原则重新设计或优化业务流程，然后根据业务流程管理与协调的要求设置部门，通过在流程中建立控制程序来尽量缩短管理层次，建立扁平化管理组织。这样可以使中层管理者的职位大大减少，从事直接采购、销售人员的比例增大，减少了企业管理费用，增加了企业的利润，随着零售企业组织结构扁平化的变革，建立牵引式供应链和集成式供应链的运作模式更能够促进企业信息化的发展进程。牵引式供应链通过商品分类管理和标准EDI的应用，使零售企业业务流程不断地标准化和规范化。零售企业也可以根据不同的产品类型将推动式和牵引式供应链有效地结合起来，形成集成式的供应链运作模式，提高整个供应链应用的范围和柔性。

2. 合理有效的运用高科技信息技术

在整个零售业务流程中，如果能够合理有效地运用高科技信息技术将会对零售企业的发展起到巨大的推动作用。可以结合企业的实际情况运用信息技术来优化核心业务流程。商品采购的信息化管理可以提高缺货补充的效率。零售企业也可以根据商品的类型和零售业态的不同选择不同的零售技术组合。

3. 在实践中不断地完善和改善业务流程

目前零售企业业务流程正由简单的串行方式向更有效率的并行方式发展阶段，成熟完善的业务流程可以进一步促进管理的先进性和科学性。要注意发挥以下几个作用：①提高效率。随着业务流程并行代替串行，简化一些不必要甚至是无效的步骤，合并重叠的流程，缩短票据的传递时间，加快流程速度，提高效率，消除浪费，缩短时间，从而提升企业的竞争能力，同时也降低整个流程的成本。②明确责任。在串行或简单并行处理方式中一旦某个环节出现故障或错误，就会波及后续相关环节，从而影响整个流程的顺利进行。而较为松散、缺乏严谨性的流程，由于权限划分不够明晰，很难责任到人，不利于企业的管理考核。随着业务流程的逐渐成熟完善，清晰明朗的责权关系不仅减少了出错率，提高了工作效率，同时也加强了企业的管理水平。③便于错误查找。同样由于各流程环节权限划分的准确性不断提高，责任的不断明确，便于出错环节的查找、修改。

（四）首都零售企业管理中服务管理方面问题的对策

其实对现代零售企业来说，除过商品价格方面的因素外，最重要的就数服务质量了，这与零售企业内部服务管理的好坏密切相关。零售企业必须走出价格竞争的误区，好多零售企业为了保持持续的竞争优势，仅仅重视和上游商品提供商建立强大的战略联盟。零售企业除过保持价格方面的优势外，要特别的注重其服务体系的建立。

沃尔玛的巨大成功同其超一流的服务管理是密不可分的，它不仅依靠其物美价廉的商品，更为顾客提供超一流服务的新享受。它一贯坚持"服务胜人一筹，员工与众不同"的原则。走进沃尔玛，你便可以亲身感受到宾至如归的周到服务。在零售企业中，舒适的购物环境、优质周到的服务必然与较高的价格相联系，而在商品价格低廉的连锁超市中，顾客往往只能得到购物价格上的优惠，而无法享受到优质的服务，而沃尔玛改变了这一点。凯马特（K—Mart）是美国一间著名的大型折扣连锁店，它的卖场广大，为了节约人工成本，店员却很少。虽然店里陈列着品种繁多、价格便宜的商品，但顾客如想找一两位店员询问有关问题却不是件容易的事。在这里，顾客虽然满足了购买便宜商品的欲望，但是没有感觉到店员对他们付出了一点点关心，于是在顾客心中就产生了美中不足的遗憾。沃尔玛正是考虑到这一点，从顾客的角度出发，以其超一流的服务吸引着大批顾客。

目前提升服务质量已经成为零售企业提升竞争力的焦点。任何一项服务都是包含服务活动的一个系统，在这个系统中首先要对输入的信息进行处理以形成服务产品的各个要素然后进行服务传递，即对所有的要素进行最后的组装并将产品传递给顾客。服务管理的整个体系包括顾客所看见的和所接触的服务要素，如服务人员和设施，同时也包括看不见的服务的后台操作体系。修正现有企业文化，将连锁零售企业传统管理模式向以服务管理模式靠拢和转变是建立一家零售企业服务管理体系的文化层面的保障，另外必须调整相应的企业竞争战略，重点改造企业各级分公司与每一个连锁加盟店的业务流程和考核体系，这是建立一个健全的服务管理体系的制度保障。提高员工的服务质量首先要抓好员工的培训，使职工确立"经营即服务"的观念，努力提高业务素质。

具体可以从如下几个方面做好服务管理工作：①将提供优质的服务、为顾客创造价值作为企业新的企业文化的重点；②适度地调整企业竞争战略，将企业竞争战略的重点转向以服务导向的战略，以服务的优质和差别化为核心来赢得激烈竞争的胜利；③为顾客所看见和所接触的服务要素，如服务人员和硬件设施提供有力的学习和组织保障；④重新建立以服务为重点的营业规范、业务环境、现场管理、后台管理和商品管理的各项标准，鼓励员工向消费者提供全过程、高附加值的服务，将服务的意思传达到工作的每一个细节当中，传达给企业每一个员工；⑤要建立一套切实可行的服务管理核查体系。对于公司、部门以及员工的绩效评价要充分考虑到他们为顾客提供的服务质量的水平。

五、结论

就目前来看，首都现代零售企业的规模结构已基本呈现出大中零售企业占有相对优势的趋势，零售市场的结构也正在逐渐显示出集中优势。这需要我们的首都现代零售企业进一步大胆创新，做好管理和经营工作。

适逢全球经济危机，这对首都零售企业来说是挑战，更是机遇。要清楚地认识到，首都零售企业的现代化过程才刚刚拉开序幕，在面对跨国零售企业不断进驻中国进驻首都的严峻情况，我们不但要勇敢地面对现实，敢于竞争和挑战，更要多向他们学习有用的和先进的管理思想和方法，在适当的时候要实施走出去战略，走出国门，走向世界，不断地发展我们的民族企业。回顾首都零售业前20多年的发展过程，首都零售企业未来的道路一片光明。

第二十五章 首都零售企业社会责任管理模式研究

一、零售企业社会责任管理模式的内涵

(一) 零售企业社会责任管理模式的内涵

企业社会责任一词最早源于 1924 年的"公司社会责任"的概念,美国学者谢尔顿(Oliver Sheldon)在其著作《管理的哲学》(The Philosophy of Management)中就提出了这一的概念。此后关于企业社会责任的概念纷争不断。

关于企业社会责任,有三大代表性的观点。第一,经济学家的传统观点。企业具有一种且只有一种社会责任——在法律或者伦理习俗的社会基本规则下实现利润最大化。第二,利害相关者理论。企业是与相互影响的利益相关者(包括股东、雇员、顾客、供应商、债权人、政府和社区)相互联系的一个结合体,它有责任和义务为利益相关者和社会创造财富。企业社会责任不仅仅是要为股东谋求利润最大化,而且也要为其他的利害相关者创造有益的利益。第三,三重底线理论。该理论认为,企业不仅应增加其经济价值,而且还要关注增加或破坏的环境和社会价值。当前大部分国内学者或机构借鉴西方国家普遍流行的认识来定义企业社会责任,他们认为企业社会责任是指企业在创造利润、对股东承担法律责任的同时,还要承担对员工、消费者、社区和环境的责任。

而零售企业社会责任管理模式是企业社会责任模式在零售企业中的体现,由于零售业所特有的行业特征,要求其在承担企业普遍应承担的社会责任的同时,更要与其行业特征相称。这就决定了零售企业社会责任管理模式的特殊性。

零售企业社会责任管理模式表现出来就是具有其特色的零售企业社会责任管理体系。零售企业社会责任管理模式是为了确保零售企业履行相应的社会责任,实现良性发展而形成的相关制度安排与组织建设,是在正确处理政府、零售企业和社会(第三方评价机构、行业协会等)三者关系的基础上,通过对企业资源的系统规划和整合使用,以规范的组织、制度和流程,切实保障企业在经济、社会与环境三方面优秀责任行为的有效落实。零售企业社会责任管理模式的差异取决

于零售企业社会责任参与主体和零售企业社会责任管理体系内容构成两方面的影响，如图 25-1 所示。

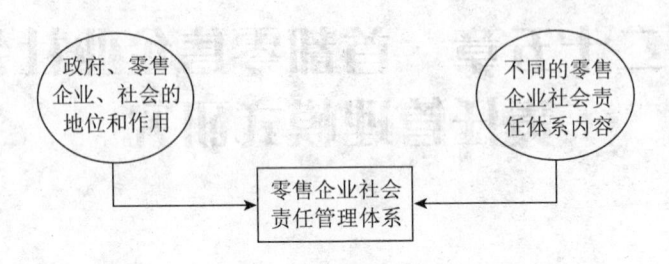

图 25-1 决定零售企业社会责任管理模式的因素

(二) 零售企业社会责任管理模式的构建

完善的零售企业社会责任管理模式不仅涉及零售企业的远景与使命、企业文化和企业发展战略，更是政府和社会机构义不容辞的责任。作为零售企业社会责任管理模式的外在表现，一个完整的零售企业社会责任管理体系主要由零售企业社会责任激励约束机制、核心零售企业主导供应链的企业社会责任管理机制、零售企业社会责任信息披露机制、零售企业社会责任管理评价和认证机制构成。

(1) 零售企业社会责任激励约束机制

要增强零售企业的社会责任感，必须要完善零售企业社会责任实现的激励机制和约束机制，推动零售企业自觉履行和承担社会责任。社会责任激励约束机制的建立是政府机构的首要任务。政府可以通过制定政府采购、财政补贴、税费优惠等表彰激励措施鼓励零售企业主动承担社会责任，这是零售企业履行社会责任的动力。通过约束机制督促零售企业履行社会责任，企业社会责任的约束机制可分为企业外部约束机制和企业内部约束机制。零售企业内部约束主要是零售企业的内部行为，通过业绩考核体系开展，而零售企业社会责任的外部约束机制可分为市场或社会约束、法律约束和行政约束。

(2) 核心零售企业主导供应链的企业社会责任管理机制

通过把企业社会责任贯穿到包含零售企业在内的整个供应链中来构建供应链的企业社会责任管理机制。供应链中某个企业的行为在一定程度上代表着整个链条上所有企业的观点，通过增强链条上各企业利益相关者的企业社会责任意识和行为，增加利益相关者对零售企业的压力，促进利益相关者与零售企业的对话交流和互动合作，加速驱动在供应链上合理、公正、透明地传递企业社会责任管理行为，以带动零售企业有效地履行社会责任。

(3) 零售企业社会责任信息披露机制

为了与利益相关者建立良好的关系，帮助零售企业做出科学合理的决策，必须要建立完善的社会责任信息披露程序，健全企业社会责任信息披露的渠道，通过建立多层次、多角度、多渠道的信息披露渠道，向利益相关方完整、准确、及时地提供企业在履行社会责任方面的信息，并且接受利益相关方监督和管理。

另外，健全的社会责任信息披露机制还有助于信息使用者客观、准确地评价企业社会责任的履行情况和存在的问题，帮助和促使企业科学、合理地制定 CSR 战略和行动计划，有效地开展企业社会责任活动。

(4) 零售企业社会责任评价和认证机制

主体性建设与客观效果评价机制的有机结合是一个完整的零售企业社会责任管理模式的必需要求。零售企业的社会责任评价与认证机制应由政府与消费者或行业协会等非政府组织制定和监督，通过对零售企业社会责任绩效进行审核、评价、认证来运作。这是监督零售企业履行社会责任的重要机制。

(三) 零售企业社会责任管理模式中各参与主体的地位

1. 零售企业社会责任管理模式中参与主体的界定

零售企业社会责任实现的参与主体包括政府、零售企业和社会三方，其中，社会又包括了非政府组织（如消费者协会）和社会公民等其他利益相关者。

在零售企业社会责任管理体系中，政府是零售企业的扶持者，通过帮助零售企业发展来增强和改进他们的社会责任感，同时政府是零售企业履行社会责任的监管者，其作用主要是制定一定的企业社会责任标准或相关法规，体现在引导、管制、评价和服务等方面。政府制定的标准和颁布的政策法规一方面可以促使零售企业积极地履行社会责任，另一方面相关扶持性政策又可以成为引导零售企业社会责任管理决策和行为的动力。

零售企业是社会责任管理的对象，也是实现社会责任的主体。零售企业社会责任是零售企业保持竞争力的重要部分，零售企业可以通过加深利益相关者对自己的印象以树立起有利的企业形象，来建立自己的竞争优势。这些有利的企业形象就成为企业的产品、服务、商标和品牌的有形吸引力，并且成了企业的一种特殊资本，即声誉资本。先进的零售企业责任管理文化可以提高凝聚力、信任度和忠诚度。可以通过健全组织文化，建立健全内部管理规章、制度，以人为本，建立和谐的劳动关系，提升企业履行社会责任的能力；加强与各种利益相关者的联系和沟通，全面、及时、准确发布企业社会责任信息，力求成本最小化，科学制定企业社会责任管理目标和实施方案。继苏宁电器 2009 年发布了中国零售业第一份社会责任报告——2008 年《企业责任报告》，苏宁在 2010 年 3 月 15 日又连续发布了 2009 年《企业社会责任报告》,这说明其已经把社会责任提升到战略的高度上,首都其他零售企业正逐步跟上,体现出企业社会责任的建设已经引起首都零售企业的重视。

社会是零售企业履行社会责任的主要监督方。企业与社会相互依赖、相互促进。社会在企业履行社会责任的过程中起着重要的作用。从一定的角度上说,媒体即社会,媒体有能力动员社会舆论去赞成、反对、发动、促进或者终止企业的行为,包括社会责任行为。所以,消费者的购买决策、新闻媒体的报道、第三方评审机构或行业协会等非政府组织的意见可以规范和约束企业的行为,促使企业更好更快地解决存在的问题,加强企业的社会责任的建设和管理。

2. 零售企业中三种典型的企业社会责任管理模式

根据政府、零售企业和社会在企业社会责任模式中所发挥作用的不同,可以把零售企业社会责任管理模式划分为三种类型:政府主导型的零售企业社会责任管理模式、核心零售企业主导型的企业社会责任管理模式和非政府组织主导型的零售企业社会责任管理模式。

(1) 政府主导型的零售企业社会责任管理模式

在这种管理模式下,政府作为社会治理的主体在零售企业社会责任管理中发挥着主导作用,主要体现在法律监督和政策支持方面。政府通过建立健全零售企业社会责任立法和合理的评价体系监督零售企业履行相应的社会责任;通过制定积极的政策措施鼓励和倡导零售企业履行社会责任;通过营造良好的社会环境引导零售企业承担社会责任。

(2) 核心零售企业主导型的企业社会责任管理模式

核心零售企业主导的社会责任管理模式既表现在核心企业主导同行业的社会责任管理体系,同时也体现在它主导着以自己为核心的整个供应链中的社会责任管理体系建设。在第一种情况下,个别龙头零售企业主导和制定零售企业社会责任管理体系,其他追随者或竞争者多处于参与者的地位。零售企业的强流通性决定了整个供应链上的社会责任建设的重要性,在这种情况下,零售企业在链条上必须处于中心地位,目标是建立一种整体的社会责任认知,建立相关的守则和规范,引导和带领执行,实现核心零售企业、链条企业和社会的和谐与共赢。

(3) 非政府组织主导的零售企业社会责任管理模式

在这种模式下,非政府组织是构建零售企业社会责任标准或管理体系的主要参与者。企业社会责任作为一种价值理念,"自愿履行"是最基本的特征。随着更多的零售企业对这一理念的接受和认同,越来越多的非政府组织开始组建,它们的行为具有独立性、灵活性、公益性、创新性等特征,非政府组织作为企业和政府、企业与利益相关者之间的杠杆和平衡器,在企业履行社会责任过程中的作用是不容忽视的,它既是企业社会责任管理标准的主要制定者,同时也是零售企业承担社会责任的主要监督力量。非政府组织机构,根据其生长的途径,可分为体制内模式和体制外模式两种。根据政府机构改革的需要自上而下成立的称为体制内模式,根据企业的需要自下而上成立的称为体制外模式。中国连锁经营协会是连锁领域重要的全国性行业组织,主要涵盖了零售、餐饮、服务等行业。

二、首都零售企业社会责任管理模式的分析

(一)当前的首都零售企业社会责任管理模式

1. 首都零售业的发展态势

按照国家 2004 年新制定的《零售业态分类》标准,共存在 17 种零售业态。国民收入和个人可支配收入的增减决定着零售业的发展和选择,一般情况下,当人均 GDP 为 800~2000 美元时,连锁超市是时代的主流;人均 GDP 达到 4000 美元,是便利店、专卖店、专业店批量发展时期;人均 GDP 超过 4000 美元,高级专卖店、精品店、奢侈品开始流行。2009 年北京人均 GDP 已突破 1 万美元,这使一些高端业态在北京大量涌现和发展。零售业态的划分如图 25-2 所示。

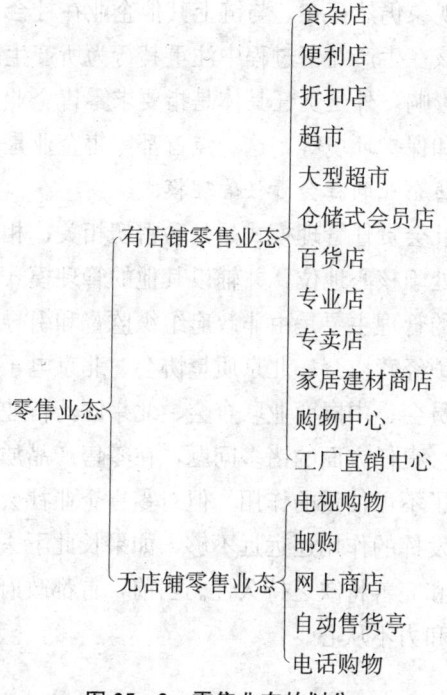

```
                        ┌─ 食杂店
                        ├─ 便利店
                        ├─ 折扣店
                        ├─ 超市
                        ├─ 大型超市
            ┌─有店铺零售业态─┤─ 仓储式会员店
            │           ├─ 百货店
            │           ├─ 专业店
零售业态─────┤           ├─ 专卖店
            │           ├─ 家居建材商店
            │           ├─ 购物中心
            │           └─ 工厂直销中心
            │           ┌─ 电视购物
            │           ├─ 邮购
            └─无店铺零售业态─┤─ 网上商店
                        ├─ 自动售货亭
                        └─ 电话购物
```

图 25-2 零售业态的划分

首都经济的快速发展的同时伴随着零售业态的不断升级和发展，如今首都的零售业几乎涵盖了全部的17种零售业态，已形成了以大中型百货店、购物中心、超市、专业店、专卖店、便利店、仓储式商场、无店铺销售为主体，以其他零售业态为补充的格局，业态结构正趋向完整、合理，但是在企业社会责任建设方面，却显得捉襟见肘。归根结底是对首都零售企业社会责任管理模式的研究不够深入和透彻。

2. 当前首都零售企业的社会责任管理状况和社会责任管理模式

（1）当前首都零售企业的社会责任管理状况

零售企业的社会责任可以分为核心责任、中间责任和外延责任。核心责任指的是对顾客、股东和员工的责任；中间责任指的是对供应链上其他机构的责任；外延责任指的是对其他利益相关者应负的责任。

现在首都零售企业所承担的核心责任还不尽如人意，零售业态结构分散，市场集中度不高；内资零售企业的竞争力普遍低弱，与消费者需求相脱节及服务质量管理体系不成熟是其主要原因；对员工的教育培训体系做得不够完善，从业人员素质良莠不齐。在中间责任的承担上，包括零售企业在内的许多企业在追求经济利益过程中使公民社会的利益受到侵害，如某些大型零售商依其主导地位身份收取通道费等不合理现象仍然存在，与链上其他企业在社会责任管理上难以达成一致。因此，企业应该在生产经营过程中注重其行为所产生的外部负效应及对相关利益者造成的不利影响。外延责任具体是指要求零售企业遵纪守法、热爱社会公益事业，节约资源和保护环境等，这一点首都零售企业是走在较前段的。

（2）当前首都零售企业的社会责任管理模式

前述三种典型的社会责任管理模式是一种密切相关、相互配合的关系。在每种模式下，总有一种处于核心地位，并辅以其他的管理模式。在当前的首都零售企业中，对社会责任的管理主要是由非政府组织监督和引导，并辅以企业自愿行为来进行的，中国连锁经营协会、北京质量协会、北京电子商务协会、中国百货商业协会零售企业委员会、中国商业联合会、北京医药行业协会、北京市场协会等社团法人解决了社会责任方面的诸多问题，在零售产品质量、环境保护、员工教育培训等方面发挥了不可估量的作用。但对零售企业社会责任管理体系的构建和管理，政府当前所发挥的作用还远远不够，如果长此下去，首都零售企业社会责任管理体系的构建和完善将缺乏持久性。当前，首都政府部门的监督和引导作用相对显得有些薄弱和力不从心。

（二）首都完善和建立零售企业社会责任模式的意义

1. 首都零售业现阶段发展状况迫切要求建立健全社会责任管理模式

近些年来，首都零售业发展态势迅猛。2007年首都社会消费品零售额达到3770亿元，2008年首都社会消费品零售总额已达到4589亿元，首度位居国内社会消费品零售额首位。2009年，首都社会消费品零售总额在高位基础上增长15.7%，突破五千亿元大关。2010年，北京已跻身世界十大零售业中心。2012年首都社会消费品零售总额为7702.8亿元。建立合理的零售企业社会责任管理模式势在必行。

2. 北京在全国的特殊地位决定了合理的社会责任管理模式的重要性

第一，企业是社会的细胞，企业发展是社会发展的一部分，所以说包含零售企业在内的所有企业都负有社会责任，包括消费者利益、职工利益、环境利益和社会公共利益等，而这些因素对首都社会公平、社会正义、社会稳定、社会和谐有着重要的影响；第二，北京作为首都，全国政治、文化和国际国内交流中心，其零售企业社会责任管理水平和绩效表现对全国的零售企业具有示范、导向作用，也具有通向国际的窗口作用；第三，建立合理的零售企业社会责任管理模式，对促进首都的经济社会发展、建设首善之区具有重要的意义。当前北京正致力成为"国际商贸中心城市"，而零售企业社会责任管理模式的建立和完善必是"国际商贸中心城市"建设进程中的重要组成部分。

3. 零售企业社会责任管理模式对供应链中所有参与企业社会责任的实现具有较大的影响

零售企业在供应链中的地位正变得越来越重要，现在是零售企业主导的供应链时代，因此，社会责任管理已经成为整个供应链中所有企业所共同面临的问题。何谓"供应链企业社会责任"，其意义何在？包括哪些范畴？其基本内容是什么，与零售企业和供应链提高竞争力有何关系？如何提高供应链企业的社会责任，通过何种途径来提高供应链企业社会责任？从实际情况看，这些问题对于首都零售企业来说还处于起步的准备阶段。零售企业加强自身社会责任的管理，对供应链企业社会责任的管理和建设有着重要的引导作用，促使链上各利益相关方切实履行自身职责，这对建立和谐的供应链关系以及推动企业社会责任发展有着非凡的意义。

三、国外零售企业社会责任管理模式的借鉴

（一）美国大型零售企业社会责任管理模式经验借鉴

零售企业社会责任的履行有三个基本行为要素：市场行为、监督行为、零售

企业自愿行为。在美国，零售企业行为的规范基本上是按照这三个要素为基础的企业社会责任管理模式进行的。

1. 市场行为要素管理模式

增强竞争力是推动零售企业履行社会责任的首要动因。零售企业切实地履行社会责任是打造核心竞争力的有效途径，应该把社会责任放到企业发展的战略和制度的高度。零售企业间的竞争不仅是顾客的竞争，更是服务和社会责任的竞争。

企业要生存和发展，就必须要提升其竞争力，这些可以通过扩大生产规模、提高服务质量来实现，结果就会扩大社会就业；在企业扩大利润的同时，政府的税收也得以增加，同时股东的利益也得到了保障。因此说市场行为是企业履行社会责任的基本行为。

《财富》杂志在对美国1000家公司的调查中发现，95%的被调查者坚信在今后的几年中，他们将必须采用更具有社会责任感的企业行为以维持他们的竞争优势。早在1981年，由美国200家最大企业的领导人参加的企业圆桌会议在其"企业责任报告"中指出，追求利润和承担社会责任之间并不矛盾，企业的长期生存有赖于其社会的责任，而社会的福利又有赖于企业的赢利和责任心。

2. 监督行为要素管理模式

监督行为包括来自于企业自己的监督，也包括来自于政府机构和非政府组织的监督。在美国，很多零售企业通过设置直属董事会领导下的企业道德委员会或道德责任者等专门机构来监督企业管理社会责任的相关问题。除了企业对自身的社会责任履行情况进行监察外，美国政府也不断通过制定相关法律法规来加强对企业社会责任的外部监督，比如建立发达的信用管理机制和完善的零售企业社会责任审计机制。美国经济优先权认可机构委员会作为一个非政府组织所制定的SA8000（CEPAA，1997）是获得广泛认可的一个企业社会责任标准，它的宗旨是确保零售商或供应商所提供的产品符合社会责任标准，最终保护人类基本权益。

随着供应链的国际化，美国零售企业对供应链社会责任管理的重视程度不断提高，通过与非政府组织的合作来加强对供应链社会责任的研究，某些零售企业内部的培训已经扩展到供应链上的其他企业或工厂。

3. 自愿行为要素管理模式

在美国，虽然立法部门制定了许多有关企业社会责任的法律法规，但是，直接指导企业行为的还是企业的规章制度。自愿行为管理模式是指零售企业自愿去承担相关的社会责任。零售企业通过将社会责任明确地写进企业的规章制度，并严格执行,切实落实企业在经济、社会和环境的责任。可以说美国的大多数零售企业已经把企业社会责任作为一种企业文化提升到了企业战略的高度。拿募捐来说,美国企业在平常就很注重回报社会,为当地慈善募捐,而在中国,只有当某个地区有灾情的时候,企业才开始承担这方面的责任。

之所以某些社会责任需要通过零售企业资源来履行是由于种种社会条件的限制。第一,超越法律的要求。某些高层次的社会责任问题通过法律要求企业履行是不合适的,只能通过制定合理的激励措施来促进企业加强自律和自愿行为。第二,虽然有关零售企业的非政府组织众多,但是他们的监督作用也是有限的,所以在这方面来讲还得通过企业资源行为来实现。

(二)日本零售企业社会责任管理模式经验借鉴

1. 零售企业社会责任的承担主要靠企业自己的行为

在承担企业社会责任的过程中,日本的零售企业不仅关注社会公益活动,更关注企业的本职业务和基本功能。学者刘传伦曾这样讲过他的切身体验:1995年,神户大地震时,他与两位日本连锁商业领袖的CEO会谈,两人谈到了使用摩托车和直升机为受灾地区运输便利店的盒饭,并且以正常价格出售的事宜,这深深地感动了他们。在这样的情况下,这两名CEO命令该公司要想尽办法保证稳定供应商品并以正规的价格出售,并以此来增进消费者对该企业的信任。

人口老龄化对策和以预防气候变化为主的社会责任承担正得到当今日本零售企业的重视。

2. 在企业内部建立完善的行为准则

在日本零售企业,它们首先会制定完善的行为准则;其次,在此基础上,企业会经常性地对领导层及员工进行相关企业社会责任的教育和培训,使其在各自的岗位上主动自觉地履行社会责任;再次,在企业内部建立健全社会责任推广机制;最后,建立科学的信息披露机制并积极地推行。

3. 政府和非政府组织通过研究建立科学合理的企业社会责任指标体系并引导零售企业积极地实施

企业社会责任是否得到有效的履行必须要以科学的社会责任指标体系为标准。2007年的道琼斯可持续发展指数把经济、环境和社会三个方面指标有机结合起来,形成了三重底线。这一体系包括17大领域及其90多个条款。这些领域和条款指标,使零售企业的履行社会责任状况一目了然,也为与世界其他包括零售企业在内的企业进行比较提供客观依据。

四、首都零售企业社会责任管理模式的构建

首都应该建设以政府为主导的零售企业社会责任管理模式。当前,虽然首都

零售业的发展已步入全国前列,但是零售企业社会责任意识普遍不强、有关零售业立法体系不够完善、非政府组织的作用没得到充分发挥的现象普遍存在,所以政府主导型的零售企业社会责任管理模式是当前首都零售业发展阶段的必然要求。应当把零售企业社会责任建设提升到经济增长战略的角度,使之成为首都商贸业发展的重要组成部分。作为零售企业社会责任的主要监管者和扶持者,政府部门可以通过加强法规建设、政策引导、适当的行政干预及提供相关服务,推动首都零售企业社会责任绩效的提升,使首都成为全国的零售企业社会责任体系建设的示范区。

首都零售企业社会责任管理模式的合理构建,在明确各自角色定位的基础上,必须要处理好政府、企业和社会三者关系,实现"三位一体",共同推动企业社会责任运动的开展。北京作为我国的首都,作为中国的政治、文化和国际国内交流中心,零售企业社会责任的建设和表现对首都各行各业及全国零售企业都将具有示范、导向作用。完善首都零售企业社会责任制度和监管体系,对促进首都经贸和社会发展、建设国际商贸中心城市将具有重要意义。

(一)首都零售企业社会责任管理模式的建立和完善(见图 25-3)

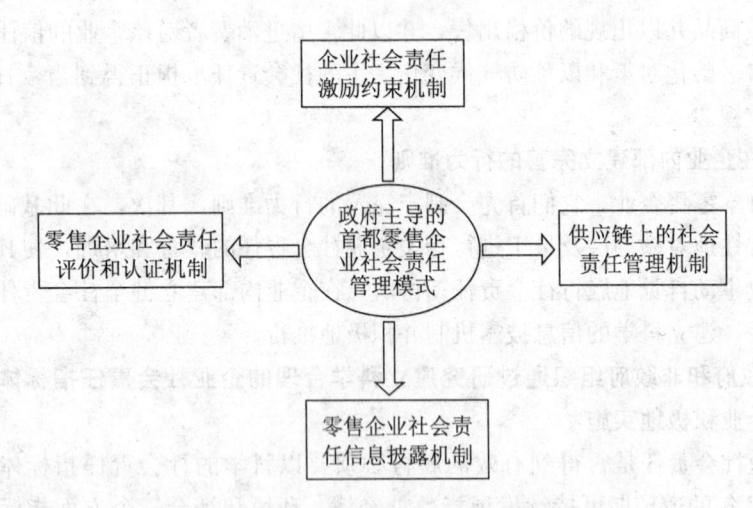

图 25-3 首都零售企业社会责任管理模式

1. 首都零售企业社会责任激励约束机制

在当前首都零售业快速发展的情况下,完善零售企业社会责任激励和约束机制的关键在于政府。首先,政府作为主导者,要把促进首都社会公平、社会正义、社会稳定、社会和谐作为首要考虑的因素,以社会管理者的身份,积极地倡导企业社会责任意识，最主要的还是通过建立健全的法律法规来督促企业履行社会责任，督促零售企业依据行业和企业劳动标准进行经营管理，对于逃税或违反用工规定等违法行为严惩。当前呼声最高的是关于网络零售业的信用立法、在外资不断抢占市场下的商业网点规划立法。另外2006年由商务部、发改委等五部门联合发布的《零售商、供应商公平交易管理办法》面临着立法层次太低等问题，在实践中约束作用不强，并没有有效地遏制滥用市场支配地位的行为，大型超市滥收通道费等损害供应商或合作者的不负责任的行为依然存在。所以北京作为首都应该在此基础上尽快出台相关措施来补充该办法。其次，政府应充分发挥其作为社会管理者宏观调控的职能，积极地出台扶持政策来鼓励零售企业履行社会责任。最后，政府应该大力扶持和支持首都零售行业的发展以促进其作用的发挥。

2. 核心零售企业主导供应链的企业社会责任管理机制

对供应链上参与企业的社会责任管理的影响和引导是零售企业社会责任管理中的一个重要层面，在供应链上，零售企业与供应商的关系更直接，其销售的产品除自有品牌外都来自供应商。随着首都零售业的快速发展，首都零售企业在面对不断变化的供应商和复杂的供应链时，要客观积极地选择可靠的供应商，并与其建立良好的合作关系。以建立一个战略伙伴型的供应链企业社会责任标准和准则为目的。

一般来说，零售企业对供应商的社会责任主要有以下几方面的内容：一是要信守契约内容。通过订立明确的契约来界定供应商对可能出现问题的责任连带，从而促使供应商加强自律，保证商品质量。供应链上各企业要按照契约切实履行好自身的权利和义务，尤其是大型零售企业要积极地承担此社会责任，不应滥用其市场支配地位而向供应商收取不合理的通道费。二是供应链上各企业要公平的竞争，减少内耗，营造良好的商业环境。三是注重长期合作，帮助供应商或链上企业解决面临的困难，建立互信共赢的合作关系。

对配送商按照权、责、利统一的原则，划分各自的责任，零售企业要正确向配送商传送各种需配送货物清单、货物到达时间、地点、联系电话等信息。在出现问题时，要积极地承担责任，减少不该扩大的损失，并及时按照合约支付费用。对供应链上的其他合作伙伴，要按照互利互惠的原则，实现共赢。

3. 零售企业社会责任信息披露机制

信息快速反应是信息披露机制的重要组成部分，它不仅仅要求对信息的快速收集，更体现在对信息的快速披露上，零售企业不仅应向企业的决策主体——股东，而且应向债权人、供应商、雇员、政府在内的利益相关者及时披露相关信息。通过对其承担社会责任情况的相关信息予以整理、分析、计量、核算与披露，有助于股东做出科学的决策，同时还有助于社会责任信息的使用者客观、准确地评价企业社会责任的履行情况和存在的问题，并帮助零售企业科学、合理地制定和改进CSR战略及行动计划。例如在产品质量环节出现问题时，快速的信息披露不但可以减少对消费者造成的伤害，更能维护顾客对其的信任度和忠诚度。零售企业建立完善的社会责任信息披露机制是推动其履行社会责任的重要措施。

另外，政府也应该健全相关的法律规章引导和帮助企业健全完善的社会责任信息披露机制。

4. 零售企业社会责任评价和认证机制

零售企业社会责任评价和认证体系对于规范零售企业的行为，推动零售企业树立以人为本、诚实守信、奉献社会的经营宗旨，提高零售企业的竞争力具有重要意义，所以零售企业应该把追求经济效益和对社会责任的履行有机结合起来。

客观评价和认证是零售企业社会责任评价和认证机制基本属性。企业是否满足顾客的需求以及尽到其他的责任，要有一个客观的评估系统。该机制的建立主要来自于三方，包括政府、消费者和第三方独立机构。三者相互补充和配合，对企业社会责任绩效进行审核、评价和认证，并客观、及时地向社会予以公布。建立科学的零售企业社会责任评价标准体系是该机制的基本要求。

零售企业要定期检查和评价社会责任制度的执行情况和存在的问题，形成社会责任报告并及时公布。政府部门应制定有关评价或认证的政策措施，鼓励金融机构、监管机构依次为标准，督促零售企业积极履行社会责任。当前绿色零售议程未来零售业发展的主要趋势，商务部在2007年就制定了"节约型零售企业"评价规范，并已取得了阶段性成果。并在10个试点城市展开，至2010年4月收效明显，试点城市的86家百货、大型超市等企业中有14%的企业获得了国家环境管理体系的认证；45.3%的企业建有绿色采购渠道并引导供应商重视环保、减少商品包装；60.5%的企业采取措施并鼓励消费者减少使用塑料袋；60.5%的企业对废旧产品和废弃物（如饮料瓶罐、旧电池、纸张和淘汰的家电等）进行了回收；58.1%的企业设置了油烟和污水排放系统；32.6%的企业对垃圾有处理措施（果蔬类、易腐有机类垃圾等）；18.6%的企业有节气措施；47.7%的企业门店在建设中应用了节能型建筑材料。同时政府也要鼓励和培育合格的企业社会责任审计机构或认证机构，鼓励第三方认证机构研究和制定符合零售行业实际的社会责任标准，实现市场机制、政府机制和社会机制的有机结合。当前SA8000作为第三方制定的认证准则已呈现出国际化的趋势，首都零售企业应不断的加强企业社会责任管理，以期与国际相接轨。

(二) 建立首都零售企业社会责任管理模式对企业的具体要求

需要学习借鉴美国和日本零售企业在社会责任建设方面的经验，再结合首都自身的实际情况，针对当前的薄弱点，深入分析原因，并制定出操作性强的措施。政府、零售企业和社会三方都应该尽到各自的责任。首先，首都零售企业应把加强社会责任方面的建设提升到战略角度，全面提高零售企业的竞争力；其次，政府作为社会管理者和宏观调控者应培育有利于零售企业履行社会责任的相关法律政策环境，推动零售企业可持续发展；最后，政府还应扶持消费者协会或零售行业协会等非政府组织的发展，从多个层面来引导、管理和监督零售企业的社会责任管理，形成完善的零售企业社会责任管理体系。

1. 首都零售企业完全合法经营

零售企业必须按照有关法律法规合法经营，零售企业在法律责任方面的内容主要包括：提供合格的产品和服务，维护消费者利益；依法纳税；从招工、劳动合同签订、工资发放、工作时间、社会保障和福利、参加工会和结社等方面入手，维护员工合法权益；提供安全、健康的工作环境；在同业竞争中遵守公平竞争原则，并促进良好竞争秩序和竞争规则的建立；不从事腐败、贿赂行为等。主动接受政府的监督，积极响应国家的号召，积极支持社会公益活动和慈善事业。

2. 绿色零售的理念深入首都零售企业

环保节能是企业社会责任体系的核心内容之一。在零售行业，绿色零售是发展的必然趋势，这要求首都零售企业必须做到：①充分利用节能新技术，提高能源效率，打造绿色零售企业；②创建低碳、零碳企业，充分挖掘门店的低碳发展空间；③与供应链上企业建立有关社会责任管理的良好关系，带动供应商改进包装，引导供应商的低碳化发展；④发挥零售业的宣传作用，向消费者宣传绿色低碳的消费理念；⑤开展废弃物的减量化与资源化，实现资源的循环利用；⑥建立能更有效地降低采购成本和流通费用水平的绿色物流中心等。

从 2007 年商务部制定的"节约型零售企业"在 10 个城市的实施效果来看，节能意识已深入企业内部，100%的企业"有相应的部门或人员负责整体节能工作"，41%的企业"设有独立的高层管理机构负责推动节能工作"，86%的企业制定"节约使用水电的管理制度"。首都零售企业在这方面应该继续巩固和加强。

3. 以人为本，建立和谐的劳动关系

零售企业在劳动关系中处于强势地位，但不能因此而滥用其权利，零售企业的使用工具有流动性高，员工文化层次普遍偏低的特点。政府、企业和社会三方在建设和谐劳动关系方面切实尽到各自的责任。政府应该健全相关的法律法规，为零售企业和谐发展提供良好的政府服务环境、安全的社会环境,同时要监管用工环境,完善劳动关系三方协商和劳动争议调解工作机制;零售企业应该积极地采取措施保障员工的基本生活,正确认识和评价员工在企业发展中的作用,更加注重员工的全面发展,通过员工工作积极性的提高,实现员工和企业共同发展;社会应该尽到其监督作用,并帮助零售企业改进企业责任的建设。

4. 零售企业健康永续发展,切实维护股东利益

股东是投资人,不但有参与管理与决策的权利,更应该有获取合理股益的权利。零售企业作为股东的代理人,其首要职责就是实现利润最大化。一般来说,零售企业对股东的经济责任是其应尽的首要社会责任。因此,零售企业要努力提高经营管理水平,以股东权益最大化为追求目标,着力培育提升企业的核心竞争力和可持续发展能力,严格按照程序办事,及时地向股东披露相关信息,不断提升零售企业的业绩,保障股东权益。

5. 与债权人、供应商等利益相关者建立良好的合作关系

债权人是零售企业重要的利益相关者之一。零售企业经营的产品除了小部分是经销商品外,大多是生产厂家的代销商品,债权人的支撑是零售企业生存和发展的重要影响因素。因此,零售企业要依据法律规定或合同约定承担其义务。

供应商是零售企业重要的利益相关者。如果失去了供应商的合作和支持,零售企业的各项业务便无法进行,在实际中,零售企业不仅应加强对供应商的选择,更应该注重维护与供应商关系,零售企业尤其应避免利用其优势地位而向供应商滥收通道费等不合理现象的产生。除此之外,零售企业应联合供应链其他成员企业共同制定切实可行的社会责任标准,以共同发展为目的,整合各自的供应链管理计划,确保薄弱环节的运营能力的提升,实现企业社会责任传递的一体化效果。

6. 在消费者心中树立良好的公众形象

零售企业是连接生产与消费的纽带,消费者的需求和购买是零售企业利润的源泉。但是由于部分零售企业的不守信,假冒商品泛滥等不讲商业道德的行为处处可见。这种现象严重地侵害了消费者及其他利益相关者的利益。诚信是企业生存之本。因此,建设良好的商业环境,开展诚信经营是首都每一个零售企业必须承担的社会责任。具体来说,零售企业对消费者承担的社会责任应该是这样的:首先,零售企业必须保证所售产品的质量并提供优质的服务;其次,零售企业要充分尊重消费者的知情权和自由选择权,在出现问题时及时向消费者公布信息;最后,把顾客是上帝的理念切实落实到实际中,向顾客提供方便舒适的消费环境。

7. 把慈善和公益事业作为零售企业的基本工作，并积极对所在社区负责

教育、医疗卫生、社会保障等慈善公益事业是构建和谐社会的一个重要任务，它关系着社会的安定与和谐。当前首都仍有很多零售企业在发展社会事业上投资不足或无力投资，企业应充分发挥各自的优势，为发展社会公益事业而尽到相应的责任。因为零售企业总是存在于一定的社区环境中，其应该融入到自己所在的社区及资助慈善组织，并处理好与所在社区的关系，这对于零售企业的生存和发展是不容忽视的。因此，零售企业应该利用自身的优势扶持社区的文化教育事业，帮助社区的人员就业，为社会的和谐尽一份力量。这可以通过支援社区教育、支持健康、人文关怀、文化与艺术、城市建设等活动来实现。

第二十六章 零售企业赢利模式问题研究

一、问题的提出

自20世纪80年代以来,随着我国市场经济的确立,我国经济得到快速发展,同时消费者可支配收入的持续增加在一定程度上带动了我国零售业的发展。据国家统计局数据,五年来全国社会消费品零售总额以年均16.3%的速度增长,规模由2008年的10.8万亿元增加到2012年的21万亿元,增长近一倍,销售规模跃居世界第二位。同时,全国零售业从业人数由2008年的4500万增加到现在的6000多万;经营单位数达到2300多万个。批发零售业增加值占GDP比重由2008年的8.3%上升到2012年的9.7%。[①]

在零售业发展如此快速的大背景下,我国大部分零售企业的赢利与扩张能力并没有伴随这一行业的迅猛发展而有较大的提高,相反一些知名连锁零售企业却出现了赢利负增长或缓慢增长,甚至关门倒闭的现象。这不禁使我们怀疑我国零售企业的运营与赢利模式是否存在问题。

二、赢利模式的定义和分类

在国外零售业60年发展和研究的基础上,我国学术界对零售业基本理论有了深入的研究,同时取得了一系列成果。随着研究内容的更加广泛与深入,一些专家指出不同的赢利模式是导致企业赢利水平、发展速度、营运能力等不同的重要原因。近年来,学术界尤其是研究零售业的学者一直将赢利模式列为重点讨论的主题之一。

(一)赢利模式的定义

关于赢利模式,学者们给出了不同的定义。王方华、徐飞(2005)认为,它是企业通过自身和相关利益者资源的整合而形成的一种实现价值创造、价值获得

[①] 数据来源于商务部新闻办公室2013年7月召开的"零售、批发业促进经济发展"专题新闻发布会。

和利益分配的组织机制和商业架构①。另外郭金龙、林文龙（2005）认为，它是探求生意的利润来源、生成过程和产出方式的系统方法，俗称商业模式，即对企业的所有经营要素进行价值识别或管理，从所有经营要素中找到赢利机会②。其实，二者在定义赢利模式上并没有本质的区别，前者将其看成是一种商业架构，后者将其视为一种赢利的方法。

简单而言，笔者认为赢利模式就是指企业创造价值的核心逻辑。对于赢利模式的研究是分析、研判和管理企业利润来源、生成过程与产出方式的系统理论与方法。而分析零售企业的赢利模式也就是一个发现零售企业在市场链条中具有什么样的核心竞争力的过程。

（二）赢利模式的分类

伴随零售业的高速发展，各种与零售业相关的理论体系也逐步完善。在零售业赢利模式领域，国内外学者都做出了许多理论贡献。Slywotzky③（2003）在其研究中分析和归纳了22种企业赢利模式，包括：客户解决方案模式；产品金字塔模式；多种成分系统模式；配电盘模式；速度模式；卖座"大片"模式；利润乘数模式；创业家模式；专业化利润模式；基础产品模式；行业标准模式；品牌模式；独特产品模式；区域领先模式；大额交易模式；价值链定位模式；周期利润模式；售后利润模式；新产品利润模式；相对市场份额模式；经验曲线模式；低成本企业设计模式。在其研究中所列举的这22种赢利模式对于现代化零售企业来说基本全部适用。这一规律反映了大型零售企业对于产业链一体化控制的趋势。

国内学者根据我国零售业发展现状从不同的角度对零售企业赢利模式进行了大量的研究。黄安民、王君之以及王晓旭（2005）的研究从零售企业业态形式的角度对赢利模式进行了归纳研究，认为目前主要的赢利模式有以下几种：便利特色模式、专业经营模式、超市自选模式、品牌专卖模式、连锁经营模式、仓店合一模式、超额利润模式、直复营销模式和网络营销模式④。他们认为企业的业态安排是决定企业赢利模式的主要方面。

郭金龙（2005）等学者认为中国市场可定位的赢利模式可归纳为以下十种：

---

① 王方华，徐飞：《赢利胜经》，上海：上海交通大学出版社，2005年，第3-4页。
② 郭金龙，林文龙：《中国市场十种赢利模式》，北京：清华大学出版社，2005年，第43-45页。
③ 亚德里安·J. 斯莱沃斯基：《发现利润区》，凌晓东等译，北京：中信出版社，2004年，第32-35页。
④ 黄安民，王君之，王晓旭：《零售企业赢利模式》，北京：中华工商联合出版社，2005年，第1-300页。

产品赢利模式；规模赢利模式；渠道赢利模式；品牌赢利模式；产业互动赢利模式；跟进并放大赢利模式；招商赢利模式；服务赢利模式；边打工边创业赢利模式；价值协同/匹配赢利模式。[①] 这一研究主要从市场的角度出发，对我国零售企业在市场上获利方式进行了归类与分析。

张金萍、李汉玲（2006）从企业创造利润来源的角度出发对零售业企业的赢利模式进行了分析，认为在国际市场上大型商业零售企业的赢利模式主要分为以下三种类型：商品进销价差型；从上游供应商寻求利润型；通过优化供应链，降低物流成本型。[②] 陈广（2007）基本认同了张金萍、李汉玲的研究成果，并在此基础上进行了更为细致的阐述，他认为零售企业通过进销差价赢利，实际是通过实现一定的毛利率来赢利；通过通道费赢利，实则是向供货商收取各种费用和销售返利赢利；通过降低物流成本实现赢利，实际上是通过对物流系统的有效控制与完善来降低成本。[③]

而汪旭辉（2008）在进一步的研究中认为目前我国零售企业的赢利模式主要可分为以下四类：依靠购销差价获利、依靠类金融模式获利、依靠进场费获利、通过优化供应链的低成本模式获利。[④]

随后李骏阳（2009）在研究中认为当前我国零售企业的赢利模式可以分为商品毛利赢利模式、后台毛利赢利模式以及占用资金三种赢利模式。[⑤]

回顾以往学者的研究发现，我国零售业的发展经历了一个不断发展和创新的过程，特别是近些年来取得了飞速的进步。我国零售企业的赢利模式也经历了从传统型向现代新型赢利模式发展转变的过程，而各种相关理论研究也伴随着这一过程不断发展与完善。但不难发现在国内有关赢利模式的类型还没有统一而明确的界定，各方人士对赢利模式都有着不同的看法，特别是对于赢利模式进行区分与归类的角度问题。笔者认为，从企业是否在价值链中自主创造价值的角度来区分，可将企业赢利模式划分为内生优势赢利模式与外生优势赢利模式两大类。实际上，通过"低进—高出"获取进销差价的，以及通过优化供应链、达到降低成本来获取利润的企业，本质上都是通过企业在价值链中主动创造价值而获取利润，可将其归类为内生优势赢利模式；而目前我国大多数零售企业采取的是粗放的销售模式，主要依靠收取通道费、销售返利与租金等方式获取营业利润，而不

[①] 郭金龙，林文龙：《中国市场十种赢利模式》，北京：清华大学出版社，2005年，第10页。
[②] 张金萍、李汉玲：《大型商业零售企业的赢利模式》，《商业研究》，2006年第12期。
[③] 陈广编著：《家乐福内幕》，深圳：海天出版社，2007年，第63页。
[④] 汪旭辉：《中外大型零售企业中国市场商业模式的对比分析》，《现代经济探讨》，2008年第8期。
[⑤] 李骏阳：《对收取通道费原因的分析——基于我国零售企业的赢利模式研究》，《管理学报》（武汉），2009年6月，第12期。

是在供应链中真正创造价值,因此笔者认为可将我国这类零售企业归为依靠外生优势赢利模式获利的企业。

在国内外研究成果的基础上,结合笔者对于赢利模式的大分类再进行深入讨论,可将内生优势赢利模式与外生优势赢利模式加以细分,形成以下几个亚类型,具体类型如表26-1所示。

表26-1　　　　　　　　　　赢利模式类型划分

类型	亚类型	主要特点
内生优势赢利模式	进销差价	进销差价模式是零售企业一种最传统的赢利模式,通过买断制造商或供应商产品进行自主零售赚取销售价与购进价之差,利润来源于商品销售实现的毛利
	低成本模式	通过有效管理供应商进而优化供应链,以降低规模采购价格的一种低成本赢利模式
外生优势赢利模式	通道费	向供货商直接收取或从应付货款中扣除,或以其他方式要求供货商额外负担的各种费用:配货费、上架费、条码费、新品上柜费、节庆费、店庆费、商场海报费、商场促销费、摊派费用等
	类金融	零售商通过对供应商拖延付款,将账面大部分浮存资金投入资本市场、房地产市场或设立分店进而获取收入的一种赢利模式
	销售返利	零售商按照销售额的一定比例向制造商或代理商收取一定的返利
	出租场地	通过出租场地或变相出租场地而收取一定的租金,是百货店或购物中心存在的一种典型赢利模式

资料来源:作者整理绘制。

由于中国国情与零售业起步较晚等原因的影响,我国零售企业一直处于模仿国外先进零售企业的赢利模式的阶段,尤其是家乐福在中国的异军突起,使连锁企业找到了赚取利润的捷径——收取通道费,国内不少企业纷纷效仿。据有关学者估计,我国有些大型连锁超市的通道费已经超过了全年利润的总和,甚至是利润的几倍(吴小丁,2004)。[①] 类金融赢利模式的"完美"运用也使国美、苏宁在巩固良好发展势头的基础上步入高峰。由于我国特殊的国情与竞争原因,外生优势赢利模式成为我国零售企业所采用的主流赢利模式。但随着我国零售业的发

---

① 吴小丁:《大型零售店"进场费"与"优势地位滥用"规制》,《吉林大学社会科学学报》,2004年第5期。

展，通道费越收越多使零售商与供应商之间的矛盾越发尖锐起来；采用类金融模式获利的企业潜藏着资金链断裂的危机；而通过销售返利与出租场地获得的收入使零售企业仅处于"温饱"的阶段。这与大多外资零售企业采用内生优势赢利模式，通过赚取购销差价、优化供应链降低成本而取得的超额利润相比，实在显得微不足道。外资零售企业在中国的发展速度逐步增快，扩张能力逐步增强，利润出现"滚雪球效应"，并保持了良好的可持续增长态势。这不得不使我们思索我国零售企业所采用的主流赢利模式是否限制了我国零售业的发展，依靠外生优势赢利的企业所拥有的竞争力是否不如采用内生优势赢利模式企业所拥有的竞争力。下面本章将从采用内生优势、外生优势两种不同赢利模式为企业经营运作带来的影响，以及采用不同赢利模式所赋予企业竞争力强弱程度是否相同的角度来探讨两种赢利模式的优劣。

三、两类赢利模式的比较分析

采用不同的赢利模式，所赋予零售企业的竞争力是不同的。对于企业竞争力这一主题，国内外学者已经有了较为成熟的研究并建立了一系列竞争力评价指标，企业可通过竞争力评价指标分析自身在相关市场所处的竞争地位，不但利于企业对现有竞争力做出正确衡量，还可为企业的可持续发展提供行之有效的指导。在国内外对于竞争力研究的基础上，本书选取赢利能力、快速扩张能力、营销管理能力、采购能力与自有品牌五项评价指标对内生优势赢利模式与外生优势赢利模式所赋予零售企业的竞争力进行对比与评价，以找出二者的差距。

为方便比较，根据中国连锁经营协会公布的 2008 年、2009 年两年中国连锁百强名单[①]，本章选取位列前十位的综合竞争能力较高的五家零售企业，包括华联综超、联华超市、物美控股、国美电器与苏宁电器与采用内生优势赢利模式的典型外资企业沃尔玛、宜家进行比较研究，对两类赢利模式所赋予企业的竞争力进行评价。

（一）赢利能力

赢利能力是指企业通过经营管理活动取得收益的能力。对于零售企业来讲，赢利是企业追求的最重要目标。而在零售企业狂打价格战的今天，高销售额并不意味着能够获取高利润，因此赢利能力成为评价企业赚钱能力与竞争力不可或缺的重要指标之一。同时对于希望做大、做强的企业来讲，不但要注重企业的赢利能力，更要注重赢利的可持续性，国内学者钱爱民、张新民、周子元表示赢利持

---

① 历届中国连锁百强，中国连锁经营协会，http://www.ccfa.org.cn。

续性是衡量赢利质量的重要手段[①]（2009）。对于赢利能力，我们可用净资产收益率、其他业务利润占税前利润的比重两项指标来衡量。

净资产收益率（ROE）是企业净利润与净资产的比率，反映了股东的收益能力，该指标是分析、评价企业赢利能力最具综合性的指标。从表26-2可以看出，采用外生优势赢利模式的样本企业在ROE方面与采用内生优势赢利模式的样本企业相比，存在一定差距。依靠内生优势赢利的样本企业在2008年、2009年两年的ROE平均值为16.53%，而外生优势赢利样本企业的ROE平均值则为16.2%。虽然ROE的平均值相距不明显，但随着企业的进一步发展，二者在ROE上的差距也越拉越大。再者样本企业数据可见，采用内生优势赢利模式的样本企业ROE呈逐年稳定增长趋势，相比采用外生优势赢利的样本企业在赢利能力上则出现下滑势头。

表26-2　　　　　　　　零售企业净资产收益率　　　　　　　　　单位：%

零售企业	2009年	2008年	2007年
沃尔玛	20.53	19.70	18.33
宜家	12.81	13.07	—
内生优势赢利模式样本企业	16.67	16.39	—
华联综超	3.39	6.63	12.27
联华超市	19.74	16.96	14.02
物美	19.59	22.89	14.60
国美电器	13.91	11.51	11.24
苏宁电器	19.88	24.73	31.69
外生优势赢利模式样本企业	15.30	16.54	16.76

资料来源：根据样本公司年报，作者整理。

在核算赢利能力及其可持续性上，可采用企业的其他业务利润占税前利润比重来衡量，该比重越大则越表明企业的赢利主要来自于其他业务，而非主营业务，这对企业的可持续发展提出了挑战。从表26-3中2007年、2008年、2009年三年的平均值来看，对属于同一业态的样本企业来说，采用内生优势赢利模式的样本企业代表沃尔玛的其他业务利润是税前利润的0.21倍，而外生优势赢利

[①] 钱爱民，张新民，周子元：《赢利结构质量、核心赢利能力与赢利持续性——来自我国A股制造业上市公司的经验证据》，《中国软科学》，2009年第8期。

样本企业的均值为4.32倍。通过此项数据可知沃尔玛依靠主营业务获取毛利赚取利润,而采用外生优势赢利模式的企业靠从供应商处取得收入、出租店铺收到租金等赚取利润,如果扣除这些其他业务利润,国内大多企业则处于亏损的状态。

表26-3　　　　零售企业其他业务利润占税前利润比重　　　　　单位:倍

零售企业	2009年	2008年	2007年	三年平均
华联综超	10.81	5.49	2.50	6.27
联华超市	3.87	4.27	4.25	4.13
物美	2.78	2.23	2.67	2.56
以上平均值	5.82	4.00	3.14	4.32
沃尔玛	0.21	0.21	0.20	0.21

注:其他业务利润主要是核算从供应商处取得的收入、出租店铺收到的租金等。
资料来源:根据样本公司年报,作者自己整理。

(二)快速扩张能力

对于快速扩张能力,我们用现有经济规模和增长速度来评价。前者表明以往增长速度带来的结果,后者代表当前的增长速度。[1]

1. 经济规模

统计数据表明(见表26-4),样本企业在经济规模指标上存在显著差异。2009年采用外生优势赢利的样本企业收入总额、利润总额、资产总额、净资产总额的均值分别为人民币3036448.07万元、145759.74万元、1979770.38万元、676545.13万元,仅占内生优势赢利模式样本企业的2.03%、1.73%、2.69%、2.13%。另外从最优值来看,这四项指标中外生优势赢利模式样本企业的最优值为5830014.90万元、392636.70万元、3583983.20万元、1492498.30万元(苏宁电器),占内生优势赢利企业最优值(沃尔玛)的2.10%、2.80%、3.21%、3.35%。根据中国连锁经营协会公布的数据,2009年中国连锁百强的销售规模总和仅约为标杆企业沃尔玛的50%,这一数据还不足沃尔玛在美国一国的销售总额。由此可见,采用外生优势赢利模式企业的经济规模与内生优势赢利模式企业相比存在巨大差距。

---

[1] 李飞,刘明葳:《中外大型零售企业竞争能力比较研究》,《市场营销导刊》,2005年第4期。

表 26-4　　　　　　　　　零售企业经济规模　　　　　　　　单位：万元

零售企业	收入总额	利润总额	资产总额	净资产总额
内生优势赢利模式样本企业	149238386.10	8401819.65	73485970.25	31714648.75
外生优势赢利模式样本企业	3036448.07	145759.74	1979770.38	676545.13

注：2009年的美元汇价按年平均价6.83计算，2009年的欧元汇价按年平均价9.527计算。[1]

资料来源：2009年样本公司年报。

2. 发展速度

发展速度是评价企业发展快慢的成长性指标。从成长性指标来看（见表26-5），采用外生优势赢利模式的零售企业发展速度较快，无论是销售额增长率还是营业面积增长速度均快于国内样本企业的增长。销售额与营业面积的急速增长为零售企业的快速扩张奠定了基础。但要强调的是在企业追求快速发展的同时，更要注重发展的质量，一味追求发展速度而忽略发展的质量不利于企业的持久经营。

表 26-5　　　　　　　　　零售企业发展速度　　　　　　　　　单位：%

零售企业	销售额增长率	营业面积增长率	净利润增长率	店铺数增长率
内生优势赢利模式样本企业	4.36	2.92	8.20	7.29
外生优势赢利模式样本企业	8.10	16.93	4.76	3.3

资料来源：根据样本公司年报，作者自己整理。

结合样本企业销售额增长率和营业面积增加速度这两项成长性指标来看，无论是从样本企业的平均值还是从最优值来进行比较，采用外生优势赢利模式的样本企业都明显快于采用内生优势赢利模式样本企业的增长，甚至是内生优势赢利模式样本企业的几倍。与此同时净利润却出现了逆增长的情况。另外在新开设门店方面，采用外生优势赢利的企业在发展速度上慢于采用内生优势赢利模式的样本企业，有的甚至出现了负增长的情况，如联华超市（-4.7%）、国美电器（-14.1%）。

（三）营销管理能力

提到零售企业的经营与运作，营销管理能力显得至关重要，因为从最终的结果来看，营销就是企业的一切。营销管理能力的高低，既可以反映零售企业供、

---

[1] 统计年鉴，福建省统计局，http://www.stats-fj.gov.cn。

产、销等经营环节的运营成果，也可体现出企业经营的管理水平。对于营销管理能力，本章采用单位面积销售额与人均利润总额来衡量，这两项指标在一定程度上可以反映出零售企业的整体营销管理能力与水平。

从样本企业呈现的数据（见表26-6）来看，内生优势赢利模式样本企业的营销管理能力远远强于我国采用外生优势赢利模式的样本企业。首先，从单位面积销售额来看，内生优势赢利模式样本企业的均值大大高于外生优势赢利模式样本企业，可以说采用外生优势赢利模式的零售企业在单位面积上的销售效率与内生优势赢利模式样本企业相距甚远。

其次，从人均利润总额来看，采用外生优势赢利模式样本企业的均值是2.91万元/人，占内生优势赢利模式样本企业的65%，可以看到采用外生优势赢利企业的人均成本费用过高压缩了利润的空间，这些都说明了相较于内生优势赢利模式的销售过程来说，外生优势赢利企业的销售模式过于粗放，营销管理水平相对落后。

表26-6　　　　　零售企业的营销管理能力　　　　　　　　　单位：万元

零售企业	单位面积销售额	人均利润总额
内生优势赢利模式样本企业	3.21	4.47
外生优势赢利模式样本企业	1.70	2.91

资料来源：根据样本公司年报，作者自己整理。

影响企业整体营销管理能力的因素多种多样，例如对分销渠道的管理、对销售的组织、人员、服务和过程的管理等，此外笔者认为零售企业采用的赢利模式也会对企业的营销管理能力造成影响。基于本书所讨论的内生优势赢利模式，依靠进销差价获利的企业通过对制造商或供应商的营销管理降低采购价格，并通过零售企业自有销售人员将货品以高价销售出去。可见在进销差价模式运营当中，营销管理能力处于核心地位，无论是在压低采购价格与制造商、供应商进行谈判的过程当中，还是在将货品销售给购买者的过程当中，营销管理能力的高低将直接影响企业的营业利润的多少。在低成本模式运营中，零售企业通过有效地管理供应商进而优化供应链，以降低规模采购价格达到降低成本的目的，营销采购管理人员与供应商之间的议价能力将直接影响企业的主营业务成本。

相比采用外生优势赢利模式的零售企业，他们更多则是对制造商、供应商、代理商抑或资金进行外部管理，零售商为其提供一定的空间场地进行经营并收取一定费用。相比营销管理能力，这类零售企业更为重视企业人员的行政管理水平，行政管理能力的高低将直接影响企业的营业效果与秩序，一些营销管理人员不归零售企业直接领导，销售业绩与企业收取费用无直接利害关系。因此，外生优势赢利模式在一定程度上限制了零售企业营销管理能力的提高与发展。

(四) 采购能力

零售企业之间的竞争表面是零售品牌竞争，实质是价值链综合竞争力的较量。因此零售企业要想在激烈的市场竞争中拥有持久竞争优势，就要在其零售价值链特定的战略环节上保持优势（毛霞，陈建，2007）。[①] 采购环节在零售企业中占有重要地位，将供应商与消费者有机的连接了起来。而采购能力的高低不但直接影响供应商与消费者的经济利益，更直接关系着零售企业的销售业绩与利润水平。由于采用不同的赢利模式，零售企业间的采购能力亦存在很大差距。

内生优势赢利模式强调企业在价值链中主动创造价值获取利润，因而无论是购销差价型还是低成本型都需要零售企业对价值链的起点采购环节加以控制，通过优化价值链，降低供应商成本进而使零售商采购成本最小化，最终赚取进销差价。采用外生优势赢利的企业多靠吃费、返利维持生存，而非在价值链中主动创造利润，这种依靠外部的赢利模式决定了采购环节在该类企业中处于非核心位置，其采购能力与内生优势赢利企业相比处于薄弱地位。

"天天平价，保证满意"是沃尔玛的开店宗旨，支持其低价销售的正是它强大的采购能力。首先，沃尔玛凭借自身完善的采购体系逐步实现了规模经济，并在强调最低总成本的基础上，侧重于供应商降低成本（张金萍，李汉玲，2006）。[②] 不同于外生优势赢利模式企业，沃尔玛通过参与供应商内部管理，帮助他们降低经营成本，进而降低自己的采购价格，这种良性关系使得零售商与供应商紧密地联系在一起，成为相互依存的整体。其次，通过计算机联网和电子数据交换系统，沃尔玛与供应商之间进行了实时信息共享。包括该厂商所提供商品在沃尔玛各仓库的存货状况和调配状况，销售预测以及同店铺、不同商品的销售统计数据等（秦华，容杨铭，2004），不但方便了沃尔玛的采购，也利于供应商了解自身产品销量情况。

沃尔玛为获得较低的采购价格，主要从两方面入手：一方面注重降低供应商的供货成本进而降低自身采购价格；另一方面沃尔玛更为重视控制自身采购成本。例如，沃尔玛对零售信息系统进行了巨额投资，使沃尔玛能够实时了解商品的销售、库存、物流等最新情况，并根据信息情况不断调整采购量，在一定程度

[①] 毛霞，陈建：《国外大型零售企业价值链管理及借鉴》，《商业研究》，2007年第11期。
[②] 张金萍，李汉玲：《大型商业零售企业的赢利模式》，《商业研究》，2006年第12期。

上降低了采购成本与管理费用，实现了供应链中采购和运营环节之间的信息共享与业务互动。此外，沃尔玛还实现了跨地域全球集中采购，利于零售商控制货源，压低采购价格。还有，沃尔玛拥有高素质的采购人员，采购人员根据顾客需求的动态发展趋势，对顾客需求迅速做出反应，以最大程度地满足顾客所需。

与外资内生优势赢利企业的采购能力相比，我国零售企业的采购体系还不够完善。首先，我国零售企业与外资零售企业相比规模普遍较小，多为以人情关系为基础的采购，这限制了中央采购体系的形成，导致货源和价格的劣势（毛霞，陈建，2007）。[①] 其次，外生优势赢利模式企业将利益建立在挤压与控制供应商上，这使双方间的冲突逐步升级，双方关系的不稳定为低成本采购带来困难。再次，我国零售企业大多采用分散采购，难以形成规模效应，采购成本过高。最后，我国零售企业缺乏专门的采购机构与专职采购人员与供应商进行议价，这不利于零售企业压低采购价格。综上，我国利用外生优势赢利的企业在采购能力上与外资零售企业存在很大差距。

（五）自有品牌

自有品牌（Private Brand，PB）是指零售企业通过收集、整理和分析消费者对某类商品需求特性的相关信息，提出产品的功能、价格、质量、包装等方面的开发设计要求，进而选择合适的制造企业生产，最终再由零售企业使用自己的商标对产品进行注册，并在自己的零售店内销售的产品。

零售企业自有品牌在西方已有了几十年的发展历史。在欧美等国，连锁企业自有品牌商品的市场占有率已经达到 30%～50%，自有品牌商品已成为零售企业赚取利润的重要来源。有数据表明，沃尔玛销售额 30% 的自有品牌商品，却为沃尔玛带来了 50% 的利润（付玮琼，2008）[②]。相对于自有品牌在欧美国家市场的较快增长，我国零售企业目前仍以销售制造商的产品为主，自有品牌发展程度较低。据 ACNielsen 的调查显示，2008 年所有的快速消费品中自有品牌产品仅占近 1% 的市场份额[③]，中外在自有品牌方面所表现出来的竞争力差异显著。

笔者认为，中国自有品牌的发展速度缓慢本质上与零售企业所采用的赢利模式相关。第一，我国大部分零售企业采用外生优势赢利模式，主要通过"吃费喝利、获取投资投机金额"赚取利润。比起销售货品，零售商似乎更为注重对供应商的管理，因为零售商的部分利润是通过向供应商收取各种交易费用来实现的

[①] 毛霞，陈建：《国外大型零售企业价值链管理及借鉴》，《商业研究》，2007 年第 11 期。
[②] 付玮琼：《沃尔玛对我国零售企业自有品牌开发的启示》，《北方经贸》，2008 年第 6 期。
[③] AC 尼尔森报告：《谁将赢得中国货架大战的胜利？品牌产品还是自有品牌》，《AC 尼尔森》，2009 年第 9 期。

(袁振玲，孔渝，2010)[①]，这就使零售商将更多的精力置于对供应商的管理上，而忽略了自有品牌的建设。第二，自有品牌是建立在规模效应之上的。尽管近几年我国零售企业发展迅猛，但真正实现规模经营、取得规模效益的并不多，外生优势赢利模式在很大程度上限制了企业取得规模效应，若自有品牌与销售不相匹配，则很难实现自有品牌的价格优势。第三，开发自有品牌产品需要零售企业了解顾客需求，只有了解顾客需求，针对其所需开发产品，才能满足消费者需求同时获得消费者的认可。在这方面，沃尔玛做得极为出色，通过对销售数据进行分析，沃尔玛能够准确地掌握消费者对产品的需求信息及各类产品的销售情况，并根据分析信息生产符合消费者期望的自有品牌商品，取得了良好效果。相比之下，国内靠收取费用、粗放的赢利模式限制了企业的赢利能力，大多数零售企业剔除营业费用与成本外所剩利润不多，再除去用于开设新门店的资金，已很难再有多余资金用于开发自有品牌。

四、结论

经过两类赢利模式的对比分析，从赢利能力、快速扩张能力、营销管理能力、采购能力与自有品牌五项评价指标进行探讨，采用内生优势赢利模式的零售企业所拥有的竞争力明显强于我国采用外生优势赢利模式的零售企业。赢利模式不同赋予企业的竞争力存在较大差距。

从赢利能力上看，采用外生优势与内生优势不同赢利模式的企业在赢利能力上存在差别。外资企业多采用内生优势赢利模式，依靠先进的采购能力与科学管理达到降低采购成本的目的，通过商品进销差价获取毛利实现利润[②]，这种赢利模式使供应商、零售企业与消费者之间形成了良性大循环，总利润由三方共享，为企业实现可持续发展奠定了基础。不同于外资企业，中资零售企业大多采用外生优势赢利模式，主要依靠收取外部费用维持企业生存，如从供应商处取得收入、出租店铺收取租金、赚取加盟费等，费用的逐年陡增使供应商与零售商之间的矛盾不断升级，同时消费者也并没有享受到商品在价格上的优惠，因此采用外生优势赢利模式的企业不但挤压了供应商的利润，也攫取了消费者的利益，总利润大部分被零售企业独享。

从快速扩张能力来看，采用外生优势赢利模式企业的经济规模与内生优势赢利模式企业相比存在巨大差距。结合样本企业销售额增长率和营业面积增加速度这两项成长性指标来看，采用外生优势赢利模式的样本企业都明显快于采用内生

[①] 袁振玲，孔渝：《零售商自有品牌对供零关系的影响初探》，《中国商贸》，2010 年第 9 期。
[②] 林略，张美荣：《中外资零售企业赢利模式比较》，《商业时代》，2010 年第 25 期。

优势赢利模式样本企业的增长，甚至是内生优势赢利模式样本企业的几倍，净利润却出现了逆增长的情况，这在一定程度上反映出采用外生优势赢利的企业虽然在规模上实现了扩张，但本质上仍未摆脱粗放的销售模式，成本与费用都没有得到有效的控制。这种赢利模式为我国企业的发展带来了不稳定性，一旦经营不佳、管理不善，采用外生优势赢利模式的企业则易处于倒闭、崩溃的边缘。

从营销管理能力上看，内生优势赢利模式样本企业的营销管理能力远远强于我国采用外生优势赢利模式的样本企业。这是因为在采用内生优势赢利模式的企业中，营销管理能力处于核心地位，营销管理能力的高低将直接影响企业的营业利润。相比采用外生优势赢利模式的零售企业，他们更多则是对制造商、供应商、代理商抑或资金进行外部管理，比起营销管理能力，这类零售企业更为重视企业人员的行政管理水平。

从采购能力上看，与外资内生优势赢利企业的采购能力相比，我国零售企业的采购体系还不够完善。采用外生优势赢利模式的企业规模普遍较小、多以人情关系为基础进行采购，采购成本过高、缺乏专门的采购机构与专职采购人员，这都为低成本采购带来困难。

从自有品牌的发展来看，国内自有品牌发展程度较低，这与我国大部分零售企业采用外生优势赢利模式关系密切。首先，比起销售货品，零售商似乎更为注重对供应商的管理，因为他们主要通过"吃费喝利、获取投资投机金额"赚取利润。其次，自有品牌是建立在规模效应之上的，依靠收取外部费用与投资投机资金是很难实现规模效应的。最后，外生优势赢利模式限制了企业的赢利能力，大多数零售企业剔除营业费用与成本外所剩利润不多，再除去用于开设新门店的资金，已很难再有多余资金用于开发自有品牌。

经过两类赢利模式的对比分析发现，两种不同的赢利模式赋予企业的竞争能力存在较大差距，而目前我国绝大多数大型零售企业仍采用外生优势的赢利模式，使我国零售企业的竞争力与可持续发展受到限制。我国本土零售企业要想在外资零售企业的夹击中突围，还需转变赢利模式，采取切实有效的措施，促进我国零售企业的快速、健康与可持续发展。

第二十七章 基于翠微"大顾客观"的零售企业关系营销研究

随着我国零售业的全面开放以及市场经济的不断发展,我国零售市场已逐步成为了全球竞争最为激烈的市场之一。外资零售企业的迅速抢滩给国内零售企业带来了巨大的压力,行业竞争的不断加剧也导致国内零售企业整体利润的不断下降。与此同时,随着产品同质化程度的不断提高,消费者忠诚度也在不断下降。于是,很多企业开始把眼光放远,致力于建立长久稳定的客户关系网。同时,任何企业都不是单独存在的,都是庞大社会中的一个经济细胞,它虽然是为最终消费者服务,但却要同时受到多方面的影响,需要与内外部环境保持良好的共生关系。

关系营销作为一种新型营销方式,注重与顾客、交易伙伴以及其他相关利益群体之间建立一种长期的互惠互利的关系,更好地适应了社会经济发展的新特点。因此,我国零售业急需借助关系营销的理念来摆脱长期疲劳的价格竞争,发展同顾客的良好关系,培养和提高顾客忠诚度,依靠忠诚顾客来创造长期利润。同时处理与各方利益主体的关系,整合内外部资源,从而更好地适应内外环境的变化,并最终建立起持久稳定的竞争优势。

一、关系营销的内涵

关系营销产生于 20 世纪 80 年代,是基于保持顾客关系与公众关系的背景而产生的。对于关系营销的概念,目前还没有统一的认识,目前较为多数的定义是:关系营销是把营销活动看成是一个企业与消费者、供应商、分销商、竞争者、政府机构及其他公众发生互动作用的过程,其核心是建立和发展与这些公众的良好关系。关系营销活动的构成要素如图 27-1 所示。

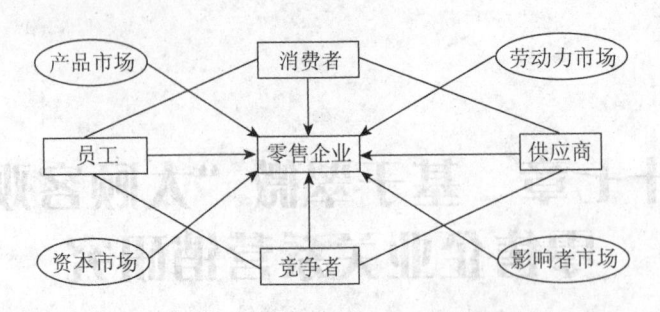

图 27-1 关系营销活动的构成要素

作为一种新的营销理念,关系营销与传统市场营销有很大的区别。首先,传统市场营销把视野局仅限于目标市场上,即各种顾客群;而关系营销所关注的范围要广的多,包括顾客、员工、供应商、竞争对手、政府及其他利益相关者市场。其次,传统市场营销的营销重点是如何获得新顾客,不太强调为顾客服务;而关系营销强调的是顾客的保持,强调为顾客服务,通过提高顾客满意度来培育顾客忠诚度。再次,传统市场营销的核心是交易,追求每笔交易利润最大化;而关系营销重视的是市场营销过程中企业与利益相关者的相互关系和相互作用,其核心是关系,追求同各方面关系利益的最大化。最后,传统的交易营销对于企业的信息采取保密的态度,唯恐信息被他人获取;而关系营销非常注重信息的交流与互动,强调以双向沟通为原则,加强与顾客、供应商以及其他利益相关者的沟通。由此可见关系营销更好地抓住了现代营销的实质,是对市场营销的发展和深化。传统市场营销与关系营销的比较如表 27-1 所示。

表 27-1　　　　　传统市场营销与关系营销的比较

传统市场营销	关系营销
市场导向	关系导向
关注一次性交易	关注长远关系的建立
强调吸引新顾客	强调维持现有顾客关系
视野局限于顾客群	关注所有利益相关者
双方缺乏沟通	互动式沟通
较少强调营销后服务	高度重视顾客服务
忽视与其他利益相关者的关系	追求同各方面关系利益最大化

二、关系营销的国内外研究现状

(一) 关系营销的国外研究概述

关系营销 (Relationship Marketing) 一词最初是 1983 年由 Leonard L. Berry 教授在一篇服务营销的会议论文中提出的："关系营销就是提供多种服务的企业吸引、维持和促进顾客关系"。1985 年，B. Jackson 在产业营销领域提出这个概念，认为"关系营销就是指获得、建立和维持与产业用户紧密的长期关系"。在随后的几十年间，关系营销在西方国家乃至全世界引起了广泛关注。20 世纪 90 年代西方营销学者对关系营销理论的研究掀起高潮，并将关系营销的研究视角从工业市场和服务市场扩展到营销渠道和消费品市场，以及非营利组织与社会领域，不再局限于企业与顾客的关系，而是包含了企业与其利益相关者之间发生的所有关系。从 1950 年至今营销关注的主要领域如图 27-2 所示。

顾客营销	→	工业营销	→	非营利组织营销	→	服务营销	→	关系营销
1950—1960 年		1960—1970 年		1970—1980 年		1980—1990 年		1990 年至今

图 27-2　营销关注的主要领域

目前国际上比较有代表性的关系营销理论主要有以下几种：①六市场模型。该理论把对企业营销有影响的因素划分为六个市场，即顾客市场、供应商市场、分销商市场、竞争者市场、影响者市场、内部市场。企业实施关系营销战略必须开发和促进与六个市场的关系。②承诺—信任理论。该理论将影响企业营销成功的关系分为 4 组 10 种合作伙伴，认为关系营销是直接指向建立、发展和维持成功交换伙伴关系的所有的营销活动。③古姆松的 30R 理论。瑞典学者古姆松认为，关系营销就是从关系、网络和交互的角度看营销。他把企业面临的关系分为市场关系和非市场关系两大类共 30 种关系，其中顾客关系是核心。④格朗鲁斯的价值、交互和对话过程理论。该理论把关系营销看成是包含了价值、交互和对话的过程，并认为关系营销就是指为了满足企业和相关利益者的目标而进行的识别、建立、维持、促进并在必要时终止的过程，它通过相互交换的履行承诺得以实现。⑤科特勒的全面营销理论。1991 年，科特勒提出了一种全新的全面营销理论，指出企业的营销策略必须针对面临的全方位节点，既包括供应商、分销商、最终用户、员工等直接环境节点，也必须涵盖间接环境中的金融机构、政府、媒体、联盟者、竞争者和公众，进一步扩大了关系营销的广度和宽度。

(二) 关系营销的国内研究概述

关系营销在中国其实有着很长的渊源。我国历来有和气生财、童叟无欺、信、义、仁、爱等优良理念，强调利用"关系"解决各种交易问题。从某种程度上来讲，我国企业从一开始进行的营销活动就有一定的关系营销性质。但我国所讲的"关系"与当今西方流行的关系营销有很大的不同。比如有学者认为中国的许多基于关系的营销活动不是关系营销，因为它们不符合西方的关系营销理念。西方讲的关系，主要是指组织与组织、组织与消费者之间的关系，而我国的关系主要是指个人与个人之间的关系，并且由于制度等历史原因，容易造成让人认为关系营销就是通过"拉关系、走后门"进行营销活动的误解。

我国学者对关系营销理论的研究始于20世纪90年代初，主要侧重于介绍关系营销的概念，产生的原因及目的等方面。20世纪90年代中期以后，开始有对关系营销的实践应用进行研究，并主要集中在服务业领域，尤其是银行业，此外还包括房地产、饭店、零售业、旅游业等领域。随着对关系营销理论在我国的传播，越来越多的学者开始对关系营销进行了深入的研究，并不断提出新的见解，主要有企业关系需求层次论（邸允柱，陈晓剑，2002）、关系营销中的价值分析（李焕荣，张晓芹，2007）以及关系营销在我国的适用性（胡峰，李敏伦，2001）等方面。

但需要注意的是，尽管国外学者对关系营销已经进行了较为全面的研究，并取得了较为丰硕的成果，但都不是基于我国国情的研究。我国对于关系营销的研究尚处于起步阶段，无论在理论上还是实践上都远远落后于发达国家。目前国内对于关系营销研究的文献大多比较分散，缺乏系统的理论研究，并且结合企业实际的研究较少，对于国内企业关系营销管理的实际应用指导意义不大。对于关系营销在零售业方面的应用研究，也都主要是集中在顾客关系营销方面，缺乏对关系营销整体的战略性论述。本章通过引入翠微集团的"大顾客观"营销理念，结合六大市场模型和企业关系价值理论提出了翠微"大顾客观"关系营销模型，并在此基础上提出了零售业应用关系营销模型的相关策略建议，这对于关系营销的应用研究具有一定的借鉴意义。

三、翠微"大顾客观"关系营销模型

（一）翠微"大顾客观"营销理念

翠微集团是北京市的一个以现代百货管理而著称的商业零售企业，是一个由最初的单店经营发展为当前一个以购物为主，集娱乐、餐饮、服务、邮电、银行、宾馆、商务办公为一体的现代化综合性国有大型商业企业。短短十多年的时

第二十七章 基于翠微"大顾客观"的零售企业关系营销研究

间,翠微通过不断地学习和探索,创造了自身独特的商业管理模式,成为中国商界的一匹黑马。认真剖析翠微的成功之道,我们会发现,翠微的成功首先便赢在其管理理念上。其中"大顾客观"便是一个很好的体现。我们讲以人为本,讲服务顾客,而当前大多数企业的"顾客"仅仅局限于前来购物的消费者。翠微却打破了这一传统观念的局限,提出了"大顾客观"的理念。"对于翠微来说,消费者、员工、供应商都是我们的顾客",北京翠微大厦股份有限公司董事长栾茂茹如是说。十多年来,翠微秉承这一理念,坚持以诚信为本,努力做到使顾客放心、使供应商开心和使员工舒心,树立了企业的良好形象,提高了企业的知名度和满意度,使企业与"大顾客"互相促进走上了良性互动的持续发展轨道。

1. "消费者"顾客观

消费者对于企业的重要性不言而喻,是企业生存和发展的基础,大多数企业的"顾客"所指即"消费者"。建立、保持并加强与消费者的良好关系是零售企业营销活动成功的基本保证。翠微把"提升消费者的生活质量和生活品位,传播现代时尚消费文明"作为企业的使命,把"顾客满意是翠微存在的目的,顾客光临是翠微最大的努力,顾客认同是对翠微的最好回报"作为企业的经营哲学。一切以消费者为中心,不断与消费者的需求、时刻变化的市场赛跑,致力于实现商品、环境、服务的和谐统一,把实实在在提高消费者的生活品质作为企业不断努力的方向。

2. "员工"顾客观

对于翠微来说,员工不只是他的雇用劳动者,还是它的另一类"顾客"。翠微努力将自己营造成一个"温馨的家园",在这个大家庭中,领导、员工、顾客三者关系越来越贴近,领导为员工服务,员工为顾客服务,顾客同样关心翠微的发展。翠微努力为员工的学习创造条件,为员工的职业生涯搭建平台,通过经营效益的提高和可持续发展让员工享受到企业发展的物质成果。正是通过这种"家人式"管理理念,翠微建设了一支重责、慎权、淡利,勇于创新的领导班子,锻造了一支创造性学习、事业至上的员工队伍。

3. "供应商"顾客观

在翠微的"大顾客观"里,供货商同样是翠微的"顾客"。从市场并不明朗的开业初期,到业绩越来越好、企业知名度越来越高的今天,"以供货商为顾客"的理念和行动在翠微一直没有改变。十多年年来,在消费者受益的同时,供货商的利益在翠微获得了充分的体现。翠微从来不将供应商作为"压榨"的对象,而是思考怎样为供货商服务、怎样向供货商反馈市场需求、怎样帮助供货商改进产品设计和生产工艺、怎样为供货商解除后顾之忧。翠微始终按照"顾客的利益永远是翠微人思考问题的出发点"这一理念为供应商服务,也正是由于翠微将供应商视为顾客,使得供货商无论在什么情况下,都主动把最新的、最畅销的商品首先在翠微销售。

(二) 翠微"大顾客观"关系营销模型

依据"六大市场模型",企业实施关系营销战略必须开发和促进与消费者、供应商、经销商、企业内部、影响者和竞争者这六个市场的关系,并运用有效的手段从这些关系中获得"关系价值",企业最终追求的是与各关系方的"关系价值"最大化。因此,从价值的角度来说,企业与各利益相关者的关系也可以看做是企业的一种潜在资产,而企业进行关系营销的主要目的就是将这些潜在资产转化为企业的实际收益。根据六大市场模型和关系价值的现有研究,本章在翠微的"大顾客观"基础上概括出了其关系营销模型。模型表明了"大顾客观"中每一类"顾客"的关系营销过程以及关键影响因素,指出了每一类营销过程中所包含的由价值创造到价值传递再到价值实现的关系价值实现过程。翠微"大顾客观"关系营销模型如图27-3所示。

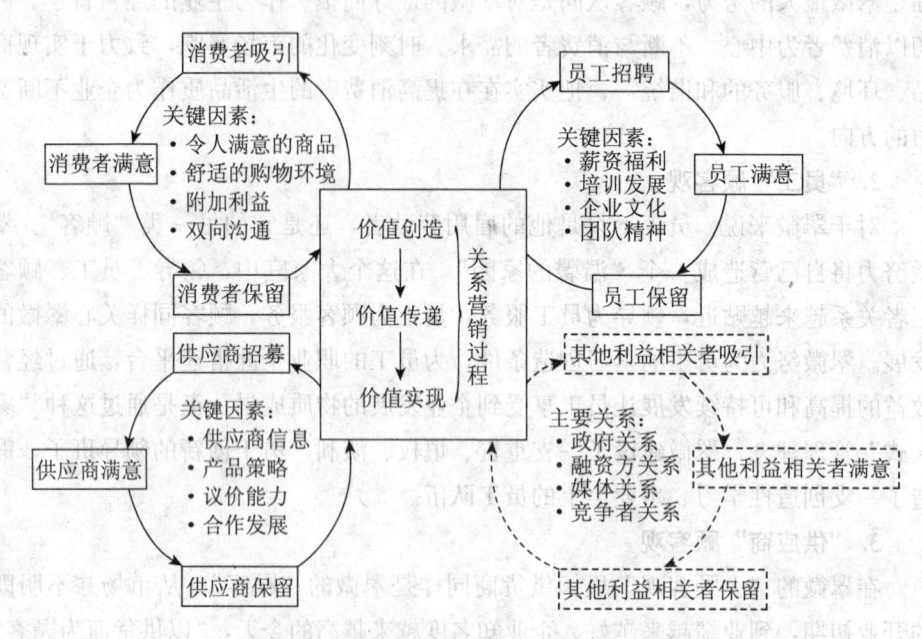

图 27-3 翠微"大顾客观"关系营销模型

1. 针对消费者的关系营销过程

关系营销的核心是为了最大限度地满足顾客需求,营造顾客忠诚。然而顾客满意并不等于顾客忠诚,顾客满意可能导致重复性购买,使顾客产生情感依赖,但并不能保证一定带来顾客忠诚。特别是随着市场竞争的加剧,供大于求不断升级,顾客忠诚度更是难以维持。而我们知道,争取一个新顾客要比保持一个老顾客多花5~10倍的费用,因此仅仅获得顾客满意还是不够的,企业还需要对顾客有进一步的影响,使顾客对企业有更为积极的态度倾向,提高顾客忠诚度,建立起持久稳定的客户关系网,这样企业才能提高企业的竞争力,实现发展的可持续性。不同满意程度顾客的忠诚度如表27-2所示。

表27-2 不同满意程度顾客的忠诚度 单位:%

顾客满意		顾客忠诚度(购买比例)		
等级	顾客比例	高	中	低
4	10	70	30	0
3	50	20	60	20
2	25	0	80	20
1	5	0	0	100

注:在顾客满意等级中,4="非常满意",1="非常不满意"。

(1) 提供令人满意的商品

翠微深知优质的商品才是吸引消费者最根本的原因,因此,翠微自成立伊始便非常注重对于消费者需求的把握,甚至定制了天气预报,根据天气的变化而适时调整商品的组合,引导消费。通过不断地调整商品品牌结构,提升商品品牌的集合力,同时大力引进国际、国内知名品牌等实现引导消费、满足需求的目的。

(2) 不断改善购物环境

翠微的购物环境总体来说比较好,在北京同等定位的商场中处于领先地位。商场内品牌位置规划合理,收银台位置也较为方便;商场使用节能灯保持合理的灯光亮度;背景音乐的选择根据当前的时间、季节做到应时应景。以往有消费者反映商场内休息区不足,翠微便根据经营的不同特点,在销售产品的同时,相应设置一些配套服务设施及休闲场所,如为顾客设立相对独立的休闲空间,免费提供饮品及互联网连接等,务求让顾客尽享舒适购物乐趣。

(3) 提高消费者的附加利益

零售企业能够提供给消费者的附加利益主要包括两个方面:一种是附加产品,另一种是附加服务。附加产品主要指消费者所购买的商品的配套产品,比如购买电脑赠送的软件,购买衣服赠送的配饰等。附加服务主要是指消费者在购买商品的基础上免费提供的附加服务,如购买电器时提供的免费送货上门以及安装等。翠微提供给消费者的附加利益主要体现在附加服务上。在翠微购买时装时,经过培训的星级服务员会告诉顾客应如何搭配;当顾客遇到喜爱的时装但却因没有自己合适的型号准备遗憾地离开时,翠微独有的"改衣部"会帮顾客解决难题。

(4) 加强与消费者的双向沟通

企业与顾客建立、维持关系的过程,就是同顾客的沟通交流的过程。只有创造出有效的沟通,顾客关系才有可能建立并保持下去。关系营销致力于使现有的顾客购买更多的商品,而不是向更多的顾客销售商品。因此掌握顾客资料以及准确地把握顾客需求的变化并有针对性地展开相关营销对于企业来说非常重要。翠微为了加强与顾客的沟通,自1997年成立以来便利用顾客关系管理(CRM)系统对发放的几十万张VIP卡进行分类管理,并定期与会员进行面对面交流,听取他们的消费需求与建议,对反馈信息进行整理并制定相应的措施,长期留住有效顾客。

2. 针对员工的关系营销过程

目前零售业在内部关系管理方面存在诸多问题,如员工整体素质较低,员工工作满意度和忠诚度较低等。零售业的员工,尤其是与广大消费者接触的一线服务人员,其行为表现及其服务质量直接关系到顾客的满意程度,因此零售企业要想在外部市场上获得成功首先便应该制定吸引、保持和激励具有员工导向的公司战略。

零售企业对员工需求量较大并且流动性较高,企业在大量招募员工之时往往并没有对他们的素质进行考察就让他们仓促上岗。由于缺乏必要的岗前培训,销售人员缺乏向顾客提供满意服务的能力和热情。翠微也曾面临着同样的问题。最初的翠微,员工素质不一:下岗职工和老翠微商业区的职工在员工中占了很大比例。这些员工思想保守,并不理解知识型销售能够带来什么,把工作当成负担。针对这种情况,翠微加大了岗前培训的力度,把转变职工观念和培养职工竞争意识结合起来,根据员工的自身特点和专业特长科学合理地安排其就业岗位,扬长避短,人尽其才,并在企业确立了"在学习中发展"的战略目标,不断从各个方面提高员工的素质,充分调动了职工的主动性、积极性和创造性。

尊重、关心和依靠员工是调动员工贡献智慧的前提条件。在翠微,员工可以得到不断接受培训和不断自我发展的机会,管理层也是言出必行,站在员工的立场上考虑问题,这些都使得员工感觉到自己受到了公司的尊重。员工感到温暖,对待工作也就更加认真负责,企业的效益也就会提升。

3. 针对供应商的关系营销过程

翠微坚持以供应商为顾客，以实际行动处理好与供应商的关系，其中最值得称道的举措便是对传统供应商结算方式的改革。针对以往易出现的拖欠货款、付人情账的现象，翠微在计算机管理信息系统设计的初期，便以"真诚对待每一个供货商"为出发点，对结算系统进行了重新设计：设开放式的结算中心，给每一个供货商发放结算磁卡，供应商只需通过读卡器，依据合同约定的结算日期和方式，打印结算清单即可结款。这种"供货商一卡通"式的结算，维护了供货商的利益，受到了供货商的一致好评。此外，翠微没有像传统零售商依仗自己的强势地位而向供应商收取"进场费"、"堆头费"，而是与供货商共同制订商品设计、生产和促销计划，提供帮助供应商，使之尽可能提供顾客真正需要的商品。

2008年年末，面对全球金融危机，为解除供货商后顾之忧，翠微推出了支持供货商的三项政策：缩短结款周期，对经营困难的供货商先行支付货款，完成经营指标翠微给予奖励。店庆时期，翠微为了给供货商创造商机，主动向供货商让出一部分利益，从而供货商也愿意让出一部分利，使得最终消费者得到了真正的实惠。

4. 针对其他利益相关者的关系营销

企业作为一个开放的系统从事活动，必定要受到来自各种外部利益相关者诸如政府、竞争对手、融资方、媒体等的影响，处理好与这些影响者的关系也是企业取得竞争优势的重要方面。政府部门对零售企业的影响最大，它不仅是廉价原料、低息贷款、无偿资助、可靠信息的主要来源，而且以政策导向的形式强烈地影响着企业的命运，是最具社会影响力和经济实力的关系营销对象。面向竞争者的关系营销策略可以使企业实现资源共享以及优势互补，实现成本降低和风险分散等效益，增强竞争双方的实力。

翠微和周围的商业企业很大程度上是一种"竞合关系"：存在一定意义上的竞争，同时也是共同提升商圈竞争力的合作关系。翠微坚持"视对手为伙伴"，将追求生活品质的人群定位为目标顾客群，经过细分化、专业化、品牌化的精选商品组合的调整，与周边商场错位经营，翠微由"大而全"转变为"专而精"，避免了低层次的恶性价格战争。通过这种创新的设计，翠微壮大了，翠微商圈也繁荣红火了。

四、翠微的"大顾客观"对于零售企业实施关系营销的启示

（一）建立以顾客为核心的关系营销理念

关系营销既是一种营销管理理念，也是保证企业可持续发展的一种营销管理

手段。其中顾客关系是关系营销的核心，顾客价值与顾客满意度的提升是关系营销的基础，如何为顾客定制增值服务策略是关系营销策略的关键问题。

目前国内零售业虽然已经意识到顾客观念的重要性，并开始开展旨在强化服务的宣传，但由于受传统的经营理念影响太深，又缺乏市场的动力和生存的压力，一些企业在考虑业务发展及相关问题时，其出发点仍是根据企业的自身需要，从企业的角度去思考、判断和处理问题，因此在实施市场营销时走入一些误区。关系营销理念强调企业与顾客的长期关系，强调对于顾客的保持，企业能从忠诚的顾客那里获得最高利润。因此，零售业必须首先建立"以顾客为中心"的关系营销理念，把顾客放在经营管理体系中的第一，站在顾客立场上研究、开发产品，使消费者在心理上对企业产生认同感和归属感。要了解顾客、分析顾客，善于听取顾客的意见和要求，为其排忧解难，不仅在销售商品之时要以顾客为中心，还要做好营销售后服务。要围绕顾客服务理念进行管理体制和营销模式的创新，坚决杜绝营销短视及商业欺诈现象。只有这样才能提高顾客满意度，获得他们的信任。

（二）围绕关系营销理念加强营销创新

关系营销的目的是培育忠诚的顾客，这就要求企业能够为顾客提供竞争对手难以模仿的利益。今后企业的竞争，不在于企业能为顾客提供什么样的产品，而在于企业能为顾客提供什么样的附加利益。

我国当前的零售企业在开展营销活动时过于依赖传统的价格促销、产品促销、礼品促销等形式，不仅减少了自身的利润额，而且易被竞争对手模仿，不能给消费者带来更深层次的利益。关系营销强调围绕顾客关系开展营销活动，与顾客进行情感交流，通过对顾客的承诺来获取顾客的满意和信任。零售企业应当围绕关系营销理念加强营销创新，针对不同的目标客户群体尝试设计具有创新意义的"另类"营销方案，如情感关系营销、文化娱乐营销等。可以策划与顾客互动的户外活动，如户外植树、清洁街道等公益活动，树立企业良好形象之余也可以增加与客户的情感交流，提高客户对企业的信任感和忠诚度。此外，也可以通过俱乐部、免费会员手册等形式加强与顾客的沟通与交流，利用知识营销的手法对消费者进行消费教育和消费引导，在使顾客增加消费及产品知识的基础上提升企业销售业绩。

（三）利用新技术改进产品和服务质量，全面提升顾客满意度

现代零售业的一个重要特点就是多种新技术的应用，新技术的使用不但能有效降低零售企业的成本，同时快节奏的都市生活要求零售企业必须提高效率从而获得顾客满意。

第二十七章 基于翠微"大顾客观"的零售企业关系营销研究

　　国际零售巨头们除了拥有管理上的优势外，多种新技术的应用也是他们赢得市场的一个重要保证。沃尔玛就是最先将卫星通信系统应用到零售企业，凭借强大的信息技术实力实现了成本最低化。当前我国零售业电子商务在总体上还处于起步阶段，企业信息化程度低、顾客参与程度小，大多是零售企业还未能够建立起顾客关系管理系统。因此建立顾客关系管理系统是企业实施关系营销的重要环节，也是完善关系营销理念的必要手段。网络技术的优势不仅仅在于提高效率，更在于它可以帮助企业实现"精准化营销"，利用顾客关系管理系统企业可以很轻松地实现对客户的精确了解，通过建立顾客资料库，将顾客进行分类，选择有保留价值的顾客，制订忠诚客户计划，再结合相应的标准进行评估，进而采取一对一的精确营销方式，如定期访问、公共关系、直邮广告等。

　　此外，当前很多零售企业的销售是通过持卡消费的会员实现的，这种销售方式使企业可以搜集到大量会员顾客消费行为的数据，企业可以利用这些数据开展有针对性的深度销售以及为顾客提供增值服务。例如提供会员积分累计打折优惠，提供机票、车票特惠服务，提供金牌会员特殊服务或奖励制度等。网络营销将是零售企业未来开展营销活动的重要形式之一。

（四）重视内部营销

　　企业外部关系的协调来自于企业内部关系的融洽。任何一家企业要想让外部顾客满意，它首先得让内部员工满意。只有工作满意的员工，才可能以更高的效率为外部顾客提供更加优质的服务，并最终让外部顾客感到满意。在为顾客创造价值的生产过程中，任何一个环节的低效率或低质量都会影响最终的顾客价值。因此，任何企业都必须首先处理好内部员工关系，这是实施关系营销的基础。

　　内部营销首先强调的是企业对员工的关爱，企业应当关心员工的发展，关注员工的状态，为员工提供工作上的支持以及生活上的帮助，利用情感管理赢得员工对企业的信赖。领导要以身作则，起模范带头作用，想员工所想，急为员工所急，让员工被感动，心甘情愿地投入并付出。

　　此外，要全面提升现有的零售业从业人员的素质结构。员工是企业的窗口，员工的一举一动都关系到企业的信誉，因此，企业要不断地对员工进行业务技能训练和职业道德培训。通过业绩考核，提高员工的积极性和主动性，充分发掘员工的潜在能力。培养忠诚于企业的员工群体，使每个员工都能树立忠诚于企业、服务于顾客的思想和理念，并将其视为不可推卸的责任。早在半个世纪前，英国马狮百货公司董事长薛孚即对员工的管理提出以下五点要求：①尊重所有员工；②关心员工的一切问题；③全面和坦诚地双向沟通；④对努力和贡献做出赞赏和鼓励；⑤不断地培训和发展。

(五) 深入开展外部相关市场关系营销

处于复杂社会关系中的企业,要想提高美誉度、赢得良好的口碑,必须与外界建立起融洽的关系。翠微的例子便很好地证明了这一点,通过与供应商进行利益共享,从而获得供应商的"特殊待遇"。在与供应商的交往中,要注重以"同谋共事"为出发点,寻求多种合作方式,以实现双赢为目的才是上策。要加强与供应商之间的信息交流,尽可能提供顾客真正需要的商品,这样才能使商品及提供商品的零售企业对顾客的吸引力长久牢固,使企业在提高顾客满意度的基础上获取更多的忠诚顾客。零售企业在增加销售的同时与供应商共同获益,也就进一步密切了合作关系。

在对待竞争者的问题上,企业也应当本着求同存异的合作观念。事实上竞争者之间实施恶性竞争其结果只能是两败俱伤。反之若竞争者之间可以建立起一种共赢的关系,通过结成战略联盟,共同进行研发、原料采购、生产、销售、渠道等方面的合作,不仅可以降低费用和风险,还可以大幅度地降低成本,从而获得竞争力,共同把蛋糕做大。

除此之外,实施关系营销战略,还需加强与政府部门、新闻媒体的沟通与合作,积极创造和谐的企业外部生存环境,实现企业的可持续发展。

参考文献

[1] 加里·哈梅尔，C.K. 普拉哈拉德. 竞争大未来 [M]. 北京：昆仑出版社，1998：1-29.

[2] 王毅. 企业核心能力理论溯源与逻辑结构剖析 [J]. 管理科学学报，1999 (6)：14-16.

[3] 周卉萍. 如何提升企业核心竞争力 [J]. 政策与管理，2000 (11)：4-15.

[4] 邹海林. 论企业核心能力及其形成 [J]. 经济与管理研究，1999 (3)：56-59.

[5] 管益忻. 论企业核心竞争力 [M]. 北京：中国经济出版社，2000：10-15.

[6] 左建军. 浅谈企业核心竞争力 [J]. 长江论坛，2000 (5)：38-39.

[7] 尹继东. 技术创新与企业核心竞争力 [J]. 南昌大学学报：人社版，2004 (20)：81-84.

[8] 李龙一. 基于技术创新视角的企业核心能力培育 [J]. 华南理工大学学报：社会科学版，2001 (4)：75-78.

[9] 俞力峰. 技术创新、制度创新与企业核心竞争力 [J]. 理论学刊，2003 (3)：56-57.

[10] 付萍. 企业核心竞争力与学习型组织 [J]. 商场现代化，2004 (14)：22-23.

[11] 张立辉，张晓春，伍业峰. 建立学习型组织提升企业核心竞争力 [J]. 经济师，2005 (6)：92-194.

[12] 万奇. 学习型组织——培育企业核心竞争力 [J]. 科技广场，2004 (9)：101-102.

[13] 张秀萍，王升亮. 信息化与中小企业核心竞争力 [J]. 北方经济，2003 (10)：28-29.

[14] 卢新德. 论企业信息化和企业核心竞争力的培育 [J]. 上海社会科学，

2003 (2): 27-31.

[15] 刘劲风,李想,庄淑敏.浅论利用信息化手段提升企业核心竞争力[J].林业机械与木工设备,2004 (12): 65-66.

[16] 黄冠云,柳宏志.如恶化通过信息化提升企业核心竞争力[J].企业管理,2002 (5): 87-89.

[17] 卜庆军,古赞歌.企业文化:提升企业核心竞争力的内在源泉[J].商场现代化,2006 (16): 173-174.

[18] 林国建.企业文化与提升企业核心竞争力[J].理论探讨,2005 (5): 173-174.

[19] 邹国庆,徐庆仑.核心能力的构成维度及其特性[J].中国工业经济,2005 (5): 96-103.

[20] 李飞.零售企业核心竞争力:概念、内容和测评[J].科学学研究,2006 (12): 564-569.

[21] 由莉颖.培育大型零售企业的核心竞争力探析[J].学习与探索,2004 (6): 113-115.

[22] 贾平.零售企业核心竞争力分析及战略调整[J].财贸经济,2006 (4): 52-54.

[23] 矫桂兰.从价值链看内资零售企业核心竞争力的提升[J].江苏商论,2006 (3): 38-39.

[24] 张淑梅,王海涛.培育自有品牌商品提升我国零售企业的核心竞争力[J].商场现代化,2007 (8): 122-123.

[25] 项国鹏.知识管理与企业核心竞争力的培育[J].南开管理评论,2001 (6): 30-33.

[26] 葛建华.信息能力与现代零售企业的核心竞争力[J].财贸经济,2005 (1): 48-53.

[27] 宁建新.企业核心竞争力的构建与提升[M].北京:中国物资出版社,2002: 30-32.

[28] 张堃.培育零售企业核心竞争力的路径创新[J].现代财经,2002 (7): 20-23.

[29] 赵峰.零售企业核心竞争力的整体模型构建及战略分析[J].学术交流,2006 (6): 89-92.

[30] 黄继刚.核心竞争力的动态管理[M].北京:经济管理出版社,2004: 86.

[31] 虞群娥，蒙宇．企业核心竞争力研究评述及展望［J］．财经论丛，2004（7）：75-81．

[32] 王文超．企业核心能力理论评析［J］．江苏商论，2006（6）：145-147．

[33] 徐向艺，谢子远．核心竞争力理论及其对当代企业管理理念的影响［J］．文史哲，2005（1）：155-159．

[34] 吴建南，李怀祖．论企业核心竞争能力［J］．经济理论与经济管理，1999（1）：60-64．

[35] 李正中，韩智勇．企业核心竞争力：理论的起源及内涵［J］．经济理论与经济管理，2001（7）：54-56．

[36] 宁建新．我国企业核心竞争力的组合与构建［J］．经济管理，2001（12）：12-18．

[37] 刘世锦，杨建龙．核心竞争力：企业重组中的一个新概念［J］．中国工业经济，1999（2）：64-69．

[38] 朱华桂．论企业核心竞争力理论渊源［J］．南京社会科学，2002（9）：16-20．

[39] 杜云月，蔡香梅．企业核心竞争力研究综述［J］．经济纵横，2002（3）：59-63．

[40] 管益忻．培育、强化企业核心能力亟待划清的10个界限［J］．中国工业经济，2000（9）：5-11．

[41] 王毅．企业核心能力理论探源与述评［J］．科技管理研究，2000（5）：5-8．

[42] 陈佳贵．培育和发展具有核心竞争力的大公司和大企业集团［J］．中国工业经济，2002（2）：5-10．

[43] 张堃，张志超．论大型零售企业的核心竞争力［J］．商业研究，2008（2）：212-213．

[44] 洪涛．加快提高零售企业竞争力水平［J］．统计与决策，2007（9）：74．

[45] 刘星原．零售企业核心竞争力研究［J］．当代经济科学，2006（7）：112-118．

[46] 费伟民．零售企业核心竞争力分析［J］．上海商业，2002（4）：24-26．

[47] 汪旭辉．家电零售企业的核心竞争力：基于国美电器的案例分析［J］．

管理现代化, 2006 (6): 40-42.

[48] 汪旭辉. 零售企业核心竞争力的跨国转移 [J]. 财贸经济, 2006 (5): 67-72.

[49] 李飞, 王高. 中国零售类型研究: 划分标准和定义 [J]. 北京工商大学学报: 社会科学版, 2006, (7): 1-7.

[50] 李飞, 程丹. 西方零售商自有品牌理论研究综述 [J]. 北京工商大学学报: 社会科学版, 2006, (1): 1-5.

[51] 李飞, 汪旭辉. 零售企业竞争优势形成机理的研究 [J]. 中国软科学, 2006 (6): 129-137.

[52] 夏春玉. 零售市场的特点与竞争结构 [J]. 东北财经大学学报, 2003 (7): 14-19.

[53] 唐立军, 孙永波. 首都现代化零售业发展战略问题研究 [J]. 北京工商大学学报: 社会科学版, 2008 (5): 1-5.

[54] 郭馨梅, 孙文茜. 首都现代零售业发展所面临的机遇与挑战 [J]. 北京工商大学学报: 社会科学版, 2008 (1): 29-35.

[55] 洪涛. 北京和谐流通业结构构建研究 (上) [J]. 商业时代, 2008 (24): 13-16.

[56] 洪涛. 北京和谐流通业结构构建研究 (下) [J]. 商业时代, 2008 (25): 20-22.

[57] 李双玫, 张德鹏. 企业核心竞争力研究 [M]. 北京: 军事科学出版社, 2006: 20-35.

[58] 唐纳德·索尔. 如何提升公司核心竞争力 [M]. 北京: 企业管理出版社, 2000: 232-262.

[59] 吴彩霞. 供应链管理与企业核心竞争力 [M]. 北京: 中国轻工业出版社, 2007: 237-240.

[60] 刘骏. 2009 北京市经济形势分析与预测 [M]. 北京: 中国财政经济出版社, 2009: 101-109.

[61] 汪旭辉. 零售企业竞争优势 [M]. 北京: 中国财政经济出版社, 2009: 1-10.

[62] 罗伯特·F. 卢斯. 零售商业企业经营管理 [M]. 北京: 中国商业出版社, 1986: 125-157.

[63] 乔均. 企业核心竞争力研究 [M]. 成都: 西南财经大学出版社, 2007: 13-32.

[64] 王秀丽.企业核心竞争力的分析与评价体系研究[D].北京：对外经济贸易大学，2007.

[65] 邵金萍.旅游企业核心竞争力研究[D].西安：西北大学，2007.

[66] 张杰.基于顾客感知价值提升我国零售企业核心竞争力研究[D].济南：山东大学，2008.

[67] 邱战槐.北京零售业上市公司竞争力研究[D].北京：北京工商大学，2007.

[68] 王桂根.我国零售企业竞争力研究[D].北京：北京工商大学，2007.

[69] PRAHALAD C K, HAMEL G. The core competence of the corporation [J]. Harvard Business Review, 1990 (66)：79-91.

[70] COOMBS ROD. Core competencies and the strategic management of R&D [J]. R&D Management, 1996 (4)：345-355.

[71] HAMEl G, PRAHALAD C K. Competing for the future [M]. Harvard Business School Press, 1994.

[72] LEONARD BARTON D. Core capabilities and core rigidities：a paradox in managing new product development [J]. Strategic Management Journal, 1992 (13)：111-125.

[73] PHILIR A S, et al. The regulation of China township and village coalmines：a study of complexity and ineffectiveness [J]. Journal of Cleaner Production, 2003 (2)：185-196.

[74] HESTER, Stephen&Francis, David. Analyzing visually available mundane order：a walk to the supermarket [J]. Visual Studies, 2003 (18)：36-46.

[75] TEO THOMPSON S H. Attitudes toward online shopping and the Internet [J]. Behavior&Information, 2002 (4)：259-271.

[76] YILMAZ, VEYSEL. Consumer behavior in shopping center choice [J]. Social Behavior&Personality, 2004 (8)：783-789.

[77] 甘碧群.关系营销：传统营销理论的新发展[J].商业经济与管理，2002 (9)：5-8.

[78] 李颖灏.国外关系营销导向研究前沿探析[J].外国经济与管理，2008 (12)：39-44.

[79] 徐细雄.顾客关系管理理论研究新进展及其对我国企业营销实践的启

示 [J]．外国经济与管理，2009（1）：43-49．

[80] 庄贵军，席酉民．关系营销在中国的文化基础 [J]．管理世界，2003（10）：98-109．

[81] 李飞，陈浩，曹洪星，等．中国百货店如何进行服务创新——基于北京当代商城的案例研究 [J]．管理世界，2010（2）：114-126．

[82] 贺青．探翠微不败的奥秘 [J]．商业文化，2003（1）：49-50．

[83] 朱金生，耀辉．阶段的关系营销模式探讨 [J]．商业研究，2005（5）：109-110．

[84] 刘爱军．我国本土商业零售业的缺陷及对策研究 [J]．商业研究，2007（11）：105-109．

[85] 盛秋生，周萍．利益相关者理论视角下的大型商业零售企业营销创新研究 [J]．改革与战略，2009（8）：51-52．

[86] 吴开亚，邱允柱．企业"关系价值"研究 [J]．价值工程，2003（6）：28-30．

[87] 李焕荣，张晓芹．企业关系价值模型研究 [J]．商业时代，2007（30）：47-48．

[88] 赵延昇，徐韬．关系收益对顾客保持的影响研究——承诺和信任的中间媒介效应 [J]．大连理工大学学报：社会科学版，2009（12）：10．

[89] 彭多．我国零售企业关系营销模式研究 [D]．北京：首都经济贸易大学，2005：34-37．

[90] 邱允柱，陈晓剑．基于"企业关系需求层次论"的关系营销实践研究 [J]．华东经济管理，2002（1）：122-124．

[91] MORGAN, ROBER M, SHELBY DHUNT. The Commitment-Trust Theory of Relationship Marketing [J], Journal of Marketing. 1994, (7), 20-38.

[92] GRONROOS, CHRISTIAN. "Relationship Approach to Marketing in Service Context: the Marketing and Organizational Behavior Interface [J]. Journal of Business Research, 1990, 20 (1), 3-11.

[93] GRONROOS, CHRISTIAN. Quo Vadis Marketing? Toward a Relationship Marketing Paradigm [J]. Journal of Marketing Management, 1994, 10 (5), 1-13.

[94] RAJA OPAL SANCHEZ, ROMULO SASHES. Analysis of Customer Portfolio and Relationship Management Models: Bridging Managerial Dimensions [J]. The Journal of Business & Industrial Marketing, 2005 (20).

[95] PAYNEA, SHOLT. A Review of the "Value" Literature and Implications for Relationship Marketing [J]. Australia Marketing Journal, 1999, 7 (1).

[96] CHRISTIAN GRONROOS. The Relationship Marketing process: Communication, Interaction, Dialogue, Value [J]. The Journal of Business & Industrial Marketing, 2004 (19).

附 录

附录1

顾客满意度调查问卷

您好，为了提高北京大型综合超市顾客满意度，更好地满足您的需求，我们精心组织了一次大型超市顾客满意度调查，调查活动以调查问卷的形式为主，本问卷不署名，为了您和他人消费的合法权益，只需要根据您的实际消费经历将自己的真实感觉表现出来。请仔细阅读各个选项，根据您的实际感受打分，您可以直接在选定的数字上打钩。谢谢您的合作。

一、请回忆一下购物之前，您对这家超市的感觉。

1. 非常不满意（或非常不同意），2. 不满意（不同意），3. 中立，4. 满意（同意），5. 非常满意（非常同意）。

1	我预期商品能满足我的需求	1	2	3	4	5
2	我预期超市的商品是有保证的	1	2	3	4	5
3	我预期服务能满足我的需求	1	2	3	4	5
4	我预期超市的服务是有保障的	1	2	3	4	5
5	超市的诚信度（无假货，履行退货、换货的承诺等）	1	2	3	4	5
6	我认为与其他超市相比，这家超市的品牌形象最好	1	2	3	4	5
7	我对这家超市的总体印象非常好	1	2	3	4	5

二、请根据最近三个月购物过程中的情况,针对商品、服务和环境的总体感觉回答。

1	生活用品、耐用品质量高	1	2	3	4	5
2	生鲜、熟食新鲜程度及质量卫生情况好	1	2	3	4	5
3	商品种类齐全、品牌多样、货源充足	1	2	3	4	5
4	新产品上市速度快	1	2	3	4	5
6	与其他超市相比,我认为在这里消费比较划算	1	2	3	4	5
7	我认为该超市商品总体质量较高	1	2	3	4	5
8	服务人员态度亲切,友好礼貌	1	2	3	4	5
9	服务人员仪表整洁,举止文明	1	2	3	4	5
10	员工具有充足的专业知识,能回答顾客提问	1	2	3	4	5
11	结账迅速准确	1	2	3	4	5
12	排队等候付款的时间短	1	2	3	4	5
13	我认为该超市服务总体水平较高	1	2	3	4	5
14	超市整体布局合理	1	2	3	4	5
15	超市导购标识显著	1	2	3	4	5
16	商品摆放合理,方便查找	1	2	3	4	5
17	超市整洁干净,卫生状况好	1	2	3	4	5
18	超市购物环境舒适	1	2	3	4	5
19	超市周边配套设施齐全(餐饮、休闲娱乐)	1	2	3	4	5
20	我很方便到达此超市(超市班车、公交车)	1	2	3	4	5
21	我在这里停车方便(停车场)	1	2	3	4	5

三、请根据最近三个月购物之后的感受,选择对这家超市购物的评价。

1	我在该超市购物时非常愉悦	1	2	3	4	5
2	我对会员卡活动很满意(积分换礼、会员优惠)	1	2	3	4	5
3	售后服务较好(送货、退换货、发票等)	1	2	3	4	5
4	我会再次来购物	1	2	3	4	5
5	我会向熟人推荐	1	2	3	4	5

四、您的基本资料（请您提供简要的个人信息，我们将严格保密）。

1. 您的性别：□男　□女

2. 您的年龄：□18 岁以下　□19～25 岁　□26～35 岁　□36～45 岁　□46～59 岁　□60 岁以上

3. 您的受教育程度：□高中及以下　□大专　□本科　□硕士及以上

4. 您的月收入：□2000 元以下　□2001～5000 元　□5001～10000 元　□10001 元以上

5. 您的家庭总收入：□5000 元以下　□5001～10000 元　□10001～20000 元　□20001 元以上

6. 您光临超市的频率：□每天　□每周 3～4 次　□每周一次　□每月 2～3 次　□每月一次

7. 您每次消费的金额（平均值）：
□小于 50 元　□51～200 元　□201～500 元　□501～1000 元　□1000 元以上

再次感谢您的配合！

附录 2

各项指标权重确定

表 1　　　　　　　　　　　一级指标权重

	顾客期望	商品质量	服务质量	企业形象	购物环境
顾客期望					
商品质量					
服务质量					
企业形象					
购物环境					

表 2　　　　　　　　顾客期望各指标权重确定

	预期商品质量	预期服务质量
预期商品质量		
预期服务质量		

表 3　　　　　　　商品质量感知各指标权重确定

	商品质量	商品（熟食）质量安全可靠性	商品多样性	新商品上市速度	促销方式	商品性价比
商品质量						
商品（熟食）质量安全可靠性						
商品多样性						
新商品上市速度						
促销方式						
商品性价比						

表4　　　　　　　　　　服务质量感知各指标权重确定

	服务态度	员工形象	服务水平	结账准确性	付款排队时间	会员卡制度	售后服务
服务态度							
员工形象							
服务水平							
结账准确性							
付款排队时间							
会员卡制度							
售后服务							

表5　　　　　　　　　　企业形象各指标权重确定

	企业信誉	品牌形象	公益形象
企业信誉			
品牌形象			
公益形象			

表6　　　　　　　　　　购物环境各指标权重确定

	整体布局	导购标示	商品陈列	超市整洁度	周边交通	辅助设施
整体布局						
导购标识						
商品陈列						
超市整洁度						
周边交通						
辅助设施						

表7　　　　　　　　　　顾客忠诚度各指标权重确定

	再次光临	推荐他人
再次光临		
推荐他人		

附录 3

金源新燕莎购物中心简介及特色介绍

一、简介

金源新燕莎购物中心整个东西跨度600米，南北跨度120米，在面积为55万平方米的世界超大单体建筑中汇集了零售、餐饮、服务、娱乐等多种商业形态，规模宏伟，功能齐全，配套完善。金源新燕莎提倡"一站式"购物休闲方式，涵盖超大的室内停车楼，可将车直接开进相应楼层。其中燕莎、贵友两家主力店经营近500个品牌专卖店及特色店。

金源新燕莎购物中心汇集了包括百货店、大型超市、专业店、专卖店和家居建材中心在内的多种零售业态。除零售外，餐饮、娱乐、健身、金融和其他个人服务业也在购物中心占据了相当大的比例。在美国，许多规划的购物中心都被全国连锁的商店租赁者所控制，小公司很难有存活的空间，在金源新燕莎，这种趋势亦十分明显。

金源新燕莎购物中心地面建筑的主体包括金源新燕莎购物中心和居然之家家居中心，地下是大型综合超市易初莲花和电器专业店国美，娱乐休闲设施包括地下的大型溜冰场、五层的星美影城和六层的红人运动俱乐部等，其面积已经占到总面积的20%以上。

金源新燕莎购物中心的室内环境设计由一家美国顶尖建筑设计事务所负责，其中52%的面积用于营造安静、明亮的公共空间。与城市中心的步行商业街相比，顾客在购物中心完全不必避让车流以及担心气候的变化。

突破以往百货商场以"促成商品销售为目的"的落伍经营方式，在真正把顾客尊奉为上帝的前提下，商场以消费者的立场和观点特别注重人性化管理，并且大力提倡精神文明，创造一种崭新的商业文化，把消费购物活动由单纯的买卖行业提升为使全家人精神愉悦、充满情趣、乐在休闲、充实生活、凝聚情感、充满知性与感性的活动。

二、特色介绍

新燕莎购物中心提供团购结算服务，满足团体购买的需求，为商户提供增值性服务。消费者可通过新燕莎购物中心结算卡享受"购物、休闲、娱乐"全过程服务。新燕莎购物中心结算卡还可在贵友大厦北京各分店进行统一结算，涵盖各项功能服务和知名品牌。

　　开启早教之门的美吉姆国际儿童体验中心通过精彩趣味的游戏、运动、体操、音乐、舞蹈、接力比赛、骑乘游戏等，让孩子们在获得无限欢乐的同时收获力量、平衡、协调、敏捷和灵活性的发展，进而发展社交能力，并树立良好的自信心和自尊心。金源新燕莎购物中心还设有儿童娱乐新天地，包括大西洋淘气城、诸葛马、乐酷电玩、铁骑兵团，宠物乐园有海巍宠物和乐宠宠物。

附录 4

北京西单大悦城简介及特色介绍

一、简介

2007年年底隆重开业的北京西单大悦城是西单商圈唯一的购物中心，现已成为时尚达人、流行先锋、潮流新贵休闲购物的首选之地。西单大悦城也是2008年北京商业地产的最大亮点，开业之时就引来京城各路媒体争相报道。

西单大悦城每一层都主打一个概念：趣味、炫目、优雅、性感、潮流、动感、冲撞、快乐、约会、童真、兴奋、梦想，每个概念都充分体现青春个性和独特性格。这些概念为年轻消费群体构筑了一个面向世界的全方位体验空间。西单大悦城挑选了近300个优秀品牌，包括西班牙国宝级品牌、英国平价服装销售巨头、融合美国西部风味和法国浪漫设计的品牌、源自希腊的品牌，简约自然、充满现代生活哲学的品牌等，让光顾的顾客花费不多就可以购置一身流行前线的"装备"。

西单大悦城还坐拥若干"之最"而傲视京城商圈：世界跨度最长的飞天梯让来者叹为观止；长江以北最大的数码影院——首都电影院；北京最大的化妆品超市。各色水吧、甜品店常常让消费者驻足，也是情侣约会和闺密谈心的舒适选择。西单大悦城里的美食组合也尽显国际风范，成为写字间里白领、金领们津津乐道的美味话题。

经过近一年的时间，西单大悦城的"一站式"购物理念正在京城口口相传并得到越来越多消费者的认同，这里势必成为北京国际化时尚的又一个风向标。

二、特色介绍

西单大悦城网站介绍时尚潮流热门商品排行，介绍商品名称、商品所在店铺以及楼层位置，并配有相关商品的图片，在网站还可以下载相关商品的优惠券。

主题活动多种多样。2009年"西单大悦城第二届国际美食节"获亚洲购物中心大奖，这是中国购物中心首获亚洲购物中心大奖。从2009年12月14日至2010年1月3日，一系列围绕魔幻主题的互动活动陆续举行，与魔时网合作推出了记录"我的Magic瞬间"的摄影比赛活动，参与网上活动进行照片PK；12月24日，西单大悦城圣诞景观亮相，奏响2010魔幻进行曲，从国际大牌到街头潮牌，全场折扣5折起；12月26日，资深香港占星专家——星座小王子携其最新出版的《2011星座运势》来到西单大悦城，与喜爱他的朋友们面对面进行交流。12月28日西单大悦城迎来三周岁生日，店庆当天10名幸运顾客获得免单机会。

附录5

购物中心顾客购买行为调查问卷

尊敬的女士/先生：

您好，此问卷是为完成项目研究进行的顾客购买行为调查，采取匿名形式并不作为其他用途。希望您能抽出宝贵的时间放心填写，谢谢。

调查日期：＿＿＿年＿＿＿月＿＿＿日

调查地点：①金源燕莎购物中心　②西单大悦城

请您在下画线上准确填写或在符合的选项打"√"（如无特别说明则为单选）

一、顾客行为特征分析

1. 年龄

①20岁以下　②20～29岁　③30～39岁　④40～49岁　⑤50～59岁　⑥60岁及以上

2. 性别

①男　②女

3. 家庭构成

①单身　②两口之家　③三口之家　④四口之家　⑤五口之家

4. 学历

①高中及以下　②大专/本科　③研究生　④研究生以上

5. 职业类型

①公务员　②教师及科研人员　③金融、房地产、高科技公司　④公司职员　⑤专业人员（会计、律师、医生）　⑥演艺界　⑦自由职业　⑧学生　⑨其他

6. 家庭月总收入或月可支配收入

①3000元以下　②3000～4999元　③5000～9999元　④1万～1.5万元（不含1.5万元）　⑤1.5万～2万元（不含2万元）　⑥2万元以上

7. 您到购物中心所使用的交通工具

①步行　②公交车　③地铁　④自驾车　⑤其他

8. 您一般喜欢光顾购物中心的哪些地方（可多选）

①百货店　②超市　③专卖店/专业店　④影院　⑤餐饮美食城　⑥其他

9. 您此次在顾购物中心的逗留时间
①2个小时以下 ②2～5个小时 ③5个小时以上
10. 您此次在购物中心的消费金额
①0～200元 ②200～500元 ③500～1000元 ④1000～2000元
⑤2000元以上

二、顾客购买影响因素分析

量表采用五点尺度计分方式，分为极不同意、不同意、中立、同意、非常同意五类，依次给1～5分。

项目	极不同意	不同意	中立	同意	非常同意
商品种类齐全、质量好（qa1）	1	2	3	4	5
时常提供时尚商品（qa2）	1	2	3	4	5
商品的品牌多（qa3）	1	2	3	4	5
服务人员态度亲切、能即时提供帮助（qa4）	1	2	3	4	5
服务人员的专业知识丰富（qa5）	1	2	3	4	5
商品的性价比高（qa6）	1	2	3	4	5
能经常提供特价商品（qa7）	1	2	3	4	5
购物中心附近交通便利（qa8）	1	2	3	4	5
购物中心商品陈列清楚，容易找到想购买的商品（qa9）	1	2	3	4	5
购物中心业态丰富，能提供方便的一站式购物（qa10）	1	2	3	4	5
购物中心停车方便（qa11）	1	2	3	4	5
购物中心的指示牌是醒目的（qa12）	1	2	3	4	5
购物中心是干净的、温度是适宜的（qa13）	1	2	3	4	5
购物中心的拥挤程度是比较低的（qa14）	1	2	3	4	5
购物中心提供的娱乐设施娱乐性强（qa15）	1	2	3	4	5
购物中心提供的娱乐设施趣味性、参与性强（qa16）	1	2	3	4	5
购物中心定期举办主题活动（qa17）	1	2	3	4	5
购物中心具有独特的风格（qa18）	1	2	3	4	5

续 表

项目	极不同意	不同意	中立	同意	非常同意
购物中心有好的口碑（qa19）	1	2	3	4	5
购物中心有良好的知名度（qa20）	1	2	3	4	5

三、个人情况

调查结束，谢谢您对本次调查的帮助，祝您工作顺利，身体健康！

附录 6

消费者调查问卷

首先感谢您接受我们的访问。您的问卷我们将只限于研究目的使用，不会泄露您的任何个人信息，请您放心。这是一个关于网络购物的问卷调查。

1. 您是否了解网络营销？
   A. 没听过　　　　　　　　B. 听过，但不是很了解
   C. 非常了解

2. 您经常网上购物吗？
   A. 没买过　　　　　　　　B. 偶尔
   C. 经常

3. 您通过哪些渠道了解、选择购物网站？（不定项选择）_____
   A. 网络　　　　　　　　　B. 电视
   C. 杂志广告　　　　　　　D. 报纸
   E. 户外广告　　　　　　　F. 广播
   G. 亲朋好友推荐　　　　　H. 企业活动
   I. 其他_____

4. 在上网过程中，你通过哪些形式了解购物网站？（不定项选择）_____
   A. 网上搜索　　　　　　　B. 经常访问网站提供链接
   C. 搜索引擎广告　　　　　D. 邮箱广告
   E. 论坛/博客中提及　　　　F. 网上活动
   G. 网上新闻事件　　　　　H. 其他_____

5. 在网上购物过程中，你找到自己需要的商品的信息的最主要方式：（单选）_____
   A. 通用搜索引擎搜索　　　B. 购物网站首页浏览
   C. 站内搜索工具搜索　　　D. 特定网站挑选

E. 看排行榜推荐 F. 进入商品门类浏览
G. 其他_____

6. 你通常在网上购买哪些商品？（不定项选择）_____
   A. 服装家居饰品   B. 化妆品及珠宝
   C. 书籍音像制品   D. 通信数码产品
   E. 充值卡点卡   F. 食品与保健品
   G. 电脑及配件   H. 家电
   I. 玩具母婴制品   J. 健身运动装备
   K. 收藏品   L. 鲜花蛋糕礼品
   M. 票务酒店订购   N. 其他_____

7. 你在网上购物选择哪些支付方式？（不定项选择）_____
   A. 支付宝   B. 网上银行汇款
   C. 信用卡直接支付 D. 财付通
   E. 手机支付   F. 货到付款
   G. 其他_____

8. 总体上你对网上购物的经历如何评价？_____
   A. 非常满意   B. 比较满意
   C. 说不清   D. 不太满意
   E. 非常不满

9. 你觉得在网络购物过程中哪些环节和工作你觉得比较满意？（不定项选择）_____
   A. 售后服务态度   B. 售后服务全面细致
   C. 售后服务有保障   D. 物流送递速度快
   E. 物流服务态度   F. 物流送货可靠
   G. 商品价格低廉   H. 商品物有所值
   I. 商品质量有保障   J. 网站查找便利
   K. 网站快速流畅   L. 网站信息有用
   M. 支付便利   N. 支付安全
   O. 其他

10. 网购过程中你遇到哪些问题会最让你觉得不满？（不定项选择）____

  A. 商品与图片不符   B. 仿冒商品
  C. 伪劣或残损商品   D. 送货时间太长
  E. 快递人员态度不好   F. 送货时货品丢失损坏
  G. 运费过高   H. 其他_____

11. 您的年龄：_____
  A. 18 岁以下   B. 18~24 岁
  C. 25~30 岁   D. 31~35 岁
  E. 36~40 岁   F. 41~50 岁
  G. 50 岁以上

12. 您目前的月收入：_____
  A. 1000 元以下   B. 1001~2000 元
  C. 2001~3000 元   D. 3001~4000 元
  E. 4001~5000 元   F. 5001~7000 元
  G. 7000 元以上

附录 7

凡客诚品自有品牌战略管理调研报告

一、凡客诚品自有品牌发展现状

2007年夏天,陈年团队成员雷军注意到了PPG这种利用互联网进行男式衬衫直销的模式,他们认识到这种方式的创新性和发展前景;经过一番研究,他们决定开创一个能在互联网上进行销售的新门类——服装。他们认为,相比陈年早期的东家卓越网,PPG模式有以下几点优势:①在物流方面,服装相比书籍轻,而卓越网销售的主要产品为书籍,物流成本较高。②服装业的毛利率比书高。卖书的毛利率最多不过百分之十几,而卖服装的毛利率则高得多。③卓越网是一个销售平台,他对在这个平台上进行销售的产品,没有话语权。

经过一番计划,终于在2007年10月,陈年团队选择以自有服装品牌网上销售的商业模式,发布了VANCL凡客诚品(以下简称凡客)。通过短短的几个月,陈年团队从模仿PPG模式到对其进行改造到最终创新,凡客在2008年迅速获得成功,并在该年第三、四季度实现了赢利。虽然之后又出现了不赢利的状况,但是2012年下半年凡客再次宣布"持续赢利"这一令凡客上下员工振奋的消息。

相比已经倒闭的PPG,凡客具有以下几大优势:①技术领先,利用互联网整合先进的中国服装制造业;②客户体验至上,以及高性价比的经营之道;③品牌文化顺应互联网时尚消费的潮流;④陈年及其团队多年合作默契,市场敏感度以及突出的执行力。其中,品牌文化顺应互联网时尚消费的潮流,主要表现在其品牌传播上,包括广告传播、销售促进传播、公关传播、口碑传播等。这些传播手段对于其树立品牌形象、促进市场销售以及培养品牌忠诚度都起到了重要的作用,有效促进了凡客诚品自由品牌的成长。

目前凡客已是根植中国互联网上,遥遥领先的领军服装品牌。据最新的艾瑞调查报告,凡客诚品已跻身中国网上B2C领域收入规模前四位。业务快速成长的同时,凡客诚品在运营初期短短十个月里,即获得了IDGVC、联创策源、软银赛富、启明创投的先后三轮投资。2009年5月被认定为国家高新技术企业。其所取得的成绩,不但被视为电子商务行业的一个创新,更被传统服装业称为奇迹。凡客诚品目前已拓展涵盖至男装、女装、童装、鞋、配饰、家居六大类,随着在各品类间的不断深化,凡客已成为网民服装购买的首选。

凡客诚品2012年3月22日称，成立4年来已累计卖出服装超过1亿件。其中2011年超过7000万件，2010年超过3000万件，其中2011年的销售件数为传统服装品牌公司平均数的28倍。据了解，凡客诚品的明星产品VT在2011年共销售约1000万件，相当于4家传统品牌公司合计销售服装的整体数量。2011年帆布鞋销售500万双，而同年匡威的销售量仅为300万双；童装累计年销售量达2亿件，并且有逐年增长的趋势；其中丝袜产品在上市销售的前三天累计销售量就达到了30万双。据凡客诚品相关负责人介绍，到2011年为止，员工从几十人扩大到一万人，从单一少许的产品线扩大到目前近9万的SKU，供应商也从最初的几十家增加为近400家。

二、凡客诚品自有品牌成长路径分析

凡客从一开始就以自有品牌面市，实行购物网站、生产加工厂、物流配送一体化，随着消费者需求的增长和扩张，销售的产品种类从服装延伸到鞋帽、日用品。凡客在面料选择、设计、生产加工等方面，都是公司自己一手包办，自有品牌成长路径明显走的是产品研发能力主导型路径。

在面料选择方面，凡客坚持与一线厂商合作。从2008年四五月开始，凡客就坚持与一线厂商合作，合作面料生产商有远东纺织、福田实业等，都是国内甚至国际的顶级面料生产商。比如，针织产品面料是由福田、申洲、国泰提供的；梭织面料是由东丽、帝人纺织提供的；制作毛衣的棉纱是由华孚和百隆提供的；牛仔裤和休闲裤的拉链是由YKK提供的；正装的里衬是由商科德宝提供的，其缝纫线是由高士提供的；吊牌是由艾利提供的。

在合作生产商方面，则有山东鲁泰、香港溢达等，它们同时也是BURERRY、Hugo Boss等国际顶尖品牌的代工生产商。它们和国际一线品牌进行了十几年甚至二十几年的合作，积累了高超的加工工艺和质量控制能力，为凡客生产的产品，具备世界一流水平的加工制造工艺，符合凡客"国际一线品质"的品牌定位。

在生产监督方面，凡客诚品建立了严格的跟单体系，设置了三层严格质量检测制度：厂商、质检中心、仓库。一是合作厂商进行自查；二是凡客设立专门的质检中心，向工厂派驻质检人员，在面料采购、服装生产、库房等各个环节都设置专门的巡检员，负责产品质量的跟单检查；三是在库房实行比传统服装企业更为苛刻的全检制度，所有产品都要由专门的质检人员进行全面检验，对每一件产品的外观、袖口、扣子、线头等环节一一检查，检查结果合格方能入库。

在产品设计方面，凡客定位于全球时尚高性价比的自有品牌，拥有目前国内最好的用户体验，并且每个产品线都有国际领先水平的设计师进行产品设计，其中世纪燎原、申洲、回力、铜牛等一些与凡客合作的厂家也参与了部分产品的设计。为了与国际潮流接轨，凡客与各大国际知名设计师合作。比如2011年，凡客通过NBA系列产品深入拓展休闲运动服产品线。在设计师方面，凡客重金邀请了曾任耐克、美津浓等运动品牌的签约设计师小川浩史等多名设计师，使得这一系列运动服更具国际感和时尚感。NBA元素的融合，一方面丰富了凡客现有的产品线，使产品更加国际化、多元化，同时扩大凡客在体育休闲服装的市场份额；另一方面是充分利用了凡客自身的互联网优势，使休闲时尚服装与NBA篮球文化充分融合，给中国球迷和用户带来了更丰富的NBA产品。另外，凡客还在2012年下半年推出高端品牌商品，邀请国际知名奢侈品品牌设计师进行合作。

在物流配送方面，凡客目前已有自己专门的物流配送中心，完善的物流配送中心有效加速了凡客自有品牌的成长。凡客在2008年4月注册了北京如风达快递有限公司，将原来的一个配送部门逐渐发展完善成为一个独立的公司，专门负责凡客的物流配送，目前也接收少量外单。凡客一直都很重视物流配送中心的建设，他们认为"配送员是B2C公司的销售、导购、促销，他们最接近消费者，他们的形象和服务在很大程度上决定了消费者对品牌的认知和定位"。凡客秉承着"一线城市依靠'自己人'送货，二线、三线城市外包，乡镇邮政"的经营思路，给如风达带来了巨大的发展潜力。到2011年年底为止，如风达已经在北京、上海、广州、西安、成都、武汉等20多个一线城市建立分仓，以便全国范围的配送和调度需要，其站点已覆盖全国1200多座城市，配送团队5000多人，与100多家第三方物流公司展开合作，与多家国内知名企业进行COD业务合作，支持站点覆盖范围内所有城市的货到付款服务。同时，凡客还拓展了国际配送业务，除支持时间较长（一个月左右）的免费平邮外，还与国际物流公司EMS、DHL进行合作，开展部分商品的89个海外国家和地区的物流配送业务，其中在美国能够实现商品到岸次日收货标准，但海外配送不支持货到付款，且退换货的邮费也是由消费者自己承担。

在自有品牌自身拓展方面，凡客诚品建立了横向自有品牌V＋、Miook购物网站。其中，Miook主要经营自有化妆品品牌商品，品类主要包括护肤、彩妆、精油、美妆工具、健康食品等；V＋是多品牌平台，类似于淘宝，主要经营服装鞋包、化妆品、日用品、数码产品等各类商品。V＋是独立于凡客诚品之外的一个全新网站，对凡客产品是一种互补。一方面满足了已有用户对时尚服饰的多方位消费需求；另一方面又可在保持自主品牌的独立性的同时，借助第三方品牌的力量，做强凡客诚品的规模和品牌。

三、凡客诚品与传统零售企业自有品牌成长路径对比分析

凡客诚品与传统的零售企业自有品牌成长路径模型最明显的不同点是,没有第一阶段的销售生产制造商的产品过程,而是直接进入第二阶段,或者说是以产品开发和设计为第一阶段直接建立自有品牌。

这并不违背零售企业自有品牌成长路径模型,反而代表了零售企业的一种新型创业模式,零售企业不再是被动地销售生产制造企业的商品,而是拥有更多主动性地销售自己的产品,按照企业自身的定位和消费者需求来,向市场提供特色产品和服务,从而在一定程度上吸引网络购物消费者,进而产生购买行为。凡客通过建立自己的网站开展网上销售业务,建立电子商务中所涉及的制作生产、设计、采购、库存、物流、收款等流程,尽管这样可以为企业自身带来更多的利润,减少支付给第三方中介或服务平台的费用,也降低了企业风险外露的风险,但是构建自身的销售平台需要大量的资金,而凡客作为一个资金和实力雄厚的创业者以新型的零售企业姿态问世,正是这一新型创业模式的典型载体。

凡客诚品与传统服装零售企业相对于企业来说并没有本质上的区别,两者都是零售商,提供的产品类型大致相同,他们最大的不同是向消费者展示产品的渠道、购买方法不一样。前者是通过互联网发布图片、材质、尺寸等商品信息,然后点击鼠标购物;后者是通过实体店陈列商品,然后柜台结算。随着互联网的快速发展,很多传统的实体店都已经开通自己的购物网站,比如美特斯·邦威建立的邦购网。

相对于消费者来说,购物网站能给消费者带来更加新鲜的消费体验。它能为消费者带来更加便捷的商品信息、更具特色的用户体验,能够吸引大批年轻的消费者。凡客推出的"三十天无条件退换货"政策和"送货上门、现场试穿"服务,正好满足了客户的消费体验,消除了消费者"不能现场试穿"带来的顾虑。比如你在凡客的网站上订了一件男士衬衫,收到货试穿之后发现小了一个号,物流人员会直接将衬衫带走,第二天又送来一件大号的。虽然这些改进用户体验的政策的确造成了运营方面的成本压力,但实际上凡客的退货率和拒收率却降低了,这种用户体验不是成本,反而变成了品牌,给公司带来了更大的收益。

在当今网络盛行的时代,网购已不算什么新鲜词汇,而更多地变成了很多人的习惯,这与网络营销策略的运用不无关系,这也是与传统零售商不同处之一。

凡客的广告资金投入是巨大的,2012年达十亿元以上,2013年的计划资金投入还将增加。2013年凡客取消了所有电视广告,主要以网络线上广告为主,全面宣传"VT正能量"口号,并进一步加强了品牌与消费者之间的有机联系。面对凡客的各种网络营销广告,随处可见的链接广告、弹出窗口,各种网站凡客

信息的曝光率之高让"我是凡客"、"凡客诚品"、"凡客体"等这些字眼对于有上网经验的人来说都不算陌生，因为它几乎成为这两年来成功网络营销的代名词。对于凡客，最有印象的就是不管是百度、网易、新浪等这样的大网站，还是在某个博客里、人气较高的空间里都可以看到凡客的身影。由于网络使用人数的逐年增加，网络媒体已成为超越电视媒体的第一大媒体，而且网络使用者即一般平民就是凡客的目标群体，通过在用户可能浏览的任何网站出现，增加曝光频率，使得用户对凡客有了较深的视觉印象，实现成功塑造品牌的第一步。

纵观凡客整个网络营销路线，可以发现凡客走的是符合中国网络用户消费心理的亲民路线，所以不论是在产品设计、服装质量还是价格标定以及售后服务上体现了凡客与其他网上销售的差别化——亲民，在营销策略上也同样体现着这种内涵。中国互联网最主要的特性是草根性，而凡客2011年3月18日推出的"凡客达人"则很好地诠释了这个特性。凡客达人是面向所有网民的社区化电子商务平台，只要注册成为凡客会员，并开通店铺成为达人店主，通过店主自由搭配，并将照片传到店铺上，建立与凡客有关商品的链接，如果其他用户通过这个链接购买凡客的相应产品，该达人就可以获得一定的销售提成。而且，公司为凡客达人提供的达人店铺平台完全是免费的，大大降低了个人进入电子商务的门槛。凡客通过打造全民化营销模式，将触角深入每个阶层，真正最大化实现平民化网络营销。

2010年凡客推出了CPS网站联盟，主要包括第三方联盟平台合作伙伴、网站、博客推广会员、网店代购会员以及校园代理的会员等合作模式，目前已经与4000多个网站建立了联盟。CPS网站联盟按照有效销售额与联盟会员（站长等）分成的方式进行联盟。据凡客助理总裁徐晓辉介绍：如果消费者从VANCL的"联盟网站"进入到VANCL的官方网络并形成购买时，凡客会将高达18％的利润分给联盟网站。这对联盟网站来说无疑是个巨大的诱惑力，而这个策略既可以提高凡客的知名度，降低宣传费用，也为联盟网站带来另一部分收益，实现双赢。

北京网络服装企业凡客诚品作为新型的零售企业，成功地把零售企业自有品牌VANCL在中国打响了，成为网络服装企业的领头羊。凡客在面料选择、产品开发设计、物流配送、营销策略等方面都表现了其出色的能力，给传统服装零售企业带来了一定的冲击，同时也给服装业带来了新的希望。

附录 8

零售商品牌调查问卷

第一部分：（请您在相应的选项上面画"√"）

1. 您熟悉下列哪类自有品牌产品？可参见以上自有品牌图例，但图例只是各超市自有品牌的一部分。

①清洁用品　②护肤品　③洗发护发用品　④服装　⑤食品　⑥其他（请注明）_____

2. 您所熟悉的该自有品牌产品属于哪家零售商（即超市）？

①屈臣氏　②沃尔玛　③家乐福　④欧尚　⑤物美　⑥超市发　⑦其他（请注明）_____

第二部分：

1. 以下是关于该零售商的品牌权益的描述，请在同意的分值上打"√"。（1~7分别代表题项与个人主观或实际情况的符合程度，"1"表示"非常不符合"，"7"表示"非常符合"。）

题项	非常不符合	不符合	有些不符合	难以判断	基本符合	符合	非常符合
1. 我熟悉这家商店	[1]	[2]	[3]	[4]	[5]	[6]	[7]
2. 我能从许多商店中认出这家商店	[1]	[2]	[3]	[4]	[5]	[6]	[7]
3. 我能迅速想起这家商店的一些布局、外观或促销等方面的特征	[1]	[2]	[3]	[4]	[5]	[6]	[7]
4. 这家商店提供优质商品	[1]	[2]	[3]	[4]	[5]	[6]	[7]
5. 这家商店提供质量稳定的商品	[1]	[2]	[3]	[4]	[5]	[6]	[7]
6. 这家商店提供可靠的商品	[1]	[2]	[3]	[4]	[5]	[6]	[7]
7. 这家商店的购物氛围很好	[1]	[2]	[3]	[4]	[5]	[6]	[7]
8. 这家商店的设施很方便	[1]	[2]	[3]	[4]	[5]	[6]	[7]
9. 这家商店的顾客服务很周到	[1]	[2]	[3]	[4]	[5]	[6]	[7]

续　表

题项	非常不符合	不符合	有些不符合	难以判断	基本符合	符合	非常符合
10. 这家商店的各种商品都很好	[1]	[2]	[3]	[4]	[5]	[6]	[7]
11. 这家商店的售后服务很好	[1]	[2]	[3]	[4]	[5]	[6]	[7]
12. 这家商店是我购物的首选	[1]	[2]	[3]	[4]	[5]	[6]	[7]
13. 如果能从这家商店购买到同样的商品，我将不从其他商店购买	[1]	[2]	[3]	[4]	[5]	[6]	[7]
14. 我愿意再次来这家商店购物	[1]	[2]	[3]	[4]	[5]	[6]	[7]
15. 即使涨价，我也愿意购买这家商店的商品	[1]	[2]	[3]	[4]	[5]	[6]	[7]
16. 我愿意向朋友推荐这家商店	[1]	[2]	[3]	[4]	[5]	[6]	[7]

2. 以下是对您所选择的属于该零售商的自有品牌产品的有关描述，请在同意的分值上打"√"。（1~7分别代表题项与个人主观或实际情况的符合程度，"1"表示"非常不符合"，"7"表示"非常符合"。）

题项	非常不符合	不符合	有些不符合	难以判断	基本符合	符合	非常符合
1. 这个自有品牌值得信赖	[1]	[2]	[3]	[4]	[5]	[6]	[7]
2. 这个自有品牌让我觉得安全放心	[1]	[2]	[3]	[4]	[5]	[6]	[7]
3. 我相信这个自有品牌会对它的行为负责的	[1]	[2]	[3]	[4]	[5]	[6]	[7]
4. 我觉得这个自有品牌是诚实的	[1]	[2]	[3]	[4]	[5]	[6]	[7]
5. 使用这个品牌，让我显得有品位	[1]	[2]	[3]	[4]	[5]	[6]	[7]
6. 这个品牌带来了他人对我的赞许	[1]	[2]	[3]	[4]	[5]	[6]	[7]
7. 这个品牌折射了我对成功的渴望和追求	[1]	[2]	[3]	[4]	[5]	[6]	[7]
8. 使用这个品牌，让我有了某种优越感	[1]	[2]	[3]	[4]	[5]	[6]	[7]

续表

题项	非常不符合	不符合	有些不符合	难以判断	基本符合	符合	非常符合
9. 这个品牌既适合自己,也迎合了他人对我的看法	[1]	[2]	[3]	[4]	[5]	[6]	[7]
10. 这个品牌对我有很大的吸引力	[1]	[2]	[3]	[4]	[5]	[6]	[7]
11. 为了一直使用这个品牌,我愿意作出小小的牺牲	[1]	[2]	[3]	[4]	[5]	[6]	[7]
12. 我觉得自己应该使用这个品牌	[1]	[2]	[3]	[4]	[5]	[6]	[7]
13. 我常常情不自禁地关心这个品牌的新情况	[1]	[2]	[3]	[4]	[5]	[6]	[7]
14. 我一看到这个品牌,就有种亲切的感觉	[1]	[2]	[3]	[4]	[5]	[6]	[7]
15. 即使我的生活变化,我还会使用这个自有品牌	[1]	[2]	[3]	[4]	[5]	[6]	[7]
16. 我不会因为潮流变化而更换掉这个自有品牌	[1]	[2]	[3]	[4]	[5]	[6]	[7]
17. 我对这个自有品牌很忠诚	[1]	[2]	[3]	[4]	[5]	[6]	[7]
18. 这个自有品牌能指望我一直使用它	[1]	[2]	[3]	[4]	[5]	[6]	[7]
19. 这个品牌的形象与我自己追求的形象在很多方面是一致的	[1]	[2]	[3]	[4]	[5]	[6]	[7]
20. 这个品牌表达了与我相似的或我想成为这类人的很多东西	[1]	[2]	[3]	[4]	[5]	[6]	[7]

第三部分:

1. 请问您的性别:①男 ②女
2. 请问您的年龄:①21~30岁 ②31岁~40岁 ③41岁~50岁 ④51岁~60岁 ⑤60岁以上
3. 请问您的职业:①政府机关及事业单位员工 ②企业员工 ③个体工商户 ④学生 ⑤自由职业者 ⑥其他
4. 请问您受教育的程度:①本科以下 ②本科 ③硕士 ④博士
5. 请问您的平均月收入:①2500元以下 ②2501~4000元 ③4001~6000元 ④6000元以上

附录 9

北京重点商业街区顾客满意度调研问卷

您好,非常感谢您在百忙中抽空填答。请您根据您到此商业街区购物的实际体验,逐项回答以下问题,从问题右边选择一个符合您的观点的数字,请画钩。您的回答对该项研究具有重要价值,谢谢支持!

一、请根据您对最近去此商业街区的消费情况作答,右边数字 1～5 表示您对左边陈述的认同程度,1 表示完全不同意,2 表示不同意,3 表示一般,4 表示同意,5 表示完全同意。

题项	项目	完全不同意	不同意	一般	同意	完全同意
1	这里服务质量值得信赖	1	2	3	4	5
2	我认为这里购买的商品质量高	1	2	3	4	5
3	我感觉此街区具有独有的地域文化特色	1	2	3	4	5
4	街区布局搭配合理	1	2	3	4	5
5	我很方便到达这里	1	2	3	4	5
6	我在这里停车方便	1	2	3	4	5
7	座椅、绿植、示意图、街头小品、厕所、垃圾桶等齐全	1	2	3	4	5
8	百货店、专业店、娱乐休闲设施等布局合理	1	2	3	4	5
9	跟其他商业街相比,这里的人员服务态度好	1	2	3	4	5
10	服务的专业水平高	1	2	3	4	5
11	工作人员能及时的帮您解决问题	1	2	3	4	5
12	品牌布局合理,能迅速找到所喜欢的品牌	1	2	3	4	5
13	这里购买的商品质量高	1	2	3	4	5

续 表

题项	项目	完全不同意	不同意	一般	同意	完全同意
14	我能迅速找到所需要的商品	1	2	3	4	5
15	与其他街区相比，我认为在这里消费比较划算	1	2	3	4	5
16	我感觉此街区的品牌具有竞争力，价格符合我的期望	1	2	3	4	5
17	综合服务，环境考虑，价格合理	1	2	3	4	5
18	我会再次来购物	1	2	3	4	5
19	我会向熟人推荐	1	2	3	4	5
20	符合甚至超过我的期望	1	2	3	4	5
21	满足了我的休闲文化需要	1	2	3	4	5

二、为了进行问卷分析，最后请您提供简要的个人信息，我们将严格保密。

您的性别：□男 □女

您的居住地：□北京市 □非北京市

您的年龄：□18 岁以下 □19～25 岁 □26～35 岁 □36～45 岁 □46～59 岁 □60 岁以上

您的受教育程度：□高中及以下 □大专 □本科 □硕士及以上

您全家的月收入：□5000 元以下 □5001～10000 元 □10001～20000 元 □20001 元以上

再次感谢您的配合！